Der Rhein-Neckar-Raum und die Revolution von 1848/49

Revolutionäre und ihre Gegenspieler

Herausgegeben vom Arbeitskreis der Archive
im Rhein-Neckar-Dreieck
mit Beiträgen von Hans Fenske und Erich Schneider

verlag regionalkultur

Titelbildgestaltung: Heike Morath (LTA)
unter Verwendung folgender Vorlagen:
Entwaffnung der Sinsheimer durch die Bürgerwehr und die Studenten zu Heidelberg, 24. April 1848 (Vorlage: Kurpfälzisches Museum Heidelberg).
Johann Philipp Becker (Vorlage: StadtA Frankenthal).
Amalie und Gustav Struve (Vorlage: Historisches Museum der Stadt Hanau).

Die Deutsche Bibliothek – CIP-Einheitsaufnahme
Der **Rhein-Neckar-Raum und die Revolution von 1848/49** :
Revolutionäre und ihre Gegenspieler / hrsg. vom Arbeitskreis der
Archive im Rhein-Neckar-Dreieck. Mit Beitr. von Hans Fenske und
Erich Schneider. - Ubstadt-Weiher : Ver. Regionalkultur, 1998
ISBN 3-929366-64-9

Stettfelder Straße 11 • 76698 Ubstadt-Weiher • Telefon (07251) 69723 • Fax 69450

Inhalt

VORWORT

1998 wird in mehreren Ausstellungen an die 150jährige Wiederkehr der gescheiterten Revolution von 1848/49 erinnert und diesem für die spätere Entwicklung der Demokratie in Deutschland wichtigen Ereignis (endlich) ein gebührender Platz im öffentlichen Bewußtsein zugewiesen. Gerade dem deutschen Südwesten und insbesondere dem Rhein-Neckar-Raum muß dabei aus historischer Sicht ein großer Stellenwert beigemessen werden. Denn von hier gingen einerseits im Vorfeld der großen Freiheitsbewegung die entscheidenden politischen und gesellschaftlichen Impulse aus. Und andererseits wurde zwischen Rhein und Neckar im Jahre 1849 das Schicksal des Freiheitstraums militärisch besiegelt. Um diesem historischen Vermächtnis der Region annähernd gerecht zu werden, entschloß sich der im Juni 1995 ins Leben gerufene „Arbeitskreis der Archive im Rhein-Neckar-Dreieck", mit länderübergreifenden Gemeinschaftsprojekten in den 'Jubiläumsjahren' 1998 und 1999 an dieses epochale Ereignis zu erinnern.

Allen Mitgliedern des Arbeitskreises war es von Anfang an ein besonderes Anliegen, die vielerorts vergessenen lokalen und regionalen Revolutionsereignisse im Rhein-Neckar-Dreieck, das sich über drei Landesgrenzen hinweg auf den nordbadischen, pfälzischen und südhessischen Raum erstreckt, stärker in den Blickpunkt des allgemeinen Interesses zu rücken. Dabei sollte aber keineswegs nur eine 'provinziell' ausgerichtete Nabelschau betrieben werden, sondern alle waren sich darin einig, das historisch gewachsene Profil dieser über bestehende Landesgrenzen hinaus nach wie vor eng verwachsenen Region herauszustellen, die zu den Keimzellen der demokratischen Kultur Deutschlands zählt. Um so mehr als zum damaligen Zeitpunkt nicht klar zu erkennen war, ob in den anderen geplanten zentralen Großveranstaltungen die wichtige Rolle der Rhein-Neckar-Region entsprechend deutlich dargestellt werden würde. In mehreren Sitzungen diskutierten die Vertreter des „Arbeitskreises der Archive im Rhein-Neckar-Dreieck", dem mehr als 30 Institutionen angehören, verschiedene thematische Vorschläge und verabschiedeten schließlich ein Programmkonzept, das neben einer Wanderausstellung auch ein Buchprojekt beinhaltete.

In enger Zusammenarbeit mit dem Landesmuseum für Technik und Arbeit in Mannheim und dem Badischen Landesmuseum Karlsruhe erarbeitete der „Arbeitskreis der Archive im Rhein-Neckar-Dreieck" seitdem einerseits die inhaltliche Konzeption für den „ZeitZug 1848. Für die Freiheit streiten", der ab dem 27. Februar 1998 in zahlreichen Stationen sowohl innerhalb des Rhein-Neckar-Dreiecks als auch außerhalb der Region die Vorgeschichte, den Verlauf und die Nachgeschichte der gescheiterten Revolution in einer Wanderausstellung einer breiten Öffentlichkeit präsentieren wird.

Parallel zu dem bundesweit rollenden Ausstellungszug, der durch die finanzielle Beteiligung der erwähnten Landesmuseen und des Arbeitskreises sowie der Bundesländer Baden-Württemberg, Hessen und Rheinland-Pfalz und nicht zuletzt durch die Unterstützung der Deutschen Bahn AG sowie der Badenia Bausparkasse AG realisiert werden konnte, erarbeitete der Arbeitskreis eine eigene Publikation über die Revolution von 1848/49 und ihre Protagonisten im Rhein-Neckar-Dreieck. Im Mittelpunkt des Buchs stehen allerdings weniger die mittlerweile von der historischen Forschung aufgearbeiteten Biographien bekannter Revolutionsteilnehmer aus der Region. Vielmehr sollen hier auch und gerade die Lebensläufe von heute weniger bekannten Revolutionären aus der 'zweiten Reihe' und ihren Gegenspielern beleuchtet werden. Mit der nun vorliegenden Sammlung biographischer Porträts von 'großen' und 'kleinen' Revolutionären und ihren Gegenspielern, die ein Desiderat der landesgeschichtlichen Forschung darstellt, soll zugleich auch die Möglichkeit eröffnet werden, die bislang nur in Teilen erforschten lokalen Abläufe der Revolution im Rhein-Neckar-Dreieck transparent zu machen. Dem Arbeitskreis war bewußt, daß hierfür umfangreiche Quellenstudien in den kommunalen und regionalen Archiven geleistet werden mußten. Andererseits stand aber von Anfang an fest, daß die hier abgedruckten Biographien selbst nur eine kleine Auswahl darstellen können. Viele Schicksale von Revolutionsteilnehmern finden deshalb in dem Buch keine Berücksichtigung, zumal sich in den Archiven nur wenige Lebensspuren ermitteln ließen. Ungeachtet der teilweise schlechten Quellenüberlieferung versucht das Buch aber dennoch, über die bestehenden Landesgrenzen hinaus, die vergessenen Ereignisse und kaum bekannten Personen, die für die Freiheit ihr Leben aufs Spiel setzten, wieder in Erinnerung zu rufen und den Anstoß für weiterführende Studien zu geben.

Hierzu tragen auch die Beiträge von Professor Dr. Hans Fenske (Speyer/Freiburg i.Br.) und Dr. Erich Schneider (Kaiserslautern) bei. So steckt der einleitende Aufsatz von Hans Fenske „Die Revolution von 1848/49 und der Rhein-Neckar-Raum“ mit Bezug auf den allgemeinen politischen Kontext den zeitlichen Rahmen der Revolution in der Region ab. Indem er die unterschiedlichen Revolutionsverläufe in Hessen, Baden und in der Pfalz panoramaartig beleuchtet, liefert er den notwendigen politischen wie gesellschaftlichen Strukturvergleich, und es gelingt ihm so, die Gemeinsamkeiten wie Unterschiede in der Rhein-Neckar-Region herauszustellen. Damit schafft er für den primär personen- und lokalgeschichtlich konzipierten Biographienteil, der allgemeine politische Ereignisse aus Platzgründen allenfalls am Rande streifen kann, die übergeordnete inhaltliche Verklammerung. Analog ergänzt Erich Schneiders Beitrag „Erinnerungen an die badisch-pfälzische Revolution und die Pflege der 1848/49er Tradition zwischen der Reichsgründung und dem Ende der Weimarer Republik“ die inhaltliche Konzeption des Buchs. Dabei spürt er der 'verschütteten' Wirkungsgeschichte der Revolution von 1848/49 und ihrer (vergessenen) Traditionspflege in der Rhein-Neckar-Region nach. Indirekt belegen seine Ergebnisse die Notwendigkeit einer breiten historischen Aufarbeitung der Revolution und ihrer Wirkungsgeschichte in der Region und bestätigen somit die Zielsetzung des vorliegenden Buchs. Für die uneigennützige Zusammenarbeit ist der Arbeitskreis beiden Autoren zu großem Dank verpflichtet.

Um ein solch inhaltlich wie finanziell anspruchsvolles Buchprojekt realisieren zu können, bedurfte es einer engen Kooperation zwischen den beteiligten Archiven und Museen im Rhein-Neckar-Dreieck. Daß dabei mitunter auch eigene Projekte vorübergehend zurückstehen mußten, liegt auf der Hand. Andererseits unterstreichen aber die nun vorliegenden Ergebnisse die Notwendigkeit und den Nutzen regionaler Kooperationen. Die meisten Kolleginnen und Kollegen der beteiligten Institutionen erklärten sich deshalb bereit, für das Buch eigene biographische Beiträge zu verfassen bzw. externe Autoren für die Bearbeitung einzelner Biographien zu gewinnen. Zusätzlich erstellten sie lokale und regionale Chroniken über die Revolution in ihrem Einzugsbereich, die im Bausteinprinzip in den abschließenden Chronologieteil des Buches integriert wurden. Somit ist es möglich, viele lokale Ereignisse aus dem Rhein-Neckar-Raum im Überblick festzuhalten. Allen Autorinnen und Autoren, die im Anhang des Buchs gesondert genannt werden, gebührt großer Dank.

Verantwortlich für die Umsetzung des Buchprojekts zeichnete ein vom Arbeitskreis eingesetztes Redaktionsteam. Folgende Kollegen gehörten ihm an: Dr. Peter Blum, Michael Caroli, Dr. Joachim Kermann, Jörg Kreutz, Manfred Kurz, Dr. Lothar Meinzer, Gerhard Nestler, Dr. Horst Steffens, Joachim Stephan M.A. sowie Alexander Saheb M.A.

Neben der über die Landesgrenzen hinaus nicht immer einfach zu koordinierenden Kooperation gelang es dem Arbeitskreis, durch eine gemeinsame Finanzierung das Buchprojekt weitgehend eigenständig zu realisieren. Durch ein anteiliges Umlageverfahren finanzierten die meisten kommunalen Mitglieder des Arbeitskreises die Drucklegung des Buches fast vollständig vor. Durch Vermittlung von Edelgard Seitz, Dr. Hans Joachim Bremme und Dr. Thomas Veit (Arbeitskreis Rhein-Neckar-Dreieck e.V.) wurde das Projekt im weiteren Verlauf von zusätzlichen Sponsoren und Stiftungen gefördert.

Allen, die angesichts der knappen öffentlichen Haushaltsmittel und der anfangs vergeblichen Bemühungen um Drittmittel dennoch ihren gemeinschaftlichen Anteil einbrachten und somit das

Buchprojekt zu realisieren halfen, sei hier aufrichtig gedankt. Im einzelnen unterstützten durch finanzielle Zuwendungen folgende Institutionen und Kommunen das Buch:

Kreis Bergstraße (Heppenheim)
Eberbach, Stadtarchiv
Heidelberg, Stadtarchiv
Heidelberg, Universitätsarchiv
Ladenburg, Stadtarchiv
Gesellschaft der Freunde Mannheims und der ehemaligen Kurpfalz e.V.
Ludwigshafen a. Rh., Stadtarchiv
Neustadt a. d. W., Stadtarchiv
Odenwaldkreis, Kreisarchiv (Erbach)
Rhein-Neckar-Kreis, Kreisarchiv (Ladenburg)
Schriesheim, Stadtarchiv
Schwetzingen, Stadtverwaltung
Speyer, Archiv des Bistums
Speyer, Stadtarchiv
Speyer, Zentralarchiv der Evangelischen Kirche der Pfalz
Stiftung Rheinland-Pfalz für Kultur
Viernheim, Stadtarchiv
Weinheim, Stadtarchiv
Wiesloch, Stadtarchiv

Durch Ankauf von Büchern hat die Landeszentrale für politische Bildung Rheinland-Pfalz das Projekt unterstützt.

Arbeitskreis der Archive im Rhein-Neckar-Dreieck Februar 1998

Die Revolution von 1848/49 und der Rhein-Neckar-Raum

Von Hans Fenske

Als die kleine österreichische Delegation Ende März 1848 zum Vorparlament nach Frankfurt reiste, wählte sie den Weg über Mannheim. Dort erklärte der in der Stadt ansässige Botaniker Karl Schimper in ihrem Namen, „daß nicht etwa eine gewöhnliche touristische Neugierde" sie hierher geführt habe, sondern das Verlangen, „sobald als tunlich den Ort zu sehen, von dem diese rasche und zukunftsreiche Bewegung in Deutschland" – die Revolution – „ausgegangen sei". Einige Wochen später richteten die Berliner Stadtverordneten eine Dank- und Anerkennungsadresse an die Einwohnerschaft Mannheims, in der es hieß: „Was Ihr für Deutschland getan, das ist und bleibt Euch unvergessen. Stolz und Dankbarkeit wird jedes deutsche Herz nach wie vor empfinden, so oft Mannheims Name genannt wird"[1]. Tatsächlich spielte der Rhein-Neckar-Raum und namentlich die größte Stadt der Region, eben Mannheim mit seinen damals etwa 24.000 Einwohnern, während der fast siebzehn Revolutionsmonate zwischen dem späten Februar 1848 und dem Juli 1849 eine besondere Rolle. Darauf verweisen die Namen des Verlegers Friedrich Daniel Bassermann, des Rechtsanwalts Lorenz Brentano, des Gutsbesitzers Heinrich von Gagern, der Historiker Georg Gottfried Gervinus und Ludwig Häusser, des Rechtsanwalts Friedrich Hecker, des Publizisten und Gutsbesitzers Johann Adam von Itzstein, der Publizisten und Verleger Georg Friedrich Kolb und Karl Mathy, des Rechtslehrers Karl Joseph Anton Mittermaier, des Kaufmanns Wilhelm Sachs, der Rechtsanwälte Alexander von Soiron und Gustav Struve und des im Ruhestand lebenden, eifrig publizistisch tätigen Professors der Rechte Karl Theodor Welcker – um nur einige Persönlichkeiten aus der ersten Reihe zu nennen – sie und viele andere aus dem zweiten Glied werden in den biographischen Beiträgen dieses Bandes gewürdigt. Wohl keine andere Region in Deutschland hatte außer den beiden großen Städten Wien und Berlin in der Revolutionszeit so viele bedeutende Politiker vorzuweisen wie der Rhein-Neckar-Raum. Mit dem am 27. Februar in Mannheim von einer Volksversammlung verabschiedeten Forderungskatalog wurde hier „die deutsche Volksbewegung (...) eingeläutet"[2] – andere Städte folgten allerdings sogleich, Mainz am 28., Heidelberg und Hanau am 29. Februar –, und in der Schlußphase der Bewegung im Sommer 1849 war das Gebiet des unteren Neckar nochmals für kurze Zeit ein wichtiges Zentrum des Geschehens. Freilich war der Rhein-Neckar-Raum damals wie auch heute keine politische Einheit, und so verlief die revolutionäre Entwicklung nicht einheitlich. In denjenigen Teilen der Region, die zum Großherzogtum Baden gehörten, war sie heftiger als in der bayerischen Pfalz oder im Anteil des Großherzogtums Hessen, und Aktionen über die Landesgrenzen gab es zwar wiederholt, sie waren jedoch keineswegs die Regel. Unterhalb der gesamtdeutschen Ebene vollzog sich das Geschehen gemeinhin im einzelstaatlichen Rahmen.

Fragt man nach den Gründen für das besondere Gewicht des Rhein-Neckar-Raumes in jenen Monaten, so ist zunächst auf die hohe Städtedichte zu verweisen. Derlei Landschaften spielen in Revolutionen, wie die vergleichende Forschung gezeigt hat, stets eine führende Rolle, leben in den Städten doch die Multiplikatoren von Ideen[3]. Genannt seien hier nur die durch und durch bürgerlich geprägte, sehr rege Handels- und Industriestadt Mannheim mit ihren weitreichenden Verbindungen, sodann Heidelberg, dessen Universität sich unter der badischen Herrschaft zu einer der ersten in Deutschland entwickelt hatte, ferner Speyer mit seiner zentralen Bedeutung für die gesamte Pfalz und schließlich das gewerblich geprägte Worms. Mannheim wurde in den frühen 40er Jahren schnell zum wichtigsten Zentrum fortschrittlicher Publizistik in Baden; hier erschienen die „Mannheimer Abendzeitung“, das „Mannheimer Journal“ und der „Deutsche Zuschauer“[4]. In Speyer genoß die „Neue Speyerer Zeitung“ schon längere Zeit überregionales Ansehen.

Große Bedeutung hatte es zweitens, daß die Region Frankreich dicht benachbart war. Vom Herbst 1796 bis zur Neujahrsnacht 1813/14, also mehr als siebzehn Jahre, gehörte der linksrheinische Teil des Rhein-Neckar-Raumes zu Frankreich und nahm an der dortigen Modernisierung der Lebensverhältnisse teil. Er empfing den Code civil, das Handelsgesetzbuch, das Strafgesetzbuch und die Zivil- und Strafprozeßordnung Frankreichs, und die dort seit 1789 geschaffene liberale Gesellschaftsordnung wurde auch hier aufgebaut. Die Bevölkerung lernte das schnell zu schätzen, wenn sie die Franzosen auch vielfach „als Usurpateurs“ empfand, wie ein Reisender 1805 schrieb[5]. 1814 kehrte sie gern zu Deutschland zurück, freilich in der Erwartung, daß ihr die Errungenschaften der französischen Zeit erhalten blieben. Den beiden nunmehrigen Souveränen, dem Großherzog von Hessen und dem bayerischen König, und ihren Ministern war völlig klar, daß sie das Rad der Geschichte in ihren linksrheinischen Besitzungen nicht zurückdrehen konnten. Das wurde in den Besitzergreifungspatenten auch eindeutig festgestellt. Nur besondere Rücksichten des allgemeinen Besten könnten zu einer Änderung der erprobten Einrichtungen führen, verkündete Großherzog Ludwig I., aber das „wahrhaft Gute, was Aufklärung und Zeitverhältnisse herbeigeführt, wird ferner bestehen“. König Maximilian I. Joseph gab eine noch stärker bindende Zusage: „Wir wollen an der bisherigen Verfassung, den Einrichtungen und den bestehenden Gesetzen dieser Provinz (...) durchaus keine Abänderung verfügen. Auch wollen wir die Verwaltung der überrheinischen Lande nach den dort bisher eingeführten Normen fortbestehen lassen“[6]. Trotz aller guten Absichten kam es bei der Integration der neuerworbenen Gebiete aber doch zu erheblichen Reibungen. In der Pfalz war dies seit den späten 20er Jahren infolge von Fehlentscheidungen Münchens in zoll- und finanzpolitischer Hinsicht, wegen kirchlicher Fragen und wegen des Unverständnisses der Zentrale für die starke liberale Orientierung der Pfälzer im hohem Maße der Fall. Das Verhältnis zwischen München und Rheinbayern war zeitweilig außerordentlich schwierig. In Rheinhessen gab es ebenfalls bald Spannungen. Die Bevölkerung gewann den Eindruck, daß die ihr gemachten Versprechungen nicht gehalten würden, und auch in Rheinhessen war der Liberalismus viel stärker als in den übrigen Landesteilen. Das alles kann hier nur eben angedeutet werden[7].

In Baden gab es ebenfalls Integrationsprobleme. Kein Territorium hatte sich unter dem Einfluß Napoleons so vergrößern können wie das nunmehrige Großherzogtum. Der Erlaß einer Verfassung, der erstmals schon 1808 in Angriff genommen wurde, sollte hier ausgleichend wirken. Des weiteren spielte das Argument eine Rolle, daß die finanzielle Lage des Landes mit einem Landtag leichter stabilisiert werden könne als ohne ein Parlament, ferner, daß die dauernde Existenz Badens im jetzt erreichten Umfang nur gewährleistet sei, wenn eine Verfassung bestehe. Erhebliches Gewicht hatte zudem die Feststellung, daß der Geist der Zeit eine Verfassung verlange – in der badischen Bürokratie waren zahlreiche gemäßigte Liberale tätig. Zu ihnen gehörte auch Karl Friedrich Nebenius, der eigentliche Autor des neuen Grundgesetzes. Er bewirkte, daß Baden schließlich 1818 die modernste Verfassung im vormärzlichen Deutschland erhielt. Bayern, ebenfalls seit 1818 Verfassungsstaat, und Hessen, das 1820 auf diese Stufe gelangte, standen merklich zurück[8].

Nach anfänglich günstigem Beginn des politischen Lebens gemäß der neuen Grundordnung lebte Baden seit den frühen 20er Jahren in einer Phase, in der dem Parlament wenig Spielraum zugestanden wurde. Mit dem Regierungsantritt von Großherzog Leopold im März 1830, der für die modernen politischen Vorstellungen viel mehr Verständnis hatte als seine Kollegen in München und Darmstadt, änderte sich der Kurs, wenngleich die folgenden anderthalb Jahrzehnte im Verhältnis von Krone und Landtag alles andere als konfliktfrei waren. Das auch für Baden geltende Recht des Deutschen Bundes ließ eine andere Entwicklung nicht zu. Namentlich die mangelnde Pressefreiheit war ein chronischer Reibungspunkt. Hier konnte auch der Liberale Johann Baptist Bekk, der Ende 1846 Innenminister wurde, keine Abhilfe schaffen[9]. Auch in Bayern und Hessen lieferten sich Regierung und Parlamentarier lebhafte Auseinandersetzungen. Dabei traten in München besonders die Pfälzer hervor. Die intensive Aktivität der badischen, der pfälzischen und der rheinhessischen Opposition seit 1830 sorgte für eine starke Politisierung der Bevölkerung. Nirgends sonst in Deutschland war dieser Prozeß vor 1848 so weit gediehen wie im Südwesten. Namentlich die Entwicklung in Baden wurde in ganz Deutschland mit großer Anteilnahme beobachtet. Die Zweite Kammer in Karlsruhe erschien geradezu als Modellfall eines Parlaments. Daß den Oppositionsführern daraus ein ausgeprägtes Selbstbewußtsein zuwuchs, ist verständlich. Das alles wirkte sich naturgemäß auf den Verlauf der Revolution aus.

Sozioökonomische Faktoren hatten daneben viel weniger Gewicht. Am Beispiel der englischen Revolution des 17. Jahrhunderts, der amerikanischen zwischen 1763 und 1789, der französischen von 1789 bis 1799 und der russischen ab 1917 meinte der amerikanische Historiker Crane Brinton schon 1938 zeigen zu können, daß „Revolutionen nicht von Verelendeten oder Verhungernden begonnen werden", sondern ganz eindeutig von erheblich besser gestellten Kreisen[10]. An einer anderen Reihe von Exempeln gewann auch Ferdinand Seibt den Eindruck, daß die These von der Revolution aus dem Elend unzutreffend sei, wenngleich er selbstverständlich nicht bestritt, daß materielle Probleme dabei eine gewichtige Rolle spielen können[11]. Für 1848 notierte Rudolf Stadelmann, der sich mit seiner anläßlich des hundertjährigen Gedenkens der Revolution geschriebenen Darstellung als vorzüglicher Kenner der Materie auswies, daß die Revolution „keinesfalls eine soziale, sondern eine politische Bewegung" war[12]. Blickt man auf die Führungsschicht – wichtige Namen aus dem Rhein-Neckar-Raum wurden oben genannt –, so kann man den zitierten Satz nur bestätigen, und er läßt sich für ganz Deutschland verallgemeinern[13]. Diese Führungsschicht bestand ganz überwiegend aus Angehörigen des wohlsituierten Bürgertums, wobei Bildungsbürger – Freiberufler und akademisch gebildete Beamte – eine überdurchschnittlich große Rolle spielten. Die Jahre 1848/49 belegen die von Seibt gemachte Beobachtung, daß eine Revolution aus enttäuschten Erwartungen entsteht, wenn „eine Minderheit von Personen so sehr erfüllt ist von nonkonformen Intentionen über den Daseinszweck und die rechte Ordnung dieses politischen Körpers, daß sie die Umstände zur gewaltsamen Durchsetzung ihrer Auffassung benutzt"[14]. Es sollte hinzugesetzt werden, daß diese Minderheit überzeugt war, für die große Mehrheit der Bevölkerung zu sprechen, und daß sie gute Gründe für diese Annahme hatte. Und einschränkend wäre zu bemerken, daß ein beträchtlicher Teil der Führungsschicht zwar die Stunde nutzen wollte, aber ohne Gewalt.

In seiner großen Darstellung der deutschen Revolution aus den Jahren 1930 und 1931 meinte Veit Valentin, die ganze Entwicklung der 40er Jahre von Herweghs rauschenden Versen über Friedrich Lists Ruf nach einer deutschen Nationalwirtschaft und den Kampf um Schleswig-Holstein bis zum Münchener Lola-Skandal sei „schon deutsche Revolution" gewesen. Dann aber grenzte er ein. Es habe einen Gedanken gegeben, „der all dieses gewissermaßen zusammenfaßte" als „Synthesis alles Disparaten", und das sei „der Gedanke des deutschen Parlaments gewesen". So verwies er für das entscheidende Datum auf den 12. Februar 1848, als der Mannheimer Verleger Bassermann in der Zweiten Kammer Badens seinen eine Woche zuvor eingereichten Antrag auf Volksvertretung am Bunde begründete[15]. Dieser schon ältere Gedanke habe, so Valentin, durch die Zeitumstände zündende Kraft erhalten. „Italien war schon in Aufruhr. Auch die deutsche Bewegung begann aus sich selbst"[16]. Die Überlegung fand eine gewisse Nachfolge. Ein halbes Jahrhundert später erklärte Willy Real lapidar, es sei müßig, den Beginn der Revolution von 1848 auf einen bestimmten Tag zu terminieren. „Immerhin sind wir seit langem gewöhnt, dafür den 12. Februar zu benennen"[17]. Lothar Gall ging in seiner Geschichte der Familie Bassermann nicht ganz so weit, aber auch er erklärte, daß mit dem Antrag „eine Art Fanal" gesetzt wurde, ehe „am 22. und 23. Februar 1848 in Paris der entscheidende Funke zündete"[18].

Die von Valentin begründete Sehweise überzeugt nicht. Die Karlsruher Landtagsdebatte am 12. Februar war von ihren Initiatoren nicht als Feuerzeichen oder gar Brandfackel gedacht. Die von dem Heidelberger Professor Georg Gottfried Gervinus redigierte und im Bassermannschen Verlag erscheinende „Deutsche Zeitung", das führende Organ des gemäßigten Liberalismus, betonte jedenfalls später, man habe „eine Frage dieser Bedeutung nicht künstlich (...) treiben", sondern „den Erfolg unseres Pulsfühlens bei der Nation“ erst abwarten wollen[19]. Darauf verweist auch die Vorgeschichte. Der Antrag ging auf Verabredungen zurück, die einige führende Liberale aus Baden, Württemberg, Hessen, Nassau und der Rheinprovinz am 10. Oktober 1847 in Heppenheim getroffen hatten. Er sollte nicht nur in Baden, sondern auch andernorts gestellt werden. Damals waren vielerlei Punkte angesprochen worden, sehr breit auch die soziale Frage, und man hatte regelmäßige Treffen vereinbart, die als eine Art Vorparlament wirken und über weitere gleichlautende Anträge beschließen sollten. Man rechnete also mit einer langwierigen Arbeit dieser Art. Der Bassermannsche Antrag zielte nicht auf aktuellen Erfolg, sondern sollte, wie Bassermann in seinen Erinnerungen sagte, die Gemüter vorbereiten für kritische Situationen, die in Frankreich etwa beim Tode des Königs eintreten konnten[20] – Louis Philippe war im Herbst 1847 immerhin schon 74 Jahre alt, der Thronerbe dagegen ein neunjähriges Kind. Natürlich wurden der Antrag und die Landtagsdebatte darüber von den politisch Interessierten in ganz Deutschland beachtet, aber unmittelbare Folgen hatte das nicht, wie auch die gegen Lola Montez gerichteten Tumulte in München von Ende Januar bis Mitte Februar 1848 nicht über die bayerische Hauptstadt hinauswirkten. Daß in diesen späten Winterwochen in Baden wiederholt von einer Revolution die Rede war, deutete nicht auf Absichten hin, sondern war als rhetorischer Übereifer zu werten, so namentlich, als Mathy in der Debatte über die Kosten der Zensur am 23. Februar ausrief, es sei, da man mit Zahmheit bisher nicht weit gekommen sei, „Zeit, daß man es mit der Wildheit probiert“, und die dürfe sich nicht auf den Ständesaal beschränken[21].

Erst Ende des Monats geriet auch Deutschland stärker in Bewegung, nachdem es in Paris zur Revolution gekommen war. Einige im Rheinland erscheinende Zeitungen berichteten schon am 25. Februar über Unruhen in der französischen Hauptstadt, andere kamen wie die meisten deutschen Blätter erst später in den Besitz der entsprechenden Meldungen. In Regierungskreisen war man gemeinhin etwas früher informiert. Bassermann erfuhr schon am späten Abend des 25. Februar, einem Freitag, vom badischen Außenminister, daß Louis Philippe abgedankt habe, das amtliche Berlin wußte es am frühen Sonntagmorgen. Die „Allgemeine Zeitung“ in Augsburg, das führende deutsche Blatt, konnte in ihre Nummer vom 27. Februar noch eine kurze Notiz darüber einrücken, die „Deutsche Zeitung“ hatte die Meldung erst am 29. Februar[22]. Im ersten Schreck fürchtete Gervinus, die Revolution könne nach Deutschland überspringen, dann dauerte es freilich erstaunlich lange, bis er sah, daß sie auch hier gezündet hatte. Viele Tage überwog in seinem Blatt die Frankreich-Berichterstattung durchaus, und die Meldungen aus Deutschland wurden in keinen systematischen Zusammenhang gebracht, schon gar nicht unter der Überschrift „Revolution“. Das gilt ebenso für die „Allgemeine Zeitung“. Als klar zu erkennen war, daß die Entwicklung in ganz Deutschland gleichläufig war, verwendete Gervinus den zusammenfassenden Ausdruck „Reformbewegung“ und versuchte so eine klare begriffliche Scheidung von den Vorgängen in Frankreich.

Bassermanns erste Reaktion auf die Nachrichten aus Paris war, daß jetzt der Zeitpunkt gekommen sei, der „es uns in Deutschland ermöglichen würde, wenigstens einen Teil unserer so oft wiederholten Forderungen zur Erfüllung zu bringen“. Er war überzeugt davon, daß nun die freie Presse komme[23]. Ähnlich war die „Neue Speyerer Zeitung“ Georg Friedrich Kolbs in ihren ersten Meldungen über die Revolution in Frankreich der Ansicht, daß es jetzt nirgends mehr möglich sei, in der alten Weise fortzuregieren. Auf diesen Gedanken kam sie einige Tage später wieder zurück: Die Revolution im Nachbarland werde über die Grenzen Frankreichs hinaus Wirkungen haben. Durchgreifende Verbesserungen in den Staats-, Provinzial- und Gemeindeverhältnissen seien zu erhoffen[24].

Als erste unternahmen es die Mannheimer Radikalen in einer schon für den 27. Februar angesetzten Bürgerversammlung im Aulasaal, die von der Bevölkerung gehegten Wünsche zu formulieren. Nach einleitenden Worten des durch lebhaften Zuruf aus der Mitte der etwa 2.500 Versammelten zum Vorsitzenden bestimmten Johann Adam von Itzstein schilderte der Buchhändler und Verleger Heinrich Hoff, in Bassermanns Augen „der keckste und energischste der Mannheimer Massenführer“[25], in eindringlicher Rede, wie sehr das deutsche Volk in der Vergangenheit von

Die Mannheimer Petition vom 27. Februar 1848 (Walter (1978), S. 326)

Hohe zweite Kammer!

Petition vieler Bürger und Einwohner der Stadt Mannheim, betreffend die endliche Erfüllung der gerechten Forderungen des Volkes.

Eine ungeheure Revolution hat Frankreich umgestaltet. Vielleicht in wenigen Tagen stehen französische Heere an unseren Grenzmarken, während Rußland die seinigen im Norden zusammenzieht. Ein Gedanke durchzuckt Europa. Das alte System wankt und zerfällt in Trümmer. Aller Orten haben die Völker mit kräftiger Hand die Rechte sich selbst genommen, welche ihre Machthaber ihnen vorenthielten. Deutschland darf nicht länger geduldig zusehen, wie es mit Füßen getreten wird. Das deutsche Volk hat das Recht zu verlangen:

Wohlstand, Bildung und Freiheit für alle Klassen der Gesellschaft, ohne Unterschied der Geburt und des Standes.

Die Zeit ist vorüber, die Mittel zu diesen Zwecken lange zu berathen. Was das Volk will, hat es durch seine gesetzlichen Vertreter, durch die Presse und durch Petitionen deutlich genug ausgesprochen. Aus der großen Zahl von Maßregeln, durch deren Ergreifung allein das deutsche Volk gerettet werden kann, heben wir hervor:

1) Volksbewaffnung mit freien Wahlen der Offiziere.
2) Unbedingte Preßfreiheit.
3) Schwurgerichte nach dem Vorbilde Englands.
4) Sofortige Herstellung eines deutschen Parlamentes.

Diese vier Forderungen sind so dringend, daß mit deren Erfüllung nicht länger gezögert werden kann und darf.

Vertreter des Volks! Wir verlangen von Euch, daß Ihr diese Forderungen zu ungesäumter Erfüllung bringet. Wir stehen für dieselben mit Gut und Blut ein und mit uns, davon sind wir durchdrungen, das ganze deutsche Volk.

Mannheim, den 27. Februar 1848.

seinen Regierenden mißhandelt worden sei und welche Gefahren jetzt drohten. Er schlug eine Petition an die Zweite Kammer vor, die durch eine möglichst zahlreiche Abordnung am nächsten Mittwoch, also am 1. März, dem Präsidenten der Zweiten Kammer, Mittermaier, in Karlsruhe übergeben werden sollte; durch einen solchen Akt werde unterstrichen, wie ernst es den Petenten mit ihren Forderungen sei. Sie müsse Pressefreiheit und Schwurgerichte, Schutz der Grenzen durch Volksbewaffnung und ein deutsches Parlament verlangen. Wenn dieses Beispiel auch in anderen deutschen Staaten Schule mache, sei am Erfolg der Bestrebungen nicht zu zweifeln. Struve, der die Petition verfaßt hatte, verlas dann den nur zwei Dutzend Zeilen umfassenden Text. In der Präambel war die Rede davon, daß die Völker sich überall mit kräftiger Hand die Rechte genommen hätten, die ihnen bis dahin vorenthalten worden seien, und auch das deutsche Volk dürfe sich nicht länger mit Füßen treten lassen. Es habe „das Recht zu verlangen: Wohlstand, Bildung und Freiheit für alle Klassen der Gesellschaft, ohne den Unterschied der Geburt und des Standes“. Damit war ein sehr weites Feld umrissen. Die knappe Formulierung ließ sich verschieden ausdeuten, wer aber Struve und sein Wirken kannte, las sie im Lichte der ebenfalls Struve verfaßten „Forderungen des Volkes“, die auf Initiative der Mannheimer Radikalen am 12. September 1847 durch eine „Versammlung entschiedener Verfassungsfreunde“ im Offenburger 'Salmen' verabschiedet und damals von der Hoffschen Druckerei aus verbreitet worden waren. Struve verzichtete jetzt mit Blick auf eine möglichst breite Unterstützung auf eine detaillierte Wiederholung des damaligen Katalogs und beschränkte sich darauf, „aus der großen Zahl von Maßregeln, durch deren Ergreifen allein das deutsche Volk gerettet werden kann“, die dringendsten hervorzuheben, nämlich „1. Volksbewaffnung mit freien Wahlen der Offiziere. 2. unbedingte Preßfreiheit. 3. Schwurgerichte nach dem Vorbilde Englands. 4. sofortige Herstellung eines deutschen Parlaments." Diese Forderungen, so hieß es abschließend, seien so dringend, daß mit ihrer Erfüllung nicht länger gezögert werden dürfe. Die Vertreter des Volkes hätten sie deshalb zur ungesäumten Erfüllung zu bringen[26]. Die Diskussion über die Petition war äußerst lebhaft. Manchen Anwesenden war sie nicht entschieden genug, während die liberalen Wortführer im Saal die vier Punkte zwar bejahten, aber doch zur Besonnenheit rieten. Alexander von Soiron bestätigte Hoffs Einsicht, daß eine Eingabe an die Kammer ein durchaus gesetzlicher Schritt sei, verwies aber darauf, daß man dem übrigen Deutschland nicht vorauseilen dürfe. Ebenso betonte Bassermann, daß andere deutsche Staaten weit mehr Grund als Baden zur heftigen Bewegung hätten, ja, daß sie gegen die eigene Regierung gar nicht gerechtfertigt sei, sondern „nur als eine allgemeine deutsche, um dies sein zu können, müssen wir aber mit den übrigen deutschen Volksstämmen einig gehen, uns nicht als Badener, sondern als Deutsche betrachten". Dafür erhielt er höflichen Applaus, aber auch heftigen Widerspruch, so daß schließlich Mathy nochmals zur Besonnenheit riet[27]. Selbstverständlich wurde die Petition zum Beschluß erhoben. Hoff ließ sie sofort drucken und in Zehntausenden von Exemplaren an alle ihm bekannten Anschriften in Deutschland versenden – jeder Empfänger wurde gebeten, sie und den sie begleitenden Aufruf unverzüglich zu verbreiten. In diesem Aufruf forderten die Mannheimer Radikalen alle „Männer der Tat" dazu auf, zusammenzutreten, zu beschließen und zu vollziehen, was dem Volke not tue – „die ewigen Rechte des Volkes sollen und müssen jetzt zur Wahrheit werden"[28].

Wegen dieser Aufforderung zu massenhafter Verbreitung nannte Bassermann die Mannheimer Versammlung den „Schneeball (...), der zur deutschen Lawine wurde"[29]. Damit übertrieb er freilich. Zwar wurde der Mannheimer Katalog in viele der Ende Februar und Anfang März überall in Deutschland formulierten Petitionen übernommen, aber die Mehrheit dieser Texte entstand ohne die Struvesche Vorlage. So auch im Rhein-Neckar-Raum. Eine von Mittermaier geleitete Bürgerversammlung in der Aula der Heidelberger Universität schloß sich am 29. Februar den Mannheimer Forderungen an[30]. Sehr viel detaillierter war dagegen die Adresse an die Zweite Kammer Hessens, die eine zahlreich besuchte Versammlung am 1. März in Worms verabschiedete. Hier wurde es als nötig bezeichnet, „daß in unserem Lande die konstitutionelle Regierung im Geiste der Neuzeit eine Wahrheit werde" und „daß der Beamtenstand nicht mehr trennend zwischen Fürst und Volk stehe". Im einzelnen wurden die Pressefreiheit, die Wiederherstellung der rheinischen Institutionen, also des bei der Eingliederung Rheinhessens in das Großherzogtum verbürgten Rechts aus französischer Zeit, die Abschaffung des neuen Strafgesetzbuches und der Verzicht auf das noch nicht eingeführte Polizeistrafgesetzbuch, die Vereidigung des Militärs auf die Verfassung, die unverzügliche Volksbewaffnung, die Errichtung einer Bürgerwehr, der Ausbau der Selbstverwaltung, das unbeschränkte Vereins-, Versammlungs- und Petitionsrecht, die zeitgemäße Ausgestaltung der Verfassung und eine Volksvertretung am Bunde erbeten[31]. In Neustadt an der Haardt formulierten die pfälzischen Mitglieder der bayerischen Abgeordnetenkammer am 4. März eine Adresse an den König und verlangten die Berufung des Landtags, die Revision der Verfassung und namentlich des Wahlrechts, so daß eine wirkliche Repräsentation der Bevölkerung stattfinde, die Herstellung der Pressefreiheit, die Schaffung eines volksgewählten deutschen Parlaments, die Vereidigung des Militärs auf die Verfassung, Volksbewaffnung, Öffentlichkeit und Mündlichkeit in der Rechtspflege, ferner Schwurgerichte, die Trennung von Justiz und Verwaltung, Glaubensfreiheit, Gewerbefreiheit, Versammlungsfreiheit, Revision des Kommunalrechts und der Steuergesetzgebung sowie Beseitigung der Feudallasten überall da, wo das noch nicht geschehen war[32]. Dieser Katalog wurde am 7. März in Speyer von einer Versammlung mehrerer hundert Bürger auf dem Rathaus übernommen.

Ein Punkt, der in den ersten Revolutionswochen großes Gewicht hatte, muß noch besonders erwähnt werden. Nach Bassermanns völlig zutreffendem Eindruck war es „die fast allgemeine Ansicht", daß die nächste Folge der Ereignisse in Paris „ein Krieg mit Frankreich sein würde", und der „durfte Deutschland nicht in dem Zustande der Spaltung und der Unzufriedenheit finden"[33]. Als Welcker am Morgen des 26. Februar in der Zweiten Kammer auf „die Erschütterung in unserem größern Nachbarstaat" zu sprechen kam, sah er zwar die Aktien der Freiheit in Deutschland gehoben, blickte zugleich aber mit großer Sorge in die Zukunft und forderte deshalb „das feste Zusammenhalten des ganzen Vaterlandes", Einigkeit bei der Verteidigung der Throne und „zur Verteidigung des Volkes nach innen und außen"[34]. Hinter dieser Bemerkung stand ebenfalls die Furcht vor einem Kriege. In den Mannheimer Märzforderungen lautete der zweite Satz: „Vielleicht in wenigen Tagen stehen französische Heere an unseren Grenzmarken, während Rußland die seinigen im Norden zusammenzieht"[35]. Gervinus sprach sofort davon, daß „die französische Republik (...) von dem Kriegsgelüste der Nation" getragen werde, und fragte, ob das „endlich Mahnung genug" sei, „uns zur wahren Einheit und Freiheit zu erheben". Der Bund entbehre für den Fall eines Krieges jeder Konsistenz, die äußere Gefahr dränge auf Schaffung der Einheit hin, „kein Staat, kein Stätchen in Deutschland" dürfe in der Werbung für diesen Gedanken zurückbleiben[36]. Kolb sah die Dinge etwas gelassener. Auch die „Neue Speyerer Zeitung" plädierte zwar dafür, daß Deutschland sich gegen Übergriffe rüsten solle, aber sie meinte zugleich, die in ganz Europa herrschende furchtbare Gärung mache „es glücklicherweise fast unmöglich", „daß man kurzweg einen Krieg beginne"[37]. Damit schätzte er die Lage realistischer ein als die meisten seiner Zeitgenossen, aber Grund zur Sorge gab es durchaus. Die Zeitungen brachten etliche Meldungen darüber, daß in Paris über Krieg gesprochen werde. So entnahm etwa die „Deutsche Zeitung" einem Straßburger Blatt die Mitteilung, der Pariser Korrespondent hoffe in wenigen Tagen anzeigen zu können, daß eine Armee an den Rhein marschiere, teilte einen Tag später mit, daß Rußland Truppen an der Grenze zur Donaumonarchie konzentriere, und berichtete wenig später über österreichische Rüstungen großen Ausmaßes mit Blick auf Italien[38]. Der neue französische Außenminister Lamartine beeilte sich zwar, in einem Zirkular an die Auslandsvertretungen der Republik zu versichern, daß Frankreich keine aggressive Macht sei, formulierte gleichzeitig aber doch Bedingungen, unter denen es das Recht habe, bewaffnet aufzutreten, dann nämlich, wenn es um die Wiederherstellung von in Europa unterdrückten Nationalitäten, um die Verteidigung der Schweiz oder um die Unabhängigkeit der italienischen Staaten sowie um die Bemühungen um ein einiges Italien gehe[39]. Damit waren Konfliktsgründe genug genannt, und man durfte nicht ausschließen, daß sich daran ein Krieg entzündete. So wäre es fahrlässig gewesen, sich in Sorglosigkeit zu wiegen. Die These, die Männer des Jahres 1848 hätten in den Frühjahrswochen in erster Linie deshalb auf eine Kriegsgefahr verwiesen, weil sie damit den Märzforderungen Nachdruck verleihen wollten, geht an der Wirklichkeit vorbei[40]. Im Gegenteil bestärkte sie die Sorge um die Sicherheit Deutschlands in dem Verlangen nach Durchsetzung der Märzforderungen.

Welcher der beiden Faktoren mehr Gewicht für das Ingangkommen der Bewegung in Deutschland hatte, das Bemühen, die Stunde zu nutzen, oder die Sorge vor Frankreich, ist nicht leicht zu entscheiden, aber vermutlich ist doch eher auf das erstgenannte Motiv zu verweisen. Mit Sicherheit kann jedoch gesagt werden, daß in Deutschland kaum jemand damit gerechnet hatte, die Situation werde sich derart zuspitzen. Das kam in den ersten Reaktionen vielfach zum Ausdruck. Die „Allgemeine Zeitung" etwa sprach von einer „Überraschung durch die Ereignisse in Paris", und in der Wormser Adresse hieß es, daß die Vorgänge der letzten Tage „wie ein Blitzstrahl aus heiterem Himmel in die Verhältnisse Europas zündend geschlagen" hätten[41]. So gilt die 1948 von Stadelmann getroffene Feststellung nach wie vor: „ohne das dramatische Geschehen in Paris" hätte es „zu diesem Zeitpunkt keine revolutionäre Psychose, keine Märzministerien und keine Nationalversammlung in Deutschland gegeben". Trotz aller auch hierzulande vorhandenen Unzufriedenheit, die Stadelmann in den ersten Kapiteln seiner Darstellung klar herausarbeitete, kam der zündende Funke „schließlich unvermutet und plötzlich"[42].

Die außerordentliche Wirkung, die das auslösende Ereignis hatte, war – mit Blick auf die auswärtigen Beziehungen – ein Beleg für das hochentwickelte Nationalgefühl überall in Deutschland. Die Furcht vor Frankreich, „über dessen feindliche Tendenzen niemand mehr einen Zweifel hegt"[43], bewirkte eine Solidarisierung, die noch über den Höhenflug der gesamtdeutschen Stimmung in der Rheinkrise des Jahres 1840 hinausging. Hinsichtlich der inneren Verhältnisse war die Bereitschaft der meisten Zeitgenossen, die Stunde für einen entschiedenen Wandel zu nutzen, Reaktion auf den riesigen Reformstau, der sich in den zurückliegenden Jahrzehnten gebildet hatte, und Beleg für die Kluft, die dabei zwischen Regierenden und Regierten entstanden war. Das sahen auch die Monarchen und ihre Minister ganz klar. In den deutschen Klein- und Mittelstaaten gab es kein oder kaum ein Zögern von Herrschern und Regierungen, bis die Erfüllung der Märzforderungen zugesagt und in den Spitzenpositionen ein umfangreiches Personalrevirement zugunsten der Liberalen vorgenommen wurde. In Baden konnte Innenminister Bekk schon am Morgen des 29. Februar mitteilen, daß der Großherzog zur unverzüglichen Vorlage von Gesetzentwürfen über Volksbewaffnung, Pressefreiheit und Schwurgerichte bereit sei; auf diese rasche Entscheidung hatte Bassermann hingewirkt, um der entstehenden Bewegung sogleich die Spitze abzubrechen. Nachdem Mittermaier in der Heidelberger Bürgerversammlung am gleichen Tage über diese Entwicklung berichtet hatte, wurde die Versammlung mit einem Hoch auf den ersten deutschen Fürsten beendet, der sich vertrauensvoll mit dem Volke verbunden hatte[44]. Am 2. März beschloß die Kammer einen langen Maßnahmenkatalog, dessen Realisierung Baden zu einem unzweifelhaft liberalen Staat machen mußte: Aufhebung der Ausnahmegesetze, Ministerverantwortlichkeit, Verfassungseid der Beamten, Aufhebung der Reste des Feudalsystems, gerechte Verteilung der Steuerlast, Förderung des Gewerbes und der Handarbeit, Sicherung der richterlichen Unabhängigkeit, Beseitigung des privilegierten Gerichtsstandes, Volksvertretung am Bunde[45]. Der Großherzog ermächtigte Bekk sogleich, die Erfüllung alles dessen zuzusagen. Das Ämterrevirement wurde bis Mitte März vollzogen, am 9. des Monats ein liberales Ministerium unter Bekk gebildet. Der hessische Großherzog ließ am 4. März durch seinen leitenden Minister in der Zweiten Kammer Mitteilung über einige Reformgesetze machen und fand damit öffentlichen Beifall, den Oppositionsführern erschienen diese Konzessionen aber doch nur als erster Schritt. So nahm der Monarch am folgenden Tage seinen Sohn, den Erbgroßherzog Ludwig, zum Mitregenten an, was tatsächlich die Abdankung zu dessen Gunsten bedeutete. Am 6. März wurde Heinrich von Gagern, seit Anfang 1847 Abgeordneter für Worms und der prominenteste hessische Liberale, zum Innen- und Außenminister und zum Vorsitzenden des Gesamtministeriums ernannt. Die neue Regierung nahm die Reformarbeit tatkräftig in die Hand[46]. König Ludwig I. von Bayern kündigte am 6. März die Berufung des Landtags an, dem er eine Reihe von Gesetzentwürfen zur Erfüllung der liberalen Forderungen vorlegen wollte, befahl die unverzügliche Beeidigung des Heeres auf die Verfassung und die sofortige Einstellung der Zensur und versprach, „Teutschlands Einheit durch wirksame Maßnahmen zu stärken" und deshalb „die schleunige Revision der Bundes-Verfassung in Gemäßheit der gerechten Erwartungen Teutschlands herbeizuführen"[47]. Auch der Bundestag ging unter der tatkräftigen Führung des preußischen Gesandten – sein österreichischer Kollege, der nach der Bundesakte den Vorsitz hatte, war seit längerer Zeit abwesend – ganz entschieden auf Reformkurs. Schon am 29. Februar setzte er eine Kommission zur Prüfung der Lage des Bundes ein. Auf Antrag dieses Ausschusses kündigte er am 1. März an, daß Deutschland auf die Stufe gehoben werde, die ihm unter den Nationen Europas gebühre, und appellierte an alle, dahin zu wirken, daß „die gesetzliche Ordnung nirgends verletzt werde"[48]. In dieser Verlautbarung stand noch die außenpolitische Lage im Mittelpunkt, wenig später aber ermächtigte der Bundestag die Einzelstaaten zur Einführung der Pressefreiheit, und am 8. März nahm er den Bericht des am 29. Februar eingesetzten politischen Ausschusses entgegen. Der Vortrag begann „mit dem betrübenden Bekenntnis (...), daß der Deutsche Bund und sein Organ, die Bundesversammlung, längst schon das allgemeine Vertrauen in ihre gedeihliche Wirkung verloren haben" und daß „die Grundverfassung des Bundes (...) eine mangelhafte und ungenügende" sei. Demgemäß sprach das Gremium seine Überzeugung aus, „daß eine Revision der Bundesverfassung auf wahrhaft zeitgemäßer und nationaler Grundlage notwendig sei"[49]. Zwei Tage später erging die Aufforderung an alle einzelstaatlichen Regierungen, „Männer des allgemeinen Vertrauens", also Liberale, „und zwar für jede der 17 Stimmen des engeren Rats einen", bis Ende des Monats nach Frankfurt zu entsenden; sie sollten bei der Revision der Bundesakte „mit gutachtlichem Beirat" helfen[50]. Für Baden trat Bassermann in dieses Gremium ein, für Hessen der Gutsbesitzer und Rechtsanwalt Karl Theodor Langen, der Gagern bei der Wahl in Worms nur knapp unterlegen war, und die Hansestädte baten Gervinus darum, diese Aufgabe zu übernehmen. Auch der Bundestag wurde im Laufe des März personell erneuert. Badischer Vertreter wurde Welcker, bayerischer Gesandter war von Ende März für knapp fünf Wochen der Frankenthaler Rechtsanwalt Friedrich Justus Willich. Politiker aus dem Rhein-Neckar-Raum hatten jetzt mithin in Frankfurt einen beachtlichen Einfluß.

Noch vor dem Votum des Bundestags für eine zeitgemäße Erneuerung Deutschlands tagten am 5. März, also am zweiten Sonntag der Revolutionszeit, in Heidelberg auf Anregung des württembergischen Liberalen Friedrich Römer 51 fortschrittliche Politiker, die meisten unter ihnen Liberale und nur wenige Radikale, „um in diesem Augenblick der Entscheidung über die dringendsten Maßregeln für das Vaterland sich zu besprechen." Gekommen waren unter anderem Bassermann, Gagern, Gervinus, Hecker, Itzstein, Mathy, Struve, Welcker, Willich und der Heidelberger Historiker Häusser – daß der Rhein-Neckar-Raum stark vertreten war, verstand sich angesichts des Tagungsortes Heidelberg von selbst. Die Versammelten betonten in einer von Welcker entworfenen Erklärung, daß Deutschland nicht in einen Krieg verwickelt werden, daß es aber auch kein Bündnis mit Rußland suchen dürfe. Sie bezeichneten „die Versammlung einer in allen deutschen Landen nach der Volkszahl gewählten Nationalvertretung" als „unaufschiebbar, sowohl zur Beseitigung der nächsten inneren und äußeren Gefahren wie zur Entwicklung der Kraft und Blüte deutschen Nationallebens." Sie setzten einen Siebener-Ausschuß ein, der für Wahl und Einrichtung eines deutschen Parlaments Vorschläge machen und zudem „baldmöglichst eine vollständigere Versammlung von Männern des Vertrauens aller deutschen Volksstämme" – das sogenannte Vorparlament – zusammenberufen sollte[51]. Dieser Kommission gehörten Gagern, Itzstein, Welcker und Willich sowie der Rheinländer Carl Stedmann, der Frankfurter Georg Christoph Binding und Römer aus Stuttgart an. Sie traf sich eine Woche später und verständigte sich nach einer Vorlage Welckers auf das Programm eines konstitutionell verfaßten Bundesstaates[52].

Die meisten Zeitgenossen erlebten all das sehr emotional. Veit Valentin beschrieb das vor zwei Menschenaltern mit poetischen Worten: „Dieser Frühling von 1848 war ein Naturerlebnis, wie es unser karges Klima auch den glücklicheren Landen an Rhein, Main und Neckar nur selten, den nördlicheren und östlicheren Gauen fast nie spendet. Die verführerische Sonne ließ auch in den Menschen etwas Ungeahntes aufblühen: sie sammelten sich und sprachen, sie forderten und erreichten alles, sie bekränzten sich, sie tranken sich zu und feierten. Feinde umarmten sich, Verbannte und Verketzerte stiegen auf zu frohlockender Führerschaft (...) und alle waren gerührt." In immer neuen Wendungen beschwor Valentin die gehobene Stimmung und die allgemeine Eintracht,[53] aber sein poetischer Schwung ließ ihn doch viele Brüche und Klüfte übersehen. Gewiß kam es vor, daß Feinde sich in diesen Tagen versöhnten, aber der Normalfall war doch anders. Liberale und Radikale, die trotz deutlich unterschiedlicher Sehweisen und Wertungen[54] unter dem vormärzlichen Druck seitens der Regierungen am gleichen Strick gezogen hatten, traten jetzt noch weiter auseinander als schon 1847 und begegneten sich eher als Gegner denn als Konkurrenten. Ein Vorgeschmack dessen war auf der Mannheimer Volksversammlung am 27. Februar klar zu spüren. Zwar erhielten die Gemäßigten noch höflichen Applaus, als sie zur Besonnenheit rieten, aber Rede und Gegenrede gingen doch deutlich hin und her. In der Folge vertiefte sich der Riß weiter. Als einige Wochen später, beim ersten großen Treffen des inzwischen gebildeten Mannheimer Volksvereins, Carl Hoff, der Bruder des Verlegers, als Tagungsleiter einleitend die konstitutionelle Monarchie „als die einzige für uns zuträgliche und mögliche Regierungsform" bezeichnete, wurde das immerhin angehört. Dann sprach Heinrich Hoff. Seine Feststellung „Die alte Zeit ist tot, und mit ihr die Gesetze!" wurde mit lebhaftem „Bravo!" begrüßt, Carl Hoffs dagegen geltend gemachter Einwand, Heinrichs These sei „blutiger Aufruhr", führte zu lebhaften Tumulten und zur tätlichen Bedrohung Carls[55]. Dieser Vorgang illustriert den Gegensatz sehr schön: Die Liberalen wollten so wenig Revolution wie möglich und am liebsten gar keine, die Radikalen aber wollten über das alte System ganz hinweg. Gervinus mied, wie oben schon bemerkt wurde, mit Blick auf Deutschland sogar das Wort Revolution und sprach von „gesetzlicher Agitation" oder von „Reformbewegung"[56]. Nur gelegentlich formulierte er anders. Die Entwicklung in Baden an der Wende vom Februar zum März feierte er als „großartige Erhebung" der Bürger für die Rechte der Nation, wobei er 'Erhebung' selbstverständlich nicht als Aufstand dachte, sondern im moralischen Sinne. Nach der Massendemonstration in Karlsruhe am 1. März bei Überbringung der Mannheimer Petition, die leicht in eine Erstürmung der Kammer hätte umschlagen können und vielfach tumultuös war, schrieb er erleichtert: „Die badische Revolution ist in friedlicher Weise, ohne Verletzung der Gesetze vollendet"[57]. Die radikalen Elemente der Bewegung spielte er möglichst herunter, verschwieg sie aber nicht ganz. Mit Unmut notierte er, daß es neben der legalen liberalen und legalistischen Strömung noch eine andere gab, „deren Ziel der Zerstörungstrieb ist". Und mit wahrem Degout illustrierte er das mit der Tatsache, daß eine betrunkene Rotte in der Nacht vom 28. auf den 29. Februar in Karlsruhe „Es lebe die Republik!" und „Wir wollen Blut saufen!" gerufen habe[58]. Letzteres wollte Heinrich Hoff gewiß nicht, aber für die Republik war er ganz entschieden, wenn er das zunächst auch nicht öffentlich sagte. Im privaten Gespräch erklärte er dagegen von Anfang an unumwunden: „Gerade jetzt gilt's, die Fürsten müssen alle zum Teufel"[59].

Zwischen dieser Position und dem Reformkurs der Liberalen gab es keine Brücke. Die spektakulären Ereignisse während des Revolutionsjahres gingen gemeinhin nicht auf die liberalen Reformer zurück, die nur mehr eine ruhige legislative und administrative Arbeit im Sinn hatten, da sie jetzt im Besitz der Macht waren, sondern wurden von den Radikalen in Gang gebracht. Für diese war die Revolution nicht mit dem Wechsel von den vormärzlichen Regierungen zu den Märzministerien, mit der Aufnahme liberaler Gesetzgebungstätigkeit und mit dem Beginn der Verfassungsarbeit für einen deutschen Bundesstaat beendet, sie wollten sie vielmehr weiter vorantreiben und vertiefen. Dabei überschätzten sie freilich ihre Basis in der Öffentlichkeit erheblich, und das war ein ganz wesentlicher Grund für ihr Scheitern. Ihre besten Positionen hatten sie sicher in Südwestdeutschland, aber im gesamten Bundesgebiet waren sie doch nur eine Nebenströmung. Gleichwohl finden sie in der Rückschau über hundert und mehr Jahre und namentlich in der Publizistik offenbar mehr Aufmerksamkeit als die Liberalen. Sie werden vielfach als „die Pioniere des modernen freiheitlichen und parlamentarischen Rechts- und Verfassungsstaats" angesehen. Dabei werden ihre Konzeptionen freilich falsch eingeschätzt und auf jeden Fall die Gewichte zwischen ihnen und den Liberalen kräftig und unzulässig verschoben. Von Uwe Backes wurde das jüngst umfassend belegt[60].

Nicht in das radikale Bemühen um die Weiterentwicklung der Revolution gehörten Vorgänge, die in der zweiten Märzwoche einer breiteren Öffentlichkeit bekannt wurden. Am 8. März berichtete die „Deutsche Zeitung" kurz über Judenexzesse in Neckarbischofsheim[61]; sie hatten am 4. März stattgefunden und waren der erste Ausdruck einer spezifisch agrarischen Variante der Revolution, die in verschiedenen Ausprägungen sehr schnell beachtliche Teile Südwestdeutschlands, Frankens, Thüringens, Ostwestfalens, Südniedersachsens und Schlesiens erfaßte. Die Neckarbischofsheimer zwangen den Grafen von Helmstadt am 6. März vor Gemeinderat und Bürgerausschuß zum schriftlichen Verzicht auf seine Rechte. Dabei gaben sie sich offensichtlich der Illusion hin, dieser Akt werde auch die staatliche Anerkennung finden. Der Grundherr erhielt eine knappe Urkunde zur Unterschrift vorgelegt: „Verhandelt zu Neckarbischofsheim den 6. März 1848. Gegenwärtig Gemeinderat und Bürgerausschuß. Seiner Hochgeboren Herr Graf Karl von Helmstadt verzichtet für sich und im Namen meines Bruders Max von Helmstadt auf alle Vorrechte, namentl. auf das Patronat der Pfarrer und Lehrer, auf das Recht bei Bürgermeisterwahlen, auf die Jagdberechtigung hiesiger Gemarkung, das Recht bei Bürgerannahmen, überhaupt auf alle Berechtigungen, welche wir auf hiesiger Gemarkung und Gemeinde besitzen für jetzt und alle Zukunft – urkundlich." Der Graf unterschrieb vorbehaltlich der Zustimmung seines abwesenden Bruders und machte auch sonst manche Einschränkungen. Er sei bereit, das Präsentationsrecht für Pfarrer und Schullehrer und ebenso das Jagdrecht aufzugeben, allerdings nur zugunsten der ganzen politischen Gemeinde Neckarbischofsheim, und zwar so, daß dieses Recht zugunsten der Gemeindekasse verpachtet werde. „Dies habe ich im Vertrauen auf meine braven Bürger von N. und Mitbürger vertrauensvoll auch unter Verzicht auf die Bürgermeisterwahl dahier mit Zuversicht auf unsere Kammer und den Großherzog, daß durch Gesetze dem Wunsche des Volkes in Bälde widerfahren werde (...) unterschrieben“[62].

Noch Anfang März war aus den ländlichen Gebieten berichtet worden, daß es hier ruhig sei, wenn auch Unterschriften für Petitionen gesammelt würden. Um so überraschter waren die Behörden nun über diesen Vorgang. Der Regierungsrat von Chrismar aus Mannheim, der sich am 6. März zur Untersuchung des Judenkrawalls zwei Tage zuvor in Neckarbischofsheim aufhielt, bekam von der Regierung des Unterrheinkreises sofort den Auftrag, die versammelten Gemeindeangehörigen der grundherrlichen Orte darauf hinzuweisen, daß ein Vorgehen wie das in Neckarbischofsheim ungesetzlich sei, daß die grundherrlichen Rechte wie jedes andere Eigentum unter dem Schutz der Verfassung stünden und daß Änderungen der bestehenden Verhältnisse nur auf dem Wege der Gesetzgebung erfolgen könnten. Eine entsprechende Vorlage sei bereits in Arbeit. Erzwungene Verzichte hätten selbstverständlich keine Geltung. Sollte die Bewegung nicht aufhören, so werde der Staat nötigenfalls mit Militärmacht einschreiten und die dabei anfallenden Kosten durch die beteiligten Gemeinden begleichen lassen. Diese Beschwichtigungsaktion kam gar nicht erst in Gang. Ehe Chrismar sie durchführen konnte, war das gesamte Gebiet des grundherrlichen und des mediatisierten Adels in Nordbaden von der Bewegung erfaßt. Das Zentrum dieser Unruhen lag, der Verteilung der mediatisierten Besitzungen entsprechend, außerhalb des Rhein-Neckar-Raumes im Odenwald und im badischen Bauland, also im heutigen Neckar-Odenwald-Kreis. Im Kraichgau waren neben Neckarbischofsheim Steinsfurt, Sinsheim, Sulzfeld, Flehingen, Sickingen und Wössingen besonders betroffen[63]. Überall handelten die Gemeinden kollektiv oder doch große Teile der Bevölkerung, oft unter Führung ihrer legitimen Vertreter, überall wurden die Grundherren durch Gewalt oder Androhung von Gewalt zum Verzicht auf ihre Rechte gezwungen, wobei ein gewisses Maß an Gewalt häufiger war als nur die Drohung. Daß eine Weigerung schwere Folgen haben mußte, machten die Zerstörungen deutlich, die vielfach angerichtet wurden. Überall wurden auch die Juden zum Verzicht auf ihre Forderungen oder zum Ausstellen von Quittungen für Zahlungen gezwungen, die sie nicht erhalten hatten, und mancherorts wurden sie vertrieben.

Manche zeitgenössischen Beobachter fürchteten, die Bewegung werde sich „zu einem zweiten Bauernkrieg gestalten“[64], und auch in der Geschichtsschreibung wurde diese Parallele oft gezogen. So wurde etwa darauf verwiesen, daß damals die Erinnerung an den Bauernkrieg 325 Jahre zuvor noch lebendig gewesen sei, und Friedrich Lautenschlager fragte sogar, ob etwa die bäuerliche Zerstörungswut in den Märztagen 1848 die rächende Nemesis für das gewesen sei, „was die Vorfahren des Adels vor 300 Jahren nach dem blutigen Niederwerfen des Bauernaufstandes als die erbarmungslosen Sieger an den Grundholden gesündigt hatten, der Märzaufstand ein letztes Aufflackern jener alten Kämpfe“. Den Zusammenhang über Jahrhunderte hin hielt er jedenfalls für unverkennbar[65]. Tatsächlich benutzten die Bauern ein weit zurückreichendes Handlungsmuster von Aufsässigkeit, und deshalb erinnerten ihre Aktionen denn auch weit mehr an traditionellen sozialen Protest als an eine revolutionäre Bewegung. „Eine Revolution war das nicht“, urteilte etwa Wolfram Siemann[66]. Immerhin wurde dies Geschehen aus älterer Wurzel von der Nachricht über die Revolution in Frankreich und mehr noch über deren Rezeption in Mannheim angestoßen. Auch sollte man den Bauern nicht, wie das zeitgenössische Beobachter taten, bescheinigen, daß sie eigentlich gar nicht gewußt hätten, worum es bei der Revolution ging. Darin äußerte sich ein gerütteltes Maß an städtischem Hochmut. Schließlich hatten sie seit inzwischen einer Generation als Urwähler und Wahlmänner oder als Verfasser und Unterzeichner von Petitionen am konstitutionellen Leben teilgenommen. Aber das war jetzt nicht ihr Thema. Sie entschlossen sich unter dem Eindruck der revolutionären Bewegung, handfeste Interessenpolitik zu treiben, freilich in

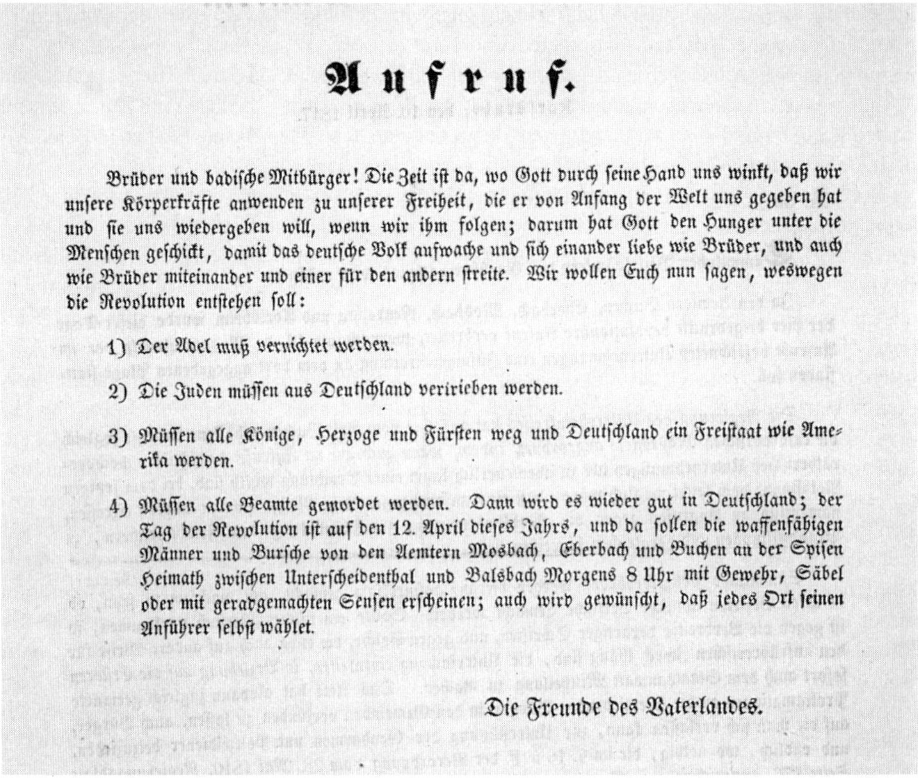

Aufruf.

Brüder und badische Mitbürger! Die Zeit ist da, wo Gott durch seine Hand uns winkt, daß wir unsere Körperkräfte anwenden zu unserer Freiheit, die er von Anfang der Welt uns gegeben hat und sie uns wiedergeben will, wenn wir ihm folgen; darum hat Gott den Hunger unter die Menschen geschickt, damit das deutsche Volk aufwache und sich einander liebe wie Brüder, und auch wie Brüder miteinander und einer für den andern streite. Wir wollen Euch nun sagen, weswegen die Revolution entstehen soll:

1) Der Adel muß vernichtet werden.

2) Die Juden müssen aus Deutschland veririeben werden.

3) Müssen alle Könige, Herzoge und Fürsten weg und Deutschland ein Freistaat wie Amerika werden.

4) Müssen alle Beamte gemordet werden. Dann wird es wieder gut in Deutschland; der Tag der Revolution ist auf den 12. April dieses Jahrs, und da sollen die waffenfähigen Männer und Bursche von den Aemtern Mosbach, Eberbach und Buchen an der Spisen Heimath zwischen Unterscheidenthal und Balsbach Morgens 8 Uhr mit Gewehr, Säbel oder mit geradgemachten Sensen erscheinen; auch wird gewünscht, daß jedes Ort seinen Anführer selbst wählet.

Die Freunde des Vaterlandes.

Das 'politische Programm' der Agrarunruhen im Frühjahr 1848 nimmt bereits – in seiner radikalsten Ausprägung – ein schon im Vorjahr im Odenwald kursierender Aufruf der „Freunde des Vaterlandes" vorweg. Für den 12. April 1847 wird zur „Revolution" aufgerufen. (Vorlage: GLAK)

Aktionsformen, die auf dem Lande wiederholt benutzt worden waren. Sie wollten die Belastung aus der Grundherrschaft nun endlich loswerden, nachdem seit Erlaß der Verfassung Jahrzehnte verstrichen waren, ohne daß die Ablösungsproblematik erledigt werden konnte[67]. In ihrem Vorgehen spiegelte sich ein kräftiges Mißtrauen in die Wirksamkeit des Parlaments wider, ganz abgesehen davon, daß sie, als sie sich zum Handeln entschlossen, vermutlich über die inzwischen in Karlsruhe in Gang gekommene Gesetzgebungsarbeit kaum informiert waren. Jedenfalls vertrauten sie der Selbsthilfe mehr als dem Landtag.

Das Ministerium reagierte wie angekündigt mit der Entsendung von Truppen in die gefährdeten Gebiete. Zu Zusammenstößen mit den Bauern kam es dabei nicht. Die militärischen Demonstrationen sorgten für eine Dämpfung der Bewegung, brachten sie jedoch nicht ganz zum Erliegen. Unter den Anführern wurden Verhaftungen vorgenommen. Als die Soldaten trotz der Warnungen der Verwaltungsbeamten vor Ort Mitte März weitgehend abgezogen wurden – der Regierung schien eine Truppenkonzentration um Karlsruhe und Offenburg vordringlicher – flackerte die Unruhe bald wieder auf und erreichte einen neuen Höhepunkt zwischen dem 28. März und dem 4. April; dabei wurde auch das Gölersche Schloß in Sulzfeld verwüstet.

Die Zweite Kammer hatte schon am 3. März die völlige Beseitigung der Reste des Feudalwesens verlangt, aber bei dem üblichen Gang der Gesetzgebung war dafür einige Zeit erforderlich. Als sich die Meldungen über das bäuerliche Vorgehen häuften, ging Ministerpräsident Bekk in die Offensive. Am 10. März, nach Sitzungsschluß der Zweiten Kammer, ließ er die wieder herbeigeholten Abgeordneten nochmals zusammentreten, weil er ihnen eine Vorlage machen wollte, „die sogleich in die Zeitung muß"[68]. Dies war ein kurzer Gesetzentwurf über die sofortige Aufhebung der Feudallasten unter Vorbehalt einer durch die spätere Gesetzgebung festzulegenden Entschädigung. Kommissionsarbeit und Plenardebatte wurden sehr schnell erledigt. Schon am 18. März war die Zweite Kammer mit der Vorlage fertig; sie zählte in dem einstimmig angenommenen Gesetz alle davon betroffenen Leistungen einzeln auf, da sie keine Zeit mit einer Definition des Begriffs Feudallasten verbringen wollte. Über die Jagd- und Forstberechtigungen, die Erb- und Todbestände sowie Schupflehen und den Lehensverband sollten besondere Gesetze ergehen. Die Erste Kammer trat diesem Beschluß im April mit allen gegen eine Stimme bei. So konnte das Gesetz am 14. April verkündet werden. Mit einem Gesetz über die Entschädigungspflicht der Gemeindeangehörigen „wegen der in den Gemeinden bei Zusammenrottungen verübten Verbrechen" war man schneller zur Hand. Es trat schon am 1. April mit Wirkung vom 12. März in Kraft und machte die Gesamtheit für die entstandenen Schäden haftbar[69]. Von dieser Möglichkeit wurde in der Folge konsequent Gebrauch gemacht.

Die eben erwähnte Truppenkonzentration in Mittelbaden geschah mit Blick auf eine in Offenburg zu erwartende Großveranstaltung. Die Führung der Mannheimer Radikalen hatte am 9. März „alle badischen Staatsbürger, welche das Recht haben, Wahlmänner zu wählen", für den Vormittag des 19. März zu einer allgemeinen Versammlung nach Offenburg geladen. Verhandlungsgegenstand sollte die Frage sein, wie „der Schutz der öffentlichen Ordnung und der Rechte des Volkes" gesichert werden konnte[70]. In der Struve entworfenen Einladung, der auch die nordbadischen Moderierten Mathy, Bassermann, Soiron und Welcker ihre Unterschrift gegeben hatten, war die Rede davon, daß die freiheitlichen Bestrebungen des badischen Volkes der Einigung entbehrten, was unbestreitbar zutraf, und daß sich die Aufregung in teilweise beklagenswerten Ausbrüchen äußere. Damit konnte nach Lage der Dinge nur die agrarische Bewegung gemeint sein, aber natürlich wurde die Offenburger Versammlung nicht dadurch veranlaßt, die Mannheimer Radikalen nutzten den Hinweis darauf nur, um zu unterstreichen, wie dringlich eine Verständigung über die weitere Entwicklung sei.

Am 18. März fand im Offenburger Gasthaus zur Post eine Vorbesprechung statt, an der Hecker, Struve, Itzstein und andere teilnahmen, darunter aus dem Seekreis der radikale Konstanzer Publizist Josef Fickler, dem der Ruf vorausging, er wolle auf jeden Fall die sofortige Verkündung der Republik durchsetzen. Ebenfalls aus dem Seekreis war Mathy gekommen, der dort in den Tagen zuvor Informationen gesammelt und im Auftrag der Regierung mäßigend auf die bäuerliche Bevölkerung eingewirkt hatte. Er war fest entschlossen, allen republikanischen Bestrebungen entschieden entgegenzutreten. Tatsächlich war an diesem Abend die Republik das zentrale Thema. Fickler argumentierte, wie man es von ihm erwartet hatte, „allein er fand sehr wenig Unterstützung. Selbst Hecker trat ihm mit Heftigkeit entgegen"[71] und warnte davor, die Republik aus dem Winkel heraus zu gründen. So kam es auf Mathy in dieser Stunde gar nicht so sehr an. Am folgenden Morgen verständigte man sich ebenfalls noch im kleinen Kreis über eine Landesorganisation der Volksvereine. In der anschließenden großen Versammlung sprachen vor einer riesigen Menge Itzstein, Struve, Soiron, der die gegenwärtige Versammlung mit der schweizerischen auf dem Rütli Jahrhunderte zuvor verglich, der Heidelberger Professor und Abgeordnete für Offenburg Christian Kapp, sodann Hecker, der Pfarrer Fecht aus Kork, Hofgerichtsrat Eller aus Mannheim, nach ihm Carl Hoff, des weiteren die beiden Konstanzer Fickler und Hermann Würth, schließlich Christian Friedrich Winter, Buchhändler in Heidelberg und Bürgermeister dortselbst, und der Schopfheimer Fabrikant Ernst Friedrich Gottschalk. Die Mehrheit der Redner kam also aus dem Rhein-Neckar-Raum. In einigen dieser kurzen Ansprachen wurde auch die Frage einer Republik erörtert, aber doch nur als Zukunftsperspektive. Hecker verwies auf die Entscheidung einer deutschen Nationalversammlung, und auch Winter wollte diesem Parlament nicht vorgreifen. Nur Fickler bekannte sich als entschiedener Verfechter der Republik, erklärte aber gleichzeitig, er besitze die erste republikanische Tugend, Unterwerfung unter die Majorität. Gottschalk sagte für das Oberland ausdrücklich, daß man dort von einer Republik nichts wissen wolle. Das galt nicht nur für das

Oberland, sondern für die ganz überwiegende Majorität der Deutschen. Die Feststellung, die Republikaner hätten in Offenburg „zweifellos eine einmalige geschichtliche Chance verpaßt“[72], ist nichts weiter als Legendenbildung. Die Versammlung verabschiedete einen umfangreichen Forderungskatalog, der auch die landesweite Bildung vaterländischer Vereine vorsah[73].

Selbstverständlich wollten auch Hecker und Struve die Republik so bald wie möglich, aber eben noch nicht hier. Sie setzten auf die deutsche Nationalversammlung. Ihr Optimismus wurde allerdings schon im Vorparlament in Frankfurt Ende März und Anfang April ganz erheblich gedämpft. Ziemlich zu Beginn der Verhandlungen trug Struve dort in einem langen Antrag die Grundsätze vor, „mit deren Hilfe allein“ nach Ansicht der etwa anderthalb Dutzend Unterzeichner „Deutschland glücklich, geachtet und frei werden“ konnte. Sie entsprachen im wesentlichen dem Offenburger Beschluß vom 12. September 1847, forderten jetzt aber ausdrücklich „15. Aufhebung der erblichen Monarchie (Einherrschaft) und Ersetzung derselben durch frei gewählte Parlamente, an deren Spitze frei gewählte Präsidenten stehen, alle vereint in der föderativen Bundesverfassung nach dem Muster der nordamerikanischen Freistaaten“. Der Terminus Republik, den auch Struve offensichtlich als Reizwort erkannte, wurde bewußt vermieden. Struve verlangte Beratung seines Antrags, wollte es aber dem Sitzungsleiter überlassen, ob er den Katalog sofort zur Abstimmung bringen oder aber an eine Kommission verweisen wollte. Es entspann sich eine langwierige und lebhafte Debatte[74], in der sehr deutlich wurde, daß Struves Vorstellungen unter den 574 Anwesenden durchaus keine Mehrheit finden würden. Nach tumultuöser Zuspitzung wurde die Erörterung schließlich ohne Beschluß abgebrochen, und am Nachmittag dieses 31. März wurde einstimmig entschieden, daß man die Beratungen über eine deutsche konstituierende Versammlung aufnehmen wolle. Sie wurden zügig durchgeführt und erbrachten konkrete Beschlüsse, so den, daß auf 50.000 Einwohner ein Abgeordneter zu wählen sei, die Ausgestaltung des Wahlrechts aber den Einzelstaaten überlassen bleiben sollte. Die Bundesversammlung brachte das am 7. April in eine rechtlich einwandfreie Form und gab der weiteren Entwicklung damit einen sicheren Boden. Sie bezeichnete dabei diesen neuerlichen Beschluß als Ergänzung dessen vom 30. März und hielt damit auch ihre Ansicht aufrecht, eine Nationalversammlung solle so schnell wie möglich zusammentreten, „um zwischen den Regierungen und dem Volke das deutsche Verfassungswerk zu Stande zu bringen“[75]. Das zu diesem Zeitpunkt schon überwiegend mit Liberalen besetzte und von liberalen Regierungen instruierte Beschlußorgan des Deutschen Bundes betonte damit, daß die künftige Nationalversammlung nicht allein über die Reichsverfassung verfügen, sondern an die Mitwirkung der Einzelstaaten gebunden sein sollte.

Der Ausgang des Vorparlaments ließ eine konstitutionelle Monarchie erwarten, wie sie im Programm der Siebenerkommission enthalten war. Die Radikalen hatten eine empfindliche Niederlage erlitten. Das kam auch darin zum Ausdruck, daß Angehörige der äußersten Linken wie Hecker und Struve nicht in den Fünfziger-Ausschuß gewählt wurden, der unter Vorsitz Soirons die Bundesversammlung in der Folgezeit beraten und bei eintretender Gefahr für das Vaterland das Vorparlament wieder berufen sollte. Von der Mehrheit des Vorparlaments wurde die Gruppe um Hecker und Struve als problematisch, aber auch als so marginal eingeschätzt, daß man sie nicht in dieses Gremium aufnehmen wollte. Hecker kam nur auf den 51. Platz, Struve stand noch weiter hinten.

Mit der von Fickler in Offenburg beschworenen republikanischen Tugend der Unterwerfung unter die Majorität wollten Hecker und Struve sich nicht zufrieden geben. Noch in Frankfurt beschlossen sie in kleinem Kreis, nun von Baden aus zu handeln, wo sie ein großes republikanisches Potential vermuteten. Zunächst, am 5. April, drangen sie in Welcker, er möge den Großherzog zu einer Volksabstimmung über die Staatsform in Baden veranlassen. Dabei drohten sie, daß es im Falle der Ablehnung zu einem blutigen Kampf kommen werde. Gehe der Monarch aber auf ihr Verlangen ein, so wollten sie die in Straßburg sich sammelnden deutschen Arbeiter, von denen man allenthalben eine bewaffnete Invasion befürchtete, von ihrem Vorhaben zurückhalten. Welcker wies das Ansinnen zunächst zurück, übermittelte den Vorschlag dann aber doch nach Karlsruhe;

Das Guckkasten-Lied vom großen Hecker.

(Nach bekannter Melodei zu singen.)

1.
Seht, da steht der große Hecker,
Eine Feder auf dem Hut,
Seht, da steht der Volkserwecker,
Lechzend nach Tyrannenblut!
Wasserstiefeln, dicke Sohlen,
Säbeln trägt er und Pistolen,
Und zum Peter sagte er:
„Peter sei du Statthalter!"

2.
„Peter", sprach er, „du regiere
„Constanz und den Bodensee,
„Ich zieh' aus und commandire
„Unsre tapfre Arimée;
„Mit Polacken und Franzosen
„Wird der Herwegh zu mir stoßen,
„Und der stirbt lebendig eh'r,
„Als daß er ein Hundsfott wär'."

3.
Pflästerer und Schieferdecker,
Alles, niederig und hoch,
Alles jauchzte unserm Hecker,
Als er aus zum Kampfe zog.
Handwerksburschen, Literaten,
Tailleurs, Bauern, Advokaten,
Alles folgte rasch dem Zug,
Als er seine Trommel schlug.

4.
Rumbidibum, so hört' man's schlagen,
Rumbidibum Dumdumdumbum;
Und bei Straf' ließ Weißhaar sagen
Rings im ganzen Land herum:
„Thut euch schnell zusammenraffen,
„Gebt mir Mannschaft, Pferde, Waffen,
„Oder ich bring' Alles um;
„Rumbidibum Dumdumdumbum."

5.
Durch die Baar that man jetzt wandern,
Und hernach in's Wiesenthal,
Und daselbst stieß man bei Kandern
Auf Soldaten ohne Zahl.
Edler Gagern, wackre Hessen,
Wollt ihr euch mit Hecker messen?
Gagern, du kommst nicht zurück,
Vivat hoch die Republik!

6.
Gagern wollt' parlamentiren,
Doch das ist nicht Hecker's Art;
„Ich, sprach er, „soll retiriren,
„Ich mit meinem rothen Bart!?" —
Ach! nun hört' man Schüsse knallen,
General Gagern sah man fallen —
Und der tapf're Hinckeldey
Saß zu Pferde auch dabei.

7.
Und als Gagern war gefallen,
Fing man leider auf dem Rhein,
Zur Bekümmerniß uns Allen,
Unsern edeln Struwel ein;
Man that ihn in Eisen legen,
Aber von des Heckers wegen
Ließ der Oberamtmann Schey
Den Gefang'nen wieder frei.

8.
Kaiser, Weishaar, Struwel, Peter,
Alle trieb man allbereits
Gleichsam als wie Uebelthäter
In die schöne, freie Schweiz.
Doch der Peter, der kam wieder,
Legt die Statthalterschaft nieder,
„Denn, sprach er, ich werde alt,
„Und verlier' sonst mein' Gehalt."

9.
Hecker, sag, wo bist du, Hecker?
Legst die Hände in den Schooß?
Auf nun, du Tyrannenschrecker,
Jetzt geht es auf Freiburg los.
Badner, Hessen und Nassauer
Stehen dorten auf der Lauer.
Doch wir kommen schon hinein,
Denn neutral will Freiburg sein.

10.
All die schönen Stadtkanonen,
Großer Hecker, sie sind dein;
Und man ladet blaue Bohnen
Nebst Kartätschen schnell hineln.
Langsdorf will recognosciren,
Läßt sich auf den Münster führen,
Und guckt durch ein Perspektiv,
Ob es gut geht oder schief.

11.
Oben her vom Günterstahle,
Hinter Wald und Hecken vor,
Kam im Sturm mit einem Male,
Siegel's wildes, tapf'res Corps.
Aber uns're Hessenschützen
Ließen ihre Büchsen blitzen,
Und das Corps zog sich zurück,
Aus war's mit der Republik!

12.
Denn hinein zu allen Thoren
Stürmte jetzt das Militär,
Und die Freischaar war verloren
Trotz der tapfern Gegenwehr;
Alle, die sich blicken ließen,
That das Militär erschießen;
Alle Führer gingen durch,
Und erobert war Freiburg.

13.
Doch nun kamen Herwegh's Schaaren,
Er und seine Frau kam nach,
Kamen in der Chais gefahren
Auf dem Weg nach Dossenbach.
Doch zu ihrem großen Aerger
Sah man dort die Würtemberger;
Miller, dieser grobe Schwab,
Kam von einem Berg herab.

14.
Hecker's Geist und Schimmelpfennig
Machten da den Schwaben warm:
Herwegh sah's, er fuhr einspännig,
Und es fuhr ihm in den Darm.
Unter seinem Spritzenleder
Forcht' er sich vor'm Donnerwetter;
Heiß fiel es dem Herwegh bei,
Daß der Hinweg besser sei.

15.
„Ach, Madamchen, that er sagen,
„Aus ist's mit der Republik!
„Soll ich Narr mein Leben wagen?
„Nein! für jetzt nur schnell zurück!
„Laß für meinen Kopf uns sorgen,
„Komm' ich heut nicht, komm' ich morgen;
„Ach, wie kneipt's mich in den Leib,
„Wende um, mein liebes Weib!"

16.
Und Madam hieß ihn verkriechen
Sich in ihren treuen Schooß,
Denn er konnt' kein Pulver riechen,
Und es ging erschrecklich los;
Schimmelpfennig ward erstochen,
Manche Sense ward zerbrochen,
Und erschossen mancher Mann,
Die ich nicht all nennen kann.

17.
Also ist's in Baden gangen;
Was nicht fiel und nicht entfloh,
Ward vom Militär gefangen,
Liegt zu Bruchsal auf dem Stroh —
Ich, ein Spielmann bei den Hessen,
Der kann Baden nicht vergessen,
Der den Feldzug mitgemacht,
Habe dieses Lied erdacht.

„Das Guckkasten-Lied vom großen Hecker" – Obwohl sein Versuch, im Frühjahr 1848 in Baden durch einen Aufstand zu einer republikanischen Staatsform zu kommen, kläglich scheitert und er sich daraufhin zunächst in die Schweiz und dann nach Nordamerika absetzt, wird Hecker bald eine der populärsten Persönlichkeiten der Revolution. (Vorlage: StadtA Neustadt/W.)

die Regierung nahm ihn selbstverständlich nicht auf[76]. Mit Blick auf einen etwaigen Angriff aus dem Elsaß hatte der Deutsche Bund entlang der badischen Rheingrenze Truppen auch aus anderen deutschen Staaten aufstellen lassen. Am 7. April stand ein Antrag Heckers auf Zurückziehung dieses 'fremden' Militärs auf der Tagesordnung der Zweiten Kammer. Zu der Sitzung kam auch Mathy und kreuzte mit Hecker kurz die Klingen. Wie Welcker war auch Mathy der Überzeugung, Hecker plane mit seinen engeren politischen Freunden einen republikanischen Putsch. Als er am Morgen des folgenden Tages Fickler, von dem er am sichersten einen Gewaltstreich zugunsten der Republik erwartete, auf dem Bahnhof erblickte, sorgte er für dessen Verhaftung. Dieser Vorgang beförderte Heckers und Struves Entschließungen. Sie begaben sich auf getrennten Wegen nach Konstanz und verabredeten am 11. April mit den dortigen Radikalen, daß vier Kolonnen bewaffneter Demokraten vom Süden aus auf getrennten Wegen nach Offenburg und von dort gemeinsam nach Karlsruhe marschieren sollten. Damit hofften sie, eine allgemeine Zuwendung zu der in Konstanz schon am 12. April verkündeten Republik bewirken zu können. Das allzu hastig vorbereitete Unternehmen fand in der Bevölkerung des Oberlands bei weitem nicht die erwartete Resonanz – die Prognose, die Gottschalk am 19. März abgegeben hatte, bestätigte sich – und wurde von regulären Truppen bis zum 27. April ohne große Mühe niedergeworfen. Leider waren viele Opfer zu beklagen. Die Anführer entkamen ins Ausland, zahlreiche Teilnehmer gerieten in Gefangenschaft[77].

Unter den badischen Städten war neben Freiburg besonders Mannheim vom Heckerputsch betroffen. Die Stadt war seit Anfang März in lebhafter Bewegung. Errichtung, Ausstattung und Führung zunächst eines ganz von den Radikalen bestimmten Freikorps, bald aber auch der von der Regierung schon am 28. Februar als notwendig bezeichneten Bürgerwehr und das Verhältnis zwischen ihr und dem Freikorps sorgten für mannigfache Reibungen zwischen Radikalen und Libera-

Nach der durch ihn veranlaßten Verhaftung Ficklers muß sich Mathy vor den aufgebrachten Mannheimer Radikalen rechtfertigen. (Blos (1893), S. 189, Vorlage: LandesA Speyer)

Errichtung und Verteidigung der Barrikade an der Mannheimer Rheinbrücke am 26. April 1848 (Vorlage: LandesA Speyer)

len. Erstere warben lebhaft und tatkräftig für ihre Ziele, letztere suchten immer wieder zu mäßigen. So verliefen die vielfach abgehaltenen Versammlungen immer wieder stürmisch. Die Disziplin des in der Stadt stationierten Militärs nahm schnell ab, so daß der Stadtkommandant General v. Gayling am 3. April förmlich erklärte, die Ordnung in Mannheim nicht mehr garantieren zu können; wenig später wurde die Garnison ins Oberland verlegt. Die Kunde von der Verhaftung Ficklers führte zu tumultuarischen Szenen, und Mathy mußte tätliche Angriffe fürchten. Der Gemeinderat nahm seine Rechtfertigung einstimmig an, und als er, geschützt von der Bürgerwehr, vom Rathausbalkon aus zu einer großen Menge sprach, konnte er viele Zuhörer für sich gewinnen. Die Stimmung blieb ihm gegenüber aber doch mehrheitlich feindselig. Ihm und anderen Gemäßigten wurden Katzenmusiken gebracht. Am 16. April gab es im Anschluß an eine Kundgebung auf dem Paradeplatz erneut Tumulte, die sich gegen den früheren Zensor v. Uria richteten. Einen Tag später langten die ersten Nachrichten über den Heckerzug an und lösten weitere Krawalle aus. In den folgenden Tagen nahm die Gärung schnell zu, zumal, als sich das Gerücht verbreitete, Hecker habe einen großen Sieg errungen. Das Einrücken nassauischer Truppen führte zu Reibungen zwischen diesen auswärtigen Soldaten und Mannheimer Einwohnern. Besonders heftig war die Gärung am 26. April. An zwei Stellen wurden Barrikaden gebaut. Die nassauische Brückenwache zog sich auf die Mitte der Schiffbrücke zurück und holte vom linken Ufer bayerische Soldaten zur Hilfe. Bei dem sich nun entwickelnden Gefecht waren ein Toter und mehrere Verletzte zu beklagen. Eine aus Karlsruhe entsandte Ministerialkommission ließ die Anführer auf Seiten der Demonstranten verhaften, dabei auch Heinrich Hoff. Am 29. April wurde über Mannheim der Kriegszustand verhängt, da anders die Entwaffnung der Einwohnerschaft nicht möglich schien. Weitere fremde Truppen langten an, darunter von der Pfalz aus ein bayerisches Regiment, das an mehreren Tagen hintereinander demonstrativ durch die Stadt marschierte. Jetzt wurde auch die Bürgerwehr entwaffnet, deren anfängliche Zuverlässigkeit während des Heckerputsches erheblich ins Wanken gekommen war. Das große bayerische Kontingent wurde im Laufe der folgenden Wochen zwar allmählich verringert, aber erst Mitte Juli zog es endgültig ab. Die Kosten für seine mehr als zehn Wochen dauernde Anwesenheit waren von der Stadt zu tragen. Bemühungen um Befreiung von dieser Last führten zu nichts. Der Kriegszustand wurde schon am 10. Mai aufgehoben, aber Volksversammlungen blieben einstweilen verboten. Die massive militärische Präsenz sorgte für weitgehende Ruhe, einzelne Zwischenfälle gab es jedoch immer wieder[78].

Sehr viel ruhiger als in Mannheim ging es in Heidelberg zu. Hier hatten die Liberalen, unter ihnen zahlreiche Professoren, eine deutlich stärkere Stellung als in der Nachbarstadt. Aber auch hier trieben die Radikalen lebhafte Werbung und griffen dabei wiederholt zum beliebten Kampfmittel der Katzenmusiken, so gegen Gervinus, den sie wegen seines in der „Deutschen Zeitung" vertretenen Kurses angriffen. In Offenburg war am 19. März für den folgenden Sonntag eine Großveranstaltung im Schloßhof angekündigt worden, und die Heidelberger empfingen die Ankommenden nun festlich. Das gesamte Klima war anders als acht Tage zuvor, der Einfluß so gemäßigter Redner wie Welcker und Mittermaier war deutlich spürbar. Immerhin wurden die Offenburger Beschlüsse bestätigt. Als aber Hoff, der die Versammlung leitete, den Antrag stellte, man möge dem Vorparlament mitteilen, daß die Anwesenden das deutsche Volk als reif für die nordamerikanische Verfassung erachteten und sie wünschten, erhob sich tumultartiger Widerspruch. Winters Vorschlag, das Parlament möge bei seinen Beratungen die nordamerikanische Verfassung berücksichtigen, stellte die Ruhe wieder her[79]. Viel Ärger erregte später ein Flugblatt der Radikalen, in dem die Sache so dargestellt wurde, als hätten die Anwesenden Hoffs Vorschlag doch zugestimmt. Wenige Tage später hielten die Gemäßigten auf Vorschlag des Rechtsanwalts Küchler eine Versammlung in der Aula ab, bei der auch Häusser redete. Alle Ausführungen liefen darauf hinaus, daß jede Störung von Ruhe und Ordnung in der Stadt aufhören müsse und daß zur Erreichung dieses Ziels so schnell wie möglich eine Bürgerwehr zu bilden sei. Auch der Erste Bürgermeister Christian Friedrich Winter, ein ausgesprochener Demokrat und gemäßigter Republikaner, steuerte einen Kurs konsequenter Gesetzlichkeit, und der Gemeinderat folgte ihm darin. Einstweilen war die Stimmung in der Stadt allerdings noch gespannt, und vor allem die Verhaftung Ficklers sorgte für viel Aufregung. So verlief eine Versammlung des liberalen Bürgervereins am 12. April, zu der auch zahlreiche Radikale gekommen waren, sehr tumultuös und mußte schließlich ergebnislos abgebrochen werden. Knapp zwei Wochen später, am Ostermontag, kam es zu einer neuerlichen Zuspitzung. Die Radikalen hatten für diesen Tag durch Sendboten die Bevölkerung der Gemeinden in einem weiten Umkreis aufgefordert, bewaffnet nach Heidelberg zu kommen, weil dort die Republik ausgerufen werde. Diesem Akt sollte durch die Demonstration Nachdruck verliehen werden. Das Unternehmen stand in unzweifelhaftem Zusammenhang mit der republikanischen Schilderhebung Heckers in Südbaden, nur konnten die Heidelberger Gesinnungsfreunde Heckers, als sie die Einladung nach Heidelberg aussprachen, natürlich nicht wissen, daß der Heckersche Versuch scheitern würde. In Heidelberg erfuhr man rechtzeitig von der geplanten Demonstration und traf die entsprechenden Vorkehrungen. Die inzwischen gebildete Bürgerwehr hielt sich bereit, und als tatsächlich am Mittag mehrere hundert mehr schlecht als recht bewaffnete Männer aus Sinsheim und Umgebung unter Führung des Apothekers Karl Gustav Mayer ankamen, wurden sie umzingelt und zur Niederlegung ihrer Waffen aufgefordert. Es gab einen kurzen kritischen Moment, in dem es auf der Kippe stand, ob es zu einer bewaffneten und dann wohl sehr blutigen Auseinandersetzung kommen würde, dann gaben die Sinsheimer nach. Sie marschierten wieder ab und durften sogar ihre Waffen behalten. Am Rande dieser Konfrontation kam es zu einigen Prügeleien, wobei es mehrere Verletzte gab[80]. Anderer Zuzug von außerhalb kehrte schon vor der Stadt um. In Heidelberg hatte sich die Ordnungspartei eindeutig durchgesetzt und dominierte auch in der Folge. So blieb es fortan ruhig. Gelegentlich gab es geringfügige Reibungen zwischen den hierher verlegten auswärtigen Truppen und Einheimischen. Auch in Weinheim, für das Hecker in der Zweiten Kammer saß, rechnete die Linke für die Ostertage mit einem kräftigen Fortschreiten der Revolution. Mit Hilfe zahlreicher Männer aus dem Odenwald besetzten ihre Wortführer die Eisenbahn „und warteten von Zug zu Zug wahrscheinlich auf Angriffs-Ordre“[81]. Als sie nicht kam, wurde die Besetzung schließlich aufgegeben.

Der Revolutionsverlauf ähnelte sich überall stark. Er war durchweg unspektakulär. Die erste Kunde von der Entwicklung in Frankreich und in den größeren Städten, in der Rhein-Neckar-Region vor allem natürlich in Mannheim, versetzte die Bevölkerung in Unruhe und Erregung, Volks- oder Bürgerversammlungen wurden anberaumt und formulierten Forderungskataloge, die entweder dem jeweiligen Landtag oder der Regierung übermittelt wurden, vielfach durch eine Delegation, die dann, wie etwa die Mitte März aus der Pfalz nach München reisende, mit 76 Teilnehmern sehr umfangreich sein konnte[82]. Überall wurden die von den Regierungen bald gegebenen Zusagen freudig begrüßt und lebhaft erörtert. Nirgends blieb es bei nur einer Versammlung, vielmehr fanden die politisch Interessierten sich häufiger zusammen, zunächst noch ohne jede Richtungsunterscheidung, zunehmend aber sich gliedernd nach politischen Strömungen. Die demokratische Linke und die Gemäßigten organisierten sich je für sich. Es entwickelte sich bald ein blühendes Vereinswesen[83], wobei die von den Volksvereinen gewünschte dichte Veranstaltungsfolge sich in aller Regel nicht durchhalten ließ. Nach den ersten Wochen ging das Interesse an politischer Aktivität deutlich zurück. Die Themen der Versammlungen wurden der aktuellen Lage entnommen. Die jüngsten Ereignisse wurden diskutiert, es wurden Erklärungen dazu verabschiedet und gegebenenfalls weitere Petitionen formuliert. Der Vereinsfrühling beschränkte sich nicht auf den politischen Bereich. Ebenso entstanden zahlreiche Vereine mit anderen Zielsetzungen. Auch sie dienten zum Teil der Artikulation von Interessen. Die Pressefreiheit sorgte für eine Entfaltung des Zeitungs- und Zeitschriftenwesens und bot damit weitere Diskussionsforen. Die neu entstehenden Blätter hatten eine ausgeprägte Tendenz nach links wie „Die Republik“ in Heidelberg, oder sie waren linksliberal wie „Die neue Zeit“ in Worms[84]. Die Regierungen sahen diese Entfaltung des Meinungsmarktes mit einigem Unbehagen. In Baden wurde schon früh gegen die Volksvereine vorgegangen. Sie galten „als unvereinbarlich mit der Staatsordnung und als die Sicherheit des Staates oder das allgemeine Wohl gefährdend“, weil sie den verfassungsmäßigen Organen als eine selbständige Macht gegenüberträten[85]. Das Verbot war aber kaum durchzusetzen. Auch Zeitungen bekamen wiederholt Schwierigkeiten[86].

Aus der vielfältigen Diskussion seien nur einige Themen genannt. Mit großer Anteilnahme wurde die beginnende deutsch-dänische Auseinandersetzung um Schleswig-Holstein verfolgt – dieses Thema war schon vor 1848 sehr populär –, und auf lebhafte Resonanz stießen auch die Sammlungen für eine deutsche Flotte. Dies erschien als eine der wichtigsten Voraussetzungen dafür, daß Deutschland wieder in eine Weltmachtrolle hineinwuchs, wie das sehr viele wünschten. Deutschland müsse eine Kriegsmarine haben, „wenn es wiederum wie früher der Herzenspulsschlag im europäischen Staatenkörper werden solle“, hieß es in dem in Sinsheim vom Amtsphysikus Dr. Wilhelm verbreiteten Spendenaufruf[87], und im „Speyerer Anzeige-Blatt“ reimte im Frühsommer ein Anonymus etwas holprig: „Ich seh die Zeiten, wo im Völkerrate / das ein'ge Deutschland groß und mächtig steht, / wo selbst auch an dem fernsten Meeresstade / geehrt das schwarz-rot-gold'ne Banner weht“[88]. Eine solche Äußerung konnte weithin auf Zustimmung rechnen. Der liberale Paulskirchen-Abgeordnete Marquard Barth kam auf den Kern der Dinge, als er im Januar 1849 anläßlich der Beratungen über das Reichsoberhaupt darüber nachsann, was denn die Nation wolle, und die Antwort gab, „daß das Deutschland, dessen Kaiser einst dem Abendland geboten (...), daß das Deutschland, (...) von dem man jetzt sagt, es habe keine Geschichte, daß dieses Deutschland (...) aufhöre, der Hohn und der Spott der Nationen zu sein, und die Stelle wieder einnehme, welche ihm gebührt vermöge seiner Lage und mehr noch vermöge seiner Kulturstufe und vermöge der Tugenden seines Volkes.“ Barth resümierte: „Macht ist es, (...) was die Nation von uns verlangt, und als Mittel zur Macht die Einheit“[89]. Viel Aufmerksamkeit fanden naturgemäß Verfassungsprobleme. So wurde die Eröffnung der Nationalversammlung herzlich begrüßt, oft mit Freudenfeuern auf hohen Bergen, in Heidelberg auf dem Königstuhl[90], und über ihre Verhandlungen wurde breit berichtet.

Überall machte man sich, nachdem die amtliche Genehmigung dazu vorlag, sehr schnell an die Organisation einer Bürgerwehr, wobei die Beschaffung der Waffen nicht einfach war und auf jeden Fall hohe Kosten verursachte. In dieser Truppe fanden sich überwiegend Gemäßigte zusammen. Zunächst war der Diensteifer groß, und die Wehrmänner zeigten sich gern in ihren einfachen Uniformen, aber allmählich nahm die Einsatzfreude ab. Schon nach einem Vierteljahr blieb die Mehrheit der Mitglieder den Übungen fern, wobei diese Leute sich sagen mochten, daß ihre Bereitschaft jetzt, da die Entwicklung sich beruhigt hatte, nicht mehr so dringlich sei. Besondere Anlässe wie Fahnenweihen boten freilich einen gern wahrgenommenen Anlaß zur Selbstdarstellung und hatten zweifelsohne integrative Wirkungen. In der ersten Phase hatten die Bürgerwehren beträchtlichen Anteil an der Revolutionsdämpfung, wie sich bei verschiedenen Anlässen in Mannheim oder am Ostermontag in Heidelberg sehen läßt. In diesen ersten Wochen waren Tumulte und Übergriffe ja recht häufig, dann gingen sie schnell zurück. Immerhin gab es nach wie vor gelegentliche Katzenmusiken und nächtliche Randaliererei, aber bei den Akteuren handelte es sich stets um eine kleine Gruppe. Insgesamt war die Entwicklung in den Städten des Rhein-Neckar-Raumes während des Frühjahrs und Sommers wenig aufregend. Für die Landgemeinden galt das noch weit mehr.

Die Bevölkerung stand ganz überwiegend dem im März eingeleiteten Umbruch sehr positiv gegenüber und versprach sich davon viel: „In der Hauptsache sind wohl die meisten einig“, stellte ein Ende Juni in der „Wormser Zeitung“ erschienener Aufruf zur Bildung eines demokratisch-monarchischen Vereins fest, „denn wer wollte nach den ewig denkwürdigen Märztagen noch verkennen, daß die Volkssouveränität die alleinige Grundlage des neuen Staatsrechts ist?“ Nur über die Staatsform könne man, so hieß es weiter, unterschiedlicher Ansicht sein. „Die einen erwarten von einer Entwicklung auf dem Grund des Historisch-gegebenen durchaus kein Heil mehr, für sie ist die konstitutionelle Monarchie in jeder Form unhaltbar, sie verlangen eine Republik.“ Daneben gebe es aber zahlreiche Bürger, die „an das Bestehende anknüpfen“ und es „in der Monarchie zur vollkommeneren Geltung bringen wollen“, die die konstitutionelle Monarchie, „auf das demokratische Prinzip gestützt“, für diejenige Staatsform hielten, „in welcher für unsere Verhältnisse die Rechte und Freiheiten des Volkes am besten gesichert sind“[91]. Dabei blieb undiskutiert, wie weit das demokratische Prinzip ausgedehnt werden sollte. Man konnte das sehr verschieden sehen.

Die Wahlen zur Nationalversammlung fanden in den drei Staaten, die Anteil am Rhein-Nekkar-Raum hatten, indirekt statt, also in zwei Stufen. Aus dem Stimmverhalten der Wahlmänner kann man nicht einfach auf die Einstellung der Urwähler schließen. Insofern sind Aussagen über die Basis nicht leicht möglich. In jedem der fünf Wahlkreise, die eindeutig zum Rhein-Neckar-Gebiet gehörten, wurde ein Mann nach Frankfurt entsandt, der links stand, und nicht anders war es in den drei Wahlkreisen, die partiell Anteil an der Region hatten. Für Pfalz 2, Frankenthal, ging der Anwalt Carl Alexander Spatz nach Frankfurt, für Pfalz 9, Speyer, der Verleger Georg Friedrich Kolb, für Baden 16, Mannheim, der Kaufmann Wilhelm Sachs, für Baden 17, Heidelberg, der Außerordentliche Professor der Geschichte an der dortigen Universität Karl Hagen, für Hessen 11, Worms, der Gutsbesitzer in Oberingelheim und vormalige Richter Johann Martin Mohr. Aus den angrenzenden Kreisen kamen für Baden 15, Bretten, Itzstein, für Hessen 4, Erbach, der Michelstadter Privatgelehrte, frühere Richter und, als Emigrant, 1839 bis 1848 Verwaltungsbeamter in Bern, Ludwig Bogen, für Pfalz 8, Neustadt, der Dürkheimer Weingutsbesitzer Rudolph Eduard Christmann[92]. Mit Ausnahme von Mohr schlossen sich diese Männer in der Paulskirche dem von Robert Blum geführten 'Deutschen Hof' an, also der moderaten der beiden demokratischen Fraktionen. Mohr hielt sich an die äußerste Linke und wurde Mitglied der Fraktion 'Donnersberg', die sich programmatisch vom 'Deutschen Hof', dem ihre Mitglieder zunächst wenige Tage alle angehört hatten, nicht unterschied, die aber sehr viel mehr Gewicht auf außerparlamentarische Einflüsse legte[93]. Zum 'Donnersberg' kam später auch Karl Hagen, der seine Position während des Revolutionsjahres von den hier genannten Politikern vermutlich am radikalsten veränderte – noch im März dachte er an einen Kaiser als Reichsoberhaupt. Landtagserfahrung – als Oppositionelle – besaßen Christmann, Itzstein, Mohr, Sachs und Spatz, am ausgedehntesten der inzwischen fast dreiundsiebzigjährige Itzstein, der in seiner Jugend Mitglied des Mainzer Jakobinerklubs gewesen war und 1822/23 sowie ab 1831 ein badisches Kammermandat besessen hatte. Wegen ihrer Parlamentszugehörigkeit waren diese Männer auch Mitglieder des Vorparlaments, mit besonderer Einladung kamen Hagen und Kolb am 31. März nach Frankfurt; auf diese Regelung hatte man sich verständigt, weil die Linke im Vorparlament sonst unterrepräsentiert gewesen wäre. Seither waren Itzstein, Kolb und Sachs im Fünfziger-Ausschuß tätig; letztere hatten ihr damit gegebenes Prestige gelegentlich benutzt, um dämpfend auf die Entwicklung in der Pfalz einzuwirken. An seiner Prinzipienfestigkeit ließ keiner der acht Politiker während seiner Parlamentszugehörigkeit Zweifel aufkommen. Als am 19. Januar 1849 die Frage zur Entscheidung anstand, ob das Reich einen Präsidenten erhalten solle – „Die Ausübung der Regierungsgewalt wird einem Reichsoberhaupt übertragen. Wählbar ist jeder Deutsche" – stimmten Bogen, Hagen, Mohr und Spatz dem Antrag zu, während Christmann, Itzstein, Kolb und Sachs entschuldigt fehlten[94]; ihr Votum hätte sonst wohl entsprechend gelautet. Als knapp zehn Wochen später die Wahl eines Kaisers auf der Tagesordnung stand, enthielten sich alle acht Parlamentarier aus der weiteren Rhein-Neckar-Region der Stimme und brachten so ihre Ablehnung zum Ausdruck; eine Entscheidung mit 'nein'

„Die deutsche Nationalversammlung in der Paulskirche in Frankfurt a.M. (1848)"
(Vorlage: LTA)

war nicht vorgesehen[95]. Bei der im Mai 1849 sich schnell vollziehenden Auflösung der Paulskirche gaben sie ihr Mandat nicht auf, sondern gingen alle mit dem noch 104 Abgeordnete zählenden Rest der Versammlung als sogenanntes Rumpfparlament nach Stuttgart und wichen erst, als die dortige Regierung die Fortsetzung der Sitzungen verbot und verhinderte[96]. Sie erwiesen sich damit als konsequente Republikaner und gehörten so zu einem fast genau 100 Personen umfassenden festen Linksblock. Nach ihrem Rang in der Paulskirche waren sie alle eher Hinterbänkler. Zu den Wortführern und Parolegebern gehörten sie nicht. Im Rhein-Neckar-Raum ansässig waren auch die zur Frankfurter Linken zählenden Abgeordneten Georg Jacob Stockinger, Anwalt in Frankenthal, Georg Martin Reichard, Notar in Speyer, und der schon erwähnte Heidelberger Professor Kapp. Sie wurden außerhalb der Region gewählt, in Günzburg, Kirchheimbolanden und Tauberbischofsheim. Stockinger schloß sich der zur linken Mitte gehörenden Fraktion 'Westend' an, die beiden anderen wurden Mitglieder des 'Donnersberg'.

Die Prinzipienfestigkeit der Mandatsträger muß nicht ebenso für die Wahlmänner gelten. Das läßt sich gut am Wahlkreis Heidelberg sehen. Hier war mit Soiron ein sehr bekannter Mann der Kandidat der Liberalen. Er hatte sich zwar in den Märzwochen wiederholt sehr fortschrittlich geäußert und genoß als Präsident des Fünfziger-Ausschusses großes Ansehen, für die Linke war er aber wegen seiner Frontstellung gegen den Heckerputsch unannehmbar. So nominierten die Radikalen, da Itzstein inzwischen nicht mehr zur Verfügung stand, Ignatz Peter, der, politisch diszipliniert, einige Jahre im vorzeitigen Ruhestand in Heidelberg gelebt und sich jüngst, inzwischen Regierungsrat in Rastatt, dem republikanischen Versuch Heckers als Regierungsdirektor in Konstanz zur Verfügung gestellt hatte. Seither war eine Untersuchung gegen ihn anhängig. Auf diesen Umstand machte Mittermaier die Wahlmänner vor Beginn des Wahlaktes ausdrücklich aufmerksam und unterstrich, daß eine Wahl deshalb unzulässig sei. Trotzdem erhielt Peter 52 Stimmen. Sie dürften von den konsequent demokratischen Wahlmännern gekommen sein. Soiron siegte deutlich mit 92 Stimmen, entschied sich dann aber dafür, die Wahl in Baden 19, Adelsheim, anzunehmen. Für die Nachwahl am 8. Juni favorisierten die Liberalen nun den Papierfabrikanten Franz Peter Buhl aus Ettlingen, während die Demokraten sich für den bis dahin politisch noch wenig hervorgetretenen Karl Hagen entschieden. Die Wahl ging mit 73 Stimmen für Hagen gegen 69 Stimmen für Buhl sehr knapp aus[97]. Die deutliche Verschiebung von der ersten zur zweiten Wahl zeigt, welche große Rolle das Persönlichkeitsmoment noch spielte. Sehr bekannte Kandidaten hatten es auf jeden Fall leichter als weniger prominente Bewerber. Ähnliche Beobachtungen lassen sich auch andernorts machen[98]. In Worms z.B. präsentierten die Liberalen den Landtagsabgeordneten der Stadt und nunmehrigen leitenden Minister Hessens, Gagern. Es war niemandem zweifelhaft, daß er mit einer sehr großen Mehrheit gewählt werden würde. Sein demokratischer Gegenkandidat konnte sich keine Chance ausrechnen. Da entschied sich Gagern ganz kurz vor der Wahl, das ihm ebenfalls angetragene Mandat für Hessen 3, Zwingenberg, anzunehmen. Als liberalen Bewerber für Worms schlug er den Landtagsabgeordneten August Eduard Lehne vor. Das änderte die Sachlage. Überraschend siegte Mohr mit 145 Stimmen, während sich für Lehne nur 123 Wahlmänner entschieden[99]. Bedenkt man, daß die Wahlmänner üblicherweise zu einem Zeitpunkt bestimmt wurden, an dem die Landtagskandidaten noch gar nicht feststanden, daß mithin die Wahlmänner von den Urwählern gar nicht nach ihrer Präferenz für diesen oder jenen Politiker ausgesucht werden konnten, so muß es als unzweifelhaft gelten, daß man von der Orientierung des zuletzt Gewählten nicht sicher auf die Einstellung der Urwähler rückschließen kann. Die Tatsache, daß alle acht Abgeordneten des weit verstandenen Rhein-Neckar-Raumes den beiden demokratischen Fraktionen der Paulskirche beitraten, muß also keineswegs bedeuten, daß die Radikalen hier unter den Urwählern schlechthin dominierten. Es ist aber sicher, daß sie eine sehr starke Position hatten. Das war ein deutlicher Unterschied zu der durchschnittlichen politischen Färbung Deutschlands.

Eine sehr solide Basis hatten aber auch die Gemäßigten. Für sie gelangten aus dem Rhein-Neckar-Raum mit Wahlkreis in Baden Mittermaier (Baden 12, Baden-Baden), Soiron (Baden 19, Adelsheim) und Welcker (Baden 14, Wilferdingen) in die Paulskirche, mit Wahlkreis außerhalb

Badens Bassermann (Unterfranken), Gagern (Zwingenberg), Gervinus (Sachsen), Mathy und Robert Mohl (Württemberg)[100]. Mit Ausnahme von Gervinus, der schon nach einigen Wochen wieder aus der Nationalversammlung ausschied, hatten sie alle in Landtagen Erfahrungen sammeln können und waren somit auch Mitglieder des Vorparlaments – hier hatte Mittermaier das Präsidium –, während Gervinus eine besondere Einladung nach Frankfurt erhielt. In der Paulskirche schlossen sich die meisten dieser Politiker der gemäßigt-liberalen Fraktion im Casino an. Nur Mittermaier und Mohl hielten sich zunächst an den linksliberalen 'Württemberger Hof', wo sie auf dem rechten Flügel standen. Diese Gruppe verselbständigte sich Ende September als 'Augsburger Hof' und arbeitete in einer Koalition eng mit dem 'Casino' zusammen. Das 'Casino' war die einflußreichste Gruppierung in der Paulskirche überhaupt. Hier fanden sich so bestimmende Persönlichkeiten wie die Historiker Friedrich Christoph Dahlmann und Johann Gustav Droysen oder die Juristen Georg Beseler und Georg Waitz. Diese vier Männer hatten für die Entwicklung und Durchsetzung des kleindeutschen Konzepts die entscheidende Bedeutung und spielten auch sonst im Verfassungsausschuß eine große Rolle. Das 'Casino' trat für eine bundesstaatliche Ordnung bei gebührender Berücksichtigung einzelstaatlicher Besonderheiten ein, wollte aber eine starke Zentralgewalt und focht für den Vorrang der Reichsverfassung, namentlich des Grundrechtskatalogs, vor den einzelstaatlichen Verfassungsbestimmungen. Die konstitutionelle Monarchie war den 'Casino'-Mitgliedern selbstverständlich[101]. Allerdings bestand Dissens, an welche Dynastie die Krone gehen sollte. Im 'Casino' saßen auch viele Österreicher. Am bekanntesten aus dieser Gruppe wurde der Wiener Richter Anton Ritter von Schmerling, der natürlich an die Habsburger als künftiges Kaiserhaus dachte. Die Meinungsunterschiede in der Oberhauptsfrage griffen so tief, daß sich die Fraktion daran schließlich spaltete. Welcker bemühte sich intensiv um eine auch für die Großdeutschen annehmbare Regelung, stimmte am 28. März 1849 aber doch wie die anderen hier genannten 'Casino'-Mitglieder für Friedrich Wilhelm IV. von Preußen und somit für das hohenzollernsche Erbkaisertum. Am Reichsministerium hatte die Fraktion maßgeblichen Anteil. Seit der Einsetzung der Provisorischen Reichsgewalt im Juli 1848 war Schmerling Innenminister, zwischen September und Dezember auch Ministerpräsident und Außenminister, dann folgte ihm bis Mai 1849 in allen seinen Ämtern Gagern nach. Dafür gab Gagern das bis dahin von ihm geführte Präsidium der Nationalversammlung auf. Dieser Mann war während des Revolutionsjahres einer der bekanntesten und populärsten deutschen Politiker. Er hatte sehr großen Einfluß. Auf ihn vor allem ging die konkrete Gestalt der Provisorischen Zentralgewalt zurück[102].

Aber auch die anderen gemäßigt-liberalen Abgeordneten aus dem Rhein-Neckar-Raum waren keine Hinterbänkler. Mohl wurde im August Reichsjustizminister, Bassermann Unterstaatssekretär im Reichsinnen-, Mathy im Reichsfinanzministerium. Mitglieder des Verfassungsausschusses, der weitaus wichtigsten Kommission der Paulskirche, waren Bassermann, Mohl, diese allerdings nur bis zum Eintritt in die Provisorische Zentralgewalt, Mittermaier, Soiron, der im August die Leitung dieses Gremiums von Bassermann übernahm, und Welcker. Bassermann und Welcker wurden zudem von der Provisorischen Zentralgewalt oder der Paulskirche für Sonderaufträge verwandt, Welcker beispielsweise vom August bis Oktober 1848 als Gesandter in Schweden. Mathy war Mitglied des Volkswirtschaftlichen Ausschusses, der in aller Stille ein umfangreiches Arbeitspensum bewältigte. Aus der Bevölkerung kamen während des Revolutionsjahres Tausende von Petitionen an die Parlamente, vorab an die Paulskirche, in denen die vielfältigsten Probleme behandelt wurden[103]. Relativ am stärksten vertreten waren gewerbepolitische Eingaben, und vielfach angesprochen wurde auch die Handelspolitik, namentlich die Zollfrage; die Meinungen darüber waren höchst geteilt, ob Deutschland sich dem Freihandel zuwenden solle oder ob es Schutzzölle benötige. Durch ihre Beschäftigung mit den Petitionen gewannen die Mitglieder des Volkswirtschaftlichen Ausschusses eine sehr eingehende Kenntnis der materiellen Verhältnisse in Deutschland. Das war eine wichtige Vorarbeit für eine künftige gesamtdeutsche Gesetzgebung auf dem Felde der Wirtschafts- und Sozialpolitik. Mehr konnte in diesen gerade zwölf Monaten nicht geleistet werden.

Über die Paulskirche wurde in den Zeitungen und Zeitschriften oder durch Flugblätter und Bücher breit berichtet. Das erste große von ihr verabschiedete Gesetzeswerk betraf Ende Juni die Errichtung der Provisorischen Zentralgewalt. Diese Institution sollte die vollziehende Gewalt in allen Angelegenheiten innehaben, die die allgemeine Sicherheit und Wohlfahrt des deutschen Bundesstaates betrafen, namentlich die Oberleitung der bewaffneten Macht und die völkerrechtliche und handelspolitische Vertretung Deutschlands übernehmen. Dazu wurde ein Reichsverweser berufen, der freilich „durch von ihm ernannte, der Nationalversammlung verantwortliche Minister" zu handeln hatte[104]. Zum Reichsverweser wurde Erzherzog Johann gewählt, der jüngste Bruder des letzten deutschen Kaisers. Viele Deutsche sahen diesen Tag als Wiederherstellung des 1806 untergegangenen Reiches an. So schrieb etwa Mathy seiner Frau: „Es war ein großer Moment – Deutschland ist wieder ein Reich"[105]. Dieses Reich wurde freilich, wie sich bald zeigte, einstweilen von keiner der europäischen Großmächte anerkannt, und auch die deutschen Staaten hatten es nicht eilig, es in reale Wirklichkeit treten zu lassen.

Die Entwicklung der schleswig-holsteinischen Frage wurde fortlaufend mit großer Aufmerksamkeit bedacht. Schon seit 1846 hatte die dänische Absicht, das Herzogtum Schleswig aus seinem jahrhundertealten und seit 1460 als unabänderlich verbürgten festen Verbund mit Holstein zu lösen und es in die dänische Monarchie zu integrieren, mit der es wie Holstein in Personalunion verbunden war, überall in Deutschland große Aufregung verursacht. Als dieser Schritt im März 1848 vollzogen wurde, führte das sogleich zu einer bewaffneten Konfrontation Schleswig-Holsteins mit Dänemark, in die sich im April auch Preußen und der Bund einschalteten. Schon Ende Mai allerdings ließ Preußen angesichts der internationalen Spannungen, die der Konflikt ausgelöst hatte, seine Bereitschaft zu einer friedlichen Verständigung erkennen. Die Nationalversammlung bestritt ihm das Recht, in dieser Frage allein zu entscheiden, und als Ende August tatsächlich ein für sieben Monate gültiger Waffenstillstand zwischen Preußen und Dänemark zustande kam, durchzog eine Welle der Empörung Deutschland. In Frankfurt führte das zu einer schweren Krise. Mit den Stimmen vor allem der Linken beschloß das nur zu vier Fünfteln besetzte Parlament am 5. September mit knapper Mehrheit, daß der Vollzug des Waffenstillstandes aufzuschieben sei. Elf Tage später billigte die Paulskirche bei etwas höherer Anwesenheitsquote indessen die Ratifikation des Vertrags. Schon im Vorfeld dieser zweiten Abstimmung hatten Vertreter der Linken verdeutlicht, daß das deutsche Volk bei Rücknahme des Beschlusses vom 5. September zur Sühnung des damit verbundenen Schimpfes schreiten werde, also verhüllt Unruhen angekündigt. In den Straßen Frankfurts war tatsächlich lebhafte Bewegung, die offensichtlich systematisch aufgeheizt wurde, und es tagten immer wieder „Gassenparlamente"[106]. Eine zentrale Rolle spielte dabei der zum 'Donnersberg' gehörende Mainzer Abgeordnete Zitz. Er wirkte eng mit den Führern der in Frankfurt bestehenden lokalen Organisation der Linken zusammen. Über eine genaue Marschroute war man sich aber nicht einig. Nach der Anerkennung des Waffenstillstands meinte die extreme Linke, nun sei die Zeit zum Handeln gekommen, da die Nationalversammlung offensichtlich das Geschäft der Reaktion betreibe; man unterstellte, daß die durch Malmö freiwerdenden Truppen im Innern Deutschlands eingesetzt werden sollten. Wer den Waffenstillstand in der Paulskirche bejaht hatte, war nach dieser Auffassung ein Verräter am deutschen Volk, mit dem man nicht weiter zusammenarbeiten konnte. So sollte die linke Minorität aus dem Parlament ausscheiden und sich als wahre deutsche Volksvertretung konstituieren. Zugleich wären der Majorität die Mandate abzuerkennen. Ein solches Vorgehen werde große Resonanz in Deutschland finden und die Sache der Republik nachhaltig fördern. Gegenüber einem derartigen Handeln hatten die gemäßigten Demokraten schwere Bedenken. Man verständigte sich am Abend des 16. September nur darauf, am folgenden Tag, einem Sonntag, auf der Pfingstweide außerhalb der Stadt eine Volksversammlung abzuhalten, die eine Klärung bringen würde[107]. Zugleich forderte man die Bevölkerung der umliegenden Orte dazu auf, massenhaft zu der Demonstration zu kommen. In die benachbarten Städte, auch Mannheim, wurden Boten mit der Anregung entsandt, „in Volksversammlungen, der auf der Pfingstweide ähnlich, die Mitglieder des Parlaments, welche für den Waffenstillstand gestimmt, für Hochverräter zu erklären und Zuzug zu entsenden, um in Frankfurt die Linke allein als Parlament oder vielmehr als Konvent zu proklamieren“[108].

An der Versammlung auf der Pfingstweide nahm eine nicht genau auszumachende Zahl von Demonstranten teil – genannt werden 4.000 bis 20.000 Personen. Die Reden waren sehr kontrovers. Zitz sagte, nun müsse Fraktur geredet werden, andere Mitglieder der Paulskirche mäßigten. Schließlich fielen die Beschlüsse im Sinne der extremen Linken aus. Man erklärte diejenigen, die Malmö angenommen hatten, zu Verrätern am deutschen Volk, forderte die Linke zum Austritt aus der Nationalversammlung auf und setzte für den folgenden Tag weitere Kundgebungen in der Stadt an. Diese Beschlüsse sollten der Paulskirche durch eine große Delegation überbracht werden. Es war also an eine Sturmpetition gedacht. Noch am Abend dieses 17. September verwarf allerdings die Mehrzahl der linken Abgeordneten das Konzept einer Sprengung der Nationalversammlung. Die meisten dieser Männer dachten nicht an die Auslösung einer zweiten Revolution.

In den Emigrantenkreisen setzte man ebenfalls große Hoffnungen auf die durch den Malmöer Waffenstillstand bewirkte Erregung. Auch hier waren die Meinungen keineswegs einheitlich, und eine Abstimmung mit der Frankfurter Linken erfolgte nicht. Dazu fehlte die Zeit. Der damals in Emmishofen in der Schweiz lebende, Ende 1847 aus politischen Gründen aus dem Dienst geschiedene badische Infanterieleutnant Franz Sigel, ein gebürtiger Sinsheimer, schickte Struve am 16. September einen Revolutionsplan. Er schlug vor, daß prominente Frankfurter Linke, „etwa Itzstein, Brentano, Trützschler, Simon, Fröbel“, eine Provisorische Regierung bildeten, die ihren Sitz in Mannheim nehmen und sich sogleich in einem Manifest an die Deutschen wenden sollte. Das „würde unserer Sache eine schnelle und entschiedene Wendung geben, und ganz Deutschland in Aufruhr versetzen“. Auch er plädierte für einen Austritt der Linken aus der Nationalversammlung. Die Niederlassung einer Provisorischen Regierung in Mannheim setzte natürlich voraus, daß die Stadt in der Hand der Republikaner war. Das mußte der republikanisch gesinnte Bevölkerungsteil Mannheims zunächst bewerkstelligen. Er sollte sich dazu der Hilfe aus der Pfalz und der Orte bis zum Odenwald hin versichern. Vom Elsaß aus eindringende Freischaren von Emigranten sollten die Rheinebene in Alarm versetzen[109].

All das war wenig durchdacht und völlig unkoordiniert. Die Erwartung, die Struve und Hecker schon im April gehegt hatten, daß nämlich ein entschiedener Schritt eine massenhafte Erhebung der Deutschen auslösen werde, war der leitende Gedanke. Aber wie damals fand er auch diesmal in der Realität keine Bestätigung. Nur wenige waren zum revolutionären Vorgehen bereit. In Frankfurt kam es am 18. September zu schweren Kämpfen mit inzwischen herbeigeführten Truppen, an denen etwa 500 Personen aktiv teilnahmen. In Mannheim fand an diesem Montag die von Frankfurt aus angeregte Volksversammlung statt. An den beiden folgenden Tagen gab es vor dem Rathaus einige Tumulte, weil die Demonstranten die Herausgabe der Bürgerwehrwaffen verlangten, ohne damit aber Erfolg zu haben. In Weinheim dagegen wurde die entsprechende Forderung erfüllt. In Worms waren am 18. September Aufläufe zu notieren. Nirgends hatte die Bewegung, die die Frankfurter Linke in Gang zu setzen versuchte, größere Resonanz[110]. Struve schätzte die Lage völlig falsch ein, als er am 21. September bei Lörrach die schweizerisch-badische Grenze überschritt. Er schlug in der Stadt sein Hauptquartier auf und rief die Deutschen zu den Waffen. Der Kampf des Volkes mit seinen Unterdrückern habe begonnen. Siege die Reaktion, „so wird Deutschland auf dem sogenannten gesetzlichen Wege furchtbarer ausgesogen und geknechtet werden, als dieses in den blutigsten Kriegen geschehen kann. Zu den Waffen deutsches Volk! Nur die Republik führt uns zum Ziele, nach dem wir streben“[111]. Er hob alle noch bestehenden Feudallasten und alle an Staat, Kirche und adelige Grundherren gezahlten Abgaben auf, zog den Grundbesitz von Staat, Kirche und „der auf der Seite der Fürsten kämpfenden Staatsbürger“ ein und ordnete „eine allgemeine Erhebung des Volkes“ an[112]. Bei Vermögenden wurden Sondersteuern erhoben. Am nächsten Tage begann er mit seiner Gefolgschaft, neben deutschen Emigranten auch Italiener und Polen, nach Norden zu marschieren. Nach seinen Erinnerungen waren es zehntausend Männer, in

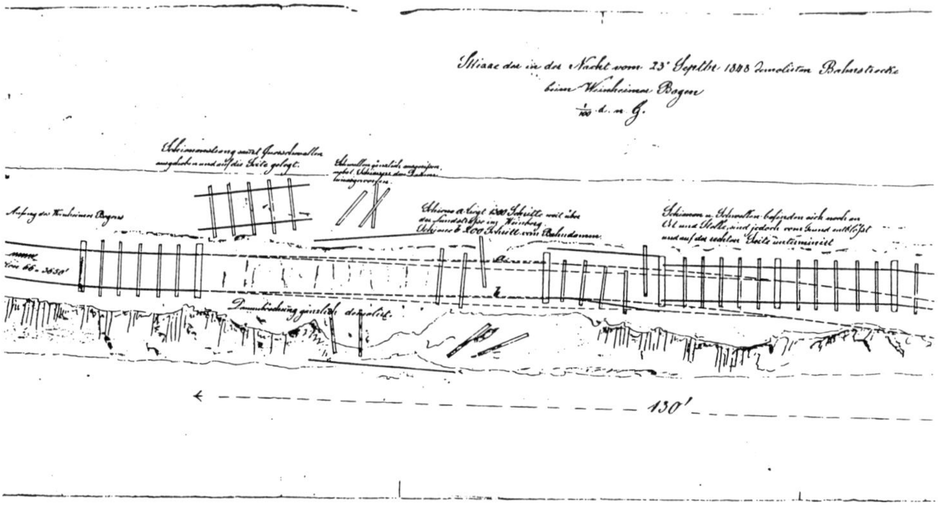

Die in der Nacht vom 23. September 1848 von Radikalen aus Weinheim und Umgebung durchgeführte Unterbrechung der Main-Neckar-Eisenbahn bringt einen Zug zum Entgleisen und richtet einige Schäden am Oberbau der Strecke an. (Vorlage: GLAK)

Wirklichkeit sehr viel weniger, und diejenigen, die sich aus der ländlichen Bevölkerung der Region dem Zuge angeschlossen hatten, verabschiedeten sich bald wieder daraus. Am Nachmittag des 24. September wurde Staufen erreicht. Hier beendeten badische Truppen das Unternehmen in einem zweistündigen Kampf, bei dem etwa anderthalb Dutzend Tote und zahlreiche Verwundete zu beklagen waren. Struve floh, wurde aber bald verhaftet[113]. Die Kunde vom Grenzübertritt Struves erreichte Weinheim am 22. September. Diese Nachricht veranlaßte einige dortige Radikale dazu, am Abend des folgenden Tages bei Großsachsen die Bahnlinie zu unterbrechen. Man wollte damit Truppenzufuhren nach Süden unterbinden und Struve, dem Gerüchte eine Gefolgschaft von mehr als 30.000 Mann zuschrieben, so den Vormarsch erleichtern und überdies die Errichtung eines Militärlagers der Provisorischen Zentralgewalt im Rhein-Neckar-Raum erschweren[114]. Der mit so unzulänglichen Mitteln erneuerte Revolutionsversuch blieb nicht folgenlos. Über den Amtsbezirk Weinheim wurde der Kriegszustand verhängt. Die in Mannheim stehenden badischen Truppen wurden ins Oberland verlegt und durch zwei preußische Bataillone ersetzt. Zwischen Mannheim und Heidelberg wurde ein Reichskorps aufgestellt, das aus 9 Bataillonen, 6 Eskadronen und 3 Batterien bestand und preußische, nassauische und frankfurterische Einheiten umfaßte. Erst Ende des Jahres zog das Militär wieder ab.

Das politische Leben setzte sich so fort, wie es sich im Sommer herausgebildet hatte. Es war erheblich weniger intensiv als in den Frühjahrswochen. Die Demokraten waren stets aktiver als die Konstitutionellen, hielten mehr und besser besuchte Versammlungen ab als ihre gemäßigte Konkurrenz und waren auch publizistisch viel eifriger. Die parlamentarische Arbeit in der Nationalversammlung und in den einzelstaatlichen Landtagen wurde regelmäßig beobachtet, freilich mit wachsender Unzufriedenheit. Der Paulskirche bestritt ein Teil der Linken nach der Anerkennung Malmös ohnehin die Legitimation. Ansonsten wurde kritisiert, daß sie mit ihrer Arbeit viel langsamer vorankam als erhofft, und die Landtage gingen den Demokraten ebenfalls nicht entschieden genug zu Werke.

Die standrechtliche Erschießung des Abgeordneten Robert Blum in Wien am 9. November löste weithin Empörung und Trauer aus. Blum, einer der angesehensten und populärsten Frankfurter Parlamentarier, war im Oktober als Delegierter der Linken in die österreichische Hauptstadt gegangen, um die Entwicklung nach der Erhebung der dortigen Radikalen zu beobachten, und hatte sich schließlich zur Teilnahme an der Verteidigung der Stadt gegen das anrückende Militär entschlossen. Die Linke nahm seine Hinrichtung zum Anlaß von Demonstrationen. In Mannheim fand am Sonntag, dem 19. November, in der Trinitatiskirche eine Trauerfeier statt, zu der rund 6.000 Menschen kamen, hernach in der Aula eine Gedenkveranstaltung. Die Teilnehmer zogen gemeinsam vom ersten zum zweiten Ort der Ehrung. In Speyer rief der Volksverein eine Woche später zu einem Trauerzug vom Dom zum Friedhof auf, wo ein Nachruf auf Blum gesprochen wurde. Neben dem Volksverein beteiligten sich die Volkswehr, der Turnverein, der jüngst entstandene Arbeiterverein und die Zünfte. In Heidelberg fand Ende November im Schloßhof eine Trauerfeier statt. Hier marschierten die Teilnehmer in einem langen Fackelzug mit Musik an der Spitze von der Stadt aus zum Schloß. Dort, wo Blum am 30. Juli bei einem Besuch von Abgeordneten der Paulskirchen-Linken in Heidelberg gestanden und gesprochen hatte, war nun ein mit schwarzem Tuch bedeckter Sarg aufgestellt. Es wurden mehrere Reden gehalten, die mit Anklagen gegen die Reaktion nicht sparten und auf einen kommenden Freiheitskampf verwiesen. Diese Veranstaltung war stärker politisch als die anderen, das Publikum war hier weniger bürgerlich und jünger[115].

Für viel Bewegung sorgten auch die anstehenden Wahlen. In Rheinhessen fanden Anfang November Bezirksratswahlen statt. Dabei konnten die Demokraten neuerlich unter Beweis stellen, daß sie die größte Resonanz hatten. In Worms siegte der Demokrat mit 854 Stimmen vor dem Liberalen mit 604. Auch bei den Bürgermeisterwahlen zwei Monate später setzte sich die Linke sicher durch. Auch in der Pfalz erwies sich die Linke im November als stärkste Kraft, als zur Kammer der Abgeordneten zu wählen war. Im Wahlkreis Frankenthal-Speyer gewann Kolb das erste Mandat mit sehr großer Mehrheit, das andere ging an den Frankenthaler Richter Boyé. Da Kolb auch in der Südpfalz gewählt worden war und sich aus taktischen Gründen für das dortige Mandat entschied, mußte in Frankenthal-Speyer eine Nachwahl erfolgen. Diesmal fiel der Sitz an Georg Jakob Stockinger. In Mannheim fand am 11. Januar 1849 die Wahl des Bürgermeisters statt. Brentano gewann mit deutlicher Mehrheit, wurde von der Kreisregierung und im Rekursverfahren auch vom Innenministerium aber nicht bestätigt; gegen ihn sprach nach Ansicht der Behörden seine Tätigkeit an der Spitze der Volksvereine. Die Wiederholung der Wahl im April hatte kein anderes Resultat, so daß der bisherige Amtsinhaber, eben Jolly, die Geschäfte fortführen mußte[116]. Viel Streit gab es auch über das Verlangen der Volksvereine nach Neuwahlen zur badischen Zweiten Kammer. Die Demokraten waren sehr verärgert darüber, daß sie zwar ersichtlich die stärkste politische Kraft im Lande waren, aber keine entsprechende parlamentarische Vertretung hatten, und daß die Regierung keine Anstalten zu Neuwahlen machte. Ein knappes Drittel der Abgeordneten unter Führung Kapps bestritt der Kammer deshalb die Legitimation und setzte eine Petitionsbewegung zugunsten einer badischen Nationalversammlung in Gang. Das ließ die Regierung unbeeindruckt, und die Kammermehrheit beschloß im Februar, ihre laufenden Arbeiten ordnungsgemäß zu beenden. Nun verlangte der Volksverein von den ihm nahestehenden Abgeordneten die Mandatsniederlegung, von den Wahlmännern das Fernbleiben von den danach fälligen Ersatzwahlen. Das geschah in 18 Fällen, so auch in Heidelberg, Mannheim, Wiesloch und in Weinheim-Ladenburg[117].

Im Laufe des Winters 1848/49 traten die politischen Vereine wieder stärker hervor. Die Frankfurter Linke reagierte auf die im November erfolgte Berufung konservativer Ministerien in Preußen und Österreich und auf den damit verbundenen empfindlichen Rückschlag in den Reformbemühungen durch Gründung des Centralmärzvereins. Er sollte den Ertrag der Märzrevolution sichern und alle diejenigen Bürger zusammenfassen, „welche die Freiheit und Einheit Deutschlands wirklich wollen“[118]. Um eine möglichst breite Basis zu erlangen, stellte man das große trennende Problem, die Frage nach Monarchie oder Republik, einstweilen zurück. Dem Centralmärzverein schlossen sich in der Folge annähernd 1.000 demokratische Vereine in ganz Deutschland an, darunter auch die in der Pfalz, in Hessen und in Baden; letztere wurden in diesen Wochen durch ihren zweiten Vorsitzenden Amand Goegg sehr stark ausgebaut – möglicherweise hatte

Baden schließlich die größte Organisationsdichte der Radikalen überhaupt. Auch die Liberalen trieben ihren überörtlichen Zusammenschluß jetzt entschiedener voran als bisher. Sie schlossen sich in Baden als Vaterländischer Landesverein zusammen, dessen Vorort ganz bewußt Mannheim wurde, wo der Neue Vaterländische Verein ansässig war; man wollte damit auch ein Zeichen gegen die starke nordbadische Demokratie setzen. Ähnliche Organisationen entstanden in Heidelberg, Eppingen und Neckarbischofsheim[119]. In Worms gab es schon seit einiger Zeit einen Bürgerverein.

Seit September beschäftigte sich die Paulskirche mit dem Verfassungsabschnitt 'Das Reich' und damit mit dem Verhältnis zu Österreich. Eine sehr große Mehrheit der Parlamentarier sah das Gebiet des Deutschen Bundes, dem im Frühjahr auch die zwei bis dahin nicht zugehörigen preußischen Ostprovinzen eingefügt worden waren, als das künftige Reichsgebiet an. Diese Männer hielten es also – aus verschiedenen Gründen – für möglich, daß Österreich seine deutschen Teile dem Reich ohne weiteres eingliedern werde, wiewohl das von Wien aus von Anfang an bestritten worden war. Eine Minderheit erkannte früh, daß das nicht geschehen werde, und entwickelte die Alternativkonzeption eines engeren Bundes, der das außerösterreichische Deutschland umfassen und mit Österreich einen weiteren Bund bilden sollte. Allerdings traten die maßgeblichen Verfechter dieses Plans erst ab Dezember offen und entschieden für ihre Absichten ein. Sie brachten Gagern an die Spitze des Reichsministeriums, der schon im Oktober im Plenum für den Doppelbund geworben hatte, aber erst nach fünf Wochen erhielt der neue Ministerpräsident Mitte Januar 1849 die Genehmigung der Paulskirche, mit Wien über den engeren und weiteren Bund zu sprechen. Der österreichische Regierungschef, der wenige Wochen nach der Niederwerfung der Wiener Erhebung ins Amt gekommene hochkonservative Fürst Felix zu Schwarzenberg, war allerdings in keiner Weise geneigt, Frankfurt Konzessionen zu machen. Seine Vorstellungen von der künftigen Gestalt Mitteleuropas waren sehr weit von denen der Nationalversammlung entfernt und hatten mit einem modernen Verfassungsstaat nichts zu tun. Erst im Dezember wurde mit der Diskussion des Problemkreises 'Reichsoberhaupt' begonnen. Die große Mehrheit der Paulskirche dachte monarchistisch, aber die Errichtung einer konstitutionellen Monarchie hätte eine Entscheidung zwischen den Habsburgern und den Hohenzollern bedeutet. So wurde intensiv auch über andere akzeptable Lösungen nachgedacht. Für ein Erbkaisertum war zwar die größte Gruppe in der Nationalversammlung, aber sie hatte nicht die Mehrheit. Nach der Zusammensetzung dieser 'Erbkaiserlichen' würden die Hohenzollern an die Spitze gelangen und das Reich mithin nur das außerösterreichische Deutschland umfassen. Zu den führenden Repräsentanten dieser Konzeption gehörten die norddeutschen Professoren Dahlmann, Droysen, Beseler und Waitz. Die andersdenkende Majorität der Paulskirche war sich in der Oberhauptsfrage überhaupt nicht einig. So steckte das Parlament in der Sackgasse[120].

Die Auflösung dieser Situation wurde durch die Entwicklung in Wien erleichtert. Anfang März schickte Schwarzenberg den österreichischen Reichstag, der bis dahin sehr erfolgreich gearbeitet hatte, nach Hause und oktroyierte eine Verfassung, zugleich wurden in Frankfurt genauere Informationen darüber bekannt, wie er sich die künftige Struktur Mitteleuropas dachte. Jetzt brachte Welcker in der Paulskirche einen Antrag ein, der Sensation machte. Wiewohl er bis dahin ein entschiedener Gegner des hohenzollernschen Erbkaisertums gewesen war, verlangte er nun, die annähernd fertige Verfassung en bloc anzunehmen und Friedrich Wilhelm IV. von Preußen zum Kaiser zu wählen. Der Antrag verfehlte zwar knapp die Mehrheit, aber er trug doch erheblich dazu bei, die verfahrene Situation zu klären. So konnte die Arbeit an der Verfassung schon am 27. März beendet werden. Das nun endlich abgeschlossene Werk konnte sich sehen lassen. Die Verfassung des Deutschen Reiches vom 28. März 1849 organisierte die Staatsgewalt auf eine Weise, daß dem auf allgemeinem und gleichem Wahlrecht zum Volkshaus und ausgewogener Beschickung des Staatenhauses durch Landtage und Regierungen beruhendem Reichstag das entscheidende Gewicht zukam, ohne doch das parlamentarische Regierungssystem formell einzuführen, sie brachte eine sinnvolle Verteilung der Kompetenzen auf Reich und Gliedstaaten, und sie enthielt einen umfangreichen Grundrechtskatalog, der die Schaffung einer liberalen Gesellschaftsordnung erforderte. Mit dieser Verfassung konnte Deutschland für Jahrzehnte leben, nur an wenigen Stellen wären im Laufe der Zeit Verbesserungen dienlich gewesen[121].

Am 28. März wählten 290 der damals 567 Abgeordneten Friedrich Wilhelm IV. zum Kaiser der Deutschen, 248 enthielten sich der Stimme, die anderen 29 fehlten. Die Kaiserwähler kamen vornehmlich aus Nord- und Mitteldeutschland, nur 39 aus dem Süden, keiner aus der Donaumonarchie, und sie waren, soweit die Konfession bekannt ist, zu mehr als vier Fünfteln protestantisch[122]. Zwar hatte der preußische König schon im Frühjahr 1848 an Dahlmann geschrieben, es erscheine ihm als „nicht denkbar, daß (...) der österreichische Erbkaiser (...) diesem gekürten Oberhaupt den Rang cediert", und so sei er nicht bereit die Reichskrone anzunehmen, solange noch Hoffnung bestehe, „das ganze Deutschland zusammenzuhalten und das Haupt des Erzhauses wieder zum Haupt Deutschlands zu machen"[123], aber die Erbkaiserlichen hatten sich stets der Illusion hingegeben, Friedrich Wilhelm IV. werde sich schließlich doch den Tatsachen beugen. Das aber wollte er auch im Frühjahr 1849 nicht. Als die Kaiserdeputation am 3. April vor ihn trat, erklärte er, ohne das Einverständnis der Fürsten und Senate der Freien Städte könne er eine Entschließung

Die 'Kaiserdeputation' der Paulskirche vor König Friedrich Wilhelm IV. von Preußen (Blos (1893), S. 189, Vorlage: LandesA Speyer)

nicht fassen. „An den Regierungen der einzelnen deutschen Staaten wird es daher jetzt sein, in gemeinsamer Beratung zu prüfen, ob die Verfassung dem Einzelnen wie dem Ganzen frommt“[124]. Die Deputation war nicht gesonnen, von dem Standpunkt abzurücken, den die Paulskirche von Anfang an eingenommen hatte, daß nämlich die Nationalversammlung das „aus dem Willen und den Wahlen der Nation hervorgegangene Organ zur Begründung der Einheit und Freiheit Deutschlands“ sei[125]. Sie verstand in ihrer schriftlichen Antwort die Äußerung des Königs als Ablehnung der Krone, wies das Vereinbarungsprinzip zurück und erklärte die Verfassung für rechtlich in Kraft. Dann reiste sie nach Frankfurt zurück.

Die Paulskirche bestätigte die Haltung der Delegation am 11. April. Mit Genugtuung konnte sie registrieren, daß am 14. April achtundzwanzig mittlere und kleine deutsche Staaten, unter ihnen auch Baden und Hessen, in einer an Preußen gerichteten Note gemeinsam erklärten, daß sie „die von der Nationalversammlung beschlossene Verfassung des deutschen Reiches anerkennen und annehmen“, und gleichzeitig die Erwartung aussprachen, Preußen werde dem folgen[126]. Neben Österreich und Preußen, das am 28. April seine definitive Ablehnung übermittelte, fehlten in der Liste der anerkennenden Staaten immer noch die Königreiche Bayern, Sachsen, Württemberg und Hannover sowie Luxemburg-Limburg, Liechtenstein, Lippe, Schaumburg-Lippe und Hessen-Homburg, und nur Württemberg sprach noch im April infolge des starken Drucks der Öffentlichkeit die Annahme aus. Wenig später, am 26. April, forderte die Paulskirche die fernstehenden Regierungen nochmals zur Anerkennung der Reichsverfassung auf. Am 4. Mai richtete sie erneut die dringende Bitte an alle Ministerien und Behörden sowie an das ganze deutsche Volk, das Verfassungswerk zur Geltung zu bringen, ohne damit bei den Regierungen irgendeine Resonanz zu finden. So machte sich in der Nationalversammlung schnell Resignation breit. Die meisten Abgeordneten legten ihre Mandate nieder und kehrten nach Hause zurück. Als die Linke am 30. Mai mit knapper Mehrheit den Beschluß faßte, den Sitz des Parlaments aus Sicherheitsgründen nach Stuttgart zu verlegen, gehörtem dem Hause noch 139 Mitglieder an, ein knappes Viertel des Sollbestandes. In Stuttgart fanden sich nur noch 104 Abgeordnete ein, darunter mit Bogen, Christmann, Hagen, Itzstein, Kolb, Mohr, Sachs, Spatz und Stockinger fast die gesamte Linke aus dem Rhein-Neckar-Raum; nur Reichard hatte sich zurückgezogen.

Konstruktive Arbeit konnte das Rumpfparlament nicht mehr leisten. Es wählte am 6. Juni eine aus fünf Abgeordneten bestehende Reichsregentschaft und erklärte zehn Tage später die fortdauernde Tätigkeit des Reichsverwesers Erzherzog Johann für gesetzwidrig. Zu den Reichsregenten gehörte kein Politiker aus dem Rhein-Neckar-Raum, wohl aber mit Friedrich Schüler ein Pfälzer, der wegen seiner Tätigkeit zu Beginn der 30er Jahre nach Frankreich hatte fliehen müssen. Dort war er bis 1848 geblieben und hatte lebhaft in geheimen Emigrantenorganisationen mitgearbeitet; in der Paulskirche hatte er das Mandat für Pfalz 7, Lauterecken. Die Regentschaft versuchte, dem württembergischen Ministerium Weisungen zu geben, stieß dort aber natürlich auf eindeutigen Widerspruch. Entsprechend teilte der württembergische Innenminister dem Präsidenten des Rumpfparlamentes am 17. Juni mit, die Regierung sehe sich in der Lage, „das Tagen der hierher übergesiedelten Nationalversammlung und das Schalten der von ihr am 6. d.M. gewählten Reichsregentschaft in Stuttgart und Württemberg nicht mehr länger dulden zu können“. Er wies auf die Beschlüsse vom 6. und 16. Juni hin und gab zu bedenken, ob die Nationalversammlung mit ihren nur mehr 100 Mitgliedern sich überhaupt noch als rechtmäßige Vertretung der Nation verstehen könne. So bat er um Verlegung des Sitzes und kündigte an, „daß die Mißachtung dieses ergebenen Ansinnens uns nötigen würde, demselben durch Anwendung der geeigneten Mittel Geltung zu verschaffen“[127]. Die trotz dieser Mitteilung für den 18. Juni anberaumte Sitzung wurde durch massiven Militäreinsatz verhindert, ein Demonstrationszug der Abgeordneten durch die Stadt auseinandergetrieben[128]. Die meisten Deutschen nahmen diesen Vorgang gleichmütig hin.

Die aufschiebende Stellungnahme des preußischen Königs am 3. April wurde vielfach mit großer Verärgerung aufgenommen. Der Centralmärzverein suchte die Erregung zu steuern und damit Druck auf die Regierungen auszuüben. Jetzt erwies sich, daß die Ausklammerung der Frage

„Soll ich? – Soll ich nich?“ Karikatur auf die zögerliche – und letztendlich ablehnende Haltung des Preußenkönigs zur Kaiserwahl des Frankfurter Parlaments. (Vorlage: LTA)

nach Monarchie oder Republik nicht durchführbar war. Mitte April kam es zum Bruch. Eine Gruppe von Abgeordneten des 'Donnersberg' um Wilhelm Adolph von Trützschler bezeichnete die Oberhauptsfrage als wieder offen, trennte sich vom Gesamtverein und suchte in diesem Sinne auf die Gliedvereine überall in Deutschland einzuwirken. Hier und da wurde schon sehr früh davon gesprochen, daß Sympathieerklärungen für die Paulskirche – wie der Heidelberger Volksbund am 4. April in einem Sendschreiben an die Märzvereine formulierte – mit der Würde der deutschen Demokratie unvereinbar seien und daß das Volk als einzige Waffe jetzt nur noch die Revolution habe[129]. Die Mehrheit des Centralmärzvereins hoffte aber weiterhin, die Anerkennung der Reichsverfassung auf friedlichem Wege zu erreichen. In diesem Sinne äußerte sich eine Generalversammlung in Frankfurt am 6. Mai.

Bayern als nach Preußen größter Staat unter den Verfassungsgegnern war für die weitere Entwicklung von besonderem Interesse. Änderte die Regierung in München ihre Position, so konnte auch Preußen davon nicht unberührt bleiben. Im Auftrag der Zentralgewalt weilte Mathy an der Wende vom April zum Mai einige Tage in München, um für die Verfassung zu werben, ohne dabei Erfolg zu haben. Auch der schon zitierte Beschluß der Paulskirche vom 4. Mai enthielt ein Angebot an Bayern. Hier wurde eine Interimsregelung für die Zeit gegeben, in der noch nicht alle deutschen Staaten ihre Zustimmung zur Verfassung erklärt hatten. Solange Preußen nicht mitwirkte, sollte der Monarch des nach der Einwohnerzahl größten im Staatenhaus vertretenen Staates „unter dem Titel eines Reichsstatthalters in die Rechte und Pflichten des Reichsoberhauptes" eintreten[130]. Zwei Wochen später unternahm die Linke in München einen neuen Vorstoß. Über Kolb, der damals wegen des Landtags in der bayerischen Hauptstadt war, suchte sie König Maximilian II. für die Kaiserkrone zu gewinnen, sofern er für die Durchführung der Verfassung mit Entschiedenheit eintreten wollte. Kolb schaltete den Fürsten Oettingen-Wallerstein ein, einen liberalen Mann, der am Vorabend der Revolution einige Monate Außenminister gewesen war. Das Angebot ging dem Monarchen, der an sich sehr entschieden gegen die kleindeutsch-bundesstaatliche Einigung war, einige Tage durch den Kopf, bis Ministerpräsident v.d.Pfordten ihn zur Ablehnung zu bestimmen vermochte[131]. Pfordten, erst seit kurzem im Amt, war um keinen Preis für die Reichsverfassung zu haben. Schon wenige Tage nach seiner Berufung machte er am 23. April den bayerischen Standpunkt in Frankfurt klar. Es handelte sich um ein kategorisches Nein: Durch die Verfassung werde Deutschland zerrissen, auch gehe es nicht um die Herstellung eines Bundes-, sondern um die Schaffung eines Einheitsstaates[132]. Diese Stellungnahme löste vielerlei Aktivitäten aus. Allein in München fanden sich 12.000 Unterschriften für die Reichsverfassung, immerhin aber auch 9.000 gegen sie. Stürmisch wurde von vielen Seiten die Einberufung des Landtages verlangt. In der Kammer der Abgeordneten hatte die Linke 58 Abgeordnete – darunter alle aus der Pfalz – und stellte die stärkste Fraktion, zusammen mit dem Linken Zentrum besaß sie die Mehrheit. Das Ministerium erklärte, daß die Sitzungen am 15. Mai beginnen würden, und versprach, daß alle am 6. März 1848 von Ludwig I. gegebenen Zusagen erfüllt würden[133] und daß es energisch an der deutschen Einheit arbeiten wolle.

In der ersten Arbeitssitzung am 17. Mai legte das Ministerium sein Programm vor. Gegenüber früheren Äußerungen brachte es keine Veränderungen. Jetzt ergriff Kolb das Wort und beantragte, die Kammer möge erklären, daß sie die Reichsverfassung „als Gesetz für ganz Deutschland erkenne und sich vorbehalte, zu deren Durchführung alle gesetzlichen Mittel in Anwendung zu bringen". Als erstes dieser Mittel solle eine Adresse an den König formuliert werden. Nach heftiger Debatte über die geschäftsordnungsmäßige Zulässigkeit des Antrags wurde nur der zweite Teil zur Abstimmung gestellt und die gewünschte Kommission mit guter Mehrheit eingesetzt. Deren Bericht erstattete Schüler schon zwei Tage später. Das Staatsoberhaupt wurde dringend aufgefordert, die Reichsverfassung anzuerkennen und ein anderes Ministerium zu berufen. Der gegenwärtigen Regierung sollten alle Mittel zur Ausführung ihres Programms verweigert werden. Am 21. Mai wurde dieser Adreßentwurf mit 72 gegen 62 Stimmen verabschiedet. Zu Beginn der nächsten Sitzung wurde die Kammer von der Mitteilung des Ministeriums überrascht, daß die Teilnahme der pfälzischen Abgeordneten an den weiteren Verhandlungen so lange zu suspendieren sei, bis in der Pfalz der gesetzliche Zustand wiederhergestellt sei. Die Ausschließung der anwesenden Pfälzer bedeutete „eine Verwandlung der liberalen Majorität in eine machtlose Minorität"[134]. Das durchsichtige Manöver führte zu stürmischen Szenen. So wurde die Sitzung abgebrochen. Bei der Fortsetzung führte die Absicht des Präsidenten, die Pfälzer bei der Abstimmung zu übergehen, zu Tumulten. Die Linke machte das Haus beschlußunfähig. Kolb und Schüler, die eine Verhaftung fürchteten, gingen nach Speyer resp. Frankfurt, und einige andere pfälzische Abgeordnete reisten ebenfalls ab. Ihre in München gebliebenen Kollegen nahmen an der Sitzung des 30. Mai ohne Widerspruch teil, aber das Verhältnis zwischen Regierung und Kammer blieb gespannt. So ließ Maximilian II. das Haus am 10. Juni auflösen[135].

Ganz anders verhielten sich die hessische und die badische Regierung. Beide nahmen, wie oben erwähnt, an der Kollektivnote vom 14. April teil, mit der die große Mehrheit der deutschen Staaten die Reichsverfassung anerkannte. In Hessen geschah das ohne Vorbehalte, und am 9. Mai erklärte das Ministerium Jaup nochmals ausdrücklich seine Zustimmung. Der badische Großherzog hatte dagegen gewisse Bedenken, sofern außer Österreich auch andere Staaten ihre Teilnahme am Reich verweigerten. Auch wünschte er Verbesserungen am Text[136]. Immerhin erklärte Justizminister Franz v. Stengel am 27. April in der Zweiten Kammer, Baden werde daran mitwirken, daß der Bundesstaat so, „wie er von der Nationalversammlung beschlossen ist, seinem ganzen Umfang nach so bald als möglich zustande komme"[137]. Noch verbliebene Zweifel, ob es die Regierung mit dieser Aussage ernst meine, wurden behoben, als die Reichsverfassung am 9. Mai im badischen Regierungsblatt veröffentlicht wurde. In den beiden Großherzogtümern bestand insofern also kein Grund zur Wendung gegen die Regierung.

Trotzdem war die Erregung auch hier groß. Die „Wormser Zeitung" etwa erklärte schon am 14. April diejenigen zu Verrätern am Vaterland, die sich der Verfassung widersetzten. Das liberale Blatt bezeichnete sich als dezidierten Gegner der Revolution, betonte aber, daß man nicht die Hände in den Schoß legen könne, „wenn ein Fürstenkongreß uns die herrlichsten Errungenschaften der vorjährigen Erhebung eskamotieren und uns wieder in der alten Bundesnacht begraben wollte. (...) Wir wiederholen es, wir wollen keine gewaltsame Lösung der Krise, allein wir beben nicht vor ihr zurück, wenn Deutschlands Größe, Freiheit, Macht und Einheit eine solche unvermeidlich machen"[138]. Was hier eine gemäßigte Zeitung vortrug, wurde in radikalen Kreisen naturgemäß noch viel stärker empfunden. Die Überzeugung, daß die Fürsten sich rebellisch verhielten, wenn sie sich der Nationalversammlung nicht beugten, und daß dagegen Selbsthilfe gerechtfertigt sei, war im Frühjahr 1849 vielfach anzutreffen. Am 29. April faßte eine von den rheinhessischen Demokraten nach Bingen einberufene Volksversammlung den Beschluß, die Reichsverfassung nötigenfalls mit bewaffneter Hand zu verteidigen. Wenig später wurde während eines Bezirkstags der Volksvereine in Oppenheim über die weitere Organisation des Widerstands gegen die sich abzeichnende Entwicklung gesprochen. Die Umsetzung der Planungen erwies sich aber als schwierig, namentlich die beabsichtigte Bürgerbewaffnung.

Der Mannheimer Volksverein, der sehr engagiert von dem Rechtspraktikanten Florian Mördes geleitet wurde, wies am 1. Mai in einem Aufruf an die Mitbürger darauf hin, daß das Volk bereit sein müsse, „seine Freiheit mit den Waffen zu schirmen", mit der Durchführung der Volksbewaffnung dürfe keinen Augenblick mehr gezögert werden[139]. Tatsächlich war dies hier und andernorts in den nächsten Tagen die am meisten diskutierte Frage; sie sorgte für erhebliche Unruhe[140]. Am 4. Mai lud der Provisorische Landesausschuß der Volksvereine die Bezirksvereine dazu ein, am 12. Mai, einem Sonnabend, jeweils einen Delegierten zu einer Tagung nach Offenburg zu entsenden. Am Sonntag, also dem 13. Mai, sollte ebenfalls in Offenburg eine Volksversammlung abgehalten werden. Gegenstand der Verhandlungen sollte jeweils die Lage des Vaterlandes sein. Dieser öffentlichen Verlautbarung war eine lebhaft verlaufene geheime Sitzung im Mannheimer Gasthof 'Weinberg' vorangegangen, an der nicht nur badische Demokraten, sondern auch Gesinnungsfreunde aus den Nachbarstaaten und vom 'Donnersberg' teilgenommen hatten. Hier hatte Amand Goegg den Plan entwickelt, die Offenburger Versammlung zur Proklamation der Republik zu nutzen, dafür unter den Anwesenden allerdings noch keine Mehrheit gefunden[141]. Dabei spielten offenbar taktische Überlegungen eine Rolle. Mit der Parole „Reichsverfassung" ließen sich vermutlich viel mehr Menschen mobilisieren als mit der Forderung nach sofortiger Herstellung der Republik.

Am entschiedensten ging man in der Pfalz zu Werk. Am 27. April berief der Geschäftsführende Ausschuß der dortigen Volksvereine, der seinen Sitz in Frankenthal hatte, die Abgeordneten, Landratsmitglieder, Wahlmänner und Gemeinderäte, die Mitglieder der Kreisausschüsse des Volksvereins und die Vertreter anderer politischer Vereine, also alle diejenigen, die ein politisches Amt hatten, für den 1. Mai zu einer Versammlung nach Kaiserslautern ein, um darüber zu beraten, welche Mittel das bayerische und das pfälzische Volk ergreifen könnten, um Krone und Ministerium „zur sofortigen unbedingten Anerkennung der Reichsverfassung und zur Unterwerfung unter die Reichsgewalt zu zwingen". Die auf dieser Versammlung gefaßten Beschlüsse sollten einer zum 2. Mai ebenfalls nach Kaiserslautern geladenen allgemeinen Volksversammlung zur Genehmigung vorgelegt werden[142]. Bei dem von etwa 2.000 Personen besuchten Notabeln-Treffen sprach sich eine sehr starke Gruppe für das sofortige Losschlagen aus, schließlich aber fand ein von dem Redakteur Christian Zinn vorgelegter Antrag fast einstimmige Billigung, einen Landesverteidigungsausschuß zu ernennen, der solange in Permanenz tagen sollte, bis die bayerische Regierung „ihre unbedingte Unterwerfung unter die Reichsgesetze erklärt haben wird"[143]. Die am folgenden Tage versammelte

Menschenmenge zählte zwischen 6.000 und 12.000 Personen. Sie nahm den Notabeln-Beschluß vom Vortag mit geringer Mehrheit an, auch hier waren also die Radikaldemokraten nur knapp in der Minderheit. Anschließend wurde in besonderer Sitzung durch einen eingegrenzteren Kreis der Landesverteidigungsausschuß gewählt. Zu seinen zehn Mitgliedern gehörten die Paulskirchenabgeordneten Nikolaus Schmitt aus Kaiserslautern, Reichard, Schüler und der Abgeordnete für Landau August Culmann. Aus dem übrigen Kreis seien namentlich der Rechtskandidat Peter Fries aus Frankenthal – er hatte sich am Vortage entschieden für sofortiges Handeln ausgesprochen – und der Arzt Hepp aus Neustadt erwähnt. Sodann beschloß der Ausschuß zusammen mit einem kleineren Kreis von Notabeln die nötigen Maßregeln: Bitte an die Paulskirche um Schutz der Pfalz, Aufforderung an die Beamten, sich der Nationalversammlung zu unterwerfen, Volksbewaffnung, Organisation einer Volkswehr, Steuerverweigerung, Mitteilung all dieser Maßnahmen an die Gemeindeverwaltungen und Kontaktaufnahme mit den badischen und hessischen Demokraten. Auch erging ein Aufruf an die Bevölkerung des rechtsrheinischen Bayern, sich den Pfälzern anzuschließen.

Sogleich entwickelte der Ausschuß eine rührige Tätigkeit und ließ eine Vielzahl wortreicher Erlasse und Aufrufe ergehen. Daß die Kreisregierung die Bevölkerung am 4. Mai in einem matten Appell ermahnte, den gesetzlichen Boden nicht zu verlassen, beeindruckte die Aktivisten nicht, sie ließen sich ganz von dem Gefühl tragen, daß die Nationalversammlung die höchste Autorität in Deutschland besitze und jeder Widerstand gegen sie und das von ihr abgeleitete Handeln rechtswidrig sei. In ihrer Position fühlten sie sich bestärkt, als die Paulskirche am 4. Mai alle Deutschen dazu aufforderte, zur Verwirklichung der Reichsverfassung beizutragen. Allerdings war der Ausschuß keine Einheit. Regelmäßig nahmen an der Arbeit nur Reichard, Schmitt, Fries, Hepp und der Kandidat Greiner aus Pirmasens teil. Culmann war nur gelegentlich da, und Schüler trat erst gar nicht ein[144]. Culmann wandte sich am 4. Mai mit der Bitte an Gagern, einen Reichskommissar in die Pfalz zu entsenden, der für Ruhe und Ordnung sorgen sollte. Auf Vorschlag der pfälzischen Abgeordneten in Frankfurt ernannte Gagern den Vorsitzenden des Ausschusses für die Durchführung der Reichsverfassung Bernhard Eisenstuck zum Bevollmächtigten der Provisorischen Zentralgewalt in der Pfalz. Eisenstuck, ein sächsischer Fabrikant, hatte wegen seiner ausgeprägten sozialen Neigungen intensiv im Volkswirtschaftlichen Ausschuß mitgearbeitet, er gehörte einer kleinen Fraktion der Linken an, zu der er vom 'Deutschen Hof' übergewechselt war. Der pfälzische Regierungspräsident Alwens hielt ihn für kenntnisreich und umsichtig, und nach der Zielsetzung, mit der er antrat, die deutsche Sache zu schützen, „ohne die gesetzliche Ordnung zu zerstören“[145], durfte man das wohl annehmen. Nach seinem Antrittsbesuch in Speyer am 6. Mai fuhr Eisenstuck noch am gleichen Tage zu einer sehr radikal gestimmten Versammlung in Neustadt, bei der er mit seinem Werben um Gesetzmäßigkeit auf heftigen Widerspruch stieß. Die meisten Redner, unter ihnen viele Nichtpfälzer, sprachen sich für Revolution und Republik aus, und in diesem Sinne forderte die Versammlung schließlich die Lostrennung der Pfalz von Bayern und die Republik. Die gewonnenen Eindrücke veranlaßten ihn am nächsten Tage in Kaiserslautern dazu, den Landesverteidigungsausschuß als Landesausschuß für Verteidigung und Durchführung der deutschen Reichsverfassung formell zu bestätigen und ihn für berechtigt zu erklären, „alle ihm erforderlich erscheinenden Maßregeln zur Verteidigung der deutschen Reichsverfassung in der Pfalz einzuleiten, insoweit sie nicht in die Befugnisse der zu Recht bestehenden Landesbehörden eingreifen.“ Dabei erachtete er den Ausschuß als zuständig auch für die Organisation der Volkswehr[146]. Sowohl in München wie bei der Provisorischen Zentralgewalt bewertete man Eisenstucks Entscheidung als Kompetenzüberschreitung. Nach Auffassung des Reichsministeriums durfte der Ausschuß nicht als öffentliche Behörde agieren, sondern mußte auf die Befugnisse beschränkt bleiben, die sich aus dem Vereinsrecht ergaben. Da Eisenstuck der Aufforderung nicht nachkam, den gesetzlichen Zustand wiederherzustellen, wurde er abberufen.

Die Kreisregierung verwies in ihren Berichten nach München darauf, daß die große Mehrzahl der Pfälzer für die Anerkennung der Reichsverfassung sei. Restriktive Maßnahmen lehnte sie ab, da das zu einer allgemeinen Erhebung führen werde. Auch fehlten ihr die entsprechenden Machtmittel[147]. Es sollte sich später zeigen, daß die Handlungsbereitschaft der Pfälzer nicht so ausgeprägt war, wie das Regierungspräsidium fürchtete, aber es war unzweifelhaft Anlaß zur Sorge gegeben. Gerade in den Tagen, als Eisenstuck sich in der Pfalz aufhielt, waren Truppenverlegungen nach Landau beabsichtigt, die über die Schiffbrücke zwischen Mannheim und Ludwigshafen erfolgen sollten. Um diese Aktion zu behindern, ließ der vom Ausschuß bestellte und soeben in der Pfalz eingetroffene Volkswehrkommandant Ferdinand Fenner von Fenneberg, ein österreichischer Offizierssohn, der bei der Wiener Erhebung im Oktober 1848 eine führende Rolle gespielt hatte, die Bahnstrecke bei Mundenheim demolieren. Als die Truppe zu Fuß weitermarschierte, beschloß die Speyerer Volkswehr, die am Vortag feierlich auf die Reichsverfassung vereidigt worden war, diesem preußischen Bataillon den Durchzug zu verweigern. Man verbarrikadierte die Stadt. Der in Speyer kommandierende bayerische Brigadegeneral ließ das zu und widersprach auch dem Vorhaben des preußischen Majors, die Barrikaden zu stürmen. Auf Vermittlung Kolbs wurde die Truppe verpflegt, dann zog sie weiter, erhielt aber bei Weingarten den von Eisenstuck veranlaßten Befehl, in ihre Garnison nach Mainz zurückzukehren. Das geschah. Statt dessen kamen badische Soldaten nach Landau. Die Truppenbewegungen veranlaßten den Landesverteidigungsausschuß zu einem Hilfsersuchen an die hessischen Demokraten. Daraufhin zog der Führer der Wormser Volkswehr Ludwig Blenker mit einer schlechtbewaffneten Truppe von etwa 200 Mann, die aller-

Übertritt bayerischer Regierungstruppen zur pfälzischen Volkswehr in Speyer. (Blos (1893), S. 571, Vorlage: StadtA Speyer)

dings unterwegs Zuzug erhielt, nach Ludwigshafen und nahm den Ort und den Brückenkopf ein. Die hier stehenden bayerischen Einheiten gingen zum größeren Teil zu ihm über, der Rest flüchtete nach Mannheim. Wenig später begab sich der pfälzische Regierungspräsident für kurze Zeit in die Festung Germersheim. Auch der Brigadegeneral in Speyer ging dorthin, während seine Untergebenen sich zum guten Teil weigerten, ihm zu folgen. Sie traten zur Volkswehr über und wurden am 11. Mai abends in Speyer von Reichard vereidigt. Dabei wurde ihnen versichert, nicht sie seien eidbrüchig geworden, sondern die Fürsten[148]. Ersichtlich war der Landesverteidigungsausschuß mit seiner Machtergreifung in der Pfalz deutlich vorangekommen.

Auch in Baden erhielt die Entwicklung in diesen Tagen einen gewaltigen Schub. Am Nachmittag des 12. Mai begann in Offenburg die Delegiertenkonferenz des Volksvereins unter dem Vorsitz von Goegg. Dieser stellte „die Frage über Proklamierung der Republik zur Debatte“[149]. Dabei fand er mannigfache Unterstützung, unter anderem durch den vor kurzem wegen seiner radikalen publizistischen Tätigkeit aus dem Dienst entlassenen Heidelberger Lehrer Philipp Stay, aber dennoch keine Mehrheit. Die Majorität der Anwesenden unter Führung von Mördes sprach sich dagegen aus. Gegen den Willen der extremen Linken, der roten Republikaner, wie man damals gern sagte, wurde eine Delegation nach Karlsruhe zu Ministerpräsident Bekk entsandt, die ihm die Forderungen der Volksvereine ultimativ vortrug, Rücktritt des Ministeriums, Auflösung der Kammer und Wahl einer konstituierenden Landesversammlung, Amnestie für politische Vergehen und anderes. Bekk verwies bei dieser Besprechung am frühen Morgen des 13. Mai auf eine alsbaldige Kabinettssitzung, deren Votum erwartungsgemäß negativ ausfiel, und fügte seine persönliche Ansicht hinzu, daß die 1848 angemeldeten Wünsche inzwischen erfüllt seien oder vor der Erfüllung stünden und daß im übrigen nicht alles Volkswünsche seien, was dafür ausgegeben werde; „die Regierung halte sich in dieser Beziehung hauptsächlich an die verfassungsmäßigen Vertreter des Volkes und nicht an ungeregelte Versammlungen“. Er gab zu, daß es für den Augenblick gelingen könne, die Regierung zu stürzen „und eine badische oder vielleicht in Verbindung mit Nachbarn eine südwestdeutsche Winkelrepublik zu gründen“, betonte jedoch, daß die große Mehrheit der Deutschen davon nichts wissen wolle. Da zwei Regierungsformen in einem Bundesstaat nicht möglich seien, werde die Mehrheit die Minderheit überwältigen, und das sei auch durch das Bundes- wie durch das neue Reichsrecht gedeckt. „Selbst ohne Zutun der Regierung würden 60.000 Mann und, wo nötig, noch mehr Bundes- oder Reichstruppen einrücken, um die gewaltsam gebrochene verfassungsmäßige Staatsordnung wiederherzustellen“[150].

In Offenburg wurde am Morgen des 13. Mai in einer neuen Sitzung wieder über die Republik beraten, jetzt in Anwesenheit einer Soldaten-Deputation aus Rastatt, dessen Garnison sich seit dem Vortag in offenem Aufruhr befand. Das Zusammentreffen dieser Meuterei mit der Offenburger Tagung war natürlich kein Zufall, und noch in der Nacht zum 13. Mai hatte die Minorität der Delegiertenkonferenz um Goegg kräftig und mit Erfolg dafür gesorgt, daß die Meutereien auf andere Standorte übergriffen und daß die Radikalen landesweit zur Tat schritten; die Bevölkerung sollte sich zu den Waffen nach Rastatt begeben und die Beamten absetzen, die Widerstand leisteten. Die anschließende Volksversammlung dauerte am frühen Nachmittag nur gut eine Stunde. Die wenigstens 20.000 Menschen umfassende Menge genehmigte durch Applaus und allgemeines Handaufheben das von Goegg verkündete Bündel von Forderungen und Maßnahmen – sie hatten überwiegend am frühen Morgen schon Bekk vorgelegen –, wobei davon auszugehen ist, daß viele rein akustisch gar nicht verstanden, was ihnen da vorgetragen wurde. Der Landesausschuß wurde beauftragt, „die nötigen Anordnungen zur Durchführung dieser Beschlüsse mit allen ihm zu Gebote stehenden Mitteln zu treffen“ und davon dem Landesausschuß in Rheinbayern und den entsprechenden Gremien in den Nachbarstaaten Nachricht zu geben[151]. Sodann verlegte der Ausschuß seinen Sitz nach Rastatt. Brentano, der nicht nach Offenburg gekommen war, fand sich hier ein und übernahm den Vorsitz. Mit großer Geschwindigkeit breitete sich die revolutionäre Bewegung über ganz Baden aus. Die intensive Propaganda der Volksvereine für ihre Sicht der Dinge während der letzten Monate, die ständigen Angriffe auf die Regierung Bekk, die lautstark

„Greif, tummle dich von hinnen!" Karikatur auf den geflüchteten Großherzog Leopold, der auf dem badischen Wappentier das Land verläßt. (Eulenspiegel, Stuttgart 1849 / Lautenschlager (1920), S. 378)

vorgetragene Anfechtung der Legitimität von Zweiter Kammer und Nationalversammlung hatten dafür gründliche Vorarbeit geleistet. Entscheidend war aber das Signal, das Goeggs Emissäre in der Nacht zum 13. Mai ins Land getragen hatten. Die Entschlossenheit der führenden Radikalen, namentlich auf dem linken Flügel, jetzt die Stunde zu nutzen, die man im März und April 1848 nicht genügend hatte wahrnehmen können, war groß[152]. Ganz anders verhielten sich die prominenten Träger der Staatsgewalt. Angesichts des schnellen Erfolgs der revolutionären Welle schwand ihr Selbstbehauptungswille dahin. So verließ die großherzogliche Familie in der Nacht zum 14. Mai Karlsruhe und ging über Mainz in die Festung Ehrenbreitstein bei Koblenz. Das Ministerium begab sich nach Frankfurt. Auch viele hohe Beamte, Offiziere und andere Honoratioren gingen außer Landes.

Der Landesausschuß verlegte nun auf Einladung des Karlsruher Gemeinderates seinen Sitz in die Hauptstadt, löste die Kammer auf, schrieb Wahlen zu einer Verfassunggebenden Landesversammlung aus, erklärte die geflohenen Minister für abgesetzt und bildete eine Exekutivkommission. Brentano erhielt den Vorsitz und das Innenressort, Goegg wurde für die Finanzen zuständig, Peter für die Justiz und Carl Eichfeld für das Militär. Dieser wurde allerdings bald durch Sigel abgelöst. Die Kommission, aus der am 1. Juni eine Provisorische Regierung wurde, bemühte sich, die durch die revolutionäre Welle arg erschütterte Ordnung im Lande wiederherzustellen und Baden ansonsten auf die kommenden Auseinandersetzungen vorzubereiten. Ihre Mitglieder waren keineswegs einheitlich gestimmt. Goegg war ein 'roter' Republikaner, Brentano nur ein 'weißer', gemäßigter, der durchaus nicht daran dachte, die Republik auf Biegen und Brechen und sofort durchzusetzen. Diese Spaltung zeigte sich auch in der am 3. Juni gewählten Verfassunggebenden Landesversammlung. Das kam besonders in der Sitzung vom 18. Juni zum Ausdruck, als Stay sehr drängend für die Republik eintrat, denn nur sie begründe den Wohlstand des Volkes. So könne die konstitutionelle Reichsverfassung nicht das Ziel sein. „Die revolutionäre Bewegung in Baden kann nicht bloß den Zweck haben, die Reichsverfassung durchzuführen, die Bewegung ist aus dem Bewußtsein des Volkes entsprossen. Der Drang nach Freiheit war es und nicht das papierne Machwerk aus der Paulskirche, warum wir uns erhoben. Wir stehen dem Absolutismus entgegen, und der Löwe der Revolution muß ihn verschlingen." Dann forderte Stay seine Parlamentskollegen auf, über die Reichsverfassung zur Tagesordnung überzugehen und auf das Ziel der deutschen Republik loszusteuern. „Wenn die Reichsverfassung in ganz Deutschland durchgeführt wird, so hat der Absolutismus gesiegt. Darum müssen wir über die Reichsverfassung hinausgehen"[153]. Mehrheitsfähig war diese eigenwillige Interpretation des Werks der Paulskirche selbst im badischen Parlament der Zweiten Revolution nicht.

In der Pfalz berief der Landesausschuß für den 16. Mai rund hundert wohlhabende Bürger nach Kaiserslautern ein, die unter sanftem Druck eine Sonderabgabe bewilligten[154]. Außerdem ließ er kurzfristig in jedem Kanton einen Delegierten wählen. Diese Herren traten am 17. Mai ebenfalls in Kaiserslautern zusammen und berieten die Lage und das weitere Vorgehen. Dabei zeichnete sich eine Mehrheit dafür ab, zunächst die Entwicklung in München abzuwarten. Das Eintreffen des vom badischen Landesausschuß entsandten Paulskirchen-Abgeordneten Friedrich Schütz, der ein Bündnis der beiden Nachbarstaaten anbot, änderte die Situation. In gemeinsamer Sitzung der Kantonalvertreter und des Landesausschusses vor einem zufälligen und sehr engagierten Publikum von Volksvereinsmitgliedern wurden die Delegierten der Kantone dazu gedrängt, der Bildung einer Provisorischen Regierung für die Pfalz zuzustimmen. Sie taten das nach heftiger Debatte schließlich mit der sehr knappen Mehrheit von 15 zu 14. An der anschließenden Wahl der Regierungsmitglieder nahmen die Unterlegenen teil. Es erhielten Reichard 28, Culmann 23, Schüler und Hepp je 21 und Kolb 19 Stimmen. Schmitt, Fries und Greiner, die sehr viel radikaler gestimmt waren als die Gewählten, fielen durch, sollten aber als Ersatzleute ins Gremium einrücken, falls Culmann, Schüler und Kolb, die nicht anwesend waren, die Wahl nicht annahmen[155]. Da die drei Parlamentarier die Wahl ablehnten – Kolb reagierte gar nicht –, saßen in der Provisorischen Regierung der Pfalz mehrheitlich Leute, die das Wahlgremium eigentlich nicht gewollt hatte. Reichard nahm die Geschäfte eifrig in die Hand. Er hoffte, sich auf das Regierungspräsidium in Speyer stützen zu können, fand das dortige Kollegium aber zur Eidesleistung nicht bereit und enthob es am 19. Mai seines Amtes. Diese Beamten begaben sich nach Germersheim, unter Mitnahme der Kassen.

Es ist hier unmöglich, aber auch unnötig, die Maßnahmen der beiden Revolutionsregierungen zu besprechen. Die Regierung Reichard, seit dem 21. Mai in Speyer tätig, interpretierte Ende des Monats den versuchten Ausschluß der pfälzischen Abgeordneten von den Kammerverhandlungen dahin, daß die „Verbindung zwischen der Rheinpfalz und Bayern vernichtet, die Trennung deutlich ausgesprochen" sei[156]. In der Folge wurden überall die Symbole Bayerns und des Königtums beseitigt. In Baden wie in der Pfalz wurden die weiter arbeitenden lokalen Behörden durch jetzt eingesetzte Zivilkommissare beaufsichtigt. Das Hauptaugenmerk der neuen Machthaber galt dem Ziel, ihr Einflußgebiet kriegstüchtig zu machen, also eine Truppe aufzustellen und zu bewaffnen und dafür die nötigen Finanzmittel zu beschaffen. Das alles war mühsam und in der Pfalz offenbar erheblich schwieriger als in Baden, wo das Heer ja größtenteils zur Regierung Brentano überging. Die pfälzische Bevölkerung verhielt sich ruhig, ging ihren Alltagsgeschäften weiter nach und zeigte wenig revolutionäre Begeisterung, sehr zum Ärger derer, die die Revolution organisieren wollten. Überall ergaben sich Schwierigkeiten, denen die Kommissare teilweise mit Repressalien begegneten, was die Beliebtheit der neuen Regierung nicht gerade steigerte. Schon zeitgenössische Beobachter konstatierten „die Teilnahmslosigkeit des Landvolks" und meinten, daß die Revolution den Pfälzern oktroyiert sei[157]. Mit Recht wurde später geurteilt, daß die Revolutionäre Illusionen über die wirkliche Stärke der Bewegung hegten und schließlich „erstaunt und enttäuscht" waren über die geringe Zahl derer, die im Ernst bereit waren, mitzumachen"[158]. In Baden dürften die Verhältnisse ähnlich gewesen sein.

Nun ist die mangelnde Bereitschaft, sich zu exponieren, nicht mit einer Frontstellung gegen die Entwicklung überhaupt gleichzusetzen. Die Zahl derer, die die neuen Verhältnisse bejahten, lag weit höher als die der Aktivisten. Wir könnten sie gut messen, wenn wir brauchbare Wahldaten

Proklamation.

Mitbürger!

Im Vertrauen auf ihr gutes Recht hat die gesammte Bevölkerung der Rheinpfalz sich erhoben, um der Widerspenstigkeit der deutschen Fürsten gegen die durch die Vertreter des deutschen Volkes endgültig beschlossene deutsche Reichsverfassung thatkräftig entgegenzutreten. Die Rheinpfalz kann mit Stolz sagen, daß sie für diesen Schutz des unveräußerlichen Rechts der Volkssouveränität zuerst bewaffnet in die Schranken getreten ist, – eine Erhebung, welcher sich das benachbarte badische Volk muthig angeschlossen hat.

Der Widerspruch des Königs von Bayern gegen den gesetzlich ausgesprochenen Volkswillen war durch kein Mittel zu brechen, die Autorität aller Behörden in der Pfalz dadurch vollständig gelähmt. Der in Folge der Volksversammlung zu Kaiserslautern am 2. Mai d. J. erwählte Landesvertheidigungsausschuß blieb die einzige Behörde, welche im Stande war, der drohenden Anarchie für eine Zeitlang Schranken zu setzen. Die Nothwendigkeit, die Zügel der Regierung in eine starke Hand zu legen, um einestheils den Bestrebungen des nach Freiheit ringenden Volkes Nachdruck und Einheit zu geben, anderntheils die Ordnung im Lande aufrecht zu erhalten, gestaltete sich von Tag zu Tag als ein dringenderes Bedürfniß. Der Landesvertheidigungsausschuß würde den ihm gewordenen Auftrag überschritten haben, wenn er selbst die Handhabung der Regierung übernommen hätte. Er hielt es aber für seine Pflicht, die Ernennung einer provisorischen Regierung für die Pfalz einstimmig bei der am 17. Mai zu Kaiserslautern versammelten pfälzischen Volksvertretung zu beantragen. Auch diese erkannte einstimmig die Nothwendigkeit der Einsetzung einer provisorischen Regierung zur energischen einheitlichen Leitung der Bewegung und zur Aufrechthaltung der Ordnung an, und selbst diejenigen Mitglieder, welche den jetzigen Zeitpunkt dazu noch nicht für geeignet hielten, schlossen sich der Mehrheit in der Erklärung an, die provisorische Regierung mit voller Hingebung zu unterstützen.

Die pfälzische Volksvertretung beauftragte mit diesem schwierigen Amte die Bürger Reichard, Culmann, Schüler, Hepp und Kolb, und bestimmte für die drei Abwesenden Culmann, Schüler und Kolb den Eintritt der Bürger Greiner, Fries und Nic. Schmitt als Ersatzmänner. Der Jubel des bewaffneten und unbewaffneten Volkes begleitete die Verkündigung der provisorischen Regierung durch den Präsidenten der pfälzischen Volksvertretung.

Mitbürger! Indem wir dem hohen Rufe, welcher an uns ergangen, folgen, vertrauen wir auf Eure Begeisterung, auf Eure Hingebung für die Freiheit. Vereint werden wir stehen und, wie wir die feste Ueberzeugung haben, siegen in dem großen Kampfe für die Freiheit und die Einheit des deutschen Volkes, indem wir unseren Brüdern in Baden und überall im deutschen Vaterlande, wo sie sich immer zu gleichem Zwecke erheben mögen, freudig die Hand bieten.

Wir werden bemüht sein, die Ordnung kräftig aufrecht zu erhalten, und rechnen dabei auf Eure Unterstützung

Die bestehenden Behörden bestätigen wir hiermit in ihren Aemtern, bauend auf ihre Ergebenheit für das Vaterland und die große Sache, zu deren Durchführung auch sie mit berufen sind. Die Zeit der Gefahr wird sie um so aufmerksamer und um so gewissenhafter in Erfüllung ihrer Pflicht machen. Ihre Amtshandlungen werden von heute an im Namen des pfälzischen Volkes ausgeübt.

Diejenigen Verfügungen, welche zur Aufrechthaltung der Ordnung, zur Sicherstellung der Personen und des Eigenthums und für weitere Durchführung der Volksbewaffnung nothwendig sind, werden wir in kürzester Zeit erlassen.

Alle wegen politischer Vergehen und Verbrechen Verurtheilten sind amnestirt und alle politischen Untersuchungen niedergeschlagen.

Bürger!

Die absolute Fürstengewalt hat zur Aufrechthaltung der Gesetze ihrer Polizei und ihrer Soldaten bedurft. Eure Liebe zum Vaterlande, Euer Freiheitsgefühl ist eine bessere, eine mächtigere Triebfeder, Euch den für das Wohl des Vaterlandes nöthigen Bestimmungen unterzuordnen, als der blinde Gehorsam, welchen Eure früheren Machthaber von Euch gefordert haben.

Pfälzer!

Das Vaterland ruft. Wir Alle werden nicht zurückbleiben.

Kaiserslautern, den 18. Mai 1849.

Die provisorische Regierung:

Reichard. Hepp. Greiner. Fries. Schmitt.

Proklamation der Provisorischen Regierung der Pfalz, Kaiserslautern, 18. Mai 1849 (Vorlage: LandesA Speyer)

hätten. Das ist für die Wahlen zur Verfassunggebenden Versammlung in Baden am 3. Juni leider nicht der Fall. Nur für zehn Gemeinden, darunter alle größeren Städte, liegen Anhaltspunkte vor, die immerhin Schätzungen über die Wahlbeteiligung erlauben. Wahlberechtigt waren alle Männer nach dem vollendeten 21. Lebensjahr, d.h. höchstens 50 Prozent der männlichen Einwohnerschaft überhaupt. Danach hätten in den 10 Kommunen 21.348 Wahlberechtigte gelebt, von denen 7.525 ihre Stimme abgaben. Das war eine Beteiligung von 35,2 Prozent. Für Mannheim ergäbe sich nach dieser Berechnung eine Beteiligung von 29, für Heidelberg eine von 50, für Wiesloch eine von 21,9 Prozent[159]. Es gibt gute Gründe für die Annahme, daß die Radikalen ihre Anhängerschaft im Lande weitgehend mobilisieren konnten, während Liberale und Konservative fast ausnahmslos Wahlenthaltung übten. Der Grund für dieses Protestverhalten lag in der Entschlossenheit, mit der die Radikalen jetzt anderslautende Ansichten bekämpften. Es war für die Liberalen in diesen Wochen oft schwierig, ihre Auffassungen angemessen zu vertreten. Die Wahlen zeigten, daß die Linke die relativ stärkste politische Kraft des Landes war, aber nicht die Mehrheit der Badener hinter sich hatte. Die Anhänger der bisherigen Majorität in der Kammer dürften nicht wesentlich schwächer gewesen sein, während der Rest der Bevölkerung indifferent war.

In der Pfalz wurde nicht gewählt, mit einer Ausnahme. Der Gemeinderat von Speyer wurde durch die Provisorische Regierung aufgelöst, weil er auf Vorschlag von Kolb, der hier Bürgermeister war, beschlossen hatte, den Vollzug aller von der Regierung Reichard herausgegebenen Gesetze und Verordnungen zu verweigern, solange keine pfälzische Volksvertretung berufen war. An der schnell vollzogenen Neuwahl beteiligten sich ziemlich genau 25 Prozent der Wahlberechtigten[160]. Dieser Wert bestätigt etwa die badischen Daten.

„Portrait eines Patienten im Jahre 1849" – Deutschland als kranker Mann, besonders der Südwesten wird von heftigen „Blutauswüchsen" heimgesucht. (Vorlage: Historisches Museum Frankfurt a.M.)

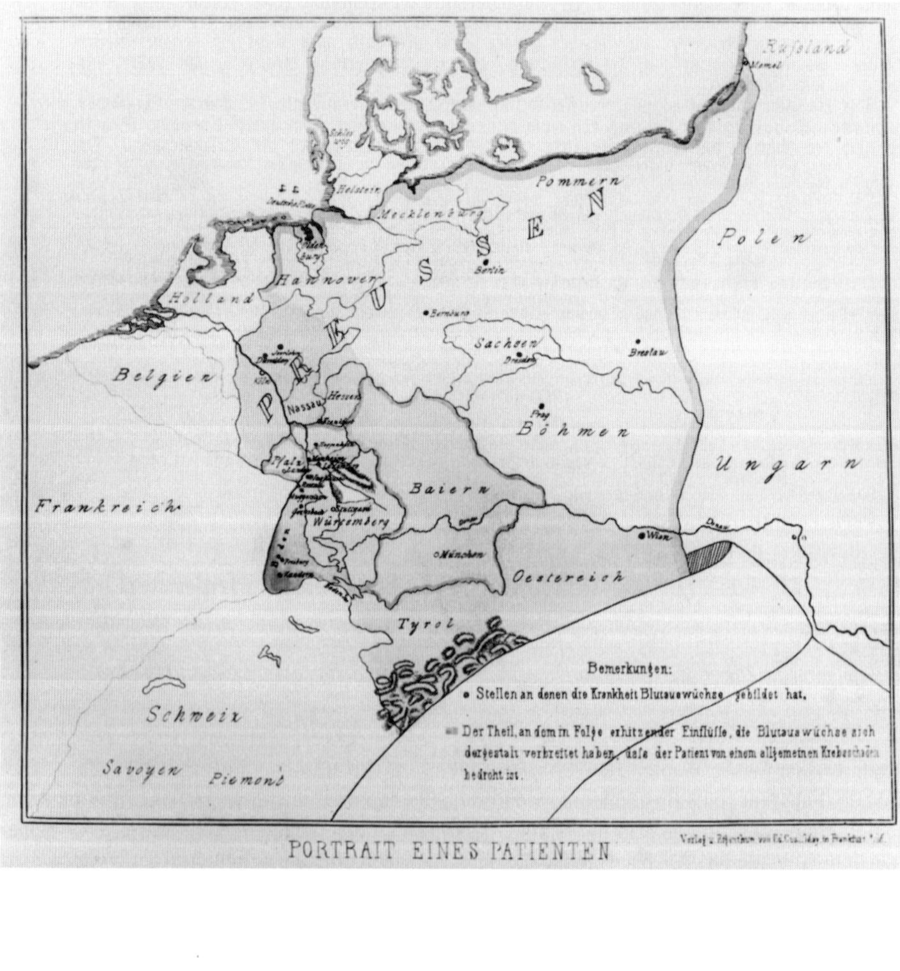

Bekk hatte der Offenburger Delegation am Morgen des 13. Mai gesagt, daß die Reichsgewalt auch ohne Zutun der badischen Regierung gegen eine etwaige südwestdeutsche Republik vorgehen werde. Aber natürlich tat sein Ministerium etwas dazu, wie auch die bayerische Regierung nicht gewillt war, die Pfalz sich selbst zu überlassen. Ebenso war die hessische Regierung entschlossen, ihre Autorität im ganzen Großherzogtum wiederherzustellen, und die Provisorische Zentralgewalt wie die preußische Regierung hatten ebenfalls alles Interesse daran, daß die gegenwärtigen Verhältnisse am Oberrhein nicht andauerten.

Erste Kämpfe gab es schon Ende Mai. Am Morgen des 30. Mai erschienen hessische Truppen auf dem rechten Rheinufer gegenüber von Worms, das sich seit dem 25. Mai in der Hand Blenkers und seiner Freischaren befand, während württembergische Truppen, die bei Gernsheim den Rhein überschritten hatten, sich von Norden näherten. Zu einem Kampf kam es nicht, da Blenker sich auf Frankenthal zurückzog. Als die hessischen Truppen Worms nach wenigen Tagen wieder verließen, nahmen Teile der Blenkerschen Einheit die Stadt erneut in Besitz, räumten sie aber bald wieder. Am 13. Juni traf preußisches Militär ein[161]. Ebenfalls am 30. Mai wollte Franz Sigel, der vom Landesausschuß am 25. Mai zum Oberbefehlshaber sämtlicher badischer Truppen mit unumschränkter Vollmacht berufen worden war, den Kampf nach Hessen tragen und womöglich Darmstadt in Besitz nehmen. Die Hessen bereiteten ihm jedoch zwischen Heppenheim und Hemsbach eine empfindliche Niederlage. Seine Soldaten zogen sich schließlich fluchtartig auf Weinheim und Heidelberg zurück. Das unglückliche Unternehmen kostete auf badischer Seite 17 Mann das Leben[162].

Die bayerische Regierung wies Generalleutnant Fürst Thurn und Taxis am 1. Juni an, mit 11.000 Mann über Aschaffenburg und Worms in die Pfalz zu marschieren, und bat gleichzeitig Preußen, sich mit einer geringen Streitmacht an der Besetzung zu beteiligen und den Rheinübergang bei Oppenheim zu sichern. Die preußischen Absichten gingen allerdings viel weiter. Gegen die Bereitschaft, am preußischen Unionsprojekt, also an der Einigung des außerösterreichischen Deutschland unter preußischer Führung mit einer konservativ veränderten Reichsverfassung, teilzunehmen, erlangte die legitime badische Regierung Anfang Juni die Zusage aus Berlin, in Baden den status quo ante wiederherzustellen. Da seine Armee größtenteils zur Provisorischen Regierung übergetreten war, blieb dem Großherzog gar keine andere Möglichkeit als der Rückgriff auf fremde Truppen, wollte er wieder in den realen Besitz seines Landes gelangen. Nachdem er fest mit preußischer Hilfe rechnen konnte, erklärte sich auch die Provisorische Zentralgewalt zur Stellung von Truppen bereit. Insgesamt wurden zwei preußische Armeekorps mit zusammen fast 35.000 Mann und ein aus mehreren Kontingenten bestehendes Reichskorps mit annähernd 19.000 Mann aufgeboten. Oberbefehlshaber wurde der preußische Thronfolger Prinz Wilhelm, ab 1871 der erste Kaiser des erneuerten Reiches. Nach dem am 11. Juni im Hauptquartier in Mainz entworfenen Operationsplan sollte das 1. Armeekorps die Pfalz von der Rheinprovinz aus besetzen und am 21. Juni den Rhein bei Germersheim überschreiten. Das 2. Armeekorps sollte sich an der hessischen Südgrenze aufstellen und dann auf Mannheim und Heidelberg vorrücken, die Reichsarmee ihre Position in Südhessen zugunsten der Preußen aufgeben, im weiten Bogen und unter Vermeidung aller Kampfhandlungen über Hirschhorn und den Kraichgau marschieren und dann bei Durlach wieder in die Rheinebene eintreten. So sollten die Revolutionstruppen eingeschlossen werden. Sie bestanden aus der etwa 13.000 Mann umfassenden pfälzischen Volksarmee und dem auf 30.000 bis 40.000 Mann bezifferten badischen Heer, die beide sehr heterogen und sehr viel schlechter ausgebildet und ausgerüstet waren als die Interventionstruppen. Neben regulären Einheiten standen Volkswehren, die sich zumeist ungern hatten rekrutieren lassen und deshalb vermutlich nicht sehr zuverlässig waren, und Freischärler aus anderen Teilen Deutschlands sowie aus dem Ausland, so aus Polen. Auch der Oberkommandierende Mieroslawski war ein Pole; Sigel hatte sein Fiasko bei Heppenheim mit dem Verlust seines Kommandos bezahlt. Der Kampf versprach sehr ungleich zu werden, zumal der Interventionsseite noch die 10.000 Hessen, die heranrückenden Bayern und die Festungstruppen in Landau und Germersheim hinzuzurechnen wa-

30. Mai 1849 – Im Gefecht bei Hemsbach werden die entlang der Bergstraße vorrückenden badischen Revolutionstruppen vom hessischen Militär zurückgeschlagen. (Vorlage: StadtA Schriesheim)

ren[163]. Mieroslawski hoffte, daß seine offensichtliche Unterlegenheit durch seine Stellung auf der inneren Linie ausgeglichen würde. Er wollte versuchen, die drei Armeekorps einzeln und nacheinander zu schlagen, er wußte sehr wohl, daß seine Chancen nur klein waren.

Die Pfalz, in der Blenker am 20. Mai erfolglos Landau zu gewinnen versucht hatte, wurde seit dem 13. Juni zügig von preußischen Truppen besetzt. Es kam nur bei Kirchheimbolanden (14.6.), Ludwigshafen (15.6.) und Rinnthal (17.6.) zu größeren Kampfhandlungen. Dabei hatten die Revolutionstruppen mehrere Dutzend Tote zu beklagen, während die Verluste auf der Gegenseite gering waren. Ludwigshafen war nach gut zwei Stunden in preußischer Hand. Die pfälzischen Truppen zogen sich nach Mannheim zurück. Von dort aus wurde Ludwigshafen bis zum 18. Juni heftig beschossen und dabei weitgehend zerstört[164]. Nach der Niederlage bei Rinnthal ließ Mieroslawski die Pfalz räumen. Die inzwischen auf 8.000 Mann zusammengeschmolzene Streitmacht ging nach Nordbaden. Auch die Regierung Reichard verließ das Land. Erst jetzt erreichten die unter Thurn und Taxis heranmarschierenden Bayern die Pfalz; am 20. Juni schlug der Fürst sein Hauptquartier in Frankenthal auf. Während dieser ersten Feldzugswoche gab es an der Neckarfront zwischen Heidelberg und Mannheim eine Reihe von lebhaften Gefechten, in denen sich das badische Militär gut behauptete. In der Nacht zum 20. Juni gingen preußische Truppen bei Germersheim über den Rhein und stellten sich zwischen Waghäusel und Bruchsal auf, nach Süden gegen einen etwaigen Angriff aus dem Karlsruher Raum sichernd und mit der Hauptfront nach Norden. Mieroslawski mußte den damit gebotenen Kampf annehmen und führte etwa 15.000 Mann heran. Vor allem um Waghäusel wurde am 21. Juni heftig gerungen, wobei die Preußen sich schließlich in Richtung Philippsburg zurückzogen. Mehrere taktische Fehler führten dazu, daß die Revolutionstruppen den gewonnenen Vorteil nicht besser ausnutzten. So stand etwa die pfälzische Streitmacht untätig abseits. Die Entscheidung brachte das Eingreifen preußischer Einheiten aus Richtung Bruchsal. Die Badener zogen sich zurück[165].

15. Juni 1849 – Vom bereits eroberten linken Rheinufer versuchen preußische Truppen, über die Schiffsbrücke nach Mannheim vorzudringen. Die Artillerie der Aufständischen schießt daraufhin Ludwigshafen in Brand. (Vorlage: Stadtmuseum Ludwigshafen)

15. Juni 1849 – Die erst im Vorjahr fertiggestellte Eisenbahnbrücke bei Ladenburg wird zum hart umkämpften strategischen Punkt der "Neckarfront". (Vorlage: KreisA Rhein-Neckar-Kreis, Ladenburg)

„Skizzen aus der Pfalz während der Erhebung im May 1849 – Grab eines Freischärlers“ (Vorlage: LandesA Speyer)

Mieroslawski entschloß sich nun, den sich bildenden Kessel so schnell wie möglich zu verlassen. Er retirierte Richtung Heidelberg und marschierte von dort mit dem größten Teil seiner Streitmacht über Neckargemünd, Sinsheim, Eppingen, Bretten und Durlach nach Rastatt. Das Manöver gelang, weil einige Einheiten der Revolutionsarmee den Rückzug in heftigen Kämpfen am 23. Juni bei Ubstadt gegen die dortigen preußischen Truppen deckten und weil das Reichskorps nicht rechtzeitig in Sinsheim eintraf. Allerdings war das badisch-pfälzische Heer nicht mehr in guter Ordnung. Viele Verbände hatten sich aufgelöst, die Stimmung war schlecht und die Disziplin nicht sonderlich ausgeprägt. Für Nordbaden war der Feldzug am 23. Juni beendet. Zwei Tage später wurde Karlsruhe von den preußischen Truppen erreicht. Die Provisorische Regierung und die Landesversammlung verließen die Stadt gerade noch rechtzeitig und etablierten sich am 26. Juni in Freiburg. Es war jedoch unverkennbar, daß das Ende nicht mehr aufzuhalten war. Der Gegner war zu stark, und zu einer Volkserhebung kam es nirgends. So teilte Brentano der Landesversammlung am 28. Juni brieflich mit, daß er seine Ämter aufgebe und sein Mandat niederlege, und reiste unmittelbar danach in die Schweiz ab. Die Versammlung hielt ihre letzte Sitzung am 30. Juni, dann löste sie sich formlos auf[166]. An diesem Tage wurde die Murg nach heftigem Kampf auch bei Kuppenheim von den preußischen Truppen überschritten – bei Gernsbach hatte das Reichsmilitär das schon am Tag zuvor getan – und Rastatt eingeschlossen. Die Revolutionsarmee zog sich in fortschreitender Auflösung nach Süden zurück, ihre Reste traten schließlich am 11. Juli in die Schweiz über, während Rastatt sich noch bis zum 23. Juli hielt und dann auf Gnade oder Ungnade kapitulierte. Bekks Prognose vom frühen Morgen des 13. Mai, daß eine südwestdeutsche Republik keine Aussicht auf Dauer habe, hatte sich erfüllt, in genau sieben Wochen, gerechnet bis zur Resignation Brentanos.

Der oberrheinische Feldzug im Juni und Juli 1849 kostete die drei Armeekorps Preußens und der Provisorischen Zentralgewalt mindestens 198 Tote[167]. Die Verluste der Revolutionsarmee waren sehr viel höher, lassen sich aber nicht beziffern, da keine Listen über die Gefallenen und Verstorbenen geführt wurden – in der Niederlage ist eine Zählung der Opfer viel schwerer als beim siegreichen Vormarsch, besonders, wenn die Truppe sich beim Rückzug auflöst. Die Zahl der Toten dürfte hier eher über 1.000 als darunter gelegen haben. Auch unbeteiligte Bürger fielen den Kampfhandlungen zum Opfer. Die Sachschäden waren sehr hoch, vor allem in Ludwigshafen und in Gernsbach.

Es folgte die juristische Liquidation der Revolution. Sie war in der Pfalz milder als in Baden. Als Beginn der hochverräterischen Unternehmung, deren Urheber und Teilnehmer vor Gericht gezogen werden sollten, wurde der 10. Mai, der Tag der Abberufung Eisenstucks, angesetzt. Ermittelt wurde gegen 1.348 Personen, wegen nicht ausreichender Beweise mußte das Verfahren aber in 136 Fällen eingestellt werden. Knapp die Hälfte der verbleibenden 1.212 Beschuldigten wurde Ende 1849 amnestiert, vom Rest wiederum die Hälfte von Zuchtpolizeigerichten zu relativ milden Strafen verurteilt. Nach langen Vorbereitungen und lebhafter juristischer Auseinandersetzung wurde schließlich im Sommer vor dem Schwurgericht Zweibrücken der Prozeß gegen Martin Reichard und 332 Consorten eröffnet. Von ihnen waren 113 Nichtpfälzer. Allerdings befanden sich nur 181 der Angeklagten in Haft. Die Anführer der Bewegung hatten rechtzeitig fliehen können. Nur gegen die Abwesenden wurden Todesstrafen und harte Freiheitsstrafen verhängt, ansonsten mildere. Ungefähr 100 Angeklagte wurden freigesprochen. Unabhängig von diesem Prozeß fällte ein Militärgericht im März 1850 ein Todesurteil wegen Desertion und Hochverrats gegen einen bayerischen Artillerieleutnant; es wurde am 11. März 1850 in Landau vollstreckt[168]. In Baden wurde gegen eine ungleich höhere Zahl von Beteiligten an der Revolution vorgegangen. Hier gab es zahlreiche Verfahren, und eine Gesamtbilanz ist wegen der mißlichen Quellenlage schwierig. Insgesamt dürfte es aber fast 1.000 Verurteilungen gegeben haben, in vielen Fällen in Abwesenheit des Angeklagten. Die schuldig Gesprochenen wurden auch zum Schadensersatz herangezogen, ebenso die Teilnehmer an den Agrarunruhen nach dem eigens dafür erlassenen Gesetz, diese schon sehr frühzeitig. Zahlreiche Teilnehmer am Frühjahrsaufstand und am Struveputsch wurden verhaftet, gegen noch mehr wurde ermittelt, viele der Beschuldigten allerdings nach einiger Zeit amnestiert. Struve und Carl Blind mußten sich im März 1849 in Freiburg vor dem Schwurgericht verantworten. Dabei zeigten sich deutliche Auffassungsunterschiede zwischen dem Gerichtshof und den Geschworenen, die den Aprilaufstand für straffrei hielten, weil das im Laufe der Revolution geschehen sei, und die Septemberunternehmung mit Nachsicht behandelt wissen wollten. Das Gericht verurteilte die beiden Angeklagten zu jeweils 8 Jahren Zuchthaus, durch die Mairevolution kamen sie frei und flohen bei derer Niederwerfung ins Ausland[169]. Gegen die führenden Teilnehmer an der Mairevolution wurde mit Stand- und Kriegsgerichten vorgegangen. Es wurden etwa 50 Todesurteile ausgesprochen und davon wenigstens 27 vollstreckt, die meisten in Rastatt, 5 in Mannheim. Zudem wurden mehr als 300 langjährige Haftstrafen verhängt[170]. Die Teilnehmer an den Agrarunruhen mußten sich 1851 strafrechtlich verantworten. Allein aus der Gemeinde Sulzfeld wurden 77 Bürger zu langjährigen Freiheitsstrafen verurteilt[171]. Gegen die rheinhessischen Freischärler wurde im Frühjahr 1850 in Mainz verhandelt, der Prozeß war Anfang Juni beendet. Die Geschworenen befanden alle 77 Angeklagten, darunter 31 aus Worms, für nichtschuldig[172]. Auch hier hatten sich die Anführer der Strafverfolgung durch die Flucht entzogen.

Mit sehr wenigen Ausnahmen wurde gegen Liberale nicht ermittelt. Das Strafgericht traf ganz überwiegend Angehörige der äußersten Linken. Daran läßt sich deutlich ablesen, daß die Ereignisse des Jahres 1848/49 im wesentlichen eine Sache dieser politischen Gruppierung waren. Ihre Wortführer, voran Hecker, Struve, Hoff, wollten an der Wende vom Februar zum März 1848 die Stunde zu einer tiefgreifenden Veränderung Deutschlands nutzen und die Republik herbeiführen, aber die von ihnen in Gang gesetzte Bewegung trug die Liberalen an die Macht, nicht sie selbst. Diese hatten jedoch sehr andere Zukunftsvorstellungen – die konstitutionelle Monarchie mit deutlicher Neigung zum Parlament –, und sie wollten die weitere Entwicklung nur auf gesetzmäßigen Wegen, also mittels legislativer Arbeit in den Kammern und in der Nationalversammlung. Sie wurden sogleich zur Ordnungspartei. Dagegen rannten die Radikalen an, schon im April 1848, dann wieder einige Monate später im September, vor allem aber in der Mairevolution 1849. Dabei wurde ihnen in der Bevölkerung ein beachtliches Maß an Sympathie entgegengebracht, aber die erhoffte Volkserhebung blieb aus. Zwar war die Linke in Südwestdeutschland ausgesprochen stark, aber dabei handelte es sich vornehmlich um 'weiße' Republikaner, nicht um 'rote'. So blieb den Wortführern der äußersten Linken nur der Weg in die politische Emigration oder die Hinnahme der Strafverfolgung, und die demokratische Strömung wurde in der Folge von den Behörden nach Kräften unterdrückt, auch der gemäßigte Republikanismus. Die Liberalen mußten ebenfalls Rückschläge hinnehmen und einen guten Teil der Machtpositionen wieder räumen, die sie im März 1848 erlangt hatten, aber sie blieben doch auf dem politischen Forum. Für eine Reihe von Jahren hatten sie allerdings mit kräftigem Widerstand zu kämpfen. Unverkennbar bewirkte die Revolution – vor allem wegen ihrer radikalisierten Ausprägung 1849 – zunächst einen Ruck nach rechts, auch in der Wählerschaft. Wurde auch das große Ziel, die Schaffung eines Deutschen Reiches in der Form eines Bundesstaates, nicht erreicht, so war die Bewegung des Jahres 1848/49 doch keineswegs erfolglos. Sie brachte unmittelbar einen beachtlichen gesetzgeberischen Ertrag, der unverkürzt erhalten blieb, sie förderte Idee und Wirklichkeit des modernen Verfassungsstaates nachhaltig, und sie setzte das Thema der deutschen Einheit unwiderruflich auf die Tagesordnung. Deutschland hatte nach der Revolution eine ganz andere Physiognomie als im Vormärz.

„Verzeichniß der bei Standgerichten im Jahr 1849 gefällten und vollzogenen Straf-Urtheile". (Vorlage: StadtA Mannheim)

Verzeichniß der bei den Standgerichten im Jahr 1849 gefällten und vollzogenen Straf-Urtheile.

Namen u. Wohnort.	Verbrechen.	Urtheil.	Namen u. Wohnort.	Verbrechen.	Urtheil.	Namen u. Wohnort.	Verbrechen.	Urtheil.

1642

Anmerkungen

1 Beide Zitate bei Oeser (1904), S. 575.
2 Hoff, K.E. (o.J.), S. 285.
3 Seibt (1984), S. 35.
4 Deuchert (1983), bes. S. 87ff. und S. 160ff.
5 Schulz, J. (1805), S. 343.
6 Das erste Zitat bei Hoffmann, K.-D. (1985), S. 21; das zweite Zitat: Entschließung des Königs von Bayern, die Verfassung und Verwaltung der Pfalz betreffend, 16. Juni 1816. In: Haan (1977), S. 243 – 245, Zitat S. 245.
7 Vgl. für Rheinhessen Hoffmann, K.-D. (1985); für die Pfalz zusammenfassend Fenske (1990), S. 13 – 20, dort weiterführende Literatur.
8 Zusammenfassend: Fenske (1993), S. 15 – 41; Ullmann (1992), S. 25 – 77.
9 Scholtissek (1952).
10 Brinton (1959), S. 349.
11 Seibt (1984), S. 79 und S. 89.
12 Stadelmann (1962), S. 28.
13 Vgl. vor allem Best (1990).
14 Seibt (1984), S. 110.
15 Auszug aus der Debatte bei Fenske (1991), S. 253 – 259.
16 Valentin (1977), Bd. 1, S. 337.
17 Real (1983), S. 46.
18 Gall (1989), S. 288.
19 Deutsche Zeitung, Nr. 61 vom 1. März 1848, S. 481.
20 Bassermann (1926), S. 13 – 16; Deutsche Zeitung, Nr. 107 vom 15. Oktober 1847, S. 852; Fenske (1991), S. 239 – 243.
21 Auszug aus der Debatte bei Fenske (1991), S. 259 – 264, das Zitat S. 263.
22 Allgemeine Zeitung, Nr. 58 vom 27. Februar 1848, S. 917; Deutsche Zeitung, Nr. 60 vom 29. Februar 1848, Beilage.
23 Bassermann (1926), S. 38.
24 Neue Speyerer Zeitung, Nr. 44 vom 28. Februar 1848 u. Nr. 47 vom 2. März 1848.
25 Bassermann (1926), S. 40.
26 Adresse der Mannheimer Bürgerversammlung an die Kammer, 27. Februar 1848. In: Fenske (1991), S. 264f.; Die Forderungen des Volkes, 12. September 1847, in: Obermann (1972), S. 35 – 37; Huber (1978), S. 323f.
27 Bassermann (1926), S. 40 – 42, Deutsche Zeitung, Nr. 60 vom 29. Februar 1848, Extrablatt.
28 Obermann (1972), S. 40f.
29 Bassermann (1926), S. 42.
30 Derwein (1958), S. 67f.
31 Uhrig (1934), S. 32f.
32 Deutsche Zeitung, Nr. 68 vom 8. März 1848, S. 539.
33 Bassermann (1926), S. 39.
34 Druck in: Fenske (1996), S. 39f., das Zitat S. 40.
35 Adresse ..., 27. Februar 1848, in: Fenske (1991), S. 264f.
36 Deutsche Zeitung, Nr. 61 vom 1. März 1848, S. 481.
37 Neue Speyerer Zeitung, Nr. 46 vom 1. März 1848, S. 211.
38 Deutsche Zeitung, Nr. 62 vom 2. März 1848, S. 489; Nr. 63 vom 3. März 1848, S. 498; Nr. 65 vom 5. März 1848, 2. Beilage.
39 Druck in: Jäger/Moldenhauer (1893), S. 206 – 210.
40 So beispielsweise Kreutz (1995), S. 248.

41 Allgemeine Zeitung, Nr. 61 vom 1. März 1848, S. 967; Wormser Adresse vom 29. Februar 1848, zit. bei Uhrig (1934), S. 25.
42 Stadelmann (1962), S. 45.
43 So die Allgemeine Zeitung, Nr. 61 vom 1. März 1848, S. 967, in einer Meldung über eine Volksversammlung in Karlsruhe unter Vorsitz des Oberbürgermeisters am 28. Februar 1848.
44 Derwein (1958), S. 68.
45 Verhandlungen Ständeversammlung (1848), S. 63f.; vgl. Bekk (1850), S. 63 – 67.
46 Uhrig (1934), S. 29 – 31.
47 Proklamation Ludwigs I. von Bayern, 6. März 1848. In: Fenske (1991), S. 57f., das Zitat S. 57.
48 Protokoll der zehnten Sitzung der Bundesversammlung, 1. März 1848 (ebd., S. 46f.).
49 Protokoll der fünfzehnten Sitzung der Bundesversammlung, 8. März 1848 (ebd., S. 58 – 62, die Zitate S. 58 und 62.).
50 Protokoll der siebzehnten Sitzung der Bundesversammlung, 10. März 1848 (ebd., S. 65f.).
51 Heidelberger Erklärung der Einundfünfzig. In: Fenske (1991), S. 271f.
52 Programm des Siebener-Ausschusses, 12. März 1848 (ebd., S. 273).
53 Valentin (1976), Bd. 1, S. 338f.
54 Vgl. dazu künftig vor allem Backes (1997).
55 Hoff, K.E. (o.J.), S. 287f.
56 Deutsche Zeitung, Nr. 64 vom 4. März 1848, S. 505; Deutsche Zeitung, Nr. 69 vom 9. März 1848, S. 545.
57 Deutsche Zeitung, Nr. 66 vom 6. März 1848, S. 522 (Erhebung); Deutsche Zeitung, Nr. 63 vom 3. März 1848, S. 497f. (Revolution).
58 Deutsche Zeitung, Nr. 66 vom 6. März 1848, S. 522.
59 Bassermann (1926), S. 53, Anm. 1.
60 Das Zitat bei Grab (1988), S. 9. Zur rechten Gewichtung von Liberalismus und Radikalismus vgl. Backes (1997).
61 Deutsche Zeitung, Nr. 68 vom 8. März 1848, S. 540f.
62 Zit. bei Lautenschlager (1915), S. 43f.; vgl. auch Wirtz (1981), S. 169 – 197.
63 Dettling (1980), S. 14 – 25.
64 Bassermann (1926), S. 71.
65 Lautenschlager (1915), S. 54.
66 Siemann (1985), S. 62.
67 Zeile (1989), S. 28ff., 77ff., 87ff., 102ff., 159ff., 217ff.
68 Bassermann (1926), S. 71.
69 Lautenschlager (1915), S. 74 – 81; Gesetz, die Entschädigungspflicht der Gemeindeangehörigen wegen der in den Gemeinden bei Zusammenrottungen verübten Verbrechen betreffend. In: Großhgl. Bad. Reg. Blatt, Nr. 21 vom 5. April 1848, S. 90f.
70 Zit. bei Vollmer (1997), S. 80 (aus dem Offenburger Wochenblatt, 1848, S. 127).
71 Struve (1849), S. 15.
72 Vollmer (1997), S. 89.
73 Jüngster Druck in: Fenske (1996), S. 80 – 83.
74 Auszug aus der Debatte in: Fenske(1991), S. 276 – 294, der Antrag Struve dort S. 277 – 279.
75 Huber (1978), S. 337f.
76 Wild (1913), S. 238.
77 Real (1983), S. 61 – 78.
78 Walter (1978), S. 325 – 343.
79 Derwein (1958), S. 74.
80 Ebd., S. 78f.; Dettling (1980), S. 26.
81 Zit. bei Gutjahr (1987), S. 81.
82 Fleischmann (1899), S. 74f.
83 Wettengel (1984/85) u. (1989); Canevali (1984).
84 Derwein (1958), S. 86f., Uhrig (1934), S. 35 – 37.

85 Großhgl. Bad. Reg. Blatt 1848, S. 143f.
86 Tauschwitz (1981), S. 165ff.
87 Zit. bei Dettling (1980), S. 30.
88 Speyerer wöchentliches Anzeige-Blatt, 1848, S. 218.
89 Druck der Rede in Fenske (1991), S. 396 – 399, Zitat S. 397f.; vgl. zum Gesamtkomplex Wollstein (1977).
90 Derwein (1958), S. 82.
91 Zit. bei Uhrig (1934), S. 53.
92 Best/Weege (1996), Überblick über die Besetzung der Wahlkreise dort S. 393 und 398.
93 Programme und Statuten des Deutschen Hofs sowie Programm des Donnersbergs bei Boldt (1971), S. 184 – 192.
94 Wigard (1849), Bd. 7, S. 4800 – 4802.
95 Ebd., Bd. 8, S. 6084ff.
96 Vgl. die jeweiligen Kurzbiographien bei Best/Weege (1996).
97 Gutjahr (1987), S. 85f.
98 Wittmer (1986), S. 150 – 215.
99 Uhrig (1934), S. 49.
100 Kurzbiographien bei Best/Weege (1996).
101 Programme und Statuten des Casino bei Boldt (1971), S. 166 – 171.
102 Wentzcke (1957); zur Provisorischen Zentralgewalt vgl. Eyck (1973), S. 191 – 246.
103 Moldenhauer (1992), S. 10 – 18.
104 Gesetz über die Provisorische Zentralgewalt, in: Huber (1978), S. 340f.
105 Mathy (1898), S. 321.
106 Wollstein (1986), S. 110.
107 Wettengel (1989), S. 270f.
108 Bassermann (1926), S. 217.
109 Von Andlaw (1851), S. 102 – 106; Fenske (1996), S. 163 – 167.
110 Walter (1978), S. 355; Gutjahr (1987), S. 108; Uhrig (1934), S. 78.
111 Struve (1849), S. 119.
112 Ebd., S. 121, Verfügung vom 21. September 1848.
113 Valentin (1970), Bd. 2, S. 175 – 179.
114 Gutjahr (1987), S. 111 – 119.
115 Walter (1978), S. 358; Oeser (1904), S. 579; Derwein (1958), S. 90; Fenske (1982), S. 188.
116 Uhrig (1934), S. 88 – 91; Fenske (1982), S. 190; Walter (1978), S. 362 und 365.
117 Verhandlungen Ständeversammlung 1850, S. 102, 113, 128, 248.
118 Aufruf des Centralmärzvereins, Ende Nov. 1848. In: Boldt (1971), S. 113f.
119 Gebhardt (1974), S. 68 – 70.
120 Knappe Zusammenfassung der Problemlage bei Fenske (1996), S. 20 – 29.
121 Huber (1978), S. 375 – 396; Fenske (1984/85), S. 253 – 312.
122 Eyck (1973), S. 441.
123 Friedrich Wilhelm IV. an Dahlmann, 24. April und 4. Mai 1848. In: Springer (1872), S. 225f. und S. 242f.
124 Huber (1978), S. 405f.
125 Beschluß auf Antrag des Abg. Johann Peter Werner, 27. Mai 1848. In: Wigard (1848), Bd. 1, S. 155; vgl. Eyck (1973), S. 158 – 162.
126 Huber (1978), S. 410f., Zitat S. 411.
127 Schreiben des wttbg. Innenministers an den Präsidenten der Nationalversammlung vom 17. Juni 1849. In: Fenske (1996), S. 347 – 349, Zitat S. 348.
128 Valentin (1977), Bd. 2, S. 506f.
129 Weber (1968), S. 232f.
130 Beschluß der Nationalversammlung vom 4. Mai 1849. In: Wigard (1849), Bd. 9, S. 6396; Huber (1978), S. 418f.

131 Merckle (1976), S. 183.
132 Doeberl (1922), S. 151.
133 Die Zusagen Ludwigs I. vom 6. März 1848 bei Fenske (1996), S. 57f.
134 Merckle (1976), S. 185, der gesamte Komplex dort S. 178 – 191.
135 Doeberl (1922), S. 193.
136 Bekk (1850), S. 260.
137 Ebd., S. 263f.
138 Zit. bei Uhrig (1934), S. 104f.
139 Gedruckt bei Vollmer (1983), S. 290.
140 Walter (1978), S. 366 – 369.
141 Goegg (1876), S. 95f.
142 Gedruckt bei Fleischmann (1899), S. 114f.
143 Antrag Zinn, ebd., S. 119.
144 Schneider (1984/85), S. 95.
145 Eisenstucks Aufruf an die Pfälzer vom 6. Mai 1849 bei Fleischmann (1899), S. 163f., das Urteil Alwens' über Eisenstuck bei Schneider (1984/85), S. 96.
146 Bekanntmachung Eisenstucks vom 7. Mai 1849; Fleischmann (1899), S. 164f.
147 Schneider (1984/85), S. 96.
148 Fenske (1982), S. 192f.
149 Goegg (1876), S. 97ff.
150 Bekk (1850), S. 303 – 309.
151 Vollmer (1997), S. 175 – 178.
152 Goegg (1876), S. 104; Schneider (1980); Bauer (1991), S. 18 – 21.
153 Abg. Stay in der 9. Sitzung am 18. März 1849 (ebd., S. 285).
154 Fleischmann (1899), S. 183 – 185.
155 Schneider (1984/85), S. 100 – 102.
156 Proklamation der Provisorischen Regierung vom 27. Mai 1849 (ebd., S. 107).
157 Fenner von Fenneberg (1849), S. 28.
158 Baumann (1973), S. 3.
159 Absolute Zahlen nach Bauer (1991), S. 43, die dann angegebenen Hundertsätze greifen auf die demographischen Daten bei Kraus (1980), S. 42f. zurück. Dort ist allerdings nur die männliche Bevölkerung unter 14 Jahren separat ausgewiesen. Der Anteil der Wahlberechtigten an der Gesamtbevölkerung muß also geschätzt werden. Er ist hier mit 24,5% angesetzt, bei Bauer mit 25%.
160 Fenske (1982), S. 193f.
161 Uhrig (1934), S. 117 – 119.
162 Von Voß (1903), S. 57 – 66.
163 Zu Planung und Stärke der preußischen und der Reichstruppen vgl. Fleischmann (1899), S. 274 – 276, detailliert zur Stärke beider Seiten vgl. Voß (1903), S. 16 – 37.
164 Voß (1903), S. 97 – 103.
165 Ebd., S. 181 – 207.
166 Bauer (1991), S. 162 – 169.
167 Voß (1903), S. 514 – 522.
168 Ziegler (1985), S. 97 – 108.
169 Reimann (1985), S. 142f.
170 Scheyrer (1909), S. 123.
171 Dettling (1980), S. 24.
172 Uhrig (1934), S. 171.

Biographien A – Z

Gliederung der Beiträge und Auflösung der verwendeten Abkürzungen

Vorspann
(Biographische Angaben)
Vornamen in „Anführungsstrichen“ kennzeichnen angenommene Vornamen

*/geb.	geboren
†/gest.	gestorben
kath.	katholisch
ev.	evangelisch
isr.	israelitisch
V	Vater
M	Mutter
G	Geschwister
∞	verheiratet
K	Kinder

Tabellarischer Lebenslauf
(Verzeichnet in Kurzform wichtige Daten der Biographie)

Vitentext
(Ausführliche Darstellung der Biographie im Kontext der Revolution mit Bezügen zu wichtigen lokalen und regionalen Revolutionsereignissen)

Nachspann
W Werke
Q Quellen
L Literatur über die Person
B Bildnachweis

Abkürzungen

...A	...archiv
ADB	Allgemeine deutsche Biographie
Bd.	Band
fl.	Gulden
GLAK	Generallandesarchiv Karlsruhe
H.	Heft
Hrsg.	Herausgeber
LTA	Landesmuseum für Technik und Arbeit in Mannheim
ND	Neudruck
NDB	Neue deutsche Biographie
NF	Neue Folge
o.J.	ohne Angabe des Erscheinungsjahres
o.O.	ohne Ortsangabe
o.V.	ohne Verfasserangabe
SS	Sommersemester
verm.	vermutlich
WS	Wintersemester
ZASP	Zentralarchiv der evangelischen Kirche der Pfalz, Speyer
ZGO	Zeitschrift für die Geschichte des Oberrheins
[1]1988	erste Auflage 1988

Adler, Abraham Jakob, Prediger, Religionslehrer
geb. 9. 7. 1811 Worms, isr.
gest. 5. 1. 1856 Bendorf (Ldkr. Mayen-Koblenz)

V Jakob Jizchak (Isaak) A., Rabbiner (1756 – 1822). M Sara A., geb. Nickelsburg (1779 – 1856). G 2 Schwestern, 3 Brüder, darunter Dr. Samuel Adler, Prediger in Worms, 1842 Rabbiner in Alzey und 1857 am Tempel Emanu-El in New York (1809 – 1891), Vater des Philosophen und Sozialethikers Felix Adler (1851 – 1933).
∞ 1849 (Worms) Rahel, geb. Hochstätter (1823 – 1889), isr. V Hayum H. M Sara, geb. Seligmann, beide aus Pforzheim.

1833 – 1835	Studium in Bonn
1835 – 1837	Studium in Gießen
1842	Ernennung zum Prediger in Worms
1844 – 1846	Teilnahme an den Rabbinerversammlungen in Braunschweig, Frankfurt a. M. und Breslau
März 1848	Redakteur der „Wormser Zeitung", ab Juni Herausgeber der „Neuen Wormser Zeitung"
1849	Entfernung aus dem Predigeramt; Verhaftung, angeklagt im Rheinhessischen Hochverratsprozeß, freigesprochen

A. wurde von seinem in Worms als Rabbiner angestellten Vater streng religiös erzogen. Er besuchte das Wormser Gymnasium und wurde nach seinem Studium promoviert. Nach der Rabbinerautorisation war er zunächst Religionslehrer in Frankfurt a. M. und Groß Kanizsa in Ungarn. 1842 wurde er Prediger und Religionslehrer in Worms. Großen Wert legte er auf den Hebräischunterricht. Seine betont fortschrittliche Haltung und der Besuch der Rabbinerversammlungen in Braunschweig, Frankfurt a. M. und Breslau zwischen 1844 und 1846, an denen auch sein Bruder Samuel teilnahm, sowie seine deutschsprachigen Predigten, „die der äußersten Reform das Wort redeten" (Rothschild (1920), S. 23), brachten ihn jedoch in Konflikt mit dem Gemeinderabbiner Bamberger und spalteten die Gemeinde. A., der 1848 auch Mitunterzeichner einer Denkschrift über die Gründung einer freien akademischen Universität in Frankfurt war, schloß sich den demokratischen Kräften an und trat als Redner auf. Im März übertrug der Verleger Andreas Kranzbühler A., der ein „wackerer, in publicistischer Hinsicht anerkannter und bewährter Mann" sei, die Redaktion der „Wormser Zeitung". In einem programmatischen Artikel schrieb dieser am 23. März 1848: „Wir werden daher in unserm Blatte dem ungeschmälerten Rechte Aller, der ungeschmälerten Freiheit Aller das freie Wort reden [...] Wir werden von der Freiheit der Presse vollen Gebrauch machen [...] Keiner wird uns zu hoch stehen, [...] wenn er bewußt und böswillig den Weg des Rechts und der Freiheit verläßt!" A. vertrat eine idealistische Auffassung, die einen Vernunftstaat anstrebte. Anhänger fand er in republikanisch-demokratischen Kreisen. Das erschreckte die konstitutionell-monarchistisch orientierten Abonnenten der „Wormser Zeitung" ebenso wie deren Verleger, der deshalb zum 23. April die Redaktion wieder selbst in die Hand nahm. Damit schwenkte die „Wormser Zeitung" auf die konservative Seite. Ab Juni gab A., der auf eigene Initiative am Demokratenkongreß vom 14. bis 17. Juni in Frankfurt a. M. teilgenommen hatte, die „Neue Wormser Zeitung" heraus. Sie war im Ton aggressiv und eindeutig republikanisch, mußte jedoch zum Jahresende aus finanziellen Gründen ihr Erscheinen einstellen. Wegen seiner am 25. Februar 1849 in Horchheim bei Worms in einer Volksversammlung vorgetragenen scharfen Kritik an den bestehenden Zuständen wurde A. nach dem Mißlingen der badisch-pfälzischen Erhebung verhaftet, im Rheinhessischen Hochverratsprozeß angeklagt und freigesprochen. Trotz einer weitere Anklagen betreffenden Begnadigung durch Großherzog Ludwig III. und der Bemühungen wohlgesonnener Gemeindemitglieder versagte ihm die hessische Regierung in Darmstadt die Übernahme eines Prediger- oder Rabbineramts. Dies und die Totgeburt des einzigen Kindes führten bei A. zu schweren Depressionen. Einem Ruf an den Tempel Emanu-El in New York konnte er 1854 nicht mehr folgen. A. mußte schließlich in die Nervenheilanstalt Bendorf eingewiesen werden, wo er 1856 starb. Seine Frau führte das in Worms von dem Ehepaar gegründete Adler-Stohmannsche Institut weiter, eine jüdische Mädchenschule, die nach 1874 in der Städtischen Höheren Mädchenschule aufging. A. und seine Frau wurden auf dem Alten Wormser Judenfriedhof bestattet, ihre nebeneinanderstehenden Grabsteine haben sich erhalten.

*W: Die sieben und siebzig sogenannten Rabbiner und die Rabbinerversammlung. Mannheim 1845; Das Judenthum und die Kritik. Ein Sendschreiben an Herrn Dr. F. W. Ghillani. Mannheim 1845; Geschichte der Juden in Frankfurt a. M. Frankfurt a. M. 1846. – **Q:** UniversitätsA Bonn: Matrikel; UniversitätsA Gießen: Matrikel; StadtA Worms: Wormser Zeitung 1848; Die Neue Zeit 1848; Grabsteine auf dem Alten Judenfriedhof Worms. – **L:** Archives Israelites. Paris 1856, S. 131; Heinemann, Sebastian (Hrsg.): Verhandlungen des rheinhessischen Hochverratsprozesses von 1850. Mainz 1850; Heuer, Renate: A.J.A. In: Heuer, Renate (Hrsg.): Archiv Bibliographie Judaica. Bd. 1. München 1992, S. 14 – 18; Hoffmann, Dieter: „... wir sind doch Deutsche". Zu Geschichte und Schicksal der Landjuden in Rheinhessen. Alzey 1992 (Alzeyer Geschichtsblätter, Sonderheft 14), S. 74 – 79; Illert, Friedrich Maria: Die Geschichte der Wormser Presse. Worms 1913, S. 96ff., 102f., 111; Lazarus, P.: A.J.A. In: Encyclopaedia Judaica (deutsch). Bd. 1. Berlin 1928; Reuter, Fritz: Warmaisa. 1000 Jahre Juden in Worms. Frankfurt a. M. 1987, S. 161f.; Reuter, Ursula: Die Revolution von 1848 und ihre Auswirkungen in Worms. März bis Juni 1848 im Spiegel der beiden Wormser Zeitungen (Facharbeit 1981/82; StadtA Worms), S. 10 – 15, 24f., 35; Rothschild, Samson: Beamte der Wormser jüdischen Gemeinde. Frankfurt a. M. 1920, S. 14f., 18f., 20 – 25; Salfeld, Siegmund: A.J.A. In: Hessische Biographien. Bd. 2. Darmstadt 1927, S. 409ff.; Uhrig, Dorothea: Worms und die Revolution von 1848/49. Diss. Frankfurt a. M. Worms 1934, S. 46f., 50, 53, 90, 120; Wettengel, Michael: Die Revolution von 1848/49 im Rhein-Main-Raum. Politische Vereine und Revolutionsalltag im Großherzogtum Hessen, Herzogtum Nassau und in der Freien Stadt Frankfurt. Wiesbaden 1989 (Veröffentlichungen der Historischen Kommission für Nassau, 49), S. 79, 294, 321, 488, 547.*

Fritz Reuter

Altstätter, Georg Friedrich, Lehrer
* 6. 8. 1803 Wersau
† 3. 9. 1883 Delphos (Marion Township, Allen County, Ohio, USA)

V Georg Friedrich A., Gemeinsmann, Küfermeister, Branntweinbrenner und Bierbrauer (1767 – 1820). M Elisabeth, geb. Bauer (1779 – 1850). G 6.
⚭1.) ? 2.) 1831 (Groß-Gerau) Susanna Luise, geb. Ganzert (1809 – 1887). K 6 Söhne, 4 Töchter.

1820 – 1827	Lehrer in Pfaffen-Beerfurth
1827	Präzeptor und erster Lehrer in König
1848	Vorsitzender der Breuberger Lehrerkonferenz
1851	Auswanderung nach Amerika; Musiklehrer in Delphos

A. war der geistige Führer der Lehrer im nördlichen Odenwaldkreis und wurde im Juni 1848 in Höchst zum Vorsitzenden der Breuberger Lehrerkonferenz gewählt, eines Gremiums, das man gegründet hatte, um auch die Forderungen der Lehrerschaft gegenüber den Standesherren besser vertreten zu können. Neben den allgemeinen Grundrechten wie freie Meinungsäußerung und Pressefreiheit wurde besonders die Trennung von Kirche und Schule gefordert. 1849 bemühte er sich um ein Mandat für die Zweite Kammer des hessischen Landtages, unterlag aber bei der Stichwahl.
Nachdem seine Söhne 1850 nach Amerika ausgewandert waren, folgte er ihnen ein Jahr später nach. In Amerika war A. als Musiklehrer tätig, besaß eine große Farm und hinterließ nach seinem Tod 1883 ein ansehnliches Vermögen.

*Q: Kirchenbuch Wersau. – **L:** Gieg, Ella: Auswanderungen aus dem Odenwaldkreis. Bd. 2: Bad König, Michelstadt, Brombachtal. Lützelbach 1989, S. 43ff.; Hessisches Lehrerbuch. Bd. 4. In: Diehl, Wilhelm (Hrsg.): Hassia sacra. Bd. 12. Darmstadt 1951, S. 20, 55.*

Anja Hering (Mitarbeit: Ella Gieg)

Alwens, Franz, Regierungspräsident der Pfalz
* 10. 10. 1792 Börrstadt
† 16. 7. 1871 Speyer

V Joseph Wilhelm Anselm A., Lehrer (1758 – 1814). M Susanne A., geb. Rheinländer (1763 – 1813).
∞ 1819 Caroline, geb. Falciola (1802 – 1871). K 5.

1814 – 16	Rentmeister in Alzey
1815	Vereidigung als „Domänen-Verificator" in Worms
1816 – 17	„Domänen-Verificator" bei der Domänendirektion Speyer
1817 – 18	Verwalter (als zweiter Inspektor) des Inspektionsbezirks Kaiserslautern
1818 – 21	Verwalter (als zweiter Inspektor) des Inspektionsbezirks Frankenthal
1821 – 25	Regierungsrat „extra statum" bei der Kreisregierung (Kammer der Finanzen) in Speyer
1825 – 38	Regierungsrat bei der Kreisregierung (Kammer der Finanzen) in Speyer
1838 – 46	Direktor der Kammer der Finanzen in Speyer
1846 – 49	Regierungspräsident der Pfalz

Die Wurzeln der Familie A. führen nach Brabant. Um 1720 siedelte sich ein Vorfahre in Winnweiler an. Nach dem Besuch der Volksschule – der Besuch eines Gymnasiums oder einer Universität ist ganz unwahrscheinlich – begann A. seine Arbeit beim Rentamt Alzey. Er war dort für die Kantone Alzey und Kirchheimbolanden zuständig. Am 2. Juli 1815 wurde A. in Worms als Domänenverifikator vereidigt. Von 1815 bis 1821 war er bei der Domänenverwaltung in Speyer, Kaiserslautern und Frankenthal tätig. Am 13. Juli 1821 erfolgte die Beförderung zum Regierungsrat „extra statum" bei der Kreisregierung (Kammer der Finanzen). A. wurde am 15. Januar 1825 ordentlicher Rat der Regierungsfinanzkammer. Am 22. Januar 1838 wurde A. zum „Director der Regierung von der Pfalz, Kammer der Finanzen" ernannt. Im gleichen Jahr wurde er mit dem Ritterkreuz des Verdienstordens vom hl. Michael ausgezeichnet.

Als Nachfolger von Karl Freiherr von Schrenck von Notzing wurde A. am 30. Mai 1846 achter Regierungspräsident der Pfalz. A. war der erste Pfälzer in diesem Amt; erst 1923 wurde mit Friedrich von Chlingensperg auf Berg ein weiterer Pfälzer mit diesem Amt betraut. A.s Regierungsantritt fiel in eine politisch turbulente Zeit. Ein Bericht seines Vorgängers von Schrenck registrierte in der Pfalz starke konfessionelle Spannungen und warnte vor der Gefahr einer Separation. Hinzu kam das alte Mißbehagen über die „Steuerüberbürdung" der Pfalz gegenüber den übrigen bayerischen Kreisen. Eine wirtschaftliche Krise, die nach einer Zeit des Aufschwungs im Winter 1846/47 einsetzte und ihren Höhepunkt in der Mißernte im Sommer 1847 hatte, traf besonders die Bewohner des Grenzlandes, aber auch die Einwohner der größeren Städte. Vor allem die Gewerbetreibenden und Handwerker hatten unter der Wirtschaftsmisere zu leiden. In dieser Zeit fand das politische Protestpotential in der Grauzone von staatlicher Duldung und Illegalität Formen und Wege, seine Unzufriedenheit zu artikulieren. So war die pfälzische Kreisregierung damit beschäftigt, verschiedene Anträge auf Genehmigung von Turnvereinen zu prüfen. Tatsächlich eigneten sich nicht nur in diesen „unpolitischen" Vereinen ihre Mitglieder Verhaltensweisen an, die für die Praxis politischer Vereine und Parteien unverzichtbar waren. Anders war es nur schwer zu erklären, daß in der Pfalz im März 1848 geradezu sprunghaft politische Vereine entstehen konnten. Eingebunden waren diese landesspezifischen Faktoren in ein außerpfälzisches Ursachengeflecht, aus dem der Lola-Montez-Skandal um den bayerischen König Ludwig I. und die Februar-Revolution in Frankreich 1848 herausragen.

In einem Bericht an die bayerische Regierung gab A. folgende Faktoren für den Ausbruch der Revolution an: Teuerung des Geldes, mangelnde Beliebtheit des Ministeriums Abel, die Pariser Februar-Revolution, die revolutionären Unruhen in Baden, die Vorgänge um Pfarrer Feldbausch, die Wahl der Abgeordneten im April 1848, die Reise der 40 Parlamentarier durch die Pfalz zu Pfingsten 1848 und die Tä-

tigkeit der politischen Vereine und Bürgerwehren.
In der Pfalz bewegten sich die Proteste nach Einschätzung des Regierungspräsidenten auf den Bahnen der „Mäßigung". Über die „Neue Speyerer Zeitung" hätten die Liberalen bisher nur den „Bittweg zum Throne" eingeschlagen. Mehrmals wies A. auf die prekäre Lage in der Pfalz hin. Er bat die Regierung in München um Anerkennung der Reichsverfassung und forderte, als sich die politische Lage im Frühsommer 1849 verschärfte, Truppenverstärkung an. Am 30. Juni 1849 wurde A. in den Ruhestand versetzt. In seiner Rechtfertigungsschrift gab er an, daß ihm v.a. zum Vorwurf gemacht werde, er habe die Ernennung Georg Friedrich Kolbs (s. dort) zum Bürgermeister von Speyer zu verantworten. In einem Bericht an das Ministerium des Innern wies der Fürst von Thurn und Taxis darauf hin, daß A. durch seine verwandtschaftlichen Beziehungen, vor allem durch seine Heirat in die „revolutionsfreundliche" Familie Falciola, „gehemmt" gewesen sei. A. starb – nur wenige Monate nach dem Tod seiner Frau – am 16. Juli 1871 in Speyer.

__Q:__ Amtsblatt der Königlich-Bayerischen Regierung des Rheinkreises. Speyer 1817; Intelligenz-Blatt des Königlich-Bayerischen Rheinkreises. Speyer 1818 und 1821. – __L:__ Schineller, Werner: F. A. – Regierungspräsident der Pfalz während der Freiheits- und Revolutionsbewegung. In: Pfälzer Heimat 30 (1979), S. 147 – 149; ders.: Die Regierungspräsidenten der Pfalz. Speyer 1980; ders.: F. A. In: Mitteilungen des Historischen Vereins der Pfalz 78 (1980), S. 415 – 426.

Hannes Ziegler

Aut(h)enrieth, Jacob, Kaufmann
* 10. 8. 1814 Bretten
† USA

V Johann Joseph A., Rotgerber (1774 – 1859).
M Klara Katharina, geb. Ehrenfeuchter (1775 – 1850). G 8.
∞ 5. 12. 1839 Josephine, geb. Schwerdt (* 27. 2. 1807), kath., aus Frankenthal. K 5.

1839	Bürgerrecht in Bretten
1849	Gründer und Vorsitzender des Volksvereins in Bretten; Abgeordneter des Brettener Volksvereins beim Offenburger Landeskongreß der badischen Volksvereine
Mai 1849	Wahlniederlage für das Amt des Zivilkommissärs gegen den Brettener Arzt Dr. Samuel Kreuzer
Juni 1849	Flucht vor der Besetzung Brettens durch preußische Truppen; Auswanderung nach Nordamerika
1851	A.s Frau folgt ihm mit den 3 noch lebenden Söhnen
1866	Wohnsitz in Philadelphia (USA)

A. war der profilierteste Teilnehmer Brettens an der Revolution 1848/49. Als Mitglied der Lesegesellschaft scheiterte er im Januar 1849 mit seinem Antrag, diesen Bürgerverein in einen Volksverein umzuwandeln, wie dies z.B. in Philippsburg geschah. Darauf gründete A. einen selbständigen Volksverein, zu dessen Vorsitzenden er gewählt wurde. Durch unermüdliche Agitation und umfangreiche Aktivitäten wuchs der Volksverein bis zum Mai 1849 auf über 160 Mitglieder an und war im politischen Leben der Stadt fest verwurzelt.
Auf dem Landeskongreß der badischen Volksvereine am 12. Mai 1849 vertrat A. seine Heimatstadt. Am 14. Mai verkündete er die dort gefaßten Beschlüsse in Bretten und löste damit bei den Republikanern Jubel aus. Aus dem „Pfälzerhof", dem wichtigsten Versammlungslokal des Volksvereins, wurde die rote Fahne herausgehängt. Eine Abordnung der republikanisch gesinnten Bürgerwehrmänner zog daraufhin nach Karlsruhe ins Zeughaus und kehrte mit rund 200 Gewehren zurück. Bei der Beratung der Frage, ob das erste Aufgebot nach Karlsruhe entsandt werden solle, kam es zu einer Machtprobe zwischen dem Gemeinderat und dem Volksverein. Da A. im konservativ gesinnten Großen Ausschuß nicht auf Unterstützung rechnen konnte, lenkte er ein. Auch in den folgenden Tagen gelang es A. und dem Volksverein nicht, die Macht an sich zu reißen. Die Ernen-

nung des Zivilkommissärs im Amtsbezirk führte zu einer Spaltung des Volksvereins. Während am 20. Mai das Landesausschußmitglied Werner den Brettener Arzt Dr. Samuel Kreuzer vorstellte, wurde tags darauf in dem im Regierungsblatt veröffentlichten Verzeichnis aller Zivilkommissäre „Bürger Jakob Autenrieth" als „Civilkommissär" genannt. Da A. und Kreuzer die Entscheidung darüber dem Gemeinderat überließen und der sich für nicht zuständig erklärte, wurde von Karlsruhe aus Kreuzer in seiner Funktion bestätigt und die Ernennung A.s zurückgenommen. Wegen seiner Nichtberücksichtigung verärgert, opponierte A. mit einem Teil des Volksvereins gegen den Zivilkommissär, der deshalb bei den Konservativen in der Bürgerschaft Unterstützung suchte. Nach einem Verbrüderungsfest der Brettener Bürgerwehr mit in Knittlingen stationierten württembergischen Soldaten am 27. Mai (Pfingstsonntag) und einer Volksversammlung am 28. Mai wollten die Mitglieder des Brettener Volksvereins als weiteren Schritt zur nationalen Einheit die Verbrüderung Badens und Württembergs weiter vorantreiben. Ein Teil des Volksvereins entfernte unter Führung A.s den badischen Grenzstock und brachte ihn zum Rathaus; in der folgenden Nacht wurde auch der württembergische Grenzstock entfernt.
Die Ereignisse der Pfingstwoche stellten den Höhepunkt der revolutionären Ereignisse in Bretten dar. Bevor Bretten nach der Schlacht von Waghäusel von preußischen Truppen besetzt wurde, gelang es A. am 24./25. Juni zu fliehen. In Abwesenheit wurde er zu 4 Jahren Zuchthaus verurteilt. A. wanderte nach Amerika aus; 1851 folgte ihm auch seine Frau mit den drei noch lebenden Söhnen nach. 1866 lebte A. als Kaufmann in Philadelphia. Er starb zusammen mit einem seiner Söhne bei einer Explosion.

Q: *StadtA Bretten: A 1078; GLAK: Kartei Heinrich Raab.* – ***L:*** *Schlörer, Heinrich: Brettener Revolutionsgeschichte 1848–49. In: Der Pfeiferturm (1934–36); Straub, Alfred: Geschichte der Stadt Bretten in neuerer Zeit. Bretten 1990 (Brettener stadtgeschichtliche Veröffentlichungen, 3), S. 221ff.*

Bernd Röcker

Backfisch, Hiob Daniel, Schmied
* 24. 7. 1820 Eberbach, ev.
† 22. 8. 1886 Eberbach

V Hiob Daniel B., Schmiedemeister (1791 – 1847). M Anna Elisabeth, geb. Knecht (1793 – 1854). G 3 Schwestern.
∞ 1819

April 1848	Verleihung des Eberbacher Bürgerrechts; Ernennung zum Hauptmann der Bürgerwehr, Rekrutierungs- und Kriegskommissär
ab Mai/ Juni 1848	wegen Hochverrats gesucht
Dez. 1849	Verurteilung zu drei Jahren Zuchthaus; Aberkennung des badischen und Eberbacher Bürgerrechts
1850 – 1852	Aufenthalt in Frankreich und der Schweiz; Auswanderung nach Amerika
Juni 1858	Rückkehr nach Eberbach
1862	Wiederverleihung des Eberbacher Bürgerrechts

B., ein Schmied, der mit Daniel Backfisch, einem ehemaligen Soldaten und Kupferschmied, ebenfalls ein Eberbacher, nicht verwechselt werden darf, vertrat die radikale Richtung der Revolutionsbewegung und hatte „starke Sympathien für die Republik" (Vetter (1986), S. 64). In der revolutionären Stimmung nach der erzwungenen Flucht des Eberbacher Amtmanns Hübsch (s. dort) am 12. März 1848 betätigte sich B. als einer der „Diktatoren der Katzenmusiker", womit mißliebige Personen in beleidigender Weise öffentlich bloßgestellt wurden. Zusammen mit dem Bierwirt Valentin Koch hatte er in dieser Zeit nach Zeugenaussagen „überhaupt mehr Gewalt als Amtmann und Bürgermeister" (Joho (1988), S. 106). B. schrieb revolutionäre Gedichte und war ein entschiedener Gegner des gemäßigt eingestellten Theodor Frey (s. dort). In diesem sah er einen „Reactionär", während Frey B. als „exaltirt" empfand (Vetter (1986), S. 65). Mehrfach versuchte B., der erst am 11. April 1848 das Eberbacher Bürgerrecht erhielt, die Bewegung

in Eberbach in die radikale Richtung zu lenken, scheiterte aber immer an Theodor Frey. B. wurde am 21. April 1848 zum Hauptmann des 2. Fähnleins (Kompanie) der Eberbacher Bürgerwehr gewählt. Er war Rekrutierungs- und Kriegskommissär, warb für die Deutsch-Polnische Legion und gab Befehle über die Beschlagnahme herrschaftlicher Kassen.
B. gehörte zu den acht Eberbacher Wahlmännern, die den Abgeordneten des nordbadischen Raums für die Frankfurter Nationalversammlung bestimmten. Er versuchte am 24. April 1848 auf dem späteren Leopoldsplatz, das 1. Fähnlein der Eberbacher Bürgerwehr zum Marsch nach Heidelberg zur Unterstützung der dortigen Erhebung zu bewegen. B. engagierte sich im Eberbacher Volksverein, der im Sommer 1848 als „Demokratischer Verein" gegründet wurde. Nach ihm wurde seit Mai/Juni 1848 wegen des Vorwurfs des Hochverrats gefahndet. Im September 1848 stellte er sich zwar der Anklage, war aber danach wieder auf der Flucht. B. schloß sich den Revolutionstruppen Gustav Struves (s. dort) an. Er sollte wohl in dessen Auftrag „Eberbach und die dortige Umgebung revolutioniren" (Vetter (1986), S. 65). Zeitweise hielt er sich im deutsch-französischen Grenzgebiet um Straßburg auf.
Unsicher bleibt, welche der beiden Personen mit dem Namen Backfisch den vom revolutionären Landesausschuß ernannten Zivilkommissär für den Bezirk Eberbach, Gustav Adolph Schlöffel, nach Eberbach gebracht hatte. Schlöffel wurde auf Intervention Theodor Freys abgelöst, und Frey übernahm dieses Amt am 17. Mai selbst. Nach dem gescheiterten Auszug der Eberbacher Bürgerwehr im Juni 1849 versuchte B. in Haag, die Reste der Bürgerwehr zum Anschluß an die Truppen des Freischaren-Obersten Becker (s. dort) zu bewegen, der vom linken Neckarufer aus operierte.
Bei den Wahlen zur Verfassunggebenden Versammlung in Karlsruhe im Juni 1849 unterlag B. seinem Kontrahenten Frey. Nach der Niederschlagung der revolutionären Erhebung wurde nach ihm und Theodor Frey mit Aufrufen in allen Amtsblättern und Zeitungen gefahndet. Seit Mitte Juni 1849 war B. wieder flüchtig. Das Hofgericht in Mannheim verurteilte ihn bereits im Dezember 1849 wegen „Hochverrats" zu drei Jahren Zuchthaus. Außerdem wurde ihm das badische Staatsbürgerrecht aberkannt, wodurch er auch das Eberbacher Bürgerrecht verlor. Sein Vermögen wurde 1851 beschlagnahmt.

Hiob Daniel Backfisch, Altersbild (Vorlage: Fotosammlung Helmut Joho, Eberbach)

Die in der Literatur behauptete Verbüßung der Gefängnisstrafe in den Kasematten der Festung Rastatt läßt sich aus den Quellen nicht belegen. B. hielt sich zwischen 1850 und 1852 im Ausland auf, genannt werden Straßburg und einige Kantone der Schweiz. Offensichtlich verließ er danach Europa und ging nach Amerika. Im Juni 1858 kehrte er nach Eberbach zurück. B. engagierte sich politisch nicht mehr und übte sein Handwerk als Schmied aus. Er bemühte sich seit 1859 um die Wiederverleihung des badischen Staatsbürgerrechts. Seine Anträge wurden vom Eberbacher Bürgermeister Johann Christian Bussemer (s. dort) und dem Gemeinderat unterstützt. 1862 hatte B. damit endlich Erfolg. Dem 1874 verstorbenen Bürgermeister Bussemer schrieb er zum Gedenken ein ehrendes Gedicht, wohl auch deswegen, weil Bussemer sich für ihn eingesetzt hatte.

Q: *GLAK: 48/3078; 49/1471; 49/2413; 54/134; 171/2380; 229/15690; 233/30032; 234/10176; 234/10211; 236/8211; 236/8500 – 01; 236/8504; 236/8510; 236/8512 – 13; 236/8522 – 24; 236/8535; 236/8539; 236/8547; 236/8563; 236/8572; 236/8578; 236/11216; 237/2717; 237/2775; 237/2778; 237/2849 – 50; 237/16832; 237/16844 – 45; 252/11; 260/1 – 2; 278/3; 349/1894/36/4; Zc 181,1848, S. 905. StadtA Eberbach: IIa/159; IIa/1144 – 46; IIa/1272 – 88; IIa/1549 – 50. –* ***L:*** *Cser, Andreas/Vetter, Roland/Joho, Helmut: Geschichte der Stadt Eberbach am Neckar vom 16. Jahrhundert bis zur Gegenwart. Sigmaringen 1992 (Geschichte der Stadt Eberbach am Neckar, 2), S. 133 – 137; Frey, Theodor: Lebens-Erinnerungen und Erlebnisse. Biographische Skizzen. Eberbach 1896; Haag, Ferdinand: Aus der Revolutionszeit von 1848/49 in Eberbach. In: Eberbacher Geschichtsblatt 30 (1931), S. 1 – 7; Joho, Helmut (Hrsg.): Die Eberbacher Ortschronik von Anton Gillig, dem katholischen Pfarrer und Dekan von Eberbach in den Jahren 1840 bis 1849. In: Eberbacher Geschichtsblatt 87 (1988), S. 86 – 117; Vetter, Roland: Theodor Frey. Sein Leben und seine Zeit. Eine biographische Skizze des Initiators des Deutschen Handelstages unter Verwendung seiner Lebenserinnerungen. Eberbach/Heidelberg 1986 (Festschrift zum 125jährigen Jubiläum des Deutschen Industrie- und Handelstages); Weiss, John Gustav: H. D. B. In: Eberbacher Geschichtsblatt 40 (1941), S. 36f. –* ***B:*** *Fotosammlung Helmut Joho, Eberbach.*

Rüdiger Lenz

Bandel, Johann Philipp, Bäckermeister, Weinhändler, Weingutsbesitzer
* 19. 8. 1785 Worms, ev.
† 28. 1. 1866 Burgdorf (bei Bern, Schweiz)

V Johann Georg Sebastian B., Bäckermeister (1749 – 1802). M Anna Dorothea Christina Juliane B. geb. Ritterspacher (1765 – 1832), in 2. Ehe verheiratet mit dem Bäckermeister Georg Ludwig Hannewald (1770 – 1814). G Stiefschwester Dorothea Louise Hannewald (1809 – nach 1859). ∞ 1.) 1811 Sibilla Catharina, geb. Weißheimer (1793 – 1813), ev. V Johann W. M Margarete, geb. Dechen, beide aus Osthofen/Rheinhessen. K 1 Sohn. 2.) 1818 Maria Salome, geb. Herold (1798 – 1822). V Seifensiedermeister aus Mannheim.

1832	Sekretär des Polen-Unterstützungskomitees
1832 – 1838	Mitglied des Gemeinderats
1846	Aktiv in der Lokalsektion des Gewerbevereins
1846 – 1852	Mitglied des Gemeinderats
1848	Vorsitzender des Bürgerkomitees; Vorstandsmitglied des Demokratenvereins
1848/49	Bürgermeisterkandidat
1849	Flucht nach Belgien, mehrmonatiger Aufenthalt, Rückkehr
1850	Angeklagt im Rheinhessischen Hochverratsprozeß, freigesprochen
1862	Übersiedlung in die Schweiz

Der Großvater von B. kam aus Heidelberg nach Worms. Die männlichen Familienmitglieder waren alle Bäcker oder Mehlhändler. B., über dessen Schulbildung nichts bekannt ist, gelang der Aufstieg zum wohlhabenden Weingutsbesitzer, so daß er als „Rentner" von seinen Einkünften leben konnte. Sein privates Interesse galt seiner Kunst- und Altertümersammlung. Im Gewerbeverein vertrat er eine kritische Haltung gegenüber der hessischen Regierung, was ihm 1847 eine Rüge des Kreisrats und dem Gewerbeverein eine Auflösungsdrohung einbrachte. Vor allem aber engagierte er sich in der Kommunalpolitik. Er hing früh republikanisch-demokratischen Gedanken an und vertrat sie im Gemeinderat wortgewaltig sowie in zahlreichen Separatvoten (Gemeinderatsprotokolle). Die Bewegung von 1848 sah ihn als Redner, Vorsitzenden eines Bürgerkomitees, Vorstandsmitglied des Demokratenvereins und 1848/49 als Bürgermeisterkandidat. Bei republikanischer Grundhaltung neigte der Besitzbürger B. zu einer legalistischen Klassengesellschaft, in der jedem ihrer Mitglieder rechtliche und soziale Gerechtigkeit widerfahren sollte. In einem „Vorschlag zur Hebung des Nothstands der Arbeiter und Handwerker in Worms", der am 19. Juli 1848 als Beilage zu der demokratischen Zeitung „Die Neue Zeit" erschien, stellte er sein sozialpolitisches Konzept vor. Darin finden sich Rousseausche Gedanken und genossenschaftliche Vorstellungen, die allerdings der aufkommenden Industrialisierung nicht Rechnung tragen und zwecks Entlastung der städtischen Armenkasse sozial Schwache auf das Land abzuschieben versuchen. B.s Hauptgegner war Dr. Johann Friedrich Eich (s. dort), Vorsitzender des monarchistisch-konstitutionellen Bürgervereins. 1849 charakterisierte ein Spottvers die drei aussichtsreichsten Bürgermeisterkandidaten: „Wollt Ihr die Schand der Stadt / wählt nur den Bandel / und nehmt den Eberstadt / zum Judenhandel / Wollt Ihr den Bankerott zum städtischen Lenker / so macht die Stadt zum Spott / und wählt den Blenker“ (Reuter (1967/69), S. 49). B. wurde vorgeworfen, daß er 1822 beim Gewehrreinigen seine zweite Frau erschossen und 1848 eine diffamierende Anklage gegen Dr. Eich im Gemeinderat aufgegriffen hatte. Zudem bediente er sich einer scharfen, demagogischen Sprache. Als führender Kopf der Demokraten erhielt er zwar nach dem Haudegen Ludwig Blenker (s. dort) die zweithöchste Stimmenzahl. Die Regierung in Darmstadt ernannte aber den drittplazierten Ferdinand Eberstadt (s. dort), da sie sich von ihm mehr bürgerliche Solidität versprach. B., der sich in einer als Erpressung bezeichneten Geldbeschaffungsaffaire zugunsten von Gewehren für die Bürgerwehr kompromittiert hatte, mußte 1849 nach dem Zusammenbruch der badisch-pfälzischen Erhebung für einige Monate nach Belgien fliehen. Nach Zahlung einer hohen Kaution konnte er zurückkehren, wurde 1850 im Rheinhessischen Hochverratsprozeß angeklagt, aber freigesprochen. Danach zog B. sich aus dem politischen Leben zurück. Er widmete sich seinen privaten Kunst- und Altertümersammlungen, die er jedoch samt seinen Liegenschaften 1862 versteigern ließ, um seinen Lebensabend bei der Familie seiner Stiefschwester aus der zweiten Ehe seiner Mutter in Burgdorf bei Bern zu verbringen. Dort ist er 1866 gestorben.

Q: *StadtA Worms: Gemeinderatsprotokolle; Wormser Zeitung; Die Neue Zeit; Rheinischer Herold vom 28. Januar 1866 (Nachruf).* – ***L:*** *Heinemann, Sebastian (Hrsg.): Verhandlungen des rheinhessischen Hochverratsprozesses von 1850. Mainz 1850; Kühn, Hans: Politischer, wirtschaftlicher und sozialer Wandel in Worms 1798–1866. Worms 1975 (Der Wormsgau. Beiheft 26), S. 32f., 140, 146f.; Reuter, Fritz: J. P. B. (1785 – 1866). Ein Wormser Demokrat, Altertümer- und Kunstsammler im 19. Jh. In: Der Wormsgau 8 (1967/69), S. 41 – 67; Uhrig, Dorothea: Worms und die Revolution von 1848/49. Diss. Frankfurt a. M. Worms 1934, S. 52, 91, 106, 120; Wettengel, Michael: Die Revolution von 1848/49 im Rhein-Main-Raum. Politische Vereine und Revolutionsalltag im Großherzogtum Hessen, Herzogtum Nassau und in der Freien Stadt Frankfurt. Wiesbaden 1989 (Veröffentlichungen der Historischen Kommission für Nassau, 49), S. 45f., 92f., 488.*

Fritz Reuter

Barth, Franz Carl Joseph, Messerschmiedemeister
* 19. 6. 1812 Mannheim, kath.
† 29. 10. 1874 Mannheim

V Franz B., Perückenmachermeister (1776 – 1835). M Margaretha, geb. Haffner (1783 – 1858). G 4 Brüder, darunter Johann Joseph (s. dort).
∞ 1840 (Mannheim) Eva, geb. Bieber (1815 – 1881), ev., aus Kirchheimbolanden. K 1 Sohn, 3 Töchter.

18. 9. 1848	Redner bei einer Volksversammlung in Mannheim
25. 12. 1848	Mitglied im „Provisorischen Landesausschuß der Volksvereine in Baden“

B. befand sich unter den Erstunterzeichnern der ‘Dreizehn Petitionen’ der Mannheimer Bürgerschaft vom Januar 1848 und gehörte zum Kreis der kommunalpolitisch aktiven Mannheimer Bürger. Innerhalb der Bürgerschaft hatte er auch verschiedene kleinere Ämter inne, so als Wahlmann oder als Vorstandsmitglied im Gewerbeverein. Dennoch wurde er selten namentlich genannt. Erwähnt wird sein Auftritt am 18. September 1848, als er auf einer öffentlichen Volksversammlung auf dem Marktplatz gegen den Vertrag von Malmö sprach. Auf dem Renchener

Kongreß der Volksvereine wurde B. Mitglied im „Provisorischen Landesausschuß der Volksvereine in Baden“, profilierte sich aber in diesem Zusammenhang nicht als Wortführer. Bei der Neubesetzung des Landesausschusses im Verlauf des Offenburger Kongresses der Volksvereine wurde er nicht mehr berücksichtigt. Statt dessen nahm er in den ersten Tagen des badischen Aufstands an der Mannheimer Bewegung teil und wurde Mitglied im „Wehrausschuß“, der sich die Unterstützung der Pfälzer Aufständischen und die Beschaffung von Waffen zur Aufgabe machte. Als einziger der auf der Volksversammlung vom 14. Mai Gewählten ließ er sich von Florian Mördes (s. dort) dazu überreden, seinen Sitz im Sicherheitsausschuß anzunehmen. Nach der Niederschlagung des Aufstands fiel B. kurioserweise durch die engen Maschen des Repressionsnetzes. Ein Bericht des Mannheimer Stadtamts vom 1. August 1849 an das Innenministerium listete alle ehemaligen Führungsmitglieder des Volksvereins und ihren Verbleib auf und nannte auch B. als Beteiligten. Bezüglich eventueller Konsequenzen für den „Volksmann“ schwieg er sich allerdings ebenso aus, wie auch sonstige Auflistungen von Inhaftierten, Verurteilten oder Flüchtigen den Namen B.s nicht erwähnten.

Q: *StadtA Mannheim: Polizeipräsidium, Zug. –/1962, Familienbogen.*

Hans-Joachim Hirsch

Barth, Johann Joseph, Gastwirt
* 8. 5. 1821 Mannheim, kath.
† unbekannt

V Franz B., Perückenmachermeister (1776 – 1835). M Margaretha, geb. Haffner (1783 – 1858). G 4 Brüder, darunter Franz Carl (s. dort). ∞1843 Friederika Juliana, geb. Reuter (* 1825), ev., aus Karlsruhe.

ab 1846	Mitglied im Turnverein
Frühjahr 1849	Oberleitmann der Bürgerwehr
Oktober 1849	Verurteilung durch das Mannheimer Hofgericht; Exil in der Schweiz
vor 1851	Auswanderung in die USA

B. gehörte vom Beginn der Revolution an zum Personenkreis der Befürworter einer „entschiedenen“ Politik. Für seine gewalttätige Haltung in den stürmischen Apriltagen wurde ihm im Herbst 1849 der Prozeß gemacht.
Nach einem Bericht des Weinheimer Amtmanns Dominik Herterich über die wegen des „Eisenbahnattentats“ in der Nacht vom 23. auf den 24. September geführten Untersuchungen wurde „der frühere Pächter der alten Sonne, nunmehrige Wirth zum Darmstädter Hof, Johann Joseph Barth“, zusammen mit anderen Mannheimern – dem praktischen Arzt Rudolph Welcker und dem Holzhändler Martin Wimmer „als der intellektuellen Theilnahme verdächtig, gefänglich eingezogen“ (Andlaw (1851), S.139). Die vorgebrachten Vorwürfe gingen aber nur dahin, daß die Mannheimer als Vertreter des Volksvereins an einer Weinheimer Mitgliederversammlung um 12 Uhr mittags am gleichen Tag im Lokal des Wirts Friedrich Härter (s. dort) teilgenommen hatten. Zu einer Verurteilung kam es deshalb offensichtlich nicht.
In der im Frühjahr 1849 reorganisierten Bürgerwehr hatte B. als Oberleitmann unter dem Kommando des Heinrich Roes im dritten Fähnlein eine gehobene Position in der Hierarchie inne. Nach dem Ausbruch des badischen Aufstands lagen dann auch in seinem Mannheimer Lokal in G 3, 13 die Einzeichnungslisten für das Freikorps auf, was ebenso zum Anklagepunkt gegen ihn wurde wie seine Mitgliedschaft im Sicherheitsausschuß des Florian Mördes (s. dort), in dem er „für Verpflegung der Insurgenten und Beförderung derselben auf der Eisenbahn“ (GLAK: 237/2737) gesorgt habe. Vielleicht hatte man ihn dabei mit seinem Bruder verwechselt, denn er selbst stand nicht auf der Liste der am 14. Mai per Akklamation gewählten Personen. Weitere Vorwürfe gegen den in seinen Meldeunterlagen als „Dissident“ bezeichneten B. waren, er habe sich anläßlich der Beschießung Ludwigshafens durch Otto von Corvin besonders hervorgetan, und er sei am 22. Juni am Versuch der Beschlagnahme der Kreiskasse beteiligt gewesen.
Solche Vorwürfe machten ihn im Lauf der durch das Mannheimer Stadtamt geführten Untersuchungen zu einem der Hauptbeteiligten am badischen Aufstand für das Mannheimer Stadt-

gebiet. So zählte er auch zu den sieben Personen, über die das Stadtamt am 29. Juli 1849 die Vermögensbeschlagnahme verhängte. Eine am 15. August von der großherzoglichen Untersuchungskommission des Standgerichts herausgegebene Fahndungsliste, die ebenfalls sieben Personen, allerdings anders zusammengesetzt, verzeichnete, beschrieb den damals 28jährigen als mittelgroßen Mann von kräftiger Statur, mit braunen, dünnen Haaren, hoher Stirn, einem breiten Gesicht und ungewöhnlich großen, braunen Augen.
Gegen B. wurde schon am 27. Oktober 1849 vor dem Mannheimer Hofgericht ein Prozeß eröffnet. Dabei wurde er wegen seiner Beteiligung am Aufruhr im April 1848 zu einer achtwöchigen Gefängnisstrafe und Beteiligung an den Untersuchungskosten verurteilt. Zur Zeit des Urteilsspruchs hielt B. sich im Schweizer Exil im Aargau auf. Noch im Herbst des Jahres 1851 wurde wegen der im Zusammenhang mit dem badischen Aufstand vorgebrachten Beschuldigungen gegen B. ermittelt. Da war er allerdings schon in die Vereinigten Staaten ausgewandert.

Q: StadtA Mannheim: Polizeipräsidium, Zug. -/1962, Familienbogen; GLAK: 234/1990; 237/2737; Mannheimer Abendzeitung; Mannheimer Journal. – L: Andlaw, Heinrich von: Der Aufruhr und Umsturz in Baden, als die natürliche Folge der Landesgesetzgebung. Bd. 2. Freiburg 1850/51.

Hans-Joachim Hirsch

Bassermann, Friedrich Daniel, Kaufmann, Buchhändler, Politiker
* 24. 2. 1811 Mannheim, ev.
† 29. 7. 1855 Mannheim

V Friedrich B., Kaufmann (1781 – 1865). M Wilhelmine, geb. Reinhard (um 1787 – 1869). G 3 Brüder, 2 Schwestern.
∞1834 (Erlangen) Maria Friederika Emilia, geb. Karbach (1811 – 1872), ev., aus Erlangen. K 4 Söhne, 1 Tochter.

28. 3. 1818	Aufnahme ins Lyzeum Mannheim; „ab im Herbst 1820“
1826	kaufmännische Lehre in Mannheim
1829 – 1831	Studium der Mathematik, Naturwissenschaften und Geschichte in Heidelberg
Nov. 1833	Übernahme der Giulinischen Drogenhandlung
1838 – 1848	Mitglied im Kleinen Bürgerausschuß in Mannheim (1839 – 1842 Vorsitzender)
1841 – 1851	liberaler Abgeordneter in der badischen Zweiten Kammer
1843	Gründung der Verlagsbuchhandlung Bassermann
1847 – 1848	Verleger der in Heidelberg erscheinenden „Deutschen Zeitung“
März/ April 1848	im Siebzehnerausschuß des Bundestags zur Vorbereitung einer Revision der Bundesverfassung in Frankfurt a. M. (badischer Vertrauensmann; Vizepräsident)
18. 5. 1848 – 21. 5. 1849	Mitglied im Vorparlament, danach Abgeordneter für den Bezirk Unterfranken (Stadtprozelten) in der Paulskirche (Mitglied im Zentralausschuß für die Prüfung der Wahlen und Vorsitzender des Ausschusses für den Entwurf der Reichsverfassung)
9. 8. 1848 – 10. 5. 1849	Unterstaatssekretär im Reichsministerium des Innern
7. 11. 1848 – 17. 11. 1848 und 26. 4. 1849 – 10. 5. 1849	Reichskommissar in Berlin
Juni 1849	Mitglied der Gothaer Versammlung
1850	Mitglied des Erfurter Parlaments (Volkshaus)
1851 – 1855	Mitglied des Großen Bürgerausschusses in Mannheim

B., dessen „Denkwürdigkeiten“ über die Jahre 1847/48 zu den aufschlußreichsten Quellen für

Friedrich Daniel Bassermann um 1848 (Vorlage: StadtA Mannheim)

die Geschichte der Nationalversammlung gehören, war eine Schlüsselperson des Vormärz und der Revolutionszeit. Begonnen hatte B.s politische Laufbahn in Mannheim, wo er seit 1838 Mitglied des Kleinen Bürgerausschusses war. In diesem Gremium führte er seit 1839 den Vorsitz und verkörperte einen neuen liberalen Geist. Denn er „zeigte als Obmann des kleinen Ausschusses sich nicht geneigt, jenen ultraconservativen Strebungen seines Collegiums Rechnung zu tragen“, wie ein zeitgenössischer Beobachter anzumerken wußte (Hoff, C.H., S. 283). 1841 zog B. „als eines der hoffnungsvollsten Mitglieder“ (Walter (1978), S. 276) in den badischen Landtag ein und gehörte bis zu ihrer Spaltung zum Kern der liberalen Opposition, die sich um die altgedienten Führer Welcker und Johann Adam von Itzstein (s. dort) gesammelt und in regelmäßigen Treffen seit den 1830er Jahren im Hallgartenkreis ihren gesellschaftlichen Mittelpunkt gefunden hatte. B. selbst sah die Gründe für die 1847 entstandene Spaltung der Liberalen in der Abkehr der radikalen Fraktion vom gemeinsamen Programm, vor allem aber in der Hinwendung Friedrich Heckers (s. dort) zu einer an sozialen Fragen orientierten Politik. Hinzu kam Heckers enge Zusammenarbeit mit Gustav Struve (s. dort), dessen sektiererischer Dogmatismus ihm suspekt erschien. Die Scheidung der Opposition in 'Halbe' und 'Ganze', deren propagandistische Zementierung zuweilen einen großen Raum in der radikalen Politik einnahm, lastete er Struve an.

Zu den Wegbereitern der Revolution gehörte B. mit seiner Intervention in der Sitzung des badischen Landtags vom 12. Februar 1848, wo er den auf der Heppenheimer Versammlung im Herbst 1847 beschlossenen Antrag auf eine deutsche Nationalvertretung einbrachte und sich damit ein letztes Mal der ungeteilten Sympathie einer liberalen Öffentlichkeit sicher sein konnte. Selbst Hecker fand in seiner Kammerrede überschwengliche Worte des Dankes, und aus allen Teilen Deutschlands erntete B. zustimmende Adressen. Wenige Tage danach brach in Frankreich die Revolution aus, deren Übergreifen auf Deutschland auch im politischen Kreis um B. und seinen Freund Karl Mathy (s. dort) mit Hoffnungen auf eine Liberalisierung im öffentlichen Leben einherging.

Die Hoffnung trog, daß diese Bewegung in gemäßigte Bahnen gelenkt werden könnte. Auf der am 27. Februar im Mannheimer Aulasaal abgehaltenen großen Volksversammlung war die gemäßigte Richtung isoliert. B.s Beitrag, der die Fortschrittlichkeit und Liberalität des politischen Systems in Baden pries und zu einer abwartenden Haltung aufrief, wurde von den radikalen Ausfällen Heinrich Hoffs (s. dort), Struves und Hammers (s. dort) übertönt. Schon bald nach dieser Versammlung bot sich B. dem liberalen Regierungschef Johann Baptist Bekk als Mann der Mäßigung an und forderte ihn im gleichen Atemzug zur Gewährung erster Freiheiten auf. Seit diesen Tagen verfolgte er in seinen politischen Aktivitäten eine Doppelstrategie, die darauf abzielte, die Übernahme politischer Verantwortung dadurch einzuhandeln, daß er sich als Garant für eine Kanalisierung der revolutionären Bewegung anbot. Dafür handelte er auf der anderen Seite die Gewährung bürgerlicher Grundrechte ein, für die er in der liberalen Kammeropposition gekämpft hatte. Er sah darin den Versuch, sich als Führer der neuen Bewegung zu profilieren, „als einer derjenigen [...], die ihr nicht alle Schranken zur regellosen

Überflutung preisgeben", aber „auf der anderen Seite sie zur Erreichung des längst Erstrebten und Notwendigen" benutzen wollten (Bassermann (1926), S. 45). Eine solche Haltung mußte den Realpolitiker zwangsläufig zur Umsetzung der Entscheidung zwingen, die die liberalen Führer schon weitaus früher auf ihrer Heppenheimer Versammlung prinzipiell getroffen hatten.

Am 3. März begab sich B. nachts zu Staatsrat Bekk, um ihn seiner Unterstützung zu versichern. Zwar beteiligte er sich noch an der gemeinsamen Erklärung demokratischer Politiker gegen die in Baden grassierenden Judenpogrome, aber schon in der Heidelberger Versammlung stellte er sich einer Ausrufung der Republik entgegen und schloß sich einer Politik der Isolierung der Hecker-Struveschen Fraktion an. Konsequent verweigerte er die Teilnahme am Aufruf zur Offenburger Versammlung und dementierte in der Öffentlichkeit das Gerücht, die Heidelberger Versammlung habe sich die Einführung der republikanischen Staatsform zum Ziel gemacht. Die badische Regierung sah sehr bald ein, daß sie keinen besseren Mann finden konnte, ihre Interessen zu vertreten, und so ernannte sie B. zu ihrem Vertrauensmann in der Frankfurter Bundesversammlung. Von da an übte B. Regierungstreue, zweifelte an der Notwendigkeit einer Amnestierung der politischen Gefangenen und empfand die Märzunruhen in Wien und Berlin als Bedrohung. Am 24. März brachte er eine gemeinschaftlich mit Mathy verfaßte Erklärung im Landtag ein, die ein absolutes Vertrauensvotum für die Regierung Bekk darstellte.

Gleichzeitig besaß B. auch einen starken Rückhalt im Mannheimer Bürgertum. Mitte März 1848 wurde er zum Hauptmann der zwölften Kompanie in der Bürgerwehr gewählt. Bei seiner Teilnahme an Exerzierübungen machte er allerdings die Erfahrung, wie gefährlich die Entwicklung der allgemeinen Stimmung ihm werden konnte. Einerseits tendierten viele Bürger dazu, sich aus den Konflikten herauszuhalten, während andererseits auch nicht wenig Sympathien für die revolutionären Bestrebungen vorhanden waren. So wurde die Bürgerwehr ein untaugliches Instrument für die Aufrechterhaltung der öffentlichen Ruhe und Ordnung, und B. mußte sich fragen, ob bei einem etwaigen Einschreiten seiner Kompanie nicht er „vielleicht das erste Ziel der Bayonette" würde (Bassermann (1926), S. 135). Mit der Festnahme des Redakteurs der Konstanzer „Seeblätter", Josef Fickler, führte B.s Freund Karl Mathy die Klärung der Situation provokativ herbei. Bis dahin hatte die Linke mit allen Mitteln gegen die Durchsetzung eines neuen Herrschaftskonsens agitiert und ihre Kräfte gesammelt. Danach wurde innerhalb von zwei Wochen die Machtfrage entschieden.

Am Abend des 15. April wurde B. die erste Katzenmusik gebracht. Er war am selben Tag aus Frankfurt zum Wochenende in Mannheim erschienen und bekam einen Vorgeschmack von dem, was ihm in den kommenden Wochen bevorstehen sollte. Auch wenn die Aktion diesmal noch ohne wesentliche Sachbeschädigungen vorüberging, weil ein unbekannter Anführer die Menge davon abhielt, machten solche Erlebnisse B. in der Folgezeit zum vehementen Vertreter einer repressiven Politik gegen die revolutionäre Bewegung. Er war überzeugt, daß es an der Zeit sei, „die Regierungen ganz offen aufzufordern, die größeren Städte mit Militärkräften zu versehen" (Bassermann (1926), S. 192). Im Gegensatz zur negativen Wahrnehmung der Ereignisse in seiner Heimatstadt stand für B. das Erlebnis, das ihm die Verhandlungen des Vorparlaments eröffneten. Der Eindruck von einer möglichen positiven Entwicklung im parlamentarischen Leben wurde stark geprägt durch die Isolierung der Linken und den Schulterschluß der Majorität. „Die Versinnlichung der Einheit des solange zerrissenen Vaterlands" geriet zum Versprechen, das die Realität späterer Debatten in der Nationalversammlung nicht mehr einlösen konnte (Bassermann (1926), S. 119). Noch wechselte der durch die Ernennung zum Minister entstandene Arbeitsdruck mit Tagen der Erholung, denn als Mitglied des Siebzehner-Kollegiums erschien B. vorerst seltener in den Sitzungen der badischen Zweiten Kammer. Die Häufung der Verantwortlichkeiten aber machten aus B. einen der vielbeschäftigsten Politiker der Paulskirche, der den Anspruch hatte, in allen Fragen Kompetenz zu zeigen. Aus solchen Gründen hielt er sich zunehmend weniger in Mannheim auf, hielt aber die

Kontakte mit seinen früheren politischen Freunden weiterhin aufrecht. Über die Frage des Aufbaus einer deutschen Kriegsflotte knüpfte er Kontakte zum entstehenden Neuen Vaterländischen Verein, dessen gemäßigte Ausrichtung ganz in seinem Sinne war und den er mit der Lieferung ganzer Pakete seiner Parlamentsreden unterstützte und beeinflußte.
Nach der Septemberkrise 1848 wurde B. als Reichskommissar nach Berlin delegiert, um angesichts der entstandenen Situation mit deren Verursachern über ein gemeinsames Vorgehen zu verhandeln. Am 9. November kam er dort an und hatte am 11. seine erste Audienz beim preußischen König. Der zeigte sich von der selbstbewußten, fordernden Haltung des Parlamentariers überrascht, der ihm vorwarf, die Übergehung der Zentralgewalt durch den von Preußen abgeschlossenen Malmöer Waffenstillstand habe „den Republikanern die besten Waffen geliefert" (Bassermann (1926), S. 261). Bei den Unterredungen mußte B. feststellen, daß den Interessen der Nationalversammlung auch durchaus Sympathien im Königshaus entgegenkamen, so von der Seite des Prinzen von Preußen. Völlig zum Scheitern verurteilt war dagegen der Versuch B.s, im offen ausgebrochenen Konflikt zwischen König und preußischem Parlament zu vermitteln.
Der Aufenthalt in Berlin trug wesentlich zu der Illusion bei, mit der Wahl Friedrich Wilhelms IV. zum Kaiser der Deutschen könne die Utopie vom einigen deutschen Reich realisiert werden. Waren aber im Herbst 1848 noch durchaus Entwicklungsmöglichkeiten für eine produktive Entwicklung eines parlamentarischen Staatswesens gegeben, so hatte sich die Situation mit der Ablehnung der Reichsverfassung grundlegend geändert. Mit einem Umschwung zugunsten des Parlaments war nun nicht mehr zu rechnen.
Bezeichnend für B.s Positionen am Vorabend des badischen Aufstands ist seine Antwort an den Volksverein von Sinsheim, der ihn in einem öffentlichen Schreiben vom April 1849 aufforderte, seinen Sitz in der badischen Zweiten Kammer niederzulegen, weil die Revolution, die ihm diesen Platz verschafft habe, verraten worden sei. Zu den Verrätern an der 'Volkssache' wurde in den Kreisen der Radikalen auch B. gezählt, der sich in seiner Antwort nicht zurückhielt. Er warf den Radikalen vor, daß sie selbst durch eine unmäßige Ausbeutung der neu gewonnenen Rechte und Freiheiten den Boden für das Auseinanderbrechen der gesellschaftlichen Opposition in Baden bereitet hätten, zu einem Zeitpunkt wohlgemerkt, an welchem der 'Vorort der vaterländischen Vereine' in Mannheim angesichts der drohenden Niederlage des Parlamentarismus den Schulterschluß auch mit den radikalen Kräften der Volksvereine suchte.
Wie ein roter Faden zog sich durch B.s politische Aktivitäten in der Revolutionszeit die Furcht vor den proletarischen Massen, die den Zeitgenossen das Bild von den „Bassermannschen Gestalten" bescherte. In seinen „Denkwürdigkeiten" leitete B. seine abschätzige Meinung aus den Versammlungen und Demonstrationen der Märztage her, in denen sich auch „jenes verwegene Gesindel bemerkbar" gemacht habe, das sich „jeder, auch der edelsten Volkserhebung wie ein Fluch an die Fersen heftet" (Bassermann (1926), S. 54). In diesem Sinne führte er auch einen stetigen Kampf gegen die revolutionäre Bewegung, die von ihm selbst als „Demokraten", „Linke" oder „demokratische Linke" bezeichnet wurde: Das „konstitutionelle" Element hatte in der Übernahme von Regierungsverantwortung und durch die ihm zuteil werdende Anerkennung und Aufmerksamkeit in seinen politischen Überzeugungen ein deutliches Übergewicht bekommen. In den Augen der Revolutionäre wurde er somit der wichtigste Gegner, der den eigenen potentiellen Anhängern den Sand der Versöhnlichkeit im Sinne von Ruhe und Ordnung in die Augen streute und dazu „stets bereit ist, den Becher voll trivialer Verläumdungen im Namen eines zitternden Spießbürgertums über die Revolution auszugießen" (Mördes (1849), S. 16).
Mit dem Scheitern seiner zweiten Berliner Mission, der endgültigen Ablehnung der Kaiserkrone durch Friedrich Wilhelm IV. am 28. April 1849 und der Rückberufung der preußischen Abgeordneten aus der Nationalversammlung am 14. Mai war für B. auch der letzte Hoffnungsschimmer auf eine Durchsetzung seiner politischen Ziele geschwunden. Am 19. Mai trat er von seinem Parlamentsmandat zurück. Den badischen Aufstand besichtigte er von weitem:

Am 21. Juni sah er sich die Einnahme von Ladenburg durch die preußische Armee an. Seit 1850 zog sich B. krankheitsbedingt aus dem öffentlichen Leben zurück und nahm sich am 29. Juni 1855 in Mannheim das Leben: In seinem Familienbogen ist als Todesursache vermerkt: „durch selbsterschiessen".

*W:Denkwürdigkeiten. Frankfurt a. M. 1926; Rede des Abgeordneten Bassermann, gehalten in der 146. Sitzung über den Häusser'schen Bericht, die Motion von Baum auf Vorlage eines Wahlgesetzes zur Berufung einer verfassunggebenden Versammlung betreffend. [verm. Mannheim 1849]; Rede des Unterstaats-Secretärs F. Bassermann, Abgeordneter für Stadtprozelten (Bayern), über das Wahlgesetz in der Hundert ein und siebenzigsten Sitzung am 16. Februar 1849 [verm. Mannheim 1849], (beide vorhanden im StadtA Mannheim). – **Q:** StadtA Mannheim: Polizeipräsidium, Zug. -/1962 Familienbogen; Kleine Erwerbungen: Nr. 39 (9 Briefe 1841 – 1849); Nr. 474 (Briefwechsel, 20 Kopien). – **L:** Gall, Lothar: Bürgertum in Deutschland. Die Bassermanns. Berlin 1989; Gollwitzer, Heinz: F. D. B. und das deutsche Bürgertum. Mannheim 1955; Hoff, C.H.: Zur Erinnerung an Carl Heinrich Hoff geboren zu Mannheim am 13. Juli 1804 gestorben ebendaselbst am 7. Mai 1891. o.O. o.J.; Mördes, Florian: Die deutsche Revolution mit besonderer Berücksichtigung auf die badische Revolutionsepisode. Herisau 1849; Thorbecke, August: F.D.B. In: Badische Biographien. Bd. 1. Heidelberg 1875, S. 37 – 45; Walter, Friedrich: Mannheim in Vergangenheit und Gegenwart. Bd. 2: Geschichte Mannheims vom Übergang an Baden (1802) bis zur Gründung des Reiches. Mannheim 1907 (ND Frankfurt a.M. 1978).*

Hans-Joachim Hirsch

Bauer, Karl Friedrich, Skribent, Amtsrevisoriats-Inspizient

* 11. 3. 1827 Mönchzell, ev.

† 1889 Milwaukee (USA)

V Johann Michael B., Schullehrer (1798 – 1851). M Johanna B., geb. Reichert (1797 – 1854). G 3.

	Höhere Bürgerschule in Eppingen
1844 – 1846	Studium der Theologie an der Universität Heidelberg
1846 – 1848	Schreiber in Hoffenheim
1848	Lohnschreiber in Sinsheim
April 1848	Mitanführer des Sinsheimer Ostermontagszugs nach Heidelberg; Flucht in die Schweiz
Sept. 1848	Teilnahme am Struveputsch
Okt. 1848 – Mai 1849	Untersuchungshaft in Rastatt und Bruchsal
Mai– Juni 1849	Kriegs- und Rekrutierungskommissär für die Amtsbezirke Bretten, Eppingen und Sinsheim
1849 – 1852	Exil in der Schweiz (Aargau, Zürich und Genf)
1850	verurteilt zu acht Jahren Zuchthaus
1852	Auswanderung nach Amerika; Apotheker in New York
1855 – 1885	Journalist in Pittsburgh; Mitbegründer und Präsident des Turnvereins
1885 – 1889	Journalist in Milwaukee

Im Kraichgau aufgewachsen, lernte B. von Kindheit an die wirtschaftlichen und sozialen Nöte der Landbevölkerung aus eigener Erfahrung kennen. Die antifeudale Gesinnung des Vaters übertrug sich frühzeitig auf den Sohn. Nachdem B. eine anspruchsvolle Bildungslaufbahn absolviert hatte, nahm er die Stellung als Schreiber in Hoffenheim an und ging anschließend nach Sinsheim. Hier entwickelten sich enge Beziehungen zu politisch Gleichgesinnten. Gemeinsam mit seinem Freund und Weggefährten Karl Gustav Mayer (s. dort) stand B. schon bald an der Spitze der demokratischen Kräfte im Amtsbezirk Sinsheim.
Am Ostermontagszug der Sinsheimer nach Heidelberg am 24. April 1848 war B. führend beteiligt. Nach dem Scheitern des Unternehmens wurde B. in Langenbrücken verhaftet, konnte aber fliehen und setzte sich in die Schweiz ab. Dort muß er über Carl Blind (s. dort), den er aus seiner Heidelberger Studentenzeit kannte,

in engeren Kontakt zu Gustav Struve (s. dort) und anderen politischen Emigranten gekommen sein. Als Struve mit Freischaren die badische Grenze überschritt und am 21. September 1848 in Lörrach die „Deutsche Republik“ proklamierte, war B. an seiner Seite. In der Funktion als Ordonnanzoffizier agitierte B. die Bürger von Wehr und beschlagnahmte die öffentliche Kasse der Stadt. Die erneute Beteiligung von B. an einem Aufstandsversuch machte deutlich, daß er bis zur letzten Konsequenz entschlossen war, die Republik notfalls auch mit Waffengewalt durchzusetzen. Nach der Niederlage bei Staufen wurde der flüchtige B. am 25. September 1848 mit Struve und Blind in Wehr verhaftet. In der schweren Haftzeit (Oktober 1848 bis Mai 1849) blieb B. ungebrochen seinen revolutionären Idealen treu. Nach Ausbruch der Mairevolution kehrte er als Kriegs- und Rekrutierungskommissär in den Kraichgau zurück.

Obwohl B. zu diesem Zeitpunkt gerade einmal 22 Jahre alt war, verfügte er bereits über die Erfahrungen von zwei gescheiterten Aufständen. Besonders tatkräftig und erfolgreich war er bei der Organisierung und militärischen Ausbildung schlagkräftiger Volkswehraufgebote. Ganz im Gegensatz zu dem oft halbherzigen Vorgehen der Provisorischen Regierung drängte B. in seinem Wirkungsbereich auf die konsequente Durchsetzung der revolutionären Interessen und Ziele. Bürgermeister und Beamte, die der alten Regierung anhingen, setzte er ab. Bürger, die öffentlich gegen die Revolution auftraten, wurden umgehend verhaftet. An den Kämpfen am Neckar nahm B. mit dem ersten Aufgebot der Sinsheimer Volkswehr teil. Nach der Niederlage der Revolutionsarmee setzte sich B. in die Schweiz ab. Das Hofgericht in Mannheim verurteilte ihn am 30. März 1850 zu acht Jahren Zuchthaus. Am 17. Mai 1850 wurde das Strafmaß noch um ein Jahr erhöht.

1851 gelangte B. nach Genf, wo er unter dem falschen Namen „Pilling“ lebte. Er hatte Kontakte zum Kreis um seinen alten Weggefährten Wilhelm Liebknecht (1826 – 1900) und trat dort dem „Bund der Kommunisten“ bei. Als Kind der Revolution von 1848/49 schloß er sich später in Nordamerika – wo er in New York als Apotheker und als Journalist in Pittsburgh arbeitete – der deutschen Turnerbewegung an. Hier fand er seine politischen Ideale gut vertreten, denn gerade die Turner zeichneten sich durch eine antiklerikale und prosozialistische Grundhaltung aus. Am amerikanischen Bürgerkrieg hat B. aber nicht aktiv teilgenommen.

Q: *GLAK: Kartei Heinrich Raab; StadtA Sinsheim: A 1174 – 77, A 1183 – 1185, A 1187 – 1189, A 1195, A 1200, A 1206, B 234, R 488 – 90.* – ***L:*** *Adreßbücher der Ruprecht-Karls-Universität. Heidelberg 1844 – 1846; Dettling, Karl: Die Revolution 1848 – 1849 im Amtsbezirk Eppingen. In: Mühlbacher Jahrbuch 1980. Eppingen-Mühlbach 1980, S. 48; Hintzelmann, Paul (Hrsg.): Die Matrikel der Universität Heidelberg. Bd. 5: 1807 bis 1846. Heidelberg 1904, S. 745; Metzner, Heinrich (Hrsg.): Jahrbücher der Deutsch-Amerikanischen Turnerei. Bd. 3. New York 1894, S. 287; Mumm, Hans Martin: Der Heidelberger Arbeiterverein 1848/49. Heidelberg 1988, S. 40, 42, 94; Neumann, Hannes: Die deutsche Turnbewegung in der Revolution 1848/49 und in der amerikanischen Emigration. Schorndorf 1968 (Beiträge zur Lehre und Forschung im Sport, 32), S. 128; Schneider, Jakob: Eine Denkschrift über das Treiben der deutschen Flüchtlinge in der Schweiz. In: Basler Zeitschrift für Geschichte und Altertumskunde 3 (1904), S. 15, 25; Warth, Helmut: Adelshofen in der Revolution von 1848/49. In: 700 Jahre Adelshofen (1287 – 1987). Eppingen-Adelshofen 1987, S. 132ff.; Wilk-kens, Adolf [anonym erschienene Flugschrift]: Aus dem Kraichgau. Eine Skizze zur Revolution in Baden. Heidelberg 1849, S. 8, 17; Wirtz, Rainer: „Widersetzlichkeiten, Excesse, Crawalle, Tumulte und Skandale“. Soziale Bewegung und gewalthafter sozialer Protest in Baden 1815 – 1848. Frankfurt a. M. 1981, S. 190; Wittke, Carl: The German-Language Press in America. o. O. 1957, S. 84, 98; Zucker, Adolph Eduard: The Forty-Eighters. Political Refugees of the German Revolution of 1848. New York 1950, S. 275.*

Holger Friedrich

Bausch, Adam, Lehrer
* 9. 9. 1803 Laudenbach, ev.
† nach 1863 verm. New York

V Johann Adam B., Bauer und Bürger (1777 – 1820), ev. M Elisabeth, geb. Weckel (1776 – 1837), ev. G 2 Brüder, 3 Schwestern, darunter Jakob B., Notar in Ubstadt.
∞Maria Elisabetha, geb. Stierle (1807 – 1859), ev. V Johann Adam S., Bürger und Säckler in Sinsheim. K 2 Söhne, 1 Tochter (im Kindesalter verstorben).

1820 – 1823	Hauslehrer in Stromberg (Rheinpreußen)
1823 – 1843	Lehrer in verschiedenen Gemeinden in Baden
1843 – 1849	Hauptlehrer in Ladenburg; Schriftführer des Volksvereins
1849	Schriftführer des Zivilkommissärs im Bezirksamt Ladenburg
1849 – 1851	Flüchtling in der Schweiz
1849	Entlassung aus dem Schuldienst
28. 2. 1851	in Abwesenheit Verurteilung zu drei Jahren Zuchthaus oder zwei Jahren Einzelhaft
1851 – 1852	Verbüßung von einem Jahr Einzelhaft in Bruchsal
1852	Auswanderung nach New York

B. wuchs in Laudenbach auf. Der Urgroßvater war aus Württemberg zugewandert. Vorfahren waren im Vorstand der Kirchengemeinde. Im Todesjahr seines Vaters wurde B. Lehrerkandidat und kurz danach Hauslehrer bei der Eisenhütte in Stromberg, damals Rheinpreußen. Mehrere Angebote, als Lehrer in preußischen Diensten zu arbeiten, lehnte B. ab. Auf seine Initiative hin wurde er vom Großherzoglichen Ministerium 1823 nach Baden zurückgerufen und vom Evangelischen Oberkirchenrat in Karlsruhe als Lehrer angestellt. Von 1823 bis 1838 war B. Lehrer in verschiedenen Gemeinden im badischen Ober- und Unterland, von 1838 bis 1843 in Neulußheim, wo beide Söhne geboren wurden. Zum 20. April 1843 erfolgte die Versetzung an die evangelische Knabenschule in Ladenburg. Hier setzte B. sich für eine Verbesserung der Situation an der Schule ein und forderte vom Gemeinderat über Jahre hinweg eine bessere Ausstattung der Schule. Bis 1848 waren die Schulberichte voll des Lobes über B., ab 1849 gab es Beschwerden. B. war Abonnent des „Volksführers“ und Schriftführer des Volksvereins Ladenburg. In Versammlungen forderte B. die unabhängige Stellung der Lehrer von Kirche und Gemeinde. Nicht Lehrereid und blinder Gehorsam sollten vorherrschend sein, sondern Aufklärung, frei von allem Pietismus. Die Erziehung sollte zu freien, pflichtbewußten Bürgern führen und eine allgemeine, vielseitige Bildung die Basis für eine erfolgreiche wirtschaftliche Entwicklung legen.
Nachdem die Provisorische Regierung unter Lorenz Brentano am 24. Mai 1849 Ludwig Witz (s. jeweils dort) zum Zivilkommissär im Bezirksamt Ladenburg bestellt hatte, ernannte Witz am 26. Mai 1849 B. zu seinem Schriftführer, vermutlich auf Empfehlung von Lehrerkollegen von B. Ob B. das Schriftführeramt unter Zwang annahm, wie er später ausführte, ist fraglich. Als Schriftführer fertigte B. alle ausgehenden Anweisungen an und unterzeichnete diese ebenfalls. Wahrscheinlich hatte B. auf die Art der Anordnungen großen Einfluß, da er prägnant formulieren konnte und der Zivilkommissär ihm die Konzeption und Ausarbeitung der Anweisungen übertragen hatte. B. wirkte bei verschiedenen Dienstentsetzungen und Beeidigungen von Beamten mit. Inwieweit es dabei zu Nötigungen durch B. kam, wie dies von Zeugen angegeben wurde, muß offen bleiben. Auf B.s Initiative wurde in den Gemeinden des Bezirksamtes die Bildung von Sicherheitsausschüssen angeordnet. B. war Stellvertreter des Zivilkommissärs, nahm aber auch Handlungen vor, die in die Zuständigkeit des Zivilkommissärs fielen. Beim Hochverratsprozeß gegen B. wurde er als „Seele des ganzen“ bezeichnet. Für die Tätigkeit als Schriftführer, die er neben dem Schuldienst ausführte, erhielt B. täglich 1 Gulden 45 Kreuzer.
Am 15. Juni 1849 rückten Bundestruppen gegen die in und um Ladenburg stationierten Freischärler an, wobei es zu Gefechten mit Toten und Verletzten auf beiden Seiten kam. In der Nacht vorher war B. mit seiner Familie nach 21 Tagen Tätigkeit als Schriftführer geflüchtet,

obwohl er von Brentano aufgefordert wurde, auf seinem Posten zu bleiben. Nach eigenen Aussagen floh B. aus Angst vor Mißhandlungen und weil er nicht an Kampfhandlungen teilnehmen wollte. Danach hielt B. sich als politischer Flüchtling, Unterricht gebend, in der Schweiz auf, meistens in Bern. Am 1. Juli 1849 wurde B. nach 26 Jahren Schuldienst als Lehrer wegen Beteiligung am Hochverrat, Tätigkeit als Schriftführer und wegen unerlaubter Entfernung vom Schuldienst entlassen. Es folgten das staatliche Untersuchungsverfahren wegen Hochverrat, die Aberkennung der Staatsbürgerrechte, Vermögensbeschlagnahme und die Fahndung. Mit seiner Verteidigung betraute B. Rechtsanwalt Friedmann. Bereits ab dem 9. Juli 1849 stellte B. von Bern aus wiederholt Amnestiegesuche an den Großherzog und an das Justizministerium in Karlsruhe. In Abwesenheit wurde B. am 28. Februar 1851, zusammen mit Ludwig Witz, wegen Beteiligung an hochverräterischen Unternehmungen im Mai und Juni 1849 vom Großherzoglichen Badischen Hofgericht des Unterrheinkreises in Mannheim zu drei Jahren Zuchthaus oder zwei Jahren Einzelhaft, zur Übernahme der Kosten für Strafverbüßung und Strafverfahren und gesamthaftend mit Witz zum Ersatz des durch ihre Unternehmungen entstandenen Schadens verurteilt. Gegen das Urteil legte B. von Bern aus Protest ein, entzog Rechtsanwalt Friedmann die Verteidigung, verlangte ein neues Verfahren und verzichtete aber ausdrücklich auf Berufung. Nachdem weitere Amnestiegesuche und Gesuche um Auswanderungserlaubnis nach Nordamerika abgelehnt worden waren, stellte B. sich Anfang August 1851 in Lörrach dem Strafvollzug. Vom 19. August 1851 bis zum 12. August 1852 befand sich B. im Zuchthaus Bruchsal in Einzelhaft. Nach weiteren auch von Ehefrau und Kindern eingereichten insgesamt 13 Gesuchen um Amnestie oder Auswanderungserlaubnis erfolgte am 4. Mai 1852 eine großherzogliche Entscheidung, die in allen Punkten den Empfehlungen des Justizministeriums folgte. Die Amnestierung B.s wurde abgelehnt, aber die angesuchte Auswanderungserlaubnis erteilt. Gründe für die Auswanderungserlaubnis sah das Justizministerium im Interesse des Staates, eine Persönlichkeit wie die B.s bleibend zu entfernen und im Interesse der Gemeinde, den Unterhalt zu sparen, der nach der Entlassung für B. und seine Familie angefallen wäre. Bis kurz vor seiner Ausreise versuchten B., seine Frau und seine Kinder noch mit mehreren Gnadengesuchen, die Auswanderung zu vermeiden und Straferlaß zu erhalten, was abgelehnt wurde. Nach seiner Entlassung schiffte sich B. am 21. August 1852 von Mannheim aus nach New York ein. Über die Abreise verlangte das Justizministerium eine Bestätigung. Vermutlich blieb B. bis zu seinem Tod in New York.

Die Ehefrau und beide Söhne befanden sich seit der Flucht 1849 in Sinsheim. Nach dem Tod der Ehefrau 1859 wanderte der 19jährige Sohn Karl B. auf Antrag seines Vormundes 1860 zu seinem Vater nach New York aus.

__Q:__ GLAK: 234/1644, 234/2040, 235/16383, 235/29562, 236/8208, 236/8509, 240/2514, 240/2515, 317/284; Kartei Heinrich Raab; StadtA Ladenburg: A 2065, B 551, B 552; Reformierte Kirchenbücher Laudenbach, Lutherische Kirchenbücher Sinsheim; Evangelische Kirchenbücher Neulußheim. – __L:__ Diefenbacher, Karl: Ladenburger Kirchenbücher. Bd. 3: Die evangelischen und katholischen Kirchenbücher des neunzehnten Jahrhunderts. Ladenburg 1988, S. 20.

Hildegard Kneis

Becker, Johann Philipp, Bürstenmacher
* 20. 3. 1809 Frankenthal
† 7. 12. 1886 Genf

V Georg Johann B., Schreiner. M Maria Katharina, geb. Leisenheimer.
∞16. 5. 1831 Elisabeth, geb. Sesser. K 22, darunter Gottfried (1827 – 1867), als Colonel in der Armee der Nordstaaten Teilnehmer am amerikanischen Bürgerkrieg.

1832	Redner auf dem Hambacher Fest
1833	Anklage wegen Hochverrats; Freispruch
März 1838	Emigration in die Schweiz

1843	Teilnahme am Freischarenzug gegen Luzern
April 1848	Teilnahme am Heckerzug
Mai 1849	Oberbefehlshaber der Volkswehren im badisch-pfälzischen Revolutionskrieg
Januar 1865	Mitbegründer des Genfer Zentralkomitees der I. Internationale
1869	Teilnahme am Gründungskongreß der Sozialdemokratischen Arbeiterpartei Deutschlands in Eisenach

Johann Philipp Becker (Vorlage: StadtA Frankenthal)

B., so schrieb Friedrich Engels am 8. Oktober 1886 an August Bebel, war „in der Kampagne 1849 [...] der einzige wirkliche aus dem Volk herausgewachsene Führer und hat mit seiner in der Schweizer Armee gelernten hausbackenen und hanebüchenen Strategie und Taktik mehr geleistet als alle badischen und preußischen Offiziere dort und dabei politisch ganz den richtigen Weg eingehalten“. Wenig später hat er ihn „den einzigen deutschen Revolutionsgeneral“ genannt, und Jenny Marx bezeichnete B. in einem Brief sogar einmal als „unseren deutschen Garibaldi“.

Für B. selbst war die Revolution von 1848/49 die entscheidende Zäsur seines Lebens. Er gehörte zu jenen radikalen Demokraten, die sich unter dem Eindruck ihres Scheiterns sozialistischen Ideen zuwandten und so zu den Wegbereitern der europäischen Arbeiterbewegung wurden. Bereits ein Jahr nach dem Ende der Reichsverfassungskampagne schrieb er: „Die Freiheit wird nur mit dem Sieg des Sozialismus triumphieren“.

B. stammte aus einer kleinbürgerlichen, halbproletarischen Familie mit jakobinisch-republikanischer Tradition. Stolz wies er stets darauf hin, daß sein Großvater 1798 in Frankenthal gemeinsam mit jakobinischen Freunden einen Freiheitsbaum gepflanzt hatte. Er besuchte die Elementarschule und das Progymnasium in Frankenthal, mußte die Schule aber wegen der Armut seiner Eltern verlassen und eine Lehre als Bürstenbinder beginnen. Nach Abschluß der Lehre gründete er einen eigenen Handwerksbetrieb. Früh von den freiheitlichen Traditionen seiner pfälzischen Heimat beeinflußt, wurde die Pariser Julirevolution von 1830 zum Ausgangspunkt für sein politisches Wirken.

Anfang 1832 war B. Initiator eines „Revolutionsklubs“, wenig später Mitarbeiter an Siebenpfeiffers „Westboten“ und Mitbegründer der Frankenthaler Filiale des „Preß- und Vaterlandsvereins“. In seinen Artikeln im „Westboten“ setzte er sich immer wieder für die Entfaltung einer breiten Volksbewegung und die Erkämpfung eines demokratischen Nationalstaats ein. Auf dem Hambacher Fest fiel B. durch eine besonders radikale Rede auf, in der er für eine allgemeine Volksbewaffnung plädierte, da die Regierungen seiner Meinung nach weder auf „Protestationen“ noch auf die „mächtige Opposition der öffentlichen Meinung“ Rücksicht nehmen würden. Nach dem Hambacher Fest war er maßgeblich an der Befreiung von Jakob Venedey und Philipp Jakob Siebenpfeiffer aus dem Frankenthaler Gefängnis beteiligt. Er selbst wurde ebenfalls mehrfach verhaftet und 1833 wegen Hochverrat vor dem Schwurgericht Landau und wegen Beamtenbeleidigung vor dem Zuchtpolizeigericht Frankenthal angeklagt, beide Male aber freigesprochen.

Ständig überwacht und erneut vor Gericht gestellt, entschloß sich B. im März 1838, in die Schweiz zu emigrieren, wo er sich zunächst in Bern und dann in Biel niederließ und seinen Lebensunterhalt nacheinander als Gastwirt, Weinhändler, Zigarrenfabrikant und Holzhändler verdiente. Er nahm am Schweizer Sonderbundskrieg teil, gründete zahlreiche deutsche Arbeitervereine in der Schweiz und knüpfte Kontakte zu Mazzini und dessen Geheimbund „Junges Italien", begann aber auch, sich erstmals mit frühsozialistischem Gedankengut auseinanderzusetzen.

Nach Ausbruch der Februarrevolution von 1848 war B. Präsident des „Zentralausschusses der Deutschen in der Schweiz" und gründete eine „Deutsche Legion aus der Schweiz", die im Falle einer Revolution nach Baden marschieren und sich dort der revolutionären Regierung zur Verfügung stellen sollte. In einem Schreiben an Karl Mathy (s. dort) vom 6. April 1848 machte B. deutlich, daß seiner Meinung nach nur durch die Schaffung einer „einigen deutschen Republik" die „Schicksalsfragen des deutschen Volkes" gelöst werden könnten.

Obwohl B. Friedrich Heckers (s. dort) Aufstand für verfrüht hielt, forderte er die Mitglieder der deutschen Vereine in der Schweiz auf, ihn zu unterstützen. Er selbst marschierte mit 30 Schützen von Biel nach Südbaden und beteiligte sich mit Franz Sigels (s. dort) Truppen am 24. April 1848 am Angriff auf Freiburg, zog sich nach dem Scheitern des Aufstands aber wieder über die Schweizer Grenze zurück. Als am 21. September 1848 Gustav Struve (s. dort) einen zweiten Aufstand unternahm, hielt sich B. zunächst zurück. Erst als ihn Struve eindringlich um Unterstützung bat – „Ich erwarte von Euch und verlange von Euch, daß Ihr gleichfalls in das Badische einrückt" – entschloß er sich einzugreifen. Bevor er allerdings die Grenze überschreiten konnte, war Struves Aufstand bereits wieder zusammengebrochen.

Nach Biel zurückgekehrt, gründete B. den republikanischen Wehrbund „Hilf Dir" und gab von Dezember 1848 bis März 1849 die Zeitschrift „Revolution" (nach der ersten Nummer „Die Evolution") heraus. Ihr Ziel sollte sein: „Unerbittlicher Kampf gegen das Fürstentum, entschiedene Vertretung der Interessen der sog. niederen Volksklassen, Völkerassoziation".

Im Mai 1849 kehrte B. nach Baden zurück, wo er von der Regierung zum Obersten und Befehlshaber der badischen Volkswehr ernannt wurde und den Aufbau von Freischaren organisierte. Gemeinsam mit Tzschirner, Martiny und Struve gründete er am 5. Juni 1849 einen „Klub des entschiedenen Fortschritts", der von der Regierung u.a. die Einsetzung radikaler Zivilkommissäre, die Reorganisation des Kriegsministeriums und die Beschaffung von Geldmitteln durch revolutionäre Zwangsmaßnahmen forderte. Als sich die Regierung weigerte, die Forderungen vollständig zu erfüllen, kam es am darauffolgenden Tag in Karlsruhe zu einer ernsten Konfrontation zwischen Freischaren und Regierungstruppen. B. wurde vorübergehend verhaftet und mußte nach seiner Freilassung sofort an die Front abrücken, wo er sich mit seinen Volkswehren und Freischaren bei Hirschhorn, Durlach und Kuppenheim den anrückenden Preußen in den Weg stellte und so den Rückzug der badischen Revolutionsarmee ermöglichte. Für die militärische und strategische Leistung, die er dabei vollbrachte, wurde er später auch von preußischen Generälen und Militärhistorikern gelobt. Engels bezeichnete das Gefecht bei Durlach sogar als die „glänzendste Episode im ganzen badisch-pfälzischen Feldzug".

Nach dem Zusammenbruch der badischen Revolutionsregierung zog sich B. erneut in die Schweiz zurück, wo er sich mehr und mehr sozialistischen Ideen annäherte. 1860 trat er zum erstenmal mit Karl Marx in Kontakt, dem er Material für seine Streitschrift gegen Karl Vogt überließ. Im gleichen Jahr ging er nach Genua, um mit einer deutschen Freischar Garibaldis Freiheitskampf zu unterstützen.

Im Sommer 1862 gründete B. einen Eidgenössischen (Volks-)Verein, der für eine selbständige Organisation der deutschen Arbeiter in der Schweiz warb und „die geistige und materielle Emanzipation der Arbeiterklasse" forderte. Er unterstützte Ferdinand Lasalles Bestrebungen und agitierte in der Schweiz für den „Allgemeinen Deutschen Arbeiter-Verein" (ADAV), stand den pro-preußischen und bonapartistischen Tendenzen in der ADAV-Führung aber äußerst kritisch gegenüber. Im Januar 1865 war er Mitbegründer des Genfer Zentralkomitees der I. Internationale, Präsident der Sektionsgruppe deutscher Sprache und seit Januar 1866 Herausgeber des „Vorboten", des Organs der deutschsprachigen Sektion. 1868 freundete sich B. mit Michael Bakunin an, distanzierte sich aber bald von dessen anarchistischen Ideen. 1869 nahm er am Gründungskongreß der Sozialdemokratischen Arbeiterpartei Deutschlands in Eisenach teil. B. starb am 7. Dezember 1886 in Genf, wenige Wochen nach einem letzten Besuch bei Friedrich Engels in London.

W: *Ein Wort über die Fragen der Zeit. Konstanz 1841; Die Evolution. Ein politisches Wochenblatt. Biel 1848 – 1849; – /Essellen, Chr.: Geschichte der süddeutschen Mairevolution 1849. Genf 1849; Ein ernstes Wort über die Fragen und Aufgaben der Zeit. Genf 1862; Polen, die Diplomatie und die Revolution. Genf 1863; Der Vorbote. Zentralorgan der Sektionsgruppe deutscher Sprache der Internationalen Arbeiterassoziation. Genf 1866 – 1871; Die Internationale Arbeiterassoziation und die Arbeitseinstellung in Genf. Genf 1868; Neue Stunden der Andacht. Zürich 1875. –* ***Q:*** *Internationaal Institut voor Sociale Geschiedenis Amsterdam: Nachlaß J.P.B. –* ***L:*** *Dlubek, Rolf: J.P.B. Vom radikalen Demokraten zum Mitstreiter von Marx und Engels in der 1. Internationale. Diss. Berlin 1963; ders.: Aus der Biographie von J.P.B. In: Jahrbuch für Geschichte 36 (1988), S. 27 – 67; Eichhorn, Emil: Vergessene Briefe. Briefe von F. Engels an J.P.B. Berlin 1920; Engelberg, Ernst: J.P.B. in der 1. Internationale. Einführung zur orginalgetreuen Reproduktion des Vorboten (...). Berlin 1964; Engels, Friedrich: Dem Gedächtnis J. P. B.s. In: Der Sozialdemokrat vom 17. Dezember 1886; Hoffmann, Ludwig (Hrsg.): Vollständige Verhandlungen vor dem Königlich-Bayer. Appellationsgerichte des Rheinkreises (...) zu Landau vom 29. Juli 1833 (...) gegen Dr. Wirth, Dr. Siebenpfeiffer, Hochdörfer, Scharpf, B., Dr. Grosse, Dr. Pistor, Rost und Baumann. Zweibrücken 1833; Morgan, Roger: The German Social Democrates and the First International. Cambridge 1965, S. 63ff.; Na'aman, Shlomo: J.P.B., Wilhelm Liebknecht und Karl Marx. Eine quellenkritische Untersuchung. In: AfS 15 (1975), S. 145ff.; Rjasanoff, N.: Zur Biographie von J.P.B. In: Archiv für die Geschichte des Sozialismus und der Arbeiterbewegung 4 (1914), S. 313 – 329; Ruegg, Reinhold: Aus Briefen an J.P.B. In: Die Neue Zeit 6 (1888), S. 449ff.; ders.: Biographie des alten Veterans der Freiheit J.P.B. Zürich 1889; Schmiedel, Karl: J.P.B., General der Revolution. Berlin 1986; Schneider, Erich: J.P.B. In: Baumann, Kurt (Hrsg.): Das Hambacher Fest. Männer und Ideen. Speyer 1957 (ND 1982), S. 205ff.; Trübner, Georg: J.P.B. Ein Leben für die Freiheit. Habil. Jena 1957; o. V.: Briefe und Auszüge aus Briefen von J.P.B., Joseph Dietzgen, Friedrich Engels, Karl Marx u.a. an F.A. Sorge u.a.. Stuttgart 1906. –* ***B:*** *StadtA Frankenthal.*

Gerhard Nestler

Berkmann, Adolph Ernst Theodor, Pfarrer
* 20. 5. 1802 Waldmohr, ev.
† nach 1866 USA

V Christian Karl Theodor B., Pfarrer (1772 – vor 1833). M Juliane, geb. Ruppenthal.
∞ 1833 (Einselthum bei Kirchheimbolanden) Klara Sophia, geb. Born (* 1811), kath., aus Zell. V Carl B., Kaufmann (* 1783). M Magdalena, geb. Pabst. K 4 Söhne, 4 Töchter, davon starben 4 Kinder früh.

	Gymnasium Zweibrücken
1820 – 1825	Studium in Erlangen und Jena
1825	theologische Aufnahmeprüfung
1826 – 1827	Vikar in Mittelbrunn
1829 – 1831	Vikar in Feilbingert
1831	Disziplinarverfahren
1831 – 1849	Pfarrer in Einselthum, Dekanat Kirchheimbolanden
13. 6. 1849	Abgeordneter des Stuttgarter Rumpfparlaments
Nov. 1849	suspendiert, verhaftet und angeklagt
Herbst 1850	heimliche Auswanderung nach den USA
15. 2. 1852	Entlassung aus dem geistlichen Amt

Bereits während des Studiums und während der Vikarszeit war B. durch handgreifliche Eskapaden aufgefallen, 1823 von der Universität Erlangen relegiert und 1827 sowie 1833 vom Vikariat suspendiert worden. 1832 nahm er am Hambacher Fest teil, war Mitglied einer politischen Vereinigung in Kirchheimbolanden, hielt öffentliche Reden zur „Volksaufklärung" und kritisierte in seinen Predigten die Unterdrükkung der Freiheit: „Schlechte Fürsten, schlechte Pfaffen sind's, die alles Unrecht schaffen" (ZASP: Abt. 2 Nr. 815a). Am 29. Juni 1833 wurde B. wegen angeblicher Aufforderung zum Ungehorsam suspendiert, am 16. Januar 1834 jedoch vom Appellationsgericht Zweibrücken aus Mangel an Beweisen freigesprochen, so daß auch die Suspension wieder aufgehoben wurde. 1847 kam es während des Visitationsgottesdienstes in Einselthum zu einer Auseinandersetzung mit politischer Dimension. Vom Konsistorium wurde B. zu Recht den Anhängern des Ingenheimer Pfarrers Friedrich Theodor Frantz (s. dort) zugeordnet. Er sprach auf Volksversammlungen, so u.a. in Gauersheim (Juli 1848) und Mannheim (Sept. 1848, dort gemeinsam mit Robert Blum vor 5.000 Menschen). In mitreißenden Reden machte B. keinen Hehl aus seiner republikanischen Gesinnung, wandte sich aber gegen die kommunistische Idee einer eigentumslosen Gesellschaft. 1849 gehörte B. in der bayerischen Abgeordnetenkammer in München der Opposition an.

Im Zuge des Pfälzer Aufstandes setzte B. sich in Volksversammlungen und in seinen Predigten für die Provisorische Regierung und für die Organisation des militärischen Widerstandes gegen den drohenden preußischen Einmarsch ein. 1849 trat er als Redner in Kirchheimbolanden (6. und 29. Mai), Harxheim und Winnweiler auf und betätigte sich als Wahlkommissär in Albisheim. Auf Bitten des Notars Martin Reichard, Mitglied der Provisorischen Regierung Kaiserslautern, wurde B. am 13. Juni 1849 dessen Nachfolger im Stuttgarter Rumpfparlament. Am 1. November 1849 wurde B. für drei Jahre suspendiert, am 3. November in Einselthum verhaftet, jedoch am 31. Dezember 1849 aus Mangel an Beweisen wieder freigelassen. Nach vergeblichem Bemühen um Wiedereinsetzung in sein Pfarramt bereitete B. durch gezielten Verkauf seiner Immobilien die Auswanderung nach Amerika vor. Am 12. September 1850 sandte er aus Neuwied einen Abschiedsgruß an seine Gesinnungsgenossen, der am 21. September in der „Neuen deutschen Zeitung. Organ der Democratie" in Frankfurt abgedruckt wurde (Wortlaut bei Scherer (1965), S. 172). Der Brief gab Anlaß für ein Strafverfahren gegen B., der am 18. Oktober 1851 durch das Assisengericht Zweibrücken in Abwesenheit zu einer dreimonatigen Haftstrafe und zu einer Geldbuße von 100 Gulden verurteilt und am 15. Februar 1852 endgültig aus dem Kirchendienst entlassen wurde. In der Nähe von New York erwarb B. ein größeres Landgut, auf dem er Ackerbau betrieb. Später war er erneut als Prediger tätig. 1866 kehrte er noch einmal für kurze Zeit in die Pfalz zurück.

Q: *ZASP: Abt. 2 Nr. 815 (Personalakte); Abt. 6 (Pfarrbeschreibung Einselthum); Abt. 26 Nr. 34; Abt. 44 Zell Nr. 1; LandesA Speyer: J 1/ 42 neu (Prozeßakte).* – ***L:*** *Biundo, Georg: Pfälzisches Pfarrer- und Schulmeisterbuch. Palatina Sacra. Bd. 1. Kaiserslautern 1930, S. 284; ders.: Die evangelischen Geistlichen der Pfalz seit der Reformation. Neustadt a.d. Aisch 1968, Nr. 321; Kimmel, Helmut: Der Anteil der pfälzischen Geistlichen an den Ereignissen der Jahre 1832 und 1849. In: Blätter für pfälzische Kirchengeschichte und religiöse Volkskunde 20 (1953), S. 2, 5; Niebour, Hermann: Die Vertreter der Rheinpfalz in der Frankfurter Nationalversammlung. In: Pfälzische Geschichtsblätter 6 (1910), S. 97; Scherer, Karl: Zur pfälzischen Kirchengeschichte des 19. Jahrhunderts. In: Blätter für pfälzische Kirchengeschichte und religiöse Volkskunde 32 (1965), S. 147, 172; Süss, Edgar: Die Pfälzer im „Schwarzen Buch". Ein personengeschichtlicher Beitrag zur Geschichte des Hambacher Festes, des frühen pfälzischen und deutschen Liberalismus. (Diss. Mainz 1954) Heidelberg 1956 (Heidelberger Veröffentlichungen zur Landesgeschichte und Landeskunde, 3), S. 38f.; Zink, Albert: Der Anteil der pfälzischen Geistlichen an den Ereignissen der Jahre 1832 und 1849. In: Blätter für pfälzische Kirchengeschichte und religiöse Volkskunde 19 (1952), S. 14ff.*

Andreas Kuhn, Gabriele Stüber

Betz, Jakob, Bierbrauermeister
* um 1793 Mannheim, ev.
† 14. 10. 1849 Mannheim

⚭ Katharina Jakobina, geb. Wegerle (s. dort). K 3 Söhne, 3 Töchter, darunter Philipp und Theodor (s. jeweils dort).

1842 – 1849	Mitglied im Großen Bürgerausschuß der Stadt Mannheim

Das Schicksal der Mannheimer Wirtsfamilie B. in den Revolutionsjahren birgt ein besonders aufschlußreiches Stück Lokalgeschichte. In den Gastwirtschaften des Vormärz fand ein nicht geringer Teil des politischen Lebens statt, sie bildeten Nischen, deren Öffentlichkeit von den Agenten und Polizisten nur unzureichend zu kontrollieren waren. Zwar war das Lokal von B. auch den profanen Alltagsgeschäften der Zeit gewidmet, hielten Agenten der „Auswanderungs-Bureaux" Hof oder konnten „Bestellungen für die Neustädter Botin" gemacht werden, aber neben diesen Alltäglichkeiten trafen sich hier republikanische Kreise schon vor dem Februar 1848.
Zwei Söhne von Jakob und Katharina B. waren im Zuge der Unruhen, die am 26. April die Stadt Mannheim erschütterten, ins Visier der Polizeibehörden geraten und befanden sich in der Revolutionszeit entweder im Exil oder im Gefängnis. Es war also naheliegend, daß die Unterstützungsaktionen für die Inhaftierten und Flüchtlinge der Märzbewegung in der Gastwirtschaft B.s ein logistisches Zentrum fanden. So blieb das Gasthaus „Zum schwarzen Lamm" auch weiterhin ein zentraler Treffpunkt radikaler Kreise, wozu die Tätigkeit von Katharina B. im Frauenverein nicht unwesentlich beitrug. Nachdem sich in Baden die revolutionäre Situation zuspitzte, lagen auch hier die Einzeichnungslisten für das Freikorps der Volkswehr auf, das die militärische Stärke der regulären Armee-Einheiten ergänzen sollte. Die Unterstützer dieser militärischen Organisation wurden nach der Niederlage des Aufstands alle mit einem Gerichtsverfahren überzogen. B. wurde trotz seiner 56 Jahre als einer der ersten verhaftet. Seit dem 28. Juni saß er in Mannheim unter dem Vorwurf im Gefängnis, ein „Werbebureau für ein Freikorps" unterhalten zu haben. Die Gastwirtschaft „Zum schwarzen Lamm" wurde vorerst polizeilich geschlossen. Am 3. Oktober 1849, nachdem er kurz zuvor aus der Haft entlassen worden war, gab B. öffentlich die Wiedereröffnung seiner Gastwirtschaft bekannt und warb unter Verweis auf die in friedlicheren Tagen üblichen Dienstleistungen um Kundschaft. Aber schon am 14. Oktober wurde er ein Opfer der in Mannheim grassierenden Choleraepidemie, seine Frau Katharina überlebte ihren Mann nur um wenige Tage.
Der dramatische Tod der beiden Eheleute, die im Alter von 56 und 42 Jahren kurz hintereinander starben, weckte bei den Zeitgenossen den Verdacht, es träfe „lauter von denen, welche der Umsturzpartei angehörten" (Lorentz (1982), S. 251).
Ganz von der Hand zu weisen sind solche Verbindungen nicht, wenn auch die Auslegung als eine Art 'Gottesurteil' am realistischeren Hintergrund vorbeigeht. Der plötzliche Tod dürfte eng mit dem gesellschaftlichen und wirtschaftlichen Druck auf die eigene Existenz sowie der Trauer und dem Gram über das Schicksal der beiden Söhne verbunden gewesen sein.

Q: *StadtA Mannheim: Polizeipräsidium, Zug. –/1962, Familienbogen; GLAK: 234/1990; Mannheimer Journal; Mannheimer Abendzeitung.*

Hans-Joachim Hirsch

Betz, Katharina Jakobina, geb. Wegerle
* um 1805 Mannheim, ev.
† 20. 10. 1849 Mannheim

⚭ 1822 Jakob Betz (s. dort). K 3 Söhne, 3 Töchter, darunter Philipp und Theodor (s. jeweils dort).

20. 8. 1848	Vorsitzende des Mannheimer „Frauen- und Jungfrauen-Vereins zur Unterstützung nothleidender Patrioten"
Juli 1849	Flucht nach Straßburg

Mit der Flucht und Inhaftierung ihrer beiden Söhne nach den Mannheimer Aprilunruhen begann für B. eine Zeit politischer Aktivitäten, deren Auswirkungen auf die örtliche Revolutionsgeschichte nicht zu unterschätzen sind. Das Wirtsehepaar B. hatte schon in den Jahren vor der Revolution aus seiner Gastwirtschaft eine zentrale Anlaufstelle für die radikale Bewegung gemacht. Die stürmischen Tage im März und April und deren Folgen für ihre Familie brachten B. und andere Frauen auf den Gedanken, der revolutionären Bewegung das Vorbild bürgerlicher karitativer Frauenverbindungen dienstbar zu machen. Schon am 30. März des Jahres hatte eine Gruppe von 22 Frauen aus den besten Mannheimer Familien einen Aufruf zur Sammlung von Spenden veröffentlicht, die die Stiftung einer Fahne für die Bürgerwehr zum Zweck haben sollten. In ähnlicher Form fand auch die Gründung des „Frauen- und Jungfrauen-Verein(s) zur Unterstützung nothleidender Patrioten" statt, der sich die Aufgabe gestellt hatte, „die Noth politisch Verfolgter durch Schrift und That zu mildern" (Mannheimer Abendzeitung vom 6. August 1848) und seit Juni 1848 tagte. Er entstand also etwa zeitgleich mit dem „Demokratischen Verein", und sein Versammlungslokal wurde alternierend mit dem „Badner Hof" die Gastwirtschaft „Zum schwarzen Lamm" der Eheleute B. Im Verein muß B. wohl eine tragende Rolle zugekommen sein, so daß sie (vermutlich auf einer Versammlung am 20. August im „Badner Hof") zur Vorsitzenden gewählt wurde.

Nicht zu unterschätzen waren die vielfältigen Hilfsaktionen, durch die die in den Gefängnissen und im nahen Ausland befindlichen Gesinnungsgenossen weiterhin in die Bewegung integriert blieben. Am 23. Juli verabschiedete der Verein eine erste Petition an die Frankfurter Nationalversammlung, die für eine Amnestie der politischen Flüchtlinge und Verhafteten 772 Unterschriften aufbot. Sie bezweckte, „mit den Müttern und Gattinnen den Verbannten den Weg in die Heimath zu bahnen, an den Gitterstäben der Kerker zu rütteln". Dabei schränkten die Verfasserinnen die Rolle der Frau auf ein eng beschränktes Feld ideeller Anteilnahme ein, wenn sie feststellten: „Wenn die Stellung des Weibes in der Gesellschaft ihm bis jetzt keinen Antheil an den politischen Kämpfen zutheilte, so sind doch gewiß alle deutschen Frauen und Jungfrauen der jüngsten mächtigen Erhebung Deutschlands, dem Kampfe für die ewigen unveräußerlichen Menschenrechte mit ihrem Herzen gefolgt" (Mannheimer Abendzeitung vom 26. Juli 1848).

Als mit den ersten oppositionellen Regungen im Rahmen der „Reichsverfassungskampagne" eine letzte revolutionäre Welle über Süddeutschland hinwegging, hatten sich schon an mehreren Orten Frauenvereine gegründet, die mit den Mannheimerinnen korrespondierten. In Mannheim war im November 1848 ein zweiter Verein entstanden, der eine ähnliche Aufgabenstellung verfolgte, wie der „erstbestehende", der fortan zur Unterscheidung den Beinamen „Germania" führte. Seit Jahresbeginn wetteiferten also zwei konkurrierende Vereine miteinander, die beide stark von der Persönlichkeit ihrer Vorsitzenden geprägt waren. Die Dankschreiben der Empfänger waren häufig an sie adressiert, wie die angesichts einer großangelegten Verpflegungssammlung der „Germania" zugunsten der „Pfälzer Aufständischen" veröffentlichte Erklärung Oberst Ludwig Blenkers (s. dort) in Ludwigshafen an die „Bürgerin Betz" belegt.

In Erwartung einer endgültigen militärischen Entscheidung über die Chancen der Revolution überreichte die „Germania" den designierten Kämpfern schon am 11. Mai feierlich eine Fahne mit der Inschrift: „Robert Blum – für Freiheit und Gerechtigkeit" (Mannheimer Abendzeitung vom 15. Mai 1849). Wie sie sich schon im vorangegangenen Frühjahr für die Sensenmänner als Adressaten entschieden hatten, war es diesmal der Arbeiterbildungsverein, der sich schon öffentlich zur Verteidigung der Reichsverfassung bekannt hatte. Einen Monat später, am 12. Juni, übergab die „Germania" noch dem ersten Aufgebot der Mannheimer Volkswehr eine „einfache schwarz-roth-goldene Fahne", eine der letzten öffentlichkeitswirksamen Aktionen, die im „Vereinslokal im Gasthaus zum schwarzen Lamm" unter dem Vorsitz von Wirtin B. durchgeführt wurden.

Nach der Niederlage der Aufständischen wurde die Wirtschaft behördlich geschlossen und Jakob B. inhaftiert. Katharina B. brachte sich vorübergehend in Straßburg in Sicherheit.

Wann sie nach Mannheim zurückkehrte, ist unbekannt. Die am 16. August, dem Tag der Hinrichtung des Schullehrers Hoefer (s. dort), in der Stadt weilende Kathinka Zitz teilte mit, daß sie noch immer im Exil weile. Erst für den Oktober ist ihre Anwesenheit gesichert, denn am 20., eine knappe Woche nach dem Tod ihres Mannes, starb auch Katharina B. an der in Mannheim grassierenden Choleraepidemie.

Q: *StadtA Mannheim: Polizeipräsidium, Zug. -/1962, Familienbogen; GLAK: 234/1990; Mannheimer Journal; Mannheimer Abendzeitung. –* ***L:*** *Hummel-Haasis, Gerlinde (Hrsg.): Schwestern, zerreißt eure Ketten. Zeugnisse zur Geschichte der Frauen in der Revolution von 1848/49. München 1982.*

Hans-Joachim Hirsch

Betz, Philipp Friedrich Wilhelm, „Comis" (Handelsangestellter)
* 15. 12. 1827 Mannheim, ev.
† unbekannt

V Jakob B., M Katharina (s. jeweils dort). G 2 Brüder, 3 Schwestern, darunter Theobald (s. dort).

Mai 1848	Flucht nach Straßburg
Sept. 1848	Verhaftung nach Teilnahme am Struveputsch
27. 10. 1849	Verurteilung zu acht Jahren Haft
1. 9. 1851	Begnadigung
Herbst 1852	Auswanderung nach Nordamerika

Als Folge der Unruhen, die am 26. April Mannheim erschütterten, wurde schon gleich am darauffolgenden Tag eine Fahndung nach den Hauptbeteiligten eingeleitet. Die Schießereien an der Rheinbrücke zwischen Bürgerwehrleuten und den bayerischen und nassauischen Besatzungssoldaten hatten auf Seiten des Militärs auch Todesopfer gefordert. Als verdächtige Urheber der tödlichen Schüsse auf die bayerischen Soldaten wurden zwei Personen genannt. Es waren dies die beiden „Gastwirthe Spieß und Betz", denen man nachsagte, sie hätten sich öffentlich gerühmt, daß sie von der Rheinlust aus auf die Truppen gefeuert und dabei auch getroffen hätten. Ins Visier der staatlichen Fahndungsmaßnahmen war Theobald B. (s. dort) geraten, der Sohn des Gastwirts „Zum schwarzen Lamm". Aber auch Theobalds jüngerer Bruder, damals 21 Jahre alt und von Beruf „Comis" (Handelsangestellter), der von kleiner Statur war und die Haare auffallend lang trug, geriet auf die Fahndungsliste der sieben Rädelsführer, nach denen seit Anfang Mai gesucht wurde. Er setzte sich nach Straßburg ab, von wo aus er gemeinsam mit anderen Flüchtlingen aus Mannheim eine Turnfahrt ins Innere des Landes und durch die Schweiz unternahm. Seine Begleiter waren Turnerfreunde aus Mannheim, Ignaz Müller und Peter Dann, sowie der Dichter Carl Heinrich Schnauffer (s. dort), allesamt von der Justiz gesucht wegen ihrer Beteiligung an den Mannheimer Ausschreitungen. Die Reise bildete für die vier jungen Leute eine willkommene Ablenkung von ihren augenblicklichen politischen Schwierigkeiten.
Zurück in Straßburg, war B. am Aufbau von Carl Blinds (s. dort) in der Wirtschaft „Zum rothen Männel" tagenden Unterstützungskomitee der flüchtigen Republikaner maßgeblich beteiligt. Vergeblich ersuchte das Mannheimer Oberhofgericht die französische Regierung um seine Auslieferung, deren Ablehnung am 22. September 1848 mit dem Hinweis begründet wurde, daß ein politisch motiviertes Verfahren gegen den Gesuchten nicht deutlich genug ausgeschlossen würde.
Während Theobald B. mittlerweile mit einem spektakulären Ausbruch aus seiner Bruchsaler Zelle dem Gefängnis den Rücken gekehrt hatte, konnte sich der jüngere Bruder Philipp im Exil nur wenige Tage seiner Freiheit erfreuen. Er beendete das kurze Vergnügen just in den Tagen der Ablehnung seiner Auslieferung durch den französischen Staat, indem er sich selbst in die Hände der badischen Polizei brachte. Denn als Gustav Struve (s. dort) in den letzten Septembertagen des Jahres 1848 seinen Putschversuch im Süden Badens unternahm, gehörte B. zusammen mit anderen auf der Fahndungsliste vom Mai stehenden Aktivisten zu den Gefangenen, die in Bruchsal eingeliefert wurden.
Die gerichtliche Verhandlung seines Falles zog sich in die Länge. Erst Ende Dezember 1848 wurden die betreffenden Gefangenen überhaupt dem Untersuchungsrichter vorgeführt, so daß ihre lange Gefangenschaft zunehmend zum öffentlichen Ärgernis geriet und den radikalen

Kräften im Lande ein willkommenes Motiv zur Agitation gegen Polizei und Justiz lieferte. Im Frühjahr 1849 war in weiten Teilen der Bevölkerung die Einsicht gewachsen, daß die Justiz willkürlich mit den Inhaftierten verfahre und die juristische Lösung in die Länge ziehe, um sie so einer möglichen Amnestierung zu entziehen. Die Befreiung kam für B. wohl erst mit dem Aufstand des badischen Militärs, der die Gefängnistore für die politischen Gefangenen des Großherzogtums öffnete.

In einem Strafprozeß gegen die Anführer des Aprilaufstands kam es anderthalb Jahre nach den Ereignissen zu einer Reihe drakonischer Verurteilungen. Am 27. Oktober 1849 wurde B. „der Theilnahme am Aufruhr und eines Tödtungsversuchs verübt an nassauischen und bayerischen Soldaten schuldig erklärt" (GLAK: 234/1990, 63). Im Gegensatz zu seinem Bruder war diese Verurteilung für ihn mit der Konsequenz der „Hafterstehung" verbunden, denn Philipp B. war im Verlauf der Niederschlagung des badischen Aufstands erneut in Gefangenschaft geraten. Für ihn sah das Gericht eine Gefängnisstrafe von acht Jahren vor, zu deren Verbüßung er nach dem Urteilsspruch auch direkt verbracht wurde. Die Haftsituation führte den jungen Delinquenten wie viele seiner Leidensgenossen zur Abkehr von den einst mit äußerster Konsequenz vertretenen Ideen. Nachdem schon im Januar 1851 ein Gnadengesuch mehrerer Verwandter von B. mit Hinweis auf das „gebrochene Herz der Braut des Eingekerkerten" die Großherzogin zur Fürsprache zu bewegen suchte, übte auch B. selbst sich in Reue und schrieb mehrere Bittbriefe an den Monarchen und an das Ministerium. Vor allem der erste in der langen Reihe der Briefe, der an den Großherzog persönlich gerichtet ist, gibt einen Einblick in die Gedankenwelt des jugendlichen Delinquenten. Im Angesicht der erlebten Niederlagen und absoluten Macht des staatlichen Strafsystems über die eigene Person entstand die Einsicht in die Fehlbarkeit der Sozialstrukturen der vormärzlichen Opposition. Das große Ansehen, das die eigenen Eltern durch ihre freiheitliche Gesinnung genossen hatten, daß ihre Wirtschaft fast ausschließlich von Liberalen besucht worden war, wird nun zum Schlüssel des Einflusses auf die jugendlichen Brüder B. Das Trommelfeuer der Ideologie und „die immerwährende Versicherung, daß nur durch die Erringung der Volksfreiheit das wahre Glück der Menschheit gesichert werden könne, und je beharrlicher Jemand auf diesen Prinzipien bestehe, je mehr man sich im Kampfe gegen die Tyrannei auszeichne, um desto verdienstlicher es sei", wurden die naheliegenden Erklärungen für die eigenen Vergehen. Die in der Haft entstandenen Selbstzweifel hatten in B. das Maß an Reue geweckt, das ihm am Ende die Gnade des Monarchen sicherte. Nach einem ersten ablehnenden Bescheid des Justizministeriums trotz positiver Wertung der Resozialisierungsaussichten durch den Anstaltsgeistlichen ordnete „Seine Königliche Hoheit der Großherzog" am 1. September 1851 die Entlassung des Gefangenen „nach über zweijähriger Haft [...] auf Wohlverhalten" an. B. aber hielt es nicht mehr lange in Deutschland, er wanderte im Herbst 1852 nach Nordamerika aus.

W: Eine Turnfahrt durch Frankreich und die Schweiz. Erinnerungen an Karl Heinrich Schnauffer und die Flüchtlingszeit. In: Metzner, Heinrich (Hrsg.): Jahrbücher der Deutsch-Amerikanischen Turnerei. Bd. 1. New York 1891, H. 5 und 6. – Q: StadtA Mannheim: Polizeipräsidium, Zug. –/1962, Familienbogen; GLAK: 234/1990; Mannheimer Journal; Mannheimer Abendzeitung.

Hans-Joachim Hirsch

Betz, Theobald, Küfer
* 22. 3. 1824 Mannheim, ev.
† unbekannt

V Jakob B., M Katharina (s. jeweils dort).
G 2 Brüder, 3 Schwestern, darunter Philipp (s. dort).
∞um 1850.

Mai – Juli 1848	Inhaftierung in Bruchsal
26. 7. 1848	Flucht
27. 10. 1849	Verurteilung in Abwesenheit zu 20 Jahren Haft
März 1850	vermutliche Auswanderung nach Nordamerika

Im Zuge der polizeilichen Untersuchung der Schießereien an der Rheinbrücke in Mannheim vom 26. April 1848 ergaben sich sehr schnell Erkenntnisse, die auf die Spur der möglichen Täter führten. Die wegen einer Protestnote der Königlich Bayerischen Gesandtschaft in Karlsruhe beschleunigte Bearbeitung der Ereignisse durch das Mannheimer Stadtamt ergab, „die Soldaten auf der Rheinbrücke seyen von Scharfschützen meuchlings erschossen worden, welche sich im Garten der Wirthschaft zur Rheinlust hinter steinernen Pfosten aufgestellt und von da mit Büchsen auf die einzelnen Soldaten, die sie den Zuschauern im Voraus bezeichnet, gefeuert hätten. Als diese Scharfschützen wurden der Bierbrauer Spieß und Theobald Betz von hier bezeichnet" (GLAK: 234/1990).
Noch am 30. April kam es zu ersten Verhaftungen. Die Verhaftungswelle dauerte bis zum 3. Mai, und in ihrem Verlauf wurde auch B., der ältere der beiden Söhne des Wirtsehepaars „Zum schwarzen Lamm" auf die Entscheidung des zur Untersuchung der Vorfälle eingesetzten Ministerialbeamten Maier hin verhaftet. Zusammen mit den anderen Festgenommenen wurde er in den gerade fertiggestellten Gefängnisneubau nach Bruchsal verbracht, in dem hunderte von Gefangenen aus den Frühjahrsaufständen von da an auf ihren Gerichtstermin warteten. In der Nacht vom 25. auf den 26. Juli gelang B. die Flucht unter spektakulären Umständen. Ein aus seiner Stellung entlassener Wachmann hatte unter dem Vorwand, seine persönliche Habe holen zu wollen, dem Gefangenen die Zellentür geöffnet. Beide hatten dann unbemerkt mit einer herumliegenden Bauleiter die Ringmauer erstiegen, von der sie mit einer von einem Komplizen bereitgehaltenen zweiten Leiter auch wieder herunterkamen. Dieser Komplize, es soll sich um einen Bruchsaler Bierbrauer namens Hetterich gehandelt haben, brachte B. an die französische Grenze, die er morgens um halb fünf Uhr bei der Knielinger Rheinbrücke überschreiten konnte. Die Flucht zog eine umständliche Untersuchung nach sich, deren rechtliche Folgen für die Beteiligten allerdings wenig schmerzhaft wurden. Der Aufseher Gundling konnte nicht gefaßt werden und Bierbrauer Hetterich blieb straffrei, weil ihm nichts nachgewiesen werden konnte.

Über eine Beteiligung von B. an der revolutionären Bewegung der folgenden Monate finden sich keine konkreten Hinweise. Zwar wurde in Heidelberg im Verlauf des badischen Aufstands ein „Rebell" namens Theobald Betz verhaftet, aber an dessen Identität mit dem Mannheimer Wirtssohn ist eher zu zweifeln.
Nur wenige Tage nach dem Tod des Wirtsehepaars B. in Mannheim endete das juristischen Verfahren gegen ihre Söhne mit harten Richtersprüchen. Das Großherzoglich Badische Hofgericht des Unterrheinkreises verkündete das vom Stadtamt Mannheim, also der Polizeibehörde geforderte Strafmaß als rechtsverbindliches Urteil – ein mehr als fragwürdiges Verfahren. Danach wurde B. am 27. Oktober 1849 in Abwesenheit für die Tötung des bayerischen Soldaten Peter Koberstein zu einer Zuchthausstrafe von zwanzig Jahren und Ersatz des entstandenen materiellen Schadens verurteilt.
Im März 1850 erhielt der aus Mannheim flüchtige Daniel Krebs (s. dort) eine Nachricht, in welcher ihm mitgeteilt wurde, daß B. in den nächsten 3 Wochen vorhabe, mit seiner Frau nach Amerika auszuwandern, „weil er in Erfahrung gebracht, daß seine Sache von Frankreich nicht zum besten behandelt würde" (StadtA Mannheim: NL Krebs, Nr. 58).
Das Fehlen weiterer Informationen läßt vermuten, daß die erneute Flucht gelang und B. seither in den Vereinigten Staaten lebte.

Q: StadtA Mannheim: Polizeipräsidium, Zug. –/1962, Familienbogen; GLAK: 234/1990; Mannheimer Journal; Mannheimer Abendzeitung.

Hans-Joachim Hirsch

Blenker, Elisabeth („Elise") Agnes, geb. Aue
* 31. 5. 1824 Köthen (Anhalt), ev.
† 1908 USA

V Johann Christian A., Konsistorialrat. M Caroline Henriette, geb. Behr.
∞ 1843 (Worms) Johann Ludwig Arthur B. (s. dort). K 9, in Worms 4 totgeboren, 1 Sohn früh gestorben, in den USA 1 Sohn und 3 Töchter.

„Madame Blenker" bei der Plünderung des Schlosses Eberstein (Portrait- und Costum-Galerie aus der badisch-pfälzischen Revolution von 1849. 1. Lieferung. Karlsruhe 1849, Bl. 6, Vorlage: GLAK)

Juli 1849	Internierung in Basel (Schweiz)
19. 9. 1849	Ausweisung aus der Schweiz
22. 10. 1849	Auswanderung in die USA
6. 6. 1850	Verurteilung in Abwesenheit durch das Hofgericht Bruchsal zu 15 Jahren Zuchthaus

Am 20. Mai 1849 unternahm Oberst Ludwig B. „mit seiner Frau, welche in Mannskleidern ihn überall zu Pferd begleitete" (Daul (1849), S. 10), und einem Trupp Freischärler einen Vorstoß zur Erkundung der Festung Landau. Unter schweren Abwehrgeschützsalven mußten sie sich wieder zurückziehen und begaben sich ins benachbarte Edenkoben, wo B. ihren Hang zum Militärischen demonstrierte: „Blenkers Frau legte bei ihrer Anwesenheit in Edenkoben einen Beweis ihrer Fertigkeit mit der Schußwaffe umzugehen ab, indem sie vor einem großen Pfeilerspiegel kokettierend, unbedachtsam ihre Büchse abschoß und zwar keinen der im Zimmer Anwesenden, wohl aber besagten Spiegel in Trümmer schoß" (Baumann (1959), S. 159f.). B. war „angetan mit Beinkleidern und einem braunen, blousenartigen Oberkleide, die Stirn von einem breitkrämpigen Hütchen beschattet, die leichte Büchse auf dem Rücken, Pulverhorn und Täschchen an der Seite. Ob es wahr ist, daß sie sehr frei und männlich mit ihren Kampfgenossen zechen konnte", blieb allerdings ungeklärt (Baumann (1959), S. 159). Am 10. Juni nahm B. an der nochmaligen Besetzung von Worms teil: „Der Oberst [Blenker, M.B.] war nicht anwesend. Die Frau Oberst war aber da, und der Generalstab machte ihr den Hof. Eine hübsche, interessante Blondine, ein wenig kammerjungfernartig, aber mit Charakter in den Zügen. Sie war an diesem Abend in Frauenkleidern, während sie sonst nach Männerart, an der Seite ihres Mannes vor der Legion reitend, Hosen und Stiefel und eine braune Bluse mit Ledergürtel trug" (Corvin (1880), S. 27). Im Fortgang der revolutionären Ereignisse blieb sie dann stets an der Seite ihres Ehemanns. Gemeinsam mit den von ihrem Gatten geführten pfälzischen Freischaren, die bei Knielingen die rettende Rheinbrücke überschritten hatten, traf sie am 17. Juni in Karlsruhe ein, „gekleidet in hohem schwarzem Samtrocke, darunter eine lang-blaue Blouse, eine Flinte hatte sie umgehängt. Umgeben von Scharfschützen marschierte sie zwischen 2 Colonnen" (GLAK: N Mone/26). Die Zeitzeugin Kathinka Zitz beschrieb sie dort als „vortreffliche Reiterin [...] mit schwärmerischen blauen Augen und einem schmalen, blassen Gesichtchen. Es ist kaum glaublich, daß diese zarte Gestalt die großen Strapazen zu ertragen vermag, welche sie bereits durchgemacht hat", und es sei „bei dieser Frau die hingebende Liebe der Gattin zu achten, die sich jeder Gefahr preisgibt, um das Schicksal des geliebten Gatten zu teilen" (Zitz (1853), S. 34f.). Einer anderen zeitgenössischen Quelle (Deutsche Vierteljahresschrift) zufolge schien sie dabei ihren Part an seiner Seite doch adäquat ausfüllen zu wollen: „Eine interessante Erscheinung, die Frau des Obersten Blenker. War er im Begriff ein Held zu werden, so wollte sie die Heldin sein" (Baumann (1959), S. 159). Vom 27. bis zum 29. Juni war B. – „eine weiße Feder auf dem Hute, Säbel um und Pistolen im Gurte" (Pabst

(1850), S. 328) – an der Plünderung des Schlosses Eberstein, dem Landsitz des Großherzogs von Baden nahe Gernsbach, beteiligt. Dort hat „Frau Blenker die Böden aufreißen lassen um Schätze zu suchen" (GLAK: N Mone/26). Man wurde fündig und „stahl aus dem Schlosse sämmtliches Silberzeug, Wäsche, Bettzeug, Uhren, 14 Pokale von Silber, Bernstein, Elfenbein u.s.w., die theils historisches Interesse hatten, theils als Kunstwerke einen besonderen Werth besaßen. Die Bilder und Kupferstiche wurden hiebei zerstört, Schriften und Briefe aus dem erbrochenen Pult des Großherzogs vernichtet oder mitgenommen. Was Blenker übrig ließ, nahm seine Frau, die mit mehreren eigends hiezu bestimmten Wagen im Schlosse ankam und alles Transportable, alte Waffen, Schlafröcke, Strohhüte, Eau de Cologne, Cigarren, Handschuhe, Geldbeutel, Gläser, Brieftaschen, das Schmuckfläschchen der Großherzogin u.s.w. aufpacken ließ. Ja sogar ein kleines Gebetbuch wurde mitgenommen, offenbar aber nur wegen der silbernen Beschläge" (Staroste (1853), S. 60f.). „Der Raub war größtentheils fort" (Pabst (1850), S. 328), doch „gelang es einer Kompagnie Nassauer und einer Kompagnie großherzoglich hessischer Infanterie, einige Wagen am Abfahren zu hindern" (Staroste (1853), S. 61). Am 6. Juli berichtete ein offensichtlich nicht sehr wohlwollender Zeitgenosse, daß B. im Beckerschen Korps aus Triberg nach Furtwangen herübergekommen sei: „In seinem Korps sahen besonders häßlich die liederlichen Dirnen aus, die in Mannskleidern und die Muskete auf der Schulter mitzogen. Die Madame Blenker hat unstreitig zu diesem Unfug Anlaß gegeben. Sie zog ebenso überall ihrem Manne zu Pferde nach, und ebenso ungeeignet standen diese Dirnen in den Reihen der Freischaren, als die Amazone Blenker sich sogar in die ernste Berathung hoher Offiziere eindrängte. Aber vielleicht hatte Madame Blenker ein Amazonenkorps errichten wollen" (Daul (1849), S. 97). Nach dem Scheitern der Revolution setzten sich die B.s am 9. Juli mit einem Trupp Aufständischer bei Rheinfelden über den Rhein in die Schweiz ab. In der Klingentaler Kaserne in Basel wurden sie noch im Juli interniert. Dort soll B. – bei einer Begegnung mit Kathinka Zitz – „in Freischarentracht, mit dem Heckerhute auf dem Kopf und der Zigarre im Mund, der Länge nach auf dem Sofa" gelegen haben (Zitz (1853), S. 34f.). Das Bezirksamt Gernsbach schrieb am 11. und 28. Juli das Ehepaar B. zur Fahndung aus, mit einer umfangreichen Liste der als aus dem Schloß Eberstein geraubt bezeichneten Objekte. Am 13. August berichtete der badische Gesandte in der Schweiz, daß die B.s inzwischen „in Bern notorisch in ganz günstigen Vermögens-Verhältnissen" lebten und sein Ersuchen um Arretierung und Auslieferung „bis jetzt wenigstens den Erfolg gehabt habe", daß das Ehepaar von den Schweizer Behörden angehalten wurde, „zwei Kisten, angeblich mit Gegenständen, welche in Eberstein geraubt wurden, herauszugeben" (GLAK: 48/3076). Bereits am 15. August wurden die den B.s abgenommenen Sachen seitens der Schweizer Behörden an den badischen Gesandten ausgehändigt. Nachdem sie bereits am 16. Juli in einem Ausweisungsbeschluß des schweizerischen Bundesrats aufgeführt worden waren, wurden Ludwig B. und B. zwei Monate später vom dortigen Justiz- und Polizeidepartement nachdrücklich aufgefordert, das Land bis zum 19. September 1849 zu verlassen. Am 27. September trafen die B.s, über Genf kommend, im französischen Bourges ein und begaben sich dann nach Le Havre, von wo aus sie sich am 22. Oktober nach den USA einschifften. Während Ludwig B. am 6. Juni 1850 vom Hofgericht des Mittelrheinkreises in Bruchsal in Abwesenheit zu einer Zuchthausstrafe von 30 Jahren und Schadensersatz verurteilt wurde, sollte B. für 15 Jahre ins Gefängnis. Sie wurde schuldig erklärt der Mitbeteiligung an dem unter Führung ihres Ehemannes am 28. Juni 1849 auf das Schloß Eberstein verübten bewaffneten Diebstahl (Wert: mehrere tausend Gulden) und an der ebenfalls von ihrem Gatten an der Ehefrau des Lörracher Arztes Kaiser verübten gewaltsamen „Abnöthigung" einer Geldsumme von 2.500 Gulden sowie alleinverantwortlich für den im Ebersteiner Schloß am 29. Juni verübten bewaffneten Diebstahl (Wert: 2.758 Gulden). Ludwig B. wurde darüber hinaus der Teilnahme an den hochverräterischen Umtrieben von 1849, des auf der Kartause bei Freiburg durchgeführten Diebstahls zum Nachteil des Freiherrn Bruno von Türkheim (Wert:

1.003 Gulden) sowie der an dem Arzt Kaiser und Franz Kuch aus Lörrach verübten „Gewalttätigkeit und lebensgefährlichen Bedrohung" schuldig gesprochen. In den USA, in Rocland-County, nahe New York, konnten die B.s dank finanzieller Hilfe durch Elises Vater eine Milchfarm einrichten. Zeitweilig lebte die Familie auch direkt in New York und betrieb in der Stadt ein kleines Geschäft. Nachdem die ersten fünf Kinder noch in der Heimat tot geboren oder früh gestorben waren, stellte sich nun noch viermal Nachwuchs ein. Nach Ludwig B.s Tod 1863 erhielt B. für sich und ihre Kinder insgesamt nur 50 Dollar monatliche Witwenpension. Über die Zeit danach bis zu ihrem Tod – hochbetagt im Jahr 1908 – ist nichts bekannt. B. gehörte unter den wenigen Revolutionsaktivistinnen sicherlich nicht zu den herausragenden. Markant an ihr war vornehmlich ein Hauch von Nonchalance. Mag an der Seite des Gatten in ihr auch ein gewisses Selbstwertgefühl und Geltungsbedürfnis gewachsen sein, so opferte sie doch primär für ihn und seine militärischen Ambitionen ihre gesicherte, wohlsituierte Existenz und ihre Unbescholtenheit. In der Heimat als Verbrecherin geächtet, konnte sie schließlich sich und ihren Kindern nur noch ein kärgliches Dasein in der Fremde bieten.

__Q:__ GLAK: N Lutz/2; N Mone/26; 48/3076; 48/3077; 48/5462; 49/2412; 234/10176; 236/8500; 236/8544; 236/8571; 236/8812; 237/16844; 237/16845; Großherzoglich Badisches Anzeige-Blatt für den Mittelrhein-Kreis, Nr. 55 vom 10. Juli 1850, S. 755f. – __L:__ Baumann, Kurt (Hrsg.): Von Geschichte und Volkstum der Pfalz. Ausgewählte Aufsätze von Hermann Schreibmüller. Speyer 1959, S. 159f.; Corvin, Otto von: Erinnerungen aus meinem Leben. Bd. 3. Leipzig 1880, S. 27; Daul, A.: Tagebuch eines politischen Flüchtlings während des Freiheitskampfes in der Rheinpfalz und Baden. St. Gallen 1849, S. 10, 97; Hummel-Haasis, Gerlinde (Hrsg.): Schwestern, zerreißt eure Ketten. Zeugnisse zur Geschichte der Frauen in der Revolution von 1848/49. München 1982, S. 8, 203, 220, 235ff., 285ff.; Pabst, Christian: Der Feldzug gegen die badisch-pfälzische Insurrection im Jahre 1849. Darmstadt 1850, S. 328; Staroste, Daniel: Tagebuch über die Ereignisse in der Pfalz und Baden im Jahre 1849. Bd. 2. Potsdam 1853, S. 60f.; Vollmer, Franz Xaver: Der Traum von der Freiheit. Vormärz und 48er Revolution in Süddeutschland in zeitgenössischen Bildern. Stuttgart 1983, S. 372, 398; Zitz, Kathinka: Skizzen aus meinem Leben. Mainz 1853, S. 34f. – __B:__ GLAK: J-G-B/7 Bl. 6.

Michael Bock

Blenker, Johann <u>Ludwig</u> Arthur, Offizier, Weinhändler, Farmer
* 31. 7. 1812 Worms, ev.
† 31. 10. 1863 New York (?)

V Johann Wessel Dietrich B., Möbelschreiner aus Mengede (1778 – 1844). M Maria Apollonia, geb. Gilardone (1780 – 1856) aus Osthofen/Rheinhessen. G Barbara Josefine (1811 – 1847). ∞1843 Elisabeth Agnes, geb. Aue (s. dort). K 9, in Worms 4 totgeboren, 1 Sohn früh gestorben, in den USA 1 Sohn und 3 Töchter.

1832	Feldzug mit König Otto I. von Wittelsbach nach Griechenland, Erwerb des Offizierspatentes
1848	Obrist der Bürgerwehr
1849	Bürgermeisterkandidat
Mai/Juni 1849	militärischer Führer der rheinhessischen und kurpfälzischen Freischaren; Rückzug in die Schweiz; Auswanderung in die USA
1861	Oberst, dann Brigadegeneral eines deutschen Jägerregiments im amerikanischen Bürgerkrieg
1862	Niederlegung des Kommandos

Nach dem Besuch des Wormser Gymnasiums erlernte B. bei einem Onkel in Bad Kreuznach das Goldschmiedehandwerk. Zur Weiterbildung nach München auf die Polytechnische Schule geschickt, schloß er sich 1832 jedoch einem Ulanenregiment an, das König Otto I. nach Griechenland begleitete. Er wurde Wachtmeister, erwarb das Offizierspatent und erhielt den Erlöserorden, mußte aber 1837 mit den bayerischen Soldaten und Beamten heimkehren. Nach

kurzem Medizinstudium in München und Aufenthalt in Darmstadt eröffnete er in Worms mit finanzieller Hilfe seines Vaters eine Weinhandlung. 1843 heiratete er die „an Geist und Körper ausgezeichnete Tochter“ (Wiegand (1875), S. 703) eines nicht unvermögenden Konsistorialrats und Oberpredigers an der reformierten Kathedralkirche St. Jakob zu Köthen. Seinen Aufstieg in die bürgerliche Gesellschaft der Stadt unterbrach die Revolution 1848/49.
B. gehörte mit Bandel und Eberstadt (s. jeweils dort) zu den Gründern des Demokratenvereins. Bei der Bürgermeisterwahl 1849 erhielt er die meisten Stimmen. Die hessische Regierung zog ihm aber den drittplazierten Kaufmann Eberstadt vor. „Dies trieb ihn leider den demokratischen Ultras in die Arme“ (Wiegand (1875), S. 703). Beim Übergang der Befehlsgewalt über die Bürgerwehr vom Bürgermeister auf eine eigene Kommandantur wurde B. als Obrist an deren Spitze gestellt. Zu Beginn der badisch-pfälzischen Erhebung 1849 marschierte er mit einer Bürgerwehr-Freischar aus Frankenthal, Worms und Umgebung nach Ludwigshafen und nahm am 10. Mai den dortigen bayerischen Brückenkopf ein. Zeitweilig konnte B. mit 32 Offizieren und 1.500 Mann operieren. Am 17., 18. und 25. Mai besetzte er kurzzeitig Worms, zog sich aber beide Male wieder in sein Hauptquartier nach Frankenthal zurück. Ein Angriff auf Landau am 20. Mai mißlang. Carl Schurz, der ihm während der Erhebung in der Pfalz begegnete, schreibt in seinen Lebenserinnerungen: „Er war eine ausnehmend stattliche, martialische Gestalt und vortrefflicher Reiter, und wie er, glänzend ausstaffiert, an der Seite seines Stabes dahersprengte, imponierte er mir gewaltig“. An einer nochmaligen Besetzung von Worms am 10. Juni nahm B. nicht selbst teil, wohl aber seine Frau in Freischaruniform. Nach einem Vorpostengefecht mit preußischen Truppen bei Bobenheim zwischen Worms und Frankenthal zog sich B. auf badisches Gebiet zurück, deckte den Rückzug der Freischaren an der Murg und bei Gernsbach und führte dann seine Freischar in die Schweiz. Sein Wormser Weinhandel war inzwischen in Konkurs gegangen. Da er die Schweiz verlassen mußte, ging er mit seiner Frau nach Nordamerika, wo er mit finanzieller Hilfe seines Schwiegervaters in

Johann Ludwig Blenker um 1848/49 (Vorlage: StadtA Worms)

Rocland-County eine Milchfarm einrichtete. Zeitweilig lebten die B.s in New York. Beim Ausbruch des amerikanischen Bürgerkrieges (1861) stellte B. ein deutsches Jägerregiment zusammen, dessen Oberst und später Brigadegeneral er wurde. Verdienste erwarb er sich in den Rückzugsgefechten gegen die zunächst erfolgreichen Südstaatler bei Bull-Run und Cross-Key. Doch warf man ihm mangelnde Logistik vor. Daraufhin legte er, durch Krankheit geschwächt, 1862 sein Kommando nieder. Bei seinem Tod am 31. Oktober 1863 hinterließ er seine mutige Frau mit vier unmündigen Kindern in ärmlichen Verhältnissen.

Q: *GLAK: N Mone/26; N Mone/27; 48/3076; 48/3077; 48/5462; 48/5475; 49/1471; 49/2411; 49/2412; 49/2413; 65/75; 65/11498; 65/11620; 69 v.Freydorf/26; 159/67; 221/454; 229/81864; 233/34890; 233/40255a; 234/10176; 236/8225; 236/8500; 236/8544; 236/8568; 236/8571; 236/8749; 236/8774; 236/8812; 237/16829; 237/16844; 237/16845; 255/130; 313/3863. StadtA Worms, Abt. 170/24. –* ***L:*** *Heinemann, Sebastian (Hrsg.): Verhandlungen des rheinhessischen*

*Hochverratsprozesses von 1850. Mainz 1850; Kühn, Hans: Politischer, wirtschaftlicher und sozialer Wandel in Worms 1798 – 1866. Worms 1975 (Der Wormsgau. Beih. 26), S. 33, 212; Reuter, Fritz: Johann Philipp Bandel (1785 – 1866). Ein Wormser Demokrat, Altertümer- und Kunstsammler im 19. Jh. In: Der Wormsgau 8 (1967/69), S. 49; Schurz, Carl: Lebenserinnerungen. Vom deutschen Freiheitskämpfer von 1848 zum amerikanischen Staatsmann. Bd. 1. Berlin 1906 (ND Zürich 1988), S. 204f.; Uhrig, Dorothea: Worms und die Revolution von 1848/49. Diss. Frankfurt a. M. Worms 1934, S. 51, 58ff., 91, 108, 111f., 117ff.; Wettengel, Michael: Die Revolution von 1848/49 im Rhein-Main-Raum. Politische Vereine und Revolutionsalltag im Großherzogtum Hessen, Herzogtum Nassau und in der Freien Stadt Frankfurt. Wiesbaden 1989 (Veröffentlichungen der Historischen Kommission für Nassau, 49), S. 496, 498f., 502; Wiegand, Wilhelm: J.L.A.B. In: ADB 2 (1875), S. 703. – **B:** StadtA Worms: M 10214.*

Fritz Reuter

Blezinger, Carl August, Handelsmann
* 13. 2. 1809 Königsbronn, ev.
† 11. 2. 1853 Frankfurt a. M.

∞ 1843 (Frankfurt a. M.) Louise Johanna Friederika Henriette Emilie, geb. Gerbel (* 1817), ev., aus Mannheim. K 3 Töchter.

1848	Mitglied im Vaterländischen Verein
1848/49	Mitglied im Neuen Vaterländischen Verein

B. erwarb erst 1852 das Mannheimer Bürgerrecht. Als Teilhaber im Speditionsgeschäft des Franz Peter Peitavi hielt er sich jedoch schon seit 1838 in der Stadt auf und war mit einer Mannheimerin verheiratet. Er gehörte zu Beginn des Jahres 1848 zu den Erstunterzeichnern der 'Dreizehn Petitionen' der Mannheimer Bürgerschaft und war so schon vor der Revolutionszeit im Gemeindeleben aktiv, obwohl er – ein seltener Fall – kein Amt innehatte. Als Mitglied der Schützengesellschaft wurde er „führendes Mitglied" der Scharfschützenkompanie in der Bürgerwehr und war auch ansonsten an der Märzbewegung beteiligt. Auf einer Gründungsversammlung des Vaterländischen Vereins wurde er in das leitende Komitee gewählt. B. gehörte allerdings zur Fraktion der Gemäßigten, die sich schon bald mit den Radikalen im Verein überworfen hatten und den turbulenten Sitzungen fernblieben.

Als Mitte Mai mit einem Aufruf zur „Einigung aller bewährten Freunde der Einheit des deutschen Vaterlandes, des Fortschritts und der gesetzlichen Freiheit" (Mannheimer Journal vom 15. Mai 1848) die Gründung eines Neuen Vaterländischen Vereins eingeleitet wurde, war ein erneuter ideologischer Klärungsprozeß notwendig, um die Neugründung von den radikalen Überläufern des verbotenen Vereinsvorgängers zu befreien. In den ersten Wochen bestand der Verein aus zwei konkurrierenden Richtungen. Deshalb betätigte sich B. publizistisch und attackierte in mehreren programmatischen Artikeln im „Mannheimer Journal" die radikale Partei. Nachdem die Anonymität dieser Pamphlete mit seiner Einwilligung aufgehoben worden war, erschien ein Vertreter der „Mannheimer Abendzeitung" bei ihm und forderte ihn zum Duell. Nach eigener Aussage beantwortete B. die Forderung mit Worten, die ein bezeichnendes Licht auf den ideologischen Hintergrund seiner gesellschaftlichen Überzeugungen werfen. Freimütig skizzierte er das Bild seiner politischen Feinde als „Leute, die Alles, was dem Menschen heilig ist, Religion, Moral, Ehre des Bürgers, Besitzthum und Freiheit, zu vernichten streben [...]" (Mannheimer Journal vom 17. Februar 1849).

Nach dem Austritt der Gruppe um Florian Mördes (s. dort) im Juni wurde B. Schriftführer, später Vorsitzender im Neuen Vaterländischen Verein. In diesen exponierten Funktionen zog er sich zunehmend die Mißgunst der Radikalen zu, deren oft sehr persönlich gehaltene Angriffe zur Vergiftung des politischen Klimas beitrugen. Im Februar 1849 unterschoben sie B. eine Äußerung, die den Neuen Vaterländischen Verein in seiner Substanz treffen mußte. Die „Mannheimer Abendzeitung" behauptete, er habe einmal geäußert: „Ich müßte keine Ehre bei mir tragen, wenn ich mit einem Manne, wie Doktor Ladenburg in den Vorstand träte!“ Da nun B. schon bald ein dreiviertel Jahr lang sich die Führung der 'Neuvaterländischen' mit Leopold Ladenburg (s. dort) teilte, und die beiden gemeinsam die politische Ausrichtung der bürgerlichen Sammlungsbewegung bestimmten, war dies als gezielter Schlag gegen das persönliche Klima im Vorstand zu werten. Es ist schwer zu entscheiden, ob die Angriffe in ihrer Substanz gerechtfertigt waren, denn Leopold Ladenburg hatte im Vormärz mehrfach mit den Radikalen gemeinsame Sache gemacht. Aber die Partei der Volksvereine strebte wohl weniger nach einer Klärung der Sachverhalte. Es ging ihr offensichtlich darum, mit einem polemischen Angriff die beiden Führungspersönlichkeiten des Neuen Vaterländischen Vereins zu diskreditieren, wenn sie anmerkte: „Herr Bletzinger preißt die großen Verdienste des Doktor Ladenburg, und bringt mit ihm ein Hoch aus auf Mathy und die übrigen Volksverräther. So ist es mit dem Landesausschuß der vaterländischen Vereine bestellt“ (Mannheimer Abendzeitung vom 15. Februar 1849). Nachdem B. den vorgebrachten Tatbestand schon in der „Mannheimer Abendzeitung“ dementiert hatte, erwiderte er im „Mannheimer Journal“, der zeitweiligen Hauszeitung der 'Neuvaterländischen', seinerseits den Angriff: „Wer wird nun glauben, daß der Geifer dieses Blattes mich beschmutzen könne? Ich für meine Person glaube das Gegentheil und werde mich lediglich darauf beschränken, gegenwärtige Erklärung, sooft ich es für nöthig finde, erneuert zur Oeffentlichkeit zu bringen, damit das öffentliche Urtheil auf der rechten Bahn bleibe“ (Mannheimer Journal vom 17. Februar 1849).

Nur wenige Tage vor dem badischen Aufstand, hielten die 'Neuvaterländischen' in Karlsruhe am Ostermontag, dem 9. April, ihren ersten Landeskongreß ab, auf dem B. per Akklamation zum Vorsitzenden gewählt wurde. Seine Eröffnungsansprache erntete frenetischen Beifall; offensichtlich hatte er die Mentalität der Anwesenden mit seiner „warmen Anrede“ getroffen. „Die vaterländischen Vereine, so sprach er ungefähr, sind hervorgegangen aus der Märzerhebung des vorigen Jahres, um deren Errungenschaften zu wahren. Sie waren gefährdet im Anfange ihres Bestehens durch die Ueberstürzung derjenigen, die in dem Streben nach maßloser Freiheit nur eine neue Form von Knechtschaft herbeiführen wollten. Das Volk im Ganzen war damals noch unsicher, unklar über das Wesen eines wahrhaft freien Staates, darum konnte es kurze Zeit lang einer kleinen Zahl Uebelwollender gelingen, unser Baden in eine Reihe von Verwirrungen zu stürzen. Aber die wahre Einsicht blieb nicht lange aus; die Gutgesinnten in allen Gauen schaarten sich zusammen, und die zahlreiche heutige Versammlung ist ein Beweis für den Umschwung der Ansichten“. Mit dem Wunsch, „auf daß das deutsche Volk frei und bieder bleibe, wie es zu bleiben verdient“, und einem Hoch auf „das deutsche Vaterland“ endete die überschwengliche und optimistische Ansprache, die der politischen Lage sicher nicht angemessen war (Mannheimer Journal vom 15. April 1849, Extrabeilage).

***Q:** StadtA Mannheim: Polizeipräsidium, Zug. –/1962, Familienbogen; Kleine Erwerbungen, Nr. 522; Mannheimer Abendzeitung; Mannheimer Journal.*

Hans-Joachim Hirsch

Blind, Carl, Student, Schriftsteller
* 4. 9. 1826 Mannheim, ev.
† 31. 5. 1907 London

V Johann Adam B., Wachsfabrikant, Tagelöhner, Gastwirt (um 1790 – 1860). M Magdalena, geb. Nicolaus (um 1793 – 1842). G 18, 6 Brüder, 2 Schwestern, 4 Stiefbrüder, 6 Stiefschwestern.
∞ Friederike, geb. Ettlinger, verw. Cohen, aus Karlsruhe. K 1 Sohn (B.s Stiefsohn aus erster Ehe der Frau, Ferdinand Blind-Cohen, ist Bismarck-Attentäter 1866; 1 Stieftochter).

1844 – 1847	Studium der Rechtswissenschaften in Heidelberg
Ende März 1846	Relegation aus politischen Gründen
Sept. 1848	Umsturzversuch zusammen mit Gustav Struve (s. dort); Verhaftung

Mai 1849 Redakteur der „Karlsruher Zeitung"
Juni 1849 in Paris verhaftet; Ausweisung; Abschiebung nach London

Wie bei anderen Protagonisten der Revolution im süddeutschen Raum könnte auch die Beteiligung von B. an der revolutionären Bewegung in Baden als Familiengeschichte erzählt werden. Offensichtlich waren neben Carl auch andere Familienmitglieder in die Ereignisse verstrickt. So betrieb sein Vater Johann Adam im Jahr 1848 zeitweise die als revolutionäres Nest verrufene Gastwirtschaft „Zum Vogelgesang", während sein älterer Bruder Valentin sich im badischen Aufstand als Artillerieoffizier einen Namen machte.
Schon die Heidelberger Studienzeit B.s wurde zum Prüfstein für seine revolutionäre Gesinnung. In engem Kontakt mit Gustav Struve drängte B. den studentischen „Neckarbund" ins Fahrwasser einer entschieden radikalen Politik. Seine revolutionäre Tätigkeit trug ihm schon 1845 eine Verhaftung ein und führte zu seiner Entfernung von der Universität.
Das Jahr 1847 wurde entscheidend für B.s weitere Entwicklung. Nach eigenen Angaben war er in diesem Jahr Mitglied des geheimen Bundes der Kommunisten geworden. Schon vorher in engem Kontakt mit den revolutionären Kräften Deutschlands stehend, brachte er es auf eine erstaunliche Anzahl heute noch nachweisbarer Aktivitäten. Die aufsehenerregendste hatte in der Verteilung seiner Flugschrift „Der deutsche Hunger und die deutschen Fürsten" in Neustadt a.d.H. bestanden, wo er zusammen mit seiner späteren Frau Friederike Ettlinger von der Polizei festgenommen wurde und nur knapp einer langjährigen Verurteilung entging. Seit Ende des Jahres 1847 hatte er für Grohes (s. dort) „Mannheimer Abendzeitung" die Berichterstattung aus Karlsruhe über die Debatten der badischen Zweiten Kammer übernommen. In Karlsruhe pflegte er einen intensiven Kontakt zur Arbeiterschaft der Keßlerschen Maschinenfabrik und wurde der Initiator für die Gründung des örtlichen Arbeitervereins. In Mannheim war B. Mitglied im Turnverein, in welchem er die radikale Richtung vertrat. Am 9. Januar 1848 nahm er im rheinhessischen Hattmersheim an einer Turnerversammlung teil, auf der auch andere prominente Vertreter der republikanischen Bewegung zu finden waren. „Mit Schwert und Dolch" (GLAK: 236/8491) wollte er die Fürstenherrschaft beenden, wie ein vertraulicher Bericht über seine Rede mitzuteilen wußte. Auffällig sind die Querverbindungen, die sich schon damals zwischen den einschlägig bekannten Persönlichkeiten geknüpft hatten. So der Kontakt zu dem gemeinsam mit B. die Turnerversammlung moderierenden Germain Metternich aus Mainz, der ebenfalls Mitglied im Bund der Kommunisten war. Aber auch im Rhein-Neckar-Raum existierte eine Vernetzung, an die im Verlauf der revolutionären 'Gärungen' immer wieder angeknüpft werden konnte und die bis zum endgültigen Zusammenbruch der Bewegung nach der militärischen Niederlage Garant für die revolutionäre Kontinuität war. Die aus der Heidelberger Studentenschaft entstandene informelle Gruppe, zu der neben B. u.a. Gottlieb Christian Abt, Philipp Stay (s. dort) und Gustav Adolph Schlöffel gehörten, versuchte, beseelt vom Geist exaltierter jugendlicher Revolutionsschwärmerei, die Bewegung ins Fahrwasser einer radikalen Dynamik zu lenken.
Abt und B. waren die beiden Inspiratoren, die der erste Putschversuch der Revolution in Gefangenschaft brachte. Am 29. Februar des Schaltjahres 1848 wurden sie auf eine Denunziation hin wegen des Verdachts, gemeinsam mit Karlsruher Arbeitern einen Aufstand vorbereitet zu haben, in Untersuchungshaft genommen. Die Amnestie der ersten Märztage in Baden brachte B. die Freiheit, die er konsequent nutzte, sich an den weiteren revolutionären Bewegungen zu beteiligen. Nach der Niederlage der am Heckerzug beteiligten Freischaren trafen sich deren Führer am 25. April im grenznahen Hüningen im Dreiländereck und gründeten einen gemeinsamen Zentralausschuß, der Kommunikation und soziale Hilfestellungen für die Exilanten gewährleisten sollte. B., der an dieser Gründung beteiligt war, begleitete von Anfang Mai bis Ende Juni Struve und andere leitende Mitglieder des Zentralausschusses an ihren Verbannungsort ins Innere Frankreichs und von dort zurück nach Straßburg. Hier gründete er gemeinsam mit anderen entschiedenen

Republikanern einen weiteren Hilfsverein, der Anfang August 1848 mit der von Otto von Corvin geleiteten, gleichgerichteten Institution fusionierte. Im Tagungsort, dem Straßburger Wirtshaus „Zum rothen Männel" wurden Geld, Kleider und andere Hilfslieferungen an bedürftige Flüchtlinge verteilt, aber auch öffentliche Erklärungen abgegeben, die durch ihre Verbreitung in den deutschen radikalen Blättern für die Bekanntschaft des Aktionskreises sorgten.
Eine bemerkenswerte Einzelaktion, an der sich B. beteiligte, war die Antwort an mehrere Mitglieder der Nationalversammlung, die anläßlich der Amnestiedebatte den republikanischen Abgeordneten Lorenz Brentano (s. dort) zum Pistolenduell gefordert hatten. Wohl nicht nur in satirischer Absicht meldeten sich vom „rothen Männel" aus sieben im Komitee organisierte republikanische Flüchtlinge unter Führung B.s, die vorgaben einen „Verein zur Vertilgung konservativer Parlamentsmitglieder" gebildet zu haben, „welcher beabsichtigt, den ritterlichen Wünschen jedes konservativen Deputirten der Paulskirche bereitwillig entgegenzukommen". Zwar seien sie „durchaus nicht mit den Ideen einverstanden, welchen das Duell seinen Ursprung verdankt", aber „im Augenblick unbeschäftigt", und sie hätten „es jedenfalls auf einen Vernichtungskrieg gegen die Reaktion und ihre Führer abgesehen" (Mannheimer Abendzeitung, 13. August 1848).
Mit den innerdeutschen Wirren im September 1848 kam für B. eine neue Gelegenheit, seine revolutionäre Tatkraft zu beweisen. Zusammen mit Gustav Struve rief er in Lörrach die Republik aus, ein Unternehmen das – als spontane Aktion durchgeführt – erneut an der militärischen Überlegenheit des Gegners scheitern mußte. Auf den Aufrufen der provisorischen „Republikanischen Regierung" zeichnete er als Schriftführer, „der That nach aber leitete er, nachdem er sich mit Struve über die Grundsätze verständigt hatte, sämmtliche im Hauptquartiere vorkommenden nicht-militärischen Geschäfte" (Struve (1849), S.123). Nach der Niederlage am 24. September im Gefecht von Staufen, wo er morgens noch eine Ansprache an die Bevölkerung gehalten hatte, wurde der flüchtige B. gemeinsam mit Gustav und Amalie Struve (s. dort) und deren Bruder Pedro

Carl Blind (Vorlage: StadtA Mannheim)

Düsar von Schopfheimer Bürgerwehrmännern an den Großherzoglichen Amtmann Schey aus Säckingen ausgeliefert.
Fast ein halbes Jahr Untersuchungshaft mußte er erdulden, bevor sein gemeinsamer Prozeß mit Struve im März 1849 vor einem beim Freiburger Hofgericht gebildeten Geschworenentribunal angesetzt wurde. Der mit prominenten Rechtsanwälten wie Brentano und von Feder besetzten Verteidigung gelang es, das Verfahren zu einem politischen Forum zu machen. Schon mit den Befangenheitsanträgen gegen die Geschworenen begann ein zähes Ringen zwischen den Prozeßparteien, als dessen Ergebnis die Rechnung von Verteidigern und Angeklagten, durch eine politische Prozeßführung den badischen Staat symbolisch in Anklagezustand zu versetzen, aufging. B. nutzte die ihm gebotene Plattform in diesem Sinne: Er leitete von der Verschwörung der Monarchen gegen die Völker ein Widerstandsrecht ab, dessen er und seine Mitkämpfer sich im September bedient hätten. Der badischen Justiz sprach er das Recht ab, über ihn zu richten, was die Geschworenen

allerdings nicht davon abhielt, ihn zu einer in Einzelhaft abzusitzenden Gefängnisstrafe von fünf Jahren und zwei Monaten zu verurteilen. Schon wenige Wochen später wurde B. im Zuge der Rastatter Revolte am 13. Mai 1849 von seinem ehemaligen Kommilitonen Gustav Adolph Schlöffel aus dem Bruchsaler Zellengefängnis befreit. Er stellte sich sofort in den Dienst der Bewegung, zeichnete in den ersten Tagen des Aufstands als Schriftführer für den Landesausschuß und übernahm die Redaktion der „Karlsruher Zeitung". Mit dem in Karlsruhe maßgeblichen Lorenz Brentano und dessen Mitarbeitern verstand er sich allerdings nicht besonders gut. Häufige Beschwerden gegen B. vor dem Landesausschuß führten sogar dazu, daß eine Untersuchungskommission damit beauftragt wurde, von ihm zu verantwortende Vergehen zu ermitteln. So nahm der schon früh zwischen die Mahlsteine der Fraktionsintrigen Geratene das Angebot gerne an, als Sekretär in der badisch-pfälzischen Gesandtschaft in Paris zu arbeiten. Ende Mai 1849 reiste er nach Frankreich, womit denn auch Brentano den Zweck erfüllt sah, einen einflußreichen und tatkräftigen Anhänger Struves vom Regierungssitz entfernt zu haben.
In Paris wurde B. noch im Juni 1849 von den französischen Behörden verhaftet und nach über dreimonatiger Haft nach England abgeschoben, wo er sich in London niederließ. Im Exil bestritt er seinen Lebensunterhalt mit schriftstellerischen Tätigkeiten und wurde der „bedeutendste Vertreter des Deutschtums" (Lautenschlager (1935), S. 423ff.) in England. In den sechziger Jahren konnte er zu einem kurzen Besuch nach Deutschland zurückkehren, behielt aber seinen Wohnsitz in England bei.

W:*(anonym): Staat und Nationalität. London 1859; Was sollen unsere Österreichischen Bundesprovinzen thun? London 1860; Der Vorschlag der „Ersten Theilung" Deutschlands. Ein Sendschreiben zu Händen des Nationalvereins in Koburg. London 1860; Offener Brief der Gesellschaft der Vaterlandsfreunde zu London. An den Ausschuß des Vereins der deutschen National-Partei zu Frankfurt am Main. London o.J. (Gesellschaft der Vaterlandsfreunde). –* ***Q:*** *StadtA Mannheim: Polizeipräsidium, Zug. – /1962, Familienbogen; Kleine Erwerbungen, Nr. 68 (22 Briefe 1849 – 94; 5 Druckschriften, davon 4 teilweise anonym verfaßt, die C.B. zugeschrieben werden); Mannheimer Journal; Mannheimer Abendzeitung; Verhandlungen der Freiburger Assisen gegen G. Struve und K. B. (Extra-Beilage zur Mannheimer Abendzeitung). –* ***L:*** *Lautenschlager, Friedrich: C.B. In: Badische Biographien. Bd. 6. Heidelberg 1935, S. 423 – 429; ders.: C.B. In: NDB 2 (1955), S. 304f.; Struve, Gustav: Geschichte der drei Volkserhebungen in Baden 1848/49. Bern 1849; Die badisch-pfälzische Gesandtschaft in Paris im Jahre 1849. Erinnerungen aus der Sturm- und Drangperiode. In: Die Gartenlaube 49 (1902), S. 845 – 848; 50 (1902), S. 858 – 862.*

Hans-Joachim Hirsch

Böhme, Karl Ludwig, Regierungsdirektor
* 1. 8. 1803 Eppelheim, ev.
† 19. 10. 1869 Bruchsal

V Georg Hermann B., reformierter Pfarrer in Eppelheim, aus Mühlbach (1770 – 1810). M Eleonora, geb. Wundt (* 1782), aus Kaiserslautern.
oo 24. 9. 1835 Henriette, geb. Förster. K 2 Töchter.

1820 – 1824	Studium der Rechtswissenschaften in Heidelberg
1824 – 1830	Rechtspraktikant
1830 – 1832	Amtsassessor bei dem Bezirksamt Müllheim
1832 – 1836	Ernennung zum Amtmann und Amtsvorstand des Bezirksamts Hornberg
1836 – 1842	Ernennung zum Oberamtmann und Amtsvorstand des Bezirksamts Lörrach
1842	Ernennung zum Amtsvorstand des Bezirksamts Lahr
1843 – 1844	Amtsvorstand des Oberamts Pforzheim
1844 – 1846	Ernennung zum Stadtdirektor und Amtsvorstand des Oberamts Heidelberg
1846 – 1849	Direktor des Evangelischen Oberkirchenrats, Karlsruhe

1849 – 1864	Regierungsdirektor des Unterrheinkreises, Mannheim
1860	Ernennung zum Geheimen Rat II. Klasse
1864 – 1869	Direktor des Verwaltungshofes Bruchsal

B. war zwar nicht direkt in die Revolutionsereignisse verwickelt, kann aber als der Typus des konservativen, regierungstreuen Verwaltungsbeamten gelten, der, unbelastet von revolutionären 'Verfehlungen', nach der Niederschlagung der Revolution zu einer Stütze der wieder installierten alten Ordnung wurde.
Als Sohn des evangelischen Ortspfarrers in Eppelheim geboren – seine beiden Großväter waren ebenfalls Pfarrer gewesen – war dieses Milieu für seine spätere Karriere – wie auch für seine politische Haltung – sicherlich prägend. Nach bestandenem 1. Staatsexamen am Hofgericht Mannheim zum 2. Oktober 1824 als Rechtspraktikant in die badische Innenverwaltung aufgenommen, war sein Weg zum Verwaltungsbeamten vorgezeichnet. Doch ließ der Staat den jungen Juristen noch einige Jahre auf seine Festanstellung warten. Obwohl er sich seit 1826 um eine Übernahme ins Beamtenverhältnis bemüht hatte, wurde er erst Ende April 1830 beim Bezirksamt Müllheim zum Assessor ernannt, als einer der dortigen Beamten in den Ruhestand versetzt wurde. Von nun an verlief seine Karriere, gemessen an den allgemeinen Verhältnissen der Vormärzzeit, zügig. Nachdem er sich schon zuvor auf höherrangige Verwaltungsstellen beworben hatte, wurde er am Silvestertag 1832 zum Amtmann ernannt und trat Anfang des Jahres 1833 seine erste eigenverantwortliche Stelle als Vorstand des Schwarzwälder Amtsbezirks Hornberg an, womit eine Verdoppelung seines bisherigen Assessorenjahresgehaltes auf nunmehr 1.200 Gulden einherging. Solchermaßen wirtschaftlich abgesichert, heiratete der 32jährige am 24. September 1835 Henriette Förster. Im Jahr darauf folgte die Ernennung zum Oberamtmann, verbunden mit der Versetzung an das wesentlich bedeutendere Amt Lörrach, Ende 1842 eine erneute Versetzung, diesmal nach Lahr. Doch sollte B. diesen Dienstposten gar nicht erst antreten, wurde er doch noch vor seinem „Aufzug" in Südbaden am 6. März 1843 als Amtsvorstand an das weitaus bedeutendere Oberamt Pforzheim berufen.
Ungeachtet seiner laufbahnbedingten Wanderschaft war B., zumindest politisch, seinem ersten Amtsbezirk im Schwarzwald treu geblieben. Wie viele seiner Kollegen in der Vormärzzeit wollte er nicht nur vor Ort administrieren, sondern auch im Karlsruher Ständehaus die Landespolitik aktiv mitbestimmen. Schon 1839 war er anläßlich der Nachwahlen zur Ständeversammlung im zwischen Regierung und Opposition hart umkämpften Ämterwahlkreis 17: Ämter Triberg, Hornberg, Wolfach und Haslach als Kandidat der regierungsfreundlichen „Partei" aufgestellt worden, nach den Wahlen von 1842 konnte er für diesen interessanterweise doch (außer Hornberg) überwiegend katholisch geprägten Wahlkreis in die Zweite Kammer der Ständeversammlung einziehen, wo man ihn zur „conservativen [eben regierungsfreundlichen, J.S.] Partei" (Weech (1875), S. 108) zählte. Bei den nächsten Wahlen im September 1845 mußte er sich allerdings dem Kandidaten der Opposition geschlagen geben.
Nach knapp zwei Jahren an der Enz war er mittlerweile zum 3. Januar 1845 an den Neckar gewechselt, genauer gesagt an das Oberamt Heidelberg, wo er von nun an mit dem Titel eines Stadtdirektors die Geschäfte leitete. Wiederum zwei Jahre später gelang ihm der Sprung in die Karlsruher Ministerialbürokratie. Der Pfarrerssohn B. wurde am 19. Dezember 1846 zum Direktor des zum Innenministerium zählenden Evangelischen Oberkirchenrates ernannt. Seine konservative Grundhaltung und seine Loyalität zum Herrscherhaus führten dann dazu, daß er nach der Niederschlagung der Revolution im September 1849 zum Regierungsdirektor der Regierung des Unterrheinkreises in Mannheim berufen wurde. Diesen, nach den vorausgegangenen Ereignissen sehr heiklen Posten konnten der zurückgekehrte Großherzog Leopold und die Karlsruher Regierung nur einem in ihrem Sinne absolut zuverlässigen Beamten anvertrauen. Bereits wenige Tage nach seinem Dienstantritt am 3. Oktober 1849 wurde der neue Regierungsdirektor zum außerordentlichen Landeskommissär für den Unterrheinkreis ernannt und damit mit weiteren Voll-

machten zur „Wiederherstellung der gebeugten Staatsautorität" (Weech (1875), S. 108) ausgestattet. Diese Funktion endete erst mit der Aufhebung des Kriegsrechts am 25. August 1852. In einem Anerkennungsschreiben für seine „erfolgreichen Verdienste" als Landeskommissär, datiert vom 30. August 1852, gab das Innenministerium gleichzeitig zu erkennen, was auch zukünftig die Aufgabe des Regierungsdirektors in Mannheim sein sollte: „Wir halten uns dadurch zu der Erwartung berechtigt, daß Sie auch nach Aufhebung des Kriegszustandes mit derselben Aufmerksamkeit und Energie die sicherheitspolizeilichen Interessen wahren und die in dieser Beziehung erlassenen Gesetze und Verordnungen durch die Ihnen untergebenen Aemter zum strengen und nachhaltigen Vollzug bringen lassen werden" (GLAK: 76/965). Insbesondere durch intensive Visitationen der Amtsbezirke versuchte B., dieser Anforderung gerecht zu werden und in den Amtsbezirken für 'Ordnung' zu sorgen. Interessanterweise konnte B. schon im Jahr darauf seine Zuverlässigeit gegenüber Staat und Regierung erneut unter Beweis stellen, diesmal jedoch an einer ganz anderen Front. Ende des Jahres 1853 begannen in Baden heftige Auseinandersetzungen zwischen Regierung und katholischer Kirche, welche die innenpolitische Situation im Großherzogtum in den nachfolgenden Jahrzehnten kennzeichnen sollten, nachdem der neue Freiburger Erzbischof Hermann von Vicari die völlige Abschaffung der staatlichen Aufsicht über alle Angelegenheiten der Kirche gefordert hatte. B.s Nachfolger in Heidelberg, der Stadtdirektor Mariano von Sarachaga y Uria (s. dort), gebürtiger Spanier und gläubiger Katholik, weigerte sich nachdrücklich, die restriktiven Bestimmungen der am 7. November des Jahres erlassenen Verordnung, „die Ausübung des oberhoheitlichen Schutz- und Aufsichtsrechts über die katholische Kirche betreffend", auf die Heidelberger katholische Geistlichkeit anzuwenden. Nicht zuletzt B.s Stellungnahme – „Ich bin keinen Augenblick im Zweifel darüber, daß Herr von Uria die Regierung zu seiner sofortigen Abberufung von seiner jetzigen Stelle genöthigt [...] hat" (GLAK: 76/8021) – bewirkte innerhalb Monatsfrist die Ablösung von Urias, der wenige Jahre zuvor noch auf der gleichen antirevolutionären Seite gestanden hatte. Der aufbegehrende Beamte wurde unter dem 14. Dezember 1853 als Regierungsrat nach Mannheim versetzt, sozusagen unter direkte Aufsicht des linientreuen Protestanten B. gestellt. Dieser blieb bis 1864 Leiter der Mannheimer Behörde. Als in jenem Jahr aufgrund der Lameyschen Neuorganisation der badischen Innenverwaltung die Kreisregierungen in Fortfall kamen, wurde der mittlerweile 61jährige B. zum Direktor des in Bruchsal neugeschaffenen Verwaltungshofes befördert. Noch im aktiven Dienst verstarb er dort nach kurzer Krankheit im Alter von 66 Jahren am 19. Oktober 1869.

*__Q__: GLAK: 76/964 und 965; 76/8201; Badisches Staatshandbuch 1857; Badische Regierungsblätter 1810 – 1864; Roys, Heinrich (Hrsg.): Verzeichniß aller aktiven Hof-, Kirchen-, Militär- und Staats-Diener und Rechtsanwälte, nebst Angabe ihrer Beförderungen, Versetzungen, Ehrenauszeichnungen u.s.w.. Karlsruhe 1864, S. 13; Wechmar, Karl August Ferdinand Freiherr von: Handbuch für Baden und seine Diener oder Verzeichniß aller badischen Diener vom Jahr 1790 bis 1840, nebst Nachtrag bis 1845, von einem ergrauten Diener und Vaterlandsfreund. Heidelberg 1846, S. 150, 314. – **L:** Die Amtsvorsteher der Oberämter, Bezirksämter und Landratsämter in Baden-Württemberg 1810 bis 1972. Hrsg. v. d. Arbeitsgemeinschaft der Kreisarchive beim Landkreistag Baden-Württemberg. Stuttgart 1996, S. 193; Becht, Hans-Peter: Die badische zweite Kammer und ihre Mitglieder 1819 bis 1841/42. Untersuchungen zu Struktur und Funktionsweise eines frühen deutschen Parlamentes. Heidelberg 1985, S. 459; Eibach, Joachim: Der Staat vor Ort. Amtmänner und Bürger im 19. Jahrhundert am Beispiel Badens. Frankfurt a. M. 1994 (Historische Studien, 14), S. 72, 126; Hörner, Manfred: Die Wahlen zur badischen zweiten Kammer im Vormärz (1819 – 1847). Göttingen 1987 (Schriftenreihe der Historischen Kommission bei der Bayerischen Akademie der Wissenschaften, 29), S. 295, 299f., 330; Ihme, Heinrich (Bearb.): Südwestdeutsche Persönlichkeiten. Ein Wegweiser zu Bibliographien und biographischen Sammelwerken. Bd. 1. Stuttgart 1988, S. 90; Sobkowiak, Franz/Wesch, Lothar: Eppelheimer*

Familien von 1650 – 1900. o.O. o.J. [Eppelheim 1996] (Badische Ortssippenbücher, 79); Weech, Friedrich von: K.L.B.. In: Badische Biographien. Bd. 1. Heidelberg 1875, S. 108.

Joachim Stephan

Bogen, Johann Carl Ludwig, Rechtsanwalt
* 7. 6. 1809 Michelstadt, ev.
† 6. 4. 1886 New Ulm (Minnesota, USA)

V Georg Heinrich B., gräflich Erbach-Fürstenauischer Amtskeller- und Kammerrat (1780 – 1841). M Marie Catharine, geb. Rexroth (1789 – 1867). G 10, darunter Friedrich Wilhelm (*1813), Pfarrer in Beerfelden, „wühlt in Michelstadt", mußte die Stadt verlassen, da er „sich unordentlich betrug"; nach Nordamerika ausgewandert.
∞ 1854 (Cincinnati) Margaretha, geb. Nix (1824 – 1900). K 2 Söhne, 2 Töchter.

bis 1825	Privatschule in Michelstadt
1825 – 1827	Gymnasium in Darmstadt
1827 – 1833	Jurastudium in Bonn und Gießen
1834	Anstellung beim Hofgericht in Darmstadt
1835 – 1837	gerichtliche Untersuchung wegen Teilnahme an hochverräterischen Versammlungen in Gießen
1838	im Zusammenhang mit dem Frankfurter Wachensturm Verurteilung zu acht Jahren Zuchthaus
1839	Haftentlassung; Gnadenerlaß Großherzog Ludwigs II. (3 1/2 Jahre verbüßt)
1841 - 1848	Emigration in die Schweiz; Sekretär bei der Hypothekenbank des Kantons Bern
1848	Rückkehr nach Michelstadt; Mitglied der Nationalversammlung
1849	Teilnahme am badischen Aufstand; Mitglied des Rumpfparlaments in Stuttgart; Verhaftung in Michelstadt wegen Landesverrats
1850	Freispruch durch den Assisenhof in Darmstadt
1850 – 1851	Mitglied der Zweiten Kammer des hessen-darmstädtischen Landtags
1853	Auswanderung nach Amerika; kurzer Aufenthalt in Illinois
1856 – 1864	Privatlehrer in Stillwater, Minnesota
1864 – 1886	Rechtsanwalt; Schriftleiter und Herausgeber der „New Ulm Post" in New Ulm, Minnesota

B. kam aus einem politisch und sozial engagierten Elternhaus. Sein Vater hatte 1819, damals noch Stadtschultheiß von Michelstadt, bei einer Bürgerversammlung zur Steuerverweigerung aufgerufen. 1823 war er dann als Gräflich Erbach-Fürstenauischer Kammerrat bei Graf Albert in Diensten, der im Gegensatz zu seinen Standesgenossen das Renten-Ablösungsgesetz von 1836 als bindend ansah und auch von B. als fortschrittlicher und liberaler Geist beschrieben wurde.
Während der Studienzeit in Gießen schloß sich B. im geheimen einem Kreis revolutionär gesinnter Gießener Studenten und Bürger an, die in Verbindung mit Weidig standen. Dies brachten 1838 Untersuchungen im Zusammenhang des Frankfurter Wachensturms 1833 zutage. B. wurde wegen Hochverrats zu acht Jahren Zuchthaus verurteilt, die jedoch 1839 erlassen wurden. 1834 hatte er eine Beamtenlaufbahn als Hofgerichtssekretariatsakzessist in Darmstadt begonnen, jedoch blieb ihm der Eintritt in die Beamtenlaufbahn untersagt. Er emigrierte 1841 in die Schweiz, kehrte allerdings gleich in den ersten Wochen der Revolution nach Michelstadt zurück. Sein erster öffentlicher Auftritt war als Redner bei der Volksversammlung am 20. April 1848 in Michelstadt. In seinem Wahlbezirk, der den Landratsbezirk Erbach, den Kreis Heppenheim, die Gemeinden der Landgerichtsbezirke Fürth und Hirschhorn und den Bezirk Wimpfen/Neckar umfaßte, wurde er zum Vertreter in die Nationalversammlung gewählt (18. Mai 1848 – 30. Mai 1849). B. schloß sich im Parlament der linksgerichteten Fraktion 'Deutscher Hof' (Blum) und deren Programm an: Volkssouveränität, demokratische Freiheit und Einheit Deutschlands, Humanität und Gleichberechtigung aller Nationa-

Ludwig Bogen im amerikanischen Exil (Vorlage: Brown County Historical Society, New Ulm, Minnesota, Repro: Wilhelm Gieg, Lützelbach)

litäten. Er stimmte für Heinrich von Gagern als Reichsverweser und gegen den preußischen Erbkaiser. Nach dem Zusammenbruch des Verfassungswerks unterzeichnete B. mit Schütz, Vogt und Heldmann im Mai 1849 einen Aufruf zu den Waffen, der namentlich in den demokratischen und Märzvereinen des Vogelsbergs verbreitet wurde. Auf der Volksversammlung in Erbach am 23. Mai 1849, auf der Dr. Ferdinand von Loehr (s. dort) und Ohly zu einem bewaffneten Marsch nach Oberlaudenbach aufriefen, riet er davon ab. Er selbst war in Laudenbach nicht anwesend, war aber ein Mitglied des Rumpfparlaments in Stuttgart, nach dessen Auflösung er nach Michelstadt zurückkehrte und verhaftet wurde.

W: *B. gilt als Verfasser von: Odenwälder Zustände. Unparteiische Darstellung der neuesten Vorfälle in dem Odenwalde und ihre Ursachen von einem Freunde des Volkes. Darmstadt 1848. –* ***Q:*** *KirchenA Michelstadt; StadtA Michelstadt (Zu Friedrich Wilhelm B.: StadtA Michelstadt XVIII/1/2/13). –* ***L:*** *Gieg, Ella: L.B. 1809–1886. Lebenslauf eines revolutionären Demokraten aus dem Odenwald. Michelstadt 1986; dies.: Auswanderungen aus dem Odenwaldkreis. Bd. 2: Bad König, Michelstadt, Brombachtal. Lützelbach 1989, S. 43ff.; Hessen in der Revolution von 1848/1849. Hrsg. v. Rainer Koch u. Werner Wolf. Darmstadt 1989, S. 104; Kühnel, Rüdiger: Die örtliche Presse als Informationsquelle, dargestellt am Beispiel der Zeitungen „Der Odenwälder" und „Erbacher Anzeigeblatt" in ihrer Berichterstattung über die Revolutionsereignisse der Jahre 1848/1849. Wissenschaftliche Hausarbeit. Beerfelden 1988; Lindt, Karl: L.B. In: Hessische Biographien. Bd. 3. Darmstadt 1934 (ND Walluf 1973), S. 245 – 249; Ruppel, Hans Georg /Groß, Birgit: Hessische Abgeordnete 1820 – 1933. Biographische Nachweise für die Landstände des Großherzogtums Hessen (2. Kammer) und den Landtag des Volksstaates Hessen. Darmstadt 1980 (Darmstädter Archivschriften 5), S. 69; –* ***B:*** *W. Gieg, Lützelbach.*

Anja Hering

Braun, Ludwig Agathon Philipp, Maler
* 29. 3. 1827 Wiesloch, ev.
† unbekannt

V Philipp Carl B., Kaufmann (1788 – 1848).
M Christiana, geb. Märklin.G 2 Brüder.
∞in Amerika. K 2.

Mai–Juni 1849	Teilnahme an revolutionären Aktivitäten und Kampfhandlungen in der Region
Juni – Okt. 1849	Untersuchungshaft in Wiesloch und Heidelberg, Freilassung gegen Kaution
April 1850	Verurteilung durch das Badische Hofgericht Mannheim zu zwei Jahren Zuchthaus und Schadensersatz; Berufung
Februar 1851	Begnadigung bei Beibehaltung der Strafe unter der Bedingung, nach Amerika auszuwandern
1851 – 1859	Aufenthalt in Amerika; Rückkehr nach Wiesloch

B. stammte – wie sein Cousin Eduard Bronner (s. dort) – aus einer begüterten Kaufmannsfamilie, was ihm die Ausübung seines künstlerischen Berufs erlaubte. Innerhalb der demokratisch-revolutionären Bewegung in Wiesloch während der Monate Mai und Juni 1849 gehörte B. zu den agilen und engagierten Aktivisten. Als Jungmitglied des örtlichen Volksvereins kam er zu der Bewegung und trat im revolutionären Habit mit Schleifsäbel und roter Schärpe in der Öffentlichkeit auf. Seine erste militärische Aktion absolvierte B. durch die Teilnahme beim 1. Wieslocher Aufgebot bei der Verfolgung des „Hinkeldeyschen Corps" nach Fürfeld, wo er auch bei der Entwaffnung der Truppe aktiv beteiligt war. Für fremde Freischärler organisierte B. dabei in Wiesloch die Einquartierungen und die Versorgung mit Fuhrwerken. An den Volksversammlungen in Nußloch, Mühlhausen und Wiesloch nahm B. teil, ohne besonders in Erscheinung zu treten. Er agitierte aber in Eschelbach, Eichtersheim und Malsch für die revolutionäre Bewegung. Am 23. Mai 1849 zum Adjutanten des Bataillonschefs und Militärkommissärs Max Cohnheim gewählt, befehligte B. heißspornig die Bewegungen der Bürgerwehren während der Gefechte bei Käfertal, Großsachsen/Leutershausen und schließlich bei Waghäusel. Nach der Niederlage stellte sich B. am 23. Juni den preußischen Truppen in Wiesloch. Er saß im Wieslocher Amtsgefängnis und später im Bezirksgefängnis von Heidelberg in Untersuchungshaft. Gegen eine Kaution von 6.000 Gulden wurde B. im Oktober 1849 bis zur Urteilsverkündung aus der Haft entlassen. Das Hofgericht des Unterrheinkreises in Mannheim verurteilte B. im April 1850 zu zwei Jahren Zuchthaus, zum Schadensersatz (gesamtschuldnerisch mit den übrigen Verurteilten) und zur Übernahme der Gerichtskosten. Der mit der Berufung gegen das Urteil beauftragte Rechtsanwalt Johann Lorenz Küchler (s. dort) konnte wieder eine Haftentlassung gegen die Erneuerung der früher geleisteten Kaution erreichen, der Rekurs wurde jedoch Ende 1850 vom Oberhofgericht ablehnend beschieden. Am 13. Februar 1851 begnadigte das Staatsministerium B. unter der Bedingung, daß er nach Amerika auswandere und 1.500 Gulden als Beitrag zum allgemeinen Schadensersatz an die Staatskasse bezahle. Die verhängte Strafe sollte aber unnachsichtig gegen ihn vollzogen werden, falls er nicht in angemessener Frist auswandere oder wieder zurückkehre. Im März 1851 wanderte B. schließlich nach Amerika aus. Ende 1858 wandte sich B. – nachdem er zwischenzeitlich geheiratet und zwei Kinder hatte – mit einem in Pittsburgh, Pennsylvania, ausgefertigten Brief an das Justizministerium mit der Bitte, wieder in die Heimat zurückkehren zu dürfen. Ohne eine Antwort abzuwarten, kehrte B. mit seiner Familie im April 1859 nach Wiesloch zurück und stellte dort erneut einen Amnestieantrag. Unter Erklärung der Reue und des Versprechens künftigen Wohlverhaltens wurde B. schließlich auch die verhängte Zuchthausstrafe erlassen. Wohin das Schicksal B. und seine Familie anschließend verschlagen hat, ist unbekannt.

W: *Lithographien im StadtA Wiesloch (eine Stadtansicht und ein Portrait seines Vaters).* – ***Q:*** *GLAK: 190/376; 234/1657; 240/1425. StadtA Wiesloch: A 3837 – 3847; A 4262; Pfandbuch Bd. XV. (1847 – 1850).*

Manfred Kurz

Brentano, Lorenz (urspr. Laurentius, seit 1850 auch Lorenzo) Peter Karl, Rechtsanwalt, Journalist und Politiker
* 4. 11. 1813 Mannheim, kath.
† 17. 9. 1891 Chicago

V Peter Paul Bartholomäus B., Großkaufmann und kurpfälz. Kommerzienrat (1740 – 1813). M Helene, geb. Heger (1784 – 1831). G 2. ∞ 1837 Caroline, geb. Leutz aus Hüfingen bei Donaueschingen (1819 – 1893). K 1 Sohn (Theodore B., Gesandter der USA in Ungarn), 3 Töchter.

1831 – 1834	Studium der Rechte an den Universitäten Heidelberg und Freiburg
1835 – 1837	Rechtspraktikant
1837 – 1845	Advokat in Mannheim
1845 – 1849	Obergerichtsadvokat am Hofgericht des Mittelrheinkreises zunächst in Rastatt, dann in Bruchsal

Lorenz Peter Brentano (Vorlage: GLAK)

1845 – 1849	Abgeordneter für den Wahlkreis Mannheim in der badischen Zweiten Kammer und der Konstituierenden Landesversammlung
12. 9. 1847	Teilnehmer an der Offenburger Versammlung
1849	Wahl zum Oberbürgermeister in Mannheim in zwei Wahlgängen (11. 1. und 30. 4.), Bestätigung von der Regierung beide Male versagt
Mai/Juni 1849	Vorsitzender der Provisorischen Regierung
28./29. 6. 1849	Flucht in die Schweiz
1850	Ausweisung; Emigration in die USA; Farmer und Journalist
6. 6. 1850	Verurteilung zum Tode in Abwesenheit durch das Hofgericht in Bruchsal; in lebenslange Haft umgewandelt
1862 – 67	Besitzer der „Illinois Staats-Zeitung“
1869	Amnestierung; 1872 auf Drängen der US-Regierung Begnadigung durch das badische Justizministerium
1872 – 1876	US-Konsul in Dresden
1877 – 1879	Mitglied des US-Repräsentantenhauses (Illinois/Republican)

B. entstammte einer im späten 18. Jahrhundert vom Comer See nach Frankfurt und Mannheim zugewanderten Kaufmannsfamilie. Sein Cousin Clemens und seine Cousinen Bettina und Ludovica B. waren Dichter und Dichterinnen, der Ökonom Lujo B. sein Neffe zweiten Grades. Als ehemaliger Corpsstudent (Corps „Allemannia“, Heidelberg) und erfolgreicher Rechtsanwalt nahm B. in den 1840er Jahren an den jährlichen konspirativen politischen Treffen teil, die der Führer der radikalen Oppositionellen in Baden, Johann Adam von Itzstein (s. dort), auf seinem Gut Hallgarten in Rheinhessen veranstaltete. Auf Vorschlag v. Itzsteins wurde er 1845 und erneut 1846 in Mannheim zum Landtagsabgeordneten gewählt. Als ein Teil der liberalen Opposition nach der Ernennung ihres Landtagskollegen Johann Baptist Bekk zum Minister zur Zusammenarbeit mit der Regierung überging, gehörte B. zu den Radikalen, die in Opposition blieben. Daß die Mannheimer ihn 1847 zusammen mit Wilhelm Sachs (s. dort) dennoch wiederwählten, nahm Großherzog Leopold zum Anlaß, einen geplanten Besuch der Stadt abzusagen.
1848 war B. bereits so prominent, daß er dem Frankfurter Vorparlament angehörte. Als Radikaler wurde er allerdings ebensowenig wie Friedrich Hecker und Gustav Struve (s. jeweils dort) in den Fünfzigerausschuß gewählt, der die Wahlen zur Deutschen Nationalversammlung vorbereitete. Gleich von zwei badischen Wahlbezirken (Engen/Radolfzell und Lahr) in die Paulskirche entsandt, schloß er sich den Fraktionen der äußersten Linken an (‘Deutscher Hof’, dann ‘Donnersberg’ und ‘Märzverein’). Im August setzte er sich für die Amnestierung Heckers ein und verglich dessen Handlungsweise bei seinem Aufstandsversuch mit den konterrevolutionären Putschplänen des preußischen

Prinzen (und späteren Kaisers) Wilhelm. Mehrere konservative preußische Abgeordnete zerrten B. daraufhin von der Rednertribüne und forderten ihn zum Duell. B. zog sich nach diesem Skandal weitgehend aus der nationalen Politik zurück und wirkte fast nur mehr in Baden.
Als Gegner der putschistischen Taktik Heckers und Struves versuchte B., als Vorsitzender des Landesausschusses der Volksvereine (seit Dezember 1848) demokratische Gegenmacht von unten zu organisieren. Dadurch wollte er die Regierung und den Monarchen so sehr unter Druck setzen, daß sie weitere Reformen durchführten. Der Sturz des konstitutionellen Regimes und die Flucht des Großherzogs, die B. Mitte Mai 1849 an die Spitze einer revolutionären Gegenregierung brachten, waren dabei gar nicht sein Ziel. Die Radikalen, die B. immer politisch (und mehrfach auch vor Gericht) verteidigt hatte, versuchten ihn bereits im Juni von der Regierungsspitze zu verdrängen. B. bemühte sich hingegen, die Revolution durch die Wahl einer Verfassunggebenden Versammlung am 3. Juni 1849 wieder in legale Bahnen zu lenken. Er ließ die Beamten, die die neue Regierung im allgemeinen anerkannten, großenteils auf ihren Posten und erzielte gewisse Erfolge bei der Stabilisierung der Situation im Lande. Angesichts des Scheiterns der Revolution in den Nachbarstaaten und der militärischen Übermacht der Interventionsarmeen Preußens und des Deutschen Bundes war die Lage der Provisorischen Regierung jedoch aussichtslos. Die Ausstattung B.s mit diktatorischen Vollmachten durch die Verfassunggebende Versammlung war nicht mehr als ein letzter, verzweifelter symbolischer Akt, an dessen Wirkung B. selbst am wenigsten glaubte.
Nach seiner Emigration mußte B. sich in den USA eine neue Existenz aufbauen. Denn die Verfolgung der Revolutionäre beschränkte sich nicht nur auf ihre Kriminalisierung, den Verlust von Ämtern und bürgerlichen Ehrenrechten, sondern bedeutete vielfach auch ihren finanziellen Ruin. Der badische Staat machte nämlich die wegen ihrer Beteiligung an der Revolution Verurteilten gesamtschuldnerisch für die entstandenen Kosten und Schäden haftbar. Waren sie flüchtig, so hielt sich der Fiskus an ihre Angehörigen.
Nach Anfangsschwierigkeiten brachte B. es in den USA dennoch zu erheblichem Wohlstand durch die von ihm seit 1860 geleitete „Illinois Staats-Zeitung", die größte und bedeutendste deutschsprachige Tageszeitung in den USA.
Anders als viele Beteiligte der Revolution von 1848/49 verspürte er nie den Drang, in die deutsche Politik zurückzukehren. Auch das Angebot, 1883 Premierminister des im Schnittpunkt deutscher, US-amerikanischer und britischer Kolonialinteressen liegenden Südsee-Archipels Samoa zu werden, lehnte er ab. Statt dessen widmete er sich in den letzten Lebensjahren literarischen Neigungen.
B. saß als radikaler Reformer in der badischen Revolution zwischen allen Stühlen. In den rückblickenden Darstellungen beider Seiten – der Revolutionäre wie der Legalisten – kommt er deshalb schlecht weg. Eine kritische biographische Würdigung B.s, der zu den wichtigsten Politikern der südwestdeutschen Revolution zählt, ist ein Desiderat historischer Forschung.

W:*Die letzten Zuckungen der badischen Revolution. In: National-Zeitung. o.O. o.J. (ca. 1892); ein Exemplar befindet sich im Nachlaß B.s in Chicago, Historical Society. B. papers. box 2. folder 14. –* ***L:*** *Bauer, Sonja-Maria: Die Verfassunggebende Versammlung in der Badischen Revolution von 1849. Darstellung und Dokumentation. Düsseldorf 1991 (Beiträge zur Geschichte des Parlamentarismus und der politischen Parteien, 94); Hildebrandt, Gunther: L.B.. In: Demokratische Wege. Deutsche Lebensläufe aus fünf Jahrhunderten. Stuttgart 1997, 102ff.; o. V.: L.B.. In: Badische Biographien. Bd. 5. Heidelberg 1906, S. 879 – 895; L.B. In: NDB 2 (1955), S. 595f. (mit zahlreichen Fehlern). –* ***B:*** *GLAK: J-G-B/7, Bl. 10; J- Ac-B/21; StadtA Mannheim, Bildsammlung.*

Christian Jansen

Brinckmann, Carl Hinrich Ludwig („Louis"), Privatdozent der Rechte mit Schwerpunkt Handelsrecht
* 27. 4. 1809 Hamburg, ev.
† 24. 5. 1855 Heidelberg

V Carl August Johann B., Krämer (1785 – 1828). M Anna Catharina, geb. Lührs (1782 – 1853). G 6, darunter Theodor (1811 – 1849), Kaufmann; Auguste (* 1814); Alexander (1816 – nach 1884), Kaufmann und preußischer Diplomat; Fritz (1821 – 1851), Leutnant und 1848 radikales Mitglied der Hamburger Konstituante; Wilhelm (* 1825), Kaufmann und Beamter.
∞ 1842 (Hamburg) Mary, geb. Justus (1814 – 1865), ev., aus Hamburg. V Heinrich Jakob J., Kaufmann und Handelsrichter (1774 – 1851). M Henriette Amalie, geb. to der Horst (1779 – 1852). K 3, Justus (1843 – 1915), Gründer des Museums für Kunst und Gewerbe in Hamburg; Marie, verh. Voigt, Mutter von Helene Voigt-Diederichs; Hulda, verh. Peters.

1823	Gelehrtenschule des Johanneums Hamburg; Schulabbruch; Kaufmann
1834 – 1836	Studium in Heidelberg; Promotion zum Dr. jur.
1836 – 1847	Rechtsanwalt in Hamburg
1847 – 1855	Privatdozent in Heidelberg

B. sah sich mit dem Niedergang seiner Anwaltskanzlei nicht zuletzt als Opfer der Vetternwirtschaft in der Hamburger Patrizierrepublik. Mit seinem Wechsel nach Baden verband sich denn auch die feste Überzeugung, daß die dortige konstitutionelle Monarchie die beste und rationalste Regierungsform sei. Die Märzrevolution traf deshalb auf sein völliges Unverständnis. Ganz dem Status quo verpflichtet, mißtraute er zunächst selbst den liberalen Kräften.
Seine prekäre Lage als nur von Vorlesungsgebühren und Zuwendungen eines Bruders lebender Privatdozent brachte es mit sich, daß er alle Entwicklungen zuallererst nach ihren Auswirkungen auf seine Karrierepläne beurteilte. Infolge der Revolutionsereignisse gingen die Studentenzahlen stark zurück und ruhiges Arbeiten wurde schwierig. B.s erste Reaktion war Verärgerung, zwischenzeitlich abgelöst von der Hoffnung, durch Entlassung radikaler Dozenten und Professoren könnte er sich der Konkurrenz entledigen. Als daraus nichts wurde, versuchte er – in einer scheinbaren Kehrtwendung – im Herbst gar die Dynamik der Revolution für sich selbst zu nutzen: Auf dem Hochschulreformkongreß in Jena gehörte er zu der radikalen Minderheit, die die Besoldung der Privatdozenten und die Mitbestimmung von Studenten und Dozenten bei der Hochschulverwaltung forderte.
Lokalpolitisch gehörte er dagegen zu den Bremsern. Er war zutiefst beunruhigt von der offensichtlichen Stärke radikal-demokratischer, auch sozialrevolutionärer Kräfte in Heidelberg. Schon kurz nach Ausbruch der Revolution war er deshalb der Bürgerwehr beigetreten. Nach dem Heidelberger Studentenauszug im Juli ergab sich die Möglichkeit, noch mehr zur Abwehr der Radikalen zu tun. Am 28. Juli, einen Tag nach der Rückkehr der Studenten, trafen etwa 60 Bürger zusammen, um zu diesem Zweck einen Vaterländischen Verein zu gründen. B. wurde mit dem Entwurf der Satzung beauftragt. Nach ausgiebigen Diskussionen konnten am 3. August das Programm und am 31. August die Statuten des Vereins veröffentlicht werden. Die Privatdozenten Ruth und P. Pickford wurden zu Präsidenten und Vizepräsidenten gewählt, neben B. gehörten dem siebzehnköpfigen Vorstand u.a. auch der Gemeinderat Weber und der Buchhändler Groos an.
Der „Vaterländische Verein zu Heidelberg" organisierte im Herbst 1848 einige Veranstaltungen zur allgemeinen Programmatik des Vereins, zur Schleswig-Holstein-Frage, der „Verdienstlosigkeit der gewerbetreibenden Klasse" und der „Noth der Arbeiterklasse". Im Oktober/November ließ das Engagement stark nach, zum Jahreswechsel scheint die Arbeit des Vereins völlig eingeschlafen zu sein.
Hatte B. anfangs noch jede revolutionäre Änderung abgelehnt, wurde er mit der Zeit zum großen Anhänger der Paulskirche. Als im Konflikt um die Annahme der Paulskirchenverfassung der Heidelberger Verein wieder zum Leben erwachte, war B. in der ersten Reihe dabei. Anfang März 1849 wurde ein neuer Vorstand mit dem Advokaten Weber als Vorsitzendem und B. als Schriftführer gewählt. Seinen eigenen Angaben nach war B. in dieser Zeit die treibende Kraft des Vereins.
Vielerorts fanden sich in der Reichsverfassungskampagne Liberale und Demokraten zusam-

men. Nicht so in Heidelberg. Diesbezügliche Angebote des Heidelberger Vaterländischen Vereins an die Adresse der im Volksverein zusammengeschlossenen demokratischen Gruppierungen scheiterten vermutlich vor allem am Widerstand des Arbeitervereins. So beschimpfte man sich in den wilden Flugblatt- und Artikelkampagnen von April und Mai weiterhin auch gegenseitig.
Die badische Mairevolution von 1849 verbrachte B. dann im Frankfurter Exil. Er war zwei Stunden vor der Ausrufung der Republik aus Heidelberg geflüchtet, da er um sein Leben fürchtete. Die Niederschlagung der Revolution durch preußische Truppen wurde von ihm freudig begrüßt.
B. erkannte jedoch erst langsam und schmerzlich, daß ihm sein politisches Engagement beruflich nicht von Nutzen sein sollte. In den ersten Jahren der Reaktionszeit regierten konservativ-katholische Kräfte, denen auch er als protestantischer, pro-preußischer Liberaler suspekt war. Als Ende der 50er Jahre die Liberalen wieder die Macht in Baden übernahmen, war er bereits an schweren Krankheiten in Armut gestorben. Vorher hatte er allerdings sein wichtigstes Werk, ein „Lehrbuch des Handelsrechts" noch fast vollenden und zum größten Teil bereits herausgeben können.

W: *Das Gewohnheitsrecht im gemeinen Civilrechte und Civilprozesse und die Handelsüsancen. 1. Theil: Das Gewohnheitsrecht im gemeinen Civilrechte und Civilprozesse. Habil. Heidelberg 1847; Würdigung des Entwurfs eines allgemeinen Handelsgesetzbuches für Deutschland, welchen die durch das Reichsministerium der Justiz niedergelegte Kommission veröffentlicht hat. Teile 1 – 3. In: AcP 1849 – 51, S. 32 – 34, 67 – 100, 151 – 173, 356 – 400; anonym: Über die Heidelberger Zustände. In: Akademische Monatsschrift (Oktober 1850), S.452; Lehrbuch des Handelrechts mit Ausschluß der Lehren des See- und Assekuranzrechts. Heidelberg 1852 – 60; 15 Rezensionen in der „Kritische(n) Zeitschrift für die gesammte Rechtswissenschaft" 1853 – 1855; Über die Wechselprotestlage. In: Archiv für deutsches Wechselrecht 3 (1853), S. 187.* – **Q:** *GLAK: 205/169 (Personalakte); StaatsA Hamburg: 622 – 1: Familie Brinckmann 1798 – 1910; StadtA Heidelberg: D42k (Flugschriften); UniversitätsA Heidelberg: PA 1392 (Personalakte); Juristische Fakultät: H-II–111/31; Spruchkollegium: H-II–150; H-II–153; H-II–154; Universitätsbibliothek Heidelberg: B 4423 – 4A: Mappen „Revolution [...]"; in Familienbesitz: Briefbestand C.H.L.B 1850 – 1855; Urkunden aus dem Besitz C.H.L.B.s; Briefabschriften C.H. L.B. an Peters; Briefabschriften C.H.L.B.; Briefabschriften Mary B.* – **L:** *Brie: C.H.L.B. In: ADB 3 (1876). (ND Berlin 1967), S. 333; Woydt, Malte: C.H.L.B. Privatdozent in Heidelberg 1847 – 1855 zwischen Universität und Politik. (unveröffentlichte Magisterarbeit) Mannheim 1996 (Veröffentlichung in Vorbereitung). Zur wissenschaftlichen Tätigkeit: Baums, Theodor: Entwurf eines allgemeinen Handelsgesetzbuches für Deutschland. Heidelberg 1982 (Abhandlungen aus dem gesamten Bürgerlichen Recht, Handelsrecht und Wirtschaftsrecht, 54); Goldschmidt, Levin: C.H.L.B., Lehrbuch des Handelsrechts. (Rezension). In: Zeitschrift für das gesamte Handelsrecht 4 (1861), S. 467ff.; Köbler, Gerhard: Der Wissenschaft des gemeinen deutschen Handelsrechts. In: Coring, H./ Wilhelm, W. (Hrsg.): Wissenschaft und Kodifikation des Privatrechts im 19. Jahrhundert. Bd. 1. Frankfurt a. M. 1974 (Studien zur Rechtswissenschaft des 19. Jahrhunderts, 1), S. 277 – 296; Landwehr, Götz: Die Handelsrechtswissenschaft in der Universität Heidelberg im 19. Jahrhundert. In: Semper apertus. Sechshundert Jahre Ruprecht-Karls-Universität Heidelberg 1386 – 1986. Bd. 2. Heidelberg 1985, S. 61 – 83; Raisch, Peter: Die Abgrenzung des Handelsrechts vom Bürgerlichen Recht als Kodifikationsproblem im 19. Jahrhundert. Stuttgart 1962 (Abhandlungen aus dem gesamten Bürgerlichen Recht, Handelsrecht und Wirtschaftsrecht, 27); Rückert, Joachim: Handelsrechtsbildung und Modernisierung des Handelsrechts durch Wissenschaft zwischen ca. 1800 und 1900. In: Scherner, Karl Otto: Modernisierung des Handelsrechts im 19. Jahrhundert. Heidelberg 1983, S. 19 – 66; Schmidt, Karsten: Das HGB und die Gegenwartsaufgaben des Handelsrechts. Berlin 1982 (Schriftenreihe der Juristischen Studiengesell-*

schaft, 75). – ***B:*** *In: Körner, Bernhard (Hrsg.): Deutsches Geschlechterbuch. Bd. 63. Görlitz 1929, S. 211; Privatbesitz, Hamburg.*

Malte Woydt

Bronner, Eduard, Arzt
* 12. 7. 1822 Wiesloch, ev.
† 19. 3. 1886 Bradford (Yorkshire, England)

V Johann Philipp B., Apotheker, Ökonomierat (1792–1864). M Tugendfreundin, geb. Märklin (1795–1828). G 3 Brüder aus 1. Ehe, 2 Brüder und 1 Schwester aus 2. Ehe des Vs. ∞1849 (Alzey) Charlotte, geb. Herelle (* 1830). V Friedrich H., Lederfabrikant in Alzey. M Christina, geb. Frey. K 2 Söhne, 2 Töchter.

1833 – 1839	Gymnasium Heidelberg
1839 – 1845	Studium der Medizin an den Universitäten Heidelberg und Freiburg
1846	badisches Staatsexamen
1848	Niederlassung als praktischer Arzt in Wiesloch, Gründungsmitglied des örtlichen Volksvereins
Mai/Juni 1849	Redner bei Volksversammlungen; Zivilkommissär
ab 22. 6. 1849	Flucht nach Frankreich und in die Schweiz
1849	Verurteilung zu acht Jahren Zuchthaus
1851	Übersiedlung nach England
1859	Gründer des Schillervereins in Bradford, langjähriger Präsident
1877	Wahl zum Präsidenten der „Medico-Chirurgical Society“ von Bradford

Eduard Bronner (Vorlage: StadtA Wiesloch)

B. entstammte einer angesehenen und begüterten Wieslocher Familie. Sein Vater, Johann Philipp B., war Apotheker und galt als Weinbauexperte, der über gute Verbindungen zu Markgraf Wilhelm von Baden verfügte, welcher ihn wegen seiner Verdienste um den Weinbau zum Ökonomierat ernennen ließ. Erste Berührungen mit der demokratischen Bewegung hatte B. bereits während seines Studiums, vor allem während seines Aufenthalts in Freiburg. Auf seine Initiative wurde im Herbst 1844 in Heidelberg die studentische Reformverbindung „Alemania“ (später „Neckarbund“) gegründet, deren Mitglied auch Carl Blind (s. dort) war. Die Zeit nach seinem Staatsexamen zwischen 1846 und 1848 verbrachte B. mit Auslandsaufenthalten zu Studienzwecken in Paris, Wien und Prag, gefolgt von einem Dienst in der Armee in Schleswig-Holstein als Arzt. Ende 1848 ließ er sich als praktischer Arzt in Wiesloch nieder und heiratete im April 1849. Als Gründungsmitglied des örtlichen Volksvereins übernahm B. dessen Vorsitz und trat nach Ausbruch der Mairevolution bei den Volksversammlungen in Nußloch, Mühlhausen und Wiesloch als Redner auf. Dabei sprach er sich für den Fortschritt auf gesetzlichem Weg aus und versuchte, die unterschiedlichen politischen Strömungen in der Bevölkerung auf diese Linie zu vereinigen. Seine ihm vom Landesausschuß übertragene Funktion als Zivilkommissär nahm B. lediglich einen Tag wahr; als sein Nachfolger wurden Franz

Bastian und später Max Cohnheim, der provisorische Stellvertreter der Bezirkskommissäre für Wiesloch und Neckargemünd, ernannt. Bei der Mobilmachung der Bürgerwehraufgebote trat B. als Arzt bei den Musterungen in Erscheinung. Am 3. Juni 1849 wurde B. als Abgeordneter des XVII. Wahlbezirks (Amtsbezirke Wiesloch, Heidelberg, Weinheim) in die badische Verfassunggebende Versammlung gewählt; am 22. Juni legte er sein Mandat nieder. Danach floh er in die Schweiz (Bern und Zürich). In Abwesenheit wurde B. vom Hofgericht Bruchsal zu acht Jahren Zuchthaus und „sammtverbindlich mit den übrigen Theilnehmern" der hochverräterischen Unternehmungen zum Ersatz für den der großherzoglichen Staatskasse zugefügten Schaden verurteilt. Sein Vermögen und das seiner Frau wurden beschlagnahmt und der Schaden im Wieslocher Pfandbuch mit drei Millionen Gulden veranschlagt. Die Streichung der Eintragung erfolgte erst im Juli 1859. Da die Behörden annahmen, daß bei B. finanziell etwas zu holen sei, wurde über die Schadensersatzforderung noch einige Zeit gestritten; in einem Vergleich mit einer Abfindungssumme von 3.500 Gulden fand die Angelegenheit schließlich 1851 ihr Ende. Nach seiner Flucht in die Schweiz hielt sich B. in Straßburg und im Elsaß auf, ging dann 1850 nach Paris, wo er an verschiedenen Hospitälern arbeitete. Von dort übersiedelte er – nachdem ihm die Ausweisung drohte – im Spätjahr 1851 nach England und ließ sich schließlich in Bradford/Yorkshire als Arzt nieder. In London und Paris bildete er sich auf dem Gebiet der Ohren- und Augenheilkunde weiter und verfaßte mehrere medizinische Veröffentlichungen in englischer Sprache. 1857 eröffnete er in Bradford auf eigene Kosten eine Konsultationsstelle für Augen- und Ohrenkranke, in der die Armen kostenlos behandelt und operiert wurden. 1865 erfolgte der Ausbau dieses Ambulatoriums zu einer Klinik, in der jährlich 2.000 Patienten ihre Behandlung fanden. Bald galt diese Klinik als eine der am besten ausgerüsteten und erfolgreichsten ihrer Art in Europa. Seine Verbundenheit zu Deutschland ließ B. nicht abbrechen: Beide Söhne besuchten das Gymnasium in Heidelberg und studierten in Heidelberg und Straßburg Medizin. In Bradford gründete B. 1859 einen „Schillerverein", als dessen Präsident er eine deutsche Bibliothek aufbaute und Vorträge sowie Konzerte organisierte. Für die Unterstützung der deutschen Verwundeten, Witwen und Waisen des Kriegs 1870/71 veranstaltete B. eine Geldsammlung in seiner Wahlheimat. Ohne jemals wieder nach Deutschland zurückgekehrt zu sein, starb B. 1886 in Bradford, wo er unter großer Anteilnahme der Bevölkerung beigesetzt wurde.

__Q:__ GLAK: Zc 181, 1849, S. 642; 190/377; 240/1432; 237/2898; 237/ 2899;237/2900; 237/2901; 237/2902; 237/2903; 237/2904; StadtA Wiesloch: A 3837 – 3847; A 4262; Pfandbuch, Bd. XV. (1847 – 1850). – __L:__ Bauer, Sonja-Maria: Die Verfassunggebende Versammlung in der Badischen Revolution von 1849. Darstellung und Dokumentation. Düsseldorf 1991 (Beiträge zur Geschichte des Parlamentarismus und der politischen Parteien, 94); Kußmaul, Adolf: Jugenderinnerungen eines alten Arztes. Stuttgart 1899 (ND Waldkirch 1985); Schaible, Karl Heinrich: E.B. Eine Lebensskizze. Heidelberg 1886. – __B:__ StadtA Wiesloch.

Manfred Kurz

Buhl, Franz Peter, Weingutsbesitzer, badischer und pfälzischer Politiker

* 21. 9. 1809 Ettlingen, kath.

† 11. 8. 1862 Coburg

V Franz B., Papierfabrikant (1779 – 1844), Bürgermeister von Ettlingen, Mitglied der badischen Zweiten Kammer. M Maria Barbara, geb. Jordan (1783 – 1842). G Serafine (1813 – 1870), ∞1838 Ludwig Andreas Jordan (1811 – 1883), Weingutsbesitzer in Deidesheim.
∞ 1836 Josefine, geb. Jordan (1813 – 1872), seiner Cousine. K Franz Armand (1837 – 1896), Weingutsbesitzer, Reichstagsabgeordneter; Eugen (1841 – 1910), Weingutsbesitzer, bayerischer Landtagsabgeordneter; Heinrich (1848 – 1907), Universitätsprofessor, Geheimer Hofrat.

23. 12. 1843	Wahl zum badischen Abgeordneten im Wahlkreis Waldshut
10. 10. 1847	Teilnahme Heppenheimer Versammlung

5. 3. 1848	Teilnahme an der Einundfünfziger-Versammlung in Heidelberg
31. 3. 1848	Teilnahme an den Versammlungen des Vorparlaments
7. 4. 1848	Mitglied des Fünfziger-Ausschusses
7. 6. 1848	Wahlniederlage gegen Friedrich Hecker (s. dort) um ein Mandat für die Nationalversammlung im Wahlkreis Tiengen/Waldshut
26. 10. 1848	erneute Wahlniederlage gegen Hecker im Wahlkreis Tiengen/Waldshut
1849	Begründung des Weingutes F. P. B. in Deidesheim
21. 7. 1849	Aufnahme als Bürger in Deidesheim
1856 – 1862	Mitglied des bayerischen Landtags
1859	Mitbegründer der Tageszeitung „Pfälzischer Kurier“

B.s politische Karriere begann im heimatlichen Ettlingen in Baden. Am 23. Dezember 1843 wurde er im Wahlkreis Waldshut in den badischen Landtag gewählt. Er trat in den Kreis der gemäßigten südwestdeutschen Liberalen, wo er sich allerdings weder als großer Redner noch durch Ausführung besonderer politischer Aufträge hervortat. Er bevorzugte die Rolle des ruhigen und gelassenen Vermittlers. B. suchte den Kontakt zu jenen badischen Politikern, die den Ideen der konstitutionellen Monarchie und einer nationalen Bundesreform zuneigten und einen Ausgleich mit der bestehenden Ordnung des deutschen politischen Lebens anstrebten. B. verbanden enge persönliche Bande mit Heinrich von Gagern, den Heidelberger Professoren Georg Gottfried Gervinus und Ludwig Häusser und dem Kölner Gustav Mevissen, durch den er Kontakt zum rheinischen Großbürgertum bekam. B.s Weingut in Deidesheim spielte als Treffpunkt und Tagungsort der liberalen Bewegung im Vormärz eine wichtige Rolle. Hier entstand der Plan zur Gründung der „Deutschen Zeitung“ Prof. Carl Joseph Anton Mittermaiers, die B. durch Übernahme eines größeren Geschäftsanteils unterstützte. In den Formen bürgerlicher Geselligkeit reifte hier das politische Bewußtsein der konstitutionellen Partei. Von diesen Zusammenkünften führte der Weg über die Versammlungen in Heppenheim am 10. Oktober 1847 und Heidelberg am 5. März 1848 zum Vorparlament, an denen B. jeweils teilnahm, und damit direkt zur politischen Bewegung von 1848. Als im Vorparlament bald die Gegensätze zwischen den Liberalen und den Radikalen aufbrachen, versuchte B. zunächst mit Erfolg zu vermitteln. Es ging dabei um die Frage, ob man dem Deutschen Bundestag die Vorarbeiten zur Bildung der Nationalversammlung überlassen könne. Die Radikalen unter Hecker forderten, daß dieser sich vorher von allen reaktionären Elementen unter den Ländergesandten zu reinigen habe. Als Hecker und seine Anhänger erkannten, daß sie sich mit ihrer Forderung nicht durchsetzen würden, verließen sie die Versammlung. B. sah in dem drohenden Auseinanderbrechen des Vorparlaments ein schlechtes Vorzeichen, nahm daher Kontakt mit Hecker auf und erschien dann zu später Nachtstunde zusammen mit seinem Freund Prof. Mittermaier, dem Vorsitzenden des Vorparlaments, beim Präsidenten des Deutschen Bundestages, dem Fürsten Colloredo-Waldsee, und erreichte bei ihm die Erklärung, der Bundestag sei bereits bereinigt, da die reaktionären Ländergesandten schon ihren Rücktritt eingereicht hätten. Das von B. erreichte Zurückweichen des Bundestagspräsidenten ermöglichte den Radikalen die Rückkehr in die Versammlung des Vorparlaments. Allerdings blieb B.s Vermittlung ohne Dauererfolg. Wenige Tage später brachen die Differenzen erneut auf, und Hecker verließ grollend Frankfurt und rief bald darauf von Konstanz aus zur Revolution auf. B. blieb nach dem Auseinandergehen des Vorparlaments als Mitglied des Fünfziger-Ausschusses, der die Tätigkeit des Bundestages beratend überwachen sollte, weiterhin in Frankfurt. Nachdem Hecker die Legalität verlassen hatte, trieb B. als Kommissar für Baden energisch zur Bundesexekutive gegen die aufständischen Radikalen. Bei den Wahlen zur Nationalversammlung unterlag B. seinem Gegenkandidaten Friedrich Hecker im Wahlkreis Tiengen zuerst am 7. Juni 1848. Der Versuch, B. statt Heckers, der des Landesverrats beschuldigt wurde, in die Nationalversammlung einziehen zu lassen, scheiterte am Widerstand der Linken. Als die Wahl am 26. Oktober 1848 in besagtem Wahlkreis wiederholt wurde, unterlag B. erneut. Wenn B. damit auch ein Mandat für die Nationalversammlung verwehrt worden war, so war er trotzdem bei allen wichtigen Entscheidungen der Nationalversammlung anwesend, da ihm der Frankfurter Kaufmann Robert Koch und seine politisch engagierte Frau Clotilde, Verwandte der Jordans und Buhls, den gesellschaftlichen Rahmen für „politische Vermittlung, persönliche Aufträge und politische Geselligkeit" boten. B. weilte am Abend vor der Wahl des Reichsverwesers (28. Juni 1848) in Frankfurt und schlichtete Differenzen zwischen Gagern und Bassermann und Mathy (s. dort); er eilte von Deidesheim herbei, als der Waffenstillstand von Malmö die propreußischen Gagernfreunde in eine schwere Krise stürzte (28. August), und er war wieder anwesend, als es um die Ratifizierung dieses umstrittenen Vertrages ging (12. September). Als im Dezember die Frage auftauchte, ob Gagern das Amt eines Ministerpräsidenten der Reichsregierung annehmen sollte, war B. ebenfalls wieder in Frankfurt anwesend. Bei allen Krisen und Höhepunkten der Nationalversammlung erschien B. stets und war einer der Hauptagitatoren im Gagernschen Sinne.

Der Tod seines Schwiegervaters Andreas Jordan und die Aufteilung des Erbes ließen B. im Revolutionsjahr 1849 endgültig in Deidesheim (Pfalz) ansässig werden, das er schon zuvor zunehmend als Aufenthaltsort bevorzugt hatte. Politisch war B. in der Pfalz erstmals 1841 aufgefallen, als er ein Gesuch an die pfälzische Regierung richtete, „freiwillige Beiträge" für das in Freiburg zu errichtende Denkmal Karl von Rottecks sammeln zu dürfen. Er wollte damit das Andenken eines Mannes ehren, der sich nach B.s Ansicht große Verdienste um das deutsche Vaterland erworben hatte und der „mit Selbstverläugnung, Geist und Feuer in verhängnißvollen Tagen" für die Befreiung Deutschlands vom fremden Joche gekämpft hatte. Die pfälzische Regierung lehnte B.s Gesuch ohne Begründung ab. In den Kreis der pfälzischen Liberalen wurde B. anläßlich eines Festessens eingeführt, das am 21. Juni 1846 in Dürkheim zu Ehren der von München zurückgekehrten

Franz Peter Buhl (Landwirtschaft (1913), S. 12)

pfälzischen Abgeordneten gegeben wurde und an dem rund 200 Honoratioren teilnahmen. B. sprach in der Versammlung einen politisch unverbindlichen Toast „auf das Wohl der gesegneten Pfalz" aus. Mit der Wahl seines endgültigen Wohnsitzes in Deidesheim wurde B. Bürger einer Provinz, die nach dem zusammengebrochenen Aufstand einem rigorosen Polizeiregiment unterlag. B. hielt sich politisch zunächst zurück, sieht man von seiner Verwicklung in den Deidesheimer Fahnenskandal von 1852 ab: B., sein Schwager Deinhard und einige weitere Weingutsbesitzer hatten bei der Durchreise des bayerischen Königs Ludwig an ihren Häusern schwarz-rot-goldene Fahnen herausgehängt, was für den Monarchen und den ultrakonservativen Regierungspräsidenten von Hohe eine ungeheuere Provokation bedeutete. Der Regierungspräsident drohte B. und anderen inkriminierten Bürgern bei weiteren Provokationen den Einsatz des Militärs und die Aufbürdung aller damit verbundenen Kosten an. B. löste im Januar 1856 in freundschaftlicher familiärer Absprache seinen Schwager Ludwig A. Jordan (s. dort) als Abgeordneten in der bayerischen Zweiten Kammer ab, der er bis zu seinem Tode angehörte. Seine deutsch-nationalen Bestrebungen und sein Festhalten an den Grundsätzen der erbkaiserlichen Partei des Jahres 1849 machten ihn in der Pfalz, in Baden und darüber hinaus bekannt.

Später nahm er mit lebhaftestem Interesse Anteil an allen Versuchen, über die einzelstaatlichen Grenzen hinweg eine nationaldeutsche Politik zu betreiben, wobei sein Landsitz in Deidesheim zum Treffpunkt politischer Freunde aus allen deutschen Staaten wurde. Im Mai 1862 wurde hier die Idee der Abgeordnetentage angeregt, die kurz darauf zur Pfingstversammlung in Frankfurt a. M. führte. Bei der Gestaltung der pfälzischen Presselandschaft übte B. ebenfalls einen entscheidenden Einfluß aus. Nach der Revolution von 1849 unterstützte er zunächst finanziell die „Pfälzer Zeitung" und seit 1859 den neugegründeten „Pfälzischen Kurier", der ganz in seinem Sinne eine kleindeutsche und liberale Politik vertrat. Noch bevor die kleindeutsche konstitutionelle Gruppierung sich als Fortschrittspartei organisiert hatte, starb B. am 11. August 1862 auf der Durchreise in Coburg. B.s plötzlicher Tod riß ihn aus dieser Aufschwungphase des bürgerlichen Liberalismus, die er mit großer Anteilnahme und Energie begleitet hatte.

B. war ein Mann aus dem praktisch bürgerlichen Leben, der ohne Doktrinarismus die Forderung des Bürgertums nach Mitwirkung in einem größeren deutschen Staat vertrat. Von seinem Deidesheimer Haus und dem seines Schwagers Jordan konnte der preußische Nationalverein erfolgreich seinen Weg durch Süddeutschland antreten. B. übte bedeutenden Einfluß hinter den Kulissen, mit der Kraft seiner persönlichen Überzeugung, mit dem Gewicht seiner finanziellen Mittel, die eines der größten deutschen Weingüter abwarf.

*Q: Nachlaß im BundesA, Abt. Frankfurt. – L: Kermann, Joachim: Tendenzen wirtschaftlicher und sozialer Entwicklung in Deidesheim von 1816 bis 1914. In: Deidesheim. Beiträge zu Geschichte und Kultur einer Stadt im Weinland. Sigmaringen 1995, S. 203 – 267; Schieder, Theodor: F.P.B. – Franz Armand Buhl. In: Saarpfälzische Lebensbilder 1 (1938), S. 151 – 168; ders.: F.P.B.. In: NDB 3 (1957), S. 11; Stemmermann, H.-P.: Die badisch-pfälzische Familie Buhl. Biographie einer Familie von Industriepionieren und liberalen Politikern. In: Oberrheinische Studien 2 (1973), S. 285 – 334. – **B:** In: o.V.: Die deutsche Landwirtschaft unter Kaiser Wilhelm II. Bd. 2. Halle 1913, S. 12.*

Joachim Kermann

Bussemer, Johann Christian, Bürgermeister von Eberbach, Bierbrauer

* 17. 3. 1815 Eberbach, ev.

† 16. 5. 1874 Eberbach

V Johann Christian B., Biersieder, Brauereibesitzer, Betreiber des Gasthauses „Zum Stern" (1782 – 1860). M Maria Elisabetha, geb. Eiermann (1784 – 1850) aus Eberbach. G 3 Brüder, 6 Schwestern (davon 5 bereits im Kindesalter verstorben).

∞ 1.) 4. 12. 1860 Johanna Elisabeth, geb. Koch (1834 – 1863) aus Eberbach. K 2 Töchter (eine im Kindesalter verstorben). 2.) 30. 3. 1865 Amalie Elisabeth Caroline, geb. Stumpf (1835 – 1876), Freundin seiner 1. Ehefrau. K 1 Sohn.

	Besuch der Volksschule in Eberbach und des Lyzeums in Mannheim
	Ausbildung im Brauereihandwerk
1834 – 1838	auf Wanderschaft (Baden/Schweiz/Frankreich); Eintritt in das Geschäft seines Vaters
1849 – 1874	Bürgermeister der Stadt Eberbach
1852 – 1874	Kirchenältester
1864 – 1874	Mitglied in Kreisausschuß und Kreisversammlung
1866 – 1869	Mitglied im Bezirksrat
1867	Verleihung des Ritterkreuzes 2. Klasse des Zähringer Löwenordens

B. blieb während der Revolutionsereignisse politisch im Hintergrund, obwohl er seit den vierziger Jahren im Gemeindeausschuß und im Gemeinderat aktiv war. Er zählte zum Umkreis von Theodor Frey (s. dort), der B. als seinen Freund bezeichnete. B. übte einen mäßigenden Einfluß auf Exzesse der revolutionär erregten Massen aus. So versuchte er zusammen mit Bürgermeister Heinrich Neuer am 6. März 1848, den Brandanschlag auf das Erbach-Fürstenauische Jagdhaus in Imberg zu verhindern, und er bewog am 12. März 1848 gemeinsam mit dem Bürgermeister, Theodor Frey (s. dort) und Jakob Heuss den in der Bevölkerung umstrittenen Eberbacher Amtmann Wilhelm Christian Hübsch (s. dort) zum Verlassen der Stadt.
Die liberal-konstitutionelle Überzeugung B.s zeigte sich darin, daß er während Freys Teilnahme an der badischen Konstituierenden Versammlung (14.–20. Juni 1849) dessen Aufgaben als Zivilkommissär übernahm, ohne daß er dazu offiziell eingesetzt worden war. Es bleibt allerdings merkwürdig, daß B. nach dem wenige Tage zuvor erfolgten Einmarsch der Bundestruppen am 27. Juni 1849 zum kommissarischen Bürgermeister von Eberbach ernannt wurde. Dieses Amt, in dem er seit 1852 nach verschiedenen Wahlmodi dreimal bestätigt wurde, bekleidete er bis zu seinem Tod 1874. Unter seiner Leitung gelang die Ablösung feudaler Zinsen und die Durchführung verschiedener Baumaßnahmen (Bau des Neckarhafens und Lauer-Korrektur). B. förderte die Industrieansiedlung und den Bau einer Eisenbahnlinie. Dank seiner Initiative konnten der Vorschußverein (heute: Volksbank) und die Freiwillige Feuerwehr gegründet werden. Zugunsten der Armen machte er eine Stiftung. Er war Gründer, Mitglied und erster Vorstand des Eberbacher Gesangvereins „Liederkranz", des Protestantenvereins, des Gustav-Adolf-Vereins und des Missionsvereins. Seinen liberal-konstitutionellen Überzeugungen blieb er als Mitglied der nationalliberalen Partei treu.

Johann Christian Bussemer, Altersbild (Vorlage: StadtA Eberbach)

Q: *StadtA Eberbach: IIa/159; IIa/332 – 333; IIa/1144 – 46; IIa/1272 – 88; IIa/1549 – 50; IIa/1744.* – ***L:*** *Cser, Andreas/Vetter, Roland/Joho, Helmut: Geschichte der Stadt Eberbach am Neckar vom 16. Jahrhundert bis zur Gegenwart. Sigmaringen 1992 (Geschichte der Stadt Eberbach am Neckar, 2), S. 133 – 137; Frey, Theodor: Lebens-Erinnerungen und Erlebnisse. Biographische Skizzen. Eberbach 1896; Höchstetter, Wilhelm: Zur Erinnerung an J.C.B., Bürgermeister der Stadt Eberbach a.N. Züge seines Lebens- und Characterbildes. Der Familie des Verblichenen, seiner Gemeinde Eberbach und dem zahlreichen Kreis seiner Freunde gewidmet. Mosbach 1874 (erweiterter Sonderabdruck aus der Badischen Neckarzeitung); Joho, Helmut (Hrsg.): Die Eberbacher Ortschronik von Anton Gillig, dem katholischen Pfarrer und Dekan von Eberbach in den Jahren 1840 bis 1849. In: Eberbacher Geschichtsblatt 87 (1988), S. 86 – 117; Vetter, Roland: Theodor Frey. Sein Leben und seine Zeit. Eine biographische Skizze des Initiators des Deutschen Handelstages unter Verwendung seiner Lebenserinnerungen. Eberbach-Heidelberg 1986 (Festschrift zum 125jährigen Jubiläum des Deutschen Industrie- und Handelstages).* – ***B:*** *StadtA Eberbach: Fotosammlung Nr. 2571.*

Rüdiger Lenz

Canton, Maria Theresia, geb. Hartmuth, Vereinspräsidentin
* um 1795 Mannheim, kath.
† 20. 11. 1870 Mannheim

V Anton H., königlich bayerischer Hauptmann († 1823 Steinweiler b. Landau). M Maria (* um 1777 Mannheim, † 1855 Mannheim), bereits 1807 geschieden.
∞23. 11. 1813 (Weinheim) Joseph C., Handelsmann. K 1 Sohn, 1 Tochter.

1849 Präsidentin des Frauenvereins „Concordia"

Nach dem Tode ihres Mannes zog C. mit ihren zwei Kindern 1826 nach Mannheim, wo sie in der seit 24 Jahren in der von ihrer Mutter geführten „Wartschule" in F 5, 8 tätig war. Nachdem sie „von hochpreislicher Regierung die Erlaubniß dazu erhielt", übernahm sie im Mai 1847 die Einrichtung und warb bei ihrer Kundschaft, die vermutlich in den bürgerlichen Kreisen Mannheims zu finden war, damit, daß sie die Verwahrung von Kindern aus Idealismus betreibe und „Freude, Erholung und Beruhigung in ihrer treuen Ueberwachung und Pflege" finde. Die Schule beschäftigte neben der Witwe C. im Jahr 1847 noch zwei weitere „Frauenzimmer" (Mannheimer Abendzeitung vom 2. Mai 1847).
Es ist schwer festzulegen, wann und unter welchen Umständen die Politisierung C.s stattfand. Im November 1848 gründete sie den zweiten Frauenverein für Mannheim, der sich, auch zur Unterscheidung vom „erstbestehenden", den Beinamen „Concordia" gab. Es ist zu vermuten, daß beide Vereine in gewissem Sinne miteinander um die Betreuung der in Bruchsal inhaftierten politischen Gefangenen wetteiferten, wenn nicht gar schon der Gründungsakt eines zweiten Vereins auf eine persönliche Konkurrenz zwischen C. und der Vorsitzenden des nun „Germania" genannten zuerst gegründeten Vereins zurückging. Für eine Zusammenarbeit beider finden sich jedenfalls keine Hinweise.
In beiden Vereinen war statt dessen eine starke Dominanz der Vorsitzenden spürbar. Proklamationen oder Korrespondenzen hatten oft eine sehr persönliche Adressatin und gerieten zum begeisterten Loblied auf deren Tugenden. So schrieb der Frankfurter Frauenverein an die „Concordia" nach Mannheim in einer überschwenglichen Grußadresse: „Bürgerin Präsidentin des Vereins, Dir gebührt der Ruhm, den Grundstein zu diesem herrlichen Bau gelegt zu haben. Heil! und Ehre Dir! Schone im Uebrigen Deine Gesundheit, die, wie wir hören, durch Dein unermüdetes Wirken angegriffen ist: es muß Dir eine heilige Pflicht sein, dies zu thun, jetzt im Augenblick, wo man mehr als je Dich, die Du Dich durch Deine vernünftige Leitung, Deine vortrefflichen Eigenschaften, Deine hohe Tugend so auszeichnest, nöthig hat!" (Mannheimer Abendzeitung vom 24. März 1849).
Anfang Mai 1849 war die Gesundheit der Präsidentin noch nicht völlig hergestellt, und so mußte am 13., dem Tag von Offenburg, die auf nachmittags 2 Uhr angesetzte Sitzung in die Wohnung C.s verlegt werden. Als Programm war für die Generalversammlung neben der Bilanzierung der Ein- und Ausgaben auch ein Bericht über die bis dahin schon geknüpften Kontakte in andere Städte Deutschlands, ja sogar Europas vorgesehen. Der Ausbruch einer neuerlichen Revolution sollte das Ende der Föderationsbestrebungen bedeuten. Die Unterstützungshandlungen der „Concordia" unterschieden sich nicht wesentlich von denen anderer Frauenvereine. Es wurden vorrangig Kleider und Ausrüstungsgegenstände gesammelt, deren Annahme der Präsidentin C. vorbehalten war. Von den Geldern, die im Lauf der Kollekte zusammenkamen, wurde noch am 17. Juni ein „Verbandetui" im Wert von 13 Gulden gespendet, für das die Ärzte der Volkswehr im Namen der Verwundeten öffentlich Dank sagten.
Nach der Besetzung Mannheims unterlagen die Frauenvereine dem vorläufig rigide angewandten Vereinsverbot. Ein Brief vom August 1849 aus Mannheim berichtete von weiteren existentiellen Folgen, die für C. aus ihrer Vereinstätigkeit resultierten. Eine Witwenpension, die sie wie ihre Mutter bezogen hatte, sei beiden Frauen gestrichen worden. Die „Wartschule" für kleine Kinder wurde geschlossen, und die Korrespondentin sprach davon, daß C. für eine Rede, die sie in Ludwigshafen bei der Überreichung einer Fahne an die polnische Legion gehalten hatte, noch eine Gefängnisstrafe zu erwarten habe. Zu einer Anklage kam es dann

wohl nicht, aber eine „Meldung des Polizeidieners" an das Großherzogliche Stadtamt vom 25. Mai 1850 „den Aufenthalt der Witwe Canton dahier betr." zeigt, daß C. in den Augen der Überwachungsorgane noch lange als 'Wühlerin' galt. In einem Verhör, dessen Niederschrift sich in den Meldeunterlagen erhalten hat, mußte sie dementieren, daß von der „Concordia" „dem Handwerkerverein rothe Fahnen zur Aufmunterung geschenkt worden" seien. „Auf Befragen" stellte sie richtig: „Keine rothe Fahne, sondern eine schwarz-roth-goldene, hat der Verein, bei welchem ich war, dem ersten Aufgebot übergeben; unser Verein bestand aber mit Bewilligung der Polizey" (StadtA Mannheim: Polizeipräsidium, Zug. –/1962, Familienbogen).

Q: *StadtA Mannheim: Polizeipräsidium, Zug. –/1962, Familienbogen; Mannheimer Abendzeitung; Mannheimer Journal.* – ***L:*** *Hummel-Haasis, Gerlinde: Schwestern, zerreißt eure Ketten. Zeugnisse zur Geschichte der Frauen in der Revolution von 1848/49. München 1982; Komoß, Regine: Vom Vormärz zur Revolution. Die ökonomische, soziale und politische Entwicklung Mannheims in den 1840er Jahren. Diss. Mannheim 1995.*

Hans-Joachim Hirsch

Cloßmann, August von, badischer Offizier, Schriftsteller
* 13. 1. 1823 Mannheim, kath.
† 13. 4. 1871 Schaffhausen

V Wilhelm v. C., badischer Offizier (1788 – 1855). M: Wilhelmine, (* um 1801). G 3 Brüder, 2 Schwestern.
∞ 1853 (Genf).

1830	Lyzeum in Mannheim, nach Umzug Lyzeum in Karlsruhe
um 1838	Schulabschluß in Karlsruhe
um 1839	Militärschule in Rastatt
1841	Offiziersgrad im Rastatter 3. Linienregiment
1845	Beförderung zum Leutnant; Aufenthalt an der Karlsruher Militärakademie; „Strafversetzung" nach Mannheim
12. 7. 1849	Ankunft in Zürich; Kontaktaufnahme zu verschiedenen Zeitungen
1850	Veröffentlichung eines Berichtes über militärische Erfahrungen aus dem badischen Aufstand; weitere Publikationen folgen
1853	Heirat mit einer Genfer Bürgerstochter
1854/55	Erwerb des Genfer Bürgerrechts

C., ehemaliger badischer Offizier, der sich durch eine aktive Beteiligung an den Revolutionskämpfen im Frühsommer des Jahres 1849 kompromittiert hatte, gab in seinem 1859 im schweizerischen Exil veröffentlichten autobiographischen Bericht die Motive preis, die ihn in die Reihen der Revolutionskämpfer geführt hatten. Er hatte eine bittere Polemik gegen die Verleumdungen geschrieben, die ein ehemaliges „Mitglied der provisorischen Regierung" in der „Revue de Genève" gegen ihn ausgestreut hatte, und schmeichelte sich zehn Jahre nach seiner Teilnahme an der Revolution, besser spät als niemals erkannt zu haben, daß er seit langem lebhaft bedaure, an dieser Bewegung teilgenommen zu haben, mitgerissen durch eine vage Hoffnung, daß die Männer, die sie vorantrieben, den Willen und die Fähigkeit hätten, sein ehemaliges Vaterland frei und glücklich zu machen. In Mannheim geboren als Sohn eines badischen Offiziers, der seine Militärkarriere den Freiheitskriegen gegen die napoleonischen Heere zu verdanken hatte, war die eigene militärische Karriere vorgezeichnet, neben der er aber seit der Schulzeit auch seine musische Begabung pflegte. Er unterhielt Kontakte zu bedeutenden Literaten des Vormärz wie Auerbach oder Lenau, schrieb für diverse literarische Zeitschriften und veröffentlichte musikalische Kompositionen unter dem Pseudonym „Amarilo". Er widmete die Komposition eines Walzers der Großherzogin Stephanie, die Kontakte zu seiner Familie unterhielt. In der Mannheimer Garnison hatte er als Schöngeist einen schweren Stand, und von seinen Vorgesetzten wurde er als rechthaberisch bezeichnet, weil er sich gegen Ungerechtigkeiten zur Wehr setzte. Vom Redakteur der „Mannheimer Abendzeitung" Johann Pe-

ter Grohe (s. dort) wurde er seit 1847 für die Berichterstattung über Militärfragen in dessen Zeitung engagiert und schrieb dort mißliebige Artikel, die sich u.a. kritisch mit der Prügelstrafe auseinandersetzten. Bald arbeitete er für 20 bis 25 Zeitungen, führte nach eigenen Angaben schon damals das Leben eines Publizisten und bereitete sich auf den Absprung von der Militärkarriere vor, da ihm das Garnisonsleben zunehmend mißfiel.
Über den Turnverein, mit dessen republikanischer Ausrichtung er sympathisierte, geriet er weiter in die Bewegung hinein und begann auch die in Mannheim herrschende soziale Distanz zwischen Bürgertum und Aristokratie wahrzunehmen. Im Hause des aus Frankfurt zugezogenen Redakteurs des „Mannheimer Journal" Otto Müller lernte er Amalie Struve (s. dort) kennen, die sich in den Kopf setzte, ihn für die „gute Sache" zu gewinnen. In der Garnison machte er die Bekanntschaft von Franz Sigel (s. dort), den er aber als damals noch sehr monarchistisch gesinnt schildert.
Die demokratische Bewegung im Februar 1848 wurde von C. freudig begrüßt, und so besuchte er die Offenburger Versammlung am 19. März 1848, auch wenn er sich, angesichts der militärischen Besetzung der auf der Bahnstrecke dorthin liegenden Bahnhöfe, der Gefahr des Bekanntwerdens seiner Überzeugungen aussetzte. C. begrüßte, daß in Offenburg noch nicht die Republik ausgerufen wurde, obwohl er schon damals fest entschlossen war, für den Kampf um die Demokratie unter Umständen auch den Dienst zu quittieren. Dennoch gehorchte er dem Befehl, seine Mannschaften, die der revolutionären Agitation schon hörig geworden waren, gegen Hecker (s. dort) und die aus dem Ausland einrückenden Freischärler zu führen, deren Aktionen er als Einmischung in die innerdeutschen Angelegenheiten empfand. Der Feldzug verschlug ihn für ein halbes Jahr nach Südbaden und in den Seekreis, wo er an der Seite seines Vaters kämpfte. Noch vertraute er den Versprechungen der feudalen Herrscher auf die Gewährung einer freiheitlicheren Grundordnung. Schon damals aber war er der Ansicht, daß die Armee selbst den Bruch dieses Versprechens mit einer erneuten Revolution beantworten würde.
Das Verhalten C.s in dieser von militärischen Operationen geprägten Phase war ambivalent. Die revolutionäre Agitation im Seekreis stellte ihn als Offizier gegen meuternde Soldaten und eine feindliche Bevölkerung. Gleichzeitig beurteilte er die Revolutionäre nicht besonders positiv, wenn er sie zwar nicht für Kriminelle, aber doch für fehlgeleitete Menschen hielt und sich nicht des bissigen Kommentars enthalten konnte, die Herren Hecker und Struve (s. jeweils dort) seien die ersten gewesen, die angesichts des Kampfes die Flucht ergriffen hätten. Andererseits zog C. noch vor dem Ende der Kriegshandlungen eine persönliche Bilanz des Gefechts von Kandern aus den bei ihm eingegangenen Informationen und schickte kritische Berichte an die von ihm immer noch belieferten Tageszeitungen. Er war überzeugt, daß die Schuld am mörderischen Ausgang des Treffens den badischen Truppen zukam. In dieser Zeit veränderte er sein Äußeres stark, verstieß gegen die noch herrschenden rigiden Dienstvorschriften, indem er eine Brille aufsetzte und sich einen Bart stehen ließ. Die ihm angebotenen militärischen Auszeichnungen für seine Verdienste im Feldzug gegen Hecker lehnte er ab. Er hatte die „Unordnung" bekämpft, eine „seriöse Revolution" aber würde er unterstützt haben. Die Einleitung erster disziplinarischer Maßnahmen gegen ihn förderten den Entschluß, den Dienst so bald als möglich zu quittieren. Das Vorhaben scheiterte aber vorerst an finanziellen Problemen, die er mit seiner publizistischen Tätigkeit zu beheben versuchte.
Sein Einsatz gegen die demokratische Versammlung in Ettlingen am 16. Juli 1848, die gegebenenfalls mit Waffengewalt aufgelöst werden sollte, stieß bei C. inzwischen auf starke Bedenken. Am 3. September 1848 kam der Befehl zum Rückmarsch nach Mannheim, wo die Einheit am 16. September wieder eintraf. Bei seiner Teilnahme an Versammlungen verteidigte er die Aufständischen, und anläßlich des Geburtstags des preußischen Königs hielt er vor dem Mannheimer Rathaus betrunken eine Ansprache, die ihm eine Untersuchung und Anklage eintrug. Am 18. Oktober 1848 fand eine militärische Zeremonie für die Teilnehmer an der Niederschlagung der Aufstände statt, bei denen auch C.s Vorgesetzter, den er verachtete,

Auszeichnungen erhielt. C. wurde übergangen, was ihm recht war und die Mühe der Zurückweisung ersparte. Inzwischen war sein politischer Standort unter den Vorgesetzten bekannt, und man versuchte, ihm den Umgang mit Demokraten zu verbieten. Über die daraus hervorgehenden persönlichen Auseinandersetzungen berichtete C. in der „Oberrheinischen Zeitung", was ihm ein weiteres Disziplinarverfahren eintrug. So wurde er auf eigenen Vorschlag vorläufig in Urlaub geschickt.

Da C. neben dem Oberstleutnant Kapferer als eifrigster Unterstützer der republikanischen Sache unter den Offizieren der Mannheimer Garnison galt, bekam er kurz vor dem Ausbruch des badischen Aufstands mehrere Angebote, den Oberbefehl über eine örtliche Bürgerwehr, etwa in Freiburg, zu übernehmen. Die weiteren Ereignisse kamen einer Entscheidung zuvor. In der am 14. Mai stattfindenden Volksversammlung in Mannheim wählten die Bevölkerung und die Garnison die Mitglieder des Sicherheitsausschusses; das 4. Infanterieregiment wählte C. zu seinem Befehlshaber, und eine jubelnde Menschenmenge geleitete ihn im Triumph durch die Straßen der Stadt bis zum Rathaus. Die allgemeine Begeisterung aber war trügerisch. Am Abend des 14. Mai fand ein Versuch statt, das 4. Regiment gegen den Sicherheitsausschuß zu mobilisieren. C. erhielt davon Nachricht und rettete zusammen mit dem ebenfalls vor Ort erscheinenden Mördes (s. dort) die Situation, indem er die vom Paradeplatz anrückenden Soldaten dorthin zurückkommandierte. Einen Tag später suchte er mit Mördes die im Zimmer des Quartiermeisters versammelten Offiziere auf, um ihnen zu erklären, daß sie die Garnison verlassen müßten, falls sie sich nicht an der revolutionären Bewegung beteiligen wollten.

Dem vom ersten Kriegsminister der Revolution eingesetzten Kommandanten für die Mannheimer Garnison Pfeiffer stand C. kritisch gegenüber, er hielt ihn wie Eichfeld (s. dort) selbst für unzuverlässig und berichtet von zwei Vorladungen vor den Sicherheitsausschuß, mit denen versucht werden sollte, ihn zum Handeln zu drängen; so mußte Pfeiffer auf einen weiteren Versuch eines reaktionären Handstreichs am Abend des 19. Mai erst aufmerksam gemacht werden. Die militärischen Vorbereitungen empfand C. allgemein als unbefriedigend, sein weiterer Einsatz in Heidelberg, eine Aufklärungsreise entlang der Neckarfront und die Teilnahme an Gefechten in Hirschhorn und bei Heidelberg hinterließen bei ihm die Ahnung einer kommenden Niederlage. Die Übergehung seiner Person bei der Besetzung einer Kommandeurstelle und die militärische Inkompetenz in der Kommandantur der Volkswehren ließen ihn bald resignieren. Nach der Schlacht bei Waghäusel kam C. am 24. Juni nach Durlach, das verteidigt wurde, bis die Regierung Karlsruhe verlassen hatte. In der Verteidigung der Murg-Linie sah er noch eine gewisse Chance und ließ sich nach Gernsbach abkommandieren, das erst auf seinen Rat hin in die Verteidigungslinie einbezogen wurde. Trotz der ergriffenen Maßnahmen ging Gernsbach schnell verloren, vor allem hatte der übermächtige Gegner keine Skrupel, die Stadt in Brand zu schießen, wovor C. im voraus gewarnt hatte. Am 30. Juni in Freiburg angekommen, übernahm er das Kommando des 4. Linienregiments, mit dem er nach Donaueschingen marschierte. Auf dem weiteren Rückzug der Überreste der Revolutionsarmee in Richtung der Schweizer Grenze ließ er die Wutachbrücke in Grimmelshofen auf Veranlassung des Generalstabs abbrennen. Beim Grenzübergang am 11. Juli 1849 mit der Hauptmasse der Truppe durften die Offiziere ihre Waffen behalten.

Die Regreßforderungen des badischen Fiskus sollten den abtrünnigen Staatsbürger bis über seinen Tod hinaus verfolgen. Erst am 29. Dezember 1876 schloß der bearbeitende Beamte die entsprechende Akte, nachdem eine Anfrage in C.s letztem Wohnort Schaffhausen ergeben hatte, daß er schon am 13. April 1871 gestorben war und seine Witwe mit ihren Kindern ein kümmerliches Auskommen fristete.

Auch bei der elterlichen Familie hatte man einige Jahre vorher versucht, die vor allem auf die Zerstörung der Wutachbrücke zurückgehenden Forderungen einzutreiben, aber auch hier hatte ein früher Tod einen Strich durch die staatliche Rechnung gemacht. Denn der im Jahr 1855 gestorbene General hatte sein Vermögen im Irrenhaus aufgebraucht, das sein letzter Aufenthaltsort gewesen war. Nach der schweren

Verletzung, die er beim Versuch der Niederschlagung der Rastatter Revolte erhalten hatte, waren seine letzten Lebensjahre von geistiger Umnachtung geprägt, ein Umstand, der den „mißratenen Sohn" zu bitteren Selbstvorwürfen veranlassen sollte. So stellte er sich in seinem 1859 erschienenen Rechenschaftsbericht die Frage, ob er durch sein Verhalten in der Revolution nicht seine Pflicht gegenüber seinem Vater vernachlässigt habe, der als Kommandant der Festung Rastatt dort von denselben Männern schwer verletzt wurde, deren Partei sein eigener Sohn ergriff: Seine gesamte Habe, alle seine Einkünfte habe er geopfert, um gegen seine Brüder und Eltern zu kämpfen.

W: *La Suisse, l'Italie et les grandes puissances, considérations politiques et militaires. Genf 1858; Ma vie d'un officier badois, de réfugié politique et de journaliste. Genf 1859. –* ***Q:*** *StadtA Mannheim: Polizeipräsidium, Zug. –/ 1962, Familienbogen; GLAK: 234/1990.*

Hans-Joachim Hirsch

Culmann, <u>August</u> Ferdinand, Advokat, Unternehmer
* 1. 8. 1804 Bergzabern, ev.
† 13. 9. 1891 Gut Philippsburg/Ommersheim

V Philipp Friedrich C., reformierter Pfarrer und Konsistorialpräsident (1752 – 1818). M Henriette Margarethe, geb. Dell (1765 – 1829). G 9, darunter Friedrich Jakob (1787 – 1849), französischer Oberst der Artillerie, Abgeordneter der Verfassunggebenden Nationalversammlung in Paris 1848/49 für das Departement Bas-Rhin; Johann Christian (1795 – 1837), Advokat, liberaler pfälzischer Politiker, Wortführer der gemäßigten Liberalen („Juste-Milieuaner") im Vorfeld des Hambacher Fests; Johann Ludwig (1798 – 1858), Richter.
∞ 1829 (Zweibrücken) Emilie, geb. Frölich (1808 – 1878). K 3.

bis 1822	Besuch des Zweibrücker Gymnasiums
bis 1828	Jurastudium in Göttingen und Würzburg
1828	Advokat am Bezirksgericht in Kaiserslautern
1830	Wechsel ans Appellationsgericht der Pfalz in Zweibrücken
Nov. 1848	Paulskirchenabgeordneter für den Wahlkreis Landau
2. 5. 1849	Wahl in den Landesverteidigungsausschuß der Pfalz
April 1851	vom Appellationsgericht der Pfalz in Zweibrücken in Abwesenheit (Exil in Frankreich) zum Tode verurteilt

Während C. beim Hambacher Fest und dessen Vorbereitung nicht zu den Aktivisten gehörte, war es vermutlich C., der die „Vorstellung vaterlandsliebender Bürger Rheinbayerns" initiierte und formulierte. In dieser am 20. Juli 1832 veröffentlichten Protestation wandten sich mehrere tausend Pfälzer gegen Repressalien, die vom Bundestag als Reaktion auf Hambach beschlossen worden waren. Als den Initiatoren und Rednern des Hambacher Festes im Sommer 1833 in Landau der Prozeß gemacht wurde, präsentierte sich C. als gleichgesinnter Verteidiger eines der radikalsten Teilnehmer, des Sembacher Pfarrers Hochdörfer, und er machte aus seiner demokratischen Einstellung keinen Hehl: „Jeder Staatsbürger hat in jedem Staate und namentlich in unsrigem das Recht, von den Gebrechen und Mängeln des politischen Zustandes sich zu überzeugen und diese Überzeugung seinen Mitbürgern mitzutheilen; er hat das Recht, die Fehler der bestehenden Staatsverfassung aufzudecken, auf die Nachtheile, welche aus gewissen Bestimmungen derselben fließen, aufmerksam zu machen und andere von seinen Ideen zu überzeugen; – und nur Gewalt und Aufforderung zur Gewalt ist verboten", erklärte er sich in seinem von der Zensur allerdings arg zerstückelten Plädoyer solidarisch mit den politischen Zielen der Angeklagten (Hoffmann (1833), S. 325f.).
Die Culmannsche Kanzlei in Zweibrücken war die bestgehende der Pfalz überhaupt; von 220 Prozeßsachen, die beispielsweise 1839 am Appellhof anhängig waren, vertrat sie allein 167, darunter auch die Grafen von der Leyen, die vom bayerischen Staat die Rückgabe ihrer St. Ingberter Kohlengruben forderten. Dieses

Verfahren, das sich über viele Jahre (bis 1847) hinzog, gilt als der bedeutendste Prozeß, der bis dahin in der pfälzischen Jurisdiktion verhandelt wurde.
Obwohl C. bei den Wahlen zur Frankfurter Nationalversammlung als Kandidat im Wahlkreis Bergzabern im Mai 1848 nicht gewählt wurde, rückte er im November 1848 für den Wahlkreis Landau in die Paulskirche nach. Dort schloß er sich der Fraktion 'Donnersberg' auf der äußersten Linken an. C.s politisches Engagement blieb bis zur Zerschlagung des Parlamentes konsequent und entschieden demokratisch, wobei die Antragstellung als Schwerpunkt seiner Arbeit als Abgeordneter anzusehen war. So gehörte er zu jener relativ kleinen Gruppe Parlamentarier, die das Recht auf Arbeit mit in das Grundgesetz aufgenommen haben wollte. In seiner einzigen Rede plädierte er dafür, die Kompetenz zur Kriegserklärung und zum Friedensschluß allein dem Parlament und keinesfalls einem wie auch immer gearteten Staatsoberhaupt zu übertragen. Einen Erbkaiser in dieser Funktion lehnte C. kompromißlos ab; statt dessen trat er für einen vom Volk befristet gewählten Präsidenten ein.
Als der preußische König am 28. April 1849 den ihm angetragenen Erbkaisertitel und damit die Reichsverfassung schlechthin zurückwies, war C. unter jenen linken Abgeordneten, die dazu aufriefen „sich in den Verteidigungszustand zu setzen [...] um nötigenfalls der Gewalt mit der Gewalt entgegenzuwirken", und die den dramatischen Appell veröffentlichten, „zu den Waffen" zu greifen. In der Pfalz, wo der Aufstand zur Verteidigung der Verfassung umgehend einsetzte, wurde C. am 2. Mai 1849 in den Landesverteidigungsausschuß gewählt. Da er aber die Gefahr sah, daß die Oppositionsbewegung eine Richtung annahm, die zunehmend auf Distanz zur Nationalversammlung ging, konzentrierten sich seine Bemühungen bald darauf, den pfälzischen Aufstand wieder enger an die Paulskirche zu binden. Auf C.s energischen Vorstoß hin beauftragte Parlamentspräsident Gagern seinen Stellvertreter Jakob Bernhard Eisenstuck, Fabrikant aus Chemnitz und ebenfalls linker Abgeordneter, als „Reichskommissär" den Aufstand in legale Bahnen zu lenken. Diesen Auftrag erläuterte

August Ferdinand Culmann (Vorlage: Siebenpfeiffer-Stiftung Homburg/Saar, Repro: Martin Baus)

Eisenstuck im Rahmen einer Volksversammlung am 6. Mai 1849 in Neustadt, bei der sich C. als einziger von 20 Rednern gegen die sofortige Proklamierung der Republik aussprach. Nachdem Eisenstucks Mission aber kurzfristig beendet und dieser am 10. Mai nach Frankfurt zurückbeordert worden war, ging C. davon aus, daß weitere derartige Versuche zum Scheitern verurteilt sein würden. Fortan zog er sich auf die Ebene der parlamentarischen Arbeit zurück. Die Berufung in die Provisorische Regierung der Pfalz lehnte er ab, obwohl ihm die pfälzische Bewegung weiterhin viel Vertrauen entgegenbrachte: In der Versammlung der Kantonaldelegierten am 17. Mai in der Kaiserslauterer Fruchthalle hatte er nach Martin Reichard (Speyer) mit 23 von 28 die meisten Stimmen auf sich vereinigt.
Dem Paulskirchenparlament gehörte C. bis zu dessen Ende an, und er begab sich hernach mit dem Rumpfparlament nach Stuttgart. Auch war er dabei, als die Abgeordneten auf ihrem Weg zur Sitzung am 22. Juni 1849 durch württembergisches Militär auseinandergetrieben und verjagt wurden.

Nach der Niederschlagung des badischen Aufstands durch preußische Truppen flüchtete C. nach Frankreich. Zwar fahndete die bayerische Strafjustiz auch dort nach ihm, die französischen Behörden verweigerten aber seine Auslieferung und gewährten ihm, wie auch anderen politisch Verfolgten, Asyl. In Abwesenheit wurde er im April 1851 als einer der Hauptangeklagten „wegen Komplotts, Attentats und direkter Provokation durch Reden, Maueranschläge usw." vom Appellationsgericht Zweibrücken zum Tode verurteilt. C. gehörte somit zu jener Gruppe von neun Paulskirchenabgeordneten, deren Einsatz für ein demokratisches Gemeinwesen die Exekution zur Folge haben sollte.
Bis zur Generalamnestie 1865 hielt sich C. deshalb im französischen Exil – zumeist in Grenznähe zur Pfalz – auf und erhielt auch die französische Staatsbürgerschaft. Von Ban St. Martin bei Metz und seinem Gut „Heiligenbrunnen" bei Bitsch aus begann er dessen ungeachtet in den 1850er Jahren mit dem Aufbau des Frankenholzer Kohlenbergwerks. Nachdem 1879 die erste Schachtanlage abgeteuft worden war, sollte Frankenholz mit fast 3.000 Beschäftigten das größte privatwirtschaftlich betriebene Kohlenbergwerk in Südwestdeutschland werden. C. vereinigte in seiner Persönlichkeit somit zwei markante Merkmale der Gesellschaft des 19. Jahrhunderts: einerseits das bürgerlich-liberale Streben nach einer demokratischen Gesellschaftsordnung, andererseits die von der gleichen Gesellschaftsschicht ausgehenden Impulse zur „industriellen Revolution" und die damit einhergehenden umfassenden politisch-sozialen Umwälzungen.

***W:** Denkschrift für Erwin Fürst von der Leyen, Appellant gegen den Königlich Bayrischen Fiskus. Zweibrücken 1846; Die Nichtbetheiligung der rheinischen Städte am Leipziger Feste vom 18. Oktober. Straßburg 1863; Die Bergbau-Systeme von Europa und der dem bayrischen Landtag vorgelegte Bergwerks-Gesetzentwurf. Straßburg 1867; Denkschrift über das Frankenholzer Kohlenbergwerk. Straßburg 1867. – **L:** Herrmann, Hans-Walter (Hrsg.): Zwischen demokratischem Aufbegehren und industrieller Revolution. A.F.C. (1804 – 1891). Sigmaringen 1993 (Schriften der Siebenpfeiffer-Stiftung, 2); Hoffmann, Ludwig (Hrsg.): Vollständige Verhandlungen vor dem Königlich-Bayer. Appellationsgerichte des Rheinkreises (...) zu Landau vom 29. Juli 1833 (...) gegen Dr. Wirth, Dr. Siebenpfeiffer, Hochdörfer, Scharpf, B., Dr. Grosse, Dr. Pistor, Rost und Baumann. Zweibrücken 1833. – **B:** Siebenpfeiffer-Stiftung Homburg/Saar.*

Martin Baus

Dänzer, Carl August, Journalist
* 15. 7. 1820 Odenheim, kath.
† 22. 9. 1906 Neckarsulm

V Carl D., Metzgermeister, Landwirt, Bürgermeister (1832 – 1838).
∞ 1852 Caroline, geb. Specht (†1884), ev.

	Besuch der Gymnasien in Heilbronn und Karlsruhe
ab 1840	Jurastudium in Freiburg und Heidelberg
1845	Rechtspraktikant
1845 – 1848	Berichterstatter für deutsche Zeitungen in der Schweiz
1848/49	Studium in Tübingen
Mai 1849	Zivilkommissär für den Amtsbezirk Bruchsal
Juni 1849	Abgeordneter für den Wahlkreis Bretten-Bruchsal in der Konstituierenden Landesversammlung in Karlsruhe und deren 3. Sekretär; Flucht in die Schweiz
1850	Verurteilung in Abwesenheit zu zehn Jahren Zuchthaus
1852	Auswanderung nach Nordamerika (St. Louis); Schriftleiter der deutschen Zeitung „Anzeiger des Westens"
1857	Gründung der Zeitung „Westliche Post"
1862	Rückkehr nach Deutschland (nach Amnestie)
1863	Rückkehr in die USA, Kauf der Zeitung „Anzeiger des Westens"

D. gehörte zu der kleinen Anzahl badischer Revolutionäre, die es in ihrer neuen Heimat

USA zu Einfluß und hohem Ansehen gebracht hatten. Als Sohn des politisch liberalen Metzgers, Landwirts und Bürgermeisters Carl D. in Odenheim geboren, wuchs er in einem politisch interessierten Elternhaus auf. Bereits als Student in Heidelberg machte er politisch auf sich aufmerksam. Er gründete mit gleichgesinnten Studenten die Studentenverbindung „Walhalla“, die radikale politische Ideen vertrat, weshalb ihre Statuten amtlich keine Anerkennung fanden. Während seines Rechtspraktikums wurde er wegen Majestätsbeleidigung zu sechs Monaten Arbeitshaus verurteilt, entzog sich aber der Strafe durch Flucht in die Schweiz. Von dort aus berichtete er für deutsche Zeitungen. Nachdem D. im März 1848 begnadigt worden war, kehrte er nach Baden zurück. Doch beteiligte er sich weder am Heckerzug noch am Struveputsch, sondern setzte im Wintersemester 1848/49 in Tübingen sein Studium fort.
Bei der badischen Revolution 1849 war D. jedoch von Beginn an dabei. Nachdem er bereits im Mai zum Zivilkommissär im Amtsbezirk Bruchsal ernannt worden war, wurde er am 3. Juni als Abgeordneter im Wahlbezirk Bretten-Bruchsal in die Konstituierende Landesversammlung gewählt und zu deren 3. Sekretär bestimmt. Als Zivilkommissär mußte er die alten Beamten auf die neue Regierung vereidigen und notfalls aus ihrem Amt entfernen. Außerdem mußte er die Mobilisierung des 1. Aufgebots der Bürgerwehr für den Kampf mit den anrückenden Preußen organisieren. Nach der Niederlage der Revolutionäre in der Schlacht bei Waghäusel floh D. mit anderen Abgeordneten zunächst nach Freiburg und von dort mit Franz Sigel (s. dort) über Donaueschingen in die Schweiz. In Abwesenheit wurde er vom Hofgericht Bruchsal zu zehn Jahren Zuchthaus verurteilt.
Nach der Heirat mit Caroline Specht, der Schwester eines Verbindungsbruders aus der „Walhalla“ und evangelischen Pfarrers von Ispringen zu Beginn des Jahres 1852, emigrierte D. in die USA. Im Sommer 1862 kehrte er, inzwischen von den badischen Behörden amnestiert, nach Deutschland zurück. Doch 1863 ging D. wieder nach Amerika zurück und erwarb den inzwischen eingestellten „Anzeiger des Westens“. Während des deutsch-französischen Krieges organisierte er mit Dr. Emil Preetorius in St. Louis eine Versammlung der Deutschen, die eine Million Dollar für die Verwundeten der deutschen Armee erbrachte und an Bismarck Glückwünsche zu seinem Sieg gegen Frankreich übermittelte. Nach dem Tode seiner Frau 1884 lebte D. sehr zurückgezogen. Noch dreimal besuchte er Deutschland (1873, 1881, 1885), ehe er im Alter von 78 Jahren seine Zeitung verkaufte.
Seinen Lebensabend verbrachte D. in Neckarsulm, wo er von einer Nichte bis zu seinem Tod am 22. September 1906 versorgt wurde. Am 26. Mai 1914 wurde ihm, Carl Schurz und Emil Preetorius in St. Louis von den Deutschamerikanern ein Denkmal gesetzt.

Q: *GLAK: Kartei Heinrich Raab.* – ***L:*** *Dänzer-Vanotti, August: C.D., ein deutscher Zeitungsmann in den Vereinigten Staaten 1820 – 1906. In: Mein Heimatland (1937), S. 285 – 288; Kußmaul, Adolf: Jugenderinnerungen eines alten Arztes, Stuttgart 1899 (ND Waldkirch 1985); Vögely, Ludwig: C.D. (1820 – 1906). Revolutionär und erfolgreicher Zeitungsmann in Amerika. In: ders. (Hrsg.): Kraichgauer Gestalten. Ubstadt-Weiher 1994, S. 30 – 32.*

Bernd Röcker

Degen, Georg Ludwig, Lehrer
* 8. 3. 1823 Mannheim, ev.
† 6. 1. 1856 Zürich

V Johann Philipp D., Bierbrauermeister (um 1791 – 1838). M Elisabetha, geb. Moll (um 1795 – 1871). G 7 Brüder, 6 Schwestern.

8. 11. 1841	Studium der Philologie in Heidelberg
7. 11. 1844	erneute Einschreibung in Heidelberg
1848/49	Mitglied des Landesausschusses der Volksvereine
1849	Exil in der Schweiz

Einer größeren Öffentlichkeit wurde der Name D.s im Herbst 1848 bekannt, denn am 13. Oktober 1848 stand er wegen eines Pressedelikts vor dem Großherzoglichen Hofgericht in Mann-

heim. Er war angeklagt, als Redakteur der „Mannheimer Abendzeitung“ in der deswegen beschlagnahmten Nr. 151 der Zeitung einen Artikel geschrieben zu haben, „der die Republik als das in dieser Zeitperiode zu erreichende Ziel darstellte“. Als Sühne für dieses Vergehen hatte die Staatsanwaltschaft eine sechsmonatige Arbeitshausstrafe beantragt. Verteidigt von den Anwälten Elias Eller und Lorenz Brentano (s. jeweils dort) brachte sich der Angeklagte selbst tatkräftig in den Prozeßverlauf ein und hielt eine „treffliche Verteidigungsrede“, so daß der Prozeß mit einem Freispruch endete (Mannheimer Abendzeitung vom 14. Oktober 1848).
Nach dem in Renchen abgehaltenen Kongreß der badischen Volksvereine wurde D. in den von Mannheimern gestellten ersten Provisorischen Landesausschuß berufen und zeichnete in den folgenden Monaten als Schriftführer dieses leitenden Gremiums. Auf der dritten Offenburger Versammlung am 12. Mai 1849 war er neben den beiden führenden Köpfen Brentano und Amand Goegg (s. dort) der einzige Mannheimer, der als Mitglied des Landesausschusses bestätigt wurde.
Die Mitglieder dieses revolutionären Gremiums wurden durch die sich überstürzenden Ereignisse mit einer unerwarteten Situation konfrontiert, denn „ohne ihr eigenes Zuthun war denselben plötzlich das ganze Staatswesen in die Hände gespielt“ (Degen (1850), S. 6).
Am 13. Mai fand auf der sich an den Kongreß anschließenden Volksversammlung die erste Kontaktaufnahme mit den aus Rastatt angereisten meuternden Soldaten statt. D. stieß danach zum Kreis der entschiedenen Ausschußmitglieder, die, angeführt von Amand Goegg, mit der Eisenbahn nach Rastatt fuhren, um sich an die Spitze der Bewegung zu stellen und die Revolution einzuleiten. Vorher waren für die verschiedenen Landesteile Badens Bevollmächtigte bestimmt worden, die den Auftrag hatten, die Nachricht von den Offenburger Entscheidungen bekannt zu machen und für eine Mobilisierung bewaffneter Kräfte zu sorgen. Unter großen Schwierigkeiten gelangten Goegg, D. und Karl Steinmetz in die Rastatter Festungswerke und bemächtigten sich der Soldatenbewegung: „Die Revolution war das Werk zweier Tage“ (Degen (1850), S. 28).
Von diesem Zeitpunkt an spielte D. in den weiteren Ereignissen nur noch eine untergeordnete Rolle. In seinem 1850 veröffentlichten Rechenschaftsbericht über die Bewegung mußte er anerkennen, daß ihre Führer, die „über die Mittel und Wege der demokratischen Partei die genaueste Kenntniß besaßen und seit Monaten die Fäden des ganzen Vereinswesens mit in den Händen hatten“, oft in Verlegenheit gerieten, wie sie „die ganze Masse räthselhafter Begebenheiten, die sich vor unseren Augen entwikkelten, zusammenreimen sollten“ (Degen (1850), S. 29). Solche Einsichten dürften vor allem D.s eigene Person betreffen, da sein Name auf den Proklamationen des Landesausschusses erscheint, er aber in den kollektiven Entscheidungsstrukturen nicht als Einzelperson zu identifizieren ist. Für die Wahlen zur Konstituierenden Versammlung wurde er zwar von der „Mannheimer Abendzeitung“ als Kandidat im 14. Bezirk (Durlach, Pforzheim, Bretten) vorgeschlagen, unterlag aber dem populären Kandidaten der extremen Linken Steinmetz und Politikern örtlicher Provenienz. In den letzten Tagen des Aufstands reiste D. wohl im Auftrag der Regierung nach Paris, denn am 19. Juni händigte ihm Goegg im Namen der Provisorischen Regierung 500 Gulden zu diesem Zweck aus.
Nach der Niederlage ging er ins Schweizer Exil und hielt sich zunächst in Neuenburg auf. Dem flüchtigen Lehrer entzog ein Stadtratsbeschluß vom 12. März 1850 das Staatsbürgerrecht, und am 29. Juli 1849 verkündete das Mannheimer Stadtamt die Vermögensbeschlagnahme, mit der ein Zugriff auf das beim Tod seines Vaters 1838 ihm zugesprochene Erbteil versucht wurde. 590 Gulden, die D. als Diäten und für die Reise nach Paris erhalten hatte, sollten eingetrieben werden. Erst am 6. Februar 1851 verzichtete der Staat in einem mit D.s Mutter geschlossenen Vergleich gegen eine Zahlung von 700 Gulden auf seine Forderungen. Diese Summe, um 110 Gulden höher als die Ausgangsforderung der Großherzoglichen Generalstaatskasse, legte der Bruder der Witwe D., 'Partikulier' Josef Moll, vor.

W: Zur Beurteilung der badischen Revolution. Leipzig 1850. – Q: StadtA Mannheim: Polizeipräsidium, Zug. –/1962, Familienbogen;

GLAK: 237/2973; Mannheimer Abendzeitung; Mannheimer Journal.

Hans-Joachim Hirsch

Diesbach, Johann Friedrich, Kaufmann
* 29. 8. 1811 Lützelsachsen, ev.
† 30. 3. 1869 Weinheim

V Heinrich Anton D., Ackermann und Gerichtsverwandter in Lützelsachsen, Gerichtsbürgermeister ab 1803 (1751 – 1821). M Maria Apollonia, geb. Schuhmann (1770 – 1848). G 14. ∞1.) 1835 (Hardenburg/Pfalz) Maria Philippine, geb. Behret (1812 – 1849), ev., aus Hardenburg. V Johann Wilhelm B., Müllermeister und Adjunkt (1780 – 1841). M Maria Elisabetha, geb. Sauermilch (um 1780 – 1828). 2.) 1861 (Lörrach) Maria Anna, geb. Glutz (1825 – 1889), kath., aus Kriegstetten (Kanton Solothurn, Schweiz). V Johannes G., Bürger. K 6, darunter Wilhelm (1837 – 1902), Drucker und Verleger, Gründer des „Weinheimer Anzeigers".

1835	Annahme zum Bürger in Weinheim
1848	Schriftführer des Demokratischen Vereins
1849	Mitglied im Weinheimer Sicherheitsausschuß; Schriftführer des Zivilkommissärs

D. entstammte einer Lützelsachsener Küfer- und Landwirtsfamilie lutherischen Bekenntnisses, deren Ursprünge in der Schweiz liegen. Er ließ sich 1835 in Weinheim nieder und erwarb hier das Bürgerrecht für sich und seine Braut. Nachdem er 1834 noch als Verwalter der Gmelinschen Papiermühle zu Schriesheim erschienen war, eröffnete er in Weinheim ein Spezerei- und Eisenwarengeschäft, zunächst in dem 1835 erworbenen Anwesen im Kesselviertel (Hauptstraße) neben der evangelischen Stadtkirche; infolge eines Konkurses mußte er 1841 dieses Anwesen räumen und betrieb von diesem Zeitpunkt an sein Geschäft in einer Mietwohnung am Mülheimer Tor. Seit diesem Konkurs, in dem D. sein liegenschaftliches Vermögen von ca. 6.000 Gulden einbüßte, haftete dem „verganteten Kaufmann", wie er immer wieder bezeichnet wurde, der Makel an, ein „übler Haushälter" gewesen zu sein (GLAK: 305/54: 153). Ansonsten habe er „mit an der Spitze des revolutionären Treibens" in Weinheim gestanden (ebd.: 151).

Schon 1839 geriet D. erstmals wegen einer mißliebigen politischen Äußerung ins Visier der Obrigkeit: „Wegen Schmähung gegen die Person des russischen Großfürsten und Thronfolgers und wegen ungebührlichen Benehmens durch ausgesprochenen Tadel über die von der badischen Regierung veranstalteten Ehrenbezeugungen" (GLAK: 305/73) wurde er im April dieses Jahres zu drei Tagen Gefängnis verurteilt. 1840 unterstellte der Regierungsdirektor des Unterrheinkreises von Dahmen D. Verbindungen zu dem Birkenauer Makler Klein (s. dort), der wiederum in Zusammenhang mit dem „Bund der Geächteten" gebracht wurde. In der gleichen Untersuchungssache behauptete die hessische Seite, die Handschrift eines „incriminirten Liedes" verweise auf D. Ebenfalls 1840 findet sich D. unter den Teilnehmern eines Festes, das am Himmelfahrtstag die Angehörigen der oppositionellen „Weinheimer Gesellschaft" im Wirtsgarten des Friedrich Härter (s. dort) zusammenführte und das als ein „Hambacher Fest im Kleinen" gewürdigt wurde.

1848 wurde D. erneut aktiv. Bei den Zusammenkünften des sich konstituierenden Demokratischen und späteren Volksvereins habe sich „insbesondere auch der Krämer Friedrich Diesbach hervorgethan" (GLAK: 240/1690: 197), der schließlich als Schriftführer oder Sekretär im Vorstand dieses Vereins tätig war. Daß D.s Name bei den badischen Demokraten über Weinheim hinaus bekannt war, ergibt sich daraus, daß er, neben Friedrich Härter (s. dort), von dem Emissär angelaufen wurde, den Gustav Struve (s. dort) aus seinem Schweizer Exil im August 1848 nach Baden entsandt hatte. Härter und D., so der Emissär Zeiler, hätten sich „für die Sache der Republikaner eingenommen" gezeigt (GLAK: 236/8525: 71v f.).Unter dem 8. September 1848 richtete Struve ein Schreiben an D., um ihn von seinem bevorstehenden Unternehmen zu unterrichten. Auch soll auf D. ein Aufruf mit zurückgehen, der am 19. September die Gründung eines bewaffneten Korps in Weinheim in die Wege leitete, das zur Unter-

Friedrich Diesbach (Vorlage: Stadtmuseum Weinheim)

stützung der republikanisch-demokratischen Sache bestimmt war. Bezüglich des Anschlags der Weinheimer und Odenwälder Demokraten auf die Main-Neckar-Bahn vom 23. September 1848 wurde D. von den Strafverfolgungsbehörden ein besonderer Anteil zugemessen; er habe mit Struve in persönlichem Verkehr gestanden und schon Tage vor dem Anschlag von einer derartigen Aktion gesprochen. Zur unmittelbaren Vorbereitung des Anschlags habe er die Mitglieder des Volksvereins in dessen Versammlungslokal eingeladen, am Abend des 23. September vor dem Aufbruch zur Aktion die Parole „Holstein" ausgegeben und sei selbst, mit einem Säbel bewaffnet, mit den Verschwörern an den vorgesehenen Ort der Zerstörung gezogen.

Wie viele seiner Mitverschworenen büßte D. seine Beteiligung an dem Anschlag mit langer Untersuchungshaft, zunächst in Weinheim, dann in Bruchsal; erst infolge des Maiaufstands von 1849 erlangte er seine Freiheit wieder. Sein Fall erregte die Öffentlichkeit insofern in besonderem Maße, als während seiner Untersuchungshaft seine Frau am 14. Januar 1849 verstarb, er selbst nur wenige Stunden vor ihrem Tod sie zwar noch einmal besuchen konnte, dann jedoch vom Sterbebett mit Gewalt weggeführt wurde und den Leichenzug nur von seinem Gefängnis, dem Weinheimer Roten Turm, aus mit ansehen konnte. Die minderjährigen Kinder wurden auf verschiedene Familien verteilt. Dieses Erlebnis mag zu der Radikalisierung D.s beigetragen haben, die während des Volksaufstandes von 1849 deutlich zutage tritt.

Bereits am 15. Mai 1849 erschien D. als ortskundiger Begleiter des Mannheimer Demokraten Daniel Krebs (s. dort), den er möglicherweise bereits aus seiner Bruchsaler Haft kannte. Krebs, als nunmehriger Zivilkommissär des Landesausschusses, versuchte, allerdings vergeblich, den Weinheimer Gemeinderat auf den Landesausschuß zu vereidigen. In der gleichen Angelegenheit begaben sich Krebs und D. noch am selben Tag auch nach Schriesheim, wo sie einen Sicherheitsausschuß aus sechs Gemeinderäten einsetzten. Außerdem hinterließen sie einen von Krebs unterzeichneten und von D. gegengezeichneten „Akt", der die ganze Gemeinde auf die Politik des Landesausschusses verpflichten sollte. Das heißt, daß D. als eine „officielle Person" galt, wie es später ein Weinheimer Polizeiwachtmeister ausdrückte. Im Weinheimer Sicherheitsausschuß, der ebenfalls am 15. Mai eingerichtet wurde, spielte D. eine hervorgehobene Rolle. Schließlich übte D. auch als „Aktuar" oder „Adjutant" des Weinheimer Zivilkommissärs Friedrich Härter eine offizielle Funktion aus. In der gegen D. geführten Untersuchung wurde vor allem auch seine entscheidende Mitwirkung bei den zahlreichen Verhaftungen betont, denen in Weinheim und den Landorten des Amtsbezirks während des Volksaufstands und vor allem in den Tagen nach dem Überfall der hessischen Truppen auf Weinheim (5. Juni 1849) wirkliche oder vermeintliche Gegner der demokratischen Sache zum Opfer fielen. Daniel Krebs schließlich soll beabsichtigt haben, den Weinheimer Bürgermeister Friedrich Weisbrod, der sich auf die konstitutionelle Seite geschlagen hatte, durch D. zu ersetzen, was aber nicht zustande kam. Laut der Rekursbeschwerdeschrift des Heidelberger Advokaten Küchler für seinen Mandanten Friedrich Härter von 1850 wäre in diesem Fall „zweifelsohne das Regiment dieser Lumpen [Ange-

hörige der besitzlosen Schicht; R.G.] in Weinheim obenangekommen" (GLAK: 240/1689: 20). Auch diese Äußerung läßt sich als Hinweis auf D.s besonders entschiedene Position im Kreis der Weinheimer Demokraten während des Volksaufstands deuten. Zugleich wird der Riß sichtbar, der die Führungsgruppe der Demokraten in Weinheim spaltete.
Mit dem Einmarsch der Truppen der Reichsarmee in Weinheim am 15. Juni 1849 setzte sich D. ab. Er ging in die Schweiz, wo er sich bis 1860 in Kriegstetten, Kanton Solothurn, aufhielt; er ernährte sich dort als „Aufseher" in einer Papierfabrik, in dem Gewerbe also, in dem er schon in den 1830er Jahren in Schriesheim tätig gewesen war.
In Abwesenheit sprach ihn das Hofgericht des Unterrheinkreises wegen seiner Teilnahme am Volksaufstand unter Bekleidung eines öffentlichen Amts des Hochverrats, des Aufruhrs und der Gewalttätigkeit für schuldig und verurteilte ihn zu einer Zuchthausstrafe von vier Jahren oder zwei Jahren und acht Monaten Einzelhaft sowie zum anteiligen Kostenersatz.
1854 erging das Urteil des Hofgerichts gegen die Teilnehmer am Weinheimer Anschlag auf die Main-Neckar-Bahn vom 23. September 1848. Über den abwesenden D. verhängte das Gericht eine Zuchthausstrafe von sechs Jahren, ersatzweise vier Jahre Einzelhaft; ferner sollte D., dem auch hier eine besondere Schuld zugemessen wurde, zusammen mit fünf weiteren Angeklagten, unter ihnen auch Friedrich Härter, mehr an Schadensersatzkosten tragen als ein Großteil der übrigen Verurteilten.
Im Oktober 1860 richtete D. eine Bittschrift an Großherzog Friedrich, in der er Reue über seine Taten bekannte, Treue gelobte und um Gewährung von Straffreiheit bat, damit er nach Weinheim zurückkehren könne. Aufgrund der Dezemberamnestie des Großherzogs von 1860 wurde D. unter der Voraussetzung künftigen Wohlverhaltens die straffreie Rückkehr ermöglicht. 1861 wurden ihm die staatsbürgerlichen Rechte wieder zuerkannt. Im gleichen Jahr erteilten ihm Gemeinderat und Bürgerausschuß die nachgesuchte Heiratserlaubnis mit der Anna Maria Glutz aus Kriegstetten und die bürgerliche Annahme der Braut, die ein Vermögen von 3.000 Gulden nachweisen konnte.
Als eine Frucht seines Schweizer Exils kann die Tatsache angeführt werden, daß sein Sohn Wilhelm ihm 1851 gegen den Willen des Weinheimer Oberamtmanns August Freiherr Teuffel von Birkensee in die Schweiz gefolgt war und dort in Solothurn und Genf das Druckerhandwerk erlernte. Nach seiner Rückkehr nach Weinheim 1862 gründete Wilhelm D. 1863 den „Weinheimer Anzeiger", der eine (national-) liberale Position vertrat, und aus dem letztlich die bis heute existierenden „Weinheimer Nachrichten" hervorgingen. D. selbst hat sich bis zu seinem Tod 1869 politisch nicht wieder hervorgetan.

__Q:__ FamilienA Diesbach, Weinheim: „Erinnerungen" des Wilhelm Diesbach (1837–1902); GLAK (Auswahl): 234/1747 und 1747a; 236/8525; 237/2692; 240/1689; 305/44; 305/50; 305/53; 305/54; 305/56; 305/73. StadtA Weinheim: Nachlaß Herpel. – __L:__ Andlaw, Heinrich von: Der Aufruhr und Umsturz in Baden, als die natürliche Folge der Landesgesetzgebung. Bd. 2. Freiburg 1850/51, S. 173 – 177; Diesbach, Otto: Die Geschichte der Familie Diesbach: Forschung und Erinnerungen eines alten Mannes. [Privatdruck] Weinheim 1986; Gutjahr, Rainer: Die Republik ist unser Glück. Weinheim in der Revolution von 1848/49. Weinheim 1987 (Weinheimer Geschichtsblatt, 32); 125 Jahre Weinheimer Zeitung 1863 – 1988. Weinheim 1988. – __B:__ StadtA Weinheim.

Rainer Gutjahr

Eberstadt, Ferdinand (Falck), Textilgroßhändler, Bürgermeister von Worms
geb. 14. 1. 1808 Worms, isr.
gest. 9. 2. 1888 Mannheim

V August Ludwig (Amschel Löb) E., Textilhändler (1771 – 1839). M Esther, geb. Gernsheim (1775–1819). G 5 Brüder, 5 Schwestern, zumeist Einheirat in bekannte jüdische Familien außerhalb Worms.
⚭1837 Sara Zelie, geb. Seligmann (1816–1885 Wildbad), isr. V Michel S., Kaufmann. M Rahel, geb. Anspach, beide aus Bad Kreuznach. K 6 Söhne, 4 Töchter, über die sich Familienzweige nach Frankfurt a. M., Hof, England,

Mexiko und den USA bilden. Darunter sind Felix Deutsch, Mitgründer der AEG; Ferdinand Eberstadt, Bankier und Munitionsminister der USA; Hermann Kahn, Bankier und Gründer der Stiftung Metropolitan Opera New York; Robert Kahn, Komponist; Sir Georg Lewis, Berater König Edwards VII. von England; Gerhart von Schulze-Gaevernitz, Volkswirtschaftler.

1836	Stellungnahme gegen das Moralitätspatent
1848	Mitglied im Bürgerkomitee, Mitgründer des Demokratenvereins
1849	Bürgermeister
1850	Wahl in die hessische Erste Kammer; Anklage im Rheinhessischen Hochverratsprozeß, Freispruch
1852	Niederlegung des Bürgermeisteramtes
1858	Übersiedlung nach Mannheim

E. entstammte einer seit der Mitte des 17. Jahrhunderts in Worms ansässigen jüdischen Familie, die ihren Namen von Eberstadt bei Buchen/Odenwald ableitete. Nachfahren bezeichneten ihn als ehrgeizigen, hochgebildeten Mann von ausgeprägter Willenskraft. Den Textil- und Kurzwarengroßhandel seines Vaters baute er zielstrebig aus, zu den weitreichenden Geschäftsbeziehungen gehörten regelmäßige Reisen nach Leipzig und Paris. Als Vorstandsmitglied der jüdischen Gemeinde engagierte er sich 1836 im Kampf gegen das im Großherzogtum Hessen von jüdischen Kaufleuten geforderte Moralitätspatent (Handelspatent), das 1847 abgeschafft wurde. Sein Interesse galt weniger den nationalen politischen Anliegen als der Kommunalpolitik, obgleich er Beziehungen zu wichtigen Persönlichkeiten der revolutionären Bewegung hatte. Im März 1848 gehörte er dem Bürgerkomitee an. E., Johann Philipp Bandel, Ludwig Blenker und Dr. Ferdinand von Loehr (s. jeweils dort) bildeten den Vorstand des am 21. Juni 1848 gegründeten Demokratenvereins. Von den Juden wurde die politische Entwicklung insgesamt begrüßt, da sie ihnen wesentliche Verbesserungen ihres bürgerlichen Status brachte. Doch klangen in der Bürgermeister-

Ferdinand Eberstadt (Mitte sitzend) um 1850 im Kreis seiner Familie (Vorlage: StadtA Worms)

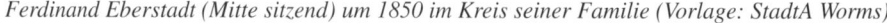

wahl 1849 nicht nur in einem Spottgedicht (vgl. Biographie Bandel) judenfeindliche Töne an. E. erreichte nach Blenker und Bandel die dritthöchste Stimmenzahl, wurde jedoch vom hessischen Ministerium als weniger radikal und revolutionär seinen erfolgreicheren Mitbewerbern vorgezogen und am 22. März in das Bürgermeisteramt eingeführt. Er dürfte damit der erste demokratisch gewählte jüdische Bürgermeister in Deutschland gewesen sein.

Beim Ausbruch der badisch-pfälzischen Erhebung im Mai 1849 rief er zusammen mit Bandel und dem gesamten Gemeinderat zur Unterstützung der Aufständischen auf. Als jedoch die Freischar Blenkers mehrfach Worms besetzte und der Publizist Dr. von Loehr den Anschluß an die badische Provisorische Regierung forderte, stellte sich E. aus kommunalpolitischen und legalistischen Überlegungen gegen seine bisherigen Mitstreiter. Im November 1849 unterlag er Heinrich von Gagern bei der Wahl zur hessischen Zweiten Kammer, wurde aufgrund einer Nachwahl im Januar 1850 aber vom Wahlkreis Odernheim-Oppenheim in die hessische Erste Kammer entsandt. Antijüdische Äußerungen gab es anläßlich der Aufstellung der Listen für die Geschworenenwahlen 1850. Von den unter Mitwirkung von Bandel ausgewählten 23 Personen seien 13 Juden, von denen fünf Eberstadt hießen. Es dränge sich die Frage auf: „War denn kein Eberstadt mehr da?", eine spöttische Umformulierung der bei Kaiserkrönungen in Rom üblichen Frage „Ist kein Dalberg da". Angebliche Pressionen bei der Geldbeschaffung für den Kauf von Gewehren für die Bürgerwehr in Belgien 1849 brachten ihm den Vorwurf der Erpressung ein. Dies führte im April 1850 zu seiner Suspendierung vom Bürgermeisteramt. Im Rheinhessischen Hochverratsprozeß wurde er zwar angeklagt, aber freigesprochen. Sein Amt konnte er 1851 wieder übernehmen, legte es jedoch 1852 nieder, obgleich er im Mai 1852 nochmals in die Gemeindevertretung gewählt worden war.

1857 siedelte E. mit seiner Familie nach Mannheim über, wo er neben dem weiterbestehenden Geschäft in Worms 1858 eine Manufakturwarengroßhandlung eröffnete. Seine politischen Auffassungen konnte er als Mitglied des Führungsgremiums der Fortschrittspartei und Mitbesitzer der „Neuen Badischen Landeszeitung" in öffentliche Meinungsbildungsprozesse einbringen, ohne sich persönlich zu exponieren.

Q: StadtA Worms: Gemeinderatsprotokolle; Abendblatt der Frankfurter Zeitung vom 11. Februar 1888 (Nachruf); Wormser Zeitung vom 12. Februar 1888 (Nachruf). – ***L:*** *Eberstadt, Christoph: Demokrat und Wegbereiter der Revolution. In: Wormser Zeitung vom 9. Februar 1988; Heinemann, Sebastian (Hrsg.): Verhandlungen des rheinhessischen Hochverratsprozesses von 1850. Mainz 1850; Kühn, Hans: Politischer, wirtschaftlicher und sozialer Wandel in Worms 1798 – 1866. Worms 1975 (Der Wormsgau. Beih. 26), S. 30 – 32, 36f., 144 – 146, 246, 250; Reuter, Fritz: Johann Philipp Bandel (1785 – 1866). Ein Wormser Demokrat, Altertümer- und Kunstsammler im 19. Jh. In: Der Wormsgau 8 (1967/69), S. 49; ders.: Warmaisa. 1000 Jahre Juden in Worms. Frankfurt a.M. 1987, S. 150, 154 – 159; ders.: Worms zwischen Reichsstadt und Industriestadt 1800 – 1882. Worms 1993 (Der Wormsgau. Beih. 32), S. 76 – 78; Rothschild, Samson: Emanzipations-Bestrebungen der jüdischen Großgemeinden des Großherzogtums Hessen im vorigen Jahrhundert. Worms 1924, S. 11f.; Uhrig, Dorothea: Worms und die Revolution von 1848/49. Diss. Frankfurt a.M. Worms 1934, S. 32, 51, 91, 106, 109f., 117, 126f., 129ff.; Wettengel, Michael: Die Revolution von 1848/49 im Rhein-Main-Raum. Politische Vereine und Revolutionsalltag im Großherzogtum Hessen, Herzogtum Nassau und in der Freien Stadt Frankfurt. Wiesbaden 1989 (Veröffentlichungen der Historischen Kommission für Nassau, 49), S. 195, 320, 362, 499.* – ***B:*** *StadtA Worms: M 15810.*

Fritz Reuter

Eckhard, Johann, ev. Pfarrer
* 20. 10. 1813 Callbach (bei Meisenheim), ev.
† unbekannt

V Heinrich Jakob E., Landwirt (1778 – 1846). M Susanna Margaretha, geb. Grimm (1777 – 1844).
∞ Margaretha, geb. Huber (1822 – 1848), ev., aus Thaleischweiler. V Karl H. M Louisa,

geb. Sauberschwarz. K 1 Sohn (früh verstorben), 2 Töchter.

1829 – 1833	Gymnasium Zweibrücken
1833 – 1836	Studium in Utrecht (Niederlande)
1836 – 1837	Studium in Erlangen
1837	theologische Aufnahmeprüfung
1838	Vikar in Neuhornbach, Zweibrücken und Schmalenberg
1839 – 1840	Lehrer an der Lateinschule Bergzabern
1840 – 1845	Subrektor an der Lateinschule Annweiler
1845 – 1849	Pfarrer in Gönnheim
1849	Entlassung; Flucht aus Gönnheim über Frankreich in die USA
1851	Todesurteil in Abwesenheit; Ausschluß aus dem geistlichen Stand; Aufenthalt in New York und Philadelphia

Als E. sich 1844 um die Pfarrstelle in Gönnheim bewarb, bestätigte ihm der Konsistorialbericht Verfassungstreue. Doch bald darauf gehörte E. zu den wenigen protestantischen Geistlichen der Pfalz, die sich an der demokratischen Bewegung aktiv beteiligten. Gemeinsam mit Pfarrer Johann Peter Gelbert aus Landau vertrat E. im bayerischen Landtag zu München 1849 die Interessen der rationalistisch-liberalen Geistlichen. Innerhalb des liberalen Lagers trat E. gemeinsam mit seinen Amtskollegen Johann Karl Jakob Müller aus Heuchelheim und Adolph Ernst Theodor Berkmann aus Einselthum (s. jeweils dort) als Anhänger einer radikalen Minderheit hervor, die sich 1849 der revolutionären Bewegung anschloß.
Mit Pfarrer Friedrich Theodor Frantz (s. dort) aus Ingenheim, dem Protagonisten der liberalen Pfarrerschaft, war E. verwandt und seit seiner Studienzeit befreundet. Für Frantz wirkte er als Kurier zwischen Ingenheim, Neustadt und Weisenheim am Berg, um den Informationsfluß zwischen diesen Zentralen der Bewegung sicherzustellen. Doch im Zuge seiner revolutionären Orientierung geriet er zunehmend in Gegensatz zu Frantz. Nach seiner Rückkehr vom Münchener Landtag im Frühjahr 1849 fungierte E. als Kommissär der Provisorischen Regierung zu Kaiserslautern.
In der gegen ihn erhobenen Anklage wurde E. als Agent der Provisorischen Regierung bezeichnet. Er hatte Unterlagen der Kreisregierung von Speyer nach Kaiserslautern bringen lassen. In Speyer war er an der Einführung der revolutionären Gemeindeordnung beteiligt, auf deren Grundlage die Neuwahl des Stadtrats erfolgte. Von der Provisorischen Regierung hatte er im Mai und Juni 1849 insgesamt 442 Gulden erhalten. Ferner hatte E. gemeinsam mit 37 bayerischen Abgeordneten einen Aufruf unterzeichnet, wonach „mit Gut und Blut" für die Reichsverfassung einzutreten sei.
Nach der Niederschlagung des Aufstandes flüchtete E. vor den einrückenden preußischen Truppen zunächst nach Frankreich, von wo aus er in die Vereinigten Staaten auswanderte. Weil er seine Pfarrstelle eigenmächtig verlassen hatte und aufgrund der gegen ihn erhobenen Anschuldigungen wurde E. am 28. August 1849 entlassen. Nachdem er wegen Verbrechen gegen die innere Sicherheit des Staates in Abwesenheit zum Tode verurteilt worden war, wurde er am 10. Dezember 1851 aus dem geistlichen Stande ausgeschlossen. In New York war E. zunächst Teilhaber an einem Weingeschäft, dann als Hauslehrer und schließlich als halbstudierter Arzt tätig. In Philadelphia fand er dann an einer katholischen Knabenschule eine Anstellung als Musiklehrer. Die beiden Töchter, die zunächst bei seinem Bruder geblieben waren, ließ E. später nach Philadelphia nachkommen.

Q: *ZASP: Abt. 3 Nr. 1504 (Prüfungsakte); Abt. 4 Nr. 88 (Pfarrstellenbesetzung Gönnheim); Abt. 6 (Pfarrbeschreibung Gönnheim); Abt. 44 Gönnheim Nr. 9. –* ***L:*** *Biundo, Georg: Pfälzisches Pfarrer- und Schulmeisterbuch. Palatina Sacra. Bd. 1. Kaiserslautern 1930, S. 89; ders.: Die evangelischen Geistlichen der Pfalz seit der Reformation. Neustadt a.d. Aisch 1968, Nr. 1069; Kimmel, Helmut: Der Anteil der pfälzischen Geistlichen an den Ereignissen der Jahre 1832 und 1849. In: Blätter für pfälzische Kirchengeschichte und religiöse Volkskunde 20 (1953), S. 10; Scherer, Karl: Zur Geschichte kirchlicher Parteien in der Pfalz. In: Blätter für pfälzische Kirchengeschichte und religiöse Volkskunde 35 (1968), S. 235, 242, 245f.*

Gabriele Stüber, Andreas Kuhn

Eich, Johann Friedrich, Gymnasiallehrer
* 6. 2. 1812 Worms, ev.
† 25. 8. 1879 Worms

V Ludwig Wilhelm E., Chirurg und Privatlehrer (1781 – 1839). M Maria Barbara, geb. Hochstätter (1786 – 1824). G 2 aus der 1. Ehe des Vaters; 10 Stiefgeschwister aus der 2. Ehe des Vaters ab 1826 mit Christina, geb. Blümler (1802 – 1865).
∞1863 (Wolfenbüttel) Sophie Friederike, geb. Grove (1841 Derenburg/Sachsen – 1921 Darmstadt). K 1 Sohn, 2 Töchter.

1835	Leiter einer Privatschule in Oppenheim
1835 – 1836	Anklage wegen burschenschaftlicher Tätigkeit
1844	Gymnasiallehrer in Worms
1848	Vorsitzender des Bürgervereins
1850	Vorsitzender eines Reichswahlvereins
1851 – 1856	Mitglied der hessischen Zweiten Kammer
1852 – 1865	Gemeinderatsmitglied
1856 – 1868	Vizepräsident des Lutherdenkmalvereins
1868	Ehrenbürger; Mitgründer und Vizepräsident des Wormser Protestantenvereins

E. studierte nach dem Gymnasialbesuch in Worms in Gießen Theologie und promovierte zum Dr. phil. Nach kurzer Lehrtätigkeit an einer Gießener Mädchenschule leitete er ab 1835 eine Privatschule in Oppenheim. Um diese Zeit erfolgte eine gegen ihn gerichtete Untersuchung wegen burschenschaftlicher Verbindungen, die aber ohne Ergebnis blieb. Nach einem längeren Aufenthalt in Paris und London wurde er 1844 in Worms als Gymnasiallehrer für Englisch angestellt. Über eine politische Tätigkeit von E. aus diesen Jahren ist nichts bekannt. Doch trat er im Frühjahr 1848 alsbald politisch hervor, stellte sich auf die monarchistisch-konservative Seite und wurde Vorsitzender sowie „die Seele des Wormser Bürgervereins" (Uhrig (1934), S. 56). E. besaß ein stark ausgebildetes Selbstbewußtsein und ein cholerisches Temperament. Dies führte zu persönlichen Auseinandersetzungen u.a. mit dem ebenfalls selbstbewußten Demokraten Johann Philipp Bandel (s. dort), die sich in der nach kurzem revolutionären Zwischenspiel dem Bürgerverein verbundenen „Wormser Zeitung" und der demokratischen Zeitung „Die Neue Zeit" des Dr. Ferdinand von Loehr (s. dort) nachvollziehen lassen. 1849 sprach sich E. mit dem Bürgerverein für die Reichsverfassung aus, konnte den Demokratenverein jedoch nicht für eine Zusammenarbeit zu deren Unterstützung gewinnen. Der badisch-pfälzischen Erhebung brachte er zunächst Verständnis entgegen, stellte sich aber bald auf die konservative und preußenfreundliche Seite. 1850 organisierte er in Worms einen personenstarken Reichswahlverein, aus dem ein Ausschuß für die zentrale Lenkung der Wahlvereine in der Provinz Rheinhessen hervorgehen sollte. Seine Wahl in den Gemeinderat 1852 brachte zunehmend eine konservative Ausrichtung dieses Gremiums, zumal die demokratischen Kräfte zurückgedrängt wurden. 1851 – 1856 vertrat E. den Wahlbezirk Rheinhessen 10 (Worms) in der hessischen Zweiten Kammer. In diese Zeit fällt sein engagierter Ein-

Johann Friedrich Eich um 1870 (Vorlage: StadtA Worms)

satz zugunsten der Einrichtung einer Schiffsbrücke über den Rhein (1855) und den Bau der Bahnlinie Mainz-Worms-Ludwigshafen samt Bahnhof (1853). Mit gleicher Kraft stritt er verbal und literarisch 1856 – 1868 als Vizepräsident des Vereins für die Errichtung des Wormser Lutherdenkmals. Der Gemeinderat verlieh ihm dafür – gemeinsam mit dem 1. Vorsitzenden, Dekan Eduard Franz Keim – die damit erstmals vergebene Wormser Ehrenbürgerwürde. Die nationalprotestantische Begeisterung bei der Denkmalsenthüllung veranlaßte E. 1868 zur Gründung eines Protestantenvereins, als dessen Vizepräsident er fungierte. E., der erst 1863 geheiratet hatte, ließ sich 1865 nicht mehr für den Gemeinderat aufstellen und 1866 pensionieren. Außer in protestantischen Kreisen ist er politisch nicht mehr hervorgetreten. Auf dem Friedhof Hochheimer Höhe befindet sich sein 1958 vom aufgelassenen Rheingewannfriedhof umgebettetes Ehrengrab.

W: *Poetischer Blüthenkranz. Worms 1834; In welchem Locale stand Luther zu Worms (1521) vor Kaiser und Reich? Leipzig 1863; Gedenkblätter zur Erinnerung an die Enthüllungsfeier des Luther-Denkmals in Worms. Worms 1868. –* ***Q:*** *StadtA Worms: Gemeinderatsprotokolle, Wormser Zeitung; Die Neue Zeit. –* ***L:*** *Kühn, Hans: Politischer, wirtschaftlicher und sozialer Wandel in Worms 1798 – 1866. Worms 1975 (Der Wormsgau. Beih. 26), S. 35, 39, 42,176, 250; Reuter, Fritz: Johann Philipp Bandel (1785 – 1866). Ein Wormser Demokrat, Altertümer- und Kunstsammler im 19. Jh.. In: Der Wormsgau 8 (1967/69), S. 41 – 67, hier 48 – 50; ders.: Worms zwischen Reichsstadt und Industriestadt 1800 – 1882. Worms 1993 (Der Wormsgau. Beih. 32), S. 26f., 65, 78, 92, 139; ders.: Karl Hofmann und „das neue Worms" 1882 – 1918. Darmstadt/Marburg 1993 (Quellen und Forschungen zur hessischen Geschichte, 91), S. 21f.; ders.: Das Wormser Lutherdenkmal und seine Enthüllung vor 125 Jahren. In: Blätter für Pfälzische Kirchengeschichte und religiöse Volkskunde 61 (1994), S. 305 – 317 (Ebernburg-Hefte 28 (1994), S. 73 – 85), hier: S. 311 (79), S. 315 (83); Ruppel, Hans Georg/ Groß, Birgit: Hessische Abgeordnete 1820 – 1933. Biographische Nachweise für die Landstände des Großherzogtums Hessen (2. Kammer) und den Landtag des Volksstaates Hessen. Darmstadt 1980 (Darmstädter Archivschriften, 5), S. 93; Uhrig, Dorothea: Worms und die Revolution von 1848/49. Diss. Frankfurt a. M. Worms 1934, S. 56f., 102, 128; Wettengel, Michael: Die Revolution von 1848/49 im Rhein-Main-Raum. Politische Vereine und Revolutionsalltag im Großherzogtum Hessen, Herzogtum Nassau und in der Freien Stadt Frankfurt. Wiesbaden 1989 (Veröffentlichungen der Historischen Kommission für Nassau, 49), S. 365, 375, 397, 441f., 457. –* ***B:*** *StadtA Worms: M 15810.*

Fritz Reuter

Eichfeld, Carl Joseph, badischer Offizier
* 30. 10. 1815 Mannheim, kath.
† 7. 12. 1857 Antwerpen (Belgien)

V Joseph E., badischer Offizier (* um 1782). M Johanna, geb. Rauch (* um 1789). G 2 Brüder, 1 Schwester.
∞ Anna, geb. Freiberg.

Als eine der schillerndsten Figuren der Revolutionsereignisse ist der ehemalige Offizier im badischen Leibregiment Oberleutnant E. in die Überlieferung eingegangen. Die Bewertung seiner Person fiel sehr unterschiedlich aus. Nur wenige Zeitgenossen aber schlossen sich dem Urteil von Theodor Mögling an, der ihn als einen der „gebildetsten Offiziere des badischen Offizierskorps" beschrieb (Mögling (1858), S. 2). Nachdem E. 1848 in Kislau eine Disziplinarstrafe über mehrmonatigen leichten Arrest verbüßt hatte, galt er als Opfer staatlicher Willkür. In der demokratischen Öffentlichkeit der Revolutionszeit brachte ihm das ein gewisses Ansehen ein, das er selbst förderte, indem er vorgab, seine Verweigerung einer Unterschrift unter eine Adresse des badischen Offizierskorps an den Markgrafen Wilhelm sei der Anlaß dafür gewesen. August von Cloßmann (s. dort) dagegen erwähnt in seinen Memoiren, daß E. im Frühjahr 1848, als sein Regiment in Offenburg stationiert war und zur Bekämpfung der Aufständischen im Schwarzwald abkommandiert werden sollte, sich krank gemeldet habe und deshalb republikanischer Gesinnun-

gen verdächtigt wurde. Dieser Leumund trug E. die Wahl zum Oberst der reorganisierten Mannheimer Bürgerwehr am 22. Februar 1849 ein, welche Stelle er aber nicht antreten konnte, da das Kriegsministerium ihm die Genehmigung zur Übernahme verweigerte. Im Mai 1849 wurde er angesichts der ihm unterstellten politischen Überzeugung von der Provisorischen Regierung zum Kriegsminister und Oberbefehlshaber des badischen Heeres ernannt. Die wichtigste Handlung seiner kurzen Amtszeit blieb der Aufruf an die Soldaten und Offiziere, in ihre Garnisonsorte zurückzukehren, die sie im Zuge der Militärrevolte verlassen hatten.
E.s Anwesenheit in Mannheim bedingte ein fast vollständiges Brachliegen der Regierungsgeschäfte in Karlsruhe und war der Grund für später offenbar werdende organisatorische Defizite in der Revolutionsarmee. Aber auch vor Ort bescheinigte der in dieser Zeit in Mannheim als Zivilkommissär wirkende Franz Raveaux E. eine absolute militärische Unfähigkeit angesichts der Anforderungen der Situation. Von einem mit zweifelhaften Personen besetzten Stab umgeben, zeigte er sich zumindest nicht besonders entscheidungsfreudig, als es die Situation erforderte. Vor die Notwendigkeit eines offensiven Vorgehens gestellt und angesichts entsprechender Vorschläge von Raveaux und Sigel (s. dort), drohte er mit seiner Demission und bot ein Bild des Jammers, wie Raveaux berichtete: „Da stand er vor mir, der große, stolze Mann von gestern, mit seinen neuen Generalsepauletten, mit seiner dreifarbigen breiten Schärpe, kurz, ganz so, wie er gestern war, aber unschlüssigen Blickes und gebeugten Hauptes" (Raveaux (1850), S. 34). Die Durchführung der beschlossenen Offensivpläne aber wurde durch ihn vereitelt, indem er seinen Stabsoffizier Pfeiffer hinter dem Rücken von Sigel und Raveaux entsprechende Gegenbefehle ausgeben ließ. So stellt sich die Frage, inwieweit die Wahl für den entscheidenden Posten nicht durch politische Protektion auf E. fiel, wie Raveaux unterstellte, der in Gustav Struve (s. dort) die Persönlichkeit fand, die E.s Ernennung vorgeschlagen hatte. Struve hatte sich blenden lassen vom öffentlichen Ruf des von der Großherzoglichen Regierung „schwer verfolgten" Offiziers, der eine „sehr tüchtige kleine Schrift" über „Volkswehr und stehendes Heer" verfaßt hatte und „mit den Republikanern in mannigfaltigen Verbindungen gestanden war" (Struve (1849), S.171). Dem scharfsinnigen Publizisten waren in seiner Beurteilung charakteristische Wesenszüge dieses Mannes entgangen, dessen ausschweifender Lebenswandel bekannt war. Entgangen war ihm aber auch, daß der prominenteste unter den „republikanischen" Fürsprechern E.s in dessen Kislauer Zeit Struves Intimfeind Karl Mathy (s. dort) gewesen war.
Schon am 25. Mai 1849 wurde E. wegen seiner erwiesenen Unfähigkeit abgesetzt und die Stelle vorerst an Franz Sigel vergeben. Nach dem Bericht des Stadthistorikers Friedrich Walter mietete sich E. am Tage seiner Entlassung als Kriegsminister mit seinem Anhang im „Russischen Hof" ein und bewohnte fünf Tage lang eine ganze Flucht von Zimmern. Danach prellte er die Zeche und ging zuerst nach Stuttgart, wo er sich am 14. Juni der Reichsregentschaft zur Verfügung gestellt haben soll. Nach der Niederschlagung der Revolution flüchtete er zunächst nach Basel, um dann über Belgien nach Nordamerika auszuwandern.
Der zweite Senat des „Großherzoglich Badischen Gerichts des Mittel-Rhein-Kreises" in Bruchsal verurteilte den ehemaligen badischen Oberleutnant am 19. August 1850 zu einer Zuchthausstrafe von neun Jahren oder wahlweise zu sechs Jahren Einzelhaft und machte ihn gesamtschuldnerisch haftbar für die entstandenen materiellen Schäden.

L: *Mögling, Theodor: Briefe an seine Freunde. Solothurn 1858; Raveaux, Franz: Mitteilungen über die badische Revolution. Frankfurt a.M. 1850; Struve, Gustav: Geschichte der drei Volkserhebungen in Baden 1848/1849. Bern 1849.*

Hans-Joachim Hirsch

Eller, Elias, Jurist, Rechtsanwalt
geb. 24. 1. 1813 Mannheim, isr.
gest. 12. 8. 1872 Mannheim

V Marx E., Kaufmann. M Maria, geb. Lieber. ⚭1843 Henriette, geb. Marx (geb. 1824).

1822	Lyzeum in Mannheim
ab 1830	Studium der Rechtswissenschaften in Heidelberg und München
1835	Rechtspraktikant am Oberhofgericht in Mannheim
1837	Advokat in Mannheim
1842	Obergerichtsadvokat in Mannheim
1845	Mitglied im Kleinen Bürgerausschuß
1846	Mitglied im Turnverein
16. 8. 1848	Wahl in den Gemeinderat, diese wird erst am 19. 2. 1849 rechtswirksam
6. 7. 1849	Amtsenthebung zusammen mit seinen Kollegen
1862 – 1868	Mitglied im Großen Bürgerausschuß
19. 2. 1865	Teilnahme an der Demokratischen Tagung in Darmstadt
1869	Mitglied im provisorischen Zentralausschuß für die Bildung einer Wahlreformliga
12. 10. 1870	Wahl in den Landtag
2. 12. 1870	Wahl in den Mannheimer Gemeinderat

Im Herbst des Jahres 1847 lud Rechtsanwalt E., der sich mit seinen Auftritten auf öffentlichen Veranstaltungen wie der Verfassungsfeier von 1843 schon einen Ruf als Volksredner erworben hatte, gemeinsam mit der Prominenz der Mannheimer radikalen Partei zur Offenburger Versammlung ein. Bei seinem Auftritt auf dem Treffen schloß er sich den systemkritischen Ausführungen seiner Vorredner Friedrich Hekker und Gustav Struve (s. jeweils dort) im wesentlichen an und formulierte heftige Angriffe gegen die Zensur und die Regierung Bekk im allgemeinen. Seine Rede war wohl so scharf gehalten, daß E. durch Zwischenrufe seiner Zuhörer ermahnt wurde, „dem Ministerium Bekk Zeit zu lassen" und „die Regierung nicht so oft zu erwähnen" (GLAK: 236/8195, 10,11). E. gehörte in dieser Zeit schon zu den Aktivisten der ersten Reihe, war Mitglied im Vorstand des Schleswig-Holstein-Vereins und beteiligte sich als Erstunterzeichner an den 'Dreizehn Petitionen' der Mannheimer Bürgerschaft, die am 18. Januar 1848 erstmals öffentlich vorgestellt wurden.

In den darauffolgenden stürmischen Versammlungen, die die Revolution in Mannheim einleiteten, fiel E. durch seine rege Beteiligung an den Debatten auf. Die Versammlung im Aulasaal vom 27. Februar wurde von E. mit einem Redebeitrag eröffnet. In der sich anschließenden zweiten großen Versammlung am 4. März, die Rechenschaft ablegen sollte über die Ergebnisse des „Petitionensturms", profilierte er sich gleich mit zwei pointierten Beiträgen. Als erstes formulierte er eine Rücktrittsforderung an die Staatsräte Trefurt, Regenauer und den Bundestagsgesandten von Blittersdorf mit der Begründung, „die Zeit verlange Bürgschaften in den Personen, es könnten nur solche Männer an der Spitze stehen, welche entschieden seien, mit Kraft und Muth die Forderungen des Volkes zu verwirklichen". Seiner Zeit voraus war E. in der gemeinsam mit Gustav Struve und Heinrich Hoff (s. dort) eingebrachten Anregung, die Versammlungsbeschlüsse noch durch den Wunsch nach „Organisation der Arbeit und Errichtung nationaler Werkstätten" zu ergänzen. E. wies in diesem Zusammenhang auf das französische Beispiel hin und beklagte: „Das gerade sei das Unglück unseres Vaterlandes, daß wir die Bedingungen des staatlichen Lebens uns erkämpfen müßten, bevor wir die bedeutungsvollsten Fragen des sozialen Lebens zur Lösung bringen könnten. Anderer Nationen Häuser seien gebaut, und sie wendeten ihre Kräfte an, das wichtigste des Lebens zu ergründen; unser Haus sei noch zu erbauen, und der Bau bedürfe der ganzen Anstrengung deutscher Männer" (Mannheimer Abendzeitung vom 6. März 1848). Auch der Aufruf zur zweiten Offenburger Versammlung trug die Unterschrift E.s; am 19. März 1848 hielt er dort einen Redebeitrag, der nach dem Protokoll von Johann Peter Grohe (s. dort) gespickt war mit euphorischen Phrasen und einer pathetischen Kritik an der deutschen Kleinstaaterei sowie an Deutschlands Beteiligung bei der Unterdrückung nationaler Befreiungskämpfe in Polen und Italien. Die Situation habe sich grundlegend geändert, und statt der Mächte des Absolutismus beherrsche nun der freie Geist die Welt, „mächtiger als alle Bajonette". Deutschlands Volk habe „die Freiheit erobert mit kühnem Muth, entschlossen, sie fester und immer fester zu gründen und zu behaupten". Auf seine abschließende Frage: „Wer wird es wagen, sie uns zu entreißen?", antworteten die Zuhörer von allen Seiten: „Niemand" (Mannheimer Abendzeitung vom 26. März 1849).

Angeregt durch die in Offenburg gefaßten Beschlüsse beteiligte sich E. aktiv am entstehenden Vereinswesen der Revolutionszeit. Auf der Versammlung des Vaterländischen Vereins vom 29. März wurde er in das leitende Komitee gewählt. Seine Frau gehörte zu den Stifterinnen einer Fahne für die Bürgerwehr, in der E. selbst allerdings keine führende Rolle spielte. Dafür war er Wahlmann bei den Wahlen zur Nationalversammlung. An den Wirren im April war er offiziell nicht beteiligt, so konnte er den verhafteten Revolutionären als Verteidiger dienen. Spektakulär war sein Auftritt gemeinsam mit Lorenz Brentano (s. dort) im Hochverratsprozeß, den die badische Justiz wegen der Ausschreitungen vom April gegen den Redakteur der „Mannheimer Abendzeitung" Grohe angestrengt hatte. In den folgenden Monaten galt er als routinierter Verteidiger in politischen Prozessen.

Bei einer Erneuerungswahl am 16. August wurde E. in den Gemeinderat gewählt, aber da nach §13 der Gemeindeordnung nur Christen Mitglieder des Gemeinderats werden durften, wurde seine Wahl verworfen und erst nach einem Rekurs an das Staatsministerium mittels einer am 19. Februar 1849 erlassenen Verfügung für gültig erklärt, da der Art. 16 der Reichsverfassung für alle religiösen Bekenntnisse einen gleichberechtigten Zugang zu den staatsbürgerlichen Rechten eingeführt hatte. Bis zur Auflösung des Gemeinderates im Zuge der preußischen Besetzung Mannheims war E. nun in diesem Gremium tätig.

Am 5. April 1849 leitete er eine Urwählerversammlung, die von den Mannheimer Landtagsabgeordneten die Niederlegung ihrer Mandate forderte. Angesichts des Truppenaufmarschs gegen die demokratische Bewegung in der Pfalz engagierte er sich öffentlich für die Loyalitätsbewegung zur Reichsverfassung und entwarf eine Protestresolution, die im Namen des Gemeinderats und des Bürgerausschusses

Elias Eller um 1871/72 (Vorlage: GLAK)

der Stadt im Druck erschien. Weitergehende Aktivitäten aber vermied er, denn eine Beteiligung an dem auf der „Volksversammlung" vom 14. Mai durch Mördes (s. dort) initiierten „Sicherheitsausschuß" lehnte er ab. Sein Verhalten in den nun folgenden Revolutionsereignissen war eher unentschieden; so beschrieb der Gemeinderat Carl Hoff (s. dort) in seinen Erinnerungen, wie sich Mitte Mai „selbst der sonst für Freiheit und Volkssouveränität so phrasenreiche Hr. Dr. Eller" einer gemeinsamen Mission beim Landesausschuß in Karlsruhe durch Nichterscheinen entzogen habe (Hoff, C.H., S. 300).

Am 9. Juli wurde er unter dem Verdacht des Hochverrats in Untersuchungshaft genommen und vor Gericht gestellt. Sein Name erschien noch auf einer vom Mannheimer Stadtamt auf den 10. Januar 1850 datierten Liste von 40 Angeschuldigten aus dem Amtsbezirk, gegen die wegen der Teilnahme am Aufstand in Baden eine Untersuchung eingeleitet worden war. Vorgeworfen wurde ihm, er habe zu Beginn der Revolution öffentliche Reden gehalten, „worin er die hier garnisonirenden Soldaten zu Abfall und Untreue aufforderte; auch war er die Veranlassung einer Gemeinderathsversammlung, in welcher er den Antrag stellte den königlich baierischen Truppen den Durchmarsch durch hiesige Stadt zu untersagen“ (GLAK: 237/2737). Eine noch im selben Jahr von Polizeiassessor Gustav Jägerschmid (s. dort) erstellte Übersicht der Tatvorwürfe und der bis dato ergangenen Urteile präzisierte, daß E. beschuldigt wurde, in einer am 14. Mai 1849 gehaltenen „öffentlichen Rede zum Hochverrath aufgefordert zu haben“ (GLAK: 237/2737). Ein solcherart reduzierter Tatvorwurf konnte von einem regulären Gericht nur mit einem Freispruch gewürdigt werden, der mit dem Urteilsspruch des Großherzoglichen Hofgerichts vom 24. Mai auch tatsächlich erfolgte. Die vom Staatsanwalt eingelegte Berufung hatte keinen Erfolg, und im Oktober 1850 wurde das freisprechende Urteil vom Oberhofgericht bestätigt. Nach der Säuberung der kommunalen Gremien war für kompromittierte Personen wie E. vorerst kein Platz in der Politik. Zwar wurde er schon bald wieder als Rechtsanwalt zugelassen, aber erst 1862 trat er mit seiner Wahl in den Großen Bürgerausschuß wieder in die Kommunalpolitik ein. Wie bei vielen ehemaligen Achtundvierzigern war E.s Engagement in Bildungsfragen sehr groß. Er trat dem am 22. November 1860 gegründeten „Komitee zur Errichtung einer Töchterschule“ bei, das am 18. Mai 1863 ein Privatinstitut eröffnen konnte. Sein überraschender Tod beendete die neu eingeleitete politische Karriere als Landtagsabgeordneter und Gemeinderat frühzeitig.

Q: *StadtA Mannheim: Polizeipräsidium, Zug. -/1962, Familienbogen; GLAK: 236/8195, 10,11; 237/2737; Mannheimer Abendzeitung.* – ***L:*** *Hoff, Carl Heinrich: Zur Erinnerung an Carl Heinrich Hoff geboren zu Mannheim am 13. Juli 1804 gestorben ebendasselbst am 7. Mai 1891. o.O. o.J.; Schadt, Jörg (Hrsg.): Alles für das Volk – Alles durch das Volk. Dokumente zur demokratischen Bewegung in Mannheim 1848–1948. Stuttgart 1977 (Sonderveröffentlichung des Stadtarchivs Mannheim, 1); Watzinger, Karl Otto: Geschichte der Juden in Mannheim 1650–1945. Stuttgart 1987 (Veröffentlichungen des Stadtarchivs Mannheim, 12), S. 86f.* – ***B:*** *GLAK (Bildersammlung); StadtA Pforzheim: NL Müller, Alben, Nr. 193.*

Hans-Joachim Hirsch

Engelhorn, Friedrich, Fabrikant, Unternehmer
* 17. 7. 1821 Mannheim, ev.
† 11. 3. 1902 Mannheim

V Johann E., Bierbrauermeister (1793 – 1880). M Christine, geb. Schäffer (1798 – 1883). ∞1847 (Worms) Marie, geb. Brüstling (1825 – 1902), ev. V Georg Adam B., Bierbrauer und Gastwirt (1799 – 1831). M Katharina, geb. Sohn (1800 – 1839). K 3 Söhne, 7 Töchter, darunter Dr. Friedrich, Fabrikant (1855 – 1911).

1830 – 1834	Lyzeum Mannheim
1834 – 1837	Goldschmiedelehre in Mannheim
1837 – 1846	Wanderjahre im In- und Ausland
1847	Niederlassung als Goldschmied und Juwelier in Mannheim
ab 1848	Tätigkeit im Leuchtgasgeschäft
1851 – 1865	Leiter der Mannheimer Gasfabrik
1865 – 1883	Direktor der Badischen Anilin- & Soda-Fabrik (BASF)
1870 – 1902	Gesellschafter, Aufsichtsratsmitglied und -vorsitzender in diversen Firmen, u.a. Rheinische Creditbank, Rheinische Hypothekenbank, Mannheimer Gummi-, Guttapercha- und Asbestfabrik, Mannheimer Versicherungsgesellschaft, Consolidirte Alkaliwerke Westeregeln, Deutsche Celluloidfabrik Eilenburg, Bergbau- und Schifffahrts-AG Ruhrort
1883	Königlich Bayerischer Kommerzienrat

E.s Vorfahren waren Gastwirte und Bierbrauer. Die Familie war ursprünglich in Hockenheim beheimatet. Der Großvater Conrad E. ließ sich 1788 in Mannheim nieder. E., dem an höherer

Schulbildung wenig lag, wurde Goldschmied, erwarb 1847 in seiner Heimatstadt Mannheim Bürger- und Zunftrecht und betrieb ein eigenes Juweliergeschäft, das im Revolutionsjahr 1848 zum Erliegen kam. Anlaufschwierigkeiten hatte er auch mit dem damals gegründeten Portativgasunternehmen, was ebenfalls mit den politischen Unruhen in Mannheim zusammenhing. Dies wird E. bewogen haben, der liberalkonservativ geprägten Scharfschützenkompanie der Mannheimer Bürgerwehr beizutreten. Die Bürgerwehr versuchte damals, radikalere Gruppierungen wie das Freikorps von Franz Sigel (s. dort) von sich fernzuhalten. Gleichwohl wirkten im Frühjahr 1848 die Konstitutionellen und die Demokraten noch einmal zusammen: Friedrich Hecker (s. dort) hatte das Oberkommando über die Bürgerwehr. Ein Onkel E.s war Chef eines der beiden Bataillone. Im Laufe des Jahres 1849 formierte sich die Bürgerwehr neu; einer ihrer beiden Bannerführer wurde Lorenz Brentano (s. dort). Nach Ausbruch des badischen Maiaufstands 1849 stellte der in Mannheim tätige Zivilkommissär Wilhelm Adolph von Trützschler (s. dort) dort eine eigene Volkswehr auf und ließ die Scharfschützenkompanie, die er für konterrevolutionär hielt, entwaffnen. E. übernahm das zuvor von Brentano geführte Banner der Bürgerwehr und trat Mitte Juni 1849 als Oberst an deren Spitze. In dem Bestreben, die Stadt Mannheim möglichst aus den näherrückenden kriegerischen Auseinandersetzungen zwischen der preußischen Interventionsarmee und den Aufständischen herauszuhalten, wurde er zum eigentlichen Initiator der Gegenrevolution in Mannheim. Die verworrene Lage am Tag nach dem Gefecht von Waghäusel nutzte er zum Handeln: Im Zusammenwirken mit den ins großherzogliche Lager zurückgekehrten Dragonern brachte er die Geschütze der Aufständischen in seine Gewalt und verhinderte die durch von Trützschler beabsichtigte Wegführung der Kreiskasse. Ohne E.s Eingreifen wäre wohl der schon im Fliehen begriffene Zivilkommissär nicht festgenommen worden. Andererseits wollte E. Schaden von bloßen Mitläufern der Revolution abwenden: Persönlich sorgte er dafür, daß junge, zumeist zum Dienst gepreßte Volkswehrmänner mit der Bahn entkommen konnten. Auch lehnte er besondere Ehrungen durch die preußische Siegermacht für seinen konterrevolutionären Einsatz ab.

Friedrich Engelhorn (Vorlage: UnternehmensA der BASF, Ludwigshafen)

In der Folgezeit wandte E. sich wieder voll seiner unternehmerischen Tätigkeit zu. Mit der Gründung und Leitung der Badischen Anilin- & Soda-Fabrik (BASF) und seinen weiteren Engagements in verschiedenen Wirtschaftsbereichen stieg er zu einem der führenden Industriellen Deutschlands auf.

Q: *Firmenarchiv der Boehringer GmbH, Mannheim: Engelhorn, Marie: Eine kleine Übersicht meines vielbewegten Lebens bis 1892 (handschriftliche Aufzeichnungen).* – ***L:*** *Euler, Friedrich Wilhelm: Die Familie E. in Mannheim. Mannheim 1986; Feder, Heinrich von: Geschichte der Stadt Mannheim. Bd. 2. Mannheim/ Straßburg 1877, S. 353 – 358; Jacob, Gustaf: F.E., der Gründer der Badischen Anilin- & Soda-Fabrik. Mannheim 1959; Krieger, Albert:*

*F.E. In: Badische Biographien. Bd. 6. Heidelberg 1935, S. 162f.; Leber, Adolf: F.E. In: NDB. 4 (1959), S. 514f.; Schröter, Hans: F. E. – Ein Unternehmer-Porträt des 19. Jahrhunderts. Landau 1992 (mit umfangreichen Quellen- und Literaturhinweisen); Waldeck, Florian: Alte Mannheimer Familien. Bd. 6. Mannheim 1920 (ND Mannheim 1987), S. 37–67; Walter, Friedrich: Mannheim in Vergangenheit und Gegenwart. Bd. 2: Geschichte Mannheims vom Übergang an Baden (1802) bis zur Gründung des Reiches. Mannheim 1907 (ND Frankfurt a.M. 1978), S. 378, 398, 400, 437, 447 und 512ff. – **B:** BASF-UnternehmensA Ludwigshafen, StadtA Mannheim.*

Hans Schröter

Fees, Johann Georg Gottlieb, Uhrmacher
* 30. 1. 1824 Michelstadt, ev.
† unbekannt

V Johann Georg F., Schuhmacher (1794–1859). M Eve Marie, geb. Jäger (1795–1859). G 2.

1848	Rückkehr aus der Schweiz nach Erbach
Mai 1849	Drucker für Aufrufe zur Volksversammlung
23. 5. 1849	Teilnahme an der Volksversammlung in Erbach
Juni/Juli 1849	Teilnahme an Gefechten der Revolutionstruppen
19. 4. 1865	Auswanderung nach Amerika

In einer Anzeige im Wochenblatt für die Bezirke Erbach und Breuberg vom 29. Juli 1848 gibt F. seine Rückkehr nach mehrjährigem Aufenthalt in der französischen Schweiz bekannt und empfiehlt sich als Uhrmacher. F. verteilte Einladungen zur Vorberatung am 19. Mai 1849, bei der folgender Aufruf von August Kattmann (s. dort) entworfen wurde: „Große Volksversammlung. Odenwälder! Die Gefahr des Vaterlandes, die Gefahr der Freiheit des deutschen Volkes erheischen in der Schnelle kräftige Schritte. Augenblicke versäumt – Alles versäumt! Das muß unsere Losung sein. Wollen wir die Bajonette der Feinde unserer Freiheit, seien es Russen, seien es Preußen, in unseren Tälern, auf unseren Bergen als Sieger einziehen sehen? Wollt ihr Odenwälder dies? Wer es nicht will, der komme nächsten Mittwoch, 23. Mai morgens 10 Uhr, nach Erbach. Auf der dortigen Volksversammlung wird neben den bekannten Forderungen der Odenwälder auch die Frage über die unbedingte unentgeltliche Aufhebung aller Feudallasten zur Sprache kommen. Kommt Alle! Kommt! Die Gefahr ist groß!"
F. druckte diesen Aufruf und verbreitete 1.000 Exemplare. Er war bei der Vorberatung am 22. Mai dabei, bei der er auf Annahme der Offenburger Beschlüsse bestand, und reiste nach Weinheim, um Verabredungen mit den Badenern zu treffen. Bei der Volksversammlung in Erbach am 23. Mai erschien er bewaffnet auf der Tribüne, verteilte Flugblätter und rief, die hessischen Soldaten in Michelstadt würden übergehen. Er zog bewaffnet nach Laudenbach, nach dem mißlichen Ausgang der Versammlung floh er ins Badische, schloß sich einem Freischarenkorps an und nahm bewaffnet am Revolutionskrieg teil. In Abwesenheit wurde er zu 14 Jahren Zuchthaus verurteilt. Am 19. April 1865 wanderte er nach Amerika aus.
Neben F. wurden weitere sieben Michelstädter, die auch an der Versammlung in Oberlaudenbach teilgenommen hatten, in Abwesenheit verurteilt.

*Q: Evangelisches KirchenA Michelstadt; StadtA Michelstadt; A der Pfarrgemeinde Schöllenbach; StadtA Beerfelden; StadtA Erbach; Hessisches StaatsA Darmstadt: G 703/100; Großherzoglich Hessisches Regierungsblatt, 1848 und 1849. – **L:** Gieg, Ella: Bestrafung der Odenwälder „Wühler" nach der mißlungenen Revolution 1848/49. In: gelurt. Odenwälder Jahrbuch für Kultur und Geschichte (1995), S. 153–170.*

Anja Hering

Flad, Heinrich, Ingenieur, Erfinder (1849: Baupraktikant)
* 30. 7. 1824 Rennhof (bei Hemsbach), wohl ev.
† 20. 6. 1898 Pittsburgh (Pennsylvania, USA)

V Johann (Georg) Jacob F., Gutsbesitzer (1796–1824). M Franziska Wilhelmina, geb. Brunn

(* 1791 Speyer), Witwe (1821) des Speyerer Kaufmanns und Stadtrats Georg David Drexel, Cousine von Friedrich August Heydenreich (Vater Ludwig H.s, s. dort).
∞1.) 1848 Helene, geb. Reichard. 2.) 1856 (Potosi, USA) Caroline, geb. Reichard aus St. Louis (Missouri, USA). K mind. 1 Sohn, 2 Töchter.

1832 – 1842	Lateinschule und Gymnasium in Speyer, jeweils 1.–4. Klasse
1842/43	Lyzealkandidat Speyer, unterer Kurs
1843 – 1846	polytechnisches Studium an der Universität München
Herbst 1849	Ankunft in New York
1850 – 1861	Bauingenieurtätigkeit bei mehreren Eisenbahnlinien
1861 – 1865	amerikanischer Bürgerkrieg: Aufstieg vom „Private" bis zum „Colonel" (Pionierkorps)
seit 1865	ansässig in St. Louis
1869 – 1874	zusammen mit James B. Eads Bau der bekannten Mississippibrücke bei St. Louis
seit 1871	Mitglied der American Society of Civil Engineers (Vorsitz: 1886)
1890 – 1898	von US-Präsident Harrison in die Mississippi-River-Commission berufen; mit öffentlichen und Regierungsaufgaben betraut

F. wurde auf dem Rennhof bei Hemsbach geboren, kurz nachdem sein Vater die Speyerer Bürgerannahme in die Wege geleitet hatte. Mit kaum einem Jahr wurde er Halbwaise. Die Mutter zog mit ihm nach Speyer, wo er von 1832 bis 1842 Lateinschule und Gymnasium (je vier Klassen) besuchte und den unteren Lyzealkurs absolvierte. Er war ein guter, zeichnerisch begabter Schüler und erhielt während der Schulzeit mehrmals Auszeichnungen. Von 1843 bis 1846 absolvierte er ein polytechnisches Studium an der Universität München. Bereits zu dieser Zeit verband ihn eine Freundschaft mit Ludwig Heydenreich (s. dort). Danach arbeitete er in Speyer als Baupraktikant. Am 16. Mai 1848 wurde er in den Turnverein Speyer aufgenommen. F. war Mitglied des demokratischen Vereins und wurde Leutnant in der Speyerer Mobilgarde. Dann wurde er von der Provisorischen Regierung als Hauptmann in das Géniekorps (Pionierkorps) nach Kaiserslautern berufen. Die Zeugenaussage des seinerzeitigen Speyerer Polizeikommissärs Kreutzer charakterisierte ihn als „durchglüht von dem Gedanken, ein einiges freies Deutschland gründen zu helfen, ohne Rücksicht auf die Staatsform. Das Parlament galt ihm Souverän, sein Befehl Gesetz. Durchführung seiner Beschlüsse, unter Anwendung jeglicher Mittel, selbst offener Gewalt gegen die legale Regierung, als Pflicht". Fenner von Fenneberg bezeichnete ihn neben einigen anderen als „zu der gleich radikal-republikanischen Fraktion wie Umbscheiden" (s. dort) gehörend. Zu den gegen F. im Zweibrücker Prozeß erhobenen Vorwürfen gehörte auch der Zerstörungsversuch der Germersheimer Rheinbrücke, „wozu er unter Drohungen und mit Gewalt Requisite zum Floßbaue in Baden wegnahm, die Arbeiter requirierte und so Flöße baute und zu dem angegebenen Zwekke den Rhein hinabtreiben ließ, zur Verhinderung der Benachrichtigung auch den Zeugen Hemmer von Leimersheim verhaften und gefangen halten ließ". Weiter wurde er angeklagt, in Speyer zusammen mit Baupraktikant Gottfried Stengel, Lithograph Eduard Heren und Bierbrauer Heinrich Weltz (s. jeweils dort) den aus dem Mirbachhaus in den Ußlaubschen Garten verbrachten Pulvervorrat dem Landesverteidigungsausschuß zugeleitet zu haben. An der „Wegnahme von Karten und Plänen" aus dem königlichen Kreisbau- und Forstbureau sowie am Speyerer Barrikadenbau war er aktiv beteiligt, desgleichen am Waffenraub im katholischen Seminar zu Speyer. Als am 12. Mai 1849 in Speyer der fünfköpfige Kantonalverteidigungsausschuß gewählt wurde, war F. einer der vier Sekretäre, Dr. Walz (s. dort) wurde Vorsitzender. Nach der allgemeinen Niederlage flüchtete F. und erreichte schließlich im Herbst 1849 New York. Das väterliche Vermögen konnte er zuvor sicherstellen. Seine Mutter ließ am 20. Januar 1851 im Alter von 60 Jahren ihr Anwesen an der Speyerer Hauptstraße versteigern und reiste ihrem Sohn nach. Am 31. Oktober 1851 wurde F. in Abwesenheit vom Zweibrücker Assisengericht zum Tode verurteilt. Zu dieser Zeit hatte er in den USA nach einer kurzen Über-

Heinrich Flad, Silhouette mit eigenhändiger Widmung, datiert 1846 (Vorlage: StadtA Speyer)

gangsphase zu seinem Beruf gefunden: 1850 – 1856/57 war er als Ingenieur beim Bau mehrerer Eisenbahnlinien beteiligt, so der New York & Erie-Bahn, der Ohio & Mississippi-Bahn von Cincinnati nach St. Louis, sowie als Chefingenieur bei der Iron Mountain-Bahn (mit Hauptquartier in Potosi). Mit Ausbruch des amerikanischen Bürgerkriegs meldete er sich Juni 1861 als Freiwilliger in St. Louis zu den Unionstruppen. Im „Engineer Regiment of the West“ stieg er zunächst vom einfachen Soldaten bis zum Captain auf, später in Josiah Bissells „Missouri Regiment of Engineers“ bis zum Colonel (Oberst) und wurde vor allem für die Wiederherstellung von Eisenbahnlinien sowie für den (Wiederauf)bau von Festungsanlagen eingesetzt. Nach 1865 war er vor allem in Missouris Hauptstadt St. Louis tätig, wo sich die Familie niedergelassen hatte. Dort baute er von 1866 bis 1872 das Wasserwerk (St. Louis war 1860 mit über 185.000 Einwohnern die drittgrößte Stadt der USA). Von 1869 bis 1874 baute er gemeinsam mit James B. Eads die noch heute bekannte Mississippibrücke bei St. Louis, eine zweigeschossige Stahlbogenkonstruktion. Er war Gründer des Ingenieurclubs von St. Louis und dessen erster Vorsitzender von 1868 bis 1880. Anfang 1871 wurde er Mitglied der American Society of Civil Engineers, deren Präsidentschaft er 1886 innehatte. Im Herbst 1876 wählte man ihn zum ersten Präsidenten des einflußreichen Rats für öffentliche Verbesserungen von St. Louis (Board of Improvement). In seiner Amtszeit erwarb er sich große öffentliche Verdienste. Er wurde dreimal wiedergewählt und schied erst aus, als US-Präsident Harrison ihn Mitte 1890 in die Mississippi-River-Commission berief. Bei der Rückkehr aus New York, wohin ihn ein Regierungsauftrag beordert hatte, besuchte er in Pittsburgh den aus Speyer stammenden befreundeten Gottfried Stengel. Dort starb er durch eine plötzliche Herzlähmung. Heinrich (Henry) F. gilt als einer der bedeutendsten und innovativsten frühen Ingenieure der USA.

F. hat sich mehrere Erfindungen patentieren lassen: Wasserfilter, Meßgeräte verschiedener Art, Druckmesser, elektromagnetische und pneumatische Bremsen, Cable Railways, hydraulische Aufzüge und die Pfahlramme. Die Preßluftgründung von Hochbauten mit tiefer Anordnung der Luftschleusen soll auf ihn zurückgehen. Noch 1891 entwickelte er ein Baggerschiff zur Vertiefung der Fahrrinne des Mississippi.

Q: *LandesA Speyer: J 1/117 neu; Anklag-Akte, errichtet durch die k. General-Staatsprokuratur der Pfalz, nebst Urtheil der Anklagekammer des k. Appellations-Gerichtes der Pfalz in Zweibrücken vom 29. Juni 1850 in der Untersuchung gegen Martin Reichard, entlassener Notär in Speyer, und 332 Consorten wegen bewaffneter Rebellion gegen die bewaffnete Macht, Hoch- und Staatsverraths etc. Zweibrücken 1850. –* ***L:*** *Brunk, A.: Pfälzer werden zu großen Amerikanern. In: Pfälzer Feierowend, Nr. 42 vom 21. Oktober 1950; Johnson, Allen/Malone, Dumas (Hrsg.): Dictionary of American Biography. Bd. 5. New York 1946, S. 445; Moore, Ro-*

*bert/Davis, Joseph P./Ockerson, J.A.: Memoir of Henry Flad. In: Transactions of the American Society of Civil Engineers. December 1899, S. 561 – 566; New Yorker Staatszeitung vom 22. Juni 1898; Der Pfälzer in Amerika, Nr. 29 vom 19. Juli 1890 (New York); Zucker, Adolph Eduard: The Forty-Eighters. Political Refugees of the German Revolution of 1848. New York 1950, S. 294. – **B:** StadtA Speyer.*

Katrin Hopstock

Frantz, Friedrich Theodor, ev. Pfarrer
* 7. 12. 1809 Sippersfeld, ev.
† 11. 5. 1864 Ingenheim

V Johann F., Rechnungskommissar (1755 – 1849). M Luise Henriette Polyxena, geb. Wanzel (1783 – 1867).
∞ 1849 (Klingenmünster) Emilie, geb. Eckhard (1829 – 1908), ev., aus Waldfischbach. V Jakob E., Lehrer (1801 – 1876). M Elisabeth, geb. Kaiser (1804 – 1870). K 2 Söhne, 4 Töchter (1 Sohn früh verstorben).

	Schulbesuch in Dannenfels, Grünstadt, Speyer und Zweibrücken
1828 – 1831	Studium in Heidelberg und Erlangen
1831	theologische Aufnahmeprüfung
1833 – 1838	ständiger Vikar in Schönau
1838	Pfarrer in Ingenheim
6. März 1846	Suspendierung wegen Abweichung von der Kirchenlehre
7. 4. 1848	Reaktivierung
29. 4. 1850	erneute Suspendierung
29. 5. 1852	Versetzung in den Ruhestand

F. war der führende Vertreter des kirchlichen Vormärz und gehörte dem gemäßigten liberalen Flügel an. 1844 gründete er mit dem „Protestantischen Kirchenblatt für die bayerische Pfalz“ die erste protestantische Kirchenzeitung in der Pfalz, die als parteibildendes Diskussionsforum der Liberalen wirkte. 1846 wurde die Zeitschrift in „Die Morgenröthe“ umbenannt, 1848 erhielt sie den Untertitel „für denkende Leser aller Klassen“ und fand weite Verbreitung. Im Frühjahr 1848 war die „Morgenröthe“ neben der von Georg Friedrich Kolb (s. dort) redigierten „Neuen Speyerer Zeitung“, in der ebenfalls Artikel von F. erschienen, das bekannteste liberale Blatt in der Pfalz. Über Kontakte zu dem Heidelberger Theologieprofessor Heinrich Eberhard Gottlob Paulus konnte F. auch in der „Darmstädter Allgemeinen Kirchenzeitung“ und dem „Frankfurter Journal“ publizieren. Seine weitreichende Korrespondenz führte er u.a. mit dem Begründer des Deutschkatholizismus Johannes Ronge, mit dem liberalen badischen Pfarrer Karl Zittel und mit August Ludwig von Rochau, dem späteren Herausgeber der „Wochenschrift des Nationalvereins“. Mit dem pfälzischen Pfarrer Johann Eckhard (s. dort) war er seit seinen Studientagen befreundet und seit der Heirat mit dessen Nichte auch verwandt.
Die Bewegung, die F. im Zuge der innerkirchlichen Auseinandersetzung zwischen Rationalismus und Neuorthodoxie organisierte, hatte eine politische Dimension und mobilisierte Kräfte auch außerhalb der Kirche. Bald sprach man in der Pfalz und auch in München von den Anhängern dieser Bewegung als der „Pfarrer Frantzischen Parthey“. Ihre Ziele waren eine Verfassungsreform der Pfälzer Kirche, vor allem die endgültige Durchsetzung der Presbyterialverfassung im Sinne eines republikanischen Kirchenwesens, und insbesondere die Trennung der unierten Pfälzer Kirche vom lutherischen Oberkonsistorium in München.
Als F. auf Betreiben des konservativen ersten Konsistorialrats Isaak Rust im März 1846 suspendiert wurde, kam es zu fortdauernden Unruhen in den Pfälzer Gemeinden. Der Fall F. wurde über die Pfalz hinaus bekannt. Die Aufhebung der Suspension gehörte zu den pfälzischen Märzforderungen an die Münchener Regierung. F., seit 7. April 1848 wieder im Amte, forderte auf einer Bezirksversammlung der kirchlich-demokratischen Vereine in Landau am 16. August 1848 eine außerordentliche Generalsynode, die die Münchener Regierung für den 16. Oktober 1848 nach Speyer einberief, um eine offene Konfrontation zu vermeiden. Die Synode beschloß die Trennung des Konsistorialbezirks Speyer aus dem Wirkungsbereich des Oberkonsistoriums München, die am 17. Mai 1849 vollzogen wurde.

Im Vorfelde der Wahlen für die Paulskirche warben die Anhänger F.s, d.h. die rationalistisch-liberalen Geistlichen, mit Erfolg für die Anhänger des Speyerer Bürgermeisters Georg Friedrich Kolb. F. traf sich regelmäßig mit führenden Vertretern des Volksvereins in Neustadt und stand mit Kolb in Briefkontakt. Am 9. Februar 1848 umriß F. in einer Versammlung des von ihm 1844 gegründeten Friedensvereins Ingenheim sein politisches Programm und trat für die konstitutionelle Monarchie ein, da das Volk seiner Meinung nach für die Republik noch nicht reif sei. Am 9. April 1848 nahm F. als Abgeordneter des Bürgervereins Ingenheim an einer Zusammenkunft von Volksabgeordneten in Kaiserslautern teil und wurde dort in den geschäftsführenden Kreisausschuß des pfälzischen Volksvereins gewählt, dem Dachverein aller lokalen Vereine. 1849 wurde F. Mitglied des Kantonalausschusses Bergzabern. Bis Ende April 1849 liefen bei ihm die Fäden der liberalen Pfarrzirkel in Landau, Weisenheim am Berg, Kirchheimbolanden, Glanmünchweiler und Neustadt zusammen. Im Mai 1849 zerfiel die „Frantzische Parthey".
Nach der Niederschlagung des Aufstandes wurde F. am 29. April 1850 für drei Monate suspendiert. Am 29. Mai 1852 wurde er wegen seiner fortgesetzten, die „Grundlagen der Kirche und des Staates untergrabenden Tätigkeit" mit einer Pension von 250 Gulden pro Jahr in den Ruhestand versetzt. Seine journalistische Tätigkeit konnte er aufgrund der Zensur nicht weiterführen. Seine ehemalige Gemeinde errichtete ihm am Dorfrand von Ingenheim ein Haus, in dem er eine Knabenschule gründete. F. blieb kirchenpolitisch aktiv und gehörte 1858 zu den Mitbegründern des liberalen Protestantenvereins.

W:*(Auswahl): Eingabe an die Ständeversammlung, den Nothstand der prot. Kirche der Pfalz betreffend. o.O. 1846; Von der Gottheit Christi steht nichts in der Bibel. o.O. 1847; Wollt ihr dem Vaterlande helfen? o.O. 1849; Hrsg. verschiedener Kirchenblätter 1844 – 1853; (weitere Nachweise bei Kimmel (1953), S. 14 Anm. 29 und Scherer (1968), S. 252). –* ***Q:*** *ZASP: Abt. 1.2 Nr. 72 – 76 (Außerordentliche Generalsynode 1848); Abt. 2 Nr. 969 (Personalakte); Abt. 3 Nr. 1498 (Prüfungsakte); Abt. 4 Nr. 129 (Pfarrstellenbesetzung Ingenheim); Abt. 150.5 (Nachlaß); LandesA Speyer: J 1/192 neu (Prozeßakte); Landesbibliothek Speyer: Nachlaß F.; Universitätsbibliothek Heidelberg: Hs 854 (Paulus-Korrespondenz). –* **L:** *Biundo, Georg: Pfälzisches Pfarrer- und Schulmeisterbuch. Palatina Sacra. Bd. 1. Kaiserslautern 1930, S. 47; ders.: Die evangelischen Geistlichen der Pfalz seit der Reformation. Neustadt a.d. Aisch 1968, Nr. 1404; Fenske, Hans: Rationalismus und Orthodoxie. Zu den Kämpfen in der pfälzischen Landeskirche im 19. Jahrhundert. In: ZGO 132 (1984), S. 239 – 269; Kimmel, Helmut:Der Anteil der pfälzischen Geistlichen an den Ereignissen der Jahre 1832 und 1849. In: Blätter für pfälzische Kirchengeschichte und religiöse Volkskunde 20 (1953), S. 8f., 14f.; Scherer, Karl: Zur pfälzischen Kirchengeschichte des 19. Jahrhunderts. In: Blätter für pfälzische Kirchengeschichte und religiöse Volkskunde 32 (1965), S. 146 – 175; ders.: Zur Geschichte kirchlicher Parteien in der Pfalz. In: Blätter für pfälzische Kirchengeschichte und religiöse Volkskunde 35 (1968), S. 231 – 252.*

Gabriele Stüber, Andreas Kuhn

Frey, Conrad Theodor, Küfer, Weinhändler
* 14. 2. 1814 Neustadt a.d.H., ev.
† 21. 4. 1897 Eberbach

V Georg (Georges) F., Weinhändler und Weingutbesitzer (1780 – 1862), entstammt einer elsässischen Metzgerfamilie aus Barr. M Anne Sophie, geb. Hornig (Gastwirtstochter). G 5, darunter Peter Albert Ludwig (1810 – 1871), Redakteur.
∞31. 10. 1844 Anna Maria Susanna, geb. Knecht. V Konrad Knecht-Leutz, Gastwirt und Weinhändler aus Eberbach. K 6, davon 2 als Kinder verstorben, Maria Rosa Sophia (1853 – 1936) ∞ mit Max Bassermann aus Schwetzingen.

1830	Abschluß der Schulausbildung (Progymnasium und Lateinschule)
1830 – 32	Lehre als Küfer und Bierbrauer
1832	Zuschauer beim Hambacher Fest
1833	Flucht ins Elsaß wegen Teilnahme am zweiten Hambacher Fest

1835	Freispruch vor dem Polizeigericht wegen Teilnahme am zweiten Hambacher Fest
1835 – 1837	Aufenthalt in Burgund, Volontariat in zwei Weinhandelsfirmen
1842	Übersiedelung nach Eberbach, Eintritt in die bedeutende Weinhandlung Knecht-Leutz
12. 7. 1848	Erster Vorsitzender des Demokratischen Vereins
28. 2. 1849	Vorsitzender des Volksvereins
12./13. 5.1849	Teilnahme an Versammlung der Volksvereine in Offenburg
17. 5.1849	Ernennung zum Zivilkommissär für den Amtsbezirk Eberbach
3. 6.1849	Wahl in die Konstituierende Versammlung
20. 6. 1849	Rettung der Bürgerwehr vor den Bundestruppen
20. – 30. 6. 1849	Flucht über Karlsruhe und Freiburg nach Frankreich
1850	Freispruch im Hochverratsprozeß; Rückkehr nach Eberbach
1855	Wahl in den Gemeinderat
1851 – 57	Mitarbeit in Eisenbahnkommissionen und der einheimischen Gewerbeförderung
13. – 18. 5. 1861	Allgemeiner Deutscher Handelstag in Heidelberg auf Anregung F.s
1865	Wahl in die Kreisversammlung Mosbach; Mitbegründer des Eberbacher Gewerbevereins und des Vorschußvereins (spätere Volksbank)
1867 – 1879	Mitglied der badischen Zweiten Kammer
1880 – 1885	Präsident der Kreisversammlung Mosbach
1894	Ehrenbürger von Eberbach

F. wurde in Neustadt a.d.H. als drittes von sechs Kindern des 1804 aus dem unterelsässischen Barr zugewanderten Weinhändlers Georg Frey geboren. Der in einem „religiös freisinnigen" Elternhaus aufwachsende F. besuchte in Neustadt das Progymnasium und die Lateinschule und mußte anschließend auf Wunsch des Vaters das Küferhandwerk erlernen. Nach Lehre und Wanderzeit fand er eine erste Anstellung als Küfer und Bierbrauer in Straßburg, in dessen Umgebung er im Lauf seines Lebens immer wieder Aufnahme fand.

Im Alter von 18 Jahren nahm er am Hambacher Fest teil, zu dem sein Vater als Mitbesitzer der sogenannten „Kästenburg", Kommandant der Neustadter Bürgergarde und Unterzeichner des Festaufrufs für den 27. Mai 1832 nach Neustadt eingeladen hatte. Die dort verkündeten Ideen von bürgerlicher Freiheit, wirtschaftlichem Liberalismus und staatlicher Einheit waren für F. ein Schlüsselerlebnis, von dessen Eindruck er sich lebenslang nicht mehr lösen sollte. Als es beim sogenannten zweiten Hambacher Fest im Jahr darauf zu Auseinandersetzungen mit dem bayerischen Militär kam, mußte er zum ersten Mal aus politischen Gründen zu den Verwandten ins Elsaß fliehen. Nach seinem Freispruch vor dem Polizeigericht Frankenthal 1835 ging er nach Burgund, um den Beruf des Weinhändlers zu erlernen.

In seine Wahlheimat Eberbach kam er 1842, wo er bald danach in die Weinhandlung seines Onkels Konrad Knecht-Leutz einheiratete. Seine liberalen Überzeugungen und seine nationale Einstellung verstrickten F. in die Ereignisse von 1848/49. Bei den Wahlen zum Vorparlament am 31. März 1848 war er einer der acht Eberbacher Wahlmänner. Am Ostermontag 1848 verhinderte er zusammen mit dem Eberbacher Bezirksamtmann Bonaventura Kraft (s. dort) den Auszug der Bürgerwehr nach Heidelberg, wohin sich bereits die Sinsheimer zur Unterstützung der republikanischen Bewegung in Marsch gesetzt hatten. Im Sommer 1848 bildete sich auch in Eberbach ein Demokratischer Verein, zu dessen Präsident F. gewählt wurde. Nach seinem Verbot am 31. Juli 1848 lebte er zunächst als Volksverein fort, bis seine Aktivitäten gegen Jahresende einschliefen. Erst Mitte Februar 1849 kam es – nach dem Aufruf des Provisorischen Landesausschusses in Mannheim – zu einer Neugründung des Volksvereins, wobei die Mannheimer Statuten übernommen wurden und F. den Vorsitz übernahm. Dem Amtsvorstand galt er als ein besonnener

Theodor Frey (Vorlage: StadtA Eberbach)

Mann, „der zwar republikanische Gesinnungen hat, dagegen aller Wühlerei, sowie aller communistischen und sozialistischen Bestrebungen geradezu entgegen“ schien. F. hat der später verbreiteten These nicht widersprochen, daß das konservative Besitzbürgertum seine Wahl in den revolutionären Volksverein betrieben habe, um das unruhige Proletariat aus Handwerkern und Tagelöhnern zu beruhigen und zu mäßigen. Als Delegierter reiste er zur Versammlung der Volksvereine nach Offenburg, verließ sie aber, da er die Revolution „nicht wünschte“, nach der Meuterei des Militärs in Rastatt. Als kurz darauf der Eberbacher Schmied Hiob Daniel Backfisch (s. dort) in Begleitung des Zivilkommissärs der Revolutionsregierung Gustav Adolph Schlöffel in Eberbach auftrat, mußte F. auf Betreiben der Bürger bei Lorenz Brentano in Karlsruhe intervenieren und erhielt aus dessen Hand nun selbst die Ernennung zum Zivilkommissär. Als gewählter Abgeordneter blieb er nur wenige Tage bei der Verfassunggebenden Versammlung in Karlsruhe. Nach Eberbach zurückgekehrt, kam er gerade rechtzeitig, um die ausmarschierende Bürgerwehr vor den anrückenden Bundestruppen in requirierten Nachen über den Neckar in Sicherheit zu bringen. F. selbst blieb nur die sofortige Flucht nach Karlsruhe zur Revolutionsregierung und mit ihr weiter nach Offenburg und Freiburg. Von dort aus setzte er sich ins Elsaß ab und fand erst in Straßburg, später durch die Hilfe seiner Verwandten in Barr Unterschlupf. Im Januar 1850 verlor F. sein badisches Bürgerrecht, bereits im April erreichte er aber in einem Hochverratsprozeß vor dem Hofgericht in Bruchsal den Freispruch. Ein Jahr nach seiner Flucht konnte er wieder nach Eberbach zurückkehren.

Während der Reaktionszeit wandte sich F. den Belangen der örtlichen Wirtschaft zu. Er reformierte die Krämerzunft, bemühte sich um die Ansiedlung neuer Gewerbezweige und begann seinen langjährigen Kampf um den Bau der Neckartaleisenbahn. Zu Beginn der „Neuen Ära“ mit den Liberalen als regierender Partei setzte er sich auf dem Badischen Handelstag von 1860 für die Abhaltung des ersten Allgemeinen Deutschen Handelstags ein, der vom 13. – 18. Mai 1861 in Heidelberg stattfand. F. gilt als geistiger Vater und Initiator des Deutschen Handelstags, der heute als Deutscher Industrie- und Handelstag (DIHT) stattfindet. Die inzwischen gewandelten politischen Verhältnisse erlaubten ihm die Rückkehr ins öffentliche Leben über den örtlichen Rahmen hinaus.

W: *Lebenserinnerungen und Erlebnisse. Biographische Skizzen. Eberbach 1896 (ND Eberbach 1983).* – ***Q:*** *GLAK: 260/30; 231/2935; 236/9473; 349/1894,36,4,1 und 1a; 349/1907,119,504; StadtA Eberbach: IIa, 154, 166, 802, 822, 837a, 962, 1122, 1144, 1176, 1830, 1831.* – ***L:*** *Vetter, Roland: T.F. Sein Leben und seine Zeit. Eine biographische Skizze des Initiators des Deutschen Handelstages unter Verwendung seiner Lebenserinnerungen. Eberbach/Heidelberg 1986 (Festschrift zum 125jährigen Jubiläum des Deutschen Industrie- und Handelstages); ders.: T. F. – der Vater des Deutschen Handelstages. In: Die Wirtschaft. Nachrichten der Industrie- und Handelskammer Rhein-Neckar 5 (1986), S. 296 – 300.* – ***B:*** *Privatbesitz; StadtA Eberbach (Fotosammlung).*

Roland Vetter

Fries, Peter Christian, Rechtskandidat, Arzt
* 12. 11. 1820 Grünstadt
† 31. 7. 1851 Montpellier

V Christian Ernst F., Stadtschreiber, Friedensrichter (1778 – 1857). M Karolina Friedericka Dorothea, geb. Haffner (1779 – 1838). G Franz Eduard (1811 – 1879), beteiligt am Frankfurter Wachensturm 1833, Flüchtling in der Schweiz.

1848/49	Mitglied des Vorstands des pfälzischen Volksvereins
2. 5. 1849	Wahl in den Landesverteidigungsausschuß der Pfalz
17. 5. 1849	Mitglied der Provisorischen Regierung der Pfalz im Justizressort
1850	Anklageerhebung; Flucht in die Schweiz

Nach dem Besuch der Lateinschule in Grünstadt und dem Lyzeum in Speyer war F. 1841 als stud. jur. in Würzburg immatrikuliert. Dort war er maßgeblich an der Gründung der Burschenschaft „Corps Rhenania" beteiligt und viermal deren Präses. In Frankenthal war er Rechtskandidat mit revolutionären Ambitionen und 1848/49 Mitglied des Vorstands des pfälzischen Volksvereins. F. gehörte zum radikalen Flügel der pfälzischen Demokraten, und unmittelbar nachdem die bayerische Krone die Annahme der Verfassung zurückgewiesen hatte, erklärte er: „Lieber als die Revolution nicht durchgeführt wird, soll die ganze Pfalz ein Leichenacker werden, und wenn die sämtlichen Bewohner untergehen, so gehen wir doch mit Ehre unter". Gleich zu Beginn der Reichsverfassungskampagne in der Pfalz forderte er die Loslösung von Bayern und die Einsetzung einer Revolutionsregierung in der Pfalz. Allerdings war diese Forderung Ende April/Anfang Mai 1849 noch nicht mehrheitsfähig. Am 2. Mai 1849 wurde F. von der Volksversammlung in Kaiserslautern in den Landesverteidigungsausschuß gewählt, ebenso wurde er Mitglied der Provisorischen Regierung der Pfalz, die am 17. Mai berufen wurde. Dort war er für das Justizressort zuständig. Als führender Vertreter der pfälzischen Revolution wurde F. 1850 wegen „bewaffneter Rebellion" und „Hochverrat" angeklagt. Einem Verfahren hatte er sich jedoch vorab durch die Flucht in die Schweiz entzogen, wo sein Bruder Eduard im Exil lebte. In Montpellier studierte F. dann Medizin und arbeitete als Arzt in Sissach in der Schweiz. Er starb 1851 an Typhus.

*Q: Anklag-Akte, errichtet durch die k. General-Staatsprokuratur der Pfalz, nebst Urtheil der Anklagekammer des k. Appellations-Gerichtes der Pfalz in Zweibrücken vom 29. Juni 1850 in der Untersuchung gegen Martin Reichard, entlassener Notär in Speyer, und 332 Consorten wegen bewaffneter Rebellion gegen die bewaffnete Macht, Hoch- und Staatsverraths etc. Zweibrücken 1850. – **L:** Lampert, Walter: 1100 Jahre Grünstadt. Grünstadt 1975; Renner, Helmut: Die pfälzische Bewegung in den Jahren 1848/49 und ihre Voraussetzungen. Ein Beitrag zur pfälzischen Geschichte des 19. Jahrhunderts. Masch. Diss. Marburg 1955; Schneider, Regina-Margarete: Landesausschuß und Provisorische Regierung in Kaiserslautern 1849. In: Jahrbuch zur Geschichte von Stadt und Landkreis Kaiserslautern 22/23 (1984/85), S. 91 – 117.*

Martin Baus

Goegg, Amand, Zollassistent
* 7. 4. 1820 Renchen, kath.
† 21. 7. 1897 Renchen

V Ignaz G., Handelsmann.

bis 1834	Volksschule in Renchen
1834 – 1840	Gymnasium in Freiburg; Lyzeum in Karlsruhe
1840/41	Studium in Freiburg und München
1843/44	Staatsexamen an der polytechnischen Hochschule Karlsruhe
1844?	Volontär beim Hauptsteueramt in Karlsruhe; Studienaufenthalt in Frankreich und England
16. 2. 1846	bei der Großherzoglichen Domänenverwaltung in Konstanz
7. 6. 1847	Hauptzollamtsassistent in Mannheim

1849	Exil in der Schweiz bis zu seiner Ausweisung; Aufenthalt in Paris
23. 8. 1850	Verurteilung zu lebenslanger Haft
15. 1. 1851	Verhaftung in Paris; Exil in London
1852	Agitationsreise in die USA
1853/54	Aufenthalt in der Schweiz, Ausweisung und erneuter Aufenthalt in London und New York
1857	Niederlassung in Genf
28. 2. 1862	Begnadigung durch den badischen Großherzog Friedrich, vorübergehender Wohnsitz in Offenburg
1867	Mitgründer der Genfer „Friedens- und Freiheitsliga“
13. 9. 1874	Teilnahme an der Enthüllung des Denkmals für die Standgerichtsopfer auf dem Mannheimer Hauptfriedhof

In den „nachträglichen Aufschlüssen“, die G. über seine Aktivitäten in den Revolutionsjahren gab, erwähnt er zu Anfang des Büchleins eine Episode, die kennzeichnend für die Biographien einer Reihe von Revolutionsbeteiligten ist. Er beschreibt, wie er auf dem Bankett der Heidelberger Verfassungsfeier von 1843 im Namen seiner Kommilitonen unter dem Protest anwesender Professoren und Beamter einen Redebeitrag gehalten habe, in welchem er die Forderung vorbrachte, „daß die Agitation für Erlangung einer deutschen Nationalversammlung auf die Tagesordnung gesetzt werde“ (Goegg (1876), S.13). In der Gruppe von Studenten, die sich mit ihm neben der Anteilnahme an politischen Fragen auch für ein „gründliches Studium“ einsetzten, nennt G. auch Florian Mördes (s. dort), der ansonsten in seiner Darstellung eher in der Rolle des Intimfeindes erscheint. Mördes spitzfindige Art dürfte dem jugendlichen Draufgänger suspekt gewesen sein, während jener offensichtlich nichts von dem unbekümmerten Fanatismus G.s hielt. So fanden politische Gegnerschaften in den Biographien der Beteiligten oft den persönlichen Hintergrund einer gemeinsamen Vergangenheit, der für die Nachwelt hinter den programmatischen Fragen verschwindet.

Im Juni 1847 zog G. nach Mannheim, wo er im Quadrat C 2, 13 wohnte und eine Stelle als Assistent am Mannheimer Hauptzollamt antrat. Unter seinem Namen tauchte G. erst als Gründungsmitglied im Mannheimer Volksverein auf, in dem er in scharfen Gegensatz zu dessen zeitweiligem Hauptaktivisten und Vorstand Florian Mördes trat. Die Einladung zum Kongreß demokratischer Funktionäre, den er auf den zweiten Weihnachtsfeiertag 1848 in seine Geburtsstadt Renchen berief, diente der endgültigen Ausschaltung des als zu moderat verrufenen Mördes und wurde zum Ausgangspunkt einer neuen politischen Offensive der Bewegung in Baden. Als Stellvertreter von Lorenz Brentano (s. dort) wurde G. zum zweiten Vorsitzenden in den „Provisorischen Landesausschuß der Volksvereine“ Badens gewählt. So übernahm er die Geschäftsführung in der Passage Roes, deren Besitzer, der Mannheimer Glasermeister Heinrich Roes, selbst als eifriges Mitglied des Volksvereins in den provisorischen Landesausschuß gewählt worden war. Erst unter der faktischen Leitung G.s entwickelten die Volksvereine die Verbreitung und den Grad der Vernetzung, der sie zu einem so gefährlichen Gegner machte, daß dem badischen Regierungschef Bekk die Äußerung in den Mund gelegt wurde, der „Landesausschuß“ habe von Mannheim aus mit mehr Autorität im Lande regiert als das Ministerium von Karlsruhe aus. Auf dem Höhepunkt seiner Entwicklung sollen ihm etwa 400 Volksvereine mit insgesamt rund 35.000 Mitgliedern angegliedert gewesen sein, zu denen noch zahlreiche Arbeiter- und Turnvereine hinzukamen. Darüber hinaus wurden natürlich auch die traditionellen Verbindungen zu den Emigrantengruppen in der Schweiz, im Elsaß und in Frankreich in die Organisationsstruktur eingebunden. Ein in der Nummer drei der „Flugblätter der Volksvereine“ erschienener Aufruf, den G. allein unterzeichnet hatte, zog für den Staatsdiener erste disziplinarische und strafrechtliche Folgen nach sich. Nachdem er in dieser Untersuchung am 4. Mai 1849 ein Verhör zu bestehen hatte, wurde zwei Tage vor der dritten Offenburger Versammlung seine Verweigerung der Eidesleistung auf die badische Landesverfassung der Grund für die Entlassung aus dem Staatsdienst: Er „wollte den Eid nur unter

Vorbehalt der Reichsverfassung leisten, was eben für unzulässig erklärt wurde, weshalb er die Eidesleistung schlechthin verweigerte" (Degen (1850), S.16). Am Tag der Offenburger Versammlung, dem 12. Mai 1849, entschied der badische Finanzminister negativ über das von G. gestellte Beurlaubungsgesuch und entließ den renitenten Staatsdiener.

Die Ablehnung der Kaiserkrone durch Friedrich Wilhelm IV. und die Zurückweisung der Reichsverfassung brachten eine erneute politische Zuspitzung, die die Rolle der Volksvereine zusätzlich aufwertete. Ende April 1849 war eine zeitweise Annäherung der „Ordnungspartei" an die „Radikalen" zu bemerken, die auf der Annahme beruhte, man könne in der Verteidigung des Verfassungswerks eine gemeinsame Plattform finden. G. wies in seinen Erinnerungen eine solche Möglichkeit weit von sich. Er und seine Parteigänger hätten schon damals „durchaus nichts von der in Frankfurt geschaffenen Reichsverfassung wissen" wollen. Man habe sich deshalb auch nicht an die demokratischen „Märzvereine" angeschlossen und, „als die Bewegung für die Reichsverfassung in Rheinbayern ausbrach, war es Goegg nicht hinreichend, blos zu einem bewaffneten Zuzug nach Rheinbayern aufzufordern, sondern er erließ Anfang Mai eine Einladung an einflußreiche Demokraten aus den verschiedenen badischen Landestheilen zu einer geheimen Versammlung im „Weinberg" zu Mannheim" (Goegg (1876), S. 94f.). An dieser Versammlung, die am 2. Mai stattfand, nahmen auch Mitglieder der Fraktion 'Donnersberg' aus der Nationalversammlung teil. Hier kündigte G. den Plan zur erneuten Volksversammlung in Offenburg an und setzte die „Proklamirung der Republik" auf die Tagesordnung. Auf dem am 12. Mai 1849 stattfindenden Landeskongreß der Volksvereine wurde diese Frage damit zum zentralen Diskussionsgegenstand. G., der zum Versammlungsleiter gewählt worden war, mußte erleben, wie die Fraktion der Gemäßigten in der Abstimmung darüber einen Sieg davontrug. Die Wortführer dieser Fraktion aber waren Brentano und Mördes. Als Florian Mördes auch den zweiten zur Debatte stehenden Tagesordnungspunkt für sich entscheiden wollte, gab G. das Präsidium ab und griff persönlich in die Diskussion ein. Dem Vorschlag, den Landesausschuß auch weiterhin nur „als Agitationsbehörde an der Spitze der Volksvereine" beizubehalten, setzte er die „Permanenz" des Gremiums entgegen, das eine Delegation an den Großherzog schikken sollte und dessen Vorstand nach den Vorstellungen G.s neu beschickt wurde (Goegg (1876), S. 98f.).

Der partielle Sieg der radikalen Fraktion im Volksverein sollte am folgenden Tag eine neue Wendung nehmen. Das Auftreten der zur Revolution übergegangenen Soldaten der Rastatter Garnison auf der Volksversammlung gab den Radikalen den verlorenen Handlungsspielraum zurück. Zwar ging G. von seinem ursprünglichen Plan der Ausrufung der Republik ab, setzte aber ein am Vorabend im Kreis der Radikalen erarbeitetes Programm durch und leitete revolutionäre Maßnahmen ein, wie die Besetzung des Offenburger Bahnhofs und die Aussendung von Kommissaren in die Provinz. Am Nachmittag des 13. Mai fand die eigentliche Volksversammlung vor dem Offenburger Rathaus statt. Zur Eröffnung erklärte G. den nach seinen Angaben 40.000 Teilnehmer zählenden Zuhörern: „Nicht viel reden wollen wir diesmal, sondern handeln", und rief am Ende der Veranstaltung dazu auf, gemeinsam nach Rastatt zu ziehen und dort die Republik zu erklären. Bei der Ankunft in der Garnisonsstadt aber ergaben sich unerwartete Schwierigkeiten, da die Stadttore geschlossen waren. Durch ihr energisches Auftreten gelang es aber G. und den mit ihm zurückgebliebenen Mitgliedern des Landesausschusses Degen, Stay (s. jeweils dort), Steinmetz und Werner zusammen mit den Anführern der rebellierenden Soldaten, in die Festung zu kommen und die als reaktionär bekannten Offiziere zu verhaften. Am nächsten Tag, dem 14. Mai, zog der Landesausschuß in Karlsruhe ein.

In Karlsruhe unterlag die Fraktion der entschiedenen Republikaner allerdings wieder dem Publizitätsbonus des in der Öffentlichkeit dominierenden Lorenz Brentano. Eine erneute Abstimmung im Landesausschuß über die nun fällige Ausrufung der Republik scheiterte an dessen Einspruch. Nur ungern zeigte sich Brentano dazu bereit, die durch die Flucht des Großherzogs vakante Regierungsgewalt zu übernehmen. Abschätzig berichtet G., Brentano habe vom Balkon des Karlsruher Rathauses „eine honigsüße Rede über die Aufrechterhaltung der Ordnung und Durchführung der Reichsverfassung" gehalten (Goegg (1876), S. 110). Unter diesen Voraussetzungen der Uneinigkeit wählte der von zwölf auf 24 Mitglieder erweiterte Landesausschuß die erste vierköpfige Vollzugsbehörde, in der G. für die Finanzen zuständig war.

Er führte auch diese Geschäfte mit der ihm eigenen radikalen Energie, die ihm nicht immer die Sympathie der von den Maßnahmen Betroffenen eintrug. Der Mannheimer Gemeinderat Carl Hoff (s. dort) konnte von seiner Karlsruher Mission berichten, als um die Beiträge der Stadt zu den Revolutionsfinanzen verhandelt wurde, habe G. ihm mit geschwungener Faust gedroht: „Man wird euch Mannheimer schon von euren Geldsäcken heruntertreiben" (Hoff, C.H., S. 298). Aber auch unter den Befürwortern der Revolution waren seine Fähigkeiten in den problematischen Finanzfragen nicht unumstritten. Um diese Phase von G.s Tätigkeit ranken sich so Legenden über Gehaltszahlungen an die einstigen Diener des Großherzoglichen Hauses und verschwundene Geldmittel des Ministeriums. Am Zwiespalt zwischen der Verantwortlichkeit des Ministers und der revolutionären Energie des Demokraten scheiterte der idealistische Weltverbesserer. „Er hat wohl selbst das Lähmende seiner Stellung gefühlt und bald recht gerne sein Ministerportefeuille an Heunisch abgetreten. In den aufregenden Wochen, die dem Entscheidungskampf gegen die Konterrevolution vorausgingen, hat dann G. in Karlsruhe mehr denn einmal den Vermittler zwischen der Brentanoschen Richtung und der Gruppe der Entschiedenen um Struve gespielt" (Lautenschlager (1948), S. 29).

Als der Landesausschuß am 1. Juni 1849 die Regierungsgewalt einer fünfköpfigen Provisorischen Regierung übertrug, wurde G. deren Mitglied. Die am 3. Juni gewählte Konstituierende Landesversammlung, in der G. den 10. Wahlbezirk (die Amtsbezirke Offenburg, Gengenbach und Oberkirch) vertrat, ernannte ihn zusammen mit Brentano und Max Werner aus Oberkirch zum Diktator, in welcher Stellung G. die Niederlagen der Revolutionsarmee an vorderster Front teilte. Auch in der Bilderwelt des badischen Aufstands schlug sich dieser unbedingte Einsatz für die Revolution nieder. Bekannt ist eine Darstellung unter dem Titel „Goegg bei den Kanonieren", die den hageren jungen Intellektuellen wahrscheinlich im Kugelhagel des Gefechts bei Ubstadt am 23. Juni zeigt. In diesen Tagen des überstürzten Rückzugs nach der Schlacht von Waghäusel entwaffnete er die Karlsruher Bürgerwehr und konnte sich nur mit knapper Not in Sicherheit bringen. Nach dem Zusammenbruch der letzten Verteidigungslinie an der Murg brachte er in Freiburg durch seinen persönlichen Einsatz die geschlagenen Einheiten zur Disziplin zurück. Seine euphorischen Appelle an den Durchhaltewillen der letzten Revolutionsanhänger empfanden viele Zeitgenossen als peinliche und bedenkliche Fehltritte. In Konstanz hielt er am 11. Juli eine letzte Rede an die republikanischen Kämpfer und sorgte beim Übergang der Revolutionsarmee in die Schweiz für die Auszahlung des Solds aus den letzten Geldmitteln.

Mit den letzten Flüchtlingen der geschlagenen Revolutionsarmee trat auch G. den Weg in die Schweiz an und ging von dort nach Paris. Durch Urteil des Großherzoglichen Hofgerichts des Mittelrheinkreises in Bruchsal wurde er am 23. August 1850 zu lebenslänglichem Zuchthaus und Ersatz des ihm zugeschriebenen Schadens verurteilt.

Im Exil war G. an der Organisation und Aufrechterhaltung internationaler Verbindungen von Demokraten und Sozialisten wesentlich beteiligt. Er sympathisierte mit den Zielen der aufstrebenden Sozialdemokratie, und nach seiner endgültigen Heimkehr in seinen Geburtsort Renchen wurde er noch Mitglied der Sozialdemokratischen Partei.

W: Nachträgliche authentische Aufschlüsse über die Badische Revolution von 1848, deren Entstehen, politischen und militärischen Verlauf. Zürich 1876 (anonym erschienen). – Q: StadtA Mannheim: Polizeipräsidium, Zug. –/1962, Familienbogen; GLAK: 237/23. – L: Degen, Ludwig: Zur Beurteilung der badischen Revolution. Leipzig 1850; Hoff, Carl Heinrich: Zur Erinnerung an Carl Heinrich Hoff geboren zu Mannheim am 13. Juli 1804 gestorben ebendaselbst am 7. Mai 1891. o.O. o.J.; Lautenschlager, Friedrich: A.G., ein badischer Achtundvierziger. In: ZGO 96 (1948), S.19 – 38; Weech, Friedrich von: A.G. In: Badische Biographien. Bd. 4. Karlsruhe 1891, S. 208 – 210. – ***B:*** *GLAK: J-Ac–G/52.*

Hans-Joachim Hirsch

Greiner, Johann Ludwig („Jean Louis") Christian Theodor, Jurist, Landwirt und Gerber (in Sulivan County, USA)
* 13. 6. 1814 Pirmasens
† 1874 Newark (New Jersey, USA)

V Karl Daniel G., Pfarrer in Thaleischweiler (Westpfalz) von 1810 – 1851 (26. 6. 1772 Mattstaller Glashütte bei Lembach – 16. 11. 1851). M Sophie Friederike, geb. Harteneck. V Georg Konrad Friedrich H., Dekan. G u.a. 3 Schwestern.
∞ Maria, geb. Klotz.

2. 5. 1849	Wahl in den Landesverteidigungsausschuß
17. 5. 1849	Wahl in die Provisorische Regierung
19. 4. 1851	Verurteilung in Abwesenheit zum Tode

Nach seiner Jugend- und Schulzeit in Thaleischweiler und Pirmasens studierte G. vermutlich in München Rechtswissenschaften und promovierte auch dort. 1843 legte er bei der Regierung von Oberbayern in München sein 2. Staatsexamen ab. Danach wurde er königlich bayerischer Ministerialsekretär.
Als Vertreter des Wahlkreises VI, Zweibrücken-Pirmasens, trat er 1847 in den bayerischen Landtag ein. Dort war er im Ausschuß für Petitionen sowie im Staatsschuldentilgungsausschuß, als dessen ständiger Kommissar er fungierte. Im Zuge der pfälzischen Erhebung wurde er am 1. Mai 1849 in den Landesverteidigungsausschuß in Kaiserslautern gewählt. Dessen Aufrufe zur „Volksbewaffnung" und zum „Eid auf die Reichsverfassung" tragen seine Unterschrift. Am 17. Mai wurde er als Ersatzmann, zuständig für das „Departement des Äußeren", in die Provisorische Regierung für die Pfalz gewählt. Als deren Mitglied nahm er am 28. Mai an der Versammlung der württembergischen Volksvereine teil, die ein Bündnis mit Baden und der Rheinpfalz jedoch ablehnten. Nach der Niederschlagung der Reichsverfassungskampagne floh G. in die Schweiz und emigrierte über England in die USA. G., „Rechtskandidat, in Thaleischweiler wohnhaft", wurde wegen „vorgesehenen Verbrechens bewaffneter Rebellion gegen die Organe der öffentlichen Gewalt" angeklagt und schließlich am 19. April 1851 „wegen Hochverraths in contumaciam zur Todesstrafe" verurteilt.

Q: *Anklag-Akte, errichtet durch die k. General-Staatsprokuratur der Pfalz, nebst Urtheil der Anklagekammer des k. Appellations-Gerichtes der Pfalz in Zweibrücken vom 29. Juni 1850 in der Untersuchung gegen Martin Reichard, entlassener Notär in Speyer, und 332 Consorten wegen bewaffneter Rebellion gegen die bewaffnete Macht, Hoch- und Staatsverraths etc. Zweibrücken 1850. –* ***L:*** *Lorenz, Klaus: J.L.C.G. Mitglied der Provisorischen Regierung der Pfalz. In: Ortsgemeinde Thaleischweiler-Fröschen (Hrsg.): Festbuch zur 750-Jahr-Feier der Ortsgemeinde Thaleischweiler-Fröschen. Pirmasens 1987, S. 369 – 373.*

Bernhard Becker

Grohe, Johann Peter („Jean Pierre"), Literat und Verleger
* 9. 12. 1807 Mannheim, ev.
† 13. 12. 1874 Rotterdam (Niederlande)

V Peter G., Weinwirt (um 1768 – 2. 9. 1819). M Elisabetha, geb. Nicaus (um 1775 – 12. 1. 1823).

12. 9. 1847	Mitveranstalter der ersten Offenburger Versammlung
18. 1. 1848	Veröffentlichung der Mannheimer 'Dreizehn Petitionen' mit der Unterschrift von Heinrich Hoff (s. dort)
19. 3. 1848	Mitveranstalter und Protokollführer der zweiten Offenburger Versammlung

29. 4. 1848	Verhaftung als geistiger Rädelsführer der Mannheimer Aprilunruhen
1. 9. 1848	Freispruch vor dem Mannheimer Hofgericht
23. 6. 1849	Der Drucker der „Mannheimer Abendzeitung" übernimmt die Zeitung nach der Flucht des Redakteurs
20. 7. 1849	Beschlagnahme des hinterlassenen Vermögens

Zunächst war G. Redakteur und Leiter des „Mannheimer Abendblatts". Anschließend leitete er die von 1841 bis 1849 erschienene Nachfolgerin, die „Mannheimer Abendzeitung", die eine der bedeutendsten badischen Zeitungen war. Später wurde er deren Besitzer und Verleger. Er war Gesinnungsgenosse von Heinrich Hoff, mit dem er zu den Anführern der republikanischen Partei zählte. Bei vielen Aktivitäten werden sie gemeinschaftlich genannt.
Zusammen mit Friedrich Hecker, Gustav Struve und Heinrich Hoff (s. jeweils dort) war er Mitunterzeichner des Aufrufs zur Offenburger Versammlung vom 19. März 1848. Im April 1848 galt er, ebenfalls gemeinsam mit Hoff, als Anstifter des Aufruhrs in Mannheim, wurde wegen Vergehens gegen die Pressegesetze verhaftet und unter starker militärischer Bewachung ins Gefängnis nach Bruchsal eingeliefert. Während Hoff am 10. November erst nach heftigen Protesten gegen Kaution freikam, wurde G. bereits in seinem Hochverratsprozeß am 1. September freigesprochen. Wenige Tage später war er bereits wieder einer der Redner bei einer öffentlichen Volksversammlung auf dem Mannheimer Marktplatz, wo er sich gegen den Vertrag von Malmö aussprach. Die Nationalversammlung besaß seiner Meinung nach nicht mehr das Vertrauen des Volkes. G. war auch Mitinitiator der Volksversammlung am 20. Mai 1849.
Durch Stadtamtsbeschluß vom 12. März 1850 wurde mehreren Personen „wegen beharrlicher Landesflüchtigkeit das Staatsbürgerrecht aberkannt": neben Friedrich Hecker, Gustav Struve, Heinrich Hoff u.a. auch dem Schriftsteller G. (Walter (1978), S. 408).
„Der Vollständigkeit halber nenne ich hier noch Jean Pierre Grohe [...]" schreibt Wilhelm Bergdolt in seinem Aufsatz über Mannheimer Verleger 1927, was den Stellenwert G.s im Mannheimer Verlagswesen dokumentiert. Etwa 36 Veröffentlichungen erschienen in dem im Oktober 1846 als Verlagshandlung gegründeten Verlag von G. bis 1848. Einige trugen den Druckvermerk Heinrich Hoffs, die Mehrzahl wurde jedoch in Leipzig hergestellt.

Q: StadtA Mannheim: Polizeipräsidium, Zug. –/1962, Familienbogen. – L: Bauer, Sonja-Maria: Die Verfassunggebende Versammlung in der Badischen Revolution von 1849. Darstellung und Dokumentation. Düsseldorf 1991 (Beiträge zur Geschichte des Parlamentarismus und der politischen Parteien, 94); Bergdolt, Wilhelm: Mannheimer Verleger. In: Badische Heimat 14 (1927), S. 174 – 180; Mannheimer Zeitungen des 18. und 19. Jahrhunderts. Beispiele und Dokumente. Sonderschau in der Säulenhalle des Zeughauses vom 25. Okt. 1988 – 29. Jan. 1989. Hrsg. v. Städt. Reiß-Museum Mannheim. Mannheim 1988; Meyer, Herbert: Mannheimer Drucke vergangener Jahrhunderte. Mannheim 1973; Oeser, Max: Geschichte der Stadt Mannheim. Mannheim 1904; Schulz, Otto August: Allgemeines Adreßbuch für den deutschen Buchhandel. Leipzig 1851; Veitenheimer, Heinz E.: Zwei Mannheimer Verleger des Vormärz und der Revolution 1848. In: Mannheimer Geschichtsblätter N.F. 4 (1997); Waldeck, Florian: Alte Mannheimer Familien. Bd. 1. Mannheim 1920 (ND Mannheim 1987), S. 36; Walter, Friedrich: Mannheim in Vergangenheit und Gegenwart. Bd. 2: Geschichte Mannheims vom Übergang an Baden (1802) bis zur Gründung des Reiches. Mannheim 1907 (ND Frankfurt a.M. 1978).

Heinz E. Veitenheimer

Hällmeyer, Franz, kath. Priester
* 27. 9. 1814 Bobenheim, kath.
† 7. 4. 1880 Speyer

V Jakob H., Landwirt (1780 – 1828). M Appolonia, geb. Loe (1789 – 1823).

1830	Aufnahme in das Knabenseminar in Mainz; nach Aufhebung

	des Mainzer Knabenseminars Wechsel nach Aschaffenburg
1835	Abitur am Gymnasium und Lyzeum in Aschaffenburg
1836	Theologiestudium an der Universität München
1838	Eintritt in das Speyerer Priesterseminar
1839	Priesterweihe in Speyer (6. 10.); Ernennung zum Domvikar (11. 10.); Religionslehrer an der Gewerbeschule
1848	Gründung des Bistumsblatts „Der Christliche Pilger"
1848 – 1863	Schriftleiter des „Christlichen Pilgers"
9. 5. 1859	Ernennung zum Bischöflichen Geistlichen Rat
10. 7. 1863	Ernennung zum Domkapitular durch den bayerischen König

H. stammte aus einem katholischen Elternhaus. Bereits als Zehnjähriger verlor er seine Mutter. Pfarrer Krebs aus Offstein bei Worms erteilte dem talentierten Jungen Unterricht und bereitete ihn auf das Gymnasium vor. H. besuchte die Gymnasien in Mainz und in Aschaffenburg, die Hochschulstudien absolvierte er in München. Im Herbst 1838 trat er in das Priesterseminar in Speyer ein. Nach seiner Priesterweihe am 6. Oktober 1839 wurde ihm eine Professorenstelle am Speyerer Lyzeum angeboten, die er jedoch ausschlug, weil er in der Seelsorge bleiben wollte.

Von 1846 an warb H. im Klerus für ein zu gründendes Bistumsblatt; er wollte eine „Kirchenzeitung für das Volk" ins Leben rufen, da der „Katholik" fast ausschließlich den Klerus und die Gebildeten erreichte. H. war davon überzeugt, daß die Kirche in ihrem Eintreten gegen soziale Ungerechtigkeit, in ihrem Einsatz für die vollständige Abschaffung der Kinderarbeit, für bessere Arbeitsbedingungen in den Betrieben und für die Sonntagsruhe eine regionale Kirchenzeitung benötigte. Bischof Nikolaus von Weis (1842 – 1869) unterstützte das Vorhaben des 34jährigen Domvikars. Am 1. Januar 1848, einem Samstag, erschien die erste Nummer des „Christlichen Pilgers", des ältesten Bistumsblattes in Deutschland. Als Redakteur zeichnete H.; verlegt wurde der „Pilger" in der Buchhandlung Wappler in Speyer. Das Bistumsblatt fand Anklang, und die Auflage stieg trotz mancher Behinderung durch die Regierungsbehörden. So war zunächst den Lehrern das Lesen des „Pilger" untersagt.

Die Verteidigung katholischer Interessen, ursprünglich eine dem „Rheinbayer" zugedachte Aufgabe, wurde ab 1848 mit Erfolg vom Bistumsblatt wahrgenommen. Die sogenannten liberalen Zeitungen in der Pfalz bekämpften die neue katholische Wochenzeitung, die für den

Franz Hällmeyer um 1863 (Vorlage: BistumsA Speyer)

Freiheitsraum der Kirche in der Öffentlichkeit eintrat. Neben der Behandlung religiöser Fragen brachte das Bistumsblatt insbesondere Beiträge zum politischen Zeitgeschehen. Das Bistumsblatt begrüßte zunächst grundsätzlich die neue politische Entwicklung, besonders die Forderungen nach Lehrfreiheit und Religionsfreiheit, doch bald wich die anfängliche Zustimmung einem tiefen Mißtrauen gegen die „neuen Freiheiten". Den aus der Märzrevolution hervorgegangenen Idealen stand der „Pilger" zuerst skeptisch, dann ablehnend gegenüber. So begrüßte er die einmarschierenden Preußen und die Maßnahmen der Regierung der Pfalz, die dazu führen sollten, die Märzgesetze wieder rückgängig zu machen.
Als sich der Freiburger Erzbischof Hermann von Vicari (1843 – 1868) mit der badischen Regierung in schwerem Konflikt befand, berichtete der „Pilger" auch über den badischen Kirchenstreit. Im Sommer 1854 wurden H. und der Verleger Wappler vom Hofgericht des Unterrheinkreises wegen „Aufreizung zum Haß und zur Verachtung der großherzoglich badischen Regierung" zu einer viermonatigen Gefängnisstrafe bzw. zu einer Geldstrafe von je 200 Gulden verurteilt.
H. hatte 15 Jahre die Leitung der Redaktion des „Pilger" inne. Bei seiner Ernennung zum Domkapitular 1863 übergab H. die Schriftleitung an Domvikar Friedrich Riedinger.

***Q:** BistumsA Speyer: Personalakt; Christlicher Pilger. Nr. 15 und 16. Speyer 1880, S. 111, 117ff. (Nachruf). – **L:** Nonn, Guido: Die Domherren seit Wiedererrichtung des Bistums Speyer im Jahre 1817. Speyer 1981, S. 35; Schlickel, Ferdinand: Der christliche Pilger – Im Gründungsjahr der Pilger-Druckerei 73. Jahrgang des Bistumsblattes. In: 75 Jahre Pilger-Druckerei. Tradition und Fortschritt. Speyer 1995, S. 44 – 49; Stamer, Ludwig: Kirchengeschichte der Pfalz. Bd. 4. Speyer 1964, S. 302; Ziegler, Hannes: Die Jahre der Reaktion in der Pfalz (1849 – 1853) nach der Mairevolution 1849. Speyer 1985, S. 246 – 262. – **B:** BistumsA Speyer.*

Hans Ammerich

Härter, Johann Friedrich, Gastwirt, Holzhändler
* 22. 8. 1802 Weinheim, ev.
† 28. 4. 1867 Weinheim

V Michael H., Schneidermeister, Gastwirt (1766 – 1838). M Maria Anna, geb. Huger (1770 – 1823). G 1.
⚭1825 Katharina Elisabeth, geb. Keßler (1808 – 1888) ev., aus Weinheim. V Johann Martin K., Bürger und Kupferschmied (1769 – 1840). M Maria Barbara, geb. Vogler (1778 – 1856). K 8.

1825	Erwerb des Weinheimer Bürgerrechts
1837	Übernahme der väterlichen Gastwirtschaft „Zur Burg Windeck"
ab 1843	Wahlmann zur Wahl der Zweiten Kammer der Badischen Landstände
1843 – 1845	Obmann des Großen Bürgerausschusses
1843 – 1845	Mitglied im Kirchengemeinderat der evangelischen Stadtgemeinde
1848	Wahlmann zur Wahl der Nationalversammlung, Kassierer des Volksvereins, Hauptmann des bewaffneten Korps der Weinheimer Demokraten
1849	Zivilkommissär der Provisorischen Regierung für den Amtsbezirk Weinheim
1863	Mitglied des Weinheimer „provisorischen Ausschusses für Schleswig-Holstein"
1864	Mitglied des Großen Bürgerausschusses
1865	Mitglied in der Kirchengemeindeversammlung der evangelischen Stadtgemeinde

H. hat als die zentrale Figur unter den Weinheimer Demokraten zu gelten. Als Gastwirt „Zur Burg Windeck", Holzhändler und Eigentümer landwirtschaftlicher Liegenschaften gehörte er zu den Wohlhabenden in der Weinheimer Kleinbürgergesellschaft; im Wählerverzeichnis von 1849 rangiert er in der Klasse der Höchstbesteuerten. In den Akten heißt es über ihn: „Politische Aufhetzer wie Hecker u.a., die häufig von Mannheim und Heidelberg“ nach Weinheim gekommen seien, hätten ihm „den Kopf verdreht“ und ihn zum „fanatischen Anhänger der revolutionären Ideen“ gemacht. Er habe „mit an der Spitze der aufrührerischen Bewegung hierselbst gestanden“ (GLAK: 305/54, 305). Er sei nicht nur „der bewegende Hebel aller politischen Wühlereien“ seit den Jahren nach 1845 gewesen, sondern bereits in den Jahren 1835 und 1840 als „Anhänger der politischen Propaganda“ erschienen (GLAK: 234/ 1747, 237). „Parthei des Härter“ war schließlich im Weinheimer Sprachgebrauch Sammelbegriff für die Weinheimer Demokraten.

Der Weg, der H. in diese Rolle führte, ließ sich in seinen Anfängen bislang nicht erhellen. Als Sohn des aus Horn im kurpfälzischen Oberamt Simmern stammenden, 1798 in Weinheim als Bürger angenommenen Schneidermeisters und späteren Gastwirts Michael H. übernahm Friedrich H. 1837 die väterliche Gastwirtschaft „Zur Burg Windeck“ im Weinheimer Stadtviertel Müll am Ausgang der Stadt ins Gorxheimer Tal, an der Straße in den hessischen Odenwald.

Seit Ende der 1830er Jahre diente H.s Gastwirtschaft immer wieder als Versammlungs- und Veranstaltungsort für die liberale bzw. demokratische Oppositionsbewegung, die in Weinheim durch die sogenannte Weinheimer Gesellschaft bereits über einen gewissen Organisationsgrad verfügte. Deren Versammlungen in H.s Gastwirtschaft wurden 1840 als von „feindseeliger Tendenz gegen alles Bestehende“ (GLAK: 305/73) qualifiziert. H. selbst geriet 1840 in den Verdacht der Zugehörigkeit zum „Bund der Geächteten“. Den hessischen Behörden galt er in diesem Jahr als „Depositar wichtiger Geheimnisse und Literalien“ (GLAK: 236/ 8768). Damit wurden gleichzeitig seine Beziehungen zu den Oppositionellen im benachbarten hessischen Odenwald aktenkundig, so etwa zu dem Birkenauer „Makler“ (Getreidehändler) Jakob Klein (s. dort). Über diesen Aspekt der Wirksamkeit H.s schrieb der Weinheimer Amtmann Dominik Herterich später, H. sei „ein langjähriger gewandter Wühler, der den ganzen benachbarten hessischen Odenwald zu unterwühlen wußte und manchen hessischen Bauern an den Bettelstab brachte“ (GLAK: 305/63). 1840 gelangte H. überdies ins Visier der Behörden anläßlich eines in seinem Wirtsgarten veranstalteten „Hambacher Festes im Kleinen“. An der gleichen Stelle, in der „Gartenhalle“ der Gastwirtschaft H.s, empfingen 1843 die Weinheimer Oppositionellen mit großem Jubel Heinrich Hoffmann von Fallersleben, der in Begleitung von Friedrich Hecker, Johann Adam von Itzstein und Alexander von Soiron (s. jeweils dort) nach Weinheim gekommen war. Als Obmann des Großen Bürgerausschusses gehörte H. 1843 zu dem Komitee, das die Weinheimer Verfassungsfeier vorbereitete, bei der Friedrich Hecker als Abgeordneter des Wahlbezirks Ladenburg-Weinheim die Rede hielt. Im gleichen Jahr stand H. mit an der Spitze des Protests gegen den Weinheimer evangelischen Dekan Hörner, der als Anhänger des orthodoxen Protestantismus mit „pietistischen Bestrebungen“ und „Proselytenmacherei“ auf heftige Kritik bei einem Teil des Kirchenvolkes stieß. Äußerungen religiöser Orthodoxie mußten H. schon deshalb fernliegen, weil er selbst einer der zu dieser Zeit noch sehr seltenen religionsgemischten Ehen entstammte: Seine Mutter war katholisch. Seine Schwester Elisabeth (* 1804) war ebenfalls katholisch und Ehefrau des Katholiken Franz Kinscherf, der als Bürger und Müller zu Weinheim im demokratischen Lager aktiv war. Unter dem Vorwurf des unerlaubten Unterschriftensammelns in Sachen Hörner verhängte das Bezirksamt 1843 eine Gefängnisstrafe gegen H., das Urteil wurde jedoch von der Regierung des Unterrheinkreises kassiert. Juristische Unterstützung erhielten die Protestführer durch keinen Geringeren als Alexander von Soiron, der in dieser Sache noch 1845 tätig war. Mit dem Ausbruch der Märzrevolution von 1848 wurde H. in der gleichen Angelegenheit wieder aktiv; zusammen mit einigen Weinheimer Demokraten verlangte er vom Vorstand des Bezirksamts, Oberamtmann August Freiherr Teuffel von Birkensee, auf die Ablösung des Dekans Hörner zu dringen, stieß dabei aber auf die entschiedene Abwehr des Beamten, dessen Stellvertreter Herterich das Begehren der Demokraten als den eigentlichen ersten Akt der Revolution in Weinheim einstufte. Bei der Wahl zur Nationalversammlung fungierte H. als einer der zehn Weinheimer Wahlmänner. Bei dem

Friedrich Härter (Vorlage: Stadtmuseum Weinheim)

sich formierenden Weinheimer Demokratischen bzw. Volksverein übernahm H. die Aufgabe des Kassenverwalters. Es heißt dazu, er habe den Verein eigentlich geleitet, „obwohl er nie Vorstand war" (GLAK: 305/63). Mitte September 1848 bildete sich als Antwort auf den Ausgang des deutsch-dänischen Krieges in Weinheim ein bewaffnetes Korps der Demokraten, bei dem H. die Stelle des „Hauptmanns" bekleidete, nachdem die Errichtung einer Bürgerwehr im Frühjahr 1848 am Widerstand der Demokraten gescheitert war. Am 21. September 1848 proklamierte Gustav Struve (s. dort) in Lörrach die „Deutsche Republik". In Vorbereitung dieses Aktes hatte Struve im August seinen Abgesandten Zeiler im Großherzogtum herumgeschickt; Struves Emissär war dabei in Weinheim mit dem Kaufmann Friedrich Diesbach (s. dort) und H. zusammengetroffen, die sich „für die Sache der Republikaner" (GLAK: 236/ 8525, 71v f.) eingenommen gezeigt hätten. Eine zweite Reise Zeilers nach Baden sei auch durch einen Brief Struves an H. vorbereitet gewesen. Die Nachricht vom Losschlagen Struves erreichte Weinheim am 22. September. Am Abend dieses Tages trafen sich Weinheimer Demokraten bei H., wobei die Rede von einem Anschlag auf die Main-Neckar-Bahn bei Weinheim gewesen sein soll. Am Vormittag des 23. September war H.s Gastwirtschaft erneut das Ziel eines auffallenden „Gelaufes"; als Beauftragte der Mannheimer Demokraten erschienen dort Barth, Dr. Welcker und Wimmer. Es ging hier um die Planung des Anschlags auf die Eisenbahn, womit auf Vorschlag Franz Sigels (s. dort) der Transport von Interventionstruppen nach Baden erschwert werden sollte. Die Versammlung bei H. schickte einen Abgesandten ins hessische Weschnitztal, um die dortigen Demokraten zum Mitwirken aufzufordern. H. war auch bei der weiteren Planung des Anschlags im Vereinslokal des Volksvereins in der Mühle des Jakob Weisbrod anwesend, nicht aber bei der Durchführung am Abend des 23. September selbst. Mit dem raschen Zusammenbruch des Struveputsches und der Verhängung des Kriegsrechtes über den Amtsbezirk Weinheim wurde H. als „intellektueller Urheber" des Anschlags auf die Eisenbahn in Haft genommen und sein Vermögen mit Beschlag belegt. Durch Stellung einer Kaution von 10.000 Gulden erlangte H. am 29. Januar 1849 seine Freiheit wieder; zuvor hatte er im Gefängnis noch einen Besuch von Karl Hagen (s. dort), dem Paulskirchenabgeordneten für den Bezirk Heidelberg-Wiesloch-Weinheim, erhalten.

Das Scheitern des Struveputsches und die Inhaftierung von zeitweilig über 60 Weinheimern, die der Mittäterschaft am Anschlag auf die Eisenbahn verdächtigt wurden, wirkten nachteilig auf die Tätigkeit der Weinheimer Demokraten bis in den Maiaufstand von 1849. Als am 14. Mai die Flucht des Großherzogs in Weinheim bekannt wurde, rief der Vorstand des Bezirksamts vier der führenden Weinheimer Demokraten zu sich, unter ihnen H., um ihre Mitwirkung bei der Handhabung von Ruhe und Sicherheit in der Stadt zu gewinnen. Als Mitglieder in dem tatsächlich gebildeten „Sicherheitskomitee" standen sie „der gesetzlichen Behörde gleichsam unterstützend zur Seite" (GLAK: 305/44, 6 f.). Es zeigte sich in der Folge, daß H., der als Haupt des Komitees galt, einen eher gemäßigten Kurs steuerte. So riet er noch am 14. Mai dem Mannheimer Daniel

Krebs (s. dort), der als „Bevollmächtigter des Landesausschusses“ in Weinheim erschienen war, von einer Vereidigung der Bürger auf Reichsverfassung und Landesausschuß ab, da Krebs keine schriftliche Vollmacht Lorenz Brentanos (s. dort) vorweisen konnte. H. soll sich auch einer Absetzung des Weinheimer Bürgermeisters Weisbrod durch Krebs widersetzt haben. Weisbrod hatte sich von der demokratischen zur konstitutionellen Richtung geschlagen; Krebs wollte ihn durch den radikaleren Friedrich Diesbach ersetzen. Als am 16. Mai die gerade gebildete Weinheimer Volkswehr aufgeboten werden sollte, um der Einheit des Obristen Hinkeldey den Neckarübergang bei Ladenburg zu verlegen, war es angeblich H., der ein Läuten der Sturmglocke verhinderte. Der Landesausschuß ernannte H. am 18. Mai zum Zivilkommissär für den Amtsbezirk Weinheim, was für das Ansehen spricht, das H. genoß. H. selbst erfuhr von dieser Ernennung erst aus dem Regierungsblatt, das ihm der Ratsschreiber vorlegte, und nahm das Amt nur auf Zureden von Bürgermeister und Amtmann an. Für die folgenden Tage läßt sich ein Mitwirken H.s an der Aufstellung der Volkswehr in Weinheim und den Orten des Amtsbezirks nachweisen; auch hier agierte er mit Zurückhaltung; so behauptete er später vor dem Untersuchungsrichter, er habe bei der Verteilung der Waffen darauf geachtet, daß sie nicht in die Hände des Proletariats gerieten. Als im Gefolge der mißlungenen militärischen Operation Sigels (Gefecht bei Hemsbach, 30. Mai 1849) die Spannung in Weinheim wuchs, setzte er wiederholt seine Autorität ein, um Übergriffe auf Gegner der Revolution zu verhindern bzw. Verhafteten wieder zur Entlassung zu verhelfen. Er habe es sich zum Grundsatz gemacht, so H. später, keine Verhaftungen vorzunehmen. In der Nacht zum 5. Juni 1849 überfielen hessische Einheiten Weinheim, um die hier konzentrierten Revolutionsstreitkräfte zu zerstreuen. Dem bei der hessischen Division diensttuenden badischen Oberleutnant Franz von Davans fiel bei dieser Aktion H. in die Hände, der als Gefangener mitgeführt wurde, als die Hessen nach dem erfolgreichen Überfall sich wieder über die Landesgrenze zurückzogen. H. wurde bereits am nächsten Tag wieder freigelassen; Angehörige der Weinheimer Honoratiorenschicht hatten sich für ihn eingesetzt, damit er seinen mäßigenden Einfluß auf die „unteren Volksklassen“ geltend machen und die „bedeutenden Excesse“ (GLAK: 305/49, 17) beenden könne, zu denen es in Weinheim während H.s Gefangenschaft gekommen sei. H. legte nach seiner Rückkehr das Amt des Zivilkommissärs nieder und ließ sich erst angesichts des radikalen Kurses, den sein Nachfolger steuerte, zu einer erneuten Übernahme des Amtes bewegen. Der Nachfolger, der ortsfremde Hermann Röse, ließ sich jedoch nicht wieder aus Weinheim verdrängen, wo er bei Teilen der Demokraten Rückhalt genoß. H. habe aber auch „bei Röses Regierung [...] das große Wort“ geführt (GLAK: 305/47, 19). Tatsächlich läßt sich für die Zeit bis zur Besetzung Weinheims durch die Reichstruppen am 15. Juni 1849 mehrfach ein Eingreifen H.s feststellen, wenn es darum ging, Maßnahmen Röses oder anderer revolutionärer Amtsträger zu vereiteln, so insbesondere erneute Versuche, den Bürgermeister abzusetzen, Anhänger der konstitutionellen Richtung zu verhaften, Pferde zu requirieren oder die Weschnitzübergänge zu verbarrikadieren. Spätestens seit seiner Gefangenschaft bei den Hessen scheint H. also an einen Erfolg des badischen Volksaufstands nicht mehr geglaubt zu haben.

Mit der Besetzung Weinheims durch die Interventionsstreitmacht setzte sich H. ab und brachte sich in der Schweiz in Sicherheit, um einer kriegsrechtlichen Behandlung zu entgehen. Am 19. Juli 1850 erging der Spruch des Hofgerichts Mannheim in Sachen „Friedrich Härter und Genossen wegen Hochverraths, Aufruhr und Gewaltthätigkeit“; der abwesende H. wurde mit einer Strafe von einem Jahr Zuchthaus oder acht Monaten Einzelhaft belegt. Mitte März 1851 stellte sich H. den Behörden, legte Rekurs gegen das Urteil ein und erreichte im März 1852 einen Freispruch, der auch als Erfolg der Verteidigungsstrategie des Heidelberger Advokaten Küchler betrachtet werden kann. Küchler hatte in seiner „Rekursbeschwerdeschrift“ H. als einen Mann bezeichnet, der ein Anhänger der in konstitutionellen Staaten gerechtfertigten Opposition gewesen sei, als einen Parteigänger Mathys, Bassermanns und Welckers. H. habe als „schlichter Landmann“

nicht rechtzeitig kehrt zu machen gewußt, sondern sei noch eine Strecke in der ihm gegebenen Richtung weitergegangen (GLAK: 240/1689, 51 f.). In Weinheim löste der Freispruch ein ziemliches Aufsehen aus; hier habe man hören können, daß, wenn H. straflos ausgehe, „man wohl alle Zuchthäuser den politischen Gefangenen aufmachen müßte, da keiner mehr an der Revolution gearbeitet habe als dieser" (GLAK: 236/7666). In einem gewissen Gegensatz zu dem Freispruch steht auch die 1852 erfolgte behördliche Schließung seiner Gastwirtschaft, die, so die Begründung, weiterhin „den Anhängern der Umsturzparthei zu Weinheim" als „Sammelplatz" diene (GLAK: 236/7666). Nachdem die Untersuchung gegen die Teilnehmer am Anschlag auf die Main-Neckar-Bahn zunächst nicht weitergeführt worden war, wurde sie 1853 wieder aufgenommen und H. im September dieses Jahres für fünf Monate in Untersuchungshaft genommen. Als „politisch gemeingefährliche Figur" (GLAK: 234/1747, 237) erreichte er erst nach Gestellung einer Kaution von 8.000 Gulden wieder die Freiheit. Das Urteil des Hofgerichtes lautete für H. auf acht Jahre Zuchthaus oder fünf Jahre und vier Monate Einzelhaft. Mit der Bekanntgabe des Urteils am 19. Januar 1855 wurde H. sogleich erneut inhaftiert. Wieder betrieb H. Rekurs gegen das Urteil und wurde im April 1855 gegen eine Kaution von 10.000 Gulden aus seiner Heidelberger Haft entlassen. Das Oberhofgericht bestätigte jedoch das Urteil, und so mußte H. Mitte Dezember 1855 seine Strafverbüßung im Zuchthaus in Bruchsal antreten. Nach mehreren Gnadengesuchen H.s, seiner Familie, des Gemeinderats und des Pfarrers wurde H. zum 20. September 1856, dem Tag der Vermählung Großherzog Friedrichs mit Luise von Preußen, begnadigt.

Die „Neue Ära" in Baden erleichterte H.s bürgerliche Wiedereingliederung. Im Frühjahr 1859 erhielt er die staatsbürgerlichen Rechte wieder zuerkannt; im Oktober 1860 konnte er, nach einer entsprechenden Intervention aus dem Kreis der Weinheimer Honoratioren, seine Gastwirtschaft wieder eröffnen, die er 1863 durch einen Neu- und Umbau ergänzte. Im Umfeld der nationalen Bewegung aus Anlaß der Schleswig-Holstein-Frage wurde er erneut als Mitglied im Weinheimer „Ausschuß für Schleswig-Holstein" politisch aktiv. 1864 wurde er wieder in den Großen Bürgerausschuß gewählt. 1865 wurde er Mitglied in der Kirchengemeindeversammlung der evangelischen Stadtgemeinde. Als ihm 1867 der evangelische Stadtpfarrer Julius Zäringer, ein eifriger Parteigänger der Nationalliberalen, die Grabrede zu halten hatte, charakterisierte er ihn als vorbildliches Familienoberhaupt, als treuen Freund, als Ratgeber und Helfer, als tatkräftigen Mann mit unbeugsamem Willen und nicht zuletzt als politisch aktiven Patrioten. Die Inschrift seines Grabsteins, der heute am Eingang zum Weinheimer Alten Friedhof Aufstellung gefunden hat, überliefert die Kurzform des Nachrufes von 1867.

__Q:__ GLAK (Auswahl): 234/1747 und 1747a; 236/7666; 8768; 237/2692; 240/1689; 305/44; 49; 53 – 56; 63 – 64; 73; 75; weitere Q vgl. Personenregister bei Gutjahr (1987); A der evangelischen Stadtgemeinde Weinheim: Protokollbuch 1839 – 1897; Fasz. „Beschwerden gegen Stadtpfarrer Hörner, Missionsstunden betr."; StadtA Weinheim: Personenkartei; Fach 139 Nr. 1; Protokolle des Großen Bürgerausschusses; Mannheimer Abendzeitung ab Jahrgang 1843; Weinheimer Anzeiger 1863 – 1867. – __L:__ Gutjahr, Rainer: Die Republik ist unser Glück. Weinheim in der Revolution von 1848/49. Weinheim 1987 (Weinheimer Geschichtsblatt, 32); Herpel, Hans Peter: Weinheims historische Gastwirtschaften. Weinheim 1990 (Weinheimer Geschichtsblatt, 36). – __B:__ StadtA Weinheim.

Rainer Gutjahr

Hagen, Karl, Hochschullehrer, Dozent, Privatgelehrter
* 1810 Dottenheim (bei Bad Windsheim), ev.
† 1868 Bern (Schweiz)

V Friedrich Wilhelm H., Pfarrer (1767 – 1837).
M Christiane Elisabeth, geb. Schmaus (1771 – 1858).
∞ Juliana Amalia, geb. Hepp (1800 – 1851).
K Hermann (1844 – 1898), Prof. für klassische Philologie an der Universität Bern.

1827 – 1828	Studium der Theologie, Philologie und Geschichte in Erlangen und Jena
1833	Promotion zum Dr. phil. in Erlangen
1836	Habilitation in Erlangen
1838	Privatdozent in Heidelberg
1845	a.o. Prof. in Heidelberg
1848	Präsident des Demokratischen Vereins in Heidelberg
1848/49	Abgeordneter in der Frankfurter Nationalversammlung
August 1849	Entlassung aus dem badischen Staatsdienst
1849 – 1855	Publizist und Privatgelehrter
1855 – 1868	Prof. an der Universität Bern

Der einem liberalen fränkischen Pfarrhaus entstammende H. begann zunächst mit dem Studium der Theologie, um sich dann an seinen Studienorten Jena und Erlangen der Geschichtswissenschaft zuzuwenden. Nach Promotion und Habilitation in Erlangen lehrte er seit 1838 als Privatdozent in Heidelberg. Sein Vorlesungsangebot war breit angelegt. Schon in der Wahl der Themen zeigte sich sein Anliegen, Geschichte nicht in historistischer Weise zu behandeln, sondern sie vielmehr auf die Fragestellungen und Postulate der Gegenwart zu beziehen. Deutlich wird dies auch im Titel des Werkes „Historische Entwicklung der staatsbürgerlichen Freiheit vom Mittelalter bis zur Gegenwart". Im Sinne des Liberalismus ging es ihm um die Ausweitung bürgerlicher Mitbestimmungselemente innerhalb der konstitutionellen Ordnung. Gleichermaßen richtete er sein Interesse auf die mit der Reformation eingeleiteten sozialen Emanzipationsprozesse. Mit erstaunlicher Klarheit erkannte er für seine Gegenwart „die Bedeutung der sozialen Fragen und die Probleme der Industrialisierungsfolgen" (Wolgast (1985), S. 184).

Neben seiner akademischen Lehrtätigkeit und seinen wissenschaftlichen Veröffentlichungen arbeitete er auch an mehreren politischen Journalen mit. Hervorzuheben ist sein Mitwirken an Gustav Struves (s. dort) „Mannheimer Journal", dessen Ausstrahlung weit in die Pfalz und in den hessischen Raum reichte. Seit 1838 gab H. auch eine eigene Zeitschrift unter dem Titel „Braga. Vaterländische Blätter für Kunst und Wissenschaft" heraus. Hier ging es ihm nicht so sehr um politische Polemik, sondern er wollte mit diesem Organ einen kulturell begründeten Patriotismus ohne nationalistische Zuspitzungen fördern. Während der Revolution 1848/49 mischte sich H. wie kein anderer seiner universitären Kollegen in die Ereignisse ein. Schon die Unterstützung der deutsch-katholischen Bewegung in Heidelberg im Jahre 1845 hatte gezeigt, daß er einen Raum für politisches Handeln suchte. Er gehörte zu den Heidelberger Initiatoren des Frankfurter Vorparlaments, in dem seine Universität mit den Professoren Gervinus, Häusser, Kapp, Mohl, Rau, Roeder und Mittermaier stark vertreten war. Im Unterschied zu seinen Kollegen mit Ausnahme von Kapp stand er auf der Seite Struves, der die Permanenzerklärung des Vorparlaments bis zum Zusammentritt eines deutschen Parlaments gefordert hatte. Auch Struves sozialpolitsche Forderungen wie die „Beseitigung des Notstandes der arbeitenden Klassen" stießen auf H.s Sympathien. Für das Verhalten H.s während der Revolution war charakteristisch, daß er die Frankfurter Aktivitäten nicht nur mit einer sich im Lauf der Monate radikalisierenden politischen Publizistik verband, sondern auch auf lokaler Heidelberger Ebene agierte. So wurde er Ende Mai 1848 zum Präsidenten des dortigen Demokratischen Vereins gewählt, der die Nachfolge des verbotenen Vaterländischen Vereins angetreten hatte. In der Neugründung gaben Studenten den Ton an. Mit einer konstituionellen Reform gab man sich im Demokratischen Verein nicht zufrieden, sondern es wurde die demokratische Republik gefordert. Als auch dieses Forum schon nach wenigen Wochen verboten wurde, zogen fast zwei Drittel der Studenten aus Protest nach Neustadt. Wenige Tage später waren sie jedoch wieder in der Stadt. Das Innenministerium hatte mit der Exmatrikulation gedroht. Zwischen März und Juli 1848 veröffentlichte H. einen „Politischen Katechismus für das freie deutsche Volk". Hier trat er für die Beibehaltung föderativer Strukturen in einem künftigen Nationalstaat ein. Die demokratische Republik müsse zwar Endziel der historischen Entwicklung bleiben, sie sei aber zur Zeit noch nicht zu verwirklichen. Sie könne erst dann erreicht werden, wenn die politische Bildung des Volkes

weiter fortgeschritten sei. Zur Zeit komme es auf den Ausbau der Märzerrungenschaften an. Vor allem aber müßte das Militär auf die noch zu schaffende Verfassung vereidigt werden.
Das Verbot des Demokratischen Vereins hatte für H. kaum Beeinträchtigungen der politischen Artikulationsmöglichkeiten mit sich gebracht, zumal er am 9. Juni 1848 mit einer knappen Mehrheit der Wahlmänner zum Heidelberger Abgeordneten der Frankfurter Nationalversammlung gewählt worden war. Am Abend der Wahl versammelte sich eine Gruppe von Bürgern und forderte ihn auf, in Frankfurt auf die Seite der äußersten Linken zu treten. Eine Forderung, die auch seinen eigenen Vorstellungen entsprach. Als einziger Heidelberger Professor wurde er Mitglied der Fraktion 'Donnersberg'. Wenn er auch das Abgeordnetenmandat nicht imperativ verstand, hielt er dennoch engen Kontakt zu seinen Wählern und trat auf zahlreichen Versammlungen, auch in der näheren Umgebung der Stadt, auf.
In große Schwierigkeiten geriet H. jedoch, als er im Namen des Demokratischen Vereins den Wahlmännern der Ämter Tiengen und Waldshut zur Wahl von Hecker zur Nationalversammlung gratulierte. Darauf empfahl der Kurator der Universität dem Ministerium, H. aus dem Hochschuldienst zu entlassen. H. verteidigte sich damit, als Präsident des Demokratischen Vereins nur einen Schlußstrich unter die Resolution der Vereinsmitglieder gesetzt zu haben. Der Senat der Universität, der zu einer Stellungnahme aufgefordert wurde, verurteilte zwar das Verhalten H.s scharf und einmütig, wandte sich aber zugleich gegen die Entlassung des Historikers. Das Gremium sah in einer so starken Sanktion eine unverhältnismäßige Reaktion und wollte die akademische Laufbahn des Kollegen nicht zerstört wissen. Man müsse auch beachten, daß H.s Handlung vor dem Hintergrund „einer außergewöhnlichen politischen Aufregung" geschehen sei. Zugleich warnten die Professoren davor, daß die Entlassung „dem Professor Hagen als einem Märtyrer für die demokratischen Bestrebungen eine Bedeutung verleihen werde, die ihm seiner Persönlichkeit nach nicht zukommt". Die Regierung entsprach diesem Wunsch. Zugleich drückte sie ihre Erwartung aus, „daß Professor Hagen sich diesen Vorfall zur Lehre nehmen und künftig sich einem ähnlichen, mit seiner Stellung unvereinbarlichen Benehmen nicht wieder hingeben werde".
Eine der denkwürdigsten Versammlungen, auf der H. als Redner auftrat, wurde am 30. Juli 1848 im Schloßhof abgehalten. Daß sein Ton im Lauf des Sommers eine Verschärfung erfahren hatte, wurde damals deutlich. Indem er den Heidelberger Wählern Rechenschaft über seine Frankfurter Tätigkeit ablegte, offenbarte er die Ziele der linken Fraktion. Er und seine Gesinnungsgenossen seien leider verhindert worden, in der Nationalversammlung „demokratische Prinzipien", von deren Erreichung das „Heil der Nation" abhinge, durchzusetzen. „Es sind zu viele Beamte, zu viele Pfaffen, zu viele Rückschrittsmänner, zu viele Laue und Zweideutige hineingekommen und die können am Ende die ganze Sache verpfuschen". So sei es nicht gelungen, eine direkt von der Nationalversammlung abhängige Zentralgewalt zu schaffen. Die Position eines dem Parlament nicht verantwortlichen Reichsverwesers sei dem „Volke zum Hohn" geschaffen worden. Zudem sei weiterhin eine „Mitwirkung der Fürsten" zu beklagen, so daß die „Volkssouveränität" vernichtet worden sei.
Der Schloßhof gab auch den Ort ab für die Gedenkfeier am 9. November 1848 für den in Wien standrechtlich erschossenen Robert Blum. An der Veranstaltung nahmen neben der Studentenschaft vor allem Turner, Handwerksgesellen, vereinzelte Bürgerwehrmänner und Soldaten teil. Das Bürgertum war weniger vertreten. Die exponierte Rolle von H. zeigte sich darin, daß außer ihm nur noch zwei Vertreter der Studentenschaft sprachen.
In Frankfurt trat H. inzwischen als einer der Hauptredner der äußersten Linken hervor. Im August 1848 war er für die Begnadigung Heckers eingetreten. Dabei hatte er sechs Petitionen aus seinem Wahlkreis vorgelegt. Eine davon war von 6.000 Männern, eine andere von 1.400 Frauen unterschrieben. Öfters, wie zum Beispiel im Januar 1849, trat er für eine föderale Neugliederung nach Stämmen jenseits dynastisch-territorialer Gliederungsprinzipien ein. Heftig kämpfte er gegen alle Erwägungen über die Erblichkeit des Kaisertums. Die preußische Alternative lehnte er radikal ab. „Merkwürdi-

gerweise [ist man] den Hoffnungen, Wünschen und Bestrebungen des deutschen Volkes von seiten der Dynastie Hohenzollern niemals entgegengekommen". H. befürchtete, daß ein preußisches Erbkaisertum destabilisierende Folgen für Deutschland haben würde. Weder die anderen Dynastien noch das Volk könnten sich damit einverstanden erklären.

Nach dem endgültigen Verzicht Friedrich Wilhelms IV. auf die Kaiserkrone am 28. April 1848 wurde H. in den „Dreißigerauschuß" gewählt, der sich angesichts der Erosion der demokratischen Kräfte mit dem Rücken zur Wand um die Durchführung der Reichsverfassung bemühte. Zwei Probleme standen jetzt im Vordergrund von H.s Reden: Einmal drang er auf die Vereidigung der einzelstaatlichen politischen Institutionen auf die Reichsverfassung, zweitens warnte er davor, daß Preußen gemeinsam mit Rußland und Österreich den Kampf gegen die Revolution militärisch ausfechten würde. Als Folge dieser Analyse forderte er die sofortige Aufstellung eines Reichsheeres, um „den Horden des Despotismus freiheitsmutige Scharen entgegenzustellen".

Nach der Übernahme der Macht durch die Revolutionsregierung in Baden am 16. Mai 1849 verteidigte H. diese vor dem ständig kleiner werdenden Frankfurter Plenum. Am 25. Mai 1849 übermittelte er der Nationalversammlung die Einladung des Heidelberger Gemeinderats, der die Volksvertreter im Falle einer Bedrohung Frankfurts in der Neckarstadt aufnehmen wollte. Die Bürgerschaft würde für ihren Schutz sorgen, während die Sitzungen „in der großen Aula der Hochschule sehr passend und bequem" stattfinden könnten. Ein Vorschlag, der jedoch keinen Anklang fand. H. schloß sich einige Tage später dem Vorschlag des Dreißigerausschusses an, den Sitz des Rumpfparlaments nach Stuttgart zu verlegen. Hier kämpfte er gegen die Übernahme preußischer Gesetze und trat für eine provisorische Reichsregentschaft, die sich aus fünf Abgeordneten zusammensetzen sollte, ein. In Stuttgart blieb H. bis zur Auflösung des Rumpfparlaments durch württembergische Truppen am 18. Juni 1849. Als er nach Heidelberg zurückkehrte, wurde er mit einem Fackelzug begrüßt. Im Unterschied zu vielen Männern, deren Beteiligung an der Revolution bei weitem nicht

Karl Hagen um 1848 (Vorlage: Kurpfälzisches Museum Heidelberg)

so intensiv war, wurde dem Geschichtsprofessor nicht der Prozeß gemacht. Der Prorektor gab bekannt, daß die Universität über sein Wirken in Stuttgart nicht informiert sei. Auch könne ihm keine Beteiligung an revolutionären Aktionen vor Ort nachgesagt werden. Das Ministerium hingegen überprüfte die Rolle H.s anhand einer Analyse der Stenographischen Berichte der Nationalversammlung. Ende August wurde er durch eine vom Großherzog unterschriebene Verfügung aus dem badischen Staatsdienst entlassen. Als Publizist und Privatgelehrter konnte er jedoch weiterhin in Heidelberg leben, allerdings unter ständiger Überwachung. 1853 gab der zuständige Stadtdirektor an, bei einer Untersuchung der Wohnung H.s eine „vollständige Freischärlerbibliothek" gefunden zu haben. Sie bestünde aus einem ganzen Lager von „höchst verwerflichen und verderblichen" Schriften. Zudem stünde H. in Verbindung „mit anerkannten Häuptern der revolutionären Partei". Eine gerichtliche Untersuchung verlief jedoch ergebnislos.

H.s Lebensbedingungen verbesserten sich erst, als er 1855 eine Professur an der Universität Bern erhielt. Zwei Jahre später wurde er sogar zum Rektor gewählt. Mit seiner neuen Stellung war er zufrieden. Einem früheren Heidelberger Kollegen teilte er brieflich mit, daß er das größte Auditorium habe. Zudem seien die Berner Konservativen überrascht, daß er kein Menschenfresser sei.

W: *Deutschlands religiöse und literarische Verhältnisse im Zeitalter der Reformation. 3 Bde.. Erlangen 1841 – 1844; Fragen der Zeit. 2 Bde.. Stuttgart 1843 – 1845; Geschichte der neuesten Zeit vom Sturze Napoleons bis auf unsere Tage. 2 Bde.. Braunschweig 1848 – 1851; Die östliche Frage mit besonderer Rücksicht auf Deutschland. Frankfurt [2]1854; Deutsche Geschichte von Rudolf von Habsburg bis auf die Zeit Friedrichs des Großen. 3 Bde.. Frankfurt 1854 – 1858; Hrsg.: Braga. Vaterländische Blätter für Kunst und Wissenschaft 1838 – 1839.* – ***Q:*** *Nachweise bei Drüll, Haag und Wolgast.* – ***L:*** *Drüll, Dagmar: Heidelberger Gelehrtenlexikon. Bd. 1: 1803 – 1932. Heidelberg 1986, S. 98f.; Haag, Ferdinand: Die Universität Heidelberg in der Bewegung von 1848/49. Diss. Heidelberg 1934; Klüpfel: K.H. In: ADB 10 (1879) (ND Berlin 1968), S. 341 – 343; Mühlpfordt, Günter: K.H. Ein progressiver Historiker im Vormärz über die radikale Reformation. In : Jahrbuch für Geschichte 21 (1980), S. 63 – 101; Wolgast, Eike: Politische Geschichtsschreibung in Heidelberg. In: Semper Apertus. 600 Jahre Ruprecht-Karls-Universität Heidelberg. 1386 – 1986. Festschrift. Bd. 2. Heidelberg 1985, S. 158 – 196; ders.: K.H. in der Revolution von 1848/49. Ein Heidelberger Historiker als radikaler Demokrat und politischer Erzieher. In: ZGO 133 (1985), S. 279 – 299.* – ***B:*** *UniversitätsA Heidelberg: Bildersammlung; Kurpfälzisches Museum Heidelberg: S 1096.*

Andreas Cser

Hamm, Georg, Glockengießer und Maschinenfabrikant
* 8. 11. 1817 Wittersheim, kath.
† 9. 1. 1878 Kaiserslautern
V Andreas H., Müller. M Maria, geb. de la Paix. G Andreas, Glockengießer und Maschinenfabrikant (9. 9.1824 – 22. 6. 1894).
∞ Martha Maria, geb. Ries (1. 5. 1821 Frankenthal).

11. 5. 1849	Kommandant der Frankenthaler Volkswehr
13. 6. 1849	versteigert als Zivilkomissär Holz aus dem staatlichen Holzhof
Juni 1849	Flucht nach Frankreich
Sept. 1851	in Abwesenheit zum Tode verurteilt
1861	Rückkehr nach Begnadigung

H. war ein typischer Unternehmer der Frühindustrialisierung. Als gelernter Glockengießer erkannte er die Chancen, welche die neuen Technologien der Eisenverarbeitung und des Maschinenbaus boten. Jedoch stieß er dabei auf bürokratische Hemmnisse und war auf fachfremde Geldgeber angewiesen. Sein Drang zur Überwindung dieser Widerstände dürfte das wesentliche Motiv für sein Engagement in der Revolution von 1848/49 gewesen sein. Er schloß sich der politischen Revolution an, um der industriellen Revolution zum Durchbruch zu verhelfen. Als Praktiker kümmerte er sich hauptsächlich um die Aufstellung bewaffneter Einheiten und um die Beschaffung von Geld.
H. wurde am 8. November 1817 in Wittersheim im pfälzisch/lothringischen Grenzland südlich von Zweibrücken geboren. Sein Vater Andreas betrieb eine Mühle. H. besuchte die Lateinschule in Zweibrücken und absolvierte dort anschließend eine Lehre in der Glockengießerei von Peter Lindemann.
Über die Anfänge der beruflichen Tätigkeit H.s ist nichts überliefert, möglicherweise betrieb er bereits in der Mühle seiner Eltern eine Werkstätte. Im Juli 1844 pachtete er in Frankenthal das Stammhaus der 1774 gegründeten Schraderschen Glockengießerei, das am 22. September 1845 für 700 Gulden in sein Eigentum überging. H. modernisierte den Betrieb und errichtete einen neuen Gießofen mit Steinkohlenfeuerung. H.s Betrieb war sowohl eine Glockengießerei als auch eine mechanische Werkstätte. Im Jahr 1846 erhielt er den Auftrag zum Bau einer

Feuerlöschpumpe für die Stadt Frankenthal, außerdem belieferte er die Frankenthaler Zukkerfabrik mit Pumpen und Kesseln.
In den 1840er Jahren setzte auch im deutschen Südwesten allmählich die Industrialisierung ein, und mit der Zahl der Fabriken stieg der Bedarf an Maschinen und Zubehörteilen. H. beabsichtigte, sich verstärkt dem Maschinenbau zu widmen und seinen Betrieb zu erweitern. Da er selbst nicht über genügend Kapital verfügte, assoziierte er sich am 31. Dezember 1846 mit dem Salzbeamten Friedrich Wilhelm Meinhold. Dieser kaufte am 17. März 1847 für die „Maschinenfabrik Georg Hamm und Compagnie" das aus drei Grundstücken bestehende Anwesen der ehemaligen Frankenthaler Tuchfabrik zum Preis von 10.000 Gulden. Da die finanziellen Mittel der beiden Partner jedoch nicht ausreichten, schlossen sie am 1. April 1847 mit dem Schiffseigentümer und Handelsmann Georg Adam Kühnle aus Haßmersheim am Neckar einen Vertrag ab. Kühnle beteiligte sich mit 15.000 Gulden an dem Unternehmen, Meinhold steuerte 8.000, H. 2.000 Gulden bei.
Mit der finanziellen Unterstützung von Kühnle und Meinhold konnte H. die Maschinenfabrik ausbauen. Am 26. Januar 1849 beteiligte sich auch H.s jüngerer Bruder Andreas als vierter Partner an dem Unternehmen.
Da H. sich aber aktiv am Pfälzer Volksaufstand gegen die bayerische Regierung beteiligte, mußte er im Juni 1849 fliehen und für mehrere Jahre nach Frankreich ins Exil gehen. Seine Geschäftsanteile übernahm im März 1850 sein Bruder Andreas, der sich zwei Jahre später selbständig machte. Andreas H. war in den folgenden Jahrzehnten erfolgreich als Glockengießer und Druckmaschinenfabrikant tätig. Im Jahr 1874 goß er die monumentale „Kaiserglocke" für den Kölner Dom. Aus seiner Maschinenfabrik ging die heutige Heidelberger Druckmaschinen AG hervor.
Georg H. war in Frankenthal einer der aktivsten Verfechter der Revolution von 1848/49. Die Anklageschrift gegen die Revolutionäre bezeichnete ihn als einen der „gefährlichsten, rührigsten und thätigsten Agenten der revolutionären Gewalt" (Anklag-Akte 1850, S. 157). H. war Mitglied im Kantonalausschuß für den Volksverein. In dieser Funktion warb er im

Georg Hamm um 1870 (Vorlage: Heidelberger Druckmaschinen AG)

November 1848 im „Frankenthaler Wochenblatt" um Spenden für die Hinterbliebenen des in Wien erschossenen Robert Blum. Außerdem gehörte er zu den Mitunterzeichnern des Aufrufs der pfälzischen Volksvereine vom 27. April 1849 zur Volksversammlung in Kaiserslautern am 1. Mai 1849. Nach der dort beschlossenen Einsetzung des Landesverteidigungsauschusses kümmerte sich H. vor allem um die Rekrutierung von Truppen. Unter seiner Führung zog die Frankenthaler Volkswehr am 11. Mai 1849 nach Eppstein, um dort stationierte Soldaten der bayerischen Armee zum Übertritt zu den Revolutionären zu bewegen. Anschließend marschierte er mit den abgeworbenen Soldaten über Oggersheim zum strategisch wichtigen Rheinübergang Ludwigshafen.
Darüber hinaus war H. als Frankenthaler Zivilkommissär neben Georg Hillgärtner für den Vollzug der Anordnungen der Provisorischen Regierung zuständig. In dieser Funktion versteigerte er am 13. Juni 1849 das Holz aus dem staatlichen Holzhof. Auch beim königlichen Salzamt beschlagnahmte er eine größere Summe, wobei es zu einem heftigen Streit mit Friedrich Wilhelm Meinhold kam, der im Hauptberuf Salzbeamter war.

Dieser Konflikt macht deutlich, daß H.s politisches Engagement von seinen Geschäftspartnern nicht geteilt wurde. Meinhold distanzierte sich nach der Niederschlagung der Revolution demonstrativ von H. und bezeichnete ihn als „einen würdigen Genossen und Stellvertreter Hillgärtners" (LandesA Speyer: J 1/218). Man kann allerdings davon ausgehen, daß den Justizbehörden die Geschäftsverbindung des königlichen Beamten Meinhold zum Revolutionär H. nicht verborgen geblieben war. Meinhold war daher sicher bemüht, jeden Verdacht der Sympathie mit den Revolutionären von sich abzuwenden.
Nach dem Einmarsch der preußischen Truppen in die Pfalz floh H. zunächst in die Wittersheimer Mühle und von dort nach Saargemünd in Frankreich, wo er sich bald darauf wieder der Glockengießerei und der Maschinenfabrikation widmete. Im September 1851 verurteilte man H. wegen Hochverrats in Abwesenheit zum Tod; zehn Jahre später wurde er begnadigt. H. kehrte daraufhin in die Pfalz zurück und gründete in Kaiserslautern erneut eine Glockengießerei, die er bis zu seinem Tod im Jahr 1878 mit Erfolg betrieb.

Q: *LandesA Speyer: J 1/ 218 fol. 487 – 489v: Ausführung des Salzbeamten Meinhold vom 28. Juni 1849; Anklag-Akte errichtet durch die k. General-Staatsprokuratur der Pfalz, nebst Urtheil der Anklagekammer des k. Appellationsgerichts der Pfalz in Zweibrücken vom 29. 6. 1850 in der Untersuchung gegen Martin Reichard, entlassenen Notär in Speyer, und 332 Consorten wegen bewaffneter Rebellion gegen die bewaffnete Macht, Hoch- u. Staatsverrat etc. Zweibrücken 1850. –* ***B:*** *Heidelberger Druckmaschinen AG.*

Martin Krauß

Hammer, Johann Adam, Arzt
* 27. 12. 1818 Mingolsheim (bei Bruchsal), kath.
† 4. 8. 1878 Griesbach (Schwarzwald)

V Wilhelm H., Geometer (* 31. 12. 1795), 1839 ausgewandert in die Vereinigten Staaten. M Margarethe, geb. Ganther (* 8. 5. 1798). G 3. ∞ 15. 2. 1846 (Mannheim) Helene, geb. Leip (* 25. 8. 1825), ev., aus Alzey.

1830 – 1837	Besuch des großherzoglichen Gymnasiums Bruchsal
1837 – 1842	Medizinstudium an der Universität Heidelberg
1842 – 1845	Militärarzt beim Dragonerregiment „von Freystedt Nr. 2" in Mannheim
1845 – 1848	ärztliche Privatpraxis in Mannheim
1845 – 1848	Mitglied und erster Vorsitzender der Mannheimer Deutschkatholiken
1846 – 1848	Mitglied im Mannheimer Turnverein
März/ April 1848	Hauptmann in einem Mannheimer Freikorps
April 1848	Flucht nach Straßburg
5. 9. 1848	Auswanderung in die USA nach St. Louis/Missouri
1854	Eintritt in die Republikanische Partei

In Mannheim, einer Hochburg des badischen Liberalismus und späteren Radikalismus, kam H. mit Friedrich Hecker und Gustav Struve (s. jeweils dort) in Kontakt. Er gehörte zu den Gründungsmitgliedern der deutschkatholischen Gemeinde Mannheim, deren erster Vorsitzender er von 1845 bis 1846 war.
Nach dem Ausbruch der Revolution 1848 war H. beim Aufbau eines Freikorps in Mannheim entscheidend beteiligt und fungierte als Adjutant des Kommandanten Franz Sigel (s. dort). Im März 1848 forderte er zusammen mit Franz Sigel und Gustav Struve die Soldaten der Mannheimer Garnison zur Desertion auf, damit sie nicht gegen das Freikorps eingesetzt werden konnten. Kurz vor dem Heckerzug forderte H. bei einer Versammlung der entschiedenen Republikaner, der 'Ganzen', vehement die Abschaffung der Monarchie und Einführung einer demokratischen Republik. Wegen dieser Agitationen mußte H. im April 1848 Mannheim verlassen und nach Straßburg flüchten, wo er Vorstandsmitglied eines republikanischen Flüchtlingskomitees war.

Im September 1848 emigrierte er in die Vereinigten Staaten, wo er sich in St. Louis niederließ und seinem Beruf als Arzt nachging. Im deutschsprachigen Raum war H. der erste Arzt gewesen, der mit Erfolg bei Geburten Schwefeläther (Narkoseäther) einsetzte. In St. Louis schloß er sich sehr früh der 1854 gegründeten Republikanischen Partei an, die er als Delegierter des Bundesstaates Missouri 1860 bei der Nominierung Abraham Lincolns als Präsidentschaftskandidat vertrat.
In seiner Wahlheimat bemühte er sich um die Verbesserung der amerikanischen Medizinerausbildung. Zu diesem Zweck gründete er in St. Louis mehrere medizinische Hochschulen, die aber keinen langen Bestand hatten.
H. konnte während eines Europaaufenthaltes im Jahre 1876 als erster Arzt bei einem Lebenden einen Herzinfarkt diagnostizieren.
Wegen eines langanhaltenden Streites mit der „Medical Society" St. Louis, als deren Präsident er mehrere Jahre fungiert hatte, kehrte er enttäuscht den Vereinigten Staaten den Rücken und siedelte 1877 nach Wiesbaden über, wo er eine Praxis für Chirurgie eröffnete. Am 4. August 1878 verstarb H. während eines Kuraufenthaltes in Griesbach im badischen Schwarzwald.

W:*Die Anwendung des Schwefeläthers im Allgemeinen und insbesondere bei Geburten. Mannheim 1847; On Medical Education. In: Transactions of the Medical Association of the State of Missouri 2 (1852), S. 81 – 90; Ein Fall von thrombotischem Verschlusse einer der Kranzarterien des Herzens. In: Wiener medizinische Wochenschrift 28 (1878), Sp. 97 – 102. –* ***Q:*** *GLAK; StadtA Mannheim: Vorstandssitzungsprotocolle der deutschkatholischen Gemeinde Mannheim (1845 – 1854) ; Erzbischöfliches A Freiburg; GemeindeA Mingolsheim; Mannheimer Abendzeitung (1845 – 1848); Mannheimer Journal (1845 – 1848); Mannheimer Morgenblatt (1845 – 1848). –* ***L:*** *Ball, James M.: Dr. A.H., Surgeon and Apostle of Higher Medical Education. In: Journal of the Missouri State Medical Association 6 (1909), S. 155 – 177; Streckfuss, Werner: A.H.(1818 – 1878). Ein badischer Achtundvierziger. Diss. phil. Heidelberg 1997 [erscheint 1998].*

Werner Streckfuss

Happel, Heinrich, Färbermeister
* 1. 12. 1816 Heidelberg, ev.
† unbekannt

∞ 27. 8. 1844 Maria Anna Juliana, geb. Fries (* 1809), ev., aus Mannheim. K 1 Sohn, 1 Tochter.

seit 1845	Betrieb einer eigenen Färberei in P 6, 22
seit 1846	Mitglied des Turnvereins
29. 3. 1848	Wahl in das leitende Komitee des Mannheimer Vaterländischen Vereins
Januar 1850	nach Aufenthalt in der Schweiz Emigration in die USA

Der Heidelberger Bürger H. erwarb anläßlich der Hochzeit mit seiner Mannheimer Frau am 27. August 1844 das Mannheimer Bürgerrecht. Er war dort schon vor der Revolution aktiv im Sinne eines gesellschaftlichen Wandels, wurde als Mitglied des Turnvereins dessen „Zeugwart" und beteiligte sich am Entstehungsprozeß der 'Dreizehn Petitionen' der Mannheimer Bürgerschaft im Januar 1848. In der allgemeinen Hochstimmung der Märzbewegung, die anfänglich durchaus noch gemeinsame Ziele verfolgte, engagierte H. sich in der Frage der „allgemeinen Volksbewaffnung". Er gehörte zum gleichbleibenden Kreis von Personen, der die Mitglieder der in der Folgezeit immer wieder wechselnden Vereinsgründungen stellte. Er war Mitglied im Bürgerverein, dem vom Mannheimer Stadtamt revolutionäre Bestrebungen attestiert wurden. Der Statutenvorschlag für den zu gründenden Vaterländischen Verein, den Gustav Struve (s. dort) am Tag nach dem Offenburger Kongreß vom 19. März 1848 vorlegte, und der von zwölf prominenten Mannheimern gegengezeichnet war, trug auch H.s Unterschrift. Auf einer der Gründungsversammlungen, die am 29. März stattfand, wurde er in das leitende Komitee gewählt und betätigte sich dort im Gegensatz zu den gemäßigten Mitgliedern, die schon früh von den radikalen Aktivitäten des Vereins Abstand nahmen. Nachdem sich der kurzlebige Vaterländischen Verein und die Volksbewegung politisch in zwei Lager gespalten hatte, wurde H. führender Aktivist im Demokratischen Verein, der nach den entsprechenden Beschlüssen auf dem Frankfurter demokratischen Pfingstkongreß des Jahres 1848 auch in Mannheim gegründet wurde. Dessen frühzeitig erfolgtem Verbot wurde mit der Gründung des „Volksvereins für vaterländische Angelegenheiten“ begegnet, in dem H. hinter Florian Mördes (s. dort) der zweite Vorsitzende war und nach einem Bericht des Mannheimer Stadtamts sich auch durch radikale Redebeiträge hervortat. An der Jahreswende 1848/49 wurde er bei der Wahl zum „Provisorischen Landesausschuß der Volksvereine in Baden“, der organisatorischen Leitung der Volksvereine, auch in dieses von Mannheim aus landesweit operierende Gremium delegiert.

Als mit dem absehbaren Scheitern der Nationalversammlung und dem entschiedenen Eintreten der bayerischen Rheinpfalz für die Verfassung in Süddeutschland eine explosive innenpolitische Situation entstanden war, gründete sich in Mannheim ein „Wehrausschuß“, der zuerst nur die Unterstützung für die widerspenstigen Pfälzer organisieren sollte. Zu dessen 14 Gründungsmitgliedern, die mit am 13. Mai 1849 mit einer Proklamation an die Öffentlichkeit traten, zählte auch H. Als in diesen Tagen der in Offenburg neu besetzte „Landesausschuß der Volksvereine“ die politische Macht in Baden halbherzig übernahm und zur anderen Hälfte von den meuternden Soldaten übertragen bekam, war H. nur noch als Ersatzmann gewählt worden, rückte aber ins Führungsgremium auf. In den Rastatter Beratungen vom 14. Mai gehörte er zu den Befürwortern der Ausrufung einer Republik um Amand Goegg, die gegen Lorenz Brentanos (s. jeweils dort) „gemäßigte“ Fraktion in der Minderheit blieben. Am 16. Mai 1849 forderte er als Mitglied des „Landesausschusses“ den Stadtkommandanten Roggenbach zur Ableistung des Eids auf die Provisorische Regierung auf, die dieser verweigerte. Am gleichen Tag kam es auf der Eisenbahnstrecke zwischen Mannheim und Karlsruhe zu einer kuriosen Begegnung. Der Mannheimer Gemeinderat Carl Hoff traf auf seiner Erkundungsreise zum „Landesausschuß“ in Karlsruhe statt Elias Eller (s. jeweils dort), der mit ihm die Verhandlungen führen wollte, den „total besoffenen“ Färber H. In der Folgezeit machte H. weitere Reisen. Amand Goegg berichtet in seinen Erinnerungen von einer Summe von 300.000 Gulden, die er infolge eines Beschlusses, den der Landesausschuß gefaßt hatte, dem Mitglied H. übergeben hatte, damit er in Begleitung eines Dolmetschers in Paris Waffen für die Revolutionsarmee kaufe. Das Geld sei allerdings von der französischen Regierung beschlagnahmt und später an die Großherzogliche Regierung zurückgegeben worden. Dieser Vorgang erschien im Licht der späteren Verfolgungsmaßnahmen der badischen Regierung etwas anders. Nach einer Rechnung, die die Generalstaatskasse schon bald nach der Niederschlagung des Aufstands aufmachte, sollte der flüchtige Revolutionär neben seinem erhaltenen Funktionärsgehalt von 87 Gulden und 56 Kreuzern auch die zur Bestreitung der Dienstreise ausgegebenen 300 Gulden sowie weitere Reisekosten ersetzen. Und die Summe der von H. erhaltenen Gelder für die „Anschaffung von Gewehren zum Zweck der allgemeinen Bewaffnung“ wurde in zwei Teilbeträgen auf 155.000 Gulden errechnet. Insgesamt wurden die Forderungen gegen den einfachen Mannheimer Handwerker auf eine Summe von 155.449 Gulden und 56 Kreuzer hochgerechnet, mit der das gesamte zurückgelassene Vermögen des Gesuchten belastet wurde (Mannheimer Journal, Extrabeilage vom 17. August 1849). Natürlich hütete sich H., zum über sein Vermögen angesetzten Vollstreckungsbefehl zu erscheinen und ließ das einmal eingeleitete Verfahren in seiner Abwesenheit betreiben.

Von seinen Mitbürgern wurde ihm die Unterschlagung bedeutender Summen unterstellt, ein bürgerlicher Chronist aus Mannheim vermutete, daß der „eifrige Republikaner“ die bedeutende Summe von 90.000 Gulden auf seinem Weg ins Exil mitgenommen habe. Gemessen an den in der Anfangszeit recht hart ausfallenden Urteilen gegen die Revolutionäre wirkten für ihn die neun Jahre Zuchthaus, zu denen H. in Abwesenheit verurteilt wurde, als „Urteil, das als zu mild zu betrachten“ war (Lorentz (1982), S. 252). In den ersten Monaten nach der Niederlage des badischen Aufstands hielt sich H. in Basel und Zürich auf, von dort emigrierte er im Januar 1850 nach den USA. Zwei Monate danach wurde ihm vom Mannheimer Stadtrat das

Staatsbürgerrecht aberkannt. Anfang August 1851 entfernte sich auch H.s Ehefrau aus Mannheim, wohl ohne die vorgeschriebene behördliche Form eines Antrags auf Entlassung aus der badischen Staatsbürgerschaft zu wahren. Der Familienbogen vermerkt: „unbekannt wohin".

*Q: StadtA Mannheim: Polizeipräsidium, Zug. –/1962, Familienbogen; GLAK: 236/8509; 236/ 8536; 48/5475. – **L:** Lorentz, Detlev: Die 48er Revolution in Mannheim aus der Sicht eines einfachen Bürgers. In: Badische Heimat 62 (1982), S. 239 – 254.*

Hans-Joachim Hirsch

Hatzfeld, Elisabetha („Lisette") Franziska, Revolutionärin
* 18. 3. 1823 Mannheim, ev.
† unbekannt

V Christian Ludwig H., Schuhmachermeister (um 1778 – 1841). M Juliana Henriette, geb. Groß (um 1790 – 1837). G 7 Brüder, 1 Schwester. K 2 Söhne.

26. 4.1848 Teilnahme an der Blockade der Rheinbrücke zwischen Mannheim und Ludwigshafen

Bildliche Darstellungen, die die Revolutionsereignisse in Mannheim für die Nachwelt festhielten, fehlen weitgehend. Neben der auf den badischen Aufstand im Frühjahr 1849 beschränkten Bilderfolge des Franz Artaria gibt es wenige Darstellungen von Höhepunkten, aus denen das bekannte Bild (s. S. 23) von der Barrikade an der Rheinbrücke hervorsticht. Auf diesem Berg von aufgetürmten Brettern und Möbelstücken ist eine Frau zu sehen, die, mit dem Rücken zum Betrachter eine schwarz-rot-goldene Fahne schwingend, den Kugeln der am anderen Ufer postierten Soldaten trotzt und deren Identität dem Betrachter, bedingt durch die Perspektive, im Bild verborgen bleibt. Die Symbolik der Handlung und die Einzigartigkeit der Darstellung weckten schon bei den Zeitgenossen die Neugier auf eine Identifizierung der dargestellten Person, die mit einigen wenigen Indizien auch tatsächlich möglich ist.

In der Literatur zum Thema finden wir die Szene, die sich am 26. April 1848 am Brückenaufgang nach Ludwigshafen abgespielt hat, mehrfach erwähnt. Die Zeugnisse zweier Personen geben auch Hinweise auf die im Zentrum der Bildkomposition stehende Frauengestalt. Amand Goegg (s. dort) berichtete in seinen 1876 erschienenen „authentischen Aufschlüssen", die auf eine schon 1850 in Paris erschienene, dort der Zensur zum Opfer gefallene Erstfassung zurückgingen, von einer Frau Lichtenberger, die „eine schwarz-roth-goldene Fahne unter dem Feuer der Bayern aufpflanzte" (Goegg (1876), S. 58). Dieser Hinweis, von anderen Chronisten der Revolution gerne wiederholt, führt allerdings zu keinem greifbaren Ergebnis, sucht

Die Frau auf der Mannheimer Barrikade – 'Lisette' Hatzfeld (Blos (1893), S. 203, Vorlage: LandesA Speyer)

man den Namen an den städtischen Meldeunterlagen zu verifizieren. Ohnehin erscheint die Aussage Goeggs unbestimmt und ohne besondere Kenntnis der erwähnten Person.
Aussagekräftiger ist da schon die Erinnerung, die der Mannheimer Konditor und Gemeinderat Carl Hoff (s. dort) anbietet. Über die Kämpfe des 26. April 1848 ist bei ihm zu lesen: „Die lüderliche Tochter unseres ehrenwerthen Schusters H. [...], hatte beim 'Brückensturm' die schwarz-roth-gelbe Fahne getragen" (Hoff , C.H., S. 290). Diese Angabe paßt zu dem Bericht des Mannheimer Stadtamts an das Großherzogliche Justizministerium vom 27. Oktober 1849. Dieser schloß nach eineinhalb Jahren den Vorfall an der Rheinbrücke mit polizeilichen Straferlassen gegen eine umfangreiche Personengruppe ab. Die einzige Frau, die hiervon betroffen war und wegen „Theilnahme am Aufruhr" zu einer achtwöchigen Gefängnisstrafe verurteilt wurde, hieß Lisette H. Die junge Frau, bei der es sich nach den Meldeunterlagen um die zum Tatzeitpunkt gerade 25 Jahre alt gewordene Elisabetha H. handelte, war die Tochter des 1807 aus Gernsbach zugezogenen Schuhmachermeisters Christian Ludwig H., der schon 1841 gestorben war und seine zahlreiche Kinderschar elternlos zurückließ. Seit ihrem 18. Lebensjahr Waise, 'gesegnet' mit einem unehelichen Kind, das 1847 im Alter von 4 Jahren starb, und bei stetigem Wechsel der Wohnung, die sich zumeist am schlecht beleumundeten Stadtrand befand, wird der zweifelhafte Ruf erklärlich, der ihr in den Augen des anständigen Bürgers anhing. Die aktive Beteiligung am aufrührerischen Treiben und die daraus resultierende Strafe dürften solche Vorurteile bestätigt haben.
Nachdem Lisette H. am 2. März 1853 erneut einen unehelichen Sohn zur Welt gebracht hatte, beantragte sie noch im selben Jahr ihre Entlassung als badische Staatsbürgerin und wanderte zusammen mit dem Säugling nach Nordamerika aus. Ob ihr dieser existentielle Schritt in eine ungewisse Zukunft Glück brachte, ist angesichts fehlender Quellen leider nicht mehr in Erfahrung zu bringen.

Q: StadtA Mannheim: Polizeipräsidium, Zug. -/1962, Familienbogen.– L: Goegg, Amand: Nachträgliche authentische Aufschlüsse über die Badische Revolution von 1849, deren Entstehen, politischen und militärischen Verlauf. Zürich 1876; Hoff, Carl Heinrich: Zur Erinnerung an Carl Heinrich Hoff geboren zu Mannheim am 13. Juli 1804 gestorben ebendaselbst am 7. Mai 1891. o.O. o.J.

Hans-Joachim Hirsch

Hecker, Friedrich Karl Franz, Jurist, Rechtsanwalt, Politiker
* 28. 9. 1811 Eichtersheim, kath.
† 24. 3. 1881 St. Louis (Missouri, USA)

V Georg Josef H., Rentamtmann (1777 – 1858).
M Wilhelmina, geb. von Lüders (1784 – 1839).
G 1 Bruder, 1 Schwester.
∞ 1839 Maria Josephine, geb. Eisenhardt (* 1821) aus Mannheim. V Edmund E., Kaufmann. M Margarete, geb. Wiedtemann.
K 2 Söhne, 4 Töchter.

5. 5. 1821	Einschulung „in die 2. Abth." des Mannheimer Lyzeums
1830	Studium der Rechtswissenschaften in Heidelberg
1834	Staatsprüfung
1836	Schriftverfassungsrecht in gerichtlichen Angelegenheiten
1838	Advokat und Prokurator beim Großherzoglichen Oberhofgericht und Hofgericht des Unterrheinkreises; Obergerichtsadvokat in Mannheim
1842	Wahl in den Mannheimer Gemeinderat
Juli 1842	Abgeordneter der badischen Zweiten Kammer für den Wahlkreis Ladenburg-Weinheim
20. 9. 1848	Einschiffung in Le Havre
5. 10. 1848	Ankunft in New York
1861	Kriegsfreiwilliger im amerikanischen Bürgerkrieg
1863	Verwundung in der Schlacht von Chancellorsville
1864	Entlassung aus dem Militärdienst
27. 5. 1873	Besuch Mannheims im Rahmen eines Deutschlandaufenthalts

Obwohl die Revolution von 1848/49 eng mit dem Namen H.s verbunden ist, blieb sein Auftritt in den Ereignissen auf zwei Monate beschränkt. Dieser knapp bemessene Zeitraum ist allerdings zu erweitern um die aktive Zeit als agiler Parlamentsredner und Agitator im badischen Vormärz, in der H. den Boden bereiten half für den Sturm auf die überlebte Standesherrschaft und ihre Institutionen. Als H. 1842 für den 35. Wahlbezirk Ladenburg-Weinheim in die badische Zweite Kammer gewählt wurde, nahm er in kurzer Zeit die ihm zugedachte Rolle wahr, als jugendlicher Mitstreiter Johann Adam von Itzsteins (s. dort) die Reihen der ersten Generation kritischer Landtagsabgeordneter aufzufüllen. Seine 'feurigen' Reden durchziehen wie ein roter Faden die weitere Geschichte dieses parlamentarischen Gremiums und sicherten ihm die Popularität, von der sein Ruf ein Jahrhundert lang zehrte. Gleichzeitig aber wurde er der Exponent einer neuen „radikalen Partei", die in Konkurrenz zum bürgerlichen Liberalismus trat. H.s Engagement orientierte sich wie bei dem oft mit ihm in einem Atemzug genannten Gustav Struve (s. dort) an allen gesellschaftlichen Fragen, in denen sich der Widerspruch zum herrschenden Feudalsystem artikulierte. Er förderte die religionskritische Strömung des Deutschkatholizismus, bewies sich als Nationalist in der dänischen Frage und war Mitglied des später verbotenen Turnvereins. Im Rahmen seiner politischen Partnerschaft mit Gustav Struve entdeckte er die „soziale Frage" als politischen Programmpunkt für die badische Oppositionspolitik. Nachdem H. am 7. März 1847 öffentlich seinen Austritt aus der badischen Zweiten Kammer erklärt hatte, hielt er sich über mehrere Wochen in Algerien auf, von wo er Anfang Mai 1847 nach Baden zurückkehrte. Mit der Offenburger Versammlung vom 12. September 1847, zu der H. gemeinsam mit anderen Mannheimer Oppositionsgrößen aufgerufen hatte, begann für ihn eine dramatische Zeit, die ihn für wenige Monate ins Zentrum der demokratischen Bewegung stellte. Die Versammlung selbst konnte für ihn in jeder Hinsicht als persönlicher Erfolg gewertet werden. Mit einem Schlag war er durch seinen legendären, dramaturgisch geschickt konstruierten Auftritt wieder auf die politische Bühne zurückgekehrt. Alle Details stimmten: Die Rede war radikal und nüchtern zugleich gehalten; durch die Aufforderung der Ettlinger Bürger, seine parlamentarische Tätigkeit wieder aufzunehmen, wurde seine Popularität gesteigert; die staatlichen Verbotsmaßnahmen gegen weitere geplante Volksversammlungen schufen eine nach außen geeinte Opposition, die ihre Rechte vehement einforderte. H.s Wiederwahl als Kammermitglied bei den Ergänzungswahlen zum badischen Landtag im November 1847 war damit der Weg geebnet, ihr konnte auch vom konstitutionell-liberalen Lager nicht erfolgreich begegnet werden. Die erste Handlung H.s als Abgeordneter bestand in einer neuerlichen Provokation der feudalen Mächte. In der nichtöffentlichen Sitzung der Kammer vom 18. Dezember 1847, die eine Dankadresse wegen einer Rede des Großherzogs verabschieden sollte, stimmte H. gegen deren Verabschiedung.

In den ersten Landtagssitzungen zu Anfang des Jahres 1848 zeigte sich H. dagegen weitgehend kompromißbereit, da er in Folge seiner Offenburger Reden und dem deswegen anhängigen Verfahren wegen Hochverrats unter dem Druck eines drohenden Ausschlußverfahrens aus dem Parlament stand. In der Frage der Einführung von Geschworenengerichten konnte er sich auch durchaus als sachkundiger Teilnehmer an der Debatte profilieren. Ansonsten profitierte er von seiner Popularität, die ihm häufig die Rolle des Überbringers von Volksadressen an das Parlament einbrachte.

Bei der Aulaversammlung am 27. Februar in Mannheim fehlte H. als einziger der führenden Oppositionellen; er ließ sich wegen Krankheit entschuldigen. Bei der Übergabe der dort verabschiedeten Petition spielte er allerdings eine sehr wichtige Rolle. Als Karl Mathy (s. dort) die Übergabe zu verhindern suchte, nutzte H. seine Stellung als Mitglied der Ständekammer zur Sanktionierung des revolutionären Akts.

Bei der am 5. März abgehaltenen Volksversammlung in Heidelberg, die er gemeinsam mit Gustav Struve besuchte, mußte er seine Isolierung im Lager der Liberalen konstatieren. Dem dort eingeschlagenen Kurs der Kooperation stellte er die Einführung der republikanischen Regierungsform entgegen. Auch als Mitglied des Vorparlaments vertrat er diese Position,

Friedrich Hecker (Vorlage: GLAK)

mußte aber schon bald einsehen, daß er damit in der Minderheit bleiben würde. Erfolgreicher war er mit seinen Aktivitäten im Rahmen der „Märzbewegung". Die für den 19. März 1848 einberufene Volksversammlung in Offenburg wurde zum vorläufigen Höhepunkt seiner Karriere. Noch bis zum späten Nachmittag des Vortages war er in Karlsruhe zurückgeblieben, um die zu erwartende Erklärung Bekks über die Amnestierung der politischen Straftäter dem Publikum feierlich verkünden zu können. Sein Auftritt wurde ein großer Erfolg, zumal er die Ausrufung der Republik durch den revolutionären Publizisten Joseph Fickler aus dem Seekreis verhindern konnte. Als gewählter Obmann der zu schaffenden Volksvereine konnte er mit den Resultaten der Versammlung zufrieden sein. Da er gleichzeitig auch schon Mitte März zum Oberbefehlshaber der Mannheimer Bürgerwehr gewählt worden war, entstand der Eindruck einer großen Konzentration persönlicher Macht in seinen Händen.

Die Enttäuschung über die zögernde Haltung seiner Parlamentskollegen und die zunehmende Distanz zum Kreis der zur Kooperation mit der Monarchie bereiten Liberalen um Friedrich Daniel Bassermann (s. dort) und Karl Mathy weckten in H. den Eindruck, daß Einsatz für die parlamentarische Linie zu einer Lähmung der außerparlamentarischen Aktionseinheit zwischen der republikanischen Linken und den rebellierenden Unterschichten führen würde. Immer wieder wies er auf das Widerstandsrecht des Volkes gegen unrechtmäßige Eingriffe des Fürsten in die Verfassung hin. Die gewisse Eitelkeit, mit der er sich als „Volksmann" berufen fühlte, das „Schwert", das ihm in die Hand gegeben, auch zu führen, und die für ihn attraktive Rolle des ruhmreichen „Volksführers" mit einem Sieg über die feudalen Mächte zu krönen, ließen ihn die rationale Prüfung eines entsprechenden Vorhabens vernachlässigen.

Noch am 7. April war H. an den Verhandlungen der badischen Kammer über die Entsendung von Truppen „zum Schutz der Landesgrenze" beteiligt. Er kritisierte den Einsatz württembergischer Truppen und „suchte die Gefahr von Außen als eingebildet darzustellen" (Mannheimer Journal vom 10. April 1848). Die Verbindungen unter den in die Aufstandsvorbereitungen eingeweihten Gruppen waren inzwischen sehr weit gediehen und Meinungsunterschiede zwischen den Führern der Bewegung weitgehend ausgeräumt. Durch die Verhaftung Josef Ficklers am 8. April sah sich H. unter Zugzwang gesetzt. Am 11. April stieß er zu den in Konstanz versammelten, zum Losschlagen bereiten Gruppe von Exilanten, Demokraten und Kommunisten, denen sich Gustav Struve schon zwei Tage vorher zugesellt hatte. H. und Struve sollten die politische Leitung einer Bewegung übernehmen, die in vier militärisch organisierten Kolonnen einen Sternmarsch auf die badische Hauptstadt als Fanal für einen allgemeinen deutschen Aufstand versuchen sollte. Am 13. April begann der Marsch in Konstanz mit einem enttäuschend geringen Zuzug und mußte in Donaueschingen nach einer ebenfalls schlecht besuchten Volksversammlung der Interventionsarmee des württembergischen Generals Miller ausweichen. Als H. am 20. April mit einer immer noch relativ kleinen Kolonne von 1.000 schlecht bewaffneten Kämpfern bei Kandern auf badische Truppen stieß, kam es zum entscheidenden Gefecht, das mit dem Tod des Generals von Gagern und der Niederlage der Aufständischen endete. Da auch die anderen Kolonnen und die aus Frankreich eingesickerten Freischärler nacheinander von den intervenierenden Truppenabteilungen geschlagen werden konnten und Aufstandsversuche in Mannheim und an anderen Orten ebenfalls mit Niederlagen endeten, war mit dem Ausgang dieses Abenteuers ein symbolisches Ende der Märzbewegung erreicht, das die Hoffnung auf ein republikanisches Deutschland in einen ferneren Zeitraum verlagerte.

Am 1. Mai 1848 wurde H. aus seinen Funktionen am Mannheimer Hofgericht des Unterrheinkreises entlassen. Gleichzeitig wurde ihm sein Abgeordnetenmandat in der badischen Zweiten Kammer aberkannt und eine Ersatzwahl angeordnet, die jedoch auf den demokratischen Pfarrer Schlatter (s. dort) fiel. Nach der Nichtanerkennung des Ergebnisses durch das Innenministerium aus formalen Gründen wurde im dritten Wahlgang ebenfalls ein Demokrat, Pfarrer Lehlbach (s. dort) aus Heiligkreuzsteinach, gewählt. H.s spätere Wahl zum Abgeordneten der Frankfurter Nationalversammlung wurde für ungültig erklärt, und die Parlamentsdebatten um Amnestierung der in den Putsch verwickelten Personen endeten in Skandalen und ohne positive Ergebnisse.

Nach der Niederlage seiner Freischaren war H. nur die Flucht ins Ausland geblieben. Noch am Tag des Gefechts von Kandern überschritt er spätabends in geliehenen Bauernkleidern die Schweizer Grenze und begab sich nach einem eintägigen Aufenthalt in Basel nach Muttenz im Kanton Basel-Land. Vom Schweizer Exil aus unterhielt er enge Kontakte in die Heimat und betätigte sich publizistisch und propagandistisch unter anderem durch die Herausgabe der Zeitschrift „Der Volksfreund". Sein Aufenthaltsort wurde zum Anlaufzentrum für viele der republikanischen Gesinnungsgenossen. Von Struve, der damals mit dem wortradikalen Karl Heinzen zusammen von Straßburg aus agierte, hatte er sich allerdings inzwischen entfremdet.

In dieser Schweizer Zeit war aber auch der Plan zur Auswanderung gereift, über den H. schon im Juni gegenüber Freunden gesprochen hatte. Die erzwungene Tatenlosigkeit und die Enttäuschung über die politische Entwicklung in Deutschland ließen diesen Plan in ihm reifen. Bei seiner Abreise nach Straßburg übergab er am 4. September die „Unterstützungskasse der deutschen Republikaner" an den Württemberger Revolutionär Theodor Mögling. Die Reise durch Frankreich wurde zu einem Triumphzug; erst am 16. September erreichte H. den französischen Atlantikhafen Le Havre. Von dort setzte er am 20. September zusammen mit dem Mannheimer Arzt Adam Hammer (s. dort) und anderen Gesinnungsgenossen nach New York über, wo er von der deutschen Gemeinde ebenfalls feierlich empfangen wurde. Erste Landkäufe, die er schon im Frühjahr 1849 tätigte, legen die Vermutung nahe, daß H. schon bald den Entschluß zum Bleiben gefaßt hatte. Er ließ sich im Bundesstaat Illinois nieder und betätigte sich als Farmer.

Im Frühjahr 1849 rief ein Dekret des in Baden regierenden revolutionären Landesausschusses vom 17. Mai den „Bürger Friedrich Hecker" an die Spitze des ausgebrochenen Aufstandes zurück nach Europa. Zwar folgte H. diesem Ruf, konnte aber bei seiner Ankunft in Straßburg im Juli nur noch die Niederlage der Bewegung registrieren.

Neben seiner zeitlich auf wenige Monate beschränkten Anwesenheit in den Revolutionsereignissen spielte der Mythos seiner Person vor allem in Baden eine große Rolle. Die Anfänge des „Heckerkults" waren in seiner parlamentarischen Tätigkeit im badischen Landtag begründet, wo er sich schon früh als „Volksfreund" – durchaus mit jakobinischem Beigeschmack – zu profilieren wußte. Weder die Vorwürfe, er habe den Kommandierenden der Regierungstruppen, General von Gagern, im Gefecht bei Kandern meuchlings ermordet noch Gerüchte, er habe vom Frankfurter Bankhaus Rothschild bedeutende Geldsummen erhalten, konnten seine Popularität erschüttern. Das Absingen diverser „Heckerlieder" wurde schon bald nach der Niederschlagung des Aprilaufstands zum häufig sanktionierten Straftatbestand. Im politischen Leben der Revolutionsjahre war H. allgegenwärtig. So fand am 3. September 1848 in Weinheim – im Wahlbezirk H.s – eine Volksversammlung statt, „wobei die Stadt von rothen Fahnen, Hahnenfedern und Bildnissen Heckers wimmelte. Auch an der geschmackvoll verzierten Tribüne stand sein Name angeschrieben“ (Zeitung des Arbeiter-Vereines zu Köln vom 17. September 1848).

Unter der preußischen Besatzung in Baden häuften sich die Verurteilungen wegen des Absingens von „Heckerliedern“, wurden Untersuchungen gegen Lehrer eingeleitet, die ihren Schülern solche Lieder beigebracht hatten, und das Tragen von „Carbonari- oder Heckerhüten“ verboten. Der Verbreitung des Mythos tat die Verfolgung keinen Abbruch, bis heute haben sich eine Vielzahl von Bildnissen erhalten, die vom volkstümlichen Ruf des Mannheimer Rechtsanwalts Zeugnis ablegen.

W: *Ideen und Vorschläge zu einer Reform des Gerichtswesens. Mannheim 1844; Die staatsrechtlichen Verhältnisse der Deutschkatholiken mit besonderem Hinblick auf Baden. Heidelberg 1845; –/G. Lommel: Deutschland und Dänemark. Für das deutsche Volk. Schaffhausen 1847; Die Erhebung des Volkes in Baden für die deutsche Republik im Frühjahr 1848. Basel 1848 (Basel/Straßburg ²1848); Ein Wort an das deutsche Volk. Straßburg 1848; Eine Nothwendigkeit für Deutschland. Worte aus voller Brust an die Ehrlichen aller Parteien. Mit einem Briefe als Vorwort. Herisau 1849; –/Thomas Paine: Die Rechte des Menschen. Leipzig 1851; Gepfefferte Briefe. Mannheim ¹˒²1868; Reden und Vorlesungen. St. Louis 1872; Betrachtungen über den Kirchenstreit in Teutschland und die Infallibilität. St. Louis/Neustadt a.d.H. 1874; Der Volksfreund 1 (1848).* – **Q:** *StadtA Mannheim: Karl-Friedrich-Gymnasium, Zug. 4/77, Nr. 61; Kleine Erwerbungen, Nr. 1 (Brief an Georg Herwegh), 127 (7 Briefe 1842 – 1872), 522, 53/54 (Toast an Dr. Friedrich Hecker. Mannheim 1848, handschriftlich).* – **L:** *Assion, Peter: Der Heckerkult. Ein Volksheld im Wandel seiner geschichtlichen Präsenz. In: Zeitschrift für Volkskunde 87 (1991) 1. Halbbd., S. 53 – 76; Haaß, Wolfgang: F. H. Leben und Wirken in Dokumenten und Wertungen der Mit- und Nachwelt. o.O. o.J. [Angelbachtal 1981]; Klingelschmitt, Klaus Peter: Vivat! Hoch! – Die freie Republik! F. H. – ein deutscher Mythos. Stuttgart 1982; Lück, Andreas: F. H. Rolle, Programm und politische Möglichkeiten eines Führers der radikal-demokratischen Bewegung von 1847/48 in Baden. Diss. Berlin 1979; Muhs, Rudolf: Heckermythos und Revolutionsforschung. In: ZGO 134 (1986), S. 422 – 441; Schadt, Jörg (Hrsg.): Alles für das Volk – Alles durch das Volk. Dokumente zur demokratischen Bewegung in Mannheim 1848 – 1948. Stuttgart 1977 (Sonderveröffentlichung des Stadtarchivs Mannheim, 1); Scharpp, Heinrich: F. H., ein deutscher Demokrat (1811 – 1881). Diss. Frankfurt a. M. 1923; Schieder, Wolfgang: F.K.F.H. In: NDB 8 (1989), S. 180 – 182; Strack, Paul: F. H.s Herkunft. Grafenhausem b. Lahr 1959 (Beiträge zur Familien- und Heimatkunde in Baden, 2); Vögely, Ludwig: „Hecker hoch! Dein Name schallet ...“. F.H. zum 100. Todestag am 24. März 1981. In: Badische Heimat 61 (1981), S. 85 – 103; Vollmer, Franz Xaver: Der Hecker-Nachlaß von St. Louis/USA. In: ZGO 136 (1988), S. 389 – 415; Weech, Friedrich von: F.K.F.H. In: Badische Biographien. Bd. 4. Karlsruhe 1891, S. 166 – 171; Zilling, Bernhard: „Helfen kann nur die große That ...“. Die Radikalisierung in Baden 1848. Freiburg 1984.* – **B:** *StadtA Mannheim; Reiß-Museum Mannheim.*

Hans-Joachim Hirsch

Hepp, Philipp, praktischer Arzt, Flechtenforscher

* 26. 10. 1797 Kaiserslautern
† 5. 2. 1867 Frankfurt a. M.

V Johann Adam Ludwig H., Pfarrer (1751 – 1842). M Maria Elisabeth, geb. Bruckner. G 3 Brüder.
∞ 9. 12. 1826 Magdalena, geb. Schlemmer. V Josef S., Jurist, Jakobiner (1767 – 1830). K 5.

1817	Medizinstudium an der Universität Würzburg, Promotion zum Dr. med.
bis 1824	Assistenzarzt in der Armenanstalt Frankenthal
10. 9. 1824	Zulassung als selbständiger Arzt, Wundarzt und Geburtshelfer für Neustadt und Umgebung
27. 5. 1832	Redner auf dem Hambacher Fest

1832	Mitunterzeichner von Protestationen
1840	Gründungsmitglied des naturwissenschaftlichen Vereins „Pollichia“
1842 – 1849	Vorsitzender der „Pollichia“ (ab 1858 Ehrenmitglied)
März 1848	Mitbegründer des Neustadter Volksvereins
7. 12. 1848	Wahl in den bayerischen Landtag (bis 1849)
2. 5. 1849	Mitglied des Landesausschusses zur Verteidigung der Reichsverfassung
17. 5. – Juni 1849	Mitglied der Provisorischen Regierung der Pfalz; Leiter der Abteilung Finanzen
21. 6. 1849	Flucht in die Schweiz
18. 4. 1851	Verurteilung zum Tod wegen Beteiligung am pfälzischen Aufstand

Der pfälzische Regierungspräsident von Stengel beurteilte Ende März 1833 H. als einen „sehr talentvollen und geschickten Arzt“, der sich bis zum Ausbruch der Julirevolution „nur mit den Wissenschaften befaßte. Die Ideen der Julirevolution überraschten H.“ nach Ansicht des Regierungspräsidenten „noch geschwächt von einer Gehirnentzündung. Der reitzbare körperliche Zustand und wahrscheinlich auch eine genährte Bitterkeit wegen früherer Zurückweisung seiner Anstellungsgesuche scheinen jenen Ideen bey ihm lebhaften Eingang verschaft zu haben“ (LandesA Speyer: Best. H 1 Nr. 902 Bl. 8r). Politisch auffällig wurde H. erstmals als Abgeordneter der Stadt Neustadt an dem zu Ehren des Deputierten Friedrich Schüler zu Bubenhausen bei Zweibrücken am 29. Januar 1832 gegebenen Fest (sogenanntes erstes Schüler-Fest). Er schloß sich dort dem von J.G.A. Wirth gegründeten deutschen Preß- und Vaterlandsverein an und leitete anschließend die Filiale in Neustadt. Wiederum als Delegierter der Stadt Neustadt reiste er auch zum zweiten Schüler-Fest am 6. Mai 1832 nach Zweibrükken. Als Vorsitzender des Neustadter Preßvereinsfilialkomitees war er maßgeblich an der Organisation, Finanzierung und dem personellen Einsatz des Hambacher Festes beteiligt. Die von Siebenpfeiffer formulierte, jedoch nur von Neustadter Honoratioren unterschriebene Einladung zum Hambacher Fest trug auch H.s Unterschrift. Als Siebenpfeiffer aber bereits vor dem Fest seine von ihm beabsichtigte Eröffnungsrede gedruckt verteilen ließ, empfand man das in Neustadt als unschicklich und eine Anmaßung durch einen „Fremden“. Diese „Eigenliebe“ Siebenpfeiffers veranlaßte die Festordner, aus ihren Reihen und als „Repräsentanten der Stadt Neustadt“ H. die Eröffnungsrede halten zu lassen. H. trat darin besonders für „Deutschlands Einheit, Kräftigung des Volksgeistes“ und „Deutschlands Freiheit“ ein. Während des Mittagessens hielt H. noch eine Tischrede, in der er sich besonders gegen die Verdächtigungen des pfälzischen Regierungspräsidenten von Andrian-Werburg aussprach, die Veranstalter strebten als Revolutionäre nach der Auflösung der bestehenden Ordnung. Nach dem Hambacher Fest unterschrieb H. eine vom 10. Juni datierte „Protestation“, die der bayerischen Regierung vorwarf, daß sie die Verfassung und die besonderen Institutionen des Rheinkreises zu stürzen beabsichtige, um auf deren Trümmern eine „politische Willkür-Herrschaft“ zu errichten, und daß die Unterzeichner gesonnen seien, „mit Guth und Blut unser gutes Recht und unsre Freiheit gegen jeden Angriff der Willkür-Herrschaft zu schützen und zu schirmen“. Dieser mutige Aufruf hatte für H. noch keine nachteiligen Folgen. Am 28. Juli 1832 wurde H. zum ersten Mal richterlich vernommen und sein Haus durchsucht. Am 1. August 1832 traf sich H. mit führenden Liberalen in Kaiserslautern, wo ein von Friedrich Wilhelm Knöbel verfaßter Entwurf einer Protestresolution gegen die Bundestagsbeschlüsse vom 28. Juni 1832 vorgelesen, diskutiert und in einigen zu scharf geratenen Passagen gemildert wurde. H. griff in die Diskussion mit ein und wies den Referenten Knöbel insbesondere wegen seiner Ausfälle gegen die nicht anwesenden pfälzischen Landtagsabgeordneten zurecht. H. unterzeichnete die „Vorstellung vaterlandsliebender Bürger Rheinbayerns [...]“ gegen die Bundestagsbeschlüsse vom 28. Juni 1832, er wurde deshalb angeklagt und in letzter Instanz schließlich vom Oberappellationsgericht in München am 23. April 1834 zu einer

Gefängnisstrafe von sechs Tagen verurteilt. In das große Verfahren vor dem außerordentlichen Assisengericht in Landau/Pfalz, in dem die Vorgänge um das Hambacher Fest abgeurteilt wurden, war H. nicht hineingezogen worden. Zwar war auch gegen H. wegen „directer, jedoch ohne Erfolg gebliebener Provocation zum Umsturze aller in den deutschen Staaten bestehenden Thronfolgeordnungen, Regierungen und Verfassungen sowie zur Bewaffnung gegen die Staatsgewalt" ermittelt worden, doch legte die Anklagekammer des Appellationsgerichts der Pfalz zu Zweibrücken mit Urteil vom 26. Mai 1833 in dieser Angelegenheit fest, „daß vor der Hand keine weiteren Verfolgungen gegen H. stattfinden sollen". Auf eine Anzeige des königlichen Stadtkommissariats in Würzburg hin wurde H. im Febr. 1834 „wegen (angeblicher) Theilnahme an der Herbeiführung der Frankfurter Unruhen" erneut verhaftet, vom Kreis- und Stadtgericht München jedoch am 25. März 1834 wieder aus der Untersuchungshaft entlassen.

Philipp Hepp (Wunder (1990/91), S. 57, Vorlage: LandesA Speyer)

Bereits im März 1833 schrieb Regierungspräsident von Stengel über H., daß dieser sich „in der letzten Zeit sehr ruhig verhalten und aus dem Umgang mit Leuten ganz zurückgezogen [habe], die als der Bodensatz der frühern Aufregung zurückgeblieben sind" (LandesA Speyer: Best. H 1 Nr. 902 Bl. 8r). Um so aktiver wurde er dann wieder während der Revolution von 1848/49. Er gründete im März 1848 den Neustadter Volksverein und am 9. April 1848 in Kaiserslautern einen Volksverein, dessen Präsident er zeitweise war. Am 7. Dezember 1848 wurde H. in den bayerischen Landtag gewählt, wo er allerdings nicht besonders hervortrat. Nach seiner Rückkehr von München im März 1849 reiste er des öfteren nach Frankfurt a. M., wo er mit den Mitgliedern der äußersten Linken rege Kontakte unterhielt. Um so stärker engagierte er sich in der Pfalz, nachdem Bayern die neue Reichsverfassung abgelehnt hatte. Er berief für den 29. April in Neustadt a.d.H. eine Volksversammlung ein, in der er verlangte, die Verfassung mit Waffengewalt gegen die bayerische Regierung zu verteidigen. Dem am 2. Mai 1849 in Kaiserslautern gegründeten Landesausschuß zur Verteidigung der deutschen Reichsverfassung gehörte H. als Mitglied an. Am 17. Mai 1849 wurde die Tätigkeit desselben durch die Provisorische Regierung der Pfalz abgelöst, der H. als Leiter der Abteilung Finanzen angehörte. Mit dem Einfall der Preußen in die Pfalz wich H. mit der pfälzischen Revolutionsregierung nach Karlsruhe aus, das er am 21. Juni 1849 verließ, um in die Schweiz zu flüchten. Er ließ sich mit seiner Familie in Enge bei Zürich nieder. In seiner Abwesenheit wurde gegen ihn in der Pfalz das gerichtliche Untersuchungsverfahren betrieben. Man warf ihm insbesondere vor, daß er Mitveranlasser des Aufrufes des Kreisausschusses der pfälzischen Volksvereine zu den Volksversammlungen vom 1. und 2. Mai 1849 gewesen war. Ferner wurde seine Mitgliedschaft im Landesverteidigungsausschuß, im Landesausschuß für Verteidigung und Durchführung der Reichsverfassung und seine Mitgliedschaft in der Provisorischen Regierung der Pfalz gegen ihn ins Feld geführt.

Dadurch galt er als Miturheber der bewaffneten Rebellion in der Pfalz und der Verbrechen gegen die innere Sicherheit des Staates. Die Anklagekammer des Appellationsgerichtes der Pfalz zu Zweibrücken wies sein Verfahren am 29. Juni 1850 zur Aburteilung an ein Spezialgericht, dieses Urteil wurde jedoch vom Oberappellationsgericht des Königreichs Bayern in München als Kassations- und Revisionshof für die Pfalz am 25. November 1850 wieder aufgehoben und sein Verfahren zur Aburteilung an das Assisengericht der Pfalz verwiesen. Dieses verurteilte H. am 19. April 1851 in Abwesenheit zum Tod und solidarisch zu den Gerichtskosten. Nach einem vorübergehenden Aufenthalt in London soll H. Ende des Jahres 1853 nach Deutschland zurückgekehrt sein, sich dann aber wieder nach Zürich begeben haben, wo er als Lehrer der Botanik tätig war.
Nachdem H. bereits im Jahre 1824 ein erstes Buch über Flechten veröffentlicht hatte, blieb er diesem Forschungsgegenstand sein ganzes Leben lang treu. Er sammelte, systematisierte und publizierte immer wieder zu diesem Thema, so daß er noch bis zum heutigen Tage als einer der bedeutendsten Lichenologen gilt. Nicht weniger als 47 Arten und 29 Unterarten hat er als erster beschrieben.
Auch nach dem bayerischen Amnestiegesetz vom 10. Juli 1865 blieb H. weiterhin in der Schweiz, nutzte aber die wiedergewonnene Freizügigkeit zu Reisen nach Deutschland. Bei einem Besuch seiner Tochter Elisabeth May in Frankfurt a. M. starb er ebenda und wurde auf dem Frankfurter Hauptfriedhof bestattet.

W: *Wiedergabe der Eröffnungsrede und des Toasts auf dem Hambacher Fest. In: Wirth, Johann Georg August (Hrsg.): Das Nationalfest der Deutschen zu Hambach. Neustadt a.d.H. 1832, S. 30f., 54f.; Pfälzisches Volksvereinsblatt, herausgegeben von mehreren Volksfreunden, redigiert unter Verantwortung von Dr. H.. Neustadt a.d.H. 1848; Die Lichenen-Flora von Würzburg. Mainz 1824; Die Flechten Europas. 16 Bde. Zürich 1853 – 1867; Abbildungen und Beschreibung der Sporen zum 1.–16. Bd. der 'Flechten Europas'. 4 Hefte. Zürich 1853 – 1867; Werkeverzeichnis vgl. Wunder (s. L) S. 61.* – ***Q:*** *LandesA Speyer: Best. J 1/33, 48, 135.* – ***L:*** *Wunder, Gerhard: Dr. P.H. In: Jahrbuch der Hambach-Gesellschaft 3 (1990/91), S. 45 – 64.* – ***B:*** *Ebd., S. 57.*

Joachim Kermann

Heren, Eduard Georg Joseph, Lithograph, Zeitungsverleger
* 19. 4. 1807 Speyer, ev.
† Mitte 1853 USA

V Johann (Baptist) Joseph Martin H., kath., aus Lunéville, Sohn eines Advokaten am Gericht zu Nancy, Wirt „Zum Goldenen Anker" in Speyer, später „Funktionär im Steuerbureau" (1777 – 1830). M Maria Christina, geb. Traub (1780 – 1836), ev. G 1 Bruder, 1 Schwester. ∞ 1831 (Speyer) Elisabetha, geb. Rübsamen (1804 – 1880), ev., aus Speyer. V Johann Adam R., Färber (1762 – 1808). M Friederike, geb. Hoellmueller (um 1772 – 1831). K 1 Tochter.

bis 1822	wohl Besuch der Speyerer Lateinschule; nach zweimaliger Nichtversetzung aus der Unteren Progymnasialklasse Entlassung im Sommer 1822
ca. 1829 – 1830	Militärdienst: zwei Jahre als Jäger bei der leichten Infanterie
Nov. 1830	Ablehnung eines Antrags auf Zulassung einer lithographischen Anstalt
Febr. 1831	Kauf von Pressen und Zubehör
Mitte Juli 1831	Einspruch gegen Zulassungsverbot abschlägig beschieden
1831 – 1833	Betrieb einer Druckerpresse ohne Erlaubnis
1833	Versiegelung der Presse durch die Verwaltung, da er angeblich aufrührerische Lieder druckte
15. 5. 1833	Druckerlaubnis für eine Presse
1833 – 1838	Tätigkeit als Lithograph
1838	Abgabe der Konzession an Jacob Kranzbühler, Weiterarbeit dort als Lithograph
2. 8. 1842	Gütertrennung auf Antrag seiner begüterten Ehefrau
1843	Verkauf der Presse

14. 3. 1849	Die „Trompete von Speyer" erscheint; insgesamt erlebt das Blatt bis zum 13. 6. 1849 24 Ausgaben
Juni 1849	Flucht in die Schweiz
um 1851	Emigration in die USA
28. 9. 1851	in Abwesenheit Todesurteil durch das Zweibrücker Assisengericht

H. muß ein äußerst widersprüchlicher Charakter gewesen sein. Seiner Personenbeschreibung von 1850 zufolge war er „5 Schuh 10 Zoll groß, von schwarzen Haaren, hoher Stirne, braunen Augen, gebogener Nase, großem Mund, spitzem Kinn, schwarzem Bart, ovalem hagerem Gesicht, grüngelber Gesichtsfarbe, kräftiger Statur". Von einer französischen Juristenfamilie abstammend, war er so verarmt, daß H. das in die Ehe eingebrachte Geld seiner Frau benötigte, um sich eine berufliche Existenz aufzubauen. Als er ohne Konzession druckte, wurde er 1833 angezeigt, u.a. wegen des Drucks aufrührerischer Lieder. Nach ergebnisloser Haussuchung wurde die Presse versiegelt. Da sich herausstellte, daß sogar der Polizeikommissär bei ihm drucken ließ, erhielt H. kurze Zeit später nachträglich eine Konzession ausdrücklich nur für eine Presse, um ihm sein Auskommen zu sichern. Trotzdem mußte er 1838 seine Konzession an Jacob Kranzbühler abtreten, da er seinen Betrieb nicht modernisieren konnte. Es hatte ihn wohl tief verbittert, danach dort in seinem Beruf weiterarbeiten zu müssen. Wegen seiner unkoordinierten finanziellen Aktivitäten verlangte und erhielt seine Frau vier Jahre später die Gütertrennung. Vermutlich sicherte sich H. durch die Tätigkeit bei Kranzbühler bis zum pfälzischen Aufstand sein Auskommen. In allen Beurteilungen über Speyerer Aufstandsbeteiligte – die auch positive Charakterbilder enthalten – wird H. stets dargestellt als „ein durch seine Verworfenheit und bodenlose Niederträchtigkeit berüchtigtes, allgemein verachtetes Subjekt. Sein moralisches Verhalten war, wenn möglich, noch schlechter als sein politisches", wie der seinerzeitige Speyerer Polizeikommissär Kreutzer in seiner Zeugenaussage zu Protokoll gab. Wegen Mißhandlung wurde H. am 1. August 1837 von dem königlichen Zuchtpolizeigericht in Frankenthal, dann am 22. Januar 1844 wegen Entwendung zu zwei Monaten Gefängnis verurteilt. Beim Zweibrücker Prozeß warf ihm die Anklage vor, daß er „als Redakteur des Schandblattes 'Die Trompete von Speyer' die Rebellion und den Hochverrat [...] durch Aufreizung des Proletariates und Aneiferung zum Bürgerkriege in jeder Weise gefördert und gestützt, sich an der bekannten Munitionsberaubung in Speyer (Mirbachhaus) beteiligte, und sich der angeordneten Verbringung der dortigen Militäreffekten durch den dazu kommandierten königlichen Offizier widersetzt hat". Die von H. herausgegebene „Trompete von Speyer" war eine der frühesten Arbeiterzeitungen der Pfalz. H.s Bitterkeit machte sich in „aufreizender und gefährlicher Polemik" und Ironie Luft, politisch stand er äußerst links. Der Druck des Blattes erfolgte bei Fremdbetrieben: Prospectus und Nr. 1 bei J. F. Kranzbühler jun., Speyer, Nr. 2 – 8 in Mannheim bei Heinrich Hoff (s. dort), Nr. 9 – 24 bei Ch. Trautmann, Neustadt a.d.H. H. unterstützte in seinem Blatt die Provisorische Regierung der Pfalz. Als am 3. Juni 1849 deren Exekutionstruppen (Kaiserslauterer Bürgerwehr) in Speyer einmarschierten, beteiligte sich H. an der Sachbeschädigung, die Teile dieser Truppen, bayerische Soldaten u.a. begingen; dafür wurde er am 11. September 1849 wegen Zerstörung von Wappentafeln, Bedrohung mit Mord etc. zu zwei Jahren Gefängnis und am 18. September 1849 wegen Teilnahme an einer Waffenplünderung, Beleidigung von Beamten etc. zu sechs Monaten Gefängnis verurteilt. Die genannten Beurteilungen lediglich auf einen gewissen bürgerlichen Dünkel zurückzuführen, scheint allzu einfach. Bedenklich allerdings, daß man H. sogar vom Bürgerwehrdienst ausschloß, einer Ehrenpflicht. An offiziellen öffentlichen Auftritten ist eine, wenn auch sehr kurze, Ansprache auf der Volksversammlung in Philippsburg nachgewiesen (29. April 1849). Als die preußischen Truppen sich näherten, mußte H. flüchten. Später bezeichnete er sich als Adjutant Albert Sigels (Bruder von Franz Sigel, s. dort) und behauptete, in Rastatt gefangengenommen worden zu sein. Noch im Juni überschritt er die Schweizer Grenze. Am 11. Juni 1849 wurde er nach St. Gallen ausgewiesen.

Am 17. Juli 1849 erging vermutlich ein erstes Urteil des Appellationsgerichtshofes Zweibrükken gegen ihn. Im Juli zog er nach Enge bei Zürich. Offensichtlich lebte er auch im Exil isoliert. Am 12. Oktober schrieb er an die bayerische Gesandtschaft in Bern und signalisierte Redebereitschaft über „Revolutionsschwindler" und „schändliche Absichten von Personen, die noch heute im Vaterlande wie früher ihr Spiel treiben". Das führte zu lebhaften amtlichen Reaktionen und schlug publizistische Wellen. Bei einem Polizeiverhör am 24. Januar 1850 in Bern sagte er jedoch nichts Entsprechendes aus. Am 7. März 1850 reiste er nach Bühl (Schweiz) ab. Er benutzte z.T. falsche Papiere auf den Namen Oscar Friedrich August H. Zu dieser Zeit wohl mittellos, obwohl er anderes behauptete, hat er angeblich mehrmals Geld unter Vorspiegelung falscher Tatsachen entliehen. Anfang Juli 1850 noch in der Schweiz, soll er 1851 nach Colmar (Frankreich) gegangen sein, danach wanderte er vermutlich in die USA aus. Im Sommer 1853 erreichte die deutsche Presse die Nachricht, daß H., der „Speyerer Miniatur-Robespierre von 1849, in Amerika elend gestorben sei".

W: *Die Trompete von Speyer, 1849, 24 Ausgaben (LandesA Speyer, J 1/252). –* ***Q:*** *StadtA Speyer: 3/858, Bl. 17ff.; Personenstandsregister; Slg. Heren; Anklag-Akte, errichtet durch die k. General-Staatsprokuratur der Pfalz, nebst Urtheil der Anklagekammer des k. Appellations-Gerichtes der Pfalz in Zweibrücken vom 29. Juni 1850 in der Untersuchung gegen Martin Reichard, entlassener Notär in Speyer, und 332 Consorten wegen bewaffneter Rebellion gegen die bewaffnete Macht, Hoch- und Staatsverraths etc. Zweibrücken 1850; LandesA Speyer: J 1/117, 118; J 1/2308 – 2309; J 1/252/253; Anzeigeblatt der Kreishauptstadt Speyer, Nr. 20 vom 14. Februar 1850; Pfälzer Zeitung, Nr. 229 vom 25. September 1853. –* ***L:*** *Haasis, Hellmut G.: Der Litograf, Redakteur, Dichter und Revolutionär E.H. von Speyer. In: Formation. Zeitschrift für Literatur 7 (1978) u. 8 (1979), S. 95 – 104; 500 Jahre Buchdruck in Speyer. Hrsg. von der Pfälzischen Landesbibliothek Speyer. Speyer 1981, S. 119f.*

Katrin Hopstock

Heydenreich, Franz Ludwig August, Rentier
* 24. 9. 1822 Speyer, ev.
† 11. 1. 1889 Speyer

V Friedrich August H., Gutsbesitzer (1777 – 1838), aus Weißenburg (Elsaß), Ritter der französischen Ehrenlegion. Als Offizier des 7. französischen Husarenregiments 1806 nach Speyer gekommen. Ab 1819 Stadtrat in Speyer, ab 1825 Bürgermeisteradjunkt und Mitglied der Bayerischen Ständeversammlung. Bürgermeister 1829 – 1832 (Rücktritt nach dem Hambacher Fest aus Protest gegen das Einschreiten des Staates). M Martha Elisabetha, geb. Sonntag, Witwe des Kaufmanns Scharpff (1783 – 1857). G Eduard (1823 – 1877), erster Konservator des 1869 gegründeten Historischen Museums der Pfalz in Speyer.

1832 – 1840	Lateinschule und Gymnasium Speyer, jeweils 1. – 4. Klasse
1840/41	Lyzealkandidat; unterer Kursus mit sehr guten Noten
1842 – 1844	Jurastudium in Heidelberg; Prüfung mit Auszeichnung
29. 08. 1844	Ernennung zum Ehrenmitglied des Heidelberger Musikvereins
23. 11. 1844	Aufnahme an Universität München; später ein sechsmonatiges Praktikum beim Landkommissariat Speyer
2. 12. 1844	Aufnahme in die Münchner Liedertafel
20. 12. 1845	Aufnahme in den Cäcilienverein Speyer (als Rechtspraktikant)
SS 1846/47	Universität Hohenheim
1847	Vorsitzender und Dirigent der neugegründeten Speyerer „Liedertafel"; Initiator des Pfälzischen Sängerbundes
1849 – 1853	Exil in Frankreich und England
1858 – 1874	Stadtrat in Speyer
1860 – 1884	Kommandant der Speyerer Feuerwehr
1868 – 1869	1. Adjunkt (ehrenamtlich); auch in Distriktsrat und Landrat
1868 – 1889	Gründer und Vorsitzender des Pfälz. Feuerwehrverbandes

Ludwig Heydenreich um 1870 (Vorlage: StadtA Speyer)

1871 – 1873	Abgeordneter der Nationalliberalen Partei im ersten Deutschen Reichstag
1889	Ehrengrab auf dem Speyerer Friedhof, über 10.000 Teilnehmer an der Beisetzung; Benennung der Speyerer Jakobsgasse nach H.

Aus sehr wohlhabendem Elternhaus stammend, studierte H. zunächst von 1842 bis 1844 an der Universität Heidelberg Jura, er bestand die theoretische Prüfung mit Auszeichnung. 1846/47 hörte er Ökonomie an der Universität Hohenheim; seit seiner Münchner Zeit war er mit dem ihm verwandten Heinrich Flad (s. dort) befreundet. 1848 kehrte er nach Speyer zurück. Seit der offiziellen Gründung des Turnvereins Speyer am 1. Mai 1848 war er dessen Sprechwart, ebenso Gründungsmitglied des am 2. August 1848 konstituierten „Löschvereins zu Speyer", der späteren (Freiwilligen) Feuerwehr. H. wurde Mitglied des Demokratischen Vereins von Speyer, soll dann „an den politischen Missionen, die zu Anfang des Jahres 1849 von Speyer aus in den umliegenden Dörfern abgehalten wurden, häufig Anteil genommen" haben. Beim Zweibrücker Prozeß beschuldigte ihn die Anklage, daß er „als Oberleutnant in der Speyerer Mobilgarde fungierte, die Züge unter Blenker nach Worms zur Soldatenverführung und gegen Landau mitmachte, den Aufruf an die rheinhessischen Soldaten unterzeichnete, sich an dem Pulverraub in Speyer beteiligte, in dem Mirbachschen Haus allda die Militäreffekten aneignete, und sie, Kaskete, Gewehre und Tornister, an die Mobilgarde und Freischärler verteilte, der Gemeinde Heiligenstein eine Kriegssteuer von 300 Gulden abforderte und mit dem Beschuldigten Jacob Moos (s. dort) den Auszug der Mobilgarde in Speyer nach Baden veranlaßt hat". Als der Militärkommissär Oßwald der Speyerer Mobilgarde am 15./16. Juni 1849 freistellte, ob sie über den Rhein ins Badische ziehen und kämpfen oder heimkehren wolle, blieben von den Offizieren H., Moos und Heinrich Weltz. Nach der allgemeinen Niederlage ging H. ins französische bzw. englische Exil. Am 28. September 1851 wurde er vom Assisengericht Zweibrücken in Abwesenheit zum Tode verurteilt. Nach Aufhebung dieses Urteils stellte er sich im April 1853 den Behörden in Zweibrücken und wurde nach mehrmonatiger Haft im Juni 1853 freigesprochen. Auf keinen Broterwerb angewiesen, widmete er sich neben der Vermögensverwaltung nach entsprechendem zeitlichem Abstand der Lokal- und Regionalpolitik: 1858 bis 1874 war er Speyerer Stadtrat und wirkte außerdem auch in Distriktsrat und Landrat (heute Kreistag und Bezirkstag, K.H.). 1871 gewann er überlegen die Wahl zum Abgeordneten der Liberalen Partei (1. pfälzischer Wahlkreis) im ersten Deutschen Reichstag (bis 1873). Ansonsten widmete er seine Zeit vor allem den Bereichen Gesang und Feuerwehr, wo er für Speyer Großes leistete. Am 11. Januar 1889 war er auf dem Weg zu einer Gesangsprobe, als ihn ein Schlaganfall niederstreckte. Da H. wie sein Bruder ledig und kinderlos war, hatte er das Speyerer Waisenhaus als Universalerben seines großen Vermögens (etwa 500.000 Mark) eingesetzt. Die Stadt erhielt als Legat sein Wohnhaus an der Maximilianstraße sowie 10.000 Mark für dessen Unterhalt. Das Historische Museum der Pfalz in Speyer bekam seine Bibliothek (später die Pfälzische Landesbibliothek) sowie seine (zuvor Eduards) Kunst- und Altertumssammlungen. An die „Liedertafel" gingen Instrumente und Musikalien. Zum Dank benannte die Stadt die an seinem Haus verlaufende Jakobsgasse in Heydenreichstraße um; er erhielt ein noch heute bestehendes Ehrengrab auf dem Speyerer Friedhof.

Q: StadtA Speyer: Bestd. 191 – 1 Nachlaß Heydenreich; LandesA Speyer: J 1/117; Anklag-Akte, errichtet durch die k. General-Staatsprokuratur der Pfalz, nebst Urtheil der Anklagekammer des k. Appellations-Gerichtes der Pfalz in Zweibrücken vom 29. Juni 1850 in der Untersuchung gegen Martin Reichard, entlassener Notär in Speyer, und 332 Consorten wegen bewaffneter Rebellion gegen die bewaffnete Macht, Hoch- und Staatsverraths etc. Zweibrükken 1850. – ***L:*** *Baumann, Kurt: L.H. – Wohltäter seiner Vaterstadt. In: Die Rheinpfalz, Nr. 12 vom 15. Januar 1953; Groh, Günter: L.H. In: Adressbuch der Stadt Speyer. Speyer 1969, S. 23ff.; Toepke, Gustav (Bearb.): Die Matrikel der Universität Heidelberg von 1386 bis 1870. Bd. 5. Heidelberg 1904, S. 699. –* ***B:*** *StadtA Speyer: Fotosammlung.*

Katrin Hopstock

Hilgard-von Clais, Heinrich Julius Friedrich, Registrator (bis 1849: Rechnungsrevisor bei der Königlich-Bayerischen Regierung der Pfalz, Kammer der Finanzen, Speyer)
* 24. 8. 1810 Osthofen, ev.
† 9. 9. 1874 Riesbach (bei Zürich, Schweiz)

V Peter Paul Georg Friedrich H., Domänendirektor, Regierungsrat, Weinhändler (1784 – 1859), Bürgermeister von Speyer 1830 – 1833 und 1838 – 1843. M Maria Charlotta Kunigunde, geb. Henrich (1783 – 1818). G H. ist 3. Kind aus 1. Ehe des Vaters (zwei Ehen mit insgesamt 14 Kindern).
∞ 1853 (Wülflingen bei Winterthur, Kanton Zürich) Anna Katharina Luise, geb. von Clais (1829 – 1905), aus Winterthur, Kanton Zürich. V Karl Sebastian v. C. (1800 – 1858), Spinnereifabrikant, Oberstleutnant und Forstinspektor (Sohn des Salinenfachmanns und Industriepioniers Johann Sebastian v. C. aus Badenweiler). M Luise, geb. Schweizer (1799 – 1883). K 1 Sohn, 1 Tochter.

bis 1824	Besuch der Speyerer Lateinschule und des Progymnasiums
bis 1828	Besuch des Gymnasiums (?)
SS 1828 – SS 1829	Jurastudium an den Universitäten Heidelberg und München, dann Abschluß oder Abbruch
bis 1834/35	Architekturstudium in Paris
Ende Sept. 1835	Auswanderung nach USA mit Familie Theodor H.
Juli 1838	Rückkehr aus den USA
22. 5. 1849	Ernennung zum Zivilkommissär
Juni 1849	Teilnahme an Kampfhandlungen
28. 9. 1851	Todesurteil des Zweibrücker Assisengerichts in Abwesenheit
nach 1853	Registrator bei der Schweizerischen Nordostbahngesellschaft (Zürich) und amerikanischer Vizekonsul in Zürich

H. stammte aus einer bekannt liberalen Familie: Sein Vater trat 1833 als Speyerer Bürgermeister aus Protest gegen das Regierungsverhalten gegen Hambach zurück; nach einer zweiten Amtsperiode 1838 – 1843 zum dritten Mal zum Bürgermeister gewählt, versagte die bayerische Regierung ihre Zustimmung wegen der Gesinnung der weitverzweigten Familie.
Das Architekturstudium H.s in Paris wurde 1834/35 unterbrochen, als er im September 1834 beim Grenzübertritt nach Deutschland wegen angeblicher Verbreitung umstürzlerischer Literatur ertappt wurde und sich einer Vernehmung und wahrscheinlichen Verhaftung durch Rückkehr nach Frankreich entzog. In seinem Besitz waren sechs Hefte der von Jakob Venedey in Paris herausgegebenen Zeitschrift „Der Geächtete", dem Organ des im Frühjahr 1834 dort entstandenen „Bundes der Geächteten". Die folgende Untersuchung war wohl Auslöser für H.s Teilnahme an der US-Emigration seines Onkels, des Juristen Theodor H., und dessen Familie Ende September 1835 nach

Belleville, Illinois, wo bereits Familienmitglieder, auch der verwandten pfälzischen Familie Engelmann, lebten. Die H.s und Engelmanns gehören zu den wichtigsten Vertretern der Emigration der dreißiger Jahre nach den USA; mit Belleville war auch eine der bekanntesten deutschen Siedlungen entstanden („Latin Farmers"). Das Th. Hilgardsche Haus in Speyer erwarb G. F. Kolb (s. dort). Im Juli 1838 zurückgekehrt, wurde H. von der Bundeszentralbehörde in Frankfurt überwacht; man hielt es für möglich, daß er sowohl Teilnehmer am Hambacher Fest als auch des Nachtreffens vom 28. Mai 1832 gewesen war, bei dem die Organisation des Preßvereins beraten werden sollte. Auch war er wohl Teilnehmer an einer 1835 stattgefundenen Hambachfeier auf der Insel Pancrouthe nahe Meudon bei Paris. Er oder ein anderes Mitglied der Belleviller H.s soll Mitte 1837 in den USA Mitglied eines Komitees zur Förderung der deutschen Einwanderung nach New Orleans gewesen sein. Es ist anzunehmen, daß H. wenigstens so lange in den USA blieb, bis er die amerikanische Staatsbürgerschaft erwerben konnte, die er bei seiner Rückkehr besaß. Später lebte er bis 1848 wohl überwiegend in Speyer und wird als Finanzkandidat, später als Rechnungsrevisor bezeichnet.

Am 22. Mai 1849 wurde er von der Provisorischen Regierung der Pfalz zum Zivilkommissär ernannt. Das Zweibrücker Gericht klagte ihn später an, „bewaffnet und als Offizier der Volkswehr die Züge unter Blenker nach Worms und gegen Landau mitgemacht zu haben, in Worms den Aufruf zur Verleitung des großherzoglich hessischen Militärs zur Fahnenflucht mit unterzeichnet" zu haben. In seiner Funktion als Zivilkommissär des Landkommissariats habe er „die Mitglieder der prov. Regierung in ihrem verbrecherischen Treiben auf jede Weise unterstützt und damals wie später alle den Civilcommissairen obgelegenen Aufträge erledigt". Dazu gehörten besonders das Wegnehmen öffentlicher Kassen, das Eintreiben von Zwangsanleihen, Verfügen über öffentliches Eigentum sowie die Durchsetzung der Vereidigung von öffentlichen Bediensteten. Er war auch derjenige, der die von der Provisorischen Regierung befohlene Stadtratswahl nach Einmarsch der Exekutionstruppen anordnete. H. versah sein Amt insgesamt jedoch „mit einer Schonung und Mäßigung, welche unbedingte Anerkennung verdient, und durch welche sehr viele und gerade die grellsten Übel gemildert oder zum Teil selbst ganz abgewendet wurden". Am Abend des 16. Juni zum letzten Mal in Speyer gesehen, ging er mit den Resten der Speyerer Volkswehr über den Rhein ins Badische, wo er vermutlich an den letzten Kämpfen teilnahm. Für spätestens Herbst 1849 ist er in Weißenburg (Elsaß/Frankreich) nachgewiesen, wo er sich bis etwa Juni 1850 aufhielt; fünf Speyerer Stadträte wurden von der bayerischen Regierung ihres Amtes enthoben, als sie ihn dort am 9. Mai 1850 besuchten. Seit etwa Pfingsten hielt er sich in Straßburg auf („Gasthof zum Rebstock"), verließ aber schließlich wegen der flüchtlingsfeindlichen französischen Politik das Land und emigrierte nach Zürich.

Die Anklageakte von 1850 beschreibt H. als „6 Schuh 2 Zoll groß, von braunen Haaren, sehr hoher Stirne, braunen Augen, proportionirter Nase, eben solchem Munde, rundem Kinn, braunem Bart, runder Gesichtsform, gesunder Gesichtsfarbe, kräftiger Statur, starker Glatz". Am 28. September 1851 verurteilte ihn das Zweibrücker Assisengericht in Abwesenheit zum Tode. H. wurde Registrator bei der Schweizerischen Nordostbahngesellschaft (Zürich) und heiratete 1853 Luise von Clais. Die Ehegatten waren als Bürger von Belleville, Illinois, amerikanische Staatsangehörige. Friedrich H.-von Clais wurde amerikanischer Vizekonsul in Zürich. Sein Neffe Heinrich Hilgard-Villard (1835 – 1900), der spätere US-Eisenbahnkönig, war großzügig mäzenatisch tätig und heiratete die Friedens- und Frauenrechtlerin Fanny Garrison, Tochter des bekannten Abolitionisten William Lloyd Garrison.

Q: LandesA Speyer: J 1/75 (neu); J 1/117; J 1/ 2309; StadtA Speyer: RP 1850, 3/855; Anklag-Akte, errichtet durch die k. General-Staats-prokuratur der Pfalz, nebst Urtheil der Anklage-kammer des k. Appellations-Gerichtes der Pfalz in Zweibrücken vom 29. Juni 1850 in der Untersuchung gegen Martin Reichard, entlassener Notär in Speyer, und 332 Consorten wegen bewaffneter Rebellion gegen die bewaffnete

Macht, Hoch- und Staatsverraths etc. Zweibrükken 1850; StadtA Zürich: diverse Bestände. – **L:** *Baecker, Gertrud/Engelmann, Fritz: Die kurpfälzischen Familien Engelmann und Hilgard. Ludwigshafen 1958; Hilgard-Villard, Heinrich: Lebenserinnerungen. Ein Bürger zweier Welten. 1835 – 1900. Berlin 1906, S. 76, 97ff.; Hirsch, Helmut: Die beiden Hilgards. Ein biographischer Beitrag zur Geschichte der achtundvierziger Revolution und des Deutschamerikanertums. In: ZGO 98 (1950), S. 486 – 497.*

Katrin Hopstock

Hochdörfer, Johann Heinrich, ev. Pfarrer
* 28. 10. 1799 Winzingen (bei Neustadt a.d.H.), ev.
† 8. 1. 1851 Winzingen

V Georg H., Bauer. M Anna Maria, geb. Freytag.
∞ 21. 8. 1827 (Winzingen) Philippina, geb. Häußer (1800 – 1864), ev., aus Winzingen. V Martin H. M Henriette, geb. Hermann. K 6, nachweisbar 2 Söhne, 2 Töchter.

	sechsjähriger Schulbesuch in Neustadt a.d.H.
1818 – 1820	Studium in Heidelberg
1821	theologische Aufnahmeprüfung
1822	Hauslehrer
1827 – 1832	Vikar in Steinwenden; Pfarrer in Sembach
1832	Redner auf dem Hambacher Fest
16. 11. 1833	Verurteilung zu zweijähriger Haft
14. 11. 1834	Entlassung aus dem Kirchendienst
1835	Auswanderung in die Schweiz
April 1836	Bezirksschullehrer in in Waldenburg (Kanton Basel-Land, Schweiz)
3. 2. 1837	Entzug des bayerischen Staatsbürgerrechts
1839	Privatlehrer in Genf
1846 – 1848	Pfarrer in Orbe (Kanton Waadt, Schweiz)
1848	Rückkehr in die Pfalz, Beteiligung an der revolutionären Bewegung

1828 gab H. eine gleich wieder eingegangene Zeitschrift „Eleutherius“ heraus, in der er sich wie auch in dem 1831 von ihm herausgegebenen und nach zwei Nummern verbotenen Blatt „Der rheinbaierische Volksfreund“ für Menschen- und Bürgerrechte und für den republikanischen Gedanken einsetzte. Am 1. April 1832 erschien der ebenfalls von ihm herausgegebene „Bürgerfreund“, in dem er zur Volksbewaffnung aufrief. H. machte in seinen Schriften deutlich, daß Völkerglück und Fürstenherrschaft unvereinbar seien, wobei er sich eines unter den bürgerlichen Liberalen sonst völlig ungewohnten gesellschaftskritischen Tons bediente (Kimmel (1980/81), S. 429). Die von H. auf dem Hambacher Fest gehaltene Rede wurde nicht in den offiziellen Festbericht aufgenommen. Neben Wirth und Siebenpfeiffer gehörte er jedoch zu den Hauptangeklagten der Teilnehmer des Hambacher Festes und wurde am 16. November 1833 wegen Beleidigung der Staatsregierung zu zwei Jahren Haft verurteilt. Daraufhin wurde er des Pfarrerberufs für unwürdig erklärt und am 14. November 1834 aus dem kirchlichen Dienst entlassen.

Nach Ende seiner Haftstrafe, die er in Zweibrücken und Kaiserslautern verbüßte, am 7. Januar 1835, mußte H. sich eine neue Existenz aufbauen. Deshalb zog er mit seiner Familie in die Schweiz, wo er im April 1836 eine Stelle als Bezirksschullehrer in Waldenburg antreten konnte. Da H. hierzu keine Genehmigung eingeholt hatte, wurde ihm am 3. Februar 1837 das bayerische Staatsbürgerrecht aberkannt. 1839 wirkte H. als Privatlehrer in Genf, wo er seit Herbst des Jahres die Führung der Bewegung „Junges Deutschland“ übernahm. 1840 erschien seine Schrift „Über die Abschaffung der Todesstrafe und Verhütung der Verbrechen vom Standpunkte der Social-Reform“. Darin bezeichnete er die Verbrechen als notwendige Folgen staatlicher Demoralisation und forderte u.a. die Verstaatlichung von Handel und Industrie, staatlich festgesetzte Löhne, staatlich gelenkte Pflicht zur Wohltätigkeit, eine Reform des Strafwesens und den Sechsstundentag. 1845 bat H. seinen ehemaligen Lehrer, den Heidelberger Theologieprofessor Heinrich Eberhard Gottlob Paulus, um die Vermittlung einer deutschkatholischen Pfarrstelle, damit er sich

dem Befreiungswerk des Deutschkatholizismus anschließen und so sein Vaterland wieder gewinnen könne. Nachdem sich diese Pläne zerschlugen, wurde er 1846 Stadtpfarrer in Orbe. H., der den Aufenthalt in der Schweiz als Jahre der Verbannung und Heimatlosigkeit empfand, bemühte sich unter dem Eindruck der Ereignisse des Jahres 1848 um Rückkehr in die Pfalz und bat das Konsistorium um die Verleihung einer Pfarrstelle. Dieses, wie auch seine Anträge auf Wiedereinbürgerung, wurde jedoch abgelehnt.
Im Frühjahr 1848 kehrte H. in die Pfalz zurück und schloß sich dem Kreis um den deutschkatholischen Prediger Heinrich Loose und den Neustadter Uhrmacher und Bürgerwehrkommandanten Josef Valentin Weber (s. dort) an. Er redigierte den von Loose und Weber herausgegebenen „Pfälzer Volksmann" unter dem Motto „Kein Heil außer dem Socialismus". Wiederum wurde gegen H. Anklage u.a. wegen Aufreizung zum Hasse gegen die Besitzenden und damit zum Bürgerkrieg erhoben. Doch bevor der Prozeß eröffnet werden konnte, verstarb H. geisteskrank in Winzingen.

W: *Eleutherius. o.O. 1828; Der rheinbaierische Volksfreund. o.O. 1831, 2 Hefte; Der Bürgerfreund. Ein Volksblatt für deutsche Nationalität und Völker-Freiheit. o.O. 1832, 11 Hefte. –* ***Q:*** *ZASP: Abt. 2 Nr. 956 (Personalakte); Abt. 3 Nr. 1514 (Prüfungsakte); Abt. 4 Nr. 274 (Pfarrstellenbesetzung Sembach); Abt. 43 (Dekanat Neustadt/W.) Nr. 189; LandesA Speyer J 1/18 neu (Prozeßakte); Universitätsbibliothek Heidelberg: Hs 863 Nr. 253 (Paulus-Korrespondenz). –* ***L:*** *Biundo, Georg: Pfälzisches Pfarrer- und Schulmeisterbuch. Palatina Sacra. Bd. 1. Kaiserslautern 1930, S. 629; ders.: Die evangelischen Geistlichen der Pfalz seit der Reformation. Neustadt a.d. Aisch 1968, Nr. 2219; Kimmel, Helmut: Der Anteil der pfälzischen Geistlichen an den Ereignissen der Jahre 1832 und 1849. In: Blätter für pfälzische Kirchengeschichte und religiöse Volkskunde 20 (1953), S. 1f., 4f.; ders.: Eine frühsozialistische Streitschrift aus dem Exil des Pfarrers J.H.H. von Sembach. In: Jahrbuch zur Geschichte von Stadt und Landkreis Kaiserslautern 5 (1967), S. 193 – 206; ders.: J.H.H. In: Jahrbuch zur Geschichte von Stadt und Landkreis Kaiserslautern 18/19 (1980/1981), S. 429ff.; Scherer, Karl: Zur pfälzischen Kirchengeschichte des 19. Jahrhunderts. In: Blätter für pfälzische Kirchengeschichte und religiöse Volkskunde 32 (1965), S. 147; Süss, Edgar: Die Pfälzer im „Schwarzen Buch". Ein personengeschichtlicher Beitrag zur Geschichte des Hambacher Festes, des frühen pfälzischen und deutschen Liberalismus. Diss. Mainz 1954. Heidelberg 1956 (Heidelberger Veröffentlichungen zur Landesgeschichte und Landeskunde, 3), S. 70f.; Zink, Albert: Der Anteil der pfälzischen Geistlichen an den Ereignissen der Jahre 1832 und 1849. In: Blätter für pfälzische Kirchengeschichte und religiöse Volkskunde 19 (1952), S. 12f.*

Gabriele Stüber, Andreas Kuhn

Hoefer, Friedrich Christoph Carl, Lehrer
* 11. 11. 1819 Brehmen (Filialort von Hohenstadt), ev.
† 16. 8. 1849 Mannheim

V Johannes Andreas H., Volkschullehrer in Brehmen (1764 Wertheim – 18. 4. 1838 Brehmen). M Margaretha, geb. Henninger, aus Oberschlüpf. G 5 Schwestern.
∞1848 Margaretha, geb. Reinhard, aus Altneudorf. K 1 Tochter (* Mai 1849).

Frühjahr 1843 – Okt. 1846	evangelischer Lehrer in Sachsenhausen (bei Wertheim)
ab Okt. 1846	evangelischer Lehrer in Altneudorf
1848	Hauptmann der Volkswehr Altneudorf
Frühjahr 1849	Vorsitzender des Volksvereins Heiligkreuzsteinach (und der Orte der Umgebung)
25. 5. 1849	Wahl zum Hauptmann des 1. Aufgebots des Odenwalds
24. 6. 1849	Verhaftung und Untersuchungshaft in Heidelberg
16. 8. 1849	vom Standgericht Mannheim zum Tode verurteilt und auf dem Mannheimer Friedhof erschossen

Schon in Sachsenhausen hatte H. die politischen Forderungen der unter den Abgabelasten leidenden Bauern unterstützt und mit ihnen sogar militärische Übungen abgehalten. Im Zeichen der landesweiten Hunger- und Teuerungskrise, die seit Mitte der 1840er Jahre besonders schwer die Bevölkerung des Odenwalds belastete, trat er nach seiner Versetzung nach Altneudorf im Oktober 1846 wiederholt als Kritiker der sozialen Verhältnisse in Erscheinung. Ein Polizeibericht belegt, daß er sich auf einer Volksversammlung in Altenbach am 14. August 1848 heftig „gegen die Reaction" ausgesprochen und eine drastische Verringerung der Abgabenlasten gefordert hatte (GLAK: 236/8507). Die hierauf eingeleitete Untersuchung durch den Evangelischen Oberkirchenrat blieb für den Instruktor der Altneudorfer Volkswehr jedoch ohne disziplinarische Folgen. Mit dem Abgeordneten Pfarrer Friedrich August Lehlbach (s. dort) aus Heiligkreuzsteinach, der zugleich die Ortsschulvisitatur über den Filialort Altneudorf ausübte, gehörte H. in der Folgezeit zu den politisch Engagierten des Steinachtals. Am 19. Februar 1849 hielt H. zusammen mit Lehlbach im Gasthaus „Zur Krone" in Heiligkreuzsteinach „aufrührerische Rede(n)" (GLAK: 204/2974). In den polizeilichen Untersuchungsakten wird H. selbst als „Werkzeug" Lehlbachs und als einer der „ärgsten Wühler" bezeichnet, der in einen „großen Theil des Odenwald den revolutionären Geist gepflanzt" habe (GLAK: 234/1766). Als Vorsitzender leitete H. den Volksverein von Heiligkreuzsteinach, dem sich auch die umliegenden Orte anschlossen (GLAK: 236/8208), und am 25. Mai 1849 wählten ihn die Wehrmannschaften von Brombach, Heddesbach, Altneudorf, Heiligkreuzsteinach, Eiterbach, Hilsenhain, Lampenhain und Bärsbach einstimmig zu ihrem Hauptmann (Mitteilung in: Der Volksführer, Nr. 127 vom 1. Juni 1849. In: GLAK: 231/1127). H.s Rolle als Hauptmann des 1. Aufgebots des Odenwalds und seine Verwicklung in die militärischen Auseinandersetzungen, die sich während der preußischen Offensive im Mai bzw. Juni 1849 im badisch-hessischen Grenzgebiet und auf dem Heiligenberg bei Heidelberg ereigneten, läßt sich – nicht zuletzt auch aufgrund der unterschiedlichen Zeugenaussagen im Ermittlungsverfahren, das nach seiner Verhaftung am 24. Juni 1849 eröffnet wurde – leider nicht bis ins Detail verfolgen. So suchten die Bürgermeister von Altneudorf, Lampenhain und Heddesbach nur wenige Tage nach seiner Inhaftierung in Heidelberg um seine Entlassung nach, weil er vor allem Sorge dafür getragen habe, die Männer ihrer Gemeinden aus den revolutionären Turbulenzen herauszuhalten. Ob sich H. aber tatsächlich vom bewaffneten Volksaufstand und seinen politischen Führern distanziert hatte, wie er in den Vernehmungen am 11. Juli und 2. August als auch im Prozeß am 16. August behauptete, kann nicht eindeutig beantwortet werden. So gab er zwar an, daß er wiederholt Marschbefehle unbeachtet gelassen und seine Stelle als Hauptmann sogar am 13. Juni niedergelegt habe, um mit Mieroslawski und Lehlbach in keinen weiteren Konflikt zu geraten. Auch habe er Anfang Juni, als er sich einige Tage in Wertheim bei seiner Mutter aufhielt, den dortigen Bürgerwehrführer gewarnt, die Mannschaften ausrücken zu lassen. Auf seiner Rückreise in Hardheim habe er ebenfalls dem Gendarmen Bender geraten, die Bürgerwehr nicht nach Mosbach in Marsch zu setzen. Unter dem wachsenden Druck des belastenden Beweismaterials, das die Untersuchungskommission unter Amtmann Hermann von Hillern gegen ihn zusammentrug, blieb ihm aber andererseits keine andere Möglichkeit, als seine Rolle herunterzuspielen, um damit 'seinen Kopf' zu retten. Denn als Gesinnungsgenosse bzw. „Werkzeug" des geflohenen Lehlbach sollte an ihm stellvertretend ein Exempel statuiert werden. Ein erst am Prozeßtag als Beweis vorgelegtes Schreiben H.s an das Generalkommando der Volkswehr vom 29. Mai, in dem er den Vormarsch der hessischen Truppen gemeldet und einen Vorschlag zu militärischen Gegenaktionen mit den ihm unterstellten Mannschaften unterbreitet hatte, belegt indessen seine militärische Führungsrolle. „Mit 200 Mann kann der Unterzeichnete bei persönlicher Haftbarkeit 1.000 Mann Militair binnen weniger Stunden vollständig aufreiben" (GLAK: 234/1766). Zugleich hatte er darin die Eingliederung der Wehrmannschaften von Schönau und Wilhelmsfeld, die bislang noch keine Führer gewählt und sich noch keinem Bezirk angeschlossen hätten, in sein Korps gefordert. Ein am gleichen Tag ausgefertigtes Schreiben an das Generalkommando, das – allerdings erst nach dem Urteil – als Beweismittel im Prozeß gegen den aus Mannheim stammenden Instruktor Johannes Hohbach auftauchte, bestätigt im nachhinein ebenfalls H.s aktive Beteiligung. So hatte er hierin die Überlassung von Pferden für die Instruktoren des Odenwald-Aufgebots gefordert, da „jeden Augenblick Feinde in unsere Thäler vorrücken können" und „man oft eine eilende Meldung an die Behörde nach Heidelberg" abstatten muß (GLAK: 276/4326). Der mit der Anklage betraute Rechtspraktikant am Oberhofgericht Mannheim, Rudolf Carl von Freydorf, war jedoch von Anfang an überzeugt, mit H. einen Haupträdelsführer des Aufstandes dingfest gemacht zu haben, der schon lange „das Volk in republikanischem Sinne" bearbeitet habe (GLAK: 234/1766; 69 von Freydorf/123). Wie er in seiner am 10. August fertiggestellten Anklageschrift darlegte, hatte sich H. des Hochverrats, der Aufforderung zum Hochverrat, der Teilnahme an einem Angriff und des Widerstandes gegen die bewaffnete Macht sowie der Aufforderung zum Waffengebrauch schuldig gemacht. Er sah es als erwiesen an, daß H. in der Nacht vom 16. auf den 17. Mai mit Bewaffneten das Haus des Waldhüters Nikolaus Joerder in Altneudorf, der gegen Dorfbewohner Ermittlungen wegen Holzdiebstahls angestellt hatte und den H. deswegen zur Rede stellte, beschossen und zum Teil zerstört habe. Ebenso schenkte man der Zeugenaussage des Gendarmen Wehrle Glauben, daß H. in der Schmiede des Altneudorfer Gemeinderats Reinhard im Mai Gewehrkugeln für die Aufständischen – und nicht, wie H. angab, für die Jagd – gegossen habe. Daneben wurden ihm mehrere militärische Operationen gegen Reichstruppen zur Last gelegt. So habe er nicht nur das Wilhelmsfelder Aufgebot auf dem Schriesheimer Hof und im Juni in Bärsbach als Vorposten aufgestellt, sondern ebenfalls das Altneudorfer Aufgebot in Heiligkreuzsteinach und Eiterbach gegen preußische Truppen geführt und den Befehl erteilt, bei Auftauchen des Feindes zu schießen. Auch habe er die Wilhelmsfelder Mannschaften nach Heddesbach gegen die vorrückenden hessischen Truppen beordert. Schließlich wurde ihm das Feuergefecht an der Holdermannseiche auf dem Heiligenberg am 21. Juni zur Last gelegt, bei dem sich Teile des 1. Aufgebots einen viertelstündigen Schußwechsel mit preußischen Soldaten geliefert hatten. Dabei habe H. nicht nur „das Feuer von Seiten der Aufständischen" kommandiert, sondern auch selbst geschossen. Auf dem Marsch zum Heiligenberg über Wilhelmsfeld soll er zudem allen, die zurückbleiben wollten, mit dem Erschießen gedroht, und hierfür eigens Freischärler der Schweizer Legion in den Rücken der Mannschaften postiert haben. Da diese Verbrechen „nach der Erklärung des Unterrheinkreises in Kriegszustand und nach Verkündung des Standrechts begangen" wurden, verfiel der Fall H. damit „standrechtlicher Behandlung und Aburtheilung". Am 12. August wurde H. ins Mannheimer Zuchthaus überführt. Dort eröffnete ihm Amtmann von Hillern die Anklageschrift. Für das vier Tage später anberaumte Verfahren konnte H. nun Entlastungszeugen benennen. Den Vorsitz in der am 16. August im Schwurgerichtssaal des Mannheimer Kaufhauses stattfindenden öffentlichen Standgerichtsverhandlung führte der preußische Major Wundersitz. Als Richter fungierten gleichfalls preußische Armeeangehörige: Hauptmann Wieser, Premierelieutenant von Baier, Secondelieutenant von Grolmann, Feldwebel Schemmerich, Unteroffizier Köhler und Wehrmann Belleck. Ein ausführlicher Bericht im „Mannheimer Journal" vom 18. August 1849 schildert die beklemmende Atmosphäre des Prozesses, der wegen der zahlreichen Zeugenaussagen von 8 bis 18 Uhr andauerte. Nachdem H. vorgeführt und zu seiner Person befragt wurde, trug der öffentliche Kläger von Freydorf in einem ausführlichen Plädoyer die erwiesenen Anklagepunkte vor und forderte die Todesstrafe. H. und sein Verteidiger, Schriftverfasser Kräuter aus Heidelberg, bestritten hingegen die Vorwürfe. In der mehrstündigen Zeugenvernehmung – die Verfahrensakte benennt neben 31 Entlastungs- auch 18 Belastungszeugen – wurden schließlich alle Anklagepunkte der Reihe nach abgehandelt. Hatten die „ersten Zeugenvernehmungen für den Angeklagten eher ein günstiges als ein ungünstiges Resultat [ergeben], und schon war man nahe daran, eine Verurtheilung desselben zum Tode für unwahrscheinlich zu halten" (Mannheimer

Journal, Nr. 195 vom 18. August 1849. In: GLAK: 234/1766), so beschworen aber die Belastungszeugen unter Eid, daß H. beim Gefecht an der Holdermannseiche sowohl den Befehl zum Feuer gegeben als auch selbst geschossen habe. Sein Schicksal war damit besiegelt, um so mehr als die Anklage das ihn kompromittierende Schriftstück vom 29. Mai vorlegte und zudem die von ihm benannten Zeugen, die wegen ihrer Teilnahme am Volksaufstand nicht unter Eid vernommen wurden, wenig Entlastendes aussagen konnten. Auch die verlesenen schriftlichen Erklärungen der beiden preußischen Soldaten, die bei der Holdermannseiche in Gefangenschaft geraten, später jedoch von H. wieder freigelassen worden waren, konnten ihm nicht helfen. Die Jury sprach gegen ihn den Schuldspruch und verurteilte ihn mit fünf gegen eine Stimme zum „Tode durch Erschießen und zu Tragung der Kosten". Wenigstens einer der Richter hatte für eine zehnjährige Zuchthausstrafe votiert. Auf ausdrücklichen Wunsch H.s wurde das Urteil noch am gleichen Abend auf dem Friedhof in Mannheim vollstreckt. Um „3/4 8Uhr" wurde er von acht Wehrleuten unter dem Kommando des Premierelieutenants von Cranach vom 1. Landwehr-Bataillon des 8. Preußischen Landwehr-Regiments erschossen. Die Hinrichtung H.s und die Notlage seiner Witwe und seines wenige Wochen alten Kindes sollten jedoch zu einer Solidarisierungswelle und Hilfsaktion für die Hinterbliebenen führen. Durch das Engagement von Kathinka Zitz-Halein, der Vorsitzenden des Mainzer Frauenvereins „Humania", die sich im August in Mannheim aufgehalten und H.s Witwe in Altneudorf besucht hatte, kamen fast 600 Gulden zusammen. Eine Spendensammlung in Heidelberg, zu der die Kürschnersgattin S. Schaaf am 27. August aufgerufen hatte, erbrachte bis zum 19. September die Summe von 64 Gulden und 6 Kreuzern. War es der letzte Wunsch H.s – wie ein Brief von Kathinka Zitz-Halein vom 23. August 1849 aus Mannheim belegt – „daß gute Menschen soviel Geld zusammenschießen möchten, um sein armes Kind in eine Rentenversorgungsanstalt einzukaufen", so beschlossen die Spendensammler, aufgrund der „unruhig[en] und unsicher[en]" Zeitläufe, „das Geld nicht in einer Rentenkasse niederzulegen, sondern Grundstücke dafür anzukaufen." (Hummel-Haasis (1982), S. 293). Neben H. wurden 1849 noch vier andere Revolutionsteilnehmer in Mannheim standgerichtlich hingerichtet; 14. August: Wilhelm Adolph von Trützschler (s. dort), 28. August: Peter Lacher, 20. September: Gottlieb Heinrich Dietz, 11. Oktober: Valentin Streuber (s. dort). Ihrem Andenken zu Ehren – „Den Märtyrern der Freiheit aus dem Jahre 1849" – stifteten 25 Jahre später deutsche Emigranten in St. Louis (Missouri) einen Obelisken, der am 13. September 1874 auf dem Mannheimer Friedhof aufgestellt wurde und dort noch heute an ihr verhängnisvolles Schicksal erinnert.

Q: GLAK: 234/1766 (Prozeßakte mit Zeitungsartikeln); 69 von Freydorf/123 (Anklageschrift); 204/2974; 231/1127; 233/10218; 235/29562; 236/8208; 236/8507; 236/8509; 236/8208; 236/8561; 237/2784; 239/619; 276/3426; 313/3864; Bibl. Ch. 273. – L: Die Friedhöfe in Mannheim. Hrsg. vom Förderkreis historischer Grabstätten in Mannheim e.V. Mannheim 1992, S. 115 – 117; Hohl, Udo: Aus der Geschichte des Stadtteils Altneudorf. C. H. – Lehrer in Altneudorf in den Revolutionsjahren 1848/1849. In: Schönauer Geschichtsblätter 1 (1981), S. 17 – 24; Hummel-Haasis, Gerlinde (Hrsg.): Schwestern, zerreißt eure Ketten. Zeugnisse zur Geschichte der Frauen in der Revolution von 1848/49. München 1982, S. 261, 275f., 291 – 294; Mossemann, Karl: C. H. Ein Lehrerschicksal aus den Revolutionsjahren 1848/1849. In: Badische Heimat 33 (1953), S. 290 – 295; Mumm, Hans Martin: Der Heidelberger Arbeiterverein 1848/49. Heidelberg 1988, S. 86 – 94, 181; Neuer Nekrolog der Deutschen (1849) 27 (1851), S. 659f.

Jörg Kreutz

Hoff, Georg Heinrich, Verlagsbuchhändler
* 13. 11. 1808 Mannheim, ev.
† 27. 4. 1852 New York (USA)

V Karl Heinrich H., Konditor (22. 8. 1770 – 20. 11. 1837). M Christine Ernestine, geb. Laubinger (15. 10. 1776 – 2. 10. 1845). G 9, darunter Carl (s. dort).

⚭1838 (Mannheim) Catharina Helena Louise, geb. Engelhorn (11. 8. 1820 – 27. 3. 1846), ev., aus Mannheim. K 4 Töchter.

1834	Gründung der Zeitschrift „Stadt- und Landbote"
1838	Gründung des „Rheinischen Postillon" (1840 als „Deutscher Postillon" weitergeführt)
1846	Gründung des „Deutschen Zuschauers" unter der Redaktion von Gustav Struve (s. dort)
18. 1. 1848	Veröffentlichung der Mannheimer 'Dreizehn Petitionen'
27. 2. 1848	Organisation der Versammlung im Aulasaal gemeinsam mit Gustav Struve
19. 3. 1848	Veranstalter und Teilnehmer an der Offenburger Versammlung
29. 3. 1848	Wahl in den Vorstand des Vaterländischen Vereins
1. 4. 1848	Gründung der „Deutschen Volkszeitung"
29. 4. 1848	Verhaftung und Verbot der „Deutschen Volkszeitung"
13. 5. 1849	Wahl als Ersatzmann in den Landesausschuß der Volksvereine; Nachrücken in dessen Leitung
3. 6. 1849	Abgeordneter der Verfassunggebenden Versammlung

H. gründete am 1. November 1833, im Alter von 25 Jahren, in Mannheim eine Buchhandlung und wenig später einen Verlag. Am 18. Mai 1835 richtete er ein Gesuch an das Bürgermeisteramt in Mannheim zur Errichtung einer Druckerei „für seine eigenen Verlagswerke" (StadtA Mannheim: 2/1967/35 Dokument 131). Seine späteren redaktionellen und verlegerischen Tätigkeiten waren stark geprägt durch seine politischen Aktivitäten. Aus innerer Überzeugung stellte er seinen Verlag den radikalen Reformern zur Verfügung und gehörte zum engen Kreis um Friedrich Hecker (s. dort) und Gustav Struve. Mit äußerster Schärfe griff er die Regierung und die bestehenden Zustände in einer Reihe von Zeitschriften an, die allerdings bald wieder ihr Erscheinen einstellen mußten. 1839 wurde er erstmals wegen „Ehrenkränkung" eines Zensors zu 14 Tagen Gefängnis verurteilt, 1847 gar wegen Hochverrats angeklagt, da er im „Deutschen Volksliederbuch" einige Gedichte abgedruckt hatte, die Anstoß erregt haben sollen. Er wurde von Friedrich Hecker verteidigt und vom Hofgericht am 30. September 1847 freigesprochen. Den Volksversammlungen Ende Februar 1848 im Anschluß an die Pariser Revolution folgte am 1. März der Demonstrationszug nach Karlsruhe, wo Staatsrat Bekk die Wiederherstellung der Preßfreiheitsgesetze von 1831 verkündete. Bereits einen Tag später beschlossen Mannheimer Gemeinderat und Bürgerausschußmitglieder die Bürgerbewaffnung. In der schnell auf 20 Kompanien angewachsenen Bürgerwehr wurde H. zusammen mit Karl Mathy, Friedrich Daniel Bassermann (s. jeweils dort), Gustav Struve u.a. zu einem ihrer Hauptleute gewählt und führte, gemeinsam mit Heinrich Düringer, die 5. Kompanie des 2. Bataillons. Friedrich Hecker übernahm als Oberst das Oberkommando. Im April 1848 galt H., zusammen mit Johann Peter Grohe (s. dort), als Anstifter des Aufruhrs in Mannheim und wurde wegen Vergehens gegen die Pressegesetze verhaftet (einige in der „Volkszeitung" erschienene Artikel gaben dazu angeblich Veranlassung). Unter starker militärischer Bewachung wurde er ins Gefängnis nach Bruchsal eingeliefert. Während Grohe in einem Hochverratsprozeß bereits am 1. September freigesprochen wurde, kam H. erst nach heftigen Protesten am 10. November gegen Kaution frei und fand sein bedeutendes Geschäft ruiniert vor. Dieses hatte sich durch eine vielseitige, keineswegs nur politisch-polemische Verlagsproduktion ausgezeichnet. Er blieb aber seinen Überzeugungen treu und stand 1849 wieder an der Spitze der revolutionären Bewegung in Mannheim. Vaterländische Vereine wurden gebildet, in deren leitenden Komitees H. aktiv war. Er ließ Flugblätter drucken, hielt öffentliche Reden und wurde vom Landesausschuß in Karlsruhe am 19. Mai zum Zivilkommissär für Mannheim bestellt. Sein Auftrag war der Vollzug der Beschlüsse der Provisorischen Regierung. Als Wahlkommissar wurde er am 3. Juni mit den meisten Stimme zum Abgeordneten in die Konstituierende Landesversammlung Badens gewählt. Nach dem Zusammenbruch der Revolution wurde er zu 20 Jahren Zuchthaus verurteilt. H. hatte sich jedoch rechtzeitig in die USA absetzen können. Hier starb er verarmt und einsam im Alter von 44 Jahren am 27. April 1852 in einem New Yorker Hospital. Zuvor waren ihm, zusammen mit weiteren Gesinnungsgenossen, am 12. März 1850 durch einen Stadtamtsbeschluß in Mannheim die dortigen Staatsbürgerrechte aberkannt worden.

W: *Das grosse Reich der deutschen Buchhändler-Corporation. Neu entdeckt und zum erstenmal beschrieben von Fidelis Liber[Heinrich Hoff]. Reichs-Mittelpunkts-Stadt [Mannheim] 1833; Karl Gutzkow und die Gutzkowgraphie. Ein gemütliches Literaturbild von Heinrich Hoff, als Antwort auf die Abfertigung des Buchhändlers Hoff Wohlgeboren, von Karl Gutzkow. Mannheim 1839; Ein Staats-Prozeß. Anklage wegen Majestäts-Beleidigung und Versuche des Hochverraths gegen Heinrich Hoff, Verlagsbuchhändler in Mannheim. Mannheim 1847; Meine Verhaftung, Einkerkerung und fortdauernde Gefangenhaltung zu Bruchsal wegen angeblichen Hochverrats durch die Presse und in einer Rede. Mit sachgemäßer Beleuchtung des wieder gültigen badischen Preßgesetzes von 1831. Mannheim 1848* – ***Q:*** *StadtA Mannheim: Polizeipräsidium, Zug. -/1962, Familienbogen; Kath. Bürgerhospital, Zug. 2/1967, 35.* – ***L:*** *Bauer, Sonja-Maria: Die Verfassunggebende Versammlung in der Badischen Revolution von 1849. Darstellung und Dokumentation. Düsseldorf 1991 (Beiträge zur Geschichte des Parlamentarismus und der politischen Parteien, 94); Mannheimer Zeitungen des 18. und 19. Jahrhunderts. Beispiele und Dokumente. Sonderschau in der Säulenhalle des Zeughauses vom 25. Oktober 1988 - 29. Januar 1989. Hrsg. v. Städtischen Reiß-Museum Mannheim. Mannheim 1988; Meyer, Herbert: Mannheimer Drucke vergangener Jahrhunderte. Mannheim 1973; Oeser, Max: Geschichte der Stadt Mannheim. Mannheim 1904; Schulz, Otto August: Allgemeines Adreßbuch für den deutschen Buchhandel. Leipzig 1851; Veitenheimer, Heinz E.: Zwei Mannheimer Verleger des Vormärz und der Revolution 1848. In: Mannheimer Geschichtsblätter NF 4 (1997) (im Druck); Waldeck, Florian: Alte Mannheimer Familien. Bd. 1. Mannheim 1920 (ND Mannheim 1987), S. 36; Walter, Friedrich: Mannheim in Vergangenheit und Gegenwart. Bd. 2: Geschichte Mannheims vom Übergang an Baden (1802) bis zur Gründung des Reiches. Mannheim 1907 (ND Frankfurt a.M. 1978).*

Heinz E. Veitenheimer

Hoff, Heinrich Carl (später Carl Heinrich), Konditor
* 13. 7. 1804 Mannheim, ev.
† 7. 5. 1891 Mannheim

V Karl Heinrich H., Konditor (22. 8. 1770 – 20. 11. 1837). M Christine Ernestine, geb. Laubinger (15. 10. 1776 – 2. 10. 1845). G 9, darunter Heinrich (s. dort).
∞ 8. 1. 1831 (Landau) Louise Friederike, geb. Heilsberg (* 4. 11. 1804 Landau, † 17. 5. 1862 Pirmasens). K 5 Söhne, 4 Töchter, darunter Kunstmaler Karl Heinrich.

	Konditorenlehre im Betrieb des Vaters
1840	Mitglied im kleinen Bürgerausschuß
1842 – 1849	Mitglied im Gemeinderat
1852 – 1870	Mitglied im Gemeinderat
1866 – 1868	Mitglied des Bezirksrats in Mannheim
1865 – 1886	Mitglied des Kreisausschusses Mannheim, bis 1868 als dessen Vorsitzender
1867 – 1870	Abgeordneter im badischen Landtag für die Nationalliberale Partei
1883	Verleihung des Ritterkreuzes 1. Klasse des Zähringer Löwenordens

Carl H. war, im Vergleich zu seinem Bruder Heinrich H., politisch der Gemäßigtere und Ruhigere. Seine öffentlichen Tätigkeiten beschränkte er mehr auf die rein städtischen Angelegenheiten, weniger auf die der großen Politik. Dennoch kam es dabei zu mehreren Konfrontationen und Auseinandersetzungen mit seinem Bruder.

Carl Heinrich Hoff (Vorlage: GLAK)

Anfang der 40er Jahre wurde H. in den Kleinen Bürgerausschuß unter dem Obmann Friedrich Daniel Bassermann (s. dort), 1842 in den Gemeinderat gewählt. Er war dort Kollege von Friedrich Hecker und Karl Mathy (s. jeweils dort), die er seine Freunde nannte.

Am 8. März 1848 wurde er vom Gemeinderat beauftragt, zum Zwecke der Volksbewaffnung zusammen mit dem Büchsenmacher Wunder in Lüttich (Belgien) Flinten einzukaufen. Am 28. März traf die erste Lieferung in Mannheim ein. Weitere Sendungen kamen erst im Mai und damit zu einem Zeitpunkt an, zu dem die Bürgerwehr bereits entwaffnet war.

Als alleiniger Mannheimer Abgeordneter wurde H. am 16. Mai 1849 zum Landesausschuß nach Karlsruhe gesandt. „Hoff gehörte stets zu den Männern, an denen leicht eine Arbeit hängenblieb, der sich andere zu entziehen wußten" (Waldeck (1987), S. 35). Dort sollte er über die Verhältnisse in Mannheim berichten. Hier traf er auch wieder mit seinem Bruder Heinrich zusammen. Das Angebot, Zivilkommissär zu werden, lehnte er ab, woraufhin wenig später (am 19. Mai) sein Bruder mit dieser Aufgabe betraut wurde. 1849 war H. Mitglied der dreiköpfigen Deputation, welche mit den Preußen in Ludwigshafen wegen der Besetzung Mannheims verhandelte.

Während der Inhaftierung seines Bruders in Bruchsal 1848 fungierte H. notgedrungen als verantwortlicher Redakteur des „Deutschen Zuschauers", dessen sonst unabwendbare Einstellung man ihm verübelt hätte. Um Mißverständnissen vorzubeugen, veröffentlichte er dazu eine Erklärung in der Ausgabe Nr. 21 vom 19. Mai 1848, in welcher er sich auch auf die wiederhergestellte Preßfreiheit berief, von der er sich solche Schwierigkeiten nicht erwartet hätte.

1852 stimmte er nur widerstrebend seiner erneuten Wahl in den Gemeinderat zu, in dem er schließlich bis 1869 verblieb. Schließlich wurde er 1867 auch in den Landtag gewählt, dessen Alterspräsident er während zweier Sitzungsperioden war. 1869 zählte er zu den Gründungsmitgliedern der Mannheimer Nationalliberalen Partei. Erst zu Beginn seines achtzigsten Lebensjahres zog er sich aus der Öffentlichkeit zurück und starb im Alter von 87 Jahren 1891 in Mannheim.

W: *Zur Erinnerung an Carl Heinrich Hoff geboren zu Mannheim am 13. Juli 1804 gestorben ebendaselbst am 7. Mai 1891. o.O. o.J.* – ***Q:*** *StadtA Mannheim: Polizeipräsidium, Zug. –/1962, Familienbogen.* – ***L:*** *Bauer, Sonja-Maria: Die Verfassunggebende Versammlung in der Badischen Revolution von 1849. Darstellung und Dokumentation. Düsseldorf 1991 (Beiträge zur Geschichte des Parlamentarismus und der politischen Parteien, 94); Becht, Hans-Peter: Badische Parlamentarier 1867 – 1874. Düsseldorf 1995 (Photodokumente zur Geschichte des Parlamentarismus und der politischen Parteien, 3); Oeser, Max: Geschichte der Stadt Mannheim. Mannheim 1904; Waldeck, Florian: Alte Mannheimer Familien. Bd. 1. Mannheim 1920 (ND Mannheim 1987), S. 35f.; Walter, Friedrich: Mannheim in Vergangenheit und Gegenwart. Bd. 2: Geschichte Mannheims vom Übergang an Baden (1802) bis zur Gründung des Reiches. Mannheim 1907 (ND Frankfurt a. M. 1978).* – ***B:*** *GLAK: 231/2937, Nr. 454.*

Heinz E. Veitenheimer

Hoffmann, Carl Christoph, Kaufmann
* 20. 4. 1817 Schriesheim, ev.
† 1853 New Orleans

V Philipp H., Bürger und Küfermeister (1784 – 1860). M Amalia Susanna, geb. Hoelzel (1787 – 1848). G 2 Brüder, 2 Schwestern.

Winter 1848/ 1849	Vorstandsmitglied im Volksverein
Mai 1849	Obmann des Schriesheimer Wehrausschusses; verfolgt Oberst von Hinkeldey mit der Schriesheimer Bürgerwehr
21. 5. 1849	Wahl zum Hauptmann der Bürgerwehr
Juli 1849	Flucht in die USA; Aufenthalt in New Orleans

Über Jugend und Ausbildung H.s ist nichts Näheres bekannt. 1846 hielt er sich in Mannheim auf, wo er, wie aus dem Tagebuch von Kaufmann Johann Michael Müller (s. dort) hervorgeht, von diesem besucht wurde. H. entstammte einer der ältesten Familien Schriesheims. Sie läßt sich im Ort zurückverfolgen bis in die Mitte des 15. Jahrhunderts. Vornehmlich übten die Mitglieder der Familie das Küferhandwerk aus. Später kam die Bierbrauerei hinzu. Seit 1743 gehörte der Familie das heutige Gasthaus „Zum Hirsch", damals Bierbrauerei. Es blieb über fünf Generationen bis 1878 im Familienbesitz. Nach dem Scheitern des badischen Volksaufstandes wurden sechs Schriesheimer Bürger des Hochverrats angeklagt. H., der Gemeinderat Landwirt Philipp Bauer und der Gemeinderat Kaufmann Joseph Schotterer (s. dort) wurden zu Zuchthausstrafen verurteilt und ihr Vermögen beschlagnahmt. Alle drei waren am Auszug der Schriesheimer Bürgerwehr gegen den Obersten Hinkeldey führend beteiligt gewesen. Die übrigen drei, der Gemeinderat Kaufmann Johann Michael Müller, der Lehrer Jakob Glock und der Spengler Johann Georg Sommer wurden nach mehrwöchiger Untersuchungshaft entlassen und im anschließenden Prozeß am 20. September 1850 freigesprochen. Die geringe Zahl angeklagter Bürger verwundert etwas, liest man spätere Berichte, die Schriesheim in den Jahren 1848/49 beschreiben. Bei der Besetzung der Stelle des Knabenlehrers 1850 heißt es zur Charakterisierung des Ortes: „in dem politisch sehr aufgeregten Schriesheim" (GLAK: 235/26390); in den Ortsbereisungsberichten ist zu lesen: „die vermöglichen Leute, welche in den unseligen Jahren 1848 und 1849 einen großen Teil ihrer Zeit politisierend und trinkend in den Wirtshäusern verbrachten", „der früher sehr aufgewühlte Ort", „die Wühlereien sind hier auf's äußerste betrieben worden", die Mitgliederzahl des Volksvereins wurde als „sehr zahlreich" bezeichnet (GLAK: 362/2307).

Zu einer führenden Persönlichkeit der Revolution in Schriesheim wurde H. durch die Bildung der Wehrausschüsse im Mai 1849. Er war der 'Militär' unter den Revolutionären. Zuvor hatte er sich schon öffentlich in dem im Winter 1848/49 gebildeten Volksverein engagiert, dessen Vorstand er angehörte. Daß er auch im „bewaffneten Verein" im Sommer und Herbst 1848 tätig war, ist nur zu vermuten. Am 6. Mai 1849 fand in Schriesheim die Bezirksversammlung der Abgeordneten der Volksvereine statt. Die sich daran anschließende Volksversammlung beschloß die Durchführung der Volksbewaffnung auf Gemeindeebene, und zur Durchführung dieses Beschlusses die Einrichtung eines Wehrausschusses, der die Volksbewaffnung entlang der Bergstraße und in den Odenwald hinein zu betreiben hatte. Außerdem protestierte die Versammlung gegen den Durchmarsch fremder Truppen gegen die Pfalz und drohte, „das Recht des Volkes und das Gesetz im Einklang mit dem Beschlusse der Nat. Versammlung" auch gegen die badische Regierung zu wahren (Mannheimer Abendzeitung vom 8. Mai 1849). Obmann des Wehrausschusses wurde H., ihm zur Seite standen Johann Georg Sommer, Philipp Bauer sowie Johann Michael Müller. In den Prozeßakten ist ein Schreiben H.s enthalten, worin er sich in seiner Eigenschaft als Obmann an die Wehrmänner in Heddesheim wandte und zur Umsetzung der Beschlüsse aufforderte. Ein weiterer Brief gleichen Inhalts, ebenfalls in den Prozeßakten aufbewahrt, jedoch ohne Unterschrift und Datum, enthält den Protest gegen den Durchzug fremder Truppen gegen die „Brüder in der Pfalz" sowie das Bekenntnis zu den Beschlüssen der Nationalversammlung. In

Schriesheim selbst wurde am 9. Mai durch sieben Bürger, darunter der Spengler Johann Georg Sommer, der Antrag gestellt, eine Bürgerwehr aufzustellen. Bei der Gemeindeversammlung zur Bewilligung eines Kredits zur Anschaffung von Gewehren erschienen von 510 Bürgern 354. Davon stimmten 270 für die Bewaffnung. Unter den 80 Gegenstimmen war auch die des Bürgermeisters Jakob Rufer. Während man noch mit der Ausrüstung beschäftigt war – auch die Wahl der Anführer war noch nicht durchgeführt – floh die Karlsruher Regierung am 13./14. Mai vor der zunehmenden revolutionären Unruhe im Land. Nachdem Oberst von Hinkeldey die Flucht des Großherzogs nach Germersheim gedeckt hatte, versuchte er am 15. Mai über die Ladenburger Neckarbrücke die hessische Grenze zu erreichen. Aus den Prozeßakten geht hervor, daß H. auf einen Befehl von Mannheim hin vor dem Rathaus in Schriesheim die Mannschaft zusammenrief, um den Oberst Hinkeldey zu fangen oder ihm doch wenigstens die Kanonen abzunehmen (GLAK: 362/2307). Zusammen mit Philipp Bauer und Josef Schotterer zog H. mit nur halb ausgerüsteten Leuten nach Ladenburg. Bürgermeister Rufer hatte sich diesem Auszug der Schriesheimer Bürgerwehr vergeblich entgegengestellt. In Ladenburg forderte H. den dortigen Bürgermeister Arnold auf, durch Sturmläuten die Ladenburger Mannschaft zusammenzurufen sowie Pulver, Zündhütchen und Kugeln herbeizuschaffen. Schotterer und Bauer wandten sich von Ladenburg aus nochmals brieflich an den Schriesheimer Bürgermeister, damit dieser die zurückgebliebene Mannschaft nachsende. Kaufmann Müller wurde brieflich gebeten, Fahne und Pulver nachzuschicken. Als Oberst Hinkeldey entkam – man hatte seinen Fluchtweg bis Eppelheim verfolgt – und die Mannschaft am Abend zurückkehrte, entluden sich Enttäuschung und Zorn am von H. an anderer Stelle als reaktionär bezeichneten Bürgermeister Jakob Rufer. H. verlangte die Absetzung des Bürgermeisters. In einer erregten Unterredung, zu der auch Philipp Bauer beitrug – mündlich wird überliefert, man habe dem Bürgermeister gedroht, ihn aus dem Fenster zu werfen – forderte man von ihm die Anerkennung der Offenburger Beschlüsse. „Zu welcher sich derselbe auch am folgenden Tage in bedingter Weise herbeiließ" (GLAK: 234/1967). Bürgermeister Rufer blieb so über die Revolutionszeit hinweg im Amt.

Nach dieser ersten militärischen Unternehmung, die die Hauptanklagepunkte zum Hochverratsprozeß liefern sollte, wurde die Aufstellung und Ausrüstung der Bürgerwehr energischer fortgesetzt. Philipp Bauer fuhr nach Karlsruhe und ließ aus dem Zeughaus per Bahnfracht 150 Gewehre mit Munition abschicken. Am 21. Mai erfolgte die Wahl der Anführer. H. wurde zum Hauptmann und Kaufmann Theodor Steitz zum Oberleitmann des ersten Aufgebots, d.h. der 18- bis 30jährigen gewählt. Aus den ersten Tagen als Bürgerwehrhauptmann wird, wiederum in den Prozeßakten, ein Schreiben H.s an die „Militär-Executiv-Commission in Heidelberg" zitiert. Er brachte darin mehrere Aufgebotspflichtige zur Anzeige, die sich dem Waffendienst entziehen wollten; sodann wurde bemerkt, daß mehrere Personen in Schriesheim die gegenwärtige Bewegung herabzusetzen bemüht seien und gefragt, „was mit solchen Subjecten zu machen seie, die alte Regierung würde sie nach Pensylvanien geschickt haben und die neue müsse wenigstens als Repressalie für diejenigen, welche so lange im Kerker geschmachtet hätten, ein Exempel statuieren" (GLAK: 237/3415).

Unter H. machte das Schriesheimer Fähnlein als Teil der Neckararmee den Revolutionsfeldzug mit. Es wurde nach dem Handstreich hessischer Truppen auf Weinheim mit den Bürgerwehren von Heddesheim und Wallstadt nach Ladenburg befohlen, um von dort aus unter dem Ladenburger Bannerführer Weber in die Gegend von Mosbach zu marschieren. Noch von Eberbach aus, wo die Schriesheimer Bürgerwehr im Quartier lag, mußte sich H. durch ein Schreiben an den Gemeinderat bemühen, zurückgebliebene Aufgebotspflichtige zum Anschluß an das Fähnlein zu veranlassen, „da sonst die übrigen Wehrmänner unwillig werden würden" (GLAK: 237/3415).

Nach dem Fall von Rastatt begann die Verhaftungswelle. Philipp Bauer wurde des Hochverrats angeklagt und zu drei Monaten Zuchthaus oder zwei Monaten Einzelhaft verurteilt. Auf dem Gnadenwege wurde diese Strafe in acht

Wochen Gefängnis umgewandelt. Nachdrücklicher wirkte sich für Philipp Bauer die Haftung für die 150 von ihm aus Karlsruhe beschafften Gewehre aus. Man wollte ihn den vollen Wert ersetzen lassen, obgleich die meisten Gewehre zurückgegeben wurden. Ein Vergleich beließ es dann schließlich bei 300 Gulden.
H. entzog sich der Verhaftung durch die Flucht nach Amerika. Er wurde in Abwesenheit des Hochverrats angeklagt und zu einer Zuchthausstrafe von zwei Jahren oder 16 Monaten Einzelhaft verurteilt sowie zum Ersatz des durch jenen Aufstand der Großherzoglichen Staatskasse zugegangenen Schadens und zur Tragung der Untersuchungs- und Straferstehungskosten. Dramatischer fast als die Beteiligung an der Revolution gestaltete sich der Kampf der Familie H. um das Vermögen des Flüchtigen. Trickreich wehrte die Familie den Zugriff der Finanzbehörde ab. Kaufmann Theodor Steitz bot als Bevollmächtigter H.s einen Vergleich mit der Zahlung von 100 Gulden an. Mit dem Tod H.s fand dieses Nachspiel der Revolution ein Ende. Am 31. Dezember 1853 wandte sich Steitz an die Generalkasse und bat, von weiteren Verfolgungen gegen die unglückliche Familie H. absehen zu wollen, „indem der schwergeprüfte Carl Hoffmann als politischer Flüchtling in New Orleans vor einigen Monaten am gelben Fieber dahingerafft wurde; somit die allenfalsigen Vergehen dieses jungen Mannes, dem die hiesige Gemeinde in Zeiten der Gefahr und der entfesselten Elemente durch Dämpfung derselben noch Dank schuldig war, mehr als gesühnt zu betrachten" (GLAK: 237/3415).

*Q: GLAK: 237/3415, 237/2736, 235/26390, 362/2307, 234/1967; GemeindeA Schriesheim: A1841 – 1857, 2000; Nachlaß Dr. H. Brunn; Tagebuch Johann Michael Müller 1845 – 1856, mit einer Einleitung von Karl Herbert Müller. Erlangen 1996. – **L:** Brunn, Hermann: 1200 Jahre Schriesheim. Mannheim 1964; ders.: Überblick über die Entwicklung der Schriesheimer Bevölkerung. Schriesheim 1951 (Studien zur Bevölkerungsgeschichte der Bergstraße, 1); Bühler, Hermann: Lebenserinnerungen und Familienchronik eines alten Eisenbahners. Mannheim 1961.*

Ursula Abele

Hübsch, Wilhelm Christian, Amtmann
* 20. 3. 1804 Weinheim, ev.
† 15. 8. 1866 Lichtental (Baden-Baden)

V Karl Samuel H., kaiserlicher Postverwalter in Weinheim (1768 – 1842). M Friederike, geb. Pagenstecher (1773 – 1849). G u.a. Heinrich (1795 – 1863), Architekt und badischer Baudirektor; Karl Ludwig, Posthalter in Weinheim, 1849 Mitglied des Weinheimer Vaterländischen Vereins.
⚭ 1856 Auguste Friederike Holtz, verwitwete Witzenmann (1825 – 1889), Tochter eines badischen Offiziers. K 1 Sohn, 2 Töchter, 1 Sohn aus der ersten Ehe der Frau.

1825 – 1829	Studium der Rechtswissenschaften in Heidelberg
1830 – 1833	Rechtspraktikant
1833 – 1836	Reise mit einer Auswanderergruppe von Bremen über Westindien in die USA, über New Orleans nach Arkansas, von dort über New York, England und Belgien zurück
1837 – 1840	Wiedereintritt in die badische Innenverwaltung und Praktikant im Sekretariat des Oberhofgerichtes des Unterrheinkreises, Mannheim
1840 – 1843	Polizeiassessor beim Oberamt Heidelberg und den Stadtämtern Mannheim und Karlsruhe
1843 – 1848	Ernennung zum Amtmann und Amtsvorstand des Großherzoglich Badisch und Fürstlich Leiningischen Bezirksamts Eberbach
1848	Beurlaubung für eine nicht angetretene sechsmonatige Reise nach Nordamerika
1848 – 1850	Amtsvorstand des Bezirksamts Stühlingen
1850 – 1862	Amtsvorstand des Bezirksamts Philippsburg
1852	Ernennung zum Oberamtmann
1862	Versetzung in den Ruhestand

„Die Ruhe der hiesigen Stadt ist in Folge des gestern erfolgten plötzlichen Eintreffens von

Militär auf eine Weise gestört worden, daß sich die unterzeichneten im Interesse der Aufrechterhaltung der Ruhe und Ordnung sich aufgefordert fühlten, den Amtsvorstand, Großherzoglichen Bezirksamtmann Hübsch dahier zu ersuchen, die hiesige Stadt zu verlassen.

Eberbach 12. März 1848
Neuer H. Bürgermeister.
Conrath Gemeinderath
Th. Frey
Knecht-Leutz
C. Knecht z: Schiff
G.H. Seibert
Carl Balser"

(GLAK: 76/3828).

Etwas eigentlich Unerhörtes deuten diese wenigen Zeilen an – und doch etwas für das Frühjahr 1848 im Odenwald Symptomatisches. Eine Abordnung der Eberbacher Bürgerschaft fordert den örtlichen Repräsentanten der Staatsmacht auf, die Stadt zu verlassen, um Ausschreitungen vorzubeugen. Nicht einmal die Anwesenheit großherzoglicher Truppen kann die Autorität des Beamten stärken, im Gegenteil – ihr Erscheinen in der Stadt macht dessen Position dort erst recht unhaltbar.

Der vormalige Karlsruher Polizeiassessor H. war am 1. Oktober 1843 zum Amtsvorstand des gemeinschaftlichen „Großherzoglich Badisch und Fürstlich Leiningischen Bezirksamts" in Eberbach ernannt worden. Schon kurze Zeit nach der Übernahme des Dienstpostens sorgte er für einen Eklat, als er anläßlich der Feier des 25jährigen Jubiläums der badischen Verfassung unter Protest den Veranstaltungsort verließ, nachdem dort Trinksprüche auf die oppositionellen Liberalen und auf die Pressefreiheit gehalten worden waren. Nicht genug damit, verbot er auch die übrigen zu diesem Anlaß vorgesehenen Veranstaltungen, so eine Tanzveranstaltung und ein Böllerschießen. Durch dieses Verhalten gegenüber der in Eberbach tonangebenden Schicht legte er den Grundstein für seine spätere Vertreibung aus der Stadt.

Nach dem gründlich mißlungenen Auftakt seiner Tätigkeit in der Stadt am Neckar gelang es H. auch in den folgenden Jahren nicht, in der Einwohnerschaft Rückhalt und Vertrauen zu gewinnen – zu groß waren die Unterschiede in den politischen Ansichten des Beamten und der Bürger. „Die Einwohner Eberbachs haben in ihrer großen Mehrheit eine entschieden liberale Richtung, es befindet sich aber auch da eine Unterabtheilung der im ganzen Lande verbreiteten Umsturzparthei [...]" (L. Stengel, zit. n. GLAK: 76/3828). Die liberale Grundstimmung in Eberbach war nicht die Sache des Amtmannes, der einerseits auf absolute Loyalität gegenüber der Regierung achtete und andererseits keinen Hehl aus seiner konservativ-reaktionären Überzeugung machte. Noch einige Jahre später vermerkte der Ministerialrat Melchior Fieser anläßlich einer Visitation in H.s Stühlinger Amtsbezirk, dort gäbe es Stimmen, welche dem Beamten vorwürfen, „daß derselbe nicht constitutionelle, sondern absolutistische Grundsätze habe" (GLAK: 76/3827). In Eberbach beobachtete H. argwöhnisch alle, die auch nur im entferntesten in Verdacht gerieten, liberalen Gedanken nahezustehen, womit sich der Amtsvorstand immer weiter isolierte und seinerseits das Mißtrauen der Eberbacher schürte. Über die Verwerfungen zwischen Einwohnern und Obrigkeit berichtete so die „Mannheimer Abendzeitung" vom 16. April 1844: „Früher verkehrten Bürger und Beamte in innigster Harmonie, heutzutage wäre es eitler Wahn, auch nur daran denken zu wollen" (zit. n. Nolte (1994), S. 219). Das Verhältnis zwischen Bürgerschaft und Amtmann war nachhaltig gestört, wie der Regierungskommissär Geheimer Referendär Leopold von Stengel in seinem Untersuchungsbericht über die Vorfälle vom 11. und 12. März 1848 schilderte: „Die Stadt Eberbach fand ich aber in einer Aufregung gegen Amtmann Hübsch, welche meine Erwartung weit überstieg und wenn ich vor meiner Ankunft in dieser Stadt immer noch die Hoffnung hegte mit gütlichem Zuspruche vielleicht eine Wiederversöhnung zu Stande bringen zu können, so mußte ich doch jeden Versuch unterlassen, als ich den Haß erkannte, welcher nicht erst in der neueren aufgeregten Zeit seinen Ursprung hat" (GLAK: 76/3828). Dagegen schienen die Gemeindebehörden und Bewohner der eher konservativ-traditionell gestimmten Landorte des Bezirks mit seiner Amtsführung durchaus zufrieden gewesen zu sein, „was wohl kein geringes Zeugnis für die Humanität dieses Beamten abgeben mag" (L. Stengel, zit. n. GLAK:

76/3828). Auch auf seinen späteren Dienstposten in Stühlingen und Philippsburg wurde er – nach den Visitationsprotokollen zu urteilen – als streng, aber gerecht und im persönlichen Umgang als „sehr anständig“ (M. Fieser, zit. n. GLAK: 76/3827) bezeichnet. „Im ganzen Amtsbezirke waltet gute Ordnung und es muß lobend anerkannt werden, daß die Einwohner des Bezirks [...] mit seiner Amtsverwaltung vollkommen zufrieden und ihm mit Achtung und Zutrauen ergeben sind“, stellte Regierungsdirektor Karl Ludwig Böhme (s. dort) 1858 nach einer Visitation in Philippsburg fest (GLAK: 76/3827).

Doch als im Frühjahr 1848 im Odenwald – vornehmlich in den standesherrlichen Gebieten – Unruhen der von existentieller Not bedrängten Bevölkerung ausbrachen, mußte H. klar werden, daß er nicht auf Unterstützung aus den Kreisen der Eberbacher Bevölkerung rechnen konnte. Mit den Nachrichten vom Pariser Februaraufstand und mit den Beschlüssen der Mannheimer Versammlung vom 27. Februar eskalierte auch die Situation in Eberbach. Überall in der Umgebung gärte es; „Excesse gegen die Israeliten“ (GLAK: 313/4327) und Übergriffe auf standesherrliche Einrichtungen und Beamte wurden gemeldet, ein Gerücht über „wilde Volkshaufen“, „herumziehende Pöbelhaufen“ (GLAK: 313/4327) und geplante Überfälle jagte das andere. Schon am 5. März mußte die Kreisregierung des Unterrheinkreises den Regierungsrat Joseph von Chrismar von Mannheim in den Odenwald entsenden, am 8. ordnete die Karlsruher Regierung Streifzüge der Bruchsaler Dragoner durch die Amtsbezirke Sinsheim, Eppingen und Bretten an. Auch in Eberbach und seiner unmittelbaren Umgebung ereigneten sich einige Vorkommnisse; So wurde ein im Dienst der Leiningischen Standesherrschaft stehender Förster innerhalb der Stadt überfallen. Die radikale Fraktion der Bürgerschaft hielt häufige Versammlungen ab, in denen „Drohungen gegen den Amtsvorstand, [...] öffentlich [...] ausgestoßen, Maueranschläge mit Galgen und der gleichen gemacht“ wurden, „und es konnte kein Zweifel mehr darüber obwalten, daß eine Arretierung oder andere Art der öffentlichen Gewalt als gute Gelegenheit ergriffen werden würde, um die neu errungene Volkssuverenität durch Aufruhr mit thätlichen Angriffen gegen den Amtmann und einige andere Angestellten faktisch zur Wahrheit werden zu lassen. [...] Von jetzt an zeigten sich schon Symtome von communistischen Gelüsten, die Drohungen richteten sich zugleich gegen die reicheren Einwohner, und flugs sonderten diese sich ab, auf Schuz gegen die sehr zahlreichen, den Schild der Republik vortragenden Proletarier denkend, um sich zu einigen“ (H., zit. n. GLAK: 76/3827). Angesichts der allgemeinen Unsicherheit und der drohenden Haltung der Radikalen schien es den wohlhabenderen Eberbacher Bürgern opportun, sich mit dem unbeliebten Staatsbeamten zu verbünden, hätten sie doch bei Ausbruch von Unruhen um ihre politische Reputation ebenso wie um ihren Besitz fürchten müssen. So gingen sie eine Zweckallianz mit H. ein, dessen Vorschlag, eine Bürgerwehr ins Leben zu rufen, nun aufgegriffen wurde. Der Amtmann „reiste stehenden Fußes nach Karlsruhe“ (GLAK: 76/3827), wo er im Innen- und im Kriegsministerium die Situation in Eberbach darlegte, allerdings sein Vorhaben, 200 Gewehre zur Ausrüstung der Bürgerwehr zu erhalten, nicht durchsetzen konnte und mit dem Hinweis auf die bei Mosbach zusammenzuziehenden Truppen vertröstet wurde. „Die Stimmung in hiesiger Stadt ist äußerst aufgeregt, indem man Ruhestörungen befürchtet“, meldete unterdessen Rechtspraktikant Ottfried Brummer in Abwesenheit seines Vorgesetzten an die Mannheimer Kreisregierung, und zwei Tage später, am 11. März: „Zwei Jagdhäuser des Grafen von Erbach-Fürstenau sind zur Nachtzeit verbrannt worden. [...] Wir können erwarten, daß hier keine ernstlichen Excesse vorkommen werden“, da Bürgerpatrouillen eingerichtet worden seien (GLAK: 313/4328). So schien sich, als H. am selben Vormittag mit seinem Bescheid „zur Beruhigung der Besizenden“ (GLAK: 76/3827) wieder in Eberbach eintraf, die Lage dort wieder beruhigt zu haben.

Doch noch am gleichen Abend erreichte die Nachricht vom Herannahen einer Infanteriekompanie die Stadt, die darüber sofort wieder in Unruhe geriet, da wohl viele Einwohner glaubten, der Amtmann hätte seine Reise nach Karlsruhe dazu genutzt, Truppen nach Eberbach in Marsch setzen zu lassen. So schrieb Theodor Frey (s. dort) – nicht ohne sich im Nachhinein damit auch selbst zu entlasten – in seinen Lebenserinnerungen: „Trotz allem liess Amtmann Hübsch, der damals hier war, ohne die geringste Veranlassung, wahrscheinlich zur Sicherheit seiner Person, eine Compagnie Soldaten von Mannheim kommen" (T. Frey, zit. n. Vetter (1986), S. 60). Doch der Eberbacher Amtmann selbst hatte keinerlei Anstalten gemacht, Truppen anzufordern. Die auf Eberbach marschierende Kompanie gehörte zu einem Kontingent von 300 Mann Infanterie und einer Schwadron Dragoner, welches die Mannheimer Garnisons-Kommandantschaft auf Veranlassung der Kreisregierung nach der Erstürmung des Adelsheimer Schlosses in der Nacht vom 7. auf den 8. März am Morgen des 10. in Marsch gesetzt hatte. Die Truppen erreichten noch am selben Nachmittag Mosbach und wurden am nächsten Morgen durch Regierungsrat Joseph von Chrismar zu den verschiedenen Brennpunkten der Unruhen beordert: „Weitere 2 Compagnien haben wir nach Zwingenberg und Eberbach instradiert, um dort zum Schuze des Markgräflichen Schloßes zu dienen und einen etwaigen Uebergang von Gesindel über den Neckar zu vereiteln" (GLAK: 313/4328). H., der das Unheil wohl kommen sah, ritt den Soldaten entgegen und wollte den kommandierenden Offizier zur Umkehr bewegen. „Dieser berief sich auf seine Weisung, die nach Eberbach laute, und rückte unter Zusammenlauf des ganzen Städtchens ein. Es gab einen beispiellosen Aufruhr, der sich auf mein Zureden deshalb nicht geben wollte, weil von den Böswilligen auch ein Theil der Gutgesinnten durch die fortwährende Schilderung, 'welchen Schandfleck der Amtmann durch sein Herbeirufen des Militärs Eberbach angehängt habe', unzufrieden gemacht wurde" (H., zit. n. GLAK: 76/3827). Schließlich konnte H. die aufgebrachte Menge mit der schriftlich niedergelegten Erklärung beruhigen, „daß die heute hier eingetroffene Compagnie blos wegen Übernachtens hieher kam" (GLAK: 76/3828). Er spielte auf Zeit, um den in Mosbach weilenden von Stengel zum Rückzug der Truppe zu veranlassen. Als die Soldaten am Morgen des 12. März keinerlei Anstalten machten, abzuziehen, „ging jedoch der Tumult aufs neue los, und, so wie ich bemerken konnte, ging das Aufhezen von solchen aus, die gegenwärtig dem Club der Republikaner zu Eberbach vorstehen" (H., zit. n. GLAK: 76/3827).

Am späten Vormittag war die Situation so „explosiv" geworden, daß Bürgermeister, Gemeindebeamte und Vorsteher der Bürgerwehr H. das Verlassen der Stadt nahelegten, „weil das Volk von seinem Vorhaben in das Amthaus zu dringen und meine Person anzufallen nicht länger zurückzuhalten sey. [...] Ich erklärte nun sämtlichen Anwesenden, der Großherzog habe mir nicht umsonst einen Degen gegeben, und ich sey fest entschlossen, damit den Ersten der Tumultuanten, welcher sich an meiner Person vergreifen werde, zu durchbohren" (H., zit. n. GLAK: 3827). Die Gemeindevertreter, darunter Christian Bussemer (s. dort), Jakob Heuss und Theodor Frey, wollten in jedem Fall einen Aufstand der radikalen Gruppe und damit verbundene Gewalttätigkeiten verhindern und brachten den Amtmann durch eindringliche Schilderung möglicher Konsequenzen von seinem „heldenhaften" Vorhaben ab. Auch er selbst schreckte vor einem Einsatz des immer noch anwesenden Militärs zurück, da ein solcher zur Folge gehabt hätte, daß „das erste Blut vergoßen und damit der ganze Landesaufruhr in ein zweites Stadium mit seinen unberechenbaren Folgen versezt werde, oder die Soldaten – auf deren Gesinnungen man sich am 12. März durchaus nicht so verlassen konnte, mir vielleicht jetzt – das erste Beispiel des Ungehorsams geben würden. In einem jeden dieser Fälle hätte ich meine Regierung, die am 1. März zu Karlsruhe und bei jeder Gelegenheit das Vergießen von Bürgerblut sorgsam vermieden hat, in die größte Verlegenheit sezen, und mich – wenn ich lebendig geblieben wäre – unter den Anstürmungen des damals noch in vollstem Ansehen strozenden Abgeordneten Hecker und seiner Genossen zu den schlimmsten Verantwortungen bringen müssen. Um solche Folgen nicht auf meine Verantwortung allein nehmen zu müssen, eilte ich nach Mannheim an die Großherzogliche Kreisregierung um nach Darlegung der Verhältnisse zu vernehmen, ob ich am Amtssize – wo übrigens meine Wirksamkeit ähnlich wie an den meisten andern Orten des Landes von fast gar keiner Bedeutung mehr war – zu verbleiben hätte oder andere Anord-

nungen von jener hohen Stelle getroffen werden wollten" (H., zit. n. GLAK: 76/ 3827).
„Um jeder ungerechten Anschuldigung von Seiten des Amtmanns beim Ministerium zuvorzukommen, reisten wir sofort nach Karlsruhe und suchten um eine Audienz beim Staatsminister Bekk nach" (T. Frey, zit. n. Vetter (1986), S. 61). Den Eberbacher Honoratioren, die H. in erster Linie aus Furcht vor Übergriffen auf sie selbst und auf ihren Besitz zum Abzug gedrängt hatten, war ihr Auftreten gegen den Staatsbeamten wohl selbst nicht ganz geheuer. Um jeglichen Sanktionen seitens der Regierung vorzubeugen, intervenierten sie schnellstens bei Innenminister Bekk und erreichten dessen Zusage, H. durch einen anderen Beamten abzulösen. Am 19. März erließ das Ministerium die Anordnung: „Der Amtmann Hübsch von Eberbach ist vor der Hand, bis zur weiteren Verfügung über seine Person [...] zu beurlauben, und der Assessor Kraft in Mosbach, als Amtsverweser nach Eberbach abzuordnen" (GLAK: 76/4421). Bereits einige Tage zuvor hatte der Beamte selbst das Gesuch an die Behörde gerichtet, „mir behufs einer wissenschaftlichen Reise einen Urlaub von sechs Monaten hochgeneigtest ertheilen zu wollen, falls Hochdasselbe nicht Willens ist mich im Augenblick an eine bestimmte Stelle zu versezen oder auf irgendeine Weise andernwärts zu verwenden" (H., zit. n. GLAK: 76/3827).
Nachdem die geplante Reise, welche er als Begleitung des Staatsrats Christoph Trefurt nach Nordamerika „behufs der beßeren Leitung der Auswanderung" (GLAK: 76/3827) – nicht zuletzt aber auch, um sich aus der innenpolitischen „Schußlinie" zu bringen – unternehmen wollte, nicht stattfinden konnte, meldete er sich im Juli 1848 wieder zum Dienst und wurde nach einiger Wartezeit zum Amtsvorstand von Stühlingen am Hochrhein ernannt, welches Amt er am 4. Oktober des Jahres antrat. Während der Mairevolution von 1849 flüchtete er sich über die nahe Grenze in die Schweiz und wurde deshalb vom für den Seekreis zuständigen Zivilkommissär der Provisorischen Regierung seines Postens enthoben.
Nach seiner Wiedereinsetzung brachte ihm die gezeigte Loyalität die Anerkennung insbesondere der preußischen Besatzungstruppen. „Der königliche Militärcommandant hat [...] bemerkt, daß Amtmann Hübsch nach allen seinen Wahrnehmungen, als einer der treuesten Diener seines Fürsten bezeichnet zu werden verdiene [...] Insbesondere wurde sein loyaler Sinn für die Interessen der Großherzoglichen Regierung gerühmt, der den übrigen Beamten, und den Gutgesinnten einen festen Halt und Stütze gewähre, und dessen kräftige Bethätigung die regierungsfeindlich gesinnten Parthei im Zaum halte" (M. Fieser, zit. n. GLAK: 76/3827). Die „regierungsfeindlich gesinnte Parthei" jedoch beschuldigte H., „daß er nicht im Sinne der Regierung die verschiedenen politischen Partheien zu versöhnen suche, sondern gegen diejenigen, welche sich bei der Revolution betheiligt haben, lediglich als Rächer handle, daß er unversöhnlich gegen die sei, welche sich zu anderen politischen Grundsätzen bekennen, daß er dieselben verfolge, und an öffentlichen Orten Drohungen gegen politische Gegner ausspreche [...]" (M. Fieser, zit. n. GLAK: 76/3827).
1850 wurde H. in gleicher Eigenschaft nach Philippsburg versetzt, wo er die restlichen knapp zwölf Jahre bis zu seiner Pensionierung verbrachte.
In seinem abschließenden Untersuchungsbericht wies Leopold von Stengel auf die besondere politische Konstellation von Gemäßigt-Liberalen und republikanisch gesinnten Radikalen in Eberbach hin – vergleichbar mit der Situation im Mannheim jener Tage – die H. zum Verhängnis geworden war. „Daß in einer Stadt von dieser vorherrschenden Gesinnung Amtmann Hübsch mit seinem nicht ganz leidenschaftslosen Auftreten gegen einzelne angesehene Bürger und gegen die Gemeindebehörden selbst, Vertrauen nicht gewinnen konnte, ist begreiflich und diesem Umstande allein ist auch das unglückliche Ende seiner Amtsführung zu Eberbach zuzuschreiben" (GLAK: 76/ 3828).

__Q:__ GLAK: 76/3827 und 3828, 313/4327 und 4328; Badische Staatshandbücher 1846, 1847, 1857; Badische Regierungsblätter 1830–1866; Wechmar, Karl August Ferdinand Freiherr von: Handbuch für Baden und seine Diener oder Verzeichniß aller badischen Diener vom Jahr 1790 bis 1840, nebst Nachtrag bis 1845, von ei-

nem ergrauten Diener und Vaterlandsfreund. Heidelberg 1846, S. 155, 314. – **L:** *Die Amtsvorsteher der Oberämter, Bezirksämter und Landratsämter in Baden-Württemberg 1810 bis 1972. Hrsg. von der Arbeitsgemeinschaft der Kreisarchive beim Landkreistag Baden-Württemberg. Stuttgart 1996, S. 328; Eibach, Joachim: Der Staat vor Ort. Amtmänner und Bürger im 19. Jahrhundert am Beispiel Badens. Frankfurt a. M. 1994 (Historische Studien, 14), S. 9f., 104, 135; Hebbel, Friedrich: Sippenbuch der Stadt Philippsburg. Lahr 1975, S. 294; Hübsch, Hella: Die Postmeisterfamilie Hübsch in Weinheim. Vorfahren des Karlsruher Baumeisters Heinrich Hübsch. In: Südwestdeutsche Blätter zur Familien- und Wappenkunde 16 (1979/81), S. 263 – 270; Nolte, Paul: Gemeindebürgertum und Liberalismus in Baden 1800 – 1850. Tradition, Radikalismus, Republik. Göttingen 1994 (Kritische Studien zur Geschichtswissenschaft, 102), S. 219; Heinrich Hübsch. 1795 – 1863. Der große badische Baumeister der Romantik. Ausstellung des Stadtarchivs Karlsruhe und des Instituts für Baugeschichte der Universität Karlsruhe 1983/84. Hrsg. von der Stadt Karlsruhe. Karlsruhe 1983, S. 10ff.; Vetter, Roland: Theodor Frey. Sein Leben und seine Zeit. Eine biographische Skizze des Initiators des Deutschen Handelstages unter Verwendung seiner Lebenserinnerungen. Eberbach-Heidelberg 1986 (Festschrift zum 125jährigen Jubiläum des Deutschen Industrie- und Handelstages), S. 60f.; Weiss, John Gustav: Geschichte der Stadt Eberbach am Neckar. Eberbach 1900, S. 194f.*

Joachim Stephan

Itzstein, Johann Adam von, Großherzoglich Badischer Hofgerichtsrat
* 28. 9. 1775 Mainz, kath.
† 14. 9. 1855 Hallgarten/Rheingau

V Eduard Ignatz v. I., Geheimrat, Hofgerichtsdirektor, Gutsbesitzer (* 1727). M Anna Maria, geb. Kerz (* 1734).
∞1804 Catharine, geb. Korbach (1783 – 1833), kath., aus Koblenz. K 1 Tochter.

1792 – 1897	Studium der Rechtswissenschaften in Mainz
1792/93	Mitglied im Mainzer Jakobinerklub
1797 – 1799	Amtsakzessist in Amorbach
1799 – 1803	Syndikus der Benedektinerabtei Amorbach und Beamter mehrerer Ortschaften
1803	Beamter in Miltenberg
1803 – 1823	Stadtdirektor und Rat der Justizkanzlei in Amorbach; Oberamtmann in Schwetzingen; Hofgerichtsrat in Mannheim
1820 – 1855	Besitzer des Guts Hallgarten/Rheingau
1822/23	Mitglied der badischen Zweiten Kammer
1823	Strafversetzung nach Meersburg; freiwilliger Austritt aus dem Staatsdienst
1831 – 1849	Mitglied der badischen Zweiten Kammer, seit 1843 Alterspräsident
1832	Gründer des Hallgartenkreises, der auf seinem Hofgut tagt
22. 9. 1844	Itzsteinfest in Mannheim
1845	Reise mit Friedrich Hecker (s. dort) nach Norddeutschland; Ausweisung aus Preußen
1847	Teilnahme an der Heppenheimer Versammlung
5. 3. 1848	Heidelberger Versammlung, Wahl in den Siebenerausschuß
1849	Aufenthalt im Elsaß und in der Schweiz
Ende 1850	Rückkehr auf Gut Hallgarten

Das Erlebnis der Auswirkungen der französischen Revolution auf seine Geburtsstadt Mainz prädestinierte v. I. zum Vorkämpfer für demokratischen Fortschritt. Seit seinen ersten Konflikten mit der badischen Regierung sollte er Vorbild für die nachfolgenden Generationen oppositioneller Politiker werden. Als Mitarbeiter zahlreicher Zeitungen und Zeitschriften, unter denen sich auch der Mannheimer „Wächter am Rhein" befunden hatte, und als einer der Wortführer der liberalen Fraktion in der badischen Zweiten Kammer war sein Einfluß im öffentlichen Leben des Vormärz außerordentlich. In Mannheim wurde ihm zu Ehren am 22. September 1844 sogar ein Bankett abgehalten, auf dem neben feierlichen Reden über „vaterländische Angelegenheiten" das vom Dichter Hoffmann von Fallersleben geschriebene „Itzstein-Lied" angestimmt wurde: „Vaterland, freue Dich! Deine Nacht wird immer heller: Itzstein unser Stern, Leuchtet nah und fern" (Walter (1978), S. 285).

Im Vormärz besaß die Opposition in der badischen Zweiten Kammer einen großen Einfluß auf die öffentliche Meinung. Im Zentrum dieser Opposition standen noch in den vierziger Jahren zwei Vorkämpfer: Prof. Karl Theodor Welcker und v. I. hatten eine Wahlorganisation geschaffen, „welche unbedingt regiert wurde. Namentlich war es Itzstein, der sie leitete, und darum nicht mit Unrecht, aber wohl auch nicht gerade zum Ruhme des Volkes, Vater Itzstein genannt wurde" (Mördes (1849), S. 181). Seine Rolle als „diplomatischer Organisator und parlamentarischer Techniker" (Valentin (1977). Bd. 1, S. 158) nahm der alte v. I. auch auf kommunaler Ebene ein, wo er in der Vermittlung materieller Hilfestellungen ebenso tätig war, wie als Ratgeber und Führer in politischen Fragen. So durfte er auch auf der Liste der Erstunterzeichner der Mannheimer 'Dreizehn Petitionen' im Januar 1848 nicht fehlen.

Schon im Vormärz nahm v. I. häufig eine gemäßigte Haltung gegenüber aggressiven Jungparlamentariern wie Friedrich Hecker ein. Eine Teilnahme an der von einer entschiedenen Linken organisierten Offenburger Versammlung im September 1847 lehnte er ab und traf sich statt dessen mit Karl Mathy und Friedrich Daniel Bassermann (s. jeweils dort) im Oktober in Heppenheim. Dennoch kann von einem generellen Konsens mit den Konstitutionellen nicht ausgegangen werden, die sich im Verlauf der Revolution von ihren ehemaligen Mitkämpfern entfernten, während v. I. in den stürmischen Entwicklungen der Zeit einen ruhenden Pol bildete. Schenkt man Bassermann Glauben, dann war der „Alte" am Abend des 27. Februar noch skeptisch, wie sich die Bewegung entwickeln würde. Dennoch übernahm er den Vorsitz der Versammlung im Mannheimer Aulasaal, zu der er aber nach einigen einleitenden Worten nicht mehr viel beigetragen hat. Auch auf der am 5. März stattfindenden Heidelberger Versammlung übernahm v.I. die Leitung der Beratungen,

Johann Adam von Itzstein (Vorlage: LTA)

ohne sich dirigierend einzumischen. Er wurde von den Versammelten in den Siebenerausschuß zur Vorbereitung und Organisation des Vorparlaments sowie zur Ausarbeitung von Vorschlägen über die Wahl der Nationalvertretung und deren Einrichtungen gewählt. Auf dieser denkwürdigen Veranstaltung isolierten sich die einstigen Mitkämpfer Hecker und Gustav Struve (s. dort) mit ihrem Wunsch, die Republik zu erklären. Gerüchten über eine erfolgte Proklamation trat die liberale Opposition in der Zweiten Kammer massiv entgegen und dementierte die insgeheime Gründung einer deutschen Republik. V. I. setzte auch unter dieses Dokument vom 15. März seine Unterschrift. Die Landtagsabgeordneten Friedrich Hecker und Lorenz Brentano (s. dort) hatten sich geweigert, eine solche Erklärung zu unterstützen.

Am 16. März leitete Brentano in der badischen Zweiten Kammer eine Amnestiekampagne für politische Vergehen ein. Dabei konnte er sich der Stimme v. I.s sicher sein, der für den Antrag sprach. Um den Stichtag der Wirksamkeit dieser Amnestie aber gab es ein parlamentarisches Gerangel, das den Zeitpunkt ihrer Verkündung hinausschob. Am Donnerstag vor der zweiten Offenburger Versammlung, zu deren Aufrufern diesmal auch v. I. gehörte, hatte die Landtagsdebatte zu diesem Punkt geendet. Noch am Samstag hatte die Regierung keinen endgültigen Beschluß gefaßt, so daß v. I. sich anbot, noch bis 5 Uhr in Karlsruhe zu bleiben, um mit der Verkündung einer Amnestie auf der Volksversammlung die Gemüter beruhigen zu können. In diesem Sinne hielt er dort auch seinen Redebeitrag.

Im Frühjahr 1848 kam dem erfahrenen Parlamentarier die Position des Vermittlers zwischen den auseinandertreibenden politischen Positionen zu, die er auch zwischen der radikalen Linken und der konstitutionellen Mehrheit im Vorparlament wahrnahm. So übernahm er es, die am 2. April ausgezogene Fraktion Hecker-Struve zur Rückkehr in die Paulskirche zu bewegen, obwohl ihm dafür nicht einmal ein Mandat der Versammlung gegeben wurde.

Der Heckerzug brachte v. I. in die prekäre Lage, als Exponent der Linken unter den Angriffen der konstitutionellen Liberalen durch seine parlamentarischen Aktivitäten die entstandenen personellen Lücken zu füllen und gleichzeitig eine organisatorische Front gegen die einsetzende Repressionswelle zu schaffen. Die Anfeindungen der ehemaligen liberalen Fraktionskollegen, Bassermann, Mittermaier u.a. wegen seiner Sympathien mit den Aufständischen griffen seine Gesundheit so stark an, daß er Anfang Mai ernstlich erkrankte. Dennoch begann er schon in diesem Monat mit der Sammlung von Solidaritätsgeldern für die exilierten Kämpfer und sandte sie an Hecker in die Schweiz. Gleichzeitig engagierte er sich schon in den ersten Tagen nach dem Aufstand sowohl auf parlamentarischer Ebene als auch über seine persönlichen Beziehungen für eine weitgehende Amnestie. Vor allem die Einsetzung Heckers in sein Mandat war ihm ein Anliegen, für das er sich einsetzte. So stand er zwischen den Fronten der Parteien, die ihn trotz seines Alters nicht schonten, der Konstitutionellen, die ihn wegen seiner Nachgiebigkeit verachteten und der Radikalen, die sich nicht scheuten, ihn nach Bedarf zu kompromittieren.

Dabei ließ v. I. sich gutwillig in alle Amnestiekampagnen einspannen, übergab Petitionen und setzte sich im parlamentarischen Alltag für eine Deeskalation der zunehmenden Gewaltbereitschaft ein. Im Gegenzug wurde er von den Führern des Aufstands im September dazu ausersehen, prominentes Mitglied einer einzusetzenden Provisorischen Regierung zu werden, wie ein bei Struve vorgefundener Brief Franz Sigels (s. dort) verriet.

Dennoch war v. I.s Einfluß auf das parlamentarische Leben in den Revolutionsjahren nicht unbeträchtlich. In der badischen Kammer behielt er die Rolle eines Führers der demokratischen Opposition bei. Anläßlich der Wahlen zum Frankfurter Parlament bot er seinen ganzen Einfluß auf, an verschiedenen Orten radikale Kandidaten durchzusetzen, wie im Mannheimer Wahlkreis, wo er Wilhelm Sachs dem gemäßigten Ludwig Weller vorzog und durch seine Popularität zum Erfolg verhalf. In der Nationalversammlung kam v. I. keine besonders herausragende Rolle zu; er gehörte zur Fraktion der Linken, die sich im Gasthaus zum 'Deutschen Hof' trafen und wurde Mitglied im 'Märzverein'. Am 1. Juli 1848 wurde er in den „Ausschuß für die Entwerfung des Gesetzes über die Ministerverantwortlichkeit" delegiert. V. I. sprach sich gegen die Wahl Friedrich Wilhelms IV. zum Kaiser der Deutschen aus. Er blieb Mitglied des Parlaments bis zur endgültigen Auflösung des in Stuttgart tagenden Rumpfparlaments.

Obwohl v. I. sich am badischen Aufstand nicht beteiligt hatte, wurde gegen ihn ein Hochverratsprozeß angestrengt, dem er sich durch die Flucht ins Elsaß entzog. Sein später Freispruch ermöglichte ihm Ende 1850 die Rückkehr auf sein Gut Hallgarten in Rheinhessen, wo er wenig später verstarb.

Q: *StadtA Mannheim: Polizeipräsidium, Zug. –/1962, Familienbogen; Kleine Erwerbungen, Nr. 127, 129 (7 Briefe, 1 Albumblatt 1812 – 1849).* – ***L:*** *Best, Heinrich/Weege, Wilhelm: Biographisches Handbuch der Abgeordneten der Frankfurter Nationalversammlung 1848/49. Düsseldorf 1996; Mördes, Florian: Die deutsche Revolution mit besonderer Berücksichtigung auf die badische Revolutionsepisode. He-*

risau 1849; Roßkopf, Josef: J.A.v.I. Ein Beitrag zur Geschichte des badischen Liberalismus. Diss. Mainz 1954; ders.: J.A.v.I. In: NDB 10 (1974), S. 206; Valentin, Veit: Geschichte der deutschen Revolution 1848/49. Bd. 1. ND Köln 1970; Walter, Friedrich: Mannheim in Vergangenheit und Gegenwart. Bd. 2: Geschichte Mannheims vom Übergang an Baden (1802) bis zur Gründung des Reiches. Mannheim 1907 (ND Frankfurt a.M. 1978); Weech, Friedrich von: J.A.v.I. In: Badische Biographien. Bd. 1. Heidelberg 1875. S. 430 – 434.

Hans-Joachim Hirsch

Jacobi, Johann Carl, Schreinergeselle
* 21. 1. 1818 Mannheim, ev., später deutschkath.
† 3. 9. 1849 Rastatt

V Johann Jacob J., Tagelöhner (um 1788 – 1841). M Anna Elisabetha, geb. Diefenbach (um 1791 – 1850). G 3 Brüder, 5 Schwestern.

1837 – 1841	Wanderschaft
26. 4. 1848	Teilnahme an der Schießerei auf der Rheinbrücke zwischen Mannheim und Ludwigshafen; Flucht nach Straßburg
Sept. 1848	Inhaftierung in Bruchsal
Mai 1849	Entlassung aus der Haft
Juli 1849	Kommando über Fort A der Festung Rastatt
3. 9. 1849	Verurteilung zum Tode

In seinem „Jahresbericht pro 1849/50" beklagte der Vorstand der deutschkatholischen Gemeinde in Mannheim den Verlust zweier Mitglieder, die der preußischen Standgerichtsjustiz zum Opfer gefallen waren. Während einer der beiden, Valentin Streuber (s. dort), in seinem Nachleben zur wenigstens lokal anerkannten Symbolfigur der freiheitlichen Bewegung werden sollte, geriet der Name des zweiten schon bald in Vergessenheit.
Der Mannheimer Schreinergeselle J. war neben seiner Mitgliedschaft in der deutschkatholischen Gemeinde auch aktiv tätig in den ersten Vereinsgründungen der Arbeiterschaft, deren militanter Kern sich nach dem Ausbruch der Revolution im Frühjahr 1848 bewaffnete und als „Sensenkorps" bekannt wurde. Das erst nach längerem Tauziehen in die Bürgerwehr integrierte Korps, das zeitweise von Franz Sigel (s. dort) exerziert wurde, verschreckte mit seiner martialischen Bewaffnung und den Totenkopfabzeichen an der Mütze die Bürgerschaft. Als die ersten bewaffneten Auseinandersetzungen der revolutionären Bewegung mit der Regierung im April 1848 spürbar herannahten, bereiteten sich auch die Arbeiter in Versammlungen darauf vor. Eine im Saale des „Badner Hofes" angesetzte Besprechung, bei der es hieß, es seien „Augenblicke der Entscheidung zu erwarten, wo hoffentlich Keiner von uns fehlen wird", ließ vorausahnen, daß ein entschiedener Teil der Arbeiterschaft den kommenden Konfrontationen nicht aus dem Wege gehen würde. Der anonym veröffentlichte Aufruf deutete auch darauf hin, daß führende Persönlichkeiten der republikanischen Linken in Mannheim in die Vorbereitungen zum Aufstand eingeweiht waren. Ein potentieller Mitwisser könnte auch J. gewesen sein, dessen Mitgliedschaft im „Bund der Kommunisten" unter dem konspirativen Namen „Herzkübel" auch weitergehende subversive Verbindungen nahelegt. Die im Zuge seiner Amnestieanfrage vorgebrachte Erklärung des Nicolaus Spies (s. dort), daß die Rheinbrückenaktion vom 26. April 1848 „einzig und allein nur zur Förderung des Friedrich Hekkerschen Aufstandes im badischen Oberlande zur Verhinderung von Truppenzusendungen, unternommen wurde" (GLAK: 234/1990), legt Verbindungen nahe. Damals war auch J. mit den „Sensenmännern" an den Ort der Auseinandersetzung gezogen und hatte sich zumindest soweit daran beteiligt, daß er seit den ersten Maitagen des Jahres zum Personenkreis der neun Hauptverdächtigen zählte, die zur Fahndung ausgeschrieben worden waren. Der damals 30 Jahre alte Handwerker wurde als mittelgroß und von schlanker Statur beschrieben, hatte graue Augen und dunkelblondes Haar und trug „einen blonden Schnur- und Backenbart zusammenlaufend". Im Gegensatz zu anderen Gesuchten sollte er aber auch mittels der Kleidung identifiziert werden können, die „gewöhnlich" aus einem braunen Überrock, einem runden Hut

oder einer braunen Schildkappe bestanden habe. Vorerst aber konnte sich J. der Festnahme durch die Flucht ins nahe Straßburg entziehen, das zum organisatorischen Zentrum für die Vorbereitung des nächsten Aufstandsversuchs wurde. Der Struveputsch im September 1848 hatte für J. allerdings nur die unangenehme Folge, daß er diesmal in Gefangenschaft geriet und nach Bruchsal gebracht wurde, dessen neuerbautes Zellengefängnis für viele der Revolutionäre zum Ort einer ausgedehnten Untersuchungshaft wurde. Erst kurz vor dem Rastatter Aufstand im Mai 1849 wurde J. gegen die Zusicherung, er werde sich ruhig verhalten und sich nicht von Mannheim entfernen, dorthin entlassen. Die wenige Tage später stattfindende Umwälzung fand in ihm einen der eifrigsten Kämpfer und Organisatoren. Das Arbeiterbataillon, dessen Kommandant er war, wurde zur Stütze der sich spontan herausbildenden revolutionären Gewalten, bis die als verläßlich geltende Gruppe, die nach verschiedenen Schätzungen an die hundert Personen umfaßt haben soll, an die Neckarfront kommandiert wurde. In die unter dem Kommando von Johann Philipp Becker (s. dort) stehenden Volkswehreinheiten integriert, bildete das Mannheimer Arbeiterbataillon einen stabilen Kern in dieser ansonsten bunt zusammengewürfelten Truppe. J. trat als Kommandant durch seine entschiedene Handlungsweise hervor, die den entstandenen militärischen Notwendigkeiten Rechnung trug. In Heidelberg konfiszierte er eine Schiffsladung Blei, die nach Heilbronn unterwegs war, und bedrohte den widerspenstigen Eigentümer mit dem Standrecht. Nach der Teilnahme an den Gefechten entlang des Neckars führte ihn der auf die Schlacht von Waghäusel folgende überstürzte Rückzug der Revolutionsarmee in das Gefecht bei Durlach. Als Teil der in Rastatt zurückgelassenen Festungsbesatzung richteten sich die Mannheimer Arbeiter auf eine Belagerung ein, während ihr Befehlshaber J. zum Kommandanten des Fort A ernannt wurde. In der Festung eingeschlossen, stand er auf einer Ende Juli erstellten Liste, auf der das Mannheimer Stadtamt 16 als Hauptschuldige betrachtete flüchtige Personen benannte. Währenddessen war der Gesuchte in Ausübung seiner Funktion und als Befürworter einer harten Durchhaltelinie am Ausfall vom 8. Juli gegen die preußischen Belagerer beteiligt gewesen. Die militärische Aktion, bei der das Dorf Niederbühl in Brand geschossen wurde, war der spätere Hauptanklagepunkt gegen J. in seinem Verfahren vor dem Standgericht.

Am 3. September 1849 fand in Rastatt der Prozeß statt, der mit dem Todesurteil für den Arbeiterführer enden sollte. Die Anklageschrift basierte nur am Rande auf konkret nachweisbaren Straftatbeständen wie der Heidelberger Beschlagnahmeaktion. Gerichtet wurde vor allem die persönliche Geschichte des Angeklagten, seine „Betheiligung an früheren Aufständen, Thätigkeit vom Beginn der letzten Revolution bis zur Cernirung von Rastatt und Verhalten während der Belagerung" (Mannheimer Journal vom 6. September 1849). Der Prozeßverlauf gestaltete sich ähnlich wie in den anderen Verfahren unter dem Standrecht. Die Anklage gegen die an den Tag gelegte Gesinnung wurde mit eingeschüchterten oder zweifelhaften Belastungszeugen gestützt und unbewiesene Tatbeteiligungen zu Tatsachen aufgebauscht. Für den Brand im Dorf Niederbühl sei vorsätzliche Brandstiftung verantwortlich gewesen, „wobei selbst Jacobi und sein Adjutant nicht unverdächtigt blieben, so daß also Niederbühl nicht allein durch die gleich darauf folgende Beschießung in Flammen geraten seyn mag". Durch den Versuch J.s, sich seiner Überzeugung getreu zu verteidigen, und seine Weigerung, sich als reuiger Sünder zu zeigen, zog sich die Verhandlung, die nicht besonders zahlreich besucht war, von 9 Uhr morgens bis halb 2 Uhr am frühen Nachmittag in die Länge. Da dem offiziellen Verteidiger sogar seitens der zur Berichterstattung anwesenden Presse „Lauheit" und „Gleichgültigkeit" vorgeworfen wurde, war J. auf seine eigene Verteidigungsstrategie angewiesen. Nichts lag ihm ferner, als sich widerstandslos dem Militärgericht auszuliefern. Er wagte es, einen als Belastungszeugen aufgebotenen Festungskanonier zur Rede zu stellen und ihn auf die Unmoral seiner Handlung anzusprechen. Er bot selbst seine Mithäftlinge und Gesinnungsgenossen als Entlastungszeugen an, auch wenn ihm das nur negativ ausgelegt wurde. Auf Antrag der Staatsanwaltschaft fällte das Gericht nach halbstündiger Beratung das Todesurteil, dessen Verkündung J. ohne sichtliche Erregung hinnahm. Für Gnade war die Zeit noch nicht reif. Auch wenn schon zu viele Todesurteile gesprochen und vollzogen worden waren, so stand nach Meinung des Berichterstatters „die Zahl der Opfer doch fest, die noch büßen" mußten, darunter auch J.

Zum Vollzug des Urteils am nächsten Morgen um 7 Uhr soll der Todeskandidat mit der Zigarre im Mund erschienen sein. Den hinzutretenden Geistlichen habe er mit den Worten abgewiesen: „Ich bin Pharisäer und habe gar keine Religion", ließ sich die Augen nicht verbinden und kommandierte selbst: „Schlagt an! Feuer!".

Q: GLAK: 234/1990; StadtA Mannheim: Polizeipräsidium, Zug. –/1962, Familienbogen. – L: Mannheimer Journal vom 16. 9. 1849.

Hans-Joachim Hirsch

Jägerschmid, Gustav, badischer Beamter
* 19. 5. 1814 Rastatt, ev.
† 5. 9. 1889 Karlsruhe

V Karl Friedrich Victor J., Forstmann (1774 – 1863).
ꝏ 1846 (Freiburg) Maria Elvira, geb. Jägerschmitt (* 1817) aus Freiburg. K 3 Söhne.

	Lyzeum in Karlsruhe
1833	Studium der Rechtswissenschaften in Heidelberg
1847 – 1849	Polizeiassessor am Mannheimer Stadtamt, Mitglied der Großherzoglichen „Armen-Polizei-Commission"
1849	Versetzung als Amtmann nach Lahr
1851 – 1855	Amtmann am Mannheimer Stadtamt
Oktober 1855	Amtsvorstand in Hornberg

Das Aufgabengebiet, das J. im Rahmen seiner Tätigkeit beim Mannheimer Stadtamt zu betreuen hatte, war breit gestreut. Unter seiner Verantwortung wurde eine Vielzahl von Tätigkeiten abgewickelt: von der Hundemusterung zur Bestimmung des Steuersatzes bis zur amtlichen Armenpflege. Auch die Entwicklung der Brotpreise wurde regelmäßig vom Stadtamt öffentlich ausgeschrieben. Daneben fiel in seinen Bereich aber auch die Unterdrückung politisch mißliebiger Bestrebungen in der Stadt. Sein vermutlich erster ernsthafter Einsatz in diesem Sinne galt dem Handwerksgesellenverein, dessen Verbot im März 1847 die Ausweisung mehrerer Handwerker nach sich zog. Die seit Anfang des Jahres laufende Untersuchung wurde von „Herrn Polizei-Assessor Jägerschmidt mit größter Strenge geführt" (GLAK: 236/8196). Den Ausweisungsakt vollzog er persönlich, was den damaligen Regierungsdirektor für den Unterrheinkreis Geheimrat Schaaf dazu bewog, „auf das dem Polizei-Assessor Jägerschmid ertheilte Lob aufmerksam" zu machen (GLAK: 236/8196).

So beliebt er sich mit seinem dienstbeflissenen Verhalten bei seinen Vorgesetzten machte, so verhaßt war Mannheims oberster Polizist bei den Volkshaufen, die in den unruhigen Tagen der Revolution die Straßen durchstreiften. Wahrscheinlich war es in der Nacht vom 25. auf den 26. März nicht das erste Mal, daß „vor der Wohnung des mißliebigen Polizeiassessors Jägerschmid allerhand Unfug" verübt wurde (Walter (1978), S. 333). Den „gräulichen Katzenmusiken" und Bedrohungen trat er zwar so weit es ging, „aber aus Mangel an ernstlicher Unterstützung nicht mit gewünschtem Erfolge entgegen". Ein Zwiespalt, dem auch Heinrich von Andlaw in seiner Untersuchung der Revolutionsereignisse Rechnung trug, indem er dem „würdigen Mann" wünschte, er möge bald größere Anerkennung für seine Verdienste finden, „als von Seite der Regierung damals ihm zu Theil geworden ist!" (Andlaw (1850/51), S. 160).

Dieser Haß der 'Straße' gegen den Polizeifunktionär lag auch in der Verachtung begründet, die J. gegenüber dem Arbeiterstand an den Tag legte. Die berechtigten Versuche der Handwerker und Arbeiter, berufliche Interessenverbände zur Verbesserung ihrer materiellen Lage zu gründen, betrachtete der Polizist nur unter dem kriminologischen Aspekt, um sich dann vollends unbeliebt zu machen, wenn es um die Ausführung amtlicher Anweisungen ging. Sein Diensteifer ließ ihn die angeordneten behördlichen Hoheitsakte mit übertriebener Arroganz und Brutalität ausführen. Auch die Repressalien gegen ihn in den Tagen der Märzrevolution konnten ihn nicht einschüchtern, er versah seinen Dienst so streng wie vorher. Als über Mannheim nach den Aprilunruhen der Belagerungszustand verhängt wurde, sorgte er mit der Einführung neuer Meldevorschriften für die Ausweisung der mißliebigen Handwerker und Arbeiter: An die 800 Personen sollen in dieser Zeit aus der Stadt ausgewiesen worden sein, bis die ersten Klagen aus dem Gewerbe über Mangel an Arbeitskräften kamen. Bei der Vornahme von Verhaftungen scheint J. nicht besonders zimperlich gewesen zu sein. Im September 1848 erschien in der „Mannheimer Abendzeitung" eine Beschwerde des Mannheimer Bürgers Johann Zilke, der eines Nachts aus dem Bett geholt, ohne Haftbefehl festgenommen und erst am zweiten Nachmittag seiner Untersuchungshaft in einem Verhör von J. mit dem Tatvorwurf konfrontiert wurde. Bei der erst zu diesem Zeitpunkt stattfindenden Gegenüberstellung stellte sich heraus, daß er nicht die gesuchte Person war, und so mußte er freigelassen werden. Anläßlich der Unterdrückung eines Schneiderstreiks im Januar 1849 führte J. die Untersuchungen ganz im Sinne des betroffenen Arbeitgebers, wie Johann Peter Grohes (s. dort) „Mannheimer Abendzeitung" konstatierte: „Herr Schneidermeister Wiedemann verbunden mit Herrn Assessor Jaegerschmidt haben in diesen Tagen wieder ein schönes Pröbchen der Rechtlosigkeit des Arbeiterstandes gegenüber dem Drucke des Kapitals und der Willkür der Polizei gegeben, was wir uns nicht enthalten können der Oeffentlichkeit vorzulegen, indem die Bürger Mannheims zugleich daraus ersehen werden, wie zärtlich besorgt Hr. Jägerschmidt für ihre pecuniären Interessen ist" (Mannheimer Abendzeitung vom 26. Januar 1849). Die Betroffenen führten Klage über die Verhöre, da sie von J. mit „Halts Maul!" an rechtfertigenden Einlassungen gehindert worden waren. Aber auch dieser Fall endete mit Ausweisungen der als Rädelsführer verdächtigten Arbeiter. Noch am 8. Mai 1849 ließ J., „ein Mensch, der, wenn mehrere beisammen sind, zu feige scheint, ohne bewaffnete Begleitung die Anwendung seines polizeilichen Ansehens zu versuchen und bereits bei anderen Gelegenheiten sich den Ruf einer ausgezeichneten Brutalität erworben hat" (Mannheimer Abendzeitung vom 9. Mai 1849), eine spontane Versammlung auf dem Marktplatz vom Militär auflösen. Die Veranstaltung näherte sich ihrem Ende, als der Polizeigewaltige auf dem Platz erschien und zu seinem Schutz das vor dem Rathaus bewaffnet Wache stehende Militär requirierte. Unter dem Kommando ihrer Offiziere säuberten die Soldaten den Platz mit dem Bajonett, gaben aber trotz Feuerbefehl nur einzelne Schüsse ab, so daß nur wenige der wehrlosen Bürger verwundet wurden. So tat J. gut daran, sich auf die Nachricht von der Flucht des Großherzogs hin in Sicherheit zu bringen, „um sich Unannehmlichkeiten zu entziehen, die ihn wegen seiner stets thatsächlich bewiesenen ultrareaktionären Gesinnung sicherlich betroffen hätten" (Mördes (1849), S. 240). Der in den ersten Tagen des badischen Aufstands die öffentliche Ordnung in der Stadt regelnde Florian Mördes (s. dort) übertrug die Ausübung der polizeilichen Gewalt vorläufig dem Mannheimer Gemeinderat. Nach der Niederschlagung der Rebellion war J. schon im Juli wieder in Mannheim, wo er sich dem Großherzoglichen Landeskommissär von Reitzenstein zur Verfügung stellte. Mit akribischer Genauigkeit führte er Listen der kompromittierten, gefangenen und gesuchten Personen. Im Herbst bereiste er die Amtsbezirke des Unterrheinkreises und säuberte Behörden und Institutionen von den letzten der Sympathie mit dem Aufstand verdächtigen Personen. Dabei ging er weit über seinen Auftrag hinaus. Er schwärzte Schullehrer an, die ihren Schülern Heckerlieder beigebracht haben sollten und mit den 'Wühlern' sympathisierten. Im Amtsbezirk Ladenburg enthob er insgesamt einen Bürgermeister, 10 Gemeinderäte, 6 Bürgerausschußmitglieder und den Gemeindeverrechner von Schriesheim ihres Amtes. Im besonders kompromittierten Ladenburg befand er auch, daß der dort amtierende Amtsaktuar Eberle über seine eigentlichen Befugnisse hinausgehend Geschäfte zum eigenen Nutzen oder zugunsten mit ihm verwandter oder verschwägerter Personen tätige, und denunzierte ihn deshalb in seinem Bericht vom 10. August 1849.

Sicher ist die gewissenhafte Ausführung seiner dienstlichen Pflichten die für J.s Vorgesetzte wesentliche Seite seiner Persönlichkeit gewesen, die seine weitere Karriere positiv beeinflußte. In den Revolutionsereignissen nahm er als exemplarischer Vertreter der staatlichen Gewalt eine eindeutige Stellung ein, die ihn als den Idealtyp des biedermeierlichen Beamten erscheinen läßt.

Q: StadtA Mannheim: Polizeipräsidium, Zug. –/1962, Familienbogen; GLAK: 236/8196; 237/2737; 236/8203; Mannheimer Abendzeitung; Mannheimer Journal. – ***L:*** *Andlaw, Heinrich von: Der Aufruhr und Umsturz in Baden, als die natürliche Folge der Landesgesetzgebung. Bd. 2. Freiburg 1850/51; Mördes, Florian: Die deutsche Revolution mit besonderer Berücksichtigung auf die badische Revolutionsepisode. Herisau 1849; Walter, Friedrich: Mannheim in Vergangenheit und Gegenwart. Bd. 2: Geschichte Mannheims vom Übergang an Baden (1802) bis zur Gründung des Reiches. Mannheim 1907 (ND Frankfurt a.M. 1978).*

Hans-Joachim Hirsch

Jörger, Carl Sebastian, Handelsmann
* 1804 Baden-Baden, kath.
† 5. 2. 1866 Mannheim

∞ 1836 (Rastatt) Elisabetha Franziska, geb. Müller (um 1809 – 7. 11. 1873), kath., aus Rastatt. K 3 Söhne, 1 Tochter.

1827	Teilhaber des Handelshauses Josef Tunna
1839	Übernahme des Handelshauses Tunna und Weiterführung unter eigenem Namen
1841 – 1847	Mitglied des Großen Bürgerausschusses
1844 – 1863	Vizepräsident der Großherzoglichen Handelskammer
1848/49	Mitglied im Kleinen Bürgerausschuß
1856 – 1866	Gemeinderat in Mannheim
1862	Vizepräsident des Verwaltungsrats der Mannheimer Dampfschleppschiffahrtsgesellschaft
1864 – 1866	Präsident der Handelskammer

J. war „als Inhaber einer bedeutenden Kaffee- und Zuckergroßhandlung ein würdiger und umsichtiger Vertreter des heimischen Kaufmannsstandes“. Somit war er zwar kein Revolutionär, aber der Wunsch nach wirtschaftlicher Prosperität für seine Wahlheimat Mannheim brachte ihn angesichts der politisch motivierten Zurücksetzung durch die großherzogliche Verwaltung in die Reihen der Gegner der Monarchie. Schon im Januar 1848 war von der Mannheimer Bürgerschaft eine Sammlung von Petitionen verabschiedet worden, die einerseits eine Liberalisierung der politischen Zustände forderten, andererseits aber auch z.B. den Ausbau von Verkehrseinrichtungen zur Förderung der wirtschaftlichen Konjunktur zum Ziel hatten. Es waren wohl eher die wirtschaftlichen Motive, die J. zum Personenkreis stoßen ließen, der sich die Erarbeitung des Forderungskatalogs zur Aufgabe gemacht hatte. Am 1. März gehörte er zur Mannheimer Delegation, die die im Aulasaal verabredete Petition im Badischen Landtag an den Abgeordneten Friedrich Hecker (s. dort) übergab. Zusammen mit Gustav Struve, Friedrich Löwenhaupt, dem Heidelberger Altbürgermeister Christian Friedrich Winter (s. jeweils dort) und dem Bürgermeister von Offenburg erschienen sie dazu vor den Schranken des Parlaments. Bei ihrer Rückkehr aus Karlsruhe wurden sie von der Mannheimer Bürgerschaft feierlich empfangen und legten vor einer zahlreich besuchten Versammlung Rechenschaft über ihre Mission ab.
J. nahm auch weiterhin aktiven Anteil an der Märzbewegung, sprach sich als Mitglied der Kommission des Gemeinderats für die Bürgerbewaffnung aus und wurde zum 'Bataillonschef' der Mannheimer Bürgerwehr gewählt. In den Konflikten der März- und Apriltage scheint er sich aber eher zurückhaltend verhalten zu haben. Von Friedrich Daniel Bassermann (s. dort) bei Exerzierübungen der Bürgerwehr auf deren mangelndes Eingreifen gegen die Katzenmusiken vor den Häusern unliebsamer Bürger angesprochen, gebrauchte er die Aus-

Sebastian Jörger um 1866 (Vorlage: StadtA Mannheim)

rede, „man betrachte dies als rein politische Demonstrationen, deren Freiheit man nicht glaube beschränken zu dürfen" (Bassermann (1926), S. 135).

Im Gegensatz zu Bassermann hatte sich J. noch an der Bildung des Vaterländischen Vereins beteiligt, gehörte aber zu der Personengruppe gemäßigter Mitglieder, die den Struveschen Statutenentwurf erst in einer revidierten Fassung billigten. Auf einer dieser stürmisch verlaufenden Gründungsversammlungen wurde er am 29. März knapp hinter Heinrich Hoff und Melchior Rickert (s. jeweils dort) in das leitende Komitee des Vereins gewählt. Am 8. April verlas er vom Mannheimer Rathausbalkon herab einer protestierenden Menge die Stellungnahmen Karl Mathys (s. dort) und des Gemeinderats zur Verhaftung Josef Ficklers. Wenige Tage später, am 13. April, trat er am selben Ort erneut vor die verunsicherte Bürgerschaft, um einen Großherzoglichen Ministerialerlaß zur Aufstandsbewegung Heckers im Seekreis bekanntzugeben. Am 26. April trug J.s Engagement wesentlich zur Wiederherstellung der Ruhe in der Stadt bei. Er verhandelte mit dem Kommandierenden der nassauischen Besatzung und erreichte von diesem die Zusage, daß er seine Soldaten in der Kaserne halten werde. Damit war einer weiteren Eskalation vorgebeugt. In den ersten Maitagen suchte er im Auftrag des Gemeinderats zusammen mit Jakob Kley den Fünfziger-Ausschuß in Frankfurt auf, um eine Aufhebung des Kriegszustands zu erwirken.

Nach der Auflösung des Vaterländischen Vereines, dieses kurzlebigen Kuriosums in der Vereinsgeschichte der Revolutionsjahre, wurde er Gründungsmitglied des Neuen Vaterländischen Vereins, der sich von Anfang an als Sammelbecken des gemäßigten Bürgertums profilierte. J. gehörte zur Gruppe Mannheimer Geschäftsleute, die Mitte Mai 1848 unter dem Namen des neugegründeten Vereins in einem gemeinsamen Aufruf zur Sammlung für eine deutsche Kriegsflotte aufforderte, die verhindern sollte, „daß der deutsche Seehandel, daß unsere Küstenstädte, ja theilweise sogar die Flußschiffahrt, da, wo unsere Ströme den kleinern Kriegsschiffen zugänglich sind, ernstlich bedroht" würden (Mannheimer Journal vom 19. Mai 1848).

Im Neuen Vaterländischen Verein hatte J. eine politische Heimat gefunden, die zunehmend eine gleichgesinnte Oberschicht der Bürgerschaft mit dem eingesessenen Handwerkerstand verband und der auch J. bis zur Auflösung des Vereins vermutlich treu blieb. Die erlebten harten Auseinandersetzungen in den Versammlungen des März und auf den Mannheimer Straßen machten ihn auch zum idealen Ansprechpartner Bassermanns für die Verbreitung gegenrevolutionärer Propaganda, die er willig besorgte.

Im Schlußakt der Revolution, mit dem sicher auch J. seine politischen Hoffnungen revidieren mußte, übernahm er noch einmal die Verantwortung für das Gemeinwesen. Am 6. Mai befand er sich unter den Gemeinderäten, die Bürgermeister Jolly (s. dort) bei seiner Unterredung mit dem Stadtkommandanten Constantin von Roggenbach als Delegation begleiteten.

So kann auch vermutet werden, daß er als Mitglied im Kleinen Bürgerausschuß auch weiterhin die gemäßigte Fraktion in der Abwendung allzu großer Schäden durch die Revolution unterstützte. Am 6. Juli wurde er vom mit der Untersuchung der „hochverrätherischen Umtriebe" betrauten großherzoglichen Landeskommissär von Reitzenstein seines Amtes enthoben.

***Q:** StadtA Mannheim: Polizeipräsidium, Zug. -/1962, Familienbogen; Mannheimer Abendzeitung; Mannheimer Journal. – **L:** Bassermann, Friedrich Daniel: Denkwürdigkeiten. Frankfurt a.M. 1926.*

Hans-Joachim Hirsch

Jolly, Johann Philipp Ludwig, bayerischer Offizier, Bürgermeister von Mannheim
* 1780 Mannheim, ev.
† 8. 12. 1853 Mannheim (?)

V Jean J., Pfarrer der wallonischen Gemeinde († 1785).
∞ um 1809 (Mannheim?) Eleonore, geb. Alt (um 1786 – 1859), kath., aus Bamberg. K 2 Söhne, 7 Töchter, darunter Dr. Philipp Gustav v. J. (1809 – 1885), Prof. der Physik in München und Julius (1823 – 1892), badischer Staatsminister.

1809	Zuzug nach Mannheim, Beteiligung an der Speditionsfirma seines Schwagers Johann Daniel Keßler
1814	Bataillonskommandeur im Mannheimer Landsturm
1818	Erwerb des Mannheimer Bürgerrechts
1831	Präsident der in diesem Jahr als Handelskammer reorganisierten Handelsinnung
1834	Mitglied im Gemeinderat
30. 12. 1836 – 1849	Erster Bürgermeister in Mannheim
1848/49	Mitglied des Neuen Vaterländischen Vereins

Zu Beginn der Revolution konnte der Mannheimer Erste Bürgermeister J. auf eine schon lange andauernde Amtsperiode im Vormärz zurückblicken, die ihm einerseits die allgemeine Anerkennung seiner Mitbürger sicherte, andererseits aber sowohl in den innerstädtischen Auseinandersetzungen als auch in der Konfrontation zwischen Staat und Militär oft ratlos und amtsmüde erscheinen ließ. Die überstandenen Konflikte, in denen er die Rechte der kommunalen Selbstverwaltung gegen die Anmaßungen der vormärzlichen Despotie verteidigte, hatten die Stadt in einen fundamentalen Antagonismus zu den Landesbehörden gebracht. Nach Straßenkrawallen, Vereinsverboten und der polizeilichen Auflösung einer Sitzung des Großen Bürgerausschusses am 19. November 1845 war noch an der Jahreswende 1847/48 eine Bürgermeisterwahl behördlich annulliert worden, weil die Gesinnung des gewählten Kandidaten Valentin Streuber (s. dort) den polizeilichen Erwartungen widersprach. Darüber hinaus brachte auch die wirtschaftliche Entwicklung der Stadt viele Probleme mit sich, deren Lösung Mut zur Entscheidung und Durchsetzungskraft gegenüber den großherzoglichen Beamten erforderte. Die Novellierung der badischen Gemeindeordnung im Jahr 1831 und die Betätigung kompetenter Persönlichkeiten in den kommunalen Gremien erleichterten dem Ersten Bürgermeister dennoch viele städtebauliche und verwaltungstechnische Maßnahmen, die am Ende seiner Amtsperiode zu einer weitgehenden Sanierung der städtischen Finanzen geführt hatten. Selbst die Lebensmittelkrise des Jahres 1847 wurde gemeistert und die Benachteiligungen, die das oppositionelle Mannheim beim Anschluß an die Eisenbahnlinie und bei der Gewährung staatlicher Gelder zum Bau der Kettenbrücke über den Neckar hinnehmen mußte, wurden durch den Schulterschluß eines engagierten Gemeinschaftswesens wettgemacht. Nicht von ungefähr ging dem Aufstand im Januar 1848 die Verabschiedung eines Forderungspakets voraus, das die Summe der Wünsche des Bürgertums formulierte: die 'Dreizehn Petitionen', deren politischer Extrakt in der legendären Aulaversammlung vom 27. Februar in vier Mannheimer Forderungen an die Großherzogliche Regierung verabschiedet wurde. Einen Tag nach der von über 2.000 Personen besuchten Veranstaltung versammelte sich der

Große Bürgerausschuß am selben Ort und vertiefte die tags zuvor gefaßten Beschlüsse in der Praxis. Es wurde einstimmig beschlossen, daß die Gemeinde beim Ministerium auf eine Amtsenthebung des Regierungsdirektors Schaaf drängen sollte und es wurden erste Schritte zum Aufbau einer Bürgerwehr erwogen. Ein solches Vorgehen war aber innerhalb der Bürgerschaft nicht unumstritten, denn beide Beschlüsse widersprachen den Kompetenzen des Gremiums, waren gesetzwidrig und entsprachen nicht der badischen Gemeindeordnung. Aber selbst Bürgermeister J., der ansonsten für seine Prinzipientreue bekannt war, ließ sich von der herrschenden Stimmung verleiten und pflichtete der allgemeinen Euphorie mit den Worten bei: „Mitbürger, ich habe meine Jugend unter den Waffen zugebracht, gerne werde ich die Waffen noch einmal ergreifen zum Schutze der Stadt [...]" (Bassermann (1926), S. 46). Ergriffen von den markigen Worten ihres Stadtoberhaupts sammelten sich die Zuhörer um ihn und drückten ihm dankbar die Hände wie der Chronist Friedrich Daniel Bassermann anmerkt.

Aber schon bald machten sich die auseinanderstrebenden Interessen der Einwohnerschaft geltend, und über Wochen wurde das Sicherheitsbedürfnis der Bürgerschaft von täglichen Straßenkrawallen und tumultuarischen Versammlungen gepeinigt. J., der am 13. März der Vereidigung des badischen Militärs auf die badische Verfassung beigewohnt hatte, lokalisierte im Freikorps – den Sensenmännern – die Verursacher des Aufruhrs. Seine Versuche, diese außerhalb der Bürgerwehr sich bildende bewaffnete Einheit der nicht mit dem Bürgerrecht versehenen Einwohner aufzulösen, scheiterten aber mehrfach. Sein Antrag vom 14. März wurde im Gemeinderat abgelehnt, die Erneuerung des Versuchs im Auftrag des Stadtamts eine Woche später verworfen. Die trotz ablehnender Haltung der Gemeindevertreter am 26. März erfolgte Aufforderung J.s an das Freikorps, sich aufzulösen, blieb folgenlos, da die Bürgerwehr sich weigerte, die Maßnahme zu erzwingen. Die Übertragung der öffentlichen Gewalt durch den damaligen Stadtdirektor Kern an die Bürgerwehr am 3. April setzte die Konfrontation der entstandenen Parteien auf die Tagesordnung. Da inzwischen der traditionelle Konsens in den Gemeindegremien nur noch mühsam beibehalten wurde und J. sich auf große Teile des Bürgertums nicht mehr verlassen konnte, war absehbar, daß nur ein militärischer Einsatz die bedrohte Ordnung wiederherstellen konnte. Zwei inzwischen zu Gegnern gewordene Mannheimer Politiker lieferten den äußeren Anlaß dazu: Karl Mathy und Friedrich Hecker (s. jeweils dort). Die eskalierenden Auseinandersetzungen vom April 1848 zogen die für die Gemeindevertreter unangenehmen Folgen militärischer Einquartierungen nach sich. Zwar war die unmittelbare Gefahr eines Aufstands in Mannheim damit zurückgedrängt, aber die drückenden Kosten und die ständigen Reibereien zwischen den Soldaten und Bürgern schürten die Unzufriedenheit der öffentlichen Meinung. Zusätzlich war durch die vorläufige Entwaffnung der Bürgerwehr das Problem einer unsicheren innerstädtischen Truppe nur aufgeschoben. Auf deren seit Herbst 1848 einsetzende Reorganisation hatten die gemäßigten Gemeindevertreter nur einen sehr geringen Einfluß. Gleichzeitig tauchte das Sicherheitsproblem in den zahlreichen Vereinsgründungen der demokratischen Partei erneut auf. Vereinsverbote, untersagte und aufgelöste Veranstaltungen, Straßenkrawalle und die Inhaftierung zahlreicher Mannheimer Bürger in Bruchsal erschwerten die Umsetzung von J.s Konzept für eine einvernehmliche Politik zum Wohl des Gemeinwesens.

Aus den Querelen im entstehenden Vereinswesen hatte sich J. anfangs herausgehalten. Er trat erst nach dessen Gründung dem Neuen Vaterländischen Verein bei, auf einer Mitgliederliste vom 15. Dezember 1848 erscheint sein Name unter dem von über hundert anderen städtischen Honoratioren. Diese Mitgliedschaft in der staatstragenden Vereinigung der 'Neuvaterländischen' entlastete J. jedoch nicht vom politischen Entscheidungsdruck, in den er im Verlauf der revolutionären Ereignisse mehrfach geriet und den er nicht immer glücklich löste. So wurde sein Wunsch, das Bürgermeisteramt an einen Nachfolger abzugeben, zu einem neuen Streitpunkt zwischen der Kommune und der Regierung. Am 11. Januar stellte sich auch der in Mannheim praktizierende Rechtsanwalt und Politiker Lorenz Brentano (s. dort) zur Verfügung, der den widerwillig kandidierenden J. mit

108 zu 88 Stimmen überflügelte. Aber sowohl dieser erste Wahlgang als auch ein zweiter mit dem gleichen Ergebnis wurden vom Stadtamt annulliert, so daß J. das Bürgermeisteramt vorerst interimistisch weiterführte.
Er hatte dabei angesichts der in Deutschland entstandenen Krisensituation keine glückliche Wahl getroffen. Die Nachricht bayerischer Truppenaufmärsche in der Rheinpfalz verleitete J. dazu, dem Drängen einiger Gemeinderäte und von Florian Mördes (s. dort) nachzugeben und für den 6. Mai eine außerordentliche Sitzung von Bürgerausschuß und Gemeinderat anzuberaumen. Dort verabschiedeten die Gemeindevertreter unter dem Einfluß von Mördes eine Proklamation, die eine Unterstützung der pfälzischen Bewegung für die Reichsverfassung forderte und gegen Truppendurchmärsche protestierte. Schon diese Erklärung ging manchem Beteiligten zu weit, sie kam deshalb nicht einstimmig zustande. J.s Distanz zu seinen radikal eingestellten Gemeinderäten wuchs noch, als die Militärrebellion von Rastatt auf Mannheim überzugreifen drohte. Am Morgen des 14. Mai 1849 beschwor er den Kommandanten der im Abrücken begriffenen Garnisonstruppen Constantin von Roggenbach, Mannheim nicht preiszugeben, „da bei einer Vereinigung der Freischaaren in Ludwigshafen mit dem Proletariat in Mannheim die krassesten Exzesse zu befürchten, Personen und Eigenthum gefährdet seien" (Roggenbach, S. 2). Angesichts des Ausbleibens der befürchteten Ausschreitungen versuchten die Gemeindevertreter, sich den neuen Mächten gegenüber loyal zu verhalten. Selbst exponierte Persönlichkeiten wie Elias Eller, Melchior Rickert oder Friedrich Löwenhaupt (s. jeweils dort), die erst seit dem vergangenen Herbst einen Sitz im Gemeinderat hatten, vermieden ein zu weit gehendes Engagement. Da andererseits aber die in den demokratischen Vereinen organisierten Bürger mit den Aufständischen sympathisierten, blieb J. nur die Perspektive, deren erwartete Niederlage abzuwarten. So gestaltete sich der Geschäftsgang in den Tagen des badischen Aufstands nicht wesentlich verschieden von friedlicheren Tagen, die ja zuvor auch nicht allzu beschaulich gewesen waren. Die Verteilung der Einquartierungslasten und angesichts militärischer Präsenz notwendige Regelungen des Alltags wurden ebenso gemeistert, wie die Abwendung allzu großen Schadens, der durch die mögliche Verlagerung der Kriegshandlungen in die Stadt drohte. Größere Schäden, die eine strategische Vorbereitung des Terrains für die kommenden Auseinandersetzungen bedingt hätten, wurden sowohl durch die Inkompetenz als auch durch das Entgegenkommen der revolutionären Funktionäre vermieden. Erst als am 22. Juni bekannt wurde, daß der Zivilkommissär Wilhelm Adolph von Trützschler (s. dort) angesichts der desolaten militärischen Lage der Aufständischen unter Mitnahme der 80.000 Gulden enthaltenden Kreiskasse die Flucht ergreifen wollte, ergab sich der Zwang zum Handeln. Die 'Neuvaterländischen' im Gemeinderat bedienten sich der in der Stadt stationierten Dragoner, die die strategisch wichtigen Punkte besetzten und zurückgebliebene Revolutionäre verhafteten.

Ludwig Jolly (Vorlage: StadtA Mannheim)

Gedankt hat man es ihnen nicht. Am 18. August 1849 enthob die Kreisregierung Bürgermeister J. mit dem gesamten Gemeinderat seines Amtes. Die zeitgenössischen Urteile über die Rolle, die J. in den Tagen des badischen

Aufstands spielte, fielen nicht besonders schmeichelhaft aus. Allgemein herrschte die Meinung, es sei ihm nicht gelungen, Profil zu zeigen, er sei den Anforderungen „dieser schwierigen Zeit nicht gewachsen" gewesen, und es habe ihm „die Energie und Entschiedenheit zu selbständigem Eingreifen" gefehlt (Walter (1978), S. 391). Nur in einzelnen Punkten wich der negative Tenor einem positiveren Unterton. Gemeinderatsmitglied Carl Hoff (s. dort) bescheinigt J. in seinen Erinnerungen, daß er am 22. Juni, dem Tage der Konterrevolution, „ohne eine andere als moralische Verpflichtung" auf seinem Posten ausgeharrt habe und sogar gemeinsam mit ihm sowie dem Wirt Fohr vom „Europäischen Hof" in einem Nachen nach Ludwigshafen übergesetzt habe, um dort mit den Preußen über die Übergabe der Stadt zu verhandeln (Hoff, C.H., S. 312).

Q: StadtA Mannheim: Polizeipräsidium, Zug. -/1962, Familienbogen; Kleine Erwerbungen, Nr. 522, 28 – 30 (Roggenbach, Constantin von: Darstellung der Ereignisse in Mannheim während den ersten Tagen der Mai-Revolution und meines Handelns [...]. Mannheim o.J.). – L: Bassermann, Friedrich Daniel: Denkwürdigkeiten. Frankfurt a.M. 1926; Hoff, Carl Heinrich: Zur Erinnerung an Carl Heinrich Hoff geboren zu Mannheim am 13. Juli 1804 gestorben ebendaselbst am 7. Mai 1891. o.O. o.J.; Walter, Friedrich: Mannheim in Vergangenheit und Gegenwart. Bd. 2: Geschichte Mannheims vom Übergang an Baden (1802) bis zur Gründung des Reiches. Mannheim 1907 (ND Frankfurt a.M. 1978).

Hans-Joachim Hirsch

Jordan, Ludwig Andreas, Weingutsbesitzer
* 24. 2. 1811 Deidesheim
† 1. 7. 1883 Deidesheim

V Andreas Ludwig J., Weingutsbesitzer (1775 – 1848), Bürgermeister von Deidesheim (1819 – 1834) und Abgeordneter der bayerischen Kammer der Landstände (1831 – 1845). M Josefine, geb. von Stengel (1789 – 1834). G Josefine (1813 – 1872), ∞ mit Franz Peter Buhl (s. dort); Auguste Margarete (1816 – 1889), ∞ mit Friedrich Prosper Georg Deinhard, Weinhändler aus Koblenz (1812 – 1871).
∞ 1838 Serafine, geb. Buhl (1813 – 1870), Schwester von Franz Peter Buhl. K 3 Töchter, darunter Auguste (1841 – 1899), ∞ 1864 mit Emil Heinrich Bassermann (1835 – 1915) und Clotilde (1845 – 1911), ∞ 1865 mit Ferdinand Scipio (1837 – 1905) aus Mannheim, badischer Geheimer Kommerzienrat, Gutsbesitzer auf Rineck bei Mosbach, Mitglied des Reichstages und der badischen Ersten Kammer.

1846 – 1855 u.	
1862 – 1871	Mitglied des bayerischen Landtags
1848 – 1852	Bürgermeister von Deidesheim
1856 – 1866	Präsident der Pfälzischen Industrie- und Handelskammer
1858 – 1862	Mitglied des pfälzischen Landrates
1858 – 1883	Mitglied im Aufsichtsrat der Bayerischen Dampfschleppschiffahrtsgesellschaft
ab 1861	Mitglied im Verwaltungsrat der Pfälzischen Eisenbahnen
1868 – 1871	Mitglied des Zollparlaments
1871 – 1881	Mitglied des Deutschen Reichstages

Über den Ausbildungsweg J.s sind keine genaueren Angaben bekannt. J. stammte aus einer Winzerfamilie, die 1708 aus Cluses-sur-Arve (Schweiz) in das Fürstbistum Speyer eingewandert war. J.s Vater war Besitzer umfangreicher Weinbergslagen in Deidesheim, Forst und Ruppertsberg. Nach dem Tod des Vaters wurde das Erbe gleichmäßig auf die drei Geschwister aufgeteilt, und es entstanden daraus die drei weltberühmten Weingüter J., Buhl und Deinhard, aus denen führende liberale Landtags- und Reichstagsabgeordnete hervorgingen. Der umfangreiche wirtschaftliche Besitz bot J. die finanzielle Basis für ein vielseitiges öffentliches Wirken. Seine politische Karriere begann er 1846 als Nachfolger seines Vaters in der bayerischen Kammer der Landstände. J. behielt das Mandat bis 1855, um es dann seinem Schwager Franz Peter Buhl zu überlassen. Mit Buhls Tod (1862) ließ sich J. erneut in den bayerischen Landtag wählen, dem er ohne Unterbrechung bis Ende 1871 angehörte. Wie sein Schwager, so öffnete auch er schon im Vormärz dem rheinisch-südwestdeutschen Liberalismus sein Deidesheimer Haus, namentlich seinen Vertretern in Heidelberg und den um Heinrich von Gagern zu Monsheim sich scharenden Kreis. Im März und April 1848 nahm er an den Beratungen des Frankfurter Vorparlamentes teil. Die Erfüllung seiner Hoffnungen auf deutsche Einheit erwartete er aber offensichtlich nicht von dem Frankfurter Paulskirchenparlament; zumindest ließ er sich nicht als Kandidat für die Nationalversammlung aufstellen. Die Ziele der Einheitsbewegung verfolgte er jedoch weiter mit größter Anteilnahme. So wird berichtet, daß er „mit wahrhaft fürstlicher Hand zur Zeit der patriotischen Begeisterung für Schleswig-Holstein und die deutsche Flotte sogleich Beiträge von Tausenden gab". Wichtiger als ein Mandat in der Nationalversammlung war ihm das Bürgermeisteramt seiner Vaterstadt Deidesheim, das er 1848 übernahm und bis 1852 innehatte. Seinem Geschick war es zu danken, daß Deidesheim während des pfälzischen Aufstandes im Mai/Juni 1849 von den ärgsten Pressionen der Provisorischen Regierung der Pfalz verschont blieb. Er selbst nahm an einer vom Landesausschuß für Verteidigung und Durchführung der deutschen Reichsverfassung am 16. Mai 1849 in Kaiserslautern einberufenen Volksversammlung teil und verlangte in dieser Versammlung öffentlich vom Ausschuß die Beantwortung zweier Fragen: „1.) Was gedenkt der Ausschuß zu thun, wenn die bayerische Regierung die Reichsverfassung anerkennt? 2.) Beabsichtigt der Ausschuß eine provisorische Regierung zu bilden?" (LandesA Speyer: J 1/ 249, Bl. 277). Mit diesen provozierenden Fragen versuchte er die Absicht des Ausschusses zu entlarven, dessen Politik auf eine Verselbständigung der Pfalz von Bayern und Bildung einer eigenen Provisorischen Regierung hinauslief; eine radikale Politik, die J. nicht teilte. Im bayerischen Landtag gehörte er mit seinen Freunden Dr. Marquard Barth und Dr. Josef Völk zu den eifrigsten Verfechtern des Anschlusses an Preußen. Sein gastfreies Haus in Deidesheim war als Versammlungsort liberaler Politiker eine Keimzelle der Fortschrittspartei in Bayern und ein wichtiger süddeutscher

Ludwig Andreas Jordan (Landwirtschaft (1913), S. 112, Vorlage: LandesA Speyer)

nationalliberaler Stützpunkt in der Zeit der Reichsgründung. J. war von 1858 bis 1862 als Vertreter des „großen Grundbesitzes" Mitglied des pfälzischen Landrates; 1868 folgte seine Wahl als Vertreter der Vorderpfalz in das deutsche Zollparlament, dessen Zustandekommen er als wichtige Etappe auf dem Weg zur deutschen Einheit begrüßte; von 1871 bis 1881 gehörte er als Abgeordneter der Nationalliberalen Partei dem Deutschen Reichstag an. Seit den Tagen des Zollparlaments zählte er zu dem „intimen Kreise Bismarcks", der J. öfters als seinen Freund bezeichnet hatte. J.s Bedeutung liegt neben seinem erfolgreichen Wirken für das steigende Renommee der pfälzischen Qualitätsweine vor allem in seinem propreußischen Bekenntnis in der Zeit der deutschen Einheitsbewegung, wo sich seine pfälzischen Mitbürger noch ganz überwiegend zu einem antipreußischen demokratischen Liberalismus bekannten. Da J. ohne männlichen Erben geblieben war, nahm auf seinen Wunsch sein Schwiegersohn und Erbe seiner Güter, Emil Heinrich Bassermann, mit Zustimmung des bayerischen Königs Ludwig II. vom 17. September 1883 „für sich und seine Familie“ den Familiennamen „Bassermann-Jordan“ an.

Q: *Bassermann-Jordan-A Deidesheim: Nachlaß (Tagebücher und Korrespondenzen).* – ***L:*** *B.: L.A.J. In: ADB 55 (1910), S. 509f.; Bassermann-Jordan, F. von: Aus dem Tagebuch von L. A. J. In: Pfälzisches Museum 49 (1932), S. 166f.; Gemmingen-Hornberg, H.L. Freiherr von: L.A.J. 1811 – 1883 und Serafine geb. Buhl 1813 – 1870. In: Euler, F.W. (Hrsg.): Ahnen und Enkel. Sammlung von Ahnen- und Nachkommen-Listen. Bd. 1. Limburg a.d. Lahn 1959, S. 159 – 182; Kermann, Joachim: Tendenzen wirtschaftlicher und sozialer Entwicklung in Deidesheim von 1816 bis 1914. In: Deidesheim. Beiträge zu Geschichte und Kultur einer Stadt im Weinland. Sigmaringen 1995, S. 203 – 267; Klötzer, Wolfgang: L.A.J. In: NDB 10 (1974), S. 602f.; o. V.: Die deutsche Landwirtschaft unter Kaiser Wilhelm II. Bd. 2. Halle 1913, S. 103 – 126.* – ***B:*** *Ebd., S. 112.*

Joachim Kermann

Kadel, Johannes, Müllermeister, Landwirt
* 12. 2. 1815 Birkenau, ev.
† 14. 12. 1850 Birkenau

V Johann Nikolaus K., Müllermeister (1788 – 1847). M Anna Elisabeth geb. Steffan, (1788 – 1823). G 3.
⚭1836 (Birkenau) Anna Elisabeth, geb. Kadel (1817 – 1866). V Johann Jakob K., Bürgermeister in Birkenau (1791 – 1824). M Anna Katharina, geb. Steffan (1790 – 1824). K 4.

1847/48	Mitglied im Gemeinderat
1848	Beteiligung an der Zerstörung der Eisenbahnlinie bei Weinheim
1849	Verurteilung zu dreieinhalb Jahren Zuchthaus

K. war der Hauptangeklagte der hessischen Beteiligten am Weinheimer Eisenbahnattentat. Sein Elternhaus war die später sogenannte Römsmühle in der Birkenauer Obergasse. Johann Nikolaus K., sein Vater, erbaute für ihn am Liebersbach eine neue Mühle, die K. 1836 als Eigentümer übernahm. Vormärzliche Aktivitäten sind nicht aktenkundig, es ist aber wahrscheinlich, daß auch er an den geheimen Versammlungen der „Liberalen“ im Walddistrikt „Geldloch“, dem Kreuzungspunkt der Wege nach Gorxheim und Buchklingen, sowie im Saal der Fuchsschen Mühle teilgenommen hat.
Am 23. September 1848 unterrichteten ihn Jakob Klein und Nikolaus Schaab davon, daß Gustav Struve (s. jeweils dort) in Lörrach die deutsche Republik proklamiert habe, und weil heute noch Truppen gegen ihn abgehen sollten, müßten die Bahnschienen bei Weinheim aufgerissen werden, um dies zu verhindern.
K. half tatkräftig mit, den Plan bekannt zu machen und Leute zum Mitgehen anzuwerben, darunter insbesondere seine Knechte und Tagelöhner. Am Abend versammelte sich eine große Anzahl Birkenauer beim Hoffmannschen Wirtshaus. Das Vorhaben wurde offen besprochen, es hieß, keinem könne etwas passieren, Struve käme „von oben herunter“. In drei Trupps gingen die Männer nach Weinheim, den zweiten und größten führte K. an. Unterwegs sangen sie das Heckerlied: „Hecker hoch! Dein Name schalle, an dem ganzen deutschen Rhein“. Im Gasthaus „Zum Löwen“ in Weinheim kehrten sie ein. K. bezahlte den meisten Teilnehmern ihre Getränke, kaufte Pulver und Blei und ließ sein Gewehr instandsetzen. In der Gastwirtschaft des Jakob Fild vereinigten sie sich mit den versammelten Weinheimern und zogen mit ihnen zum Rosenbrunnen, wo das Vorhaben in die Tat umgesetzt wurde. Noch am gleichen Abend verunglückte ein leer zurückfahrender Truppentransportzug, zum Glück ohne größere Personenschäden. Struves Freischaren wurden schon am 24. September besiegt. Ende September begannen im Weschnitztal die Festnahmen der hessischen Beteiligten am Eisenbahnattentat. Zur Sicherung der erheblichen Schadenskosten wurde ihr gesamtes Vermögen beschlagnahmt.

Nach einjähriger Untersuchungshaft begann am 22. Oktober 1849 am Assisenhof, dem neu eingerichteten Schwurgericht in Darmstadt, der Prozeß gegen „Johannes Kadel, Müller in Birkenau, und 68 Genossen, wegen Zerstörung der Main-Neckar-Eisenbahn bei Weinheim im September 1848". Von den Angeklagten kamen insgesamt 28 Männer aus Birkenau, 20 aus Reisen, 16 aus Nieder-Liebersbach, einer aus Hornbach und vier aus Mörlenbach. Von dort war auch ein Trupp losgezogen, kehrte aber unterwegs wieder um, da den Leuten das Unternehmen zu gefährlich erschien.
Die Anklagepunkte lauteten auf Hochverrat, gewaltsame Änderung der Verfassungen der Staaten Deutschlands, Komplottbildung zum Zwecke der Eisenbahnzerstörung, Mithilfe oder Gegenwart bei deren Ausführung, sowie Beabsichtigung des Todes oder Körperverletzung von Reisenden, namentlich der erwarteten Truppen.
Die meisten Angeklagten hatten große Angst, durch ihre Schadenshaftung um Haus und Hof zu kommen oder gar zum Tode verurteilt zu werden. So widerriefen sie im Prozeß ihre in langen Verhören gemachten Geständnisse. K. berief sich darauf, am Abend des 23. September betrunken gewesen zu sein und sich an nichts mehr richtig zu erinnern.
Die zwölf Geschworenen wurden am Ende des Prozesses, dem 25. November 1849 in Klausur geschickt, um 249 Fragen mit „schuldig" oder „nicht schuldig" zu beantworten. Am Mittag des 28. November verkündeten sie ihr Verdikt: K. wurde verurteilt „wegen vorsätzlicher Beschädigung fremden Eigentums im Komplott verübt, in Absicht, das hochverräterische Unternehmen Struves zu befördern, Körperverletzung der Bahnbeamten, Konkurrenz der verschiedenen Vergehen unter sich, Beharrlichkeit im Unternehmen, Mißbrauch seines Einflusses auf Gesinde und Tagelöhner, – in Erwägung, daß er die Größe seines Verbrechens nicht ganz eingesehen haben mag, selbst verführt war, auch in der Voruntersuchung ein offenes Geständnis ablegte, zu dreieinhalb Jahren Zuchthaus" (Darmstädter Zeitung, Nr. 338 vom 6. Dezember 1849). Aus mündlicher Überlieferung ist bekannt, daß die Haftbedingungen grausam gewesen seien. K.s Gesundheit hielt diesen Leiden nicht lange stand. Möglicherweise war ihm, wie auch Nikolaus Schaab, die temporäre Haftverschonung wegen Krankheit gewährt worden, denn er starb ein Jahr nach seiner Verurteilung am 14. Dezember 1850 im Alter von 35 Jahren in Birkenau.

Q: *GLAK: 305/64 – 66; Hessisches StaatsA Darmstadt: Prozeßberichte der Darmstädter Zeitung vom 25. Oktober – 6. Dezember 1849; Kirchenbücher der evangelischen Kirchengemeinde Birkenau; GemeindeA Birkenau: Hypothekenbuch und Urkundenbücher. –* ***L:*** *Fuchs, Georg: Das Birkenauer Tal. Sonderabdruck der gleichnamigen Artikelserie im Weinheimer Anzeiger 1911; Körner, Günter: Von Mühlen und Müllern. In: Gemeinde Birkenau (Hrsg.): 1200 Jahre Birkenau. Birkenau 1994, S. 241 – 243, 249 – 250; Müller, Helga: Vormärz und Revolution 1848/49 im Birkenauer Tal. In: Gemeinde Birkenau (Hrsg.): 1200 Jahre Birkenau. Birkenau 1994, S. 39 – 63.*

Helga Müller

Kattmann, Christian August, Vikar, Prediger einer freien ev. Gemeinde
* 1. 6. 1822 Groß-Zimmern, ev.
† unbekannt

V Ernst Christian K., Hauptzollamtskontrolleur (1791 – 1844) . M A. Maria, geb. Reinhard (* 1792). G 5.

	Gymnasium in Groß-Zimmern
1841	Immatrikulation als Theologiestudent in Gießen
1843	Besuch des Evangelischen Theologischen Seminars in Friedberg
1848	Vikar in Kirch-Brombach
10. 8. 1848	Entlassung aus dem Dienst der Hessischen Kirche
1848	Vertreter des Wahlbezirks 4, König, im Bezirksrat
1849	Redner bei der Volksversammlung in Michelstadt
1850	vom Großherzoglichen Ministerium des Innern des Landes

	verwiesen, Flucht nach New York (USA)
1851	Herausgeber der „Iowa Staats-Zeitung“ in Dubuque (USA)
um 1853	Herausgeber der „Zeitung“ in Belleville (St. Clair County, Illinois, USA)

1848 kam K. als Vikar nach Kirch-Brombach, weil die Gemeinde mit ihrem alten Pfarrer Emil Daudt nicht zufrieden war. Das Oberkonsistorium in Darmstadt verfügte am 19. Mai, daß alle Pfarramtsgeschäfte durch K. zu versehen seien. K. entzweite sich schon nach vier Wochen mit dem alten Pfarrer und zog aus dem Pfarrhause aus. Am 25. Juli wurde er vom Oberkonsistorium wieder abberufen und nach Leidhecken versetzt. Da er jedoch viele Anhänger gewonnen hatte und sich keiner Schuld bewußt war, weigerte er sich wegzugehen. Es kam zum Zerwürfnis innerhalb der Kirchengemeinde und K. gründete eine „Freie protestantische Gemeinde“. Die „Kattmännischen“, wie sie genannt wurden, hielten ihre Gottesdienste unter freiem Himmel, meist am Zeller Waldeck, da sie keinen Zutritt mehr zu Kirchen hatten. K. betätigte sich auch politisch und wurde im Herbst 1848 als Vertreter des Wahlbezirks 4, König, in den Bezirksrat gewählt. Am 4. März 1849 trat er als Redner bei der Volksversammlung in Michelstadt auf und verfaßte auch Aufrufe im Sinne der Offenburger Beschlüsse. Ende Januar 1850 wurde er des Landes verwiesen. Im Februar sah sich die Regierung in Darmstadt gezwungen, eine Kompanie Soldaten nach Kirch-Brombach zu schicken, da die Kattmannanhänger „Exzesse gegen Bürgermeister Kredel“ führten.

August Kattmann (Vorlage: Privatbesitz, Repro: Wilhelm Gieg)

Im „Lucifer“ wird 1850 über K. berichtet: „Vor einigen Tagen ist Hr. Kattmann, der Prediger der freien Gemeinde aus Kirchbrombach im Darmstädtischen als Flüchtling angekommen. Es ist eine würdige Empfehlung für diesen christlichen Priester, daß ihn die rothe Monarchie mit ihrem liberal angestrichenen Bedienten, dem Minister Jaup, verfolgte und es ihm verbieten ließ, vom Standpunkte der Wahrheit und des Christentums das Wort der Liebe und der Freiheit zu verkünden. Hr. Kattmann war Einer der wenigen braven Priester in Deutschland, welche sofort, als der monarchisch-pfäffische Dogmenzwang durch die Revolution zertrümmert wurde, die christliche Lehre in ihrer Kernwahrheit verkündete, eine freie, vom sklavenbildenden Sektenwesen völlig unabhängige Gemeinde stiftete und Freiheit, Gleichheit und Brüderlichkeit als die Grundprincipien des Rechtes und des Glückes der Menschheit bezeichnete. Er eiferte mit edlem Zorne gegen die falschen Propheten des Glaubens, gegen die Geldsäcke und gegen die Aristokraten, er suchte das Volk, die geknechtete und systematisch (grundsätzlich) abgestumpfte Masse, mit feurigen Worten zu erheben und mit vernünftiger Darstellung zu bilden, er wurde der wahre christliche Priester und Volkslehrer [...]“.

Q: *Pfarramt der evangelischen Kirchengemeinde in Groß-Zimmern; ZentralA der evangelischen Kirche in Darmstadt; Actenmäßige Darstellung der kirchlichen Mißverhältnisse im Kirchspiel Kirchbrombach, im Auftrag des Großherzoglichen Ministeriums des Innern ver-*

öffentlicht; Lucifer oder Süd-Westdeutscher Kirchenteufel. Ein kirchlich-politisches Blatt 28 (1850). – ***L:*** *Gieg, Ella: Auswanderungen aus dem Odenwaldkreis. Bd. 2: Bad König, Michelstadt, Brombachtal. Lützelbach 1989, S. 43ff.; Hessisches Pfarrer- und Schulmeister-Buch. In: Diehl, Wilhelm (Hrsg.): Hassia sacra. Bd. 7. Darmstadt 1933, S. 477;* – ***B:*** *Privatbesitz; KreisA Odenwaldkreis Erbach.*

Anja Hering (Mitarbeit: Ella Gieg)

Kinscherf, Joseph Valentin, Müllermeister
* 17. 11. 1793 Birkenau, kath.
† 3. 9. 1857 Birkenau

V Johann Georg K., Müllermeister, Gerichtsverwandter (1763 – 1808). M Margaretha, geb. Heinrich (1764 – 1814). G 8.
∞21. 4. 1818 (Birkenau) Elisabetha, geb. Sommer (1797 – 1860), kath., aus Weinheim. V Matthäus S., Bürger, Metzgermeister (1745 – 1828). M Apollonia, geb. Degen. K 13.

1822 – 1824 u.	
1838 – 1843	Gemeinderat
1847 – 1849	Abgeordneter der hessischen Zweiten Kammer
1848	Mitglied des Frankfurter Vorparlaments

K.s Elternhaus war die bedeutendste unter den Birkenauer Mühlen, die alte Carlebach-Mühle direkt an der Landesgrenze zwischen Hessen und Baden. Jahrhundertelang im Besitz wechselnder Adelsfamilien, war sie seit 1756 Eigentum der Familie Kinscherf.
Sein Interesse an Politik wurde wahrscheinlich schon früh geweckt, denn die Mühlen des Birkenauer Tals waren damals Orte regen politischen Gedankenaustauschs. In den 1830er Jahren gehörte K., wie auch Nikolaus Schaab (s. dort) aus Reisen, zum engsten Freundeskreis der sogenannten Weinheimer Gesellschaft, einer ersten parteiähnlichen Verbindung Liberalgesinnter. Die wichtigste Zeit für K.s politisches Wirken kam mit seiner Kandidatur für die hessischen Landtagswahlen von 1847, wobei in zahlreichen Bezirken Anhänger der Opposition zum Sieg kamen, so auch er für den Wahlkreis Starkenburg/Wald-Michelbach. Wenige Wochen nach der konstituierenden Sitzung am 13. Dezember 1847 begann die Revolution, und die großherzogliche Regierung wurde umgebildet. K. gehörte zu den 574 Vertrauensmännern, die vom 31. März bis zum 4. April 1848 als Vorparlament in der Paulskirche in Frankfurt tagten. Die zentrale und strittige Frage jener Tage war die zukünftige Staatsform Deutschlands: konstitutionelle Monarchie oder Republik. K. war Anhänger Friedrich Heckers und Gustav Struves (s. jeweils dort), deren Forderung nach Einführung der Republik von der Mehrheit abgelehnt wurde. Bei der namentlichen Abstimmung unterstützte er auch deren Antrag, das Vorparlament in Permanenz bis zum Zusammentritt der gewählten Nationalversammlung tagen zu lassen. Es sollte die Gunst der Stunde nutzen, die Leitung der demokratischen Bewegung in der Hand behalten und sofort die nötigen Gesetzesvorlagen entwerfen. Auch dieser Antrag wurde mit hoher Mehrheit abgelehnt. Als Zugeständnis setzte das Vorparlament lediglich den permanent tagenden Fünfziger-Ausschuß ein. Die zweite namentliche Abstimmungsfrage lautete: „Ob das Prinzip der direkten Wahl [zum Paulskirchenparlament] in der Art ausgesprochen werden solle, daß es jedem Staate zu Grunde gelegt werden müsse?“ K. votierte hier mit „nein“. Im Großherzogtum Hessen-Darmstadt wurden die Abgeordneten zur Nationalversammlung indirekt gewählt.
In den folgenden Monaten hatte K. Gelegenheit, im hessischen Landtag an der Erarbeitung beachtlicher Reformgesetze mitzuwirken, z.B. an der Neueinteilung der Kreisverwaltungen mit der Wahl von Bezirksräten, an der Abtretung des Jagdrechts an die Gemeinden sowie an der Schaffung einer demokratischen Justiz durch die Einführung von Schwurgerichten.
Im September 1848 machte Gustav Struve einen gewaltsamen Umsturzversuch und rief in Lörrach die Republik aus. Wie an anderen Orten, so wurde auch in Weinheim durch Struves Sympathisanten der Beschluß gefaßt, die Bahnlinie zu unterbrechen, um Truppentransporte gegen seine Freischaren zu verhindern. K. war am 23. September in der Fildschen Wirtschaft in Weinheim zugegen, von wo aus eine große Anzahl Einwohner aus Weinheim und dem

Weschnitztal – darunter seine Söhne Joseph und Ferdinand – loszogen, um in der Nähe des Rosenbrunnens die Bahnschienen aufzureißen. K. ging jedoch nicht mit, sondern begab sich nach Hause. Am gleichen Abend verunglückte ein leer zurückfahrender Militärzug, wobei hoher Sachschaden entstand.
Joseph und Ferdinand K. wurden verhaftet. Auch gegen ihren Vater ermittelte der Untersuchungsrichter, verzichtete aber auf eine Verhaftung, weil die Gründe dafür nicht ausreichend waren. Dennoch verbreitete sich das Gerücht, der Landtagsabgeordnete befinde sich in Untersuchungshaft, was die konservative „Frankfurter Oberpostamtszeitung" (Nr. 267 vom 30. September 1848) zum Anlaß folgender hämischer Notiz nahm: „Darmstadt, 29. Sept. Herr Kinscherf, radicaldemokratisches Mitglied unserer zweiten Kammer, ist hier gefänglich eingebracht worden, beschuldigt, bei der Zerstörung der Eisenbahn bei Weinheim mitgewirkt zu haben. Das Staatsgebäude und die Stützen aller gesellschaftlichen Ordnung, das Eigentum, die Religion und Familie zu unterwühlen, dazu hat die 'Jetztzeit' quasi Freibriefe ausgestellt, aber die Eisenbahn zu unterwühlen, das geht denn doch zu weit!" Welch großen Bekanntheitsgrad K. in Darmstadt hatte, geht aus einer Bemerkung von Justizrat Reatz hervor, die dieser als Verteidiger seiner Söhne später im Prozeß machte. Er bezeichnete die Brüder als Opfer politischer Verfolgungssucht. Als sie verhaftet wurden, sei eine Bewegung in Darmstadt gewesen wie bei den Russen zu Ostern. Statt dort „Christus ist auferstanden" habe hier einer dem andern zugerufen: „Weißt du schon, die Kinscherfe sind arretiert!" (Beilage zur Darmstädter Zeitung, S. 1940). Der Prozeß vor dem Assisenhof in Darmstadt gegen die 69 hessischen Beteiligten an der Zerstörung der Main-Neckar-Eisenbahn dauerte vom 22. Oktober bis zum 28. November 1849. Joseph K. wurde zu zwei Jahren Zuchthaus verurteilt. Sein Bruder Ferdinand, in geringerem Maße für schuldig befunden, mußte für zwei Jahre ins Korrektionshaus. K. gehörte dem Landtag bis zu dessen Auflösung am 24. Mai 1849 an. In tiefer Niedergeschlagenheit erlebte er das Scheitern seiner politischen Arbeit. Auch privat war sein Leben nicht ohne Kummer geblieben – von seinen acht Töchtern und fünf Söhnen starben vier Mädchen und ein Junge im Kindesalter. K. starb in seinem 64. Lebensjahr am 3. September 1857. Sein Familiengrab, in dem er neben seiner Frau Elisabeth ruht, ist auf dem alten Friedhof in Birkenau erhalten.

Q: Kirchenbücher der katholischen Kirchengemeinden Mörlenbach, Birkenau und Weinheim; GemeindeA Birkenau: Urkundenbücher, Wochenblätter für den Kreis Heppenheim und Anzeigeblätter für den Regierungsbezirk Heppenheim 1848; GLAK: 305/64, 65; Hessisches StaatsA Darmstadt: Prozeßberichte der Darmstädter Zeitung vom 25. Oktober – 6. Dezember 1849. – **L:** *Fuchs, Georg: Das Birkenauer Tal. Sonderabdruck der gleichnamigen Artikelserie im Weinheimer Anzeiger 1911; Gutjahr, Rainer: Die Republik ist unser Glück. Weinheim in der Revolution von 1848/49. Weinheim 1987 (Weinheimer Geschichtsblatt, 32); Köhler, Manfred: Die nationale Petitionsbewegung zu Beginn der Revolution von 1848 in Hessen. Eingaben an das Vorparlament und an den Fünfzigerausschuß aus Hessen (März bis Mai 1848). Darmstadt 1985 (Quellen und Forschungen zur hessischen Geschichte, 56); Körner, Günter: Von Mühlen und Müllern. In: Gemeinde Birkenau (Hrsg.): 1200 Jahre Birkenau. Birkenau 1994, S. 239 – 241; Müller, Helga: Vormärz und Revolution 1848/49 im Birkenauer Tal. In: Gemeinde Birkenau (Hrsg.): 1200 Jahre Birkenau. Birkenau 1994, S. 39 – 63; Ruppel, Hans Georg/Groß, Birgit: Hessische Abgeordnete 1820 – 1933. Biographische Nachweise für die Landstände des Großherzogtums Hessen (2. Kammer) und den Landtag des Volksstaates Hessen. Darmstadt 1980 (Darmstädter Archivschriften, 5), S. 153.*

Helga Müller

Kirsch, August Wilhelm, Ratsschreiber
* 1. 9. 1826 Zwingenberg/Neckar, ev.
† Nordamerika (?)

V Johann Georg K., großherzoglicher Rentamtmann in Zwingenberg, danach Lehrer in Bretten und ab 1832 in Eppingen (1786 – 1835). M Wilhelmine, geb. Bußemer (um 1795 – 1843). G 7.

	höhere Bürgerschule in Eppingen; Verwaltungslehre
1844	Prüfung als Inspizient im Aktuariatsfach
Winter 1843 – Ende 1844	Halbtagsstelle im großherzoglichen Amtsrevisoriat Eppingen
Frühjahr 1847	Aushilfsschreiber im Rathaus Eppingen
ab Sept. 1847	Ratsschreiber in Eppingen
1848	Mitbegründer und Vorsitzender des Eppinger Volksvereins
18. 5. 1849	Ernennung zum Zivilkommissär im Amtsbezirk Eppingen
Juni 1849	Flucht vermutlich in die USA

K. war der führende Kopf während der Mairevolution 1849 im Amtsbezirk Eppingen. Vermutlich bereits als Jugendlicher kam K. durch seinen Vater mit liberalen politischen Ideen in Berührung. Dieser war wegen seiner politischen Gesinnung vom Großherzog als Rentamtmann in Zwingenberg zum Lehrer in Bretten und Eppingen degradiert worden. 1848 war K. Mitbegründer des Eppinger Volksvereins und dessen Vorsitzender. Am 22. April 1849 organisierte er ein großes Fest, bei dem die rote republikanische Fahne des Eppinger Volksvereins geweiht wurde. Die revolutionäre Regierung in Karlsruhe berief ihn am 18. Mai 1849 zum Zivilkommissär des Amtsbezirks Eppingen. In dieser Funktion mußte er die Anweisungen des Landesausschusses ausführen. Dazu gehörte die Überwachung der Beamten und Bürgermeister des Amtsbezirks. Wenn sie sich weigerten, den Eid auf die revolutionäre Regierung abzulegen, mußte er sie notfalls mit militärischer Gewalt absetzen. In Eppingen mußte er am 23. Mai den amtierenden Bürgermeister Wilhelm Lother – dessen Schreiber K. 1843 gewesen war – absetzen. An dessen Stelle ernannte er seinen Freund, den Schriftführer des Volksvereins Julius Niebergall (s. dort), der in Eppingen zu seinem wichtigsten Helfer wurde. Auch Amtmann Danner und Amtsphysikus Dr. Wilhelm – Vorsitzender des Vaterländischen Vereins – wurden ihrer Ämter enthoben. Weitere Aufgaben K.s waren die Vorbereitung der Wahlen zur Verfassunggebenden Versammlung am 3. Juni 1849 und die Aufstellung des Volksheeres. Noch vor dem Eintreffen der nach der Schlacht bei Waghäusel von Sinsheim her das Elsenztal hinauf ziehenden preußischen Truppen verließ K. die Stadt in Richtung Bretten. Sein weiteres Schicksal ist unbekannt. Vermutlich ist er über die Schweiz nach Nordamerika ausgewandert. K. wurde nach dem Scheitern der Revolution steckbrieflich gesucht und in Abwesenheit zu acht Jahren Zuchthaus verurteilt.

Wilhelm August Kirsch (Vorlage: Bernd Röcker, Eppingen)

__Q:__ GLAK: 240/ 580; Kartei Heinrich Raab; StadtA Eppingen: A 314, A 2115. – __L:__ Dettling, Karl: Die Revolution von 1848 – 1849 im Amtsbezirk Eppingen. In: Mühlbacher Jahrbuch 1980. Eppingen-Mühlbach 1980, S. 5 – 87; ders.: Georg Friedrich Schlatter aus Weinheim 1799 – 1875: Ein Leben für Freiheit und Menschenwürde. In: Mühlbacher Jahrbuch 1980. Eppingen-Mühlbach 1980, S. 89 – 141. – __B:__ Fach- und Stadtmuseum Alte Universität Eppingen.

Bernd Röcker

Klein, Jakob, Getreidemakler, Kolportagehändler
* 2. 3. 1789 Birkenau, ev.
† 10. 2. 1853 Rockenberg (bei Friedberg)

V Johann Friedrich K., Beisasse und Mühlarzt († vor 1816), M Anna Christina geb. Mayer (1757 - 1835). G 6.
∞ 1816 (Birkenau) Eva Katharina, geb. Steffan (1790 - 1863), ev., aus Birkenau. V Johann Adam S., Bürger und Ackersmann (1753 - 1829). M Anna Margaretha, geb. Mayer (1760 - 1797). K 9.

um 1838	Aufnahme in den „Bund der Geächteten"
1840	Verhaftung wegen Verbreitung revolutionärer Schriften, einjährige Untersuchungshaft
1842	Verurteilung zu drei Monaten Korrektionshaus
1848	Beteiligung an der Zerstörung der Eisenbahnlinie bei Weinheim
1849	Verurteilung zu vier Jahren Zuchthaus
1853	Tod in der Haft

K. gilt als Verbindungsmann und Übermittler vertraulicher Nachrichten zwischen den nordbadischen und südhessischen Oppositionellen. Wie in Weinheim, so gab es auch in Birkenau schon in den 1830er Jahren geheime Treffen der „Liberalen", wie sie im Ort bezeichnet wurden. K. vertrieb neben seinem Getreidehandel auch Druckerzeugnisse, was ihm die Gelegenheit gab, heimlich revolutionäre Schriften zu verbreiten. Mit ein Grund für seine Gesinnung mögen begeisterte Schilderungen sein, die sein nach Amerika ausgewanderter Bruder Johannes in einem ausführlichen Brief 1831 über die politischen und wirtschaftlichen Verhältnisse in der neuen Heimat machte. „Es wird Fleisch und weißes Brot mit Butter geschmiert, und zusammen gegessen. Diese Lebensart ist ganz anders als in Birkenau", schreibt er, und: „Mein Lebenswandel hat sich geändert, denn ein freies Leben ist edel". So mußte die amerikanische Staatsform den Daheimgebliebenen als das größte Ideal erscheinen, das es auch hierzulande anzustreben galt.

Spätestens seit Sommer 1838 soll K. durch Vermittlung eines gewissen Bruhn Mitglied des „Bundes der Geächteten" gewesen sein. Im Mai 1840 beging er eine Unvorsichtigkeit: Er übergab dem Fürther Landgerichts-Aktuar Hunzinger einen „Aufruf an deutsche Vaterlandsfreunde" und ein Heftchen mit dem Titel „Erklärung der Menschen- und Bürgerrechte". Hunzinger überstellte als gehorsamer Staatsdiener die beiden Schriften dem hessischen Ministerium des Inneren und der Justiz. K. wurde daraufhin am 18. Mai 1840 verhaftet und sein Haus durchsucht, wobei die Statuten des „Bundes der Geächteten" und eine Druckschrift mit dem Lied „Fürsten zum Land hinaus" beschlagnahmt wurden, ebenso der zuvor erwähnte Auswandererbrief, der dadurch erhalten blieb. Bis in die höchsten Regierungskreise Hessens und Badens erregte der Fall große Aufmerksamkeit. Auch die Bundeszentralbehörde in Frankfurt wurde laufend über den Stand der Untersuchungen unterrichtet. Als Bezugsquelle der staatsgefährdenden Schriften verdächtigte man die H. Hoffsche Buchdruckerei (s. dort) und Verlagsbuchhandlung in Mannheim. Da K.s Verhaftung bei seinen Gesinnungsfreunden jedoch umgehend bekannt geworden war, gelang es den Behörden nicht, bei ihnen belastendes Material zu finden. K. saß ein Jahr in Untersuchungshaft. Erst 1842 wurde er wegen Verbreitung revolutionärer Schriften zu drei Monaten Korrektionshaus verurteilt.
Von K. hören wir wieder im September 1848, als Gustav Struve (s. dort) von der Schweiz her einen erneuten Versuch machte, der republikanischen Staatsform in Deutschland doch noch zum Sieg zu verhelfen. In der Paulskirche hatte er hierfür keine Mehrheit erhalten. Um Truppentransporte gegen Struves Freischaren zu verhindern, sollten u.a. auch in Weinheim die Eisenbahnschienen unterbrochen werden. K. machte am 23. September in Birkenau, Reisen und Mörlenbach den Plan bekannt und forderte dabei viele erfolgreich zur Mithilfe auf. Am Abend wurde er auf dem Bahndamm gesehen, wo durch die zerstörten Gleise später ein leerer Truppentransportzug verunglückte. Militärisch war diese Aktion bedeutungslos, und bereits am nächsten Tag wurden die Freischaren bei Staufen geschlagen.

K. wurde mit 68 anderen Odenwäldern verhaftet und monatelang verhört. Am 22. Oktober 1849 begann der Prozeß vor dem Assisenhof in Darmstadt. Im Prozeßbericht der „Darmstädter Zeitung" vom 15. November 1849 finden wir eine Personenbeschreibung: „Klein hat einen Glatzkopf und Hambacher Bart und trägt beständig eine Brille. Wie die ganze Gestalt, die eine unerschütterliche Ruhe zeigt, so scheint namentlich seine Stimme ausgetrocknet und er ist deßhalb kaum zu verstehen". An anderer Stelle zitiert die Zeitung am 28. November K.s Verteidiger Dr. Schatzmann: „Er ist eigentlich ein vormärzlicher Liberaler, der nur vergessen wurde während man alle anderen, die je Strafe erlitten, mit Triumphbogen feierte – Klein ist, wie zuverlässige Leute aus seiner Gegend versichern, ein grundehrlicher Mann, dem man 20.000 Gulden anvertrauen kann". Auch das erwähnte der Verteidiger: K. sei ein armer Mann, und seine Frau schon 18 Jahre geisteskrank. Das Urteil vom 28. November 1849 lautete auf vier Jahre Zuchthaus wegen Beihilfe bzw. Vorbereitung zum Hochverrat.
K. sollte Birkenau nicht wiedersehen. Er starb kurz vor seinem 64. Geburtstag auf Marienschloß, dem Landeszuchthaus in Rockenberg bei Friedberg.

Q: *Kirchenbuch der evangelischen Kirchengemeinde Birkenau; GLAK: 236/8768 und 305/ 64 – 66; Hessisches StaatsA Darmstadt: Prozeßberichte der Darmstädter Zeitung vom 25. Oktober – 6. Dezember 1849. –* ***L:*** *Deuchert, Norbert: Vom Hambacher Fest zur badischen Revolution. Politische Presse und Anfänge deutscher Demokratie 1832 – 1848/49. Stuttgart 1983 (Sonderveröffentlichung des Stadtarchivs Mannheim, 5); Gutjahr, Rainer: Weinheim in der Revolution von 1848/49. Weinheim 1987 (Weinheimer Geschichtsblatt, 32); Müller, Helga: Vormärz und Revolution 1848/49 im Birkenauer Tal. In: Gemeinde Birkenau (Hrsg.): 1200 Jahre Birkenau. Birkenau 1994, S. 39 – 63.*

Helga Müller

Klein, Karl Adolf, praktischer Arzt
* 28. 3. 1815 Lambrecht, ev.
† nach 1863 USA

V Karl Friedrich K., Kaufmann, Privatier (1784 – 1849). M Eleonore, geb. Petif (* 1793). G 3. ∞1846 (Lambrecht) Karolina, geb. Wolff, Rentnerin aus Lambrecht.

um 1835/36	Student der Medizin in Heidelberg
1840	Niederlassung als praktischer Arzt in Neustadt a.d.H.
19. 3. 1848	Anführer einer Kompanie der Neustadter Bürgerwehr
14.–17. 6. 1848	Teilnahme am Demokratenkongreß in Frankfurt a.M.
25. 5. 1849	Zivilkommissär in Neustadt
1851	Verurteilung zum Tode in Abwesenheit; Beschlagnahme des Vermögens

Unter den Akademikern und Intellektuellen, die wegen der Teilnahme an der pfälzischen Revolution angeklagt wurden, stellten nach den Juristen (20) die Mediziner (17) die größte Gruppe. Drei von ihnen stammten aus Neustadt a.d.H., wobei zwei von ihnen zu den führenden politischen Köpfen der Stadt zu rechnen sind: zum einen der Hambacher Dr. Philipp Hepp (s. dort) und zum anderen der einer jüngeren Generation angehörende und eine radikalere politische Richtung vertretende K. Im Gegensatz zu Hepp, der 1849 der Provisorischen Regierung der Pfalz angehörte, trat K. nicht als Redner bei den zahlreichen Volksversammlungen in Erscheinung, die in Neustadt abgehalten wurden. Sein Betätigungsfeld war sowohl auf lokaler wie auf regionaler Ebene das Vereinswesen. Hier entwickelte er eine umtriebige Tätigkeit, die diejenige Hepps weit überflügelt haben dürfte. Sie war sicherlich mit ausschlaggebend dafür, daß K. 1849 von der Provisorischen Regierung zum Zivilkommissär ernannt wurde.
K. stammte aus einer bedeutenden Unternehmerfamilie Neustadts bzw. des Neustadter Tales, in der allerdings auch die Ausübung eines Heilberufs eine gewisse Tradition hatte.
Möglicherweise hat dieses ärztliche wie soziale Engagement in der Familie die Berufswahl und vielleicht auch die spätere politische Orientierung K.s beeinflußt, der sich zwischen 1835 und 1836 als Student der Medizin in

Heidelberg nachweisen läßt. Ob er hier oder an seinen unbekannten anderen Studienorten mit oppositionellen Kreisen in Kontakt kam, ist offen. Sicher ist auf jeden Fall, daß er bereits in seiner Kindheit und Jugend näher mit den liberalen Ideen der Zeit in Berührung gekommen sein muß, rechneten doch die Behörden die Familie K. aufgrund ihrer politischen Haltung zu den „unzufriedensten und exzentrischsten Köpfen Neustadts" (zit. nach Süss (1956), S. 75, Anm. 375). K.s Vater und seine drei Brüder zählten zu den Miteinladern des Hambacher Festes. Um 1840 dürfte sich K. als praktischer Arzt in Neustadt niedergelassen haben, der 1844 zusammen mit den Hambachern aus seiner Familie an der Gründung der Schützengesellschaft Lambrecht mitwirkte und sich damit an einem klaren politischen Akt (Collofong/Fell (1978), S. 22) beteiligte.

Als vier Jahre später die Revolution ausbrach, betätigte sich K. zunächst als (Mit-)Organisator der örtlichen Bürgerwehr. Am 19. März 1848 von einer Neustadter Bürgerversammlung in den entsprechenden Ausschuß gewählt, übernahm er bald selbst die Führung einer der sechs Kompanien.

In den Wochen danach hob K. zusammen mit seinem Freund, dem Kaufmann Johann Egidius Fischer, einen demokratischen Verein aus der Taufe, dessen Vorsitz er übernahm. Die neue Gruppierung trat an die Seite des spätestens Ende März/Anfang April entstandenen gemäßigteren Volksvereins unter Hepp, ebenso der Arbeiterverein, an dessen Bildung K. und Fischer ebenfalls maßgeblichen Anteil hatten. Er stand in derart enger Beziehung zum demokratischen Verein, daß ihn Polizeikommissar Reuthner bei einer Zeugenbefragung im Sommer 1849 gar als Zweigverein der ersten Gründung K.s bezeichnete (LandesA Speyer: J 1/2283, fol. 1v). Nicht nur das Hauptziel, die Errichtung einer Republik, dürfte identisch gewesen sein, sondern auch ein Großteil der Mitglieder, denn die Zugehörigkeit zu mehreren politischen Vereinen war damals nichts Außergewöhnliches. Die Konsolidierung der beiden linken Neustadter Vereine unter K., der bei ihren Zusammenkünften – so Reuthner – oft „aufreizende" Reden hielt, muß spätestens Mitte Juni abgeschlossen gewesen sein, denn sie sandten ihre Vertreter, darunter K., zum ersten Demokratenkongreß in Frankfurt a.M., der zwischen dem 14. und 17. Juni 1848 tagte.

Wenige Tage zuvor, an Pfingsten, hatten etwa 40 linke Abgeordnete der Paulskirche mit Robert Blum an der Spitze die Pfalz besucht. Sie wurden allerdings in Neustadt nicht von K., sondern von Hepp begrüßt. Dies mag ein Hinweis darauf sein, daß der Neustadter Volksverein „durchaus auch demokratisch gesonnen war und zumindest" im Frühsommer 1848 „prinzipiell kein Gegensatz zu dem dortigen demokratischen Verein vorhanden war" (Wettengel (1984/85), S. 76). Eine stärkere Differenzierung ist jedoch für die Folgezeit anzunehmen. Danach bestand der Volksverein aus den achtbarsten Bürgern der Stadt, die durch die Wahrung der Märzerrungenschaften das Allgemeinwohl zu sichern trachteten, während sich der demokratische überwiegend nur noch aus Menschen zusammensetze, die der „Tagdieberei" ergeben seien. „Durch ihren Terrorismus und kommunistische Ideen" hätten sie „den Austritt der achtbaren Mitglieder" gewaltsam erzwungen. Der Verein beabsichtige die größtmöglichste Verbreitung der demokratischen Grundsätze und hierdurch die Einführung der Republik. Seine Mitglieder strebten aus eigennützigen Motiven einen Umsturz der politischen und sozialen Ordnung an. Allerdings stehe der Verein kurz vor seiner Auflösung und werde nur durch die Person K.s zusammengehalten.

Diese ungünstige Prognose traf allerdings nicht zu. Sowohl in Neustadt als auch in anderen Orten der Pfalz bestanden bis zum Ende der Revolution demokratische Vereine, deren pfälzischer Dachorganisation K. vorstand. Allerdings erreichten sie meist nicht die Stärke der lokalen Volksvereine, sie waren eher kaderähnliche Organisationen, die sich durch relativ geringe Mitgliederzahlen, aber große ideologische Geschlossenheit auszeichneten. Diesen Schluß legt ein in der „Anklag-Akte" (II 1850, S. 75ff.) abgedruckter Brief K.s an den Kaiserslauterer Demokraten Philipp Schmidt vom 28. Februar 1849 nahe, in dem K. sein Verhalten gegenüber den Volksvereinen erläuterte. Angesichts der erstarkenden Reaktion waren im November 1848 Demokraten und Gemäßigte enger zusammengerückt, um die gefährdeten Märzerrungenschaften besser verteidigen zu können. Als organisatorische Plattform diente der Dachverband der Gemäßigten, der pfälzische Volksverein, in dessen geschäftsführendem Ausschuß sowohl Hepp als auch K. saßen. K. hatte allerdings keine gute Meinung von seinen neuen Bundesgenossen, er unterstellte dem pfälzischen Volksverein und seinen lokalen Unterorganisationen „Lauheit und Unbrauchbarkeit", ihre Führer charakterisierte er als „meist vornehme Leute ohne Thatkraft" und bezeichnete sie als „Maulhelden, welche sich in ihren liberalen Phrasen gefallen, welche aber in ihrem Innern nichts weniger als Revolution oder Republik wollen", sondern Ruhe und Ordnung um jeden Preis, damit ihr „Mammon" nicht in Mitleidenschaft gezogen werde. Um diese Kräfte auszuschalten, suchten K. und Schmidt Einfluß auf die Volksvereine zu gewinnen. Schmidt dachte dabei an ein direktes offenes Vorgehen, wollte möglichst viele Volksvereine rasch in demokratische Vereine umwandeln und sie dementsprechend sofort umtaufen, um damit auch nach außen ihre neue Ausrichtung deutlich sichtbar zu machen. K. dagegen zog ein verdeckteres, schrittweises Vorgehen vor. Die Volksvereine sollten „vor der Hand dem Namen nach bestehen" bleiben, doch sollten sie bezüglich der Prinzipien demokratisiert werden, bis sie schließlich zu gegebener Zeit auch ihren Namen den Zielen entsprechend umändern würden.

K. hatte diesen Weg nach eigenen Angaben in und um Neustadt mit einigem Erfolg eingeschlagen. Auf dem Land, wo sich K.s Einfluß u.a. in Edenkoben ausgewirkt haben dürfte (vgl. Anklag-Akte (1850), II, S. 199), habe man Volksvereine gegründet, ihre Sitzungen regelmäßig besucht, damit ihre politische Haltung entsprechend beeinflußt und so den Keim für die Bildung demokratischer Vereine gelegt. In Lambrecht zeichne sich eine solche ab, in Mußbach habe sie bereits stattgefunden. Vermutlich veranlaßten die hier gemachten Erfahrungen K., auf die fördernde Rolle „gesinnungstüchtiger" örtlicher Schullehrer bei diesem Prozeß hinzuweisen. Sie müßten nur überzeugt werden, „daß sie, so lange das demokratische Prinzip nicht in Anerkennung kömmt, immer in ihrer abhängigen Lage vom Staate verbleiben werden". In Neustadt selbst hätten sich ähnlich wie in Frankenthal alle Mitglieder des Demokratischen Vereins in den Volksverein aufnehmen lassen, nicht zuletzt „um den Einfluß der Halben und Reaktionäre zu paralysieren". Diese Unterwanderung durch ein „anfänglich kleines", aber durch ideologische Geschlossenheit starkes „Häufchen" hat offensichtlich im Frühjahr 1849 zur Spaltung des Neustadter Volksvereins in zwei verfeindete Fraktionen geführt. Wenn Polizeikommissar Reuthner später eine von ihnen als „ultrademokratisch" bezeichnete (LandesA Speyer: J 1/2283, fol. 1v), so spricht dies dafür, daß K.s Strategie zumindest teilweise erfolgreich war.

K. beschränkte seine Arbeit nicht auf den Volksverein mit seiner überwiegend bürgerlichen Anhängerschaft, er suchte seinen Einfluß auch auf andere Vereine auszudehnen, um so weitere gesellschaftliche Schichten zu erreichen.

Bei all diesen Aktivitäten stand K. (vgl. Anklag-Akte (1850), II, S. 188) „in innigster Verbindung" mit seinem bereits erwähnten Freund Fischer sowie mit dem Uhrmacher Josef Valentin Weber (s. dort) und dem deutschkatholischen Prediger Heinrich Loose. Die beiden letztgenannten leiteten offensichtlich recht erfolgreich den neuen Arbeiterverein, denn er zählte nur wenige Wochen nach seiner Gründung nach K.s eigenen Angaben bereits 600 Mitglieder. Die Zusammenarbeit zwischen ihm und den beiden Arbeiterführern bekam allerdings Risse, die schließlich zum Bruch führten. Dies mag darauf zurückzuführen sein, daß die sozialrevolutionären Ziele Looses und Webers dem aus großbürgerlichem Hause stammenden K. letztendlich zu weit gingen. Schließlich sei er kein „Communist" gewesen, obwohl er die Verbesserung der Lage der arbeitenden Klasse besonders erstrebt habe, so das Urteil des stellvertretenden Neustadter Bürgermeisters Mancher gegenüber den bayerischen Untersuchungsbehörden im Sommer 1849 (LandesA Speyer: J 1/2283, fol. 5v). Für das radikale Gebaren K.s machten Mancher und andere Zeugen vor allem den starken Einfluß verantwortlich, der von Loose und Weber, insbesondere aber von Fischer, „seinem bösen Geist" (Ebd., fol 6r), ausgegangen sei. Nach der Trennung von diesen drei Personen – Fischer ging Ende Mai 1849

nach Kaiserslautern – habe sich K. weitaus gemäßigter als zuvor verhalten.
Dies wird vor allem für K.s Tätigkeit als Zivilkommissär des Kantons Neustadt geltend gemacht, wozu er am 25. Mai von der Provisorischen Regierung bestellt worden war. Sie hatte ihn ursprünglich auch für den Kanton Dürkheim vorgesehen, doch wurde dort bereits vier Tage später ein eigener Kommissär eingesetzt. Am gleichen Tag wandte sich K. in einer auch gedruckten Rede an die Bevölkerung, die er zum Zusammenhalt im „heiligen“ Kampf gegen eine wortbrüchige Regierung aufrief. Ob er sich selbst Mut zusprechen wollte, als er 50.000 pfälzische und 100.000 badische Kämpfer in Aussicht stellte, dazu noch mindestens 20.000 Nationalgardisten „unsere[r] französischen Brüder im Elsaß“ (StadtA Neustadt/W.: Sammlung Druckschriften 1848/49)? Zu K.s Dienstpflichten zählten die Vereidigung der Beamten auf die Reichsverfasssung, die Erhebung von Steuern sowie einer Zwangsanleihe von Vermögenden, die Beschlagnahme von öffentlichen Kassen, die Aushebung des ersten Aufgebots der Volkswehr und die Einführung einer neuen Gemeindeordnung sowie die Durchführung weiterer Anordnungen der Regierung wie die Reduzierung der Salz- und Holzpreise. Weiterhin billigte K. den Abtransport von Baumaterial und Mobiliar von der Burg des „Bürgers Max“ (gemeint ist das damals dem bayerischen König Maximilian gehörende Hambacher Schloß, H.S.), den das Geniekorps der Volkswehr geplant hatte, und ließ in Basel für 6.000 Gulden eine größere Anzahl von Gewehren kaufen, die jedoch für den Einsatz in der Pfalz zu spät kamen.
Zur Erledigung der ihm übertragenen Aufgaben setzte er häufig Delegierte ein und arbeitete mit anderen Vertretern der Provisorischen Regierung zusammen. Dazu zählten der Platzkommandant Jung und der Militärkommissar Straßer. Mit ihrer Unterstützung ließ er mehrere Tage Truppen in Geinsheim, Haßloch und Lachen auf Gemeindekosten einquartieren, weil man sich dort gegenüber der Aufstellung des ersten Aufgebots renitent gezeigt hatte. Dieses wurde aus den ledigen 20 – 30jährigen gebildet, von denen sich anscheinend viele durch Heirat der Aushebung zu entziehen suchten. Daher verbot K. unter dem 7. Juni kurzerhand den Bürgermeistern, männliche Personen dieser Altersgruppe zu trauen!
Weitaus weniger rigoros trat K. bei der Eintreibung von Steuern und namentlich der Zwangsanleihe auf. Seine Milde, die er hier an den Tag legte, prägte das Urteil – auch das amtliche – über K.s Tätigkeit als Zivilkommissär. Selbst der Bürgermeister von Lachen, das mit einer Zwangseinquartierung belegt worden war, hatte zu Protokoll gegeben, daß K. im allgemeinen nicht sehr streng aufgetreten sei, „man konnte mit ihm sprechen“. Neustadts stellvertretender Bürgermeister Mancher hatte im August 1849 dem Untersuchungsrichter erklärt, daß bis jetzt keine Klagen gegen K. laut geworden seien, im Gegenteil werde „von vielen Seiten anerkannt, daß seine Humanitaet manches Uebel abgewendet“ habe. Angesichts dieser Aussage verwundert es nicht, daß im Dezember 1849 der Neustadter Stadtrat um eine Amnestie für K. nachsuchte – allerdings vergeblich. K. hielt sich zu diesem Zeitpunkt bereits im Ausland auf, nachdem er mit der Provisorischen Regierung und der Volkswehr vor den anrückenden Preußen – u.a. auf einem in Edesheim requirierten Pferd – geflohen war und den badischen Feldzug vermutlich als Militärarzt mitgemacht hatte. K. wurde in Abwesenheit zum Tode verurteilt, sein Vermögen 1851 unter Sequester gestellt. Um etwas davon zu retten, erhob seine in Neustadt zurückgebliebene Frau Gütertrennungsklage. K. selbst war in die USA emigriert, wo er sich als Arzt niedergelassen und ein Buch über Kinderheilkunde verfaßt haben soll.

Q: LandesA Speyer: Best. J 1/314, 2281, 2282; V 101 (Nachlaß Collofong), Materialien zur Familiengeschichte K.; StadtA Neustadt/W.: Nr. 2840, 2842, 2843, 2912; Sammlung Druckschriften 1848/49; Anklag-Akte, errichtet durch die k. General-Staatsprokuratur der Pfalz, nebst Urtheil der Anklagekammer des k. Appellations-Gerichtes der Pfalz in Zweibrücken vom 29. Juni 1850 in der Untersuchung gegen Martin Reichard, entlassener Notär in Speyer, und 332 Consorten wegen bewaffneter Rebellion gegen die bewaffnete Macht, Hoch- und Staatsverraths etc. Zweibrücken 1850. – ***L:*** *Collofong,*

Ernst: 125 Jahre Schützengesellschaft Lambrecht. In: Festschrift zum Pfälzischen Bundesschießen 1969 verbunden mit dem 125jährigen Jubiläum der Schützengesellschaft Lambrecht 1844 e.V. Lambrecht 1969, S. 23 – 30; ders./ Fell, Hans: 1000 Jahre Lambrecht. Chronik einer Stadt. Lambrecht 1978; Sauer, Heinrich Maria: Die demokratische Volksbewegung in Neustadt an der Haardt im Jahre 1848. Neustadt/W. 1948; Schwarzwälder, Bernd: Die Ursachen der Reichsverfassungskampagne in der Pfalz 1849. Politische Bewegungen in Neustadt an der Haardt. (Wissenschaftliche Hausarbeit für die Zulassung zur Prüfung für das Lehramt an Gymnasien in Bayern) (masch.) München 1982; Süss, Edgar: Die Pfälzer im „Schwarzen Buch". Ein personengeschichtlicher Beitrag zur Geschichte des Hambacher Festes, des frühen pfälzischen und deutschen Liberalismus. Diss. Mainz 1954. Heidelberg 1956 (Heidelberger Veröffentlichungen zur Landesgeschichte und Landeskunde, 3); Weidmann, Werner: Die wirtschaftlich-sozialen Hintergründe der Pfälzer Revolution von 1849 und die sozialrevolutionären Umsturzversuche. In: Jahrbuch zur Geschichte von Stadt und Landkreis Kaiserslautern, 22/23 (1984/85), S. 19 – 58; Wettengel, Michael: Das liberale und demokratische Vereinswesen in der Pfalz während der Revolution 1848/49. In: Jahrbuch zur Geschichte von Stadt und Landkreis Kaiserslautern 22/23 (1984/85), S. 73 – 117.

Heiner Stauder

Kolb, Georg Friedrich, Zeitungsherausgeber, Buchdrucker, Autor, Politiker
* 14. 9. 1808 Speyer, ev., später konfessionslos
† 16. 5. 1884 München.
(Geburts- und Sterbedatum werden in zahlreichen Veröffentlichungen sowie in der NDB falsch angegeben!)

V Jacob Christian K., Buchdrucker und Zeitungsherausgeber aus Tübingen (1766 – 1827); mit erster Ehe Einheirat in die Frankenthaler Druckerei Gegel. M Karolina Christina, geb. Prior, 2. Frau des V (1772 – 1835). G 8 ältere, 4 jüngere, das Erwachsenenalter erreichten außer ihm 2 Schwestern und Johann Jacob (1799 – 1818). ⚭1830 (Speyer) (Anna) Regina Josepha Antonia, geb. Gaerth (1805 – 1874), Adoptivtochter und Nichte des Speyerer Regierungsrats und Landtagsabgeordneten Anton Johann Kurz, kath., aus Aschaffenburg. V Johann Karl G., Gastwirt, später Guts- bzw. Hotelbesitzer (lebt 1830 noch). M Margaretha, geb. Erbs. K 1 Sohn Dr. Karl G. († 1918), errichtete die Kolb-Stiftung, 5 Töchter, darunter Regina, 2. Frau des Speyerer Arztes Georg Friedrich Weltz, älterer Bruder des Speyerer 48ers Heinrich Weltz (s. dort). 1. Frau des Dr. Weltz war Christina Sophia Gertraude Hillgärtner, wohl Schwester des Frankenthalers Georg Hillgärtner (s. dort).

bis Sommer 1822	Schulbesuch, einschließlich der Oberen Progymnasialklasse
Anfang 1823	vorzeitige Beendigung der Schule und „zur Buchdruckerei übergegangen"
2./9. Aug. 1830	Übernahme von Geschäft und Druckerei seines Vaters
Nov. 1832	Preßprozeß wegen mehrerer Artikel, besonders wegen des Abdrucks der „Protestation Neustadter Bürger gegen die Erklärung des kgl. Gesamtministeriums vom 2. Juni zum Hambacher Fest"; Freispruch vor dem Bezirksgericht Frankenthal und dem Appellationsgerichtshof Zweibrücken
1838 – 1848	Stadtrat in Speyer
3. 3. 1848	Veröffentlichung der „Märzforderungen" der Pfalz in der „Neuen Speyerer Zeitung"
1848	Mitglied des Vorparlaments und der Nationalversammlung in Frankfurt
Juli 1848 – Juli 1849	Bürgermeister von Speyer (Antrittsrede am 29. 7. 1848)
7. 12. 1848	Wahl in den bayerischen Landtag
Frühjahr 1849	K.s Publikmachung des „Griechischen Anlehens" zwingt den bayerischen König zur Zurückzahlung von 1,5 Millionen Gulden aus dessen Privatver-

Georg Friedrich Kolb im Jahr 1848 (Vorlage: StadtA Speyer)

	mögen; er hatte den Betrag als Anleihe an das Königreich Griechenland der Staatskasse entnommen.
9. 6. 1849	erneute Wahl zum Bürgermeister, die K. wegen der Mitgliedschaft im Rumpfparlament ablehnt; er bleibt jedoch Stadtrat
1849 – 1853	Stadtrat in Speyer
1853 – 1859	Schweizer Exil (Zürich)
1860	Redakteur der „Neuen Frankfurter Zeitung“ von Leopold Sonnemann
1859 – 1870	Wahl in die bayerische Zweite Kammer (Wahlkreis Kaiserslautern)
1865	beim Deutschen Abgeordnetentag in Frankfurt a.M. Mitglied der geschäftsführenden Siebenerkommission
ab 1867	Verwaltungsratsmitglied der Pfälzischen Bahnen
1867 – 1870	Wahl ins Zollparlament
1870	Ehrenbürger von Kaiserslautern
1876	Rückgabe der Ehrenbürgerschaft
1912	Gründung der Kolb-Stiftung durch seinem Sohn Dr. Karl, die heute noch Ausschüttungen hat
1955	Benennung der Kolb-Straße
1982	Einweihung des Georg-Friedrich-Kolb-Schulzentrums in Speyer (Haupt- und Realschule)

Seit 1823 arbeitete K. in der Buchdruckerei seines Vaters mit, nach dessen Tod führte er für seine Mutter bis 1830 Druckerei und die Redaktion der Juli 1816 von K. sen. gegründeten „Neuen Speyerer Zeitung“, um dann beides offiziell zu übernehmen. Maßgeblicher Redakteur war von 1816 bis 1821 der fortschrittliche Regierungs- und Schulrat Johann Friedrich Butenschoen gewesen.

K. vertrat in seinem Blatt einen gemäßigt republikanischen Standpunkt, widmete sich mehr pfälzischen und bayerischen Problemen als dem lokalen Bereich. Er vertrat (so er selbst Jahre später) in seinem Blatt „mit glühender Begeisterung die Grundsätze der vermeintlich beginnenden Freiheit“ und verfolgte eine regierungs- und kirchenkritische Linie. Vorbereitung und Unterstützung des Hambacher Festes brachten ihm einen der ersten von insgesamt etwa 20 Preßprozessen ein, der aber mit einem Freispruch endete. Der weitgehend autodidaktisch gebildete K. veröffentlichte daneben zahlreiche grundlegende statistische Werke. Sein politisches Engagement führte 1838 zur Wahl als damals jüngstem Stadtrat von Speyer, das erste seiner zahlreichen öffentlichen Ämter. K. gehörte zu den ersten, die die wirtschaftliche Bedeutung des Gütertransports auf der Schiene erkannten und setzte sich für eine Ost-West-Verbindung über Speyer ein (Saarbrücken-Bexbach-Rheinschanze). Ebenso unterstützte er eine Anbindung in Nord-Süd-Richtung (Straßburg-Germersheim-Speyer-Mainz). Es gelang jedoch nur ein Teilerfolg: Trotz Genehmigung des Projekts und Gründung einer Aktiengesellschaft (1837/38) erhielt Speyer 1847 lediglich eine Stichbahn nach Schifferstadt – für Speyer eine Abwertung, für die damalige Rheinschanze der Beginn des Aufschwungs. Zu K.s Verdiensten gehört auch die Gründung eines Gewerbevereins (1843) sowie einer Gewerbehalle, eine der frühesten Verkaufsausstellungen für Gewerbetreibende und Handwerker in Deutschland. 1848 in Vorparlament und Fünfziger-Ausschuß gewählt, wurde K. im gleichen Jahr auch Bürgermeister von Speyer, wenngleich er die meiste Zeit im Frankfurter Parlament verbrachte, wo er dem 'Deutschen Hof' angehörte. Er war der aktivste pfälzische Abgeordnete (9. pfälzischer Wahlkreis: Speyer) und versuchte, in der Paulskirche wie zuvor und nach 1849 den parlamentarischen Weg eines allmählichen Übergangs zur Demokratie zu gehen. Als Mitglied des Ausschusses für die Priorität der Petitionen und Anträge sowie im Finanzausschuß gehörte er im Mai 1849 zu den Mitunterzeichnern eines Aufrufs zum Kampf für die deutsche Reichsverfassung. Am 17. Mai wählte man ihn als Mitglied in die Provisorische Regierung der Pfalz, er lehnte das Amt jedoch ab. Später war er Mitglied des Rumpfparlaments und wurde außerdem Juni 1849 erneut zum Bürgermeister gewählt. Von Mitte Juli 1849 bis zum 3. Januar 1850 stand er unter der Anschuldigung der „Truppenverführung durch eine Rede vom Speyerer Rathausbalkon". Weiter wurde er der angeblichen Hilfeleistung für illegale Behörden durch die Aufnahme der Verfügungen der Provisorischen Regierung in sein Blatt beschuldigt. K. saß in Untersuchungshaft; wegen der Verzögerung seines Prozesses konnte er sein 1849 erhaltenes Mandat für den bayerischen Landtag lange nicht wahrnehmen, er blieb jedoch Speyerer Stadtrat. Die ersten Jahre der Reaktion erlebte K. noch in Speyer. 1852/53 führte ein letzter Preßprozeß schließlich zur Einstellung der „Neuen Speyerer Zeitung" (letzte Ausgabe am 31. März 1853). Einer erneuten Haftstrafe entging er durch Emigration in die Schweiz mit der gesamten Familie. In Zürich betätigte er sich vor allem schriftstellerisch und wissenschaftlich. 1859 kehrte er nach Deutschland zurück, um bei der demokratisch, antipreußisch und österreichfreundlich eingestellten „Neuen Frankfurter Zeitung" Leopold Sonnemanns zunächst als Korrespondent zu arbeiten. Ab 1860 war er Redakteur, 1864 wurde er verantwortlicher politischer Redakteur des Blattes. Als am 17. Juli 1866 die Redaktion von preußischen Truppen besetzt und versiegelt wurde, siedelte K. nach München über. Bereits seit 1859 für den Wahlkreis Kaiserslautern in der bayerischen Zweiten Kammer, wurde er nun auch ins Zollparlament gewählt. Bis 1871 gehörte er dem bayerischen Landtag an, zog sich jedoch nach dem Deutsch-Französischen Krieg und der Reichsgründung, gegen die er als einziger Pfälzer eingetreten war, schließlich enttäuscht und verbittert aus der Politik zurück. Nach seinem Tod 1884 erhielt K. die erste bayerisch/pfälzische Feuerbestattung. Das Grab auf dem alten Nördlichen Friedhof in München ist noch erhalten.

W: *(Auswahl): Neue Speyerer Zeitung; Lebensgeschichte Napoléons. 8 Bde. Speyer 1826/27; Friedrich II. und Napoléon. Speyer 1828; Statistisch-topographische Schilderung von Rheinbayern. 2 Bde. Speyer 1831/33; unter Pseudonym J.H. Miller: Geschichte der neuesten Ereignisse in Rheinbaiern. Weißenburg/Elsaß 1833; Die Steuerüberbürdung der Pfalz gegenüber der Besteuerung der übrigen bayerischen Kreise. Mannheim 1846; Handbuch der vergleichenden Statistik. Zürich 1857 (Leipzig $^{1-8}$1878); unter Pseudonym F.K. Broch: Kaspar Hauser. Zürich 1859 (unter eigenem Namen: zuletzt Regensburg 1883); Die Nachtheile des stehenden Heerwesens und die Nothwendigkeit der Ausbildung eines Volkswehrsystems. Leipzig 1862; Kulturgeschichte der Menschheit. 2 Bde. Leipzig 1869/70; Lebenserinnerungen eines liberalen Demokraten 1808 – 1884. Freiburg 1976; zahlreiche Aufsätze im Staatslexikon von Rotteck/Welcker nach 1834; später Mitarbeiter anderer Zeitschriften und Zeitungen, u.a. der „Neuen Jahrbücher für Geschichte und Politik", des „Herold. Wochenzeitschrift für Politik, Literatur und öffentliches Gerichtsverfahren" und der „Constitutionellen Jahrbücher".* – **Q:** *BundesA, Außenstelle Frankfurt: Briefnachlaß Kolb (etwa 400 Briefe an Kolb aus den Jahren 1823 – 1874, da K. u.a. mit 39 Mitgliedern der Nationalversammlung korrespondierte). Privatbesitz: Nachlaß Kolb. StadtA Speyer: 3/393; 3/396; 3/855; Bestd. 2/114; Ratsprotokolle 1838 – 1850.* – **L:** *Best, Heinrich/Weege, Wilhelm: Biographisches Handbuch der Abgeordneten der Frankfurter Nationalversammlung 1848/49. Düsseldorf 1996; Braeuer, Walter: G.F.K. In: NDB 12 (1980), S. 441f.; o. V.: G.F.K.*

In: Frankfurter Biographie. Personengeschichtliches Lexikon. Hrsg. von Wolfgang Klötzer. Bd. 1. Frankfurt a.M. 1994 (Veröffentlichungen der Frankfurter Historischen Kommission, 19), S. 414; Krautkrämer, Elmar: G. F. K. (1808 – 1884). Würdigung seines journalistischen und parlamentarischen Wirkens im Vormärz und in der deutschen Revolution. Ein Beitrag zur pfälzischen Geschichte des 19. Jahrhunderts und zur Geschichte des deutschen Frühliberalismus. Meisenheim/Glan 1959 (Mainzer Abhandlungen zur mittleren und neueren Geschichte, 7); ders.: G.F.K. In: Baumann, Kurt (Hrsg.): Pfälzer Lebensbilder 1 (1964), S. 241 – 261; Süss, Edgar: Die Pfälzer im „Schwarzen Buch". Ein personengeschichtlicher Beitrag zur Geschichte des Hambacher Festes, des frühen pfälzischen und deutschen Liberalismus. Diss. Mainz 1954. Heidelberg 1956 (Heidelberger Veröffentlichungen zur Landesgeschichte und Landeskunde, 3); Weltz, Heinrich: Die Buchdrucker- und Verlegerfamilie Kolb in Frankenthal und Speyer und ihre Nachkommen. In: Pfälzisches Museum 37 (1920) H. 10 – 12, S. 41 – 47. – ***B:*** *StadtA Speyer; Bayerische Staatsbibliothek München; Privatbesitz.*

Katrin Hopstock

Kraft, Bonaventura, Amtmann
* 1813(?) Offenburg, kath.
† 11. 11. 1878 Wertheim (65 Jahre alt)

V Karl K., Privatier in Offenburg. M Anna, geb. Fiehsinger.
∞Rosalia, geb. Brückner. K 3.

vor 1830	Besuch des Gymnasiums in Offenburg
1830 – 1834	Studium der Rechtswissenschaften in Freiburg und Heidelberg
1836 – 1842	Rechtspraktikant
1842 – 1848	Amtsassessor beim Großherzoglich Badisch und Fürstlich Leiningischen Bezirksamt Mosbach
1848 – 1849	Amtsverweser des Bezirksamtes Eberbach
1848	Ernennung zum Amtmann
1849 – 1854	Amtmann beim Oberamt Heidelberg
1854 – 1857	zweiter Beamter beim Stadt- und Landamt Wertheim
1857 – 1860	Amtsrichter am Amtsgericht Wertheim
1860 – 1878	Oberamtsrichter am Amtsgericht Wertheim

Am 19. März 1848 wurde K. als Nachfolger des glücklosen Wilhelm Hübsch (s. dort) zur Verwaltung des Amtes Eberbach abgeordnet. Die Amtsführung des bisherigen Mosbacher Assessors schien der liberal gesinnten Eberbacher Bevölkerung eher entgegen zu kommen als die reaktionär geprägte Politik Hübschs. So urteilte der liberal-konstitutionelle Theodor Frey (s. dort): „Als neuen Amtmann bekamen wir alsbald Herrn Beneventuro Kraft, der sich hier besondere Werthschätzung erworben hatte" (zit. n. Vetter (1986), S. 61), und der konservative katholische Pfarrer Gillig hielt in seiner Chronik fest: „Dieser Beamte galt als freisinnig und bürgerfreundlich und wurde hier mit vielen Ehren empfangen und gut aufgenommen. Er hatte eine schwierige Stellung. Bei seiner großen Nachsicht kamen die Urheber mancher Exzesse ungestraft davon. Viele sind ihm zu Dank verpflichtet" (zit. n. Joho (1988), S. 105). Als K. im Mai 1848 als Amtsverweser abgelöst werden sollte, petitionierten beinahe 300 Eberbacher Bürger für seinen Verbleib in ihrer Stadt, „denn dieser wackere und bürgerfreundliche Beamte, hatte sich in kurzer Zeit das Vertrauen und die Zuneigung der Bürger erworben, und dieß wollen wir nicht als eine Geringigkeit betrachten, da es zu einer Zeit war, in welcher die Stellung der Beamten dem Bürgerthum gegenüber nicht die günstigste war. [...] so haben wir nicht minder dem Assessor Kraft unsern vollen Dank auszusprechen für die freundliche Zuvorkommenheit womit derselbe uns bisher begegnete und wodurch es ihm gelungen ist, Ereignisse zu verhüten, die uns nur zum Nachtheile gedient hätten" (GLAK: 76/4421). K. wurde daraufhin in Eberbach belassen und bald darauf zum Amtmann ernannt.
Gewarnt durch das Beispiel seines Vorgängers scheint der Beamte – einmal ganz abgesehen von seiner wesentlich liberaleren Haltung – den

Versuch unternommen zu haben, in seinem Amtsbezirk und vor allem in der Amtsstadt Ruhe und Ordnung aufrecht zu erhalten, ohne sich dabei mit einer der politischen Fraktionen zu überwerfen und dadurch seine Position zu unterminieren. Eine solche Gratwanderung zwischen den liberalen und den radikalen Kräften der Stadt sowie seinen vorgesetzten Behörden war nicht ohne Risiken und gewiß nicht einfach zu bewerkstelligen, wie schon die Ereignisse im Gefolge des Heckerzuges im April 1848 gezeigt hatten. Am Ostermontag, dem 24. April 1848, zog eine große Menschenmenge aus dem Kraichgau um Sinsheim nach Heidelberg, „um daselbst die Republik zu proclamiren und sodann dem hochverrätherischen Zuge von Hecker und Struve zu Hilfe zu eilen. Diese Nachricht [...] verbreitete [...] allenthalben Schrecken und Bestürzung und es faßte ein großer Theil der in den Wirthshäusern versammelten Bürger den Beschluß, daß sich auf alle Fälle das erste Aufgebot der Bürgerwehr gerüstet halten sollte. Statt nun solches den Mitgliedern des 1. Aufgebotes speciell ansagen zu lassen, lies der Hauptmann der II. Compagnie, der hiesige Bürger und Zeugschmidt Hiob Daniel Backfisch (s. dort), ein Mann der allerdings starke Sympathien für die Republik in seinem Busen hegte, ungeeigneter Weise den Generalmarsch schlagen, in Folge dessen sich die sämmtliche Bürgerwehr auf dem Leopoldsplatze vor dem Amtshause versammelte. Bewaffnete erblickten wir keine darunter. Es war damals schon ziemlich spät am Abend und nicht zu verkennen, daß einzelne Gemüther von geistigen Getränken ziemlich aufgeregt und erhitzt waren" (Bericht K.s, GLAK: 349/ Zug.1894/36/1a). Schließlich gelang es K. – wohl in Zusammenwirken mit Theodor Frey – die „Gemüther" zu besänftigen, und, als aus Neckargemünd die Nachricht des Scheiterns der Heidelberger Aktion eintraf, beruhigte sich die Situation in Eberbach wieder. Ob nun Backfisch die Eberbacher Bürgerwehr zur Unterstützung des republikanischen Putsches nach Heidelberg führen wollte – wie sein politischer Gegenspieler Frey in seinen Erinnerungen behauptete und was K. in seinem Bericht wohl absichtlich abschwächend umschrieb –, sei dahingestellt; die Episode verdeutlicht jedenfalls, daß die Situation in Eberbach auch unter Leitung des liberalen und bürgernahen K. gespannt blieb und der Beamte teilweise nur mit Mühe eine Eskalation verhindern konnte.

Hiob Daniel Backfisch jedenfalls sollte für die weitere Karriere des Amtmanns noch eine bedeutende Rolle spielen. Backfisch, der im Frühjahr Eberbach verlassen, an der Organisation des Struveputsches mitgewirkt hatte und nach dessen Scheitern Ende September 1848 in seine Heimatstadt zurückgekehrt war, um sich freiwillig zu stellen, sollte auf Requisition des Freiburger Untersuchungsgerichts verhaftet werden. K. verweigerte jedoch wegen der Geringfügigkeit der Anklagepunkte die Verhaftung. Nachdem die Freiburger Dienststelle darauf aber beharrte, suchte K. am 6. Oktober beim Justizministerium um eine Entscheidung nach, indem er rechtfertigend auf die Erfolge seiner bisherigen Amtsführung verweist: „Wir haben sowohl im letzten Frühjahr als auch in den stürmisch bewegten Tagen der letzten Zeit in der hiesigen Stadt trotz einer außerordentlichen Aufregung aller Gemüther Ruhe, Ordnung und Achtung vor dem Gesetze erhalten, ohne daß seit unserer Dienstführung irgendein ungesetzlicher Exceß vorgekommen wäre und wir hoffen zu Gott, daß uns dieß auch für die Zukunft gelingen werde. Nun glauben wir aber, daß es bei der Verhaftung Backfischs zu Widersetzlichkeiten und am Ende noch dahin kommen würde, daß wir militärische Hilfe in Anspruch nehmen müßten" (GLAK: 76/4421). Diese Aussage macht besonders deutlich, auf welch 'dünnem Eis' der Bezirksbeamte nach wie vor operierte. Daß sich Backfisch am 12. Oktober der vom Ministerium angeordneten Verhaftung durch Flucht entziehen und fast zeitgleich ein anderer Untersuchungsgefangener, der Mehlhändler Hiob Olbert, aus der Haft entkommen konnte, weckte das Mißtrauen von K.s Vorgesetzten, führte zur Einleitung eines dienstpolizeilichen Verfahrens gegen den Beamten und endete mit der Verhängung einer Disziplinarstrafe 1. Grades.

In der Tat läßt das Handeln des Eberbacher Amtmanns einige Fragen offen. Sympathisierte er gar mit revolutionären Ideen, wie die Behauptung des Gendarmeriebrigadiers Zimmermann, K. sei mit dem flüchtigen Backfisch im

Oktober 1848 in Straßburg zusammengetroffen, oder die Tatsache, daß er Olbert – angeblich aus gesundheitlichen Rücksichten – nicht im Amtsgefängnis, sondern im ehemaligen leiningischen Rentamtsgebäude, aus dem ein Entkommen leicht möglich war, festsetzen ließ, nahelegen könnten? Ist sein Verhalten damit zu begründen, „daß er vielleicht zu sehr ein Bestreben Kund gibt, zu dem in neuerer Zeit leider mancher Beamte hinneigt, nämlich das Bestreben, sich in seiner Stellung populär und dadurch sein dienstliches Wirken leichter zu machen. Namentlich [...] sich's als Dienst-Nachfolger des Amtmanns Hübsch zur Aufgabe gemacht zu haben, die gereizte Stimmung der Gemüther im Amtsbezirk Eberbach durch ein nachgiebiges versöhnendes Benehmen gegen die Amtsuntergebenen allmälig zu beschwichtigen [...]" (GLAK: 76/4421), wie der mit der Untersuchung beauftragte Amtmann Wilhelm Spangenberg mutmaßte? Handelte er alleine aus Menschenfreundlichkeit oder unter der Einsicht in seine faktische Machtlosigkeit in solch unruhigen Zeiten, die eine Konfrontation mit der Bürgerschaft oder gar ein gewaltsames Durchsetzen von Anordnungen kaum zuließen?

Wie die einflußreichen gemäßigt-liberalen Bürger Eberbachs in der „heißen Phase" der Revolution, im Mai und Juni 1849, das Heft in der Hand behielten und letztendlich eine weitergehende Radikalisierung des Geschehens verhinderten, scheint es auch dem Amtmann gelungen zu sein, seine Autorität in gewissem Umfang zu wahren. Am 20. Juni 1849 übergab er zusammen mit Bürgermeister Heinrich Neuer und dem Bürger Konrad Knecht zum Schiff die Stadt an den Befehlshaber der heranrückenden preußischen Truppen.

Vehement hatte sich K. gegen jegliche Unterstellung, nicht korrekt gehandelt zu haben, gewehrt, ebenso – wenn auch vergeblich – gegen die verhängte Disziplinarstrafe. Seine „bürgerfreundliche" Amtsführung zahlte sich für ihn jedoch nicht aus, einen selbständigen Dienstposten der inneren Verwaltung sollte er nie mehr erhalten. Am 12. Oktober 1849 wurde er – gegen Petitionen der Eberbacher und anderer amtsangehöriger Gemeinden – als Amtsverweser des Bezirksamts Eberbach abgelöst und in eine untergeordnete Stellung an das Oberamt Heidelberg versetzt. 1854 wurde er zum zweiten Beamten des Stadt- und Landamts Wertheim ernannt. Anläßlich der Trennung von Justiz und Verwaltung auf Ämterebene wurde er 1857 Richter am dortigen Amtsgericht. 1860 zum Oberamtsrichter befördert, starb K. kurz vor seiner Pensionierung 1878 in Wertheim.

Q: *GLAK: 76/4421, 349/Zug. 1894/36/1, 1a, 4, 5; Badisches Staatshandbuch 1857; Badische Regierungsblätter 1836 – 1878; Roys, Heinrich (Hrsg.): Verzeichniß aller aktiven Hof-, Kirchen-, Militär- und Staats-Diener und Rechtsanwälte, nebst Angabe ihrer Beförderungen, Versetzungen, Ehrenauszeichnungen u.s.w. Karlsruhe 1864, S. 65; Wechmar, Karl August Ferdinand Freiherr von: Handbuch für Baden und seine Diener oder Verzeichniß aller badischen Diener vom Jahr 1790 bis 1840, nebst Nachtrag bis 1845, von einem ergrauten Diener und Vaterlandsfreund. Heidelberg 1846, S. 160. –* ***L:*** *Die Amtsvorsteher der Oberämter, Bezirksämter und Landratsämter in Baden-Württemberg 1810 bis 1972. Hrsg. v. d. Arbeitsgemeinschaft der Kreisarchive beim Landkreistag Baden-Württemberg. Stuttgart 1996, S. 361; Cser, Andreas/Vetter, Roland/Joho, Helmut: Geschichte der Stadt Eberbach am Neckar vom 16. Jahrhundert bis zur Gegenwart. Sigmaringen 1992 (Geschichte der Stadt Eberbach am Neckar, 2), S. 131f.; Eibach, Joachim: Der Staat vor Ort. Amtmänner und Bürger im 19. Jahrhundert am Beispiel Badens. Frankfurt a.M. 1994 (Historische Studien, 14), S. 10f., 105; Joho, Helmut (Hrsg.): Die Eberbacher Ortschronik von Anton Gillig, dem katholischen Pfarrer und Dekan von Eberbach in den Jahren 1840 bis 1849. In: Eberbacher Geschichtsblatt 87 (1988), S. 86 – 117; Vetter, Roland: Theodor Frey. Sein Leben und seine Zeit. Eine biographische Skizze des Initiators des Deutschen Handelstages unter Verwendung seiner Lebenserinnerungen. Eberbach/Heidelberg 1986 (Festschrift zum 125jährigen Jubiläum des Deutschen Industrie- und Handelstages), S. 60f.; Weiss, John Gustav: Geschichte der Stadt Eberbach am Neckar. Eberbach 1900, S. 195ff.*

Joachim Stephan

Krebs, Daniel, Lehrer
* 31. 8. 1827 Mannheim, ev.
† 17. 7. 1901 Mannheim

V Johann Peter K., Bierbrauermeister (um 1792 – 1871). M Judith, geb. Hackmann (um 1802 – 1867). G 2 Brüder, 3 Schwestern.
∞ 1864 (Mannheim) Marianna Amalia Augusta, geb. Rös (* 1835 Mannheim), ev. K 1 Sohn, 1 Tochter.

	Studium der Mathematik in Freiburg, Karlsruhe und Paris
April 1848	Teilnahme am Heckerzug; Verhaftung, Untersuchungshaft
ab 1849	Exil in der Schweiz und in Rumänien
25. 5. 1850	Verurteilung in Abwesenheit zu zwei Jahren Zuchthaus
1860	Begnadigung und Rückkehr nach Mannheim; Gymnasialprofessor
1863	Mitgründer des demokratischen Volksvereins in Mannheim
1873/74	Landtagsabgeordneter der Demokratischen Partei
1874	Aufbau einer Knabenerziehungsanstalt in Bad Littenweiler bei Freiburg
1879	Eröffnung eines Privatinstituts für Knaben im Haus A 2, 7
1891	Kandidatur für die Demokratische Partei

Der aus Mannheim stammende Student K. hatte sich im Frühjahr 1848 den aus Paris nach Deutschland ziehenden Freiheitskämpfern angeschlossen, die an der französischen Grenze auf eine Möglichkeit warteten, in die revolutionäre Bewegung eingreifen zu können. Seine spätere Anklageakte hob hervor, daß er schon auf einer Volksversammlung vom 2. April im südbadischen Achern die Zuhörer zur gewaltsamen Einführung der Republik – wie in Frankreich – aufgefordert habe. Wenige Tage später reihte er sich in Straßburg bei der deutschen Legion des Dichters Georg Herwegh ein und überschritt mit ihr als Adjutant von Adalbert von Bornstädt aus dem preußischen Stendal die Grenze. Der Plan, sich mit den von der Schweizer Grenze aus Richtung Norden ziehenden Kolonnen Friedrich Heckers (s. dort) zu vereinigen, wurde aussichtslos, nachdem dessen Streitmacht bei Kandern besiegt und auch die restlichen Kolonnen des Freischarenzuges isoliert geschlagen worden waren. Unter ungünstigen Bedingungen versuchten die Legionäre, sich über die rettende Grenze in Sicherheit zu bringen. Am 26. April zogen sie im südbadischen Städtchen Zell ein, wurden aber tags darauf in Niederdossenbach von württembergischem Militär gestellt und im Gefecht bei Dossenbach besiegt. Unter den über 300 Gefangenen, die von den Truppen gemacht wurden, befand sich auch K. Wegen seiner Beteiligung an Heckers verunglücktem Unternehmen kam er nun in Untersuchungshaft nach Bruchsal, deren lange Dauer er mehrfach in der Öffentlichkeit anprangerte. Vom Bruchsaler Zellengefängnis aus führte K. eine lebhafte Korrespondenz mit den Unterstützungsvereinen, aber auch mit den badischen Justizbehörden, an die er nach 300 Tagen Gefangenschaft einen empörten Protestbrief richtete, als sie den Geschworenenprozeß gegen die im September 1848 festgenommene Gruppe um Gustav Struve (s. dort) ansetzten, während Dutzende von Untersuchungsgefangenen aus den Apriltagen des gleichen Jahres noch immer ohne Nachricht über ihr Verfahren hinter Gittern saßen. Mit Verweis auf seine durch die Haft stark zerrüttete Gesundheit warf er den Behörden vor, ihn wegen seiner Gesinnung unnötig lange im Gefängnis zu halten, weil er nicht um Amnestie oder um Gnade zu betteln bereit sei und stellte die provozierende Frage: „Man wird mir doch hoffentlich nicht zumuthen wollen, daß ich bei jenen um Gnade flehen soll, die ich als meine größten Feinde ansehe, und sie als solche hassen und verachten muß?" (Mannheimer Abendzeitung, Extra-Beilage vom 17. März 1849). Was K. als Unterstellung formuliert hatte, wurde ihm aber behördlich bestätigt. Seine Korrespondenzen reizten die Vertreter der Justiz ebenso wie die Aktivitäten des als Interessenvertretung der Gefangenen gegründeten Vereins – zu dessen Vorstandsvorsitzendem er gewählt wurde –, seine Haft unnötig auszudehnen.
Als dann Anfang Mai 1849 der Prozeß gegen K. und drei Mitangeklagte vor einem Freiburger Geschworenengericht geführt wurde,

Daniel Krebs (Vorlage: StadtA Mannheim)

sprach der Angeklagte in seinem Schlußwort am 8. Mai noch einmal über die schlechte Behandlung von seiten der württembergischen Soldaten, der Gefängnisaufseher und des Bruchsaler Gefängnisdirektors. Im selben Atemzug aber rechtfertigte er das Unternehmen der Pariser Legion und schilderte das Gefecht bei Dossenbach als bloße Verteidigungshandlung gegen den vorhergegangenen Angriff der Württemberger. Nach über einem Jahr Untersuchungshaft wurde er freigesprochen. Von der vierköpfigen Gruppe der Angeklagten wurde nur v. Bornstädt zu einer Gefängnisstrafe verurteilt.
Die Freilassung K.s fiel zeitlich mit dem Beginn des badischen Aufstands zusammen. So war es nicht verwunderlich, daß der durch die Behandlung der großherzoglichen Justiz Verbitterte sich den Aufständischen anschloß. Er wurde als Bevollmächtigter des Landesausschusses Zivilkommissär in den Bezirken Weinheim, Schriesheim und Odenwald, wo er Sicherheitsausschüsse gründete, mit der Aufstellung einer Volkswehr begann und versuchte, die Gemeinden auf die Provisorische Regierung einzuschwören. Beim Rückzug der Revolutionsarmee wurde er in Offenburg am 26. Juni noch einmal zum dortigen Zivilkommissär ernannt. Nach der Niederlage ging er ins Schweizer Exil und war in Genf zeitweise als Hauslehrer tätig. Am 25. Mai 1850 wurde er in Abwesenheit zu zwei Jahren Zuchthaus verurteilt. 1860 wurde einem Begnadigungsgesuch seines Vaters stattgegeben, und er durfte aus dem Exil nach Mannheim zurückkehren, wo er später eine Privatschule gründete.

*Q: StadtA Mannheim: Polizeipräsidium, Zug. –/1962, Familienbogen; Kleine Erwerbungen: Nr. 522; NL D. Krebs, Zug. –/1958; Mannheimer Abendzeitung; Mannheimer Journal. – **L:** Becht, Hans-Peter: Badische Parlamentarier 1867–1874. Düsseldorf 1995 (Photodokumente zur Geschichte des Parlamentarismus und der politischen Parteien, 3); Schadt, Jörg (Hrsg.): Alles für das Volk. Alles durch das Volk. Dokumente zur demokratischen Bewegung in Mannheim 1848 – 1948. Stuttgart 1977 (Sonderveröffentlichung des Stadtarchivs Mannheim, 1). – **B:** StadtA Pforzheim: NL Müller, Alben, Nr. 87.*

Hans-Joachim Hirsch

Ladenburg, Leopold, Jurist, Nationalökonom
geb. 11. 8. 1809 Mannheim, isr.
gest. 24. 7. 1889 Mannheim

V Wolf Hayum L., Bankier (1766 – 1851). M Mina, geb. Lorch (1770 – 1845). G 4 Brüder, 4 Schwestern.
∞ 1836 Delphine, geb. Picard (1814 – 1882), isr.. K 3 Söhne, 5 Töchter, darunter Albert (1842 – 1911), Chemiker.

ab 2. 11. 1827	Studium der Mathematik in Heidelberg, später Rechtswissenschaften
1832	Promotion zum Dr. jur. in Heidelberg
1833	Obergerichtsadvokat in Mannheim

1839 – 1875	Mitglied im Großen Bürgerausschuß
1848/49	Mitglied des Neuen Vaterländischen Vereins
1849 – 1884	Vorsitzender der Jüdischen Gemeinde in Mannheim
1866	Vorsitzender des Verwaltungsrats der gemeinnützigen Baugesellschaft
1869	Vorstandsmitglied im Nationalliberalen Verein

Für den als Rechtsanwalt in Mannheim tätigen Bankierssohn L. waren die Jahre vor der Revolution ausgefüllt mit Arbeit. 1847 arbeitete er neben der Veröffentlichung von Beiträgen in politischen Periodika an rechtstheoretischen Schriften und ließ angesichts der Teuerungskrise das soziale Engagement nicht außer acht. Er betätigte sich seit dessen Gründung als Vorstandsmitglied und Kassierer im „Verein zur Förderung des Wohles der arbeitenden Klassen" und regte angesichts der um sich greifenden Not in der Öffentlichkeit die Abschaffung des „Mehloctrois" an. Freundschaftlich verbunden mit den beiden Mannheimer Landtagsabgeordneten Friedrich Daniel Bassermann und Karl Mathy (s. jeweils dort), war er auch mit einem Zehntel des Kapitals finanziell an der von Bassermann seit dem Frühjahr 1847 herausgegebenen „Deutschen Zeitung" beteiligt. L. war ein scharfer Beobachter der politischen Entwicklung in Europa. Er vertrat bezüglich der Tagesfragen die Meinungen der liberalen Opposition: der Schweizer Sonderbundskrieg, die Schleswig-Holstein-Frage und die Unruhen in den italienischen Teilstaaten waren die Themen, die ihn beschäftigten. Allgemein glaubte man: „Die Rückwirkungen dieser Ereignisse auf Deutschland können nicht ausbleiben [...]" (Mathy (1898), S. 104).

Aber auch auf kommunaler Ebene nahm L. an politischen Debatten teil. In den Auseinandersetzungen des Jahres 1847 zwischen den Liberalen und einer konservativen Strömung der Mannheimer Bürgerschaft stand er in der vordersten Reihe. Im Januar 1848 fand sich der Name L.s unter den 34 Mannheimer Persönlichkeiten, die für die Erarbeitung der 'Dreizehn Petitionen' der Mannheimer Bürgerschaft verantwortlich zeichneten. An der Aulaversammlung nahm L. jedoch lediglich als stiller Beobachter teil. Begeistert war er von der Aufnahme des Bassermannschen Antrags auf ein deutsches Parlament, von dem er glaubte: „Vielleicht wird unser Gedanke das Banner unter dem in dieser gefahrvollen Zeit die deutschen Völker sich sammeln" (Mathy (1898), S. 113).

Am 1. März befand sich L. unter den etwa 600 Personen, die mit der Eisenbahn nach Karlsruhe reisten, um dort der Überreichung der „Sturmpetition" beizuwohnen, fuhr aber am selben Abend bereits wieder zurück. Am 30. März reiste er nach Frankfurt, um die Eröffnung des Vorparlaments in der Paulskirche zu beobachten. Das Erlebnis machte auf ihn „einen tiefen Eindruck" (Mathy (1898), S.161). L. blieb auch noch den nächsten Tag und konnte den Auszug der Linken wegen der Ablehnung ihres Antrags auf Permanenz miterleben. Am Abend reiste er mit Hecker nach Mannheim zurück.

Die Zeit der bewegten Volksversammlungen erlebte L. als Bedrückung und gehörte zu den Gemäßigten, deren beschwichtigende Beiträge in den Tumulten häufig untergingen. Entsprechend streng fiel sein Urteil über die Märzbewegung aus, wenn er feststellte, man habe „unter einem wahrhaft terroristischen Regiment" gelitten (Mathy (1898), S. 186). Ähnlich rigide war somit auch seine Beurteilung der Wirren in den Tagen des Heckerzugs in Mannheim. Die nach den Unruhen am 26. April erfolgte militärische Besetzung wurde von L. begrüßt, und er schrieb über die erfolgten Festnahmen an Karl Mathy: „Man wünschte, daß mit den Verhaftungen gleich weiter gegangen wäre; man zählte an den Fingern alle die her, deren Festnahme nicht zu umgehen sei" (Mathy (1898), S. 242).

Mit dem Aufruf zur Gründung eines Neuen Vaterländischen Vereins leitete das gemäßigte Mannheimer Bürgertum seine politische Offensive gegen die Vorherrschaft der Radikalen ein. Begeistert schilderte L., wie das „treffliche Programm" Heinrich Schröders (s. dort), „das auch Bassermanns Beifall gefunden" habe, am 14. Mai „nach einer belebten, zum Teil heftigen Diskussion von etwa 30 Männern" verabschiedet wurde. Aber erst nachdem „die heterogenen Elemente ausgeschieden waren, wurde das Ganze mit wahrem Enthusiasmus angenommen" (Mathy (1898), S. 260f.). Zwei Männer bildeten das Mannheimer Führungskollegium des Vereins: Neben L., der sich als Schriftführer zur Verfügung stellte, wurde der Frankfurter Kaufmann Karl August Blezinger (s. dort) zum Präsidenten gewählt. Gemeinsam betrieben sie in den kommenden Monaten die von Bassermann angeregte Intensivierung propagandistischer Aktivitäten. Mit der Gründung des Vereins verbesserte sich auch die allgemeine Stimmung, und die wirtschaftlichen Aussichten wurden zunehmend günstiger beurteilt, was L. am 6. Juli zu einem euphorischen Tagebucheintrag verführte: „Die Aussichten bessern sich, die Kurse steigen [...]". Die vor allem zur Jahreswende 1848/49 gesteigerte Vereinstätigkeit brachte die beiden Führungspersönlichkeiten ins Kreuzfeuer einer Öffentlichkeit, die zunehmend in zwei verfeindete Lager zerfiel. Dabei wurden neben den politischen Debatten Grabenkämpfe geführt, bei denen vor Handgreiflichkeiten oder Verleumdungen nicht zurückgeschreckt wurde. So schlich sich in einen Kommentar der „Mannheimer Abendzeitung" anläßlich des Eintritts von „Badewirt" Richard-Janillon (s. dort) auch ein antisemitischer Unterton ein, wenn die Mitglieder des Neuen Vaterländischen Vereins als „die mit Glanz und Reichthum geschmückte Elite der Kinder Israels" charakterisiert wurden (Mannheimer Abendzeitung vom 2. Februar 1849). Grund für solche Ausfälle war der steigende Erfolgsdruck, unter dem sowohl der Volksverein als auch die 'Neuvaterländischen' standen, um ihre Mitgliedschaft zu motivieren. So hatten auch die neuvaterländischen Vereine in Baden – wie ihre politische Konkurrenz – einen Dachverband gegründet: einen Landesausschuß, dessen Vorsitzender L. wurde.

Als L. am 25. Dezember begeistert die Nachricht von der Verkündung der Grundrechte durch die Nationalversammlung in sein Tagebuch eintrug, waren damit für ihn alle politischen Wünsche erfüllt. Natürlich begrüßte er besonders die Gleichstellung der Religionen, die für ihn mit der Emanzipation der Juden verbunden war. Dafür hatte er zuvor in mehreren Schriften gekämpft. Aber wenige Monate später, auf dem Osterkongreß des badischen Landesverbandes, wurde seine Zuversicht in Frage gestellt, auch wenn er in seinem Rechenschaftsbericht über das bisherige Wirken der vaterländischen Vereine Optimismus für die Zukunft verbreitete. Die Ablehnung der Reichsverfassung setzte den Hoffnungen des liberalen Bürgertums ein Ende. Vorerst mußte L. sich damit begnügen, den preußischen Standgerichtsverfahren im Herbst 1849 als Strafverteidiger einen Anschein von Rechtsstaatlichkeit zu verleihen.

W: *U.a. Die rechtlichen Verhältnisse der Israeliten in Baden. Mannheim 1832; Die Gleichstellung der Israeliten Badens mit ihren christlichen Mitbürgern. Mannheim 1833. –* ***Q:*** *StadtA Mannheim: Polizeipräsidium, Zug. –/1962, Familienbogen. –* ***L:*** *Mathy, Ludwig (Hrsg.): Aus dem Nachlaß von Karl Mathy. Briefe aus den Jahren 1846 – 1848. Leipzig 1898; Watzinger, Karl Otto: Geschichte der Juden in Mannheim 1650 – 1945. Stuttgart 1987 (Veröffentlichungen des Stadtarchivs Mannheim, 12), S. 112f.*

Hans-Joachim Hirsch

Lehlbach, Friedrich August, Pfarrer
* 29. 1. 1805 Ladenburg, ev.
† 9. 9. 1875 Newark (New Jersey, USA)

V Jakob Friedrich L., Bierbrauer und Gastwirt (1777 – 1843). M Marie Eleonora, geb. Schmidt (1781 – 1813). G 10.
∞1.) 28. 2. 1833 (Wiesloch) Johanna Charlotte Balthasariste, geb. Reimold (1808 – 1836), ev., aus Wiesloch. V Johann Karl David Paul R., ev. Pfarrer und Kirchenrat (1757 – 1840). M Amalie Eleonora, geb. Kling. 2.) 19. 7. 1841 (Heiligkreuzsteinach) Johanna Elisabetha Karolina, geb. Reimold (* 1812), aus Wiesloch, Schwester der ersten Ehefrau. K 12.

29. 3. 1825	Abschluß des Gymnasiums in Heidelberg
28. 4. 1825 – 16. 9. 1826	Studium der evangelischen Theologie und Philosophie an der Universität Heidelberg
29. 9. 1826 – 5. 9. 1827	Fortsetzung und Abschluß des Studiums an der Universität Halle/Saale

4. 7. 1828	Rezeption als evangelischer Pfarrkandidat
3. 8. 1828	Ordination in der evangelischen Kirche Ladenburg
4. 8. 1828 – 10. 7. 1849	Vikar in Wiesloch, Pfarrer in Neunstetten und Heiligkreuzsteinach
9. 10. 1848 – 13. 4. 1849	Abgeordneter in der badischen Zweiten Kammer (35. Ämterwahlbezirk)
10. 6. 1849 – 30. 6. 1849	Abgeordneter in der badischen Verfassunggebenden Versammlung (17. Wahlbezirk)
Nov. 1849	Verhaftung in Straßburg; Ausweisung; Auswanderung in die USA
10. 2. 1850	Verurteilung durch das Hofgericht Bruchsal in Abwesenheit zu neun Jahren Zuchthaus
8. 7. 1851	Entlassung aus dem Dienst der badischen Evangelischen Landeskirche
bis 1875	Geistlicher der Kirchengemeinde in Newark (New Jersey, USA)

Erstmals fiel L. aufgrund sogenannter Widersetzlichkeit gegen den Vollzug des Forstgesetzes auf, als er bei der Volksversammlung in Altenbach am 14. Mai 1848 „in feuriger Rede" dazu aufgerufen haben soll, „daß keine Hausvisitationen mehr zu dulden seien [...], in den Wirtshäusern über gesezliche Bestimmungen räsonirt und deren Aufhebung (ge)predigt, mithin eine seinem Stande unwürdige Aufführung ungenirt zur Schau" getragen haben soll, „worüber ihm in radicalen Blättern reichliches Lob gespendet wurde" (GLAK: 76/4758). Daraufhin hätten dortige Sträflinge (Holzfrevler) die Arbeit verweigert und der Bürgermeister weder Vorladungen noch Hausvisitationen mehr zugelassen. L. lehnte die Verantwortung dafür ab und verwahrte sich gegen diese „schändliche Verleumdung [...] jesuitisch gesinnter Reactionäre" (GLAK: 76/4758). Als Ortspfarrer glaubte er – übrigens erst nach Veranstaltungsende dort eingetroffen – beruhigend auf das Volk einwirken zu müssen. Anschließend vor den Honoratioren im Gasthaus „Zur Krone" im Beisein des Abgeordneten Helmreich habe er – von seinem Tischplatz aus – verdeutlichen wollen, was die Leute „bei der jetzt vor sich gehenden Regeneration Deutschlands zu hoffen und zu erwarten hätten, und was das Parlament zu Frankfurt bringen werde", habe aus dem sogenannten 'Entwurf des deutschen Reichsgrundgesetzes' vom 26. April 1848 den Aspekt der „Sicherstellung der Person gegen willkürliche Verhaftung und Haussuchung durch eine Habeas-Corpus-Akte" zitiert und zum hohen Rechtsgut erklärt, „und zwar um so mehr, als man im Odenwalde vielfache Gelegenheit hat, das Unwürdige und Sittenverderbliche solcher Haussuchungen wahrzunehmen" (GLAK: 76/4758). Bei der Wahl zur Frankfurter Nationalversammlung Mitte Mai votierte L. als Wahlmann in Heiligkreuzsteinach in beiden Wahlgängen für Demokraten (Josef Ignatz Peter, Karl Hagen; s. dort), kandidierte jedoch selbst nicht, um eine Stimmenzersplitterung des Demokratenlagers zu vermeiden. Statt dessen wurde er am 17. August als Nachfolger des seit April flüchtigen Friedrich Hecker (s. dort) für den 35. Ämterwahlbezirk Ladenburg-Weinheim in die Zweite Kammer des badischen Landtags gewählt, wozu er sagte: „Ich scheue mich, die Wahl anzunehmen, weil Hecker mein Vorgänger war, dem ich bei weitem in Beredsamkeit, tiefem, vielseitigem Wissen und schneller Auffassungsgabe nachstehe, aber in einem glaube ich selbst Hecker nicht nachzustehen, und das ist 'der gute Wille'; deshalb werde ich getrost in seine Fußstapfen eintreten und mich auf seinen Platz in der Kammer setzen" (Die Republik vom 22. August 1848). Der Karlsruher Evangelische Oberkirchenrat, dem L.s politische Aktivitäten zu Lasten der pastoralen Pflichtaufgaben zu weit gingen, verfügte nun am 22. August eine „amtsbrüderliche Warnung", konnte aber dessen Parlamentseintritt nicht blockieren, zumal L. die Pfarrvertretung gewährleistete. Mit L.s Vereidigung am 9. Oktober war der 35. Ämterwahlbezirk endlich wieder in der Zweiten Kammer repräsentiert. Dort sprach L. mehrfach zum Kriegszustand allgemein und insbesondere in seinem Wahlbezirk (24. September 1848 – 5. Februar 1849) nach dem Anschlag auf die

Main-Neckar-Bahn bei Weinheim (23. September) und nahm sich dabei der Eingaben von mehr als 180 Weinheimer Frauen zugunsten der Freilassung bzw. Untersuchungsbeschleunigung von Inhaftierten an: „Dieser Bezirk [...] war seit den Märztagen einer der allerruhigsten des ganzen Landes" (Verhandlungen, 6. Protokollheft, S. 175), so L., nun gebe es Hetzjagden und fortwährend – oft ohne Indizien – Verhaftungen Unschuldiger. Betroffen seien häufig rechtschaffene, durchaus auch vermögende, als liberal bekannte, gar nicht anarchistisch oder kommunistisch gesinnte Bürger. Wider ursprüngliche Entlassungszusagen lasse man sie in den Kerkern von Bruchsal und Mannheim schmachten. Vermögensbeschlagnahmungen lähmten das Weinheimer Geschäftsleben und stürzten etliche unbemittelte Familien in Elend und Obdachlosigkeit, zumal die langwierige Truppenbesatzung der Bevölkerung bereits große Einquartierungslasten aufbürdete. Etliche Inhaftierte seien krank oder hungerten, einige dem Tode nahe, manche sogar bereits in Haft gestorben. „Das sollte der stärkste Antrieb seyn, daß nun die Sache schnell untersucht und den Leuten geholfen wird, damit sie nicht endlich in Menge verkümmern und zu Grunde gehen" (Verhandlungen, 9. Protokollheft, S. 168). Weinheims verantwortlicher Untersuchungsrichter, Amtmann Herterich, müsse sein Tun begründen und rechtfertigen. Dieser wurde schließlich von seinem Auftrag entbunden. L. forderte – jedoch vergeblich – als Konsequenz, daß über Kriegszustände nicht auf Zentral-, sondern auf Bezirksebene entschieden werden solle – ein Affront gegen die Staatsregierung! Für Wirbel nicht nur im Regierungslager, sondern auch in Weinheims öffentlicher Diskussion sorgte L.s – als Verharmlosung eines terroristischen Verbrechens deutbare – Äußerung: „[A]llein was ist denn das, wenn man wegen Wegnahme einer Schiene einen ganzen Bezirk in Kriegszustand versetzt?" (Verhandlungen, 6. Protokollheft, S. 178). Seine Gegner dort überreichten der Zweiten Kammer ein gegen L. gerichtetes „Mißtrauensvotum". L.s Sympathisanten hingegen stärkten ihm in einer „Offenen Adresse der freien Bürger Weinheims" den Rücken. L. unterstützte parlamentarisch die zahlreichen Petitionen zugunsten der Amnestierung politischer Verbrecher sowie zur Abschaffung der Ersten und Auflösung der Zweiten Kammer. Statt durch Strenge Verbitterung bei unschuldig und lange Inhaftierten sowie deren Angehörigen, ja beim gemeinen Volk überhaupt hervorzurufen, solle man zeigen, „daß man nicht mehr mit der eisernen Zuchtruthe über dasselbe herrschen will" (Verhandlungen, 6. Protokollheft, S. 175). Man hätte mit einer Amnestie bereits früher Ruhe und Versöhnung bewirken sowie Vertrauen in und Sympathien für den Staat erwerben können. Im übrigen sei die Opferfähigkeit der einfachen Bevölkerung erschöpft und es drohe eine Massenproletarisierung. Eine Regierung des Fortschritts und der „Staatsklugheit [...]" „würde groß dastehen, und die Reaction [...] würde verstummen" (Verhandlungen, 8. Protokollheft, S. 127). L. prognostizierte: „Deutschland, das wir Alle als freien, einigen Staat wollen, könnte sich in zwei Theile theilen, und ein Theil würde von Rußland ins Schlepptau genommen, und der andere entweder von Frankreich oder Oesterreich, und was wären wir dann? Nichts! Anders ist es, wenn wir keine erbliche Monarchie an die Spitze Deutschlands stellen, sondern einen wählbaren Präsidenten, nicht einmal einen lebenslänglichen" (Verhandlungen, 9. Protokollheft, S. 289). „Wenn wir zwei Kammern haben, wie jetzt, so werden die Beschlüsse von der einen Kammer in die andere geschoben, es wird lang herumgesprochen, und es geht viele Zeit verloren; [...] viel besser und schneller geht es, wenn eine Versammlung kommt, die zu diesem Zweck berufen ist [...], das Volk hat mit 40.000 Stimmen gerufen, geht nach Haus, bleiben wir, so werden wir am Ende nach Hause gejagt werden" (Verhandlungen, 10. Protokollheft, S. 51f). Als sich diese Auffassung dort als nicht mehrheitsfähig erwies, trat L., dessen Befriedungs- und Versöhnungsappelle zuvor schon unerhört geblieben waren, konsequent und solidarisch mit Gesinnungsgenossen am 13. April 1849 aus der Zweiten Kammer aus. Die angestrebte parlamentarische Beschlußunfähigkeit wurde dadurch jedoch nicht erreicht. Der konservative „Bergsträßer Bote" 'beerdigte' L. in einem verächtlichen „Nachruf" am 25. April mit den Schlußworten „Friede seiner Asche!", da L. zu wenig für seinen Wahlbezirk getan und erreicht habe (z.B. kein Verwaltungsamt). Die demokratische „Republik" hingegen würdigte am 27. April L.s Austritt als notwendige Boykottaktion gegen das unflexible politische Establishment im Karlsruher Schloß und Ständehaus, „jenen Sumpf am Landgraben", und war sich mit den mehrheitlich demokratischen Wahlmännern des Wahlbezirks in der Ablehnung einer Nachwahl einig. Für die Wahl zur Verfassunggebenden Versammlung wurde L. in mehreren Wahlbezirken vorgeschlagen und vom 16. Wahlbezirk (Bezirksämter Philippsburg/Nord, Mannheim, Schwetzingen, Ladenburg) sowie vom 17. Wahlbezirk (Bezirksämter Wiesloch, Heidelberg, Weinheim), dessen Mandat er annahm, am 3. Juni gewählt – einer der wenigen 'Überlebenden' aus der Zweiten Kammer. Als einer der Hauptakteure des radikalen Spektrums und Wächter über die parlamentarische Disziplin war er dort Vorsitzender der 5. Abteilung, Mitglied des 15köpfigen Ausschusses zur Ausarbeitung einer neuen Verfassung und einiger Kommissionen (betreffend Gemeindereform, parlamentarische Doppelmitgliedschaften, Aufstellung eines Reichsheeres) sowie Berichterstatter für Wahlprüfungen. L. brachte selbst folgende – mehrheitlich unterstützte – Anträge ein: Zur Wahl einer dreiköpfigen, der Versammlung rechenschaftspflichtigen „provisorischen Regierung" mit – seitens der Versammlung jederzeit wieder entziehbarer – unbeschränkter diktatorischer Gewalt (diese Diktatur war für L. jedoch nur eine in seinerzeitiger Not gerechtfertigte, aber dauerhaft nicht wünschenswerte Regierungsform; als Kandidat erhielt L. bei der Regierungswahl übrigens nur eine Stimme) sowie zur gesetzlichen Amnestierung von Revolutionsvergehen. L. trug folgende – mehrheitsfähige – Anträge durch sein Votum mit: Gesetzesvorlagen über die Befugnisse der Provisorischen Regierung sowie über Zwangsanleihen und den Kriegszustand; Entschließungen zur – enggefaßten – Ausnahmeregelung bei der Bürgerwehrpflicht, zur Zulässigkeit einer Doppelmitgliedschaft in Landes- und Nationalparlament, zur Zustimmung zur Reichsregentschaft und Reichsverfassung sowie zur Entwaffnung von Privatleuten und sogenannten nicht Kampfwilligen zugunsten der Revolutionstruppen. L. wies den sogenannten Aufruf an das badische Volk des Reichsverwesers Erzherzog Johann von Österreich zur Beendigung der Revolution zurück, zumal die Wahlen zur Verfassunggebenden Versammlung die prorevolutionäre Mehrheit in Baden widergespiegelt hätten. L. unterstützte den Aufruf Amand Goeggs (s. dort) zur breitangelegten Nahrungsmittel- und Kleidersammlung zugunsten der Revolutionsaktivisten. Am 21. Juni, als er für zwei Tage letztmals zu Hause war, soll L. – wohl eher zufällig – in eine Militäraktion involviert gewesen sein: „Pfarrer Lehlbach kam von Heiligkreuzsteinach nach Altneudorf gefahren, erzählte, daß etwa 50 Preußen auf den Heiligenberg gezogen seien u(nd) diese mit leichter Mühe auseinandergesprengt werden könnten; auch seien zu diesem Behufe bereits das 1. und 2. Aufgebot von Heiligkreuzsteinach weggezogen u(nd) wir seien feige Menschen, wenn wir nicht auch gegen die Preußen zögen. Er forderte mich ins Besondre auf, die Leute zu commandiren" (GLAK: 234/1766), behauptete L.s Weggefährte Carl Hoefer (s. dort) während seines Prozesses vor dem Standgericht und beteuerte, daß er „troz mehrerer Marschbefehle [...] niemals Folge leistete außer an dem Tage des Heidelberger Zugs, an dem Pfarrer Lehlbach in Heiligkreuzsteinach Sturm läuten u(nd) aussprengen ließ. Heidelberg stünd in Brand" (GLAK: 234/1766). L.s Rolle dabei blieb letztlich jedoch ungeklärt, zumal das Gericht die Argumentation Hoefers eher als Selbstverteidigungsstrategie wertete und diesen als vollverantwortlich zum Tode verurteilte. Zu den beiden letzten Karlsruher Sitzungen kam L. wieder zurück in die Fächerstadt (22./23. Juni) und begab sich sodann nach Freiburg zu den beiden abschließenden Beratungen der Versammlung (28./30. Juni), ohne dort jedoch hervorzutreten. „Da es mir unmöglich war, wegen der fortdauernden Kämpfe und Versperrung des Weges, meine Reise durch Baden zu machen, so nahm ich meinen Weg über Colmar und beabsichtigte, meine Reise über Strasburg nach Hause fortzusetzen. [...] Allein immer ärger und empörender lauteten bisher die Gerüchte vom Einfangen und Mißhandlen sogar solcher Personen, welche wenig oder gar keinen Theil an der neuen Bewegung genommen hätten. Auch Mitglieder der constituirenden Landesversammlung, welche weiter nichts, als dieses gewesen seien, sollen mit Stricken gebunden transportirt und sodann eingekerkert worden sein. [...] Das ist der einzige Grund, warum ich bis jetzt noch nicht wieder nach Heiligkreuzsteinach zurückgekehrt bin; ich werde aber sogleich zurückkehren, sobald ich vernehme, daß Gesetzlichkeit und Sicherheit wieder Statt haben. Denn obwohl ich Mitglied der constituirenden Landesversammlung war, befürchte ich deswegen doch keine Untersuchung und werde mich meinem ordentlichen Richter nicht entziehen, indem ich mir keiner sonstigen Schuld bewußt bin", schrieb L. in seinem letzten überlieferten Brief aus Straßburg am 12. Juli an den Oberkirchenrat (GLAK: 435/885). Doch es kam anders. Der Oberkirchenrat suspendierte L. bereits am 10. Juli provisorisch und stoppte die Gehaltsauszahlung, um davon die Pfarrversehungskosten und die Unterstützung der zurückgelassenen Familie L.s zu finanzieren. Die Untersuchungskommission des Standgerichts in Heidelberg notierte: L. „hielt am 19. Febr. d.J. in dem Gasthaus zur Krone alda [Heiligkreuzsteinach, M.B.] eine aufrührerische Rede. Kann kein Beweis geliefert werden" (18. Juli) und bezeichnete ihn am 28. Juli als „Anstifter mehrerer einzelner hochverrätherischer Unternehmungen". Beweismittel dafür waren „Notorietät und Aussagen des Lehrers Höfer" (GLAK: 204/2974). L. wurde vom Stadtamt Karlsruhe wegen Hochverrats am 26. Juli grenzübergreifend zur Fahndung ausgeschrieben. Ihm wurden seine Aktivitäten in der Verfassunggebenden Versammlung vorgeworfen. Sein Vermögen von 9.000 Gulden wurde beschlagnahmt. In der ersten Novemberhälfte wurde L. in Straßburg verhaftet und ausgewiesen. Von Le Havre aus erreichte er noch im gleichen Monat die USA. Dort hielt er sich fortan in und um New York auf. Das Hofgericht in Bruchsal verurteilte L. in Abwesenheit am 11. Februar 1850 zu neun Jahren Zuchthaus und Schadenersatz. Das Staatsbürgerrecht wurde ihm wegen „beharrlicher Landesflüchtigkeit" aberkannt (10. April). Die Entschädigungsklage wurde durch Vergleich der Generalkasse mit L.s Ehefrau (736 Gulden) erledigt und die Vermögensbeschlagnahme aufgehoben (7. Januar 1851). Schließlich wurde L. wegen Revolutionsbeteiligung am 8. Juli 1851 endgültig aus dem Dienst der Evangelischen Landeskirche entlassen. In Newark/New Jersey, wohin ihm seine Familie bald folgte, soll L. von der dortigen Gemeinde zum Geistlichen gewählt worden sein und fand ebenda auch seine letzte Ruhe. Beseelt von einem Urdrang nach individueller und sozialer Gerechtigkeit wider die Mißstände und Ungerechtigkeiten seiner Zeit verkörperte L. eher den Typus des progressiven Agitators auf der Pfarrkanzel und am Rednerpult, gehörte jedoch nicht zu den militanten Aktivisten der badischen Revolution.

Q: *GLAK: 48/3076; 48/5204; 48/8774; 49/1471; 49/2412; 65/76; 65/79; 69 v.Freydorf/26; 69 v.Freydorf/27; 76/4758; 166/232; 204/2974; 231/1127; 231/1128; 231/1129; 231/1152; 231/1616; 233/30129; 234/1766; 234/10176; 236/8212; 236/8500; 236/8577; 236/8578; 236/8812; 237/2711; 237/2775; 237/2788; 237/2821; 237/2822; 237/2824; 237/16844; 237/16845; 305/64; 356/4488; 435/885; Die Republik vom 22. August 1848 und 27. April 1849; Bergsträßer Bote vom 25. April 1849. –* ***L:*** *Bauer, Sonja-Maria: Die Verfassunggebende Versammlung in der Badischen Revolution von 1849. Darstellung und Dokumentation. Düsseldorf 1991 (Beiträge zur Geschichte des Parlamentarismus und der politischen Parteien, 94); Gutjahr, Rainer: Die Republik ist unser Glück. Weinheim in der Revolution von 1848/49. Weinheim 1987 (Weinheimer Geschichtsblatt, 32), S. 16, 84ff., 127ff., 164ff., 204f.; Herrmann, Martin: Gesinnungsbeamte: Evangelische Pfarrer in der badischen Revolution von 1848/49. Freiburg 1994, S. 36 – 40; Neu, Heinrich: Pfarrerbuch der evangelischen Kirche Badens. Bd. 2. Lahr 1939, S. 365; Schaefer, Heinrich: Aus der Geschichte einer alten Ladenburger Familie. Die Versippung der beiden Ladenburger Familien Schaefer und Lehlbach. In: Der Lobdengau. Heimatbeilage der Neckar-Bergstraß-Post 4 (1929) H. 9 – 12 u. 5 (1930) H. 1 – 6; Verhandlungen der Stände-Versammlung des Großherzogthums Baden in den Jahren 1847 – 1849. Enthaltend die Protokolle der zweiten Kammer. 6.–10. Protokollheft. Karlsruhe 1850.*

Michael Bock

Letzeiser, Franz Willigis Amadeus, Lehrer
* 1802 Weinheim
† unbekannt in USA

V Karl Joseph Alexander L., Küfermeister in Weinheim.
∞Katharina. K 2 Söhne, 1 Tochter.

1826 – 1828	Lehrer in Leutershausen, Heidelsheim und Wiesloch
1847	Umzug nach Heidelberg
1848	Vorsitzender des Arbeitervereins; Schriftführer des Gewerbevereins; Mitglied im Demokratischen Verein und im Turnverein
April – Juni 1849	Aktivist in Heidelberg und bei zahlreichen Volksversammlungen im Umfeld Heidelbergs
7. 9. 1849	Verhandlung vor dem Mannheimer Standgericht; der Fall wird an die badische Justiz verwiesen
1849 – 1850	Untersuchungshaft in Heidelberg
1850 – 1851	Männerzuchthaus in Bruchsal
Juni 1851	Auswanderung nach Amerika

Über das Leben von L. vor seiner Heidelberger Zeit sind wir nur spärlich informiert. Es steht nur soviel fest, daß er seit Mitte der zwanziger Jahre als Lehrer in einigen Gemeinden im Umfeld der Neckarstadt ein kärgliches Leben führte. Amtliche Dokumente aus späterer Zeit weisen ihn als „arm" und „vermögenslos" aus. Die Zeugnisse über sein pädagogisches Wirken scheinen günstig gewesen zu sein. Zumindest hat er dies in einer Denkschrift aus dem Bruchsaler Gefängnis im Jahre 1851 behauptet. Wahrscheinlich entspricht diese Aussage der Realität. Seine Ehefrau Katharina erbat im Frühjahr 1852 die amtlichen Gutachten über ihren Mann, der sich damals schon in Amerika aufhielt und diese Papiere zum Aufbau einer neuen pädagogischen Existenz benötigte.
Einen anderen Tenor als diese Zeugnisse weist ein namentlich nicht gekennzeichnetes Schreiben vom 11. Februar 1851 auf. Der Autor, wahrscheinlich ein Beamter des Heidelberger Oberamts, wollte den Großherzog von einer Begnadigung L.s abhalten. Der Angeklagte habe von jeher seinen Beruf vernachlässigt und sei „wegen Schuldenmachens auf eine geringere Stelle gesetzt worden". Darauf habe er ganz auf den Schuldienst verzichtet und sei nach Heidelberg gezogen. Was immer auch der Grund für den Abbruch der Lehrerlaufbahn gewesen sein mag, seit dem Umzug kann das Leben L.s genauer rekonstruiert werden. Er hatte die Absicht, in Heidelberg eine private „Höhere Töchterschule" zu gründen.
Dabei mag er wegen der familiären Herkunft seiner Ehefrau auf Unterstützung aus der Heidelberger Bürgerschaft gerechnet haben. Seine Frau war die Tochter eines ehemaligen Heidelberger Amtschirurgen, der sicherlich über Kontakte zu den städtischen Honoratioren verfügt hatte. Nur so ist es zu erklären, daß der stellenlose Lehrer im April 1848 den Theologieprofessor und Kirchenrat Heinrich Gottlob Paulus um ein Darlehen von 50 Gulden anging. L. betonte dabei, die Schulbehörde habe ihm wegen seiner Mischehe Schwierigkeiten bereitet. Gerade wegen dieser Erfahrungen habe er daran gedacht, seine Schule „für alle Confessionen" zu öffnen. Die staatliche Erlaubnis zur Führung eines solchen Instituts hat L. zwar erhalten, ob es jedoch in den unruhigen Revolutionsmonaten 1848/49 zur Gründung oder gar zum Betrieb der Schule gekommen ist, erscheint fraglich.
Mitte April 1848 erschien der Name L.s erstmals im Zusammenhang mit revolutionären Ereignissen. Mit seiner Unterschrift unter eine Bürgerpetition wollte er die Stellungnahme des Gemeinderats gegen die Einquartierung von Truppen unterstützen. Im Umfeld des Hekkerzuges zeichneten sich damals die ersten größeren Unruhen in Heidelberg ab. Die Dinge spitzten sich zu, als eine Gruppe von Gesellen, Lehrlingen, Tagelöhnern und Bauern aus Sinsheim am 24. April 1848 in Erwartung städtischer Unterstützung nach Heidelberg zog. Eine Erwartung, die nicht von vornherein aussichtslos war, hatten sich doch am Vorabend einige Handwerker und Arbeiter im Bremeneck getroffen, um über ihre Forderungen zu beraten. Unter den Männern, die später von den städtischen Behörden als Sympathisanten der Kraichgauer aufgezählt wurden, war L. nicht aufgeführt. Hingegen wurde er als Mitglied der Bürgerwehr genannt, die damals zur Beruhigung

der Lage beigetragen hatte. Die Sinsheimer zogen unverrichteter Dinge wieder ab. Ihr Rückzug bedeutete jedoch nicht, daß alles beim alten blieb.
In kurzen Zeitabständen wurden hintereinander ein Arbeiterverein (Anfang Mai), ein Demokratischer Verein (Ende Mai) und ein Demokratischer Studentenverein (Anfang Juli) gegründet; Aktivitäten, die im Sog des badischen Aprilaufstands gesehen werden müssen. L. wurde zum Vorsitzenden des Arbeitervereins gewählt. Schon vorher muß er in diesem Umfeld bekannt gewesen sein, war doch sein Name bereits am 23. April 1848 als Heidelberger Anlaufstelle für den „Bund der Kommunisten" ins Spiel gebracht worden; eine Nennung, die zeigt, wie sich die organisatorischen und politisch-ideologischen Strukturen noch in einem unentschiedenen Keimzustand befanden. Mit revolutionär-kommunistischen Ideen hatte L. nichts zu tun. Im Gegenteil, er versuchte vielmehr eine Verbindung zwischen den Interessen der Gesellen, die in Heidelberg, wie auch in vielen anderen Städten den überwiegenden Teil der Arbeitervereine ausmachten, und den Wünschen der Handwerksmeister zu stiften. So war er zeitweise neben seiner Tätigkeit im Arbeiterverein Schriftführer des Heidelberger Gewerbevereins, der als Verband der Handwerksmeister die ökonomische Entwicklung im Sinne seiner überwiegend mittelständischen Klientel steuern wollte: eine „doppelte Loyalität" (Mumm (1988), S. 53), die L. nicht durchhalten konnte. Zwar vertrat er den Heidelberger Arbeiterverein auf dem Kongreß demokratischer Vereine vom 14. bis 17. Juni 1848 in Frankfurt, spielte aber bei einem späteren Verhör durch den Stadtdirektor diese Anwesenheit herunter. Er sei lediglich von Offenbach, wo er an einer Sitzung zur Vorbereitung des Ersten Allgemeinen Deutschen Handwerker- und Gewerbekongresses, der am 15. Juli 1848 in Frankfurt beginnen sollte, teilgenommen hatte, herübergekommen. Auf dieser großen Versammlung, die sich gegen Gewerbefreiheit und Konkurrenz, gegen Industrie und Kapitalismus aussprach, die an alten Zunftprinzipien festhalten wollte und die staatlichen Schutz für traditionelle Wirtschaftsformen forderte, zeigte sich, daß die anwesenden Gesellen keine Chancen hatten, ihre Positionen zu vertreten. Ihnen wurde das Stimmrecht verweigert, so daß sie gezwungen waren, eine Art Gegenkongreß zu veranstalten. Eine Spaltung, die ihre Wirkung auch auf der Heidelberger Ebene zeigte. L. trat Ende Juli 1848 als Vorstand des Arbeitervereins zurück, nachdem er am 19. Juli 1848 ganz im Sinne des Frankfurter Kongresses „eine zeitgemäße Gewerbeordnung und Gewerbegesetzgebung" zur Vermeidung der „gewerblichen Anarchie" gefordert hatte.
Der Arbeiterverein bedauerte den Rücktritt seines Vorsitzenden, der seinen Entschluß nicht mit dem immer sichtbarer werdenden Gegensatz der beiden Sozialgruppen begründet hatte, sondern mit dem Hinweis, daß er dem Vorwurf entgehen wolle, die Gesellen aufzuwiegeln; eine Anschuldigung, gegen die der Arbeiterverein L. ausdrücklich in Schutz nahm. Trotz des Lobs für den ehemaligen Vorsitzenden wird L. jedoch auch scharf kritisiert. Er sei für die „Hebung der Gewerbe" eingetreten, ohne zugleich über die Mitwirkung der Gesellen nachzudenken. Es war aber genau diese Forderung nach Einfluß auf die „Umgestaltung der Gewerbegesetzgebung", die im Zentrum der Programmatik des Heidelberger Arbeitervereins stand. Trotz der sich abzeichnenden Konflikte ist anzunehmen, daß der Streit zwischen „Gewerbeverein" und „Arbeiterverein" in Heidelberg nicht zu einem Bruch führte. Die Einladung des bei den Gesellen in hohem Ansehen stehenden Karl Winkelblech durch den Heidelberger Gewerbeverein zeigte, daß die Verbindung zwischen den beiden Gruppen weiter existierte. Zudem scheint es im Herbst 1848 bei der Errichtung der Gewerbehalle, an der L. maßgeblich beteiligt war, zur Kooperation gekommen zu sein.
In all diesen Auseinandersetzungen gibt es keine Aussagen von L. zur politisch-konstitutionellen Problematik. Es scheint, daß er bis zur Radikalisierungsphase der badischen Revolution im Frühjahr und Sommer 1849 primär mit ökonomischen Reformvorschlägen beschäftigt gewesen war. Erst ab Ende April wird er politisch aktiver und tritt ab 16. Mai 1849 für die badische Revolutionsregierung ein. Er hat nicht so sehr in Heidelberg gewirkt, sondern war vielmehr in umliegenden Gemeinden wie in Weinheim, Leutershausen, Gorxheim, Großsachsen,

Oberflockenbach, Adelsheim und Philippsburg als Versammlungsredner tätig. In Neckargemünd hat er das Protokoll bei der Vereidigung des Zivilkommissärs geführt. Auch war er bei der Vorbereitung der Wahlen zur Konstituierenden Versammlung tätig. Ein Untersuchungsbericht der Regierung warf ihm vor, „sich nach dem Ausbruch der Revolution den Roten" angeschlossen sowie militärisch und propagandistisch „gewühlt" zu haben.

Wegen dieser „vielfachen und schweren Beteiligung an hochverräterischen Handlungen" kam L. gleich nach der preußischen Intervention am 7. September 1849 vor das Standgericht. Sein Fall wurde jedoch schnell der badischen Justiz übergeben. Das Angebot zur Auswanderung, das das Heidelberger Oberamt ihm und einer Reihe anderer Angeklagten als „politischen Verbrechern" machte, lehnte er ab.

Ein Jahr saß er dann in Heidelberg in Untersuchungshaft. Das Mannheimer Hofgericht verurteilte ihn zu drei Jahren Haft oder zu zwei Jahren Einzelhaft. Er wurde in das Bruchsaler Männerzuchthaus eingewiesen. Dort verfaßte er zahlreiche Begnadigungsgesuche und hoffte, unter die Amnestie vom 2. Juni 1849 zu fallen. Er schwor dem Großherzog auf ewig Treue. Er habe den Herrscher schon immer „mit patriotischer Wärme geliebt" und sei bereit, „das Leben für ihn hinzugeben". Religiöse Bilder durchziehen seine Schreiben, so zum Beispiel wenn er den Großherzog direkt anspricht: „Vater, ich habe übles getan, nehme mich auf, als Deinen geringsten Diener". Allerdings bestritt er heftig, zu den Aktivisten und den Rädelsführern gehört zu haben, wie es einige „Denunzianten" behauptet hätten. Er habe sich „durchaus nicht an der Revolution beteiligt", sondern höchstens einige „mißfällige Handlungen" ausgeführt. Die Volksvereine, an denen er beteiligt gewesen sei, hätten keine „revolutionäre Tendenz" gehabt. So hätte der Heidelberger Volksverein nicht einmal einen Abgesandten zur Offenburger Versammlung geschickt. Gleichermaßen seien die Zwecke des Arbeitervereins, an dessen Spitze er zeitweilig gestanden hätte, weit von jeder revolutionären Zielsetzung entfernt gewesen. L. bezeichnete sich als einen Mann der „freien Richtung", dem die „Ruhe des Staates" stets am Herzen gelegen habe. Deshalb sei er auch der „eifrigste Gegner einer unbeschränkten Gewerbefreiheit" gewesen. Öfters habe er sich „den tollen Haufen" entgegengestellt, um Leben und Gut von Kaufleuten, Geistlichen und fremden Bürgern zu bewahren. Zudem hob L. seine Verdienste bei der Gründung der Heidelberger Gewerbehalle hervor. Prof. Mohl könne dies sicherlich bestätigen.

Vollkommen anders als diese Selbstcharakteristik sah die Stellungnahme des Oberamts vom 11. Februar 1851 aus. Danach hatte sich L. „ganz der radikalen Partei angeschlossen" und sei „für die revolutionäre Sache ganz außerordentlich tätig gewesen". Er habe das „Wühlen von Profession" beherrscht. Nur mangels an Beweisen hätte das Standgericht seinen Prozeß an die ordentliche Gerichtsbarkeit verwiesen. Seinen Beteuerungen sollte keine allzu große Bedeutung zugemessen werden. Auch seien seine Kinder entgegen seinen Klagen versorgt. Das Schreiben gipfelte in dem Satz: „Letzeiser gehörte zu derjenigen Klasse von Lehrern, welche bei halber Bildung durch fortgesetzte Wühlereien außerordentlich viel Unheil unter dem Volk angestiftet haben".

Trotz des mit diesem Schreiben verbundenen Vorschlags, L. die Begnadigung zu verweigern, wurde dieser vorzeitig Anfang Juli 1851 entlassen. Eine Leberentzündung mag seine Freisetzung erleichtert haben. Der Gefängnisarzt hatte zu Protokoll gegeben, daß der Häftling die angebotene medizinische Betreuung abgelehnt habe. Unter Androhung einer neuerlichen Bestrafung mußte sich L. verpflichten, spätestens am 20. Juli 1851 ein Auswandererschiff nach Amerika betreten zu haben. Seine Familie folgte ihm im April 1852, ohne die Übergabe der Zeugnisse über L.s Lehrertätigkeit abzuwarten.

L: *Gutjahr, Rainer: Die Republik ist unser Glück. Weinheim in der Revolution von 1848/49. Weinheim 1987 (Weinheimer Geschichtsblatt, 32); Mumm, Hans Martin: Der Heidelberger Arbeiterverein 1848/49. Heidelberg 1988.*

Andreas Cser

Loehr, Ferdinand Josef Karl von, Arzt, Publizist
* 20. 12. 1817 Gießen, kath.
† 28. 12. 1876 San Francisco (USA)

V Egid Valentin Felix Johann Nepomuk Ferdinand v. L., Geheimer Rat, Prof. Dr. jur. in Gießen (1784 – 1851). M Franziska, geb. Marks (1794 – 1845).
⚭1842 Auguste, geb. Dieterich (1819 – 1891), ev. V Johann Adam D., Holzhändler. M Susanne, geb. Esselborn. K 2 Söhne, 1 Tochter (früh gest.), darunter Dr. phil. Egid Adam Ferdinand, Fabrikbesitzer in Mainz (1844 – 1908); Vater von Karl, Architekt in Frankfurt a.M. (1875 – 1958).

1834 – 1838	Medizinstudium in Gießen; Militär-Unterarzt im Wormser Lazarett
1841	Ausscheiden aus dem Militärdienst; praktischer Arzt
1845	Präsident der deutschkatholischen Gemeinde Worms
1847	Engagement im hessischen liberalen Wahlausschuß zugunsten Gagerns
1848	Mitglied im Bürgerkomitee
März 1848	Gründer und Redakteur des Blattes „Die Neue Zeit" (bis 1849)
Juni 1848	Mitgründer des Demokratenvereins
1848	Teilnehmer am 2. Demokratenkongreß in Berlin
Nov. 1848	Schriftführer im Bezirksrat für Rheinhessen
1849	Teilnahme an der badisch-pfälzischen Erhebung
1849	Steckbrief wegen Hoch- und Landesverrat; Flucht nach Amerika
1850	Freispruch im Rheinhessischen Hochverratsprozeß
1851	Verurteilung in Darmstadt wegen der Oberlaudenbacher Affäre
1852	Ansässig in San Francisco; Hospitalarzt und Redakteur des „California Democrat"
1861 – 1865	Regimentsarzt im amerikanischen Bürgerkrieg

Ferdinand von Loehr um 1848 (Vorlage: Reuter, Worms)

L., der früh mit Karl Vogt und weiteren Demokraten in Verbindung gekommen war, studierte 1834 – 1838 in Gießen Medizin und Chirurgie. Nach der Promotion arbeitete er beim hessischen Militär und wurde Unterarzt am Lazarett in Worms. 1841 schied er aus dem Militärdienst aus, ließ sich in Worms als praktischer Arzt nieder und heiratete 1842 die Tochter eines wohlhabenden Holzhändlers, was ihm eine angesehene gesellschaftliche Position einbrachte. 1845 übernahm er das Präsidium des deutschkatholischen Vereins. Bei der Landtagswahl 1847 engagierte er sich im hessischen liberalen Wahlausschuß zugunsten von Heinrich von Gagern. Eher unwahrscheinlich ist die Behauptung der „Wormser Zeitung", der ursprünglich gemäßigte L. sei erst durch den Einfluß des Demokraten Bandel (s. dort) radikal geworden. 1848 gehörte er dem Bürgerkomitee an, das bereits Anfang März eine Petition vor den Darmstädter Landtag brachte. Mitte März gründete er die demokratische Zeitung „Die Neue Zeit", die sich unter seiner Leitung 1848/49 zu einem der wichtigsten politischen Publikationsorgane

im Mittelrheingebiet entwickelte. Sie war zugleich Vereinsorgan des im Juni 1848 gegründeten Demokratenvereins, dessen Vorsitz L. zeitweilig innehatte. Seine Reden wie auf der Wormser Volksversammlung am 6. August zusammen mit Franz Zitz und seine Artikel gegen die Regierung, aber auch gegen zu gemäßigte Beschlüsse des Frankfurter Parlaments, zeichneten sich durch radikale Auffassungen und scharfe Formulierungen aus. Das brachte ihm 1848 eine dreimonatige Gefängnisstrafe wegen Beleidigung des hessischen Ministers Jaup ein. An Schärfe von kaum einem seiner journalistischen Zeitgenossen überboten, konnte L. demokratische Disziplin beweisen, wenn es die Sache verlangte. Er übte nicht nur Kritik an sozialen Mißständen, sondern war auch maßgebend an der Gründung eines Handwerkervereins beteiligt. Im November 1848 wählte ihn die republikanische Mehrheit zum Schriftführer des rheinhessischen Bezirkstags. An der badisch-pfälzischen Erhebung 1849 nahm er neben dem Bürgerwehrobristen Blenker (s. dort) als badischer Zivilkommissär und Agitator teil. Im Mai sprach er auf Volksversammlungen im Odenwald (Erbach, Oberlaudenbach). Seine „Forderungen des hessischen Volkes" an die Reichsverfassung und der Aufruf zur Verbrüderung von badischer und hessischer Armee führten zu Übergriffen gegen hessische Truppen. Steckbrieflich gesucht, mußte L. ins Ausland fliehen. Während er 1850 im Rheinhessischen Hochverratsprozeß freigesprochen wurde, verhängten 1851 andere hessische Gerichte langjährige Festungsstrafen über ihn.
L. fand in den USA in San Francisco eine neue Heimat. Er arbeitete als Arzt und Leiter des deutschen Franklin-Hospitals. Viele Jahre war er Vizepräsident des „Vereins zum Schutze deutscher Einwanderer". Als Mitgründer des „California Democrat", dessen Schriftleitung er 24 Jahre ausübte, konnte er seine freiheitlichen Ideale vertreten und sich dem Kampf gegen öffentliche Mißstände widmen. In seinen persönlichen Ansprüchen lebte er bescheiden. Im amerikanischen Bürgerkrieg von 1861 bis 1865 stellte sich L., der ein Gegner der Sklaverei war, der Nordstaatenarmee als Regimentsarzt zur Verfügung. Die Einigung Deutschlands unter Bismarck hat er begrüßt.

*Q: StadtA Worms: Die Neue Zeit – Organ unserer öffentlichen Zustände; Wormser Zeitung. – **L:** Franz, Eckhard G.: F.v.L. In: NDB 15 (1987), S. 45f.; Haupt, Hermann: F.v.L. In: Hessische Biographien. Bd. 2. Darmstadt 1927, S. 87 – 91; Illert, Friedrich Maria: Die Geschichte der Wormser Presse. Worms 1913, S. 92 – 96, 104 – 106; Kühn, Hans: Politischer, wirtschaftlicher und sozialer Wandel in Worms 1798 – 1866. Worms 1975 (Der Wormsgau. Beih. 26), S. 32; Reuter, Ursula: Die Revolution von 1848 und ihre Auswirkungen in Worms. März bis Juni 1848 im Spiegel der beiden Wormser Zeitungen. (Facharbeit 1981/82; StadtA Worms); Uhrig, Dorothea: Worms und die Revolution von 1848/49. Diss. Frankfurt a.M. Worms 1934, S. 35 – 38, 51, 66, 74f., 82, 88, 113 – 118, 121; Wettengel, Michael: Die Revolution von 1848/49 im Rhein-Main-Raum. Politische Vereine und Revolutionsalltag im Großherzogtum Hessen, Herzogtum Nassau und in der Freien Stadt Frankfurt. Wiesbaden 1989 (Veröffentlichungen der historischen Kommission für Nassau, 49), S. 98, 118, 149f., 195, 342, 360, 492, 494. – **B:** Deutsches Adelsarchiv (Hrsg.): Genealogisches Handbuch des Adels. Bd. 63. Limburg a.d. Lahn 1976, S. 317.*

Fritz Reuter

Löwenhaupt, Johann Friedrich, Tünchermeister
* 30. 9. 1814 Mannheim, ev.
† 8. 12. 1889 Mannheim

∞ 1842 (Mannheim) Johanna Elisabetha, geb. Betz (1816 Mannheim–1868), ev. K 2 Söhne, 6 Töchter.

1846 – 1849	Mitglied im Kleinen Bürgerausschuß Vorsitzender des Gewerbevereins vor und nach der Revolution (bis 1860)
März 1848	Hauptmann der Bürgerwehr
1859	Mitglied im Großen Bürgerausschuß
1863 – 1869	Gemeinderat
1871 – 1888	Bürgermeister

Der Tüncher L. gehörte der Delegation Mannheimer Bürger an, die zur Übergabe der in der

Versammlung vom 27. Februar im Aulasaal verabschiedeten Petition am 2. März nach Karlsruhe reisten. Die wegen der Intervention Karl Mathys (s. dort) beinahe gescheiterte „Sturmpetition" im badischen Landtag fand starken Widerhall in Mannheim. Bei ihrer Rückkehr wurde die Delegation festlich empfangen. Ein Fackelzug geleitete sie durch die Straßen der Stadt und endete am Rathaus, wo L. noch eine Ansprache an die Versammlung hielt, in welcher er das Ergebnis der Mission verkündete. Den Konflikt um die Übergabe der Petitionen ließ er dabei unter den Tisch fallen und berichtete über die Einführung der Pressefreiheit, deren Gewährung er der „Kraft und Entschiedenheit" der Zweiten Kammer zuschrieb. Er appellierte an die Anwesenden, das so bewiesene Vertrauen zu honorieren und damit zu zeigen, daß die „Ehre Mannheims" in seiner „Liebe zum Gesetz und zur Ordnung" auch in „schwierigen Tagen" liege. Mit einem Appell, nicht den gesetzlichen Weg zu verlassen, und einem Hoch auf die badische Zweite Kammer endete diese Rede (Mannheimer Journal, Beilage vom 4. März 1848).
L. nahm auch weiterhin aktiven Anteil an der Märzbewegung. 1848 gehörte er der Kommission des Gemeinderats an, die von der Regierung die Einführung der Bürgerbewaffnung forderte und wurde Mitte März 1848 zum Hauptmann der daraufhin gebildeten Mannheimer Bürgerwehr gewählt. Der Statutenvorschlag für den zu gründenden Vaterländischen Verein, den Gustav Struve (s. dort) am 20. März, dem Tag nach dem Offenburger Kongreß, vorlegte und der von zwölf prominenten Mannheimern gegengezeichnet war, trug auch L.s Unterschrift. Als dieser Vorschlag von einer am 23. März abgehaltenen Versammlung nur modifiziert gebilligt wurde, gehörte L. neben Florian Mördes (s. dort) zu einer Gruppe eher kritischer Bürger, die auf die vorgenommenen Veränderungen gedrängt hatten. Auf einer am 29. März stattfindenden Gründungsversammlung wurde er in das leitende Komitee gewählt und betätigte sich dort im Gegensatz zu den gemäßigten Mitgliedern, die schon früh von den radikalen Aktivitäten des Vereins Abstand nahmen.
Im Gegensatz zu anderen aktiven Vereinsmitgliedern beteiligte sich L. später auch an der Gründung des Neuen Vaterländischen Vereins, was ihn allerdings nicht davon abhielt, seine Kontakte zu den Radikalen aufrecht zu erhalten. Immer wieder befand er sich in den verschiedenen städtischen Deputationen, die zur Vermittlung an das Stadtamt oder nach Karlsruhe geschickt wurden, nachdem Mannheim durch Truppeneinquartierungen befriedet und die Bürgerwehr entwaffnet worden war.
Vom Mannheimer Stadtamt wurde er in dieser Zeit als führender Aktivist eingeordnet und als solcher auch dem Innenministerium weitergemeldet. Grund für diese Einschätzung war seine Tätigkeit als Gründungsmitglied des allgemein als Hort des Radikalismus angesehenen Bürgervereins. 'Auffällig' wurde er auch anläßlich seiner Teilnahme an Versammlungen, wie dem Ettlinger Demokratenkongreß vom 16. Juli 1848. In dieser Zeit ist von einer Doppelmitgliedschaft L.s sowohl im Neuen Vaterländischen Verein als auch im Demokratischen Verein auszugehen. Die eindeutig in die politisch gemäßigte Richtung weisende Entwicklung der 'Neuvaterländischen' führte noch 1848 zu L.s Austritt; in der Mitgliederliste vom 15. Dezember 1848 war er schon nicht mehr aufgeführt. Statt dessen war er Vorstandsmitglied des Mannheimer Volksvereins geworden und gehörte laut Goeggs Memoiren zu den verläßlichen Mitkämpfern, die den organisatorischen Neuaufbau nach dem personellen Wechsel auf dem Kongreß von Renchen einleiteten. Seit dem Herbst 1848 war er auch im Mannheimer Gemeinderat vertreten, bei der Erneuerungswahl vom 16. August wurde er dessen Mitglied.
Als die Kampagne zur Durchsetzung der Reichsverfassung begonnen hatte, nahm L. am „Wehrausschuß" teil, der sich am 10. Mai 1849 angesichts der Bedrohung der Pfalz durch die „Dissidentenkönige" die Beschaffung von Waffen zur Aufgabe machte. Als dessen Mitglied setzte er sich auch im Gemeinderat dafür ein, lehnte dagegen aber eine Beteiligung an dem auf der 'Volksversammlung' vom 14. Mai durch Mördes initiierten „Sicherheitsausschuß" ab. Statt dessen gesellte er sich zu einer aus Mitgliedern des Gemeinderats, Mördes und Osterhaus (s. dort) bestehenden Kommission, die den abrückenden Garnisonskommandanten von Roggenbach zum Bleiben bewegte, um in der

von Ordnungskräften entblößten Stadt die Sicherheit zu gewährleisten. Am 20. Mai übernahm er angesichts konterrevolutionärer Bestrebungen zusammen mit Osterhaus vorübergehend die Stadtkommandantur. Franz Raveaux übergab ihm dazu die schriftliche Ernennungsurkunde Sigels (s. dort) und „instruirte ihn über die Besetzung und, im Falle es nöthig sei, über eine Vertheidigung der Neckarbrücke" (Raveaux (1850), S. 53). Wenige Tage später unterstützte L. zusammen mit Heinrich Roes und Valentin Streuber (s. dort) öffentlich die Ernennung des Abgeordneten der Nationalversammlung Wilhelm Adolph von Trützschler (s. dort) zum Zivilkommissär in Mannheim. Angesichts der beim Herannahen der Bundestruppen drohenden Beschießung Mannheims suchte er zusammen mit dem Gemeinderat Johann Glimpf die Provisorische Regierung in Karlsruhe auf, um sie zur Vermeidung militärischer Auseinandersetzungen innerhalb des Stadtgebiets zu bewegen. Seine Sympathie mit radikalen Ideen und die wenigen Aktivitäten zugunsten der Revolution reichten aus, um nach der kampflosen Räumung der Stadt eine Untersuchung gegen L. einzuleiten. Am 3. Juli wurde er in Arrest genommen, denn für die Polizeibehörde war er „verdächtig Mitglied des dahier bestandenen Sicherheitsausschusses und Beirath des Civilkommissär Trützschler gewesen zu sein; auch hat derselbe eine Zeit lang die Stelle eines Stadtcommandanten dahier bekleidet" (GLAK: 237/2737). Dennoch gehörte L. zu dem Personenkreis, der sich zwar kompromittiert hatte, dramatische Konsequenzen für sein Handeln aber abwenden konnte. Als Gemeinderat wurde er gemeinsam mit seinen Amtskollegen abgesetzt, aber nach einer kurzen Untersuchungshaft kam er wieder frei.

Schon im Herbst konnte er seinem Gewerbe wieder nachgehen, das angesichts der grassierenden Choleraepidmie in der Beschriftung von Holzkreuzen, „geschmackvoll verziert und vergoldet", bestand. Ein Urteil des Großherzoglichen Hofgerichts vom 8. November 1850 sprach L. dann endgültig vom Verdacht der Beteiligung am Aufstand frei, und er selbst dementierte ihm unterstellte Handlungen. In den folgenden Jahren stellte sich heraus, daß L.s Sympathien für die republikanische Bewegung auf kommunalpolitischer Ebene nicht besonders geschadet hatten, schließlich brachte er es 1871 sogar noch einmal zum Bürgermeister in Mannheim.

Q: StadtA Mannheim: Polizeipräsidium, Zug. –/1962, Familienbogen. – ***L:*** *Goegg, Amand: Nachträgliche authentische Aufschlüsse über die badische Revolution von 1849, deren Entstehen, politischen und militärischen Verlauf. Zürich 1876; Raveaux, Franz: Mittheilungen über die badische Revolution. Frankfurt a.M. 1850.*

Hans-Joachim Hirsch

Mathy, Karl, Journalist, Politiker, Nationalökonom

* 17. 3. 1806 Mannheim, ev.

† 3. 2. 1868 Karlsruhe

V Johann Arnold M., Lehrer (um 1775 – 1825).
M Anna Maria, geb. Stroh (um 1781 – 1841).
G 4 Brüder, 2 Schwestern.
∞ 1833 Anna, geb. Stromeyer (1801 – 1882).
K 2 Söhne, 1 Tochter.

1813	Einschulung am Mannheimer Lyzeum
1824 – 1828	Studium des Staatsrechts und der Kameralwissenschaften in Heidelberg; Burschenschaftsmitglied
ab 1828	Kameralpraktikant in Mannheim und in Karlsruhe
1832 – 34	Gründer, Herausgeber und Redakteur der in Karlsruhe erscheinenden Zeitschrift „Der Zeitgeist. Ein Volksblatt für Deutschland"
1835	Emigration über Straßburg in die Schweiz
1842 – 1852	Landtagsabgeordneter in der badischen Zweiten Kammer
1843 – 1854	Teilhaber an der Bassermannschen Verlagsbuchhandlung in Mannheim
1846 – 1848	Gemeinderat in Mannheim
1847 – 1850	Mitherausgeber und Redakteur der in Heidelberg erscheinenden „Deutschen Zeitung"

5. 3. 1848	Teilnahme an der Heidelberger Versammlung
15. 3. 1848	Hauptmann einer Bürgerwehr-Kompanie in Mannheim
28. 4. 1848 – Mai 1849	Berufung als Staatsrat ins badische Ministerium
März/ April 1848	Mitglied von Vorparlament und Fünfziger-Ausschuß
18. 5. 1848 – 21. 5. 1849	Abgeordneter für den vierten Schwarzwaldwahlkreis (Calw) in der Nationalversammlung
24. 5. 1848	Mitglied im volkswirtschaftlichen Ausschuß der Nationalversammlung
5. 8. 1848 – 16. 5. 1849	Unterstaatssekretär im Reichsfinanzministerium in Frankfurt
Mai/Juni 1849	Präsident des Finanzministeriums der nach Frankfurt geflohenen bad. Regierung
Juni 1849	Geschäftsführer des Zentralausschusses der Gothaer Versammlung
1850	Rückkehr nach Mannheim; Mitglied im Bürgerausschuß; publizistische Tätigkeit, u.a. als Korrespondent des „Mannheimer Journals“
1855 – 1862	Direktor der Diskontogesellschaft in Berlin, der Gothaer Privatbank in Gotha und der Deutschen Kreditgesellschaft in Leipzig
1863	badischer Bevollmächtigter auf der Konferenz der Zollvereinsstaaten in Berlin
1864 – 1866	Präsident des badischen Handelsministeriums
1866 – 1868	badischer Staatsminister

Bei seiner Rückkehr nach Baden im Jahr 1840 war M. schon eine herausragende Persönlichkeit im publizistischen und politischen Leben der frühen liberalen Bewegung geworden. Nachdem er im Mai 1843 seinen Schwetzinger Wohnsitz mit der Geburtsstadt Mannheim getauscht hatte, fand er sich bald in den Reihen der Mannheimer Oppositionsbewegung wieder und erlebte in der Revolutionszeit eine gemeinsame politische Entwicklung mit seinem Freund Friedrich Daniel Bassermann und dem Rechtsanwalt Alexander von Soiron (s. jeweils dort). Die drei Mannheimer Persönlichkeiten gestalteten die kurze parlamentarische Geschichte Deutschlands während der Revolutionsjahre entscheidend mit.

Noch im Spätherbst 1846 waren M.s Berührungsängste gegenüber den Vertretern einer radikalen politischen Opposition nicht besonders ausgeprägt. Seit dem 1. Oktober erschien seine „Deutsche Rundschau“ für Mannheim im Verlag von Heinrich Hoff (s. dort). Auch scheute sich M. nicht, gemeinsam mit Gustav Struve und Adam Hammer (s. jeweils dort) populärwissenschaftliche Vorträge anzukündigen, in denen er über Themen aus dem Bereich der „Volks- und Staatswissenschaft“ berichten wollte (Mannheimer Abendzeitung vom 8. Oktober 1846). Struves „Deutscher Zuschauer“ nannte in einem Bericht über die städtische Entwicklung noch die später getrennte Wege gehenden Führer der liberalen Opposition in einem Atemzug: „Unter der Leitung von Männern wie von Itzstein, Mathy, Bassermann, Hecker und anderen mußte natürlich das Gemeindeleben, wie die politische Thätigkeit der Stadt, einen erhöhten Aufschwung nehmen“ (Deutscher Zuschauer vom 16. Januar 1847). Im Zuge der Entwicklung des Gemeindelebens kam es 1847 auch zu dramatischen Auseinandersetzungen mit einer Gruppe konservativ gesinnter Bürger, in der sich M. auf gleicher Ebene mit späteren Gegnern wie Heinrich Hoff, Gustav Struve, aber auch Parteigängern wie Leopold Ladenburg (s. dort) exponierte. Noch zeigte die Opposition nach außen hin eine Geschlossenheit, deren auseinanderstrebende Tendenzen nur dem eingeweihten Beobachter angesichts organisatorischer und personeller Trennung der im Herbst 1847 stattfindenden Konferenzen deutlich werden konnten. Während auf der Offenburger Versammlung eine wortradikale und kompromißlose Politik propagiert wurde, diente das in Heppenheim stattfindende Treffen liberaler Kammerabgeordneter der Koordination realpolitisch orientierter Initiativen, um Reformen auf gesetzlichem Wege zu erreichen.

So stand M. auch dem revolutionären Aufbruch am 27. Februar in Mannheim eher skeptisch gegenüber. In der spontan einberufenen Volksversammlung versuchte er vergebens, mäßigend auf die Beschlüsse einzuwirken. Die Übergabe der aus dieser Versammlung resultierenden „Sturmpetition" wollte er mit Hinweis auf die Geschäftsordnung der badischen Kammer verhindern. Auf der in Heidelberg am 5. März stattfindenden Konferenz liberaler Abgeordneter gehörte er zur Mehrheitsgruppierung um Heinrich von Gagern, die die Proklamation einer Republik ablehnten. Sein Ruf als 'Mann des Volkes' war aber noch ungebrochen, so daß er im März bei den Offizierswahlen der Mannheimer Bürgerwehr zum Hauptmann der zehnten Kompanie im ersten Bataillon gewählt wurde.

Die persönliche Geschichte M.s, die Verfolgungen, deren Opfer er in den dreißiger Jahren geworden war, und die darauf aufbauenden Kontakte aus dem Schweizer Exil machten ihn noch zu Beginn der Revolution zum potentiellen Verbindungsmann für die Kreise der Exilanten, deren Hoffnung auf revolutionäre Veränderungen eng mit ihren konspirativen Kontakten nach Deutschland zusammenhingen. Mitte März bereiste er im Auftrag der badischen Regierung den Seekreis, um ein Bild von der dort herrschenden Stimmung zu gewinnen. Der badische Süden war traditionell republikanisch gesinnt,und eine Begegnung mit seinem ehemaligen Gönner Josef Fickler überzeugte M. von dessen Entschlossenheit zum revolutionären Handeln. Darüber hinaus erreichte ihn Ende März eine von Johann Philipp Becker (s. dort) als Rundschreiben an konspirative Adressen konzipierte Korrespondenz, die Kontakte für einen unmittelbar bevorstehenden Einmarsch der deutsch-schweizerischen Legion anknüpfen sollte. Solche Erlebnisse legten den Grundstein für M.s Entschluß vom 8. April, als er auf dem Karlsruher Bahnhof den dort in den Seekreis abreisenden Fickler verhaften ließ. Die wesentlich zur Polarisierung der politischen Lager in der Revolution beitragende selbstherrliche Handlung machte M.s Person fortan zur zentralen Figur, an der sich die Geister je nach politischer Grundhaltung schieden.

In Mannheim führte der Vorfall noch am selben Tag zu heftigen Kontroversen in der Bür-

Karl Mathy (Vorlage: Schwetzinger Sammlungen)

gerschaft. Nur das Eingreifen Sebastian Jörgers (s. dort), der den vom Bahnhof kommenden M. auf das Rathaus geleitete, soll ihn vor dem Zorn einer erregten Menge geschützt haben. Erst den öffentlich abgegebenen Erklärungen M.s und des Gemeinderats gelang es, die aufgewühlten Emotionen zu dämpfen. Als allerdings die weitreichenden Folgen der Handlung in der Niederlage des Heckerzugs deutlich wurden, formierte sich in Mannheim eine breite Ablehnung gegen den zum Renegaten gestempelten nunmehrigen Regierungsmann. Die Turner erklärten ihn einer Vereinsmitgliedschaft nicht würdig, und seinem Ausschluß aus dem Bürgerverein kam M. durch den eigenen Austritt zuvor. Selbst in der als reaktionär verdächtigten Scharfschützenkompanie der Bürgerwehr regte sich der Unmut einzelner Mitglieder, die seinen Auschluß forderten. Sein Haus in Mannheim wurde in den unruhigen Apriltagen zum Ziel von Übergriffen bewaffneter Volkshaufen. So hielt sich M. in den folgenden Monaten sel-

ten in seiner Vaterstadt auf. Seine umfangreiche Tätigkeit für die einst von der revolutionären Bewegung legitimierte Reichsregentschaft, machte Frankfurt zu seinem vorrangigen Aufenthaltsort. Seine Aktivitäten in diesen Funktionen verliefen aber wenig spektakulär, sieht man davon ab, daß er in den Verhandlungen um den Waffenstillstand von Malmö im September sich erneut in den Augen der Linken durch sein antinationales Handeln kompromittierte.
Im Frühjahr 1849 wurde M. nach München delegiert, um mit der bayerischen Regierung über die Annahme der Reichsverfassung zu verhandeln. Seine Mission scheiterte ebenso wie die von Bassermann geführten Gespräche mit dem preußischen König. Der blutige Ausklang der Revolutionsepoche endete auch für M. mit einer vorläufigen Unterbrechung seiner politischen Karriere. Der Mann, dessen Entschlossenheit und energischem Durchgreifen die Großherzogliche Regierung vielleicht ihren Bestand zu verdanken hatte und der sich mit seinen Handlungen zum Haßobjekt seiner ehemaligen radikalen Gesinnungsgenossen und deren Gefolgschaft gemacht hatte, wurde sofort nach der Niederlage der Revolutionstruppen entlassen. Die Großherzogliche Regierung versagte ihm jegliche Bezüge, so daß er zu seinen einstigen Qualifikationen als Journalist Zuflucht nehmen mußte, um seinen Lebensunterhalt zu verdienen. Dennoch blieb er seinen politischen Zielen treu und gehörte zum Einladungskreis der Zusammenkunft in Gotha, die am 26. Juni 1849 den verbliebenen Anhängern einer friedlichen Durchsetzung der Reichsverfassung neue Impulse zu vermitteln suchte.

W: *Betrachtungen über den Beitritt Badens zu dem deutschen Zollverein. Karlsruhe 1834. –* ***Q:*** *StadtA Mannheim: Polizeipräsidium, Zug. –/1962, Familienbogen (Familienbogen des Vaters); Karl-Friedrich-Gymnasium,Zug. 4/77, Nr. 61; Kleine Erwerbungen, Nr. 168 (2 Briefe 1851), Nr. 251 (7 Briefe 1834 – 1862), Nr. 529, 530, 532, 533 (Briefwechsel, Druckschriften: Kopien aus dem Nachlaß Mathy im StaatsA Potsdam); Mannheimer Abendzeitung; Mannheimer Journal. –* ***L:*** *Angermann, Erich: K.M. In: NDB 16 (1990), S. 380f.; Duncker, Max: K.M. In: Badische Biographien. Bd. 2. Heidelberg 1875, S. 45 – 69; Freytag, Gustav: K. M. Geschichte seines Lebens. Leipzig 1870; Hochschild, Ulrich: K. M. und die deutsche Frage im Vormärz und 1848/49. In: ZGO 125 (1977), S. 225 – 273; Mathy, Ludwig (Hrsg.): Aus dem Nachlaß von K. M. Briefe aus den Jahren 1846 – 1848. Leipzig 1898; ders. (Hrsg.): Briefe von und an K. M. aus dem Frühling 1849. In: Deutsche Revue 33 (1908), S. 82 – 97; ders.: Zu K.M.s hundertstem Geburtstag, In: Mannheimer Geschichtsblätter 3 (1907), S. 51 – 65. –* ***B:*** *StadtA Mannheim; Reiß-Museum Mannheim.*

Hans-Joachim Hirsch

Mayer, Karl Gustav, Apotheker
* 22. 8. 1810 Heilbronn, ev.
† 7. 8. 1853 St. Louis (Missouri, USA)

V Christian Jakob M., Apotheker (1769 – 1850). M Katharina Elisabeth, geb. Heermann (1784 – 1844). G 3, darunter Dr. Julius Robert, Entdekker des Energieerhaltungssatzes (1814 – 1878); Friedrich Ferdinand, als Offizier der Heilbronner Bürgerwehr maßgeblich an der Revolution von 1848/49 beteiligt (1805 – 1872).
∞ 1.) 1836 (Großgartach) Amalie, geb. Eberbach (1815 – 1852), ev. V Georg Christoph E., Kaufmann in Großgartach. K 3 Söhne, 4 Töchter. 2.) 1852 (St. Louis) Amalie Louise, verwitw. Rhodius, geb. von Schweikher (1824 – 1864). V Carl v. S., pensionierter Hauptmann des 7. Infanterieregiments.

	Gymnasialbesuch in Heilbronn
1827 – 1831	Lehrling in einer Materialhandlung in Heilbronn
1832 – 1834	Lehrling in der väterlichen Apotheke in Heilbronn
1834	Studium der Pharmazie (Hospitant) an der Universität Tübingen
1835	Apothekerexamen in Stuttgart
1835 – 1840	Apothekergehilfe in Friedberg, Tübingen und Worms
1840 – 1844	Apotheker in Meßkirch
1844 – 1849	Apotheker in Sinsheim
April 1848	Führer des republikanischen Ostermontagszuges der Sins-

	heimer nach Heidelberg; Flucht nach Straßburg
1849	Zivilkommissär für den Amtsbezirk Sinsheim; Offizier der deutsch-polnischen Legion
1850	Auswanderung nach Nordamerika; Apotheker in St. Louis

M. war zweifelsohne die schillerndste politische Figur im Amtsbezirk Sinsheim während der Revolution von 1848/49. Er kam aus gutsituierten bürgerlichen Verhältnissen. Die Familie Mayer war seit Generationen in Heilbronn ansässig und gehörte zu den Honoratioren der Stadt. Wie sein älterer Bruder Friedrich (Fritz) ergriff M. den väterlichen Beruf des Apothekers. Nach seiner Heirat mit Amalie Eberbach, die ihm später in schweren politischen Zeiten aufopferungsvoll zur Seite stand, erwarb M. um 1840 die Apotheke in Meßkirch. Er nahm die badische Staatsbürgerschaft an und verdiente sich als Mitglied des Meßkircher Gemeinderates seine ersten politischen Sporen. Aber erst in seiner Sinsheimer Zeit entwickelte sich M. sukzessive zum radikalen Demokraten. Er zog von Ort zu Ort und agierte dabei ähnlich wie spätere Berufsrevolutionäre. Fast täglich hielt er Versammlungen ab, in denen er unermüdlich sein Ideal von der demokratischen Republik propagierte. Er galt als geborener Agitator. Politisch begabt, wortgewandt und kompromißlos verbreitete M. seine Ansichten im Volk. Die ohnehin aufreizenden Leitartikel der „Mannheimer Abendzeitung" versah er mit noch schärferen Randglossen, die sozialistische Tendenzen erkennen ließen. M. vertrat seine politischen Grundüberzeugungen mit einer Konsequenz, die ihn zwangsläufig zum revolutionären Handeln führen mußte. Ab 1848 übte M. mit einer starken Gruppe von Gesinnungsgenossen faktisch die Macht in Sinsheim aus. Im Gefolge des Heckerzuges schritt M. am 24. April 1848 zur Tat. Sein bewaffneter Zug nach Heidelberg, um dort die Republik auszurufen und anschließend zu Hecker (s. dort) zu stoßen, scheiterte jedoch. Um der drohenden Verhaftung zu entgehen, flüchtete M. nach Straßburg. Mit dem Ausbruch der Mairevolution kehrte er am 15. Mai 1849, versehen mit einer Legitimation von Carl Blind und Gustav Struve (s. jeweils dort), als Zivilkommissär nach Sinsheim zurück. Den Interessen der Revolution ordnete er faktisch alles unter. Entsprechend lautete auch seine Maxime: „Eine Nation, die der Freiheit würdig ist, muß sie auch [...] zwingen und [...] behaupten" (StadtA Sinsheim: A 1187).
Sogenannte volksfeindlich Gesinnte wurden von M. unverzüglich aus allen Ämtern entfernt bzw. verhaftet. Auf Wunsch der Provisorischen Regierung zog M. in den Odenwald, um dort die Aufstellung einer deutsch-polnischen Legion zu organisieren. In den Reihen dieser Freischar nahm er als Offizier an den Kämpfen gegen die Preußen und Reichstruppen teil. Nach der Niederlage der Revolutionsarmee faßte er endgültig den Entschluß, nach Amerika auszuwandern. Nach einem kurzen Zwischenaufenthalt in Straßburg gelangte er nach einer abenteuerlichen Fahrt schließlich in Nordamerika an. Dort wandte sich M. nach St. Louis, wo er wiederum eine Apotheke errichtete. Wenig später folgten ihm seine Frau und die Kinder. Im Großherzogtum Baden wurde M. steckbrieflich ausgeschrieben und am 17. Juni 1850 vom Großherzoglich Badischen Hofgericht des Unterrheinkreises in Mannheim wegen Teilnahme am Hochverrat zu sieben Jahren Zuchthaus oder vier Jahren und acht Monaten Einzelhaft verurteilt. Als Mitglied des Arbeitervereins in St. Louis blieb M. auch in Nordamerika seinen politischen Idealen treu. Er starb am 7. August 1853 an den Folgen einer Erkältung.

Q: *GLAK: Kartei Heinrich Raab; HauptstaatsA Stuttgart: E 146/2 Bü 1934; StaatsA Ludwigsburg: E 146/49 Bü 1931; Landeskirchliches A Karlsruhe: Stift Sinsheim, Generalia 1612; UniversitätsA Tübingen: 40/141 Nr. 26; StadtA Sinsheim: A 138; A 1189; A 1200; B 234; B 443 – 444; R 488 – 490; Deutsche Zeitung, Nr. 117 vom 27. April 1848; Frankfurter Journal, Nr. 116 vom 26. April 1848; Heidelberger Journal, Nr. 114 vom 26. April 1848, Nr. 116 vom 28. April 1948, Nr. 118 vom 30. April 1848; Karlsruher Zeitung, Nr. 117 vom 29. April 1848; Mannheimer Journal, Nr. 115 vom 27. April 1848, Nr. 118 vom 30. April 1848, Nr. 125 vom 7. Mai 1848. –* ***L:*** *Kaller, Gerhard: Im Gang der Jahrhunderte. Auswanderung und Revolution. In: Theiss, K./Baumhauer, H. (Hrsg.): Hei-*

mat und Arbeit. Der Kreis Sinsheim. Aalen/ Stuttgart 1964, S. 154; Kullmer, Hans: Über die Geschichte einiger nordbadischer Apotheken. In: Deutsche Apotheker-Zeitung 9 (1968), S. 302 (Sonderdruck); Lautenschlager, Friedrich: Bilder aus der revolutionären Bewegung im Badischen Unterland im Frühjahr 1848. In: Badische Heimat 3 (1916), S.195ff.; ders.: Ein gefährlicher Osterbesuch. Der Zug der Sinsheimer nach Heidelberg im Jahre 1848. In: Heidelberger Soldatenbüchlein. Heidelberg 1918, S. 33ff.; ders. (Hrsg.): Volksstaat und Einherrschaft. Dokumente aus der badischen Revolution. Konstanz 1920; Mumm, Hans Martin: Der Heidelberger Arbeiterverein 1848/49. Heidelberg 1988, S. 40ff., 94, 117ff.; Schlitt, Adam: Die Revolution 1848/49 in Sinsheim. In: Rhein-Neckar-Zeitung, Nr. 51 vom 16. November 1974, Nr. 53 vom 18. November 1974; Steinhilber, Wilhelm: Die Heilbronner Bürgerwehren 1848 und 1849 und ihre Beteiligung an der badischen Mairevolution des Jahres 1849. Heilbronn 1959, S.125f.; ders.: Robert Mayers Bruder Gustav. In: Schwaben und Franken 7 (1960), S. 3f.; Wankmüller, Armin: Württembergische Apotheker in Amerika. In: Beiträge zur württembergischen Apothekengeschichte 9 (1971) H. 2, S. 45; Weiß, Max: Die Revolutionsjahre 1848 und 1849 mit besonderer Berücksichtigung der Stadt und des Amtsbezirkes Sinsheim. Waldshut 1897, S. 8, 34f.; [Wilckens, Adolf]: Aus dem Kraichgau. Eine Skizze zur Geschichte der Revolution in Baden. Heidelberg 1849, S. 8f.; Wilckens, Th.: Der Freischärler-Putsch zu Heidelberg am Ostermontag 1848. In: Heidelberger Rundschau vom 9. April 1914. (Halbmonatsbeilage zum Heidelberger Tageblatt); Wirtz, Rainer: Die Begriffsverwirrung der Bauern im Odenwald 1848. Odenwälder „Excesse" und die Sinsheimer „republikanische Schilderhebung". In: Puls, Detlef (Hrsg.): Wahrnehmungsformen und Protestverhalten. Studien zur Lage der Unterschichten im 18. und 19. Jh. Frankfurt a.M., 1979, S. 96ff.; ders.: „Widersetzlichkeiten, Excesse, Crawalle, Tumulte und Skandale". Soziale Bewegungen und gewalthafter sozialer Protest in Baden 1818 – 1848. Frankfurt a.M. 1981, S. 190ff.

Holger Friedrich

Minnig, Peter, Gutsbesitzer
* 1799 Straßenheim, kath.
† 1871 Viernheim

V Johann M., Stabshalter und Gutsbesitzer auf dem Straßenheimer Hof. M Elisabeth, geb. Dietz. ⚭ 1826 Sabina, geb. Hauptmann (1798 Viernheim – 1856 Viernheim), kath. V Martin H., Bierbrauer (1762 – 1814). M Elisabeth, geb. Appel (1777 – 1814), beide aus Viernheim.

1833	Mitglied des Viernheimer Gemeinderats
1. 8. 1842	Wahl zum 1. Beigeordneten
18. 9. 1848 – 1853	Bürgermeister von Viernheim
1849	Mitglied des Bezirksrats in Heppenheim
1850	Mitglied des hessischen Landtags

Als 1. Beigeordneter sorgte M. 1846 für die strikte Ablehnung des Baus der Main-Neckar-Bahn durch den Gemeinderat, da deren geplante Trasse die Felder „zerstückeln" würde.
Die Opposition des katholischen Viernheim zum protestantischen Hessen und seinen Beamten und die gesellschaftlichen Umwälzungen führten im Laufe des Jahres 1848 zu einer Politisierung der Gemeinde und ihrer Honoratioren. Aufgrund einer Initiative des Mainzer Pius-Vereins wurde am 1. Dezember 1848 der örtliche Pius-Verein gegründet, dessen 1. Vorsitzender M. war. Der Verein besaß in Viernheim (ca. 3.500 Einwohner) über 500 Mitglieder.
Als Viernheimer Bürgermeister versuchte M. über drei Jahre, den Juden das ihnen seit August 1848 zustehende Recht auf Erlangung von Bürgerrechten in der Gemeinde Viernheim zu verwehren.
Ab 1850 im hessischen Landtag, trat M. als Demokrat für einen Nationalstaat unter einem deutschen Kaiser ein. Von 1853 bis 1865 war er wieder Mitglied des Gemeinderats. M. war als Gutsbesitzer auf dem landwirtschaftlichen Sektor erfolgreich: Auf mehreren landwirtschaftlichen Ausstellungen erhielten M. und die Brüder Ehatt – seine Neffen – Auszeichnungen, beispielsweise auf der Pariser Weltausstellung 1867 und der Weltausstellung in Wien 1873. M.s Handeln wurde bestimmt von Widersprü-

chen zwischen Standesinteressen und freiheitlichen Ideen, von dem spannungsreichen Verhältnis zwischen Katholizismus und Demokratie.

Q: StadtA Viernheim.

Gisela Wittemann

Mördes, Florian Georg Franz Bernhard, Anwalt
* 4. 10. 1823 Mannheim, kath.
† 21. 1. 1850 Peach Creek (bei Neu-Braunfels, Texas, USA)

V Franz Bernhard M., Ingenieur (um 1798 – 1846). M Maria Eva, geb. Gerhard (um 1802 – 1882). G 1 Bruder, 1 Schwester.

8. 11. 1841	Immatrikulation zum Studium der Rechtswissenschaften in Heidelberg
1847/48	Rechtspraktikant beim Großherzoglichen Stadtamt
ab 8. 7. 1848	Herausgabe des „Deutschen Zuschauers" mit David Sauerländer
16. 6. 1849	Ernennung zum Innenminister der Provisorischen Regierung
30. 6./ 1. 7. 1849	Flucht aus Freiburg in die Schweiz

Seit den Märztagen ist die Tätigkeit von M. in der revolutionären Bewegung nachweisbar. Er engagierte sich in der Frage der allgemeinen Volksbewaffnung und beteiligte sich an der Gründung des Mannheimer Freikorps, aus dem er aber schon bald ausgeschlossen wurde, weil er dessen Unterordnung unter die Gemeindebehörde propagiert hatte. Später distanzierte er sich angesichts der zunehmenden Unruhen von den Exaltierten. Bei der Gründung des Vaterländischen Vereins geriet er mit Gustav Struve (s. dort) in Konflikt, dessen Statutenentwurf er heftig kritisierte. Er warf Struve vor, die zu gründende Organisation für seine Zwecke funktionalisieren zu wollen und erreichte so die Abänderung einzelner Paragraphen, die verdächtig waren, einer solchen „Diktatur" Vorschub zu leisten. Mit seiner spitzfindigen Argumentationsweise machte sich M. offensichtlich viele Feinde, denn er mußte in seinen Erinnerungen davon berichten, daß er auf einer Versammlung des Vaterländischen Vereins sogar körperlich mißhandelt wurde.

Nach dem Ende des Belagerungszustands in Mannheim wurde er Mitglied im Neuen Vaterländischen Verein, wo er leitende Funktionen bekleidete. Er brachte dort einen Antrag ein, „die Nationalversammlung aufzufordern, sofort den deutschen Bund aufzulösen, eine Exekutive aus ihrer Mitte zu schaffen und dieser die gesammte Staatsgewalt, vor allem die Militärgewalt, in die Hand zu geben" (Mördes (1849), S. 192). Da er damit bei der gemäßigten Mitgliedschaft keine Mehrheit fand, kam es zu einem geschlossenen Austritt der radikalen Minderheit, die sich nicht der zunehmend konservativen Tendenz des ins Regierungslager abgleitenden Zusammenschlusses unterordnen wollte. Damit endete für diesen Personenkreis die zeitweilige Doppelmitgliedschaft im Neuen Vaterländischen und im Demokratischen Verein. Mit der Verabschiedung des 'konstitutionell' orientierten Programms war für die Radikalen ein Verbleib bei den 'Neuvaterländischen' nicht mehr möglich.

Am 29. Mai war M. als Redner auf der Feier zum Jahrestag des Hambacher Fests in Neustadt aufgetreten. Dort hatte er mit seinem Programm mehr Erfolg, denn eine Gruppe von Mannheimern, die sich dorthin begeben hatte, schloß sich daraufhin seinen Ideen an und gründete einen Demokratischen Verein. Örtlicher Vorsitzender und Präsident im Kreisausschuß der Demokratischen Vereine für Baden und die Pfalz wurde M., der dem Mannheimer Stadtdirektor die Einsicht in Mitgliederlisten und die Statuten verweigerte. Dadurch und wegen der kollektiven Teilnahme des Vereins am Ettlinger Demokratenkongreß vom 16. Juli waren die Tage des Vereins gezählt: Am 22. Juli 1848 wurde er von der Großherzoglichen Regierung verboten. Aber schon wenig später gründete M. den „Volksverein für vaterländische Angelegenheiten" als Nachfolgeorganisation.

Seit dem 8. Juli 1848 gab M. gemeinsam mit David Sauerländer den „Deutschen Zuschauer" heraus, dessen Redaktion die beiden übernahmen, nachdem Struves Flucht und die andauernde Inhaftierung des Herausgebers Heinrich Hoff (s. dort) das Blatt an den Rand des Ruins gebracht hatten. Die redaktionelle Umstrukturierung der seit dem 8. Juli erscheinenden „Neuen Folge“ seiner Zeitung empfand Gustav Struve als persönlichen Affront. Er begann seinerseits drei Wochen später mit der Weiterführung des „Deutschen Zuschauers“ aus dem Schweizer Exil und überschüttete die Mannheimer Redaktion mit heftigen Angriffen, die einerseits seine Antipathie gegen M., andererseits aber auch die Funktionalisierung seiner Person als politischen Strohmann betrafen. M. hatte mittlerweile eine nicht unbeträchtliche Macht in seinen Händen vereint, die er dazu nutzte, sich in der Öffentlichkeit als Galionsfigur der demokratischen Partei Mannheims zu profilieren. Im September 1848 griff er in einer öffentlichen Grußadresse an das Frankfurter Parlament den Vertrag von Malmö an. Nach einer Vorberatung, die zwei Tage zuvor im intimen Kreis stattgefunden hatte, berief M. für den 16. Oktober eine Volksversammlung ein, die über eine „Sturmpetition“ mit provozierendem Inhalt beraten sollte. Neben der Normalisierung des Alltags durch die Aufhebung der militärischen Besetzung des Landes war ihr Ziel die Auflösung der Kammer und die Wahl einer konstituierenden Versammlung für Baden. Die Veranstaltung wurde verboten, und als M. mit mehreren seiner Gesinnungsgenossen auf dem Stadtamt verlangte, man solle seine Vorschläge zu Protokoll nehmen, wurde ihm erwidert, er solle seine Petition doch zuschicken.

Trotz seiner vielfältigen Aktivitäten war M. vielen Mitstreitern jedoch „nicht entschieden genug“. Vermutlich waren es persönliche Animositäten, die Amand Goeggs (s. dort) Urteil über M. bestimmten, er habe „zwar als Redner und Schriftsteller unbestreitbares Talent, aber keine Festigkeit des Charakters, keine Consequenz in politischen Ansichten, keinen Muth gegenüber drohenden Gefahren, somit im Lande kein Vertrauen“ (Goegg (1876), S. 90). Sicher ist, daß neben dieser persönlich gefärbten Kritik, vorgebracht von einem Revolutionär, der damals selbst in Staatsdiensten gestanden hatte, manches negative Urteil in revolutionären Kreisen auch durch den Umstand entstanden war, daß M. beruflich zeitweise ausgerechnet in der Mannheimer Polizeibehörde beschäftigt war, die für die Verhaftungen und Verfolgungen im Frühjahr 1848 verantwortlich gemacht wurde. Von diesem Vorwurf reinigte ihn auch nicht die Tatsache, daß er infolge seiner Auftritte in den Versammlungen und Vereinen seine Stelle als Rechtspraktikant beim Stadtamt verloren hatte, zumal sich jetzt auch der persönliche Konflikt mit Struve um die Herausgabe des „Deutschen Zuschauers“ auszuwirken begann.

Das erkannte auch M. und lamentierte über die sich ergebenden Folgen: „Im Verein selbst gelang es mir eine Zeitlang, die Oberhand zu behalten [...] allein die Struve'sche ungestüme Partei machte sich immer mehr geltend und riß auch einen Teil der bis dahin ruhig denkenden Führer mit sich fort. [...] Der Sieg dieser Partei nötigte mich, von der Leitung der Volksvereine zurückzutreten“ (Mördes (1849), S. 205). Beim Weihnachtskongreß der Volksvereine in Renchen wurde seine Person anläßlich der Vorstandswahlen übergangen.

Am 14. Januar 1849 wurde M. am frühen Morgen aus dem Bett heraus verhaftet und nach Weinheim gebracht. Grund war eine „aufrührerische Rede“, die er auf einer Volksversammlung am 3. September in Weinheim gehalten hatte und in der er „zum Dreinschlagen und zur Revolution aufgefordert“ habe, wie die amtliche Untersuchung ergeben hatte (Andlaw (1850/51), S. 159). Erst nach sechstägiger Untersuchungshaft wurde er zu den Vorwürfen vernommen, die er soweit entkräften konnte, daß er nach anderthalbstündigem Verhör auf Kaution freigelassen werden mußte. In den Monaten nach seiner Verhaftung agitierte er öffentlich für die Niederlegung der Mandate der Landtagsabgeordneten. Am 12. April fand der im Zusammenhang mit einer Beschlagnahme des „Deutschen Zuschauers“ eröffnete Presseprozeß gegen M. und den zeitweiligen presserechtlich verantwortlichen Schuhmachermeister Jacob Rothweiler wegen Beleidigung des preußischen Königs statt. M. hatte in seinem Artikel Friedrich Wilhelm IV. einen „gekrönten Hochverräter“ genannt. Vor dem Mannheimer Hofgericht verteidigte er sich selbst, für Rothweiler plädierte Lorenz Brentano (s. dort). Der Gerichtshof folgte den Ausführungen der Verteidigung und entschied, daß der preußische König selbst Klage einreichen müsse. Das badische Justizministerium sei nicht befugt, den Staatsanwalt zur Klage zu beauftragen. Die Angeklagten wurden auf Kosten der Staatskasse freigesprochen. Auf einer Sitzung des großen Bürgerausschusses vom 2. Mai 1849 setzte sich M. für die Unterstützung der Reichsverfassung ein und erreichte, daß ein Wehrausschuß gegründet wurde, in dem er Schriftführer war und Sympathiekundgebungen an die Aufständischen in der Pfalz verabschiedet wurden. Auf der Offenburger Versammlung trat er entschieden gegen eine Anzahl von Funktionären der Volksvereine auf, die eine sofortige Proklamierung der Republik forderten. Gegen den Vorwurf der Feigheit setzte er durch, „den Standpunkt festzustellen, von dem sich die Verhandlungen und Beschlußfassungen der Versammlung nicht entfernen durften". Seine moderate Haltung gründete auf der Überzeugung, „daß die Bewegung des badischen Volkes nur alsdann von Wirksamkeit sein könne, wenn sie von jedem spezifisch badischen Charakter ferne bleibe und den Charakter einer rein deutschen annehme [...] ferner [...] daß der letzte Anker einer deutschen Revolution durch die Reichsverfassung geboten werde [...]" (Mördes (1849), S. 214). Bei der Wahl des Landesausschusses am 13. Mai wurde M. erneut nicht berücksichtigt, verfehlte aber nur knapp das Votum. Trotz seiner Bedenken gegen die losgetretene Bewegung entzog er sich nicht der Konfrontation mit den reaktionären Mächten und stellte sich dem Landesausschuß zur Verfügung, um „nach bestem Wissen und Gewissen die Forderungen des Volkes zur Geltung zu bringen", als Beamter einer Revolution, „welche nicht mehr aufzuhalten war" (Mördes (1849), S. 224). Noch am Abend des 13. erschien M. in Mannheim, wo er sich mit den „entschiedensten Demokraten" beriet und mit ihnen übereinkam, auf den Nachmittag des folgenden Tages eine Versammlung auf den Marktplatz zu einzuberufen.

Auf dieser Volksversammlung vom 14. Mai setzte M. die Wahl eines Sicherheitsausschusses durch. Während die „Mannheimer Abendzeitung" von einem „ausgezeichneten einleitenden Vortrage von Mördes" sprach, hob das „Mannheimer Journal" sogar hervor, er habe „zur Ordnung ermahnt" (Mannheimer Abendzeitung und Mannheimer Journal vom 15. Mai 1849). Als Vorsitzender des Sicherheitsausschusses und einziges aktives Mitglied enthob er den Mannheimer Stadtkommandanten Constantin von Roggenbach seines Amtes und erließ verschiedene Anordnungen zur Aufrechterhaltung der öffentlichen Ordnung. Es gelang ihm jedoch nicht, die Beamtenschaft zur Eidesleistung auf die Provisorische Regierung zu verpflichten, aber er bezog als Zivilkommissär für Mannheim und den Unterrheinkreis das Gebäude der Kreisregierung, die er am 26. Mai ihres Amtes enthob. Am 25. Mai war M. zum Abgesandten des Landesausschusses bei der Provisorischen Regierung der Pfalz ernannt worden; er machte sich auf den Weg nach Kaiserslautern, mußte aber feststellen, daß mittlerweile auf Betreiben Struves hin Julius Fröbel an seine Stelle getreten war. In den folgenden Tagen bereiste er die ländlichen Gegenden des Unterrheinkreises, um die in den Kampfgebieten auftretenden Verwaltungsprobleme zu regeln.

Am 10. Juni wurde er im 19. Wahlbezirk (Eberbach, Walldürn, Buchen, Neudenau, Adelsheim) zum Abgeordneten in der Konstituierenden Versammlung Badens gewählt, wo er in den ersten Tagen als Sekretär und Schriftführer tätig war. Am 16. Juni wurde M. von Brentano zum Innenminister der diktatorischen Regierung ernannt. Seiner Regierungstätigkeit waren allerdings in den verbleibenden letzten Tagen enge Grenzen gesetzt, denn die Versäumnisse der verflossenen Wochen hatten eine aussichtslose Situation geschaffen. Schon eine Woche später endete seine Regierungstätigkeit faktisch mit der letzten Sitzung der Konstituante am 23. Juni. Über Offenburg kam M. nach Freiburg, wo er nach einer ihm übergebenen Liste die Führer der regierungsfreundlichen Partei verhaften ließ. Die desolate Lage der geschlagenen Armee und die Fraktionskämpfe unter den letzten Propagandisten der Revolution überzeugten ihn vom baldigen Ende des Aufstands. In der Nacht vom 30. Juni auf den 1. Juli verließ M. Freiburg, wo er nach eigener Aussage eine Erklärung zu seiner Demission hinterlassen hatte. Auf seiner Flucht in die Schweiz entging er knapp einer Verhaftung. In Basel soll er mit seiner Braut im Gasthaus „Zum Storch" logiert haben. In Luzern veröffentlichte er noch im selben Jahr eine der aufschlußreichsten Darstellungen der Ereignisse aus eigener Sicht. Sein letztes Lebensjahr verbrachte M. als Farmer in Texas.

W: *Die deutsche Revolution mit besonderer Berücksichtigung auf die badische Revolutionsepoche. Herisau 1849. –* ***Q:*** *StadtA Mannheim: Polizeipräsidium, Zug. –/1962, Familienbogen; Kleine Erwerbungen, Nr. 522, 28 – 30, Nr. 522, 31 – 34; Plak.Slg., Nr. 3075; GLAK: 236/8509; 236/8199. –* ***L:*** *Andlaw, Heinrich von: Der Aufruhr und Umsturz in Baden, als die natürliche Folge der Landesgesetzgebung. Bd. 2. Freiburg 1850/51; Goegg, Amand: Nachträgliche authentische Aufschlüsse über die Badische Revolution von 1848, deren Entstehen, politischen und militärischen Verlauf. Zürich 1876.*

Hans-Joachim Hirsch

Moos, Johann Jacob, Stadtschreiber, „städtischer Rechtsrat"
* 1. 9. 1822 Speyer, kath.
† 15. 7. 1887 Speyer

Johann Jacob Moos, Ausschnitt aus der Zeichnung von Ludwig Moses: Zweibrücker Häftlinge 1849 (Fleischmann (1899), S. 244).

V Johannes M., Fischer, später Fuhrmann, Gastwirt und Bierbrauer (um 1788 – 1843). M Johanna Elisabetha, geb. Goeppel (um 1788 – 1849). G 4 Brüder, 1 Schwester.
∞1853 (Haßloch) Johanna, geb. Reither (1828 – nach 1887) aus Haßloch. V Jakob R., Schullehrer. M Katharina, geb. Moschel. K 3 Söhne, 1 Tochter; das Erwachsenenalter erreicht nur Jakob Friedrich (1854 – 1881).

1832 – 1842	Lateinschule und Gymnasium Speyer, jeweils 1.– 4. Klasse
1842 – 1844	Lyzealkandidat, unterer und oberer Kursus
WS 1844/45 – SS 1847	Jurastudium an der Universität Würzburg
1848/49	Rechtspraktikant beim Speyerer Friedensgericht
ca. 1852 – 1858/60	Tätigkeit als Rechtskonsulent u.a.; Abschluß des juristischen Staatsexamens mit Notariatspraxis
7. 10. 1857	Ernennung zum Stadtschreiber
1870	Verzicht auf den Staatsdienst
15. 5. 1871	Verleihung des Titels „Städtischer Rechtsrat"

Mit der offiziellen Gründung des Speyerer Turnvereins wurde M. am 1. Mai 1848 dessen Schriftwart. Am 14. Oktober 1848 erklärte er dort, in spätestens drei Wochen Speyer verlassen zu müssen. Am 23. August 1849 wurde er als „gewesener Freischarenhauptmann, der die Züge nach Landau und Rheinsheim mitgemacht hat und als Unteragent und Delegierter des Militärcommissärs Oßwald die Einzahlung einer Kriegskostencontribution von 200 fl. zu Berghausen betrieb" bezeichnet. Dort, wo seine Truppe einquartiert war, ließ er auch eine Verhaftung vornehmen. Außerdem soll er Mitunterzeichner des bekannten Aufrufs an das hessische Militär gewesen und an der Verbringung des Pulvervorrats aus dem Mirbachhaus in Speyer beteiligt gewesen sein. Nach eigener Aussage wurde er erst am 28. Mai 1849 zum Hauptmann der 1. Kompanie der Speyerer Volkswehr gewählt. Als ruhiger, besonnener Anführer, jedoch von jugendlicher Begeisterung, war er offensichtlich gegen den Kampf eingestellt und bekam deswegen Schwierigkeiten mit Major Oßwald. Am 16. Juni 1849 gehörte er trotzdem zu den Offizieren der Speyerer Mobilgarde, die den Rhein überschritten. Am 26. Juni 1849 wurde er im Badischen verhaftet; während des folgenden Prozesses und später wird er stets als Rechtskandidat (d.h. Jurist vor der 1. Staatsprüfung) bezeichnet; angeblich wurde er sogar während der Prüfungstage festgenommen. Das Zweibrücker Assisengericht sprach ihn am 6. Juni 1851 nach fast zweijähriger Untersuchungshaft frei. M. lebte weiterhin in Speyer, allerdings war ihm zunächst der Staatsdienst (Referendariat) verwehrt, so daß er als Rechtskonsulent arbeitete. Erst Ende der fünfziger Jahre konnte er den Rest des juristischen Staatsexamens ablegen und absolvierte seine Notariatspraxis, wofür ihn 1858 die Stadtverwaltung, die ihn am 7. Oktober 1857 als rechtskundigen Stadtschreiber angestellt hatte, für ein Jahr freistellte. 1870 verzichtete er auf den ihm jetzt möglichen Staatsdienst und entschied sich trotz Aussicht auf eine Notarstelle in Kaiserslautern endgültig für Speyer. Die Stadtverwaltung ging auf seine Bedingungen ein und verlieh ihm am 15. Mai 1871 den Titel „Städtischer Rechtsrat". Für seine Amtsführung wurde er von der Stadt dermaßen geschätzt, daß noch seine Witwe Sonderkonditionen für Wohnung und Rente erhielt.

Q: *LandesA Speyer: J 1/2308; J 1/238; StadtA Speyer: Jahresberichte des Gymnasiums Speyer; Universität Würzburg, Historische Kommission: Verzeichnis des Personals und der Studierenden der Universität Würzburg; Anklag-Akte, errichtet durch die k.General-Staatsprokuratur der Pfalz, nebst Urtheil der Anklagekammer des k. Appellations-Gerichtes der Pfalz in Zweibrücken vom 29. Juni 1850 in der Untersuchung gegen Martin Reichard, entlassener Notär in Speyer, und 332 Consorten wegen bewaffneter Rebellion gegen die bewaffnete Macht, Hoch- und Staatsverraths etc. Zweibrükken 1850; Anzeigeblatt der Kreishauptstadt Speyer, Nr. 69 vom 10. Juni 1851; Speyerer Zeitung, Nr. 163 vom 16. Juli 1887 (Nachruf).* – ***B:*** *StadtA Speyer: Fotosammlung; Fleischmann (1899).*

Katrin Hopstock

Ludwig Moses, Ausschnitt aus der eigenhändigen Zeichnung: Zweibrücker Häftlinge 1849 (Fleischmann (1899), nach S. 244).

Moses, Ludwig „Wolf", Maler, Photograph
geb. 9. 8. 1819 Speyer, isr.
gest. USA (?)

V Samuel M., Kaufmann (1799 – nach 1847), mindestens von 1833 bis 1834 Vorstand der isr. Gemeinde Speyer, Emigration nach den USA. M Sara, geb. Adler (1797 – nach 1847). V Simon A., Tuchhändler (1755 – nach 1828), langjähriger Vorstand der isr. Gemeinde.
∞1842 (Luxemburg) Charlotte, geb. Haas (geb. 1818), isr., Familie aus Luxemburg. V Daniel Samson H., Kaufmann, (1775 – 1854). M Gotton Margaretha, geb. Francfort (1782 – 1856). K 1 Sohn, 1 Tochter.

1829 – 1832	zweimalige Wiederholung der 1. Klasse der Lateinschule; lobende Erwähnung in Zeichnen
Anfang 1833	Abgang von der Lateinschule
1834/35?	Kaufmannslehre bei Verwandten in Worms
1838	Verurteilung wegen Diebstahls, Flucht nach Frankreich

1838 – 1842	Aufenthalt in Metz
1842 – 1846	Aufenthalt in Luxemburg
1848	Übersiedlung nach Straßburg
Febr. 1849	Eintritt in die Straßburger Nationalgarde nach Ausbruch der französischen Februarrevolution
Mai 1849	Rückkehr nach Speyer als französischer Nationalgardist
2. 6. 1849	Todesurteil des Zweibrücker Assisengerichts
3. 1. 1852	Freispruch nach Revisionsverfahren

Wegen eines nie völlig aufgeklärten Bagatelldiebstahls verurteilt, flüchtete M. nach Frankreich, lebte von 1838 bis 1842 in Metz und ging 1842 nach Luxemburg, wo er auch heiratete. Seine Familie ernährte er als Maler, Photograph, zeitweilig auch als Kaufmann; seit Juli 1845 ist er mehrmals als einer der frühesten Wanderphotographen in Speyer nachgewiesen. Die Stellung eines militärischen Ersatzmannes (1844) und eine angebliche kurze Rückkehr nach Speyer (1847) scheinen auf eine zumindest zeitweilige Rückwanderungsabsicht hinzudeuten. Mitte 1847 wanderte seine Speyerer Familie nach den USA aus. M. ging wieder nach Frankreich; nach Ausbruch der Februarrevolution kehrte er als französischer Nationalgardist (ohne die Staatsangehörigkeit gewechselt zu haben) nach Speyer zurück. Die Provisorische Regierung ernannte ihn am 25. Mai 1849 zum Artillerieoberleutnant. Er nahm an den Kämpfen in der Pfalz teil, kämpfte danach auch im Badischen und wurde als einer der Verteidiger von Rastatt im Juni 1849 festgenommen. Er selbst bezeichnete sich als Offizier der Volkswehr, nicht als Freischaroffizier. Das Zweibrücker Assisengericht verurteilte ihn am 2. Juni 1849 wegen „Mitwirkung, wissentlicher Teilnahme und Hilfeleistung zum Hoch- und Staatsverrat sowie der Führung, Leitung und Befehlsübernahme bewaffneter Banden [...]" zum Tod. Nach anderthalb Jahren Haft wurde er aber nach einem von ihm beantragten Revisionsverfahren am 3. Januar 1852 freigesprochen. Danach verliert sich seine Spur; er soll wie seine Speyerer Angehörigen in die USA ausgewandert sein. Wenn M. auch keine große militärische oder politische Persönlichkeit war, ist er doch als jüdischer Achtundvierziger und in Anbetracht seines Berufes der Beachtung wert.

Q: *StadtA Speyer: Personenstands- und Bürgerregister; 3/94; LandesA Speyer: J 1/2319; StadtA Luxemburg: u.a. Personenstandsregister, LU IV/1, R XXV, C1 No.1; LU IV/1, Sign. 24.1 Nr. 1; Anklag-Akte, errichtet durch die k. General-Staatsprokuratur der Pfalz, nebst Urtheil der Anklagekammer des k. Appellations-Gerichtes der Pfalz in Zweibrücken vom 29. Juni 1850 in der Untersuchung gegen Martin Reichard, entlassener Notär in Speyer, und 332 Consorten wegen bewaffneter Rebellion gegen die bewaffnete Macht, Hoch- und Staatsverraths etc. Zweibrücken 1850; Anzeigeblatt der Kreishauptstadt Speyer, Nr. 67 vom 5. Juni 1851.* – ***L:*** *Hopstock, Katrin: Der fotografierende Revolutionär. In: Tagespost, Nr. 166 vom 22. Juli 1989.*

Katrin Hopstock

Müller, Johann Karl Jakob, ev. Pfarrer
* 14. 6. 1804 Zweibrücken, ev.
† 15. 11. 1868 Philadelphia (USA)

V Georg M., Bäcker (1754 – 1830). M Katharina Elisabeth, geb. Kalbfuß (* 1768).
∞ 1834 (Böbingen) Carolina, geb. Mayer (* 1808), ev., aus Edenkoben. V Nikolaus M. M Katharina, geb. Grasmück. K 1 Sohn, 1 Tochter.

	Gymnasialbesuch in Zweibrükken; Besuch des Lyzeums in München
1823 – 1826	Studium in Erlangen und Heidelberg
1827	theologische Aufnahmeprüfung
1835 – 1846	Pfarrer in Böbingen
1846 – 1850	Pfarrer in Heuchelheim (bei Landau)
5. 5. 1849	Teilnahme an dem Kongreß des Zentralmärzvereins in Frankfurt am Main
2. 8. 1849 – 16. 2. 1850	Untersuchungshaft
30. 4. 1850	Versetzung in den Ruhestand

1853	Auswanderung in die USA; Gastwirt in Philadelphia
1855	Streichung der Pension

Gegen M. war bereits in Zusammenhang mit dem Hambacher Fest ermittelt worden. Als der konservative Erlanger Theologieprofessor Isaak Rust 1833 zum ersten geistlichen Rat des Königlichen Konsistoriums in Speyer berufen wurde, gehörte M. zu dem Kreis derjenigen, die gegen den Kurs der lutherischen Neuorthodoxie Widerstand leisteten. Als M. sich 1846 aus wirtschaftlicher Not heraus um die besser dotierte Pfarrstelle in Heuchelheim bewarb, bescheinigte ihm das Dekanatszeugnis würdiges Verhalten, Staats- und Verfassungstreue. Seine Antrittspredigt am 14. Februar 1847 trug zwar „rationalistische Färbung, wurde jedoch mit Geist vorgetragen und erhielt Beifall“ (ZASP: Abt. 4 Nr. 109).

Im Februar 1848 nahm M. an einer geschlossenen Gesellschaft im Casino Bergzabern teil, was zu einem Bericht an das Konsistorium führte. M. gründete in Heuchelheim einen Volksverein und hielt öffentliche Vorträge in der Region. Nach Einschätzung des Konsistoriums trug sein Verhalten während des Aufstandes maßgeblich dazu bei, daß die Gemeinde Heuchelheim große Sympathien für die demokratische Bewegung entwickelte. Die Heuchelheimer zogen unter M.s Leitung mit einem Aufgebot nach Baden; sie unterstützten die Wolmersheimer gegen Viehrequirierung durch königliche Truppen der Garnison Landau. In Klingenmünster warb M. für die Bürgerwehr.

Der populäre protestantische Pfarrer Friedrich Theodor Frantz (s. dort) aus Ingenheim sorgte dafür, daß M. als Mitglied des Kantonalausschusses Bergzabern zum Delegierten für den Kongreß des Zentralmärzvereins am 5. Mai 1849 in Frankfurt gewählt wurde. Aus Frankfurt zurückgekehrt, gab M. im Rathaus Bergzabern am 10. Mai 1849 einen aufsehenerregenden öffentlichen Bericht, in dem er nach Zeugenaussagen zum „Losschlagen“ aufgefordert habe: „Geht nach Hause, wetzet euere Sensen und rüstet Euch, damit ihr bereit seyd, wenn es losgeht“ (ZASP: Abt. 2 Nr. 263). M., der sich darauf berief, die Ergebnisse des Frankfurter Kongresses nur referiert zu haben, wurde vom 2. August 1849 bis zum 16. Februar 1850 in Untersuchungshaft genommen, jedoch zu keiner Freiheitsstrafe verurteilt. Seine Haftentlassung feierten die Heuchelheimer mit Glokkengeläut, wofür sie zur Strafe eine sechswöchige Einquartierung erhielten. Vergeblich bemühte M. sich um die Rückkehr in das Pfarramt. Trotz verschiedener Eingaben seiner Gemeinde und der Fürsprache von Pfarrer Frantz wurde er am 30. April 1850 mit einer Pension von 300 Gulden quiesziert, worauf er sich zunächst in Edenkoben niederließ. Am 22. Oktober 1852 beantragte M. für die Zeit vom 1. Mai 1853 bis zum 30. April 1855 Urlaub, um seine minderjährigen Kinder bei der Auswanderung nach den USA zu unterstützen. Der Urlaub wurde bei Fortzahlung der Pension gewährt. Als M. sich aus wirtschaftlichen Gründen in Philadelphia im Weinhandel betätigte, wurde ihm wegen dieser eines Geistlichen unwürdigen Beschäftigung die Pension zeitweilig entzogen. M. bat daraufhin um Verlängerung seines Urlaubs ohne Pension auf unbestimmte Zeit. Der Antrag wurde gewährt. M. kehrte nicht nach Deutschland zurück

Q: *ZASP: Abt. 2 Nr. 263 (Personalakte); Abt. 3 Nr. 1496 (Prüfungsakte); Abt. 4 Nr. 109 (Pfarrstellenbesetzung Heuchelheim); Abt. 6 (Pfarrbeschreibung Heuchelheim); LandesA Speyer: J 1/38 neu, 1/191 neu (Prozeßakten).* – ***L:*** *Biundo, Georg: Pfälzisches Pfarrer- und Schulmeisterbuch. Palatina Sacra. Bd. 1. Kaiserslautern 1930, S. 44; ders.: Die evangelischen Geistlichen der Pfalz seit der Reformation. Neustadt a.d. Aisch 1968, Nr. 3642; Kimmel, Helmut: Der Anteil der pfälzischen Geistlichen an den Ereignissen der Jahre 1832 und 1849. In: Blätter für pfälzische Kirchengeschichte und religiöse Volkskunde 20 (1953), S. 7f.; Scherer, Karl: Zur pfälzischen Kirchengeschichte des 19. Jahrhunderts. In: Blätter für pfälzische Kirchengeschichte und religiöse Volkskunde 32 (1965), S. 150; ders.: Zur Geschichte kirchlicher Parteien in der Pfalz, in: Blätter für pfälzische Kirchengeschichte und religiöse Volkskunde 35 (1968), S. 243 – 246.*

Gabriele Stüber, Andreas Kuhn

Müller, Johann Michael („Michel"), Kaufmann
* 19. 12. 1816 Schriesheim, ev.
† 25. 12. 1879 Schriesheim

V Jakob M., Schneidermeister, Gastwirt „Zum Rössel" (1780 – 1847). M Maria Margaretha, geb. Möhring (1783 – 1854), 2. Ehe des Vs. ∞ 1839 (Heidelberg-Neuenheim) Maria Elisabeth, geb. Weber (1817 – 1874). K 3 Söhne, 2 Töchter.

1832 – 1836	kaufmännische Lehre bei der Firma Winteroll in Weinheim
1837 – 1840	vermutlich Kaufmann in Heidelberg oder Neuenheim
1845	Gründung des „Bergsträßer Gesangvereins", dem alle Singvereine der Gegend angehören sollten
1845	Mitglied einer Holzvergabekommission des Großen Bürgerausschusses in Karlsruhe
1848	Besuch der badischen Volkskammer
1848	Wahlmann für die Abgeordnetenwahl zur Nationalversammlung
Sept. 1848	Gründung eines „Bewaffneten Vereins" unter Leitung M.s
2. 11. 1848	Mitglied des Gemeinderats
Mai 1849	Mitglied in dem dreiköpfigen Sicherheits- und Wehrausschuß
6. 8. 1849	Absetzung als Gemeinderat
28. 8. 1849	Verhaftung; Inhaftierung im Ladenburger Turm
Sept. 1850	Freispruch
Dez. 1850	Wahl zum Kirchengemeinderat
30. 10. 1851	Wahl zum Bürgermeister; die Regierung erkennt die Wahl nicht an
2. 4. 1852	Wahl zum Gemeinderat
30. 12. 1852	Vorsitzender der „Casino-Gesellschaft"
1853	Reise in die Schweiz

Die Familie von M. war seit drei Generationen in Schriesheim ansässig. M.s Tagebuch weist ihn als einen typischen Vertreter der Bildungsbewegung und der für das 19. Jahrhundert so bezeichnenden Vereinskultur aus. Tief beeindruckt zeigte er sich von der Feier zum 100. Geburtstag von Pestalozzi, der er am 12. Januar 1846 in Heidelberg beiwohnte. Als Kaufmann fand er sich dort fast ausschließlich in Gesellschaft von Pfarrern und Lehrern. Den Umgang dieser Leuten scheint er auch gesucht zu haben. Die Vikare beider Konfessionen nannte er seine Freunde (Tagebuch 23. Juni 1845), desgleichen zählte die Lehrerfamilie Herion zu seinem Freundeskreis. Er verkehrte in der „Casino-Gesellschaft". Hier versammelten sich Personen „meist von gebildetem Stande" (GLAK: 362/13150) zu einer Abendunterhaltung. Der Verein wurde 1836 gegründet. M. gehörte ihm seit 1842 als Mitglied an.

Als M. am 14. Mai 1845 sein Tagebuch begann, bestand seit vier Jahren der von ihm mitbegründete Gesangverein. Seit dem 19. Juli 1845 war er dessen Erster Vorsitzender. Beide Vereine, „Casino" wie Gesangverein, waren sicherlich Foren für freisinnige Gedanken und Diskussionszirkel für die neuen Ideen. Zu Beginn des Jahres 1846 notierte M. nach der Morgenlektüre der Zeitung (leider wird diese nicht genannt, U.A.) in sein Tagebuch: „[...] welche [die Zeitung, U.A.] viel Interesse für mich hat, denn eine so geistige Bewegung in Politischer u. Religiöser Hinsicht mag noch wenig stattgefunden haben" und so habe er schon oft gegenüber Freunden geäußert, „daß ich froh bin, in dieser Zeit zu leben". Auch M. war erfaßt vom 'optimistischen Zeitklima' jener Tage, „der Hochstimmung, die allenthalben herrschte". Das Tagebuch legt Zeugnis ab vom „Wirtshausgehen" jener Tage. Fast täglich finden wir M. in der „Pfalz", bei „Diemers", „beim Bier", in der „Krone" oder auf der Promenade.

M. gehörte dem Großen Bürgerausschuß Schriesheims an. Als Mitglied von Kommissionen und Deputationen lernte er die Gemeindeverwaltung bis zu hohen Regierungsstellen kennen.

M. erkannte den Aufklärungsbedarf zur Heranbildung mündiger Bürger. Nach dem Vogtgericht am 11. September 1845 notierte er in sein Tagebuch: „Habe jedoch dabei etwas erfahren, daß nemlich die hiesigen Bürger eine so freisinnige Gemeinde-Ordnung wie die besitzende nicht zu handhaben wissen indem unter vier Bürgern nur Einer in dieser Hinsicht mündig ist". Über die Unterzeichner von zwei Dankadressen an die Motionssteller Dekan Zittel und den Abgeordneten Welcker wird unter dem 20. Januar 1846 mitgeteilt: „Obschon ich nicht zweifle, daß 150 bis 200 Unterschriften hier erzielt werden, so zweifle ich aber sehr daran, ob 50 von den Unterschriebenen eine Idee über das haben was sie unterschrieben haben; denn jeden Tag lernt man hier mehr einsehen daß das Volk stupit und sehr weit zurück ist; und daher kommt es auch daß unsere Gemeindeverwaltung in meistens Männer besteht denen es an allem fehlt was schön edel und gut genannt wird. Die Leute hier wählen nur denjenigen der sie am besten bezahlt oder gegen den sie Verbindlichkeiten haben". Den Bürgermeister nannte er schlichtweg eine Null. Die Abwahl des Großen Bürgerausschusses durch die Gemeindeversammlung bestätigte dieses Urteil, „mit dem großen Ausschuß konnte man nicht machen, was man wollte, derselbe hat sich auch zu viel um die Gemeinds-Verwaltung bekümmert, was man hier nicht gewöhnt ist" (Tagebuch 22. Dezember 1846).

Mit der Wahl von Jakob Rufer am 7. Mai 1846 mit 325 gegen 128 Stimmen kam ein liberalerer Bürgermeister an die Spitze, der bereits nach kurzer Zeit positiv beurteilt wurde. Auch die Wahl der Wahlmänner für die badische Zweite Kammer brachte ein Ergebnis, das M. in sein Tagebuch notieren ließ: „die Bürger haben ihren hohen Beruf erkannt und 6 Wahlmänner gewählt von denen man weiß daß sie nur einen Abgeordneten für das Volk in die Kammer schicken" (Tagebuch 7. März 1846). Zwei Tage vor der Wahlmännerwahl hatte er mit Gemeinderat Joseph Schotterer, einen der später gewählten Wahlmänner und ein Vereinsmitglied im „Casino", Friedrich Hecker in Mannheim besucht und dort gleich die Spitze der badischen Liberalen, den Abgeordneten Johann Adam von Itzstein (s. jeweils dort) u.a. getroffen. Es ist sehr wahrscheinlich, daß M. durch den Rosenwirt Joseph Schotterer ins republikanische Lager gezogen wurde. Obgleich M. nicht zu dem Kreis der Wahlmänner gehörte, nahm er am 27. September 1846 mit Schotterer an einem Wahlmänneressen zu Ehren der Abgeordneten in Mannheim teil und hatte sich dort „an den schönen Reden dieser wackeren Männer ergötzt"; besonders rühmte er Mathys (s. dort) Rede, „der Mäßigkeit und Entschiedenheit als zwei unzertrennlichen Tugenden eines Charakters beleuchtete" (Tagebuch 28. September 1846). Heckers Reden bei seiner Wahl am 8. Mai 1846 in Weinheim kommentierte er kritischer, „ich habe einige Reden von ihm gehört, diese waren nicht sehr versöhnlicher Natur" (Tagebuch 8. Mai 1846).

Johann Michael Müller (Vorlage: Privatbesitz/ StadtA Schriesheim)

Die wenigen Einträge der Jahre 1848/49 lassen die politische Position M.s deutlicher hervortreten. Interessanterweise fehlt unter dem Statut des ersten von Bürgermeister Rufer und Adlerwirt Forschner am 30. April 1848 in Schriesheim gegründeten „Politischen Vereins" die Unterschrift von M. Dieser erste nachweisbare „Politische Verein" in Schriesheim verfolgte gemäßigt liberale Ziele, Erhaltung und gesetzliche Fortentwicklung der verfassungsmäßigen Rechte und Freiheiten, volle und möglichst schnelle Erfüllung aller gegebenen Zusagen sowie das deutsche Parlament als entscheidende Instanz für die Regierungsform Deutschlands (GemeindeA Schriesheim: A 2000).

Am 10. August 1848 notierte M.: „Merkwürdig sind die Spaltungen in Städten und Dörfern, allenthalben ist Kampf zwischen Monarchie und Republik. Häufig Spaltungen in Familien wo oft die Hälfte der Mitglieder republikanisch und die andere Hälfte für das Bestehende gesonnen ist. Schwer wird der republikanische Geist zu erdrücken sein, er ist einmal angefacht und wird fortglühen bis zur Flamme. Die Mittel die bisher zur Befriedigung des Volkes ergriffen wurden sowohl von Seite der versch. Regierungen als auch des deutschen Parlaments sind nicht geeignet ihrem Zweck zu entsprechen. Wir hatten hier einen demokratischen Verein gebildet welcher jedoch durch die Aufhebung dieser Vereine kaum 14 Tage bestand.

Jetzt haben wir einen Bürgerverein gebildet, der den Zweck hat, alle polit. Ereignisse zu besprechen, um dadurch die Leute die in der Politik nicht erfahren sind, und keine Zeitungen lesen, mit dem Verlauf der Dinge bekannt zu machen. Sie zu pol. gebildete Leute zu machen und ihnen den Wahn zu benehmen als würde in einer Republik ein gesetzloser Zustand eintreten und man nach Belieben handeln dürfen".

Waren diese Aktionen noch ganz im Sinne der Offenburger Beschlüsse vom März 1848, so gründete man in Schriesheim darüber hinaus noch einen „Bewaffneten Verein". Im April 1848 war die Volksbewaffnung auch in Schriesheim mit großem Elan in Angriff genommen worden, „gegenwärtig wird von allen jungen Bürger exerzirt" (Tagebuch 7. April 1848), blieb jedoch dann in den Anfängen stecken. Da bediente man sich wieder der Organisation über einen Verein. Die Statuten tragen M.s Handschrift: „Von der Überzeugung geleitet, daß zur Verwirklichung des Gesetzes über Errichtung einer Bürgerwehr von Seiten des Staates so wenig als durch die Gemeindebehörde geschieht, daß mithin das besagte Gesetz nur auf dem Papier nicht aber auch in seiner Wirklichkeit zu existieren beabsichtigt wird [...]", sollte hier der Verein Abhilfe schaffen. Mit Verfügung vom 21. November verbot das Innenministerium jedoch den Verein mit der Begründung, daß „ein bewaffneter Verein [...] überall nur unter der Autorität der Staatsgewalt und mit deren Gutheißen bestehen" kann (GemeindeA Schriesheim: A 1841).

Mit hoher Wahrscheinlichkeit steht jedoch hinter der Gründung dieser 'Privatbürgerwehr' eine Tatsache, die aus dem Tagebuch des M. nicht hervorgeht, nämlich die Verbindungen M.s zu Gustav Struve (s. dort). Ein Vertrauensmann Struves, der aus Ladenburg stammende Michael Zeiler, bereiste im August das Großherzogtum im Auftrag Struves, um die Stimmung im Lande und die Stärke der Bewaffnung auszukundschaften sowie die Häupter der republikanisch Gesinnten kennen zu lernen. Aus Schriesheim berichtete er: „In Schriesheim äußerten sich der Sternenwirt [Karl Theodor Schotterer] und sein Bruder [Joseph Schotterer] und der Kaufmann Müller günstig für die Republik". Eine weitere Reise Zeilers Anfang September wurde durch neun Schreiben Struves an die „bedeutendsten Personen" vorbereitet. Unter diesen war eines auch an Kaufmann M. in Schriesheim gerichtet (GLAK: 236/8525). Damit dürfte M. von einem bevorstehenden Aufstand unterrichtet gewesen sein.

Am 2. November 1848 wurde M. mit dem ebenfalls republikanisch gesinnten Landwirt Philipp Bauer in den Gemeinderat gewählt. Damit war das sechsköpfige Gremium zur Hälfte – Joseph Schotterer war seit 1844 Gemeinderat – mit Anhängern der Republik besetzt. Im Winter wurde wieder ein Volksverein gegründet, mit Joseph Schotterer und M. als Vorstand. Desgleichen stand M. mit an der Spitze bei der Bildung der Sicherheits- und Wehrausschüsse im Mai 1849.

Mit der Besetzung Schriesheims durch preußische Truppen am 21. Juni war für Schriesheim die Revolutionszeit zu Ende.

Am 6. August wurden Schotterer, M. und Bauer als Gemeinderäte abgesetzt und ihre Stellen durch drei 'oktroyierte' Gemeinderäte ersetzt, deren „entschiedener Konservatismus" über allen Zweifel erhaben war. M. und Bauer, Lehrer Glock und Spengler Sommer wurden verhaftet und waren sechs Wochen im Schriesheimer Torturm in Ladenburg eingesperrt. Schotterer und der ebenfalls einsitzende Carl Hoffmann (s. dort) flüchteten. Nach der Entlassung vertraute M. sein Resümee seinem Tagebuch an: „Fragte man was aus diesen Wirren entstehen sollte, so sagte der Eine, die Reichsverfassung durchführen – der Andere die Republik erkämpfen – die Einsichtsvollen sahen ein, daß weder das Erstere noch das Letztere durchzuführen sei" (Tagebuch Okt. 1849).

Im September 1850 wurden von den sechs Schriesheimern, die wegen Teilnahme am Hochverrat angeklagt waren, Sommer, Glock und M. freigesprochen.
Dem Ansehen M.s hatten Kerkerhaft und das Scheitern der Revolution keinen Abbruch getan. Im Dezember 1850 wurde er zum Kirchengemeinderat gewählt und trotz Protesten von Seiten des 'oktroyierten' Gemeinderates vom Dekanat bestätigt. Die Staatsbehörden waren sich bewußt, daß der republikanische Geist noch nicht erloschen war. Aus den Ortsbereisungen wurde berichtet: „Was die politische Stimmung dahier betrifft, so versicherten die Gemeindevertreter, daß die Mitglieder des bestandenen Volksvereins, die sehr zahlreich gewesen, nur eine äußere Ruhe bewahren, daß man aber aus einzelnen unbewachten Äußerungen entnehmen könne, daß diese Leute vom Revolutionsschwindel nichts weniger als geheilt sind" (GLAK: 362/2307).
1851 wurde M. zum Bürgermeister gewählt, jedoch wurde die Wahl nicht bestätigt. Ein neu angesetzter Termin führte zum Wahlsieg des Bäckers Gabriel Höfer, ebenfalls ein Mann aus revolutionären Kreisen. Ein dritter Wahltermin wurde verschoben und kurz danach wurde von der Regierung Jakob Rufer auf drei Jahre als Bürgermeister eingesetzt. M. sowie auch Gabriel Höfer wurden daraufhin bei den nächsten Gemeinderatswahlen im Frühjahr 1852 in den Gemeinderat gewählt.
1857 lebte der Gesangverein „Liederkranz" mit M. als Vorstand wieder auf. Im „Casino" wurde M. 1852 Vorstand und blieb es bis 1875. Am 4. März 1871 erfolgte in Schriesheim die Friedensfeier nach Ende des Krieges von 1870/71: „[...] als dann hielt der Gemeinderath Kaufmann Mich. Müller eine Rede worüber manche heiße Freudenthräne über die Wangen floß [...] es war ein Abend mit Wonne und Freude welcher in 1000 Jahr noch nicht gewesen ist" (Hauschronik Rufer). Ein großes Ziel der Revolutionszeit – die nationale Einheit – war in Erfüllung gegangen. Im Gedächtnis Schriesheims lebt M. jedoch nicht als Revolutionär, sondern als Gründer des ältesten heute noch bestehenden Vereins, des Gesangvereins „Liederkranz" aus dem Jahre 1841.

Q: *Tagebuch von Johann Michel Müller mit Einleitung von Karl Herbert Müller, Erlangen 1996; GemeindeA Schriesheim: A 1841 – 1857, 597, 2000; R 317, 320, 323, 326, 330, 397; B 520, 521, 522, 523; Nachlaß Dr. H. Brunn, Ordner Gem. Zent, Die Revolution 1848/49 in Schriesheim; GLAK: 362/13150; 362/2307; 237/3415; 237/2736; 234/1967; 235/26390; 234/174; 236/8525; 236/8509; 305/73.* – ***L:*** *Brunn, Hermann: 1200 Jahre Schriesheim. Mannheim 1964; Bekk, Johann Baptist: Die Bewegung in Baden vom Ende des Februar 1848 bis zur Mitte des Mai 1849. Mannheim 1850; Gutjahr, Rainer: Die Republik ist unser Glück. Weinheim in der Revolution von 1848/49. Weinheim 1987 (Weinheimer Geschichtsblatt, 32); Bühler, Hermann: Lebenserinnerungen und Familienchronik eines alten Eisenbahners. Mannheim 1961; Nolte, Paul: Zwischen Liberalismus und Revolution. Verfassung und soziale Bewegung in Baden 1830 – 1848/49. In: Die Badische Verfassung von 1818. Südwestdeutschland auf dem Weg zur Demokratie. Hrsg. v. Haus der Geschichte Baden-Württemberg u. d. Stadtarchiv Karlsruhe durch Ernst Otto Bräunche und Thomas Schnabel. Ubstadt-Weiher 1996, S. 25 – 50.*

Ursula Abele

Nadler, Karl Christian Gottfried, Rechtsanwalt, Mundartdichter
* 19. 8. 1809, ev.
† 26. 8. 1849

V Karl Philipp N., Schullehrer, Organist (1778 – 1813). M Elisabeth Wilhelmine, geb. Barth (1788 – 1821), aus Heilbronn.
∞ 1838 Luise, geb. Götzenberger. K 1 Sohn.

1818	Besuch des Heidelberger Gymnasiums
1826	Studium der Rechtswissenschaften in Heidelberg
1832	Aktuar und Rechtsbeistand in Heidelberg
1838	Mitglied im Großen Bürgerausschuß
1840	Ernennung zum Advokaten

Gottfried Nadler im Jahr 1832 (Vorlage: Kurpfälzisches Museum Heidelberg)

Schon auf dem Heidelberger Gymnasium zeigte N. eine satirische Feder. Während seines Jurastudiums in Heidelberg stieß er zum Kreis um Anton Thibaut und nahm an dessen geselligen Musikabenden regen Anteil. Einem Studienaufenthalt 1830 in Berlin folgte am 15. Juli 1831 der Studienabschluß in Heidelberg. Seit 1832 praktizierte N. zunächst als besoldeter Aktuar, dann als Rechtsbeistand in Heidelberg und wurde 1840 auf eigenes Insistieren hin zum Advokaten ernannt. Als Rechtsbeistand scheint er eine witzige, aber auch scharfe Feder geführt zu haben. So wurde ihm 1838 wegen seiner „leidenschaftlichen Schreibart" das Schriftverfassungsrecht entzogen. Im gleichen Jahr wurde er Mitglied im Großen Bürgerausschuß. Dort war N. Anhänger des gemäßigten Bürgermeisters Georg Leonhard Ritzhaupt und Gegner des radikalen Buchhändlers und Verlegers Christian Friedrich Winter (s. dort). Mit Ritzhaupt erlitt auch N. bei den Wahlen zum badischen Landtag 1845 eine schwere politische Niederlage, die sich in zahlreichen Einlassungen im „Heidelberger Journal", der wichtigsten Zeitung der Stadt, spiegelte. Schon als Student politisch gemäßigt konservativ eingestellt – 1830 hatte er in einem Brief geäußert, Gott möge Deutschland vor der Pöbelherrschaft bewahren –, erwies sich der stadtbekannte Mundartdichter 1848/49 als entschiedener Gegner der Revolution. Sein poetisches Hauptwerk „Fröhlich Palz, Gott erhalts" erschien zuerst 1847 im Frankfurter Verlag eines konservativ gesinnten Sohnes Winters. Dort karikierte der begabte Satiriker in der (Anti)idylle „Herr Christoph Hackstrumpf, weiland Schumacher und Volksredner, Particulier und Bürgergrenadierhauptmann, Ratsherr und Inhaber einer goldenen Schnupftabaksdose [...]" im Titelhelden seine radikalen Gegner, vielleicht sogar seinen Hauptgegner Winter, als großsprecherische Maul- und Pantoffelhelden, deren nationale und liberaldemokratische Bekenntnisse schiere Phrasen seien.

Bekannt wurde N. durch einige in hochdeutscher Sprache verfaßte, im Bänkelton gehaltene Gedichte, die zunächst als illustrierte fliegende Blätter weite Verbreitung fanden. Sie machten ihn zum bekanntesten poetischen Kritiker des gerade in Baden blühenden Kultes von Revolutionshelden wie Friedrich Hecker und Gustav Struve (s. jeweils dort). Sein „Guckkasten-Lied vom großen Hecker" hechelt den gescheiterten badischen Aprilaufstand 1848 in einprägsamen Phrasen durch: „Pflästerer und Schieferdecker,/Alles, niederig und hoch,/Alles jauchzte unserm Hecker,/Als er aus zum Kampfe zog./Handwerksburschen, Literaten,/Schneider, Bauern, Advokaten,/Alles folgte rasch dem Zug,/Als er seine Trommel schlug. [...]".

In ähnlicher Weise handelt N. Struves Putschversuch im September 1848 ab. Ein posthum im „Heidelberger Journal" am 12. Oktober 1849 veröffentlichtes Gedicht befaßt sich mit der Reaktion der Heidelberger Bürgerwehr auf den Zug des als konterrevolutionär angesehenen Obersten Heinrich von Hinkeldey.

Auch wenn es nicht erwiesen ist, daß N. an einer von Revolutionären empfangenen Wunde gestorben sei, hatte er, da er als einer der Haupt-

reaktionäre in Heidelberg galt, im Mai und Juni 1849 wohl Grund, um sein Leben zu fürchten. Einen Versuch, ihn für die demokratisch kontrollierte Bürgerwehr zu rekrutieren, unterlief er, indem er in lächerlicher Montur erschien und eine satirische Rede hielt. Auch lehnte er die Verteidigung von Mannheimer Revolutionären vor den mit der Todesstrafe drohenden preußischen Standgerichten mit der Begründung ab, er sei zu sehr Partei.
Seine Stellungnahme gegen die Revolution hat seinem Andenken in der Kurpfalz jedoch keinen Schaden zugefügt. N. ist bis heute einer der populärsten kurpfälzischen Mundartdichter geblieben.

W: *Fröhlich Palz, Gott erhalts. Frankfurt a.M. 1847 (ND Landau 1994); Der Hinkeldeyzug. In: Heidelberger Journal vom 12. Oktober 1849.* – **L:** *Otto, Ulrich: Die historisch-politischen Lieder und Karikaturen des Vormärz und der Revolution von 1848/49. Köln 1982, S. 329ff., 349f.; Traumann, Ernst: Von großen und kleinen Männern in Heidelberg: Aufsätze. Heidelberg 1926 (Schriftenreihe der akademischen Mitteilungen Heidelberg, 4), S. 97 – 158; Wiegand, Hermann/Sauer, Walter (Hrsg.): K.G.N.: Fröhlich Palz, Gott erhalts! Landau 1994, S. 284 – 291.*

Hermann Wiegand

Niebergall, Julius, Büchsenmacher
* 22. 4. 1819 Boxberg, ev.
† Nordamerika (?)

V Georg N., Landchirurg. M Louisa Wilhelmina, geb. Schäffer. G. 8.
∞ 6. 2. 1845 (Eppingen) Katharina Elisabeth, geb. Hönig (* 1824). K 3 (in Eppingen).

	Lehre als Büchsenmacher
1845	Mitglied des Bürgermilitärs
1847	Mitgründer des Pompier-Corps Eppingen (Freiwillige Feuerwehr) und 1. Spritzenmeister
1848	Hauptmann der neugegründeten Bürgerwehr; Mitgründer des Volksvereins und dessen Schriftführer
1849	Revolutionsbürgermeister von Eppingen; Flucht wenige Stunden vor dem Einrücken preußischer Truppen

Bereits 1845 fiel N. als Mitglied des Eppinger Bürgermilitärs negativ auf: Er beleidigte den Hauptmann, Apotheker Wilhelm Lother, und den Sekondeleutnant, Kaufmann Alexander Ortallo, und wurde deswegen vom Bürgermilitär nach Abstimmung mit großer Mehrheit ausgeschlossen. 1847 war er Mitgründer des Eppinger Pompier-Corps, einer der ersten Freiwilligen Feuerwehren Badens, und wurde dessen 1. Spritzenmeister. Nachdem aufgrund des Gesetzes zur Gründung von Bürgerwehren im April 1848 anstelle des alten Bürgermilitärs eine Bürgerwehr gebildet worden war, wurde N. zu ihrem Hauptmann bestimmt. Hier war er vor allem um die ausreichende Ausstattung der Bürgerwehr mit Gewehren bemüht. Im Frühsommer des gleichen Jahres gründete er mit Ratsschreiber Kirsch (s. dort) den Eppinger Volksverein, zu dessen Schriftführer er gewählt wurde. Während der Revolution 1849 wurde er von Zivilkommissär Kirsch nach Absetzung des Bürgermeisters Wilhelm Lother am 23. Mai zum Amtsverweser in Eppingen eingesetzt. In dieser Funktion war er Kirschs wichtigster Helfer im Amtsbezirk Eppingen bei der Durchsetzung der Weisungen der revolutionären Regierung in Karlsruhe. Kurz bevor die preußischen Truppen sich von Sinsheim her am 24. Juni Eppingen näherten, verließ er mit Kirsch und Freischärlertruppen die Stadt in Richtung Bretten. Er floh mit Kirsch, um einer Bestrafung zuvorzukommen, vermutlich über die Schweiz nach Nordamerika.
In seiner Abwesenheit verurteilte ihn das Hofgericht Bruchsal wegen Hochverrats am 4. September 1850 zu zwei Jahren Zuchthaus. 1852 wanderte sein damals sechsjähriger Sohn Hermann nach Amerika aus und mit diesem vermutlich auch die Mutter und die beiden Geschwister. N.s Bruder Friedrich war bereits 1851 mit seiner Frau und seinen beiden Kindern nach Nordamerika ausgewandert. Er war ebenfalls am 4. September 1850 zu zwei Jahren Zuchthaus verurteilt worden, weil er nach Absetzung des vaterländisch gesinnten Amtsphysikus

Dr. Wilhelm von Zivilkommissär Kirsch in dessen Amt eingesetzt worden war.

Q: *GLAK: 240/580; Kartei Heinrich Raab; StadtA Eppingen: A 314, A 2115.* – ***L:*** *Dettling, Karl: Die Revolution von 1848 – 1849 im Amtsbezirk Eppingen. In: Mühlbacher Jahrbuch 1980. Eppingen-Mühlbach 1980, S. 5 – 87; ders.: Georg Friedrich Schlatter aus Weinheim 1799 – 1875: Ein Leben für Freiheit und Menschenwürde. In: Mühlbacher Jahrbuch 1980. Eppingen-Mühlbach 1980, S. 89 – 141.*

Bernd Röcker

Osterhaus, Peter Joseph, Handelsmann
* 4. 1. 1823, Koblenz, kath.
† 2. 1. 1917

⚭1.) 1846 Sibilla Mechthilde Margaretha, geb. Born (* 1829), kath., aus Kreuznach. 2.) Amalie, geb. Born (1831 – 1896), kath., aus Kreuznach. K 5 Söhne, 4 Töchter (aus beiden Ehen zusammen).

24. 9. 1847	Mannheimer Bürger
Ende 1848	Oberleitmann und Major der Bürgerwehr
19. 6. 1866	Bürger der USA (Washington)
Januar 1879	Wiederverleihung der badischen Staatsbürgerschaft
1899/1900	Vizekonsul der USA in Mannheim

Als O. im April 1845 nach Mannheim kam, unterlag er als ehemaliger Absolvent der Berliner Militärakademie und preußischer Reserveoffizier einer besonderen staatlichen Aufsicht. Obwohl aufgrund seiner militärischen Qualifikation die Übernahme einer Führungsposition schon gleich beim Aufbau der Bürgerwehr im März 1848 naheliegend gewesen wäre, taucht sein Name auf der ersten Liste der Kommandanten nicht auf. Franz Sigel (s. dort) erwähnt in seinen „Denkwürdigkeiten" seine Bekanntschaft mit dem blonden, sommersprossigen Preußen O. schon zu diesem Datum, was auf ein Engagement im Rahmen des Freikorps hindeuten würde.

Bei der Neuorganisation der Bürgerwehr am Ende des Jahres 1848 wurde O. zunächst Oberleitmann des dritten Fähnleins. Wenig später erhielt er den Rang eines Majors und als solcher am 26. Dezember 1848 die Führung eines der zwei neugebildeten Banner. Nachdem die Bestellung eines Oberbefehlshabers in der Person des badischen Oberleutnants Carl Eichfeld (s. dort) fehlgeschlagen war, begann O. seit Ende April 1849 Maßnahmen zur Einübung der Einheiten. Am 10. Mai bildete er gemeinsam mit anderen Anhängern der republikanischen Bewegung einen „Wehrausschuß" mit dem Ziel „Waffen zu beschaffen", was zur Wiederbewaffnung der Bürgerwehr in diesen Tagen führte.
In seiner Funktion als Bürgerwehrmajor hatte er nach der Flucht des Großherzogs einen wesentlichen Anteil an den Verhandlungen mit dem Mannheimer Garnisonskommandanten Oberst Constantin von Roggenbach, durch den der Abmarsch der diesem unterstellten Einheiten verhindert wurde. Der Vorgang trug von Roggenbach nach der Niederschlagung der Revolution den Vorwurf ein, er habe mit seinem Nachgeben gegenüber den „rührigsten Agitatoren der revolutionären Partei", O. und Florian Mördes (s. dort), diesen die weitere Einflußnahme auf die Soldaten ermöglicht. (Häusser (1851a), S. 3). Dagegen schilderte von Roggenbach durchaus glaubhaft die von O. vorgebrachten Bedenken, die ihn zum Bleiben veranlaßten: „[...] daß es ihm unmöglich seie, mit der erst seit zwei Tagen wieder bewaffneten Bürgerwehr die Ordnung aufrecht zu erhalten; er könne [sich] weder für die persönliche Sicherheit, noch die des Staats- und Privateigenthums verbürgen" (Roggenbach, S. 2).
Von Roggenbach blieb, und seine Truppe lief zur Revolution über. O. aber machte in einem Appell an die Bürgerwehr vom 21. Mai 1849 deutlich, wie ernst er seine Verantwortung gegenüber seinen Mitbürgern nahm, indem er unterstrich, daß mit der Übernahme der Waffen auch eine Verpflichtung einhergehe, „sie zum allgemeinen Besten zu gebrauchen" und sich dazu „den Uebungen gewissenhaft zu unterziehen"; die Ordnung in der Organisation der Bürgerwehreinheiten, für die er mit verschiedenen Maßnahmen in der Folgezeit sorgte, sollte auch „zugleich den Gegnern beweisen, daß

unsere vielen Reclamationen an die alte Regierung nicht leerer Vorwand zum Opponiren waren, sondern allein der Wille des Volkes, gerüstet zu seyn, um den Feind seiner Freiheiten niederzuwerfen" (Mannheimer Journal vom 25. Mai 1849). Dreimal wöchentlich wurde exerziert, und säumige Bürgerwehrsoldaten wurden zum Erscheinen ermahnt. Außerdem führte O. ein Wehrgericht ein, zu dessen Mitgliedern auch Konservative wie Friedrich Reiß und Friedrich Engelhorn (s. dort) bestellt worden waren. Sein Interesse galt also vorrangig der Durchsetzung militärischer Disziplin und Ordnung.
Als Vertrauensmann des damaligen Stadtkommandanten Franz Raveaux wurde O. in den letzten Maitagen angesichts des drohenden gegenrevolutionären Putschversuchs zum interimistischen Stadtkommandanten bestellt. So war es auch keine Überraschung, daß der erst 26jährige am 8. Juni zum Oberst der Bürgerwehr gewählt wurde. Tatsächlich hatte sich hier wohl im Gegensatz zu den ein Jahr zuvor aufgelösten Bürgerwehreinheiten ein neues Organisationsmodell mit jungen und einsatzbereiten Aktiven entwickelt, dessen Aufbau mit der Perspektive eines möglichen Einsatzes im Rahmen der zu erwartenden Kampfhandlungen geschah. Die Früchte der organisatorischen Tätigkeit von O. konnte dann aber die Revolution nicht mehr ernten. Angesichts der vorrückenden Interventionstruppen und unter dem Eindruck ihrer militärischen Überlegenheit übergab er den Oberbefehl über die Bürgerwehr am 20. Juni 1849 an Friedrich Engelhorn. Die Übergabe der Stadt war ebenso unabwendbar geworden, wie der Einmarsch der preußischen Truppen, wollte man nicht weitreichende Zerstörungen in Kauf nehmen. O. zog deshalb vor, „nicht zu desertieren, sondern in ehrenhafter Weise seinen Abschied zu nehmen und ins Exil zu gehen" (Sigel (1902), S. 128).
Der Flüchtige erschien am 31. Juli an erster Stelle der wegen ihrer Aktivitäten in Mannheim vorrangig noch gesuchten Personen. Als Grund wurde erklärt, er habe die Bürgerwehr zum Kampf gegen die Reichstruppen aufgefordert. Im Zuge der späteren genaueren Untersuchung wurden die Vorwürfe gegen O. genauer gefaßt und erweitert. Es hieß, er habe seine Stellung als Bürgerwehrmajor mißbraucht, um „in dieser Eigenschaft die Bürgerwehr zum Kampfe gegen die Reichstruppen zu veranlassen, trug zur Bewaffnung des Holländerschen Freicorps bei, sorgte für Ausrüstung der städtischen Kanonen, welche dann zur Beschießung Ludwigshafens verwendet wurden, und war bei der Entwaffnung von Bürgerwehrleuten thätig, um die denselben abgewonnenen Waffen Leuten des ersten Aufgebots zuzutheilen" (GLAK: 237/2737). Das genügte, um ihn in Abwesenheit zu vier Jahren Zuchthaus zu verurteilen.
Noch im Jahr 1849 war O. nach Nordamerika ausgewandert und ließ sich dort im Bundesstaat Illinois in Belleville nieder, später in St. Louis, wo er eine Anstellung als Buchhalter fand. Im amerikanischen Bürgerkrieg meldete er sich freiwillig auf der Seite der Nordstaaten, wo er rasch die militärische Karriereleiter erklomm.

Q: StadtA Mannheim: Polizeipräsidium, Zug. -/1962, Familienbogen. – L: Häusser, Ludwig: Beleuchtung der „Darstellung [...]" des Herrn Constantin v. Roggenbach, Oberst und Commandeur der Reiterei. Heidelberg 1851; Roggenbach, Constantin von: Darstellung der Ereignisse in Mannheim während den ersten Tagen der Mai-Revolution und meines Handelns [...]. Mannheim o.J.; Sigel, Franz: Denkwürdigkeiten des Generals Franz Sigel aus den Jahren 1848 und 1849. Mannheim 1902; Zukker, Adolph Eduard: The Forty-Eighters. Political Refugees of the German Revolution of 1848. New York 1950, S. 338f.

Hans-Joachim Hirsch

Pisoni, Peter, Bierbrauer und Küfer
* 13. 10. 1821 Neustadt a.d.H., kath.
† unbekannt

V Adam P., Kaminfeger, dann Kaffeehausbesitzer und Gastwirt. M Louisa, geb. Böckler. ∞ (Weißenburg/Elsaß) Maria, geb. Ißler (* 1842). K 1 Sohn.

Mai/Juni 1849	als Freischarführer verantwortlich für mehrere Überfälle
31. 10.1851	Todesurteil in Abwesenheit
18. 11. 1860	Begnadigung

Bei der Untersuchung durch die bayerische Konskriptionsbehörde wurde P. für „untauglich" befunden. Das hinderte ihn jedoch bemerkenswerterweise nicht, während der pfälzischen Revolution im Mai/Juni 1849 zu einem der gefürchtetsten Freischarenführer in „Robert Blums Rachekorps" aufzusteigen. In der Anklageakte gegen die am Aufstand beteiligten Personen wurde P. u.a. vorgeworfen, daß er „bewaffnete Assistenz" bei einem Kassenraub in Rheingönheim leistete, die Hengste des Landgestüts auf der Station in Offenbach raubte und sie nach Neustadt brachte, an einem Freischarenzug nach Haßloch unter dem Kommando Luchesis teilnahm, dort die Hoheitszeichen herabriß, sie zerstörte und den Ortsvorstand bedrohte. Auch ließ er die Amtstafel des Rentamts in Oggersheim rot übertünchen, erpreßte von der Gemeinde Mundenheim 12 Gulden als Löhnung und zerstörte mit einer Freischarenabteilung von Hanhofen aus Brücken in Hanhofen und Harthausen. Bei seinem Abzug in Hanhofen raubte er seinem Quartiergeber eine Flinte und später zu Kandel ebenfalls königliche Gestütshengste. Er nahm an einem Exekutionszug nach Roth teil und durchsuchte auf dem Dreierhofe mit Bewaffneten die Wohnungen nach Waffen. In der Erinnerung der Bevölkerung lebendig geblieben ist auch heute noch P.s Exekutionszug nach Harthausen, wenn dort auch sein Name schon längst vergessen ist. Am 10. Juni 1849 entsandte der Speyerer Militärkommissär, Major Oßwald, P. mit dreißig Freischaren vom Korps Robert Blum nach Harthausen, um vom Ortsbürgermeister 100 Gulden binnen einer Viertelstunde zu verlangen. P. erklärte diesem, daß bei Nichtzahlung der Bürgermeister in Haft genommen und der Ort „an vier Seiten in Brand gesteckt werde". Wie es in den Quellen heißt, war der Bürgermeister ein Mann, der „das Herz auf dem rechten Flecke" hatte, d.h. er war so mutig und wollte von P. die Vollmacht zu einem derartigen Begehren sehen. Da P. eine entsprechende Vollmacht nicht vorweisen konnte, verweigerte der Bürgermeister kühn jede Zahlung. Während dieses Vorfalles hatten sich schließlich so viele Bürger versammelt, daß P. merkte, er würde hier mit Gewalt nichts ausrichten können. Mit der Drohung, er werde den Ort in Brand stecken, wenn sich Harthausen nicht wie andere Gemeinden seinen Befehlen füge, zog er ab. Es gelang dem Bürgermeister, die von ihm abverlangte Zahlung noch bis zum 12. Juni hinauszuzögern, mußte sich dann aber der drohenden Gewalt fügen. Für die damals erwiesene königstreue Haltung der Harthausener Bevölkerung insbesondere auch in der Auseinandersetzung mit dem Freischarenführer P. erhielt diese Gemeinde 1851 auf Staatskosten nach französischem Vorbild einen ganz neuartigen Tabakschuppen erbaut und geschenkt, der beispielgebend für die gesamte bayerische Pfalz wurde und nach einem Umbau in jüngster Zeit als Gemeindezentrum dient. Die neidischen Nachbargemeinden verspotteten die Harthausener dagegen als „Königskinder".

Die Anklagekammer des Appellationsgerichtes der Pfalz zu Zweibrücken verwies in ihren Sitzungen vom 31. Mai, 3. und 29. Juni 1850 das Verfahren gegen P. zur Aburteilung an ein Spezialgericht. Das Oberappellationsgericht des Königreichs Bayern als Kassations- und Revisionshof für die Pfalz in München kassierte in seiner Sitzung vom 25. November 1850 das Urteil der Anklagekammer zu Zweibrükken und verwies das Verfahren zur Aburteilung an das Assisengericht der Pfalz, das P. am 31. Oktober 1851 in Abwesenheit zur Todesstrafe „wegen Hoch- und Staatsverrats und anderer geringerer Verbrechen [...] vollziehbar auf dem Marktplatze der Stadt Zweibrücken" verurteilte. P. war jedoch rechtzeitig ins Ausland geflüchtet und hielt sich längere Zeit in der Schweiz und in Frankreich auf. Durch Allerhöchste Entschließung vom 18. November 1860 wurde P. begnadigt. Er kehrte zu einem nicht näher bekannten Zeitpunkt wieder nach Deutschland zurück und lebte „ohne Klage wieder in Neustadt" (LandesA Speyer: Best. J 1/297, Bl. 9v).

Q: *LandesA Speyer: Best. J 1/297, Bl. 3v, 9v, 18r; Best. J 2/44, Bl. 295r–295v, 339r, 362r, 362v, 388v, 389v, 408r – 408v, 428r, 442v; Best. R 1/1359, Unternr. 404; Pfälzer Zeitung, Beilage zu Nr. 264 vom 7. November 1851.* – ***L:*** *Kermann, Joachim: Der historische Tabakschuppen zu Harthausen (Pfalz). Hintergründe zu seiner Entstehungsgeschichte im Zusammenhang mit der Revolution von 1849 und staatlicher regionaler Wirtschaftsförderung. In:*

Mitteilungen des Historischen Vereins der Pfalz 94 (1996), S. 297 – 365.

Joachim Kermann

Raßiga, Ignatz, Kaufmann, Gutsbesitzer
* 30. 1. 1803 Neustadt a.d.H.
† USA

2. 5. 1849	Beteiligung am Aufruf zur Volksversammlung in Kaiserslautern; Ernennung zum Magazinverwalter der Provisorischen Regierung
Juni 1849	Beschlagnahmung zahlreicher öffentlicher Kassen; nach Niederschlagung der Revolution Flucht in die USA
1851	Verurteilung zum Tode durch das Zweibrücker Appellationsgericht

Als Mitglied des „Preß- und Vaterlandsvereins" war R. einer von jenen 32 Neustadter Bürgern, die mit ihrem Namenszug zur Teilnahme am Hambacher Fest aufriefen und die Einladung „Der Deutschen Mai" vom 20. April 1832 unterzeichneten. An der Kundgebung auf der Hambacher Schloßruine fungierte R. als Festordner. Weil er am 1. August 1832 in Kaiserslautern die „Knöbelsche Protestation" gegen die Bundesbeschlüsse unterschrieben hatte, wurde er angeklagt und zu einem Monat Gefängnis verurteilt. Das Urteil scheint allerdings lange nicht vollzogen worden sein, denn noch 1835 befaßte sich der Kassationsgerichtshof mit der Berufung und reduzierte die Haftstrafe auf zwei Wochen. Als sich die Pfalz 1849 erhob, um die Reichsverfassung zu verteidigen, war R. zunächst im Raum Neustadt auf seiten der Aufstandsbewegung aktiv. So war er federführend am Aufruf zur Volksversammlung am 2. Mai in Kaiserslautern beteiligt. In den Überlegungen für die personelle Besetzung einer Regierung der Pfälzischen Republik spielte er eine wichtige Rolle: „Am besten zu verwenden bei dem Rechnungswesen über die Magazineverwaltung", sollte er für den Finanzbereich zuständig sein. Tatsächlich wurde R. zum Verwalter des Lebensmittel- und Fourage-Hauptmagazins in Kaiserslautern ernannt. In dieser Funktion beschlagnahmte er die Einlagen zahlreicher öffentlicher Kassen wie etwa die Salzamtskassen in Zweibrücken und Hornbach, die Bergwerkskasse in St. Ingbert und noch am 17. Juni 1849, am Vorabend der völligen Zerschlagung des pfälzischen Aufstandes, konfiszierte er auf der Flucht die Steuerkasse in Mörzheim. Als Mitglied des Kantonalausschusses Neustadt veranlaßte er zudem eine Verhaftung. Aufgrund seiner mit buchhalterischer Gewissenhaftigkeit ausgeführten Tätigkeit wurde R. 1851 in Zweibrücken zum Tode verurteilt. Einer Festnahme hatte er sich aber schon unmittelbar nach dem Ende der Revolution durch die Flucht nach Nordamerika entzogen. In New York betrieb er Ende der 1850er Jahre einen Seifenhandel.

Q: *Anklag-Akte, errichtet durch die k. General-Staatsprokuratur der Pfalz, nebst Urtheil der Anklagekammer des k. Appellations-Gerichtes der Pfalz in Zweibrücken vom 29. Juni 1850 in der Untersuchung gegen Martin Reichard, entlassener Notär in Speyer, und 332 Consorten wegen bewaffneter Rebellion gegen die bewaffnete Macht, Hoch- und Staatsverraths etc. Zweibrücken 1850. –* ***L:*** *Hambacher Fest 1832. Katalog zur Dauerausstellung auf dem Hambacher Schloß. Neustadt/W. 1988; Süss, Edgar: Die Pfälzer im „Schwarzen Buch". Ein personengeschichtlicher Beitrag zur Geschichte des Hambacher Festes, des frühen pfälzischen und deutschen Liberalismus. Diss. Mainz 1954. Heidelberg 1956 (Heidelberger Veröffentlichungen zur Landesgeschichte und Landeskunde, 3).*

Martin Baus

Richard-Janillon, Johann Georg Maria Rosa, Gastwirt
* 27. 5. 1828 Warschau (Polen), kath.
† unbekannt

V Johann Maximilian Joseph R.-J., Fabrikant (* 1798). M Emily („Emilie"), geb. Lefebre (* 1808 Moskau). G 1 Bruder, 3 Schwestern. ⚭ 1854 (Mannheim) Catherina, geb. Baik (* 1837), ev., aus Kundenheim. K 2 Söhne, 4 Töchter.

2. 3. 1834	Übersiedlung nach Mannheim im Alter von 6 Jahren
ab 1846	Mitglied des Turnvereins
29. 1. 1849	Mitglied im Neuen Vaterländischen Verein

Mit seinen Eltern, dem aus Mannheim stammenden, sich als „Fabrikant" bezeichnenden Vater und der in Moskau geborenen Mutter, war R.-J. erst am 2. März 1834 in die Stadt zugezogen. Wahrscheinlich mit Hilfe des Vermögens seines Vaters machte R.-J. die Gastronomie zur Grundlage seines Lebenserwerbs und war darin auch recht erfolgreich, was ihm aber im vormärzlichen Mannheim angesichts der ihm unterstellten rüden Geschäftsmethoden die Mißgunst seiner Konkurrenten und politisch engagierter Zeitgenossen eintrug. Schon an der Jahreswende 1846/47 gesellte sich R.-J. einer Gruppe konservativ eingestellter Bürger um den Mannheimer Bäckermeister August Berberich zu, die sich vornahm, das kommunalpolitische Monopol der Liberalen zu brechen. Der von Berberich angefertigte Informantenbericht an das badische Innenministerium benannte R.-J. als einen der kritischen Beobachter der Offenburger Versammlung, wo er die aufreizenden Reden Friedrich Heckers und Gustav Struves (s. jeweils dort) protokollierte.

Wenige Wochen später geriet R.-J. durch eine Auseinandersetzung, die seine Rolle im Verlauf der Revolutionsjahre prägen sollte, ins Zentrum des öffentlichen Interesses. Nachdem Anfang des Jahres 1848 bekannt geworden war, daß er von der Großherzoglichen Eisenbahn-Direktion die Konzession zum Betrieb einer Gaststätte im Mannheimer Bahnhof bekommen hatte, wurde in den Spalten der „Mannheimer Abendzeitung" eine Kampagne gegen den erfolgreichen Wirt initiiert. Die vorgebrachten Vorwürfe gingen dahin, daß er die neue Konzession nur durch Protektion bekommen habe; außerdem sollte er seit längerem mit handfesten Mitteln unliebsame Konkurrenten ausgeschaltet haben, indem er z.B. die Schloßgartenwirtschaft gepachtet und kurz darauf geschlossen habe, um die Kundschaft in sein Lokal zu ziehen. Darüber hinaus vertrieb er die in der Nähe seiner Gaststätte „Zur Rheinlust" aktive Kleingastronomie, die „Lebküchlerin", die mit dem Verkauf von Eßwaren am Anlegeplatz der Dampfschiffe ihre Existenz fristete. Auch der Branntweinausschank am Bahnhof, die „Matrosenwirtschaft" des Sebastian Zöller, soll auf sein Betreiben hin geschlossen worden sein. Gegen diese Vorwürfe erhob R.-J. nach einiger Zeit in den ersten Februartagen des Jahres eine Verleumdungsklage vor dem Stadtamt, die aber angesichts der sich überstürzenden Ereignisse ergebnislos blieb.

Dagegen wurde die Gaststätte „Zur Rheinlust" in den Apriltagen selbst Schauplatz der Geschichte. Angesichts der Nähe seiner Lokalitäten zum Zentrum der Auseinandersetzungen war R.-J. am 26. April sicherlich Augenzeuge der Schießereien an der Rheinbrücke geworden und mußte sich mit öffentlichen Erklärungen vor dem Vorwurf schützen, Beteiligte bei den Untersuchungsbehörden denunziert zu haben.

Die militärische Besetzung Mannheims war für R.-J. eine dankbare Einnahmequelle, gastierten doch in der „Rheinlust" wahlweise nassauische, bayerische und preußische Militärkapellen vor dem Mannheimer Publikum. Allerdings vermied der geschäftstüchtige Wirt dabei insofern den Anschein rein materiellen Interesses an solchen Feierlichkeiten, als er sie auch zur Eröffnung des deutschen Parlaments und „zum Besten der Gründung einer deutschen Kriegsflotte" ansetzte und die Einnahmen solchen nationalen Zwecken zur Verfügung stellte.

Inzwischen war der Konflikt um die Eröffnung der „Matrosenwirtschaft" von Sebastian Zöller in ein neues Stadium getreten. Da dessen Gesuch um eine Erlaubnis zur Eröffnung in der Nachbarschaft R.-J.s, in von 119 Bürgern mit ihrer Unterschrift gestützt wurde, ging „der bekannte Badewirth Richard-Janillon" dazu über, diesen Personenkreis verächtlich zu machen, indem er in einem an das Großherzogliche Stadtamt gerichteten Schreiben unterstellte, „daß diese Zeugniß-Aussteller blos Taglöhner, Zollknechte, Packträger, Spanner, Kammacher und Musikanten seien, die nicht einmal bürgerlich hier angenommen, und ebenso wenig im Einwohner-Verzeichniß hiesiger Stadt zu finden seien" (Mannheimer Abendzeitung vom 5. September 1848). Beim angesprochenen Publikum gewann er sich mit solchem Vorgehen kei-

ne Sympathien, zumal Grohes (s. dort) „Mannheimer Abendzeitung“ sich nicht scheute, jeden Beitrag zur Person des R.-J. ohne Rücksicht genüßlich abzudrucken.
Auch die Tatsache, daß R.-J. am 29. Januar 1849 in den Neuen Vaterländischen Verein eintrat, nahm die „Mannheimer Abendzeitung“ zum Anlaß für einen aggressiven Kommentar, der weder auf antisemitische Untertöne verzichtete, noch vermied, über die damit verbundene Loslösung R.-J.s von seinen ehemaligen politischen Freunden um August Berberich zu polemisieren. „Majestätisch“ sei man „über die vor die Thüre geworfenen Leiber Berberich's und Groß in den mit den reichsten Emblemen der schönen Zukunft unseres Vaterlandes geschmückten Saal“ geschritten, und „in den Augen Janillons perlte eine Thräne der Wehmuth über die für die gute Sache hingegebenen Freunde. [...] hingerissen von dem hohen Augenblikke stammelten, wie aus einer Seele der neuen, großen Stützen der guten Sache die Herren Blezinger und Ladenburg (s. jeweils dort) entgegen: 'Richard, vereint mit dir, so rufen wir unser Jahrhundert in die Schranken!'“ (Mannheimer Abendzeitung vom 2. Februar 1849).
Mancher Mannheimer mag mit heimlicher Genugtuung registriert haben, daß der Wirt und seine „Rheinlust“ anläßlich des badischen Aufstands erneut in die Gefechtszone gerieten. Als nämlich in den Junitagen die preußische Armee auf dem linken Rheinufer gegen die Freischaren in der Rheinschanze vorrückte und diese in ihren Besitz gebracht hatte, wurde der nun offene Zugang nach Mannheim von den revolutionären Einheiten unterbrochen. Freischärler fuhren ein Brückenjoch ab und die Artillerie der Volkswehr unter ihrem Befehlshaber Otto von Corvin schoß die Lagerhäuser auf dem gegenüberliegenden Rheinufer in Brand. Es entwikkelte sich in der Folge ein schweres Artillerieduell mit den preußischen Einheiten, bei dem zahlreiche Gebäude der Mannheimer Innenstadt, aber auch die Wirtschaft „Zur Rheinlust“ in Mitleidenschaft gezogen wurden. Nach der Niederschlagung des Aufstands stellte R.-J. Regreßforderungen, weil er behauptete, seine Gastwirtschaft sei absichtlich in Brand geschossen worden, um ihm als stadtbekanntem „Reaktionär“ Schaden zuzufügen.
Die Schäden waren wohl nicht so groß, daß sie R.-J. gehindert hätten, schon Anfang Juli seine Konzerte wieder aufzunehmen. Vorerst war das Musikkorps des 1. bayerischen Jägerregiments zu Gast, später waren es die preußischen Besatzungssoldaten, die seine Gäste unterhielten. Und auch eine soziale Widmung der Einnahmen durfte nicht fehlen: Am 10. August 1849 konnte nach einem Konzert „zum Besten der Hinterlassenen der im badischen Revolutionskampfe gefallenen König. Preußischen und Reichstruppen“ eine Einnahme von über 188 Gulden verzeichnet werden, die dann „unverkürzt“ an den Gemeinderat als Übermittler weitergegeben wurde (Mannheimer Journal vom 11. August 1849).

Q: StadtA Mannheim: Polizeipräsidium, Zug. –/1962, Familienbogen; Mannheimer Abendzeitung; Mannheimer Journal.

Hans-Joachim Hirsch

Rickert, Johann Melchior Friedrich, Bierbrauermeister
* 8. 10. 1806 Mannheim, ev.
† 15. 12. 1870 Mannheim

∞1838 (Mannheim) Sibilla Catharina, geb. Keller (1811 – 1880), ev., aus Westhofen. K 1 Sohn.

1848/49	Mitglied im Mannheimer Gemeinderat
1862 – 1868	Mitglied im Großen Bürgerausschuß

R., der seit 1844 in Mannheim das Gewerbe eines Bierbrauers betrieb, gehörte zu den Erstunterzeichnern der 'Dreizehn Petitionen' der Mannheimer Bürgerschaft. Sein öffentliches Auftreten im Rahmen der Märzbewegung war offensichtlich erfolgreich, denn er wurde zum Hauptmann der Mannheimer Bürgerwehr gewählt und Vorstandsmitglied im Vaterländischen Verein. Bei den am 29. März stattfindenden Vorstandswahlen, die nach Augenzeugenberichten im Rahmen einer turbulenten Sitzung stattfanden, bekam R. 954 Stimmen, nur sechs weniger als Wahlsieger Heinrich Hoff (s. dort).

Am 12. Mai unterzeichnete R. den Gründungsaufruf für einen Neuen Vaterländischen Verein, trat aber im Lauf des Monats Juni gemeinsam mit Friedrich Löwenhaupt und Florian Mördes (s. jeweils dort) wieder aus und wurde Gründungsmitglied des Demokratischen Vereins und nach dessen Verbot auch des Volksvereins. Bei einer Erneuerungswahl am 16. August 1848 wurde er in den Mannheimer Gemeinderat gewählt.
Als zeitweiliges Vorstandsmitglied des Mannheimer Volksvereins gehörte R. laut Aussage von Amand Goegg (s. dort) zu den verläßlichen Mitkämpfern von entschieden republikanischer Gesinnung, mit deren Hilfe nach dem Kongreß von Renchen an der Jahreswende 1848/49 ein organisatorischer Neuaufbau gelang. Auf diesem Kongreß am 2. Weihnachtsfeiertag 1848 wurde R. in den Landesausschuß für Baden gewählt. Kurios erscheint ein Dementi in den Tageszeitungen, das er am 16. Februar 1849 verfaßte und das sich auf den Kernsatz reduzierte: „Um allem Irrthum vorzubeugen, finde ich mich veranlaßt, zu erklären, daß ich kein Mitglied des vaterländischen Vereines bin“ (Mannheimer Abendzeitung vom 17. Februar 1849). Gemeint waren wohl die 'Neuvaterländischen' von Leopold Ladenburg und August Blezinger (s. jeweils dort), deren regierungsfreundliche Politik in diesem Frühjahr 1849 angesichts der verschleppten Prozesse gegen die Aufständischen vom Vorjahr den Radikalen provozierend erschien. Knapp einen Monat später warb so auch R. am 14. März für eine in seiner Gastwirtschaft „Prinz Max“ stattfindende „Abend-Unterhaltung zum Besten der eingekerkerten und flüchtigen Republikaner“ (Mannheimer Abendzeitung Nr. 62 vom 14. März 1849) und bekannte sich noch einmal als Anhänger der entschieden revolutionären Bewegung.
Auf der Offenburger Versammlung vom 12. Mai 1849 wurde R. nicht für den Landesausschuß der Volksvereine bestätigt. Seine Wahl in den auf der Mannheimer Versammlung vom 14. Mai gegründeten Sicherheitsausschuß lehnte er ab. Dennoch stellte er sein Lokal in H 3, 3 zur öffentlichen Einzeichnungskampagne für die Volkswehr zur Verfügung. Nach der Niederschlagung der Revolution wurde er am 28. Juni verhaftet und über einen Monat im Gefängnis gehalten. Die Anklage wegen Hochverrats umfaßte zwei Vorwürfe: Seine vorgebliche Mitgliedschaft im Mannheimer Sicherheitsausschuß und den Verdacht „ein Werbebureau zur Errichtung eines Freicorps in seinem Wirthslokale gehalten zu haben“ (GLAK: 237/2737). R. wurde wohl ohne Gerichtsverfahren auf freien Fuß gesetzt. Am 6. Oktober 1849 trat er als Zeuge im Standgerichtsverfahren des Mannheimer Theaterbilleteurs Ludwig Rumbach als Zeuge auf, wo er diesen entlastete. Ein großherzoglicher Erlaß vom 3. Oktober 1849 setzte das gegen R. anhängige Verfahren auf unbestimmte Zeit aus.

Q: StadtA Mannheim: Polizeipräsidium, Zug. – /1962, Familienbogen; GLAK: 234/1990; Mannheimer Journal; Mannheimer Abendzeitung.

Hans-Joachim Hirsch

Rüttinger, Joseph Karl August, Oberamtmann
* 19. 10. 1796 Mannheim, kath.
† 11. 11. 1864 Freiburg

∞ 1823 Tochter des Staatsrats Roth aus Pforzheim.

bis 1814	Studium der Rechtswissenschaften in Heidelberg
1814 – 1816	Rechtskandidat und Volontär bei den Bezirksämtern Appenweier und Steinbach
1816 – 1822	Rechtspraktikant und Volontär beim Bezirksamt Appenweier und dem Oberamt Pforzheim
1822 – 1825	Amtsassessor beim Bezirksamt Wiesloch
1825 – 1829	Amtsassessor beim Bezirksamt Sinsheim
1829 – 1834	Ernennung zum Amtmann und Beamter beim Bezirksamt Lahr
1832	kurzzeitige provisorische Verwaltung des Oberamts Offenburg
1834 – 1838	Ernennung zum Oberamtmann und Amtsvorstand des Bezirksamts Bretten

1838 – 1840	Amtsvorstand des Bezirksamts Walldürn
1840 – 1848	Amtsvorstand des Bezirksamts Neckargemünd
1848 – 1851	Verwendung in der Kanzlei der Regierung des Oberrheinkreises, Freiburg
1851	Versetzung in den Ruhestand
1851 – 1864	Ruhestand in Freiburg

Am 27. April 1848 traf bei der Regierung des Unterrheinkreises in Mannheim ein Bericht des Assessors Oktav Saur vom Bezirksamt Neckargemünd ein. Saur teilte der Kreisregierung mit, sein Vorgesetzter, Oberamtmann R., sei drei Tage zuvor am Ostermontag 1848 aus dem Neckargemünder Rathaussaal geflohen und habe anschließend die Stadt verlassen. Sofort wies das Innenministerium die Mannheimer Dienststelle an, einen Kreisrat als Untersuchungskommissär nach Neckargemünd abzuordnen.
Was hatte den Amtsvorstand dazu bewogen, Hals über Kopf seinen Posten zu verlassen? R.s Darstellung des Ereignisses liest sich folgendermaßen: „Als am Ostermontag v[ergangenen] J[ahres] / 24. April / die von Sinsheim ausgegangene aufrührerische Schaar auf ihrem Zuge nach Heidelberg durch Neckargemünd kam und daselbst große Aufregung und Furcht herrschte, versammelte sich während der Gemeinderath im Rathhaus gemeinschaftlich mit Oberamtmann Rüttinger die für die Rückkehr jener Schaar zu treffenden Maasgabe berieth, auf der Straße ein großer Haufe Volks und begann lärmend die Treppe hinauf gegen den Rathssaal zu dringen unter dem Rufe 'fort mit ihm, fort mit ihm, der Amtmann muß fort, wir haben kein Vertrauen zu ihm'" (GLAK: 76/6457). Daraufhin hätten Bürgermeister und Gemeinderäte zwar versucht, die Menge zu beruhigen, während sich R. im Ratssaal eingeschlossen hatte; kurz darauf sei jedoch jemand an die Tür gekommen – so R. – und habe gerufen: „Retten Sie sich, Sie sind darin nicht mehr sicher", worauf der Vertreter der staatlichen Gewalt in Neckargemünd aus dem Fenster über ein Schuppendach in einen Garten stieg und sich ins katholische Pfarrhaus flüchtete. Dorthin seien schließlich Bürgermeister und einige Gemeinderäte gekommen und hätten erklärt, die Menge sei nicht mehr zu beruhigen und „sie hätten sich mit ihrem Ehrenworte verbürgen müssen, daß er in kurzer Zeit die Stadt verlasse und sie könnten für seine Sicherheit nicht länger stehen" (GLAK: 76/6457), so daß er zunächst nach Neckarsteinach geflohen sei. Die Neckargemünder Bürgerschaftsvertreter, denen natürlich wenig daran gelegen war, einen Teil ihrer Einwohnerschaft als Unruhestifter oder gar Revolutionäre dargestellt zu sehen, gaben dagegen eine andere Sicht der Dinge zu Protokoll. Es sei ihnen nämlich gelungen, die Menge zu beschwichtigen, als sie aber in den Ratssaal zurückgekehrt seien, „war er weg" (GLAK: 76/6457). Nach einigem Suchen hätten sie R. dann im Pfarrhaus angetroffen und ihm anheim gestellt, die Stadt zu verlassen. Auf keinen Fall hätten sie sich gegenüber der Bürgerschaft für seine Entfernung verbürgt. Der Amtsvorstand sei einzig und allein aus Mangel an Entschlossenheit und persönlichem Mut geflohen.
Ebenso wie der Eberbacher Amtsvorstand Wilhelm Hübsch (s. dort) war in Neckargemünd ein unbeliebter Beamter 'Opfer' des unruhigen Frühjahrs 1848 geworden. Doch ähnlich wie dort lagen die Gründe für die Vorfälle, welche zu R.s Flucht führten, weniger in einer besonderen Anfälligkeit der Neckargemünder für revolutionäre Ideologien, sondern vielmehr in der konkreten Unzufriedenheit der Bevölkerung des Amtsstädtchens mit ihrem Amtmann. Ihr Unmut richtete sich nicht gegen 'den Staat', sondern gegen einen einzelnen Staatsbeamten – der Zug der Sinsheimer nach Heidelberg an jenem 24. April und die dadurch auch in Neckargemünd hervorgerufene Unruhe und Verunsicherung bildeten nur den Katalysator für den beschleunigten Abgang R.s. Denn erst wenige Tage zuvor, am 9. April, hatte die Gemeinde versucht, dessen Versetzung zu erwirken. Seiner daraufhin geäußerten Bitte, ihm in diesem Fall ein gutes Zeugnis auszustellen, verweigerte sich der Gemeinderat, was insgesamt auf tiefgreifende Verwerfungen im Verhältnis des Amtsvorstandes zur Bevölkerung des Amtssitzes und wohl auch des übrigen Bezirks schließen läßt.
Betrachtet man R.s Karriere bis zum April 1848, so stellt man – wie auch der Untersuchungskommissär der Regierung des Unterrheinkreises – schließlich fest, daß er sich auf fast jedem

innegehabten Posten Dienstwidrigkeiten und Willkürlichkeiten geleistet hatte. Dies begann mit der Denunziation seines Amtsvorstandes Leopold Peter Gerber während seiner Assessorenzeit in Wiesloch (1824), setzte sich fort in einer Dienstuntersuchung des Bezirksamts Sinsheim durch den Schwetzinger Amtmann Karl August Vierordt (1828), nachdem über R. „im allgemeinen und namentlich über seine saumselige Behandlung der Justiz-Sachen, und Verschleppung der Konkurse, so wie über sein ungeeignetes Benehmen gegen seine Amtsangehörigen laute und wiederholte Klagen entstanden, und vorgebracht worden sind" (GLAK: 76/6457), und gipfelte in einem wahren Kleinkrieg zwischen dem Amtsvorstand R. und anderen Staatsbeamten im Amtsbezirk Bretten, was ihm die Strafversetzung nach Walldürn einbrachte. R.s Despotismus im Umgang mit Untergebenen, seine chaotische Amtsführung und seine Geltungssucht machten ihn fast schon zu einer Karikatur des vormärzlichen Verwaltungsbeamten. Zwar ist die folgende Schilderung seines Brettener Widersachers, Amtsrevisor Matthias Ganter, durchaus parteiisch, sie wirft jedoch ein bezeichnendes Licht auf R.s Selbstverständnis und Amtsauffassung: „Als der Herr Rüttinger vor einiger Zeit [wohl 1835 oder 1836, J.S.] die Bürgermeister in Kürnbach [bei Bretten, J.S.], gewählt nach der dortigen neuen Gemeindeordnung, vorzustellen hatte, so umgürtete er sich mit zwei Pistolen, steckte zu diesen einen Dolch und gesellte dieser Bewaffnung noch einen Degen bei. So kostümiert sezte er sich in die Chaise, nahm in dieselbe noch 3 Gendarmen auf, und fuhr nach Kürnbach – ohne Begleitung des Aktuars". In Kürnbach hatte man anläßlich der Wahlen einen maibaumähnlichen Festschmuck aufgestellt. „Bei seinem Erscheinen wollte Herr Rüttinger in diesem einen Freiheitsbaum erkennen, ließ Zimmerleute herbeikommen und befahl den Mayen zu zerhauen, zürnte und schalt, daß die Kürnbacher überdies denselben gestohlen hätten. Er drohte mit den Dragonern in Bruchsal [...]" (GLAK: 76/6457). Solche und ähnliche Vorkommnisse erklären, warum ein Mann wie R. schon bei den ersten Unruhen im Frühjahr 1848 die Flucht ergreifen mußte. Da den badischen Amtsvorständen vor Ort außer den wenigen Verwaltungsbediensteten kaum staatliche Machtmittel zur Verfügung standen, hing ihre Stellung im Amtsbezirk fast ausschließlich von ihrer jeweiligen persönlichen Autorität ab – und R. hatte diese Autorität durch sein Verhalten eben vollkommen ausgehöhlt.

Den ihm vom Neckargemünder Gemeinderat abgesprochenen persönlichen Mut fand R. anscheinend einige Tage nach seiner Flucht wieder, zumindest auf dem Papier. Mittlerweile in Karlsruhe, weit entfernt vom Ort des Geschehens, wandte er sich mit der Bitte ans Innenministerium, ihm Militär zu unterstellen, um sein Amt wieder in Besitz nehmen zu können. Doch die Regierung hielt nach den Ergebnissen des Untersuchungskommissärs den Wunsch der Neckargemünder nach Ablösung des Beamten für gerechtfertigt und beschloß einen Monat nach den Vorfällen, R. unter Belassung seines Ranges der Regierung des Oberrheinkreises in Freiburg zur Beaufsichtigung der Kanzlei und Verwendung im Sekretariat beizugeben. Doch auch in dieser untergeordneten Dienststellung scheint man mit ihm nicht besonders zufrieden gewesen zu sein, denn schon knapp drei Jahre später wurde der gerade 54jährige Oberamtmann in den Ruhestand versetzt.

Q: *GLAK: 76/6457, 6458, 6459; Badische Regierungsblätter 1816 – 1865; Wechmar, Karl August Ferdinand Freiherr von: Handbuch für Baden und seine Diener oder Verzeichniß aller badischen Diener vom Jahr 1790 bis 1840, nebst Nachtrag bis 1845, von einem ergrauten Diener und Vaterlandsfreund. Heidelberg 1846, S. 155, 314. –* ***L:*** *Die Amtsvorsteher der Oberämter, Bezirksämter und Landratsämter in Baden-Württemberg 1810 bis 1972. Hrsg. v. d. Arbeitsgemeinschaft der Kreisarchive beim Landkreistag Baden-Württemberg. Stuttgart 1996, S. 477; Eibach, Joachim: Der Staat vor Ort. Amtmänner und Bürger im 19. Jahrhundert am Beispiel Badens. Frankfurt a.M. 1994 (Historische Studien, 14), S. 44, 84, 99, 104, 106f., 113; Hörner, Manfred: Die Wahlen zur badischen zweiten Kammer im Vormärz (1819 – 1847). Göttingen 1987 (Schriftenreihe der Historischen Kommission bei der Bayerischen Akademie der Wissenschaften, 29), S. 325.*

Joachim Stephan

Sachs, Wilhelm, Kaufmann
* 24. 11. 1801 Düsseldorf, kath.
† 24. 2. 1866 London

V Carl S., Gastwirt (um 1761 – 1826). M Katharina, geb. Götz (um 1775 – 1842). G 2 Brüder, 3 Schwestern.

1809	Zuzug aus Düsseldorf (?), Einschulung im Lyzeum Mannheim
1847 – 1849	Landtagsabgeordneter
1848	Mitglied im Großen Bürgerausschuß
1848	Mitglied des Vorparlaments
1848	Abgeordneter der Nationalversammlung
1849	Exil in London

Als Exponent des Mannheimer Handelsstandes und als tüchtiger Kaufmann, der den Absatz der Pfälzer Tabake nach Spanien und England vermittelte, war S. prädestiniert auch eine herausragende Rolle im politischen Leben seiner zweiten Heimat Mannheim zu spielen. So wurde er wenige Monate vor den revolutionären Ereignissen als Abgeordneter in die badische Zweite Kammer gewählt. Als Neuling machte er sich nicht durch spektakuläre Redebeiträge bemerkbar und zählte politisch von Anfang an zum Kreis der Kammerlinken. In der Fabrikenfrage stimmte er allerdings mit der Mehrheitsfraktion für den von Karl Mathy (s. dort) eingebrachten Entwurf, der eine staatliche Stützung der drei vom Bankrott bedrohten Firmen vorsah.
An der Versammlung der Mannheimer Bürger im Aulasaal, die am 27. Februar stattfand, nahm S. zusammen mit den anderen Kammerabgeordneten aus Mannheim teil, griff aber in die streckenweise erregt geführte Debatte nicht ein.
An der folgenden 'Märzbewegung' hatte er großen Anteil. Zusammen mit Weller schloß er sich nachträglich den Anträgen an, die am 1. März die Abgeordneten v. Itzstein, Hecker, v. Soiron, Brentano (s. jeweils dort), Peter, Mez, Kapp und Richter als ihr 'Pronunciamento' eingebracht hatten und die den Reformbeschlüssen der badischen Zweiten Kammer zu Grunde gelegt wurden. Die beiden Nachzügler hatten zum Zeitpunkt der Debatte die auf dem Karlsruher Bahnhof anreisenden 'Petitions-Deputationen' empfangen. Am 5. März war S. auf der Heidelberger Versammlung der 51 Notabeln anwesend und unterschrieb die dort verabschiedete Deklaration zur Vorbereitung der Wahl für eine deutsche Nationalversammlung. Aufgerüttelt von der Heftigkeit der Judenpogrome in den ersten Märztagen des Jahres 1848, schloß er sich dem zu Besonnenheit und Toleranz mahnenden Aufruf der badischen Landtagsabgeordneten an. Auch den Aufruf zur zweiten Offenburger Versammlung unterzeichnete er.
In Mannheim wurde er für die 4. Kompanie des 1. Bataillons der Bürgerwehr zum Hauptmann gewählt. Bei der Mitarbeit in der Kommission für einen Gesetzentwurf zur Volksbewaffnung kam es zu offenen Spannungen zwischen ihm und Friedrich Hecker, der ihm „Energielosigkeit" vorwarf. Am 26. April führte er andererseits die ihm unterstellten Bürgerwehrsoldaten an die Rheinbrückenauffahrt, eine entschiedene Handlung, die ihm von den angesichts der Zuspitzung der Auseinandersetzung sich zu politischen Gegnern profilierenden 'Konstitutionellen' Bassermann (s. dort) und Mathy zum Vorwurf gemacht wurde. In die Untersuchung der Vorfälle war er aber anders als viele seiner republikanischen Gesinnungsgenossen nicht verwickelt.
Dennoch verleugnete er in der Konsequenz nicht sein Engagement und führte im Landtag Klage über das Benehmen der in Mannheim einquartierten bayerischen Truppen, vor allem der Offiziere. Andererseits ließ er sich auch auf Gespräche mit den Militärs ein, die das Ziel einer Beruhigung des gereizten Klimas hatten und nach denen S. selbst von einem „seitherigen guten Einverständnisse zwischen Truppen und Bürgern" sprach (Mannheimer Abendzeitung vom 6. Juni 1848). Zusammen mit Lorenz Brentano und dem Schuhmachermeister Adam Münk, der kommissarisch die redaktionelle Leitung der „Mannheimer Abendzeitung" für den verhafteten Johann Peter Grohe (s. dort) übernommen hatte, stellte er die materiellen Sicherheiten für das Wiedererscheinen der Zeitung.
In der badischen Zweiten Kammer praktizierte S. eine enge fraktionelle Zusammenarbeit mit v. Itzstein und Brentano mit dem Ziel, die Politik der republikanischen Linken offensiv zu vertreten. So wurde der im Heckerzug kompro-

mittierte Ignatz Peter gegen die politischen Angriffe verteidigt, und bei den Beratungen über das „provisorische Gesetz über den Kriegszustand“ am 13. Mai 1848 bildeten die drei Politiker eine Stimmgemeinschaft gegen den Rest der Kammermehrheit.
S. gehörte zum Kreis der badischen Politiker, die ihren Einfluß auch über die Landesgrenzen hinaus geltend machen konnten. Er war Mitglied des Frankfurter Vorparlaments und kandidierte unter der Protektion des im ersten Wahlgang mehrfach gewählten v. Itzstein für die Nationalversammlung. In der auf den 3. Juni angesetzten Nachwahl setzte sich seine Kandidatur durch: mit 71 gegen 54 auf seinen Konkurrenten Ludwig Weller entfallende Stimmen. Das Ergebnis war wohl für die Gegner der Radikalen eine Überraschung, fragte sich doch das „Mannheimer Journal“ in einem politischen Grundsatzartikel, warum v. Itzstein S. und nicht Julius Fröbel habe wählen lassen. Fröbel sei schließlich in Mannheim „so gut als Republikaner bekannt“, wie man von S. wisse, „daß er eigentlich gar keine politische Farbe“ habe (Mannheimer Journal vom 27. Juni 1848). Im Frankfurter Parlament orientierte sich S. politisch an der im ‘Deutschen Hof’ tagenden Fraktion der Republikaner und war auch Mitglied im ‘Märzverein’. Seit dem 25. August 1848 gehörte er dem Finanzausschuß der Nationalversammlung an. In der Frage des Reichsoberhaupts sprach er sich gegen die Wahl Friedrich Wilhelms IV. zum Kaiser aus.
Im Frühjahr 1849 trat S. für die Durchführung der Reichsverfassung ein. Sein Landtagsmandat hatte er niedergelegt, nachdem er durch eine Urwählerversammlung, die am 5. April 1849 im Mannheimer Aulasaal getagt hatte, dazu aufgefordert worden war. Beim Ausbruch der Meuterei in Rastatt befand er sich zusammen mit anderen Abgeordneten der Nationalversammlung in Offenburg, wo er an den Beratungen des von der Volksversammlung bestimmten Landesausschusses teilnahm. Von diesem wurde er beauftragt, mit dem Großherzoglichen Finanzminister über dessen Verbleiben zu verhandeln, was jedoch scheiterte, da alle ehemaligen Minister schon geflohen waren. Daraufhin begleitete er den Abgeordneten Franz Raveaux bei seinen diplomatischen Vorstößen in Württemberg zur Sicherung der Reichsverfassung in Württemberg. Konsequent nahm er seine parlamentarische Tätigkeit bis zum Ende des Rumpfparlaments wahr.
S. war bei den ersten Sitzungen des Landesausschusses anwesend und wurde beim Versuch der Bildung einer „Provisorischen Regierung mit diktatorischer Gewalt“ zum „Minister des Äußern“ ernannt, übernahm diese Funktion aber nicht. Dem gegen ihn eingeleiteten Strafverfahren wegen Hochverrats entzog sich S. durch Flucht nach England. Wie bei anderen kompromittierten Personen beschlagnahmte auch bei ihm der badische Staat das vorhandene Vermögen, um die der Revolution zugeschriebenen finanziellen Ausfälle abzudecken. Die als Kaution für das Erscheinen der „Mannheimer Abendzeitung“ hinterlegten Wertpapiere waren zu diesem Zeitpunkt allerdings schon von der Provisorischen Regierung in Sicherheit gebracht worden. Ein gegen ihn eingeleitetes Strafverfahren wegen Hochverrats endete mit seiner Verurteilung zu lebenslanger Zuchthaushaft. Die folgenden Jahre verbrachte er im Londoner Exil, wo er am 24. Februar 1866 starb.
Schon im Jahr 1847 hatte er testamentarisch verfügt, daß 50.000 Gulden aus seinem Vermögen der Stadtgemeinde Mannheim „für allgemeine und nützliche Zwecke“ zukommen sollten. Die Gemeindeverwaltung gründete mit diesem Geld die nach ihm benannte Stiftung zur Erziehung von Waisenkindern und Kindern hilfsbedürftiger Eltern.

Q: StadtA Mannheim: Polizeipräsidium, Zug. –/1962, Familienbogen; GLAK: 48/5475; 237/2935. – L: Best, Heinrich/Weege, Wilhelm: Biographisches Handbuch der Abgeordneten der Frankfurter Nationalversammlung 1848/49. Düsseldorf 1996.

Hans-Joachim Hirsch

Sarachaga y Uria*, Mariano Freiherr von, Regierungsrat
* 25. 9. 1812 Valencia (Spanien), kath.
† 7. 6. 1876 Karlsruhe

V Florentino de Sarachaga y Isarduy, königlich spanischer Präfekt in Valencia (1778 – 1825).

M Maria Micaela de Uria y Alcedo y de la Luintana (1788 – 1870); U.s Mutter folgte 1814 mit ihren drei Söhnen dem badischen Offizier Karl von Lassolaye (1784 – 1863) nach Karlsruhe, den sie nach dem Tod ihres Mannes im Jahr 1826 auch heiratete. G Georg von Sarachaga y Uria (1811 – 1843), war in die Affaire um den Karlsruher Bankier Moritz von Haber verwickelt und fand in einem Duell mit diesem den Tod; José Maria von Sarachaga y Uria (1814 – 1843), gestorben in Bilbao.
∞8. 1. 1850 (Mannheim) Maria Anna Franziska, geb. von Bettendorf (1826 – 1909). V Freiherr Franz Ludwig v. B. M Antoinette, geb. Gräfin von Monts. K Maria Louise Antoinette Maximiliana Sophie Franziska (2. 4. 1851 Freiburg–22. 1. 1925 Freiburg).

* In Quellen und Literatur finden sich unterschiedliche Schreibweisen des Namens (z.B. Uria-Sarachaga, Sarachaga-Uria). Meistens verwendet wird die Kurzform „von Uria“, falsch dagegen ist das z.T. in der Literatur vorkommende Uria-Sacharaga.

1822 – 1830	Besuch des Lyzeums in Karlsruhe
1830	Ernennung zum Hofjunker
1831 – 1835	Studium der Mathematik und Physik, dann der Rechtswissenschaften in Heidelberg
1834	Ernennung zum Kammerjunker
1835 – 1839	Rechtspraktikant
1839 – 1841	Amtsassessor beim Bezirksamt Baden(-Baden)
1841	Ernennung zum Kammerherrn
1841 – 1844	Ernennung zum Amtmann und 3. Beamter beim Stadtamt Freiburg
1844 – 1849	Regierungsrat bei der Regierung des Unterrheinkreises, Mannheim
1849 – 1852	Ernennung zum Stadtdirektor und Amtsvorstand des Stadtamts Freiburg
1852 – 1853	Amtsvorstand des Oberamts Heidelberg
1853 – 1856	Regierungsrat bei der Regierung des Unterrheinkreises, Mannheim
1856 – 1860	Legationsrat und Mitglied des Ministeriums des Großherzoglichen Hauses und der Auswärtigen Angelegenheiten, Karlsruhe
1858	Ernennung zum Offizier der französischen Ehrenlegion
1860	erneute Versetzung als Regierungsrat zur Regierung des Unterrheinkreises, Mannheim; Beschwerde gegen die Versetzung; schließlich auf eigene Bitte aus dem Staatsdienst entlassen
1860 – 1876	Privatier in Karlsruhe

Mit Verfügung vom 20. September 1844 wurde der knapp 32jährige Amtmann v.U. vom Stadtamt Freiburg als Regierungsrat zur Regierung des Unterrheinkreises nach Mannheim versetzt. Dem jungen Beamten schien damals eine glänzende Karriere in der badischen Staatsverwaltung offen zu stehen, wie sich aus einer dienstlichen Beurteilung des Regierungsdirektors des Oberrheinkreises Friedrich Freiherr von Reck vom Februar 1843 erschließen läßt: „Wir müßen dieses vortheilhafte Urtheil [des Stadtamts Freiburg, J.S.] aus eigener Wahrnehmung bestätigen und beifügen, daß er mit den wohlanständigen Formen des gebildeten Mannes eine achtenswerte Entschiedenheit im Handeln vereinigt [...] Wenn hohes Ministerium geneigtest Bedacht nimmt, den Amtmann von Uria [...] in den verschiedenen Zweigen der Staatsverwaltung zu placieren, so zweifeln wir nicht, daß er dereinst sich zu dem höhern Staatsdienst eignen wird“ (GLAK: 76/8021).
Nachdem der bisherige Mannheimer Zensor, Stadtamtsassessor Fuchs, nicht zur Zufriedenheit der vorgesetzten Behörden gearbeitet hatte, wurde v.U. als jüngstes Kollegialmitglied der Kreisregierung bald nach seinem Dienstantritt mit dieser ungeliebten und heiklen Aufgabe betraut. Sicherlich war der überzeugte Katholik, der schon während seiner Heidelberger Studienzeit keinen Hehl aus seiner „konservative[n] Gesinnung“ (Rößler, zit. n. Kauß (1966), S. 520) gemacht hatte, für das amtierende Karlsruher Kabinett und seinen direkten Vorgesetzten, den ebenfalls 1844 nach Mannheim ernannten Regierungsdirektor Friedrich Theodor Schaaf, ei-

nen „Hauptvertreter des Blittersdorff'schen Systems" (Walter (1978), S. 302), der richtige Mann für diesen Posten. Jedenfalls übte der junge Regierungsrat sein Amt mit fast übertriebenem Eifer und mit solch kleinlicher Unnachgiebigkeit aus, daß er sich in den liberalen Mannheimer Kreisen innerhalb kürzester Zeit äußerst unbeliebt machte. Das besondere Aufsehen der Öffentlichkeit erregte der Zensurstreit mit Gustav Struve (s. dort), der im Sommer 1845 die Redaktion des „Mannheimer Journal" übernommen und das Blatt zu einer publizistischen Plattform für liberale und radikale Ideen geformt hatte. Besonders hart zensierte v.U. die positive Berichterstattung seines Kontrahenten über die sogenannten Deutschkatholiken. „Die deutschkatholische Bewegung, die in den Anfang der Redaktionstätigkeit Struves fiel, bekämpfte der Zensor nicht allein durch Unterdrückung werbender Aufsätze; er duldete nicht einmal den Gebrauch der Bezeichnung Deutschkatholiken, solange diese dem Staate als Dissidenten und Sektierer galten" (Walter (1978), S. 303f.). Somit traf Struve genau den wunden Punkt des Beamten, der Angriffe auf die katholische Amtskirche in keiner Weise hinzunehmen bereit war – ein Faktum, welches v.U.s weitere Karriere noch entscheidend beeinflussen sollte. Andererseits läßt sich erkennen, wie v.U.s Gegenspieler die sich entwickelnde Eskalation zwischen der Redaktion des „Mannheimer Journal" und den Staatsbehörden bewußt weiter trieb, den Beamten in seiner ersten „Recursschrift an das Publikum" mit dem Titel „Actenstücke der Censur des Großherzoglich Badischen Regierungs-Raths von Uria-Sarachaga" quasi als Stellvertreter des gehaßten Systems bloßstellte. Die Regierungsorgane konnten sich mit der Forderung nach Entlassung Struves nicht durchsetzen und gerieten im Zensurstreit – nicht zuletzt aufgrund der unnachgiebigen Haltung v.U.s und seines Chefs Schaaf – zunehmend in die Defensive. Die Sache spitzte sich immer mehr auf ein grundsätzliches Kräftemessen zwischen der liberalen Mannheimer Bürgerschaft und den Staatsbehörden zu und gipfelte schließlich in der gewaltsamen Auflösung einer Versammlung der Gemeindekollegien durch Regierungsdirektor Schaaf am 19. November 1845. Nach Friedrich Walter war v.U. für Mannheim im kleinen „aber nicht minder verhängnisvoll", was von Blittersdorff als badischer Regierungschef im großen gewesen war. „Struve hatte es verstanden, seinem Kampf mit dem Zensor eine solche Ausdehnung zu geben, daß er sich von der Redaktionsstube in den Sitzungssaal nicht nur des städtischen Parlaments, sondern auch des Landtags erstreckte und die Gerichtshöfe bis zur höchsten Instanz beschäftigte [...]. Und da die Menge mit Vorliebe für den Unterdrückten Partei ergreift, so hatte Struves politischer Einfluß und die revolutionäre Bewegung in Mannheim der Amtsführung Urias den größten Vorschub zu verdanken" (Walter (1978), S. 309). Nachdem es dem Redakteur so gelungen war, die öffentliche Meinung für sich einzunehmen, war v.U. als Zensor nicht mehr zu halten. Auch er selbst war nicht mehr geneigt, sich weiteren Angriffen auszusetzen und wurde im Frühjahr 1846 von seiner Aufgabe entbunden.

Doch er verblieb in der Kreisregierung, wo er sich weiterhin durch seine strikt reaktionäre Haltung unbeliebt machte, und harrte während der gesamten Revolutionsphase auf seinem Mannheimer Dienstposten aus, oftmals Anfeindungen ausgesetzt. So kam es am Sonntag, dem 16. April 1848, nach einer Volksversammlung am Abend zu einer Demonstration gegen den unbeliebten Regierungsrat. „Ein paar Tausend Menschen brachten ihm eine Katzenmusik. Dann drangen die Rädelsführer in die Wohnung des Abwesenden ein, durchstöberten alle Zimmer und hinterließen die schriftliche Aufforderung, am folgenden Tag die Stadt zu räumen. Es soll auf persönliche Gewalttätigkeit gegen Uria abgesehen gewesen sein, und nur mit dem Revolver konnte er sich in der nächsten Zeit der Belästigung auf der Straße erwehren. Mit ungewöhnlicher Zähigkeit hielt er auf seinem Posten aus. 'Ich entschlage mich aller Verantwortlichkeit – schrieb er dem Gemeinderat – wenn ich mich genöthigt sehe, die äußersten Mittel zu meiner Vertheidigung anzuwenden.' Das Ministerium ließ ihn auf seinem Posten, weil er ausdrücklich den Wunsch aussprach, man möge ihn ungeachtet der Gefahren, denen er ausgesetzt sei, in Mannheim lassen" (Walter (1978), S. 338). Wenige Tage nach diesem Vorfall, am 26. April 1848, schickte die Stadtverwaltung eine Deputation nach Karlsruhe, um den Abzug der einquartierten nassauischen Truppen – und die Versetzung v.U.s zu fordern. Das Mißtrauen gegen den Regierungsrat fand seinen Höhepunkt in einer Äußerung des Regierungsdirektors Johann Gottfried Stoesser, der am folgenden Tag, dem 27. April, um Ablösung von seinem Posten bat, u.a. mit der Begründung, „daß in allen politischen Fragen durch die reaktionäre Tendenz des Regierungsrats von Uria das Handeln der Kreisregierung im liberalen Sinne der Staatsverwaltung erschwert werde, und daß Urias Mitwirkung bei solchen Beschlüssen die große Mehrzahl der Kreisangehörigen mit Mißtrauen erfülle“ (zit. n. Walter (1978), S. 343f.). Daß v.U. wider alle Bemühungen der Mannheimer Bürgerschaft und trotz des offensichtlich gestörten Vertrauensverhältnisses innerhalb der Kreisregierung dennoch auf seinem Posten belassen wurde, zeugt einerseits sicherlich von persönlichem Mut, von formal korrekter Amtsführung und vollkommener Loyalität gegenüber seinem Dienstherrn, doch stellt sich andererseits die Frage, ob der Regierungsrat nicht einflußreiche konservative Kreise hinter sich wußte, die sein Verbleiben in Mannheim verbürgten, denn andernorts gelang es der Bürgerschaft im unruhigen Frühjahr 1848 sehr schnell, die Abberufung unbeliebter 'reaktionärer' Beamter durchzusetzen. Auch nach dem republikanischen Umsturz und der Flucht des Großherzogs im Mai 1849 entschlossen sich die in Mannheim verbliebenen Mitglieder der Kreisregierung – neben v.U. noch Regierungsrat Joseph von Chrismar als Stellvertreter des Regierungsdirektors – auszuharren. Am 21. Mai verweigerten sie den von Zivilkommissär Florian Mördes (s. dort) geforderten Eid auf die Provisorische Regierung und wurden daraufhin am 26. ihres Dienstes enthoben. Nach der Besetzung der Stadt durch preußische und später bayerische Truppen nahmen sie ihre Tätigkeit in der Kreisregierung wieder auf.

Als sich nach der Niederschlagung der Revolution das Personalkarussell der badischen Innenverwaltung zu drehen begann, wurde die strikt antirevolutionäre Haltung des Regierungsrats v.U. belohnt. Am 16. November 1849 ernannte man ihn zum Stadtdirektor in Freiburg, nach Rößler (Rößler, S. 10) auf Empfehlung des preußischen Gesandten von Savigny. Auch

Don Mariano de Sarachaga y Uria um 1840 (Vorlage: GLAK)

im Breisgau zog er sich bei den Liberalen schnell den Ruf eines Reaktionärs und Ultramontanen zu; Aktionen wie der Abbruch des Rotteckdenkmals (1851) oder die Schließung der Harmonie-Gesellschaft (1852) führten dazu. Nach knapp drei Jahren im Oberland wurde er in gleicher Eigenschaft nach Heidelberg versetzt, und es dauerte nicht lange, bis er wiederum mitten in die politischen Auseinandersetzungen der Zeit geriet, in den aufkeimenden Konflikt zwischen Staat und katholischer Kirche. Auf die am 7. November 1853 erlassenen restriktiven Bestimmungen der Verordnung „die Ausübung des oberhoheitlichen Schutz- und Aufsichtsrechts über die katholische Kirche“ antwortete der Freiburger Erzbischof Hermann Vicari am 16. mit einem Hirtenbrief und forderte eine weitgehende Unabhängigkeit der Kirche von staatlicher Einflußnahme. Nachdem dieser Hirtenbrief auch von den Kanzeln Heidelberger katholischer Kirchen verbreitet worden war, forderte die Regierung den Stadtdirektor auf, den Bestimmungen gemäß gegen die Geistlichen vorzugehen und diese zu verhaften.

Mit Schreiben vom 17. November bat v.U. um Dispensierung von dieser Aufgabe, da „die religiösen Überzeugungen des Unterfertigten es nicht zulassen, daß er gegen katholische Geistliche in diesem Falle einschreitet" (GLAK: 76/8021). Die Regierung mußte dieses Ansinnen naturgemäß zurückweisen, so daß er nun versuchte, sein bisheriges Nichteingreifen zu erklären, indem er behauptete, daß bisher noch keine Verstöße gegen die Verordnung vom 7. November vorgefallen wären und ein Hirtenbrief keine der dort untersagten Verfügungen des Erzbischofs sei. In einem Schreiben an den Mannheimer Regierungsdirektor Karl Ludwig Böhme (s. dort) vom 25. November 1853 rechtfertigte er einerseits sein dienstliches Verhalten, wandte sich gleichzeitig aber als gläubiger Katholik implizit gegen die Regierungspolitik in dieser Sache: „Es ist Thatsache, daß die Katholiken im Allgemeinen durch die Maßnahmen der Großherzoglichen Regierung in der kirchlichen Conflictsache sich verletzt fühlen. [...] Wenn bisher keinerlei Störungen der Ordnung und Ruhe vorgekommen sind, so hat dies wohl seinen Grund zunächst darin, daß in dem diesseitigen Bezirke keine Verhaftungen von Geistlichen vorgekommen sind" (GLAK: 76/8021). Böhme widersprach v.U.s Interpretation mit deutlichen Worten, da nach seiner Meinung die religiöse Überzeugung eines Beamten hinter seine Pflichterfüllung zurückzustehen hätte. Dem Innenminister Friedrich Freiherrn von Wechmar berichtete der Regierungsdirektor am 10. Dezember: „Ich bedauere, daß dieser sonst so ausgezeichnete Beamte in dem vorliegenden Conflicte mit dem Erzbischofe auf eine falsche Bahn geraten ist, [...] Herr von Uria ist [...] auch jetzt noch keineswegs gesonnen, die Verordnung vom 7. v[ergangenen] M[onats] [...] zur Anwendung zu bringen, [...] und damit ist die Frage, [...] ob nämlich dem Stadtdirektor von Uria die Verwaltung des Oberamts Heidelberg noch länger anvertraut bleiben kann, von selbst beantwortet. Die Regierung kann nicht gestatten, daß von ihren eigenen Organen die Verordnungen nicht befolgt werden. [...] Ich bin keinen Augenblick im Zweifel darüber, daß Herr von Uria die Regierung zu seiner sofortigen Abberufung von seiner jetzigen Stelle genöthigt [...] hat" (GLAK: 76/8021). So mußte v.U. die Erfahrung machen, daß sich die Fronten von 1848/49 verändert hatten. Mit seiner Entscheidung für seinen Glauben stand er nun mit einem Mal auf der falschen Seite und beklagte: „Eigenthümlich ist die Erscheinung, daß die Leute, welche früher als Anhänger der Umsturzpartei bekannt waren, sowie die sogenannten Gothaer in dem in Frage stehenden Falle durchaus nicht gegen die Regierung sind" (GLAK: 76/8021). Vier Tage später wurde er tatsächlich abberufen und als Regierungsrat wieder nach Mannheim versetzt – sozusagen unter die direkte Aufsicht des evangelischen Pfarrersohnes Böhme gestellt.

Doch sollte sich das Blatt nochmals wenden. Dank den sehr guten Beziehungen v.U.s in den katholisch-konservativen Kreisen Badens wurde er unter der Ägide des befreundeten Außenministers Wilhelm Freiherr von Meysenbug Ende 1856 als Legationsrat in das Ministerium des Großherzoglichen Hauses und der Auswärtigen Angelegenheiten berufen, wo er in der Folgezeit an verschiedenen diplomatischen Missionen teilnahm. Von besonderer Bedeutung – und für den Fortgang der Beziehungen zwischen badischem Staat und katholischer Kirche verhängnisvoller – war v.U.s maßgebliche Beteiligung an den Unterhandlungen mit dem Vatikan über ein Konkordat, welches das Verhältnis von Staat und Kirche einer definitiven Regelung zuführen sollte. Doch die 1859 abgeschlossene Vereinbarung erreichte genau das Gegenteil. In Baden erhoben vor allem die Liberalen starke Proteste, sowohl gegen die Inhalte des Konkordats, als auch gegen den Versuch der konservativen Regierung, die Vereinbarung ohne Zustimmung der Landstände durchzusetzen, was im Endeffekt zum Sturz Meysenbugs und seines „Konkordatsministeriums" (Walter (1978), S. 457) führte. Großherzog Friedrich ließ in seiner Osterproklamation des Jahres 1860 die Abmachung mit dem Vatikan fallen und leitete mit der Berufung der Oppositionellen Anton Stabel (Justizministerium und provisorische Versehung des Außenministeriums) und August Lamey (Innenministerium) Anfang April 1860 die sogenannte Neue Ära der badischen Politik ein. Mit von Meysenbug fiel auch v.U. Mit Verfügung vom 12. April 1860 sollte er wieder einmal als

Regierungsrat zur Regierung des Unterrheinkreises nach Mannheim 'strafversetzt' werden. Der Beschwerde v.U.s über diese Dienstveränderung wurde ebensowenig stattgegeben wie seinem darauffolgenden Antrag auf Versetzung in den einstweiligen Ruhestand; Großherzog und neue Regierung waren ihm gegenüber zu keinerlei Konzessionen bereit. Daraufhin suchte er schließlich – materiell entsprechend gut situiert – um seine Entlassung aus dem Staatsdienst nach, die am 7. Mai 1860 erfolgte.

In den folgenden 16 Jahren bis zu seinem Tod lebte v.U. als Privatier, blieb trotz aller Rückschläge seinen Überzeugungen treu und wirkte im Hintergrund weiterhin für eine großdeutsche Politik unter Einschluß der Habsburgermonarchie und für die Sache der katholischen Kirche. „Den höchsten Einfluß aber auf die Politik übte Herr von Uria dadurch aus, daß die katholischen Führer und Abgeordneten sich gerne seines Rates, seiner Erfahrung, seiner Kenntnisse und seines Scharfsinns bedienten. Die meisten Aktionen der ehemaligen katholischen Volkspartei wurden am Tische seines Hauses vorberaten." (Rößler, S. 39). Der „spanische Grandseigneur in badischen Staatsdiensten" (Rößler) v.U. starb am 7. Juni 1876 in Karlsruhe.

Q: *GLAK 76/8020, 8021, 8022 und 8023; Badische Regierungsblätter 1834 – 1860; Struve, Gustav von: Actenstücke der Censur des Großherzoglich Badischen Regierungs-Raths von Uria-Sarachaga. Eine Recursschrift an das Publikum. Mannheim/Heidelberg 1845; ders.: Actenstücke der Mannheimer Censur und Polizei. Zweite Recursschrift an das Publikum. Mannheim/Heidelberg 1846; ders.: Actenstücke der Badischen Censur und Polizei. Dritte Recursschrift an das Publikum. Mannheim/Heidelberg 1846; Roys, Heinrich (Hrsg.): Verzeichniß aller aktiven Hof-, Kirchen-, Militär- und Staats-Diener und Rechtsanwälte, nebst Angabe ihrer Beförderungen, Versetzungen, Ehrenauszeichnungen u.s.w. Karlsruhe 1864, S. 126; Wechmar, Karl August Ferdinand Freiherr von: Handbuch für Baden und seine Diener oder Verzeichniß aller badischen Diener vom Jahr 1790 bis 1840, nebst Nachtrag bis 1845, von einem ergrauten Diener und Vaterlandsfreund. Heidelberg 1846, S. 32, 50, 301 und 303.* – ***L:*** *Die Amtsvorsteher der Oberämter, Bezirksämter und Landratsämter in Baden-Württemberg 1810 bis 1972. Hrsg. v. d. Arbeitsgemeinschaft der Kreisarchive beim Landkreistag Baden-Württemberg. Stuttgart 1996, S. 561; Deuchert, Norbert: Vom Hambacher Fest zur badischen Revolution. Politische Presse und Anfänge deutscher Demokratie 1832 – 1848/49. Stuttgart 1983 (Sonderveröffentlichung des Stadtarchivs Mannheim, 5), S. 178ff.; Ihme, Heinrich (Bearb.): Südwestdeutsche Persönlichkeiten. Ein Wegweiser zu Bibliographien und biographischen Sammelwerken. Bd. 2. Stuttgart 1988, S. 903; Kauß, Dieter: K.J. Rößler über von Uria. In: Freiburger Diözesan-Archiv 86 (1966), S. 518 – 523; Kommission für geschichtliche Landeskunde in Baden-Württemberg (Hrsg.): Bibliographie der badischen Geschichte. Bd. 8.2. Stuttgart 1979, Nr. 51101; Mannheimer Zeitungen des 18. und 19. Jahrhunderts. Beispiele und Dokumente. Sonderschau in der Säulenhalle des Zeughauses vom 25. Oktober 1988 – 29. Januar 1989. Hrsg. v. Städtischen Reiß-Museum Mannheim. Mannheim 1988, S. 30f.; Müller, Hildegard: Liberale Presse im badischen Vormärz. Die Presse der Kammerliberalen und ihre Zentralfigur Karl Mathy 1840 – 1848. Heidelberg 1986, S. 82, S. 211f.; Rößler, Karl Joseph: M.v.S.yU. Ein spanischer Grandseigneur in badischen Staatsdiensten. Unveröffentlichtes Manuskript. Ebnet [bei Freiburg] o. J. [ca. 1966]; Walter, Friedrich: Mannheim in Vergangenheit und Gegenwart. Bd. 2: Geschichte Mannheims vom Übergang an Baden (1802) bis zur Gründung des Reiches. Mannheim 1907 (ND Frankfurt a.M. 1978), S. 302ff., 338, 342ff.* – ***B:*** *GLAK: Bildnissammlung der Oberrheinischen Adels-, Bürger- und Bauerngeschlechter, Abteilung Adel, Nr. 1679.*

Joachim Stephan

Schaab, Johann Nikolaus, Land- und Gastwirt
* 24. 2. 1799 Reisen/Odenwald, ev.
† 23. 9. 1859 Reisen/Odenwald

V Johann Adam S., Gemeindsmann, Bürger und Ackersmann (1767 – 1853). M Eva Katharina, geb. Rettig. G 6.

∞1825 (Reisen) Margaretha Elisabetha, geb. Reinig (1798 – 1862), ev., aus Schimbach im Odenwald. V Johann Adam R., Landwirt (1746 – 1834). M Maria, geb. Röhm (1761 – 1809). K 6.

1832 – 48	Mitglied des Gemeinderats in Reisen
ab 1837	Gastwirt und Schnapsbrenner
9. 4. 1848	Gastgeber der Volksversammlung von Reisen
23./24. 9.1848	Anführer der Reisener und Nieder-Liebersbacher zur Unterbrechung der Bahnlinie zwischen Weinheim und Sulzbach
Okt. 1848	Verhaftung
Nov. 1848	Wahl zum Bezirksrat; Mandat wegen Inhaftierung nicht ausgeübt
1849	Verurteilung zu sechs Jahren Zuchthaus

S. entstammte einer der am längsten in Reisen ansässigen Familien. Schon 1439 wird sie erstmals erwähnt und ist kontinuierlich über die Jahrhunderte nachweisbar. In seinem Bauernhof in der Schimbacher Straße betrieb er – vermutlich seit 1837 – eine Gastwirtschaft und eine Schnapsbrennerei. Er gehörte, wie Valentin Kinscherf (s. dort), schon in den 1830er Jahren zum engsten Freundeskreis der Weinheimer Demokraten. S., so spätere Aussagen über ihn, sei der erste Mann im Dorf für die Armen gewesen. In dem großen Hungerjahr 1847 verzichtete er darauf, Kartoffelschnaps zu brennen, und gab die Kartoffeln zum billigen Preis an die Armen ab. Seine Frau soll oft 15 bis 20 arme Kinder mit Kartoffeln gespeist haben.

Im Frühjahr 1848 lud der Lehrer der kath. Volksschule Ober-Abtsteinach Metz zu einer Volksversammlung nach Reisen ein, und S. stellte dafür als Gastgeber seinen Wirtsgarten und das umliegende Gelände zur Verfügung. In weitem Umkreis erschienen hierzu Einladungen in den Zeitungen. Der Tag der großen Zusammenkunft, Sonntag der 9. April, fiel in eine Zeit großer politischer Spannungen. Friedrich Hecker und Gustav Struve (s. jeweils dort), deren leidenschaftliche Anhänger S. und seine Gesinnungsfreunde waren, hatten kurz zuvor im Frankfurter Vorparlament versucht, den Weg für eine deutsche Republik zu bereiten, erlitten aber eine deutliche Abstimmungsniederlage. Nun wurde das Gerücht verbreitet, aus Baden seien in Reisen sehr zahlreich bewaffnete Freunde der Republik zu erwarten, „um den Worten wenn diese nicht ausreichten, den Nachdruck der Waffen zu verleihen" (Darmstädter Zeitung vom 10. April 1848).

In der Residenzstadt Darmstadt waren die Besorgnisse vor Zusammenstößen groß. Hier war das Lager der gemäßigten Liberalen um Heinrich von Gagern. Sie glaubten, ihr Streben nach mehr bürgerlicher Freiheit und nationaler Einheit auch in einer konstitutionellen Monarchie verwirklichen zu können. In großer Zahl begaben sie sich nach Reisen und schenkten sogar mittellosen Leuten aus Darmstadt Fahrkarten, damit diese mit dem Zug nach Weinheim führen, von dort nach Reisen gingen und auf der Volksversammlung gegen die Einführung der Republik stimmen sollten.

Sie hatten ein Programm ausgearbeitet, das die sogenannten Märzforderungen und Forderungen an die hessische Regierung enthielt. Es schloß mit den Worten, daß die Volksversammlung von Reisen „[...] die republikanische Staatsform als der Einheit Deutschlands schädlich ansieht und deshalb nicht wünscht". Dieses Programm verteilten sie als Flugblatt unter die Besucher, die aus dem ganzen Odenwald, von der Bergstraße, Heidelberg, Mannheim, Frankfurt und, wie erwähnt, aus Darmstadt zusammengeströmt waren. Hauptredner und Leiter der Versammlung war der hessische Landtagsabgeordnete und Mitglied des Fünfziger-Ausschusses Theodor Reh. Nach ihm sprachen auch Hofgerichtsadvokat Dr. Stahl, der „hessische Turnvater" Heinrich Felsing und der eben aus 13jährigem Exil zurückgekehrte Dr. Wilhelm Schulz, alle von Jugend an verdienstvolle Persönlichkeiten des Darmstädter Vormärz.

Karl Ludolf – ein Kurhesse, der sich auf der Rückreise aus seinem Schweizer Exil befand – und ein Heidelberger Student sprachen erfolglos für die Republik. Die „Darmstädter Zeitung" vom 10. April 1848 berichtet darüber auf der Titelseite, vor den Nachrichten aus Wien und Berlin: „Eine wiederholte Abstimmung erklärte jedesmal den beinahe übereinstimmenden

Willen der 6.000 – 7.000 versammelten Männer gegen Republik und für constitutionelle Monarchie [...]". Die Volksversammlung von Reisen blieb jedoch die einzige des Odenwaldes, die nach dieser Seite hin abstimmte. Über die Haltung S.s dazu gibt es widersprüchliche Aussagen. Mag er zunächst schwankend gewesen sein, so festigte sich sein Streben nach der Republik wieder sehr schnell.

S. kandidierte im Herbst 1848 für die von der hessischen Regierung ausgeschriebenen Bezirksrätewahlen und gewann den 11. Wahldistrikt. Beim ersten Zusammentritt des Bezirksrats am 30. November 1848 aber stand bereits fest, daß S. sein Mandat nicht würde ausüben können, denn das hoffnungsfroh begonnene Jahr 1848 hatte einen unerwarteten Fortgang genommen.

Schon während des Sommers kamen S.s Weinheimer Freunde – namentlich sind der Müller Franz Kinscherf und der Kaufmann Diesbach (s. dort) erwähnt – oft zu ihm in sein Gasthaus. Man sprach darüber, daß es nach der Ernte Krieg gäbe – der Struve wolle die Republik bringen. Am 23. September wurde im Weschnitztal bekannt, Struve sei im badischen Oberland eingefallen und käme nun mit 30.000 – 40.000 Mann von „oben herunter". S. und seine Gesinnungsfreunde glaubten, das ganze deutsche Volk stehe nun in einer großen Kettenreaktion auf, um die republikanisch-demokratische Staatsform zu vollenden. Militärtransporte gegen Struves Freischaren sollten dadurch verhindert werden, daß an verschiedenen Stellen, so auch in Weinheim, die Eisenbahnschienen unterbrochen würden.

S. schickte seine Söhne und Tagelöhner im Dorf herum und ließ ausrichten, aus jedem Haus solle ein Mann mit an die Bahn gehen. Seinen Tagelöhnern drohte er, ihnen im Fall einer Weigerung keine Arbeit mehr zu geben.

Mit Brechwerkzeugen versehen und z.T. bewaffnet, ging S. mit etwa 20 Mann, darunter seine drei ältesten Söhne, am Abend nach Nieder-Liebersbach, wo sich ihnen weitere 15 Leute anschlossen. Andere Reisener hatten sich bereits den Birkenauern und Weinheimern angeschlossen. Unterwegs schickte S. seinen dritten Sohn Georg Adam – von ihm wird noch zu berichten sein – wieder nach Hause, um im Gasthaus zu helfen.

Der Trupp marschierte am Schaafhof vorbei über Hemsbach nach Sulzbach. In ihrer Begeisterung hatten sie geglaubt, der ganze Odenwald, ganz Hemsbach und Sulzbach ziehe an die Bahn. Nun aber sahen und hörten sie niemanden und beschlossen: „Wenn die nichts schaffen, tun wirs auch nicht!" (GLAK: 305/64). S. bot schließlich denjenigen fünf Gulden Belohnung an, welche die Schienen aufreißen würden. Zwei arme Männer aus Nieder-Liebersbach wollten sich das Geld verdienen. Zwischen ein und zwei Uhr nachts zwängten sie oberhalb Sulzbachs gegen Weinheim an einer Schiene die Nägel heraus, drückten diese zur Seite und hoben die Schwellen in die Höhe.

Anders als bei der südlich Weinheims am Rosenbrunnen vorgenommenen Zerstörung war dieser Schaden gering und konnte vom Bahnwärter selbst repariert werden, bevor ein Unglück geschah.

S. wurde, wie auch seine drei Söhne, kurze Zeit später verhaftet und sieben Monate, bis zum Ende der Untersuchungen, in Einzelhaft gehalten. Danach kam er zu seinen Söhnen Johann Nikolaus und Johann Adam in eine Zelle. Sein 19jähriger dritter Sohn Georg Adam war inzwischen aus der Untersuchungshaft entlassen worden, was zu einer weiteren unglücklichen Verstrickung führte: Als es im Zuge der Reichsverfassungskampagne im Mai 1849 zu neuen Unruhen kam, versuchte eine bewaffnete Volksversammlung im hessischen Oberlaudenbach die hessischen Soldaten zum Übergehen auf die Seite der Aufständischen zu bewegen. Mit badischer Hilfe sollte die gewaltsame Auflösung des Paulskirchenparlaments verhindert werden. Georg Adam S. beteiligte sich dabei an einem Disput mit dem Heppenheimer Provinzial-Kommissär Christian Prinz, der die Versammelten vor Gesetzeswidrigkeiten warnte und zum Auseinandergehen aufforderte. Prinz entgegnete ihm, er sei zu jung, um mitzureden, er solle lieber ältere Leute sprechen lassen. Ein Mörlenbacher rief: „Ja der hat Ursache zu sprechen, sein Vater und zwei Brüder schmachten im Korrektionshaus". Man hörte andere aus der Menge schreien: „Auch ich hab einen drin, auch ich, wir kriegen sie schon heraus, wir rächen uns!". Prinz ging zunächst weiter, aber bald darauf umringte ihn eine wütende Menschenmen-

ge und schlug ihn mit Gewehrkolben, Mistgabeln und Prügeln zu Boden. Als er sich wieder erhob, fielen gleichzeitig drei Schüsse, an deren Folgen er kurze Zeit danach starb.
Nach diesem Zwischenfall eröffnete das Militär das Feuer und trieb die Versammlung auseinander. Dem Anklageakt von 1851 zufolge wurden dabei 12 Aufständische getötet, 21 verwundet (von ihnen starben später auch noch einige), und über hundert gefangengenommen. Es gab später kein Geständnis, wer auf Prinz geschossen hatte, aber Georg Adam S. gehörte zu den Verdächtigen. Ihm gelang die Flucht. Aus Le Havre schrieb er an den Untersuchungsrichter, er flüchte, weil er nicht auch wie sein Vater und seine Brüder im Korrektionshaus schmachten wolle. Die seien auch unschuldig, wie er. Über sein ferneres Schicksal heißt es in mündlicher Überlieferung, er sei nach Amerika geflohen, wo er nach zwei Jahren gestorben sein soll. Urkundliches ist darüber nicht bekannt.
Der Prozeß gegen alle 69 hessischen Beteiligten an den beiden Eisenbahnzerstörungen bei Weinheim begann am 22. Oktober 1849 vor dem Assisenhof in Darmstadt. Angesichts der schweren Anklage – Hochverrat, gewaltsame Änderung der Verfassungen der Staaten Deutschlands, Komplottbildung zum Zwecke der Eisenbahnzerstörung, Mithilfe oder Gegenwart bei deren Ausführung, sowie Beabsichtigung des Todes oder Körperverletzung von Reisenden, namentlich der erwarteten Truppen – verlegten sich die meisten Hauptangeschuldigten aufs Leugnen, was S. jedoch keinen Vorteil brachte. Im Urteil vom 28. November 1849 erhielt er mit sechs Jahren Zuchthaus die höchste Strafe aller Angeklagten. Seine beiden Söhne wurden zu je sieben Monaten Korrektionshaus verurteilt.
S. wurde in der Haft so krank, daß ihm das Schwurgericht Darmstadt für die Zeit vom 4. Dezember 1853 bis zum 1. Juli 1854 Haftverschonung zubilligte. 1855 hatte er seine Strafe verbüßt. Danach waren ihm nur noch wenige Jahre in Freiheit vergönnt. Er starb 60jährig am 23. September 1859 in seinem Hause in Reisen.

*Q: Kirchenbücher der ev. Kirchengemeinden Weinheim und Birkenau; GLAK: 305/64 – 66; GemeindeA Birkenau: Hypothekenbuch und Urkundenbücher der Gemeinde Reisen; Anklageakt des Staats-Anwaltes am Criminalsenate des Großherzoglich Hessischen Hofgerichts der Provinz Starkenburg; Privatbesitz: Brief des Rimbacher Gefälleverwalters Seeger an das Erbach-Schönbergische Rentamt und Programm der Volksversammlung von Reisen; Hessisches StaatsA Darmstadt: Prozeßberichte der Darmstädter Zeitung vom 25. Oktober–6. Dezember 1849; Wochenblatt für den Kreis Heppenheim, Nr. 3 vom 31. März 1848; Anzeigeblatt für den Regierungsbezirk Heppenheim, Nr. 14 vom 24. November 1848; Mannheimer Journal, Nr. 102 vom 12. April 1848; Mannheimer Abendzeitung, Nr. 102 vom 12. April 1848. – **L:** Müller, Helga: Vormärz und Revolution 1848/49 im Birkenauer Tal. In: Gemeinde Birkenau (Hrsg.): 1200 Jahre Birkenau. Birkenau 1994, S. 39 – 63; Gutjahr, Rainer: Die Republik ist unser Glück. Weinheim in der Revolution von 1848/49. Weinheim 1987 (Weinheimer Geschichtsblatt, 32).*

Helga Müller

Schlatter, Georg Friedrich, Pfarrer, Schriftsteller
* 16. 12. 1799 Weinheim, ev.
† 3. 11. 1875 Weinheim

V Johann Georg S., Bürger und Blaufärbermeister (1742 – 1813). M Anna Magdalena, geb. Christmann (um 1756 – 1825). G 6.
∞1.) 1822 Johanne Louise Friederike, geb. Joseph (1787 – 1826) ev., aus Dallau. V Johann Albert Samuel J., Pfarrer (1755 – 1829). M Rosine, geb. Grimm. 2.) 1827 Eva Maria, geb. Ludwig (1807 – 1854) ev., aus Dallau. V Balthasar L., Gastwirt, Kirchengemeinderat und Waisenrichter. K 16.

1805	Elementarschule
1810	Lateinschule; Förderung durch seinen Lehrer Albert Ludwig Grimm, später Weinheimer Bürgermeister und Abgeordneter der Zweiten Kammer
1815	Gymnasium Heidelberg
1818	Studium der Theologie an der Universität Heidelberg; Beitritt

	zur Allgemeinen Deutschen Burschenschaft
1818 – 1820	Aushilfsprediger in Pfarreien der Heidelberger Umgebung
1820	Examen und Rezeption zum Pfarramtskandidaten; Vikariat in Dallau
1827 – 1832	Pfarrer in Linkenheim und Heddesheim
1834	Schulvisitator; Tadel wegen kritischer Äußerungen zur Schulrechtsreform
1837 – 1839	Dekanatsverwalter des Dekanates Ladenburg-Weinheim; Entzug der Dekanatsverwaltung
1842	Entzug der Schulvisitation
1844	Strafversetzung auf die Pfarrei Mühlbach
1848	Wahlmann zur Wahl der Nationalversammlung; ungültige Wahl in die badische Zweite Kammer
1849	Vorstand des Wahlkomitees im Wahlkreis XV zur Wahl der Konstituierenden Versammlung; Wahl in die Konstituierende Landesversammlung; Eröffnung der Konstituierenden Versammlung als deren Alterspräsident; Verhaftung durch ein preußisches Kommando
1850	Verurteilung zu zehn Jahren Zuchthaus; Entlassung aus dem Pfarrdienst
1855	Amnestie
1856	Übersiedlung nach Mannheim
1858	sechswöchige Festungshaft wegen Veröffentlichung der „Kerkerblüthen"

Die Hoffnungen, die S. an das Jahr 1848 knüpfte, kommen in der Nachschrift vom 29. März 1848 zum Vorwort seiner „Verfassung der evangelisch-protestantischen Kirche" zum Ausdruck: Die Zeitverhältnisse berechtigten zu „umfassenderen Erwartungen"; er hege die Aussicht, daß die von ihm gestellten Forderungen, „in welchen alle freisinnigen Glieder unserer Kirche schon längst mit ihm einverstanden" seien, nunmehr verwirklicht werden könnten. Zwischen dem 9. und dem 22. März 1848 kam es in Mühlbach zu wiederholten Ausschreitungen gegen die dortigen jüdischen Einwohner, die mit Gewalt zum Verzicht auf Leistungen aus dem Bürgernutzen gebracht werden sollten. Die Aktion vom 22. März wurde sogar mit einem Sturmläuten vom Kirchturm begonnen. Während Gemeinderat und Bürgermeister untätig blieben und in den Verdacht der eigentlichen Drahtzieherschaft gerieten, war lediglich S. bemüht, dem Treiben ein Ende zu setzen. An der Gestaltung der Zeitverhältnisse konnte S. insofern mitwirken, als ihn die Mühlbacher zum Wahlmann für die Wahl zur Nationalversammlung wählten; darin kommt gleichzeitig das Vertrauen zum Ausdruck, das sich S. auch in Mühlbach erworben hatte. Der Wahlkreis XV, zu dem Mühlbach gehörte, entsandte in Johann Adam von Itzstein (s. dort) einen Weggefährten und Bekannten S.s nach Frankfurt – wie wir annehmen dürfen, auch mit S.s Stimme. Wenig später konnte sich S. eines weiteren Vertrauensbeweises erfreuen. Infolge seines Putsches vom April 1848 wurde Friedrich Hecker (s. dort) das Mandat in der Zweiten Kammer aberkannt; die dadurch erforderliche Nachwahl im Ämterwahlbezirk Weinheim-Ladenburg fiel am 24. Mai 1848 einstimmig auf S., der von seinen Wählern nach Weinheim geholt wurde, um ihn und seine Wahl gebührend zu feiern. Die Heidelberger „Republik" vom 27. Mai 1848 schrieb zu dieser Wahl, daß Hecker in seinem Freund S. einen würdigen Nachfolger gefunden habe, der zwar dem „Ministerium und den zahlreichen Halb- und Drittelmännern der Abgeordnetenkammer ein unwillkommener Gast, dagegen den wenigen gesunden, kräftigen Karakteren dortselbst ein desto willkommenerer Zuwachs sein" werde. Da S. aber die Vermögensvoraussetzungen nicht erfüllte, die für ein Mandat in der Zweiten Kammer erforderlich waren, wurde die Wahl annulliert. Der folgende Wahlgang am 12. Juli 1848 war insofern eine deutliche politische Demonstration, als die Wahl erneut auf S. lautete. Hierzu die ironische Meldung in der „Republik" vom 14. Juli 1848: „An die Stelle des Pfarrers Schlatter in Mühlbach bei Eppingen [...] wurde [...] Herr Pfarrer Schlatter, welcher früher in Heddesheim war, zum Landtagsdeputirten [...] erwählt". Da auch diese Wahl nicht anerkannt wurde, war ein dritter Wahlgang notwendig, in dem schließlich der Heiligkreuzsteinacher Pfarrer Friedrich August Lehlbach (s. dort) gewählt wurde. Nach dem Anschlag der Weinheimer Demokraten auf die Main-Neckar-Bahn am 23. September 1848 zeigte sich S. nachträglich erleichtert darüber, daß er das Mandat des Wahlkreises Weinheim-Ladenburg nicht tragen mußte, wohl in dem Bewußtsein, daß er sich mit der Verteidigung dieser Tat in der Zweiten Kammer schwerer getan hätte als sein Amtskollege Lehlbach. Ein seiner politischen Grundeinstellung gemäßes Betätigungsfeld fand S. im Eppinger Volksverein, dessen Mitbegründer er war. In diesem Umfeld trat er am 21. Juni 1848 als Redner bei der Fahnenweihe des Volksvereins im benachbarten württembergischen Kleingartach auf, wohin aus diesem Anlaß Demokraten aus der näheren und weiteren Umgebung zahlreich gekommen waren. In Eppingen selbst hielt er die Rede zur Gedenkfeier für Robert Blum.

In der zweiten Aprilhälfte 1849 unternahm S. eine Reise nach Frankfurt a.M.; der Weg dorthin führte ihn über Mannheim und Heddesheim nach Weinheim, wo er mit Pfarrer Lehlbach eine Unterredung führte. In Frankfurt traf er mit Johann Adam von Itzstein zusammen, mit dem er dessen Haltung in der damals aktuellen Kampagne zur Auflösung der badischen Zweiten Kammer besprach. In einem weiteren Gespräch mit Alexander von Soiron (s. dort) ging es um die wahrscheinliche revolutionäre Zuspitzung der Lage in Deutschland. Ferner hörte S. eine Rede des Demokraten Carl Vogt. Nach dem Ausbruch des badischen Volksaufstandes wurde S. im Vorfeld der Wahlen zur Konstituierenden Versammlung von Wählerversammlungen in Sinsheim, Bruchsal und Eppingen als einer der möglichen Kandidaten für den Wahlkreis XV ins Gespräch gebracht und schließlich auch benannt. Bei der Bildung des Wahlkomitees übertrug man ihm die Vorstandsstelle. In Mühlbach erhielt S. bei der Wahl am 4. Juni 1849 alle Stimmen; zusammen mit dem Odenheimer Jurastudenten Carl Dänzer (s. dort), dem Flehinger Lehrer Georg Halter und dem Bruchsaler Advokaten Anton Pellissier wurde er für den Wahlkreis XV als Abgeordneter in die Konstituierende Versammlung entsandt.

S., der am 10. Juni nach Karlsruhe gereist war, eröffnete die erste öffentliche Sitzung der Konstituierenden Landesversammlung für Baden am Vormittag des 11. Juni in seiner Eigenschaft als Alterspräsident. Er wurde in dieser Sitzung zum Vorstand der III. Abteilung der Versammlung gewählt. S. leitete zunächst auch noch die zweite öffentliche Sitzung vom Nachmittag des 11. Juni, in der Karl Damm zum Präsidenten gewählt wurde. S. nahm bis zum 19. Juni an den Sitzungen der Versammlung teil. Seine wenigen Redebeiträge in dieser Zeit waren jeweils nur kurz, bezeugen aber stets sein entschiedenes Eintreten für die demokratische Sache. So forderte er eine klare Entscheidung in der Angelegenheit der eidverweigernden Richter des Oberhofgerichtes Mannheim und des Hofgerichtes Bruchsal: Eidesleistung oder Absetzung hieß hier seine Forderung. Das Protokoll der Diskussion über mögliche Befreiungen von der Volkswehrpflicht zitiert erneut einen kompromißlosen S.: „Er habe 2 Söhne bei der Volkswehr, hätten seine 3 andern Söhne das gesetzliche Alter, so dürfe keiner zu Hause bleiben" (Bauer (1991), S. 269). Ferner unterstützte S. einen Antrag von Philipp Stay (s. dort), der die abgetretene Provisorische Regierung zur Rechenschaftslegung aufforderte. Als es schließlich darum ging, württembergische „Reichstruppen" in die Festung Rastatt aufzunehmen, widersetzte sich S. diesem Ansinnen mit der Feststellung, daß die württembergische Regierung die von der Stuttgarter Rumpfkammer der Nationalversammlung eingesetzte Reichsregentschaft bislang nicht anerkannt habe. Weiter sprach sich S. für die Unvereinbarkeit der Wahrnehmung des Mandats in der Konstituierenden Versammlung mit dem in der Stuttgarter Rumpfkammer aus. In der Diskussion um die Haltung der Regierung und der Konstituierenden Versammlung zur Reichsgewalt geriet S. in Gegensatz zum 'Berg' in der Versammlung. Hatte S. wiederholt die Positionen von Philipp Stay und Franz Joseph Reich unterstützt, so vermochte er es in dieser Frage nicht. Stay, Reich und schließlich auch Florian Mördes (s. dort) erklärten in der Debatte vom 18. Juni 1849, daß es ihnen letztlich nicht um die Verteidigung der Reichsverfassung ging, sondern um die Herbeiführung der „social-demokrati-

schen Republik" (Bauer (1991), S. 285). Ob dies der Anlaß war, daß S. am folgenden Tag Karlsruhe verließ, oder ob es wirklich nur familiäre Belange waren, weshalb er um Urlaub einkam, muß hier unentschieden bleiben. S. dürfte aber spätestens an diesem 18. Juni festgestellt haben, daß er zwischen zwei Lagern saß: hier Brentano (s. dort), dem, so S., „die Revolution über den Kopf gewachsen" war, dort die „Maulhelden und Säbelschleifer" (StA Weinheim: Rep. 36 Nr. 843, S. 36).
S. kehrte nicht wieder nach Karlsruhe zurück, das am 25. Juni von den vorrückenden Preußen besetzt wurde.
Während viele andere Demokraten ihr Heil in der Flucht suchten, harrte S., bezeichnend für ihn, auf seiner Pfarrstelle aus. Dort wurde er am 10. Juli von einem gemischten preußisch-badischen Kommando verhaftet und unter körperlicher Mißhandlung durch betrunkene preußische Soldaten über Eppingen und Bruchsal nach Karlsruhe verbracht. Der Weg vom Bahnhof zum Gefängnis im Rathausturm glich S.s Erinnerungen zufolge einem Spießrutenlaufen unter „Spott und Verfolgung" durch die „Karlsruher Spießbürger" (StadtA Weinheim: Rep. 36 Nr. 843, S. 37). Sein Mitgefangener und Gesprächspartner im Rathausturm war zeitweilig Gottfried Kinkel.
In Karlsruhe wurde S. den Verhören unterzogen, aufgrund derer das Hofgericht des Mittelrheinkreises zu Bruchsal ihn am 4. Januar 1850 wegen seiner Mitwirkung in der Konstituierenden Versammlung als Hochverräter zu zehn Jahren Zuchthaus, zum anteiligen Ersatz des dem Staat entstandenen Schadens und der Untersuchungskosten verurteilte. Am 28. Januar 1850 erfolgte die Verlegung ins Gefängnis nach Durlach, wo ihm das Urteil verkündet wurde. Gegen das Urteil legte S. Rekurs „zu Recht", nicht „zu Gnaden" ein; das Oberhofgericht bestätigte jedoch das Urteil am 13. April 1850. Seine Strafe verbüßte S. bis zur Amnestierung 1855 in Bruchsal. Im folgenden Jahr siedelte er nach Mannheim über und war publizistisch zu theologischen, politischen und gesellschaftlichen Themen tätig.
S. starb am 3. November 1875 in Weinheim. Auf die Kunde von seinem Tod verlanlaßte kein anderer als Franz Sigel (s. dort) die Jahreshauptversammlung des „Vereins deutscher Patrioten" zu New York zu einem Gedenken der „großen Verdienste, die der Verstorbene seinem Vaterlande und der Sache des Fortschritts" gebracht habe, seines Mutes, seines Patriotismus und seiner Aufopferung, „sowohl in der Zeit des Kampfes, als auch während der Periode der Reaktion und in der schweren Prüfungszeit einer sieben Jahre langen Kerkerhaft" (Dettling (1980), S. 157).

W: Zwanzig Predigten als Zeugnisse christlicher Rechtsgläubigkeit gegen pietistische Verketzerungen, der Öffentlichkeit übergeben von Georg Friedrich Schlatter, Pfarrer zu Linkenheim. Karlsruhe 1832; Pietismus, Mystizismus und Orthodoxismus. Mannheim 1845; Die Verfassung der evangelisch-protestantischen Kirche in Baden, wie sie ist und wie sie sein soll. Karlsruhe 1848; Das System der Einzelhaft in besonderer Beziehung auf die neue Strafanstalt in Bruchsal: Stimme eines Gefangenen über Zuchthäuser. Mannheim 1856; Zuchthausstudien. Die Frucht einer sechsjährigen Einzelhaft. H. 1 und 2. Mannheim 1857 und 1958; H. 3 und 4. Mannheim 1859; H. 5 und 6. Mannheim 1860; Kerkerblüthen. o.O. 1857 (konfisziert); Das Unrecht der Todesstrafe. Erlangen 1857; Die Emanzipation der Israeliten. Eine Forderung der Gerechtigkeit, Staatsweisheit, Humanität und rettenden Liebe. Mannheim 1858; Das Konkordat der deutschen Bruderstämme. Mannheim 1860; Der oberste Grundsatz des Protestantismus. Mannheim 1860; Die schwarzen Revolutionäre, ein Seitenstück zu den Rothen. Mannheim 1860; Staat, Kirche und Konkordat, Ulm 1860; Der deutsche Nationalverein gegenüber der Idee einer Dreitheilung Deutschlands. Mannheim 1861; Die Unwahrscheinlichkeit der Abstammung des Menschengeschlechts von einem gemeinschaftlichen Urpaar. Mannheim 1861; Stimmen gegen die Todesstrafe. Mannheim 1862; Die neueste Bewegung in der Freireligiösen Gemeinde in Mannheim. Ein offenes Zeugnis von dem christlich-rationalen Standpunkt aus. Mannheim 1862; Hat der Freimaurerorden heute noch eine zeitgemäße Bedeutung? Ein Votum! o.O. o.J.; Der Kirchenbann oder der Blitzstrahl des Vatikans. o.O. o.J.;

Der Kulturstreit in der evangelischen Kirche Badens. Ulm o.J. – ***Q:*** *GLAK: 76/6831; 234/1949; 236/8204; 236/8768; 237/16844; 240/2267; StadtA Weinheim: Rep. 36 Nr. 843 (Aus meinem Leben; Abschrift der Autobiographie); Mannheimer Abendzeitung vom 15., 17. u. 22. Februar 1844, 7. November 1844.* – ***L:*** *Bauer, Sonja Maria: Die Verfassunggebende Versammlung in der Badischen Revolution von 1849. Darstellung und Dokumentation. Düsseldorf 1991 (Beiträge zur Geschichte des Parlamentarismus und der politischen Parteien, 94); Dettling, Karl: G. F. S. aus Weinheim 1799 – 1875: Ein Leben für Freiheit und Menschenwürde. In: Mühlbacher Jahrbuch 1980. Eppingen-Mühlbach 1980, S. 89 – 141; Gutjahr, Rainer: Die Republik ist unser Glück. Weinheim in der Revolution von 1848/49. Weinheim 1987 (Weinheimer Geschichtsblatt, 32); Mohr, Alexander: G. F. S. (1799 – 1875). Pfarrer und Radikalliberaler der Revolution 1848/49. In: Protestantismus und Politik. Zum politischen Handeln evangelischer Männer und Frauen für Baden zwischen 1819 und 1933. Hrsg. v. d. Badischen Landesbibliothek Karlsruhe. Karlsruhe 1996, S. 141 – 150; Neu, Heinrich: Pfarrerbuch der evangelischen Kirche Badens. Bd. 2. Lahr 1939, S. 299f., 531; Röcker, Bernd: Eppingen. In: Revolution im Südwesten. Stätten der Demokratiebewegung 1848/49 in Baden-Württemberg. Karlsruhe 1997, S. 153 – 156; Rohrbacher, Stefan: Gewalt im Biedermeier. Antijüdische Ausschreitungen im Vormärz und in der Revolution (1815 – 1848/49). Frankfurt a.M. 1993.* – ***B:*** *StadtA Weinheim.*

Rainer Gutjahr

Schnauffer, Carl Heinrich, Comis (Handelsangestellter), Schriftsteller
* 8. 7. 1823 Heimsheim
† 4. 9. 1854 Baltimore (USA)

V Färbermeister.

ab 1846	Mitglied des Turnvereins
5. 7. 1847	Studium der Philosophie in Heidelberg
ab 1847	Mitarbeiter der „Mannheimer Abendzeitung“
1851	Gründung der Zeitung „Baltimore Wecker“ in Baltimore (Hrsg. ab 1865: Franz Sigel, s. dort)

Über den Aufenthalt des „Comis Schnauffer“ in Mannheim gibt es keine offiziellen Zeugnisse. Weder existieren Meldeunterlagen, noch war sein Wohnort im Adreßbuch angegeben. Dennoch kann davon ausgegangen werden, daß er sich spätestens seit Mitte der vierziger Jahre in der Stadt aufhielt, zuerst eine kaufmännische Tätigkeit ausübte und später wie viele seiner politisch engagierten Altersgenossen in Heidelberg studierte. In Mannheim wurde er 1846 Mitglied des Turnvereins, der ein Jahr später verboten wurde. Seine Anwesenheit in der Stadt dokumentierte sich in der Mitarbeit an den radikalen Publikationen dieser Jahre und dem engen Kontakt, den er mit Friedrich Hecker und Gustav Struve (s. jeweils dort) pflegte. Bei verschiedenen Auftritten der beiden prominenten Radikalen war er ihr Begleiter, so bei der Kontaktaufnahme mit dem Handwerksgesellenverein. Bei Struves Hochzeit 1845 war er als einer der beiden Trauzeugen zusammen mit Karl Mathy (s. dort) anwesend.

S. setzte seine schriftstellerische Begabung bei der Mitarbeit für verschiedene Zeitungen um. Gedichte von ihm erschienen in den „Rheinischen Blättern“, dem Feuilleton der „Mannheimer Abendzeitung“, aber auch im „Mannheimer Journal“, wo sie häufig der Zensur zum Opfer fielen. Der Grund dafür lag in der politischen Orientierung seiner Texte, deren Standort eindeutig war und die ihm die Sympathien seiner republikanischen Bewunderer eintrugen. So pries Struve den 1846 in erster Auflage erschienenen Gedichtband als Werk, das „zu ermuthigen, zu kräftigen, zu erfrischen geeignet“ sei und das „einen reichen Schuß jugendlich kräftiger Begeisterung für Vaterland, Freiheit und Recht“ enthalte (Mannheimer Abendzeitung vom 2. Januar 1848). Die Datierung dieser Lobrede auf S.s ansonsten nicht gerade unumstrittene literarische Qualität ist bezeichnend: Den Führern der republikanischen Bewegung kam die propagandistische Unterstützung sehr gelegen. In der Folgezeit kursierten die Gedichte mit stark agitatorischem Charakter häufig in Form von Einblattdrucken; selbst in Berlin wurde ein Gedicht mit dem Titel „Deutschlands Wiedergeburt. Schwarz, Roth, Gold“ gleich mehrfach als Flugblatt aufgelegt und verbreitet.

S. selbst aber beschränkte sich nicht auf die Verbreitung seiner Ideen mittels zweckgerichteter Poesie. In den Märztagen beteiligte er sich am Aufbau der „Schaar der Freiwilligen“, die als Kompanie unter seinem Befehl Teil eines Freikorps war, dessen Einreihung in die Bürgerwehr zeitweise auf grundlegende formale und politische Hindernisse stieß. In dieser paramilitärischen Einheit, wegen ihrer rudimentären Bewaffnung auch „Sensenkorps“ genannt, sammelten sich die radikalen Elemente der Bewegung, deren Namen teilweise wenig später auch auf den staatlichen Fahndungslisten erschienen. Das Freikorps wurde anfangs von Franz Sigel, einem ehemaligen Offizier der badischen Armee, befehligt, dem diese Funktion durch den Arzt Adam Hammer (s. dort) angetragen worden war. S.s Bekanntschaft mit Franz Sigel ist seit jenem Zeitpunkt nachweisbar.

Als einer der aktivsten Befürworter des radikalen gesellschaftlichen Umsturzes war S. auch an den Unruhen am 26. April in Mannheim beteiligt, weshalb er als einer der neun gesuchten ‘Rädelsführer’ vom Großherzoglichen Stadtamt zur Fahndung ausgeschrieben wurde. Die am 7. Mai veröffentlichte Personenbeschreibung schilderte ihn als 25jährigen Mann von mittlerer Statur mit breitem, blassem Gesicht, hoher Stirn, braunen Haaren und blauen Augen. Der drohenden Verhaftung entzog er sich durch die Flucht nach Straßburg, von wo aus er mit drei anderen gesuchten Mannheimern eine „Turnfahrt“ durch Frankreich und die Schweiz unternahm.

Danach fand er sich an der Seite seines geschlagenen Gönners Friedrich Hecker im Exil in Muttenz ein und redigierte den dort erscheinenden „Volksfreund“. Bei dessen Drucker Hollinger brachte S. den Gedichtband „Neue Lieder für das teutsche Volk“ heraus, für den Hecker ein Vorwort schrieb. Die in der Sammlung enthaltenen Gedichte deckten die gängigen politischen Themen des Vormärz ab und boten ein breites Panorama der Freiheitsbewegungen in Europa und Deutschland: Die Trauer um das Ende Polens („Finis Poloniae“) wurde mit dem optimistischen Ausruf „Vivat Polonia“ beantwortet und neben die nationalen Bewegungen Europas der deutsche Freiheitskampf gestellt. In den Gedichten erschien der gesellschaftliche Hintergrund in Schilderungen des Elends des schlesischen Proletariats und dem harten Los der Auswanderer. Die Folgen der staatlichen Repression wurden am Beispiel des im Gefängnis sitzenden Struve illustriert, dem S. den „Werth der Freiheit“ vor Augen stellte. Die Analyse der Gedichte ergibt das Bild vom Seelenzustand einer Generation im Aufbruch, die die konsequente Realisierung der Forderungen der „Volksmänner“ einklagte. Dieser frohe „Jugendbund“, der „Recht und Freiheit“ forderte, hatte durch das Erlebnis der vor dem „Hauch der Freiheit“ zitternden „Kronen der Despoten“ im Frühjahr 1848 den Eindruck gewonnen, daß nun alles zu erreichen sei und es nur des unbedingten Willens der revolutionären Bewegung bedürfe, um „Kron’ um Krone“ zu Fall zu bringen. Diese moralische Rigidität schloß natürlich ein, daß die zu befreienden Unterdrückten an der Fortdauer ihrer Sklaverei einen gewissen Eigenanteil an Schuld einbrachten, denn „wer die Kette willig trägt, der ist nur werth – der Kette“.

Interessanterweise geben die Gedichte auch Einblicke in das private Leben des Dichters, der in durchaus biedermeierlicher Verbrämung auf mehreren Seiten sein Liebesleben ausbreitete. Dabei erschien sogar der Name für eine Angebetete, der „Hand, die ausgestreut das Korn“, der die „kleine Aernte“ gewidmet war. Bei Elise Moos, deren Name das kleine zweiteilige Gedicht am Anfang des Liebeszyklus ziert, könnte es sich um eine der zwei Töchter aus zweiter Ehe des 1835 verstorbenen Mannheimer Lederhändlers Adam Moos handeln.

Am Struveputsch war S. nicht direkt beteiligt, hielt sich aber für „Proclamationen“ zur Verfügung, wie ein bei Struve beschlagnahmter Brief besagte. Im Oktober 1848 wurde er von der badischen Regierung in Frankreich vermutet, wo sie seiner Person durch ein Auslieferungsersuchen habhaft zu werden suchte. Der französischen Justiz schienen die vorgebrachten Erklärungen, die Untersuchung verfolge keine politischen Gesinnungstaten, allerdings nicht überzeugend genug, und so verweigerte sie die Abschiebung. Offensichtlich war S. in der Exilzeit auch weiterhin schriftstellerisch produktiv, denn im März 1849 bot die Expedition der „Mannheimer Abendzeitung" den „Bühnen, welche auf diese werthvollen, als Manuskript gedrukten Novitäten reflectiren" in einer Anzeige zwei Theaterstücke von ihm an: ein Trauerspiel in 5 Akten über „Alexander VI." und „Veronika. Drama in 1 Akte".

Der Ausbruch des badischen Aufstands erlaubte auch S. die Rückkehr nach Mannheim, wo er als Kommandant einer Freikorpskompanie zu den entschiedensten Vertretern der revolutionären Entwicklung wurde. Als Adjutant von Oberstleutnant August Mersy bewährte sich S. in den von der Revolutionsarmee provozierten Gefechten bei Heppenheim. In den ersten Junitagen 1849 exponierte er sich in Mannheim durch sein entschiedenes Auftreten: Mit bewaffneter Mannschaft drang er in die Wohnungen honoriger Bürger ein, deren wehrpflichtige Söhne sich im Ausland befanden und erhob von ihnen unter heftigen Drohungen empfindliche Bußgelder. Salomon Aberle wurde sogar verhaftet, weil er die Zahlung verweigerte.

So war das Interesse des Dichters in Uniform groß, eventuellen Rechenschaftsforderungen zu entgehen. Die Umstände seiner Flucht aus Mannheim im Zuge der Niederschlagung der Revolution sind allerdings nicht geklärt. Angeblich wurde er verhaftet, aber von Mannheimer Frauen wieder befreit, so daß er entkommen konnte. Für diese Variante spricht, daß wenige Tage später dem „flüchtigen H. Schnauffer" ein Pferd abgenommen worden war, eine „englisirte, kastanienbraune Stute", nach deren rechtmäßigem Eigentümer später gesucht wurde (Mannheimer Journal vom 11. Juli 1849). Nach der Version seines Freundes Philipp Betz (s. dort) war er am 22. Juni verhaftet worden, aber unter Mithilfe von dessen Eltern, dem Wirtsehepaar Jakob und Katharina Betz (s. jeweils dort), der Strafjustiz entkommen. Die dritte Variante geht auf Franz Sigel zurück. Danach war es S. geglückt, mit einem Teil des Ettenheimer Banners der Volkswehr vor den anrückenden Preußen aus Mannheim zu entkommen und nach Heidelberg zu marschieren. Im Zuge dieses geordneten Abmarschs habe er auch Mersy und Otto von Corvin die Flucht nach Heidelberg ermöglicht.

Der Sigelsche Bericht dürfte den Tatsachen entsprechen, denn mit ihm zusammen hielt sich S. bis zu seiner Ausweisung im Exil in der Schweiz auf. In seinem zweiten Exil in England entschloß er sich nach Nordamerika auszuwandern. Dort ließ er sich in Baltimore nieder, gründete die Zeitung „Baltimore Wecker" und beteiligte sich am Aufbau des örtlichen Turnvereins, dessen Schriftführer er bis zu seinem Tod blieb. Daneben betätigte er sich auch weiterhin schriftstellerisch. Programmatisch klingt der Titel seines zuerst veröffentlichten Gedichtbands „Todtenkränze", dem mehrere Theaterstücke folgten. Posthum erschien noch im Jahr 1879 ein Band mit „Liedern und Gedichten aus dem Nachlaß" des umstrittenen Dichters, dessen Werk in Vergessenheit geriet und dem von der Nachwelt das Zeugnis ausgestellt wurde, er sei „ein mittelmäßiger Poet, aber ein tapferer Mann" gewesen (Blos (1910), S. 25).

W: *Gedichte. Mannheim 1846; Deutsche Soldatenlieder. Mannheim o.J.; Neue Lieder für das teutsche Volk. Mit einem Vorwort von Friedrich Hecker. Rheinfelden 1847 (²1848); Todtenkränze. Baltimore 1851; König Carl I., oder Cromwell und die englische Revolution: Trauerspiel in 5 Acten. Baltimore 1852; Lieder und Gedichte aus dem Nachlaß. Baltimore 1879.* – ***Q:*** *GLAK: 234/1990; 236/8196; Mannheimer Abendzeitung; Mannheimer Journal.* – ***L:*** *Betz, Philipp: Eine Turnfahrt durch Frankreich und die Schweiz. Erinnerungen an K. H. S. und die Flüchtlingszeit. In: Metzner, Heinrich (Hrsg.): Jahrbücher der Deutsch-Amerikanischen Turnerei. Bd. 1. New York 1891, H. 5 und 6; Blos, Wilhelm: Badische Revolutionsgeschichten aus den Jahren 1848 und 1849. Mannheim 1910; Deutsches Literatur Lexikon. Biographisch Bibliographisches Handbuch. Bd. 15. Bern ³1993; Zucker, Adolph Eduard: The Forty-Eighters. Political Refugees of the German Revolution of 1848. New York 1950, S. 338f.*

Hans-Joachim Hirsch

Schotterer, Joseph Valentin, Müller, Gastwirt
* 21. 1. 1815 Birkenau, kath.
† 5. 9. 1864 Schriesheim

V Ferdinand S., Müller (1784 – 1864), kath. M Anna Maria, geb. Kinscherf (1786 – 1865), kath.
∞ 1.) 1836 (Schriesheim) Anna Elisabeth, geb. Höfer (1818 – 1853), ev. K 4 Söhne, 1 Tochter.
2.) (Schriesheim) Elisabeth, geb. Bauer (1834 – 1883), ev. K 1 Tochter.

1815 – 1836	Jugendzeit in der Kinscherfschen Mühle in Birkenau, dem Elternhaus seiner Mutter
1834	Gesellenprüfung als Müller in der Kinscherf-Mühle
1834 – 1836	tätig in der väterlichen „Schotterersmühle" in Schriesheim
1836 – 1839	nach Meisterprüfung Übernahme einer Pachtmühle in Weinheim
1839	Existenzgründung als Müller gescheitert
1839 – 1849	Gastwirt „Zur Rose", Schriesheim
1844 – 1849	Liberaler, später republikanischer Gemeinderat in Schriesheim
1846	Wahlmann der Liberalen bei den Urwahlen zum badischen Landtag
1848	republikanischer Wahlmann bei den Wahlen zur Frankfurter Nationalversammlung
1849 – 1850	Flucht (7 Monate Aufenthalt in Birkenau)
1850	Anklage wegen Hochverrat; Urteil: drei Monate Zuchthaus und Schadenshaftung; Begnadigung: vier Wochen Gefängnis, keine Haftung

Nach seiner Heirat versuchte S., auf einer Pachtmühle seine Existenz zu gründen. Mit den niedrigen Mehlpreisen der Großmühlen konnten die kleinen 'Bachmühlen' nicht konkurrieren. So mußte S. nach wenigen Jahren seinen Beruf als selbständiger Müller aufgeben. Wir finden ihn 1839 als Schriesheimer Rosenwirt wieder.
Nach diesem beruflichen Mißerfolg war es verständlich, daß S. mit den politischen und wirtschaftlichen Verhältnissen im aufstrebenden Industriezeitalter unzufrieden war. Die bisherige Zunftordnung hatte die 'Bachmüller' jahrhundertelang weitgehend vor neuer Konkurrenz bewahrt. An den Stammtischen seines Gasthauses fand er zahlreiche Mitbürger, die ebenfalls mit der neuen Zeit nicht zufrieden waren. 1844 wählten ihn seine Freunde als ersten Demokraten in den Schriesheimer Gemeinderat.
Am 5. März 1846 besuchte er mit dem Kaufmann Michael Müller (s. dort) eine Versammlung der Mannheimer Liberaldemokraten anläßlich der bevorstehenden Urwahlen zum badischen Landtag. Kandidat der Liberalen für den Wahlkreis Weinheim, zu dem auch Schriesheim gehörte, war der redegewandte Mannheimer Advokat Friedrich Hecker (s. dort), ein Führer der badischen Demokraten, der am 8. Mai mit großer Mehrheit von den zuvor bei den Urwahlen gekürten Wahlmännern zum badischen Landtagsabgeordneten gewählt wurde. Am 27. September 1846 veranstalteten die Wahlmänner in Mannheim ein Festessen zu Ehren ihres Abgeordneten, an dem auch S. und Müller – offenbar als Wahlmänner der Schriesheimer Liberalen – teilnahmen.
S.s Ehe mit einer 'Lutherischen' hatte ihm anfangs familiär einige Probleme bereitet, denn seine Familie galt von alters her als streng katholisch, hatte doch schon um 1770 sein Urgroßvater Peter die bekannte Schriesheimer Kreuzigungsgruppe gestiftet. Das protestantische Beispiel – bereits 1821 hatten sich Lutheraner und Reformierte zu einer „Unierten evangelisch-protestantischen Landeskirche" vereinigt – stärkte bei S. das Verlangen, den Streit der Theologen, der auf dem Rücken des Volkes ausgetragen wurde, zu beenden. Deshalb ist es verständlich, daß er sich für die damals im Entstehen begriffene deutschkatholische Kirche begeisterte, deren Idealisten hofften, durch eine Loslösung von Rom eine Wiedervereinigung der beiden Kirchen zu ermöglichen. S. rief daher die Schriesheimer Katholiken am Sonntag, dem 15. März 1846, zur Gründung einer deutschkatholischen Gemeinde auf. Wahrscheinlich hatte er von einem begeisternden Redner der zehn Tage zuvor in Mannheim be-

suchten Wahlversammlung der Liberalen die letzte Anregung zu seiner Initiative erhalten. Da eine Verwirklichung dieses Vorhabens sicher zu einem Bruch mit seiner konservativen Großfamilie geführt hätte, wundert es nicht, daß er bei seiner Eröffnungsrede dann doch einen Rückzug von seiner Idee machte, was seinen Mitstreiter Michael Müller in seinem Tagebuch zu einer heftigen Kritik an S. veranlaßte. Für ihn war jedoch die Entscheidung richtig, denn zwei Jahre später, als der Pechvogel S. vor seiner drohenden Verhaftung zu seiner Birkenauer Verwandtschaft fliehen mußte und seine Frau und die Kinder in größte Not gerieten, war er auf die Unterstützung seiner Familie angewiesen.
Als Folge der Februar-Revolution von 1848 in Paris hatte die badische Regierung die von den Radikaldemokraten – die sich inzwischen auch Republikaner nannten – geforderte Volksbewaffnung durch Erlaß des „Bürgerwehrgesetzes" vom 1. April 1848 genehmigt. In Schriesheim exerzierten bereits die jüngeren Bürger, für deren Bewaffnung der Gemeinderat in Karlsruhe schon im März 100 Gewehre angefordert, aber nicht erhalten hatte.
Ende April 1848 fanden die Vorwahlen zur Deutschen Nationalversammlung statt. Die Schriesheimer wählten drei gemäßigte Liberale und drei Republikaner (S., Michael Müller und Philipp Bauer) als ihre Wahlmänner. S. und Bauer waren eifrige Verfechter der radikalen Ideen Heckers, dessen Putschversuch inzwischen von badischen Truppen niedergeschlagen worden war.
Am 21. September 1848 hatte Gustav Struve (s. dort) einen neuen Umsturzversuch unternommen und in Lörrach die „Deutsche Republik" ausgerufen. In der Nacht vom 23. auf den 24. September 1848 unterbrachen vorwiegend Weinheimer und Odenwälder Revolutionäre auf Befehl Struves bei Lützelsachsen die Gleise der Main-Neckar-Bahn, um den Transport von preußischen und hessischen Hilfstruppen nach Baden zu erschweren. Noch in der gleichen Nacht entgleiste dann ein in Richtung Darmstadt fahrender Leerzug, der tags zuvor „Reichstruppen" nach Heidelberg gebracht hatte. Der bei der Obrigkeit „einschlägig bekannte" Schriesheimer Rosenwirt S. kam durch seine engen Beziehungen nach Weinheim in Verdacht, an dem Attentat beteiligt gewesen zu sein. Er wurde für einige Zeit in Untersuchungshaft genommen, man konnte ihm jedoch keine Beteiligung nachweisen.
Die Herbstwahlen 1848 brachten in Schriesheim neben S. zwei weitere Republikaner (Bauer und Müller) in den Gemeinderat, der nun zur Hälfte aus Republikanern bestand. Nachdem der von Müller gegründete „Bewaffnete Verein" vom badischen Innenminister verboten wurde, entstand wenig später mit S. als Vorsitzendem ein republikanischer Volksverein, der auf Volksversammlungen versuchte, durch Resolutionen und Eingaben Einfluß auf die Frankfurter Nationalversammlung zu gewinnen.
Die Zurückweisung der deutschen Kaiserkrone durch den preußischen König im April 1849 führte in ganz Deutschland erneut zu revolutionären Unruhen. Auf einer von dem Volksverein nach Schriesheim einberufenen Bezirksversammlung beschloß man Ende April die Bildung von Wehrausschüssen mit dem Ziel, die Volksbewaffnung zu beschleunigen. Auch in Schriesheim bildete sich ein dreiköpfiger „Sicherheits- und Wehrausschuß". Auf seinen Antrag entschied sich am 12. Mai 1849 die Bürgerschaft mit Dreiviertel-Mehrheit für die Aufstellung einer Bürgerwehr und den Ankauf von 100 Gewehren.
Während in Offenburg noch die Versammlung der badischen Volksvereine unter Beteiligung meuternder Truppen stattfand, flohen der Großherzog und seine Regierung in der Nacht zum 14. Mai aus Karlsruhe nach Mainz bzw. Frankfurt. Am 14. Mai beauftragte der Schriesheimer Gemeinderat S. und den Mehlhändler Karl Dremel, in Heidelberg 120 Gewehre zu beschaffen. Da das badische Heer inzwischen zu den Revolutionären übergelaufen war, konnte außerdem Philipp Bauer weitere 150 Gewehre aus dem Karlsruher Zeughaus – offiziell zur Bewaffnung des Volkes – beziehen.
Mitte Juni 1849 kam es an der Bergstraße zu ersten Kampfhandlungen mit den dem badischen Großherzog zu Hilfe eilenden „Reichstruppen". Glücklicherweise war die Schriesheimer Bürgerwehr zum Einsatz in das Neckartal befohlen, so daß die preußischen Truppen am 21. Juni ohne Gegenwehr Schriesheim besetzen konnten. Es dauerte dann aber noch über zwei Monate, bis

die führenden Schriesheimer Republikaner von den Preußen verhaftet und zunächst in Ladenburg für sechs Wochen in den Schriesheimer Torturm eingesperrt wurden. S. konnte jedoch vorher noch ins 'hessische Ausland' nach Birkenau in die Kinscherfmühle fliehen.
Die alten 'Bachmühlen', die in Kriegszeiten infolge ihrer isolierten Lage immer auf sich selbst gestellt waren und kaum Hilfe aus den Nachbardörfern erwarten konnten, hatten deshalb meist unter ihrer Mahlstube oder im Wasserbau sogenannte Kriegskammern, in denen sich der Müller und seine Familie verstecken konnten. In einem solchen 'Verlies' hielt sich S. auf seiner Flucht in der Birkenauer Kinscherfmühle zeitweise verborgen.
Nach etwa sieben Monaten Abwesenheit stellte sich S. im März 1850 aufgrund einer gerichtlichen Vorladung, die ihm Haftfreiheit versprochen hatte, den Schriesheimer Behörden. Die Preußen hielten sich aber nicht an die Zusage und sperrten ihn im Ladenburger Turm ein. Es folgte die Anklage wegen Teilnahme am Hochverrat. Das Urteil lautete auf drei Monate Zuchthaus und Mithaftung für die dem Staat durch den Aufstand zugefügten Schäden, was für ihn den Verlust seines ganzen Vermögens hätte bedeuten können. Sein Berufungsverfahren blieb ohne Erfolg, doch ein späterer Gnadenerlaß des Großherzogs wandelte die Zuchthausstrafe in eine Gefängnisstrafe von vier Wochen um. Die Schadenshaftung entfiel.
Die lange Zeit der Abwesenheit von Schriesheim brachte seine Familie in große Not. Seine Frau mußte mit fünf minderjährigen Kindern im Alter von 5 bis 13 Jahren das Gasthaus „Zur Rose" aufgeben. Die Familie fand bei Josephs Bruder Carl Theodor, dem Gastwirt „Zum Stern", Unterschlupf. Anfang der 50er Jahre eröffnete S. – sicher mit Unterstützung seiner Familie – in der Heidelberger Straße ein Ladengeschäft (später Rothenbusch).
Seine Frau erkrankte jedoch an offener Lungentuberkulose, einer Krankheit, die damals unheilbar war. Sie starb am 24. Februar 1853 an der 'Galoppierenden Schwindsucht'. Von seinen fünf Kindern – inzwischen 8 bis 17 Jahre alt – erlagen in den folgenden Jahren die vier Söhne ebenfalls der tödlichen Krankheit. Nur S.s Tochter Maria Elisabeth (1839 – 1905) blieb von der Krankheit verschont. S. überlebte diese Schicksalsschläge nicht lange, am 5. November 1864 ging auch sein Leben zu Ende. Er hatte sein 50. Lebensjahr noch nicht vollendet.
Für S.s Familie führte das Scheitern der badischen Revolution zu einem tragischen Ende. Kummer, Not und Elend haben sie fast ganz ausgelöscht. Fünf Jahrzehnte später (1913) starb auch der letzte Namensträger auf der Schriesheimer Schotterersmühle, Josephs jüngster Bruder Franz (* 1825), der bereits 1900 seinen Sohn Karl Theodor (* 1862) verloren hatte.
160 Jahre lang hatte das Müllergeschlecht der S. die mittlere Herrenmühle zu Schriesheim bewirtschaftet. Heute zeugt nur noch die große Schriesheimer Kreuzigungsgruppe von der Existenz einer einst angesehenen Familie.

***Q:** StadtA Schriesheim: Tagebuch (1845 – 1856) von Johann Michel Müller; FamilienA Karl Herbert Müller, Erlangen. – **L:** Badische Geschichte. Vom Großherzogtum bis zur Gegenwart. Hrsg. v. d. Landeszentrale für politische Bildung Baden-Württemberg. Stuttgart 1979; Brunn, Hermann: Schriesheimer Mühlen. Schriesheim 1947 (ND 1989); ders.: 1200 Jahre Schriesheim. Mannheim 1964; Fuchs, Georg: Das Birkenauer Tal. Sonderabdruck der gleichnamigen Artikelserie im Weinheimer Anzeiger 1911; Gutjahr, Rainer: Die Republik ist unser Glück. Weinheim in der Revolution von 1848/49. Weinheim 1987 (Weinheimer Geschichtsblatt, 32).*

Karl Herbert Müller

Schröder, Georg Friedrich Heinrich, Wissenschaftler, Hochschullehrer
* 28. 9. 1810 München, ev.
† 12. 5. 1885 Karlsruhe

V Heinrich S., Verwalter der königlich bayerischen „Central-Stiftungkasse" (1771 – 1831). M Louise Elisabeth (1786 – 1832). G 1 Schwester.
⚭ 1840 Caroline Nannette Luise Friederike, geb. Walther (1816 – 1875), ev., aus Haunsheim bei Dillingen in Bayern. V Gottfried W., Pfar-

Heinrich Schröder (Vorlage: StadtA Mannheim)

rer und Senior ebendort. K 3 Söhne, 1 Tochter, darunter Ernst (1841 – 1902), Mathematikprofessor.

um 1829	Abschluß des Gymnasium in München
1829 - 1833	Studien an den Universitäten München und Wien
1833 - 1835	Prof. der Physik an der Polytechnischen Schule in München; Vorstandsmitglied des Polytechnischen Vereins für das Königreich Bayern
Ende 1835 – 1840	Prof. an der Kantonsschule in Solothurn (Schweiz)
1836 - 1840	Präsident der Naturwissenschaftlichen Gesellschaft Solothurn
1840 - 1873	Direktor der höheren Bürgerschule (1869 Realgymnasium) in Mannheim
8. 8. 1854	Promotion zum Dr. phil. an der Universität Erlangen
1843 - 1876	Mitglied des Vereins für Naturkunde in Mannheim; Vorstandsmitglied (1847 – 1864) und Vizepräsident (1854 – 1859)
Sept. 1843 – 3. 1. 1849	Präsident des Gewerbevereins in Mannheim und Redakteur des „Mannheimer Gewerbvereinsblattes“
Mai 1848	Mitbegründer des Neuen Vaterländischen Vereins
April 1860 – Febr. 1862	Präsident des Gewerbevereins zu Mannheim
April 1862 – Febr. 1869	Mitbegründer und Vorstand des Mannheimer Arbeiterbildungsvereins
1861 u. 1863	Vertreter des Mannheimer Handelsvereins auf dem 1. (Heidelberg) und dem 2. (München) deutschen Handelstag
20. 6. 1877	Wahl zum korrespondierenden Mitglied der Bayerischen Akademie der Wissenschaften

S. begann 1833 seine Tätigkeit als 23jähriger Professor an der damals eben gegründeten Polytechnischen Schule in München. Da man ihn umstürzlerischer Gesinnungen verdächtigte, tauschte er diese Stellung gegen eine Professur für Physik und Mathematik an der Kantonsschule Solothurn in der Schweiz ein. Hier freundete er sich mit dem Mannheimer Karl Mathy (s. dort) an, und es ist zu vermuten, daß es diese Freundschaft war, die S. nach Mannheim brachte: Man gründete hier eine höhere Bürgerschule, zu deren Direktor S. berufen wurde. Bis zu seiner Pensionierung leitete er die Schule mit großem Erfolg und machte sie zu einer der besten Anstalten dieser Art in ganz Deutschland. Seine sehr begabte und energische Natur weckte in S. das Verlangen nach öffentlicher Tätigkeit, und so war es nur eine Frage der Zeit, daß er bald in den Kreis der Mannheimer liberalen Intellektuellen eintrat. Friedrich Daniel Bassermann war einer der Taufpaten seines ersten Sohns und Karl Mathy des zweiten. Die Mathys und die S.s waren eng befreundet.
Jahrelang spielte S. eine führende Rolle im Gewerbeverein, welchem er von Anfang an eine liberale und aufklärende Richtung gab. Er war überzeugter Gegner des Zunftsystems; charakteristisch für ihn war insbesondere ein 1847

gehaltener Vortrag über „wahren und falschen Gewerbeschutz". Seine politische Einstellung kann damals als gemäßigt und später eher als konservativ-liberal charakterisiert werden. Im Mai 1848 hielt S. es für notwendig, eine „Partei der gesetzlichen Freiheit und Ordnung" zu organisieren. Als Keimzelle für eine solche konstitutionelle Partei sollte der Neue Vaterländische Verein dienen. Er wurde am 14. Mai 1848 von den Mannheimer Liberalen unter dem Vorsitz von S. ins Leben gerufen. Das Programm war von S. entworfen worden und hatte „Bassermanns Beifall gefunden", schrieb Leopold Ladenburg (s. dort) an Karl Mathy. Aufgabe des Vereins sollte sein: „Die Förderung deutscher Einheit und Freiheit, der Gesetzlichkeit und Ordnung". Zur Herstellung dieser Ordnung bat der Neue Vaterländische Verein am 6. August 1848 unter Vorsitz S.s, die Wiederherstellung der Bürgerwehr zu beschleunigen. Auch eine positive Einstellung S.s zum Preußentum ist in den Aufzeichnungen des Vereins zu erkennen. Damals strebte er nach einer parlamentarischen Tätigkeit: „Da in der Kammer die Fragen über die Schulen, die Gewerbeordnung, die Ansprüche der Arbeiter u.s.w. bevorstehen und ich mich seit Jahren mit diesen Fragen gründlich beschäftigt habe, so wäre ich gern in der Kammer", schrieb er im Mai 1848 an Mathy. „Ich glaube jetzt in dieser Zeit der Gärung Besseres leisten zu können, als ein Dutzend Buben zu schulen" (Mathy (1898), S. 248). Sein Wunsch ließ sich jedoch nicht verwirklichen. Politische Äußerungen S.s aus den Jahren 1849 – 1850 sind bisher nicht nachweisbar, und es scheint, daß er seit 1849 nur noch passives Mitglied der Vereine war. Nach der Auflösung der politischen Vereine im August 1849 konzentrierte er sich auf seine berufliche Tätigkeit und erhielt, nach einem Jahrzehnt ständiger Bemühungen, für seine Schule ein eigenes Haus. Im neuen Gebäude richtete S. ein chemisches Laboratorium ein, wo er ab Ende 1851 seine wissenschaftlichen Forschungen wieder aufnahm. Zu einer aktiven öffentlichen Tätigkeit kam er während der Neuen Ära zurück, besonders in den Jahren 1860 – 1863, wobei er viel zur Einführung der Handelsfreiheit beitrug. Im Ruhestand widmete sich S. ausschließlich der Naturwissenschaft. Nach dem Tod seiner Frau zog er nach Karlsruhe um; auch dort war er aktives Mitglied des Naturwissenschaftlichen Vereins und arbeitete im chemischen Laboratorium der Technischen Hochschule. Seine wichtigsten Leistungen entfielen aber auf die Mannheimer Periode seines Lebens. Für die Stadt Mannheim bleibt er ein hervorragender Pädagoge und Aufklärer.

W: *Naturwissenschaften: Allgemeine Begründung der Volumentheorie oder Lehre von den Aequivalent-Volumen. In: Ann. Phys. Chem. 50 (1840), S. 553 – 604; Die Molecularvolumen der chemischen Verbindungen im festen und flüssigen Zustand. Mannheim 1843; Die Siedhitze der chemischen Verbindungen als wesentliches Kennzeichen zur Ermittelung ihrer Componenten. Mannheim 1844 (Kurzfassung In: Ann. Phys. Chem. 62 (1844), S. 184 – 196, 337 – 352, 64 (1845), S. 96 – 112); – /Dusch, Th. v.: Ueber Filtration der Luft in Beziehung auf Fäulniss und Gährung. In: Ann. Chem. Pharm. 89 (1854), S. 232 – 243; Ueber Filtration der Luft in Beziehung auf Fäulniss, Gährung und Crystallisation. In: Ann. Chem. Pharm. 109 (1859), S. 35 – 52, 117 (1861), S. 273 – 295; Untersuchungen über die Bedingungen, von welchen die Entwicklung von Gasblasen und Dampfblasen abhängig ist, und über die bei ihrer Bildung wirksamen Kräfte. In: Ann. Phys. Chem. 137 (1869), S. 76 – 102, Ergänz.bd. V. (1871), S. 87 – 115; Das Sterengesetz. In: Sitzungsberichte der Bayerischen Akademie der Wissenschaften 7 (1877), S. 302 – 322; Untersuchungen über die Abhängigkeit der Molekularrefraktion flüssiger Verbindungen von ihrer chemischen Constitution. In: Sitzungsberichte der Bayerischen Akademie der Wissenschaften 15 (1882), S. 57 – 104.* Pädagogik und Publizistik: *Jahresberichte der höheren Bürgerschule zu Mannheim. Hefte 1 – 33. Mannheim 1841 – 1873; Elf Briefe über die bürgerliche Freiheit. Als Beitrag zu der Frage der deutschen Gewerbe-Gesetzgebung. Mannheim 1860; Das Salzregal und die Salzsteuer. II. Flugblatt des volkswirtschaftlichen Vereines für Süddeutschland. Mannheim 1862; Ueber die handelspolitische Lage Deutschlands. Rede, gehalten in der Versammlung der Mitglieder des deutschen*

Nationalvereins zu Mannheim am 22. November 1862. Mannheim 1862. – ***Q:*** *StaatsA des Kantons Solothurn (Schweiz): Ratsprotokolle 1835 – 1840; Erziehungskommissions-Schriften 1835 – 1838; gedruckte Materialien zur Solothurnischen Geschichte; StadtA München: Familienstandsbogen; StadtA Mannheim: Polizeipräsidium, Zug. –/1962, Familienbogen; Kirchenbuchzweitschriften, ev. Geburtsbuch Mannheim 1843 – 1851; GLAK: 76/7061; UniversitätsA Erlangen: Sign. Prom. Phil. Fak. Nr. 542; A der Bayerischen Akademie der Wissenschaften: Sign. Protokolle, Nr. 96, Bl. 93f. –* ***L:*** *Birnbaum, K.: G.F.H.S.. In: Berichte der Deutschen Chemiker-Gesellschaft 18 (1885), S. 843 – 846; Haußer, Karl: Festschrift zu Feier des 50jährigen Bestehens des Gewerbe- und Industrie-Vereins Mannheim im Jahre 1892. Mannheim 1892, S. 4 – 22; Kipnis, Alexander: August Horstmann und die physikalische Chemie. Berlin 1997, S. 16 – 19; Mathy, Ludwig (Hrsg.): Aus dem Nachlaß von Karl Mathy. Briefe aus dem Jahren 1846 – 1848. Leipzig 1898; Offermann, Toni: Arbeiterbewegung und liberales Bürgertum in Deutschland. 1850 – 1863. Bonn 1979, S. 228, 294, 365, 490, 523; S., G.F.H. In: Badische Biographien. Bd. 4. Karlsruhe 1891, S. 413 – 415; Voit, V.: G.F.H.S. In: Sitzungsberichte der mathematisch-physikalischen Classe der königlich bayerischen Akademie der Wissenschaften zu München 16 (1886), S. 57 – 62.*

Alexander Kipnis

Sigel, Franz Peter, Offizier
* 18. 11. 1824 Sinsheim, kath.
† 21. 8. 1902 New York

V Franz Moritz S., badischer Oberamtmann (1788 – 1863). M Maria Anna, geb. Lichtenauer (1798 – 1871). G 6, darunter: Albert (1826 – 1884), Offizier der badischen Revolutionsarmee; Carl (1829 – 1895), Adjutant von Oberst Tiedemann (s. dort) in der Festung Rastatt, beide später ebenfalls in Amerika.
⚭ 1854 (New York), Elise, geb. Dulon, ev. V Rudolph D., Pastor aus Bremen. K 4 Söhne, 1 Tochter.

1838 – 1840	Gymnasium in Bruchsal
1840 – 1843	Kadettenschule in Karlsruhe
1843 – 1847	Leutnant beim 4. Infanterieregiment in Mannheim; Abschied aus der Armee
1848	Militärischer Führer beim Heckerzug; danach Exil in der Schweiz
1849	Oberbefehlshaber der Revolutionsarmee, Kriegsminister, Generaladjutant und Obergeneral
1849 – 1850	Exil in der Schweiz
1850 – 1852	über Frankreich nach England, Klavierlehrer in London
1852	Übersiedlung nach New York; dort Kaufmann, Deutschlehrer und Schriftsteller
1857	Umzug nach St. Louis; Lehrer am Deutsch-Amerikanischen Institut
1861 – 1865	Eintritt in die Armee der Nordstaaten; während des amerikanischen Bürgerkriegs Brigadegeneral und Generalmajor
1865	Herausgeber des „Baltimore Wecker“ (Gründer: Carl Heinrich Schnauffer, s. dort)
1867 – 1902	Rückkehr nach New York; Journalist und Verleger, Vizepräsident einer Eisenbahngesellschaft, Militärsachverständiger, Staatsbeamter

S. entstammte einem politisch ambivalenten Elternhaus. Prägend für die politische Entwicklung von S. dürfte der Vater gewesen sein. Die frühe Erfahrung sozialer und wirtschaftlicher Mißstände im Amtsbezirk Sinsheim, die ständige Geldnot der Familie sowie die primär politisch bedingte Zwangspensionierung des Vaters blieben nicht ohne Folgen für die politische Genesis des jungen S. Nach Abschluß des Gymnasiums trat er, seiner Neigung für den Soldatenberuf folgend, in das Großherzoglich Badische Kadettenkorps ein. Hier erwarb er sich umfassende kriegsgeschichtliche Kenntnisse. Während seiner Karlsruher Ausbildungszeit war S. noch mit Begeisterung Soldat. Der stumpfsinnige, vom Exerzier- und Paradedienst geprägte Kasernenalltag in Mannheim ließ seinen Idealismus aber bald verblassen. Sein kritischer

Geist kollidierte öffentlich mit den Unzulänglichkeiten des rückständigen feudal-absolutistischen Militärsystems im Großherzogtum Baden. Der Gewissenskonflikt zwischen militärischem Gehorsam und politischer Überzeugung trieb S. immer weiter in die Opposition und führte letztendlich dazu, daß er 1847 seinen Abschied aus der Armee nahm. S. ging nach Heidelberg, um dort Jura zu studieren. Der Ausbruch der französischen Februarrevolution und deren ungeheure Wirkung auf Deutschland führten zu einer Wende in S.s Lebensplanung. Jetzt hielt er die Gelegenheit für günstig, demokratische Ideen auch in Deutschland zu verwirklichen. Er entwarf einen Volksbewaffnungsplan und setzte diesen mit der Gründung eines Freikorps in Mannheim auch gleich in die Tat um. S. kam schnell in Kontakt zu den Protagonisten der Revolution wie Friedrich Hecker und Gustav Struve (s. jeweils dort). Obwohl S. aus prinzipiellen Gründen gegen Heckers bewaffneten Zug war, beteiligte er sich als überzeugter Republikaner dennoch an dem aussichtslosen Unternehmen, das im April 1848 mit der vollständigen Niederlage der Freischaren endete. Der teilweise chaotische militärische Verlauf des Heckerzuges bestätigte im nachhinein die berechtigten Zweifel des 'gelernten Soldaten'. Der Beginn seiner Laufbahn als Revolutionär war geradezu symptomatisch für sein weiteres Wirken. Der Mißerfolg, das Credo des Verlierers, blieb ihm ein Leben lang treu. Die Sache war ihm stets wichtiger als die eigene Person. Das führte wie im Falle des Heckerzuges auch im weiteren Verlauf der badischen Revolution zu Situationen, denen S. aufgrund seiner Jugend und unzureichenden politischen und militärischen Mitteln nicht gewachsen sein konnte. Zunächst mußte S. in die Schweiz emigrieren. Von dort aus warb er unermüdlich für die Verbreitung republikanischen Ideen- und Gedankengutes. Nach der Mai-Revolte der badischen Armee und der Machtübernahme durch den Landesausschuß wurde S. zur Reorganisation der Armee umgehend nach Karlsruhe zurückgerufen. Dort erwartete ihn, wie er später festhielt, eine „großartige Verwirrung". Die Revolution hatte zwar gesiegt, aber wie man mit der neugewonnenen Freiheit umgehen sollte, darüber herrschte keineswegs Einigkeit. In

Franz Sigel als Offizier der Unionstruppen im amerikanischen Bürgerkrieg (Vorlage: GLAK)

diesem Wirrwarr von Provisorien und unhaltbaren Zuständen zeigten sich insbesondere in der Armee Disziplinmängel und Auflösungserscheinungen. S. machte sich sofort an die Arbeit, um die Neuformierung der Armee voranzutreiben. Im Auftrag des Landesausschusses entwarf er einen Operationsplan für die Kriegsführung, der nicht zur Ausführung kam. Statt dessen erhielt er viel zu spät den Befehl, mit badischen Kontingenten nach Hessen vorzudringen. In den Gefechten bei Hemsbach, Heppenheim, Laudenbach und Erbach wurden seine Truppen geschlagen und mußten sich auf badisches Gebiet zurückziehen. S. war es trotz höchsten persönlichen Einsatzes nicht gelungen, gravierende Disziplinlosigkeiten unter den ihm anvertrauten Soldaten und Offizieren in den

Griff zu bekommen. Er wurde abgesetzt, konnte sich aber wenig später vor dem Landesausschuß rehabilitieren und trat als Kriegsminister in die Provisorische Regierung ein. Am 5. Juni 1849 proklamierte S. in Heidelberg den Kriegszustand und das Standrecht in Baden. Die Provisorische Regierung machte die Maßnahme jedoch rückgängig.

Die Kämpfe an der Neckarlinie gegen die in Baden einmarschierten Bundestruppen mit Preußen an der Spitze bestritt S. in vorderster Linie als Adjutant des neuen Oberbefehlshabers General Ludwik Mieroslawski (1814 – 1878), dem S. trotz seiner Zurücksetzung absolute Loyalität entgegenbrachte. Nach anfänglichen Erfolgen wurden die Revolutionstruppen am 21. Juni 1849 bei Waghäusel vorentscheidend geschlagen. S. gab in dieser fast ausweglosen Lage nicht auf. Jetzt bewies er sich als charakterstarke Persönlichkeit, die auch Führungsqualitäten offenbarte. Keine Spur von Resignation, statt dessen Nervenstärke, Zähigkeit und militärischer Sachverstand, Eigenschaften, die ihn auf dem gesamten Rückzug auszeichneten. Mieroslawski zollte ihm Anerkennung und Respekt. Er schrieb: „Unsere Lage ist mißlich; allein so lange ich den kaltblütigen jungen Helden Sigel an meiner Seite habe, darf ich an nichts verzweifeln“ (Mieroslawski (1849), S. 9).

Es gelang S., die demoralisierten und desorganisierten Reste der Revolutionsarmee zu ordnen und in einem Gewaltmarsch von Heidelberg durch den Kraichgau über Sinsheim und Bretten aus der drohenden Einkesselung durch Preußen und Reichstruppen zu führen. Bereits am 16. Juni 1849 hatte er dem später weltberühmten Naturwissenschaftler Robert Mayer (1814 – 1878) das Leben gerettet. Mayer war ihm als Reaktionär und Spion vorgeführt worden. Aufgebrachte Heilbronner Freischärler forderten die Todesstrafe.

S., der die Vorwürfe genau prüfte, ließ Mayer jedoch wieder frei. Durch einen schnellen Abzug seiner Truppen bewahrte er bald darauf die Stadt Heidelberg vor einer sinnlosen Beschießung durch preußische Kanonen. Auf dem Rückzug meuterten bei Meckesheim reaktionäre Offiziere. Durch sein mutiges und entschlossenes Auftreten konnte S. die Lage wiederherstellen. Die letzte Begegnung mit seiner Geburtsstadt Sinsheim fand am 22./23. Juni 1849 statt. In einem Gefecht mit den heranrückenden Reichstruppen deckte S. den Abzug der Revolutionsarmee in Richtung Bretten. Nach der Aufgabe der Murglinie und der Einschließung der Festung Rastatt legte Mieroslawski den Oberbefehl nieder, und S. trat erneut an die Spitze der Armee. Ein letztes Mal versuchte S., die verbliebenen Truppen zu reorganisieren. Einem Antrag von Gustav Struve, die Armee aufzulösen, trat er noch am 3. Juli 1849 energisch entgegen.

Als die drückende Übermacht des Feindes keine Handlungsfreiheit mehr zuließ, befahl S. den Übergang in die Schweiz. Der militärische Führer des badischen Aufstands S. ist später von verschiedenen Seiten mit Anschuldigungen überhäuft worden. Es waren letztendlich untaugliche Versuche, S. die Hauptschuld an der militärischen Niederlage zuzuschreiben, ohne die politischen Bedingungen zu berücksichtigen. Wie so oft in seinem Leben erhielt S. die Schuld für Dinge, die er nicht zu verantworten hatte. Der Mensch S. war ein glühender Idealist, dem die Sache der Freiheit und Demokratie über alles ging. Ihr diente er auf seine Weise – als unerschrockener Soldat. Als Politiker ist er nur bedingt hervorgetreten. Nur in diesem Kontext läßt sich die Rolle von S. während der badischen Revolution objektiv bewerten. Sein Rückzug von Heidelberg über Rastatt und Donaueschingen war eine hervorragende militärische Leistung. In einer verzweifelten und aussichtslosen Lage entschloß er sich, den Rest der Truppen in die Schweiz zu führen, um weiteres sinnloses Blutvergießen zu vermeiden. Im erneuten Schweizer Exil hatte der umtriebige S. zahllose Kontakte zu alten Mitkämpfern und politischen Flüchtlingen aus anderen Ländern. Erst als jegliche Hoffnung auf eine politische Wende in Deutschland völlig aussichtslos wurde, schiffte sich S. am 1. Mai 1852 in Southampton auf dem Dampfer „Washington“ ein, um Europa endgültig den Rücken zu kehren. Mit dem Ausbruch des amerikanischen Bürgerkriegs 1861 begann die zweite militärische Karriere von S. Er stieg bis zum Generalmajor auf, mußte aber immer wieder militärische Rückschläge und ständige Anfeindungen und Intrigen durch die 'Westpointer' hinnehmen. Ein Angebot der badischen Regierung, nach

Deutschland zurückzukehren, lehnte er 1864 ab. In den USA erinnern bis heute zwei Reiterdenkmale in New York und St. Louis an S. In seiner Geburtsstadt Sinsheim ist 1998 anläßlich des 150jährigen Jubiläums der badischen Revolution die Aufstellung eines Denkmals für die Freiheit vorgesehen.

W: *Erlebnisse während der ersten Schilderhebung der deutschen Republikaner im April 1848. In: Hecker, Friedrich : Die Erhebung des Volkes in Baden für die Deutsche Republik im Frühjahr 1848. Basel 1848; Ein halbes Jahrhundert. Deutschland im Jahre 1848 und 1849. In: New Monthly 8 (1897) (New York).* – ***Q:*** *GLAK: Kartei Heinrich Raab; HauptstaatsA Stuttgart: M 660 NL Sigel; StadtA Heidelberg: U 446; StadtA Konstanz: SII 8323; StadtA Mannheim: Kleine Erwerbungen, Nr. 130, 131, 377; StadtA Sinsheim: A 160, A 1196, A 1197, A 1206, K 20; Stadtmuseum Sinsheim: Sammlung und Biographie F. S.* – ***L:*** *Cartellieri, Otto: F. S. In: Badische Biographien. Bd. 6. Heidelberg 1927, S. 429 – 434; Engle, Stephan Douglas: Yankee Dutchman. The Life of F. S. Fayetteville 1993; Kaiser, Anja: F. S. und die badische Revolution. [Unveröffentlichte] Zulassungsarbeit zur Ersten Prüfung für das Lehramt an Gymnasien, vorgelegt am Historischen Seminar der Universität Heidelberg. Heidelberg 1996; Mieroslawski, Ludwik: Berichte des Generals Mieroslawski über den Feldzug in Baden. Bern 1849; Mors, Harald: Familienchronik Mors. Bd. 8: Familie Sigel-Franz Sigel. o. O. 1980 .* – ***B:*** *GLAK: J-Ac-S/88; Stadtmuseum Sinsheim.*

Holger Friedrich

Soiron, Johann Georg Alexander Freiherr von, Jurist, Politiker
* 2. 8. 1806 Mannheim
† 6. 5. 1855 Heidelberg

V Servatius Nikolaus F.v.S., Regierungsrat, Postmeister von Heidelberg. M Christine, geb. Khym.
∞1840 Anna Gertraud, geb. Bissinger (* 1818), ev., aus Mannheim.

25. 10. 1816	Einschulung im Lyzeum Mannheim; „an Ostern 1823 ausgeblieben“
1823 – 1829	Studium der Rechtswissenschaften in Bonn und Heidelberg
1829 – 1834	Rechtspraktikant in Krautheim und Heidelberg, ab 1832 in Mannheim
1834 – 1855	Advokat und Prokurator am Oberhofgericht in Mannheim.
1842 – 1843	Mitglied im Großen Bürgerausschuß in Mannheim
1844 – 1852	Vorsitzender des Kleinen Bürgerausschusses
2. 7. 1847	Vorstandsmitglied des nach dem Verbot neugegründeten Turnvereins
19. 5. 1848 – 30. 5. 1849	Abgeordneter der Nationalversammlung für den Wahlkreis Baden 19 (Adelsheim); Mitglied der Fraktion 'Casino'
19. 5.– 2. 10. 1848	1. Vizepräsident der Nationalversammlung; Mitglied im Zentralausschuß für die Prüfung der Wahlen und im Ausschuß für den Entwurf der Reichsverfassung (ab 31. 8. dessen Vorsitzender)
10. 7. 1848	Mitglied der Kommission für die Vorbereitung des Empfangs des Reichsverwesers
30. 3.– 3. 4. 1849	Mitglied der Kaiserdeputation
1845 – 1851	Abgeordneter in der badischen Zweiten Kammer
1850	Mitglied des Erfurter Parlaments (Volkshaus)
1852 – 1855	Mitglied des Großen Bürgerausschusses in Mannheim

Der gebürtige Mannheimer v.S. war nach der Absolvierung seiner juristischen Ausbildung und mehrjähriger Tätigkeit als Rechtspraktikant seit 1832 wieder in seiner Vaterstadt ansässig. Politisch orientierte er sich an den oppositionellen Strömungen des Vormärz, nahm an den Treffen der Liberalen teil und wurde als ihr Kandidat verstanden. Anläßlich der in Mannheim festlich begangenen Verfassungsfeier des Jah-

Alexander von Soiron (Vorlage: LTA)

res 1845 formulierte v.S. in einer öffentlichen Rede die programmatischen Forderungen seiner Partei nach freier Presse, unabhängiger Justiz und Verantwortlichkeit der Minister. Im Jahr 1845 provozierte er einen Eklat, als seine im badischen Landtag eingebrachte Forderung nach Übertragung der Polizeistrafgewalt zu Übergriffen aufgebrachter Militärs gegen ihn führte und heftige Straßenkrawalle nach sich zog.
Seine Landtagstätigkeit sicherte v.S. in Mannheim eine große Anhängerschaft, die ihm auch in den republikanisch ausgerichteten Vereinen ehrenvolle Positionen einräumte. So war v.S. Mitglied im Vorstand des Turnvereins. An der Seite von Friedrich Daniel Bassermann und Karl Mathy (s. jeweils dort) fand man ihn in der 1847 durchgeführten Heppenheimer Versammlung liberaler Parlamentarier, die die Forderung nach einer deutschen Nationalversammlung aufstellte.
Am 27. Februar, dem Tag des Ausbruchs der Revolution in Mannheim, trafen sich nach dem Bericht von Bassermann die Führer der Mannheimer Liberalen vor dem Besuch der Versammlung im Aulasaal bei v.S., um Absprachen über ihr Vorgehen zu treffen. Die Forderungen des Redebeitrags v.S.s bestanden in der Aufforderung zur Mäßigung im Vorgehen und Abwarten, was in den anderen deutschen Gegenden geschehe. Wie die anderen Führer der Liberalen wurde auch v.S. von den folgenden Ereignissen überrollt. Als am Tage der „Sturmpetition" Friedrich Hecker (s. dort) in der Kammer einen über die Zugeständnisse der Regierung hinausgehenden Forderungskatalog einbrachte, dessen umgehende Erfüllung verlangt wurde, gehörte zu den Unterstützern neben Lorenz Brentano und Johann Adam von Itzstein (s. jeweils dort) auch v.S. Erst nachdem es Mathy mit Hinweis auf die Geschäftsordnung gelungen war, den Antrag Heckers in die Ausschüsse zu verschieben, zog v.S. angesichts der sich verhärtenden parlamentarischen Fronten seine Unterschrift zurück und reihte sich wieder in die Fraktion der gemäßigten Abgeordneten ein. Eine Übernahme von Regierungsverantwortung als badischer Justizminister lehnte er damals allerdings ab. Nach seiner Teilnahme an der am 5. März in Heidelberg abgehaltenen Versammlung gehörte v.S. zu den Kammermitgliedern, die in einer gemeinsamen Erklärung gegen das Gerücht vorgingen, dort sei über die Proklamation einer Republik verhandelt worden. So wechselte v.S. in den Märztagen die Fronten und suchte, sich mit niemandem zu überwerfen. In Mannheim wurde er zum Hauptmann der Bürgerwehr gewählt, deren Oberst Friedrich Hecker sich auf den kommenden Entscheidungskampf vorbereitete.
Am 14. März wurde im Karlsruher „Pariser Hof", dem Wohnsitz verschiedener liberaler Abgeordneter, eine große Volksversammlung verabredet und auf Sonntag, den 19. März, nach Offenburg ausgeschrieben. Der Anstoß dazu war vom Kreis der Radikalen um Gustav Struve (s. dort) und Hecker ausgegangen, so daß Eingeweihte sich über den Zweck der Veranstaltung im klaren waren. Friedrich Daniel Bassermann verweigerte schon die Unterschrift zum Aufruf, während v.S. unter dem Vorwand, „Tollheiten zu verhüten", Mitveranstalter wurde (Bassermann (1926), S. 78). Am 19. März fand

die Versammlung statt, in der auch die führenden Mannheimer Radikalen Heinrich Hoff (s. dort), Gustav Struve und, als einer der Protokollführer, Johann Peter Grohe (s. dort) saßen. Die Berichterstattung Grohes in der „Mannheimer Abendzeitung" beschreibt in großen Zügen die von v.S. in Offenburg gehaltene Rede. Weit entfernt von einer Mäßigung seiner Worte, heizte er – direkt nach Struve kommend – seine Zuhörerschaft zu extremer Begeisterung auf: „Der große Sturm ist losgebrochen, er hat uns gebracht, was wir schon längst haben sollten; er hat uns dahin geführt, wo wir schon längst stehen sollten. Wir vertrauten den Fürsten und Ministern, das deutsche Volk ist aber seit mehr als dreißig Jahren von denselben betrogen worden; wir wollen nun auf uns selbst vertrauen, uns selbst helfen. Nehmen wir die Waffen in die Hand, wirken wir mit dem erwachten starken Geist in Einigkeit zusammen, um mächtig zu sein nach Innen und nach Außen." Hingerissen vom Anblick der zahlreich versammelten Menge erinnerte v.S. an den Rütlischwur, „an die Schweizer, wie sie versammelt waren zur Rettung ihres Vaterlandes", und forderte die Menge zum gemeinsamen Schwur auf, und „die Versammelten – mehr als zwanzigtausend Männer, schwuren mit erhobener Hand bei entblößtem Haupte" (Mannheimer Abendzeitung vom 22. März 1848). Nach diesem theatralischen Auftritt soll v.S. mit Hecker im Gasthaus auf das Wohl der Republik angestoßen haben. Das wurde ihm von Hecker und den Abgeordneten der Linken noch in der Amnestiedebatte der Frankfurter Nationalversammlung im Herbst des Jahres verübelt, da er sich seit diesem Zeitpunkt eindeutig zum Vertreter einer gemäßigten Politik entwickelte. Seine Teilnahme an der stürmisch verlaufenden Gründungsveranstaltung des Vaterländischen Vereins in Mannheim könnte eines der Schlüsselerlebnisse für v.S. gewesen sein, die ihm eine konsequente Neuorientierung nahelegten. An diesem Abend gelang es selbst seinen bekannten stimmlichen Qualitäten nicht, Einfluß auf den Ablauf der Veranstaltung zu gewinnen (Bassermann (1926), S. 92f.). Die organisatorische Spaltung der Basisbewegung fand auch ihre Parallele im Auseinanderbrechen persönlicher Affinitäten. Wenige Wochen nach Offenburg hatte sich v.S. für die Zusammenarbeit mit den an der Regierungsverantwortung partizipierenden 'Konstitutionellen' entschieden. Am 10. April, zwei Tage nach der Verhaftung Ficklers durch Karl Mathy, erreichte v.S. um 5 Uhr abends Mannheim, um seinerseits vom Balkon des Rathauses herab eine Erklärung zur politischen Lage zu geben. Er versuchte dabei, so weit wie möglich zur Beschwichtigung der Gemüter beizutragen. Die Radikalen spürten in seiner Rede schon die ersten Anzeichen der inneren Absage an revolutionäre Gewalt. Für den Großteil des Mannheimer Bürgertums aber blieb v.S. vorerst weiterhin der Gewährsmann in den parlamentarischen Gremien. Anfang Mai sandte der Gemeinderat der Stadt Mannheim eine Delegation an die badische Kammer und an den Fünfziger-Ausschuß, die gegen die Fortdauer des Kriegszustands und die drückende Einquartierung energisch protestieren sollte. Dabei ruhten die Hoffnungen der Mannheimer Bürger vor allem auf „unserem wackern Soiron, können wir mit Bestimmtheit versichern, daß er schon vorgestern sowohl bei der badischen Regierung als bei der Militär-Commission in diesem Sinne entschieden gewirkt hat" (Mannheimer Journal vom 6. Mai 1848).

Ganz anders entwickelte sich in dieser Zeit die parlamentarische Tätigkeit v.S.s, als er Präsident des Fünfziger-Ausschusses im Frankfurter Vorparlament und später Vizepräsident der Nationalversammlung wurde. Bei der Wahl zum Präsidenten der Nationalversammlung war v.S. noch als Kandidat der Linken aufgestellt worden, die auf eine Kandidatur Robert Blums verzichtete, um sich auf eine allseits akzeptable Person zu einigen. Obwohl er selbst von Gagern empfohlen hatte, erhielt v.S. 85 Stimmen hauptsächlich aus der Linken. Gagern konnte 305 Stimmen der Parlamentarier auf sich versammeln, womit die beiden Hauptrollen im Frankfurter Parlament festgelegt waren. Der Mannheimer v.S. wurde als Vizepräsident eine der Lieblingsfiguren der einsetzenden umfangreichen Produktion von Parlamentskarikaturen, wobei im Zentrum der Spötteleien die ihm nachgesagte übermäßige Genußsucht stand.

Die zeitweise nicht besonders prinzipienfeste Haltung des Parlamentariers bewegte aber auch seine Mannheimer Zeitgenossen. Die Linken, vor allem aber Hecker, beschwerten sich bitter über seinen Gesinnungswandel. Aber auch der Mannheimer Gemeinderat Carl Hoff (s. dort), Kommunalpolitiker mit gemäßigter Grundanschauung, bemerkte, daß v.S.s Haltung als Vorsitzender des Kleinen Bürgerausschusses seit 1844 schon von einem gewissen Opportunismus geprägt gewesen sei: Er habe es bisweilen zweckmäßig gefunden, „den Leuten nicht vor den Kopf zu stossen“ (Hoff, C. H., S. 283). Der Widerspruch zwischen den einstigen starken Tönen und der sich in Reden und Repräsentationen erschöpfenden Tätigkeit des Parlamentariers, der in dieser Funktion am Kölner Dombaufest im August 1848 teilnahm, weckte bissige Kommentare. Am 11. August meldete die „Mannheimer Abendzeitung“, man höre, daß „Herr von Soiron“ demnächst nach Berlin abreisen werde, „um Preußen wegen Huldigungs-Verweigerung in die Reichsacht zu erklären“, und ergänzte dies mit dem spöttischen Kommentar: „Der Himmel erhalte ihm seine reine, kräftige Stimme, damit Preußen den Vollzug seiner Drohung ebenso vernehme, als wir diese zur Zeit vom hiesigen Rathhause herab hörten. Zittere Preußen und lerne einen Mann würdigen, der – eine starke Stimme hat!“ (Mannheimer Abendzeitung vom 13. August 1848). Auf seine 'starke Stimme', also eine gewisse Großmäuligkeit, reduzierten die einstigen Kampfgenossen die Tätigkeit des Mannes, von dem sie sich verraten fühlten. In den Versammlungen seiner Freunde vom Neuen Vaterländischen Verein erntete der Mann dagegen stürmische Hochs, der als Teilhaber einer sich als fiktiv erweisenden Macht den Weg des Frankfurter Parlaments bis zum 30. Mai (dem Tag des Umzugs des Rumpfparlaments nach Stuttgart) mitging. Einen politischen Sinn hatte sein Engagement aber schon mit dem Scheitern seiner Mission im Rahmen der Kaiserdeputation des Reichstags verloren. Mit der Ablehnung der Kaiserkrone durch den preußischen König am 16. April 1849 wurde der konstitutionellen Richtung unter den deutschen Demokraten für lange Zeit die Basis zum Handeln entzogen.

Q: *StadtA Mannheim: Karl-Friedrich-Gymnasium, Zug. 4/77, Nr. 61; Kleine Erwerbungen, Nr. 132 (Brief 1849); Mannheimer Abendzeitung; Mannheimer Journal.* – ***L:*** *Bassermann, Friedrich Daniel: Denkwürdigkeiten. Frankfurt a.M. 1926; Best, Heinrich / Weege, Wilhelm: Biographisches Handbuch der Abgeordneten der Frankfurter Nationalversammlung 1848/49. Düsseldorf 1996; Hoff, Carl Heinrich: Zur Erinnerung an Carl Heinrich Hoff geboren zu Mannheim am 13. Juli 1804 gestorben ebendaselbst am 7. Mai 1891. o.O. o.J.; Mohr, Gustav: A.v.S. Köln 1939; Schnabel, Franz: Zur Gestalt des Mannheimer Achtundvierzigers A.v.S. In: Mannheimer Geschichtsblätter 40 (1939), S. 87 – 89. Walter, Friedrich: Mannheim in Vergangenheit und Gegenwart. Bd. 2: Geschichte Mannheims vom Übergang an Baden (1802) bis zur Gründung des Reiches. Mannheim 1907 (ND Frankfurt a.M. 1978); Weech, Friedrich von: A.v.S.. In: Badische Biographien. Bd. 2. Heidelberg 1875, S. 301 – 303.*

Hans-Joachim Hirsch

Spatz, Carl Alexander, Advokat
* 4. 9. 1810 Speyer, ev.
† 9. 7. 1856 Frankenthal

V Johann Bernhard S., Kreisbaurat. M Charlotte Katharina, geb. Holtzmann.
∞ 25. 9. 1836 Ernestine Augusta, geb. Fries aus Grünstadt. V Christian Ernst F. (1778 – 1857), Friedensrichter und Landrat.

1828 – 1832	Studium der Rechtswissenschaften in München und Heidelberg
1836 – 1853	Advokat-Anwalt in Frankenthal
1848	Mitglied des Vorparlaments und des Fünfziger-Ausschusses
1848 – 1849	Mitglied der Frankfurter Nationalversammlung
1849	Mitglied des Dreißiger-Ausschusses; Mitglied des Stuttgarter Rumpfparlaments; Mitglied des Fünfzehner-Ausschusses
1853 – 1856	Kaufmann in Frankenthal

S. war der jüngste der drei Frankenthaler Advokaten, die in den 1830er und 1840er Jahren zu führenden Persönlichkeiten der liberalen Bewegung in der Pfalz heranwuchsen. Im

Gegensatz zu Georg Jakob Stockinger und Friedrich Justus Willich (s. jeweils dort) begann seine politische Karriere erst mit dem Ausbruch der Revolution von 1848. S. war Mitglied einer Delegation von 76 pfälzischen Bürgern, die am 17. März 1848 vom bayerischen König die Revision der Verfassung, das Recht auf freie Assoziation, die Aufhebung der Klöster und die Vermehrung der Sitze für die pfälzischen Abgeordneten im bayerischen Landtag forderten.
Während seines Aufenthaltes in München hielt S. an der Hauptwache auch eine vielbeachtete Rede an die Studenten, in der er sie beschwor, sich für die „Sache der Freiheit" und „ein gemeinsames deutsches und heiliges Vaterland" einzusetzen. Ebenfalls im März 1848 wurde S. in das Vorparlament berufen und dort in den Fünfziger-Ausschuß gewählt. Als Vertreter des Ausschusses verhandelte er im April mit Friedrich Hecker (s. dort) und versuchte diesen zu bewegen, seinen Aufstand zu beenden. Im Mai 1848 folgte schließlich im zweiten pfälzischen Wahlbezirk (Frankenthal) die Wahl in die Nationalversammlung.
In der Paulskirche gehörte S., der sich dem 'Deutschen Hof' anschloß, zu den gemäßigten Linken. Bereits bei der Gründung des Pfälzischen Volksvereins in Kaiserslautern am 9. April 1848 hatte er die Anwesenden aufgefordert, „Mäßigung zu wahren" (Renner (1955), S. 83), um der Nationalversammlung nicht vorzugreifen. Er war zwar überzeugter Anhänger der Volkssouveränität und des demokratischen Prinzips, zeigte sich von Anfang an aber auch bereit, Kompromisse einzugehen. Dies dokumentierte auch sein Eintrag ins Parlaments-Album: „Wir müssen festhalten an der Verfassung, welche wir dem deutschen Volke als seine freigewählten Vertreter gegeben haben", so schrieb er. „Wir dürfen kein Opfer scheuen, sie, trotz allen Widerstandes dynastischer Sondergelüste, ins Leben zu rufen: denn ungeachtet ihrer Mängel und erbkaiserlichen Spitze bildet sie den Rechtsboden, auf welchem sich alle Freunde des Volkes einigen können, um dem Vaterlande nach innen volle Freiheit, nach außen Größe und Macht zu verleihen".
Besonders engagiert beteiligte sich S. in Frankfurt an der Beratung der Grundrechte. Er brachte

Carl Alexander Spatz im Jahr 1848 (Vorlage: Erkenbert-Museum, Frankenthal)

zahlreiche Anträge, Zusätze und Amandements ein und plädierte von Anfang an gegen die mehrmalige Beratung des Grundrechtskatalogs, da er befürchtete, „schwache Gemüter" könnten ihn wieder einschränken.
Während des pfälzischen Aufstandes hielt sich S. meist in Frankfurt und – seit dem 6. Juni – mit dem Rumpfparlament in Stuttgart auf. Vom 13. April bis zum 30. Mai 1849 war er Mitglied und zeitweise auch Schriftführer des Dreißiger-Ausschusses, vom 13. bis zum 18. Juni auch Mitglied des Fünfzehner-Ausschusses.
Trotz seines Engagements blieb S. nach der Revolution zunächst unbehelligt, wurde 1853 aber wegen seiner Kontakte zu politischen Flüchtlingen im Elsaß doch noch vom Amt suspendiert.
S. starb am 9. Mai 1856 im Alter von 45 Jahren in Frankenthal.

L: *List, Günther: Die Pfälzer in der Paulskirche. In: Pfälzische Heimatblätter 8 (1960), S. 61 – 63; Renner, Helmut: Die pfälzische Bewegung in den Jahren 1848/49 und ihre Voraussetzungen. Ein Beitrag zur pfälzischen Geschichte des 19. Jahrhunderts. Masch. Diss.*

*Marburg 1955; Valentin, Veit: Geschichte der deutschen Revolution von 1848 – 1849. 2 Bde. Berlin 1930/31. NDe Köln 1970 und Frankfurt a.M. 1977. – **B:** Erkenbert-Museum Frankenthal: Inv. Nr. 210.*

Gerhard Nestler

Speiser, Eduard, Färbermeister
* 25. 3. 1814 Kirchheim unter Teck, ev.
† 27. 3. 1892 Sinsheim

V Philipp David S., Löwenwirt (1779 – 1832). M Maria Barbara, geb. Quasti (1779 – 1832). G 6.
∞ 1841 (Mannheim) Margaretha, geb. Nippgen (1812 – 1892), ev. V Johann Adam N., Gutsbesitzer. K 3 Söhne, 2 Töchter.

1828 – 1831	Färberlehre in Kirchheim unter Teck
1832 – 1839	Geselle und Vorsteher von Kunst-, Waid- und Schönfärbereien in Stuttgart, Goldberg, Weißkirch, Brünn und Troppau
1840	Färber in Sinsheim
1842	Färbermeister in Sinsheim
1848 – 1849	Mitglied des Gemeinderats; Vorsitzender des Volksvereins
1849	Zivilkommissär für den Amtsbezirk Sinsheim; Bürgermeister in Sinsheim; Flucht in die Schweiz
1850	freiwillige Rückkehr nach Sinsheim
1851 – 1852	Einzelhaft in der Strafanstalt Bruchsal
1857	Wiederverleihung des uneingeschränkten Bürgerrechts
1860	Gründer und Präsident des Gewerbevereins; Gründungsmitglied und 1. Kommandant der Freiwilligen Feuerwehr
1868	Gründer des Vorschußvereins (spätere Volksbank)
1881 – 1889	Bürgermeister in Sinsheim
1885	Mitgründer der Spar- und Waisenkasse (spätere Sparkasse)

Eduard Speiser um 1860 (Vorlage: Stadtmuseum Sinsheim)

S. gehörte zu führenden Köpfen der demokratisch-revolutionären Bewegung im Amtsbezirk Sinsheim. Als überzeugter Republikaner beteiligte sich S. maßgeblich am sogenannten Ostermontagszug der Sinsheimer am 24. April 1848 nach Heidelberg. Nach dem Scheitern des Unternehmens wurde S. verhaftet und kam in mehrmonatige Untersuchungshaft in das Sinsheimer Amtsgefängnis. Er wurde jedoch amnestiert und setzte anschließend unbeirrt von staatlichen Repressalien seine politische Tätigkeit mit großer Intensität fort. So gelang es ihm – in Abwesenheit der führenden Köpfe Karl Gustav Mayer und Karl Bauer (s. jeweils dort) – für den gesamten Amtsbezirk Sinsheim ein Netz von gut funktionierenden Volksvereinen aufzubauen, welches beispielhaft für den gesamten nordbadischen Raum war. Nach dem Ausbruch der Mairevolution avancierte S. als Nachfolger von Karl Gustav Mayer zum mächtigsten Mann im Amtsbezirk. Am 23. Mai 1849 trat S. das Amt des Zivilkommissärs an. Wenige Tage später wurde er mit großer Majorität auch zum Bürgermeister Sinsheims gewählt. Als Zivilkommissär vertrat S. nachhaltig die Interessen der

Revolution, bemühte sich aber auch um den Ausgleich der unterschiedlichen politischen Strömungen innerhalb der Bürgerschaft.
Seiner Überzeugung gemäß setzte sich S. bis zur Besetzung Sinsheims durch Reichstruppen unermüdlich für die revolutionäre Sache ein. Er sammelte Geld und Lebensmittel, bildete einen Sicherheits- und Wehrausschuß und sorgte für die Mobilmachung der Bürgerwehraufgebote. Am 23. Juni 1849 floh S. mit den abrückenden Truppen der Revolutionsarmee aus Sinsheim. In Abwesenheit wurde S. vom Großherzoglich Badischen Hofgericht des Unterrheinkreises in Mannheim zu zwei Jahren Zuchthaus verurteilt. Sein gesamtes Vermögen wurde beschlagnahmt, und er verlor das badische Staatsbürgerrecht. S. hielt sich zunächst einige Monate in der Schweiz auf. Am 11. November 1850 kehrte er in seine Heimat zurück und stellte sich den Behörden. Nach seiner Verhaftung saß er für neun Monate und drei Tage in Einzelhaft in der Strafanstalt Bruchsal. Am 13. April 1852 wurde er auf Wohlverhalten für den Rest der Strafe begnadigt und aus dem Gefängnis entlassen. Zuvor hatten sich in einem Schreiben 65 Sinsheimer Bürger für die vorzeitige Freilassung S.s verwendet.
Nach seiner Rückkehr nach Sinsheim blieb S. zunächst unter Polizeiaufsicht und ohne Staats- und Ortsbürgerrecht. In den folgenden Jahren engagierte sich S. kommunalpolitisch auf unterschiedlichsten Gebieten. Nach langjähriger Tätigkeit im Gemeinderat wählten ihn die Sinsheimer Bürger im Jahre 1881 erneut zu ihrem Bürgermeister. Dieses Amt bekleidete er mit der ihm eigenen Souveränität bis 1889.

Q: *GLAK: Kartei Heinrich Raab; StadtA Sinsheim: A 1174 – 1177; A 1183 – 1189; A 1206; B 40 – 41; B 91 – 95; B 234; B 443 – 444; R 485 – 490.* ***– L:*** *Bauer, Wilhelm: Sinsheims Schultheissen, Bürgermeister und Stadtschreiber von 1400 – 1900. Sinsheim 1991 (Sinsheimer Hefte, 2), S. 27f.; [Wilckens, Adolf :] Aus dem Kraichgau. Eine Skizze zur Geschichte der Revolution in Baden. Heidelberg 1849, S. 9 – 10.* ***– B:*** *Stadtmuseum Sinsheim.*

Holger Friedrich

Spies, Johann Nicolaus, Bierbrauermeister
* 19. 2. 1809 Mannheim, ev.
† 14. 9. 1863 New York

V Georg Elias S., Bierbrauermeister (um 1774 – 1827). M Elisabetha, geb. Rückner (um 1786 – 1865). G 2 Brüder, 8 Schwestern.
∞1838 (Mannheim) Anna Maria, geb. Rückner (* 1818 Mannheim), ev. K 1 Sohn.

1842 – 1848 Mitglied im Großen Bürgerausschuß

Der Bierbrauermeister S., Wirt im Gasthaus „Zum silbernen Kopf", war einer der beiden Hauptbeschuldigten, die im Zuge der Mannheimer Unruhen am 26. April 1848 verhaftet wurden. Der Vorwurf, der Todesschütze des bayerischen Soldaten Peter Koberstein gewesen zu sein, brachte ihm nach der Revolution, im kollektiven Prozeß der in dieser Sache vor Gericht stehenden 29 Angeklagten, in Abwesenheit eine zwölfjährige Zuchthausstrafe ein.
Die Anklage gegen S. beruhte auf Gerüchten, die sich schon bald nach den Schießereien an der Rheinbrücke verbreitet hatten. Es hieß, die Wirte Theobald Betz (s. dort) und S. hätten sich öffentlich gerühmt, die Schützen an der Rheinbrücke gewesen zu sein, „welche sich im Garten der Wirthschaft zur Rheinlust hinter steinernen Pfosten aufgestellt und von da mit Büchsen auf die einzelnen Soldaten, die sie den Zuschauern im Voraus bezeichnet, gefeuert hätten" (GLAK: 243/1990, 4). Obwohl mancher der Verbreiter dieser Gerüchte angesichts der drohenden rechtlichen Folgen des Tatvorwurfs öffentlich jede Beteiligung am Gerede abstritt, wurden die beiden Angeschuldigten vom eilends eingesetzten Regierungskommissar Maier schon am 28. April in Haft genommen, während die eigentlichen 'Rädelsführer' des Aufruhrs ins Exil entkamen. Die Justiz hielt sich anstelle der Entflohenen an den Führern der republikanischen Bewegung schadlos, die unbeschadet ihrer zum Teil eher beschwichtigenden Rolle in dieser Sache belastet wurden.
Für die Tatbeteiligung von S. indessen sprach allerdings manches Indiz, und sei es nur sein Ruf als glänzender Scharfschütze, dessen er sich selbst gern rühmte. Schon am 29. Juli des Jah-

res wurden die Akten vom untersuchenden Assessor Mais vorerst über dem Fall geschlossen; die Entscheidung über die Anklageerhebung wurde vertagt, da das Untersuchungsgericht die nach Frankreich geflohenen Tatbeteiligten mit in das Verfahren einbeziehen wollte. Obwohl die französischen Behörden eine Auslieferung dieser drei Mitangeklagten am 22. September abgelehnt hatte, konnte die badische Justiz ihrer wenige Tage nach diesem Datum habhaft werden, hatten sie sich doch der durch Gustav Struve (s. dort) initiierten neuen Bewegung im Seekreis angeschlossen und waren bei deren Niederschlagung in Gefangenschaft geraten. Dennoch sollte das erneute Aufrollen des Verfahrens noch Monate dauern.

Unter Berufung auf seine „erwiesene" Unschuld hatte mittlerweile S. ein erstes Amnestiegesuch und das Angebot einer Kautionsstellung an die Untersuchungsbehörde eingereicht, um die seinem Geschäft drohenden wirtschaftlichen Folgen abzuwenden. Von da an säumen verzweifelte Bittstellungen und Eingaben seine ungerechtfertigt lange Untersuchungshaft, die die Zeitgenossen in der Presse als Beweis für den Bankrott der Justiz immer wieder ins Bewußtsein gebracht bekamen.

Die „Zerrüttung" seines körperlichen Zustands und der Umstand, daß selbst der Untersuchungsrichter „wegen der Bedeutungslosigkeit der Anschuldigung" den angegriffenen, „sonst so kräftigen" S. zur Freilassung empfahl, sprachen für eine solche Maßnahme. Auch seine Frau Maria, die zwischenzeitig das Lokal „Zum silbernen Kopf" weitergeführt hatte und im Frauenverein aktiv war, setzte sich für die Freilassung ihres Mannes oder wenigstens ein beschleunigtes Verfahren in einer Eingabe an „das Haupt der badischen Justiz", Staatsrat von Stengel, ein. Fast ein Jahr dauerte es, bis nach vereinten Anstrengungen Rechtsanwalt Lorenz Brentano (s. dort) die Freilassung des Gefangenen erreichte. Am 6. Mai wurde er nach Stellung einer Kaution aus dem Bruchsaler Zellengefängnis entlassen. „Er war ein frischer, blühender Mann, als man ihn von hier abführte; seine Lebenskraft ist jetzt gebrochen; die Kerkerleiden haben ihm ein Siechtum zugezogen, von dem er sich bei seinem lebhaften Temperamente schwer erholen wird" (Mannheimer Abendzeitung vom 8. Mai 1849). So machte die Presse S. stellvertretend für seine Leidensgenossen zum „Opfer monarchischer Gerechtigkeitspflege".

In den wenige Tage nach dieser Freilassung auf Bewährung ausgebrochenen Aufstand wurde S., bedingt durch seinen Beruf, erneut verwickelt. Zwar engagierte er sich nicht wesentlich über die gängige Aktivität republikanischer Wirte hinaus, indem er Einzeichnungslisten für die Volkswehr in seinem Lokal auslegte und in der Bürgerwehr seit dem 1. Juni die Stellung eines Oberleitmanns im 2. Fähnlein bekleidete. Aber schon diese geringe Aktivität brachte ihn auf die Liste der nach der Mannheimer Konterrevolution gesuchten Aktivisten. Der Aussicht einer erneuten langen Kerkerhaft aber hatte sich S. diesmal vorsorglich durch die Flucht entzogen. Vermutlich verließ er noch am 23. Juni die Stadt, also erst einen Tag nach dem Umschwung in Mannheim. Von der Untersuchungskommission des Mannheimer Stadtamts wurde er in einer Aufstellung der örtlichen Rädelsführer des Aufstands am 31. Juli als Führer eines Freikorps gesucht. Währenddessen war er ins nahe Straßburg emigriert, von wo aus er noch eine Zeitlang sein Verfahren betrieb, in der Hoffnung, wieder nach Mannheim zurückkehren zu können. Noch immer stellte er sich als unschuldig Verfolgten dar. In Briefen an seinen Freund Daniel Krebs (s. dort) äußerte er die Hoffnung, daß doch noch „etwas geschehe". Noch im März 1850 hatte er diese vage Hoffnung. Gleichzeitig verabschiedete er sich aber von Krebs, um nach Nordamerika auszuwandern, und bot an, Post für Friedrich Hecker (s. dort) mitzunehmen. In seinem Familienbogen erscheint dieser Sachverhalt als knappe Notiz. Unter der Rubrik „Bemerkungen/Wohnung" findet sich der Eintrag, er sei „in Amerika flüchtig", und auch die Auswanderung seiner Frau, die ihm ins amerikanische Exil folgte, wurde im Familienbogen vermerkt. Vom Mannheimer Stadtrat wurde S., wie einer ganzen Reihe kompromittierter Personen auch, im selben Monat „wegen beharrlicher Landesflüchtigkeit das Staatsbürgerrecht aberkannt" (Walter (1978), S. 408).

Im Herbst 1862 erhielt das badische Justizministerium in Karlsruhe einen Brief von S. aus New York: „Untertänigst bittend" stellte er die

Anfrage, inwieweit die Bestimmungen der jüngst verkündeten Amnestie auch auf ihn zuträfen und er aus dem ungeliebten Exil zurückkommen könne, ohne eine weitere Strafverfolgung einzugehen. Doch die am 18. September umgehend erteilte positive Antwort der Karlsruher Justizbehörde, daß „seiner straffreien Rückkehr in das Großherzogthum nichts mehr im Wege stehe" (GLAK: 234/1990), ermöglichte dem heimwehgeplagten Exilanten die Rückkehr nicht mehr. Er starb ein Jahr später in einer ungeliebten neuen Heimat.

War er nun der Täter oder nicht? Diese Frage ist auch im nachhinein angesichts der damals herrschenden Verwirrung schwer zu beantworten. Dennoch kann festgestellt werden, daß die badische Justiz, gemessen an ihrem Vorgehen in der Revolutionszeit, zu der Ansicht gekommen zu sein scheint, der Hauptschuldige und Todesschütze des bayerischen Soldaten Peter Koberstein sei der Küfer Theobald Betz gewesen, der mit 20 Jahren Zuchthaus die höchste Freiheitsstrafe zugesprochen bekam. Das vorgesehene Strafmaß für S. dagegen war bedeutend niedriger angesetzt und zog nur „fortgesezte Tödtungsversuche" in Betracht. Zu einem ganz anderen Urteil kam dagegen im Rückblick einer seiner prominenten Mitbürger. Der Gemeinderat und Konditor Carl Hoff (s. dort) beschrieb die Kampfszene an der Rheinbrücke zu Ludwigshafen mit entschiedener Knappheit: „Von der Rheinlust aus erschoß mit der Standbüchse Bierwirth Spies einen bayerischen Unteroffizier" (Hoff, C. H., S. 290).

***Q:** GLAK: 234/1990; StadtA Mannheim: Polizeipräsidium, Zug. –/1962, Familienbogen; NL D. Krebs, Zug.–/1958, Nr. 57, 58; Mannheimer Abendzeitung. – **L:** Hoff, Carl Heinrich: Zur Erinnerung an Carl Heinrich Hoff geboren zu Mannheim am 13. Juli 1804 gestorben ebendaselbst am 7. Mai 1891. o.O. o.J.; Walter, Friedrich: Mannheim in Vergangenheit und Gegenwart. Bd. 2: Geschichte Mannheims vom Übergang an Baden (1802) bis zur Gründung des Reiches. Mannheim 1907 (ND Frankfurt a.M. 1978).*

Hans-Joachim Hirsch

Stay, Philipp Gebhard, Volksschullehrer, Journalist
* 8. 11. 1821 Kreuznach, ev.
† 1880 Magdeburg (?)

V Johann Wilhelm S., Hutmacher. M Elisabetha, geb. Gebhard.
∞ 5. 2. 1867 (Mannheim) Julie, geb. Cramer (* 9. 10. 1842), ev., aus Darmstadt. V Christian Friedrich C., Eisenbahn-Expeditor. M Friederike Helena, geb. Bauer.

21. 4. 1840	Volksschullehramtskandidat
21. 4. 1840 – 3. 5. 1845	Unterlehrer in Michelfeld, Walldorf und Eschelbach
15. 6. 1845 – 27. 2. 1849	Hauptlehrer in Maisbach
21. 11. 1846	Ratsschreiber in Maisbach und Ochsenbach
13. 12. 1848 – 22. 6. 1849	Verleger der Zeitung „Der Volksführer"
27. 2. 1849	Entlassung aus dem Schuldienst
13. 5. 1849	Mitglied des Landesausschusses der Volksvereine
10. 6. 1849 – 30. 6. 1849	Abgeordneter (18. Wahlbezirk) in der badischen Verfassunggebenden Versammlung
25. 4. 1850	Verurteilung in Abwesenheit durch das Hofgericht Bruchsal zu 20 Jahren Zuchthaus
7. 2. 1862	Amnestierung aufgrund eines großherzoglichen Gnadendekrets
18. 2. 1866	Wiederverleihung des Ortsbürgerrechts von Mannheim
10. 1. 1867	Wiederverleihung des badischen Staatsbürgerrechts

S. trat erstmals hervor als Organisator des Allgemeinen Lehrervereins Badens und Herausgeber des „Neuen Badischen Volksschulblattes" (1847 – 49). Wie dieses wurde auch die von S. selbst verlegte politische Tageszeitung „Der Volksführer" – eine der radikalsten Badens – bei Georg Mohr in Heidelberg gedruckt. Sie erschien seit dem 13. Dezember 1848 bis zum Verbot am 22. Juni 1849 in 145 Ausgaben, wovon etliche nach Zensur beschlagnahmt wurden. In ihrer volksnahen, eingängigen Art (vertraulicher Du-Stil; Eindeutschung von Fremdwörtern; aktive Lesermitbeteiligung) bei einem vergleichsweise günstigen Preis (2 Gulden 30 Kreuzer) wurde sie von ihrer ländlichen Zielgruppe (insbes. Handwerker und Bauern des unteren Neckarraumes) stark frequentiert. Mit ihrem offen agitatorischen Ton wider das etablierte Ordnungsgefüge („Reakzionsgeschmeiß") und der permanent artikulierten Intention einer militanten Umwälzung leistete sie einen nicht unerheblichen Beitrag zur allgemeinpolitischen Sensibilisierung und prorevolutionären Mobilisierung des 'gemeinen Volkes'. S. zog stets die journalistischen Fäden des Blattes, war sich jedoch der juristischen Relevanz dabei durchaus bewußt. So mißbrauchte er die Notlage eines ihm aus Maisbach bekannten, verarmten und unbedarften Landmannes namens Valentin Salzgeber, den er gegen einen 'Hungerlohn' dazu brachte, den eigenen Namen für Blankounterschriften als verantwortlicher Redakteur herzugeben, was diesem 'Strohmann' später einen halbjährigen Haftaufenthalt eintragen sollte. Aufgrund seiner (vereins)politischen und journalistischen Aktivitäten wurde S. im Januar 1849 vom Schuldienst suspendiert und schließlich am 27. Februar entlassen. S. betätigte sich öffentlich auch als Redner auf Volksversammlungen, so etwa nachweislich am 28. Januar in Sinsheim, wo er gar „das Aufhängen der Beamten und Pfaffen" gepredigt haben soll (Wilckens (1849), S. 41), und beteiligte sich am Aufbau neuer Volksvereinsortsgruppen im Heidelberger Umland. Da paßt es ins Bild, wenn „Der Volksführer" sich zuvörderst als „Organ der Volksvereine" begriff. Auf dem Landeskongreß der Volksvereine in Offenburg (12.–16. Mai 1849) reüssierte S. als Mitglied des sog. Landesausschusses der Volksvereine (ab 27. Mai auch Mitglied in dessen Abteilung für äußere Angelegenheiten). Geprägt von den Lehren des „utopischen Sozialismus" eines Pierre Proudhon und Louis Blanc sowie dem eben aufkeimenden Marxismus gegenüber durchaus aufgeschlossen, hielt S. in Offenburg Kurzplädoyers für eine sofortige Entlassung aller gegenüber dem Landesausschuß nicht eidwilligen und illoyalen Beamten sowie zugunsten der raschen Proklamierung einer souveränen badischen „social-democratischen, roten Republik"; symbolhaft soll er übrigens ein blutrotes Halstuch stets mit sich getragen haben. Diese Anliegen konnte S. bald noch prononcierter verfechten. Denn für die Gruppe der Radikaldemokraten antretend, wurde S. im 18. Wahlbezirk (Amtsbezirke Neckargemünd, Sinsheim, Hoffenheim, Neckarbischofsheim, Mosbach) am 3. Juni in die sogenannte Verfassunggebende Versammlung gewählt. Neben Franz Joseph Reich avancierte S. dort zum Hauptredner der oppositionellen 'Bergpartei' und bekleidete zudem parlamentarische Funktionen als einer von vier Jugendsekretären und Schriftführer der 2. Abteilung. S. bekannte sich – mit der Mehrheit – zur dreiköpfigen Provisorischen Regierung, wollte diese aber stärker durch die Versammlung kontrolliert wissen (Rechenschaftspflichtigkeit) um eine Ein-Mann-Dominanz Lorenz Brentanos (s. dort) zu verhindern, weshalb er selbst auch das – mehrheitlich angenommene – Gesetz über die Befugnisse der Regierung, das Brentano das alleinige Recht zur Ministerernennung zugestand, ablehnte. S. plädierte nachdrücklich für die Durchführung des Standrechts zur Ausmerzung von Revolutionsgegnern (mehrheitlich angenommen) und war dafür, den landesflüchtigen Großherzog gerichtlich abzuurteilen, indem man „den Bürger Leopold Zähringer zurückrufe, aber durch Steckbriefe in den Zeitungen, um ihn dann als Hochverräther zu bestrafen" (GLAK: 65/76). S. distanzierte sich deutlich und kompromißlos von der Reichsregentschaft in Stuttgart, denn der wahre Stützpunkt der Revolution sei in Karlsruhe, deren Trägerin die dortige Provisorische Regierung, und die Reichsverfassung, das „papierne Paulskirchenmachwerk", sei nur eine „konstitutionelle", ja verhelfe dem „Absolutismus" zum endgültigen Sieg. Doch mit solchen Auffassungen stand S. auf verlorenem Posten gegenüber der Mehrheit, welche pro Reichsregentschaft und Reichsverfassung votierte. Mit der Majorität der Deputierten war S. für rasche Neuwahlen und die Einsetzung neuer Organe auf Gemeindeebene, wozu es dann bis Anfang Juli auch noch kam. Nicht mehr umgesetzt werden konnte indes S.s Initiative zur Rückforderung aller zu monarchischer Zeit verliehenen Orden, um durch deren

Einschmelzung die akuten Geldnöte abzumildern. Um dem Waffenmangel auf seiten der Revolutionstruppen entgegenzuwirken, unterstützte S. den – mehrheitlich angenommenen – Antrag zur Entwaffnung von Privatleuten und sogenannten nicht Kampfwilligen. Nach dem Scheitern der Verfassunggebenden Versammlung „übte [Stay] schließlich noch in Lahr bis kurz vor dem Einrücken der preußischen Truppen einen revolutionären Terrorismus aus" (GLAK: 233/31153), wovon Einzelheiten nicht bekannt sind, und flüchtete dann, wie etliche Gesinnungsgenossen, in die Schweiz. S. wurde des Hochverrats angeschuldigt (Beweismittel: „Notarietät") und vom Bezirksamt Heidelberg zur Fahndung ausgeschrieben (26./28. Juli) (GLAK: 204/2974). Der von S. gegründete Allgemeine Lehrerverein wurde am 28. Oktober als gemeinwohlgefährdend aufgelöst und verboten. Der Schweizer Bundesrat bekräftigte am 8. November nochmals seinen Ausweisungsbeschluß vom 16. Juli bezüglich noch in der Schweiz weilender deutscher Revolutionäre. Darunter fiel auch S., der daraufhin am 13. November einen Ausweis zur Heimkehr und Reisegeld erhielt. S. blieb jedoch und wurde – gemeinsam mit seinem revolutionären Weggefährten Karl Friedrich Steinmetz – in Zürich nachgewiesen. S. wurde am 25. April 1850 vom Hofgericht in Bruchsal in Abwesenheit des Hochverrats für schuldig erklärt und zu einer Zuchthausstrafe von 20 Jahren und Schadenersatz verurteilt. Infolgedessen wurde ihm auch das badische Staatsbürgerrecht wegen Landesflüchtigkeit aberkannt, ebenso verlor er das Ortsbürgerrecht von Mannheim. Mit Steinmetz hielt sich S. unter dem Namen „Mammel" in Bremgarten (Kanton Aargau) auf (Juni), danach (August) unter gleichem Namen in Aarau (Kanton Aargau). Sie planten wohl den Druck und geheimen Vertrieb eines gemeinsamen – jedoch nie realisierten – Buchprojekts mit dem Titel „Die badische Revolution und die Zustände in Deutschland". Zum Herbstanfang war S. in Rheinfelden (Kanton Aargau), später in Liestal (Kanton Basel-Land). Danach ging er mit Steinmetz Mitte Oktober nach Frankreich. Während diesem die Ausreise nach Amerika gelang, blieb S. zurück und begab sich Anfang Dezember über das Elsaß wieder in die Schweiz, zunächst in den Bezirk Kulm (Kanton Aargau) und dann Ende Dezember über Solothurn nach Genf. Fortan wechselte er wieder häufig seine Aufenthaltsorte in der Schweiz. S. soll 6 – 7 Pässe oder Heimatscheine unterschiedlichen Namens (u.a. „Römer") besessen haben. Das „Neue Badische Volksschulblatt" wurde inzwischen vom badischen Innenministerium am 13. Juni 1851 mit Beschlag belegt und jegliche Weiterverbreitung unter Strafe gestellt. S. wurde mit einem Agitationskomitee in London in Beziehung gebracht und soll im September 1851 dessen Emissär gewesen sein. Dann war S. unter dem Namen „Schlemmer" (aus Pforzheim) unterwegs, hielt sich kurz in Baden (Kanton Aargau) auf (November), dann wieder in Zürich (Dezember) und anschließend wohl neuerlich im Kanton Aargau (Anfang 1852). In Aarau (Kanton Aargau) war er angeblich als Hauslehrer unter dem Namen „Müller" tätig (1853). Unter gleichem Namen soll er sich von 1855 bis 1857 in Neuchâtel niedergelassen und dort als Redakteur bei der Zeitung „L'Indépendant" gewirkt haben. Um unerkannt zu bleiben, wechselte er während dieser langen Zeit der Illegalität nicht nur häufiger den Namen, sondern auch sein Aussehen (Bart, Brille, Hut – mal mit, mal ohne). Während man ihn aus der Revolutionszeit mit „wilder Löwenmähne" und „Heckerbart" kannte, liegen aus den Schweizer Jahren unterschiedliche Beschreibungen vor: Von „kleiner Statur, hat dunkelblonde Haare, derselbe hat ein ziemlich breites Gesicht und starke Backenknochen und hat auswärts gebogene Füße. Er hat die Mundart des badischen Unterlandes, zuweilen trägt er eine Brille" (GLAK: 313/2904); „groß, kräftig gebaut, [...] einen dunkelrothen sehr starken Bart, Augenbrauen dicht und blond" (GLAK: 313/2907). Aus Genf schließlich „reichte derselbe höchsten Orts eine Vorstellung ein, in welcher er mit Redensarten voll dünkelhafter Selbstüberschätzung die Ertheilung einer unbeschränkten politischen Amnestie für alle politischen Flüchtlinge beantragte" (4. Juni 1859), womit er natürlich bei der badischen Regierung nicht durchdrang (GLAK: 233/31153) und dann den illegalen Weg zurück in die Heimat beschritt. „Derselbe hielt sich schon seit dem Jahre 1859 bis zum October 1860 unter dem Namen Conrad

Rheinwald von Lambrecht-Grevenhausen, domicilirt in Ludwigshafen zu Worms auf, besorgte mit dem Redacteur N.N. die Herausgabe des Blattes 'Rheinischer Herold', bis er sich im October v.J. [1860] einer ihm wegen Preßvergehen drohenden Verhaftung durch die Flucht entziehen mußte" (GLAK: 234/1991). In Mannheim logierte S. dann unter dem Namen „Kraeutler" (aus Worms) im Gasthaus „Zum Weinberg". Als S. merkte, daß die Polizei ihm dicht auf der Spur war, stellte er sich beim Amtsgericht Mannheim und bat – bezugnehmend auf das Großherzogliche Amnestiedekret vom 1. Dezember 1860 – am 10. Dezember um Begnadigung. Daraufhin vorübergehend in Haft genommen, wurde S. nach Unterzeichnung eines Protokolls am 19. Dezember wieder entlassen. Inzwischen hatte das badische Staatsministerium lediglich beschlossen, daß ihm „unter der Bedingung gesetzlichen Verhaltens der Aufenthalt im Lande zu gestatten und bis auf Weiteres vom Vollzug der Strafe abzusehen sei" (14. Dezember) (GLAK: 233/31153), aber noch keine Begnadigung ausgesprochen. S. verließ folglich am 23. Dezember Mannheim und war anschließend in Darmstadt, Frankfurt, Mainz, Bern und Biel unterwegs (u.a. auf Arbeitssuche), und wurde erst wieder in Heidelberg – wo er sich unter dem Namen „A. Kaeuffer" (Partikulier aus Mannheim) im Gasthaus „Darmstädter Hof" einquartiert hatte – von der Polizei ermittelt und kurzerhand ausgewiesen (23. Februar 1861). Offensichtlich blieb er aber dort als „Schriftsteller" und Mitarbeiter der „Volkszeitung für Süddeutschland" des Dr. Pickford. Durch eine Verurteilung wegen Ruhestörung (Amtsgefängnisstrafe von 24 Stunden) wurde er im gleichen Jahr zum 28. November nochmals aktenkundig. Infolge des Großherzoglichen Gnadendekrets vom 7. August 1862 wurde S. dann doch amnestiert. Nach eigenen Angaben war S. nach seiner Heidelberger Zeit Redakteur in „Wagners Telegraphischem Correspondenzbureau" in Frankfurt, danach ab Juli 1866 Leiter von dessen neuer Mannheimer Filiale und gründete anschließend das „Süddeutsche Telegraphische Correspondenzbureau" in München, dem er auch als Direktor vorstand. Auf erneuten Antrag erhielt S. am 18. Dezember 1866 das Ortsbürgerrecht von Mannheim sowie am 10. Januar 1867 das badische Staatsbürgerrecht endlich doch zurück, woraufhin er sich am 5. Februar verheiraten konnte. Zuletzt, seit 1876, fungierte S. als Redakteur der „Magdeburger Zeitung" und soll schließlich 1880 in der Elbestadt an einem Nierenleiden verstorben sein. S. gehörte als Repräsentant des beruflich und politisch unzufriedenen Volksschullehrerstandes – typisch für seine Zeit – zu den Trägern der prorevolutionär-antiklerikalen Bewegung in der Region und trug bei seinen journalistischen, vereinsorganisatorischen und politischen Aktivitäten mit dem geschriebenen und gesprochenen Wort als 'Waffe' zur Radikalisierung insbesondere der Landbevölkerung bei.

Q: *GLAK: 48/3076; 48/3077; 48/3080; 48/3081; 48/5208; 48/8774; 49/1019; 49/1471; 49/2175; 49/2411; 49/2412; 49/2413; 49/2420; 49/2434; 65/76; 65/11620; 69 v. Freydorf/25; 166/232; 204/2974; 215/397; 231/1127; 231/1128; 233/31153; 234/1941; 234/1991; 235/22684; 235/28029; 236/256; 236/8209; 236/8220; 236/8501; 236/8544; 236/8572; 236/8573; 236/8574; 236/8575; 236/8728; 236/8774; 236/8812; 237/16844; 237/16845; 237/2711; 237/2788; 237/2825; 276/8571; 313/2901; 313/2904; 313/2906; 313/2907; 338/750; 356/51; 362/4651; 376/94; 376/1304. –* ***L:*** *Bauer, Sonja-Maria: Die Verfassunggebende Versammlung in der Badischen Revolution von 1849. Darstellung und Dokumentation. Düsseldorf 1991 (Beiträge zur Geschichte des Parlamentarismus und der politischen Parteien, 94); Derwein, Herbert: Heidelberg im Vormärz und in der Revolution 1848/49. Ein Stück badischer Bürgergeschichte. Heidelberg 1958 (Neue Heidelberger Jahrbücher NF 1955/56), S. 96f., 100, 108, 120; Deuchert, Norbert: Vom Hambacher Fest zur badischen Revolution. Politische Presse und Anfänge deutscher Demokratie 1832 – 1848/49. Stuttgart 1983 (Sonderveröffentlichung des Stadtarchivs Mannheim, 5), S. 221, 287; Gehrig, Karl: P. E. S. – der Revolutionär von 1848/49. In: Nußloch. Ein Heimatbuch. Nußloch 1966, S. 85; Jörger, Karl: Schicksale ehemaliger Achtundvierziger. In: Die Ortenau 43 (1963), S. 251f.; Mördes, Florian: Die deutsche Revolution mit besonderer Rücksicht auf* *die badische Revolutionsepisode. Herisau 1849, S. 290ff.; Peiser, Jürgen: Gustav Struve als politischer Schriftsteller und Revolutionär. Diss. Frankfurt a.M. 1973, S. 164; Tauschwitz, Hanno: Presse und Revolution 1848/49 in Baden. Ein Beitrag zur Sozialgeschichte der periodischen Literatur und zu ihrem Einfluß auf die Geschichte der badischen Revolution 1848/49. Heidelberg 1981, S. 109, 191, 290, 302, 309f., 455; [Wilckens, Adolph:] Aus dem Kraichgau. Eine Skizze zur Geschichte der Revolution in Baden. Heidelberg 1849, S. 41.*

Michael Bock

Stockinger, Georg Jakob, Advokat
* 9. 9. 1798 Odernheim/Glan, ev.
† 10. 1. 1869 Frankenthal

V Franz Erdmann S., Schultheiß. M Maria Margaretha, geb. Kuß.
∞Margareta, geb. Lippert. K 5.

1818 – 1821	Studium der Rechtswissenschaften in Jena
1822	Ernennung zum Advokaten am Königlichen Bezirksgericht Frankenthal
1837 – 1839 u. 1845 – 1849	Mitglied der Kammer der Abgeordneten der bayerischen Ständeversammlung
1848	Teilnahme an der Heidelberger Versammlung
1848 – 1849	Mitglied der Frankfurter Nationalversammlung
1849	Mitglied des Stuttgarter Rumpfparlaments

S., ein Studienfreund Heinrich von Gagerns, gehörte zu jener Gruppe einflußreicher und angesehener liberaler Advokaten, die das politische Geschehen in der Pfalz in den 30er und 40er Jahren des 19. Jahrhunderts maßgeblich prägten. Erstmals trat S. im Mai 1832 öffentlich für seine fortschrittliche Gesinnung ein, als er gemeinsam mit den anderen Frankenthaler Advokaten in einem öffentlichen Aufruf gegen das Verbot des Hambacher Festes protestierte. Zwar stand er – ähnlich wie Friedrich Justus Willich (s. dort) – dem Plan Siebenpfeiffers und mancher radikalen Formulierung seines Aufrufes kritisch gegenüber, sein Grundrecht der „freien Circulation" im Rheinkreis und „des öffentlichen Zusammentritts" aber wollte er sich nicht nehmen lassen. Nach dem Hambacher Fest wurde S.s Haus mehr und mehr zu einem Treffpunkt der pfälzischen und nordbadischen Liberalen. So fand bei ihm im Februar 1833 ein Festmahl statt, an dem neben zahlreichen Frankenthaler Liberalen auch Johann Adam von Itzstein (s. dort), Welcker, Hertel und Weller aus Mannheim und Heidelberg teilnahmen. 1837

„Bildnis des Advokaten Georg Jakob Stockinger" von Caesar Willich, datiert 1847 (Vorlage: Historisches Museum der Pfalz, Speyer)

wurde S. zum erstenmal in die Kammer der Abgeordneten der bayerischen Ständeversammlung berufen und 1845, 1847, 1848 und 1849 jeweils mit großer Mehrheit wiedergewählt. Von 1845 bis 1847 war er zweiter und von 1848 bis 1849 erster Sekretär der Abgeordnetenkammer. Wie angesehen S. in der Pfalz war, zeigte sich auch am Abend des 13. April 1846, als ihn zahlreiche Anhänger der liberalen Opposition vor seinem Haus mit Liedern und Ansprachen ehrten. Am 5. März 1848 nahm S. an der Heidelberger Versammlung teil und wurde im darauffolgenden Monat im Wahlkreis Schwaben (Günzburg) auch in die Frankfurter Nationalversammlung gewählt. Eine Kandidatur in der Pfalz war zuvor durch angebliche Machenschaften bei einer Wahlmännerversammlung in Kaiserslautern Anfang April gescheitert. In Frankfurt gehörte S. zum linken Zentrum. Er schloß sich der 'Westendhall' an, ohne dort allerdings großen Einfluß zu gewinnen. Dem Stuttgarter Rumpfparlament gehörte er ebenfalls an.
An den Versammlungen am 1. und 2. Mai 1849 in Kaiserslautern, bei denen die Bildung eines Landesverteidigungsausschusses für die Pfalz beschlossen wurde, nahm S. nicht teil, obwohl er noch am Vorabend in Frankfurt von Abgesandten der pfälzischen Revolutionäre hierzu aufgefordert wurde. Er fürchtete, so gab er später an, daß „dieses Beginnen die beste Intention der Volksvertreter und ihr erfolgreiches Wirken am gehörigen Ort ganz vereitle oder unwirksam mache".
Nach dem Ende des badisch-pfälzischen Aufstandes wurde S. erneut in die Abgeordnetenkammer der bayerischen Ständeversammlung gewählt, lehnte die Wahl aber ab und zog sich völlig aus dem politischen Leben zurück. S. starb am 10. Januar 1869 in Frankenthal.

__Q:__ Bayerisches HauptstaatsA München: MInn 44.358; LandesA Speyer: J 1/105 I; 106 III; H 33/1256; H 1/2131; Frankenthaler Wochenblatt 1822 und 1846. – __L:__ Botzenhart, Manfred: Deutscher Parlamentarismus in der Revolutionszeit 1848 – 1850. Düsseldorf 1977; Hummel, Karl Joseph: München in der Revolution 1848/49. Göttingen 1987 (Schriftenreihe der Historischen Kommission bei der Bayerischen Akademie der Wissenschaften, 30); List, Günther: Die Pfälzer in der Paulskirche. In: Pfälzische Heimatblätter 8 (1960), S. 61 – 63; Marx, Werner: Die pfälzischen Abgeordneten im Bayerischen Landtag. Diss. München 1954. – __B:__ StadtA Frankenthal; Historisches Museum der Pfalz, Speyer.

Gerhard Nestler

Streuber, Valentin, Mehlhändler
* 28. 7. 1798 Mannheim, kath., dann deutschkath.
† 11. 10. 1849 Mannheim

V Franz S., „Beysaß und Akersmann" (um 1761 – 1833). M Margaretha, geb. Bernhard (um 1761 – 1835). G 1 Bruder.
∞ 1825 (Mannheim) Maria Barbara, geb. Wiemer (um 1789 – 1861), ev.

1835	Mitglied im Bürgerausschuß
1843	Gemeinderat
1847	Wahl zum zweiten Bürgermeister, die Kreisregierung versagt die Bestätigung
1848	städtischer Mehlwaagmeister

S. wurde durch sein tragisches Ende vor dem Erschießungspeloton am Hauptfriedhof zur Symbolfigur in den mit der Stadtgeschichte eng verbundenen Revolutionsereignissen. Obwohl S.s soziale Herkunft ihn nicht besonders für eine politische Karriere prädestinierte, erschien sein Name seit 1835 regelmäßig auf den Mitgliedslisten der städtischen Kollegien, zuerst als Mitglied des Großen Bürgerausschusses und seit 1843 als Gemeinderat. Er repräsentierte den 'gewerblichen Mittelstand', seine Anhänger wurden mit durchaus spöttischem Beigeschmack die „Mehlhändlerpartei" genannt.
Neben diesem politischen Engagement zeichnete sich S. aber auch als Mitglied der verschiedenen gesellschaftlichen Vereinigungen aus, die Ausdruck einer breiten oppositionellen Bewegung des Vormärz waren. Er war Mitglied des Turnvereins und des Lesevereins. Sein Hauptengagement aber galt der Deutschkatholischen

Gemeinde. Im Mannheimer Gründungskollegium des Jahres 1845, das im August aus dem Leseverein entstanden war, und als Vorstand der Gemeinde spielte S. bis zum April 1849, dem Datum seines Austritts, eine bestimmende Rolle. Seine Aktivitäten zur Förderung des Gemeindelebens fanden in den Protokollen häufige Erwähnung. Im Konflikt mit der radikalen Gruppe um den Prediger Carl Scholl, zu der auch Gustav Struve (s. dort) und Adam Hammer (s. dort) zählten, stellte sich S. auf die Seite der Restgemeinde und trotzte den Anfeindungen, denen er deshalb durch die Dissidenten ausgesetzt war.

Gleichzeitig aber stand er zusammen mit den Mannheimer Radikalen für die Realisierung eines politisch fortschrittlichen Programms ein, das konservativen Tendenzen in der Mannheimer Bürgerschaft und der restriktiven Politik der Monarchie Widerstand leistete. So rief er im Herbst 1847 zusammen mit Struve und anderen Mannheimern zur ersten Offenburger Versammlung auf, die das Signal für eine neue Offensive der republikanischen Bewegung werden sollte. Seine politischen Aktivitäten und die Vorstandstätigkeit in der Deutschkatholischen Gemeinde waren im Spätjahr 1847 der Grund für die staatliche Ablehnung seiner Wahl zum zweiten Bürgermeister. Nach zweimonatigem Tauziehen wurde seiner Ernennung die amtliche Bestätigung versagt. Die Ankündigung S.s, das Amt „bei festem unerschütterlichen Verharren in meiner bekannten politischen und religiösen Ueberzeugung“ ausüben zu wollen, gaben dabei den Ausschlag für diese Entscheidung (Mannheimer Abendzeitung vom 17. Dezember 1847). Der Mannheimer Gemeinderat honorierte dagegen S.s bisherigen Einsatz für die Stadt, indem er ihm öffentlichen Dank aussprach und ihm das Angebot machte, die vakante Position eines städtischen Mehlwaagmeisters zu übernehmen. Das seit 22 Jahren betriebene Mehlhändlergeschäft übergab S. dem wesentlich jüngeren Sigmund Grohe.

Wenige Tage vor dem Ausbruch der Revolution wurde in der Ratssitzung vom 18. Januar 1848 die Einsetzung S.s als städtischer Mehlwaagmeister bestätigt. In diesen Tagen wirkte er an der Erarbeitung der 'Dreizehn Petitionen' der Mannheimer Bürgerschaft mit, die den Ruf

Valentin Streuber (Vorlage: StadtA Mannheim)

nach bürgerlichen Freiheiten mit dem Streben nach wirtschaftlicher Aufwärtsentwicklung verbanden. Er beteiligte sich auch an den ersten Demonstrationen in Mannheim, die der Revolution in Paris folgten. Auf der Aula-Versammlung am 27. Februar stellte er den Antrag, in die zur Verabschiedung vorliegende Petition aufzunehmen, daß sich die badische Regierung von den Karlsbader und Wiener Beschlüssen lossagen solle, eine Forderung, die durch den Ruf nach einem allen deutschen Staaten gemeinsamen Parlament als längst überholt zur Seite geschoben wurde.

Seine Beteiligung an der Massenbewegung der Märztage ist zwar nur bruchstückhaft dokumentiert, dürfte sich aber im Rahmen seiner Rolle als führender Agitator bewegt haben. Seine Unterschrift fand sich unter dem Aufruf für eine zweite demokratische Versammlung in Offenburg, die den Mythos des Vorjahres zu einer Sammlung der radikalen Kräfte instrumentalisieren sollte. Mitte März wurde S. anläßlich der Offizierswahlen für die Bürgerwehr zum Hauptmann der achtzehnten Kompanie gewählt. In dieser Funktion und als bekannter

„Volksmann“ tauchte sein Name in den Wirren des April immer wieder auf.
Als die ersten Nachrichten von Friedrich Heckers (s. dort) Freischarenzug in Mannheim anlangten, sprach S. auf einer Volksversammlung auf dem Paradeplatz für die Einführung der Republik und sicherte sich die unbedingte Zustimmung der Anwesenden mit der Erklärung, daß sie die beste Regierungsform sei, „während nach Beispielen die Monarchie höchstens den Hungertyphus garantire, den die an Mätressen und Volksaussauger von einzelnen bevorrechteten Familien verschwendeten Millionen herbeiführten“ (Mannheimer Abendzeitung vom 18. April 1848). Am 26. April kam es dann zu den bekannten Auseinandersetzungen zwischen Jugendlichen und Arbeitern einerseits und in der Stadt einquartierten Nassauer Soldaten. S. handelte mit seinen Bürgerwehrleuten entschieden, als er, dem Sturmläuten folgend, auf dem Marktplatz erschien und sogleich zusammen mit anderen Bürgerwehreinheiten zur Rheinbrücke abrückte. Hier setzte die Bürgerwehr den Schießereien ein Ende, besetzte den von den Nassauern verlassenen Brückenposten und trennte durch das Abfahren eines Jochs der Schiffsbrücke die Parteien. Unbestritten waren die Exzesse auf der Straße entstanden, und das Eingreifen der Bürgerwehr hatte eine Beruhigung der Lage zur Folge gehabt, was auch S. zu seiner Rechtfertigung im Nachhinein anführte. Dennoch ergriff der kommissarisch eingesetzte Leiter der polizeilichen Untersuchung Maier die willkommene Gelegenheit, die Führer der republikanischen Bewegung gleichzeitig mit den der Beteiligung an den Schießereien Verdächtigen festzusetzen. Zu diesem betroffenen Personenkreis, der ins neu erbaute Gefängnis in Bruchsal eingeliefert wurde, gehörte auch S. Seine 28tägige Untersuchungshaft endete mit einer vorläufigen Freilassung, die in gewisser Weise als staatliche Bestätigung seiner Unschuld angesehen werden konnte. Er selbst war von der eigenen Unschuld in einem solchen Maß überzeugt, daß er ablehnte, sich der Bewegung für eine allgemeine Amnestie anzuschließen. Er wollte nicht als Bittsteller an das morsche Staatswesen herantreten, „wo nach Allem was seit 30 und mehr Jahren geschehen ist, nicht gerade das natürliche Recht zur 'Amnestie-Ertheilung', vielmehr eher noch die natürliche Pflicht beruhet, 'Amnestie' zu erbitten bei dem in seinen Rechten und Gerechtsamen schwer beleidigten Volke“ (Mannheimer Abendzeitung vom 20. September 1848).
Den repressiven Maßnahmen des badischen Staates setzte die revolutionäre Bewegung eine zunehmende Agitationstätigkeit entgegen, die sich vorrangig an das in Mannheim stationierte Militär richtete. In einer Sitzung des Bürgerausschusses nahm auch S. Stellung zu den Übergriffen von Soldaten. Gegen Kritik seiner Gegner rechtfertigte sich S., seine Erklärungen seien nicht gegen das Militär oder den Soldaten an sich gerichtet, sondern gegen „unfruchtbare Auswüchse“, deren Anprangerung gesellschaftlich notwendig sei. (Mannheimer Abendzeitung vom 19. Januar 1849). Dieser Vorstoß S.s war im Zusammenhang mit der politischen Wirksamkeit des Mannheimer Volksvereins zu sehen, zu dessen frühen Mitgliedern auch S. gehörte und der spätestens mit Beginn des Jahres 1849 zum organisatorischen Sammelbecken aller republikanischen Kräfte geworden war. Neben der organisatorischen Einigung der Zweigvereine in Baden entwickelte er an verschiedenen Punkten eine rege Tätigkeit, zu der neben der Agitation in der Mannheimer Garnison auch der intensive Kontakt mit dem politischen Exil und die Unterstützung der in Bruchsal eingekerkerten Revolutionäre gehörte. Ein an den Häftling Daniel Krebs (s. dort) gerichteter Brief belegt, daß auch S. mit seinen ehemaligen Leidensgenossen Kontakt hielt.
Mit der staatlichen Anerkennung des Deutschkatholizismus als eigenständige Religionsgemeinschaft entschied sich S. zur Niederlegung seines Vorstandsamts in der Gemeinde. Die Gründe für diesen Schritt schilderte er in einem Schreiben: Er wolle der nun etablierten neuen Religion die Kompromittierung durch einen entschiedenen Republikaner in ihren Reihen ersparen.
Die Rolle, die S. im Rahmen des badischen Aufstands in Mannheim spielte, zeigte sein feines Gespür für die gesellschaftlichen Realitäten. Der Soldatenaufstand vom Mai 1849, als dessen Folge sich in Baden eine revolutionäre Regierung etablierte, ließ seinen Traum von einer deutschen Republik wenige Wochen lang

in greifbare Nähe rücken. Bedingungslos setzte er sich dafür ein, auch wenn die Machtverhältnisse in Deutschland und die politische Lage in Europa ein Scheitern des Unternehmens befürchten ließen. In einer am 14. Mai stattfindenden Volksversammlung, auf der die Flucht des Großherzogs öffentlich bekanntgegeben wurde, wählten die anwesenden 6.000 – 7.000 Personen einen Sicherheitsausschuß für Mannheim, zu dessen Mitgliedern neben Florian Mördes (s. dort) auch S. zählte. Seine Aktivitäten in diesem Gremium wurden die Grundlage für die spätere Verurteilung. Mit Beschlagnahmen von kriegstauglichem Material, der Verhaftung des Viernheimer Bürgermeisters und der Einschüchterung stadtbekannter Reaktionäre machte sich S. beim Bürgertum unbeliebt. Den eher konservativ gesinnten Zeitgenossen blieben seine demonstrativen Auftritte in Waffen im Gedächtnis haften.
Nach der Abschiebung des als gemäßigt und inkonsequent geltenden Mördes unterstützte er zusammen mit dem Tüncher Friedrich Löwenhaupt (s. dort) und dem Glaser Heinrich Rös in der Öffentlichkeit die Einsetzung des ehemaligen Abgeordneten der Nationalversammlung Wilhelm Adolph von Trützschler (s. dort) als Zivilkommissär und galt als dessen ortskundiger Gewährsmann. Trützschler, der einen Ersatz für Mannheims ersten Bürgermeister Jolly finden wollte, übergab die Durchführung der Wahl dem Gemeinderat Carl Hoff (s. dort), der wiederum auf Vorschlag Johann Peter Grohes (s. dort) hin S. als möglichen Kandidaten vorsah. Nur ein populärer und integerer Mann wie S. schien in dieser Situation die Aussicht zu haben, genügend Stimmen auf sich zu vereinigen und gleichzeitig auch dem Sicherheitsbedürfnis des Gemeinderats zu entsprechen. Die Wahl scheiterte jedoch an zu geringer Beteiligung.
Das militärische Ende der Revolution in Mannheim brachte auch S. wieder ins Gefängnis. Am 25. Juni geriet er in Heidelberg in Gefangenschaft und wurde in Mannheim fälschlich als Wilhelm S. unter der richtigen Berufsangabe, aber wiederum mit dem falschem Alter von 46 Jahren ins Gefängnis eingeliefert. Der ein Vierteljahr später stattfindende Prozeß vor dem preußischen Standgericht ließ dem Angeschuldigten wenig Chancen zur Verteidigung. Falschaussagen von Belastungszeugen und die Voreingenommenheit der Militärs machten auch den engagierten Einsatz seines Verteidigers Johann Lorenz Küchler aus Heidelberg wirkungslos. Das drastische Urteil und seine auf dem Fuße folgende brutale Exekution waren von den großherzoglichen Behörden gewünscht, wie die Tatsache der nach wenigen Stunden eintreffenden Bestätigung durch das badische Kriegsministerium zeigte. Gerade S.s uneigennütziger Einsatz für das Gemeinwohl ließ ihn, verbunden mit seinem politischen Engagement, zum willkommenen Opfer staatlicher Rache werden. Seine Erschießung am Mannheimer Hauptfriedhof am 11. Oktober 1849 wurde zur symbolischen Bestrafung einer selbstbewußten, fordernden Bürgerschaft.

Q: *StadtA Mannheim: Kleine Erwerbungen, Nr. 133; NL D. Krebs, Zug. –/ 1958, Nr. 60. –* ***L:*** *Blastenbrei, Peter: Mannheim in der Revolution von 1848/49. Mannheim 1997 (Kleine Schriften des Stadtarchivs Mannheim, 10); Schadt, Jörg (Hrsg.): Alles für das Volk – Alles durch das Volk. Dokumente zur demokratischen Bewegung in Mannheim 1848 – 1948. Stuttgart 1977 (Sonderveröffentlichung des Stadtarchivs Mannheim, 1). –* ***B:*** *Reiß-Museum Mannheim.*

Hans-Joachim Hirsch

Struve, Elise Ferdinandine Amalie (von), geb. Siegrist, später Düsar
* 2. 10. 1824 Mannheim, ev.
† 1862?

V Johann Friedrich D., Sprachlehrer (* um 1785). M Maria Elisabetha, geb. Siegrist (um 1801 – 1850). G 1 Bruder.
∞ 1845 Gustav Struve (s. dort)

April 1848	Teilnahme an dem Heckerzug; Flucht nach Frankreich
25. 9. 1848	Verhaftung; Einzelhaft in Freiburg
16. 4. 1849	Haftentlassung
3. 7. 1849	Flucht nach Genf, später nach London

Die eheliche Verbindung von A. und G.S. definierte sich als kämpferische Lebensgemeinschaft. Der zukünftige Ehemann war allerdings vor der losen Lebensführung der selbständigen jungen Frau gewarnt worden, die „vielleicht schon hunderte von Umarmungen erfahren" (Bassermann (1926), S. 28f.). Für A.S. stand zwar fest, daß sie angesichts der Querelen ihres Mannes mit Zensur und Justiz an dessen Seite stehen würde, aber sie „hatte niemals daran gedacht, daß die Pflicht der Frau blos darin bestehe, dem Gatten für seine häuslichen Pflichten Sorge zu tragen, und die Kinder gut zu erziehen" (Struve (1850), S. 5). Im Sinne dieser aktiven Beteiligung an der politischen Tätigkeit ihres Mannes befand sie sich am 12. September 1847 auch im Publikum der Offenburger Versammlung, deren programmatische Tendenz sie vorbehaltlos unterstützte. Auch an den ersten Volksversammlungen der Märzbewegung nahm sie aktiven Anteil. Beim Zug der Mannheimer „Sturmpetition" am 29. Februar 1848 nach Karlsruhe verteilte sie schwarz-rot-goldene Schleifen, deren Anfertigung sie gemeinsam mit Mannheimer Frauen betrieb, während „die Männer ernste Berathungen pflogen zum Wohle des Volkes" (Struve (1850), S. 23). In ihren Erinnerungen schildert sie, daß es ihr schon angesichts der Beratungen des Vorparlaments fraglich erschien, ob die „stürmische Volksbewegung" der ersten Tage ohne eine militärische Kraftprobe weiterhin anhalten könne.

Mit der Verhaftung Josef Ficklers auf dem Karlsruher Bahnhof am 7. April fiel auch die Entscheidung über den weiteren Lebensweg der Struves. An diesem „Wendepunkt ihres häuslichen Lebens" beschlossen sie, sich den Aufständischen im Süden des Landes anzuschließen. Am Heckerzug nahm A.S. allerdings nur kurz teil, da sie sich „nicht ganz wohl befand". Während die Freischaren zum entscheidenden Gefecht gegen die badischen Truppen aufmarschierten, begab sie sich nach Freiburg. Dort traf sie auf Emma Herwegh und kam bis zu seiner Verhaftung im Haus des Oppositionspolitikers Prof. Karl von Rotteck unter. Mit knapper Not konnte sie nach Straßburg entkommen und traf dort ihren Mann wieder. Von der französischen Regierung ins Landesinnere verbannt, verbrachte eine kleine Gruppe badischer Republikaner (darunter A.S.s Bruder Pedro und Carl Blind (s. dort)) vier Wochen in Chalons-sur-Marne, von wo sie sich ohne behördliche Erlaubnis wieder entfernten und am 4. Juni in Paris anlangten. Am 18. Juni wieder nach Straßburg zurückgekehrt, ließen sie sich in der Folgezeit im Schweizer Birsfelden im Kanton Basel-Land nieder, von wo sie wegen G.S.s publizistischer Tätigkeit ausgewiesen wurden und so Anfang August nach Rheinfelden übersiedelten. Dem Aufstandsversuch im September begegnete A.S. mit gemischten Gefühlen. Einerseits zweifelte sie am Erfolg, wollte aber andererseits an der Seite ihres Mannes an der Unternehmung teilhaben. An ihrer Teilnahme entzündeten sich heftige Widerstände gegen das Eingreifen der Frau in die Männerdomäne der Kriegführung. G.S. wollte, daß seine Frau in der Schweiz zurückbleiben sollte. Sie setzte sich aber über seinen Willen hinweg und folgte ihm zusammen mit ihrem Bruder Pedro im Rahmen eines Waffentransports über die Grenze. So geriet die 'emanzipierte' Partnerschaft in das Spannungsfeld einer zeitbedingten Ablehnung der Teilnahme einer Frau an militärischen Handlungen, was viele Weggefährten S.s auch thematisierten. A.S. entging diese Ablehnung nicht und sie stellte fest: „Fürwahr, solange selbst im Sturm der Revolution so viele Rücksichten auf hergebrachte Vorurtheile genommen werden, wird das Joch der Tyrannei nicht gebrochen werden". Die nach der Niederlage im Gefecht bei Staufen erfolgte Verhaftung der S.s, Pedro Düsars und Carl Blinds am 25. September 1848 brachte die vier in eine heikle Lage. Vermutlich rettete ihnen nur der Umstand, daß sie vor der Verkündung des Standrechts verhaftet worden waren, das Leben. Aus dieser Lage heraus schrieb A.S. ihren Eltern einen Brief, der die Nachricht von der Verhaftung enthielt und sie zur „Ruhe und Festigkeit" ermahnte. Der Öffentlichkeit wurde dieses Schreiben als Beleg „edlen weiblichen Sinnes" präsentiert, „der im frischen Drange höchsten Unglücks zunächst den theuern Angehörigen alle Sorge widmet", und der ebenso öffentliche Anerkennung verdiene, „als an sich das Schicksal dieser muthigen Gattin und aufopferungsfähigen Frau des Volkes der höchsten Theilnahme würdig ist" (Mannheimer Abendzeitung vom 30. September 1848).

Nachdem gerichtlich über das weitere Verfahren entschieden worden war, wurde A.S. nach Freiburg verbracht und dort „in fast bewußtlosem Zustande" in den Turm eingeliefert. Die Haftbedingungen waren auch für sie nicht leicht zu ertragen. Unter den Bedingungen der Einzelhaft, anfangs ohne Hofgang, verbrachte sie wegen ihrer angegriffenen Gesundheit über sechs Wochen krank im Bett liegend. Die zu Anfang 1849 fertiggestellte Anklageschrift erging sich in der Auflistung minder schwerer Vergehen, die nur die Anstiftung zu Straftaten zum Inhalt hatten. Der auf den 26. März angesetzte Prozeß wurde schließlich auf ein unbestimmtes Datum vertagt und A.S. am 16. April 1849 überraschend freigelassen. Sie begab sich nach Rastatt, dem Ort, an dem Ihr Mann inhaftiert war, und konnte ihn bis zum Beginn des Maiaufstands noch einmal besuchen. Als G.S. am 12. Mai von Rastatt nach Bruchsal verlegt wurde, folgte A.S. noch am selben Tag nach und erzwang einen Besuch. Unter dem Eindruck des Soldatenaufstands waren die Wärter so weit demoralisiert, daß sie dem Druck nachgaben und A.S. bis zum Abend bei ihrem Mann in der Zelle bleiben konnte. Am nächsten Tag war G.S. frei.

Bis zum 8. Juni blieb A.S. in Karlsruhe. Nach der kurzzeitigen Verhaftung ihres Mannes auf Befehl Lorenz Brentanos (s. dort) verließen die S.s gemeinsam die Stadt und reisten über Heidelberg und Mannheim nach Speyer. Von dort aus kamen sie am 10. Juni im pfälzischen Neustadt an, wo sie aber angesichts des preußischen Truppenaufmarschs auch nur wenige Tage bleiben konnten. Am 17. Juni wieder in Heidelberg angekommen, setzten sie sich nach der Niederlage von Waghäusel am 23. Juni mit den Überresten der Revolutionsarmee nach Süden ab. Ihre letzte Station in Deutschland war Freiburg, das das Ehepaar S. am 3. Juli verließ, um sich vorerst in Genf niederzulassen. Nach G.S.s Ausweisung aus dieser Stadt wurde London ihr zweites Exil. Dort mußte A.S. vom Tod ihrer Mutter erfahren. Sie widmete ihr ein wehmütiges Abschiedsgedicht, das zwischen den Zeilen aber auch einen kämpferischen Optimismus spüren läßt, dessen unbestimmte Hoffnungen in der letzten Strophe am deutlichsten zum Ausdruck kommen:

„So leb denn wohl, das Ziel nach dem Du strebtest, / Für das Du lebtest, kämpftest, immer bebtest,– / Es wird am Ende doch noch eine Wahrheit; / Du wirst es seh'n in überird'scher Klarheit" (StadtA Mannheim: Kleine Erwerbungen, Nr. 134).

***W:** Erinnerungen aus den badischen Freiheitskämpfen von Amalie Struve. Den deutschen Frauen gewidmet. Hamburg 1850.* – ***Q:** StadtA Mannheim: Kleine Erwerbungen, Nr. 134.* – ***L:** Bassermann, Friedrich Daniel: Denkwürdigkeiten. Frankfurt a.M. 1926.*

Hans-Joachim Hirsch

Struve, Gustav Carl Johann (von), Anwalt, Schriftsteller
* 11. 10. 1805 München, ev., dann deutschkath.
† 21. 8. 1870 Wien

V Johann Gustav v.S., Diplomat. M ?, geb. Freifrau Hochstedter von Hochstedt.
⚭ 1845 Amalie Düsar, geb. Siegrist (s. dort).

	Gymnasium in Karlsruhe
1822 – 1826	Studium der Rechtswissenschaften in Göttingen und Heidelberg
1829	1. und 2. juristische Staatsprüfung in Oldenburg
ab 1829	Landgerichtsassessor in Jever
Febr. 1832	Entlassung aus dem oldenburgischen Staatsdienst; Studienaufenthalt in Jena
1833	Wiederholung der Examina für eine Zulassung in Baden in Karlsruhe
1836	Zulassung als Advokat am Großherzoglichen Hofgericht des Unterrheinkreises in Mannheim
1839	Obergerichtsadvokat am Großherzoglichen Hofgericht des Unterrheinkreises
1843 – 1845	Redaktion der „Zeitschrift für Deutschlands Hochschulen"
Juli 1845	Übernahme der Redaktion des „Mannheimer Journal" bis zum 9. Dezember 1846

ab 21. 11. 1846	Herausgabe des bei Heinrich Hoff (s. dort) in Mannheim erscheinenden Blatts „Deutscher Zuschauer"
1848	Mitglied im Großen Bürgerausschuß; Mitglied des Vorparlaments
April 1848	Beteiligung am Heckerzug; Exil in der Schweiz, später in Frankreich
21. 9. 1848	Proklamierung einer „Sozialen Deutschen Republik" in Lörrach
Juni/Juli 1849	Mitglied des Wehrausschusses der Provisorischen Regierung und Mitglied der Verfassunggebenden Versammlung
3. 7. 1849	Flucht in die Schweiz
8. 10. 1849	Exil in England (London)
1851	Auswanderung nach Amerika
1862	Rückkehr nach Deutschland

S. hatte wie viele Aktivisten der Revolutionszeit bei ihrem Anbruch schon eine bewegte politische Karriere hinter sich gebracht, die ihm zahlreiche Gefängnisaufenthalt beschert hatte. Von den ersten zwölf Monaten seiner Ehe mit Amalie Düsar (geb. Siegrist) verbrachte er fünf im Gefängnis, die auf drei Verurteilungen wegen „Preßvergehen" zurückgingen. Als eine der bekanntesten Persönlichkeiten des Vormärz, geformt und erfahren in seinen Kämpfen mit dem Zensor, trugen die ihm anhaftenden Wesenszüge – persönliche Bedürfnislosigkeit, Opferwille für die Sache und die Unbedingtheit und Radikalität, mit der er unbeirrt seine politischen und gesellschaftlichen Ziele verfolgte – S. Vorurteile seiner Zeitgenossen ein. Friedrich Daniel Bassermann (s. dort) mutmaßte in seinen „Denkwürdigkeiten", es sei S. gewesen, der Friedrich Hecker (s. dort) durch permanente Schmeicheleien ins radikale politische Fahrwasser gelockt habe, um ihn dort mit Hilfe der von ihm erfundenen begrifflichen Einordnung in 'Halbe' und 'Ganze' festzulegen – eine durchaus plausible Erklärungsvariante. Dennoch war es dieser programmatische Schulterschluß, der beider Wirksamkeit in der öffentlichen Meinung zeitweise beträchtlich steigerte, S. allerdings nicht die gleichen Vorteile brachte wie dem volkstümelnden Hecker.

S. war als Jurist und Publizist andererseits fest verankert im verzweigten Netz der Organisationen in der vorrevolutionären Zeit, selbst tätiger Organisator im Zusammenhang verschiedener Vereinsgründungen, wie z.B. des Mannheimer Turnvereins. Gleichzeitig aber war sein Ziel in allen diesen Aktivitäten deren Instrumentalisierung im Interesse der Revolution; es gelang niemandem so wie ihm, die Fragen der Zeit mit einer gesamtgesellschaftlichen Zielvorstellung zu verbinden. Seinen Übertritt zum Deutschkatholizismus zelebrierte er in einer umfangreichen Erklärung, die er im von ihm selbst redigierten „Deutschen Zuschauer" öffentlichkeitswirksam verbreitete. Am Hebel diverser publizistischer Organe der Bewegung hatte er einen gewissen Rückhalt im revolutionären Milieu gefunden, bei den radikalen Studentenbünden ebenso wie in den Zirkeln der republikanisch gesinnten Intellektuellen. Seine Kandidaturen zu parlamentarischen Gremien waren allerdings zum Scheitern verurteilt, da er nur immer über einen sehr begrenzten Kreis von Unterstützern in den gesellschaftlich tonangebenden Kreisen verfügte.

Im Herbst 1847 befand sich S. unter der fünfköpfigen Gruppe Mannheimer Republikaner, die den Kreis der Initiatoren der Offenburger Versammlung dominierte. Auf der Versammlung selbst hing nach dem Bericht eines Informanten des Innenministeriums S.s Bild neben denen der oppositionellen Abgeordneten der badischen Zweiten Kammer. Er trat dort auch als erster Redner mit einer feurigen Ansprache hervor, in der er die Verfassungsfrage in den Vordergrund stellte, darauf basierend die Forderung nach den Grundrechten der Demokratie entwickelte und Presse-, Handels- und Religionsfreiheit verlangte. Er agitierte gegen den Deutschen Bund und für eine Verfassung nach nordamerikanischem Muster. Diesen Forderungskatalog unterstrich er, indem er sich von seinem Adelsprädikat lossagte. Immer wieder war S. in der Folgezeit als Initiator oder Redner auf den Versammlungen der republikanischen Linken zu finden. Noch kurz vor Ausbruch der Februarrevolution in Paris fand am 21. Februar im Mannheimer Aulasaal eine Veranstaltung über die Frage des dänischen Einflusses in Schleswig-Holstein statt, auf der S. zusammen mit dem Redakteur der „Mannheimer Abendzeitung" Johann Peter Grohe (s. dort) für die Unterstützung der deutschen Interessen agitierte; beide waren auch Mitglieder im Vorstand des „Schleswig-Holstein-Vereins", der an diesem Abend gleich mit drei nationalpolitisch akzentuierten Adressen an die Öffentlichkeit getreten war.

Auch an der Ausarbeitung der 'Dreizehn Petitionen' der Mannheimer Bürgerschaft war S. beteiligt gewesen, und so war es naheliegend, daß er angesichts des Bedarfs einer gemeinsamen Plattform – diesmal zusammen mit dem Mannheimer Verleger Heinrich Hoff – die Redaktion der 'Mannheimer Petition' übernahm. Auf der von ihm ebenfalls mitorganisierten legendären Versammlung am 27. Februar 1848 wurde dieses Dokument als erste programmatische Äußerung der beginnenden Revolution einhellig verabschiedet. S. selbst trug dazu mit seinem Auftritt nicht unerheblich bei (Bassermann (1926), S. 40ff.). Bei der Übergabe der Forderungen am 1. März in Karlsruhe stand er an der Spitze der Mannheimer Delegation. Als Karl Mathy (s. dort) unter Hinweis auf parlamentarische Formalien den demonstrativen Akt zu verhindern versuchte, gab er die Petition an Hecker weiter. Am 3. März, beim Empfang der aus Karlsruhe zurückgekehrten Mannheimer Delegation, verkündeten S. und Heinrich Hoff vom Rathausbalkon herunter der versammelten Menge die von der Kammer gefaßten Beschlüsse über die Gewährung demokratischer Rechte. Zwei Tage später fand in Heidelberg eine erste Versammlung führender liberaler Politiker statt, in der die Weichen für die parlamentarische Entwicklung gestellt werden sollten. Von Johann Adam von Itzstein (s. dort) eingeladen, war S. als Heckers 'böser Schatten' entgegen dem ungeschriebenen Gesetz erschienen, daß nur Träger eines öffentlichen Mandats teilnehmen sollten. Die Ergebnisse der Versammlung waren ungünstig für die Fraktion der entschiedenen Republikaner. Es war der Beginn ihrer Isolierung im Lager der parlamentarischen Politik. Dennoch folgten der von S. verfaßten Einladung zur zweiten Offenburger Versammlung auch Politiker wie Alexander von Soiron (s. dort), die sich wenige Wochen später im entgegengesetzten politischen Lager positionierten. Die Bildung eines Vaterländischen Vereins, wie von der Offenburger Versammlung beschlossen, wurde in Mannheim vor allem von S. betrieben. Dazu entfaltete er eine intensive politische Tätigkeit, bei der er sich nicht scheute, „in den ordinärsten Bierhäusern z.B. 'Prinz Max' die Soldaten zu haranguieren" (Bassermann (1926), S. 9f.). Zum Schrecken seiner politischen Gegner soll er damit auch einen gewissen Erfolg gehabt haben. So waren ihm auf der am 23. März angesetzten Gründungsversammlung für den Verein die Sympathien eines großen Teils der Anwesenden sicher, als er im Namen des provisorischen Komitees das Wort führte und den von ihm erarbeiteten Statutenentwurf vorstellte. Unerwartet gerieten aber einzelne Paragraphen des Entwurfs ins Kreuzfeuer einer Opposition, deren Exponenten mit Florian Mördes und Johann Friedrich Löwenhaupt (s. jeweils dort) ebenso dem radikalen, als mit Carl Sebastian Jörger, Carl August Blezinger (s. jeweils dort) und Artaria auch dem konservativen Lager zuzurechnen waren. Eine lebhafte Diskussion konnte den hartnäckigen Widerstand S.s brechen und ergab die gewünschten Abänderungen, die erwarten ließen, „daß die freiheitsliebenden, aber auch für Ordnung und Achtung des Gesetzes gestimmten Mannheimer Bürger um so mehr diesem Institut ihre Theilnahme nicht vorenthalten werden, als gerade aus den Statuten derjenige Satz gestrichen wurde, der in seiner Fassung den Anschein hatte, als sollten die einzelnen Vereinsmitglieder das blinde Werkzeug ihres Vorstandes seyn" (Mannheimer Journal vom 24. März 1848). Der Verein aber war dadurch von Anfang an in zwei Lager gespalten und führte bis zu seiner Auflösung wenige Wochen später nur ein Schattendasein.

Bis nach Freiburg führte S. seine ungebrochene Aktivität, wo er auf der dortigen Volksversammlung vom 26. März die Forderung nach Einführung der Republik durchsetzen konnte. In Frankfurt agitierte er gemeinsam mit Hecker in den Gasthäusern, wo sich die aus allen Teilen Deutschlands angereisten Republikaner zur Eröffnung des Vorparlaments trafen; an den Wohnungen von Hecker und S. versammelten sie sich und wurden dort von den beiden Parteiführern auf die kommenden Auseinandersetzungen eingeschworen. S. versuchte gleich zu

Gustav Struve (Vorlage: StadtA Mannheim)

Anfang der ersten Sitzung des Vorparlaments sein Glück mit einem ausführlichen Antrag, in dem seine Gegner zu Recht das Programm der Revolutionspartei erkannten. Er forderte einen demokratischen Staat, sah die Aufhebung der erblichen Monarchie vor und wollte dies durch Einführung einer föderativen Bundesverfassung nach dem Muster der nordamerikanischen Freistaaten erreichen. Flankierende Maßnahmen wie die Auflösung der stehenden Heere oder eine Trennung von Staat und Kirche sollten einen gesellschaftlichen Zustand fördern, dessen definitives Ziel in der Einführung der Republik lag. An diesem Punkt schieden sich die Vorstellungen, und die Versammlung spaltete sich seither in Republikaner und Monarchisten. Nachdem sowohl S.s Antrag als auch die von Hecker eingeforderte Permanenz der Versammlung nicht durchgesetzt werden konnten, zeichnete sich eine erste entscheidende Niederlage der Linken ab. Der Austritt eines Teils derselben aus der Sphäre legaler parlamentarischer Veränderungen signalisierte den Eintritt in eine neue Phase der Auseinandersetzung mit veränderten Rollen und unter Verschiebung der politischen Grenzen.

Der für die Revolutionäre ungünstige militärische Ausgang des Heckerzugs, die Niederlagen von Kandern und Freiburg bedeuteten eine vorläufige Stagnation des revolutionären Prozesses. S. war in Säckingen gefangen worden, und es gelang ihm nur durch eine List zu entkommen. Vom Exil in Straßburg und Basel aus setzte er die Agitation fort. Dabei orientierte er sich neu in der Wahl seiner politischen Allianzen. Mit dem Kreis der jungen Aktivisten um Carl Blind (s. dort) hatte er schon seit den vierziger Jahren enge Kontakte gepflegt, so daß die Zusammenarbeit mit dem Straßburger Exilzirkel nahelag. Gleichzeitig aber trat er auch in einen intensiven Austausch mit radikal-demokratischen Exilanten wie Karl Heinzen, deren konsequent sektiererische Programmatik dem rigiden moralischen Anspruch S.s eher entsprach. Gemeinsam mit Heinzen gab er mehrere Schriften, darunter auch einen „Plan zur Revolutionierung und Republikanisierung Deutschlands“ heraus, der die zu unternehmenden Schritte in den Einzelheiten festlegte. Auf einer Landkarte wurde Deutschland in 23 Republiken aufgeteilt, in denen Bürgerstädte den alten Residenzen als Hauptstädte vorgezogen wurden. In diese Zeit des Exils fielen auch erste interne Konflikte, die die Phalanx der Linken spalteten. Nach seiner Flucht war S. zur Fahndung ausgeschrieben worden, und man hatte ihm seine Zulassung als Rechtsanwalt entzogen. Seine bürgerliche Existenz wurde mit der Beschlagnahme von Wohnung und deren Inventar auf Betreiben von Bürgermeister Joseph Moll zerstört. Als nach einer kurzen Phase des Verbots eine neue Gruppe von Aktionären unter der Redaktion von David Sauerländer und Florian Mördes den „Deutschen Zuschauer“ in Neuer Folge herausgab, nahm S. dies als Diebstahl seines geistigen Eigentums wahr und lehnte die Zusammenarbeit vom Exil aus ab. In Basel gab er zwei Monate lang einen eigenen „Deutschen Zuschauer“ in Konkurrenz zu dem in Mannheim erscheinenden heraus und konzentrierte seine oft persönlich gehaltenen Angriffe vor allem auf Mördes.

Für die in der Schweiz und Frankreich im Exil sich sammelnden und organisierenden Republikaner stand fest, daß sie bei nächster Gelegenheit den Versuch eines gewaltsamen Umsturzes erneuern würden, und S. betrachtete sich als ihr designierter Führer. Die im September angesichts des als Niederlage empfundenen Friedensschlusses mit den Dänen herrschende Stimmung in Deutschland legte die Wahl dieses Zeitpunkts nahe. In Lörrach, wo er vom Fenster des Rathauses herunter am 21. September eine „Soziale Deutsche Republik" ausrief und mit einem vorbereiteten offiziösen „Republikanischen Regierungsblatt" publizistisch untermauerte, begann der Umsturzversuch. Die Zeitgenossen beeindruckte am Vorgehen der Freischärler vor allem die unbedingte Konsequenz, mit der die öffentlichen Kassen im Einflußbereich beschlagnahmt, die waffenfähigen Männer mobilisiert und das Standrecht ausgerufen wurde. In einer bis dahin nicht gekannten Konsequenz wurde revolutionär gehandelt. Trotz logistischer Unterstützung an mehreren Orten Süddeutschlands und den in Frankfurt und anderswo ausgebrochenen Unruhen wurde der Putschversuch aber schon nach drei Tagen niedergeschlagen. Nach dem mißglückten Unternehmen wurde S. von Schopfheimer Bürgerwehrleuten an das Militär ausgeliefert und verbrachte mehrere Monate in der Untersuchungshaft. Nur der Umstand, daß das Standrecht zu spät verkündet worden war und somit von den über ihn zu Gericht sitzenden Militärs nicht angewandt wurde, rettete ihn vor einer sofortigen Hinrichtung. Er wurde über Freiburg nach Rastatt überführt, wo er in den Festungskasematten inhaftiert war und selbst unter diesen Bedingungen seine schriftstellerische Tätigkeit fortsetzte. Erst im März 1849 begann der Prozeß, zu dem er gemeinsam mit Blind vor einem beim Freiburger Hofgericht gebildeten Geschworenentribunal erschien. Von Lorenz Brentano (s. dort) verteidigt, nutzte der Angeklagte das sich ihm bietende Forum zur politischen Agitation, die in regelmäßig erscheinenden Prozeßberichten auch publizistisch verwertet wurden.

Angesichts des Soldatenaufstands in Rastatt wurde der hier seine Strafe absitzende S. am 12. Mai zur Sicherheit nach Bruchsal verbracht, wo die Disziplin schon soweit gelockert war, daß am Tag darauf seine Frau Amalie in die Zelle ihres Ehemannes vorgelassen wurde. Der Reduzierung dieses Besuches auf eine halbe Stunde begegnete S. nach eigener Erzählung mit der Drohung, „denjenigen, der es wagte, vor Abends um 7 Uhr seine Frau aus dem Gefängnisse zu weisen, mit seiner eigenen Faust todtschlagen" zu wollen (Struve (1849), S. 163). Am 13. Mai wurden die politischen Gefangenen im Bruchsaler Zellengefängnis durch eine Gruppe von Revolutionären unter der Führung von Gustav Adolph Schlöffel befreit. Von Rastatt aus, wo er sich mit Mitgliedern des Landesausschusses über das weitere Vorgehen beraten hatte, fuhr S. mit einer eilig zusammengestellten Delegation nach Baden(-Baden), um den dort weilenden Lorenz Brentano aufzufordern, sich an die Spitze der Bewegung zu stellen. In Karlsruhe stellte er sich dem Landesausschuß zur Verfügung und wurde Mitglied des „Kriegssenats", der in 17 Paragraphen Aufbau, Verteilung, Uniformierung und Bewaffnung der Volkswehr schriftlich regelte. Seine Teilnahme an den Regierungsgeschäften war im bürgerlichen Lager umstritten, und auch die Militärs forderten seine Ausschaltung. Als am 1. Juni 1849 der Landesausschuß die Macht der Provisorischen Regierung übertrug, sah sich S., der entschiedenste Vertreter einer sozialdemokratischen Richtung, ausgeschlossen. Er gründete daraufhin einen „Club des entschiedenen Fortschritts", der die Provisorische Regierung mit revolutionären Forderungen unter Druck setzte und mit Hilfe seines Einflusses auf die Freischaren auch militärische Macht gewann. Am 6. Juni entlud sich die Gegnerschaft beider Parteien in der kurzzeitigen Verhaftung mehrerer Mitglieder des „Clubs des entschiedenen Fortschritts" auf Anweisung Brentanos.

Die endgültige Ausschaltung der Radikalen von jedem politischen Einfluß weckte in S. den Gedanken, diesen auf publizistischem Wege zurückzugewinnen. Der Versuch, den „Deutschen Zuschauer" von Neustadt a.d.H. aus wiederzubeleben, endete mit der Herausgabe einer letzten Nummer. Der Einmarsch der Preußen in die bayerische Rheinpfalz zwang S. zur Flucht nach Baden. Da er bei den Wahlen zur Verfassunggebenden Versammlung einen Sitz in diesem Gremium erhielt, konzentrierte sich S. in den wenigen Tagen, die dem revolutionären Expe-

riment blieben, auf seine dortige Tätigkeit. Die Verfallserscheinungen der revolutionären Erhebung und der Eindruck, daß Brentano sich willig zeigen könnte, zu verhandeln, weckte dann in S. den Willen, der Entwicklung Widerstand entgegenzusetzen; so forderte er in einem Antrag an die Versammlung, Verhandlungsversuche mit dem Feind als „Verrat am Vaterlande" zu betrachten und zu bestrafen.
Die endgültige Niederlage der Revolutionsarmee zwang auch S., sich erneuter Gefangennahme und Verurteilung durch Flucht zu entziehen. Am 3. Juli 1849 überschritt er die Schweizer Grenze. Unter dem Druck der ihm gewidmeten besonderen polizeilichen Aufmerksamkeit blieb S. dort nur wenige Monate. Ende September verließ er das Asylland und schiffte sich am 8. Oktober von Le Havre aus nach England ein. Von dort emigrierte er 1851 nach Amerika. Dort engagierte er sich auch weiterhin in den Verbänden der deutschen Exilgemeinde, betätigte sich publizistisch und gab „Die Soziale Republik", das Organ der „Workingmen's League", heraus. Nach dem amerikanischen Bürgerkrieg, in dem er als Freiwilliger auf der Seite der Nordstaaten kämpfte, machte er 1862 von der Amnestierung der 48er Gebrauch und kehrte nach Deutschland zurück.

W: *Erster Versuch auf dem Felde des deutschen Bundesrechts betreffend die verfassungsmäßige Erledigung der Streitigkeiten zwischen deutschen Bundesgliedern. Bremen 1830; Über das positive Rechtsgesetz rücksichtlich seiner Ausdehnung in der Zeit oder über die Anwendung neuer Gesetze. Göttingen 1831; Positiv rechtliche Untersuchung der auf die Presse sich beziehenden bundesgesetzlichen Bestimmungen und Bezeichnung der Mittel, deren Freiheit zu erlangen. Kassel 1831; Kommentar zu dem Entwurf eines Staatsgrundgesetzes für das Königreich Hannover. Rinteln 1832; Über das positive Rechtsgesetz in seinem Verhältnis zum Raum. Karlsruhe 1834; Ideen zur Begründung einer Kriminalgesetzgebung. Karlsruhe 1835; Über Todesstrafe, Behandlung der Strafgefangenen. Heidelberg 1843; Geschichte der Phrenologie. Heidelberg 1843; Konstitutionelle Jahrbücher. Stuttgart 1843; Handbuch der Phrenologie. Leipzig 1845; Galerie berühmter Männer des 19. Jahrhunderts. Heidelberg 1845; Mandaras Wanderungen. Mannheim 1845; Briefwechsel zwischen einem ehemaligen und einem jetzigen Diplomaten. Mannheim o.J.; Aktenstücke der Zensur des großherzoglich-badischen Regierungsrats v. Uria-Sacharaga, eine Rekursschrift an das Publikum. Mannheim/Heidelberg 1845; Aktenstücke der Mannheimer Zensur und Polizei. 2. Rekursschrift an das Publikum. Mannheim/Heidelberg 1841; Aktenstücke der badischen Zensur und Polizei, 3. Rekursschrift an das Publikum. Mannheim/Heidelberg 1846; Die soziale Frage. In: Deutsche Zeitung ohne Zensur. Mannheim 1846; Das öffentliche Recht des deutschen Bundes. 2 Bde. Mannheim 1846; Briefe über Staat und Kirche. Mannheim 1846; Politische Briefe. Mannheim 1846; Politisches Taschenbuch 1 (1846); Politische Geschichte des deutschen Staatsrechts, dargestellt an ihren Hauptträgern. Mannheim 1847; Die Verfolgung der Juden durch Emicho. Mannheim 1847; Grundzüge der Staatswissenschaften. 4 Bde. Frankfurt a.M. 1847/48; Proletariat. In: Staatslexikon. Bd. 11. 2. Altona ²1848; Die deutsche Diplomatie wider das deutsche Volk, eine Sammlung wichtiger Aktenstücke zum Verständnis der Vergangenheit und zur Warnung für die Zukunft. Wiesbaden 1848; – /Heinzen: Schilderhebung der deutschen Republikaner im April 1848. Straßburg 1848; – /Heinzen: An die Männer des gesunden Menschenverstandes in Teutschland. Straßburg 1848; – /Heinzen: Plan zur Revolutionierung und Republikanisierung Deutschlands, Birsfeld/Basel 1848; Die Grundrechte des deutschen Volkes. Birsfeld/Basel 1848; Die neue Zeit. Herisau 1849; Geschichte der drei Volkserhebungen in Baden. Bern 1849; Weltgeschichte bis 1848. 9 Bde. New York 1853 – 1860 u. Koburg 1864 – 1866; Die Union vor dem Richterstuhl des gesunden Menschenverstandes. New York 1855; Abelard und Heloise. New York 1855; Das 8. Regiment New Yorker Freiwilligen und Prinz Salm-Salm. New York 1862; Diesseits und Jenseits des Ozeans. 4 Hefte. Koburg 1863/64; Krieg. Frankfurt a.M. 1866; Kurz gefaßter Wegweiser für Auswanderer. Bamberg 1867; – / Rasch, 12 Streiter der Revolution, o.O. 1867; Pflanzenkost, die Grundlage einer neuen Weltanschauung. Stuttgart 1869; Das Seelenleben oder die Naturgeschichte des Menschen. Berlin*

1869; Eines Fürsten Jugendliebe. Wien 1870; Karl Mathy. Wien 1870; Zeitschrift für Phrenologie. Mannheim 1843 – 1845, monatlich; Zeitschrift für Deutschlands Hochschulen. Heidelberg 1844/45; Mannheimer Journal. Mannheim Nr. 1 – 337, 1. Januar – 9. Dezember 1846, täglich; Deutscher Zuschauer. Mannheim, 1. Januar 1847 – 21. April 1848, wöchentlich; Deutscher Zuschauer. Basel, Nr. 27 – 38, 21. Juli – 22. September 1848; Deutscher Zuschauer. Neustadt a.d.H., Probeblatt vom 13. Juni 1849; Deutscher Zuschauer. New York 1851; Deutsche Volkszeitung. (Red.: Struve, Fröbel, Pelz, Esselen, Hecker, Herwegh, Anneke, Fendt, Jacoby, Blum, Holtzendorff, Ruge, Bayrhoffer, Willich, Wuttke, Simon). Mannheim, 1. April – 1. Mai 1848, täglich; Soziale Republik. New York, April 1858 – Februar 1859. – ***Q:*** *StadtA Mannheim: Kath. Bürgerhospital, Zug. 2/1967, Nr. 40 (Tätigkeit Struves am Mannheimer Journal 1845/46, Protokollauszüge, Berichte aus Zeitungen), Nr. 45 (Dienstverträge und Dienstinstruktionen 1836 – 1858); Kleine Erwerbungen, Nr. 135 (13 Briefe 1842 – 1865). –* ***L:*** *B., L.: G.S. In: Badische Biographien. Bd. 2. Heidelberg 1875, S.331 – 339; Bassermann, Friedrich Daniel: Denkwürdigkeiten. Frankfurt a.M. 1926; Häusser, Ludwig: Denkwürdigkeiten zur Geschichte der badischen Revolution. Heidelberg 1851; Peiser, Jürgen: G. S. als politischer Schriftsteller und Revolutionär. Diss. Frankfurt a.M. 1973; Reimann, Mathias: Der Hochverratsprozeß gegen G. S. und Karl Blind. Der erste Schwurgerichtsfall in Baden. Sigmaringen 1985; Walter, Friedrich: Mannheim in Vergangenheit und Gegenwart. Bd. 2: Geschichte Mannheims vom Übergang an Baden (1802) bis zur Gründung des Reiches. Mannheim 1907. (ND Frankfurt a.M. 1978), S. 302 – 306, 386. –* ***B:*** *StadtA Mannheim.*

Hans-Joachim Hirsch

Tiedemann, Joseph Leopold Heinrich, praktischer Arzt

* um 1811 Landshut, ev.

† 1. 3. 1895 Philadelphia (USA)

V Friedrich T., Prof. für Anatomie, Zoologie und Physiologie, 1816 – 1849 an der medizinischen Fakultät der Universität Heidelberg (23. 8. 1781 Kassel – 22. 1. 1861 München). M Jenny Rosa, geb. von Holzing († 1870). G 7, darunter Gustav Nicolaus (17. 2. 1808 Landshut – 11. 8. 1849 Rastatt, erschossen), Direktor der Kriegsschule Piräus (Griechenland), 1849 Gouverneur der Festung Rastatt.

∞um 1838 Anna Maria Henrietta Charlotta, geb. Hecker, Schwester von Friedrich Hecker (s. dort), Anwalt. V Joseph H., Archivar, Rat und Notar (* 11. 5. 1777 Edingen). M Wilhelmine, geb. Freiin von Lueder (* 12. 12. 1784). K 3 Söhne, 2 Töchter; darunter Friedrich (* 18. 1. 1840 Dixon, Illinois, USA), Kaufmann, Adjutant von Brigadegeneral Carl Schurz im amerikanischen Bürgerkrieg, die beiden anderen Söhne fallen im amerikanischen Bürgerkrieg.

vor 1840	Auswanderung nach Amerika
1841	Rückkehr nach Deutschland, Wohnort Mannheim
21. 8. 1847	Kauf eines Hauses in Schwetzingen, Niederlassung in Schwetzingen als praktischer Arzt
1849	Präsident des Demokratischen Volksvereins Schwetzingen
18. 5. 1849	Zivilkommissär der Regierung Lorenz Brentano im Amtsbezirk Schwetzingen
3. 6. 1849	Wahl zum Abgeordneten der badischen Verfassunggebenden Versammlung im Wahlbezirk XVI, zu dem der Amtsbezirk Schwetzingen gehörte; Schriftführer der V. Abteilung der Verfassunggebenden Versammlung; Mitglied des Verfassungsausschusses der Abgeordnetenversammlung
Juli 1849	Flucht nach Amerika
24. 9. 1849	Beschlagnahme des Vermögens zugunsten der Großherzoglich Badischen General-Staatskasse
28. 1. 1850	Anklage wegen Hochverrats
2. 4. 1850	Verlust des Staatsbürgerrechtes
ab Mai 1850	Arzt in Philadelphia

Als Sohn des renommierten Anatomie- und Physiologieprofessors Friedrich T. geboren, stammte T. aus großbürgerlichen Verhältnissen.

Auch sein Großvater Dr. Dietrich T. hatte sich als Professor in Marburg einen Namen in der medizinischen Fachwelt gemacht. Obgleich der Vater sich ganz entschieden gegen die Revolution und deren Ideen wandte, er bezeichnete die Revolutionäre als „Auswurf aller Nationen Europas“, er sprach vom „schädlichen Einfluß des ehrgeizigen Heckers“, beteiligten sich gleich zwei seiner Söhne aktiv an der Revolution (Fickler (1899), S. 249 – 251). Über T.s vorrevolutionäres Leben ist wenig bekannt, er muß jedoch im Alter von etwa fünf Jahren mit seinen Eltern nach Heidelberg gekommen sein, wohin sein Vater einen Ruf als Lehrstuhlinhaber für Anatomie und Physiologie erhielt. Zu den Schülern seines Vaters gehörte auch der in Mannheim geborene und von 1849 bis zu seinem Tode 1867 in Schwetzingen lebende Naturforscher und Botaniker Dr. Karl Friedrich Schimper, der sich mit revolutionärem Gedankengut zumindest beschäftigte. In einem von Schimpers zahlreichen Briefen berichtete dieser, daß er T. in den Naturwissenschaften unterrichtete. T. wanderte bereits vor 1840 erstmals nach Amerika aus. Dort wurde 1840 sein Sohn Friedrich geboren. Im nächsten Jahr kehrte T. mit seiner Familie nach Deutschland zurück und ließ sich in Mannheim nieder. Am 21. August 1847 erwarb T. von Andreas Schäfer ein Haus in Schwetzingen „an der Straße gegen Heidelberg“ (heutige Carl-Theodor-Straße 33) und ließ sich als praktischer Arzt hier nieder (StadtA Schwetzingen: B 57, Nr. 308, S. 617f.). Wie der von T. mitherausgegebenen wissenschaftlichen Zeitschrift „Nordamerikanischer Monatsbericht für Natur- und Heilkunde“ entnommen werden kann, beschäftigte er sich schwerpunktmäßig mit der Gynäkologie.

Durch seine Heirat mit der Schwester Friedrich Heckers, dem in Mannheim lebenden Vordenker der Revolution, hatte er familiären Zugang zu diesem und wurde wohl auch von Hekker, der oft als charismatisch beschrieben wird, in Bann gezogen. 1849 stellte sich sein Bruder Gustav Nicolaus T., ehemals badischer Dragoneroffizier in der Garnison Bruchsal und von 1833 bis 1843 als Feldwebel in griechischen Diensten, der Revolutionsregierung Brentanos (s. dort) zur Verfügung und wurde vom Landesausschuß zum Major ernannt. Gustav Nicolaus T. wurde als letzter Kommandeur der Festung Rastatt von den Preußen standrechtlich erschossen. T.s Vater schrieb am 16. Juli 1849 an seinen Sohn Gustav Nicolaus: „ [...] gehe zu deinem durch Hecker verführten jüngsten Bruder nach Amerika“ (Fickler (1899), S. 249 – 251). 1849 war T. Präsident des Demokratischen Volksvereins in Schwetzingen, der durch den Beitritt der umliegenden Gemeinden Oftersheim, Brühl, Ketsch und Plankstadt sehr stark war. Am 12. Mai 1849 fand auf Einladung des stellvertretenden geschäftsführenden Vorsitzenden der badischen Volksvereine Amand Goegg (s. dort) der Landeskongreß der Vertreter der badischen Volksvereine statt, die einen Landesausschuß als Gegenregierung wählten. Als die Vollzugsbehörde des Landesausschusses am 18. Mai 1849 für jeden Amtsbezirk einen Zivilkommissär ernannte zur „Vollziehung der von der Landesversammlung in Offenburg gefaßten Beschlüsse und zur Ausführung der Anordnungen des Landesausschusses und der Exekutivkommission“, wurde T. zum Zivilkommissär der Regierung Lorenz Brentano (s. dort) im Amtsbezirk Schwetzingen. Am 3. Juni 1849 wurde er in freier Wahl zum Abgeordneten der badischen Verfassunggebenden Versammlung im Wahlbezirk XV (Amtsbezirke Ladenburg, Schwetzingen, Mannheim und teilweise Philippsburg) gewählt. Er war Schriftführer der V. Abteilung der Verfassunggebenden Versammlung und Mitglied des Verfassungsausschusses.

Wie in den Verhandlungsprotokollen der badischen Verfassunggebenden Versammlung festgehalten, zeigte T. in seinen Einlassungen eine ausgeprägt demokratische, anti-großherzoglich orientierte Haltung, die ihn in Kontrast zu Lorenz Brentano und anderen Mitgliedern der Verfassunggebenden Versammlung setzte, die sich eine Staatsform ohne monarchische Autorität nicht vorstellen konnten. Er stimmte für die in der Versammlung am 13. Juni 1849 mehrheitlich angenommene Wahl einer „Provisorischen Regierung aus drei Männern mit diktatorischer Gewalt“, die von der Versammlung jederzeit abgesetzt und zur Rechenschaft gezogen werden konnte, und setzte sich u.a. erfolgreich für eine Verminderung der Abgeordnetendiäten ein (Bauer (1991), S. 106ff.). In der 14.

und letzten Sitzung der Verfassunggebenden Versammlung in Freiburg am 30. Juni 1849 – Karlsruhe war bereits von den Preußen besetzt – zeigte T. zusammen mit dem Abgeordneten Glaser seinen Austritt aus der Versammlung an. Nach der militärischen Niederlage der Revolutionstruppen in Waghäusel am 21. Juni 1849 flüchtete er aus Schwetzingen. Gerade noch rechtzeitig entkam er am 8. Juli 1849 nach Mannheim; die Fahnder trafen dort am 20. Juli ein. T. war bereits über die nahe französische Grenze geflohen, zunächst nach Straßburg, dann mit Frau und Kindern über Le Havre nach Amerika. In der „Carlsruher Zeitung", im „Mannheimer Journal" und im „Fahndungsblatt" wurde der Fahndungsaufruf veröffentlicht: „Bürger Tiedemann, früher in Carlsruhe, jetzt Schwetzingen, hat sich als Civilcommisär [...] bei dem jüngsten Aufstand beteiligt und ist auf flüchtigem Fuß. Wir bitten nach ihm zu fahnden und im Betretungsfall anher abzuliefern" (Blank (1979), S. 184). T. wurde des Hochverrates angeklagt und unter Androhung der Todesstrafe steckbrieflich gesucht. Laut Anklageschrift soll er den Demokratischen Volksverein in Schwetzingen organisiert und bereits vor seiner Ernennung zum Zivilkommissär am 15. März 1849 die Verfolgung des Hinkeldeyschen Corps veranlaßt haben. In seiner Funktion als Zivilkommissär ließ er zur Versorgung der Volksarmee die bei der markgräflichen Verwaltung in Schwetzingen lagernden „Früchte mit Beschlag belegen [...] verhaftete ohne Grund den Lehrer Mus, setzte den Bürgermeister Sester und Ratschreiber Merkle in Plankstadt ab, ebenso die Ratschreiber Weitzel in Brühl, Wolfgang in Hockenheim, Molitor in Reilingen und zwang die Bürgerschaft zum Anmarsch nach Heidelberg und Mannheim" (Blank (1979), S. 184).
Nach der vergeblich veröffentlichten „Öffentlichen Vorladung [...] Entschädigung und Rückersatz betreffend" wurde T.s Vermögen durch Steuereinnehmer Reinauer, Schwetzingen, zugunsten der Großherzoglich Badischen General-Staatskasse beschlagnahmt (StadtA Schwetzingen: B 58, Nr. 298, S. 556f.). Noch einmal wurde er öffentlich zur Rückkehr „binnen 6 Wochen" aufgefordert (Großherzoglich Badisches Anzeige-Blatt für den Unterrhein-Kreis, Nr. 12 vom 8. Februar 1850). Am 28. Januar 1850 war bereits das Urteil ergangen: „Sey der Theilnahme an den im Mai und Juni v.J. im Großherzogtum verübten hochverrätherischen Unternehmungen schuldig zu erklären, und deshalb zu einer gemeinen Zuchthausstrafe von 9 Jahren, sowie zum Ersatze des aus diesem Verbrechen der großh. Staatscasse zugegangenen Schadens, unter sammtverbindlicher Haftbarkeit mit jenen, welche von den Gerichten des gleichen Verbrechens für schuldig erklärt worden sind oder noch werden und zu den Untersuchungs- und Straferstehungskosten zu verurtheilen" (Großherzoglich Badisches Anzeige-Blatt für den Unterrhein-Kreis, Nr. 16 vom 22. Februar 1850). Am 2. April 1850 wurde ihm das Staatsbürgerrecht aberkannt. Das beschlagnahmte Haus in Schwetzingen wurde am 15. Juni 1850 über einen Kurator an den Königlich Bayerischen Hofrat Hecker in Mannheim, wahrscheinlich T.s Schwiegervater Joseph Hecker, verkauft. Bis 1855 blieb es im Eigentum der Familie Hecker.
T. indes betätigte sich bereits kurze Zeit nach seiner Ankunft in Amerika sowohl politisch wie auch als Arzt und Wissenschaftler. Bevor er sich in Philadelphia als Arzt niederließ, begleitete er Friedrich Hecker auf seiner „Triumph- und Agitationsreise durch die Vereinigten Staaten" (Ruetenik (1904), S. 482). Im Juli 1850 erschien in Philadelphia, wo er sich als Arzt niedergelassen hatte und am 1. März 1895 starb, der erste Band der von ihm mitherausgegebenen „Nordamerikanischen Monatsberichte für Natur- und Heilkunde", in dem er selbst mehrere Artikel veröffentlichte. Unter den Autoren befand sich der herausragende Naturwissenschaftler Louis Agassiz, der ebenfalls nach Amerika ausgewandert war. T. kannte Agassiz möglicherweise noch aus Heidelberger Tagen, da dieser ein Kommilitone Schimpers aus dessen Heidelberger und Münchner Studienzeit war.
Die amerikanische Presse, die sich intensiv mit der deutschen Revolution auseinandersetzte, nannte T. unter den herausragenden Revolutionären im gleichen Atemzug mit Hecker.
Wie viele andere Revolutionäre, die aus Deutschland flüchten mußten, entsagte T. keineswegs dem Gedanken an die Revolution in Deutschland. Der ebenfalls nach Amerika ausgewanderte Revolutionär Prof. Gottfried Kinkel rief

eine Gesellschaft ins Leben, die die Wiederbelebung einer bewaffneten Revolution in Deutschland anstrebte. T. wurde deren Schatzmeister. In seiner Wahlheimat Philadelphia schlossen sich nach den Vorschlägen Amand Goeggs (s. dort), der sich für die Idee einer amerikanisch-deutschen Weltrevolution mit friedlichen Mitteln der Aufklärung einsetzte, 15 revolutionär gesinnte Organisationen zu einer neuen Gesellschaft zusammen und bestimmten Philadelphia zu ihrem Hauptquartier. Das 1850 in Philadelphia stattfindende Sängerfest widmete T. dem fortdauernden Kampf um eine sozialdemokratische Republik in Deutschland, auch sprach er oft bei Sängerfesten, die in anderen Städten stattfanden.

1855 gründete er mit anderen Medizinern ein deutsches Krankenhaus in Philadelphia. Carl Schurz, der unter T.s Bruder die Belagerung der Festung Rastatt miterlebte, Kinkel im November 1850 aus dem Zuchthaus Spandau befreite und später in Amerika eine glänzende politische Karriere machte, berichtet in seinen Lebenserinnerungen, daß er 1852 seinen „vertrauten Freund Dr. Tiedemann“ kurz nach seiner Ankunft in den Staaten in Philadelphia besuchte und dieser eine gutgehende Praxis dort habe (Schurz (1988), S. 476). Von einem späteren Besuch schreibt Schurz, daß T. zwei seiner Söhne im amerikanischen Bürgerkrieg (1860 – 65) verloren habe, woran Frau T., „eine intelligente Frau mit lebhafter Phantasie“, schwer trug (Schurz (1988), S. 476).

W: *Über die stellvertretende Menstruation (Menstruatio vicaria). Würzburg 1842; On dysentery and it's treatment. Philadelphia 1857; Mensch und Affe. Eine Vorlesung, welche am 3. Februar 1876 in der Halle der Teutschen Gesellschaft zu Philadelphia gehalten wurde. Philadelphia 1876; Keller, W. / T., H. (Hrsg.): Nordamerikanischer Monatsbericht für Natur- und Heilkunde. Philadelphia Juli 1850 – April 1852 (mit Beiträgen T.s zur Gynäkologie, Inneren Medizin, Chirurgie, Pharmazie). –* ***Q:*** *StadtA Schwetzingen: B 57, Nr. 308, S. 617f.; B 58, Nr. 215, S. 406f.; B 58, Nr. 298, S. 556f.; B 61, S. 352f.; Ev. Kirchenbücher Schwetzingen, Nr. 6, Taufbuch 1837 – 1854; Nr. 9, Totenbuch 1834 – 1860; Großherzoglich Badisches Anzeige-Blatt für den Unterrhein-Kreis, Nr. 76 vom 21. September 1849, Nr. 12 vom 8. Februar 1850, Nr. 16 vom 22. Februar 1850, Nr. 29 vom 9. April 1850. –* ***L:*** *Bauer, Sonja-Maria: Die Verfassunggebende Versammlung in der Badischen Revolution von 1849. Darstellung und Dokumentation. Düsseldorf 1991 (Beiträge zur Geschichte des Parlamentarismus und der politischen Parteien, 94), S. 53ff., 105ff., 206ff., 250ff., 321ff.; Bischoff, Theodor v.: J.L.H.T. In: Badische Biographien. Bd. 2. Heidelberg 1875, S. 352ff.; Blank, Hermann: Schwetzingen – eine Geschichte der Stadt und ihrer Häuser. Bd. 1. Schwetzingen 1979 (Schriften des Stadtarchives Schwetzingen, 8), S. 184; Breier, Helmut: Zweihundert Jahre Auswanderung aus Schwetzingen. Schwetzingen 1987 (Schriften des Stadtarchives Schwetzingen, 23), S. 70, 142; Fickler, Carl Borromäus Alois: In Rastatt 1849. Rastatt ²1899, S. 249 – 251; Götz, Hans: Karl Friedrich Schimper – Naturforscher in Schwetzingen. Schwetzingen ²1983 (Schriften des Stadtarchives Schwetzingen, 12), S. 154; Ruetenik, Hans J.: Berühmte deutsche Vorkämpfer für Fortschritt, Freiheit und Friede in Nord-Amerika. Cleveland/Ohio 1904, S. 481f.; Schurz, Carl: Lebenserinnerungen. Vom deutschen Freiheitskämpfer von 1848 zum amerikanischen Staatsmann. Berlin 1906 (ND Zürich 1988), S. 330, 476; Wittke, Carl: Refugees of Revolution. The German Forty-Eighters in America. Philadelphia 1952, S. 100ff., 253, 291f., 331.*

Susanne Bährle (Mitarbeit: Klaus Zechiel-Eckes, Wilhelm Heuss, Iris Hartung)

Trützschler, Wilhelm Adolph von, Appellationsgerichtsassessor

* 20. 2. 1818 Gotha, ev.

† 14. 8. 1849 Mannheim

V Franz Adolph v. T., Geheimer Regierungsrat (1792 – 1873). M Elisabeth, geb. v. Wangenheim (1793 – 1866).

∞ 1843 (Dresden) Gabriele, geb. v. Mandelsloh (1824 – 1902), ev. V Friedrich Maximilian v. M., Generalmajor (1790 – 1871). M Mathilde, geb. Gräfin v. Rüdiger (1804 – 1872). K 2 Söhne, 1 Tochter.

1829 – 1835	Gymnasium Gotha
1835/36	Medizinstudium in Leipzig
1836 – 1840	Jurastudium in Jena, Göttingen und Leipzig
1836/37	Burschenschaftler in Jena
1839	Mitglied im Studentenkorps „Montania" in Leipzig
1840	Erstes Staatsexamen
1840 – 1842	Rechtspraktikant, u.a. am Stadtgericht Zwickau
1841	Zweites Staatsexamen
1842/43	Akzessist beim Appellationsgericht Zwickau
1843 – 1845	Vizeaktuar beim Justizamt Zwickau
1845 – 1849	Gerichtsassessor beim Appellationsgericht Dresden
1848/49	Mitglied im Sächsischen Vaterlandsverein
18. 5. 1848 – 24. 5. 1849	Abgeordneter der Frankfurter Nationalversammlung
Okt. 1848	Teilnahme am zweiten Demokratenkongreß und „Gegenparlament" in Berlin
Nov./Dez. 1848	Vorstandsmitglied im Centralmärzverein
Jan. – Mai 1849	Mitglied der Zweiten Kammer des sächsischen Landtags
Mai 1849 – 22. 6. 1849	Teilnahme am badischen Aufstand, zuletzt als Zivilkommissär der badischen Revolutionsregierung in Mannheim und als provisorischer Regierungsdirektor des Unterrheinkreises

T. entstammte dem sächsisch-vogtländischen Uradel. T., der vielseitig begabt und interessiert war, durchlief rasch jeweils mit Bestnoten die Stationen seiner Ausbildung. Die für einen Mann seiner Herkunft ungewöhnliche Begeisterung für demokratische und sozialreformerische Ideen dürfte in die Zeit seiner Tätigkeit in Zwickau, wo es einen regimekritischen Bürgerverein gab, zurückreichen. Seine Erfahrungen mit dem reaktionären Inquisitionsverfahren im sächsischen Strafrecht, die zögerliche

Wilhelm Adolph von Trützschler (Vorlage: StadtA Mannheim)

Ablösung der grundherrlichen Rechte sowie die wirtschaftlichen und sozialen Notstände im Vogtland und im Königreich Sachsen insgesamt, nicht zuletzt die betont humanitäre Einstellung seiner Ehefrau dürften die maßgebenden Impulse für T.s politische Ausrichtung gegeben haben. Für den Wahlbezirk Oelsnitz/ Vogtland wurde er in die Frankfurter Nationalversammlung entsandt. Dort wurde er in den Ausschuß für Priorität und Anträge gewählt und als Schriftführer bestellt. Danach kam er noch in den Ausschuß zur Schaffung einer Zentralgewalt. Mit Robert Blum trat er für einen parlamentarisch legitimierten Vollziehungsausschuß ein, lehnte folglich die Übertragung der Zentralgewalt auf Erzherzog Johann ab. Im Vordergrund stand sein Engagement für die Souveränität des Individuums und die des Volkes. Anfänglich im gemäßigt linken 'Deutschen Hof', schloß er sich bald der linksradikalen Fraktion 'Donnersberg' an. Beim Frankfurter Septemberaufstand nahm er eine vermittelnde Haltung ein. Im Oktober desselben Jahres forderte er im Parlament nachdrücklich die Abschaffung der Feudallasten. Um diese Zeit betätigte sich T. auch außerparlamentarisch: Er nahm am 2. Demokratenkongreß und am „Gegenparlament" in Berlin teil. Er war leitendes Mit-

glied im Centralmärzverein, den er jedoch Ende Dezember 1848 wieder verließ. Im Januar 1849 wurde er für den vogtländischen Wahlbezirk Auerbach Abgeordneter der Zweiten Kammer des sächsischen Landtags. Weiterhin war er aber stärker in Frankfurt engagiert, wo es um die Grundzüge der neuen Reichsverfassung, insbesondere die Frage des Staatsoberhaupts, ging. T. lehnte den preußischen König als künftigen Kaiser ab.
Hatte T. schon im Mannheimer Geheimtreffen vom 4. Mai 1849 Kontakte mit demokratischen und republikanischen Politikern aus Baden gehabt, so schlug er sich nach Ausbruch der badischen Revolution vollends auf deren Seite. Er folgte dem revolutionären Landesausschuß nach Karlsruhe. Kurze Zeit war er in Heidelberg, dem Sitz des Hauptquartiers der badischen Revolutionsarmee, tätig. Am 26. Mai wurden ihm die Ämter eines Zivilkommissärs in Mannheim und eines provisorischen Regierungsdirektors für den Unterrheinkreis durch den Landesausschuß übertragen. T. machte sich gleich nach seiner Ankunft in Mannheim daran, die Volkswehr zu organisieren, beginnend mit dem 1. Aufgebot aller waffenfähigen Männer von 18 bis 21 Jahren. Von der Bürgerschaft verlangte er hierfür Unterkünfte, vom Stadtrat die in dessen Besitz befindlichen Gewehre. Am Neckarufer ließ er Schanzen anlegen. Er ernannte die Kommandeure für die heimische und die auswärtige, von Flüchtlingslegionären gebildete Volkswehr. Die Zivilverwaltung (Kreisregierung) ordnete er neu. Dabei mußte T. erkennen, daß er sich im wesentlichen nur auf eine aus Freiberuflern, Kleinunternehmern und subalternen Beamten bestehende Mittelschicht stützen konnte, die auch das Rückgrat der Volksvereine bildete. Beim etablierten Bürgertum stieß er auf passiven, z. T. auch aktiven Widerstand. Er blieb jedoch unbeirrt auf seinem Mannheimer Posten; die ihm von der „Reichsregentschaft" – einem Exekutivorgan des bereits weitgehend aufgelösten Frankfurter Parlaments – angetragene Stelle eines Reichskommissars für die Pfalz lehnte er ab. Dem Heranrücken der Reichstruppen und der preußischen Interventionsarmee setzte er verstärkte Verteidigungsanstrengungen in Mannheim entgegen, wobei er sich auf General Mieroslawski, den Oberbefehlshaber der badischen Revolutionsarmee, stützen konnte. Nach der Niederlage der Aufständischen bei Waghäusel siegte die Konterrevolution, gestützt auf die Bürgerwehr unter ihrem Oberst Friedrich Engelhorn (s. dort) sowie die ins großherzogliche Lager zurückgekehrten Dragoner auch in Mannheim. Am 22. Juni 1849 wurde T., der noch die Kreiskasse wegführen lassen wollte, verhaftet.
Nach mehrwöchiger Untersuchungshaft in Heidelberg wurde er vor dem preußischen Standgericht in Mannheim wegen Hochverrats angeklagt. Obwohl er sich selbst glänzend verteidigte und insbesondere geltend machte, nur das Beste im Sinne der Reichsverfassung gewollt zu haben, im übrigen sei er lediglich ausführendes Organ der Regierung Brentano (s. dort) gewesen, wurde er am 13. August 1849 zum Tode durch Erschießen verurteilt. Das Urteil wurde am darauffolgenden Tage vollstreckt.

__Q:__GLAK: 276/3438 – 3441. – __L:__ Best, Heinrich/Weege, Wilhelm: Biographisches Handbuch der Abgeordneten der Frankfurter Nationalversammlung 1848/49. Düsseldorf 1996, S. 339; Hofmann, Julius: Deutschlands Klage um A.v.T. Dresden 1850; Neuer Nekrolog der Deutschen (1849) 27 (1851), S. 640 – 644; Rosen, Carl: A.v.T., sein Leben und Ende. Dresden o.J.; Schnorr von Carolsfeld, F.: W.A.v.T. In: ADB 38 (1894), S. 691; Schröter, Hans: W. A. v. T. – ein vergessener Demokrat. In: Mannheimer Hefte 1 (1981), S. 42 – 51; Walter, Friedrich: Mannheim in Vergangenheit und Gegenwart. Bd. 2: Geschichte Mannheims vom Übergang an Baden (1802) bis zur Gründung des Reiches. Mannheim 1907 (ND Frankfurt a.M. 1978), S. 382 – 411; Wigard, Franz: Stenographischer Bericht über die Verhandlungen der deutschen constituirenden Nationalversammlung zu Frankfurt am Main. Frankfurt a.M. 1848/49 (ND München 1988). Bd. 1, S. 414f.; Bd. 4, S. 2408f. – __B:__ StadtA Mannheim; Reiß-Museum Mannheim.

Hans Schröter

Umbscheiden, Franz, Journalist (im Jahr 1849: Schreiber)
* 24. 6. 1821 Grünstadt, ev.
† Anf. Dez. 1874 Newark (New Jersey, USA)

V Carl Ludwig U., Friedensgerichtsschreiber (1771 – 1845). M Anna Margaretha, geb. Geul, (1781 – nach 1845). G Philipp (1816 – 1872), Friedensrichter in Dahn, Abgeordneter der Nationalversammlung; Theodor Ludwig (* 1815), 1848 – 1850 Ergänzungsrichter in Speyer, dann in Kaiserslautern, 1849 im Kantonalverteidigungsausschuß. Alle drei besuchten das Speyerer Gymnasium.

1830 – 1834	Besuch der Lateinschule Speyer, 1.–3. Klasse
1834/35	Klassenkamerad von Ludwig Heydenreich sowie Heinrich Flad (s. jeweils dort)
nach Ostern 1836	Abgang, „um sich einem bürgerlichen Berufe zu widmen“; angebliche Entlassung von der Gewerbeschule Kaiserslautern
WS 1844 – SS 1845	Chemiestudium an der Universität Gießen; kein Nachweis für weitere Studien in Heidelberg oder München
Nov. 1848	Gründer des Arbeitervereins in Speyer; Mitglied des Volksvereins
Mai 1849	Adjutant Ludwig Blenkers (s. dort)
Juni 1849	Teilnahme an Kampfhandlungen im badischen Raum
1850	Aufenthalt in der Schweiz
1851/52	Ankunft in New York

U. war die Triebfeder zur Gründung des Turnvereins Speyer (erster Versuch 1846, April 1847 inoffizielle Gründung) und wurde zum ersten Vorstand und Turnwart gewählt. Juni 1847 ging er, angeblich als Schreiber eines Gerichtsboten, nach Pirmasens. Seine berufliche Laufbahn ist unklar: Ein angenommenes Jurastudium (wie das seiner Brüder) ist bislang nicht nachweisbar. Auch in Pirmasens initiierte er das Turnwesen. Spätestens im November 1848 gründete er den Arbeiterverein Speyer, dessen Vorsitzender er wurde, ebenso war er Mitglied des Speyerer Volksvereins. Der begabte Rhetoriker trug „durch seine Reden in dem Arbeiterverein wie in dem Volksverein viel dazu bei, die Bewegung aus den Schranken der Gesetzlichkeit zu reißen, und seine eigenen, auf gewaltsamen Umsturz des Bestehenden zielenden Ideen auf seine Zuhörer zu übertragen“. Er soll dann ein agitatorisches Wanderleben geführt haben. Am 21.(?) November 1848 mußte er angeblich nach flammender Rede bei einer Trauerfeier für Robert Blum in die Schweiz fliehen. Bis 1849 hielt er sich in Genf auf. Anfang Mai 1849 kehrte er in die Pfalz zurück und wurde Major und Adjutant Blenkers (s. dort). So war er bei der Einnahme von Worms und dem Angriff auf Landau dabei. U. war an der Schienenzerstörung am 9. Mai bei Schifferstadt und Haßloch beteiligt, trieb Zwangsanleihen ein und soll mit einem von ihm aufgestellten Freikorps am 19. Mai die königliche Steuerkasse in Rheingönheim sowie die Rentamtskasse in Oggersheim geraubt haben. Außerdem nahm er etliche Verhaftungen vor. Sein Aussehen wird beschrieben als blond, von gelblicher Gesichtsfarbe, hoher Stirn, blauen Augen, ohne Bart, schlanker, hagerer Statur; wegen großer Kurzsichtigkeit trug er eine Brille. Fenner von Fenneberg nennt ihn einen der wenigen, „die mit solcher allem Egoismus fremden Selbstaufopferung und unermüdlichem Eifer der Sache selbst dann noch treu dienten, als der befangenste Enthusiast deren Ruin voraussehen konnte. Ein Republikaner von echtem Schrot und Korn, jede Rücksicht verleugnend, wo es um die Wahrung seiner Grundsätze ging, weder Mangel noch Entbehrung scheuend“. U. überquerte mit den pfälzischen Truppen vermutlich am 16. Juni den Rhein und nahm an Kämpfen im Badischen teil; wahrscheinlich ging er dann um Weihnachten 1850 unter dem Namen Frank von Frankreich aus nach der Schweiz; er kam nach Liestal (Kanton Basel-Land) und hielt sich sonst angeblich im benachbarten Kanton Solothurn auf. Als ihn die Polizei Anfang Januar 1851 ausweisen wollte, stellte man Blattern bei ihm fest. Etwa im März wollte er nach eigener Aussage über Frankreich nach den USA auswandern. Im Mai 1851 oder 1852 landete er in New York; nach anderer Quelle wurde er bis April 1851 von einem Freund in Liestal versteckt, dann verhaftet und nach den USA abgeschoben. Am 31. Oktober 1851 verurteilte ihn das Zweibrücker Assisengericht in Abwesenheit zum Tode. In den Jahren von 1860 bis 1864 arbeitete er als Journalist bzw. Redakteur der „New Yorker Staatszeitung“, später als Redakteur beim „New Jersey Volksmann“, dem „New York Demokrat“ sowie der „Freien Presse“ in Elizabeth, New Jersey. Er soll bis zu seinem Tode journalistisch und auch in der Politik tätig gewesen sein. Vermutlich ist er niemals wieder nach Deutschland zurückgekehrt. 1874 starb er in Newark, New Jersey.

Q: StaatsA Kanton Basel-Land (Schweiz): NA, Polit. D4.3; LandesA Speyer: J 1/117; StadtA Speyer: 175 – 1/2 Protokollbuch Turnverein; UniversitätsA Gießen: Kössler, Franz: Register zu den Matrikeln und Inskriptionsbüchern der Universität Gießen WS 1807/08 – WS 1850 sowie Personenbestandsverzeichnis der Universität Gießen für 1844/45; Anklag-Akte, errichtet durch die k. General-Staatsprokuratur der Pfalz, nebst Urtheil der Anklagekammer des k. Appellations-Gerichtes der Pfalz in Zweibrücken vom 29. Juni 1850 in der Untersuchung gegen Martin Reichard, entlassener Notär in Speyer, und 332 Consorten wegen Rebellion gegen die bewaffnete Macht, Hoch- und Staatsverraths etc. Zweibrücken 1850; Kaiserslauterer Zeitung vom 5. Januar 1875 (Nachruf). – L: Baumann, Kurt: Ein Pfälzer Freiheitskämpfer: U. - Jahns Saat in der Pfalz. In: Pfälzische Heimatblätter 1 (1955), S. 11 (inhaltliche Fehler); Fenner von Fenneberg, Ferdinand : Zur Geschichte der rheinpfälzischen Revolution und des badischen Aufstandes. Zürich 1849, S. 18f.; Wittke, Carl: Refugees of Revolution. The German Forty-Eighters in America. Philadelphia 1952; Ziegler, Hannes: Das Justizwesen in der Pfalz im 19. Jahrhundert. In: Mitteilungen des Historischen Vereins der Pfalz 86 (1988), S. 301f.

Katrin Hopstock

Walz, Georg Friedrich, Apotheker, Forscher, Dozent, wissenschaftlicher Autor
* 24. 7. 1813 Heppenheim, kath. getauft (Eltern ev., aber in H. keine ev. Gemeinde)
† 29. 3. 1862 Zwingenberg (Selbstmord)

V Ludwig Friedrich W., Zuckerfabrikbesitzer, später Distriktseinnehmer (1773 – 1841). M Margaretha, geb. Hiepe, verw. Vorwerk (1776 – 1855). G 2 Brüder, 1 Schwester. ⚭1.) 1845 Wallburga Crescentia („Wally“), geb. Martin (1825 – 1848). 2.) 1849 (Speyer) Franziska Antonia Josepha („Fanny“), geb. Martin (1828 – 1917, jüngere Schwester der ersten Frau), beide kath., beide aus Kronau/Baden. V Karl Ludwig M. (1792 – 1847), Kreisforstrat. M Josefine, geb. Feyerer (1799 – 1868). K zus. 5 Söhne, 5 Töchter (aus 1. Ehe: 2 Töchter). Söhne ev., Töchter kath. getauft. Sohn Ernst wurde Jurist und langjähriger (Ober-)Bürgermeister von Heidelberg. W. ist über die Familie seiner Frauen mit Regierungspräsident Johann Baptist von Zenetti (s. dort) verwandt.

1820 – 1823	Volksschule Heppenheim, später Privatunterricht
1828 – 1830	Apothekerlehre in Wald-Michelbach; Gehilfenprüfung
1830 – 1837	tätig in der Stadtapotheke Wiesloch, der Hofapotheke Heidelberg und der Pelikanapotheke Mannheim
20. 7. 1835	hessisches Staatsexamen als Apotheker mit „gut“
SS 1837 – SS 1838	Pharmaziestudium an der Universität Heidelberg
1838	Promotion (Diss. gedr. 1839)
1840	Kauf der Schwanenapotheke des Chr. Friedrich Osiander in Speyer (Korngasse 36); Bürgerannahme in Speyer am 23. 10. 1840
Okt. 1840	Gründung eines pharmazeutischen Privatinstituts
1841 – 1850	Lehrer für Chemie, Naturgeschichte und Technologie an der Gewerbeschule Speyer
1842 – 1850	pharmazeutisches Mitglied des Kreismedizinalausschusses zu Speyer
1848 – 1862	Oberdirektor des neu gegründeten „Allgemeinen deutschen Apothekervereins, Abt. Süddeutschland“
1851 – 1853	Mitglied des Landrats
mind. 1852	im Verwaltungssauschuß der

	Speyer-Weißenburger Eisenbahngesellschaft
ab SS 1856	Privatdozent an der Universität Heidelberg
Mitte 1857	Verkauf und Konzessionsabgabe der Schwanenapotheke an Neffe Friedrich Vorwerk
Aug. 1859	Ernennung zum außerordentlichen Professor an der Universität Heidelberg

Wahrscheinlich haben die gemeinsamen Bemühungen um die Speyerer Eisenbahnprojekte W. und den engagierten Zeitungsherausgeber und damaligen Stadtrat Georg Friedrich Kolb (s. dort) zusammengeführt. W. gehörte zu den Organisatoren der Aktienzeichnung und war selbst auch einer der größeren Speyerer Aktionäre für beide Projekte. Ihre Zusammenarbeit setzten die zu Freunden Gewordenen dann mit ihrer Initiative zur Gründung eines Speyerer Gewerbevereins fort, die 1843 erfolgte. W. wurde Sekretär, Kolb Vorstand. Zur Einrichtung einer Gewerbshalle kam es erst 1846. 1848/49 übernahm W. Kolbs dortigen Aufgabenbereich.

Am 7. März 1848 wurden bei der Aufstellung der 76 pfälzischen Bürger, die dem bayerischen König weitergehende Forderungen stellen sollten, aus Speyer Notar Reichard, der jüdische Kaufmann Adler, die Rentiers Ußlaub und Merkle sowie W. gewählt. Im Monat darauf gehörte er zu dem Komitee, das die Aufstellung der Speyerer Volkswehr regelte. Der Mai brachte mit der Stadtratswahl W. das erste Mandat als Stadtrat. Zusammen mit zwei weiteren Stadträten und dem damaligen Speyerer Polizeikommissär Kreutzer sorgte er im gleichen Monat für den Abtransport der Pulvervorräte aus dem Mirbachhaus in den Ußlaubschen Garten und den Weitertransport nach Neustadt a.d.H.

Am 12. Mai 1849 wurde aus Mitgliedern der Stadträte des Kantons Speyer der Kantonalverteidigungsausschuß in Speyer gewählt. W. wurde dessen Vorsitzender. Als man ihn kurze Zeit darauf als Kantonalvertreter für die Versammlung des Landesverteidigungsausschusses wählte, lehnte er die Wahl zunächst ab, ließ sich dann aber umstimmen. In Kaiserslautern wählte man ihn zum Vorsitzenden der Versammlung. Als der Landesverteidigungsausschuß die Ein-

Georg Friedrich Walz (Vorlage: Kurpfälzisches Museum Heidelberg)

setzung einer Provisorischen Regierung verlangte, sprach sich W. dagegen aus; er befürchtete gewalttätige Auseinandersetzungen und hielt den Vorgang für gesetzwidrig. Das Abstimmungsergebnis lautete schließlich 15:14 für eine Provisorische Regierung, deren Präsident Martin Reichard wurde. W. war wie Kolb der Ansicht, daß die Provisorische Regierung im Widerspruch zur Reichsverfassung stehe und deshalb ungesetzlich sei. Der Speyerer Stadtrat faßte unter seinem Vorsitz den Beschluß, bis zur Verwirklichung der vom Stadtrat geforderten allgemeinen gewählten Volksvertretung in der Pfalz der Provisorischen Regierung den Gehorsam zu verweigern. Nach Abmarsch der Exekutionstruppen der Provisorischen Regierung verließ W. die Stadt und begab sich nach Karlsruhe. Von dort ging er weiter nach Straßburg und Weißenburg im Elsaß. Bei seiner Rückkehr

wurde er am 25. Juni wider Erwarten von bayerischen Truppen festgenommen, nach Haussuchung und entlastenden Aussagen durch Polizeikommissär Kreutzer jedoch freigelassen. Am 16. Mai 1850 wurden die Stadträte W., Eberle, Lohr, Müller und Ußlaub wegen eines Besuchs in Weißenburg/Elsaß bei dem geflüchteten Friedrich Hilgard (s. dort) ihres Amtes enthoben. Daraufhin traten einige Ratsmitglieder aus Solidarität zurück und die Ersatzmänner ihr Amt nicht an; es kam zu einer Ersatzwahl am 30. Mai. Als die Regierung keine Handhabe für ein revolutionsbezogenes Verfahren gegen W. fand, konstruierte man eine Anklage gegen den Apotheker wegen angeblicher Abgabe von verbotener (giftiger) Phosphatlatwerge. Regierungspräsident von Hohe forderte die Entlassung W.s als Gewerbeschullehrer. Als W. September 1850 zu einer hohen Geldstrafe verurteilt wurde, legte er Berufung ein, was von von Hohe bei dessen Meldung an das Innen- und Handelsministerium jedoch nicht erwähnt wurde. W. wurde am 14. September als Gewerbeschullehrer sowie am 19. September aus dem Kreismedizinalausschuß entlassen. Mehrere Proteste des Speyerer Stadtrats nützen nichts. Erst in dritter Instanz wurde im Februar 1851 W.s Unschuld bestätigt, die Entlassungen jedoch nicht rückgängig gemacht. Nach jahrelangen Bemühungen um die Habilitation scheiterten Übersiedlung und Lehrtätigkeit an der Universität des badischen Heidelberg zunächst an W.s politischer Vergangenheit. Erst 1853 erreichte er die Habilitation. Zermürbt vom Kampf mit Behörden und Universität zeigten sich Anfang 1862 erste Anzeichen einer psychischen Erkrankung, die schließlich zu seinem Selbstmord führte.
W. veröffentlichte zahlreiche wissenschaftliche Artikel, vor allem in den verschiedenen Jahrgängen des „Jahrbuchs für practische Pharmacie und verwandte Fächer“, dem „Neuen Jahrbuch für practische Pharmacie und verwandte Fächer“ sowie dem „Archiv der Pharmacie“.

Q: *StadtA Speyer: 3/87; 3/293; 3/393; 3/396; 191 – 1 Nachlaß Heydenreich; LandesA Speyer: J 1/252. –* ***L:*** *Eberhardt, Günter: G. F. W. (1813 – 1862). Apotheker, Forscher, Revolutionär. Diss. Stuttgart 1990 (Heidelberger Schriften zur Pharmazie- und Naturwissenschaftsgeschichte, 4), darin sehr umfangreiche Bibliographie; Walz, Ernst: Zur Geschichte der Familie Walz. Heidelberg 1925. –* ***B:*** *Kurpfälzisches Museum Heidelberg.*

Katrin Hopstock

Weber, Josef Valentin, Uhrmacher
* 18. 12. 1815 Edenkoben, freireligiös
† 26. 12. 1895 Chelsea (bei London)

V Franz Valentin W., Gerichtsbote (1765 – 1820). M Maria Magdalena, geb. Haag, Wirtin (1789 – 1868). G 1 Bruder, 1 Schwester. ∞ 1842 (Neustadt) Elisabetha, geb. Heupel (1825 – 1882). V Johann H., Seilermeister. M Catharina, geb. Louis. K 3 Söhne, 1 Tochter in Neustadt, 3 Söhne in London. Der erste Sohn Wilhelm (1843 – 1928) und der zweite Ludwig (1846 – 1925) wurden wie der Vater bekannte Sozialisten. Außer Wilhelm, der 1861 – 1865 in Neustadt und dann in den USA lebte, wohnten alle anderen seit 1850 in oder bei London.

1842	Uhrmacher in Neustadt
1848 – 1849	Vorsitzender des Neustadter Arbeitervereins und des ADAV in der Pfalz
1849	Herausgeber der Zeitung „Der Pfälzer Volksmann“ (zusammen mit Heinrich Loose)
16. 6. 1849	Flucht aus Neustadt
9. 5. 1850	Ankunft in London

Da W. mit vier Jahren seinen Vater verlor und bei seiner Heirat als 26jähriger seine Mutter als Beruf „Wirtin“ angab, wuchs er vermutlich in ärmlichen Verhältnissen auf.
Er trat zum erstenmal in Erscheinung, als sich am 3. April 1845 in Neustadt die erste deutschkatholische oder freie christliche Kirchengemeinde Bayerns gründete und W. in den Gemeindevorstand wählte. W. setzte dort die Berufung Heinrich Looses zum Prediger durch, der sein Amt im Oktober 1848 antrat. Beide galten in den Jahren 1848/49 als die radikalsten Demokraten in Neustadt, das seinerseits

wieder als die radikalste Stadt in der damals bayerischen Pfalz galt. Sie agitierten nach Meinung der Behörden unablässig für „kommunistische, anarchistische, rotrepublikanische und sozialrepublikanische" Ideen, wie man den Sozialismus damals unterschiedslos nannte.
Organisatorisch schloß sich W. zunächst einem im März 1848 gegründeten gesamtdemokratischen Volksverein unter Dr. Philipp Hepp (s. dort) an (Nr. 25 der Mitgliederliste mit 256 Namen), dann dem im Mai 1848 abgespaltenen radikalen demokratischen Verein unter Dr. Karl Klein (s. dort) (Nr. 24 der Mitgliederliste mit 287 Namen), bevor er schließlich vor dem 14. Juni 1848 und noch einmal am 14. Januar 1849 selbst den noch radikaleren Arbeiterverein gründete. Dessen auf den 21. Januar 1849 datierte Mitgliederliste umfaßt 598 Namen, bis Nr. 339 in alphabetischer, dann in loser Reihenfolge. W. steht unter Nr. 330. Der Arbeiterverein war die einzige derartige Organisation in der ganzen Pfalz. Er trat der Allgemeinen Deutschen Arbeiter-Verbrüderung (ADAV) unter Born bei, die Neustadt am 28. Februar 1849 und noch einmal am 3. April 1849 zum Vorort für die Pfalz bestimmte. Als Vorsitzender in Neustadt wurde W. damit automatisch auch Vorsitzender in der ganzen Pfalz, d.h. der erste Bezirksvorsitzende einer Arbeiterpartei.
Daß Bayern die neue Reichsverfassung der Frankfurter Paulskirche ablehnte, wurde in Neustadt und der ganzen Pfalz am 27. April 1849 mit Bestürzung aufgenommen. Neben anderen heizten Loose und W. die Stimmung an, so am 28. April durch einen gemeinsamen Aufruf und am 1. Mai in Kaiserslautern durch zwei Reden, in denen sie die sofortige Revolution verlangten. Am 2. Mai kandidierten beide für die Wahl in den pfälzischen Landesverteidigungsausschuß, fielen durch und riefen dann auf eigene Faust eine pfälzische Republik aus. Eine öffentliche Versammlung in Neustadt am 6. Mai nahm einstimmig einen Antrag W.s an, eine progressive Einkommensteuer einzuführen und allgemeine direkte Wahlen für ein pfälzisches Parlament (je Kanton ein Abgeordneter) abzuhalten. Am 8. Mai führte W. ein sogenanntes Freikorps mit „Sensenmännern" an, das die Bahnlinie Neustadt-Haßloch zerstörte, um eine militärische Intervention Preußens zu erschweren. Schließlich gründete er zusammen mit Loose – nach dem Vorbild von Dr. Hepp – noch eine eigene Zeitung, die vom 20. Mai bis zum 11. Juni allerdings nur noch in fünf Nummern erschien. Der Inhalt bestand aus politischen Abhandlungen, Aufrufen, Nachrichten und Liedern. Die meisten Beiträge erschienen anonym und dürften deshalb den beiden Herausgebern zuzuordnen sein. Mit „W." sind nur zwei (S. 15 – 16, 19) und mit „Weber" ein Artikel (S. 18 – 19) gezeichnet. W. wettert in diesen Artikeln gegen die „Geldsäcke" und den Liberalismus (15 – 16, 19), fordert „Kampf auf Tod und Leben [...] laßt uns aus den Papiermühlen Pulvermühlen [...] aus den Glocken Kanonen [...] machen" (S. 18) und schließlich „laßt uns feststehen, ihr Social-Demokraten, einer für alle und alle für einen" (S. 19). Der Begriff Sozialdemokrat wird hier – soweit ersichtlich – zum erstenmal in der Pfalz verwendet.

Joseph Valentin Weber
(Vorlage: Wunder, Neustadt / W.)

Vor den einmarschierenden Preußen flohen alle führenden Politiker am 16. Juni aus Neustadt nach Karlsruhe. Die Preußen besetzten die Stadt noch am selben Tag. W. floh, wahrscheinlich mit dem Freikorps Willich am 12. Juli, weiter in die Schweiz, und zwar in die Uhrmacherstadt La Chaux-de-Fonds im Neuenburger Jura, wo er den deutschen Arbeiterverein wiederbelebte. Delegierte mehrerer Arbeitervereine wählten ihn am 19. Februar 1850 in Murten zu ihrem Präsidenten, kurz bevor die Versammelten verhaftet und ausgewiesen wurden. Die Behauptung, daß W. anschließend in die USA gegangen sei (so zuerst Baumann (1929) und nach ihm zuletzt noch Wunder (1985)), beruht wohl auf einer Verwechslung mit seinem ältesten Sohn Wilhelm, der ab 1865 tatsächlich in den USA lebte. Fest steht dagegen, daß der dritte Sohn am 22. Dezember 1849 noch in Neustadt zur Welt kam und daß W. selbst mit einem Schiff aus Le Havre kommend am 9. Mai 1850 in London landete. Das Schwurgericht Zweibrücken verurteilte ihn in Abwesenheit am 28. September 1851 wegen Hochverrats zum Tod.

In London wurde W. zu einem Wortführer des deutschen Bildungsvereins für Arbeiter (1840 – 1918) und mit den etwas jüngeren Sozialisten Marx (1818 – 1883), Engels (1820 – 1895) und Liebknecht (1826 – 1900) bekannt.

W: *Protokoll der Volksversammlung zu Neustadt am 6. Mai 1849 (W. war Schriftführer, gedrucktes Exemplar im LandesA Speyer: J 1/2283, 130); Der Pfälzer Volksmann. Ein demokratisches Kreuzerblatt, herausgegeben von H[einrich] Loose und W. Neustadt, Nr. 1 vom 20. Mai 1849 bis Nr. 5 vom 11. Juni 1849 (Nr. 1 – 5 im LandesA Speyer: J 1/2283, 131 – 139; Nr. 2 – 5 ebda.: J 1/2281, 268 – 275; Übersetzung von u. Vorwort zu: Vésimier, Pierre: Histoire de la commune de Paris. Londres 1871. In: History of the Commune of Paris. London 1872. –* ***Q:*** *FamilienA William L. Weber, 99d Talbot Road, London W11 2AT; LandesA Speyer: J 1/2281, 253 – 422 (Untersuchungsakte), X 64/32 (Urteilsliste Nr. 86); StadtA Neustadt/W.: Personenmappe Weber, Nr. 2912 (Vereinslisten); Grundsätze der freien christlichen (deutschkatholischen) Gemeinde zu Neustadt a.d. Haardt. Neustadt a.d.H. 1849 (Exemplar im StadtA Neustadt/W.); Weber, William L.: Weber pedigree (Ahnentafel und Stammbaum). London 1996 (Exemplar im StadtA Neustadt/W.); Anklag-Akte, errichtet durch die k. General-Staatsprokuratur der Pfalz, nebst Urtheil der Anklagekammer des k. Appellations-Gerichtes der Pfalz in Zweibrücken vom 29. Juni 1850 in der Untersuchung gegen Martin Reichard, entlassener Notär in Speyer, und 332 Consorten wegen bewaffneter Rebellion gegen die bewaffnete Macht, Hoch- und Staatsverraths etc. Zweibrücken 1850 (I Eröffnungsurteil vom 29. 6. 1850, II Anklageschrift vom 8. 7. 1850), I 16, 107, II 19, 194 – 195; Revisionsurteil vom 25. 11. 1850 u. Nachtrag zur Anklage (Exemplar in Landesbibl. Speyer). –* ***L:*** *Balser, Frolinde: Sozial-Demokratie 1848/49 – 1863. Stuttgart 1962, S. 58, 585 – 586, Karte vor 597, 634, 637; Baumann, Kurt: Proletarische Strömungen in der pfälzischen Bewegung von 1848/49. In: Bei uns daheim. Heimatbeilage der Pfälzischen Post vom 6. u. 13. Februar 1929; Dlubek, Rolf: Ein unbekanntes Dokument. In: Beiträge zur Geschichte der Arbeiterbewegung. Bd. 4. H. 1. Berlin 1962, S. 96 – 98; Dowe, Dieter/Offermann, Toni (Hrsg.): Deutsche Handwerker- und Arbeiterkongresse 1848 – 1852. Berlin 1983, S. 329 – 330, 332, 338; Fenner von Fenneberg, Ferdinand: Zur Geschichte der rheinpfälzischen Revolution und des badischen Aufstandes. Zürich 1849, S. 26, 30, 39; Fleischmann, Otto: Geschichte des Pfälzischen Aufstandes im Jahre 1849. Nach den zugänglichen Quellen geschildert. Kaiserslautern 1899, S. 115, 118, 120, 260; Marx, Karl/Engels, Friedrich: Werke. Bde. 30 – 34. Berlin 1964 – 1966; Reiter, Herbert: Politisches Asyl im 19. Jahrhundert. Berlin 1992, S. 246, 274 – 287, 351; Renner, Helmut: Die pfälzische Bewegung in den Jahren 1848/49. Ein Beitrag zur pfälzischen Geschichte des 19. Jahrhunderts. Masch. Diss. Marburg 1955, S. 107; Sauer, Heinrich Maria: Die demokratische Volksbewegung in Neustadt an der Haardt im Jahre 1848. Neustadt/W. 1948, S. 8 – 9, 15 – 16; Schlechte, Horst: Die Allgemeine Deutsche Arbeiterverbrüderung 1848 – 1850. Weimar 1979, S. 52, 65, 417 – 418; Schwarzwälder, Bernd: Die Ursachen der Reichsverfassungskampagne in der Pfalz 1849. Politische Bewegungen in Neustadt an der Haardt. Wissenschaftliche Hausarbeit für die Zulassung zur Prüfung für das Lehramt an Gymnasien in Bayern. Masch. München 1982, S. 61ff., 90, 118, 135, 242ff.; ders.: Frühe „Arbeiterbewegung" in Neustadt an der Haardt. In: Mitteilungen des Historischen Vereins der Pfalz 81 (1983), S. 371*

– 405, 378, 386, 391, 392, 401 – 402; Wettengel, Michael: Das liberale und demokratische Vereinswesen in der Pfalz während der Revolution 1848/49. In: Jahrbuch zur Geschichte von Stadt und Landkreis Kaiserslautern 22/23 (1984/85), S. 73 – 117; Wunder, Gerhard: Chronik. In: Hundert Jahre Neustadter SPD. Neustadt/W. 1978, S. 16 – 21; ders.: Die Sozialdemokratie in Neustadt an der Weinstraße seit 1832. Neustadt/W. 1985, S. 12 – 20. – ***B:*** *FamilienA Weber, London.*

Gerhard Wunder

Willich, Friedrich Justus, Advokat
* 18. 5. 1789 Hanau
† 8. 5. 1853 Frankenthal

V Johann Karl W., Konrektor (1758 – 1845). M Sophie Magdalena Dorothea, geb. Kritter (1763 – 1834). G 6.
∞21. 3. 1820 Elisabeth Josephine, geb. Schlemmer (1802 – 1836). V Joseph S. (1767 – 1830), Mainzer Jakobiner und später Regierungsrat in Speyer. K 6, darunter der Maler Karl Caesar (1825 – 1886).

1819	Niederlassung als Advokat in Frankenthal
1826 – 1830	Mitglied des Landrats der Pfalz
1831 – 1839 u. 1845 – 1849	Mitglied der Zweiten Kammer der bayerischen Ständeversammlung
1832	Mitverfasser des Protestaufrufes der Frankenthaler Advokaten gegen das Verbot des Hambacher Festes
1836	Vorstand der neugegründeten Sparkasse Frankenthal
1845	Vorsitzender des Verwaltungsrats der Ludwigshafen-Wormser Eisenbahngesellschaft
1848	Teilnahme an der Heidelberger Versammlung; Ernennung zum bayerischen Gesandten beim Bundestag; Mitglied des Vorparlaments
1849	Teilnahme an der Volksversammlung in Kaiserslautern

W., der an den Universitäten Göttingen und Straßburg Jura studiert und nach der Promotion zunächst in der Kanzlei seines Schwiegervaters in Speyer hospitiert hatte, gehörte in der Zeit zwischen dem Hambacher Fest und dem Ausbruch der Revolution von 1848 zu den wichtigsten und einflußreichsten Führern der liberalen Opposition in Bayern und der Pfalz. Schon als Mitglied des pfälzischen Landrates hatte er sich einen „ziemlich allgemeinen vortheilhaften Ruf erworben“, wie Georg Friedrich Kolb (s. dort) später einmal schrieb. Als er 1831 erstmals in die Zweite Kammer der bayerischen Ständeversammlung gewählt und dort zum Mitglied im Gesetzgebungsausschuß ernannt wurde, zählte ihn die Zeitschrift „Das Inland“ zur „Schaar der Fünfzig“, deren Namen „die Geschichte des constitutionellen Lebens in Bayern aufbewahren wird“.
Stand W.s parlamentarisches Wirken 1831 noch ein wenig im Schatten von so überragenden Persönlichkeiten wie Schüler und Culmann (s. dort), so avancierte er in der zweiten Hälfte der 1830er und in den frühen 1840er Jahren mehr und mehr zum eigentlichen Sprecher der pfälzischen Abgeordneten in München. In der Ständeversammlung gehörte W. von Anfang an zum gemäßigten Flügel der liberalen Opposition. Er wurde deshalb von den Radikaleren auch immer wieder als „Justemilieuaner“ oder „Oppositionsüberläufer“ kritisiert. Seine politischen Ziele faßte W. 1846 in einer öffentlichen Dankadresse an die Einwohner der Dörfer Heßheim, Großniedesheim, Beindersheim und Kleinniedesheim einmal in vier Punkten zusammen: „Festhalten am freisinnigen Prinzip, an den uns allen so theuren Institutionen der Pfalz, Ringen nach Beseitigung aller Steuer-Ueberbürdung [und] nach Gewährung der dem Lande gebührenden öffentlichen Rechte und Freiheiten“ (Frankenthaler Wochenblatt vom 21. Februar 1846).
Am 5. März 1848 nahm W. an der Heidelberger Versammlung teil, zu der sich auf Anregung von Friedrich von Römer und Johann Adam von Itzstein (s. dort) 51 führende liberale Abgeordnete aus Süd- und Südwestdeutschland getroffen hatten. Gemeinsam mit Binding, v. Gagern, v. Itzstein, Römer, Stedtmann und Welcker wurde er von den Teilnehmern in den sieben-

köpfigen Ausschuß gewählt, der am 12. März zu einem Vorparlament nach Frankfurt einlud. Diesem gehörte W. ebenfalls an. Am 24. März 1848 ernannte ihn König Ludwig zum bayerischen Gesandten beim Bundestag in Frankfurt, wo er in den politischen Ausschuß und die Ausschüsse zur Revision der Bundesverfassung, für Militärangelegenheiten und für die schleswig-holsteinischen Angelegenheiten gewählt wurde. Vier Wochen später, am 27. April, bat W. aber bereits wieder um seine Entlassung. Als Grund führte er ein „Augenleiden" an. Er hatte aber wohl ausschließlich politische Gründe für seine Entscheidung. Im Februar 1849 sollte er auf Vorschlag des konservativen Grafen Bray-Steinburg mit der Bildung eines neuen Ministeriums in München beauftragt werden, was der König aber ablehnte.
Während des badisch-pfälzischen Aufstandes zog sich W. fast völlig aus der Öffentlichkeit zurück. Er nahm zwar am 1. Mai 1849 an der Versammlung in der Fruchthalle in Kaiserslautern teil, votierte aber im Gegensatz zur Mehrheit der Anwesenden gegen die Bildung einer Provisorischen Regierung für die Pfalz und verließ am nächsten Morgen noch vor Ende der großen Volksversammlung auf dem Stiftsplatz die Stadt. Obwohl seine Haltung bei vielen auf starke Kritik stieß – es hieß, er habe „zur rechten Zeit nicht geredet" –, wurde er im Juli 1849 erneut in die bayerische Ständeversammlung gewählt; er lehnte die Wahl „unter den gegenwärtigen Constellationen" aber ab.
W. starb am 8. Mai 1853 fast vierundsechzigjährig in Frankenthal.

Friedrich Justus Willich im Jahr 1837
(Vorlage: StadtA Frankenthal)

W: *Kampf und Sieg eines rhein-pfälzischen Advokat-Anwalts für seinen Stand und seine Standesrechte gegen die Königl. Bayer. Staatsbehörde bei Gelegenheit einer Disciplinarsache. Mannheim 1844. –* ***Q:*** *Bayerisches HauptstaatsA München: MInn 44.345; 44.358; LandesA Speyer: J 1/103; 105 I; 105 II; Frankenthaler Wochenblatt 1819, 1830, 1845, 1846; Intelligenzblatt des Rheinkreises 1826. –* ***L:*** *Botzenhart, Manfred: Deutscher Parlamentarismus in der Revolutionszeit 1848 – 1850. Düsseldorf 1977, S. 433; Hummel, Karl Joseph: München in der Revolution von 1848/49. Göttingen 1987 (Schriftenreihe der Historischen Kommission bei der Bayerischen Akademie der Wissenschaften, 30); Marx, Werner: Die pfälzischen Abgeordneten im Bayerischen Landtag. Diss. München 1954; Miller, J. A. [=Georg Friedrich Kolb]: Geschichte der neuesten Ereignisse in Rheinbaiern. Weißenburg/Elsaß 1833. –* ***B:*** *StadtA Frankenthal; Stadtmuseum München.*

Gerhard Nestler

Winter, Christian Friedrich, Buchhändler, Verleger, Bürgermeister von Heidelberg
* 28. 12. 1773 Gochsheim (Württ.)
† 7. 1. 1858 Heidelberg

∞Louise, geb. Baumann. K 8.

ab 1819	badischer Landtagsabgeordneter
1843	Wahl zum zweiten Bürgermeister Heidelbergs
1848	Mitglied des Vorparlaments

8. 5. 1849	Unterzeichner einer Petition für die Anerkennung der Reichsverfassung
Anfang 1850	Anklage wegen Hochverrats

W. hatte den auf romantische Werke spezialisierten Verlag von Mohr übernommen. Badischer Landtagsabgeordneter seit 1819, war er mit dem Apotheker Posselt Mitglied im badischen Landtag von 1831, der die kurze Pressefreiheit durchsetzte. Unter dem reaktionären Regiment von Karl Friedrich Landolin von Blittersdorff bildete W., der Kontakte zu zahlreichen außerbadischen Oppositionellen wie etwa Robert Blum unterhielt, in den vierziger Jahren einen Kristallisationspunkt der radikalen Heidelberger Opposition. Nachdem er das Verlagsgeschäft an seinen Sohn Anton übergeben hatte, brillierte er als Redner bei zahlreichen oppositionellen Feiern. Gegenüber dem 1840 als Nachfolger Speyerers gewählten gemäßigt liberalen Bürgermeister Georg Leonhard Ritzhaupt, der auch vom Fabrikanten Landfried unterstützt wurde, verharrte W. in entschiedener Gegnerschaft. Sein Einfluß wuchs, als er im September 1843, schon siebzigjährig und als „Vater Winter" von den Liberalen verehrt, zum zweiten Bürgermeister gewählt wurde, was zu dauernden Auseinandersetzungen in der Gemeindeverwaltung führte. Über ein – von W.s Gegner, dem Mundartdichter Karl Gottfried Nadler (s. dort), karikiertes – Defizit in der Gemeindekasse gelang den radikalen Oppositionellen schließlich der Sturz Ritzhaupts. W. wurde nun mit großer Mehrheit zum ersten Bürgermeister gewählt. Er selbst verstand sich als entschieden liberaler Volks- und nicht als Amtsbürgermeister. Rückhalt fand er etwa in dem 1844 gegründeten Verein „Eintracht", dessen Mitglieder überwiegend kleinbürgerlicher Provenienz waren.

Während des Jahres 1848 bemühte sich W. – trotz kaum verhüllter republikanischer Gesinnung – die Bahnen der Legalität nicht zu verlassen. Als Mitglied des Vorparlaments hielt er verbale Distanz zum Aprilaufstand Heckers (s. dort), obwohl er wie dieser ein „Projekt zu einer deutschen Staats- und Bundesrepublik" entwarf. W. bezeichnete dieses jedoch als seine persönliche Auffassung, die er niemandem auf-

Christian Friedrich Winter (Vorlage: GLAK)

drängen wolle. Für ihn konnte sich eine Republik nur über den Willen der deutlichen Bevölkerungsmehrheit etablieren. So wurde der ehemalige Führer der Liberalen während des Jahres 1848 immer mehr ein „Wächter von Ordnung und Gesetzlichkeit". Im Mai 1849 zeigte er sich gegenüber der Provisorischen Regierung Brentanos (s. dort) und dem von ihr entsandten Zivilkommissär Maier eher zurückhaltend und skeptisch, was sein Ansehen bei den ehemaligen Gegnern deutlich festigte. Zugleich plädierte er – als das Verfassungswerk der Paulskirche zu scheitern drohte – am 8. Mai 1849 zusammen mit dem Gemeinderat und der Heidelberger Bürgerwehr in einer Petition an die badische Regierung entschieden für die bedingungslose Anerkennung der Reichsverfassung.

Gegen Ende der badischen Revolution sah sich W. nach dem 1. Juni 1849 wiederholt weitreichenden Requirierungsmaßnahmen des republikanischen Kriegskommissärs Gustav Adolph Schlöffel gegenübergestellt. Er trat dessen maßlosen Forderungen jedoch entschieden entgegen.

Nach dem Sieg der Reaktion wurde – wohl aufgrund einer Denunziation – Anfang 1850 gegen W. Anklage wegen Hochverrats erhoben. Nachdem W., mittlerweile 76 Jahre alt, zweimal in Untersuchungshaft genommen wurde, endete das Gerichtsverfahren mit einem Freispruch. Nach dem Prozeß zog sich W. aus der Öffentlichkeit zurück.

L: Derwein, Herbert: Heidelberg im Vormärz und in der Revolution 1848/49. Ein Stück badischer Bürgergeschichte. Heidelberg 1958 (Neue Heidelberger Jahrbücher NF 1955/56); Mumm, Hans Martin: Der Heidelberger Arbeiterverein 1848/49. Heidelberg 1988.

Hermann Wiegand

Witz, Ludwig, Bäckermeister, Gastwirt
* 26. 3. 1808 Seckenheim, kath.
† 12. 12. 1867 Ilvesheim

V Johann Peter Elias W., Bäckermeister, Gastwirt (1782 – 1836). M Franziska, geb. Wachter (1783 – 1849). V Johann Adam W., Müller in Eichtersheim. G 6 Brüder, 4 Schwestern; nur 4 Geschwister erreichen das Erwachsenenalter. ∞ 1836 (Ilvesheim) Katharina Elisabeth, geb. Jakoby (1813 – 1864), kath. V Johann Heinrich J., Bauer und Rentmeister in Ilvesheim. K 8, 3 Söhne erreichen das Erwachsenenalter.

1836	Bäckermeister und Wirt „Zum Hirsch“ in Ilvesheim
1847	Wahlmann zur Wahl der Abgeordneten der badischen Zweiten Kammer
April 1848	Teilnahme am Heckerzug
9. 11. 1848	Verurteilung zu einer dreimonatigen Haftstrafe
1849	Hauptmann der Bürgerwehr Ilvesheim; Vorstandsmitglied im Volksverein Ilvesheim
24. 5. 1849	Zivilkommissär im Bezirksamt Ladenburg
1849 – 1851	Flucht, Aufenthalt in d. Schweiz
28. 2. 1851	Verurteilung in Abwesenheit wegen Hochverrats zu drei Jahren Zuchthaus oder zwei Jahren Einzelhaft
1851 – 1853	Verbüßung von 18 Monaten Einzelhaft in Bruchsal
2. 5. 1853	Begnadigung auf Wohlverhalten
1853 – 1864	Hirschwirt in Ilvesheim
1865	Verkauf des Gasthauses

W. entstammte einer angesehenen, nicht unvermögenden Familie, die seit Generationen im Raum Ladenburg/Mannheim ansässig war. Im Ämterbuch der Stadt Ladenburg tauchen ab dem Jahr 1577 Witz, auch als Hauseigentümer, auf. Der Großvater von W. betrieb in den 1770er Jahren ein Gasthaus in Ladenburg. Der Vater erbaute 1824 in Ilvesheim das Gasthaus „Zum Hirsch“. W. selbst genoß „guten moralischen Leumund“ (Großherzogliches Justizministerium Karlsruhe im Jahre 1852). Im Keller des Gasthauses „Zum Hirsch“ sollen – nach der Überlieferung in der Familie Witz – geheime Versammlungen der Revolutionäre unter Friedrich Hecker (s. dort) stattgefunden haben. Da die Mutter von W., eine Müllerstochter, aus Eichtersheim – dem Geburtsort Heckers – stammte, scheint diese Überlieferung nicht unwahrscheinlich. Jedenfalls zeigte W., wie auch sein drei Jahre jüngerer Bruder Peter, politische Ambitionen. 1847 wurden beide Wahlmänner für die Wahl der Abgeordneten zur badischen Zweiten Kammer. W. war Vertreter für Ilvesheim, Peter W., Gastwirt in Käfertal, für Käfertal. W. war außerdem Hauptmann der Bürgerwehr in Ilvesheim und Vorstandsmitglied des Volksvereins. Bei der Offenburger Versammlung war er Deputierter mit unbeschränkter Vollmacht. Im April 1848 nahm W. – wie auch sein Bruder – am Heckerzug teil.
Nach der Verbreitung von Flugblättern und Zeitungsartikeln revolutionsfreundlichen Inhalts wurde W. wegen Aufforderung zum Hochverrat vom Großherzoglichen Hofgericht des Unterrheinkreises in Mannheim am 9. November 1848 zu einer dreimonatigen Haftstrafe im Kreisgefängnis und zur Übernahme der Verfahrenskosten verurteilt. Gegen das Urteil legte W. Berufung ein. Auf Weisung des Justizministeriums Karlsruhe ruhte das Verfahren aufgrund der politischen Umbruchsituation ab Mai 1849.
Am 24. Mai 1849 wurde W. vom vollziehenden Landesausschuß der revolutionären Provisorischen Regierung unter Lorenz Brentano (s. dort) zum Zivilkommissär im Bezirksamt Ladenburg bestellt. W. ersetzte hier Rechtsan-

walt May aus Heidelberg und Gastwirt Sommer aus Ladenburg. Zum Amt Ladenburg gehörten die fünf Orte Ladenburg, Schriesheim, Ilvesheim, Heddesheim, Neckarhausen sowie die heutigen Mannheimer Stadtteile Feudenheim, Käfertal, Sandhofen, Wallstadt. Als Zivilkommissär hatte W. die Erlasse und Anordnungen der revolutionären Regierung zu verkünden und vollziehen, nahm sich dabei aber eigenen Gestaltungsraum. So wies er, wie von der Regierung angeordnet, die Gemeinderäte seines Bezirkes zur Errichtung von Wehrausschüssen an. Darüber hinaus ordnete er auch die Einrichtung von Sicherheitsausschüssen an. Die von der Regierung angeordnete Vereidigung der Staats-, Kirchen- und Gemeindebeamten setzte W. vermutlich nur zum Teil durch. Inwieweit es bei den Vereidigungen zu Nötigungen kam, wie dies später von verschiedenen Beamten behauptet wurde, muß offenbleiben. Einige Beamte wurden von W. wegen Verweigerung des Eides des Amtes enthoben, wie Bürgermeister Arnold von Ladenburg, Pfarrer Landherr und Notar Siefert wurden von W. verhaftet. Die Verwaltungsspitze des Bezirksamtes Ladenburg, Oberamtmann von Dürrheimb und Amtmann Betz, wurden von Brentano selbst entlassen. Weitere angeordnete Entlassungen mehrerer Bürgermeister des Bezirks führte W. nur zum Teil aus. Nachdrücklich setzte W. sich für die Präsenz der Revolutionstruppen ein. Militärbefreiungen behielt er sich persönlich vor. Soldaten oder Bürgerwehrmänner, die sich entziehen wollten, wurden arretiert und zu ihren Truppenteilen zurückgebracht.

Wie W. betonte, versuchte er, in der unruhigen Zeit Ruhe und Ordnung aufrechtzuhalten und Eigentum und Leben zu schützen. Den von ihm entlassenen Bürgermeister Arnold von Ladenburg rettete er aus Lebensgefahr, als dieser von Freischärlern bedroht wurde. Für die Tätigkeit als Zivilkommissär berechnete W. täglich 5 Gulden.

Am 20. Juni 1849 zogen sich die Truppen der Freischärler aus Ladenburg zurück. Nach der Familienüberlieferung wurde W. vor seiner bevorstehenden Verhaftung gewarnt. W. floh nach 28 Tagen Zivilkommissärtätigkeit mit einem Pferd auf einer Fähre über den Neckar. Er hielt sich trotz laufender Fahndung noch mehrere Monate in Deutschland und Straßburg auf und setzte sich dann in die Schweiz ab. In Bern besuchte W. seinen ehemaligen Schriftführer Adam Bausch (s. dort), der ebenfalls als politischer Flüchtling in der Schweiz lebte.

W. wurde in Mannheim wegen Teilnahme am Hochverrat angeklagt; infolge seiner Flucht wurden ihm die Staats- und Gemeindebürgerrechte aberkannt und sein Vermögen beschlagnahmt. Von der Schweiz aus leitete W. seine Verteidigung, die Rechtsanwalt Alexander von Soiron (s. dort) übernahm. Am 28. Februar 1851 wurde W. – wie Adam Bausch – vom Großherzoglich Badischen Hofgericht des Unterrheinkreises in Mannheim wegen Teilnahme am Hochverrat zu einer Zuchthausstrafe von drei Jahren oder zwei Jahren Einzelhaft und zur Übernahme der Prozeß- und Strafvollzugskosten verurteilt. Gemeinsam mit Bausch wurde er für den Ersatz der durch ihre Unternehmungen entstandenen Schäden haftbar gemacht. Von Soiron legte gegen das Urteil Berufung ein. Während des laufenden Berufungsverfahrens kehrte W. zu seiner Familie zurück. W. unterlag am 30. September 1851 jedoch auch in zweiter Instanz und mußte erneut die Verfahrenskosten tragen.

Am 17. November 1851 trat W. den Strafvollzug im Zuchthaus Bruchsal an. W., seine Frau und seine Söhne reichten mehrere Gnadengesuche ein, unterstützt von Eingaben des Gemeinderates und des Bürgerausschusses von Ilvesheim, Pfarrer- und Arztzeugnissen. Frau W. erreichte nach mehreren Anläufen eine Audienz beim Großherzog, zu der sie vom wieder amtierenden Bürgermeister Arnold von Ladenburg begleitet wurde.

Nach 18 Monaten Einzelhaft erfolgte am 2. Mai 1853 die Begnadigung W.s auf Wohlverhalten. W. kehrte nach Ilvesheim zurück und führte das Gasthaus „Zum Hirsch". An Treffen von Gesinnungsgenossen nahm W. jedoch weiterhin teil, wenn auch von Polizeispitzeln beobachtet. 1860 erhielt W. die Staats- und Gemeindebürgerrechte zurück, die ihm 1849 aberkannt worden waren. Verursacht durch lange Abwesenheit und hohe Kosten infolge der Bestrafung, kam W. in finanzielle Schwierigkeiten. 1865, zwei Jahre vor seinem Tod, mußte er das Gasthaus „Zum Hirsch" verkaufen. Im gleichen Jahr

bemühte er sich vergeblich um Auskunft über das Schicksal seines ältesten Sohnes, der in die amerikanische Armee eingetreten war. Das Bezirksamt Ladenburg teilte W. nach Rückversicherung mit der vorgesetzten Behörde mit, daß es zur Vermittlung derartiger Ansuchen nicht verpflichtet sei.
Leichtere Folgen hatte die Beteiligung an der Revolution für den jüngeren Bruder Peter W., Gastwirt in Käfertal. Das Verfahren gegen ihn wurde eingestellt.
Das Gasthaus „Zum Hirsch" wurde nach der Restaurierung vor wenigen Jahren zum „Bürgerhaus Hirsch", dem Repräsentations- und Veranstaltungszentrum der Gemeinde Ilvesheim. Darin befinden sich heute das Heimatmuseum, Veranstaltungs-, Vortrags- und Sporträume sowie, direkt den Bürgersaal tragend, zur Erinnerung an den Freiheitskämpfer der „Ludwig-Witz-Keller".

Q: GLAK: 233/14853; 233/34893; 234/2040; 236/8208; 236/8211; 236/8506; 236/8523; 240/2514; 376/1304; Kartei Heinrich Raab; Überlieferung der Familie Witz/Cussler. – L: Diefenbacher, Karl: Ladenburger Stadtbücher aus dem 16. und 17. Jahrhundert. Das Eide- und das Ämterbuch. Ladenburg 1977, S. 179; ders./Jakoby, Karlheinz: Die Ilvesheimer Kirchenbücher 1651 – 1900. Hemsbach 1995, S. 198, 447f.; Döpfner, Ernst: Ladenburger Stadtbücher. Durch Gassen und Straßen in Ladenburg. Hemsbach 1989, S. 48; Lorsong, Gernot: Ladenburger Stadtbücher. Ladenburger Stammfamilien und Wirte-Dynastien. Hemsbach 1996, S. 99; Probst, Hansjörg: Seckenheim. Mannheim 1991, S. 672.

Hildegard Kneis

Zenetti, Johann Baptist Ritter von, Regierungspräsident
* 3. 8. 1785 Wertingen
† 5. 10. 1856 München

V Johann Baptist Z., Geschäftsmann (1737 – 1816). M Maria Maddalena, geb. Vazzanini (1744 – 1839). G 14.
∞ 1.) 1816 (1817?) Josephine, geb. von Mieg († 1828). 2.) 1831 Sophie, geb. Panzer († 1832). 3.) 1832 Babette, geb. Martin. K 5.

1803 – 1806	Studium der Rechtswissenschaften in Landshut
1806 – 1816	Jurist am Landgericht in Wertingen
1809 – 1814	Hauptmann der Nationalgarde
1815/16	„Rathsaccessist" in München
1817 – 1832	Regierungsrat in Speyer, Augsburg und München
1832	Ministerialrat im Innenministerium in München
1833 – 1837	Tätigkeit für die Regierung des Unterdonaukreises in Passau
1837 – 1846	Ministerialrat in München
1846 – 1847	Regierungspräsident von Niederbayern
1847	Verweser des Innenministeriums
1847 – 1849	Regierungspräsident von Niederbayern
1848 – 1849	Abgeordneter der Frankfurter Nationalversammlung
1849 – 1850	Regierungspräsident der Pfalz
1850	Versetzung in den Ruhestand

Nach dem Gymnasialbesuch in Dillingen und seinem juristischen Studium in Landshut begann Z. am 1. Oktober 1806 seine berufliche Tätigkeit am Landgericht in Wertingen. Im Jahre 1809 wurde er Hauptmann der Nationalgarde. Nach seinem Ausscheiden aus dem Heeresdienst, im August 1814, kam Z. als „Raths-Accesist" nach München. Auf Empfehlung des Ministers Graf Montgelas wurde der „Raths-Accesist" Z. am 12. November 1817 provisorisch zum zweiten Regierungsrat bei der ersten Kammer (innere Verwaltung) der königlichen Regierung in Speyer ernannt. Auf seine Veranlassung hin wurden die allgemeinen Kreisarmenanstalten in Frankenthal und das Zentralgefängnis in Kaiserslautern (1825) gebaut. Am 1. Januar 1818 mußte Z. die Zensur der „Speyerer Zeitung" übernehmen. „Wegen der beobachteten Liberalität und Schonung bey Ausübung dieses gehässigen und meiner Gesinnung widerstrebenden Amtes" (Zenetti (1954), S. 111) wurde Z. durch Ministerialreskript vom 8. Dezember 1821 dieses Geschäfts enthoben. Im Zusammenhang mit der durch den Regierungsantritt Ludwigs I. erfolgten Umbesetzung der oberen Verwaltungsstellen kam Z. im Januar 1826 zur Regierung nach Augsburg, bis er im Februar 1832 die Ernennung zum Ministerialrat im bayerischen Innenministerium erhielt. In dieser Eigenschaft kam Z. im Juni 1832 in die Pfalz als Begleitung des Feldmarschalls von Wrede, der im Auftrag der Regierung in der aufrührerischen Provinz mit geballter Militärpräsenz von 8.000 Mann wieder „Ruhe und Ordnung“ herstellen sollte. Auf Betreiben des bayerischen Innenministers Oettingen-Wallerstein, dem Z. „unbequem“ war, wurde dieser am 31. Dezember 1832 aus dem Ministerium entfernt und nach Passau versetzt. Als Karl von Abel 1837 den Fürsten Oettingen-Wallerstein als Innenminister ablöste, war das „Passauer Exil“ für Z. beendet. Als Ministerialrat kam Z. nach München, wo er bis 1846 seinen Dienst tat. Am 30. Mai 1846 wurde Z. zum Regierungspräsidenten von Niederbayern ernannt und ging nach Landshut. Diese Tätigkeit endete recht abrupt, als König Ludwig I. seinen Innenminister von Abel entließ, da dieser sich weigerte, die Freundin des Königs Lola Montez einzubürgern und in den Grafenstand zu erheben. 1847 wurde Z. vom König zum Verweser des Innenministeriums berufen. Z., ein Gegner der königlichen Liaison, bat seinen Monarchen mehrmals um Entlassung, die am 29. November 1847 auch bewilligt wurde. Ludwig I., der Z. nicht schätzte und als „politische Null“ (Gollwitzer (1987), S. 702) einstufte, schickte ihn wieder als Regierungspräsidenten nach Niederbayern. Mit allen Stimmen seines Wahlkreises wurde Z. am 28. April 1848 als Abgeordneter in die Frankfurter Nationalversammlung gewählt, wo er dem rechten Zentrum angehörte. Seine politischen Gegner, aus dem Landshuter Adel kommend, denunzierten ihn bald bei Maximilian II. als „gefährlichen Demokraten“, weshalb dieser Z. in den Ruhestand versetzen wollte. Am 8. Januar 1849 erklärte Z. seinen Austritt aus der Frankfurter Nationalversammlung. „Zu den Zeitungsberichten, daß mein Vater [...] die unbedingte Anerkennung der Grundrechte verlangt hätte, kamen Verdächtigungen, gegen die er sich rechtfertigen mußte, und eine förmliche Untersuchung stand bevor“, erinnerte sich später sein Sohn und Biograph Julius Z. Am 5. Juli 1849 wurde Z. als Regierungspräsident in die Pfalz versetzt. Dort war im Juni 1849 von preußischen Truppen ein revolutionärer Aufstand gewaltsam niedergeschlagen worden, dessen Ziel es war, die von Preußen und Bayern abgelehnte Reichsverfassung in der Pfalz Realität werden zu lassen und diese bayerische Provinz vom Mutterland zu trennen. Die Versetzung Z.s in die unter Kriegsrecht stehende Pfalz bedeutete tatsächlich eine Umgehung der angedrohten königlichen Strafmaßnahme, der Quieszierung, die Innenminister von Zwehl noch abwenden konnte. Z.s Aufgabe bestand darin, dem Kommandanten des bayerischen Armeekorps Generalleutnant Fürst von Thurn und Taxis mit seinem Rat zur Seite zu stehen. Mit Augenmaß und Rücksicht versuchte Z., dieser schwierigen Aufgabe gerecht zu werden. Ende November 1849 teilte ihm Minister von Zwehl mit, daß seine politischen Feinde eifrig seine politische Kaltstellung betrieben. Zu Beginn des Jahres 1850 ließ das ultramontane „Mainzer Journal“ seine Leser wissen, daß Z. ein „äußerst schwacher, den Verhältnissen der Pfalz durchaus nicht gewachsener, durch verwandtschaftliche und Freundschaftsbeziehungen in den Händen der Halbrothen befindlicher Mann“ war. Am 2. April 1850 wurde Z. durch eine königliche Verfügung in den Ruhestand versetzt. „Aus allem diesem geht hervor, daß Denunzianten, Schleicher und Verleumder nirgends gefährlicher sind als in die Ohren der Könige und Prinzen“, so resümierte Z. bitter seinen Abschied. Tatsächlich stießen in seinem Fall grundsätzlich unterschiedliche politische Interessen aufeinander. Seine konservativ-liberale Haltung stand – trotz der positiven Erklärungen des Fürsten von Thurn und Taxis – einer Politik im Wege, die einen unbarmherzigen Reaktionskurs fuhr. Seinen adligen politischen Gegnern kam Z.s vorsichtige Politik gerade recht. Sie fühlten sich in ihren Bedenken und Urteilen über diesen liberalen Konservativen bestätigt und fanden in Maximilian II. einen wendigen Monarchen, der jetzt in Bayern nach seiner liberalen Taktiererei einen harten Reaktionskurs einschlug, der das öffentliche Leben im Königreich sichtlich veränderte. Die Bemühungen Z.s, in diesem „herz- und gemütlosen Bureaukratismus“ seine Reputation zu verbessern, scheiterten. Am 5. Oktober 1856 starb Z. an den Folgen einer Wassersucht.

L: *Gollwitzer, Heinz: Ludwig I. von Bayern. Eine politische Biographie. München 1987; Schineller, Werner: Die Regierungspräsidenten der Pfalz. Speyer 1980; Zenetti, Ludwig: J. B. v. Z. und seine Familie. In: Lebensbilder aus dem bayerischen Schwaben 5 (1956), S. 344 – 370; ders.: Geschichte der Familie Zenetti. Lauingen/Donau 1954.*

Hannes Ziegler

Zenthöfer, Philipp, Büchsenmacher, Kanonier
* 15. 1. 1828 Mannheim, kath.
† 25. 8. 1849 Rastatt

V Michael Z., badischer Soldat, Sergeant (um 1796 – 1862). M Maria Anna, geb. Scheller (* um 1799). G 4 Brüder, 3 Schwestern.

Mai 1849	Befreiung aus der Haft
24. 8. 1849	Todesurteil des Rastatter Standgerichts

Für seine Beteiligung am Struveputsch im September 1848 war Z. zu einer Zuchthausstrafe von sechs Jahren verurteilt worden, aus deren Verbüßung ihn die Soldatenrevolte im Mai 1849 befreite. Als nun die Soldaten ihre Offiziere selbst wählen konnten, gehörte Z. trotz seines jugendlichen Alters zu den einfachen Soldaten mit niederem Dienstrang, die von der Revolution ein Kommando übertragen bekamen: Er wurde zum Artillerieleutnant befördert. Das aus seiner Beförderung resultierende Engagement wurde ihm nach der Niederlage der Revolutionsarmee zum Verhängnis. Das in Rastatt tagende Standgericht machte ihm zum Vorwurf, er habe „fortan nicht blos durch fortgesetztes und thätiges Aufreizen, sondern hauptsächlich auch durch seine Theilnahme an Gefechten und als Kanonier durch eifrige Betheiligung an dem Kampf gegen die preußischen Truppen sich hervorgethan“ (Mannheimer Journal vom 28. August 1849). Am 24. August 1849 wurde er zum Tode verurteilt und einen Tag später zusammen mit drei anderen Teilnehmern der badischen Revolution hingerichtet: dem zum „Lieutenant“ beförderten ehemaligen Artilleriewachtmeister Conrad Lenzinger aus Durlach und zwei preußischen Bürgern, dem ehemaligen Lieutenant Bernigau und Janson aus Köln.

Q: *StadtA Mannheim: Polizeipräsidium, Zug. – /1962, Familienbogen; Plak.Slg., Nr. 1642 (Verzeichniß der bei den Standgerichten im Jahr 1849 gefällten und vollzogenen Straf-Urtheile); Mannheimer Journal.*

Hans-Joachim Hirsch

Erinnerungen an die badisch-pfälzische Revolution und die Pflege der 1848/49er Tradition zwischen der Reichsgründung und dem Ende der Weimarer Republik

Von Erich Schneider

Das geistig-politische Klima in den Jahrzehnten vor und nach der 1871 erfolgten Reichsgründung unter preußischer Dominanz war der 1848/49er Traditionspflege verständlicherweise wenig günstig. Gleichwohl blieb die Erinnerung an die sogenannte „Freischarenzeit"[1] hierzulande lange Zeit lebendig, ja identifizierte sich zumindest eine Minderheit weiterhin mit den Idealen und demokratischen Postulaten der gescheiterten Revolution. Zu den politischen Gruppierungen, die sich im wilhelminischen Kaiserreich als die wahren Erben, als die „legitimen Fortsetzer der 1848/49er Bewegung" betrachteten[2], zählten insbesondere die in der deutschen Volkspartei zusammengeschlossenen bürgerlichen Demokraten bzw. Linksliberalen und in wachsendem Maße dann auch die Sozialdemokraten. Beide Parteien pflegten denn auch in ihrer Presse, wie z.B. dem „Alzeyer Beobachter", der „Neuen Badischen Landeszeitung", der „Pfälzischen Volkszeitung" in Kaiserslautern, der Mannheimer „Volksstimme" oder der „Pfälzischen Post", Ludwigshafen, nachhaltig die Erinnerung an die Jahre 1848 und 1849. Darüber hinaus versuchten sie, dem sich nicht allein in den Kaiser-, Bismarck- und Sedansfeiern spiegelnden neuen Reichspatriotismus ein entschieden demokratisches Geschichtsbewußtsein entgegenzustellen. Ähnliches verfolgte man in den demokratischen Vereinen, den Arbeiterbildungsvereinen, den alljährlich wiederkehrenden Märzfeiern, der Publikation entsprechender historischer Literatur, den politischen Liedern, den diversen Denkmalinitiativen oder den speziellen Erinnerungsfeiern an die Volksbewegung von 1848/49. Freilich waren Denkmalenthüllungen und Jubiläumsveranstaltungen erst nach 1871 möglich und wurden bis hin zur Jahrhundertwende manchen Einschränkungen unterworfen, ja gelegentlich verboten, wie das Beispiel Baden und das Hambachjubiläum 1882 lehren[3]. Selbstredend diente das demonstrative Bekenntnis zu Schwarz-Rot-Gold, dem „Symbol der Demokratie"[4], auch als Waffe in der aktuellen politischen Agitation und in den Wahlkämpfen, in denen man unter Berufung auf die revolutionäre Tradition und die Grundrechte mit Vorliebe Demokratiedefizite der Bismarckschen Reichsverfassung und des preußischen Militärstaates anprangerte, die preußenfreundlichen Nationalliberalen wegen ihres angeblichen Prinzipienverrats, Renegatentums, „Gesinnungswechsels" und der opportunistischen Anbetung des Erfolges attackierte und eine fühlbare Demokratisierung von Gesellschaft und Staat verlangte[5]. Wesentlicher Bestandteil der demokratischen Traditionspflege und des „1848er-Mythos" war schließlich auch die Identifikation mit den „1848er Heroen", den Symbolfiguren der Revolution, den „mutigen Kämpfern für Volksrechte und Freiheit", die keineswegs vergessen waren und deren oft vergilbte Porträts man in Ehren hielt[6].

Erinnert sei hier nur an den im Südwesten verbreiteten Heckerkult, an die fortwirkende Popularität solch „vorbildlichster Ahnen der Demokratie"[7], wie z.B. Robert Blum, Gottfried Kinkel und Karl Schurz oder die allgemeine Hochschätzung der alten 'Achtundvierziger' schlechthin, deren Reputation trotz des erfolglosen, „des unglücklichen Ausganges der Volkserhebung"[8], weitgehend ungeschmälert blieb. Aus dem Kreis dieser Veteranen – das ging hin bis nach Amerika – kamen naturgemäß auch manche Reminiszenzen und Impulse, die darauf abzielten, die Ereignisse von 1848/49 stets aufs neue ins öffentliche Bewußtsein und Gedächtnis zurückzurufen und insbesondere der nachwachsenden Generation nahezubringen. Damit verfolgte man auch die Absicht,

Friedrich Hecker in seiner amerikanischen Zeit (Vorlage: GLAK)

jene zeitgenössischen Historiker zu korrigieren, die „jene Episode“ bewußt „in einem ganz falschen Lichte erscheinen“ ließen und „die sich alle Mühe gaben, das ‘tolle Jahr’ als die große Verirrung eines ganzen Volkes darzustellen“[9].

Was die in der Emigration weilenden prominenten Achtundvierziger angeht, so verfolgte man in Baden und in der Pfalz höchst aufmerksam deren weiteren Lebensweg und politischen Werdegang nach 1849, und mit kritischem Interesse wurde jeweils registriert, wie sie die aktuelle politische Lage in ihrer früheren Heimat kommentierten. In vielen Fällen erhielten sich auch persönliche Kontakte. So überrascht es nicht, wenn etwa die späteren Deutschlandreisen von Hecker, Kinkel oder Schurz lebhafte Aufmerksamkeit fanden. Geradezu triumphal gestaltete sich der Empfang Heckers im Mai und August 1873 in Mannheim[10]. Bei diesem Deutschlandaufenthalt machte der legendäre „Volkstribun“, dessen „Bild in so vielen Bürgerstuben neben dem Luthers und des Alten Fritz hing“[11], am 6. Juli auch einen Abstecher nach Neustadt/Haardt. Bei diesem Besuch war er Gast des bekannten Buchhändlers und Verlegers Eduard Witter, der ihn auf seiner Amerikareise im September 1871 aufgesucht und der 1872 eine Broschüre mit Reden des alten Volkshelden herausgegeben hatte[12].

Zahlreiche Freunde Heckers aus dem Badischen sowie „aus Neustadt, Kaiserslautern, Kirchheimbolanden und anderen Orten der Pfalz“ waren auch am 23. April 1881 in Mannheim zugegen, als man in einer eindrucksvollen „Totenfeier“ des „mutigen Kämpfers für Volksrecht

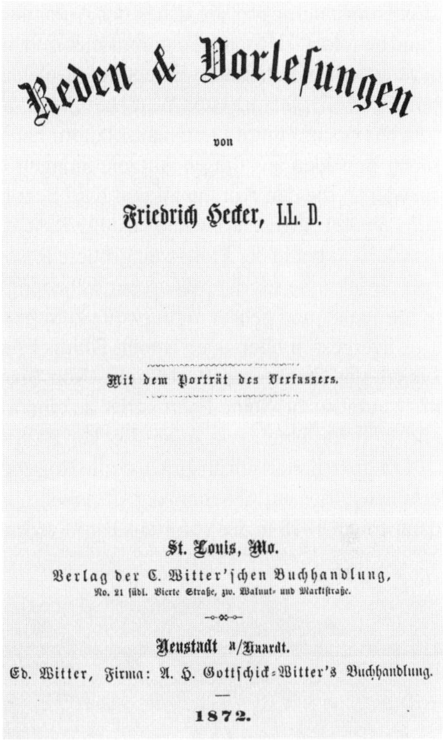

Reden & Vorlesungen

von

Friedrich Hecker, LL. D.

Mit dem Porträt des Verfassers.

St. Louis, Mo.
Verlag der C. Witter'schen Buchhandlung,
No. 21 südl. Vierte Straße, zw. Walnut- und Marktstraße.

Neustadt a/Haardt.
Ed. Witter, Firma: A. H. Gottschick-Witter's Buchhandlung.

1872.

(Vorlage: Pfälzische Landesbibliothek Speyer)

und Freiheit" gedachte und eine Beileidsadresse an die Witwe und „die teueren Hinterbliebenen" unterzeichnete[13]. Die „würdevolle Weiherede" hielt der Mannheimer Professor Daniel Krebs, ein alter Achtundvierziger[14]. Der Text des Beileidschreibens wurde in der „Pfälzischen „Volkszeitung" im vollen Wortlaut abgedruckt. Das gleiche Blatt brachte dann 1883 einen umfangreichen Beitrag über „die Enthüllung des Hecker-Denkmals in Cincinnati"[15].

Etwa fünfzehn Monate nach Heckers kurzer Visite in Neustadt 1873 fand sich am gleichen Ort übrigens auch Gottfried Kinkel ein, sicher eine „der beeindruckendsten Gestalten der deutschen Revolution"[16]. Kinkel sprach – genau am Tag der Völkerschlacht von Leipzig (18. Oktober) – über die 'Dichter der Befreiungskriege'. Dieser Vortrag wurde recht beifällig aufgenommen. Kinkel, dessen ganze Persönlichkeit weit weniger polarisierte als diejenige Heckers, genoß vor allem im liberalen Bürgertum sichtliche Sympathie. Man rühmte u.a. „die hochedle und poetisch angelegte Natur" dieses ehemaligen „Märtyrers der Freiheit" und sah in ihm „den Mann von Charakter, der nicht allein für das Selbstbestimmungsrecht des Volkes schrieb und sang", sondern der auch selbst „in den Kampf ging", wie die „Pfälzische Volkszeitung" in ihrem Nachruf auf ihn am 17. November 1882 anmerkte[17]. In dieser Würdigung ging das Organ der Demokraten auch auf die charismatische Ausstrahlung dieses Volksführers ein, der 1849 so viele Pfälzer fasziniert hatte[18].

Ging es um Gottfried Kinkel, so war meistens auch von dessen „wunderbarer" Befreiung aus dem Spandauer Gefängnis 1850 durch den jüngeren Freund Karl Schurz die Rede[19]. Aus diesem „wackeren Befreier" war inzwischen der allseits respektierte „größte Deutschamerikaner" seiner Zeit und der anerkannte „Vertreter der besten Seiten des deutschen Geistes" in der neuen Welt geworden[20]. Auch im nationalliberalen Lager begegnete man diesem „berühmten Landsmann"[21] mit betonter Hochachtung. Entsprechend groß war denn auch das Presseecho auf seinen Deutschlandbesuch 1888, auf seinen 70. Geburtstag am 2. März 1899 und seinen Tod am 14. Mai 1906. Sichtliches Interesse fanden hier im Südwesten naturgemäß seine nach dem Tod erschienenen

„Lebenserinnerungen", in denen der Autor auch von seinem Wirken im badisch-pfälzischen Aufstand berichtet. Hermann Schreibmüller sieht in diesen Memoiren eine geradezu „klassische Schilderung der revolutionären Erhebung", welche die Darstellung anderer Mitstreiter und Zeitgenossen auch vom „literarischen Wert" her „weit" überrage[22]. Pfälzische Tageszeitungen aller Schattierungen mitsamt ihren Geschichtsblättern haben später immer wieder Auszüge mit charakteristischen Episoden aus diesen Aufzeichnungen veröffentlicht, wobei man mit Vorliebe die Stellen auswählte, die den Aufenthalt von Karl Schurz in Kaiserslautern sowie seine Flucht aus der von den Preußen eingeschlossenen Festung Rastatt betreffen. Der die Situation in Kaiserslautern schildernde Text hat in der Pfalz weit größere Resonanz gefunden als beispielsweise Ludwig Bambergers „Erlebnisse aus der pfälzischen Erhebung"[23] oder der kritisch-sarkastische Bericht von Friedrich Engels[24] und gehört mittlerweile zum festen Bestand der Pfalzliteratur.

Unvergessen blieb auch Robert Blums Pfingstreise 1848 in die Pfalz mit den Mitgliedern der Linken der Frankfurter Paulskirche. Von Mannheim kommend, hatte Blum damals die Vorderpfalz aufgesucht. Seine Fahrt geriet zu einem wahren „Triumphzug, der hier noch lange in Lied und Wort fortlebte", wie Albert Becker 1908 schrieb[25].

Der auch literarisch anspruchsvolle Reisebericht des so überaus volkstümlichen Republikaners erschien kurz nach Abschluß der Unternehmung in den Dresdner „Vaterlandsblättern" und wurde dann erneut 1878 in der von Hans Blum verfaßten Biographie „des echten Volksführers und Mär-

1872 wurde das „Denkmal für die Volkskämpfer von 1849 auf dem Friedhof zu Kirchheimbolanden" errichtet. (Die Gartenlaube Jg. 1872, Vorlage: Schneider, Kaiserslautern)

tyrers der Revolution"[26] abgedruckt. In diesem „Zeit- und Charakterbild für das deutsche Volk" schreibt der Verfasser Hans Blum, daß er bei seinem ersten Aufenthalt „in der schönen Pfalz" im Jahr 1864 „überall die lebendigste Erinnerung"[27] an seinen Vater vorgefunden habe. Dieses Andenken an „das edelste und vornehmste Opfer der Revolution" lebte auch noch nach der Jahrhundertwende „in dem Herzen manches alten Pfälzers"[28]. Es wurde immer wieder erneuert in Jubiläumsfeiern, Gedenkartikeln der Presse, in Ausstellungen, Museen, Porträts oder in den Erzählungen ehemaliger Achtundvierziger. Auf die Pfalzreise Blums verwies auch ein „wertvolles Erinnerungszeichen", das sich in den dreißiger Jahren im Besitz des Heimatmuseums der Stadt Ludwigshafen befand. Gemeint ist damit ein „Spazierstock mit silbernem Knauf", den der „sächsische Demokratenführer" dem Ingenheimer Pfarrer Friedrich Theodor Frantz als Souvenir „geschenkt hatte"[29] und der dann von den Erben dem Museum vermacht worden war[30].

Von Robert Blum wissen wir, daß er sich in der Pfalz sehr wohl gefühlt hat und tief beeindruckt war vom Zauber der Landschaft und der Begeisterungsfähigkeit und Herzlichkeit der Bevölkerung. So nimmt es nicht wunder, daß er einmal mit dem Gedanken spielte, sich in der Pfalz niederzulassen. Derartige „Zukunftsträume" wurden jedoch ebenso jäh wie grausam „ausgelöscht"[31], und vor „der Wut" der Reaktion sollte selbst „der schlichte Denkstein"[32] keinen Bestand haben, den Freunde und Gesinnungsgenossen zu seinem Gedächtnis auf der Madenburg hatten errichten lassen. Das war an jener Stelle, von der aus sich der große Volksredner am Pfingstsonntag 1848 mit „zündenden Worten" an „Tausende von Menschen"[33] wandte.

Während in Karlsruhe beispielsweise bereits 1852 ein Denkmal zur Erinnerung an alle preußischen Soldaten, die beim Feldzug in Baden 1849 ums Leben gekommen waren, eingeweiht werden konnte, mußten sich die „hoffnungslosen Besiegten"[34] mitsamt ihrem Anhang über zwei Jahrzehnte gedulden, bis sich endlich ihre Projekte zum ehrenden Gedenken an die „Standrechtsopfer" und die anderen „Blutzeugen der Freiheit" realisieren ließen[35]. Den Anfang machten sie mit dem „Erinnerungsmal"[36] in Kirchheimbolanden (1872). Es folgten Mannheim (1874), Annweiler (1880) und nach längerer Verzögerung auf Grund von Widerständen und Schikanen seitens der badischen Behörden Rastatt (1899). Hatten Friedrich Wilhelm IV., die preußische Armee und weitere konservative Kreise das Karlsruher „Preußendenkmal"[37] angeregt, so gingen die Initiativen für die vier anderen Monumente von den Demokraten aus. Doch befürworteten und unterstützten auch manche Nationalliberalen – so vor allem in Annweiler – und Sozialdemokraten – hier insbesondere in Rastatt – diese Vorhaben.

Die Idee, die im Juni 1849 in Kirchheimbolanden gefallenen Freiheitskämpfer mit einem Denkmal zu ehren, kam ursprünglich von Freunden, ehemaligen „Kampfgenossen"[38] sowie Angehörigen der Toten aus dem Mainzer Raum und stieß auch in Kirchheimbolanden auf Sympathie und Zustimmung. Das ganze Vorhaben wurde anläßlich eines „Besuches einer Anzahl ehemaliger Mitkämpfer aus Mainz und Umgebung" an „den Gräbern der Märtyrer" 1869 ausführlich erörtert[39]. Man gründete zwei Komitees und arrangierte Geldsammlungen. Die „Mittel flossen so reichlich", daß man „den Märtyrerstein"[40] eigentlich „schon im Juni 1870" hätte aufstellen können[41]. Dazu kam es jedoch nicht, und die „Enthüllungsfeier"[42] konnte erst 1872 erfolgen. Allerdings war es zuvor im Denkmalausschuß wegen der Gestaltung des Monuments zu Unstimmigkeiten gekommen, was den Austritt einiger „Radikaler"[43] zur Folge hatte. Letztere wünschten „keine vielmißbrauchte Germania" auf dem Sockel, sondern „ein Symbol der Freiheit", wie einer ihrer Wortführer, der Mainzer Paul Stumpf (1826 – 1912) betonte[44]. Stumpf hatte 1849 im rheinhessischen Korps bei Kirchheimbolanden mitgekämpft und war später zur Sozialdemokratie gestoßen. Er gehörte zusammen mit Johann Philipp Becker, Amand Goegg oder Wilhelm Liebknecht zu jenen Achtundvierzigern, die zu offenen Parteigängern der sozialistischen Arbeiterbewegung wurden.

Die Enthüllungsfeier an „der denkwürdigen Stätte"[45] in Kirchheimbolanden stand unter demokratischem Vorzeichen und bewußt im Gegensatz zu dem wenige Wochen zuvor von den Nationalliberalen inszenierten Hambachjubiläum. Man verzichtete ganz auf den zeittypischen Hurrapatriotismus und das übliche nationale Pathos und äußerte vielmehr die Erwartung, daß sich die gerade verwirklichte „Einheit" doch bald auch „mit der Freiheit vermählen werde" bzw. „sich das Reich nun freiheitlich ausbaue"[46].

Das „erinnerungsreiche Denkmal"[47] selbst sollte auch als eine Art von „Merkstein" dienen, der „die Kämpfe des Volkes um sein Recht"[48] ins Gedächtnis zurückrufe und als „stetige Mahnung zum freiheitlichen Fortschritte"[49] wirke. Der Hauptredner des Tages, der Mainzer Landtagsabgeordnete Dr. Johann Oechsner, nutzte die Stunde zur engagierten Darlegung des demokratischen Standpunkts und kritisierte das Fehlen der Grundrechte, die „dem Volk oktroyierte Verfassung" und die „drückende Last des eisernen Militärstaates", der sich an die Stelle des ersehnten „bürgerlichen Rechtsstaates" geschoben habe. Lebhaft bedauerte der Redner sodann, daß sich „gar viele" ehemalige „Gesinnungsgenossen" inzwischen von den Demokraten „getrennt" hätten und lieber der Parole gefolgt seien: „Zuerst die Einheit, dann die Freiheit"[50].

Die Kirchheimbolandener Veranstaltung wurde auch außerhalb der Pfalz registriert, war es doch das erste Mal, daß man in aller Öffentlichkeit in dieser Form auf das einstige Revolutionsgeschehen Bezug nahm. Der „Gedächtnisfeier" an dieser „historischen Stätte"[51], diesem „heiligen Orte"[52] sollten in den nachfolgenden Jahrzehnten noch zahlreiche weitere „erhebende Akte der Pietät"[53] folgen, zumal sich diese Feierlichkeiten einer wachsenden Akzeptanz in der Bevölkerung erfreuten. Das nordpfälzische Städtchen wurde so fortan zu einem Zentrum des auf die Revolution bezogenen Erinnerungskults, zu einer Art von pfälzischem 'lieu de mémoire'[54].

Rein demokratischen Charakter – bis hinein in die Inszenierung – trug auch die Denkmaleinweihung für die gefallenen „Volkskämpfer von 1849"[55] auf dem Mannheimer Neckarfriedhof

Seit 1874 erinnert auf dem Mannheimer Hauptfriedhof ein Denkmal an die Opfer des Standgerichts von 1849. (Die Gartenlaube Jg. 1874, Vorlage: StadtA Kaiserslautern)

am 13. September 1874. Hier handelte es sich um die fünf „Opfer des Standrechts“[56], deren Gebeine zuvor „aus ihren bisherigen Ruhestätten ausgegraben und in das gemeinsame Grab am Fuße des Monumentes übertragen“ wurden[57]. Bei dieser Trauerfeier für „die standrechtlich erschossenen Patrioten“[58] trafen sich Mitglieder und Gefolgsleute der Volkspartei aus Baden, Württemberg, Hessen und der Pfalz. Die Gedächtnisreden hielten die badischen Landtagsabgeordneten Johann Peter Eichelsdörfer (1829 – 1889) und Heinrich von Feder (1822 – 1887)[59], doch ergriffen auf dieser „demokratischen Versammlung“ u.a. auch Amand Goegg (1820 – 1897) und Friedrich Payer (1847 – 1931) das Wort. Der Beisetzung selbst wohnten einige enge Angehörige der Toten bei, darunter die Witwe von Wilhelm Adolph von Trützschler, dem bekanntesten der fünf Opfer. Auf das Grab hatte man eine steinerne Tafel gelegt mit einer von Friedrich Hecker gewidmeten Inschrift. Die Mannheimer Feier stieß – genau so wie die Veranstaltung in Kirchheimbolanden – auf einen bemerkenswerten Widerhall in der Presse; erneut war es vor allem die „Frankfurter Zeitung“, die dem Ereignis eine größere Publizität verschaffte. Zwar brachte der aus Mittelbaden

Anläßlich des 50. Jahrestages der Revolution veröffentlichte die „Pfälzische Post“ am 19. August 1899 das Gedicht „Am Heldenmal zu Mannheim“ zur Einstimmung auf die große Gedenkfeier in Ludwigshafen am folgenden Tag. (Vorlage: Bayerische Staatsbibliothek, München)

5. Jahrgang. Nr. 192. Ludwigshafen a. Rh. Samstag, 19. August 1899.

Abonnement.
Vierteljährlich in Ludwigshafen 1 Mk. 80 Pfg. incl. Trägerlohn, in Bayern und dem Deutschen Reichspostgebiete 1 Mk. 90 Pfg.

Abonnements nehmen an in Ludwigshafen die Expedition, Filial-Expeditionen, sowie die Träger. Auswärts unsere Filialen, alle Postanstalten und Briefträger.

Pfälzische Post

Organ für die Interessen des Volkes.

Inserate.
Die einspaltige Petitzeile oder deren Raum 10 Pfg., für außerpfälzische 18 Pfg., bei mehrmaliger Wiederholung Rabatt.
Für Arbeitsgesuche u. Wohnungsvermiethungen ist ein ermäßigter Tarif ausgearbeitet.
Reklamen und Geheimmittel-Annoncen finden keine Aufnahme.
Eingetragen in der Postzeitungsliste unter Nr. 618a.

Verlag von Fr. W. Wenzel in Ludwigshafen.
Redaktion und Expedition: Ludwigsplatz 9.
Sprechstunde: Täglich Nachmittags von 5–6 Uhr.

Telephon Nr. 219.

Verantwortlicher Redakteur:
für Leitartikel u. polit. Rundschau: Gustav Jaeckh in Mannheim,
für den übrigen Theil Heinrich G. Dikreiter in Ludwigshafen.

Am Heldenmal zu Mannheim.

Auf den Todesgarten brütet
Sengend heiße Sonnengluth,
Sauget an der Bäume Blut,
Kaum ein Hauch, der Lind'rung bietet.

Zitternd neigen sich die Fichten
Furchtsam nach einander zu
Und die eine höreſt du
Diese Frage an sie richten:

„Gefährten sprecht, des Sommers dumpfe Schwüle
Bis wannen sie noch währen mag,
Wie lange säumt noch der Gewittertag,
Daß er den heißen Sonnenbrand uns kühle?

„Hört an, heut ist der Ehrentag der Todten,
Die wir umschatten treu und gut,
Die einst die Heldenbrust dem Blei geboten,
Die für das Volk gezeugt mit Blut!

„Doch ach, wer ist das Volk, für das sie litten,
Wo sind die Kränze, die es wand,
Wo ist die Freiheit, sagt, um die sie stritten,
Das freie deutsche Vaterland?

„Das Volk, oft sah ich's Andern Kränze winden,
Sah, wie's den Lorbeer oft Unwürd'gen flicht,
Für manchen Andern sah ich's Sträuße winden,
Doch unserer Todten dacht es nicht.

„Die Freiheit, ach! für die ihr Blut sie gaben,
Das Volk, es kannt und mocht' sie kaum,
Tief unter'm „Waffenruhm“ lag sie begraben,
Ein schöner, jäh zerriss'ner Traum!

„Drum lagert heut auf allen deutschen Landen
Des Kriegsgotts bleiernes Gewicht,
Daß für die Pickelhaube sie entbrannten,
Und seiner Todten denkt es nicht.“

Also sprach die Fichte traurig
Und die andern glaubten's wohl,
Horch! da tönet dumpf und hohl
Eine Grabesstimme schaurig:

„O halte ein! Halt ein mit Deinen Klagen
Und geh' zu hart nicht in's Gericht!
Bewährt hat sich in vielen bösen Tagen
Mein deutsches Volk, schilt mir es nicht!

„Ob heut' auch keine Schaaren zu uns wallen,
Nicht dankbar uns're Gruft umsteh'n,
Der Ruhmesrausch verfliegt, die Nebel fallen,
Der Freiheit Geist wird auferſteh'n!

„Das wir gesät, es wird einst herrlich sprießen,
Das Korn, wie man's auch unterdrück',
Der Freiheit Saatkorn wird zum Baume schießen,
Zum Heil dem Volk, dem Volk zum Glück!

„Nicht ewig wird im Kriegsruhmtempel beten
Mein Volk; es kommt die Erntezeit,
Dann wird an unser Grab es wieder treten
Zum Dank dem Sämann froh bereit!“

Stille ward's, die Stimmen schwiegen
Und hinab send't jeder Baum
Einen Zweig, erblühend kaum,
Daß er auf dem Grab sollt' liegen.

Frei bearbeitet nach einem Gedicht von Franz Schreiber, das dieser für das „Badisch Pfälzische Volksblatt“ zum 18. März 1878 verfaßt hat.

stammende demokratische Publizist Otto Hörth (1842 – 1935) dieses Mal keine stimmungsvolle Reportage wie bei seinem Besuch in der Nordpfalz im Mai 1872, doch erwies er „den Neunundvierzigern" mit einem eigens verfaßten Gedicht seine besondere Reverenz[60].

Hörth, der mit der demokratischen Bewegung in unserem Raum engen Kontakt hielt, engagierte sich in besonderem Maß bei den für die Rezeptionsgeschichte der Revolution so wichtigen „Märzfeiern" in Frankfurt 1873, 1898 und 1923. Auf diesen Veranstaltungen, die weit mehr als nur regionale Bedeutung erlangten, waren auch stets Exponenten der bürgerlichen Demokratie aus dem Badischen und der Pfalz anwesend. Diese Märzfeiern, die nach der Reichsgründung auch von den Sozialdemokraten quasi als „höchster Gedenktag" übernommen wurden, bildeten nicht zuletzt einen markanten „Gegenpol" zum „vom reichstreuen Bürgertum seit 1873 am 22. März gefeierten Geburtstag Kaiser Wilhelms I."[61] sowie zum Sedanstag. Wie in den Revolutionsfeiern zur Erinnerung an die pfälzisch-badische Erhebung manifestierte sich in ihnen gewissermaßen das Herzstück der 1848/49er Tradition vor dem Ersten Weltkrieg. Dabei ragen die Jubiläen von 1898/99 und 1908/09 deutlich heraus, was sich u.a. im einschlägigen Schrifttum, im Presseecho, im Niveau der Veranstaltungen, in der Anzahl der lokalen Feiern, in der Auswahl der Festredner, in der Publikumsresonanz äußerte. So sprachen beispielsweise in Kirchheimbolanden so profilierte Politiker wie Wilhelm Blos, Hermann Hummel, Ludwig Quidde oder Martin Venedey. Für Mannheim, wo der demokratische Verein bereits am 17. März 1898 eine „Erinnerungsfeier an das Jahr 1848" veranstaltet hatte, war 1899 zur „50jährigen Wiederkehr der badisch-pfälzischen Volkserhebung" wie auch „zum Gedenken an die standrechtlich Erschossenen"[62] eine weitere öffentliche Großkundgebung geplant, und zwar gemeinsam von Demokraten und Sozialdemokraten. Für die am 20. August 1899 angesetzte Gedenkfeier war kein Geringerer als Wilhelm Liebknecht als Hauptredner angekündigt. Die mit Spannung erwartete Feier wurde jedoch vom badischen Innenminister August Eisenlohr „rigoros verboten"[63].

Das Verbot galt auch für eine interne Veranstaltung der Sozialdemokratie. Liebknecht wich daraufhin kurzerhand ins benachbarte bayerische Ludwigshafen aus, wo die Behörde keine Einwände machte und die Versammlung lediglich von einem „Polizeikommissär überwachen ließ"[64].

Für die Sozialdemokraten entpuppte sich Mannheim offensichtlich als schwieriges Terrain, hatte man doch dort bereits 1873 und 1878 ihre Märzfeiern untersagt. Noch schlimmer war es dann 1894 gekommen. Damals sah sich die sozialdemokratische „Volksstimme" urplötzlich wegen 1849er „Reminiszenzen" in einen „hochnotpeinlichen Preß-Prozeß" verwickelt. Darin warf

Aufruf zur Gedenkfeier in Ludwigshafen anläßlich des 50jährigen Jubiläums der Revolution (Vorlage: StadtA Kaiserslautern)

Sonntag, den 20. August, Nachmittags ½4 Uhr

Volks-Versammlung

im großen Saale des Gesellschaftshauses in Ludwigshafen.

Tages-Ordnung:

Die bad.-pfälz. Volkserhebung 1848|49

Referent: Herr Reichstagsabgeordneter Wilh. Liebknecht aus Berlin.

Jedermann ist freundlichst eingeladen. Der Einberufer: F. J. Ehrhart.

November 1898.

6428]

Das

Erkenbert-Museum

ist morgen Sonntag früh von ½11—12 Uhr, nachmittags von 2—4 Uhr geöffnet. [6454

Spezial-Ausstellung 1848|9.

Kanarienzucht-Verein

Frankenthal.

Montag den 14. ds., abends 8 Uhr

General-Versammlung

bei Herrn Griesinger.

6431] Der Vorstand.

Hinweis auf die Ausstellung zu 1848/49 in der Frankenthaler Zeitung vom 11. November 1898 (Vorlage: StadtA Frankenthal)

der Vertreter der Anklage dem Blatt „Aufforderung zum Hochverrat“, zum „gewaltsamen Umsturz der badischen Verfassung“ sowie „Aufreizung der Bevölkerung zu Gewalttätigkeiten gegeneinander“ vor. Grund war der Abdruck eines revolutionären Flugblatts aus dem Jahre 1849 in Nummer 179 der „Volksstimme“ vom 4. August 1894. Die Dokumentation war Bestandteil einer in Aussicht genommenen „historisch-kritischen Artikelserie“[65].

Die imposante sozialdemokratische Revolutionsfeier in Ludwigshafen mit Liebknechts „von vielen persönlichen Erinnerungen durchwebter Rede“[66] war zweifellos der Höhepunkt im Jubiläumsjahr 1898/99. Die durch das Verbot erst so richtig „aufgerüttelten Massen“ hatten verständlicherweise den überaus populären „alten Veteran“ mit einem „wahren Sturm der Begeisterung begrüßt“[67].

Neben diesem spektakulären Ereignis verdienen freilich noch weitere „Rückblicke“[68] und Erinnerungsfeiern eine besondere Erwähnung. Verwiesen sei hier nur auf die vom demokratischen Volksverein durchgeführte Kundgebung am 23. April 1898 in der Fruchthalle zu Kaiserslautern – also ganz „auf historischem Boden“[69], dann auf die anläßlich „des Gedenktages der Erschießung Robert Blums“ im Frankenthaler Erkenbert-Museum am 9. November 1898 eröffnete „Ausstellung zur Erinnerung an den pfälzischen Aufstand“[70], auf die „geschichtliche Erinnerungsfeier“ der Volkspartei am 11. Juni 1899 in Kirchheimbolanden oder auf das Revolutionsgedenken in Rinnthal-Annweiler, wo die Teilnehmer auch „eine Besichtigung des Gefechtsfeldes“ von 1849 unternahmen[71].

Die meisten Jubiläumsfeiern gingen entweder von den Demokraten oder den Sozialdemokraten aus, wobei letztere in ihren vielen Ortsvereinen zusätzlich eine Fülle von Märzfeiern inszenierten, auf denen man die Bedeutung der Jahre 1848/49 würdigte und seine Sympathie mit der radikalen Linken, den Barrikadenkämpfern und Freischärlern artikulierte. Nicht ohne Sinn für symbolische Zeichen berief die pfälzische Sozialdemokratie auch ihren 10. Parteitag „nach dem Sozialistengesetz“ am 3. September 1899 ausgerechnet nach Kirchheimbolanden ein. Die dort versammelten Delegierten besuchten auch die Gräber der Reichsverfassungskämpfer, um „den Manen der 1849er Helden“ entsprechend „zu huldigen“[72].

Zum Jahrestag der 1849er Reichsverfassungskämpfer zu Kirchheimbolanden.

Aufruf!

Im Juni dieses Jahres sind es 50 Jahre, daß preußische Truppen unter Führung des Prinzen Wilhelm, des nachmaligen ersten deutschen Kaisers, dem in Kirchheimbolanden versammelten rheinhessischen Freikorps entgegenrückte. Die kleine Schaar, kaum 300 Mann stark, mußte der feindlichen Uebermacht weichen, wobei 17 junge Freischärler, im Kampfe für die Reichsverfassung, im Ringen um die bürgerliche Freiheit, den ehrenvollen Tod fanden. Sie starben für eine heilige Sache und ihr Andenken ist gewahrt durch ein im Jahre 1872 auf dem Friedhofe zu Kirchheimbolanden errichtetes herrliches Denkmal, in dessen unmittelbarer Nähe die Gebeine dieser Blutzeugen einer idealen Vergangenheit ruhen.

Die Stadt Kirchheimbolanden rüstet sich nun, den 50jährigen Gedenktag dieses Kampfes durch eine

geschichtliche Erinnerungsfeier

zu begehen. Als Festtag ist der **11. Juni** ausersehen.

Es ergeht deshalb an die gesammte Bevölkerung der Pfalz und des benachbarten Rheinhessen die Bitte, sich recht zahlreich an dem Feste zu betheiligen und durch ihre Anwesenheit zum schönen Gelingen dieser Feier beizutragen. Ganz besonders werden alle noch lebenden ehemaligen Freiheitskämpfer und Augenzeugen jener freiheitsschwangeren Epoche eingeladen. Auch Anverwandte der Gefallenen, oder deren **Hinterbliebene werden dringend** zur Theilnahme aufgefordert.

Programm:

Vormittags 1/212 Uhr: **Zug nach dem Kirchhofe.**

Daselbst angekommen: **Gedächtnißrede des Herrn Prof. Dr. Quidde aus München.**

Mittags 1 Uhr: **Mittagessen (nach Belieben).**

Nach dem Mittagstisch: **Zwangloses Bankett bis zum Abgang der Abendzüge.**

Zahlreiche auswärtige Korporationen und 48/49er Veteranen haben bereits ihr Erscheinen am 11. Juni in Kirchheimbolanden zugesagt.

Darum auf am **11. Juni nach Kirchheimbolanden.**

Kirchheimbolanden, Ende Mai 1899.

Das Komitee

1899 jährten sich die Tage der Reichsverfassungskampagne zum 50. Mal. Aufruf aus der Pfälzischen Volkszeitung Nr. 157 vom 8. Juni 1899. (Vorlage: StadtA Kaiserslautern)

Die Nationalliberalen übten an den Jubiläumstagen deutliche Zurückhaltung, doch veröffentlichten die ihnen nahestehenden Zeitungen ebenfalls eine Reihe von Aufsätzen und sonstigen Beiträgen. Darin äußerte sich manche kritische Distanz zum Geschehen im „tollen Jahr“, namentlich zur Politik der Provisorischen Regierung in Kaiserslautern, zur Haltung der radikalen Richtung oder zu den Freischaren bzw. Aufständischen, um nur einiges herauszugreifen. Auf entschiedene Ablehnung stieß die revolutionäre Erhebung in der Zentrumspresse und den konservativen Organen. Da 1898/99 gleichzeitig Reichstags- und bayerische Landtagswahlen stattfanden, erfuhr das Revolutionsjubiläum eine gewisse aktuelle Brisanz, was sich auch in den Reaktionen der Tageszeitungen niederschlug. In vielen Kommentaren und historisch-politischen Betrachtungen wurde nur zu deutlich, wie kontrovers die Beurteilung bzw. Einordnung der Revolution noch war und wie sehr man dazu neigte, die Vergangenheit für die Tagespolitik und den Wahlkampf zu instrumentalisieren. In der nicht selten mit polemischen Spitzen geführten Auseinandersetzung warfen die Parteien sich natürlich auch gegenseitig vor, die historische Wahrheit zu „verfälschen“[73]. So scheute sich etwa die „Pfälzische Presse“ in Kaiserslautern nicht, z.B. „die Erinnerungsfeier“ der Demokraten in Kirchheimbolanden als reine „Parteifeier“ abzuqualifizieren, die „nicht dem Charakter der damaligen Volkserhebung entsprochen“ habe[74]. Noch schärfer urteilte man über die Veranstaltungen der sozialdemokratischen „Umsturzpartei“; ihr sprach man „jede historische Berechtigung“ ab, derartige Gedenkfeiern überhaupt „in Szene zu setzen“[75].

Die Sozialdemokraten wiederum revanchierten sich mit der Bemerkung, daß der überwiegende Teil des Bürgertums die couragierten „Vorkämpfer seines politischen Emanzipationskampfes“ schnöde verraten und „verleugnet“ habe, ja mittlerweile so „miserabel“ geraten sei, die Revolutionäre von einst „von einer servilen Presse verunglimpfen zu lassen“[76]. Zugleich verwahrten sie sich gegen die „nationalliberale Legende“, nach der „die Gründung des deutschen Reiches mit preußischer Spitze“ die „Erfüllung der Bestrebungen der Revolution“ gebracht habe[77]. Schließlich äußerte man die Hoffnung, es werde der Tag kommen, an „dem das deutsche Volk“ sich mit „dankbarer Einmütigkeit“ der revolutionären Vorläufer erinnere und „die Gedenktage der Revolution“ als allseitig anerkannte „Nationalfeste“[78] feiere.

In der viel diskutierten Frage nach dem wahren „Vermächtnis von 1848/49“[79] und den legitimen Nachfahren bzw. Testamentsvollstreckern der Revolution machte auch die Volkspartei ganz energisch Front gegen die „nationalliberale Reaktion“[80] und damit gegen die immer wieder kolportierte Behauptung, mit „der machtvollen deutschen Einheit“ besitze „die Nation“ nunmehr, was sie anno 1848/49 „erhofft“[81], was sie „ersehnt und erstrebt“[82] habe. Ebensowenig konnten die Demokraten sich anfreunden mit Versuchen, die „ehemaligen Rebellen“[83] schlankweg als „Vorkämpfer des glorreichen Jahres 1870 hinzustellen“[84]. Derartige Ansichten erschienen ihnen ebenso unwahr wie etwa die These, die aktuelle Verfassung des Reiches „genüge dem Ideal von 1848/49“[85] oder man habe es „heute“ doch „so herrlich weit gebracht“[86]. In diesem Zusammenhang versäumen sie es nicht, darauf hinzuweisen, daß „unsere Väter“ einstmals „eine demokratisch-parlamentarische Staatsverfassung wollten“[87]. Scharf verurteilen sie sodann „das alte, rückständige Klassenwahlrecht“ in Preußen[88], die kaiserliche Omnipotenz, das sogenannte „persönliche Regiment“[89] Wilhelms II., die „Bedeutungslosigkeit des Reichstages“, den allzu mächtigen Einfluß des „ostelbischen Junkertums“ u.a. und fordern im gleichen Atemzug tiefgreifende demokratische und soziale Reformen[90].

Zu den Historikern, die 1898/99 den Standpunkt vertraten, daß mit der Reichsgründung „die Wünsche jener Tage“ von 1848/49 „glänzend erfüllt“ seien oder daß „die Einigung Deutschlands sich in monarchischer Form vollziehen“[91] mußte, gehört auch der in Sembach bei Kaiserslautern geborene Pfarrer und Kirchenrat Otto Fleischmann. Seine 1899 veröffentlichte „Geschichte des pfälzischen Aufstandes im Jahre 1849“ ist die wohl wichtigste pfälzische Publikation zur 'Halbjahrhundertfeier'. Die 336 Seiten umfassende illustrierte Untersuchung erschien bereits ab Mai 1898 als Vorabdruck in den „Zeitbildern“, der Sonntagsbeilage der „Pfälzischen Presse“[92]. Diese auflagenstarke Zeitung war im gleichen Jahr von den Demokraten als „nationalkonservatives Organ“[93] eingestuft worden. Damit wird wohl auch die historisch-politische Perspektive Fleischmanns zutreffend umschrieben. Das Buch fand vornehmlich im nationalen Bürgertum Anklang, spiegelt es doch in mancher Hinsicht auch dessen Stimmungslage vor dem Ersten Weltkrieg. Der Historiker Baumann nannte es später ein „unzulängliches“ und „ungerechtes Werk“, das die Ereignisse von 1848/49 „einseitig vom Standpunkt des wilhelminischen Kaiserreiches“ aus „wertet“[94]. Zweifellos hat Fleischmann das Revolutionsbild hierzulande nachhaltig beeinflußt, auch wenn sich z.B. die Sozialdemokraten und ihr Anhang vor allem an den Arbeiten von Wilhelm Blos orientierten[95]. Dies galt sowohl für seine umfangreiche Revolutionsgeschichte von 1893 (2. Auflage 1898) wie für die „Badischen Revolutionsgeschichten“, die der Verlag der Mannheimer Partei-Buchhandlung 1910 herausbrachte[96].

In der Zeit der Weimarer Republik knüpfte man, was die gezielte Pflege der Paulskirchentradition und den Umgang mit der Revolutionshistorie angeht, im wesentlichen an bekannte Bestrebungen, Interpretationsmuster und Tendenzen an. Wiederum war die bewußte Erinnerung an das Revolutionserbe vornehmlich das Anliegen der Sozialdemokraten und der seit 1919 in der Deutschen Demokratischen Partei (DDP) vereinigten bürgerlichen Linksliberalen (vorher Fortschrittliche Volkspartei). Genau wie im Kaiserreich gingen auch jetzt nach der Novemberrevolution die stärksten Impulse für die Popularisierung eines auf 1848/49 basierenden Geschichtsbilds von der SPD und ihrer Presse aus. Die Sozialdemokraten dominierten auch eindeutig im 1924 gegründeten Reichsbanner Schwarz-Rot-Gold, der republikanischen Massenorganisation zur Festigung und zum Schutz der parlamentarischen Demokratie, die sich auf die SPD, die DDP und das Zentrum stützte. In den Veranstaltungen des Reichsbanners, insbesondere in den von ihm arrangierten 'republikanischen Tagen' und Verfassungsfeiern (am 11. August), wurden stets aufs neue der „Geist von 1848“[97] beschworen, historische Kontinuität thematisiert und der Zusammenhang zwischen der Weimarer Republik und der Revolution von 1848/49 sichtbar gemacht. Dies galt selbstverständlich in noch weit höherem Maß für die Märzfeiern, die Revolutionsjubiläen 1923/24 und 1928/29 oder das Hambachjubiläum 1922 und 1932. All dies war ein wesentliches Element der damaligen politischen Kultur und wurde begleitet von einem lebhaften publizistischen Echo, wobei die sozialdemokratischen Journale sich am stärksten motiviert zeigten. Sie gedachten im übrigen auch Jahr für Jahr der von großen Teilen des Bürgertums eher verabscheuten Novemberrevolution.

Für die Entwicklung des pfälzischen Reichsbanners Schwarz-Rot-Gold war der erste „große republikanische Tag für Südwestdeutschland“[98] bzw. „Tag der Republik“[99] am 27./28. September 1924 in Mannheim von eminenter Bedeutung, wurde doch auf dieser „wuchtigen Demonstration“[100] auch für die Rheinpfalz die Bildung eines 'Gauvorstandes' und gleichzeitig damit die Gründung einer ersten Ortsgruppe des Reichsbanners in Ludwigshafen/Rhein beschlossen. Der Ortsverein Ludwigshafen appellierte erstmals am 25. Oktober 1924 an die pfälzischen „Anhänger der Republik“, sich doch umgehend dem Reichsbanner, diesem „Bollwerk zum Schutze der Weimarer Verfassung“ sowie der „Einheit und des Bestandes der Republik“[101], anzuschließen. Gerade „die Pfalz mit ihrer freiheitlichen Tradition“ dürfe „hier nicht zurückstehen“[102].

An die Spitze des pfälzischen Gauvorstands traten der Justizrat Dr. Richard Müller (DDP)[103] und der Rechtsanwalt Friedrich Wilhelm Wagner (SPD). Der Ludwigshafener Sozialdemokrat Wagner war dann von 1925 bis zum Ende der Weimarer Republik Gauvorsitzender des Reichsbanners für die Pfalz unter Einschluß des Saar- und Nahegebietes[104].

In dieser Eigenschaft gehörte der spätere Reichstags- und Bundestagsabgeordnete – Carlo Schmid bezeichnete ihn einmal als „aufrechten Demokraten“[105] – zu den treibenden Kräften und führenden Repräsentanten seiner Organisation im Südwesten.

Der „Tag der Republik“ in Mannheim 1924 selbst gestaltete sich zu einer „der größten republikanischen Kundgebungen“ im Deutschland jener Tage[106]. Unter den Teilnehmern sah man den Reichskanzler a.D. Joseph Wirth, den Reichstagspräsidenten Paul Löbe sowie den badischen Staatspräsidenten Dr. Heinrich Köhler vom Zentrum. Köhler nannte es „die Pflicht einer jeden demokratischen Regierung, die Organisation des Reichsbanners Schwarz-Rot-Gold mit allen Kräften zu fördern.“ Konsequent betrachtete er es als „die erste und vornehmste Aufgabe“ der badischen Regierung, „die republikanische Verfassung mit allen ihr zu Gebote stehenden Mitteln zu schützen“[107].

Die Feier in Mannheim war verbunden mit der Einweihung des Denkmals für Dr. Ludwig Frank. Die Gedächtnisrede auf den 1914 gefallenen jüdischen sozialdemokratischen Reichstagsabgeordneten hielt der Chefredakteur des „Vorwärts“ Friedrich Stampfer, der Ludwig Frank zusammen mit „Lassalle, Bebel, Georg von Vollmar, Ebert und Scheidemann“ zur „glänzenden Ahnenreihe der deutschen Republik“[108] zählte.

Von Ludwigshafen aus breitete sich das Reichsbanner rasch in der Pfalz aus, vornehmlich in den sozialdemokratischen Hochburgen. Bald konnte man zahlreiche Ortsgruppen registrieren, die nicht allein bei den örtlichen Verfassungsfeiern präsent und aktiv waren. Das pfälzische Reichsbanner kooperierte eng mit dem benachbarten Baden, und es kam zu einem häufigen Redneraustausch. So sprachen von badischer Seite aus u.a. die Reichsbannerleute Ludwig Haas, Karl Helffenstein, Hermann Heimerich, Oskar Hofheinz, Hermann Hummel, Heinrich Köhler, Ludwig Marum, Adam Remmele, Johann Georg Schöpflin und Dr. Joseph Wirth auf pfälzischen Treffen. Von der Pfalz aus sah man vor allem Friedrich Wilhelm Wagner öfter im Badischen. Erinnert sei hier nur an seinen Auftritt auf der Reichsbannerkundgebung an den Pfingsttagen (4. bis 6. Juni) 1927 in Heidelberg, wo sich viel Reichsbannerprominenz einfand und wo man an diesen Tagen u.a. eine „Gedenktafel am Geburtshaus des ersten Reichspräsidenten" Friedrich Ebert „enthüllte". Bei dem „imposanten Aufmarsch" wirkten auch „zahlreiche Ortsgruppen aus der Rheinpfalz" mit. Auf einer der zahlreichen Ansprachen forderte Dr. Joseph Wirth dazu auf, „die Massen" noch stärker „unter den Farben von Schwarz-Rot-Gold zu sammeln" und „alles dafür zu tun", damit „die dem Werk von Weimar innerlich nahestehenden Parteien" mehr „an Boden gewinnen"[109].

Weit mehr als die vielfältigen lokalen Veranstaltungen vermochten gerade diese mit beträchtlichem Aufwand organisierten regionalen „Reichsbannertage", die Massen zu mobilisieren. Der erste offizielle pfälzische Reichsbannertag fand am 8./9. August 1925 auf dem Hambacher Schloß statt. In der zugleich als Verfassungsfeier inszenierten Großkundgebung, auf der u.a. der Reichskanzler a. D. Wilhelm Marx das Wort ergriff, fielen unter den Teilnehmern aus Baden, Hessen, der Pfalz und dem Saargebiet vor allem die Abordnungen der Städte Karlsruhe, Durlach, Heidelberg und Worms ins Auge[110].

Großen Zuspruch fanden sodann die Reichsbannertage in Ludwigshafen 1926 und 1929, in Kaiserslautern 1927, in Kirchheimbolanden 1929 sowie der „Südwestdeutsche Republikanertag" 1929 in Mannheim. Daneben gab es auf lokaler Ebene Jahr für Jahr Dutzende von Verfassungsfeiern, bei deren Vorbereitung und Durchführung das Reichsbanner eine Schlüsselrolle spielte. Diesen Gedenktagen maß man eine hohe „politische und identifikatorische Symbolkraft"[111] zu. Sie sollten das republikanische Bewußtsein schärfen, die Akzeptanz der Republik fördern, die demokratische Staatsform populär machen und so etwas wie einen Verfassungspatriotismus schaffen. Um den „republikanischen Gedanken in den Herzen der Massen mehr und mehr zu verankern"[112] und „im Volke lebendige Wurzeln schlagen zu lassen"[113], strebte man einen Verfassungstag an mit Volksfestcharakter. Dazu rechnete man Umzüge, Konzerte, sportliche Wettkämpfe, Tanz und Spiele für Kinder und Erwachsene. Auch der obligatorische Fackelzug durfte nicht fehlen, war er doch sehr erwünscht. Was nun den speziellen Modus der Veranstaltungen an diesem 11. August – im Gegensatz zu Baden war er in Bayern kein gesetzlicher Feiertag – anbetrifft, so muß man zwischen verschiedenen Spielarten unterscheiden. So gab es beispielsweise die offiziellen städtischen Feiern, bei denen Frankenthal, Ludwigshafen, Mannheim und Karlsruhe den Anfang machten. Sie waren überparteilich und von den drei republikfreundlichen Parteien SPD, DDP und Zentrum gemeinsam getragen. Ähnliches galt für die sogenannten Reichsbannerkundgebungen am Verfassungstag. Schließlich und endlich konnte es auch lediglich zu gesonderten Parteiveranstaltungen aus Anlaß des Jahrestags der Reichsverfassung von 1919 kommen. Letztere dienten häufig der eigenen Standortbestimmung, der parteipolitischen Profilierung, der Abgrenzung zum Gegner oder auch zur Wahlkampfagitation. Hier waren beispielsweise bei der SPD auch rote Fahnen ausdrücklich willkommen, während man sie bei den üblichen Reichsbannertreffen nur ganz vereinzelt zeigte.

Mitunter kam es durchaus vor, daß bestimmte Stadt- und Gemeindeverwaltungen auf Grund der jeweiligen parteipolitischen Ausrichtung es grundsätzlich ablehnten, offizielle Feiern anzusetzen oder Schwarz-Rot-Gold zu flaggen. Überdies wußten bisweilen die Verantwortlichen überhaupt nicht, wie sie es denn „mit der Verfassungsfeier halten" sollten. So geschah es 1929 in Kaiserslautern, wo der Oberbürgermeister „sogar in Pirmasens, Zweibrücken, Landau und Neustadt telefonisch anfragen" ließ, was man in diesen Städten zu unternehmen gedenke. Die SPD-Stadtratsfraktion nennt dies im Blick gerade auf den 10. Jahrestag der Reichsverfassung einen

Teilnehmerplakette an der Frankfurter Bundesverfassungsfeier des Reichsbanners Schwarz-Rot-Gold im Jahr 1928. (Vorlage: KreisA Rhein-Neckar-Kreis, Ladenburg)

„beschämenden Mißstand" und beklagt, daß man auch in den Schulen „das Weimarer Verfassungswerk"[114] nicht gebührend würdige.

Insgesamt fällt auf, daß die meisten Verfassungsfeiern sozialdemokratisches Gepräge aufwiesen mit lebhafter Beteiligung etwa der Arbeiter- und Sportvereine, der Arbeiterjugend, der Gewerkschaft, der Frauen und Kinder. Diese sozialdemokratische Dominanz – sie bestimmt ebenfalls den Chor der Pressestimmen – resultierte teilweise aus dem merklichen Niedergang der DDP (ab 1930 'Staatspartei') und den Erosionserscheinungen im liberalen bürgerlichen Lager. Hinzu kam, daß das Zentrum eine im Vergleich zur SPD und DDP eher zögerliche Haltung demonstrierte. Immerhin beteiligte sich die Zentrumspartei in der Endphase der Republik, in der weite Kreise des Bürgertums nach rechts drifteten, weiter an gemeinsamen Kundgebungen zum Verfassungstag. So z.B. 1931 in Frankenthal und Ludwigshafen. Als Festredner agierten der Reichstagsabgeordnete und Vorsitzende des pfälzischen Zentrums Hermann Hofmann[115] und der Chefredakteur der „Neuen Pfälzischen Landeszeitung" Dr. Albert Finck. Die Rede Fincks erhielt dabei ob ihres „warmherzigen und offenen Bekenntnisses zum Werk von Weimar und zur freien deutschen Republik"[116] auch den Beifall der sozialdemokratischen „Pfälzischen Post".

In jener Zeit der unverkennbaren Agonie des republikanischen Staatswesens meinte die der Deutschen Volkspartei (DVP) nahestehende „Pfälzische Rundschau" einmal etwas zynisch, Verfassungsfeiern hätten, wenn überhaupt, nur dann noch eine Berechtigung, wenn die Redner zugleich „mit aller Deutlichkeit ihren Charakter als Trauerfeier" betonten[117]. Mit einer solchen Sprache paßte sich das Blatt der NS-Rhetorik an[118]. Die „Pfälzische Rundschau" hielt es darüber hinaus für gänzlich unangebracht, sich „vor den Symbolen des deutschen Niedergangs" auch noch in aller Form zu „verbeugen". Ihrem Dafürhalten nach seien alle diese überflüssigen Veranstaltungen zum 11. August von Anfang an „zu dem ausdrücklichen Zweck aufgezogen worden, die Legalität des Novemberverbrechens zu feiern und die Republik populär zu machen"[119]. Erörtert man die Einstellung des politischen Katholizismus, so darf im übrigen die strikte Abstinenz der Bayerischen Volkspartei nicht vergessen werden. Sie wies nicht allein die Forderung, den 11. August festlich zu begehen, kategorisch ab, sie machte darüber hinaus wie die DVP starke Vorbehalte gegen die Verfassung überhaupt und gegen die „aus den Wirrnissen der sozialistischen Revolution hervorgegangene"[120] Republik von Weimar. Ähnlich wie die Parteien auf der Rechten oder die KPD vermochte sie sich zudem „nie und nimmer für die Reichsfarben Schwarz-Rot-Gold zu begeistern"[121]. Nicht von ungefähr polemisierte sie auch gegen das Republikanertreffen 1925 in Hambach und den dortigen Auftritt des Zentrumspolitikers und Reichskanzlers a. D. Wilhelm Marx. In der Hambacher Erinnerungsfeier sah sie sogar „ein großes Ärgernis für die katholische Pfalz"[122]. In der verbreiteten Aversion gegen Schwarz-Rot-Gold und im endlosen, von manchen 'Flaggenskandalen' begleiteten Flaggenstreit offenbarte sich in signifikanter Weise die innere Zerrissenheit der Republik. Dasselbe Phänomen ergab sich in der emotionsgeladenen und zeitweise erbittert geführten Kontroverse über das Thema Nationalfeiertag: Reichsgründungstag (18. Januar), Verfassungstag (11. August) oder gar Tag der Revolution vom 9. November 1918?

Für das Reichsbanner hatte das permanente, rückhaltlose „Bekenntnis" zu den „alten deutschen Fahnen"[123], dem „hehren Symbol des Ringens nach Einheit, Freiheit und Recht"[124], dem „Symbol der Republik, des Geistes der Freiheit, des Geistes von Weimar"[125] absoluten Vorrang und höchsten Stellenwert. Deshalb protestierte es beispielsweise auch gegen die Flaggenverordnung der Regierung Hans Luther vom 5. Mai 1926. Erwähnt sei hier nur die große Protestdemonstration „für die unversehrte Erhaltung der in der Weimarer Verfassung festgelegten Reichsflagge Schwarz-Rot-Gold" auf dem Marktplatz zu Mannheim am 8. Mai 1926[126]. Diese Fahne war ein wichtiges Medium der Identifikation mit der republikanischen Staatsform; sie ermöglichte es, in aller Öffentlichkeit der „Sympathie mit dem Staat zu Weimar" Ausdruck zu verleihen und persönliche „Gesinnung" zu dokumentieren,[127] nicht zuletzt auch gegenüber „den Verächtern der Republik"[128] sowie „den Gleichgültigen und Lauen"[129]. Letztere versuchte man damit „aus dem Schlafe zu rütteln"[130]; den Gegnern wiederum sollte dadurch Entschlossenheit und Kampfbereitschaft signalisiert werden. Auf diese Weise konnte jeder Einzelne seinen Beitrag dazu leisten, Solidarität zu bekunden und „die Fundamente dieser Republik" fest „zu verankern"[131].

Beharrlich und konsequent verlangte man von seiten des Reichsbanners und der sozialdemokratischen Presse, besonders am Verfassungstag ausgiebig zu flaggen und den verschiedenen Veranstaltungen möglichst in „geschlossener" Formation und durch „Massenbeteiligung"[132] einen eindrucksvollen äußeren Rahmen zu geben. Leider hatten diese eindringlichen Appelle bei weitem nicht immer den von der SPD gewünschten Erfolg, war man oft enttäuscht, weil die Beflaggung keineswegs den hochgesteckten Erwartungen entsprach und man nur selten in dem erhofften „Meer von schwarz-rot-goldenen Fahnen schwimmen konnte", wie sich die „Pfälzische Post" einmal vernehmen ließ[133].

Vor allem die mangelhafte Beflaggung in bürgerlichen Wohnvierteln oder der Geschäfts- und Privathäuser schuf Verdruß und Ärger. In diesem immer wieder monierten Fehlen des „Flaggenschmuckes"[134] glaubte man ein klares Symptom dafür zu erkennen, „daß die Begeisterung des deutschen Volkes für den republikanischen Volksstaat noch sehr begrenzt" sei[135]. In der Tat erreichten gerade die von der SPD und den Gewerkschaften emsig entfalteten Aktivitäten kaum die Bevölkerungskreise außerhalb des von der Arbeiterschaft dominierten Sozialmilieus.

Da die Sozialdemokraten der Beflaggung eine solche Bedeutung zumaßen, wachte ihre Presse scharf über die Einhaltung oder Nichtbeachtung des Gebots, und nach vielen Veranstaltungen wurde jeweils kritische Bilanz gezogen, das Verhalten der Bürger offen kommentiert. Besonders empfindlich reagierte man dabei auf eine beabsichtigte „Sabotierung“[136], „Boykottierung“[137] oder „Provokation“[138]. So empfand man es als offenkundige „Brüskierung“[139], wenn etwa öffentliche Gebäude wie Bezirksämter, Gerichte und Schulen keinen „Flaggenschmuck angelegt“ hatten oder lediglich „weiß-blaue Fahnen“[140] zeigten statt der erwünschten Reichsfarben. Empört war man auch, wenn beispielsweise „die Spitzen der städtischen Behörden“[141] oder „die Vertreter der Regierung der Pfalz“ trotz Einladung bei republikanischen Feiern „durch Abwesenheit glänzten“[142] oder einzelne Gemeinden den Verfassungstag rundweg mißachteten, weil sie sich anmaßten, „sich ohne weiteres über das hinwegsetzen zu können, was man der Achtung der deutschen Republik schuldig ist“[143]. Freilich gestand man sich auch ein, daß mit dem bloßen „Beflaggen“ es allein „nicht getan“ sei, wenn man nicht auch „mit dem Herzen dabei“[144] wäre.

Der prüfende Blick der SPD hielt aber nicht nur fest, ob in der „Kreishauptstadt“ in „der Nähe der bayerischen Regierungsfiliale“ in Speyer z.B. auch das Bischöfliche Palais, das Humanistische Gymnasium, das Historische Museum oder der Protestantische Landeskirchenrat es „für nötig gefunden“ haben zu flaggen oder ob in Ludwigshafen auch die „höheren Beamten der Reichsbahn und Reichspost“ bei der Verfassungsfeier präsent waren[145]. Derselben kritischen Aufmerksamkeit erfreute sich „die Geschäftswelt“[146] in den Städten. Hier wurde mitunter regelrecht notiert, wer geflaggt hatte und wer nicht. Man scheute sich nicht, Namen zu nennen, und kündigte z.B. an, daß man in Zukunft diejenigen, die „schwarz-weiß-rot“ flaggten, „etwas näher unter die Lupe nehmen“[147] wolle. Auch versicherte man, sich „alle diese Geschäfte zu merken“[148] und verwies auf mögliche unangenehme „Folgen“ für ein derartiges als provozierend empfundenes „Verhalten“[149].

Ein Ärgernis waren auch schmutzige, sich in einem schäbigen Zustand befindende Fahnen oder ihre betont nachlässige Präsentation an oder auf „staatlichen Gebäuden und Betrieben“[150]. Darin erblickte man so etwas wie eine Beeinträchtigung „der Würde der Stadt“[151] oder des in Frage kommenden Ortes. Lag ein derartiger Fall vor, empfahl man nicht ohne sarkastischen Unterton die umgehende Anschaffung neuer bzw. das Hissen „sauberer“ Fahnentücher[152]. Derlei Mißstände schienen die überzeugten Republikaner fast mehr zu reizen und zu kränken als die obligatorischen Störmanöver der Kommunisten oder „das Rowdytum der Nazipartei“[153] bzw. „der Hitlerleute“[154], die in ihrer aggressiven und „wilden Agitation“[155] die Symbole der Republik fortwährend diffamierten und den Verfassungsstaat schmähten.

Auch für die Festumzüge und politischen Demonstrationen galten strenge Maßstäbe, wünschten sich die Parteiorgane eine noch stärkere Beteiligung und größeren „Bekennermut“[156] seitens der Gesinnungsfreunde, und gelegentlich blickte man in der Pfalz ein wenig neidisch auf das badische Nachbarland, in dem man ein weit lebhafteres Engagement am Verfassungstage und einen höheren Grad an Identifikation mit Schwarz-Rot-Gold zu erkennen glaubte als links des Rheins[157]. Ein noch beherzteres Eintreten für die Republik hielt man gerade in einem Umfeld für dringend geboten, das eher von Ignoranz bestimmt war und wo es vorkommen konnte, daß z.B. „die Spießer aller Schattierungen“ am Straßenrand, anstatt Beifall zu spenden und Solidarität zu bekunden, „den großen Demonstrationszug mit hohlen Augen und nichtssagenden Gesichtern verfolgten“, wie ein Beobachter in Kaiserslautern einmal enttäuscht registrierte[158].

Insgesamt bleibt bei der Lektüre der zeitgenössischen Presseberichte über die pfälzischen Verfassungsfeiern, die ja auch stets ein Spiegelbild der gerade herrschenden Stimmung sowie der inneren Befindlichkeit der Republik darstellen, ein zwiespältiger Eindruck. Auch wenn manche Veranstaltungen „glänzend besucht“ waren und einen „überaus befriedigenden Verlauf“ nahmen[159] und die Augenzeugen zu der Überzeugung kamen, die Republik „schlage immer mehr Wurzeln“[160] und „die Zahl der Republikaner“ werde „von Jahr zu Jahr größer“[161], ließen sich Skepsis und Unsicherheit nicht verdrängen, zumal es immer wieder Dämpfer und Rückschläge gab. So kann von einem breiten, stabilen republikanischen Bewußtsein kaum die Rede sein. Den stärksten Widerhall fand der Verfassungstag wohl im Raum Frankenthal-Mannheim-Ludwigshafen, wobei der Anklang im typisch sozialdemokratischen Umfeld am nachhaltigsten war. Nicht ohne eine gewisse Berechtigung glaubte man daher noch im Sommer 1932 in Ludwigshafen, daß namentlich „die unter sozialistischer Führung stehende republikanische Bevölkerung“ in ihrer „Treue zur Republik“ nicht „wanken“, nicht „kleinmütig“[162] werde, ja auch dem wachsenden Terror der „Nazibanditen mutig“ widerstehen[163] könne.

Was nun die unmittelbare Erinnerung an die Revolution von 1848/49 und die Paulskirche während der Verfassungstage und Reichsbannertreffen betrifft, so wurde sie fraglos im symbolträchtigen schwarz-rot-goldenen Fahnenkult am augenfälligsten. Ein besonderer Nimbus war hier den noch erhaltenen Originalfahnen von 1848/49 eigen, die bei bestimmten Gedenkfeiern und Umzügen gezeigt bzw. mitgeführt wurden.

Die gleiche Hochschätzung genoß „die alte, ehrwürdige schwarz-rot-goldene Fahne vom Hambacher Fest“[164], jenem „wichtigsten Vorspiel“[165] oder „Vorsignal von 1848“[166]. Dieses kostbare, vom Neustadter Reichsbanner sorgsam gehütete Original hing auch einmal bei einer Verfassungsfeier im Berliner Reichstag, und zwar an markanter Stelle „im Sitzungssaal“, wo es direkt „über dem Präsidentenplatz als besondere Zierde des Saalschmuckes“ diente[167].

Das war im Jahr 1930. Auf diesem Staatsakt sprachen im Beisein des Reichspräsidenten Paul von Hindenburg der Reichskanzler Heinrich Brüning und der Reichsinnenminister Joseph Wirth. Anspielungen auf Hambach, „die Wiege der deutschen Freiheitsbewegung“[168], sowie auf 1848/49 fanden sich weiterhin in einer Vielzahl von Reden und Aufsätzen in der Tagespresse. Dabei kamen an den Verfassungstagen in den sozialdemokratischen und linksliberalen Blättern eine ganze Anzahl namhafter Autoren zu Wort. So veröffentlichten z.B. die „Pfälzische Freie Presse“, die „Pfälzische Post“ und die „Pfälzische Volkszeitung“ zwischen 1922 und 1932 einschlägige Beiträge u.a. von Max Adler, Gertrud Bäumer, Anna und Wilhelm Blos, Otto Braun, Adolf Damaschke, Eduard David, Berthold von Deimling, Anton Erkelenz, Walter Goetz, Ludwig Haas, Willy Hellpach, Elly Heuss-Knapp, Theodor Heuss, Wilhelm Hoegner, Ricarda Huch, Erich Koch-Weser, Paul Levi, Paul Löbe, Marie Luise Lüders, Heinrich Mann, Carlo Mierendorff, Wilhelm Mommsen, Friedrich Payer, Ludwig Quidde, Karl Renner, Philipp Scheidemann, Karl Severing, Friedrich Stampfer, Heinrich Ströbel und Hermann Wendel. Einige von ihnen, wie z.B. Gertrud Bäumer, Berthold von Deimling, Ludwig Haas, Willy Hellpach, Theodor Heuss, Wilhelm Hoegner, Erich Koch, Carlo Mierendorff, Karl Severing oder Friedrich Stampfer erlebte man auch als Redner auf republikanischen Kundgebungen oder Wahlveranstaltungen hierzulande.

Außer im rein publizistischen Sektor suchte man auch in Festzügen gelegentlich den direkten Bezug zur Revolution von 1848/49. So präsentierte sich 1927 auf der Ludwigshafener Verfassungsfeier „eine Abteilung des Jungbanners in der historischen Tracht der Bürgerwehr von 1848“[169] den Zuschauern. Auch bemühten sich einige Ortsmuseen zu veranschaulichen, in welchem Maß „eine gerade Linie geistiger Gemeinschaft“ von der Gegenwart aus „zurückführt zur Paulskirche und zum Hambacher Fest“[170]. Gern nutzte man dabei aktuelle Anlässe, um wertvolle Erinnerungsstükke und Archivalien zu dokumentieren. Solches geschah auch im Zusammenhang des 3. Pfälzer Republikanertags am 9. und 10. Juli 1927 in Kaiserslautern, der unter dem Motto stand: „Im Zeichen von Schwarz-Rot-Gold“[171] und zu dem das Stadtmuseum eine historische Ausstellung beisteuerte. Am Tag des Republikanertreffens brachte die „Pfälzische Volkszeitung“ unter der Überschrift „Das Kaiserslauterer Revolutionszimmer“ ein Feuilleton mit einer detaillierten Beschreibung jenes Ausstellungsraums, der sich ausführlich mit der bürgerlichen „Freiheitsbewegung von 1832 und 1848/49“ beschäftigte[172]. Einheimische Leser wie auch auswärtige Besucher des Republikanertags wurden dadurch zu einem Rundgang ermuntert. Bereits 1926 hatte Theodor Zink, der Museumsleiter, auf die im Ausbau befindliche Revolutionssammlung aufmerksam gemacht und Interesse bekundet an allen wichtigen „Zeugnissen“, die sich möglicherweise noch „in den Häusern“ der Einwohner „finden dürften“[173]. Mit dem pathetisch anmutenden Aufruf: „Bürger heraus! Ehret die alten Freiheitskämpfer!"[174] forderte er dazu auf, eventuell noch in Privatbesitz verbliebene Originaldokumente zur Verfügung zu stellen und somit der interessierten „Öffentlichkeit sichtbar zu machen"[175]. Das Museum wollte insbesondere den Bestand an Porträts alter Achtundvierziger erweitern, um „das Zeitbild jener Jahre" noch facettenreicher zu gestalten.[176] Theodor Zink befaßte sich im übrigen nebenbei mit der „pfälzischen Zeitungswelt" und dem „Freiheitskampf" der Regionalpresse in der ersten Hälfte des 19. Jahrhunderts. Zu diesem Thema hat er sich auch auf dem ersten und zweiten pfälzischen Pressefest 1925 und 1929 geäußert. In einem dieser Aufsätze untersucht er u.a. die Lesegewohnheiten seiner Landsleute zur Zeit der badisch-pfälzischen Erhebung, die, wie er ausdrücklich betont, damals „nicht nur bei den Führern von hoher Begeisterung getragen war". Er vergißt hier nicht zu erwähnen, daß auch sein Großvater in jenen „bewegten Frühlingstagen 1849" mit Vorliebe aus seinem „Leibblatt", dem revolutionären „Kaiserslauterer Boten für Stadt und Land" vorgelesen" habe; dafür sei er dann „später ins Gefängnis gewandert, als man über jeden Lehrer und Pfarrer Erhebungen anstellen ließ"[177].

„Sonderausstellungen" zur Revolutionsära hatte auch das Jubiläumsjahr 1929 in Ludwigshafen und Mannheim zu verzeichnen. In Ludwigshafen konnte man im Juni/Juli im Ebertpark eine „Heimatausstellung" sehen zum Thema „Die pfälzische Freiheitsbewegung von 1849"[178]. Die

Plakat zum Südwestdeutschen Republikanertag am 31. August/ 1. September 1929 in Mannheim (Vorlage: StadtA Mannheim)

Teilnehmerplakette mit Hecker-Portrait am Südwestdeutschen Republikanertag Mannheim 1929 (Vorlage: KreisA Rhein-Neckar-Kreis, Ladenburg)

„reichlich Anschauungsstoff" bietenden Exponate stammten aus der stadt- und bezirksgeschichtlichen Sammlung Ludwigshafens; manches davon war erst kurz zuvor „käuflich erworben worden"[179]. Die „Pfälzische Post" machte in ihrem Unterhaltungsteil „Bei uns daheim – Aus Vergangenheit und Gegenwart der Pfalz" wiederholt auf dieses Projekt aufmerksam. Parallel dazu veröffentlichte sie in dieser Beilage einige lesenswerte historische „Abhandlungen" zum Gegenstand des aktuellen Interesses.[180] Zu den Autoren, die sich dem Revolutionsthema zuwandten, gehörten der junge Student der Geschichte und Germanistik Kurt Baumann, der bekannte Zweibrücker Historiker und Volkskundler Albert Becker, der sozialdemokratische Diplomhandelslehrer Ludwig Andreas Bayer aus Ludwigshafen sowie der heimatgeschichtlich engagierte Bezirksschulrat und Leiter des Ludwigshafener Heimatmuseums Karl Kleeberger. Von den Publikationen können die Studien von Baumann und Bayer als wichtige Beiträge zur pfälzischen Revolutionshistoriographie gelten. Zusammen mit seinem Essay über Friedrich Schüler in der Serie „Zur Geschichte der Jahre 1832 und 1848/49" in den „Westpfälzischen Geschichtsblättern"[181] hat namentlich Baumann damit beachtliche Einzeluntersuchungen zu einer differenzierten „Charakteristik der pfälzischen Revolution"[182] und ihrer Wortführer geliefert. Zu Recht setzt er sich in ihnen kritisch mit der pfälzischen Geschichtsforschung auseinander, der er mangelnde „Zeit- und Gegenwartsbezogenheit", eine „wesentlich konservierende Tendenz"[183] und eine viel zu geringe Beschäftigung mit dem 19. Jahrhundert vorwarf.

Der heute weitgehend vergessene Andreas Bayer überraschte mit einer fundierten, materialreichen Arbeit über „Kirchheimbolanden in der Sturm- und Drangperiode der Pfalz 1848/49"[184]. Für den Verfasser, der auch Vorträge zu diesem Sujet beisteuerte, wurde mit der Gründung der Weimarer Republik nach Jahrzehnten endlich das „erreicht", was die Freischärler einst „gewollt"[185]. Die „Pfälzische Post" spendete dem jungen Historiker Anerkennung und nannte seinen Namen in einem Atemzuge mit denjenigen von Wilhelm Blos und Hermann Wendel[186]. Wendel wiederum gedachte einige Jahre später (1932) der 50. Wiederkehr des Todes von Gottfried Kinkel, zitierte in diesem Zusammenhang auch aus der 1930/31 erschienenen zweibändigen Revolutionsgeschichte „des guten Kenners des demokratischen Deutschlands"[187] Veit Valentin, dessen Veröffentlichungen besonders bei den Liberalen und Sozialdemokraten begrüßt wurden.

Die bereits genannte Mannheimer Ausstellung wurde anläßlich des Südwestdeutschen Republikanertags am 31. August und 1. September 1929 eröffnet. Die Begrüßungsansprache im Schloßmuseum hielt Oberbürgermeister Hermann Heimerich. Der bekannte Kommunalpolitiker betonte u.a., daß man mit der Ausstellung auch den Zweck verfolge, „der jüngeren Generation die Wurzeln der heutigen Staatsverfassung aufzuzeigen"[188]. Auch der Festredner, der Museumsdirektor Professor Dr. Friedrich Walter, hob besonders „den inneren Zusammenhang" zwischen „dem Werk von Weimar und der ersten Reichsverfassung von Frankfurt im Jahre 1849"[189] hervor. Nach einer Schilderung „der Entwicklung der politischen Kämpfe vor 80 Jahren", kam er zu dem Fazit, daß die „deutsche Revolution von 1848/49" zwar „vorzugsweise, aber nicht ausschließlich eine Bürgerrevolution gewesen" sei, sondern daß sich „in jener Zeit bereits der erste Anfang der deutschen Arbeiterbewegung bemerkbar gemacht" habe[190]. Bei dem Festakt zur Eröffnung im Rittersaal des Schlosses waren u.a. auch der badische Innenminister Remmele, der Bundespräsident des Reichsbanners Hörsing und der frühere badische Staatspräsident Professor Willy Hellpach zugegen. Die als „sehenswerte politische Schau alter Dokumente" beschriebene „Gedächtnisausstellung"[191] war mehrere Wochen zu besichtigen. Das von Tausenden von „Reichsbannerkameraden" besuchte Fest in den Straßen Mannheims, auf dem die Reichsbannerführung wie erwartet heftig mit allen „Reaktionären" und „Hetzern von rechts und links abrechnete"[192], wurde zu einem wahren „Massenmeeting", zu einer „gewaltigen Demonstration", die ihre „Wirkung" auf die Beteiligten nicht verfehlte[193].

Zum Zeremoniell gehörte selbstverständlich auch, daß man der Gefallenen des Weltkriegs gedachte und am 1849er „Totenmal" Kränze niederlegte.

Weitere Höhepunkte in den Jubiläumsjahren 1928 und 1929, in denen man sich wiederholt zusammenfand, um die „kostbaren Erinnerungen"[194] an 1848/49 zu pflegen, „an denen sich selbst heute noch das politische Handeln orientieren könnte"[195], bescherten die vom Reichsbanner gestaltete „Gedächtnisfeier zu Ehren der Märzgefallenen" am 18. März 1928 in Ludwigshafen sowie der Republikanertag am 16. Juni 1929 in Kirchheimbolanden. In Ludwigshafen unterstrich das Mitglied des Reichsausschusses des Reichsbanners, der sozialdemokratische Reichstagsabgeordnete

Aufmarsch von Reichsbannerformationen zum Mannheimer Republikanertag 1929 (Vorlage: StadtA Mannheim)

Johann Vogel aus Berlin, erneut, daß „das Andenken" an die Revolution von 1848/49 „fest in den Herzen der deutschen Arbeiter verankert" sei; dies um so mehr, als die „Nachfahren der 1848/49er Revolutionäre" d.h. „das heutige Bürgertum", in seiner Mehrheit „davon nichts wissen wollte"[196].

Bereits am Tag zuvor hatte Carlo Mierendorff in einem Sonderblatt der „Pfälzischen Post" zum Revolutionsgeschehen dargelegt, wie sehr sich gerade das Proletariat „der revolutionären Tradition von anno 1848" verpflichtet fühle. Nach der Auffassung Mierendorffs gäbe es „ohne die Märzrevolution nicht den Boden, auf welchem die deutsche Sozialdemokratie" heute „stehe und kämpfe"[197]. Damit variierte Mierendorff die bekannte sozialdemokratische These, nach der „die Toten des 18. März" die Vorläufer der Revolution von 1918" bzw. des kämpfenden „Proletariats" gewesen seien, das die 1848/49 noch gescheiterte „Demokratie" schließlich doch „durchgesetzt" habe[198].

Der Republikanertag in Kirchheimbolanden entwickelte sich „zu einer großen Kundgebung für Demokratie und Reichseinheit"[199]. Zu ihm waren die „Kameraden des Reichsbanners aus allen Teilen der Pfalz, aus dem Saargebiet und aus Hessen in hellen Scharen herbeigeeilt"[200]. Die Angaben über die Zahl der Teilnehmer, von denen sich nicht wenige fühlten, als stünden sie gewissermaßen „auf den Schultern der Freischärler von 1848/49"[201], schwanken zwischen 5.000 und 10.000. Die Stadt zeigte sich zur „80. Wiederkehr" des Todes der Reichsverfassungskämpfer von 1849 im „reichen Flaggenschmuck"[202]. Dies sollte auch zum Ausdruck bringen, wie sehr an diesem Ort „die Tradition von 1848/49 hochgehalten"[203] wurde und wie wenig man sich andererseits von ein paar Hakenkreuzschmierereien in einigen Straßen beeindrucken ließ.

Von den drei sozialdemokratischen Rednern Friedrich Ackermann, Richard Hammer und Friedrich Wilhelm Wagner würdigte der aus der Pfalz stammende Nürnberger Bürgermeister Ackermann die historischen Ereignisse. Hierbei kam es ihm vor allem darauf an, seinen Zuhörern zu verdeutlichen, daß „kein Staat" auf die Dauer „leben" und gedeihen könne, „wenn ihm nicht bestimmte Symbole vorausgingen". Diese Symbole müßten jedoch auch „in den Herzen der großen Masse des Volkes fest verankert" sein. In diesem Zusammenhang führte er den Nachweis, „daß die heute bestehende Republik" – ganz „im Gegensatz zu den Behauptungen ihrer Gegner" – sehr wohl auf fundierte demokratische Traditionen zurückgreifen könne. Die Meinung, die Weimarer Republik sei „ohne jede Vergangenheit" und sozusagen künstlich „gemacht"[204], nannte er grundfalsch. Dies „beweise beispielsweise auch Kirchheimbolanden". Nach Ackermann war es auch selbstverständlich, daß „jede Familie in der Pfalz, in der ein demokratischer Geist" herrsche, ihre „Kinder im Geiste von 1848/49" erziehe. Genau wie alle „an dieser historischen Stätte Zusammengekommenen" gelobte auch er unverbrüchliche „Treue zur Republik" und zur „sogenannten Weimarer Verfassung"[205].

Richard Hammer wiederholte noch einmal, daß das, „wofür die Freiheitskämpfer vor 80 Jahren ihr Blut vergossen" hätten, durch „die Revolution von 1918" verwirklicht sei. Freilich appellierte er an alle, dafür zu kämpfen, damit „diese demokratische Republik" noch mit mehr „sozialem Geist erfüllt" werde. Angesichts der wachsenden demokratiefeindlichen Stimmung riet er zu erhöhter Wachsamkeit. Dabei verwies er auch auf das „provozierende Auftreten der Nationalsozialisten"[206] in der Nordpfalz. Wie berechtigt diese aktuelle Warnung war, belegen nicht zuletzt die Vorfälle auf der einige Wochen danach in der „Hitlerhochburg Pirmasens"[207] abgehaltenen Verfassungsfeier. Dort versuchten ein paar Dutzend „Hitlerleute" u.a. den Fackelzug der Republikaner „zu sprengen" und die Feier durch „Absingen nationalistischer Lieder" massiv zu stören. Gleichzeitig wurden an verschiedenen Gebäuden der Stadt „schwarz-rot-goldene Fahnen heruntergerissen"[208].

Die „schwere Notzeit", die dann ab 1930 „über Deutschland lagerte"[209], überschattete begreiflicherweise auch die Verfassungstage und wirkte bisweilen etwas „lähmend"[210] auf so manche Veranstaltung. Im Anblick „des Riesengespenstes der Arbeitslosigkeit"[211] und der sich häufenden Notverordnungen, die von der bayerischen Regierung ab 1931 auch gegen die „Eiserne Front" angewandt wurden, war vielen im Lande „nicht gerade zum Feiern" zumute[212]. Gleichwohl gedachte man 1931 und 1932 vielerorts eindrucksvoll des Verfassungstages, den die Sozialdemokra-

Städtische

Verfassungs-Feier

Donnerstag, den 11. August 1932, 20[00] Uhr im Musensaal des Rosengartens

Mitwirkende:

Opernsänger Wilhelm Trieloff, Nationaltheater Mannheim (Bariton)

Kirchenmusikdirektor Arno Landmann, Mannheim (Orgel und Cembalo)

Das Philharm. Orchester Mannheim, Leitung: Kapellmeister Ludwig Becker

Vortragsfolge:

Grave - allegro - adagio - pomposo aus dem Concerto grosso Nr. 25 . . . . Gg. F. Händel

„Die Ehre Gottes aus der Natur" . L. van Beethoven

„Heimweh" . . . . Hugo Wolf

EGMONT-Ouverture . . . . L. van Beethoven

Ansprache:

Dr. Franz Schnabel, Professor an der Technischen Hochschule Karlsruhe

Deutschland-Lied (allgemeiner Gesang)

Die Mannheimer Bevölkerung wird zur Teilnahme an der Feier eingeladen. Eintritts-, Einlaß- und Garderobegebühren werden nicht erhoben. Garderobezwang besteht nur für Stöcke und Schirme

Am 11. August werden die städtischen Gebäude beflaggt; ich bitte die Einwohnerschaft, auch die Privatgebäude in den verfassungsmäßigen Farben zu beflaggen

Mannheim, den 3. August 1932

Der Oberbürgermeister: Dr. Heimerich

Einladung zu der von der Mannheimer Stadtverwaltung organisierten Verfassungsfeier am 11. August 1932. (Neue Mannheimer Zeitung Nr. 366 vom 9. August 1932, Vorlage: StadtA Mannheim)

ten so gern als Nationalfeiertag gesehen hätten. Auch nutzten die Republikfreunde die „Hundertjahrfeier des Hambacher Festes"[213] 1932 aus naheliegenden Gründen insbesondere zum „Bekenntnis zur Freiheit der Meinungsäußerung"[214]. Unter den prominenten Rednern sah man u.a. den „tapferen Demokraten"[215] Theodor Heuss, der zwei Jahre zuvor auf der Verfassungsfeier im Musensaal des Mannheimer Rosengartens die viel beachtete „Festrede"[216] gehalten hatte.

Überblickt man die Zeit vor der NS-Machtergreifung, so läßt sich feststellen, daß sich die Republikaner durch den zunehmenden „faschistischen Terror"[217] keineswegs einschüchtern oder „mutlos machen"[218] ließen, und dies nicht nur „im roten Ludwigshafen"[219]. Konfrontiert mit dem „Aufmarsch der Hakenkreuzler"[220] und einer drohenden „bolschewistischen" oder „nationalsozialistischen Diktatur"[221] bekundete man „Treue und Kampfbereitschaft", Zivilcourage und den Willen, die „Abwehrfront" gegen die Feinde der Republik zu halten, zu verstärken"[222] und auf keinen Fall „kleinmütig zu werden"[223].

Obgleich spürbar in die Defensive gedrängt, erneuerten Reichsbanner wie Eiserne Front bis in den März 1933 hinein das „Treuebekenntnis" zur Republik[224] bzw. „das Gelöbnis zum Schutze des Weimarer Werkes"[225] und damit zu jener Verfassung, die der Karlsruher Historiker Franz Schnabel auf dem Mannheimer Verfassungstag 1932 in seiner Rede als „das letzte Bollwerk von Recht und Freiheit"[226] bezeichnete. Zu dieser Zeit hatten die Nationalsozialisten auch in Baden längst Tritt gefaßt, galt insbesondere Heidelberg bereits als „naziverseucht"[227] und war seine Universität auf dem besten Wege, sich zu einer „Stätte der Unkultur zu entwickeln"[228].

Diejenigen aus dem Umkreis des Reichsbanners, die hierzulande an exponierter Stelle vor der „Hakenkreuzpest“[229] und dem fatalen „Weg ins Dritte Reich“[230] gewarnt hatten, waren nach der Errichtung der NS-Diktatur vielfältigen Repressalien ausgesetzt, und ein großer Teil von ihnen konnte sich nur durch die Flucht, die Emigration vor der Verfolgung retten.

Nach dem Ende der NS-Herrschaft haben viele von ihnen dann tatkräftig mitgewirkt am demokratischen Neubeginn und Wiederaufbau. Stellvertretend für sie alle sollen hier nur die drei aus unterschiedlichen Parteien kommenden Politiker Dr. Albert Finck, Dr. Theodor Heuss und Friedrich Wilhelm Wagner erwähnt werden. Finck war nach 1945 einer der Mitbegründer der pfälzischen CDU und Kultusminister von Rheinland-Pfalz (1951 – 1956); Theodor Heuss bekleidete von 1949 – 1959 das Amt des Bundespräsidenten, und Friedrich Wilhelm Wagner wurde 1961 Vizepräsident des Bundesverfassungsgerichts. Die drei Genannten wirkten auch im Parlamentarischen Rat mit bei der Ausarbeitung des Grundgesetzes, das sich nicht zuletzt mit der demonstrativen Hervorhebung der Grundrechte den besten Traditionen der Paulskirche verpflichtet weiß.

Anmerkungen

1 Müller (1906), S. 19.
2 Rohe (1966), S. 229.
3 Schadt (1977), S. 170 – 173; Lurz (1982), S. 110 – 136 und Schneider (1984), S. 118ff.
4 Kölnische Volkszeitung vom 31. Mai 1872.
5 Pfälzische Presse, Kaiserslautern, vom 14. Juni 1879. Vgl. dazu auch Schneider (1982), S. 210f. und (1993), S. 366f. und S. 372. Die Nationalliberalen warfen den Demokraten vor, allzu sehr „auf dem Standpunkt der prinzipiellen Opposition zu beharren" (Pfälzische Presse vom 14. Juni 1879).
6 Rohe (1966), S. 229f. und Pfälzische Volkszeitung, Kaiserslautern, vom 28. März 1881.
7 Rohe (1966), S. 229.
8 Blos (1902), Vorwort S. 1.
9 Ebd.
10 Paul (1993), S. 32f. und S. 203 (Anm. 55).
11 Witter (1872), S 392f.
12 Ebd., S. 390ff.; Neustadter Zeitung vom 8. Juli 1873 und Hecker 1872.
13 Pfälzische Volkszeitung vom 28. März, 23. und 25. April 1881.
14 Ebd. vom 25. April 1881. Zu Professor Daniel Krebs (1827 – 1901) vgl. Schadt (1977), S. 77f.
15 Volkszeitung vom 11. Juli 1883.
16 Klein (1982), S. 107. Zu Kinkels Neustadter Vortrag siehe Neustadter Zeitung vom 17. , 20. und 22. Okt. 1874.
17 Volkszeitung vom 17. Nov. 1882; Neustadter Zeitung vom 20. Okt. 1874 und Pfälzische Freie Presse, Kaiserslautern, vom 21. Nov. 1932. Die Pfälzische Freie Presse vom 17. Nov. 1932 bezeichnet ihn als „geliebten Vorkämpfer der Menschenrechte".
18 Volkszeitung vom 17. Nov. 1882. Dazu auch Hilgard-Villard (1906), S. 71. Noch 1930 erinnerte man sich in Rothselberg bei Wolfstein an eine Rede Kinkels im Juni 1849 während einer „großen Volksversammlung auf dem sogenannten Strieth zwischen Rothselberg und Jettenbach" (vgl. Pfälzische Freie Presse vom 8. März 1930). Zu Kinkels damaliger Mission in der Pfalz siehe auch Schneider (1984/85).
19 Volkszeitung vom 17. Nov. 1882 und 2. Mai 1906 sowie Pfälzische Post, Ludwigshafen, vom 25. Mai 1906.
20 Neustadter Zeitung vom 13. Okt. 1870, Zeitbilder (Sonntagsbeilage zur Pfälzischen Presse) vom 18. März 1899 sowie Volkszeitung vom 22. März 1899 und vom 15. Mai 1905.
21 Pfälzische Presse vom 1. Mai 1888.
22 Schreibmüller (1916), S. 45.
23 Bamberger (1849).
24 Engels (1954), S. 508 – 524.
25 Becker (1908), S. 103ff.
26 NDB 2 (1971), S. 324.
27 Blum (1878), S. 338f.
28 Baumann (1932) und Becker (1908).
29 Baumann (1932).
30 Ebd. Zur Pfalzreise Robert Blums siehe Schneider (1988), S. 151 – 174.
31 Baumann (1932).
32 Becker (1926), S. 76. Dazu weiter Becker (1929), S. 20, Becker (1858), S. 507 sowie Blum (1878), S. 339. Albert Becker spricht von Robert Blum als einem „Symbol des deutschen Republikanismus seiner Zeit".
33 Ebd. und Schreibmüller (1916), S. 44.
34 Frankfurter Zeitung vom 13. Sept. 1874.
35 Ebd. vom 14. Sept. 1874. Der Ausdruck „Blutzeuge" begegnet u.a. auch in der Volkszeitung vom 24. Aug. 1893.
36 Die Gartenlaube, 1874, S. 362.

37 Hettling (1994), S. 176f.
38 Die Gartenlaube, 1872, S. 612.
39 Schneider (1993), S. 366, Volkszeitung vom 18. Juni 1872 sowie Pfälzische Post vom 14. und 28. Juni 1909 (Beitrag von Paul Stumpf).
40 Ebd. Der Ausdruck „Märtyrerstein" findet sich auch in der Gartenlaube, 1874, S. 360.
41 Pfälzische Post vom 14. und 28. Juni 1909.
42 Volkszeitung vom 18. Juni 1872. Zur Enthüllungsfeier veröffentlichte die Gartenlaube auf S. 609 auch eine Abbildung des Denkmals.
43 Pfälzische Post vom 28. Juni 1909.
44 Ebd.
45 Volkszeitung vom 12. Juni 1899 und Schneider (1993), S. 355ff.
46 Volkszeitung vom 18. Juni 1872.
47 Ebd. vom 12. Juni 1899 und Schneider (1993), S. 368.
48 Schneider (1993), S. 368f.
49 Ebd.
50 Ebd., S. 366f.
51 Volkszeitung vom 12. Juni 1899.
52 Kaiserslauterer Zeitung vom 20. Juni 1874 („an diesem Heiligtum").
53 Pfälzische Post vom 15. Juni 1929 und Der Pfälzer in Amerika vom 6. Juli 1889.
54 Der Ruf: „Auf nach Kirchheimbolanden!"(Volkszeitung vom 31. Mai und 8. Juni 1899) war in den folgenden Jahrzehnten häufig zu hören. Zum Problem des politischen Gedächtniskults vgl. Koselleck/Jeismann (1994).
55 Die Gartenlaube, 1874, S. 359 (mit Abbildung).
56 Frankfurter Zeitung vom 14. Sept. 1874.
57 Ebd. sowie Volksstaat, Leipzig, vom 18. Sept. 1874 und Neustadter Zeitung vom 16. Sept. 1874.
58 Vgl. dazu das Gedicht: „Ein poetisches Wort bei der Enthüllung des Monuments für die 1849 standrechtlich erschossenen Patrioten. Gewidmet von Freunden, Mannheim am 16. August 1874" bei Schadt (1977), vor S. 49 (Faksimile).
59 Frankfurter Zeitung vom 13., 14. und 15. Sept. 1874.
60 Ebd. und Hörth (1874).
61 Schadt (1977), S. 163.
62 Ebd., S. 164 und S. 172f.
63 Ebd. Dazu auch Pfälzische Post vom 21. und 22. Aug. 1899.
64 Pfälzer Zeitung, Speyer (1975), vom 23. Aug. 1899.
65 Vorwärts, Berlin, vom 21. Okt. 1894 und Geschichte der Sozialdemokratischen Partei (1975), S. 15f.
66 Pfälzer Zeitung vom 23. Aug. 1899.
67 Volkszeitung vom 21. Aug. 1899.
68 Pfälzer Zeitung vom 24. Juli 1899.
69 Volkszeitung vom 25. und 26. April 1898 und vom 20. März 1899.
70 Pfälzische Presse vom 8. Nov. 1898.
71 Neue-Bürger-Zeitung, Neustadt, vom 19. Juni 1899.
72 Pfälzische Post vom 4. Sept. 1899.
73 Neustadter Zeitung vom 22. März 1898. Der Ausdruck „tolles Jahr" ist vor allem in der konservativen und nationalliberalen Presse häufiger anzutreffen. Vgl. dazu auch die Pfälzer Zeitung vom 24. Juli 1899 und den Pfälzischen Kurier, Neustadt, vom 10. Juni 1899.
74 Pfälzische Presse vom 12. Juni 1899.
75 Pfälzische Post vom 22. Aug. 1899.
76 Ebd. vom 19. Aug. 1899.
77 Ebd. vom 22. Aug. 1899.
78 Ebd. vom 19. Aug. 1899.
79 Volkszeitung vom 25. April 1898.
80 Ebd. vom 12. Juni 1899.

81 Ebd. vom 16. Juni 1909 und Pfälzischer Kurier vom 10. Juni 1899.
82 Ebd.
83 Die Gartenlaube, 1872, S. 612.
84 Kaiserslauterer Zeitung vom 4. Sept. 1880.
85 Volkszeitung vom 12. Juni 1899.
86 Ebd. vom 12. Juni 1909.
87 Ebd. vom 16. Juni 1909.
88 Ebd. Vgl. dazu auch Pfälzische Post vom 5. und 8. März 1908 und 18. März 1909.
89 Volkszeitung vom 16. Juni 1909, wo es u.a. auch heißt: „Statt der Herrschaft des Volkes stehen wir im Innern im Zeichen des Absolutismus".
90 Volkszeitung vom 12. Juni 1899 und 16. Juni 1909 („Der deutsche Reichstag ist gegenüber dem mächtigen Willen eines Einzelnen zu einer völligen Bedeutungslosigkeit herabgesunken.")
91 Fleischmann (1899), S. 365 und Vorwort.
92 Zeitbilder ab Nr. 18 (1. Mai 1898) bis Nr. 10 (11. März 1899).
93 Volkszeitung vom 15. März 1898.
94 Westpfälzische Geschichtsblätter 9 (1929), S. 34 und Mitteilungen des Historischen Vereins der Pfalz 68 (1970), S. 297f.
95 Blos (1893). Zu den von der Sozialdemokratie empfohlenen Revolutionsdarstellungen gehören auch die Erinnerungen des Schriftstellers und Journalisten Karl Wörle: Wörle (1906). Das Vorwort wurde Ende Mai 1906 in Ludwigshafen geschrieben, wo Wörle in den achtziger Jahren eine Zeitlang das von der pfälzischen Fortschrittspartei gegründete Pfälzische Journal geleitet hatte.
96 Otto Fleischmann bezeichnet das Werk von Wilhelm Blos abschätzig als „wertlose Tendenzschrift". Zugleich spricht er abwertend von dem „Parteimann", dem „Kommunisten" Blos (Vgl. S. 361f.).
97 Volkszeitung vom 14. Mai 1923.
98 Pfälzische Post vom 24. Sept. 1924.
99 Ebd. vom 29. Sept. 1924.
100 Ebd.
101 Ebd. vom 25. Okt. 1924. Zur Geschichte des pfälzischen Reichsbanners siehe Pfälzische Post vom 9. Juli 1927 („Drei Jahre Reichsbanner in der Pfalz").
102 Pfälzische Post vom 5. Nov. 1924 und Pfälzische Freie Presse vom 8. Nov. 1924.
103 Der in Sembach bei Kaiserslautern geborene Pfarrerssohn Richard Müller (1873 – 1961) gehörte 1924 – 1928 dem Bayerischen Landtag an. Vgl. dazu Volkszeitung vom 23./24. April 1932. Er war neben dem Reichstagsabgeordneten Dr. Fritz Raschig (1863 – 1928) der führende Repräsentant der DDP in der Pfalz.
104 Zu Friedrich Wilhelm Wagner vgl. Biographisches Handbuch (1980), S. 787 und Schröder (1995), S. 787.
105 Schmid (1981), S. 410. Carlo Schmid weist auch darauf hin, daß Wagner „in den bösen Jahren als Emigrant zu leiden hatte".
106 Pfälzische Post vom 24. und 29. Sept. 1924.
107 Ebd. 29. Sept. 1924.
108 Ebd. und 10. Aug. 1925.
109 Ebd. und 7. Juni 1927.
110 Pfälzischer Kurier, Neustadt, vom 10. Aug. 1925.
111 Bendikat (1989), S. 149.
112 Pfälzische Post vom 1. Juli 1929.
113 Kotowski (1989), S. 168.
114 Pfälzische Presse vom 16. Aug. 1929. Die Zeitung sieht im Verfassungstag auch ein „staats-, partei- und kommunalpolitisches Problem". Nach Meinung der SPD sollten „die Schulbehörden" dafür Sorge tragen, „daß unserer Jugend die Grundlage des Weimarer Verfassungswerkes und seine Bedeutung für die Volksgesamtheit (...) durch Schulfeiern" nähergebracht wird. Vgl. dazu Pfälzische Freie Presse vom 16. Aug. 1929.

115 Pfälzische Post vom 12. Aug. 1931. Der Ludwigshafener Lehrer Hermann Hofmann (1880 – 1941) war selbst Mitglied der verfassunggebenden Nationalversammlung in Weimar gewesen.
116 Pfälzische Post vom 12. Aug. 1931.
117 Pfälzische Post vom 10. Aug. 1932.
118 Paul (1989), S. 263ff.
119 Pfälzische Post vom 10. Aug. 1932.
120 Pfälzer Volksbote vom 4. und 11. Aug. 1925.
121 Ebd. vom 11. Aug. 1925.
122 Ebd. vom 4. und 8. Aug. 1925.
123 Pfälzische Post vom 28. Juni 1924.
124 Ebd. vom 15. Juni 1929.
125 So Friedrich Wilhelm Wagner bei der Gründungsfeier der Ortsgruppe Kaiserslautern des Reichsbanners am 23. Mai 1925. Vgl. Volkszeitung vom 25. Mai 1925.
126 Schadt (1977), S. 213.
127 Pfälzische Post vom 1. Juli 1929 und 12. Aug. 1932 („Sympathie mit dem Staat von Weimar bekunden"). In ihrer Ausgabe vom 1. Juli 1929 nennt die Zeitung „die Fahne" ein „Symbol der Gesinnung". Siehe schließlich auch die Pfälzische Post vom 25. Aug. 1929, in der es u.a. heißt, daß die Einwohner „durch Beflaggung ihrer Häuser" zugleich „das Bekenntnis zur Republik ablegen".
128 Pfälzische Post vom 9. Aug. 1924.
129 Ebd. vom 8. Aug. 1924.
130 Ebd.
131 Ebd. vom 12. Aug. 1924 und 9. Juli 1927.
132 Ebd. vom 7. und 8. Aug. 1924.
133 Ebd. vom 7. Aug. 1924 und 1. Juli 1929.
134 Pfälzische Freie Presse vom 12. Aug. 1929.
135 Ebd.: „Die gutbürgerlichen Bewohner (...) haben für die schwarz-rot-goldene Republik schlechthin nichts übrig".
136 Pfälzische Post vom 12. Aug. 1926.
137 Ebd. vom 13. Aug. 1927.
138 Ebd. vom 13. Aug. 1927 und 12. Aug. 1929.
139 Ebd. vom 12. Aug. 1924.
140 Ebd. vom 12. Aug. 1926. Vgl. dazu auch Pfälzische Post vom 10. Aug. 1925, 13. Aug. 1927 sowie Pfälzische Freie Presse vom 12. Aug. 1929.
141 Pfälzische Freie Presse vom 13. Aug. 1929.
142 Pfälzische Post vom 12. Aug. 1927 und Pfälzische Freie Presse vom 13. Aug. 1929.
143 Pfälzische Post vom 12. Aug. 1929.
144 Ebd. vom 15. Aug. 1929.
145 Ebd. vom 12. und 13. Aug. 1927.
146 Ebd. vom 15. Aug. 1929. Siehe auch die Ausgaben der Pfälzischen Post vom 12. Aug. 1927, 1. Juli 1929, 15. Aug. 1929 und der Pfälzischen Freien Presse vom 5. Aug. 1927 und 12. Aug. 1929.
147 Pfälzische Post vom 15. Aug. 1929.
148 Ebd. vom 1. Sept. 1930.
149 Ebd. vom 1. Juli 1929.
150 Pfälzische Freie Presse vom 12. Aug. 1931.
151 Pfälzische Post vom 15. Aug. 1929.
152 Pfälzische Freie Presse vom 12. Aug. 1931.
153 Pfälzische Post vom 1. Sept. 1930.
154 Pfälzische Freie Presse vom 13. Aug. 1929.
155 Paul (1989), S. 265.
156 Pfälzische Post vom 9. Juli 1927, 1. Juli 1929, 13. Aug. 1929 und 1. Sept. 1930. In Nr. 158 vom 9. Juli 1927 heißt es: „Der Hauptfeind ist zu sehen in der Lauheit der Republikaner selbst."

157 Pfälzische Post vom 13. Aug. 1927. Auf dem Republikanertag in Kaiserslautern am 9./10. Juli 1927 beklagte sich der demokratische Landtagsabgeordnete Dr. Richard Müller u.a. über „die Republikfeindlichkeit des bayerischen Staates" und die Schikanen gegen das Reichsbanner. Bayern selbst sieht er als „Vorfeld der Reaktion" (Vgl. Volkszeitung vom 11. Juli 1927).

158 Pfälzische Freie Presse vom 12. Aug. 1929.

159 Pfälzische Post vom 12. Aug. 1932 und 13. Aug. 1927. Die Speyerer Verfassungsfeier von 1929 nahm nach ihrem Eindruck sogar einen „prächtigen Verlauf" (vgl. Pfälzische Post vom 12. Aug. 1929).

160 Pfälzische Post vom 8. Aug. 1927, 12. Aug. 1925 und 13. Aug. 1929. Vgl. auch Volkszeitung vom 8. Aug. 1927.

161 Pfälzische Post vom 12. Aug. 1929 und 12. Aug. 1926.

162 Ebd. vom 12. Aug. 1932. In der Pfälzischen Post vom 9. Aug. 1926 äußerte man die Ansicht, „daß die Träger der deutschen Republik hauptsächlich die deutschen Arbeiter" seien.

163 Ebd. vom 12. Aug. 1932. Vgl. auch Pfälzische Post vom 10. Aug. 1931, in der es heißt: „Der Verfassungstag zeigte erneut, daß die republikanisch gesinnte Bevölkerung kampfbereit und entschlossen ist, die umstrittene demokratische Republik zu verteidigen".

164 Volkszeitung vom 11. Aug. 1930.

165 Pfälzische Post vom 25. Mai 1932.

166 Ebd. vom 30. Mai 1932.

167 Volkszeitung vom 11. und 12. Aug. 1930.

168 Pfälzische Post vom 5. Aug. 1925.

169 Volkszeitung vom 8. Aug. 1927.

170 Ebd. vom 6. Aug. 1925. Dazu auch Becker (1932), S. 150.

171 Volkszeitung vom 9./10. Juli 1927 und Pfälzische Post vom 12. Juli 1927.

172 Volkszeitung vom 9./10. Juli 1927. Danach wird „das Revolutionszimmer" auch „im Volksmund so genannt". Vgl. dazu auch Pfälzische Presse vom 18./19. Juni 1927: „Eine Stunde im Kaiserslauterer Stadtmuseum".

173 Pfälzer Tagblatt vom 14. Feb. 1926 und Neue Pfälzische Landeszeitung vom 1. April 1926.

174 Pfälzer Tagblatt vom 14. Feb. 1926. Bereits 1905 schrieb Rudolf Buttmann, Zweibrücken, es sei „in der Tat hohe Zeit, daß alle Erinnerungen an die Ereignisse und Persönlichkeiten der Jahre 1848 und 1849 gesammelt" würden. Siehe Westpfälzische Geschichtsblätter 6 (1905), S. 23. Die „erregten Mai- und Junitage von 1849" sah der Verf. „voll Tollheit, Leidenschaft und doch auch hohen Strebens".

175 Pfälzer Tagblatt vom 14. Feb. 1926.

176 Volkszeitung vom 9./10. Juli 1927 und Pfälzische Presse vom 21. Juni 1929.

177 Zink, Theodor: Die pfälzische Presse im Freiheitskampf. In: Volkszeitung vom 2./3. Mai 1925.

178 Bei uns daheim. Aus Vergangenheit und Gegenwart der Pfalz, 5 (1929) (Heimatbeilage der Pfälzischen Post), S. 71.

179 Ebd. S. 51 und S. 78.

180 Ebd. S. 9ff., 33ff., 71ff., 85ff., 93ff. Auch im Gedenkjahr 1928 erinnerte die Heimatbeilage an die Revolution. Vgl. Becker (1928), S. 45f.

181 Baumann (1929).

182 Bei uns daheim. Aus Vergangenheit und Gegenwart der Pfalz 5 (1929) (Heimatbeilage der Pfälzischen Post), S. 93ff.

183 Westpfälzische Geschichtsblätter 8 – 10 (1929), Nr. 8, S. 29.

184 Bei uns daheim. Aus Vergangenheit und Gegenwart der Pfalz 5 (1929) (Heimatbeilage der Pfälzischen Post), ab S. 33ff. Lucae (1979) bringt merkwürdigerweise keinen Hinweis auf die Arbeit von Bayer.

185 Bei uns daheim. Aus Vergangenheit und Gegenwart der Pfalz 5 (1929) (Heimatbeilage der Pfälzischen Post), S. 82 und S. 84: „Sie sind nicht umsonst gefallen (...) Ihre Sehnsucht nach Einheit wurde 1870/71 gestillt und ihre Hoffnung auf Freiheit erfüllt, als das deutsche Volk im

November 1918 seine Geschicke selbst in die Hand nahm und sich eine neue freiheitliche Verfassung gab (...)".

186 Pfälzische Post vom 15. Juni 1929.

187 Pfälzische Freie Presse vom 17. Nov. und 21. Nov. 1932 und Becker (1932a), S. 277. Zu Veit Valentins Studie über das Hambacher Fest meint die Volkszeitung vom 30. Juni 1932, sie gehöre „zu den Werken, die dem Hambacher Geist voll gerecht" würden.

188 Volkszeitung vom 2. Sept. 1929.

189 Ebd. und Pfälzische Post vom 2. Sept. 1929.

190 Volkszeitung vom 2. Sept. 1929.

191 Ebd. und Pfälzische Post vom 2. Sept. 1929.

192 Pfälzische Post vom 2. Sept. 1929.

193 Ebd. Das Blatt spricht von einem „glänzenden Verlauf" der „großen Festkundgebung" und einem „Zug der 7000 durch die Stadt".

194 Pfälzische Post vom 15. Juni 1929.

195 Ebd. Die Zeitung beklagt zugleich, daß „dieser geschichtliche Sinn" im Bürgertum heute „fast vollkommen fehle".

196 Ebd. vom 19. März 1928.

197 Ebd. vom 17. März 1928.

198 Ebd. und Pfälzische Freie Presse vom 19. März 1928 (Mierendorff: „Das Proletariat wurde zum Hort der Demokratie und hat sie zum größten Teil gegen dieses Bürgertum im Geiste der revolutionären Tradition von anno 1848 durchgesetzt").

199 Pfälzische Post vom 17. Juni 1929.

200 Ebd.

201 Pfälzische Post vom 15. Juni 1929. Zu der Besucherzahl vgl. Pfälzische Post vom 17. Juni 1929 und Volkszeitung vom 17. Juni 1929.

202 Pfälzische Post vom 17. Juni 1929.

203 Ebd.

204 Ebd.

205 Ebd.

206 Ebd. Richard Hammer (1879 – 1944) hatte schon 1924 auf der Revolutionsgedenkfeier in Kirchheimbolanden gesprochen. Er war seit 1927 „Vorsitzender des Bezirksvorstandes der pfälzischen SPD" und hat sich besonders um die Pfälzische Post verdient gemacht. Vgl. dazu Breunig (1990), S. 716f.

207 Pfälzische Freie Presse vom 13. Aug. 1929.

208 Ebd. und Pfälzische Post vom 14. Aug. 1929.

209 Pfälzische Post vom 10. und 12. Aug. 1931. Zum Verfassungstag 1932 liest man in der Pfälzischen Post vom 12. Aug. 1932: „Die schwere Bedrängnis, die über die deutsche Republik gekommen ist, überschattete also auch hier den Verfassungstag".

210 Pfälzische Post vom 10. Aug. und 18. Okt. 1931.

211 Ebd. vom 10. Aug. 1931.

212 Ebd. vom 12. Aug. 1931.

213 Ebd. vom 30. Mai 1932.

214 Ebd.

215 Ebd.

216 Volkszeitung vom 11. Aug. 1930.

217 Pfälzische Freie Presse vom 11. Aug. 1932, Pfälzische Post vom 9. und 12. Aug. 1932 und Volkszeitung vom 12. Aug. 1932.

218 Pfälzische Post vom 12. Aug. 1932.

219 Ebd. vom 9. Aug. 1932.

220 Ebd.

221 Pfälzische Post vom 12. Aug. 1931.

222 Pfälzische Freie Presse vom 11. Aug. 1931.

223 Pfälzische Post vom 12. Aug. 1932.

224 Volkszeitung vom 11. Aug. 1930 und Pfälzische Post vom 12. Aug. 1930.
225 Pfälzische Post vom 11. Aug. 1932.
226 Neue Mannheimer Zeitung vom 12. Aug. 1932 und Pfälzische Post vom 12. Aug. 1932.
227 Pfälzische Post vom 12. Aug. 1932.
228 Ebd. So die Auffassung des demokratischen badischen Landtagsabgeordneten und Heidelberger Stadtoberschulrats Oskar Hofheinz (1873 – 1946). Zu Hofheinz vgl. Merz (1990), S. 130 – 132.
229 Pfälzische Freie Presse vom 24. März 1930.
230 Ebd. vom 28. Feb. 1931.

Chronik der Ereignisse im Rhein-Neckar-Raum 1846 – 1850

1846

Januar, Weinheim/Heddesheim:
Petition an die badische Zweite Kammer zur Unterstützung des Antrags von Karl Zittel zugunsten der Deutschkatholiken.

1. Januar, Heidelberg:
In seinem Leitartikel zum Jahreswechsel „Was wir wünschen" redet das „Heidelberger Journal" notwendigen „Reformen das Wort, weil wir weder die Revolution wollen, (...) noch die Reaktion wünschen".

5. Januar, Heidelberg:
Die Berufung des Staatsrechtlers Robert von Mohl stößt zunächst auf Einwände des Ministeriums. Mohl wird dennoch 1847 an die Universität berufen und gehört 1848 dem Vorparlament und der Nationalversammlung an.

Weinheim:
Die Bürger richten eine Dankadresse an Prof. Karl Theodor Welcker für seine Kritik am Vorgehen der Behörden in der Affäre um das „Mannheimer Journal" des Gustav Struve.

8. Januar, Heidelberg:
Im Versammlungslokal der „Eintracht" auf dem Riesenstein werden Friedrich Hecker und Bürgermeister Christian Friedrich Winter mit donnernden Hochrufen empfangen. Die Teilnehmer bekräftigen das Recht auf freie Meinungsäußerung. Prof. Welckers Adresse an den Großherzog, die verfassungsmäßigen Rechte zu „ehren", wird mit einer Petition unterstützt. Apotheker Eduard Henking appelliert an den Gemeinderat, „Ausdruck des Volkswillens zu sein".

23. Januar, Heidelberg:
„An die Bewohner Heidelberg's!" ergeht der Aufruf, einen „Hülfsverein" zur Linderung der vielfachen Leiden und Entbehrungen der ärmeren Mitmenschen zu gründen.

6. Februar, Heidelberg:
Die Statuten des „Hülfsvereins" werden veröffentlicht.

6. März, Mannheim:
Das Staatsministerium verwirft die Beschwerde der Gemeinde gegen die polizeiliche Auflösung einer Sitzung der erweiterten Gemeindekollegien zur Frage der Zensur am 19. November 1845.

11. März, Mannheim:
Der „Handwerksgesellen-Verein" wird verboten.

April, MANNHEIM:
Ludwig Weller, Lorenz Brentano und Georg Krämer werden als Abgeordnete in die badische Zweite Kammer gewählt. Für auswärtige Bezirke ziehen die Mannheimer Friedrich Daniel Bassermann, Friedrich Hecker, Adam von Itzstein, Karl Mathy und Alexander von Soiron ein.

3. April, HEIDELBERG:
Der 2. Bürgermeister Friedrich Bissing und der vorübergehend im Ruhestand befindliche Obervogt des Bezirksamts Adelsheim Josef Ignatz Peter werden als Abgeordnete von Heidelberg in die badische Zweite Kammer gewählt.

25. Mai, MANNHEIM:
Als Folge eines Wirtshaushändels vom Anfang des Monats kommt es zu Unruhen. Nach einem neuerlichen Wirtshauskrawall werden Bürger von Soldaten bedrängt und mehrere mit Seitengewehren verletzt. Eine erregte Volksmenge stürmt am folgenden Tag im Rathaus die Sitzung des Gemeinderats und belagert das Gefängnis.

5. Juni, HEIDELBERG:
Der Turnverein beschließt seine Statuten. Auf seiner Gründungsversammlung eine Woche später wird der Rechtsanwalt Johann Lorenz Küchler zum Vorsitzenden gewählt.

26. Juni, SINSHEIM:
Der Gemeinderat nimmt zur Abtragung eines Zehntkapitals eine Schuldsumme von 51.000 Gulden bei einem privaten Geldverleiher auf.

17. Juli, HEIDELBERG:
Die Bürger werden aufgefordert, in einer Bittschrift an die badische Zweite Kammer für die Wiederherstellung der freien Presse einzutreten.

27. Juli, MANNHEIM:
Verbot einer Bürgerversammlung zur Verabschiedung einer Petition zugunsten Schleswig-Holsteins.

1. August, MANNHEIM, HEIDELBERG, WEINHEIM:
Aufnahme des regelmäßigen Zugverkehrs der Main-Neckar-Bahn.

13. August, HEIDELBERG:
Verlesung einer Grußadresse an die Schleswig-Holsteiner im großen Saal des Prinz Max. Bürger und Einwohner „aller Klassen, ohne Unterschied irgend einer politischen Färbung“ erscheinen.

1. September, HEIDELBERG:
Ein Dankschreiben aus Schleswig-Holstein auf die Heidelberger Adresse geht bei Heinrich Eberhard Gottlob Paulus ein.

17. September, HEIDELBERG:
Die Landtagsabgeordneten Bissing und Peter werden nach Schließung der Landtagssitzungen von einer großen Anzahl Bürger feierlich am Bahnhof empfangen und im Pferdewagengespann zum Rathaus gefahren.

2. Oktober, HEIDELBERG:
Erste Angriffe in der „radikalen“ badischen Presse und aus Studentenkreisen gegen den Abgeordneten Bissing wegen dessen Abstimmungsverhalten bei den Kammerverhandlungen wer-

den laut. Er wird aufgefordert, sein Landtagsmandat niederzulegen. Zunächst steht Bürgermeister Winter dem Angegriffenen noch bei: „Laß dich nicht irren des Pöbels Geschrei".

8. Oktober, Mannheim:
Gründungsversammlung des „Vereins zur Förderung des Wohles der arbeitenden Klassen", der angesichts der Teuerungskrise notleidende Bevölkerungskreise materiell unterstützen soll.

3. November, Heidelberg:
In einem offenen Brief verwahrt sich der Abgeordnete Zittel gegen die Angriffe auf Männer wie Bissing, die gegen das Finanzgesetz stimmten. Er prangert den „Meinungsterrorismus" einiger Zeitungsredakteure sowie der oftmals als Korrespondenten tätigen Heidelberger Studenten an.

21. November, Mannheim:
Gustav Struve beginnt im Verlag von Heinrich Hoff mit der Herausgabe des „Deutschen Zuschauers".

4. Dezember, Heidelberg:
Aufruf an die Bewohner zur Unterstützung der Armen in der Stadt während der nächsten Wintermonate.

9. Dezember, Mannheim:
Letzte Ausgabe des „Mannheimer Journals" unter der redaktionellen Verantwortlichkeit Struves.

28. Dezember, Heidelberg:
Die Bürgerschaft überreicht Bürgermeister Winter aus Anlaß seines 74. Geburtstags eine silberne Bürgerkrone.

1847

10. Januar, Heidelberg:
Bürgermeister Winter läßt im „Heidelberger Journal" auf seine Kosten den in der „radikalen" „Mannheimer Abendzeitung" abgedruckten Artikel wegen Überreichung der Bürgerkrone nochmals „zur allgemeinen öffentlichen Kenntnis bringen". Er moniert die „lächerliche Anmaßung der Radikalen".

14. – 28. Januar, Heidelberg:
Der Meinungsstreit zwischen Liberalen und Radikalen steigert sich im „Heidelberger Journal" zu einer nun in Zeitungsartikeln und Erwiderungen fast täglich ausgetragenen Auseinandersetzung zwischen Johannes Rasp und Friedrich Bissing. Der heftig geführte Disput um den „rechten" politischen Weg führt auch zu Zuschriften von „schlichten Bürgern" und Wahlberechtigten mit dem Tenor „ohne Meinungsterrorismus, nur mit dem Anspruch auf gesunde Vernunft".

21. Januar, Amtsbezirk Sinsheim:
Auf Erlaß des Staatsministeriums wird im Amtsbezirk eine Unterstützungskommission für die „ärmere Classe" gegründet.

Februar, SINSHEIM:

Ein vierpfündiger Laib Brot kostet 28 Kreuzer. Der Taglohn beträgt 24 Kreuzer. Die Stadt richtet eine Suppenanstalt für die Ärmsten ein. Das evangelische Stift lehnt jegliche Unterstützung für die Ortsarmen ab.

3. Februar, ESCHELBRONN:

32 Familien beantragen die Erlaubnis zur Auswanderung nach Nordamerika.

11. Februar, HEIDELBERG:

Die Kontroverse um Bissing führt im Gemeinderat zu einem heftigen Wortgefecht zwischen Bürgermeister Winter und Bissing; es kommt fast zu Handgreiflichkeiten. Daraufhin legt Bissing seine städtischen Ämter nieder.

März bis Juni, WEINHEIM:

Der Gemeinderat beantwortet die Hungerkrise mit repressiven Maßnahmen gegen das Betteln sowie mit Hilfsmaßnahmen zugunsten der Bedürftigen. Im Amtsbezirk bildet sich weisungsgemäß eine „Unterstützungskommission" aus Vertretern des Bezirksamts, der Kommunen und der Kirchen.

Freiherr Lambert von Babo, Vorsitzender des landwirtschaftlichen Kreisvereins, befaßt sich mit Versuchen zur Streckung des Brotmehls mit Ersatzstoffen wie Roßkastanienmehl u.ä.; er empfiehlt die Herstellung von Mehlersatz aus den Preßkuchen der Ölmühlen.

8. März, HEIDELBERG:

Der Kaufmann Thomas Gätschenberger wird als Nachfolger Bissings zum 2. Bürgermeister gewählt.

22. März, HEIDELBERG:

Das „Heidelberger Journal" berichtet über ein am Neckar heimlich verbreitetes Flugblatt mit der Überschrift „Zur Vorbereitung", in dem ein „rheinischer Ausschuß zur Gründung der deutschen Republik" zur Verbreitung revolutionärer Schriften und zum Umsturz von Thron und Verfassung aufruft. Die Bürger werden öffentlich aufgefordert, in einer Versammlung geeignete Schritte gegen die Flugblattforderungen zu beschließen.

9. April, HEIDELBERG/MANNHEIM:

Prof. Georg Gottfried Gervinus und Prof. Carl Joseph Anton Mittermaier kündigen das Erscheinen der von Bassermann und Mathy herausgegebenen „Deutschen Zeitung" zum 1. Juli an.

25. April, HEIDELBERG:

Das „Heidelberger Journal" berichtet über die Verhaftung des Heidelberger Medizinstudenten Schaible in Rastatt; in seinem Koffer wurden revolutionäre Flugschriften gefunden.

5. Mai, MANNHEIM:

Transportarbeiter lösen einen Brotkrawall aus.

6. Mai, WEINHEIM und LADENBURG:

Dankadresse von Hecker an die Wähler und Wahlmänner des Ämterwahlbezirks Weinheim-Ladenburg im Zusammenhang mit seiner geplanten, aber nicht vollzogenen Auswanderung nach Algerien.

22. – 31. Mai, HEIDELBERG:
In Schmähartikeln befehden sich die eher der Regierung nahestehenden Kräfte und die Radikalen.

11. Juni, MANNHEIM:
Auflösung des Turnvereins; der Turner Julius Schöninger wird in der Verbotsverfügung aus der Stadt gewiesen.

13. Juni, HEIDELBERG:
Der Turnverein 1846 feiert unter Beteiligung von Turnern und Sängern aus Mannheim, Heilbronn und anderen Städten sein erstes Stiftungsfest. Ein Festzug bewegt sich durch die geschmückte Hauptstraße. In einer pathetischen Rede fordert der Vereinsvorsitzende Küchler „Freiheit in Kirche und Staat, Freiheit in Wissenschaft und Leben, Freiheit im weitesten Sinne des Wortes".

20. Juni, MANNHEIM:
Gründung eines neuen Turnvereins.

1. Juli, MANNHEIM:
Vorstandswahl im neugegründeten Turnverein; Vorstandsmitglieder sind u.a. der Mannheimer Kaufmann Ludwig Alexander Bassermann und der Landtagsabgeordnete Alexander von Soiron.

1. – 31. Juli, HEIDELBERG:
Die Meinungsunterschiede zwischen Konservativen und Liberalen bzw. Radikalen personifizieren sich in dem vor allem über die Presse ausgetragenen Streit zwischen dem ehemaligen Bürgermeister (bis 1840) und Lederfabrikanten Wilhelm Speyerer und dem Amtsinhaber Winter. Dem konservativen Speyerer ist die kompromißlose Opposition ein Dorn im Auge. Der Gemeindeverwaltung macht er Vorwürfe. Nachdem er in der Presse als „lederner Messias" bezeichnet wird, gibt Speyerer den ihm für seine Verdienste von der Bürgerschaft überreichten Ehrenbecher zurück.

28. August, MANNHEIM:
Ein Flugblatt ruft unter Beteiligung von 5 örtlichen Führern der Radikalen (Friedrich Hecker, Gustav Struve, Elias Eller, Valentin Streuber und Johann Peter Grohe) zu einer „Besprechung über Verfassungszustände" in Offenburg auf.

1. September, MANNHEIM:
Eine Versammlung konservativer Bürger zur Vorbereitung der Ergänzungswahlen für die badische Zweite Kammer wird von den Radikalen gesprengt.

12. September, OFFENBURG:
Auf der „Offenburger Versammlung" halten Hecker, Struve und Eller aus Mannheim staatsfeindliche Reden, die von der Justiz mit einer amtlichen Untersuchung beantwortet werden. Die Forderungen der Versammlung sind: Pressefreiheit, Gewissens- und Lehrfreiheit, gerechte Besteuerung und Abschaffung aller Vorrechte.

30. September, MANNHEIM:
Die Verhandlung gegen den Verleger Heinrich Hoff wegen Hochverrats vor dem Hofgericht endet mit einem Freispruch.

7. Oktober, Mannheim:
Der Dichter Heinrich Hoffmann von Fallersleben wird vom Stadtamt ausgewiesen; auf seinen Einspruch hin wird seine Anwesenheit toleriert.

10. Oktober, Heidelberg:
Die Professoren Christian Kapp und Karl Theodor Welcker nehmen an einer Versammlung in Heppenheim teil. Die Teilnehmer aus verschiedenen deutschen Staaten führen einen Gedankenaustausch über den Weg, Einheit und Gemeinsamkeit in die deutschen Nationalangelegenheiten zu bringen.

15. Oktober, Mannheim:
Bei den Wahlen zur badischen Zweiten Kammer kommt es im Rathaus zu handgreiflichen Auseinandersetzungen zwischen Konservativen und Radikalen.

November, Weinheim und Ladenburg:
Wiederwahl Heckers zum Abgeordneten des Ämterwahlbezirks Weinheim-Ladenburg.

4. November, Mannheim:
Wahl des Mehlhändlers Streuber, Gemeinderat und Mitgründer der Mannheimer Deutschkatholiken, zum 2. Bürgermeister.

23. November, Mannheim:
Die Radikalen Lorenz Brentano und Wilhelm Sachs werden neben dem „gemäßigten" Ludwig Weller in die badische Zweite Kammer gewählt.

Winter 1847/1848, Amtsbezirk Eberbach:
In den Wirtshäusern finden Versammlungen zur Verbreitung des revolutionären Gedankenguts statt. Es kommt zu Unruhen und Exzessen unter der Bevölkerung. Wohlhabende Bürger bewaffnen sich und gehen abends Patrouille.

1848

Januar, Sinsheim:
Die radikalen Demokraten um Karl Gustav Mayer und Karl Friedrich Bauer haben die Mehrheit der Bevölkerung für ihre Ideen gewonnen. Auch der Gemeinderat wird zunehmend von ihnen dominiert.

8. Januar, Mannheim:
Die Kreisregierung versagt dem im November neugewählten 2. Bürgermeister Streuber die Bestätigung. Hintergrund ist dessen oppositionelle Haltung.

12. Januar, Heidelberg:
Studentenversammlung im Bremeneck zur Beratung einer Bittschrift an die badische Zweite Kammer über die Aufhebung der akademischen Gerichtsbarkeit. Das Ergebnis der Versammlung liegt in der Buchhandlung Julius Groos zur Unterzeichnung aus.

18. Januar, Mannheim:
34 Persönlichkeiten legen der Bürgerschaft 13 Petitionen vor, die politische und wirtschaftliche Reformvorschläge an die badische Regierung beinhalten.

21. Januar, WEINHEIM:
In einer Petition an die badische Zweite Kammer wird eine Gewerbeordnung zum Schutz des Handwerks gefordert.

27. Januar, WEINHEIM:
Eine weitere Petition verlangt von der badischen Zweiten Kammer die Einführung von Schwur- und Vergleichsgerichten.

30. Januar, HEIDELBERG:
Auf der Versammlung aller Zunftvorstände wird die Gründung eines Gewerbevereins beschlossen.

31. Januar, HEIDELBERG:
Die von den Wahlmännern unterzeichneten Petitionen an die badische Zweite Kammer (u.a. Wiederherstellung der Pressefreiheit, Einführung einer Volkswehr, Vertretung des Volkes beim Bundestag) liegen zur Unterzeichnung auf dem Rathaus aus.

9. Februar, HEIDELBERG:
Auf der Versammlung des Gewerbevereins bekräftigen der Vorstand Moritz Leupold und der Buchdrucker Georg Michael Renner die Notwendigkeit, der fortschreitenden Verarmung des Mittelstands entgegenzuwirken.

MANNHEIM:
Nach mehrfachem Anlauf wird Gemeinderat Josef Moll zum 2. Bürgermeister gewählt.

12. Februar, KARLSRUHE:
Der Mannheimer Abgeordnete Bassermann fordert in der badischen Zweiten Kammer ein deutsches Nationalparlament.

13. Februar, HEIDELBERG:
Versammlung des Turnvereins im Rathaus wegen der Anschaffung politischer Zeitungen. Am nächsten Tag erscheint folgender Aufruf: „Eine große Anzahl Turner (namentlich solche, die nicht bemittelt genug sind, im Museum oder in der Harmonie zu lesen), haben gewünscht, daß in ihrer Kneipe einige politische Blätter aufgelegt werden sollten, (...)“.

18. Februar, HEIDELBERG:
Die in der letzten Versammlung der Turner überstimmte Minderheit beabsichtigt, auszutreten und einen neuen Verein zu gründen. In einer zweiten Sitzung wird dieser Vorschlag abgelehnt, und in einer dritten wiederum angenommen.

21. Februar, MANNHEIM:
Im Aulasaal findet eine Versammlung zur Unterstützung der deutschen Nationalbewegung in Schleswig-Holstein statt.

27. Februar, HEIDELBERG:
Die Zeitung berichtet über den Ausbruch der Februarrevolution in Paris.

MANNHEIM:
Morgens um 10 Uhr treffen die ersten Nachrichten über den revolutionären Umsturz in Frankreich ein. Eine auf 3 Uhr nachmittags einberufene Versammlung im Aulasaal beschließt eine

„Sturmpetition" an die badische Zweite Kammer, in der die Forderung nach Pressefreiheit, Schwurgerichten, Volksbewaffnung und einem deutschen Nationalparlament vorgebracht werden.

28. Februar, KARLSRUHE:
Eine Deputation des Mannheimer Gemeinderats spricht zusammen mit dem Stadtdirektor bei Staatsrat Johann Baptist Bekk vor und unterbreitet ihm die „Märzforderungen".

29. Februar, HEIDELBERG:
In der Aula der Alten Universität versammeln sich Bürger zur Beratung einer Petition an den Großherzog und die Kammern des badischen Landtags (Forderungen sind u.a. allgemeine Pressefreiheit, Volksbewaffnung, Volksvertretung beim Bundestag).
Wegen der Revolution in Paris wird kein Fasnachtszettel herausgegeben.
Schneider und Schneidergesellen stürmen das Haus des jüdischen Seifensieders Leopold Ehrmann, der durch seinen Kleiderhandel die Wut der Schneider auf sich gezogen hatte.

WEINHEIM:
Petition an die badische Zweite Kammer zur Unterstützung und Erweiterung der Mannheimer Forderungen vom 27. Februar.

März, AMTSBEZIRK EBERBACH:
Übergriffe und Anschläge auf herrschaftliche Beamte.

29. Februar 1848 – Die Aula der Alten Universität am Heidelberger Paradeplatz, dem heutigen Universitätsplatz, ist während der Revolutionsjahre immer wieder Ort von Bürgerversammlungen, so auch am 29. Februar 1848, als über tausend Heidelberger über Forderungen an die badische Zweite Kammer abstimmen. (Zeichnung von Ph. de Graimberg, 1875, Vorlage: Kurpfälzisches Museum Heidelberg)

Weinheim:
Die Aufstellung einer Bürgerwehr scheitert am Widerstand der Demokraten gegen das Mitwirken von „Staatsdienern“.

März/April, Amtsbezirk Eberbach:
Hiob Daniel Backfisch und Valentin Koch betätigen sich als „Diktatoren der Katzenmusiker“, womit mißliebige Personen in beleidigender Weise öffentlich bloßgestellt werden. Übergriffe auf unbeliebte Bürger nehmen zu.

1. März, Karlsruhe:
Die Heidelberger Petition wird durch eine Abordnung – darunter auch Bürgermeister Winter – übergeben. Aus Mannheim beteiligen sich zahlreiche Bürger an der Übergabe der „Sturmpetition“. Hecker überbringt der badischen Zweiten Kammer die Forderungen der Vertreter der Städte Mannheim und Heidelberg. Zahlreiche Menschen versammeln sich am Nachmittag auf dem Schloßplatz, wo die bewaffnete Feuer- und Bürgerwehr aufgestellt wird. Dieses Verhalten der Obrigkeit ruft bei den Heidelberger Abgeordneten Mißstimmung hervor.

Worms:
Ein Komitee aus 11 Bürgern sendet eine Petition an die hessische Zweite Kammer in Darmstadt.

2. März, Heidelberg:
Die nach Karlsruhe entsandte Delegation trifft wieder ein. Der Student Gustav Adolph Schlöffel zieht mit einer roten Fahne voraus vom Bahnhof zum Rathaus. Seine Hetzreden vom Balkon des Rathauses veranlassen Bürgermeister Winter, ihn aus dem Rathaus zu weisen. Auch vom Herkulesbrunnen, den er dann besteigt, wird er abgedrängt.

Karlsruhe:
Aufruf des badischen Großherzogs Leopold: „Meine Badener! An Euch ist es nun, der Welt das Beispiel zu geben eines in gesetzlicher Entwicklung der Freiheit, unter Festhaltung der Ordnung glücklich fortschreitenden Volkes: Ich weiß es, Ich vertraue darauf“.
In der 33. Sitzung der badischen Zweiten Kammer lassen die Sinsheimer erklären, daß sie keine Petitionen mehr einreichen werden, da diese ohnehin keine Aussicht auf Erfolg hätten.

Mannheim:
Der Gemeinderat beginnt mit der Aufstellung einer Bürgerwehr.
Bei der Rückkehr der letzten Mannheimer aus Karlsruhe kommt es zu einer spontanen Kundgebung vor dem Rathaus, bei der die Führer der Radikalen Reden halten.

3. März, Heidelberg:
Aufruf an die „Vaterlandsfreunde“, sich auf dem Winterturnplatz zur Beratung der Volksbewaffnung einzufinden

Mannheim:
Bei einer Versammlung unter dem Vorsitz von Heinrich Hoff im Aulasaal wird über die Ergebnisse der „Sturmpetition“ öffentlich Bericht erstattet.

Neustadt a.d.H.:
Die Adresse „An die pfälzischen Abgeordneten“ wird verfaßt.

4. März, Neustadt a.d.H.:
Bürgerversammlung auf dem Schießhaus; die pfälzischen Mitglieder der bayerischen Abgeordnetenkammer formulieren eine Adresse an den König und verlangen die Einberufung des Landtags, die Revision der Verfassung und namentlich des Wahlrechts.

5. März, Frankenthal:
In einer Bürgerversammlung wird beschlossen, daß die pfälzischen Delegierten, die am 9. März nach München reisen, um dem König die Wünsche der Pfälzer vorzutragen, von 6 Frankenthaler Bürgern begleitet werden sollen. Man hofft, daß auch in anderen pfälzischen Städten ähnliche Beschlüsse gefaßt werden.

Heidelberg:
Im Badischen Hof versammeln sich 51 „Vaterlandsfreunde“ (meist aus Süddeutschland kommende Abgeordnete unterschiedlicher demokratischer und liberaler Gesinnungen), „einmütig entschlossen in der Hingebung für Freiheit, Einheit, Selbständigkeit und Ehre der deutschen Nation“. Unter den Radikalen sind Hecker, Struve, Brentano, Peter und von Itzstein. Gefordert wird eine in allen deutschen Landen nach der Volkszahl gewählte Nationalvertretung. Ein „Siebener-Ausschuß“ soll die Wahl und Einrichtung einer Volksvertretung vorbereiten.

Michelstadt:
Auf dem Lindenplatz kommt es zu einer Volksversammlung. Eine große Anzahl von Bauern und Bürgern aus Michelstadt und Umgebung beschließen nach stürmischer Beratung eine „Petition vieler Bürger und Einwohner des Odenwaldes“ an die hessische Zweite Kammer. In der Petition geht es um die „endliche Erfüllung der gerechten Forderungen des deutschen Volkes“. An erster Stelle steht die Abschaffung der standesherrlichen Vorrechte, daneben folgen die üblichen „Märzforderungen“.

Darmstadt:
Der radikale Mainzer Landtagsabgeordnete Franz Zitz und die Odenwälder Deputierten treffen zusammen und beschließen ein gemeinsames Vorgehen.

5. – 8. März, Sinsheim:
Infolge der Odenwälder Bauernunruhen kommt es in einigen Gemeinden des Amtsbezirks zu Judenverfolgungen und Übergriffen gegen adlige und geistliche Grundherrschaften (Schloß Neuhaus, evangelisches Stift). Zwei Kompanien Infanterie verhindern größeren Aufruhr.

6. März, Amtsbezirk Eberbach:
Eine Gruppe unter Führung des Bierwirts Valentin Koch zieht zu dem Erbach-Fürstenauischen Jagdhaus in Imberg. Bürgermeister Heinrich Neuer und Johann Christian Bussemer verhindern Brandstiftungen.

7. März, Erbach:
Eine Volksversammlung beschließt, sich mit ihren Forderungen direkt an die Grafen zu wenden und eine parlamentarische Regelung nicht abzuwarten.

Heidelberg:
Aufforderung in der Zeitung: „Schwarz Roth Gold soll das Zeichen der freudigen Beistimmung seyn (...). Hoch lebe unser deutsches Vaterland!“

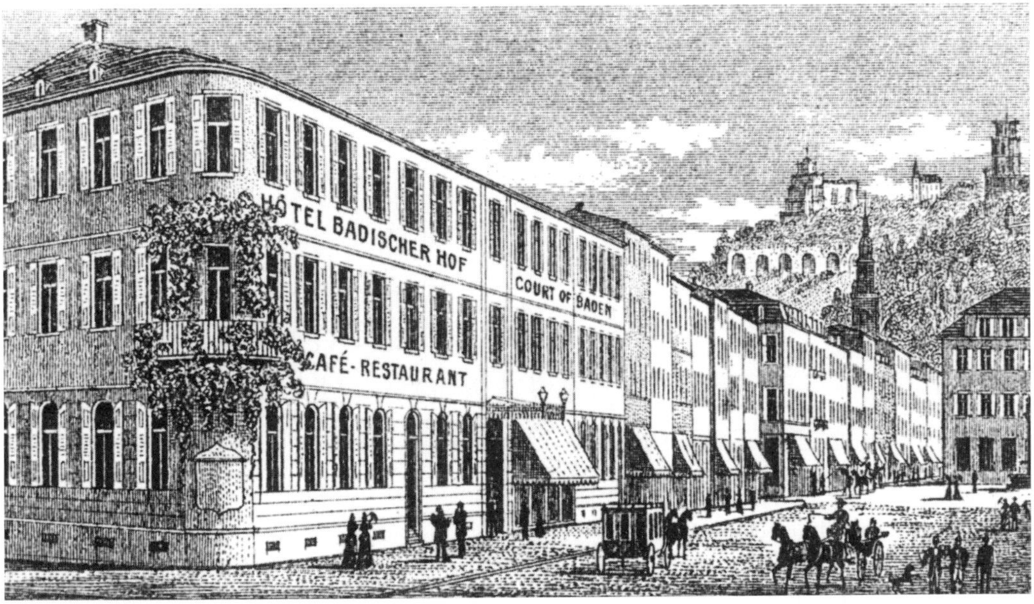

5. März 1848 – Im Hotel Badischer Hof, Ecke Hauptstraße/Schiffsgasse, tagt am 5. März 1848 die sogenannte Heidelberger Versammlung. Sie ist mit Blick auf ihre Bedeutung und Folgewirkung die Geburtsstunde des Frankfurter Vorparlaments. Der Badische Hof, 1780 entstanden, galt lange Zeit als vornehmstes Haus am Platz. Die Ansicht nach einem Briefkopf zeigt das Hotel um 1880. (Vorlage: StadtA Heidelberg)

SPEYER:
Eine Volksversammlung übernimmt die Forderungen der pfälzischen Abgeordneten.

8. März, ERBACH:
Vor einer Volksversammlung macht Graf Eberhard zu Erbach-Erbach Zugeständnisse wie Verzicht auf Präsentationsrechte und Ablösung der grundherrlichen Rechte auf gesetzlicher Basis.

MANNHEIM:
Ein Komitee veröffentlicht den Aufruf zur Bildung eines Freikorps außerhalb der Bürgerwehr.

WORMS:
Vereidigung des Militärs auf die hessische Verfassung auf dem Paradeplatz.

9. März, DARMSTADT:
Staatsrat Eigenbrodt, Landtagsabgeordneter für den Bezirk Breuberg-Höchst, wird zusammen mit dem populären „Turnvater" Heinrich Felsing von Darmstadt in den Odenwald geschickt, um die aufgewühlten Menschenmassen zu beruhigen. Sie können aber einen Aufmarsch vor dem Königer Schloß nicht mehr verhindern.

STEINBACH:
Graf Albert zu Erbach-Fürstenau macht der Volksmenge Zugeständnisse wie Verzicht auf Präsentationsrechte und Ablösung der grundherrlichen Rechte auf gesetzlicher Basis.

10. März, HEIDELBERG:
Die auf Beschluß des Stadtrats errichtete Bürgerwehr soll Freiheit und Aufrechterhaltung von Gesetz und Ordnung garantieren.

KÖNIG:
Graf Ludwig zu Erbach-Schönberg nimmt die Forderungen der Odenwälder Bauern an.

WORMS:
Das Bürgerkomitee erklärt sich für permanent.

10./11. März, NUßLOCH:
Übergriffe auf jüdische Bürger.

11. März, DARMSTADT:
Die Standesherren überreichen der Regierung eine Erklärung, in der sie auf einen Teil ihrer standesherrlichen Rechte verzichten.

12. März, DARMSTADT:
In einer Proklamation an die Odenwälder versichert von Gagern, „in Einverständnis mit den Ständen alle Feudallasten zu beseitigen, die Privilegien einzelner Classen aufzuheben und alle Staatsangehörigen vor dem Gesetz unbedingt gleichzustellen".

EBERBACH:
80 Mann badische Infanterie rücken ein. Die mißtrauischen Menschen sehen in Amtmann Wilhelm Christian Hübsch den Schuldigen. Johann Christian Bussemer, Bürgermeister Heinrich Neuer, Theodor Frey und Jakob Heuss überreden den Amtmann zum Verlassen der Stadt. Hübsch wird darauf durch den Amtsassessor Bonaventura Kraft aus Mosbach ersetzt.

HEIDELBERG:
Der am 5. März gebildete „Siebener-Ausschuß" tagt in Heidelberg.

HEMSBACH:
Krawall gegen einen jüdischen Bürger.

NEUSTADT A.D.H.:
Ein erster deutsch-katholischer Gottesdienst findet statt.
Eine große Volksversammlung kommt im Hof des Rathauses unter Leitung von Dr. Hepp zusammen.

13. März, GROßSACHSEN/LEUTERSHAUSEN:
Nach einer Gemeindeversammlung zieht eine Deputation Großsachsener Bürger zu Graf Wiser nach Leutershausen, um seine Zustimmung zum strittigen Zehntablösungsvertrag demonstrativ zu verlangen. Eine Gegendemonstration erzwingt den Abzug der Großsachsener.

MANNHEIM:
Das Bürgermeisteramt veröffentlicht die Ergebnisse der Offizierswahlen für die 20 Kompanien der Bürgerwehr. Oberkommandierender wird Hecker. Auch Nichtbürger sollen als Freiwillige in die Bürgerwehr eintreten können.
Die Garnison wird auf die badische Verfassung vereidigt.

HEIDELBERG:
Der Großherzog ernennt Hofrat Prof. Welcker zum Bundestagsgesandten.
Eine Petition an die Zweite Kammer – Amnestie für alle politischen Vergehen – liegt in der Harmonie zur Unterzeichnung auf.
Aufforderung zur Gründung eines politischen Klubs. Die Versammlung findet im Haus Bremeneck statt.

14. März, LEUTERSHAUSEN:
Graf Wiser willigt in den Zehntablösungsvertrag mit der Gemeinde Großsachsen ein.

NEUSTADT A.D.H.:
Eine Volksversammlung wählt eine Delegation, bestehend aus 76 Teilnehmern, die anschließend unter Führung des Notars Reichard nach München reist und die Forderungen der Pfälzer übermittelt.
Die Delegation begleiten fast 400 Pfälzer bis nach Mannheim, wo sie von den Bürgern unter Gesang über die Rheinbrücke zurückgeleitet werden.

15. März, HEIDELBERG:
Bassermann, Prof. Welcker, Prof. Kapp u.a. widersprechen dem Gerücht, daß in der Versammlung vom 5. März in Heidelberg die Republik beschlossen wurde.

WORMS:
Erste Ausgabe der demokratischen Zeitung „Die neue Zeit" von Dr. Ferdinand von Loehr.

16. März, HEIDELBERG:
Ein „Freund des Vaterlandes" warnt vor der Bildung eines politischen Klubs: „Wollt ihr den Samen des Haders und der Zwietracht streuen, so bildet solche Klubs (...)".

LEUTERSHAUSEN:
Zur Verhinderung einer Demonstration gegen Juden, die dadurch zum Verzicht auf den Bürgernutzen veranlaßt werden sollen, droht Oberamtmann August von Teuffel Maßnahmen an und befürwortet die Entsendung einer militärischen Streife durch Leutershausen, Großsachsen und Hohensachsen.

WEINHEIM:
Eine Deputation von Bürgern verlangt vom Vorstand des Bezirksamts, Oberamtmann von Teuffel, die Ablösung des evangelischen Dekans und Stadtpfarrers Hörner.

17. März, WEINHEIM:
Oberamtmann von Teuffel warnt die Bürgerschaft vor weiteren Demonstrationen gegen Dekan Hörner und droht Militäreinsatz an.

18. März, KARLSRUHE:
Der Großherzog gewährt den politisch Verurteilten Straferlaß.

19. März, OFFENBURG:
Oppositionspolitiker beteiligen sich an der zweiten „Offenburger Versammlung", zu deren Vorsitzendem Hecker gewählt wird und bei der der Beschluß zur Gründung einer zentralen Vereinsorganisation gefaßt wird.

Einladung.

Nach Beschluß der Volks-Versammlung zu Offenburg soll

künftigen Sonntag den 26. März,

Mittags 12 Uhr,

auf dem Schloß zu Heidelberg eine Volks-Versammlung zu weiterer Besprechung der vaterländischen Angelegenheiten abgehalten werden, wozu alle Deutsche hiermit eingeladen sind.

Offenburg, den 19. März 1848.

Hecker, Struve, Hoff, Winter, Junghans II.

26. März 1848 – In den Märztagen folgen die Versammlungen einander in kurzen zeitlichen Abständen. Die auf dem zweiten Offenburger Treffen angekündigte Volksversammlung ist für Heidelberg die zweite Veranstaltung von überregionaler Bedeutung in diesem Frühlingsmonat. (Vorlage: StadtA Mannheim)

20. März, Heidelberg:
In Rohrbach soll eine Schutzwache – auch für Juden – für Ordnung sorgen.

21. März, Heidelberg:
Die Schneidermeister laden zu einer Beratung ins Haus Bremeneck ein. Thema ist die Steuerung des Kleiderhandels sowie die Errichtung einer Kleiderhalle.
Bürgermeister Winter ruft zur Wahrung von Gesetz und Ordnung auf und verurteilt jegliche „Selbsthilfe".
Der Gemeinderat lädt zur Volksversammlung am 26. März auf das Schloß. Erwünscht ist das Schmücken der Straßen und Häuser mit Fahnen in den deutschen und badischen Nationalfarben.

22. März, Mannheim:
Gründungsversammlung eines Vaterländischen Vereins im Badner Hof. Innerhalb weniger Wochen spaltet sich dessen Mitgliedschaft in eine radikale und eine gemäßigte Richtung.

Worms:
Der Demokrat Dr. Abraham Adler wird Redakteur der „Wormser Zeitung".

25. März, Heidelberg:
Schieferdeckermeister Möckel bringt am Vorabend der Volksversammlung auf der Heiliggeistkirche die Nationalfahne an.

WIESLOCH:
„Verwegene Gesellen“ stürmen das evangelische Pfarrhaus. Der konservative Dekan August Christian Eberlin kann mit Hilfe von Gleichgesinnten den Angriff abwehren.

26. März, HEIDELBERG:
Auf dem Schloß findet eine Volksversammlung statt. Die anreisenden Landtagsabgeordneten werden von Mitgliedern des Komitees am Bahnhof empfangen und zum Rathaus begleitet. Gegen 12 Uhr setzt sich von dort ein Zug in Richtung Schloß in Bewegung. Unter den Teilnehmern sind Prof. Mittermaier, Prof. Welcker, Küchler und Prof. Kapp; von Itzstein und Hecker fehlen. Die Versammlung mit mehreren Tausend Teilnehmern ist gegen 4 Uhr beendet. Die Beschlüsse der zweiten „Offenburger Versammlung“ werden bekräftigt und die Bildung von „Vaterländischen Vereinen“ gefordert.

MANNHEIM:
Heinrich Hoff beginnt mit der Herausgabe der „Deutschen Volkszeitung“.

28. März, HEIDELBERG:
Allgemeine Studentenversammlung im Englischen Hof zur Beratung einer Petition an die badische Zweite Kammer.
Eine große Menschenmenge zieht abends mit Gesang vor das Haus von Bürgermeister Winter. Der Student Morel dankt ihm in einer beeindruckenden Rede für sein Wirken bei der Volksversammlung am 26. März. Der Student Schwarz ruft seine Kommilitonen auf, sich in die Bürgerwehr einzuschreiben, „denn die Zeit, wo Student und Bürger sich separiren, ist vorüber (...)“.

MANNHEIM:
Aufruf von Frauen zur Stiftung einer Fahne für die Bürgerwehr.

29. März, MICHELSTADT:
Der als Regierungskommissär eingesetzte Landrichter Pistor versucht, zwischen Regierung, Standesherren und den Odenwäldern zu vermitteln, kann jedoch eine Volksversammlung nicht verhindern. Mindestens 3.000 Menschen kommen zusammen, bei denen sich Franz Zitz neben anderen Rednern – wie Bürgermeister Hieronymus (Michelstadt), Dosch (Erbach), Pistor und die gemäßigten Landtagsabgeordneten Theodor Reh und August Eduard Lehne – mit seinen radikalen Forderungen durchsetzen kann. Ein „Offener Brief an die Standesherren“ wird beschlossen.

SCHWETZINGEN:
Gemeinderat und Großer Ausschuß beschließen, „zur Bürgerbewaffnung 200 Gewehre anzuschaffen“.

30. März, MANNHEIM:
Die Gemeinde ergreift erste Maßnahmen zur Beschäftigung arbeitsloser Arbeiter.

31. März, HEIDELBERG:
Volksversammlung in der Aula der Alten Universität: Die Redner Prof. Ludwig Häusser, Carl Pfeufer, Eduard Henking und Johann Lorenz Küchler lehnen republikanische Ideen ab.
Ansprache an die versammelten Wehrmänner im Marstallhof.

2. April, MICHELSTADT:
Bei dem Fest zur Einweihung der schwarz-rot-goldenen Nationalfahne für die neue Bürgergarde nimmt auch die jüdische Gemeinde teil. Der Lindenplatz wird in Einheitsplatz umbenannt.

3. April, MANNHEIM:
Der Stadtdirektor überträgt der Bürgerwehr die Aufrechterhaltung der öffentlichen Ordnung.

4. April, WIESLOCH:
Zur Aufrechterhaltung von Ruhe und Ordnung werden 100 Gewehre an die Bevölkerung ausgegeben.

6. April, MANNHEIM:
Eine Abordnung von Weinheimer Demokraten spricht Hecker ihre Unterstützung für seine Position im Frankfurter Vorparlament aus.

8. April, KARLSRUHE:
Der Redakteur der radikaldemokratischen Konstanzer „Seeblätter" Josef Fickler wird auf dem Bahnhof von Mathy wegen Landesverrats und des geplanten bewaffneten Einfalls in Baden verhaftet.

9. April, MANNHEIM:
Alexander von Soiron, der Präsident des Frankfurter Fünfziger-Ausschusses, versucht mit einer Ansprache vom Balkon des Rathauses, die wegen Ficklers Verhaftung auf dem Marktplatz

8. April 1848 – „Wie der erste deutsche Reichs-Polizei-Minister seinen Probefang thut." Mit der Verhaftung Josef Ficklers auf dem Karlsruher Bahnhof provoziert Karl Mathy die endgültige Spaltung der südwestdeutschen Revolutionsbewegung in zwei feindliche Lager. (Zeitgenössische Karikatur, Vorlage: StadtA Mannheim)

versammelten Bürger zu beschwichtigen. Anschließend verteidigt sich Mathy vor der aufgebrachten Menge.

Reisen:
An einer Volksversammlung in dem hessischen Odenwaldort nehmen auch Badener teil, die für die „deutsche Republik" eintreten.

10. April, Mannheim:
Hecker reist ins badische Oberland ab.

Sinsheim:
In der neugebildeten Bürgerwehr übernehmen die radikalen Demokraten die Schlüsselpositionen. Karl Gustav Mayer holt für die Bürgerwehr 200 Gewehre aus dem Karlsruher Zeughaus ab.

Speyer:
Die Volkswehr wird mit 488 Mann aufgestellt. Dr. Walz und Rechtsanwalt Reichard gehören zu ihrem provisorischen Komitee.

12. April, Heidelberg:
Bürgerversammlung in der Aula der Alten Universität über die gegenwärtige Lage des Vaterlands. Eine heftige Diskussion über das Zusammenziehen des 7. und 8. Armeekorps, das Gemeinderat Rasp für unduldbar erklärt, reißt tiefe Gräben auf. Auch die Verhaftung Ficklers heizt die Gemüter auf; Bürgermeister Winter soll Mathy einen „Oberpolizeidiener" genannt haben. Laute Unmutsäußerungen machen eine Fortsetzung der Versammlung unmöglich.
Das Gerücht wird laut, der Gemeinderat habe im Namen der Stadt gegen die Übertragung des Kommandos über das 8. Armeekorps an den Markgrafen Wilhelm und gegen die an die Landesgrenze verlegten fremden Truppen protestiert.

13. April, Heidelberg:
Österreichische Abgeordnete zum Vorparlament in Frankfurt treffen auf dem Bahnhof ein und werden von Bürgermeister Winter mit einer Rede an „unsere deutschen Brüder empfangen".

Mannheim:
Vom Rathausbalkon wird ein den „Heckerzug" betreffender Ministerialerlaß an die Bürgerwehr verlesen.

Waibstadt:
Obergerichtsadvokat Junghanns aus Mosbach wird für den Bezirk Mosbach, Neckarbischofsheim, Sinsheim, Hoffenheim und Neckargemünd in das Frankfurter Vorparlament gewählt.

13. – 17. April, Eberbach:
8 Wahlmänner für die Bestimmung eines Abgeordneten für die Frankfurter Nationalversammlung – darunter Backfisch und Frey – werden gewählt.

14. April, Mannheim:
Beginn der Wahlmännerwahlen zur Frankfurter Nationalversammlung.
Ein neu gegründeter Arbeiterverein verabschiedet eine Proklamation an den Frankfurter Fünfziger-Ausschuß.

Mitte April, Speyer:
Gründung des Volksvereins mit über 200 Mitgliedern.

Worms:
Die Stadt erläßt ein Wehrgesetz für die Bürgerwehr.

Mannheim:
Der Arbeiterverein kündigt eine erste Versammlung im Badner Hof an, die aber wegen der Solidaritätskundgebungen mit dem „Heckerzug" unterbleibt.

17. April, Heidelberg:
Der Große Bürgerausschuß bestätigt, daß in Luzern 900 Gewehre zur Bürgerbewaffnung gekauft wurden.
Frauen regen eine Sammlung an, um der Bürgerwehr eine Fahne zu schenken.

18. April, Mannheim:
Erneute Solidaritätskundgebung mit Hecker auf dem Marktplatz. Heinrich Hoff und Valentin Streuber sprechen zur aufgebrachten Volksmenge und ermahnen zu „ruhigem Rüsten".

19. April, Heidelberg:
Versammlung der Studenten in der Aula zur Aufstellung eines bewaffneten Studentenkorps.

Weinheim:
Eine Petition an die badische Zweite Kammer fordert eine Minderung des Zehntablösungsfußes.

Mannheim:
Truppen aus Hessen-Nassau rücken ein.

Michelstadt:
Auf einer Wahlveranstaltung sprechen Karcher, Lichtenberg, Ludwig Bogen (aus der Schweiz heimgekehrt), Dr. Zamminer, Maximilian Beck (aus Nordamerika heimgekehrt), Wagner (Pfarrer in Rothenberg) und Friedrich Karl Rexroth (Gemeinderatsmitglied). Bogens Kandidatur zur Nationalversammlung wird auch von Beck unterstützt. Die Versammlung schließt mit einer Resolution für Neuwahlen zum hessischen Landtag und einer Sympathieadresse an Zitz.

21. – 23. April, Eberbach:
Backfisch und Frey werden zu Hauptleuten der Bürgerwehr gewählt.

23. April, Heidelberg:
Apotheker Mayer aus Sinsheim erscheint in Heidelberg, um u.a. mit Gemeinderat Rasp über den „bewaffneten Zuzug" zu beraten.

Neustadt a.d.H.:
Große Lehrerversammlung im Schießhaus.

Sinsheim:
Mayer ruft zu einer Volksversammlung auf, bei der er erklärt, „daß jetzt die Zeit zum Handeln gekommen sei und sich jeder bereithalten solle (...)".

Worms:
Dr. Adler wird vom Verleger entlassen, die „Wormser Zeitung" wird Blatt der bürgerlichen Reaktion.

24. April, Eberbach:
Backfisch versucht, die Bürgerwehr zum Marsch nach Heidelberg und zur Unterstützung der dortigen Erhebung zu bewegen.

Sinsheim:
Am Ostermontag um 3 Uhr früh beginnt ein republikanischer Aufstandsversuch. Apotheker Mayer erscheint mit seinen Anhängern und dem Heidelberger Abgesandten Theodor Alten auf dem Rathaus. Der Gemeinderat steht dem Aufruhr hilflos gegenüber. Unter dem Druck von Mayer und seinen Anhängern wird Generalmarsch zum bewaffneten Sammeln geschlagen. Alle Freischärler werden mit Waffen versehen, Pferde und Wagen werden requiriert. Vor rund 200 bis 300 Anhängern proklamiert Mayer die demokratische Republik. Danach beschlagnahmen sie die Kassen der Stiftsschaffnei und der großherzoglichen Obereinnehmerei. Das Geld wird dem Gemeinderat übergeben und zum Nationalgut erklärt. Im Anschluß macht sich der Zug aus Handwerksmeistern, Gesellen und Tagelöhnern auf den Weg nach Heidelberg. Daß Sinsheim zum Ausgangspunkt eines für die Obrigkeit gefährlichen republikanischen Freischarenzuges wird, ist auch Ausdruck für die innerhalb der Stadt herrschenden Machtverhältnisse. Der Verwalter der Stiftsschaffnei Benz notiert: „Wir leben im Zustande völliger Anarchie (...) in förmlichster Revolution, der Gemeinderath ist eine Null, Apotheker Mayer spielt den Diktator, das Amt hat keine Gewalt (...)".

24. April 1848, Ostermontag – „Entwaffnung der Sinsheimer durch die Bürgerwehr und die Studenten zu Heidelberg". Das Ereignis wird auf der Abbildung fälschlicherweise auf den 23. April datiert. (Vorlage: Kurpfälzisches Museum Heidelberg)

HEIDELBERG:
Bürgermeister Winter wehrt sich in einer öffentlichen Erklärung gegen den Versuch, ihn als revolutionären Bürgermeister darzustellen. Eine Berufung ins deutsche Parlament lehnt er – auch aus Altersgründen – ab.
Friedrich Rummer, Professor an der höheren Bürgerschule, wird zum Kommandanten der Bürgerwehr gewählt.
Am frühen Nachmittag marschieren bewaffnete Männer aus dem Umland unter der Führung des Apothekers Mayer aus Sinsheim durch das Karlstor. Beim Amtshaus tritt ihnen der Bürgerwehr-Kommandant Rummer entgegen; seine Frage nach dem Grund des Zugs bleibt unbeantwortet. Mit dem Ruf „Es lebe die Republik" ziehen die Sinsheimer weiter auf den Marktplatz, wo sie die Bürgerwehr erwartet. Die Aufforderung an die Freischärler zur Abgabe der Waffen bleibt zunächst ungehört. Erst nach langen Diskussionen werfen einige ihre Waffen weg, andere ergreifen die Flucht. Sie werden von der Reiterei eingeholt und entwaffnet.

WEINHEIM:
Oberamtmann von Teuffel wird als Vorstand des Bezirksamts nach Offenburg versetzt; ihm folgt Amtmann Friedrich von Krafft-Ebing, der bereits bis 1844 als Amtsassessor in Weinheim gewirkt hatte und bei seiner Versetzung mit Festessen und Fackelzug von den Bürgern für seine „humane und gerechte Pflichterfüllung" demonstrativ geehrt worden war.

25. April, HEIDELBERG:
Gemeinderat Johannes Rasp und Apotheker Thomas Olinger weisen die Vorwürfe, die Sinsheimer zum Marsch nach Heidelberg aufgefordert zu haben, zurück. Bis zur Klärung der Ereignisse durch das Großherzogliche Oberamt legt Rasp sein Amt als Gemeinderat nieder.

26. April, BEERFELDEN:
Bei einer Volksversammlung treten zahlreiche Redner auf: Heinrich Breimer (Beerfelden), Pfarrer Wagner (Rothenberg), Kredell (Gammelsbach), Backfisch (Eberbach), Dr. Vogel (Nieder-Ramstadt), Bogen (Michelstadt), Wilhelm Beisel (Beerfelden), Hellmann (Neckarsteinach), Rexroth (Michelstadt) und Dosch (Erbach).

HEIDELBERG:
Bürgermeister Winter dankt dem Kommandanten der Bürgerwehr Rummer für „seine umsichtige Leitung und Anordnungen" am 24. April.
Stadtamtsrevisor Reinhard Herbster wird von Heidelberg nach Gernsbach versetzt.
Der Silberarbeiter Alten, verdächtigt des Hochverrats und des Aufruhrs, wird nach seiner Flucht steckbrieflich gesucht.

MANNHEIM:
Zusammenstöße zwischen Handwerksgesellen und Nassauer Soldaten. Der Straßenkrawall verlagert sich an die Schiffsbrücke, über die das Militär nach Ludwigshafen flüchtet. Es kommt zu Schießereien an der Brücke, in der Stadt wird die Sturmglocke geläutet. Die Intervention mehrerer Bürgerwehreinheiten, die ein Brückenjoch entfernen, beendet die Auseinandersetzungen, die Tote und Verletzte auf beiden Seiten fordern.

SINSHEIM:
Die Obrigkeit greift mit aller Härte durch. Zwei Kompanien Exekutionstruppen rücken ein. Die Teilnehmer des Ostermontagszugs werden in Untersuchungshaft genommen.

27. April, Heidelberg:
Rasp schildert in einem am 28. April erscheinenden Artikel die Vorgänge vom 24. April. Er habe mit Apotheker Mayer über eine Volksversammlung gegen den Zuzug weiterer Truppen gesprochen, aber niemals über einen bewaffneten Zuzug.
Stadtdirektor Carl Freiherr von Neubronn attestiert Bürgermeister Winter ein besonnenes und entschiedenes Vorgehen am 24. April auf dem Marktplatz.

Mannheim:
Die Großherzogliche Regierung entsendet einen Beamten zur Untersuchung der Vorfälle. Die militärische Besatzung der Stadt wird verstärkt.

29. April, Mannheim:
Erste Verhaftungen finden statt. Vor allem die Führer der Radikalen, Johann Peter Grohe, Heinrich Hoff und Valentin Streuber werden festgesetzt. Grohes „Mannheimer Abendzeitung" und der „Deutsche Zuschauer" müssen vorläufig ihr Erscheinen einstellen, Hoffs „Deutsche Volkszeitung" erscheint an diesem Tag zum letzten Mal. Eine Proklamation des Großherzogs verhängt den Belagerungszustand über die Stadt.

30. April, Heidelberg:
Der Schneidergeselle Christoph Bauner aus Biebelsheim wird des Hochverrats verdächtigt und steckbrieflich gesucht.

Schriesheim:
Gründung eines politischen Vereins durch Bürgermeister Jakob Rufer und Adlerwirt Georg Forschner.

1. Mai, Mannheim:
Seit 9 Uhr morgens ist der Belagerungszustand verhängt; bayerische Truppen rücken in die Stadt ein. Mit einer Revision der Aufenthaltsbestimmungen werden nicht als Bürger geführte Arbeiter und Handwerksgesellen überprüft und im Lauf der nächsten Wochen über 800 von ihnen aus der Stadt gewiesen.

Speyer:
Offizielle Gründung des Turnvereins.

2. Mai, Mannheim:
Nach der erzwungenen Abgabe der Bürgerwehrwaffen werden Haussuchungen durchgeführt.

3. Mai, Heidelberg:
Nach längerer Unterbrechung wird der Unterricht an der Gewerbeschule wieder aufgenommen.

4. Mai, Heidelberg:
Einige Wehrmänner wollen dem neuen Bürgerwehrgesetz und vor allem dem „alten Republikaner" (Bürgermeister Winter) nicht Folge leisten.

5. Mai, Heidelberg:
Der Kommandant der Bürgerwehr Rummer garantiert die Befolgung des Bürgerwehrgesetzes.

9. Mai, Mannheim:
Staatsrat Bekk erscheint in der Stadt und läßt nach einer Beratung mit den Behördenvertretern anderntags den Belagerungszustand aufheben.

SINSHEIM:
Der Gemeinderat bittet den Abgeordneten Bassermann in einem Schreiben, sich für die Freilassung der Inhaftierten und den Abzug der Exekutionstruppen zu verwenden. Weitere Bittschriften folgen. Erst nach mehreren Wochen kommen die meisten Gefangenen wieder frei.

10. Mai, HEIDELBERG:
Treffen von rund 75 Wahlmännern der Bezirke Heidelberg, Weinheim und Wiesloch in Heidelberg, um sich auf einen Abgeordneten für die Frankfurter Nationalversammlung zu einigen.

11. Mai, ERBACH:
Bei der Wahl des Abgeordneten für die Frankfurter Nationalversammlung im Schützenhof erhält Zitz 57, Jaup 56, Bürgermeister Schwöbel aus Hüttenthal 1 Stimme. 113 Stimmen erhält Bogen, der knapp die absolute Mehrheit (227 Wahlmänner) verfehlt. Bogens demokratisch-republikanisches Wahlprogramm wird Ende April in Form eines Flugblatts als „Ansprache an das Odenwälder Volk und an die Wähler des vierten Wahlbezirks" bekanntgemacht.

HEIDELBERG:
Studentenversammlung im Englischen Hof gegen das „reaktionäre Verfahren" der Immatrikulationskommission; „deutsche Hochschulen" seien „keine polizeilichen Anstalten".

MANNHEIM:
Beschlagnahmung des „Deutschen Zuschauers".

12. Mai, SCHWETZINGEN:
Dr. Tiedemann wehrt sich gegen die Gerüchte, die gegen ihn im Umlauf sind: Er habe in einer Versammlung die Republik besprochen und Nichtrepublikaner bedroht; er habe Leute für den Aufstand im Oberland angeworben und sei in Mannheim in blauer Bluse, mit grauem Hut samt Hahnenfeder und Pistolen im Gürtel aufgetreten.

13. Mai, HEIDELBERG:
Aufruf von Prof. Welcker und Prof. Mittermaier, am Vorabend der Eröffnung der Nationalversammlung Feuersäulen auf dem Königstuhl brennen zu lassen, die von „der Begeisterung des deutschen Volks zeugen sollen".

14. Mai, MANNHEIM:
Vertreter des gemäßigten Bürgertums rufen zur Gründung eines Neuen Vaterländischen Vereins auf.

16. Mai, HEIDELBERG:
Abgeordneter von Soiron, Präsident des Fünfziger-Ausschusses, wird als Abgeordneter in die Frankfurter Nationalversammlung gewählt. Der von den Weinheimer Wahlmännern favorisierte Regierungsdirektor Peter unterliegt.

MANNHEIM:
Im ersten Wahlgang wird von Itzstein in die Nationalversammlung gewählt. Itzstein nimmt jedoch in einem anderen Bezirk die Wahl an, so daß eine Nachwahl angesetzt werden muß.

17. Mai, HEIDELBERG:
Am Vorabend der Eröffnung der Nationalversammlung brennen auf dem Königstuhl, wie auch auf den Höhen des Odenwalds und des Taunus, Feuersäulen.

18. Mai, Heidelberg:
Sämtliche Offiziere, Ärzte und Soldaten des kurhessischen 2. Infanterieregiments bedanken sich bei ihrem Abzug für die herzliche und gastfreundliche Aufnahme in der Stadt.

21. Mai, Mannheim:
Die Bürgerschaft feiert die Eröffnung der Nationalversammlung mit einem Umzug durch die Breite Straße.

24. Mai, Weinheim/Ladenburg:
Die Wahl des Mühlbacher Pfarrers Georg Friedrich Schlatter zum Abgeordneten der badischen Zweiten Kammer für den Wahlbezirk als Nachfolger Heckers wird annulliert.

Mai, Wiesloch:
Bildung einer Bürgerwehr.

Juni, Weinheim:
Eine Petition an die badische Zweite Kammer fordert die Abschaffung der Weinsteuer.

Juni/Juli, Sinsheim:
Für acht Wochen werden zwei Kompanien Leibgrenadiere als Exekutionstruppen nach Sinsheim verlegt. Für Verpflegung und Unterkunft müssen die Bürger aufkommen.

Speyer:
Der demokratische Leseverein hat sein Lokal zunächst im Adler, dann im Kayserschen Kaffeehaus, die beide in der Maximiliansstraße liegen.

3. Juni, Mannheim:
Bei der Nachwahl für von Itzstein wird der Kaufmann Sachs für den Wahlbezirk in die Nationalversammlung delegiert.

4. Juni, Mannheim:
Petition der Bürgerschaft zur Verringerung der Einquartierung.

6. Juni, Heidelberg:
Mit Musik des kurhessischen Musikkorps wird die Gartenwirtschaft Zum Darmstädter Hof eröffnet.

vor dem 8. Juni, Weinheim:
Bürger empören sich gegen eine Beleidigung Heckers durch Gendarmen und Amtsdiener. Hessische Stationierungskräfte erscheinen in Weinheim.

9. Juni, Heidelberg:
Nachdem von Soiron seine Wahl abgelehnt hat, zieht Prof. Hagen in die Nationalversammlung ein.

11. Juni, Speyer:
Ausflug von ca. 50 Parlamentsmitgliedern der Linken in die Vorderpfalz.

21. Juni, Worms:
Gründung des Demokratenvereins durch Bandel, Blenker und Dr. von Loehr.

26. Juni, WORMS:
Einrichtung einer vom Gemeindevorstand unabhängigen Bürgerwehrkommandantur, die Blenker innehat.

30. Juni, WORMS:
Gründung des Bürgervereins durch Dr. Merz, der führende Kopf ist Dr. Friedrich Johann Eich.

1. Juli, ERBACH:
Gründung eines Zweigvereins des Demokratischen Bürgervereins des hessischen Odenwaldes, der eine politisch gemäßigte Richtung vertritt.

SCHRIESHEIM:
Gründung eines Demokratischen Vereins.

2. Juli, HEIDELBERG:
Einige Wahlmänner fordern den Rücktritt des Abgeordneten Bissing, der für die Verhaftung des Abgeordneten Peter gestimmt hatte, „da er nicht mehr das Vertrauen der Urwähler besitzt". Ministerialdirektor Carl Brunner wird von der Universität in die badische Erste Kammer gewählt, er lehnt jedoch aus Gesundheitsgründen ab. Bei einer neuen Wahl setzt sich Gottfried Stengel durch.

7. Juli, SPEYER:
Auf Antrag von Dr. Walz sind die Ratssitzungen ab sofort öffentlich.

8. Juli, HEIDELBERG:
Der neu gegründete Demokratische Studentenverein weist darauf hin, daß sein Aufruf vom 7. Juli zum Beitritt und zur Einführung der Republik als Staatsform von Universitätsamtmann Hermann von Hillern vom schwarzen Brett entfernt worden sei.

MANNHEIM:
Mit dem Zusatz „Neue Folge" lassen Florian Mördes und David Sauerländer den Struveschen „Deutschen Zuschauer" wieder erscheinen.

11. Juli, HEIDELBERG:
Verbot des Demokratischen Studentenvereins.

MICHELSTADT:
Eine Strafexpedition wird mit Kreisrat Friedrich Küchler aus Friedberg als Untersuchungskommissar nach Michelstadt geschickt, da bei der geplanten Gründung eines Demokratischen Vereins „Excesse" vorgekommen seien.

12. Juli, EBERBACH:
Bildung eines Demokratischen Vereins. Vorsitzender wird Theodor Frey, Sekretär Ludwig Bohrmann.

WEINHEIM/LADENBURG:
Erneute und wiederum annullierte Wahl Schlatters in die badische Zweite Kammer für den Wahlbezirk.

14. Juli, Frankenthal:
12 preußische Teilnehemer des „Heckerzugs" werden aus Bruchsal in das Frankenthaler Gefängnis verlegt und von hier in ihre Heimat überführt.

Mannheim:
Das bayerische Militär verläßt die Stadt.

15. Juli, Heidelberg:
Nach dem Bekanntwerden des Verbots des Demokratischen Studentenvereins sehen sich die Studenten in der Ausübung ihrer akademischen Rechte eingeschränkt, zumal die bürgerlichen Vereine weiter bestehen bleiben dürfen.

16. Juli, Heidelberg:
Aufruf des Allgemeinen Studentenvereins an die Nationalversammlung, die „bedrohten Brüder in Schleswig-Holstein" nicht zu verraten und einen die „Ehre Deutschlands schändenden" Waffenstillstand zwischen Preußen und Dänemark nicht zu unterstützen.

17. Juli, Heidelberg:
Zwei Drittel der rund 500 eingeschriebenen Studenten ziehen, die schwarz-rot-goldene Fahne voran, nach Neustadt.
Der Große Bürgerausschuß berät eine Eingabe an das Staatsministerium wegen Auflösung des Demokratischen Studentenvereins und Wegzugs der Studenten, weil zudem noch negative Auswirkungen für Handel, Gewerbe und Fremdenverkehr erwartet werden.

18. Juli, Heidelberg:
Den nach Neustadt ausgezogenen Studenten droht der Verlust der akademischen Bürgerrechte, wenn sie sich nicht innerhalb von drei Tagen zurückmelden.

17. Juli 1848 – Auszug der Heidelberger Studenten nach Neustadt. (Vorlage: Kurpfälzisches Museum Heidelberg)

19. Juli, Karlsruhe:
Eine Heidelberger Delegation versucht vergeblich, die Rücknahme des Verbots des Demokratischen Studentenvereins zu bewirken. Der Gründung eines anderen Vereins, der nicht für die Einführung der Republik Propaganda macht, steht man in Karlsruhe jedoch positiv gegenüber.

20. Juli, Heidelberg:
Die nach Neustadt ausgezogenen Studenten senden einen „Brudergruß" an die Heidelberger.

Speyer:
Georg Friedrich Kolb wird zum Bürgermeister ernannt.

21. Juli, Karlsruhe:
In der Sitzung der badischen Zweiten Kammer wird die Petition zahlreicher Heidelberger Studenten zum Verbot des Demokratischen Studentenvereins beraten.

22. Juli, Karlsruhe:
Alle Demokratischen Vereine werden aufgelöst.

Mannheim:
Vom Verbot der Demokratischen Vereine ist auch der unter der Leitung von Mördes seit wenigen Wochen bestehende Zweigverein betroffen. Die Mitglieder des verbotenen Vereins gründen wenig später einen Volksverein für vaterländische Angelegenheiten.

Weinheim:
Das Verbot der Demokratischen Vereine wird dadurch umgangen, daß der bestehende Verein sich in Volks- oder Bürgerverein umbenennt.

23. Juli, Heidelberg:
Aufruf an die „akademischen Bürger" zur Unterzeichnung einer Eingabe an die „Frankfurter Versammlung", das in Baden noch bestehende Gesetz vom 26. Oktober 1833 aufzuheben, das den Behörden die Möglichkeit einräumt, jeden Verein, der das öffentliche Wohl gefährdet, aufzulösen. Statt dessen soll die Befugnis zur Auflösung politischer Vereine ordentlichen Gerichten zugewiesen werden.

Mannheim:
Der im Juni gegründete Frauen- und Jungfrauen-Verein wendet sich in einer öffentlichen Petition an die Nationalversammlung mit der Bitte um Amnestie für politische Gefangene und Flüchtlinge.

25. Juli, Heidelberg:
Die Studenten kehren in die Stadt zurück und werden begeistert empfangen. Die „Musensöhne" sehen durch das Verbot aller Demokratischen Vereine in ihrem Auszug keinen Sinn mehr, „da sonst ganz Baden auswandern müßte".

26. Juli, Mannheim:
Gründung eines Vereins zur Unterstützung Gewerbetreibender, deren Geschäftsbetrieb durch die „Zeitverhältnisse" in Mitleidenschaft gezogen ist.

30. Juli, Heidelberg:
Mitglieder der Linken in der Nationalversammlung werden in der Stadt und auf dem Schloß-

hof festlich empfangen. Die Redner sind Blum, Hagen, von Trützschler, Schlöffel, Nauwerck, Wiesner u.a.

31. Juli, EBERBACH:
Der Demokratische Verein wird verboten. Unter Namensänderung besteht er bis zum Oktober 1848 weiter, muß sich dann aber mangels Mitgliedern auflösen.

FRANKENTHAL:
Der Kantonalausschuß des Volksvereins fordert in einem Aufruf an die Bürger und Bewohner des Bezirks zum Beitritt auf.

HEIDELBERG:
Studenten formulieren eine Petition an die Nationalversammlung, die „Associationsfreiheit" für ganz Deutschland zu sichern.

August, SCHRIESHEIM:
Gründung eines Bürgervereins.

SPEYER:
Turner und Schüler ehren das Heckerportrait in der Langschen Buchhandlung durch Absingen des Heckerlieds; bei der entstehenden Schlägerei mit Soldaten werden fünf Bürger verletzt.

2. August, SPEYER:
Aus Mitgliedern des Turnvereins konstituiert sich der Löschverein zu Speyer, die spätere freiwillige Feuerwehr.

3. August, HEIDELBERG:
Der provisorische Ausschuß veröffentlicht das Programm des neu gegründeten Vaterländischen Vereins.

6. August, WORMS:
Auf einer Volksversammlung stellen Bamberger, Dr. von Loehr und Zitz die Forderung nach Volkssouveränität auf.

7. August, MICHELSTADT:
Durch das „Gesetz die Verhältnisse der Standesherren und adeligen Gerichtsherren betreffend" wird das Michelstädter Konsistorium aufgelöst. Aus dem Landratsbezirk Erbach wird mit der kurz zuvor beschlossenen Verwaltungsreform ein Regierungsbezirk, der auch den Nachbarbezirk Breuberg-Höchst und die südlich angrenzenden Gerichtsbezirke Hirschhorn und Wimpfen einschließt.
„Gräflich-Erbachisch" verschwindet aus den Amtsbezeichnungen.

8. August, HEIDELBERG:
Studentenversammlung im Prinz Max zur Beratung einer Petition an das badische Ministerium um baldige Berufung des Philosophen Ludwig Feuerbach.

9. August, SPEYER:
Die Volkswehr hat insgesamt 400 Gewehre erhalten, von denen 250 bereits ausgegeben sind. Die Volkswehrkommission ruft zu tätiger Unterstützung auf.

11. August, Mannheim:
Aufruf eines „provisorischen Komitees“ zur Gründungsversammlung für einen neuen Arbeiterverein im Großen Mayerhof.

12. August, Mannheim:
Der Abgeordnete und Verleger Bassermann verkauft die „Deutsche Zeitung“. Ab 1. September erscheint das Blatt unter der Redaktion von Prof. Droysen in Frankfurt. Die Heidelberger Professoren Gervinus und Häusser verlassen die Redaktion.

Weinheim:
Mehrere Bürger richten ein Schreiben an den im schweizerischen Exil befindlichen Hecker und bitten ihn, von seinen Auswanderungsplänen in die USA Abstand zu nehmen.

14. August, Heidelberg:
Die Professoren Carl Adolph von Vangerow und Carl Daniel Heinrich Rau werden als Vertreter der Universität nach Jena geschickt.

16. August, Heidelberg:
Im „Heidelberger Journal“ wird erneut von Bissing die Rückgabe seines Landtagsmandats gefordert.

Mannheim:
Bei der Erneuerungswahl für den Gemeinderat werden als Vertreter der Radikalen Elias Eller, Friedrich Löwenhaupt und Melchior Rickert in das Gremium delegiert.

17. August, Weinheim/Ladenburg:
Wahl des Heiligkreuzsteinacher Pfarrers August Lehlbach in die badische Zweite Kammer für den Wahlbezirk.

18. August, Mannheim:
Großherzog Leopold wohnt der Einschiffung badischer Truppen nach Schleswig-Holstein bei. Am gleichen Tag findet die erste öffentliche Sitzung des neu gegründeten Volksvereins statt.

20. August, Weinheim:
Eine Versammlung von Lehrern aus dem Amtsbezirk richtet eine Petition an die Nationalversammlung zur Erklärung der Schule als „Staatsanstalt“.

Neustadt a.d.H.:
Der deutsch-katholische Prediger Ronge trifft in Neustadt a.d.H. ein.

24./25. August, Leutershausen/ Großsachsen:
Eine weitere Petition an die Nationalversammlung unterstützt die Weinheimer Petition der Lehrer vom 20. August.

29. August, Weinheim:
Der Gemeinderat boykottiert die Feierlichkeiten zum Geburtstagsfest des Großherzogs.

September, Schriesheim:
Gründung eines Bewaffneten Vereins.

1. September, Frankenthal:
Der Demokratische Verein protestiert in einer Adresse an die Nationalversammlung gegen das Verbot der Demokratischen Vereine durch die bayerische Regierung.

Mannheim:
Die mit Spannung erwartete Verhandlung gegen den Redakteur der „Mannheimer Abendzeitung" Grohe vor dem Hofgericht endet mit einem aufsehenerregenden Freispruch. Die anschließende Jubeldemonstration wird von der Polizei aufgelöst.

3. September, Weinheim:
Eine Petition von Handwerkern an die Nationalversammlung wendet sich gegen die Einführung der Gewerbefreiheit.
Eine Volksversammlung unter Beteiligung von Abgeordneten der Nationalversammlung (Dewes, Hagen, Nauwerk, Sachs, Wiesner), des Heidelberger Bürgermeisters Winter, des Heidelberger Lehrers Willigis Letzeiser und des Mannheimer Demokraten Mördes propagiert die Einführung der Republik.

10. September, Heidelberg:
Eine Petition des Vaterländischen Vereins an die Nationalversammlung liegt zum Unterzeichnen aus. In ihr wird ein ehrenvoller Friede – anstelle eines schmählichen Waffenstillstands – im Schleswig-Holstein-Konflikt gefordert.

Eberbach:
Fahnenweihe der Bürgerwehr.

11. September, Mannheim:
Eine Volksversammlung spricht sich gegen den Waffenstillstand von Malmö aus.

15. – 20. September, Weinheim:
Demokraten errichten ein bewaffnetes Korps unter Gastwirt Friedrich Härter. Der Gemeinderat beugt sich der Forderung auf Herausgabe von Gewehren, die im Rathaus gelagert sind. Als Reaktion hierauf beginnen auch die Weinheimer „Aristokraten" mit der Aufstellung eines „gegenseitigen Schutzbündnisses".

16. September, Leutershausen:
Pfarrer Küstner richtet im Namen des katholischen Vereins zu Oberflockenbach, Rippenweier und Heiligkreuz eine Petition an die Nationalversammlung zur Sicherstellung der Unabhängigkeit der Katholischen Kirche vom Staat.

18. September, Mannheim:
Auf dem Marktplatz findet eine Kundgebung statt, auf der erklärt wird, die Nationalversammlung besitze nicht mehr das Vertrauen des Volks. In den folgenden Tagen kommt es vor dem Rathaus zu Tumulten, als Demonstranten die Herausgabe der Bürgerwehrwaffen fordern.

18./19. September, Alzey/Worms:
Unruhen nach dem Widerspruchsverzicht der Paulskirche gegen den Waffenstillstand von Malmö.

19. September, Frankenthal:
In einer öffentlichen, von 1.200 Personen besuchten Volksversammlung wird gegen die Ratifizierung des Malmöer Waffenstillstands protestiert und eine entsprechende Resolution an die

Nationalversammlung geschickt. Unterschrieben wird diese von den Vorständen des Arbeiter-, Gewerbe-, Gesang-, Schützen-, Turn- und Volksvereins und des Demokratischen Vereins.

23. September, MANNHEIM:
Der Gemeinderat beschließt eine Begrenzung der Bürgerwehr auf 1.200 Mann.

WEINHEIM:
Zur Unterstützung des „Struve-Putschs" zerstören Demokraten unter Zuzug von Gesinnungsgenossen aus dem hessischen Weschnitztal die Main-Neckar-Bahn an der südlichen Gemarkungsgrenze zu Lützelsachsen und bringen einen Truppentransportzug zum Entgleisen; weniger umfangreich sind Zerstörungen bei Sulzbach. Das Signal zur Aktion wird von den Mannheimer Demokraten Barth, Welcker und Wimmer gegeben, die am Vormittag bei Gastwirt Härter erschienen sind.

24. September, WEINHEIM:
Verhängung des Kriegszustands über den Amtsbezirk Weinheim. Unter Hinzuziehung von Militär wird die Bahnlinie wiederhergestellt.

26. September, WEINHEIM:
Ein Bataillon preußischer Infanterie rückt in die Stadt ein.

29. September, MANNHEIM:
Einzug von Bundestruppen, hauptsächlich Preußen.

WEINHEIM:
Eine 850 Mann starke nassauische Abteilung löst die Preußen ab.

Oktober, FRANKENTHAL:
Gründung eines Arbeiterbildungsvereins.

1. Oktober, HEIDELBERG:
In Anwesenheit des Gemeinderats überreichen Frauen im Rathaus an Bürgermeister und Bürgerwehr die beiden Bannerfahnen. Diese werden nachmittags von einem Bürgerwehrzug mit Musikbegleitung auf den mit einer Festsäule geschmückten Universitätsplatz gebracht. Nach einer kurzen, „aber angemessenen" Rede übergibt Bürgermeister Winter die Fahnen an den Oberst der Bürgerwehr Rummer.

2. Oktober, WEINHEIM:
Ablösung der nassauischen Abteilung durch preußisches Militär.

4. Oktober, WEINHEIM:
Beginn der Verhaftung von Teilnehmern am Anschlag auf die Main-Neckar-Bahn.

5. Oktober, MANNHEIM:
Der frühere Redakteur des in Heidelberg erschienenen Blatts „Die Republik" Ernst Elsenhans aus Feuerbach wird zu acht Monaten Festungshaft verurteilt.

SINSHEIM:
Das Bezirksamt droht dem Gemeinderat zur Aufrechterhaltung der öffentlichen Ruhe und Ordnung wiederum mit Militäreinquartierungen.

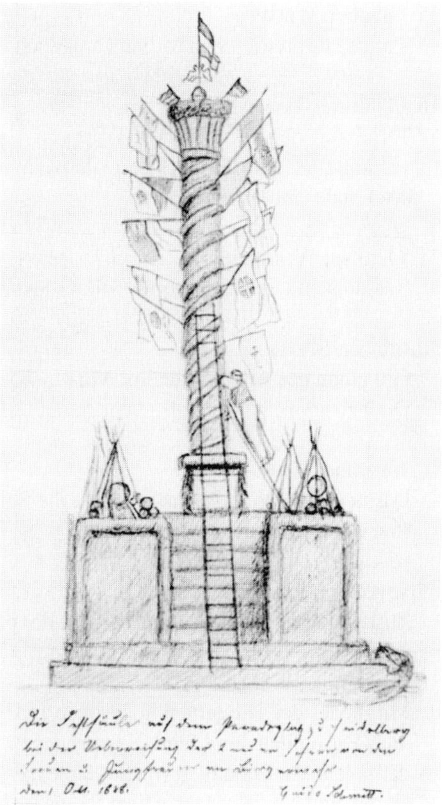

1. Oktober 1848 – Festsäule auf dem Paradeplatz (heute Universitätsplatz), errichtet zur feierlichen Übergabe zweier Fahnen durch die Jungfrauen und Frauen Heidelbergs an die Bürgerwehr. (Zeichnung von Guido Schmitt, Vorlage: Kurpfälzisches Museum Heidelberg)

6. Oktober, HEIDELBERG:
Rummer wird zum „Heerschaaren-Befehlshaber“ der Bürgerwehr ernannt.

8. Oktober, NEUSTADT A.D.H.:
Beratung der Ausschußmitglieder der pfälzischen Volksvereine.

10. Oktober, SINSHEIM:
Das Bezirksamt fordert den Bürgermeister auf, über die politischen Vereine in der Stadt und deren Mitgliederzahlen zu berichten. Um diese Zeit wird ein Volksverein unter Führung von Eduard Speiser und dem Apothekergesellen Emil Herwig gegründet.

WEINHEIM/LADENBURG:
Der Abgeordnete Lehlbach legt in der badischen Zweiten Kammer eine Petition aus verschiedenen Orten des Wahlkreises vor, die eine Amnestie für „politische Verbrecher“ verlangt; bei dieser Gelegenheit kritisiert Lehlbach das Vorgehen der Behörden gegen die Teilnehmer am Anschlag auf die Main-Neckar-Bahn.
In den folgenden Wochen entbrennt eine Auseinandersetzung in der Presse, in der vor allem die Untersuchungsmethoden des Amtmanns Dominik Herterich angeprangert werden, aber auch das Eintreten Lehlbachs für die Beschuldigten angegriffen wird. In Adressen an die Zweite Kammer melden sich Gegner wie auch Parteigänger Lehlbachs zu Wort.

15. Oktober, Weinheim:
Parade des preußischen Militärs anläßlich des Geburtstags von König Friedrich Wilhelm IV.

16. Oktober, Mannheim:
Teilabzug der preußischen Truppen. Verbot einer von Mördes angemeldeten Bürgerversammlung, die die Auflösung der Kammer und die Aufhebung der militärischen Besetzung des Landes fordern sollte.

21. Oktober, Weinheim:
Nassauisches und Frankfurter Militär löst die Preußen ab.

November, Speyer:
Gründung des Arbeitervereins; Vorsitzender wird Franz Umbscheiden.
Die Fahnenweihe der Volkswehr findet unter starker Beteiligung der Bevölkerung statt.

1. November, Worms:
Das hessische Wehrgesetz schränkt die Selbständigkeit von Bürgerwehr und Wehrrat zugunsten des Gemeindevorstands ein.

5. November, Edenkoben:
Zusammenkunft der Kommandanten der pfälzischen Bürgerwehren.

10. November, Wiesloch:
Mitglieder des Bürgervereins drohen mit einem Schußwechsel, falls die Gendarmerie abermals Patrouillen durchführt. Seitens des Bürgermeisteramts wird dieser Vorfall damit abgetan, daß solche Androhungen von Straßenexzessen jährlich im Herbst wegen des in Mengen produzierten und konsumierten neuen Weins vorkämen und nach wenigen Wochen wieder vollkommen verschwänden.

16. November, Heidelberg:
Aufruf zur Sammlung für die Hinterbliebenen des in Wien standrechtlich erschossenen Abgeordneten der Nationalversammlung Robert Blum.

18. November, Heidelberg:
Studenten rufen zu einer Gedächtnisfeier für Blum im Schloßhof auf.

19. – 21. November, Heidelberg/Mannheim/Neustadt a.d.H./Speyer:
Totenfeiern für Blum.

21./22. November, Mannheim:
Die Preußen verlassen Mannheim; dafür rückt wenige Tage später wieder nassauisches Militär ein.

25. November, Heidelberg:
Die naussauischen Truppenteile verlassen die Stadt in Richtung Weinheim.

1. Dezember, Heidelberg:
Die Vorlesungen des Philosophen Ludwig Feuerbach finden im Bürgerausschußsaal des Rathauses statt, nachdem ihm die Aula der Universität nicht zur Verfügung gestellt wird.

2. Dezember, Heidelberg:
Die Eintrittsgelder für das Konzert des Liederkranzes werden zugunsten der Familie Blum verwendet.

6. Dezember, Weinheim:
Amtmann Dominik Herterich muß die Untersuchung gegen die Beschuldigten des Anschlags auf die Main-Neckar-Bahn an Assessor Wilhelmi abgeben.

7. Dezember, Weinheim:
Abzug der nassauischen Truppen; an ihre Stelle tritt badisches Militär.

9. Dezember, Heidelberg:
In der Versammlung der Volkstümlichen Vereine im Bremeneck wird der Volksbund gegründet. Die Statuten werden am 13. Dezember beraten.

10. Dezember, Heidelberg:
Die aus Heidelberg und Umgebung abziehenden nassauischen Truppen danken für die freundliche Aufnahme „in diesem schönen Lande".

Mannheim:
Die nassauischen Truppen verlassen die Stadt.

25. Dezember, Renchen:
Auf dem Kongreß der badischen Volksvereine wird der Mannheimer Vorstand zum Landesausschuß gewählt. Der Rechtsanwalt und Abgeordnete der Nationalversammlung Brentano wird Präsident der Organisation.

1849

Januar, Schriesheim:
Gründung eines Volksvereins.

Schwetzingen:
Mit der „Aufforderung Brentanos zum Aufruhr" wird ein Demokratischer Verein gegründet. Der praktische Arzt Dr. Tiedemann organisiert den nicht zuletzt durch den Beitritt der umliegenden Gemeinden Oftersheim, Brühl, Ketsch und Plankstadt starken Verein, der sich aus gutbürgerlichen, wohlsituierten Mitgliedern zusammensetzt, und fungiert als dessen Präsident.

2. – 6. Januar, Worms:
Bei der Bürgermeisterwahl erringen die Demokraten unter Führung von Ludwig Blenker, Johann Philipp Bandel und Ferdinand Eberstadt die Mehrheit. Eberstadt wird von der Regierung als neugewählter Bürgermeister bestätigt.

8. Januar, Weinheim:
Die ersten der seit Anfang Oktober nach dem Anschlag auf die Main-Neckar-Bahn verhafteten Untersuchungshäftlinge werden entlassen.

11. Januar, Mannheim:
Brentano wird zum Oberbürgermeister gewählt, seiner Wahl aber die Bestätigung versagt.

15. Januar, MANNHEIM:
Der Große Bürgerausschuß beschließt, wegen der Vorenthaltung der Bürgerwehrwaffen eine Beschwerde an die Regierung und den Landtag zu richten.

17. Januar, SPEYER:
Generalversammlung des Volksvereins in der Fruchthalle zur Unterzeichnung einer Petition an die Nationalversammlung betreffs Gewerbefreiheit für verschiedenen Ackerprodukte; die Feier zur Verkündigung der Grundrechte wird beraten.

21. Januar, SPEYER:
Verkündung der von der Nationalversammlung beschlossenen „Grundrechte des Deutschen Volkes“. Sie werden nach dem feierlichen Einmarsch der Bürgerwehr vom Königsplatz zum Rathaus von dessen Balkon verlesen.

23. Januar, MANNHEIM:
Ein Streik der Schneider wird vom Stadtamt mit Ausweisung mehrerer Streikführer beantwortet.

28. Januar, HEIDELBERG:
Unter dem Motto: „Eintracht macht stark!“ lädt der Arbeiterbildungsverein „alle Gewerbtreibende, Arbeitervereine, Arbeiter und Freunde der Arbeit in Baden und den angrenzenden Ländern“ zur Besprechung der „socialen“ Frage ins Bremeneck ein.

SINSHEIM:
Der Redakteur des „Volksführers“ Philipp Stay organisiert eine Volksversammlung.

Anfang Februar, WEINHEIM:
Zusammenschluß von Liberalen und von Honoratioren aus der Casino-Gesellschaft zu einem Vaterländischen Verein. Der gleiche Personenkreis bildet ein Schützenkorps.

GROßSACHSEN:
Gründung eines Volksvereins.

SPEYER:
Der Arbeiterbildungsverein lädt alle Arbeiter zu einer Generalversammlung in die Moossche Brauerei ein.

4. Februar, SINSHEIM:
Als politisches Gegengewicht zum Volksverein wird ein Vaterländischer Verein gegündet. Dieser versteht sich als Sammlungsbewegung für die Anhänger einer konstitutionellen Monarchie.

5. Februar, MANNHEIM:
Der neu gegründete zweite Frauenverein Concordia hält im Badner Hof seine erste Versammlung ab.

WEINHEIM:
Abzug des badischen Militärs.

8. Februar, HEIDELBERG:
„Alle patriotischen Frauen und Jungfrauen“ werden aufgerufen, dem patriotischen Frauenverein beizutreten und der vaterländischen Sache zu dienen.

9. Februar, Heidelberg:
Die Bürger und Einwohner werden im „Heidelberger Journal“ aufgerufen, sich dem Vaterländischen Verein anzuschließen, der die Freiheit und Sicherheit der Person befördere und anarchische sowie reaktionäre Bestrebungen bekämpfe.

9./10. Februar, Weinheim
Tod des Demokraten und suspendierten Gemeinderechners Philipp Fuchs, der kurz zuvor krank aus der Haft in Bruchsal entlassen wurde.

13. Februar, Weinheim:
Die erste Nummer des „Bergsträßer Boten“ erscheint. Die Zeitung vertritt die konstitutionelle Richtung und wird in den Amtsbezirken Weinheim und Ladenburg verbreitet.

20. Februar, Mannheim:
Wahl eines Kommandeurs für die reorganisierte Bürgerwehr.

25. Februar, Horchheim:
Bei einer Volksversammlung kritisiert Dr. Abraham Adler die hessische Regierung Jaup.

28. Februar, Eberbach:
Frey wird Vorsitzender des wiedergegründeten Volksvereins.

März, Sinsheim:
Im Verlauf der ersten Monate des Jahres sind die radikalen Demokraten trotz der Abwesenheit ihrer Führer weiter auf dem Vormarsch. Zu dieser Entwicklung schreibt der „Vaterländler“ Adolf Wilckens: „(...) jeder wußte (...), daß mindestens 4/5 der Bürgerschaft Sinsheims ihre politische Bildung aus der Republik, dem Volksführer sowie der Mannheimer Abendzeitung seither schöpften und nur blinde Werkzeuge des borniertesten Radikalismus sind“.

Weinheim:
Die Gründung eines Arbeitervereins scheitert.

1. März, Horchheim:
Gründung eines Zweigvereins des Wormser Bürgervereins und um die gleiche Zeit auch in weiteren Orten bei Worms.

2. März, Heidelberg:
In einem Flugblatt an seine Mitbürger fordert der Vaterländische Verein, für Freiheit und Fortschritt einzutreten und den reaktionären Tendenzen mit größter Entschiedenheit zu begegnen.

3. März, Heidelberg:
Ein Kommentar im „Heidelberger Journal“ lobt die seit 1. April 1848 erscheinende Zeitung „Die Republik“ für ihr Bekenntnis, die Regierungen stürzen zu wollen: „Wir warten nur auf die günstige Gelegenheit“.

4. März, Michelstadt:
Auf dem Eintrachtsplatz findet eine vom Märzverein einberufene Volksversammlung statt. Thema ist die endgültige Gestaltung der Reichsverfassung. Franz Zitz wird zum Ehrenpräsidenten gewählt. Adolf Wiesner (Wien), Adolf Rößler (Oels) und Gottlob Tafel (Stuttgart) werden von Ludwig Bogen als Redner mitgebracht. Dazu kommen noch August Metz (Darmstadt, Advo-

kat und Märzvereins-Vorsitzender), Josef Weidemeyer (Darmstadt, sozialistischer Redakteur der „Neuen Deutschen Zeitung") sowie der Freiprediger August Kattmann (Kirch-Brombach), Dr. Nöthig (Miltenberg), Karcher, Friedrich Karl Rexroth, Fees und Heinrich Geisert (alle Michelstadt) und K. Schanz (Wersau). Wichtigster Punkt ist das Votum gegen den Ausschluß Österreichs und gegen die kleindeutsche Erbkaiser-Lösung.

11. März, SPEYER:
Fackelzug zu Ehren von Georg Friedrich Kolb.

15. März, HEIDELBERG:
Der Vaterländische Verein fordert in seiner Grußadresse an die Nationalversammlung die Einheit des Vaterlands mit einem erblichen Oberhaupt an der Spitze: „Das Vaterland ist in Gefahr! Retten Sie das Vaterland!"

BRUCHSAL:
Weinheimer Untersuchungshäftlinge unterzeichnen eine „Ruhmesadresse" an Struve.

18. März, FRANKENTHAL:
Gründung eines Piusvereins für den Kanton, dem sich 15 Filialvereine anschließen.

22. März, WORMS:
Eberstadt wird als Bürgermeister in sein Amt eingeführt.

27. März, KÄFERTAL:
Gründung eines Volksvereins.

1. April, SPEYER:
Erster öffentlicher Gottesdienst der Freien Deutschen Gemeinde. Prediger Schmitt kommt von der Freien Deutschen Gemeinde aus Kaiserslautern.

5. April, MANNHEIM:
Nach Brentanos Austritt fordert eine Urwählerversammlung die Auflösung der badischen Zweiten Kammer.

WEINHEIM:
Die erneute Gründung eines demokratischen Vereins scheitert.

9. April, NECKARGEMÜND:
Der Kreiskongreß der Volksvereine des Neckarkreises findet statt; auch Vertreter aus Heidelberg, Mannheim und Bensheim sind anwesend. Es existieren insgesamt 63 Vereine mit über 5.000 Mitgliedern. Auf dem Kongreß melden die Sinsheimer, daß im gesamten Amtsbezirk ein funktionsfähiges Netz von demokratischen Volksvereinen bestehe. Folgende Orte und Mitgliederzahlen werden genannt: Eschelbach 63 Mitglieder, Eschelbronn 83, Hilsbach 107, Hoffenheim 138, Rohrbach 100, Sinsheim 174, Steinsfurt 134, Zuzenhausen 138.

11. April, HEIDELBERG:
Der „Vorort der vaterländischen Vereine" Badens appelliert im Blick auf die gefahrvolle Lage des Vaterlands an seine Bruderstämme, an die Nationalversammlung und an den Großherzog, die Freiheit, Einheit und Macht des Gesamtvaterlands über Parteibestrebungen zu stellen.

14. April, GROẞSACHSEN:
Abwahl des Bürgermeisters Kilthau, der als „Aristokratenfreund" gilt. Er wird durch das Vorstandsmitglied des Volksvereins Johannes Schmitt ersetzt.

17. April, HEIDELBERG:
Die Angehörigen der Bürgerwehr werden aufgerufen, sich bei den Hauptleuten der einzelnen Fähnlein zur Einteilung und Entgegennahme von Gewehren zu melden.

20. April, MANNHEIM:
In einem zweiten Wahlgang wird Brentano erneut zum Bürgermeister gewählt, die Regierung verweigert aber weiterhin die Bestätigung .

22. April, HEIDELBERG:
Der Vaterländische Verein ruft alle Bewohner auf, Verbandsmaterial für die deutschen Truppen in Schleswig-Holstein bereitzustellen.

22. April, FRANKENTHAL:
Der geschäftsführende Ausschuß der pfälzischen Volksvereine lädt zu einer Volksversammlung am 2. Mai nach Kaiserslautern ein.

23./24. April, WEINHEIM:
Bei der Nachwahl eines stellvertretenden Wahlmanns siegt der Kandidat der Demokraten, der Müller Jakob Fuchs, über den Kandidaten der Konstitutionellen Freiherr von Babo.

28. April, EPPINGEN:
Der Volksverein weiht seine Fahne vor 7.000 Teilnehmern. Das Vorstandsmitglied des Sinsheimer Volksvereins Emil Herwig hält in Anwesenheit von Amand Goegg einen Vortrag über die „rote Fahne" und fordert die Volksbewaffnung.

NEUSTADT A.D.H.:
Eine Volksversammlung berät die Haltung Bayerns zur Reichsverfassung.

29. April, GROẞSACHSEN:
Eine Versammlung von Wahlmännern des Wahlbezirks Weinheim-Ladenburg befürwortet die Mandatsniederlegung durch ihren Abgeordneten Lehlbach und spricht sich für den Boykott von Nachwahlen zur badischen Zweiten Kammer aus.

EPPSTEIN:
Während einer Volksversammlung kommt es zu einer handgreiflichen Auseinandersetzung zwischen Mitgliedern des Piusvereins und Anhängern des Volksvereins aus dem benachbarten Frankenthal, nachdem sich beide Gruppen mit Spöttereien und Verbalinjurien attackiert hatten.

SPEYER:
Eine Volksversammlung berät die Haltung Bayerns zur Reichsverfassung.

1. Mai, MANNHEIM:
Der gemäßigte Neue Vaterländische Verein fordert in einer öffentlichen Erklärung zur Verteidigung der Reichsverfassung auf.

2. Mai, Heidelberg:
Angehörige der Bürgerwehr geloben öffentlich, die Reichsverfassung und das Parlament zu schützen.

Kaiserslautern:
Ein Landesverteidigungsausschuß konstituiert sich.

Mannheim:
Der Bürgerausschuß fordert von der badischen Regierung die Annahme der Reichsverfassung, eine konstituierende Landesversammlung und die Rückgabe der Bürgerwehrwaffen.

3. Mai, Heidelberg:
Der Vaterländische Verein ruft die Bürgerwehrmänner auf, treu für die Reichsverfassung einzustehen und bringt in einer Adresse an die Nationalversammlung zum Ausdruck, die Reichsgewalt bei der Einführung der Reichsverfassung zu unterstützen.

Kaiserslautern:
Am Volkswehrkongreß der Pfalz nehmen auch Delegierte aus Speyer teil.

4. Mai, Speyer:
Die pfälzische Regierung warnt die Bevölkerung in einem Aufruf vor Gesetzlosigkeit.

5. Mai, Frankenthal:
Der Stadtrat erklärt einstimmig „seine volle Zustimmung“ zur Einsetzung des Landesverteidigungsaussschusses. Von 23 Stadträten sind 17 anwesend.

Landau:
Die Festung wird in den Kriegszustand versetzt.

Speyer:
Versammlung der Volkswehr mit der Wahl eines Obersten sowie von vier Hauptleuten und acht „Geleitmännern“.

Worms:
Der Stadtvorstand ruft in einer Bürgerversammlung zur Unterstützung der pfälzischen Erhebung auf.

6. Mai, Mannheim:
Der Gemeinderat protestiert gegen Anzeichen eines Militäreinsatzes gegen die aufständische Pfalz. Eine Demonstration wird vom Militär mit Bajonetten und Schüssen auseinandergetrieben.
Der seit den Apriltagen des Vorjahrs in Bruchsal in Untersuchungshaft gehaltene Nicolaus Spies wird auf freien Fuß gesetzt.

Speyer:
Der Vizepräsident der Nationalversammlung und Reichskommissär für die Pfalz Bernhard Eisenstuck beginnt in Begleitung von Culmann und Kolb seinen Besuch in der Pfalz.
Ein Bataillon des 6. Bayerischen Infanterie-Regiments trifft, aus Frankfurt kommend, ein. Die Kompanien postieren sich an strategisch wichtigen Punkten wie dem Bahnhof und dem Königsplatz. Die angeblich bereits „demoralisiert“ Angekommenen werden von zahlreichen Speyerern

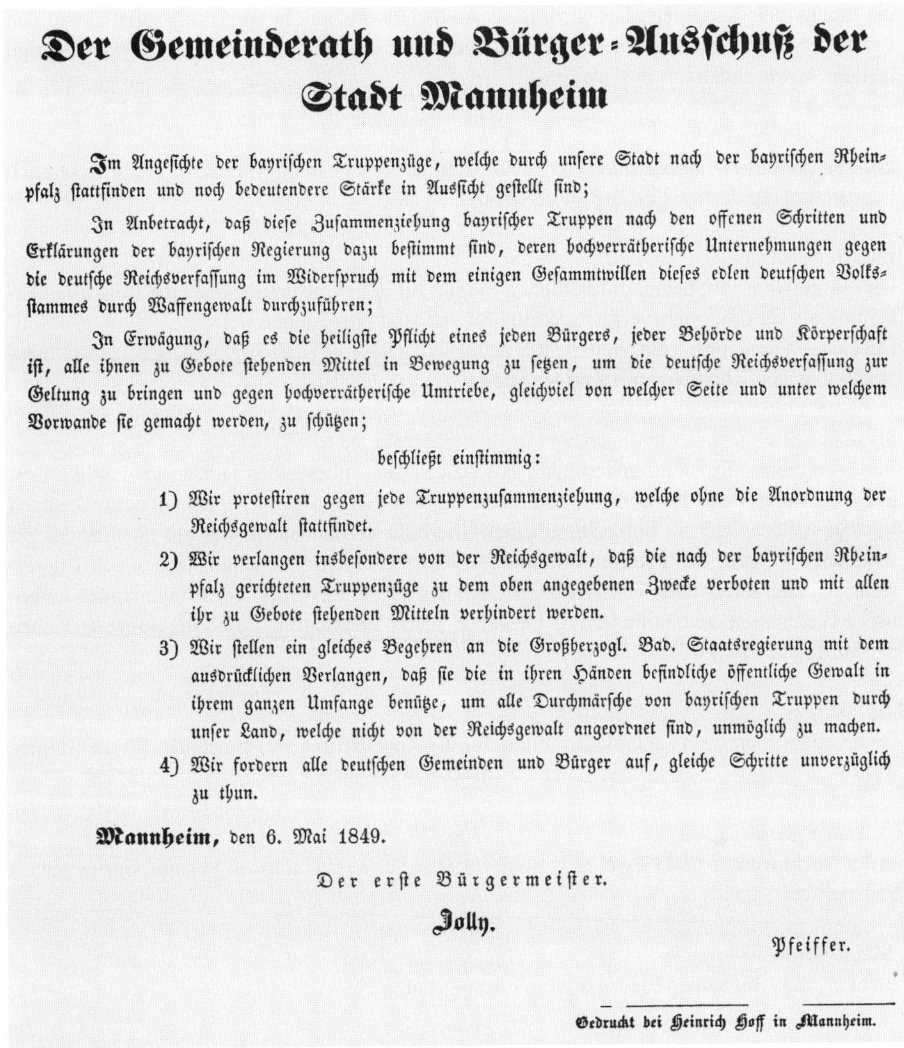

Der Gemeinderath und Bürger-Ausschuß der Stadt Mannheim

Im Angesichte der bayrischen Truppenzüge, welche durch unsere Stadt nach der bayrischen Rheinpfalz stattfinden und noch bedeutendere Stärke in Aussicht gestellt sind;

In Anbetracht, daß diese Zusammenziehung bayrischer Truppen nach den offenen Schritten und Erklärungen der bayrischen Regierung dazu bestimmt sind, deren hochverrätherische Unternehmungen gegen die deutsche Reichsverfassung im Widerspruch mit dem einigen Gesammtwillen dieses edlen deutschen Volksstammes durch Waffengewalt durchzuführen;

In Erwägung, daß es die heiligste Pflicht eines jeden Bürgers, jeder Behörde und Körperschaft ist, alle ihnen zu Gebote stehenden Mittel in Bewegung zu setzen, um die deutsche Reichsverfassung zur Geltung zu bringen und gegen hochverrätherische Umtriebe, gleichviel von welcher Seite und unter welchem Vorwande sie gemacht werden, zu schützen;

beschließt einstimmig:

1) Wir protestiren gegen jede Truppenzusammenziehung, welche ohne die Anordnung der Reichsgewalt stattfindet.
2) Wir verlangen insbesondere von der Reichsgewalt, daß die nach der bayrischen Rheinpfalz gerichteten Truppenzüge zu dem oben angegebenen Zwecke verboten und mit allen ihr zu Gebote stehenden Mitteln verhindert werden.
3) Wir stellen ein gleiches Begehren an die Großherzogl. Bad. Staatsregierung mit dem ausdrücklichen Verlangen, daß sie die in ihren Händen befindliche öffentliche Gewalt in ihrem ganzen Umfange benütze, um alle Durchmärsche von bayrischen Truppen durch unser Land, welche nicht von der Reichsgewalt angeordnet sind, unmöglich zu machen.
4) Wir fordern alle deutschen Gemeinden und Bürger auf, gleiche Schritte unverzüglich zu thun.

Mannheim, den 6. Mai 1849.

Der erste Bürgermeister.

Jolly.

Pfeiffer.

Gedruckt bei Heinrich Hoff in Mannheim.

6. Mai 1849 – Mit heftigen Protesten gegen den militärischen Aufmarsch unterstützen die kommunalen Gremien Mannheims den Einsatz der Pfälzer für die Reichsverfassung. (Vorlage: StadtA Mannheim)

zum Übertritt zu den Aufständischen aufgefordert. Es kommt zu „Exzessen von Soldaten gegen ihre Offiziere“.

NEUSTADT A.D.H.:
Eisenstuck tritt in einer Volksversammlung vor 5.000 Menschen auf.

7. Mai, SPEYER:
Errichtung von Barrikaden gegen preußische Truppen, deren Einmarsch befürchtet wird. Aufrührerische Soldaten und andere Aufständische verlangen die Freilassung von Inhaftierten. Nach tumultartigen Szenen und der Entlassung der Arrestierten zerstreut sich die Menge. Abends marschiert die Bürgerwehr zum Rathaus, wo sie von ihrem Kommandanten Notar Kissel auf

die Reichsverfassung vereidigt wird. Bürgermeister Kolb spricht vom Rathausbalkon zu den 1.200 Versammelten, ermahnt sie zu Einhaltung und Verteidigung der Reichsverfassung und läßt die Anwesenden das beschwören.

7./8. Mai, Ludwigshafen:
Eintreffen eines Bataillons preußischer Soldaten aus der Festung Mainz zur Weiterreise nach Landau, um die dortige Festung zu verstärken.

8. Mai, Heidelberg:
Die Bürgerwehr gibt bei einer feierlichen Parade auf dem Universitätsplatz die freiwillige Erklärung ab, für die Reichsverfassung mit Gut und Blut einzustehen.
Der Gemeinderat fordert die badische Regierung auf, gegen die beabsichtigte Truppenzusammenziehung gegen Rheinbayern zu protestieren.

Speyer:
Verlegung eines Teils der anwesenden Truppen in die umliegenden Dörfer des Landkreises. Ein preußisches Bataillon und eine badische Dragoner-Eskadron erscheinen auf dem Weg nach Landau vor der Stadt. In Befürchtung eines Überfalls werden Barrikaden aus „ineinander geschobenen Wagen, Schubkarren und einigen Klötzen Holzes“ errichtet, wobei sich Bürgerwehr, Arbeiterverein und Schützengesellschaft beteiligen. Revolutionäre dringen in das katholische Seminar ein und erpressen 55 Gewehre. Nach Verpflegung durch die Speyerer ziehen die Militäreinheiten weiter.

9. Mai, Worms:
Gemeinderatsbeschluß zur Geldsammlung für die Anschaffung von Gewehren für die Bürgerwehr.

9./10. Mai, Speyer:
In der Nacht werden 600 Gewehre von Speyer über Schwegenheim zur Festung Germersheim transportiert.

10. Mai, Ludwigshafen:
Blenker rückt mit seinen Freischaren in Ludwigshafen ein.

Michelstadt:
Nach dem Beginn des Aufstands zum Schutz der Verfassung in der Pfalz und einem Aufruf des gemeinsamen Wehrausschusses der politischen Vereine in Darmstadt zur Bewaffnung beschließt der Stadtrat – der einen eigenen Wehrausschuß beruft – die Bewaffnung der Bürgerwehr.

10./11. Mai, Speyer:
In der Nacht gelingt es regierungstreuen Truppen, die Kreiskasse mit 280.000 Gulden vor den Aufständischen in die Festung Germersheim in Sicherheit zu bringen.

11. Mai, Mannheim:
Bildung eines Wehrausschusses zur Sammlung von Waffen.

Michelstadt:
Mehr als 20 Freiwillige werden durch Generalmarsch aufgeboten, um den „bedrängten Brüdern in der Pfalz“ zu helfen, jedoch durch nächtliche Gegenorder gestoppt.

SPEYER:
Soldaten des 6. Infanterie-Regiments verweigern den Abzug nach Germersheim. Die ins Umland verlegten Truppen kehren in die Stadt zurück. Ein Teil der Volkswehr zieht ihnen unbewaffnet mit Musik entgegen. Zahlreiche Soldaten treten zur Volkswehr über, Teile der Bevölkerung fördern die Desertionen nach Kräften. Mitglieder der Bürgerwehr besetzen die Hauptwache (Maximiliansstraße) und die Fliegende Brücke. Nachmittags fordert auch Notar Reichard die Soldaten bei einer Versammlung zum Übertritt zur Volkswehr auf, wobei er Kriegslöhnung und das „Recht zur Wahl ihrer Offiziere" verspricht. Etwa 150 Soldaten folgen dem Aufruf.

12. Mai, KIRCHHEIMBOLANDEN:
Das Mainzer Freikorps, geführt von Zitz und Bamberger, rückt ein.

MANNHEIM:
Die Ausgabe der Bürgerwehrwaffen wird von der Regierung genehmigt.

OFFENBURG:
Am Landeskongreß der badischen Volksvereine nehmen zahlreiche Vertreter aus dem Rhein-Neckar-Raum teil, darunter Dr. Karcher aus Schwetzingen und Frey aus Eberbach.

SPEYER:
Der Rest der königstreuen Soldaten verläßt die Stadt Richtung Landau. Ein Teil der Deserteure verschwindet Richtung Heimat, etwa 280 Überläufer fahren mit der Bahn nach Kaiserslautern. Ein Kantonalverteidigungsausschuß konstituiert sich. Vorsitzender wird Dr. Walz, Sekretäre sind Baupraktikant Flad, Notariatsclerc Süß sowie zwei weitere aus Berghausen und Heiligenstein stammende Revolutionäre. Die Bewaffnung der Bürger wird angeordnet.

13. Mai, DARMSTADT:
Nach einem Aufruf hessischer Abgeordneter der Nationalversammlung an die hessische Bevölkerung ziehen viele Odenwälder in die Residenz, um dem Großherzog und dem Ministerium die „Forderungen des hessischen Volkes, insbesondere der Odenwälder" vorzutragen (Volksbewaffnung , Vereidigung des Militärs und der Beamten auf die Reichsverfassung, Durchzugsverbot für alle noch nicht auf die Verfassung vereidigten Truppen, Auflösung des Oberkonsistoriums, Einberufung einer vom Volk frei gewählten Synode). Der Versammlungsverlauf ist jedoch enttäuschend, da weder die Abgeordneten aus Frankfurt noch weitere Bewohner des Großherzogtums Hessen teilnehmen.

SPEYER:
Zur Sicherstellung eines im Mirbachhaus (Kaserne) verbliebenen Pulvervorrats läßt Dr. Walz ihn zunächst in den Ußlaubschen Garten, dann nach Neustadt verbringen.

14. Mai, HEIDELBERG:
Der Gemeinderat und der engere Bürgerausschuß unterstützen die öffentliche Erklärung der Bürgerwehr vom 8. Mai. Das Kommando der Bürgerwehr erklärt sich zum Garanten der öffentlichen Ordnung und bedroht jeden Angriff auf Personen und das Eigentum mit strenger Bestrafung .

MANNHEIM:
Die Flucht des Großherzogs aus Karlsruhe wird bekannt. Eine Volksversammlung auf dem Marktplatz wählt einen Sicherheitsausschuß, dessen Vorsitz Mördes übertragen wird.

Weinheim:
Soldaten, die sich aus ihren Garnisonen entfernt haben, bringen die Kunde von den Ereignissen in Rastatt und Karlsruhe; Amtmann Herterich flüchtet daraufhin ins nahe Hessen; ihm folgen weitere Konstitutionelle. Amtmann von Krafft-Ebing ruft mit Unterstützung führender Demokraten ein „Sicherheitskomitee" und eine „Sicherheitswehr" ins Leben. Ein Sturm auf das Amtsgefängnis soll der Befreiung von dort vermuteten politischen Gefangenen dienen.

Wiesloch:
Oberamtmann Josef Bleibimhaus und Dekan Eberlin werden aufgefordert, sich von ihren Stellen zu entfernen.

Mitte Mai, Amtsbezirk Eberbach:
Nach der Flucht des Großherzogs Leopold und seiner Familie nimmt die revolutionäre Stimmung zu. Die Bürgerwehr wird mobilisiert.

Schwetzingen:
Gemeinderat Schuh und Gemeinderechner Haßler berichten nach einer Reise zu ihren in Rastatt dienenden Söhnen von der Meuterei des Militärs. Der mit Ausnahme von Bürgermeister Welde und Gemeinderat Vetter demokratisch gesinnte Gemeinderat beschließt daraufhin die Aufstellung einer Bürgerwehr und die Anschaffung von Gewehren. Sicherheitswachen werden errich-

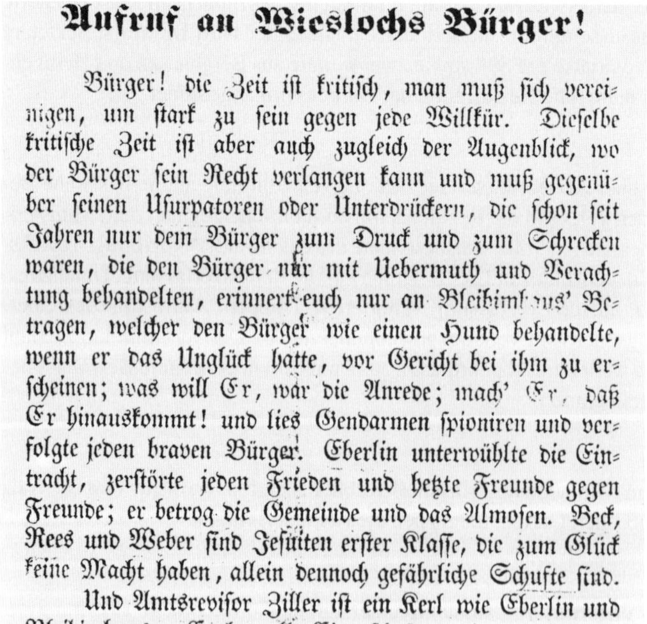

Aufruf an Wieslochs Bürger!

Bürger! die Zeit ist kritisch, man muß sich vereinigen, um stark zu sein gegen jede Willkür. Dieselbe kritische Zeit ist aber auch zugleich der Augenblick, wo der Bürger sein Recht verlangen kann und muß gegenüber seinen Usurpatoren oder Unterdrückern, die schon seit Jahren nur dem Bürger zum Druck und zum Schrecken waren, die den Bürger nur mit Uebermuth und Verachtung behandelten, erinnert euch nur an Bleibimhaus' Betragen, welcher den Bürger wie einen Hund behandelte, wenn er das Unglück hatte, vor Gericht bei ihm zu erscheinen; was will Er, wär die Anrede; mach' Er, daß Er hinauskommt! und lies Gendarmen spioniren und verfolgte jeden braven Bürger. Eberlin unterwühlte die Eintracht, zerstörte jeden Frieden und hetzte Freunde gegen Freunde; er betrog die Gemeinde und das Almosen. Beck, Rees und Weber sind Jesuiten erster Klasse, die zum Glück keine Macht haben, allein dennoch gefährliche Schufte sind.

Und Amtsrevisor Ziller ist ein Kerl wie Eberlin und Bleibimhaus. Er hat alle Eigenschaften, die dem Bürger schaden. Darum, Ihr Bürger, vereinigt Euch, sucht diese Menschen zu entfernen! Sollt ihr bei der Regierung auf gütlichem Wege nicht dazu gelangen, so ergreift sie in ihren Wohnungen und haltet selbst über sie Gericht! Ich glaube, daß Euch Letzteres übrig bleiben wird. Auch habt Ihr das größte Recht dazu. Ihr seid das Volk und dem Volke steht jetzt zu richten zu.

Mai 1849 – Flugblatt „Aufruf an Wieslochs Bürger!" (Vorlage: StadtA Wiesloch)

tet und Fuhrwerke angehalten. Da sich die Kunde verbreitet, der Großherzog würde auf seiner Flucht durch die Stadt kommen, wird auch nach Staatsgeldern gefahndet.

14. – 19. Mai, Amtsbezirk Eberbach:
Angehörige der Bürgerwehr halten den auf der Durchreise befindlichen Adjutanten des geflüchteten Prinzen Friedrich von Baden, Freiherrn von Neubronn, fest. Dieser wird am 16. Mai auf Befehl von Brentano wieder freigelassen.

15. Mai, Mannheim:
Mördes vereidigt die in Mannheim stationierten Dragoner auf die Reichsverfassung.

Schriesheim:
Daniel Krebs aus Mannheim und Friedrich Diesbach aus Weinheim setzen einen provisorischen Sicherheitsausschuß ein.

Schwetzingen:
Auf Veranlassung des Zivilkommissärs Dr. Tiedemann wird das Hinkeldeysche Korps von der Bürgerwehr bis Edingen verfolgt. Die Mannheimer und Heidelberger Bürgerwehr eilt den Schwetzingern zu Hilfe. Gemeinsam wird dem Korps am darauffolgenden Tag bis Wiesloch nachgestellt. Das Korps – eine badische Reiterabteilung unter dem Obersten Heinrich von Hinkeldey – deckte die Flucht des Großherzogs aus Karlsruhe nach Germersheim und sucht sich nach Erledigung des Auftrags nach Württemberg abzusetzen.

Sinsheim:
Nach dem Ausbruch der Mairevolution kehren Karl Gustav Mayer und Karl Friedrich Bauer im Auftrag des Landesausschusses als Zivil- bzw. Kriegskommissäre nach Sinsheim zurück. In ihrer von Blind und Struve unterzeichneten Legitimation heißt es: „Bürger Mayer und Bauer haben unbeschränkte Vollmacht, alle Maßregeln zu treffen, welche die vom Landesausschuß betriebene Politik durchzusetzen helfen".

Speyer:
Blenker fordert die Bürgermeister des Landkommissariats Speyer auf, bewaffnete Wehrmänner zu stellen.

Weinheim:
Die bislang noch in Bruchsal inhaftierten Weinheimer ziehen nach ihrer Befreiung unter großem Jubel ein.
Zivilkommissär Daniel Krebs aus Mannheim als „Bevollmächtigter des Landesausschusses von Baden für die Bezirke Weinheim, Schriesheim und Odenwald" scheitert mit dem Versuch einer Vereidigung von Gemeinderat und Bürgerschaft auf den Landesausschuß und die Reichsverfassung. Immerhin werden auf seine Veranlassung die ersten Schritte zur Aufstellung einer Volkswehr unternommen und ein Sicherheitsausschuß eingesetzt.

16. Mai, Eberbach:
Im Auftrag des revolutionären Landesausschusses tritt Gustav Adolph Schlöffel sein Amt als Zivilkommissär an.

Heidelberg:
Das „Heidelberger Journal" verkündet die Erklärung der Landesversammlung in Offenburg: „Deutschland befindet sich fortwährend im Zustand voller Revolution".

Mannheim:
Mördes vereidigt das Militär auf die Provisorische Regierung und leitet die Wahl der Offiziere durch die Mannschaften in die Wege.
Der Gemeinderat entsendet sein Mitglied Carl Hoff nach Karlsruhe, um beim Landesausschuß Informationen über dessen Vorhaben einzuholen.

Schriesheim:
Unter dem erst 5 Tage später gewählten Bürgerwehrhauptmann Carl Hoffmann zieht ein Teil der Bürgerwehr nach Ladenburg, um sich an der seit dem Vortag andauernden Verfolgung des Hinkeldeyschen Korps zu beteiligen. Am Abend wird Bürgermeister Rufer gezwungen, die Offenburger Beschlüsse vom 13. Mai anzuerkennen.

Wiesloch:
Zur Verfolgung des Hinkeldeyschen Korps rückt das 1. Aufgebot der Bürgerwehr über Baiertal nach Sinsheim aus.

Weinheim:
Der Gemeinderat entsendet eine Deputation nach Karlsruhe zur Beschaffung von Gewehren für die Bürger.

17. Mai, Eberbach:
Nach Intervention in Karlsruhe übernimmt Frey das Amt des Zivilkommissärs und löst den erst einen Tag amtierenden Schlöffel ab.

Kaiserslautern:
Der Landesausschuß wählt eine Provisorische Regierung der Pfalz; ihr Präsident wird der Speyerer Rechtsanwalt Martin Reichard. Der ebenfalls gewählte Abgeordnete der Nationalversammlung, Bürgermeister und Zeitungsverleger Kolb, lehnt das auf ihn gefallene Mandat ab. Der Speyerer Vertreter im Landesausschuß Dr. Walz stimmt gegen die Bildung einer Provisorischen Regierung. Die Provisorische Regierung fordert von dem königlich bayerischen Regierungskollegium den Eid auf die Reichsverfassung; dieses lehnt ab und flieht in die Festung Germersheim.

Mannheim:
Die verwitwte badische Großherzogin Stephanie verläßt die Stadt.

Odenwaldkreis:
In der Nacht verläßt Dr. Zimmermann Darmstadt, um im Odenwald einen Aufstand zu entfachen. Geplant ist ein Marsch über Darmstadt weiter bis nach Frankfurt , der jedoch nicht realisiert wird.

Sinsheim:
Nachdem es Bürger- und Turnerwehren aus Sinsheim, Heidelberg, Wiesloch, Haßmersheim, Heilbronn u.a. Orten unter Führung von Mayer und Bauer gelungen war, die flüchtige Eskorte des Großherzogs auf württembergischen Gebiet bei Fürfeld und Bonfeld gefangenzunehmen, werden mehrere Hundert Dragoner, zahlreiche Waffen sowie 18 Geschütze im Triumphzug in die Stadt gebracht. In Karlsruhe nimmt wenige Tage später das Mitglied des Sinsheimer Volksvereins Rauh den Dank der Provisorischen Regierung entgegen.
Volksversammlung mit Stay und Junghanns. Die gesamte Stadt ist mit roten Fahnen geschmückt.

Speyer:

Der Kantonalausschuß erklärt sich mit der Haltung von Dr. Walz in Kaiserslautern einverstanden. Er stellt den Antrag, Gendarmen sowie Beamte der bayerischen Regierung der Pfalz nicht in ihrem Dienst für Ordnung und öffentliche Sicherheit zu behindern bzw. letzteren so weit als möglich Schutz zu gewähren.
Militärkommissär Diepenbruck befiehlt die Verhaftung der Regierungsräte von Neimans und Dapping; kurz darauf werden sie aber wieder freigelassen.

17./18. Mai, Worms:

Blenkers Freischar besetzt kurzfristig die Stadt.

18. Mai, Schwetzingen:

Dr. Tiedemann wird zum Zivilkommissär der Regierung Brentano im Amtsbezirk ernannt. In dieser Funktion beschlagnahmt er zur Versorgung der Revolutionstruppen unter Mithilfe von 40 Dragonern und Freischärlern 257 Malter Spelz und 142 Malter Gerste bei der großherzoglichen Verwaltung.

Weinheim:

Demolierung eines Gleises der Main-Neckar-Bahn nördlich der Weschnitzbrücke. Die Verbindung wird noch am selben Tag wiederhergestellt. Die Main-Neckar-Bahn stellt aber den Bahnbetrieb südlich von Heppenheim ein.
Friedrich Härter wird zum Zivilkommissär im Amtsbezirk ernannt.

19. Mai, Eberbach:

Frey vereidigt als Zivilkommissär alle Beamten auf die Reichsverfassung und die Provisorische Regierung.

Michelstadt:

Unter der Leitung des Demokratenführers Maximilian Beck versammeln sich Vertreter der

17. Mai 1849 – Bürger- und Turnerwehren aus Heidelberg, Sinsheim, Wiesloch und anderen Orten nehmen bei Bonfeld einen Teil der Eskorte des geflüchteten badischen Großherzogs gefangen. (Karlsruher Zeitung vom 18. Mai 1849, Vorlage: Stadtmuseum Sinsheim)

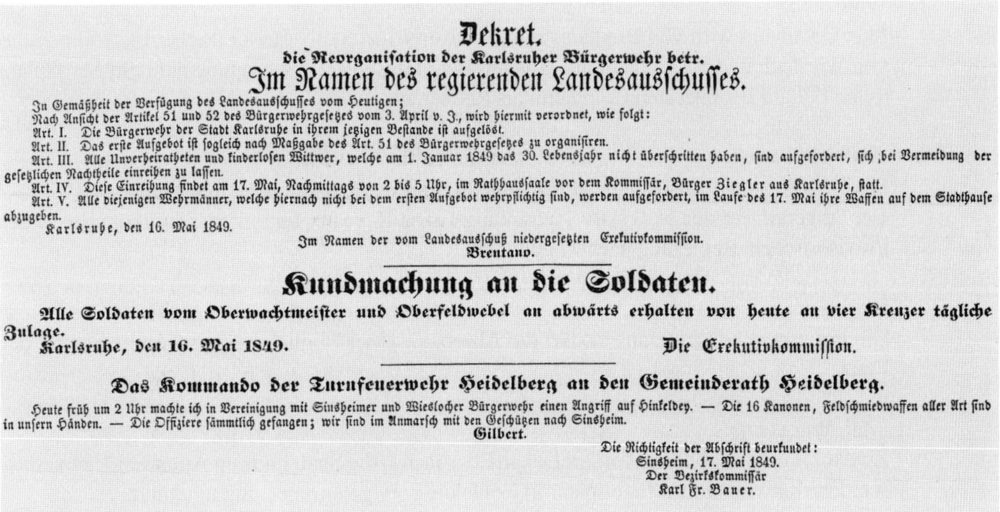

Dekret,
die Reorganisation der Karlsruher Bürgerwehr betr.
Im Namen des regierenden Landesausschusses.

In Gemäßheit der Verfügung des Landesausschusses vom Heutigen;
Nach Ansicht der Artikel 51 und 52 des Bürgerwehrgesetzes vom 3. April v. J., wird hiermit verordnet, wie folgt:
Art. I. Die Bürgerwehr der Stadt Karlsruhe in ihrem jetzigen Bestande ist aufgelöst.
Art. II. Das erste Aufgebot ist sogleich nach Maßgabe des Art. 51 des Bürgerwehrgesetzes zu organisiren.
Art. III. Alle Unverheiratheten und kinderlosen Wittwer, welche am 1. Januar 1849 das 30. Lebensjahr nicht überschritten haben, sind aufgefordert, sich bei Vermeidung der gesetzlichen Nachtheile einreihen zu lassen.
Art. IV. Diese Einreihung findet am 17. Mai, Nachmittags von 2 bis 5 Uhr, im Rathhaussaale vor dem Kommissär, Bürger Ziegler aus Karlsruhe, statt.
Art. V. Alle diejenigen Wehrmänner, welche hiernach nicht bei dem ersten Aufgebot wehrpflichtig sind, werden aufgefordert, im Laufe des 17. Mai ihre Waffen auf dem Stadthause abzugeben.
Karlsruhe, den 16. Mai 1849.
Im Namen der vom Landesausschuß niedergesetzten Exekutivkommission.
Brentano.

Kundmachung an die Soldaten.

Alle Soldaten vom Oberwachtmeister und Oberfeldwebel an abwärts erhalten von heute an vier Krenzer tägliche Zulage.
Karlsruhe, den 16. Mai 1849. Die Exekutivkommission.

Das Kommando der Turnfeuerwehr Heidelberg an den Gemeinderath Heidelberg.

Heute früh um 2 Uhr machte ich in Vereinigung mit Sinsheimer und Wieslocher Bürgerwehr einen Angriff auf Hinkeldey. — Die 16 Kanonen, Feldschmiedwaffen aller Art sind in unsern Händen. — Die Offiziere sämmtlich gefangen; wir sind im Anmarsch mit den Geschützen nach Sinsheim.
Gilbert.

Die Richtigkeit der Abschrift beurkundet:
Sinsheim, 17. Mai 1849.
Der Bezirkskommissär
Karl Fr. Bauer.

März- und Demokratenvereine aus Beerfelden, Erbach, Höchst und Reichelsheim. Sie beschließen ein von Dr. Zimmermann unabhängiges Vorgehen.

Sinsheim:
In einem gemeinsam unterzeichneten Aufruf an die Bürger des Amtsbezirkes versichern Mayer und Bauer, daß sie ihr Amt im Sinne der „größtmöglichen Humanität und Redlichkeit" ausüben werden. Sämtliche Beamte werden aufgefordert, den Eid auf die Provisorische Regierung zu leisten. Gegner der neuen Ordnung werden aus ihren Ämtern entlassen. In Einzelfällen kommt es zu Verhaftungen.

Speyer:
Einzug der Provisorischen Regierung der Pfalz. Bei der abendlichen Volksversammlung in der Fruchthalle wird die Hissung der schwarz-rot-goldenen Fahne auf der Domkuppel beschlossen, was nach Aufzug von Bürgerwehr, Turnern, revolutionären Soldaten sowie Ansprachen der Regierungsmitglieder vom Rathausbalkon aus auch erfolgt. Sie bleibt dort bis zum Einmarsch der preußischen Truppen.
Die zurückgebliebenen Regierungsbeamten verweigern den Eid auf die Reichsverfassung. Hauptmann Lucchesi, Kommandant des bei Speyer liegenden Freikorps „Robert Blum", verlangt die Arrestierung des verhafteten Hauptmanns Joner; nach Weigerung Adjunkt Ußlaubs wird Joner mitgenommen.

Weinheim:
Den Männern im Alter zwischen 19 und 30 Jahren wird ihre Dienstpflicht im ersten Aufgebot der Volkswehr verkündet. Der Soldat „Bürger" Jakob Trautmann aus Teningen fungiert als Stadtkommandant und Hauptmann der Volkswehr.

19./20. Mai, Landau:
Blenker versucht vergeblich, mit seinen Freischaren die Festung einzunehmen.

20. Mai, Mannheim:
Bei einer Volksversammlung auf dem Marktplatz mit 5.000 bis 6.000 Teilnehmern sprechen prominente Redner wie Struve und Fickler.

Wiesloch:
Max Cohnheim wird von Brentano zum provisorischen Stellvertreter der Bezirkskommissäre von Wiesloch und Neckargemünd ernannt. Bei einer Volksversammlung auf dem Marktplatz treten Eduard Bronner und Cohnheim als Redner auf.

21. Mai, Mannheim:
Die Staatsbeamten verweigern Mördes den Eid auf die Provisorische Regierung.
Der Abgeordnete der Nationalversammlung Franz Raveaux kommt als Zivilkommissär der Provisorischen Regierung nach Mannheim.

Speyer:
Die Provisorische Regierung erklärt die Absetzung der königlich-bayerischen Regierung der Pfalz.

21. Mai, Wiesloch:
Zivilkommissär Cohnheim fordert Dekan Eberlin auf, die Stadt und den Amtsbezirk zu verlassen. Eberlin wird einige Tage später in Heidelberg festgenommen und inhaftiert.

19./20. Mai 1849 – Zug der Blenkerschen Freischaren vor die von regierungstreuem bayerischen Militär besetzte Festung Landau (Vorlage: LandesA Speyer)

21./22. Mai, Weinheim:
Beginn der Einquartierung von Revolutionsstreitkräften.

22. Mai, Speyer:
Die Provisorische Regierung ernennt 22 Zivilkommissäre, darunter für den Kanton Speyer Friedrich Hilgard. Dieser treibt von den Wohlhabenden eine Zwangsanleihe von über 10.000 Gulden ein und beschlagnahmt auch öffentliche Kassen.

23. Mai, Erbach/Michelstadt:
Bei einer Volksversammlung kommen 6.000 Menschen zusammen. Als Präsident fungiert Ludwig Bogen, der Odenwälder Abgeordnete in der Nationalversammlung. Bei dieser Versammlung rufen Dr. Karl Ohly (Darmstädter Volksvereinsvorsitzender) und Dr. Ferdinand von Loehr (Arzt und Herausgeber der demokratischen „Neuen Zeit“ in Worms) zum bewaffneten Kampf und zur Unterstützung der an der hessisch-badischen Grenze aufmarschierten badischen Revolutionstruppen auf. Gleichzeitig besetzen 886 Mann hessischen Militärs – Infanterie, Kavallerie und Artillerie – Michelstadt. Die Teilnehmer der Erbacher Volksversammlung ziehen nach Michelstadt, um eine Verbrüderung mit dem Militär nach dem Vorbild von Baden zu erreichen, was aber fehlschlägt. Das Militär zieht nachmittags wieder ab.
Gegen die Bedenken Bogens kann Dr. von Loehr einen bewaffneten Marsch nach Laudenbach durchsetzen, auf dem Weg dorthin werden viele weitere Odenwälder zum Mitzug bewegt.

Heidelberg:
Über 4.100 Mann der Bürgerwehr sprechen der Provisorischen Regierung in Karlsruhe ihr Vertrauen aus. Das Kommando der Bürgerwehr bittet Frauen und Jungfrauen, Verbandsmaterial bereitzustellen.
Die „Freischaar" dankt dem demokratischen Frauenverein für die Beschaffung ihrer Ausrüstung .

Speyer:
Verlegung der Provisorischen Regierung nach Kaiserslautern.

24. Mai, Dielheim:
Der katholische Ortsgeistliche Heinrich Sprenger wird von Angehörigen des „Lahrer Haufen" „als Feind der Bewegung" verhaftet und nach Heidelberg in das Gefängnis im Turm der Alten Brücke verbracht.

Ober-Laudenbach:
Bei einer Versammlung wird der zum Zivilkommissär bestellte hessische Provinzialkommissär und Heppenheimer Regierungsdirektor Christian Prinz ermordet. Es kommt zur Konfrontation mit den Darmstädter Linientruppen, bei der mehr als 10 Tote und weitere Verwundete zu beklagen sind. Darüber hinaus werden über 100 Aufrührer mit der Waffe in der Hand festgenommen und in das Darmstädter Arresthaus überführt.
Ein gemeinsames Vorgehen badischer, pfälzischer und hessischer Revolutionäre scheitert durch das verfrühte Losschlagen Dr. von Loehrs und Dr. Ohlys. Die meisten geschlagenen Kämpfer ziehen nach Hause. Nur wenige gehen nach Baden, um sich, wie die durch den Odenwald ziehenden Hanauer Turner, der badischen Revolutionsarmee anzuschließen.

25. Mai, Mannheim:
Beginn der Mobilisierung des ersten Aufgebots der Volkswehr.

Weinheim:
Truppenkonzentration in und um Weinheim zur Vorbereitung eines Vorstoßes auf Darmstadt.

Worms:
Blenker zieht unter Marschmusik erneut ein; der Versuch, den Anschluß an die Provisorische Regierung von Baden zu erreichen, bleibt erfolglos.

26. Mai, Heidelberg:
Die Volkswehr richtet an die Frauen und Jungfrauen die Bitte, „Blousen und Brodsäcke" bereitzustellen.

Mannheim:
Mördes entläßt die Kreisregierung und richtet sich selbst in deren Amtsgebäude als Zivilkommissär der Provisorischen Regierung ein.

Speyer:
Der Kantonalausschuß verweigert die Ablieferung der öffentlichen Kassen nach Kaiserslautern; Zivilkommissär Hilgard beschlagnahmt die Kassen von Rentamt, Steuereinnehmerei und der Redaktion des Amtsblatts.

28. Mai, MANNHEIM:
Die Revolutionstruppen halten auf dem Exerzierplatz eine Parade ab; anschließend findet ein Verbrüderungsfest mit der Einwohnerschaft statt.

SINSHEIM:
Manöver der Bürgerwehren aus Sinsheim und den umliegenden Orten.

29. Mai, SPEYER:
Plakatanschläge fordern die Bürger zur gewaltsamen Abschaffung der städtischen Lebensmittelsteuer auf.

30. Mai, EBERBACH:
Ein Sicherheitsausschuß wird gebildet.

SCHRIESHEIM:
Einsetzung eines Sicherheits- und Wehrausschusses, Mitglieder sind Johann Müller, Philipp Bauer und Johann Georg Sommer.

28. Mai 1849 – Das Verbrüderungsfest von Bürgern und Militär auf dem Mannheimer Exerzierplatz soll der Revolution die Unterstützung breitester Bevölkerungskreise sichern. (Aquarell von Franz Artaria, Vorlage: Reiß-Museum Mannheim)

WEINHEIM/HEMSBACH:
Sigel stößt von Weinheim aus nach Norden vor. Zwischen Laudenbach und Heppenheim kommt es zur Berührung mit hessischen Truppen. Das sich daraus entwickelnde Gefecht bei Hemsbach endet mit dem Rückzug der Badener und dem Scheitern des Sigelschen Feldzugsplans. Aus Furcht vor einem Vordringen der Hessen verlassen einige Weinheimer Einwohner fluchtartig die Stadt, die jedoch von Einheiten der Revolutionsstreitkräften besetzt bleibt.

31. Mai, HEIDELBERG:
In einem Aufruf werden Streife gehende Wachen angewiesen, Schießübungen auf das rechte Neckarufer wegen Gefährdung der Bevölkerung zu unterbinden.

SPEYER:
Die Provisorische Regierung ernennt 12 Militärkommissäre; für den Kanton Speyer Oßwald.

WEINHEIM:
In einem zweiten Gefängnissturm bemächtigen sich Aufständische zweier badischer Offiziere, die sich, in Treue zur Monarchie, nach Frankfurt hatten absetzen wollen; nach ihrer Festnahme im Amtsgefängnis festgehalten, werden sie nun nach Heidelberg überführt.

Ende Mai, EBERBACH:
Backfisch versucht, die Bürgerwehr zum Marsch nach Hirschhorn gegen die heranrückenden Bundestruppen des preußischen Generals Eduard von Peucker zu bewegen.

Mai/Juni, EBERBACH:
Die Stadt ist Durchgangsstation revolutionärer Truppen.

1. Juni, HEIDELBERG:
Das Kommando der akademischen Legion ruft ihre Mitglieder zum Einsatz zurück.

NEUSTADT A.D.H.:
In einer Versammlung der Bürgermeister und Stadträte aus der Pfalz wird die Einberufung einer pfälzischen Volksvertretung gefordert.

SPEYER:
Der Stadtrat unter Kolb beschließt die Suspendierung aller von der Provisorischen Regierung erlassenen Anordnungen bis zur Bestätigung durch eine noch zu berufende Volksvertretung. Tags darauf erklärt sich der Kantonalauschuß hiermit einverstanden.

2. Juni, HEIDELBERG:
Die Redaktion des „Heidelberger Journals" teilt mit, daß durch die Unterbrechung der Postverbindungen nach Frankfurt die Briefe und Zeitungen ausbleiben und dadurch der Umfang des Blatts reduziert werden muß.

2./3. Juni, SPEYER:
Zivilkommissär Hilgard löst im Auftrag der Provisorischen Regierung den Stadtrat auf und ordnet Neuwahlen an. Er suspendiert den Gymnasialrektor Jaeger sowie 6 weitere Lehrer vom Dienst.

3. Juni, AMTSBEZIRK EBERBACH:
Theodor Frey – Anhänger von Brentano – wird zum Abgeordneten für die Konstituierende Versammlung gewählt.

WIESLOCH:
Eduard Bronner wird als Abgeordneter des XVII. Wahlbezirks (Wiesloch, Heidelberg, Weinheim) in die Konstituierende Versammlung gewählt.

SINSHEIM:
Bei den Wahlen zur Konstituierenden Versammlung wird Georg Rauh gewählt.

SPEYER:
450 Mann Exekutionstruppen (Kaiserlauterer Volkswehr) marschieren mit zwei Kanonen in die Stadt ein, um die von der Provisorischen Regierung beschlossene Absetzung des Stadtrats sowie die Wahl eines neuen zu erzwingen. Sie zerstören Wappen, Ortstafeln, Wegweiser, Schilder etc.

WEINHEIM:
In einer gespannten Situation mit Verhaftungen von Verdächtigen findet die Wahl zur Konstituierenden Versammlung statt. Zwei der von den Demokraten unterstützten Kandidaten, Joseph Ignatz Peter und Pfarrer August Lehlbach, werden gewählt.

5. Juni 1849 – Das zwischen 1785 und 1788 erbaute Hotel Prinz Carl am Kornmarkt in Heidelberg wird in der sogenannten Freischärlerperiode (20. Mai bis 22. Juni 1849) Hauptquartier der Revolutionstruppen. Am 5. Juni 1849 verkündet Kriegsminister Franz Sigel hier den Kriegszustand in Baden. (Vorlage: Kurpfälzisches Museum Heidelberg)

5. Juni, FRANKENTHAL:

Zivilkommissär Georg Hillgärtner erläßt eine Verfügung, daß „sämmtliche königlich bayerischen Wappen bis spätestens 8 Uhr heute Abend von den Thüren der öffentlichen Ämter herabgenommen und diesselben später durch eine, dem bisherigen ähnliche, einfache Tafel mit der Inschrift: „Pfälzisches ... Amt" ersetzt werden; daß an die Stelle des blauweißen Bandes um die Grenzpfähle, Barrieren, Wegweiser innerhalb 2mal 24 Stunden von Publikation des gegenwärtigen an ein schwarz-roth-goldenes Band trete".

HEIDELBERG:

Das Verhalten einiger „Muttersöhnlein", die sich aus Feigheit vor dem Dienst an der Waffe drücken, wird in einer Zeitungsanzeige öffentlich bloßgestellt.
Im Heidelberger Hotel Prinz Carl am Kornmarkt, seinem Hauptquartier, erklärt Sigel im Namen der Provisorischen Regierung das Vaterland für in Gefahr. Für ganz Baden wird der Kriegszustand erklärt und das Standrecht verkündet.

SPEYER:

Der Kantonalausschuß beschließt die Einsetzung der Bürger Böhm, Otto, Vögele und Wimmer anstelle der nach Germersheim geflüchteten Gendarmen.

WEINHEIM:

Die Stadt wird von hessischen Einheiten überfallen. Die Revolutionstruppen haben rund 20 Tote zu beklagen und ziehen sich vorübergehend aus der Stadt zurück. Die Hessen beschlagnahmen Waffen, nehmen Zivilkommissär Härter gefangen und räumen das badische Gebiet anschließend wieder.

6. Juni, GROẞSACHSEN:

Pfarrer Karl Schuster wird verhaftet und nach Heidelberg gebracht.

LAUDENBACH/HEMSBACH/GROẞSACHSEN/OBERFLOCKENBACH:

Verhaftung von Gendarmen und anderen Repräsentanten des großherzoglich-badischen Regimes sowie von Bürgern, denen man Spionage und Denunziation vorwirft.

LÜTZELSACHSEN:

Eine Kompanie badische Infanterie und das erste Aufgebot der Karlsruher Volkswehr liegen im Ort.

WEINHEIM:

Der hessische Überfall vom Vortag löst eine Welle von Übergriffen auf vermutete Gegner der Revolution aus. Zivilkommissär Härter wird zur Beruhigung der Situation von den Hessen wieder freigelassen. Die Volkswehr wird neu geordnet. Der ortsfremde Hermann Röse löst Härter als Zivilkommissär ab; er steuert einen radikaleren Kurs als sein Vorgänger. Härter setzt jedoch wiederholt seine Autorität ein, um die Anordnungen Röses unwirksam zu machen.

7. Juni, LEUTERSHAUSEN:

Pfarrer Küstner wird verhaftet und nach Heidelberg gebracht. Pfarrer Hormuth wird ebenfalls festgenommen, nach einigen Tagen Haft in Weinheim wird auch er nach Heidelberg verlegt.

VIERNHEIM/LAMPERTHEIM:

Einheiten der badischen Revolutionsarmee unternehmen Vorstöße auf hessisches Gebiet.

8. Juni, Mannheim:
Der Kaufmann Peter Joseph Osterhaus wird zum Oberst der Bürgerwehr ernannt.

9. Juni, Speyer:
Kolb wird erneut zum Bürgermeister gewählt, lehnt die Wahl als Mitglied des Rumpfparlaments jedoch ab. Zunächst bleibt er weiter im Stadtrat, der bei der Neuwahl fast die gleiche Zusammensetzung wie zuvor erhält.

10. Juni, München:
Proklamation des bayerischen Königs Maximilian II. an die Pfälzer.

Worms:
Die Blenkersche Freischar ist letztmals in der Stadt.

11. Juni, Mannheim:
Auf Befehl von Ludwik Mieroslawski, dem neuen Oberbefehlshaber der badischen Revolutionsarmee, werden die ersten Verteidigungsmaßregeln getroffen.

12./13. Juni 1849 – Gedenkstein für die von eigenen Wachtposten irrtümlich erschossenen Eberbacher Bürgerwehroffiziere. (Vorlage: StadtA Eberbach)

SINSHEIM:
Die Bürgermeister von 22 Gemeinden melden Zivilkommissär Speiser Stärke und Bewaffnung ihrer ersten Aufgebote. Insgesamt zählt man im Amtsbezirk 853 Wehrmänner. Der überwiegende Teil ist mit Gewehren bewaffnet. Das Kommando des Volkswehrbataillons übernimmt im Auftrag der Provisorischen Regierung Major Cyriak Schnepf. Das Sinsheimer erste Aufgebot trägt eine rote Fahne mit der Inschrift „Entweder – oder".

12. Juni, LAUDENBACH:
Pfarrer Wundt wird verhaftet und nach Weinheim verbracht; dort wird er durch Lorenz Thomé wieder auf freien Fuß gesetzt.

WALD-MICHELBACH:
Das „Fliegende Korps im Odenwald" unter Johann Philipp Becker stößt aus dem Steinachtal auf die Gemeinde vor.

WEINHEIM:
Die Volkswehr wird zur Verteidigung der Neckarlinie nach Edingen verlegt. In und um die Stadt liegt unter dem Kommando von Thomé das 1. Korps der badischen Revolutionsarmee.

WORMS:
Preußische Truppen ziehen in die Stadt ein.

12./13. Juni, EBERBACH:
Bei der Kontrolle eines Wachtpostens am Fuß des Kreuzberges an der Straße nach Amorbach werden die Bürgerwehroffiziere Neuer, Kappes und Leutz beschossen; Neuer und Kappes finden dabei den Tod.

WALD-MICHELBACH/SIEDELSBRUNN:
Das Neckarkorps beginnt seine Offensive gegen die badische Revolutionsarmee.

12. – 16. Juni, AMTSBEZIRK EBERBACH:
Durchmarsch und Einquartierung revolutionärer Truppen und Freischaren.

13. Juni, SINSHEIM:
Auf Befehl von Sigel rücken 3 Kompanien der Hanauer Turner, eine Abteilung badischer Dragoner sowie Artillerie in die Stadt ein. Sie vereinigen sich hier mit einer Abteilung der Heilbronner Turnerwehr. Von hier aus sollen die Truppen die Revolution nach Württemberg tragen. Dieser Angriffsplan wird aber schnell wieder aufgegeben.

VIERNHEIM/KÄFERTAL:
Aufklärungsaktionen des Neckarkorps führen zu Zusammenstößen mit revolutionären Truppen.

13./14. Juni, SINSHEIM:
Am Sammelpunkt erscheinen viele Wehrmänner nicht. In Reihen und Kirchardt verweigern die Volkswehren den Auszug. Mit Waffengewalt werden die renitenten Aufgebote zur Teilnahme gezwungen. Von Sinsheim marschiert das Volkswehrbataillon nach Neckargemünd. Dort wird es der 5. Division unter dem Kommando von Becker zugeteilt.

14. Juni:
Prinz Wilhelm von Preußen erklärt für die Rheinpfalz den Kriegszustand.

14. Juni 1849 – In Kirchheimbolanden kommt es zu einem Gefecht zwischen Freischärlern und preußischen Interventionstruppen. (Wilhelm Blos: Die Deutsche Revolution, Stuttgart 1893, Vorlage: LandesA Speyer)

KAISERSLAUTERN:
Die Hauptstadt der Provisorischen Regierung fällt kampflos in preußische Hände.

KIRCHHEIMBOLANDEN:
Gefecht zwischen Freischärlern und preußischen Truppen.

14. – 20. Juni, AMTSBEZIRK EBERBACH:
Bussemer übernimmt während Freys Teilnahme an der Konstituierenden Versammlung dessen Aufgaben als Zivilkommissär, ohne dazu offiziell eingesetzt worden zu sein.

Mitte Juni, SPEYER:
Die Stärke des Freischar-Bataillons Speyer beträgt angeblich 640 Mann. Oßwald ist Kommandeur der Mobilgarde, Geometer Gaab Befehlshaber der „zur Bürgerwehr der Pfalz gehörenden Pionier-Compagnie“.

15. Juni, FRANKENTHAL:
Besetzung durch preußische Truppen.

Großsachsen/Leutershausen/Heddesheim/Ladenburg/Viernheim:
Nach einem Geplänkel bei Großsachsen stoßen Einheiten des Neckarkorps bis Leutershausen und Ladenburg vor. Ladenburg muß aber bereits vor dem von der südlichen Neckarseite her vorgetragenen Gegenangriff wieder aufgegeben werden. Großsachsen, Heddesheim und Viernheim bleiben von Einheiten des Neckarkorps besetzt.

Hirschhorn/Eberbach:
Hirschhorn wird von bayerischen Truppen eingenommen. Das Schloß wird am folgenden Tag von den Hanauer Turnern fluchtartig geräumt. Die Turner ziehen sich nach Eberbach zurück. Es kommt zu Schußwechseln zwischen den Freischaren auf dem linken und den bayerischen Truppen auf dem rechten Neckarufer.

Käfertal:
Einheiten des Neckarkorps nehmen den Ort vorübergehend in Besitz, werden aber von badischen Revolutionsstreitkräften wieder vertrieben und ziehen sich nach Viernheim zurück. In Mannheim wird der Sieg durch eine Illumination gefeiert.

Mannheim:
Zivilkommissär von Trützschler ordnet die Entwaffnung des Scharfschützenkorps der Bürgerwehr an.
Eine neuerliche Bürgermeisterwahl verläuft wegen mangelnder Beteiligung ergebnislos.
Teile der Bürgerwehr ziehen über den Neckar und beteiligen sich an den Gefechten bei Käfertal und an der Ladenburger Brücke.

Weinheim:
Durch das Birkenauer Tal und entlang der Bergstraße stößt das Neckarkorps auf Weinheim vor, besetzt die Stadt und legt sein Hauptquartier hierher.

Mitte Juni, Worms:
Beginn von gerichtlichen Untersuchungen; gegen Bandel, Blenker und Dr. von Loehr werden Steckbriefe ausgestellt.

15. – 17. Juni, Ludwigshafen:
Badische Artillerie beschießt und zerstört die Stadt.

16. Juni, Großsachsen:
Der von Mieroslawski befohlene Gegenangriff führt zu einem Gefecht bei Großsachsen. Das Neckarkorps kommt in starke Bedrängnis und nimmt schließlich alle Kräfte nach Weinheim zurück. Auch die Revolutionsstreitmacht zieht sich wieder bis Schriesheim zurück. Mieroslawski läßt dennoch einen Sieg verkünden und diesen durch eine Illumination Heidelbergs feiern.

Heidelberg:
Die Bürger werden aufgerufen, die kämpfenden Truppen mit Brot, Fleisch, Wurst, Wein und Bier zu versorgen und zu stärken. Die „edlen“ Frauen Heidelbergs werden im Namen des Vaterlands gebeten, die verwundeten Soldaten in den Hospitälern zu pflegen.

Sinsheim:
Die vereinigten Kräfte der Hanauer und Heilbronner Turner verlassen die Stadt und marschieren nach Heidelberg.

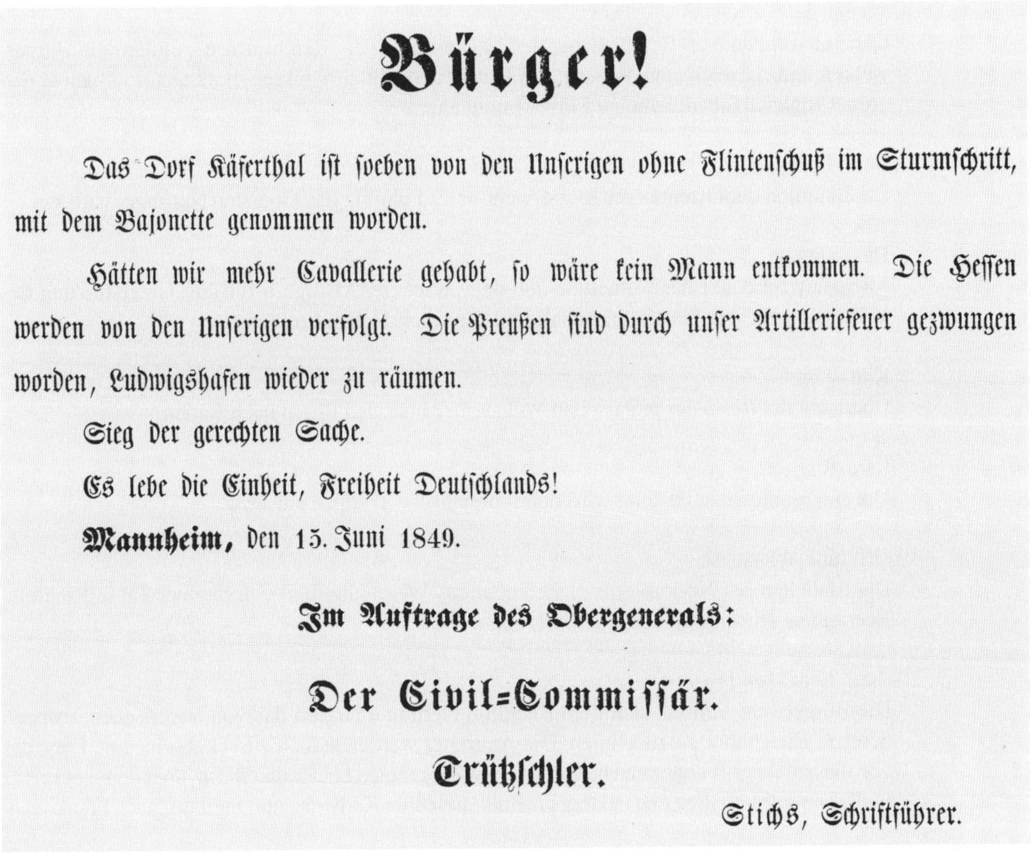

Bürger!

Das Dorf Käferthal ist soeben von den Unserigen ohne Flintenschuß im Sturmschritt, mit dem Bajonette genommen worden.

Hätten wir mehr Cavallerie gehabt, so wäre kein Mann entkommen. Die Hessen werden von den Unserigen verfolgt. Die Preußen sind durch unser Artilleriefeuer gezwungen worden, Ludwigshafen wieder zu räumen.

Sieg der gerechten Sache.

Es lebe die Einheit, Freiheit Deutschlands!

Mannheim, den 15. Juni 1849.

Im Auftrage des Obergenerals:

Der Civil-Commissär.

Trützschler.

Stichs, Schriftführer.

15. Juni 1849 – Wenige Tage vor dem Einmarsch der Preußen gibt es noch Siegesmeldungen. Im Gefecht bei Käfertal schlagen sich Revolutionstruppen tapfer. (Vorlage: StadtA Mannheim)

Speyer:
Militärkommissär Oßwald stellt der Mobilgarde den Übergang über den Rhein und damit eine Teilnahme an den Kämpfen im Badischen frei; an Offizieren begleiten ihn schließlich Ludwig Heydenreich, Jacob Moos und Heinrich Weltz. Auch Zivilkommissär Hilgard geht über den Rhein. Die Stadt wird von preußischen Truppen besetzt.

16. – 19. Juni, Hemsbach:
Einquartierung von Reichstruppen.

16. Juni, Lützelsachsen:
Bürgermeister Hördt wird nach einem Verhör von mecklenburgischen Einheiten der Interventionsmacht seines Amts enthoben.

17. Juni, Neustadt:
Einnahme durch preußische Truppen.

Rinnthal bei Annweiler:
Niederlage der Freischaren gegen die preußischen Truppen, Mieroslawski läßt darauf die Pfalz räumen.

WEINHEIM:
General von Peucker, Befehlshaber des Neckarkorps der „Reichsarmee“, erklärt alle Bürgerwehren und „bewaffneten Vereine“ im Unter- und Mittelrheinkreis Badens für aufgelöst und ordnet zugleich die allgemeine Entwaffnung an.

18. Juni, EBERBACH:
Ein Bataillon der Offenburger Bürgerwehr unter Führung des Obersten Nerlinger trifft ein.

HEIDELBERG:
Mieroslawski dankt der Gemeinde und den „wackeren“ Bürgern für ihre Unterstützung des Volksheers, für ihre Gastfreundschaft und den freundlichen Empfang.

KNIELINGEN:
Übergang der Reste der pfälzischen Volksarmee über den Rhein nach Baden.

LANDAU:
Die eingeschlossene Festung wird durch preußische Truppen entsetzt.

19./20. Juni, WEINHEIM:
Die Einheiten des Neckarkorps ziehen über das Weschnitz- und Gorxheimer Tal in Richtung Beerfelden, Hirschhorn und Eberbach ab.

20. Juni, EBERBACH/HIRSCHHORN:
Die Bürgerwehr schließt sich dem Bataillon Nerlinger an, um das von bayerischen Truppen besetzte Hirschhorn einzunehmen. Die Angreifer werden jedoch zurückgeschlagen. Frey, der von diesem Angriff abgeraten hatte, rettet die Zerstreuten bei Pleutersbach über den Neckar; er muß dann selbst fliehen und gelangt bis Ende Juni über Karlsruhe und Freiburg nach Frankreich.

AMTSBEZIRK EBERBACH:
Hiob Daniel Backfisch versucht in Haag, die geflüchtete Bürgerwehr zum Anschluß an die Freischaren Beckers, der vom linken Neckarufer aus operiert, zu bewegen.
Später sieht sich Backfisch zur Flucht gezwungen.

GERMERSHEIM:
Übergang der preußischen Truppen über den Rhein.

SCHWETZINGEN:
Mieroslawski zieht am Abend die Revolutionsarmee aus ihren Stellungen am Neckar ab. Kurzfristig liegt sein Hauptquartier in der Stadt.

SPEYER/FRANKENTHAL:
Bayerische Truppen besetzen Speyer und Frankenthal, wo ihr Oberbefehlshaber Fürst von Thurn und Taxis sein Hauptquartier aufschlägt.

WEINHEIM:
Einheiten des preußischen Korps Groeben nehmen in der Stadt Quartier.

21. Juni, EBERBACH:
Parlamentäre unter Führung von Amtsverwalter Kraft und Bürgermeister Neuer übergeben die Stadt den heranrückenden Truppen unter General von Peucker.

In der Folgezeit belasten Einquartierungen, Plünderungen und Beschädigungen durch Bundestruppen die Einwohner. Durchsuchungen finden statt, die Bürgerwehr wird entwaffnet. Bürgermeister Neuer und der Hauptmann der Bürgerwehr Seibert werden verhaftet und erst am 30. Juli wieder entlassen. In der Scheune von Seibert, an deren Stelle heute das Gasthaus „Zur Kanone" steht, beschlagnahmen Soldaten zwei versteckt gehaltene Kanonen der Bürgerwehr.

SCHRIESHEIM:
Das von Weinheim aus vorrückende Neckarkorps besetzt den Ort, ohne auf nennenswerten Widerstand zu stoßen.

SCHWETZINGEN:
Nachts um 2 Uhr brechen die Revolutionstruppen zum Gefecht bei Waghäusel auf.

SPEYER:
Einrücken bayerischer Truppen.

22. Juni, HEIDELBERG:
Bürger tragen im Hauptquartier aus Angst vor einer Zerstörung die Bitte vor, die Stadt nicht gegen die anrückenden Preußen zu verteidigen. Nach heftigen Auseinandersetzungen benachrichtigt Kriegsminister Sigel Bürgermeister Winter vom bevorstehenden Abmarsch der noch verbliebenen Truppenteile.

MANNHEIM:
Teile der Bürgerwehr und regierungstreue Dragoner leiten die Gegenrevolution ein. Sie besetzen den Bahnhof, verhindern die Beschlagnahme der Kreiskasse und nehmen mehrere Revolutionäre, darunter Zivilkommissär Trützschler, fest. Am Abend marschieren preußische Truppen in der Stadt ein.

SINSHEIM:
Nach der Niederlage bei Waghäusel ziehen in Eilmärschen ununterbrochene Ströme von flüchtenden Soldaten und Volkswehrmännern durch den Ort. Die Revolutionsarmee (15.000 bis 18.000 Soldaten) läuft Gefahr, in Sinsheim eingeschlossen zu werden. Von Langenbrücken aus rückt die preußische Armee heran, und die Reichstruppen stoßen von Waibstadt aus vor. Am Abend greift hessische Kavallerie die Stadt an. Nach einem kurzen Geplänkel werden die Hessen zurückgeschlagen. Zwischen der Hauptmacht der Reichstruppen und den Revolutionstruppen unter Sigel entwickelt sich ein mehrstündiges Feuergefecht.

SPEYER:
Die „Neue Speyerer Zeitung" wird verboten und die Druckerei des vormaligen Abgeordneten der Nationalversammlung Kolb geschlossen.

WEINHEIM:
Das bei Edingen stehende Aufgebot der Volkswehr löst sich auf

23. Juni, HEIDELBERG:
Früh morgens ziehen preußische Truppen mit einigen tausend Soldaten aller Waffengattungen in die Stadt ein.

MANNHEIM:
Die Bürgerwehr wird entwaffnet und die Verschanzungen in der Stadt beseitigt.

SINSHEIM:
Am Vormittag verläßt Sigel an der Spitze der Nachhut seine Geburtsstadt. Gegen 4 Uhr nachmittags rückt die Reichsarmee unter General von Peucker ein. Dabei kommt es zu massiven Übergriffen gegen die Bevölkerung. Namentlich Nassauer, Bayern und mecklenburgische Dragoner plündern Bürgerhäuser. Insgesamt muß die Stadt für die Einquartierung und Verpflegung der Reichstruppen eine Summe in Höhe von 8.839 Gulden aufbringen. Die Bürger müssen umgehend ihre Waffen abgeben. Untersuchungen und Verhaftungen gegen demokratisch Gesinnte beginnen. Zeitungen und Vereine werden verboten.

SPEYER:
Verhaftung von Bürgermeister Kolb.

25. Juni, MANNHEIM:
Nach dem Abmarsch der Preußen wird die Stadt vorläufig von einem bayerischen Jägerbataillon besetzt.

SPEYER:
Walz wird verhaftet, am nächsten Tag nach einer Hausdurchsuchung aber wieder freigelassen.

WEINHEIM:
Der zusammen mit den Interventionstruppen erschienene Vorbote der großherzoglichen Verwaltung und Justiz, Rechtspraktikant Friedrich von Preen (anfänglich auch Ludwig Orff und Josef Viktor Scheffel), nimmt erste Verhaftungen vor.

26. Juni, HEIDELBERG:
Die Wiederherstellung der verfassungsmäßigen Ordnung wird verkündet. Der Befehlshaber der Reichstruppen zwischen Main und Neckar von Peucker gibt in einer amtlichen Bekanntmachung im „Heidelberger Journal" die Auflösung der Bürgerwehr und der bewaffneten Vereine bekannt. Alle Waffenvorräte sind binnen 12 Stunden an den Bürgermeister zu übergeben.

SPEYER:
Jacob Moos wird verhaftet und erst nach fast zweijähriger Untersuchungshaft entlassen.

27. Juni, EBERBACH:
Bussemer wird zum kommissarischen Bürgermeister ernannt.

MANNHEIM:
Die Regierung des Unterrheinkreises verkündet für die Dauer des Kriegszustands die Möglichkeit, Wirtshäuser zu schließen, wenn die öffentliche Ruhe gestört wird, sei es durch Verführungsversuche von Soldaten, Raufereien oder durch Singen revolutionärer Lieder.

29. Juni, SPEYER:
Zahlreiche preußische Truppen durchziehen auf dem Marsch von Neustadt nach Germersheim die Stadt, wo man sie – wie die bayerische Besatzung – verpflegen muß. Als Strafmaßnahme gegen die Einwohner werden die Soldaten zunächst in Privatquartieren statt Kasernen untergebracht.

30. Juni, HEIDELBERG:
Die allgemeine Entwaffnung wird bekannt gegeben.

Juli, GROẞSACHSEN:
Bürgermeister Johannes Schmitt wird seines Amts enthoben und wegen Hochverrats angeklagt. Die Anklage wird jedoch im Februar 1850 als unbegründet aufgehoben. An die Stelle Schmitts tritt der frühere Amtsinhaber Kilthau.

5. Juli, HEIDELBERG:
Die den Aufständischen abgenommenen Waffen sind abzuliefern.

5./6. Juli, WORMS:
Bei der Gemeinderatswahl erhalten die Demokraten die Mehrheit.

6. Juli, MANNHEIM:
Die Bürgermeister und Gemeinderäte der Stadt werden wegen Verdachts der Teilnahme an hochverräterischen Unternehmungen entlassen und eine kommissarische Gemeindebehörde unter Friedrich Reiß ernannt.

10. Juli, HEIDELBERG:
Per Dekret des Landeskommissärs für den Unterrheinkreis wird die Gemeindeverwaltung ihrer Funktionen enthoben. Die Verwaltung der Gemeindeangelegenheiten wird provisorisch Gemeindebürgern wie dem Advokaten Georg Philipp Weber als Erstem Bürgermeister übertragen. Weber wendet sich in einer Mitteilung an die Bürgerschaft, fordert Vertrauen und schließt mit der Hoffnung: „Möge der lieben Vaterstadt bald das Theuerste werden – der Friede!“

Mitte Juli, HEMSBACH:
Bürgermeister Philipp Kronauer wird unter dem Vorwurf, an der Spitze der Revolutionspartei in Hemsbach gestanden zu haben, seines Amts enthoben. 1850 wird er vom Vorwurf der Aufforderung zum Hochverrat „klagfrei“, aber nicht „verdachtlos“ gesprochen.

20. Juli, MANNHEIM:
Der zum Stadtkommandanten ernannte preußische Oberst von Trotha trifft mit seiner Truppe in der Stadt ein.

26. Juli, HEIDELBERG:
Das „Heidelberger Journal“ teilt mit, daß einem amtlichen Bericht zufolge die Übergabe der Festung Rastatt erfolgt sei.

1. August, MANNHEIM:
Auflösung der Vereine und Verbot politischer Vereinstätigkeit.

7. August, RASTATT:
Ernst Elsenhans, früher in Heidelberg und zuletzt Redakteur des während der Belagerung erschienenen „Festungsboten“, wird standrechtlich erschossen.

8. August, MANNHEIM:
Beginn der Verhandlungen vor dem preußischen Standgericht im Schwurgerichtssaal des Kaufhauses.

14. August, MANNHEIM:
Standrechtliche Erschießung von Wilhelm Adolph von Trützschler.

8. August 1849 – Blutige Abrechnung: Die Prozesse des preußischen Standgerichts finden im Saal des Mannheimer Kaufhauses statt und enden mit sechs Todesurteilen, von denen fünf am Hauptfriedhof vollstreckt werden. (Zeichnung von Jakob Götzenberger, Vorlage: Reiß-Museum Mannheim)

16. August, Heidelberg:
Die Bürger beraten im großen Rathaussaal über eine Adresse an den Großherzog, in der sie ihre Treue und Ergebenheit bezeugen.

17. August, Heidelberg:
Die Einquartierungskommission regelt die Unterbringung der auswärtigen Truppen.

20. August, Heidelberg:
Das Kommando der 3. Division des 2. Korps der Rhein-Armee dankt achtbaren Bürgern Heidelbergs, die 573 Gulden übergeben zur Unterstützung der Familien von preußischen Landwehrmännern, die ihren Ernährer gar nicht oder verstümmelt heimkehren sehen.

24. August, Mannheim:
Der Ausbruch einer Choleraepidemie wird öffentlich festgestellt.

26. August, Heidelberg:
Zur Feier der Rückkehr des Großherzogs findet in der Pfarrkirche St. Peter ein Dankgottesdienst statt. Eine Deputation von Bürgern und Professoren reist nach Karlsruhe, um dem Großherzog zu seiner Rückkehr Glück zu wünschen.

September/Oktober, Weinheim:
In verschiedenen Orten des Amtsbezirks, z.B. in Hemsbach, Hohensachsen, Großsachsen und Leutershausen, sind Kontingente der Interventionsstreitkräfte einquartiert.

September 1849 bis Februar 1850, Amtsbezirk Sinsheim:
Die Gemeinderäte und Bürgermeister des Amtsbezirks müssen dem großherzoglichen Bezirksamt fortlaufend über Personen, die an der Revolution beteiligt waren, berichten. Bürger, die

bereits aus der Untersuchungshaft entlassen worden sind, stehen weiterhin unter polizeilicher Aufsicht.
Die evangelische Stiftsschaffnei erhöht den Pachtzins für Stiftsäcker und rächt sich somit auf ihre Weise an den Revolutionsteilnehmern.

8. September, Weinheim:
Die Spitze des Bezirksamts wechselt: Amtmann von Krafft-Ebing wird nach Eberbach versetzt und muß sich später für seine Zusammenarbeit mit den Weinheimer Demokraten rechtfertigen; ihm folgt Oberamtmann von Teuffel, der von Offenburg auf seinen früheren Posten zurückkehrt.

13. September, Mannheim:
Prinz Wilhelm von Preußen nimmt in der Garnison eine Parade ab.

22. September, Mannheim:
Die Befugnisse des Großen Bürgerausschusses werden dem Gemeinderat und dem Kleinen Bürgerausschuß übertragen.

9. Oktober, Mannheim:
Rechtsanwalt Küchler verteidigt Valentin Streuber vor dem Standgericht.

11. Oktober, Mannheim:
Standrechtliche Erschießung Valentin Streubers am Hauptfriedhof.

16. Oktober, Heidelberg:
Die Stadt feiert den Geburtstag von König Friedrich Wilhelm IV. von Preußen. Die einquartierten preußischen Truppen, die Bürgerschaft und zahlreiche Professoren der Universität wohnen einem feierlichen Gottesdienst ebenso wie der anschließenden Parade und dem Festessen im Holländischen Hof bei.

28. November, Heidelberg:
Das Urteil von Hecker über die badische Revolution wird im „Heidelberger Journal“ veröffentlicht: „Die Revolution scheiterte an der Energielosigkeit, Schwäche und dem Mangel an Genie der Führer.“

Dezember 1849 – Januar 1850, Weinheim:
Verkündung der ersten Urteile gegen Teilnehmer am Volksaufstand.

15. Dezember, Heidelberg:
Der frühere Erste Bürgermeister Speyerer wird vom Gemeinderat und dem Bürgerausschuß einstimmig zum Bürgermeister gewählt.

1850

Januar, Heidelberg:
Die Abgeordneten Bissing und Peter scheiden aus der badischen Zweiten Kammer aus.

10. Januar, Heidelberg:
Die Witwe des Schreinermeisters Fischer wird wegen Beherbergung eines politisch Verdächtigten mit einer Geldbuße bestraft.

Februar, SINSHEIM:
Das Bezirksamt verbietet das Tragen von „Heckerhüten“ und anderen Symbolen der Revolution.

10. Februar, HEIDELBERG:
Altbürgermeister Winter wird aus der Untersuchungshaft in seine Wohnung entlassen, bleibt aber unter Bewachung.

26. Februar, HEIDELBERG:
Die Witwe des großherzoglichen Revisors Alexander Behringer wird wegen Beherbergung eines politisch Verdächtigen mit einer Geldbuße von 25 Gulden bestraft.

März, HEIDELBERG:
Johann Rausch aus Wiesenbach wird wegen Singens des Heckerlieds mit 14 Tagen verschärfter Haft bestraft.
Die Tagelöhner Johann und Karl Weiskapp werden wegen tätlicher Mißhandlung eines preußischen Soldaten mit vier Wochen Haft bestraft. Der Architekt Kiederlein wird wegen Tragens eines „Robert-Blum-Huts“ zu drei Tagen Gefängnis verurteilt

3. März, WEINHEIM:
Der aus Weinheim stammende Johann Karl Kochendörfer, ehemals Oberfeldwebel im 4. Infanterieregiment, wird wegen Hochverrats zum Tod durch Erschießen verurteilt; da Kochendörfer flüchtig ist, kann das Urteil nicht vollstreckt werden.

4. März, HEIDELBERG:
Im Saal des Prinz Max findet unter Vorsitz des Freiherrn von Babo ein Kongreß der „intelligenten Landwirte“ zur Beratung ihrer Interessen statt.

11. März, LANDAU:
Die Erschießung des Grafen Fugger ist die einzige Hinrichtung in der Pfalz im Zusammenhang mit der Revolution.

17./18. März, WORMS:
Nachdem in Paris die Demokraten einen Wahlsieg errungen haben, kommt es in der Stadt zu Unruhen.

21. April, HEIDELBERG:
Ankunft der Prinzen Wilhelm und Friedrich von Preußen zur Besichtigung der zu Militärzwecken umfunktionierten Privatwohnungen. Nach Besuch des Schlosses sowie des Wolfsbrunnens fahren sie um 4 Uhr ab.

23. April, HEIDELBERG:
Christian Holzwarth aus Steinsfurt wird wegen Singens des Heckerlieds und des Ausrufs „Friedrich Hecker soll leben“ zu drei Monaten Arbeitshaus verurteilt.

Ende April, WORMS:
Bürgermeister Eberstadt wird vom Amt suspendiert und zusammen mit Bandel und Lohnstein wegen angeblicher Erpressung von Geld zum Kauf von Gewehren für die Bürgerwehr angeklagt.

12. Mai, HEIDELBERG:
Der Buchbindergeselle Jakob Orschel aus Seilbach wird wegen Singens des Heckerlieds verurteilt.

Juni, AMTSBEZIRK SINSHEIM:
Die 19 Gemeinden des Amtsbezirks haben für die durch den badischen Aufstand verursachten Kriegskosten einen Betrag von 31.000 Gulden aufzubringen.

1. Juni, HEIDELBERG:
Viele Beamte und Bürger feiern bei einem Essen im Holländer Hof mit den Offizieren des 28. Regiments dessen Abzug aus der Stadt am 3. Juni.

19. Juni 1850 – Nach über zwei Jahren wird in der Pfalz das Kriegsrecht aufgehoben. Bekanntmachung des Befehlshabers der bayerischen Truppen in der Pfalz, Carl Theodor Fürst von Thurn und Taxis. (Vorlage: LandesA Speyer)

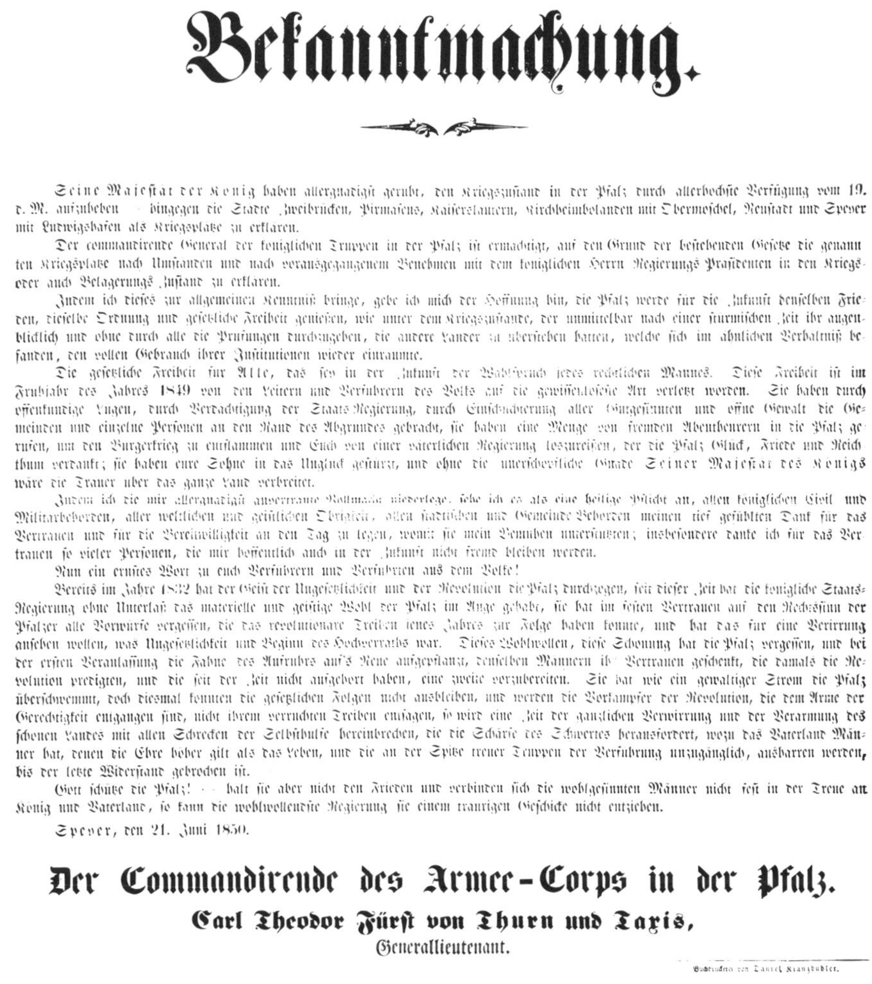

Bekanntmachung.

Seine Majestät der König haben allergnädigst geruht, den Kriegszustand in der Pfalz durch allerhöchste Verfügung vom 19. d. M. aufzuheben — hingegen die Städte Zweibrücken, Pirmasens, Kaiserslautern, Kirchheimbolanden mit Obermoschel, Neustadt und Speyer mit Ludwigshafen als Kriegsplätze zu erklären.

Der commandirende General der königlichen Truppen in der Pfalz ist ermächtigt, auf den Grund der bestehenden Gesetze die genannten Kriegsplätze nach Umständen und nach vorausgegangenem Benehmen mit dem königlichen Herrn Regierungs-Präsidenten in den Kriegs- oder auch Belagerungs-Zustand zu erklären.

Indem ich dieses zur allgemeinen Kenntniß bringe, gebe ich mich der Hoffnung hin, die Pfalz werde für die Zukunft denselben Frieden, dieselbe Ordnung und gesetzliche Freiheit genießen, wie unter dem Kriegszustande, der unmittelbar nach einer stürmischen Zeit ihr augenblicklich und ohne durch alle die Prüfungen durchzugehen, die andere Länder zu überstehen hatten, welche sich im ähnlichen Verhältniß befanden, den vollen Gebrauch ihrer Institutionen wieder einräumte.

Die gesetzliche Freiheit für Alle, das sey in der Zukunft der Wahlspruch jedes redlichen Mannes. Diese Freiheit ist im Frühjahr des Jahres 1849 von den Leitern und Verführern des Volks auf die gewissenloseste Art verletzt worden. Sie haben durch offenkundige Lügen, durch Verdächtigung der Staats-Regierung, durch Einschüchterung aller Gutgesinnten und offne Gewalt die Gemeinden und einzelne Personen an den Rand des Abgrundes gebracht, sie haben eine Menge von fremden Abentheurern in die Pfalz gerufen, um den Bürgerkrieg zu entflammen und Euch von einer väterlichen Regierung loszureißen, der die Pfalz Glück, Friede und Reichthum verdankt; sie haben eure Söhne in das Unglück gestürzt, und ohne die unerschöpfliche Gnade Seiner Majestät des Königs wäre die Trauer über das ganze Land verbreitet.

Indem ich die mir allergnädigst anvertraute Vollmacht niederlege, sehe ich es als eine heilige Pflicht an, allen königlichen Civil- und Militärbehörden, aller weltlichen und geistlichen Obrigkeit, allen städtischen und Gemeinde-Behörden meinen tief gefühlten Dank für das Vertrauen und für die Bereitwilligkeit an den Tag zu legen, womit sie mein Bemühen unterstützten; insbesondere danke ich für das Vertrauen so vieler Personen, die mir hoffentlich auch in der Zukunft nicht fremd bleiben werden.

Nun ein ernstes Wort zu euch Verführern und Verführten aus dem Volke!

Bereits im Jahre 1832 hat der Geist der Ungesetzlichkeit und der Revolution die Pfalz durchzogen, seit dieser Zeit hat die königliche Staats-Regierung ohne Unterlaß das materielle und geistige Wohl der Pfalz im Auge gehabt, sie hat im festen Vertrauen auf den Rechtssinn der Pfälzer alle Vorwürfe vergessen, die das revolutionäre Treiben jenes Jahres zur Folge haben konnte, und hat das für eine Verirrung ansehen wollen, was Ungesetzlichkeit und Beginn des Hochverraths war. Dieses Wohlwollen, diese Schonung hat die Pfalz vergessen, und bei der ersten Veranlassung die Fahne des Aufruhrs auf's Neue aufgepflanzt, denselben Männern ihr Vertrauen geschenkt, die damals die Revolution predigten, und die seit der Zeit nicht aufgehört haben, eine zweite vorzubereiten. Sie hat wie ein gewaltiger Strom die Pfalz überschwemmt, doch diesmal konnten die gesetzlichen Folgen nicht ausbleiben, und werden die Vorkämpfer der Revolution, die dem Arme der Gerechtigkeit entgangen sind, nicht ihrem verruchten Treiben entsagen, so wird eine Zeit der gänzlichen Verwirrung und der Verarmung des schönen Landes mit allen Schrecken der Selbsthülfe hereinbrechen, die die Schärfe des Schwertes herausfordert, wozu das Vaterland Männer hat, denen die Ehre höher gilt als das Leben, und die an der Spitze treuer Truppen der Verführung unzugänglich, ausharren werden, bis der letzte Widerstand gebrochen ist.

Gott schütze die Pfalz! — hält sie aber nicht den Frieden und verbinden sich die wohlgesinnten Männer nicht fest in der Treue an König und Vaterland, so kann die wohlwollendste Regierung sie einem traurigen Geschicke nicht entziehen.

Speyer, den 21. Juni 1850.

Der Commandirende des Armee-Corps in der Pfalz.

Carl Theodor Fürst von Thurn und Taxis,

Generallieutenant.

Buchdruckerei von Daniel Kranzbühler.

3. Juni, HEIDELBERG:
Das 2. Bataillon des 28. preußischen Infanterieregiments zieht ab; das 2. Bataillon des 30. preußischen Infanterieregiments folgt nach.

8. Juni, WORMS:
77 Angeklagte werden im rheinhessischen Hochverratsprozeß in Mainz freigesprochen, darunter sind 31 Wormser.

9. Juni, HEIDELBERG:
Zum ersten Mal nach zwei Jahren besuchen wieder Fremde die Heidelberger Hotels.

17. Juni, HEIDELBERG:
Martin Kochenburger, Franz Zöllner, Jakob Ganzenmüller, Adam Diez und Therese Bomo aus Heidelberg werden wegen „feindseliger Demonstration gegen die Obrigkeit" mit sechs bzw. vier Wochen verschärftem Gefängnis bestraft.

19. Juni:
Der Kriegszustand über die Pfalz wird aufgehoben.

30. Juni, HEIDELBERG:
Die königliche Kommandantur in Heidelberg übergibt dem Generalkommando in Karlsruhe eine Sammlung mehrerer Bürger in Höhe von 264 Gulden und 48 Kreuzern „in dankbarer Erinnerung an den Truppeneinzug vom 23. Juni 1849" für die Hinterbliebenen der bei der Bekämpfung des Aufstands gefallenen Preußen.

10. Juli, HEIDELBERG:
Die wegen Teilnahme an einer Demonstration auf dem Schloßberg verhaftete Therese Bomo, Schriftführerin des demokratischen Frauenvereins, erkrankt in der Gefangenschaft und stirbt. Die Republikaner sehen darin einen „Justizmord".

Mitte Juli, AMTSBEZIRK WEINHEIM:
Badische Truppenteile, die zur Neuformierung in preußische Garnisonen verlegt werden, nehmen bei ihrem Durchzug in Orten des Amtsbezirks Quartier.

16. Juli, HEIDELBERG:
Bei der Ankunft der 2. und 3. Fußbatterie der badischen Artillerie in Rohrbach sind auch Großherzog Leopold von Baden, Großherzog Ludwig von Hessen und der Prinz von Baden anwesend.

19. Juli, WEINHEIM:
Verkündung des Urteils gegen „Friedrich Härter und Genossen wegen Hochverraths, Aufruhr und Gewaltthätigkeit". Ein Teil der Verurteilten ist noch flüchtig.

18. August, HEIDELBERG:
Das „Heidelberger Journal" erinnert an die Rückkehr des Großherzogs in die Residenz vor einem Jahr.

24. August, HEIDELBERG:
Erlaß der Verordnung über Reorganisation der Feuerwehr nach ihrer Auflösung am 24. Juli 1849. Die Bürger werden aufgefordert, sich an dieser „gemeinnützigen Anstalt" zu beteiligen.

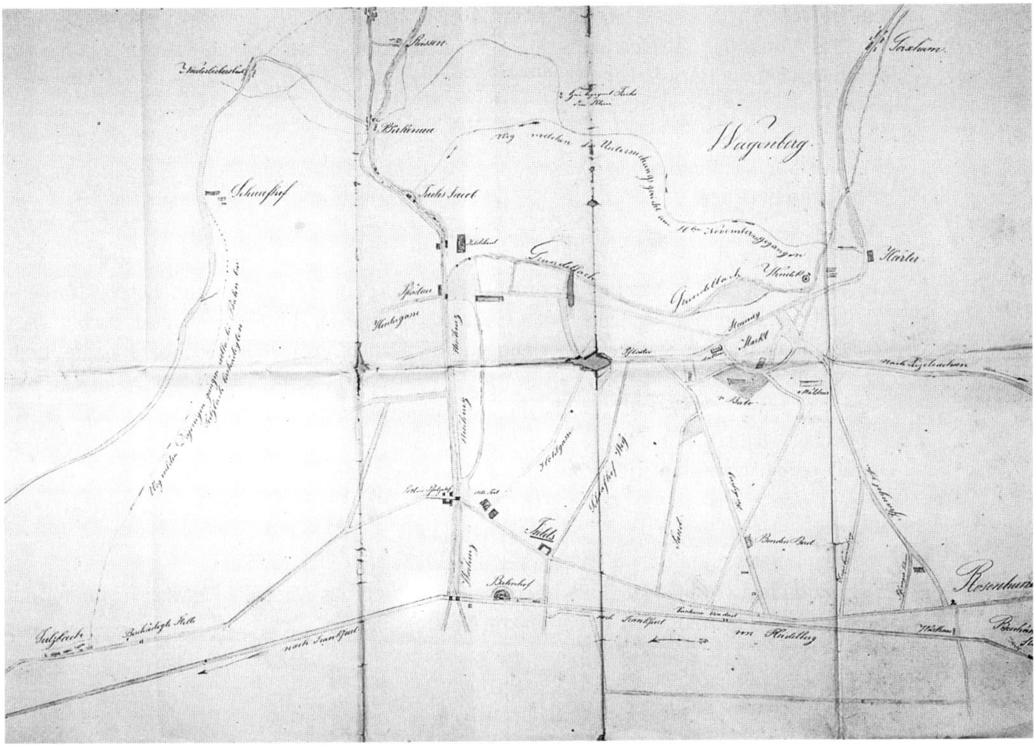

19. Juli 1850 – Urteilsverkündung gegen die Weinheimer Revolutionäre – Die Karte ist im Verlauf der Nachforschungen der Staatsbehörden entstanden und zeigt die 'revolutionären Brennpunkte' der Stadt. (Vorlage: GLAK)

30. August, Heidelberg:
Der Geburtstag des Großherzogs wird „auf eine würdige Weise" gefeiert; auch der Kommandant des 30. Infanterieregiments Wiesner bringt einen Toast auf das „freundschaftliche Verhältnis zwischen Baden und Preußen" aus.

Oktober, Weinheim:
Advokat Küchler aus Heidelberg reicht die Rekursbeschwerdeschriften mehrerer Weinheimer Verurteilten ein. Die Entscheidungen darüber fallen erst 1851 bzw. 1852.

1. Oktober, Heidelberg:
Ein Weingärtner, der sich weigerte, dem Exekutionspersonal Kartoffeln abzugeben, wird zu zwei Monaten Arbeitshaus verurteilt und nach Bruchsal gebracht.

7. Oktober, Heidelberg:
Der Prinz und die Prinzessin von Preußen besuchen Heidelberg und übernachten im Haus des großherzoglichen Amtsvorstands Alois Lang.

10. Oktober, Worms:
Freispruch für Eberstadt, Bandel und Lohnstein.

November/Dezember, AMTSBEZIRK WEINHEIM:
Mit dem Abzug der „Strafpreußen“ aus Baden kommen mehrfach Einquartierungslasten auf Weinheim und die Bergstraßenorte des Amtsbezirks zu.

16. November, HEIDELBERG:
Ein Bataillon des preußischen 27. Regiments bezieht in Handschuhsheim, Ziegelhausen und Neuenheim Quartier.

20. November, HEIDELBERG:
Abschiedsessen für die Offiziere des preußischen 30. Regiments im Museum. Die Eröffnungsrede hält der Prorektor der Universität Geheimer Hofrat Dr. Friedrich August Puchelt. Als Redner folgen u.a. der Stadtkommandant Major Schirmer, Prof. Häusser, Prof. Johann Friedrich Christoph Kortüm.

21. November, HEIDELBERG:
Das 20. preußische Infanterieregiment rückt für einige Tage in die Stadt ein.

22. November, HEIDELBERG:
Ein Bataillon des preußischen 30. Regiments verläßt samt Stab die Stadt.
In der festlich geschmückten Aula feiert die Universität das Andenken an den Restitutor der Universität, Großherzog Karl Friedrich von Baden.

3. Dezember, MANNHEIM:
Abmarsch der letzten preußischen Truppen.

4. Dezember, HEIDELBERG:
Die letzte Abteilung preußischer Truppen verläßt badischen Boden. Aufruf: „Sache des badischen Volke ist es nun, zu zeigen, daß bei ihm die Liebe zur gesetzlichen Ordnung und Achtung vor dem Gesetze und dessen Vollstreckern feste Wurzeln gefaßt hat“.
Die 2. Kompanie des 7. badischen Infanterieregiments bezieht die Kaserne im Marstall.

Die Chronik wurde erarbeitet auf der Grundlage der Beiträge von:

Ursula Abele (Schriesheim)

Susanne Bährle (Mitarbeit: Klaus Zechiel-Eckes, Wilhelm Heuss, Iris Hartung) (Schwetzingen)

Holger Friedrich (Amtsbezirk Sinsheim)

Rainer Gutjahr (Amtsbezirk Weinheim)

Anja Hering (Odenwaldkreis)

Hans-Joachim Hirsch (Mannheim)

Katrin Hopstock (Speyer)

Joachim Kermann (Speyer)

Manfred Kurz (Amtsbezirk Wiesloch)

Rüdiger Lenz (Amtsbezirk Eberbach)

Gerhard Nestler (Frankenthal)

Fritz Reuter (Worms)

Diana Weber, Günther Berger (Heidelberg)

Literaturverzeichnis

Adreßbücher Uni Heidelberg (1844-46): Adreßbücher der Ruprecht-Karls-Universität. Heidelberg 1844 – 1846.

Amtsvorsteher (1996): Die Amtsvorsteher der Oberämter, Bezirksämter und Landratsämter in Baden-Württemberg 1810 bis 1972. Hrsg. von der Arbeitsgemeinschaft der Kreisarchive beim Landkreistag Baden-Württemberg. Stuttgart 1996.

Andlaw (1851): Andlaw, Heinrich von: Der Aufruhr und Umsturz in Baden, als die natürliche Folge der Landesgesetzgebung. Bd. 2. Freiburg 1850/51.

Angermann (1990): Angermann, Erich: Karl Mathy. In: NDB 16 (1990), S. 380f.

Archives Israelites (1856): Archives Israelites. Paris 1856.

Assion (1991): Assion, Peter: Der Heckerkult. Ein Volksheld im Wandel seiner geschichtlichen Präsenz. In: Zeitschrift für Volkskunde 87 (1991) 1. Halbbd., S. 53 – 76.

B. (1910): B., – : Ludwig Andreas Jordan. In: ADB 55 (1910), S. 509f.

B., L. (1875): B., L.: Gustav von Struve. In: Badische Biographien. Bd. 2. Heidelberg 1875, S. 331 – 339.

Backes (1997): Backes, Uwe: Liberalismus und Demokratie. Antinomie und Synthese. Zum Wechselverhältnis zweier politischer Strömungen im Vormärz. Habil. Bayreuth 1997.

Badisch-pfälzische Gesandtschaft (1902): Die Badisch-pfälzische Gesandtschaft in Paris im Jahre 1849. Erinnerungen aus der Sturm- und Drangperiode. In: Die Gartenlaube 49 (1902), S. 845 – 848 und 50 (1902), S. 858 – 862.

Badische Geschichte (1979): Badische Geschichte. Vom Großherzogtum bis zur Gegenwart. Hrsg. von der Landeszentrale für politische Bildung Baden-Württemberg. Stuttgart 1979.

Baecker/Engelmann (1958): Baecker, Gertrud/Engelmann, Fritz: Die kurpfälzischen Familien Engelmann und Hilgard. Ludwigshafen 1958.

Ball (1909): Ball, James M.: Dr. Adam Hammer, Surgeon and Apostle of Higher Medical Education. In: Journal Missouri State Medical Association 6 (1909), S. 155 – 177.

Balser (1962): Balser, Frolinde: Sozial-Demokratie 1848/49 – 1863. Stuttgart 1962.

Bamberger (1849): Bamberger, Ludwig: Erlebnisse aus der pfälzischen Erhebung im Mai und Juni 1849. Frankfurt a.M. 1849.

Bassermann (1926): Bassermann, Friedrich Daniel: Denkwürdigkeiten. Frankfurt a.M. 1926.

Bassermann-Jordan (1932): Bassermann-Jordan, F. von: Aus dem Tagebuch von Ludwig Andreas Jordan. In: Pfälzisches Museum 49 (1932), S. 166f.

Bauer (1991): Bauer, Sonja-Maria: Die Verfassunggebende Versammlung in der Badischen Revolution von 1849. Darstellung und Dokumentation. Düsseldorf 1991 (Beiträge zur Geschichte des Parlamentarismus und der politischen Parteien, 94).

Bauer, W. (1991): Bauer, Wilhelm: Sinsheims Schultheissen, Bürgermeister und Stadtschreiber von 1400 – 1980. Sinsheim 1991 (Sinsheimer Hefte, 2).

Baumann (1929): Baumann, Kurt: Die Haltung Friedrich Schülers in der pfälzischen Revolution. In: Westpfälzische Geschichtsblätter 8 (1929) Nr. 8 – 10, S. 29 – 30, 33 – 35, 37 – 38.

Baumann (1932): Baumann, Kurt: Pfälzer Erinnerungen an Robert Blum. In: Bei uns daheim. Heimatbeilage der Pfälzischen Post vom 26. Sept. 1932.

Baumann (1955): Baumann, Kurt: Ein Pfälzer Freiheitskämpfer: Umbscheiden – Jahns Saat in der Pfalz. In: Pfälzische Heimatblätter 1 (1955), S. 11.

Baumann (1959): Baumann, Kurt (Hrsg.): Von Geschichte und Volkstum der Pfalz. Ausgewählte Aufsätze von Hermann Schreibmüller. Speyer 1959.

Baumann (1973): Baumann, Kurt: Die Pfalz und die Revolution von 1848/49. In: Pfälzische Heimatblätter 21 (1973), S. 1 – 4.

Baums (1902): Baums, Theodor: Entwurf eines allgemeinen Handelsgesetzbuchs für Deutschland. Heidelberg 1982 (Abhandlungen aus dem gesamten Bürgerlichen Recht, Handelsrecht und Wirtschaftsrecht, 54).

Becht (1985): Becht, Hans-Peter: Die badische zweite Kammer und ihre Mitglieder 1819 bis 1841/42. Untersuchungen zu Struktur und Funktionsweise eines frühen deutschen Parlamentes. Heidelberg 1985.

Becht (1995): Becht, Hans-Peter: Badische Parlamentarier 1867 – 1874. Düsseldorf 1995 (Photodokumente zur Geschichte des Parlamentarismus und der politischen Parteien, 3).

Becker (1908): Becker, Albert: Robert Blums Pfingstreise in die Pfalz im Jahr 1848. In: Der Pfälzerwald 9 (1908) H. 10, S. 103 – 105.

Becker (1926): Becker, Albert: Robert Blum und die Pfalz 1848. In: Pfälzer Heimat. Sammelband der Pfälzischen Rundschau 1926, S. 76.

Becker (1928): Becker, Albert: Vor 80 Jahren. Robert Blums Pfälzer Pfingstfahrt 1848. In: Bei uns daheim. Aus Vergangenheit und Gegenwart der Pfalz 4 (1928) (Heimatbeilage der Pfälzischen Post), S. 45f.

Becker (1929): Becker, Albert: Robert Blums Pfingstfahrt in die Pfalz 1848. In: Westpfälzische Geschichtsblätter 32 (1929) H. 5, S. 20ff.

Becker (1932): Becker, Albert: Der Geist von Hambach. In: Pfälzisches Museum 49 (1932), S. 134 – 152.

Becker (1932a): Becker, Albert: [Rezension] Veit Valentin: Das Hambacher Nationalfest. In: Pfälzisches Museum 49 (1932), S. 277 – 278.

Becker Aug. (1858): Becker, August: Die Pfalz und die Pfälzer. Leipzig 1858.

Bekk (1850): Bekk, Johann Baptist: Die Bewegung in Baden vom Ende des Februar 1848 bis zur Mitte des Mai 1849. Mannheim 1850.

Bendikat (1989): Bendikat, Elfi: „Wir müssen Demokraten sein". Der Gesinnungsliberalismus. In: Lehnert, Detlef/Megerle, Klaus (Hrsg.): Politische Identität und nationale Gedenktage. Zur politischen Kultur in der Weimarer Republik. Opladen 1989, S. 139 – 158.

Bergdolt (1927): Bergdolt, Wilhelm: Mannheimer Verleger. In: Badische Heimat 14 (1927), S. 174 – 180.

Best (1990): Best, Heinrich: Die Männer von Bildung und Besitz. Struktur und Handeln parlamentarischer Führungsgruppen in Deutschland und Frankreich 1848/49. Düsseldorf 1990.

Best/Weege (1996): Best, Heinrich/Weege, Wilhelm: Biographisches Handbuch der Abgeordneten der Frankfurter Nationalversammlung 1848/49. Düsseldorf 1996.

Betz (1891): Betz, Philipp: Eine Turnfahrt durch Frankreich und die Schweiz. Erinnerungen an Karl Heinrich Schnauffer und die Flüchtlingszeit. In: Metzner, Heinrich (Hrsg.): Jahrbücher der Deutsch-Amerikanischen Turnerei. Bd. 1, H. 5 und 6. New York 1991.

Biographisches Handbuch (1980): Biographisches Handbuch der deutschsprachigen Emigration nach 1933./International Biographical Dictionary of Central European Emigrés 1933 – 1945. Hrsg. v. Institut für Zeitgeschichte München/Research Foundation of Jewish Immigration. Inc. New York. Bearb. v. Werner Röder. Bd. 1: Politik, Wirtschaft, Öffentliches Leben. Hrsg. v. Werner Röder und Herbert A. Strauss. Bearb. v. Dieter M. Schneider u. Louise Forsyth. München 1980.

Birnbaum (1885): Birnbaum, K.: Georg Friedrich Heinrich Schröder. In: Berichte der Deutschen Chemiker-Gesellschaft 18 (1885), S. 843 – 846.

Bischoff (1875): Bischoff, Theodor v.: Joseph Leopold Heinrich Tiedemann. In: Badische Biographien. Bd. 2. Heidelberg 1875, S. 352 – 358.

Biundo (1930): Biundo, Georg: Pfälzisches Pfarrer- und Schulmeisterbuch. Palatina Sacra. Bd. 1. Kaiserslautern 1930.

Biundo (1968): Biundo, Georg: Die evangelischen Geistlichen der Pfalz seit der Reformation. Neustadt a.d. Aisch 1968.

Blank (1979): Blank, Hermann: Schwetzingen – eine Geschichte der Stadt und ihrer Häuser. Bd. 1. Schwetzingen 1979 (Schriften des Stadtarchivs Schwetzingen, 8).

Blastenbrei (1997): Blastenbrei, Peter: Mannheim in der Revolution 1848/49. Mannheim 1997 (Kleine Schriften des Stadtarchivs Mannheim, 10).

Blos (1893): Blos, Wilhelm: Die deutsche Revolution. Geschichte der deutschen Bewegung von 1848 und 1849. Stuttgart 1893.

Blos (1902): Blos, Wilhelm: Denkwürdigkeiten des Generals Franz Sigel aus den Jahren 1848 und 1849. Mannheim 1902.

Blos (1910): Blos, Wilhelm: Badische Revolutionsgeschichten aus den Jahren 1848 und 1849. Mannheim 1910.

Blum (1878): Blum, Hans: Robert Blum. Ein Zeit- und Charakterbild für das deutsche Volk. Leipzig 1878.

Boldt (1971): Boldt, Werner: Die Anfänge des deutschen Parteiwesens. Fraktionen, politische Vereine und Parteien in der Revolution von 1848. Darstellung und Dokumentation. Paderborn 1971.

Botzenhart (1977): Botzenhart, Manfred: Deutscher Parlamentarismus in der Revolutionszeit 1848 – 1850. Handbuch des deutschen Parlamentarismus. Hrsg. von der Kommission für die Geschichte des Parlamentarismus und der politischen Parteien. Düsseldorf 1977.

Braeuer (1980): Braeuer, Walter: Georg Friedrich Kolb. In: NDB 12 (1980), S. 441f.

Breier (1987): Breier, Helmut: Zweihundert Jahre Auswanderung aus Schwetzingen. Schwetzingen 1987 (Schriften des Stadtarchivs Schwetzingen, 23).

Brentano (1906): –, –: Lorenz Brentano. In: Badische Biographien. Bd. 5. Heidelberg 1906, S. 879 – 895.

Brentano (1955): –, –: Lorenz Brentano. In: NDB 2 (1955), S. 595f.

Breunig (1990): Breunig, Willi: Soziale Verhältnisse der Arbeiterschaft und sozialistische Arbeiterbewegung in Ludwigshafen am Rhein 1869 – 1919. Ludwigshafen 1976. ([um ein Register erweiterter] ND Ludwigshafen 1990).

Brie (1876): Brie, –: Carl Hinrich Ludwig Brinckmann. In: ADB 3 (1876), S. 333.

Briefe (1906): –, –: Briefe und Auszüge aus Briefen von J. P. Becker. Stuttgart 1906.

Brinton (1959): Brinton, Crane: Die Revolution und ihre Gesetze. Frankfurt a.M. 1959.

Brunk (1950): Brunk, A.: Pfälzer werden zu großen Amerikanern. In: Pfälzer Feierowend Nr. 42 vom 21. Okt. 1950.

Brunn (1947): Brunn, Hermann: Schriesheimer Mühlen. Schriesheim 1947 (ND 1989).

Brunn (1951): Brunn, Hermann: Überblick über die Entwicklung der Schriesheimer Bevölkerung. Schriesheim 1951 (Studien zur Bevölkerungsgeschichte der Bergstraße, 1).

Brunn (1964): Brunn, Hermann: 1200 Jahre Schriesheim. Mannheim 1964.

Buchdruck in Speyer (1981): 500 Jahre Buchdruck in Speyer. Hrsg. von der Pfälzischen Landesbibliothek Speyer. Speyer 1981.

Bühler (1961): Bühler, Hermann: Lebenserinnerungen und Familienchronik eines alten Eisenbahners. Mannheim 1961.

Buttmann (1905): Buttmann, Rudolf: Bürger heraus! Ehret die alten Freiheitskämpfer. In: Westpfälzische Geschichtsblätter 6 (1905), S. 23.

Canevalli (1984): Canevali, Ralph Chester: Revolution in Baden 1848 – 1849. The role of political associations. Cambridge/Mass. 1984.

Cartellieri (1935): Cartellieri, Otto: Franz Sigel. In: Badische Biographien. Bd. 6. Heidelberg 1935, S. 429 – 434.

Collofong (1969): Collofong, Ernst: 125 Jahre Schützengesellschaft Lambrecht. In: Festschrift zum Pfälzischen Bundesschießen 1969 verbunden mit dem 125jährigen Jubiläum der Schützengesellschaft Lambrecht 1844 e.V. Lambrecht 1969, S. 23 – 30.

Collofong/Fell (1978): Collofong, Ernst/Fell, Hans: 1000 Jahre Lambrecht. Chronik einer Stadt. Lambrecht 1978.

Corvin (1880): Corvin, Otto von: Erinnerungen aus meinem Leben. Bd. 3. Leipzig 1880.

Cser/Vetter/Joho (1992): Cser, Andreas/Vetter, Roland/Joho, Helmut: Geschichte der Stadt Eberbach am Neckar vom 16. Jahrhundert bis zur Gegenwart. Sigmaringen 1992 (Geschichte der Stadt Eberbach am Neckar, 2).

Daul (1849): Daul, A.: Tagebuch eines politischen Flüchtlings während des Freiheitskampfes in der Rheinpfalz und Baden. St. Gallen 1849.

Dänzer-Vanotti (1937): Dänzer-Vanotti, August: Carl Dänzer, ein deutscher Zeitungsmann in den Vereinigten Staaten 1820 – 1906. In: Mein Heimatland (1937), S. 285 – 288.

Degen (1850): Degen, Ludwig: Zur Beurteilung der badischen Revolution. Leipzig 1850.

Derwein (1958): Derwein, Herbert: Heidelberg im Vormärz und in der Revolution 1848/49. Ein Stück badischer Bürgergeschichte. Heidelberg 1958 (Neue Heidelberger Jahrbücher NF 1955/56).

Dettling (1980): Dettling, Karl: Die Revolution von 1848 – 1849 im Amtsbezirk Eppingen. In: Mühlbacher Jahrbuch 1980. Eppingen-Mühlbach 1980, S. 5 – 87.

Dettling (1980a): Dettling, Karl: Georg Friedrich Schlatter aus Weinheim 1799 – 1875: Ein Leben für Freiheit und Menschenwürde. In: Mühlbacher Jahrbuch 1980. Eppingen-Mühlbach 1980, S. 89 – 141.

Deuchert (1983): Deuchert, Norbert: Vom Hambacher Fest zur badischen Revolution. Politische Presse und Anfänge der deutschen Demokratiebewegung 1832 – 1848/49. Stuttgart 1983 (Sonderveröffentlichung des Stadtarchivs Mannheim, 5).

Diefenbacher (1977): Diefenbacher, Karl: Ladenburger Stadtbücher aus dem 16. und 17. Jahrhundert. Das Eide- und das Ämterbuch. Ladenburg 1977.

Diefenbacher (1988): Diefenbacher, Karl: Ladenburger Kirchenbücher. Teil III: Die evangelischen und katholischen Kirchenbücher des neunzehnten Jahrhunderts. Ladenburg 1988.

Diefenbacher/Jakoby (1995): Diefenbacher, Karl/Jakoby, Karlheinz: Die Ilvesheimer Kirchenbücher 1651 – 1900. Hemsbach 1995.

Diesbach (1986): Diesbach, Otto: Die Geschichte der Familie Diesbach: Forschung und Erinnerungen eines alten Mannes. [Privatdruck] Weinheim 1986.

Dlubek (1962): Dlubek, Rolf: Ein unbekanntes Dokument. In: Beiträge zur Geschichte der Arbeiterbewegung. Bd. 4, H. 1. Berlin 1962, S. 96 – 98.

Dlubek (1963): Dlubek, Rolf: Johann Philipp Becker. Vom radikalen Demokraten zum Mitstreiter von Marx und Engels in der 1. Internationale. Diss. Berlin 1963.

Dlubek (1988): Dlubek, Rolf: Aus der Biographie von Johann Philipp Becker. In: Jahrbuch für Geschichte 36 (1988), S. 27 – 67.

Doeberl (1922): Doeberl, Michael: Bayern und die Deutsche Frage in der Epoche des Frankfurter Parlaments. München 1922.

Döpfner (1989): Döpfner, Ernst: Ladenburger Stadtbücher. Durch Gassen und Straßen in Ladenburg. Hemsbach 1989.

Dowe/Offermann (1983): Dowe, Dieter/Offermann, Toni (Hrsg.): Deutsche Handwerker- und Arbeiterkongresse 1848 – 1852. Berlin 1983.

Drüll (1986): Drüll, Dagmar: Heidelberger Gelehrtenlexikon. Bd. 1: 1803 – 1932. Heidelberg 1986.

Duncker (1875): Duncker, Max: Karl Mathy. In: Badische Biographien. Bd. 2. Heidelberg 1875, S. 45 – 69.

Eberhardt (1990): Eberhardt, Günter: Georg Friedrich Walz (1813 – 1862). Apotheker, Forscher, Revolutionär. Diss. Stuttgart 1990 (Heidelberger Schriften zur Pharmazie- und Naturwissenschaftsgeschichte, 4).

Eberstadt (1988): Eberstadt, Christoph: Demokrat und Wegbereiter der Revolution. In: Wormser Zeitung vom 9. Febr. 1988.

Eibach (1994): Eibach, Joachim: Der Staat vor Ort. Amtmänner und Bürger im 19. Jahrhundert am Beispiel Badens. Frankfurt a.M. 1994 (Historische Studien, 14).

Eichhorn (1920): Eichhorn, Emil: Vergessene Briefe. Briefe von Friedrich Engels an Johann Philipp Becker. Berlin 1920.

Engelberg (1964): Engelberg, Ernst: Johann Philipp Becker in der 1. Internationale. Einführung zur orginalgetreuen Reproduktion des Vorboten (...) Berlin 1964.

Engels (1886): Engels, Friedrich: Dem Gedächtnis Johann Philipp Beckers. In: Der Sozialdemokrat vom 17. Dez. 1886.

Engels (1954): Engels, Friedrich: Die deutsche Reichsverfassungskampagne. Bd. 3: Die Pfalz. Hamburg 1850. In: Marx-Engels-Lenin-Stalin zur deutschen Geschichte. Bd. 2, Halbbd. 1. Berlin 1954, S. 508 – 524.

Engle (1993): Engle, Stephan Douglas: Yankee Dutchman. The Life of Franz Sigel. Fayetteville 1993.

Erhart (1916): Erhart, Johannes: Hausbuch für Johannes Erhart. Viernheim 1916.

Eyck (1973): Eyck, Frank: Deutschlands große Hoffnung. Die Frankfurter Nationalversammlung 1848/49. München 1973.

Fenneberg (1849): Fenner von Fenneberg, Ferdinand: Die Geschichte des rheinpfälzischen Aufstandes. Zürich 1849.

Fenske (1982): Fenske, Hans: Speyer im 19. Jahrhundert (1814 – 1918). In: Eger, Wolfgang (Hrsg.): Geschichte der Stadt Speyer. Bd. 2. Stuttgart 1982, S. 115 – 290.

Fenske (1984): Fenske, Hans: Rationalismus und Orthodoxie. Zu den Kämpfen in der pfälzischen Landeskirche im 19. Jahrhundert. In: ZGO 132 (1984), S. 239 – 269.

Fenske (1984/85): Fenske, Hans: Die Verfassung des Deutschen Reiches vom 28. März 1849. Entstehung, Inhalt, Wirkungen. In: Zeitschrift für hessische Geschichte und Landeskunde 90 (1984/85), S. 253 – 312.

Fenske (1990): Fenske, Hans: Mehr als eine Provinz ... Die Pfalz in der deutschen Geschichte des 19. und 20. Jahrhunderts. Speyer 1990.

Fenske (1991): Fenske, Hans (Hrsg.): Vormärz und Revolution 1848 – 49. Darmstadt 1976 (Darmstadt ²1991) (Freiherr vom Stein-Gedächtnisausgabe. Quellen zum politischen Denken der Deutschen im 19. und 20. Jahrhundert, 4).

Fenske (1993): Fenske, Hans: 175 Jahre badische Verfassung. Karlsruhe 1993.

Fenske (1996): Fenske, Hans (Hrsg.): Quellen zur dt. Revolution 1848 – 1849. Darmstadt 1996.

Fickler (1899): Fickler, Carl Borromäus Alois: In Rastatt 1849. Rastatt ²1899.

Fleischmann (1899): Fleischmann, Otto: Geschichte des pfälzischen Aufstandes im Jahre 1849. Nach den zugänglichen Quellen geschildert. Kaiserslautern 1899.

Franz (1987): Franz, Eckhard G.: Ferdinand von Loehr. In: NDB 15 (1987), S. 45f.

Frey (1896): Frey, Theodor: Lebens-Erinnerungen und Erlebnisse. Biographische Skizzen. Eberbach 1896.

Freytag (1870): Freytag, Gustav: Karl Mathy. Geschichte seines Lebens. Leipzig 1870.

Friedhöfe in Mannheim (1992): Die Friedhöfe in Mannheim. Hrsg. v. Förderkreis historischer Grabstätten in Mannheim e.V. Mannheim 1992.

Fuchs (1911): Fuchs, Georg: Das Birkenauer Tal. Sonderdruck der gleichnamigen Artikelserie im Weinheimer Anzeiger 1911.

Gall (1989): Gall, Lothar: Bürgertum in Deutschland. Die Bassermanns. Berlin 1989.

Gebhardt (1974): Gebhardt, Hartwig: Revolution und liberale Bewegung. Die nationale Organisation der konstitutionellen Partei in Deutschland 1848/49. Bremen 1974.

Gehrig (1966): Gehrig, Karl: Philipp E. Stay – der Revolutionär von 1848/49. In: Nußloch. Ein Heimatbuch. Nußloch 1966, S. 85.

Gemmingen-Hornberg (1959): Gemmingen-Hornberg, H. L. Freiherr von: Ludwig Andreas Jordan 1811 – 1883 und Serafine geb. Buhl 1813 – 1870. In: Euler, F. W. (Hrsg.): Ahnen und Enkel. Sammlung von Ahnen- und Nachkommen-Listen. Bd. 1. Limburg a.d. Lahn 1959, S. 159 – 182.

Geschichte der Sozialdemokratischen Partei (1975): Zur Geschichte der Sozialdemokratischen Partei in Mannheim 1867 – 1906 (Festschrift). Mannheim 1906 (ND 1975).

Gieg (1986): Gieg, Ella: Ludwig Bogen 1809 – 1886. Lebenslauf eines revolutionären Demokraten aus dem Odenwald. Michelstadt 1986.

Gieg (1989): Gieg, Ella: Auswanderungen aus dem Odenwaldkreis. Bd. 2: Bad König, Michelstadt, Brombachtal. Lützelbach 1989.

Gieg (1995): Gieg, Ella: Bestrafung der Odenwälder „Wühler" nach der mißlungenen Revolution 1848/49. In: gelurt. Odenwälder Jahrbuch für Kultur und Geschichte (1995), S. 153 – 170.

Goegg (1851): Goegg, Amand: Rückblick auf die badische Revolution. Paris 1851.

Goegg (1876): Goegg, Amand: Nachträgliche authentische Aufschlüsse über die Badische Revolution von 1849, deren Entstehen, politischen und militärischen Verlauf. Zürich 1876.

Götz (1983): Götz, Hans (Hrsg.): Karl Friedrich Schimper – Naturforscher in Schwetzingen. Schwetzingen ²1983 (Schriften des Stadtarchivs Schwetzingen, 12).

Goldschmidt (1861): Goldschmidt, Levin: [Rezension] C.H.L. Brinckmann. Lehrbuch des Handelsrechts. In: Zeitschrift für das gesamte Handelsrecht 4 (1861), S. 467ff.

Gollwitzer (1955): Gollwitzer, Heinz: Friedrich Daniel Bassermann und das deutsche Bürgertum. Mannheim 1955.

Gollwitzer (1987): Gollwitzer, Heinz: Ludwig I. von Bayern. Eine politische Biographie. München 1987.

Grab (1988): Grab, Walter: Revolutionäre Strömungen im Vormärz und das Hambacher Fest. In: Jahrbuch der Hambach-Gesellschaft 1 (1988), S. 9 – 25.

Groh (1969): Groh, Günter: Ludwig Heydenreich. In: Adressbuch der Stadt Speyer. Speyer 1969, S. 23 – 25.

Gutjahr (1987): Gutjahr, Rainer: Die Republik ist unser Glück. Weinheim in der Revolution von 1848/49. Weinheim 1987 (Weinheimer Geschichtsblatt, 32).

Haag (1931): Haag, Ferdinand: Aus der Revolutionszeit von 1848/49 in Eberbach. In: Eberbacher Geschichtsblatt 30 (1931), S. 1 – 7.

Haag (1934): Haag, Ferdinand: Die Universität Heidelberg in der Bewegung von 1848/49. Diss. Heidelberg 1934.

Haan (1977): Haan, Heiner (Bearb.): Hauptstaat – Nebenstaat. Briefe und Akten zum Anschluß der Pfalz an Bayern 1815/17. Koblenz 1977.

Haasis (1978/79): Haasis, Hellmut G.: Der Litograf, Redakteur, Dichter und Revolutionär Eduard Heren von Speyer. In: Formation. Zeitschrift für Literatur 7 (1978) und 8 (1979).

Haaß: Haaß, Wolfgang: Friedrich Hecker. Leben und Wirken in Dokumenten und Wertungen der Mit- und Nachwelt. o.O. o.J. [Angelbachtal 1981].

Haußer (1892): Haußer, Karl: Festschrift zur Feier des 50jährigen Bestehens des Gewerbe- und Industrie-Vereins Mannheim im Jahre 1892. Mannheim 1892.

Häusser (1851): Häusser, Ludwig: Denkwürdigkeiten zur Geschichte der Badischen Revolution. Heidelberg 1851.

Häusser (1851a): Häusser, Ludwig: Beleuchtung der „Darstellung" [...] des Herrn Constantin von Roggenbach, Oberst und Commandeur der Reiterei. Heidelberg 1851.

Hambacher Fest (1988): Hambacher Fest 1832. Katalog zur Dauerausstellung auf dem Hambacher Schloß. Neustadt/W. 1988.

Haupt (1927): Haupt, Hermann: Ferdinand von Loehr. In: Hessische Biographien. Bd. 2. Darmstadt 1927, S. 87 – 91.

Hebbel (1975): Hebbel, Friedrich: Sippenbuch der Stadt Philippsburg. Lahr 1975.

Hecker (1872): Hecker, Friedrich: Reden und Vorlesungen. St. Louis – Neustadt/a.d.H. 1872.
Heinemann (1850): Heinemann, Sebastian (Hrsg.): Verhandlungen des rheinhessischen Hochverratsprozesses von 1850. Mainz 1850.
Herpel (1990): Herpel, Hans Peter: Weinheims historische Gastwirtschaften. Weinheim 1990 (Weinheimer Geschichtsblatt, 36).
Herrmann (1993): Herrmann, Hans-Walter (Hrsg.): Zwischen demokratischem Aufbegehren und industrieller Revolution. August Ferdinand Culmann (1804 – 1891). Sigmaringen 1993 (Schriften der Siebenpfeiffer-Stiftung, 2).
Herrmann, M. (1994): Herrmann, Martin: Gesinnungsbeamte: Evangelische Pfarrer in der badischen Revolution von 1848/49. Freiburg 1994.
Hessen in der Revolution (1989): Hessen in der Revolution von 1848/49. Hrsg. von Rainer Koch Rainer und Werner Wolf. Darmstadt 1989.
Hessische Abgeordnete (1980): Hessische Abgeordnete 1820 – 1933. Biographische Nachweise für die Landstände des Großherzogtums Hessen (2. Kammer) und den Landtag des Volksstaates Hessen. Hrsg. von Hans Georg Ruppel und Birgit Groß. Darmstadt 1980 (Darmstädter Archivschriften, 5).
Hessisches Lehrerbuch (1951): Hessisches Lehrerbuch. Bd. 4. In: Diehl, Wilhelm (Hrsg.): Hassia Sacra. Bd. 12. Darmstadt 1951.
Hessisches Pfarrer- und Schulmeister-Buch (1951): Hessisches Pfarrer- und Schulmeister-Buch. In: Diehl, Wilhelm (Hrsg.): Hassia Sacra. Bd. 7. Darmstadt 1933.
Hettling (1994): Hettling, Manfred: Bürger oder Soldaten? Kriegerdenkmäler 1848 bis 1854. In: Koselleck, Reinhart/Jeismann, Michael (Hrsg.): Der politische Totenkult. Kriegerdenkmäler in der Moderne. München 1994, S. 147 – 193.
Heuer (1992): Heuer, Renate: Abraham Jakob Adler. In: Heuer, Renate (Hrsg.): Archiv Bibliographie Judaica. Bd. 1. München 1992, S. 14 – 18.
Hildebrandt (1997): Hildebrandt, Gunther: Lorenz Brentano. In: Demokratische Wege. Deutsche Lebensläufe aus fünf Jahrhunderten. Stuttgart 1997, S. 102f.
Hintzelmann (1904): Hintzelmann, Paul (Hrsg.): Die Matrikel der Universität Heidelberg. Bd. 5: 1807 bis 1846. Heidelberg 1904.
Hilgard-Villard (1906): Hilgard-Villard, Heinrich: Lebenserinnerungen. Ein Bürger zweier Welten. 1835 – 1900. Berlin 1906.
Hirsch (1950): Hirsch, Helmut: Die beiden Hilgards. Ein biographischer Beitrag zur Geschichte der achtundvierziger Revolution und des Deutschamerikanertums. In: ZGO 98 (1950), S. 486 – 497.
Hochschild (1977): Hochschild, Ulrich: Karl Mathy und die deutsche Frage im Vormärz und 1848/49. In: ZGO 125 (1977), S. 225 – 273.
Höchstetter (1874): Höchstetter, Wilhelm: Zur Erinnerung an Johann Christian Bussemer, Bürgermeister der Stadt Eberbach a.N. Züge seines Lebens- und Characterbildes. Der Familie des Verblichenen, seiner Gemeinde Eberbach und dem zahlreichen Kreis seiner Freunde gewidmet. Mosbach 1874.
Erweiterter Sonderabdruck aus der „Badischen Neckarzeitung".
Hörner (1987): Hörner, Manfred: Die Wahlen zur badischen zweiten Kammer im Vormärz (1819 – 1847). Göttingen 1987 (Schriftenreihe der Historischen Kommission bei der Bayerischen Akademie der Wissenschaften, 29).
Hörth (1874): Hörth, Otto: Den Neunundvierzigern zur Enthüllung ihres Denkmals in Mannheim am 13. September 1874. In: Frankfurter Latern Nr. 37 vom 12. Sept. 1874.
Hoff, C.H.: Hoff, Carl Heinrich: Zur Erinnerung an Carl Heinrich Hoff geboren zu Mannheim am 13. Juli 1804 gestorben ebendaselbst am 7. Mai 1891. o.O. o.J.
Hoff, K.E.: Hoff, Karl Ernst: Zur Erinnerung an Carl Heinrich Hoff (für seine Kinder und deren Familien gedruckt). ND Straßburg/Elsaß o.J.

Hoffmann (1992): Hoffmann, Dieter: „... wir sind doch Deutsche“. Zu Geschichte und Schicksal der Landjuden in Rheinhessen. Alzey 1992 (Alzeyer Geschichtsblätter, Sonderh. 14).

Hoffmann, K.-D. (1985): Hoffmann, Klaus-Dietrich: Die Geschichte der Provinz und des Regierungsbezirks Rheinhessen 1816 – 1985. Alzey 1985.

Hoffmann, L. (1833): Hoffmann, Ludwig (Hrsg.): Vollständige Verhandlungen vor dem Königlich-Bayer. Appellationsgerichte des Rheinkreises (...) zu Landau vom 29. Juli 1833 (...) gegen Dr. Wirth, Dr. Siebenpfeiffer, Hochdörfer, Scharpf, B., Dr. Grosse, Dr. Pistor, Rost und Baumann. Zweibrücken 1833.

Hofmann (1850): Hofmann, Julius: Deutschlands Klage um Adolph von Trützschler. Dresden 1850.

Hohl (1981): Hohl, Udo: Aus der Geschichte des Stadtteils Altneudorf. Carl Höfer – Lehrer in Altneudorf in den Revolutionsjahren 1848/1849. In: Schönauer Geschichtsblätter 1 (1981), S. 17 – 24.

Hopstock (1989): Hopstock, Katrin: Der fotographische Revolutionär. In: Tagespost Nr. 166 vom 22. Juli 1989.

Huber (1978): Huber, Ernst Rudolf (Hrsg.): Dokumente zur deutschen Verfassungsgeschichte. Bd. 1: Deutsche Verfassungsdokumente 1803 – 1850. Stuttgart ^{3}1978.

Hübsch (1979/81): Hübsch, Hella: Die Postmeisterfamilie Hübsch in Weinheim. Vorfahren des Karlsruher Baumeisters Heinrich Hübsch. In: Südwestdeutsche Blätter zur Familien- und Wappenkunde 16 (1979/81), S. 263 – 270.

Hübsch (1983): Heinrich Hübsch. 1795 – 1863. Der große badische Baumeister der Romantik. Ausstellung des Stadtarchivs Karlsruhe und des Instituts für Baugeschichte der Universität Karlsruhe 1983/84. Hrsg. v. d. Stadt Karlsruhe. Karlsruhe 1983.

Hummel (1987): Hummel, Karl Joseph: München in der Revolution 1848/49. Göttingen 1987 (Schriftenreihe der Historischen Kommission bei der Bayerischen Akademie der Wissenschaften, 30).

Hummel-Haasis (1982): Hummel-Haasis, Gerlinde (Hrsg.): Schwestern, zerreißt eure Ketten. Zeugnisse zur Geschichte der Frauen in der Revolution von 1848/49. München 1982.

Ihme (1988): Ihme, Heinrich (Bearb.): Südwestdeutsche Persönlichkeiten. Ein Wegweiser zu Bibliographien und biographischen Sammelwerken. 2 Bde. Stuttgart 1988.

Illert (1913): Illert, Friedrich Maria: Die Geschichte der Wormser Presse. Worms 1913.

Jacob (1959): Jacob, Gustav: Friedrich Engelhorn, der Gründer der Badischen Anilin- & Soda-Fabrik. Mannheim 1959.

Jäger/Moldenhauer (1893): Jäger, Oskar/Moldenhauer, Franz (Hrsg.): Auswahl wichtiger Aktenstücke zur Geschichte des 19. Jahrhunderts. Berlin 1893.

Jörger (1963): Jörger, Karl: Schicksale ehemaliger Achtundvierziger. In: Die Ortenau 43 (1963), S. 251f.

Johnson/Malone (1946): Johnson, Allen/Malone, Dumas (Hrsg.): Dictionary of American Biography. Bd. 5. New York 1946.

Joho (1988): Joho, Helmut (Hrsg.): Die Eberbacher Ortschronik von Anton Gillig, dem katholischen Pfarrer und Dekan von Eberbach in den Jahren 1840 bis 1849. In: Eberbacher Geschichtsblatt 87 (1988), S. 86 – 117.

Kaiser (1996): Kaiser, Anja: Franz Sigel und die badische Revolution. [Unveröffentl.] Zulassungsarbeit zur Ersten Prüfung für das Lehramt an Gymnasien. Vorgelegt am Historischen Seminar der Universität Heidelberg. Heidelberg 1996.

Kaller (1964): Kaller, Gerhard: Im Gang der Jahrhunderte. Auswanderung und Revolution. In: Theiss, Konrad/Baumhauer, Hermann (Hrsg.): Heimat und Arbeit. Der Kreis Sinsheim. Aalen – Stuttgart 1964, S. 116 – 157.

Kauß (1966): Kauß, Dieter: K. J. Rößler über von Uria. In: Freiburger Diözesan-Archiv 86 (1966), S. 518 – 523.

Kermann (1995): Kermann, Joachim: Tendenzen wirtschaftlicher und sozialer Entwicklung in Deidesheim von 1816 bis 1914. In: Deidesheim. Beiträge zu Geschichte und Kultur einer Stadt im Weinland. Sigmaringen 1995, S. 203 – 267.

Kermann (1996): Kermann, Joachim: Der historische Tabakschuppen zu Harthausen (Pfalz). Hintergründe zu seiner Entstehungsgeschichte im Zusammenhang mit der Revolution von 1849 und staatlicher regionaler Wirtschaftsförderung. In: Mitteilungen des Historischen Vereins der Pfalz 94 (1996), S. 297 – 365.

Kessler (1984): Kessler, R.: Die wandernde Barrikade. Aus der Pfälzer Arbeiterbewegung von 1849. In: Pfälzer Heimat 35 (1984) H. 4, S. 154 – 161.

Kimmel (1953): Kimmel, Helmut: Der Anteil der pfälzischen Geistlichen an den Ereignissen der Jahre 1832 und 1849. In: Blätter für pfälzische Kirchengeschichte und religiöse Volkskunde 20 (1953), S. 1 – 16.

Kimmel (1957): Kimmel, Helmut: Eine frühsozialistische Streitschrift aus dem Exil des Pfarrers Johann Heinrich Hochdörfer von Sembach. In: Jahrbuch zur Geschichte von Stadt und Landkreis Kaiserslautern 5 (1967), S. 193 – 206.

Kimmel (1980/81): Kimmel, Helmut: Johann Heinrich Hochdörfer. In: Jahrbuch zur Geschichte von Stadt und Landkreis Kaiserslautern 18/19 (1980/81), S. 429 – 431.

Kipnis (1997): Kipnis, Alexander: August Horstmann und die physikalische Chemie. Berlin 1997.

Klein (1982): Klein, Hanns: Gottfried Kinkel als Emissär der provisorischen Regierung der Pfalz im Frühjahr 1849 im Westrich. In: Jahrbuch für westdeutsche Landesgeschichte 8 (1982), S. 107 – 135.

Klingelschmidt (1982): Klingelschmidt, Klaus-Peter: Vivat! Hoch! Die freie Republik! Friedrich Hecker – ein deutscher Mythos. Stuttgart 1982.

Klüpfel (1879): Klüpfel, – : Karl Hagen. In: ADB 10 (1979), S. 341 – 343.

Köbler (1974): Köbler, Gerhard: Der Wissenschaft des gemeinen deutschen Handelsrechts. In: Coring, H./Wilhelm, W. (Hrsg.): Wissenschaft und Kodifikation des Privatrechts im 19. Jahrhundert. Bd. 1. Frankfurt a.M. 1974 (Studien zur Rechtswissenschaft im 19. Jahrhundert, 1), S. 277 – 296.

Köhler (1985): Köhler, Manfred: Die nationale Petitionsbewegung zu Beginn der Revolution von 1848 in Hessen. Eingaben an das Vorparlament und an den Fünfzigerausschuß aus Hessen (März bis Mai 1848). Darmstadt 1985 (Quellen und Forschungen zur hessischen Geschichte, 56).

Körner (1994): Körner, Günter: Von Mühlen und Müllern. In: Gemeinde Birkenau (Hrsg.): 1200 Jahre Birkenau. Birkenau 1994, S. 239 – 252.

Kolb (1994): – , – : Georg Friedrich Kolb. In: Frankfurter Biographie. Personengeschichtliches Lexikon. Hrsg. v. Wolfgang Klötzer. Bd. 1. Frankfurt a.M. 1994 (Veröffentlichungen der Frankfurter Historischen Kommission, 19), S. 414.

Komoß (1995): Komoß, Regine: Vom Vormärz zur Revolution. Die ökonomische, soziale und politische Entwicklung Mannheims in den 1840er Jahren. Diss. Mannheim 1995.

Koselleck/Jeismann (1994): Koselleck, Reinhard/Jeismann, Michael (Hrsg.): Der politische Totenkult. Kriegerdenkmäler in der Moderne. München 1994.

Kotowski (1989): Kotowski, Georg: Auf dem Boden der gegebenen vollendeten Tatsachen! Der politische Katholizismus. In: Lehnert, Detlef/Megerle, Klaus (Hrsg.): Politische Identität und nationale Gedenktage. Zur politischen Kultur in der Weimarer Republik. Opladen 1989, S. 159 – 180.

Kraus (1980): Kraus, Antje: Quellen zur Bevölkerungsstatistik Deutschlands 1815 – 1875. Boppard 1980.

Krautkrämer (1959): Krautkrämer, Elmar: Georg Friedrich Kolb (1808 – 1884). Würdigung seines journalistischen und parlamentarischen Wirkens im Vormärz und in der deutschen

Revolution. Ein Beitrag zur pfälzischen Geschichte des 19. Jahrhunderts und zur Geschichte des deutschen Frühliberalismus. Meisenheim/Glan 1959 (Mainzer Abhandlungen zur mittleren und neueren Geschichte, 7).

Krautkrämer (1964): Krautkrämer, Elmar: Georg Friedrich Kolb. In: Baumann, Kurt (Hrsg.): Pfälzer Lebensbilder. Bd. 1. Speyer 1964, S. 241 – 261.

Kreutz (1995): Kreutz, Wilhelm: Das Bild der Pariser Februarrevolution in Deutschland. In: Mieck, Ilja/Möller, Horst/Voss, Jürgen (Hrsg.): Paris und Berlin in der Revolution 1848. Sigmaringen 1995, S. 241 – 268.

Krieger (1935): Krieger, Albert: Friedrich Engelhorn. In: Badische Biographien. Bd. 6. Heidelberg 1935, S. 162f.

Kühn (1975): Kühn, Hans: Politischer, wirtschaftlicher und sozialer Wandel in Worms 1798 – 1866. Worm 1975 (Der Wormsgau, Beih. 26).

Kühnel (1988): Kühnel, Rüdiger: Die örtliche Presse als Informationsquelle, dargestellt am Beispiel der Zeitungen „Der Odenwälder" und „Eberbacher Anzeigenblatt" in ihrer Berichterstattung über die Revolutionsereignisse der Jahre 1848/49. Wissenschaftl. Hausarbeit. Beerfelden 1988.

Kullmer (1968): Kullmer, Hans: Über die Geschichte einiger nordbadischer Apotheken. In: Deutsche Apotheker-Zeitung 9 (1968), S. 302 [Sonderdruck].

Kußmaul (1899): Kußmaul, Adolf: Jugenderinnerungen eines alten Arztes. Stuttgart 1899 (ND Waldkirch 1985).

Lampert (1975): Lampert, Walter: 1100 Jahre Grünstadt. Grünstadt 1975.

Landwehr (1985): Landwehr, Götz: Die Handelsrechtswissenschaft in der Universität Heidelberg im 19. Jahrhundert. In: Semper Apertus. Sechshundert Jahre Ruprecht-Karls-Universität Heidelberg 1386 – 1986. Bd. 2. Heidelberg 1985, S. 61 – 83.

Landwirtschaft (1913): – , – : Die deutsche Landwirtschaft unter Kaiser Wilhelm II. Bd. 2. Halle 1913.

Lautenschlager (1915): Lautenschlager, Friedrich: Die Agrarunruhen in den badischen Standes- und Grundherrschaften im Jahre 1848. Heidelberg 1915.

Lautenschlager (1916): Lautenschlager, Friedrich: Bilder aus der revolutionären Bewegung im Badischen Unterland im Frühjahr 1848. In: Badische Heimat 3 (1916), S. 195ff.

Lautenschlager (1918): Lautenschlager, Friedrich: Ein gefährlicher Osterbesuch. Der Zug der Sinsheimer nach Heidelberg im Jahre 1848. In: Heidelberger Soldatenbüchlein. Heidelberg 1918, S. 33 – 36.

Lautenschlager (1920): Lautenschlager, Friedrich (Hrsg.): Volksstaat und Einherrschaft. Dokumente aus der badischen Revolution. Konstanz 1920.

Lautenschlager (1935): Lautenschlager, Friedrich: Carl Blind. In: Badische Biographien. Bd. 6. Heidelberg 1935, S. 423 – 429.

Lautenschlager (1948): Lautenschlager, Friedrich: Amand Goegg, ein badischer Achtundvierziger. In: ZGO 96 (1948), S. 19 – 38.

Lautenschlager (1955): Lautenschlager, Friedrich: Karl Blind. In: NDB 2 (1935), S. 304 – 305.

Lazarus (1928): Lazarus, P.: Abraham Adler. In: Encyclopaedia Judaica (deutsch) 1 (1928), Sp. 867.

Lindt (1934): Lindt, Karl: Ludwig Bogen. In: Hessische Biographien. Bd. 3 . Darmstadt 1934 (ND Walluf 1973), S. 245 – 249.

List (1960): List, Günther: Die Pfälzer in der Paulskirche. In: Pfälzische Heimatblätter 8 (1960), S. 61 – 63.

Lorentz (1982): Lorentz, Detlev: Die 48er Revolution in Mannheim aus der Sicht eines einfachen Bürgers. In: Badische Heimat 62 (1982) H. 2, S. 239 – 254.

Lorenz (1987): Lorenz, Klaus: Johann Ludwig Christian Greiner. Mitglied der Provisorischen Regierung der Pfalz. In: Ortsgemeinde Thaleischweiler-Fröschen (Hrsg.): Festbuch zur 750-Jahr-Feier der Ortsgemeinde Thaleischweiler-Fröschen. Pirmasens 1987, S. 369 – 373.

Lorsong (1996): Lorsong, Gernot: Ladenburger Stadtbücher. Ladenburger Stammfamilien und Wirte-Dynastien. Hemsbach 1996.

Lucea (1979): Lucea, Konrad: Kirchheimbolanden und der pfälzisch-badische Aufstand 1848 – 49. Kirchheimbolanden 1979.

Lück (1979): Lück, Andreas: Friedrich Hecker. Rolle, Programm und politische Möglichkeiten eines Führers der radikal-demokratischen Bewegung von 1847/48 in Baden. Diss. Berlin 1979.

Lurz (1982): Lurz, Meinhold: Sozialdemokraten contra Preußisches Militär und badisches Innenministerium. In: Schörken, Rolf (Hrsg.): Geschichte im Alltag. Alltag in der Geschichte. Düsseldorf 1982, S. 110 – 136.

Mannheimer Zeitungen (1988): Mannheimer Zeitungen des 18. und 19. Jahrhunderts. Beispiele und Dokumente. Sonderschau in der Säulenhalle des Zeughauses vom 25. Oktober 1988 – 29. Januar 1989. Hrsg. v. Städtischen Reiß-Museum Mannheim. Mannheim 1988.

Marx (1954): Marx, Werner: Die pfälzischen Abgeordneten im Bayerischen Landtag. Diss. München 1954.

Mathy (1898): Mathy, Ludwig (Hrsg.): Aus dem Nachlaß von Karl Mathy. Briefe aus den Jahren 1846 – 1848. Leipzig 1898.

Mathy (1907): Mathy, Ludwig: Zu Karl Mathys hundertstem Geburtstag. In: Mannheimer Geschichtsblätter 3 (1907), Sp. 51 – 65.

Mathy (1908): Mathy, Ludwig (Hrsg.): Briefe von und an Karl Mathy aus dem Frühling 1849. In: Deutsche Revue 33 (1908), S. 82 – 98.

Merckle (1976): Merckle, Ludwig (Hrsg.): Georg Friedrich Kolb. Lebenserinnerungen eines liberalen Demokraten 1808 – 1884. Freiburg 1976.

Merz (1990): Merz, Hans-Georg: Oskar Hofheinz. In: Badische Biographien. NF Bd. 3. Stuttgart 1990, S. 130 – 132.

Metzner (1894): Metzner, Heinrich (Hrsg.): Jahrbücher der Deutsch-Amerikanischen Turnerei. Bd. 3. New York 1894.

Meyer (1973): Meyer, Herbert: Mannheimer Drucke vergangener Jahrhunderte. Mannheim 1973.

Mieroslawski (1849): Mieroslawski, Ludwik: Berichte des Generals Mieroslawski über den Feldzug in Baden. Bern 1849.

Miller (1833): Miller, J. A. [=Georg Friedrich Kolb]: Geschichte der neuesten Ereignisse in Rheinbaiern. Weißenburg/Elsaß 1833.

Mögling (1858): Mögling, Theodor: Briefe an seine Freunde. Solothurn 1858.

Mördes (1849): Mördes, Florian: Die deutsche Revolution mit besonderer Rücksicht auf die badische Revolutionsepisode. Herisau 1849.

Mohr, A. (1996): Mohr, Alexander: Georg Friedrich Schlatter (1799 – 1875): Pfarrer und Radikalliberaler der Revolution 1848/49. In: Protestantismus und Politik: Zum politischen Handeln evangelischer Männer und Frauen für Baden zwischen 1819 und 1933. Hrsg. von der Badischen Landesbibliothek Karlsruhe. Karlsruhe 1996, S. 141 – 150.

Mohr, G. (1939): Mohr, Gustav: Alexander von Soiron. Köln 1939.

Moldenhauer (1992): Moldenhauer, Rüdiger (Hrsg.): Die Protokolle des Volkswirtschaftlichen Ausschusses der deutschen Nationalversammlung 1848/49. Mit ausgewählten Petitionen. Boppard 1992.

Moore/Davis/Ockerson (1899): Moore, Robert/Davis, Joseph P./Ockerson, J. A.: Memoir of Henry Flad. In: Transactions of the American Society of Civil Engineers. December 1899, S. 561 – 566.

Morgan (1965): Morgan, R.: The German Social Democrates and the First International. Cambridge 1965.

Mors (1980): Mors, Harald: Familienchronik Mors. Bd. 8: Familie Sigel – Franz Sigel. o.O. o.J.

Mossemann (1953): Mossemann, Karl: Carl Hoefer. Ein Lehrerschicksal aus den Revolutionsjahren 1848/1849. In: Badische Heimat 33 (1953), S. 290 – 295.

Mühlpfordt (1980): Mühlpfordt, Günter: Karl Hagen. Ein progressiver Historiker im Vormärz über die radikale Reformation. In: Jahrbuch für Geschichte 21 (1980), S. 63 – 101.

Müller (1906): Müller, Emil: Die Pfalz im Jahre 1870. Grünstadt 1906.

Müller, H. (1994): Müller, Helga: Vormärz und Revolution 1848/49 im Birkenauer Tal. In: Gemeinde Birkenau (Hrsg.): 1200 Jahre Birkenau. Birkenau 1994, S. 39 – 63.

Müller, Hildeg. (1986): Müller, Hildegard: Liberale Presse im badischen Vormärz. Die Presse der Kammerliberalen und ihre Zentralfigur Karl Mathy 1840 – 1848. Heidelberg 1986.

Muhs (1986): Muhs, Rudolf: Heckermythos und Revolutionsforschung. In: ZGO 134 (1986), S. 422 – 441.

Mumm (1988): Mumm, Hans Martin: Der Heidelberger Arbeiterverein 1848/49. Heidelberg 1988.

Na'aman (1975): Na'aman, Shlomo: Johann Philipp Becker, Wilhelm Liebknecht und Karl Marx. Eine quellenkritische Untersuchung. In: AfS 15 (1975), S. 145ff.

Nekrolog (1851): Neuer Nekrolog der Deutschen (1849) 27 (1851).

Neu (1939): Neu, Heinrich: Pfarrerbuch der evangelischen Kirche Badens. Bd. 2. Lahr 1939.

Neumann (1968): Neumann, Hannes: Die deutsche Turnbewegung in der Revolution 1848/49 und in der amerikanischen Emigration. Schorndorf 1968 (Beiträge zur Lehre und Forschung im Sport, 32).

Niebour (1910): Niebour, Hermann: Die Vertreter der Rheinpfalz in der Frankfurter Nationalversammlung. In: Pfälzische Geschichtsblätter 6 (1910), S. 97 – 100.

Nolte (1994): Nolte, Paul: Gemeindebürgertum und Liberalismus in Baden 1800 – 1850. Tradition, Radikalismus, Republik. Göttingen 1994 (Kritische Studien zur Geschichtswissenschaft, 102).

Nolte (1996): Nolte, Paul: Zwischen Liberalismus und Revolution. Verfassung und soziale Bewegung in Baden 1830 – 1848/49. In: Die Badische Verfassung von 1818. Südwestdeutschland auf dem Weg zur Demokratie. Hrsg. vom Haus der Geschichte Baden-Württemberg und dem Stadtarchiv Karlsruhe durch Ernst Otto Bräunche und Thomas Schnabel. Ubstadt-Weiher 1996, S. 25 – 50.

Nonn (1981): Nonn, Guido: Die Domherren seit Wiedererrichtung des Bistums Speyer im Jahre 1817. Speyer 1981.

Obermann (1972): Obermann, Karl (Hrsg.): Flugblätter der Revolution. Eine Flugblattsammlung zur Geschichte der Revolution von 1848/49. München 1972.

Oeser (1904): Oeser, Max: Geschichte der Stadt Mannheim. Mannheim 1904.

Offermann (1979): Offermann, Toni: Arbeiterbewegung und liberales Bürgertum in Deutschland. 1850 – 1863. Bonn 1979.

Otto (1972): Otto, Ulrich: Die historisch-politischen Lieder und Karikaturen des Vormärz und der Revolution von 1848/49. Köln 1982.

Pabst (1850): Pabst, Christian: Der Feldzug gegen die badisch-pfälzische Insurrection im Jahre 1849. Darmstadt 1850.

Paul (1989): Paul, Gerhard: Der Sturm auf die Republik und der Mythos vom 'Dritten Reich'. Die Nationalsozialisten. In: Lehnert, Detlef/Megerle, Klaus (Hrsg.): Politische Identität und nationale Gedenktage. Zur politischen Kultur in der Weimarer Republik. Opladen 1989, S. 255 – 279.

Paul, R. (1993): Paul, Roland: „Freie Erde und freies Vaterland" – Friedrich Hecker in den

USA. In: Frei, Alfred G. (Hrsg.): Friedrich Hecker in den USA. Eine deutsch-amerikanische Spurensuche. Konstanz 1993, S. 32ff.

Pfälzer in Amerika (1890): Der Pfälzer in Amerika Nr. 29 vom 19. Juli 1890 (New York).

Probst (1991): Probst, Hansjörg: Seckenheim. Mannheim 1991.

Raisch (1962): Raisch, Peter: Die Abgrenzung des Handelsrechts vom Bürgerlichen Recht als Kodifikationsproblem im 19. Jahrhundert. Stuttgart 1962 (Abhandlungen aus dem gesamten Bürgerlichen Recht, Handelsrecht und Wirtschaftsrecht, 27).

Raveaux (1850): Raveaux, Franz: Mittheilungen über die badische Revolution. Frankfurt a.M. 1850.

Real (1983): Real, Willy: Die Revolution in Baden 1848/49. Stuttgart 1983.

Reimann (1985): Reimann, Mathias: Der Hochverratsprozeß gegen Gustav Struve und Karl Blind. Der erste Schwurgerichtsfall in Baden. Sigmaringen 1985.

Reiter (1992): Reiter, Herbert: Politisches Asyl im 19. Jahrhundert. Berlin 1992.

Renner (1955): Renner, Helmut: Die pfälzische Bewegung in den Jahren 1848/49 und ihre Voraussetzungen. Ein Beitrag zur pfälzischen Geschichte des 19. Jahrhunderts. Masch. Diss. Marburg 1955.

Reuter (1967/69): Reuter, Fritz: Johann Philipp Bandel (1758 – 1866). Ein Wormser Demokrat, Altertümer- und Kunstsammler im 19. Jh. In: Der Wormsgau 8 (1967/69), S. 41 – 67.

Reuter (1987): Reuter, Fritz: Warmaisa. 1000 Jahre Juden in Worms. Frankfurt a.M. 1987.

Reuter (1993): Reuter, Fritz: Worms zwischen Reichsstadt und Industriestadt 1800 – 1882. Worms 1993 (Der Wormsgau, Beih. 32).

Reuter (1993a): Reuter, Fritz: Karl Hofmann und „das neue Worms". Stadtentwicklung und Kommunalbau 1882 – 1918. Darmstadt – Marburg 1993 (Quellen und Forschungen zur hessischen Geschichte, 91).

Reuter (1994): Reuter, Fritz: Das Wormser Lutherdenkmal und seine Entstehung vor 125 Jahren. In: Blätter für pfälzische Kirchengeschichte und religiöse Volkskunde 61 (1994), S. 305 – 317 (=Ebernburg-Hefte 28 (1994), S. 73 – 85).

Reuter, U. (1981/82): Reuter, Ursula: Die Revolution von 1848 und ihre Auswirkungen in Worms. März bis Juni 1848 im Spiegel der beiden Wormser Zeitungen [Facharbeit 1981/82; Stadtarchiv Worms].

Rjasanoff (1914): Rjasanoff, N.: Zur Biographie von Johann Philipp Becker. In: Archiv für die Geschichte des Sozialismus und der Arbeiterbewegung 4 (1914), S. 313 – 329.

Röcker (1997): Röcker, Bernd: Eppingen. In: Revolution im Südwesten – Stätten der Demokratiebewegung 1848/49 in Baden-Württemberg. Karlsruhe 1997, S. 153 – 156.

Rößler: Rößler, Karl Joseph: Mariano von Sarachaga y Uria. Ein spanischer Grandseigneur in badischen Staatsdiensten. Unveröffentl. Msk. Ebnet [bei Freiburg] o.J. [ca. 1966].

Roggenbach: Roggenbach, Constantin von: Darstellung der Ereignisse in Mannheim während den ersten Tagen der Mai-Revolution und meines Handelns (...) o.O. o.J.

Rohe (1966): Rohe, Karl: Das Reichsbanner Schwarz-Rot-Gold. Düsseldorf 1966 (Beiträge zur Geschichte des Parlamentarismus und der politischen Parteien, 34).

Rohrbacher (1993): Rohrbacher, Stefan: Gewalt im Biedermeier: Antijüdische Ausschreitungen im Vormärz und in der Revolution (1815 – 1848/49). Frankfurt a.M. 1993.

Rosen: Rosen, Carl: Adolph von Trützschler, sein Leben und Ende. Dresden o.J.

Roßkopf (1954): Roßkopf, Josef: Johann Adam von Itzstein. Ein Beitrag zur Geschichte des badischen Liberalismus. Diss. Mainz 1954.

Roßkopf (1974): Roßkopf, Josef: Johann Adam von Itzstein. In: NDB 10 (1974), S. 206.

Rothschild (1920): Rothschild, Samson: Beamte der Wormser jüdischen Gemeinde. Frankfurt a.M. 1920.

Rothschild (1924): Rothschild, Samson: Emanzipations-Bestrebungen der jüdischen Großgemeinden des Großherzogtums Hessen im vorigen Jahrhundert. Worms 1924.

Rückert (1983): Rückert, Joachim: Handelsrechtsbildung und Modernisierung des Handelsrechts durch Wissenschaft zwischen ca. 1800 und 1900. In: Scherner, Karl Otto: Modernisierung des Handelsrechts im 19. Jahrhundert. Heidelberg 1983, S. 19 – 66.

Ruegg (1888): Ruegg, Reinhold: Aus Briefen an Johann Philipp Becker. In: Die Neue Zeit 6 (1888), S. 449ff.

Ruegg (1889): Ruegg, Reinhold: Biographie des alten Veterans der Freiheit Johann Philipp Becker. Zürich 1889.

Ruetenik (1904): Ruetenik, Hans J.: Berühmte deutsche Vorkämpfer für Fortschritt, Freiheit und Friede in Nord-Amerika. Cleveland/Ohio 1904.

Salfeld (1927): Salfeld, Siegmund: Abraham Jakob Adler. In: Hessische Biographien. Bd. 2. Darmstadt 1927, S. 409ff.

Sauer (1948): Sauer, Heinrich Maria: Die demokratische Volksbewegung in Neustadt an der Haardt im Jahre 1848. Neustadt/W. 1948.

Schadt (1977): Schadt, Jörg: Alles für das Volk – Alles durch das Volk. Dokumente zur demokratischen Bewegung in Mannheim 1848 – 1948. Stuttgart 1977 (Sonderveröffentlichung des Stadtarchivs Mannheim, 1).

Schaefer (1929/30): Schaefer, Heinrich: Aus der Geschichte einer alten Ladenburger Familie. Die Versippung der beiden Ladenburger Familien Schaefer und Lehlbach. In: Der Lobdengau. Heimatbeilage der „Neckar-Bergstraß-Post" 4 (1929) H. 9-12 u. 5 (1930) H. 1-6.

Schaible (1886): Schaible, Karl Heinrich: Eduard Bronner. Eine Lebensskizze. Heidelberg 1886.

Scharpp (1923): Scharpp, Heinrich: Friedrich Hecker, ein deutscher Demokrat (1811 – 1881). Diss. Frankfurt a.M. 1923.

Scherer (1965): Scherer, Karl: Zur Geschichte kirchlicher Parteien in der Pfalz. In: Blätter für pfälzische Kirchengeschichte und religiöse Volkskunde 35 (1968), S. 231 – 252.

Scheyrer (1909): Scheyrer, Ferdinand: Geschichte der Revolution in Baden 1848/49 in übersichtlicher und unparteiischer Darstellung. Darmstadt 1909.

Schieder, T. (1938): Schieder, Theodor: Franz Peter Buhl-Franz Armand Buhl. In: Saarpfälzische Lebensbilder 1 (1938), S. 151 – 168.

Schieder, T. (1957): Schieder, Theodor: Franz Peter Buhl. In: NDB 3 (1957), S. 11ff.

Schieder, W. (1989): Schieder, Wolfgang: Friedrich Karl Franz Hecker. In: NDB 8 (1989), S. 180 – 182.

Schineller (1979): Schineller, Werner: Franz Alwens – Regierungspräsident der Pfalz während der Freiheits- und Revolutionsbewegung. In: Pfälzer Heimat 30 (1979), S. 147 – 149.

Schineller (1980): Schineller, Werner: Die Regierungspräsidenten der Pfalz. Speyer 1980.

Schineller (1980a): Schineller, Werner: Franz Alwens. In: Mitteilungen des Historischen Vereins der Pfalz 78 (1980), S. 415 – 426.

Schlechte (1979): Schlechte, Horst: Die Allgemeine Deutsche Arbeiterverbrüderung 1848 – 1850. Weimar 1979.

Schlickel (1995): Schlickel, Ferdinand: Der christliche Pilger – Im Gründungsjahr der Pilger-Druckerei. 73. Jg. des Bistumsblattes. In: 75 Jahre Pilger-Druckerei. Tradition und Fortschritt. Speyer 1995, S. 44 – 49.

Schlörer (1934 – 1936): Schlörer, Heinrich: Brettener Revolutionsgeschichte 1848 – 49. In: Der Pfeiferturm (1934 – 1936).

Schmid (1981): Schmid, Carlo: Erinnerungen. München 1981.

Schmidt (1982): Schmidt, Karsten: Das HGB und die Gegenwartsaufgaben des Handelsrechts. Berlin 1982 (Schriften der Juristischen Studiengesellschaft, 75).

Schmiedel (1986): Schmiedel, Karl: Johann Philipp Becker, General der Revolution. Berlin 1986.

Schnabel (1939): Schnabel, Franz: Zur Gestalt des Mannheimer Achtundvierzigers Alexander von Soiron. In: Mannheimer Geschichtsblätter (1939), S. 87 – 89.

Schneider (1982): Schneider, Erich: Johann Philipp Becker. In: Baumann, Kurt (Hrsg.): Das Hambacher Fest. Männer und Ideen. Speyer 1957 (ND 1982), S. 203 – 237.

Schneider (1982a): Schneider, Erich: Die Feier zum 40. Jahrestag des Hambacher Festes 1872. In: Jahrbuch des Instituts für Deutsche Geschichte der Universität Tel-Aviv 11 (1982), S. 210f.

Schneider (1984): Schneider, Erich: Die Hambacher Festjubiläen 1872 und 1882 und das Hambach-Bild der Politischen Parteien nach der Reichsgründung. In: Hambach 1832, Anstöße und Folgen. Wiesbaden 1984 (Geschichtliche Landeskunde, 24), S. 100 – 130.

Schneider (1984/85): Schneider, Erich: Gottfried Kinkel, die Neue Bonner Zeitung und die revolutionäre Erhebung in der Rheinpfalz 1849. In: Jahrbuch zur Geschichte von Stadt und Landkreis Kaiserslautern 22/23 (1984/85), S. 189 – 221.

Schneider (1988): Schneider, Erich: Die Pfingstreise der Linken in die Rheinpfalz im Jahr 1848. In: Jahrbuch der Hambach-Gesellschaft 1 (1988), S. 151 – 174.

Schneider (1993): Schneider, Erich: Die Feier der Enthüllung des Denkmals für die gefallenen Reichsverfassungskämpfer in Kirchheimbolanden. In: Mitteilungen des Historischen Vereins der Pfalz 91 (1993), S. 355 – 376.

Schneider, J. (1904): Schneider, Jakob: Eine Denkschrift über das Treiben der deutschen Flüchtlinge in der Schweiz. In: Basler Zeitschrift für Geschichte und Altertumskunde 3 (1904), S. 1 – 36.

Schneider, R. (1980): Schneider, Regine: Die Rolle der politischen Vereine für den Ausbruch der Badischen Revolution von 1849. In: Demokratie und Arbeitergeschichte 1 (1980), S. 63ff.

Schneider, R.-M. (1984/85): Schneider, Regina-Margarete: Landesausschuß und Provisorische Regierung in Kaiserslautern 1849. In: Jahrbuch zur Geschichte von Stadt und Landkreis Kaiserslautern 22/23 (1984/85), S. 91 – 117.

Schnorr (1984): Schnorr von Carolsfeld, F.: Wilhelm Adolph von Trützschler. In: ADB 38 (1894).

Scholtissek (1959): Scholtissek, Marietheres: Die innere Verwaltung Badens unter Minister Bekk in der vormärzlichen Zeit. Diss. phil. München 1959.

Schreibmüller (1916): Schreibmüller, Hermann: Bayern und Pfalz 1816 – 1916. Kaiserslautern 1916.

Schröder (1891): – , – : Georg Friedrich Heinrich Schröder. In: Badische Biographien. Bd. 4. Karlsruhe 1891.

Schröder, W. H. (1995): Schröder, Wilhelm Heinz: Sozialdemokratische Parlamentarier in den deutschen Reichs- und Landtagen 1867 – 1933. Düsseldorf o.J.

Schröter (1981): Schröter, Hans: Wilhelm Adolph von Trützschler – ein vergessener Demokrat. In: Mannheimer Hefte 1 (1981), S. 42 – 51.

Schulz, J. (1805): Schulz, Johann Gottlob: Briefe eines Reisenden an den Ufern des Rheins in den Jahren 1803 und 1804 mit Episoden. Altenburg 1805.

Schulz, O. (1851): Schulz, Otto August: Allgemeines Adreßbuch für den deutschen Buchhandel. Leipzig 1851.

Schurz (1988): Schurz, Carl: Lebenserinnerungen. Vom deutschen Freiheitskämpfer von 1848 zum amerikanischen Staatsmann. Bd. 1. Berlin 1906 (ND Zürich 1988).

Schwarzwälder (1982): Schwarzwälder, Bernd: Die Ursachen der Reichsverfassungskampagne in der Pfalz 1849. Politische Bewegungen in Neustadt an der Haardt. Wissenschaftl. Hausarbeit für die Zulassung zur Prüfung für das Lehramt an Gymnasien in Bayern. Masch. München 1982.

Schwarzwälder (1983): Schwarzwälder, Bernd: Frühe „Arbeiterbewegung“ in Neustadt an der Haardt. In: Mitteilungen des Historischen Vereins der Pfalz 81 (1983), S. 371 – 405.

Seibt (1984): Seibt, Ferdinand: Revolution in Europa. Ursprung und Wege innerer Gewalt. Strukturen, Elemente, Exempel. München 1984.

Siemann (1985): Siemann, Wolfram: Die deutsche Revolution von 1848/49. Frankfurt a.M. 1985.

Sigel (1902): Sigel, Franz: Denkwürdigkeiten des Generals Franz Sigel aus den Jahren 1848 und 1849. Mannheim 1902.

Sobkowiak/Wesch (1996): Sobkowiak, Franz/Wesch, Lothar: Eppelheimer Familien von 1650 – 1900. o.O. o.J. [Eppelheim 1996] (Badische Ortssippenbücher, 79).

Sperl (1955): Sperl, Georg F.: Lorenz Brentano. In: NDB 2 (1955), S. 595f.

Springer (1872): Springer, Anton: Friedrich Christoph Dahlmann. Bd. 2. Leipzig 1872.

Stadelmann (1962): Stadelmann, Rudolf: Soziale und politische Geschichte der Revolution von 1848. München 1948. Darmstadt ²1962.

Stamer (1964): Stamer, Ludwig: Kirchengeschichte der Pfalz. Bd. 4. Speyer 1964.

Staroste (1852/53): Staroste, Daniel: Tagebuch über die Ereignisse in der Pfalz und Baden im Jahre 1849. Bd. 2. Potsdam 1853.

Steinhilber (1959): Steinhilber, Wilhelm: Die Heilbronner Bürgerwehren 1848 und 1849 und ihre Beteiligung an der badischen Mairevolution des Jahres 1849. Heilbronn 1959.

Steinhilber (1960): Steinhilber, Wilhelm: Robert Mayers Bruder Gustav. In: Schwaben und Franken 7 (1960), S. 3f.

Stemmermann (1973): Stemmermann, H.-P.: Die badisch-pfälzische Familie Buhl. Biographie einer Familie von Industriepionieren und liberalen Politikern. In: Oberrheinische Studien 2 (1973), S. 285 – 334.

Strack (1959): Strack, Paul: Friedrich Hecker's Herkunft. Gravenhause b. Lahr (Beiträge zur Familien- und Heimatkunde in Baden, 2).

Straub (1990): Straub, Alfred: Geschichte der Stadt Bretten in neuerer Zeit (Brettener stadtgeschichtliche Veröffentlichungen, 3).

Streckfuss (1997): Streckfuss, Werner: Adam Hammer (1818 – 1878). Ein badischer Achtundvierziger. Diss. phil. Heidelberg 1997 [erscheint 1998].

Struve (1849): Struve, Gustav: Geschichte der drei Volkserhebungen in Baden 1848/49. Bern 1849.

Süss (1956): Süss, Edgar: Die Pfälzer im „Schwarzen Buch". Ein personengeschichtlicher Beitrag zur Geschichte des Hambacher Festes, des frühen pfälzischen und deutschen Liberalismus. Diss. Mainz 1954. Heidelberg 1956 (Heidelberger Veröffentlichungen zur Landesgeschichte und Landeskunde, 3).

Tauschwitz (1981): Tauschwitz, Hanno: Presse und Revolution 1848/49 in Baden. Ein Beitrag zur Sozialgeschichte der periodischen Literatur und zu ihrem Einfluß auf die Geschichte der badischen Revolution 1848/49. Heidelberg 1981.

Thorbecke (1975): Thorbecke, August: Friedrich Daniel Bassermann. In: Badische Biographien. Bd. 1. Heidelberg 1975, S. 37 – 45.

Toepke (1884 – 1907): Toepke, Gustav (Bearb.): Die Matrikel der Universitäts Heidelberg von 1386 bis 1870. 6 Bde. Heidelberg 1884 – 1907.

Traumann (1926): Traumann, Ernst: Von großen und kleinen Männern in Heidelberg: Aufsätze. Heidelberg 1926 (Schriftenreihe der akademischen Mitteilungen Heidelberg, 4).

Trübner (1957): Trübner, Georg: Johann Philipp Becker. Ein Leben für die Freiheit. Habil. Jena 1957.

Uhrig (1934): Uhrig, Dorothea: Worms und die Revolution von 1848/49. Diss. Frankfurt a.M. – Worms 1934.

Ullmann (1992): Ullmann, Hans-Peter: Baden 1800 – 1830. In: Schwarzmaier, Hansmartin u.a. (Hrsg.): Handbuch der baden-württembergischen Geschichte. Bd. 2. Stuttgart 1992, S. 25 – 77.

Valentin (1977): Valentin, Veit: Geschichte der deutschen Revolution von 1848 – 1849. 2 Bde. Berlin 1930/31 (ND.e Köln 1970 und Frankfurt a.M. 1977).

Veitenheimer (1997): Veitenheimer, Heinz E.: Zwei Mannheimer Verleger des Vormärz und der Revolution 1848. In: Mannheimer Geschichtsblätter NF 4 (1997) [im Druck].

Verhandlungen Ständeversammlung (1848): Verhandlungen der Ständeversammlung des Großherzogtums Baden im Jahre 1848. Zweite Kammer. 3. Protokoll-Heft. Karlsruhe 1848.

Verhandlungen Stände-Versammlung (1850): Verhandlungen der Stände-Versammlung des Großherzogthums Baden in den Jahren 1847 – 1849. Enthaltend die Protokolle der zweiten Kammer. 6. – 10. Protokollheft. Karlsruhe 1850.

Vetter (1986): Vetter, Roland: Theodor Frey. Sein Leben und seine Zeit. Eine biographische Skizze des Initiators des Deutschen Handelstages unter Verwendung seiner Lebenserinnerungen. Eberbach/Heidelberg 1986 (Festschrift zum 125jährigen Jubiläum des Deutschen Industrie- und Handelstages).

Vetter (1986a): Vetter, Roland: Theodor Frey – der Vater des Deutschen Handelstages. In: Die Wirtschaft. Nachrichten der Industrie- und Handelskammer Rhein-Neckar 5/1986, S. 296 – 300.

Vögely (1981): Vögely, Ludwig: „Hecker hoch! Dein Name schallet ...“. Friedrich Hecker zum 100. Todestag am 24. März 1981. In: Badische Heimat 61 (1981), S. 85 – 103.

Vögely (1994): Vögely, Ludwig: Carl Dänzer (1820 – 1906). Revolutionär und erfolgreicher Zeitungsmann in Amerika. In: ders. (Hrsg.): Kraichgauer Gestalten. Ubstadt-Weiher 1994, S. 30 – 32.

Voit (1896): Voit, V.: Georg Friedrich Heinrich Schröder. In: Sitzungsberichte der mathematisch-physikalischen Classe der königlich bayerischen Akademie der Wissenschaften zu München 16 (1886), S. 57 – 62.

Vollmer (1979): Vollmer, Franz Xaver: Vormärz und Revolution 1848/49 in Baden. Strukturen, Dokumente, Fragestellungen. Frankfurt a.M. 1979 (Modelle zur Landesgeschichte).

Vollmer (1979a): Vollmer, Franz Xaver: Die 48er Revolution in Baden. In: Badische Geschichte. Vom Großherzogtum bis zur Gegenwart. Hrsg. von der Landeszentrale für politische Bildung Baden-Württemberg. Stuttgart 1979, S. 37 – 64.

Vollmer (1983): Vollmer, Franz Xaver: Der Traum von der Freiheit. Vormärz und 48er Revolution in Süddeutschland in zeitgenössischen Bildern. Stuttgart 1983.

Vollmer (1988): Vollmer, Franz Xaver: Der Hecker-Nachlaß von St. Louis/USA. In: ZGO 136 (1988), S. 389 – 415.

Vollmer (1997): Vollmer, Franz Xaver: Offenburg 1848/49. Ereignisse und Lebensbilder aus einem Zentrum der badischen Revolution. Karlsruhe 1997.

Voß (1903): Voß, Wilhelm von: Der Feldzug in der Pfalz und in Baden im Jahre 1849. Berlin 1903.

Waldeck (1920): Waldeck, Florian: Alte Mannheimer Familien. Bde. 1 und 6. Mannheim 1920 (ND 1987).

Walter (1978): Walter, Friedrich: Mannheim in Vergangenheit und Gegenwart. Bd. 2: Geschichte Mannheims vom Übergang an Baden (1802) bis zur Gründung des Reiches. Mannheim 1907 (ND Frankfurt a.M. 1978).

Walz (1925): Walz, Ernst: Zur Geschichte der Familie Walz. Heidelberg 1925.

Wankmüller (1971): Wankmüller, Armin: Württembergische Apotheker in Amerika. In: Beiträge zur württembergischen Apothekengeschichte. 9 (1971) H. 2, S. 45.

Warth (1987): Warth, Helmut: Adelshofen in der Revolution von 1848/49. In: 700 Jahre Adelshofen (1287 – 1987). Eppingen-Adelshofen 1987, S. 129 – 137.

Watzinger (1987): Watzinger, Karl Otto: Geschichte der Juden in Mannheim 1650 – 1945. Stuttgart 1987 (Veröffentlichungen des Stadtarchivs Mannheim, 12).

Weber (1968): Weber, Rolf: Centralmärzverein (CMV), 1848 – 1849. In: Fricke, Dieter (Hrsg.): Die bürgerlichen Parteien in Deutschland. Handbuch der Geschichte der bürgerlichen Parteien und anderer bürgerlicher Interessenorganisationen vom Vormärz bis zum Jahre 1945. Bd. 1. Berlin 1968, S. 227 – 235.

Weech (1875): Weech, Friedrich von: Johann Adam von Itzstein. In: Badische Biographien. Bd. 1 Karlsruhe 1875, S. 430 – 434.

Weech (1875a): Weech, Friedrich von: Alexander von Soiron. In: Badische Biographien. Bd. 2 Karlsruhe 1875, S. 301 – 303.

Weech (1891): Weech, Friedrich von: Friedrich Karl Franz Hecker. In: Badische Biographien. Bd. 4. Karlsruhe 1891, S. 166 – 171.

Weech (1891a): Weech, Friedrich von: Amand Goegg. In: Badische Biographien. Bd. 4 Karlsruhe 1891, S. 208 – 210.

Weidmann (1984/85): Weidmann, Werner: Die wirtschaftlich-sozialen Hintergründe der Pfälzer Revolution von 1849 und die sozialrevolutionären Umsturzversuche. In: Jahrbuch zur Geschichte von Stadt und Landkreis Kaiserslautern 22/23 (1984/85), S. 19 – 58.

Weinheimer Zeitung (1988): 125 Jahre Weinheimer Zeitung 1863 – 1988. Weinheim 1988.

Weiss (1900): Weiss, John Gustav: Geschichte der Stadt Eberbach am Neckar. Eberbach 1900.

Weiss (1941): Weiss, John Gustav: Hiob Daniel Backfisch. In: Eberbacher Geschichtsblatt 40 (1941), S. 36 – 37.

Weiß (1897): Weiß, Max: Die Revolutionsjahre 1848 und 1849 mit besonderer Berücksichtigung der Stadt und des Amtsbezirkes Sinsheim. Waldshut 1897.

Weltz (1920): Weltz, Heinrich: Die Buchdrucker- und Verlegerfamilie Kolb in Frankenthal und Speyer und ihre Nachkommen. In: Pfälzisches Museum 37 (1920) H. 10-12, S. 41 – 47.

Wentzcke (1957): Wentzcke, Paul: Heinrich von Gagern, Vorkämpfer für deutsche Einheit und Volksvertretung. Göttingen 1957.

Wettengel (1984/85): Wettengel, Michael: Das liberale und demokratische Vereinswesen in der Pfalz während der Revolution 1848/49. In: Jahrbuch zur Geschichte von Stadt und Landkreis Kaiserslautern 22/23 (1984/85), S. 73 – 117.

Wettengel (1989): Wettengel, Michael: Die Revolution von 1848/49 im Rhein-Main-Raum. Politische Vereine und Revolutionsalltag im Großherzogtum Hessen, Herzogtum Nassau und in der Freien Stadt Frankfurt. Wiesbaden 1989 (Veröffentlichungen der Historischen Kommission für Nassau, 49).

Wiegand, H. (1994): Wiegand, Hermann/Sauer, Walter (Hrsg.): Karl Gottfried Nadler: Fröhlich Palz, Gott erhalts! Landau 1994.

Wiegand, W. (1875): Wiegand, Wilhelm: Johann Ludwig Arthur Blenker. In: ADB 2 (1875), S. 703.

Wigard (1848/49): Wigard, Franz: Stenographischer Bericht über die Verhandlungen der deutschen constituirenden Nationalversammlung zu Frankfurt am Main. Bd. 1-9. Frankfurt a.M. 1848/49 (ND München 1988).

Wilckens (1849): [Wilckens, Adolf:] Aus dem Kraichgau. Eine Skizze zur Geschichte der Revolution in Baden. Heidelberg 1849.

Wild (1913): Wild, Karl: Karl Theodor Welcker, ein Vorkämpfer des älteren Liberalismus. Heidelberg 1913.

Wirtz (1979): Wirtz, Rainer: Die Begriffsverwirrung der Bauern im Odenwald 1848. Odenwälder „Excesse" und die Sinsheimer „republikanische Schilderhebung". In: Puls, Detlef (Hrsg.): Wahrnehmungsformen und Protestverhalten. Studien zur Lage der Unterschichten im 18. und 19. Jahrhundert. Frankfurt a.M. 1979, S. 81 – 104.

Wirtz (1981): Wirtz, Rainer: „Widersetzlichkeiten, Excesse, Crawalle, Tumulte und Skandale". Soziale Bewegung und gewalthafter sozialer Protest in Baden 1815 – 1848. Frankfurt a.M. 1981.

Witter (1872): Witter, Eduard: Ein Volkstribun von Achtundvierzig. In: Gartenlaube. Jg. 1872, S. 392f.

Wittke (1952): Wittke, Carl: Refugees of Revolution. The German Forty-Eighters in America. Philadelphia 1952.

Wittke (1957): Wittke, Carl: The German-Language Press in America. o.O. 1957.

Wittmer (1986): Wittmer, Ingeborg: Urwahlen im Oberrheinkreis des Großherzogtums Baden (1846 – 1863). Frankfurt a.M. 1986.

Wörle (1975): Wörle, Karl: Miterlebtes. Aus den Tagen der Revolution. Leipzig 1906 (ND Mannheim 1975).

Wolgast (1985): Wolgast, Eike: Politische Geschichtsschreibung in Heidelberg. In: Semper Apertus. 600 Jahre Ruprecht-Karls-Universität Heidelberg. 1386 – 1986. Festschrift. Bd. 2. Heidelberg 1985, S. 158 – 196.

Wolgast (1985a): Wolgast, Eike: Karl Hagen in der Revolution von 1848/49. Ein Heidelberger Historiker als radikaler Demokrat und politischer Erzieher. In: ZGO 133 (1985), S. 279 – 299.

Wollstein (1977): Wollstein, Günter: Das 'Großdeutschland' der Paulskirche. Nationale Ziele in der bürgerlichen Revolution 1848/49. Düsseldorf 1977.

Wollstein (1986): Wollstein, Günter: Deutsche Geschichte 1848/49. Gescheiterte Revolution in Mitteleuropa. Stuttgart 1986.

Woydt (1996): Woydt, Malte: Carl Hinrich Ludwig Brinckmann. Privatdozent in Heidelberg 1847 – 1855 zwischen Universität und Politik. [Unveröffentl.] Magisterarbeit. Mannheim 1996 [Veröffentlichung in Vorbereitung].

Wunder (1978): Wunder, Gerhard: Chronik. In: Hundert Jahre Neustadter SPD. Neustadt/W. 1978, S. 11 – 68.

Wunder (1985): Wunder, Gerhard: Die Sozialdemokratie in Neustadt an der Weinstraße seit 1832. Neustadt/W. 1985.

Wunder (1990/91): Wunder, Gerhard: Dr. Philipp Hepp. In: Jahrbuch der Hambach-Gesellschaft 3 (1990/91), S. 45 – 64.

Zeile (1989): Zeile, Christine: Baden im Vormärz. Die Politik der Ständeversammlung sowie der Regierung – Adelsfrage, Grundentlastung und Judenemanzipation 1818 – 1843. München 1989.

Zenetti (1954): Zenetti, Ludwig: Geschichte der Familie Zenetti. Lauingen/Donau 1954.

Zenetti (1956): Zenetti, Ludwig: Johann Baptist von Zenetti und seine Familie. In: Lebensbilder aus dem bayerischen Schwaben 5 (1956), S. 344 – 370.

Ziegler (1985): Ziegler, Hannes: Die Jahre der Reaktion in der Pfalz (1849 – 1853) nach der Mairevolution von 1849. Speyer 1985.

Ziegler (1988): Ziegler, Hannes: Das Justizwesen in der Pfalz im 19. Jahrhundert. In: Mitteilungen des Historischen Vereins der Pfalz 86 (1988), S. 301f.

Zilling (1984): Zilling, Bernhard: „Helfen kann nur die große That ...". Die Radikalisierung in Baden 1848. Freiburg 1984.

Zink (1952): Zink, Albert: Der Anteil der pfälzischen Geistlichen an den Ereignissen der Jahre 1832 und 1849. In: Blätter für pfälzische Kirchengeschichte und religiöse Volkskunde 19 (1952), S. 11 – 18.

Zitz (1853): Zitz, Kathinka: Skizzen aus meinem Leben. Mainz 1853.

Zucker (1950): Zucker, Adolph Eduard: The Forty-Eighters. Political Refugees of the German Revolution of 1848. New York 1950.

Personenregister

Namen und Seitenzahlen in Fettdruck verweisen auf den jeweiligen biographischen Beitrag. Bei unvollständigen Namen dienen Angaben in Klammern zur Einordnung der Person.

Ortsregister

Verzeichnis der Mitarbeiterinnen und Mitarbeiter

Ursula Abele, Stadtarchiv Schriesheim
Dr. Hans Ammerich, Archiv des Bistums Speyer
Susanne Bährle, Museum Schwetzinger Sammlungen/Schwetzingen
Martin Baus, Siebenpfeiffer-Stiftung Homburg
Dr. Bernhard Becker, Siebenpfeiffer-Stiftung Homburg
Günther Berger, Stadtarchiv Heidelberg
Dr. Peter Blum, Stadtarchiv Heidelberg
Michael Bock, Kronau
Michael Caroli, Stadtarchiv Mannheim
Dr. Andreas Cser, Schönau/Pädagogische Hochschule Heidelberg
Prof. Dr. Hans Fenske, Speyer/Historisches Seminar der Albert-Ludwigs-Universität Freiburg
Holger Friedrich, Stadtmuseum/Stadtarchiv Sinsheim
Ella Gieg, Lützelbach
Rainer Gutjahr, Karlsruhe
Iris Hartung, Stadtarchiv Schwetzingen
Anja Hering, Kreisarchiv Odenwaldkreis/Erbach
Wilhelm Heuss, Stadtarchiv Schwetzingen
Hans-Joachim Hirsch, Stadtarchiv Mannheim
Katrin Hopstock, Stadtarchiv Speyer
Dr. Christian Jansen, Historisches Seminar Ruhr-Universität Bochum
Dr. Joachim Kerman, Landesarchiv Speyer
Alexander Kipnis, Mannheim
Hildegard Kneis, Stadtarchiv Ladenburg
Dr. Martin Krauß, Heidelberg
Jörg Kreutz, Kreisarchiv Rhein-Neckar-Kreis/Ladenburg
Andreas Kuhn, Speyer
Manfred Kurz, Stadtarchiv Wiesloch
Dr. Rüdiger Lenz, Stadtarchiv Eberbach
Dr. Lothar Meinzer, Unternehmensarchiv der BASF AG
Helga Müller, Birkenau-Reisen
Karl Herbert Müller, Erlangen
Gerhard Nestler, Stadtarchiv Frankenthal
Dr. Fritz Reuter, Worms
Bernd Röcker, Eppingen
Alexander Saheb M.A., Dahn
Dr. Erich Schneider, Kaiserslautern
Dr. Hans Schröter, Rhodt unter Rietburg
Heiner Stauder M.A., Stadtarchiv Neustadt an der Weinstraße
Joachim Stephan M.A., Kreisarchiv Rhein-Nekkar-Kreis/Ladenburg
Dr. Horst Steffens, Landesmuseum für Technik und Arbeit in Mannheim
Dr. Werner Streckfuss, Bad Schönborn
Dr. Gabriele Stüber, Zentralarchiv der Evangelischen Kirche der Pfalz/Speyer
Heinz E. Veitenheimer, Edingen-Neckarhausen
Dr. Roland Vetter, Eberbach
Diana Weber, Stadtarchiv Heidelberg
Dr. Hermann Wiegand, Mannheim
Gisela Wittemann, Stadtarchiv Viernheim
Malte Woydt M.A., Brüssel
Dr. Dr. Gerhard Wunder, Neustadt an der Weinstraße
Dr. Klaus Zechiel-Eckes, Schwetzingen
Dr. Hannes Ziegler, Landau